농민 권순덕의 삶과 기록

『아포일기』 5

개인기록
연구총서
7

농민 권순덕의 삶과 기록

『아포일기』 5

이정덕 · 소순열 · 남춘호 · 임경택 · 문만용 · 안승택
이성호 · 손현주 · 이태훈 · 김예찬 · 박성훈 · 김민영 편

전북대학교 출판문화원

이 책은 2014년 정부(교육부 사회과학연구지원사업)의 재원으로 한국연구재단의 지원을 받아 수행된 연구임(NRF-2014-S1A3A2044461)

서 문

지난해 우리 연구팀은 경북 김천의 농민, 권순덕의 1969년부터 1985년까지의 일기를 모아 『아포일기』 1, 2권을 출간한 바 있다. 그리고 꼭 일 년 만에 그 이후의 일기(1986~2000)를 세 권의 책으로 묶어 『아포일기』 3~5권을 펴내게 되었다. 우여곡절을 거쳐 전라도의 연구팀이 경상도의 농민을 만나고, 그의 삶의 궤적을 고스란히 담은 「일기」 원본을 송두리째 건네받은 지 만 2년여 만에 한 시골 농부의 30여년의 생활 기록을 완간할 수 있게 된 셈이다.

「일기」 속에서 권순덕은 20대의 청년에서 50대의 장년이 되었다. 일기를 쓰기 시작한 1969년, 그는 막 군에서 제대하고 돌아와 '무엇을 해서 먹고 살 것인가'를 고민하던 가난한 농촌의 청년이었다. 그로부터 30년이 지난 1990년대 후반에 그는 군에서 제대한 아들의 장래를 걱정하는 50대의 아버지가 되어 있다. 통상 한 세대를 30년으로 가늠한다는 점을 감안하면, 『아포일기』 1권에서 5권까지는 딱 한 세대가 지나온 만큼의 세월이 담긴 역사책이다.

그 사이 권순덕은 도시로 나가겠다는 꿈을 접고 고향마을에서 농사를 짓기 시작했다. 남의 땅 농사가 대부분이었던 영세 소작농으로 출발한 그는 30년 후 마을에서 가장 넓은 면적을 경작하는 부농의 한 사람이 되었다. 20대에 부모를 여읜 그는, 이제 결혼을 해서 세 자녀를 둔 부모가 되었다. 같은 기간 동안 직접 나무를 잘라 와서 닭장을 짓고, 순전히 손노동으로 논밭을 갈던 경작방식은 경운기, 이앙기, 직파기, 트랙터를 이용하는 기계화 영농으로 전환되었다.

우리 연구팀이 일기 등의 개인기록에 주목하는 가장 큰 이유는 한국사회의 압축 근대 경험을 개인의 일상생활 수준에서 확인하고자 하는 데 있다. 국가의 근대화정책과 시장의 확대를 통해 가능했다고 일컬어지는 이른바 '고도성장기' 동안에, 그 속에서 또는 그 이면에서 고도성장의 속도에 적응하기 위해 숨이 가빴을 민중의 일상사를 통해 한국 근현대사를 재구성하는 것이 우리 연구팀의 주요 연구 목표이다. 우리는 개인의 일상적 기록 속에서 다양한 근대적 삶의 경제적, 정치적, 사회문화적, 심리적 유형들을 찾아볼 수 있을 것이라고 기대했고, 이러한 기대는 지금도 유효하다. 특히 수십 년 동안의 생애 과정을 매일매일 빠짐없이 적은 일기는 그 자체로 한국 근현대사 속의 작은 역사이다.

『아포일기』 1~5권은 햇수로 32년의 기록이며, 입력한 원문의 양은 A4 용지 약 3천 매

분량이다. 이것은 어지간히 심지가 굳고 독하지 않은 사람이면 도저히 엄두를 낼 수 없는 분량의 기록이다. 어쩌면 한 개인의 삶을 이렇게 꾸준히 자세하게 기록해 놓은 자료는 어디에서도 찾아보기 힘들 것이다. 이것이 우리 연구팀이 주목하는 일기의 역사적 가치라 할 수 있다.

『아포일기』 속에서 권순덕은 나이가 들어가고 새로운 가족을 이루고 땅을 넓히고 새집을 짓는다. 농사일 뿐 아니라 건설공사 현장의 노동자가 되기도 하고, 자영업자가 되기도 했으며, 열심히 일을 해서 "젊은 시절에 기반을 잡겠다"는 꿈을 이루어 부농이 되었다. 그렇지만 「일기」에서 발견할 수 있는 중요한 사실은 그와 가족의 피땀이 밴 노력과 그 결과로서의 경제적 성장에 그치지 않는다. 오히려 짧은 시간에 이룩한 (가계의) 고도성장과 그것을 위해 투자한 육체적 · 물리적 노고 자체보다, 그 과정에서 터득하게 되는 한 농민의 인식과 태도, 삶의 지식 그리고 그에 기반한 행동과 적응 양식에 대한 지시와 암시가 일기 자료의 가치를 한층 더 높여준다 할 수 있다.

우리는 이와 같이 전례없이 급속하게 진행된 물질적 · 양적 성장과 지적 · 정신적 변화, 그리고 이에 동반되는 형식적 · 제도적 변화와 규범적 · 윤리적 변화 등을 통틀어 '압축 근대성'이라고 부르기로 하였다. 『아포일기』에서 권순덕은 한 세대 내에서 빈농에서 부농으로 그리고 소작농에서 임대농으로, 손노동에서 기계화 영농으로, 농민에서 노동자로 자영업자로 변모했으며, 마을에서 가장 좋은 집을 짓고 가장 넓은 면적을 경작하는 농민 중의 한 사람이 되었다. 그리고 그만큼 소득이 늘어 도시에 아파트를 구입하고, 자녀들이 도시로 나가 자리잡을 기반을 마련해 줄 수 있었다. 이를 기반으로 초등학교밖에 마치지 못한 그의 자녀들은 모두 대학을 마치고 도시 중산층으로 변모할 수 있었다. 가히 '압축성장'이라 할 수 있는 그의 생애는 자신과 가족의 초과노동을 통해서 이룩될 수 있었다는 점에서 한국사회의 고도성장 과정과 빼다 박은 듯이 닮아있다.

경제적으로 안정된 기반 마련을 목표로 삼았던 권순덕의 생활태도는 절약과 근면, 성실로 요약될 수 있다. 이러한 그의 삶의 태도는 자신 뿐 아니라 가족과 이웃, 전체 사회에까지 확대 적용되었다. 그에게 낭비와 무절제는 비도덕적인 것이어서, 88올림픽을 맞아 흥청거리는 사회 분위기도 분수를 모르는 짓이었다. 근대적 규범이라 할 수 있을 이러한 그의 생활태도는 자신의 경제활동에서는 한층 과도한 양상을 띠고 나타나고 있다. 자신을 혹사하는 초과 노동에 대해서는 이미 앞에서 언급한 바 있지만, 그 외에도 농업생산을 늘리기 위한 그의 노력은 영농기술의 습득, 모험적인 기계화, 농약과 비료의 과도한 살포 등으로 표출되기도 하였다.

이미 1980년대 이전부터 농산물 가격에 민감했던 그는 과일 가격이 높은 도매점을 찾아 물건을 내기도 하고, 자신이 재배한 농산물을 직접 시장에 가지고 가서 판매하기도 하는 등 소득을 높이기 위한 다양한 방책을 찾았다. 1990년대에 이르러 부농의 지위에 오른 그는 토지가격을 높이는 개발의 효과에 민감해지고 도시의 아파트를 구입하는 등 부동산의 가치를 인식하게 되었다. 생산을 늘리고 소득을 높이기 위한 기술과 투자, 농협 융자의 활용 등의 정보를 습득하고 활용하는 데에서 그는 누구보다 활발하고 적극적이었다. 이러한 개인의 태도와 행동의 변화에서 우리는 근대적 성장의 속도와 방향에 적응하려는 농민의 생애 과정을 발견할 수 있다.

그러나 『아포일기』는 그의 세계관 속에서 변하지 않고 지속되는 두 가지 특징을 보여준다. 하나는 농업에 대한 비관적 태도이고, 다른 하나는 가족과 자녀, 형제들을 범위로 하는 가족주의의 이념이다. 그가 20대의 젊은 시절에 지녔던 도시 이주의 꿈은 긴 모색 끝에 좌절되었다. 그러나 이 꿈은 수십 년 동안 잠복해 있다가 자녀들의 미래에 이전되어 나타났다. 그는 자녀들을 어떻게든 대학까지 가르치고, 도시에 나가 살게 해야 한다는 생각을 한시도 포기한 적이 없었다. 결국 그는 도시 생활의 꿈을 자녀들을 통해 성취하였다. 그리고 여기에는 그의 가족주의 이념이 굳게 자리하고 있다. 젊은 시절부터, 특히 부모를 여의면서 형제의 공부와 경제적 안정에 대한 부담을 감추지 않았던 그는 결혼 이후 늘 부인과 자녀들의 건강, 학업, 취업, 결혼에 깊은 관심을 보이고 있었다. 결국 그의 과도한 자기 착취적 노동과 소득 증대에 대한 집념은 형제애와 가족애를 기반으로 하는 것이었다 할 수 있다.

『아포일기』에서 나타나는 이러한 그의 양가적 인식과 태도 그리고 행동들을 우리는 '압축 근대성'의 한 측면으로 이해하고자 한다. 우리 연구팀은 이와 같은 개념틀을 토대로 『아포일기』에 대한 본격적인 분석을 이제 시작하려 한다.

2년에 걸쳐 32년 치의 『아포일기』 원문을 해독하고 입력・교정하는 작업은 쉬운 일이 아니었다. 늘 우리 연구팀원 중 누군가는 다른 일을 뒤로 미루고 이 작업에 매달려 있지 않으면 안되었다. 특히 이 길고 지루한 수공업적 작업은 연구팀의 보조연구원 네 명의 희생적인 시간 투자를 통해서만 가능할 수 있었다. 이 자리를 빌어 이들에게 감사 인사를 전한다.

『아포일기』 1, 2권과 마찬가지로 김천 현지의 사정이나 풍속, 언어 등에 관해서는 김천문화원 송기동 사무국장께서 큰 도움을 주셨다. 무엇이든 필요한 일이 생길 때마다 찾아가거나 전화를 거는 우리 연구팀에 송 국장께서는 언제나 한결같이 정성을 다해주셨다. 다시 한번 감사드린다. 아울러 이번에도 막대한 분량의 일기 원문을 통독하고 해제 원고를 써주신 전북대학교 BK21사업단의 진명숙 박사께 감사드린다.

자신의 생애 기록을 선뜻 내주신 일기의 저자 권순덕 옹께 우리 연구팀은 큰 빚을 지고 있다. 하지만 우리가 드릴 수 있는 것은 이 일기가 어떤 이유로든 오용되거나 오독되지 않도록 조심하겠다는 약속뿐이다. 덧붙여 일기가 우리사회의 근현대사를 재구성하는데 중요한 자료로 활용될 수 있도록 우리 연구팀 모두가 최선을 다하겠다는 약속도 함께 드린다. 특히 옹의 자택을 방문했던 어느 날, 따뜻한 점심상을 차려주신 부인 이윤심 여사께 특별한 감사를 드린다. 우리는 그날 어쩔 수 없이 점심을 두 번 먹어야 했지만, 여사의 마음이 담긴 음식를 하나도 남기지 않고 다 먹을 수 있었다.

끝으로 어려운 상황에서도 선뜻 일기의 출판을 맡아주신 전북대학교 출판문화원에도 감사드린다.

2015년 6월 30일

연구팀을 대표하여 **이성호** 씀

아포일기 5 **목차**

아포일기❺ (1996년~2000년)

농민 권순덕의 **삶과 기록**

아포일기

아포일기 1 **목차**

제1부 해제

제2부 아포일기❶ (1969년~1974년)

아포일기 2 **목차**

아포일기 3 **목차**

아포일기❸ (1986년~1990년)

아포일기❹ (1991년~1995년)

〈일러두기〉

1) 원문의 한글 표기는 교정하지 않는 것을 원칙으로 하였다.
2) 뜻풀이가 필요한 경우에는 [ ], 빠진 글자는 { } 표시를 하여 뜻풀이를 하거나 글자를 채워 넣되, 첫 출현지점에서 1회만 교정하였다.
3) 설명이 필요한 용어나 문장에는 각주를 달아 설명하였다.
4) 해독이 불가능한 글자는 □ 표시를 하였다.
5) 일기를 쓴 날짜와 날씨는 모두 〈 〉 안에 입력하되, 원문에 음력 날짜가 기입되어 있는 경우에는 〈 〉 밖에 입력하였다.
6) 날짜 표기에 쓰이지 않은 문장 안의 〈 〉 표시가 나타나는 경우는 저자가 기입한 것으로, 이는 따로 바꾸지 않은 채 그대로 두었다.
7) 원문 안의 ( )는 저자가 기입한 것이다.
8) 일부 일기 안의 인명은 인권 보호를 위하여 가명으로 처리하였다.
9) 자료에 거명된 사람에 관련된 정보는 학술적 목적 이외의 용도로 사용할 수 없다.

아포일기 ❺

(1996~2000년)

농민 권순덕의 **삶과 기록**

아포일기

▌1996년▐

〈1996년 1월 1일 월요일 날씨 맑음〉

오늘은 원정훈이 모친 70순과 집뜰리을 하여쓰며 손님이 자신 집뜰리 할 때보다 적은 것 같드라. 그리고 96年 첫날이며 오늘은 그저 위웃에 집뜰리 하는데 애정돼는 시간으로 새해 첫날을 보내게 돼어쓰며 새해라는 너킴도 업시 평소와 다름 업시 보내게 돼어다.

"96年도을 갑지게 보내야 하며 올해도 큰 뜻이 이루어지는 해가 돼어 주십사 하는 마음뿐이다. 그리고 좋은 일만 지속대어 주어쓰며 한다."

〈1996년 1월 2일 화요일 날씨 맑음〉

오늘은 날씨가 아주 좋은 데 연후라서 그른지 다들 모여 노는데 술빵치기로 한자리에서 노는데 나이가 만원 사람이 술래 취해서 벌소리만 하고 잇는데 자신으로는 도저이 볼수가 업쓰며 아무라도 저른 자식을 두며 차라리 업는 것이 낮깨따는 생각이 들어쓰며 한심하다는 생각이 들드라. 사람이 사람구실 못하 는것이 재일 불상하며 오늘 이태옥 씨와 이철수는 내가 볼 때에 정말 한심스렵드라.

"오늘은 봄 날씨와 다름이 업는데 신정이라는 공휴일이라고 다들 휴식을 하여따고 생각을 한다."

"오늘은 바보같뜬 두 사람때문에 돼지 왕족발 30,000원 치을 식키서 잘먹으찌만 마음속으로는 걸리는 점이 잇드라. 인간이 어리석은 것은 쓸 곳이 업따고 생각을 한다."

〈1996년 1월 3일 수요일 날씨 맑음〉

운이 방위 산업체에 갈 때가 업쓰서 극정이 돼는구나. 운이가 어리석으서 군 생활을 씩킬라니 부모 입장에서는 극정이 크다. 사람이 군 생활을 하고나며 사회생활에 도음이 됀다고 생각을 하지만 자식이 어리석으서 군 생활은 방위 산업체 갈수만 잇따면 군에는 보내지 않캐다.

"오늘도 무이미한 하로 생활을 하여따고 생각을 한다."

〈1996년 1월 4일 목요일 날씨 맑음〉

오늘은 친구들과 정심을 중화요리점에서 짜장면을 1그릇에 2,300원식에 6그릇을 식키서 먹어쓰며 오늘은 화토는 하지 않코 그저 대화로 시간을 보내곤 하여다.

"어머님 오늘제사는 어머님 돌라가신지가 26년이 돼는 재사을 어머님의 자식들, 며느리, 조카까지 파짐업시 다들 참석을 해서 제사 올리 씀이다. 어머님 친구 멧 분이 살라계시는데 그분을 볼 때마다 어머님 이 생각이 나며 우리 어머님도 여때것 살라 계시며 내가 세집을 짓어서 어머님을 잘모시바쓰며 하는 마음이며 이것들을 생각을 할 때마다 자식이 복이 업쓰서 어머님이 일적 도라가시따고 생각을 한미다. 어머님 내가 보모님 예깨 사랑을 못다한 것을 내쳐에깨 그 사랑을 다하리라고 어머님과 약속을 한 것을 오늘날까지 지키오고 이씀이다. 어머님 이 아들은 잘살고 잇쓰며 특이 어머님 둘째 며너리가 정말 좋은 사람이라서 이아들이 아주 편한 부부 생활을 하고 잇씀이다. 어머님 앞푸로도 우리 형재들이 우정을 버리는 일들이 업두록 보살펴 주십요, 어머님.
지출에 … 어머님 재사준비 20,000원

〈1996년 1월 5일 금요일 날씨 맑음〉

오늘 사랑방에서 방으로 안방 안전 사람 중 담배을 피우지 않는 사람들은 셋 사람인돼 이재는 사랑방에서 입김이 좀 시전다고 생각을 하며 자신은 재발 방에서 담배을 못 때우구로 주장을 하며 담배을 피우는 사람이 실어할 정도로 말을 한다. 담배을 때우는 사람은 건방지다고 생각을 할련지는 몰라도 자신은 담배을 태우는 사람들은 양심도 업는 사람이라고 생각을 한다. 외냐 적은 방에서 연신 담배을 태와서 담배을 태우지 안는 사람에 눈이 따거어서 눈물을 흙리두록 하며 이것을 생각을 할 때에 사랑방에 놀로을 가지 않을라고 멧번 생각을 해도 집에서는 시간을 다 보낼라고 하는 너무나 답답한 마음을 다 참을 수가 업쓰서 사랑방에 가며 담배을 태우는 사람 때문에 큰 피해을 받고 잇다.
"오늘도 무이미한 시간으로 오늘을 보내쓰며 그리고 오늘 우리 마을 정기총회을 회쓰며 우리 마을은 시정을 해야 하는 일은 아무른 이야기도 업고 화잔은[하찮은] 일들만 이야기을 하고 잇는 것을 볼 때에 한심스렵다."
"내 친구가 마을 복판에서 젓소 30마리 이상을 사육하면서 냄새을 마을 전체을 디텁프쓰는돼도 매년 정기 총회 때에 돼지 한 마리 기증만 하면 좋다고 잘들 먹고 잇는 것을 볼 때에 한심스렵드라. 동민들의 식수에 약이 을마 들어오는 줄은 모르고 임시 고기을 준다고 잘들 먹고 잇는 모섭이 불상하드라."

〈1996년 1월 6일 토요일 날씨 비〉

오늘 아침에 일어나 보니 비가 밤새 조금 내리서 개단에 얼어 잇쓰서 내리가기가 좋심을 해야 하게드라. 그리고 마당에는 비가 너무 적개 와서 아무련 표도 나지 않트라. 이것을 본 자신은 하늘이 원망스렵꾸나. 날씨 가뭄이 삼 년째 들어가는데 이재는 푹원비가 내릴 때도 돼어는데 하늘이 원망스렵꾸나. 인간이 학수고대하는 비가 오지 않으니 외간장을 다 태우고 잇다.
"오늘도 전과 별다름이 업시 하로을 보내쓰며 그리고 남방용 기름을 너어쓰며 요줌은 경유 2드람 너어도 한달도 부족할 정도며 한해 겨울 남방비 값도 음청나게 들어갈 것으로 내다본다."
"이재는 무이미한 시간들을 보내고 잇는데 앞푸론 좋은 날은 빠트리지 않코 일들을 하여야 하게다."

〈1996년 1월 7일 일요일 날씨 흐림〉

오늘은 삼촌 산소가 도로 학장하는데 들어간다고 이장 문재가 극정이 돼어서 사촌 형재들과 형님과 두리서 현장에 가보앗쓰며 삼촌 산소가 봉초는 들어가지 않을 것 갈떠며 들어간다면 묘떠력[살피러] 좀 들어 갈 것으로 본다.
"육촌 형님으로 바서는 삼촌 묘가 들어간다면 조상묘을 다 들어내서 주유소을 할 작정을 하고 잇다. 삼촌 묘가 우선 바서는 들어가지 않을 것 같다서 사촌 형님의 꿈이 무산돼어버리는 것 같다."
오늘은 작과나무 전정을 할려고 개핵을 세

우따가 삼촌 묘소 문재 때문에 현지 답사을 하는 문재로 오늘도 무이미한 시간을 보냇다.

〈1996년 1월 8일 월요일 날씨 흐림〉

오늘은 윤학희 버섯 재배을 하는돼 솜을 타는돼 트랙터 노타리로 솜을 타는돼 시운 일이 아니며 이일은 돈을 버는 것은 앞푸로 남는 것이 아니라 뒤로 밑가는 일이라고 생각을 한다. 외냐하면 노타리 라돼나에 실밥이 몰려들어서 기계에 무리가 상당이 만을 것으로 내다 본다.

"오늘은 학희 버섯 재배하는돼 솜타는 일로 오늘을 보내쓰며 오늘 버섯 재배 가정을 보니 밑천이 만이 들어 갈뿐 아니라 노동인보가 너무 만이 들어가서 버섯재배도 십계 달려들수 업는 일같다."

"한국사람들은 놀기 좋은 사람들이라서 선진국으로 가는 가정이 힘들 것으로 내다본다. 외냐하면 요즘 한사람이 계돈으로 낭비을 하는 것만도 수도 업고 절먼 사람 나이 만원 사람 할 것 업시 계는 가정에서 하면 힘든다는 것으로 다들 식육점으로 다들 가서 하고 잇쓰며 이것도 1년에 한번 하는 것이 아니라 매달하고 잇쓰니 검소하게 살라가는 것이 아니라 돈을 어떠개 면목을 부치서 만이 쓰야 하나 하고 앞다투어 캐락을 절기고 잇쓰니 기가 찰 일들이다."

"자신은 정부에서 낭비하는데 부축거리고 잇따고 생각을 한다. 외냐하면 우리 읍에서도 각마을 휴계자들의 부인들을 주기적으로 캥가리, 장고 이른 것들 가려키고 잇는 것은 멀리 보며 캐락을 유도하며 정부에서 낭비을 부축하며, 우리 마을도 부녀회원중 장고 교육을 가려키 위해서 강사가 매주 온다고 하니 우리로서는 불만이다. 가면 장고을 다배우면 가만이 잇쓸 사람은 한 사람도 업쓰며, 이번에 휴계자들 부인들이 모임을 가지고 노래방 같다오다 2명이 죽고 두명이 아주 크게 다치는 사고을 내고 마라쓰니 이것도 정부에서 장고, 캥가리 교육을 했키 때문에 발생을 했따고 생각을 한다."

"한국 여자들 정부에서 부축거리지 않아도 너무 낭비을 만이 한다고 보는돼 그기에다 낭비을 부채질 하고 잇는 의도는 어디에 잇는 줄을 알 수가 업꾸나."

〈1996년 1월 9일 화요일 날씨 맑음〉

오늘은 날씨가 차거어서 아 무일도 못하고 사랑방에서 화토노리을 하여쓰며 사랑방에서 굽피을 하면서 다돈[1]으로 짜증면을 씩키서 정심을 해결을 하고 종일동안 하토노리을 하는데 자신은 화토가 아주 잘돼며 자신은 화토을 한 후로 재일 잘돼어따고 생각을 하며 오늘은 화토 수입을 한참 보고 잇는데 부인이 집에 모다 고장이 낮따고 열락이 와서 화토을 하다 말고서 집에 와보니 모타 집이 전기 합선으로 불이 낮서 보원덥개와 모타, 다들 다 타버리서 아무것도 쓰지 못하게 돼어잇쓰며 이것도 운이가 친구집에 놀로 갇다가 집에 오고 십프서 일적 와서 불을 발견을 해서 소화기로 불을 껏따고 하드라. 자신의 생각에 운이가 놀로 가면 저녁도 먹지 않코 밤이 가는 줄도 모르고 노는 놈이 어떠게 오늘은 일적 와서 불을 끄쓰며 만약에 아무도 업는 집에 다 타

1) 놀음에서 승자가 가지는 판돈 중 일부를 따로 떼어 놓은 돈.

두록 두어쓰며 욕조실, 배관, 세탁기, 배관 전선, 펌프 배선 전부가 다 타면 음청난 손실이 따리는돼 다행이 모타펌프만 손실을 보고 마라쓰니 첨만 다행이라고 생각을 하며 무엇보다 자신이 소화기을 35,000원 주고 살 때는 부인 반대을 했는데 오늘 소화기로 운이가 불을 끄쓰니 이것은 효과을 보앗쓰며 언재나 안전을 생각을 염두을 해야 한다고 제삼 생각을 하여다.

"오늘 일들을 생각을 해볼 때에 오늘 화토가 잘돼드니 집에 펌프가 불에 다타서 모타 사라고 화토가 잘돼어꾸나 하는 생각이 더는구나. 오늘 화토 벌이로 73,000원 수입을 밭쓰니 이 돈으로 내일 펌프을 살작정이다."

수입에 … 화토노리 73,000원
지출에 … 운이 친구 어재 와다가 오늘 가는데 차비하라고 10,000원 줌

〈1996년 1월 10일 수요일 날씨 맑음〉

오늘은 부인과 둘리서 김천 시장을 가는데 서로가 딴 볼일로 가면서 같이 김천 시장을 가게 돼어는돼 실지 김천 시장을 가서는 두리가 같이 볼일 보앗쓰며 부인은 남편과 둘리서 다니는 것을 아주 좋아하는 얼굴이 보이며 자신이 생각을 하여도 부인의 할동이 밝으며 자신도 부인의 밝은 모섭을 볼 때에 내 마음도 밝아지드라.

"오늘 김천 시장을 가는데 버스 안에서 누님을 보앗쓰며 누님은 치과에 간다고 하여서 자신은 시간 여유도 잊고 누님 치과 병원까지 부인과 둘리서 병원 따라가 보앗쓰며 치과병원에까지 따라가 보앗뜬이 병원비는 만원이드라. 그래서 정심 시간도 다돼어서 누님을 대리고 식당에서 가서 정심 식사을 하고서 해어지고 말랐다."

"오늘 자동펌프을 사온 것이 기존에 잊는 것보다 적으서 다시 바꾸어 왔쓰며 이것을 교환하는데 생각보다 수라게 교환을 하여다. 자신은 자동펌프 교환 하는돼 기술 한가지을 베어서 오늘 수라게 사용을 했따고 생각을 한다."

"오늘 저녁을 먹고 잠자리에 들어 잊는데 김천, 순달이가 큰집에서 이야기을 해보자면서 좀 내리와달라고 해서 부인과 둘리 같뜬이 구미 고무신 상가과 나와따면서 이야기을 하는데 이미 순달이는 마음의 결정을 하고서 형님들래깨 알리주는 자담이 돼어쓰며 순달이는 고무신 상가을 인수을 하여서 고무신 재고을 처분을 하며 나중에는 음식점을 할 작정이드라."

"자신은 순달이가 빛으로 상가 인수을 할려고 하는 것은 우리로서는 무리라고 생각을 하는데 본인이 이미 마음을 꾸친 몸이라서 무어라고 답을 할 수가 업꾸나."

"보정금으로 30,000,000만 원, 월세 2000,000만 원 정말 음청난 돈이라고 생각을 한다."

수입에 트랙터 노타리값 50,000원
지출에 … 펌프값 70,000원 부품값 15,000원 물동이 조리게값 1,300원 누님과 정심식사 9,000원 버스값 1,800원 태옥이기 버스값 450원 계 97,550원

〈1996년 1월 11일 목요일 날씨 맑음〉

오늘은 우리 집에 망우리 공사을 하로 인보과 왔드라. 그래서 인보들 일하는데 그들어주는 날이 돼어쓰며 오늘 인보들 4명이 일

하는데 정심과 참을 재공을 하여쓰며 참은 집들이 하고 남은 맥주와 소주가 남아 잇쓰서 참비을 들을 수가 잇쓰다.
"오늘로서 망우리 공사을 안전희 할려고 하든이 시간이 업쓰서 끝을 내지 못하고 말랐다."

〈1996년 1월 12일 금요일 날씨 맑음〉
오늘로서 망우리 공사을 끝을 냇쓰며 오후에 인타본[인터폰] 150,000만 원짜리 할려고 하는 것을 250,000원 하는데 50,000원 보태줄라고 하여서 오늘 250,000원짜리 인타본 달라쓰며 박사장이 남어지 3,000,000 백만 원 다주며 인타본은 서비쓰로 너어 줄라고 하는데 오늘 인타본도 줄라고 한 50,000원도 다주어서 3,050,000원 잔액을 전부 다주어다.
"오늘로서 박세종한태 주택 건설비 전액 52,000,000원 줌"
지출 오늘 박세종 잔금준 것이 수표
1,000,000만 원 3장 현금 50,000원
계 3,050,000원

〈1996년 1월 13일 토요일 날씨 흐림〉
오늘은 날씨가 흐리저고 잇쓰니 이재는 비가 오겟따 하고 좋아 하여쓰며 기상대에서 한때 비가 온다는 예보을 드고 실망을 하여다. 예나 한때 비가 온다면 우리 지방은 오지 않코 그냥 지나가버리고 잇쓰서 큰 실망을 하여다.
"이 날씨가 너무 가뭄이 심해서 과수에는 눈에 표가 나지 않는 피해을 주고 잇쓰니 농민의 한사람으로서 극정이 크며 이 날씨가 삼 년째 가뭄을 두고 잇쓰니 이려다가는 만물을 다 죽일려고 더는 것이 아닌가 하고 불안감을 잊절 수가 업꾸나. 내 마음 갇다서는 한박눈이 쇼다저서 우리 한 키라도 내리주어쓰며 한다."
"오늘 부인은 용학이 아들 돌이라고 대구 용학이 집에 같쓰며 형님도 동생들이 아이들 학교 식킨다고 다들 돈 때문에 힘든다고 야단인돼 날들을 들 쨍기쓰며 하는 마음이 든다. 외냐 걸래와서 용숙 결혼, 용숙 딸 돌, 용학이 아파트 입주, 용학이 결혼, 용학이 아들 돌, 아들 (백날), 미숙 결혼 이것들을 연속으로 계속 챙기고 잇쓰니 나로 바서는 구미동생은 대학, 올해로서 아들 셋이 다가고 잇는돼 이것들 다 챙기며 마음적으로 고통을 주겟나. 나 자신이 이것을 생각을 하며 마음이 더디고 잇다."
"자신은 이른 것을 다들 상가을 하고 십픈 심정이다. 자기일은 자기가 해결을 해야 한다고 생각을 한다."
"오늘은 작과나무 전정을 하여쓰며 자신이 올해 나무전정을 한 후 재일 만이 하여따고 생각을 한다."
"우리 마을에서는 인트본을 얼굴이 나오는 인타본을 처음 달라쓰며 이것을 달고 보니 신기하드라. 대문에 초인종만 눌리며 그대로 얼굴이 화면에 나오고 잇쓰니 생각을 할수록 신기한 물건이구나. 앞푸로는 초인종을 농촌도 다들 달라야 한다고 본다."

〈1996년 1월 14일 일요일 날씨 비〉
요즘 날씨가 진저리 날정도로 치가 떨리는구나. 기상대는 5cm, 20cm과 내린다고 하든 눈이 가랑비로 이슬처름 내리고 만이 날씨에 한탄스렵꾸나. 이 날씨가 무엇 때문에 이처름 가뭄이 지속대고 잇는가 원인을 모르고 잇쓰니 가뭄에는 무방비 상태이며 정말 급이 나는구나.
"오늘은 강신규 딸 결혼을 구미 오성 예식장에서 올리는 처음 잔치라서 손님도 만터라. 그리고 우리 동기생들이 그진 다들 참석을 하여드라."
"그리고 우리또래들이 서서이 잔치에 열이 오르고 잇꾸나. 앞푸로 2년 후에는 잔치 불이 할착 피지 않을까 하고 내다본다."
지출에 … 장신구 딸 결혼식 부주
20,000원 용학 아들 돌잔치에
45,000원
계 65,000원

〈1996년 1월 15일 화요일[2] 날씨 비〉
오늘은 비오는 모섭이 인간의 마음에 협족하지는 안치만 그른대로 보슬비가 내리고 잇쓰서 목 타는 대지에 갈정을 해소을 하지 못해찌만 이번 비는 만물에 큰 도음을 주어따고 생각을 한다. 오늘 비는 인간의 마음을 달래 주지는 못해서 아쉽꾸나.
"오늘 우리 마을 물류센터에 돼지가 변경이 돼어서 자신의 포도밭이 처음은 들어가지 않아는데 이번에는 포도밭이 들어간다고 하여서 자신은 사과밭은 들어가도 포도밭이 살라서 좋아 했는데 이번에 또다시 다 들어간다고 해서 큰 실망을 하여다. 우리 마을은 물류 센타가 들어오며 우리 마을은 영혼희 빈곤한 마을이 돼며 후대에깨 물려 주기에는 부끄러운 마을이 댄다고 말을 하고 십다."
"오늘은 물류센타 문재로 사랑방에서 종일 동안 불평을 하여쓰며 자신은 물류센타을 외 마을 입구까지 반싹 땅기서 하는 이유을 몰게 쓰며 자신이 볼 때는 마을 입구까지 땅기지 않아도 바시내 복판은 난겨두고 마을에 피해을 줄라고 하는 이유을 몰개쓰며 자신이 물류 센타 청사진 나온 것을 보고는 어느 입김이 들어간 것 쳐름 단지가 나누어 전 너킴을 안가질수가 업꾸나. 자신으로서 포도밭에 큰 기대을 하고 잇쓴는데 이재는 꿈이 문어저버리고 마는구나."

〈1996년 1월 16일 화요일 날씨 맑음〉
오늘은 복합터미널 단지에 추가로 더들어 가는 사람들만 복합터미널 문재 토위을 하여쓰며 이 문재을 토위을 하여도 별 문재을 해결이 돼지 않코 내일 시장실에 가서 사정을 하는 것으로 끝을 냇다.
"자신으로 바서는 처음 복합 터미널 청사진 나온 것은 자신의 포도밭을 피해갇는데 두 번째로는 자신의 포도밭이 들어가서 자신으로 바서는 내 재산에 음청난 손실을 보게 돼어다."
"오늘 오후에는 작과나무 전정을 하여쓰며 사실 작과나무 전정일은 손에 걸리지 않으며 복합 터미널 문재 때문에 멍한 사람이 돼어간다고 생각을 너켜본다."

〈1996년 1월 17일 수요일 날씨 맑음〉
오늘은 우리 마을 물류단지 지적도 변경 위유 문재로 김천 시장을 면담 하로 같뜬이 시장 아침 회한다고 대기실에서 기다리라고 하든이 아침 회{의}을 마치고 행사 일로 우리들을 면담을 못하고 바파서 같따는 말을 비서실에서 말을 하드라. 그래서 비서실 사람과 실랑이을 벌리고 아무른 소득업시

---
2) 월요일이나 화요일로 잘못 기록하였다.

내리오고 마랐다.

"오늘은 시장 면담일은 시장이 행사일의 핑계로 우리 마을 사람을 피해따고 생각을 한다."

"오늘은 두 달 전에 땅 개약을 한 것이 여때까지 상대방에서는 땅을 상속을 밭아서 자신에깨 매도을 해야 하는 어르움 때문에 너저따고 이야기을 하며 오늘은 자신에깨 등기가 넘어오는 서류 절차을 자신이 시청으로 읍으로 다니면서 서류 전부을 다 준비을 하여다."

지출에 … 버스값 880원 시청에서 토지 대장 인지대 800 읍에서 농지 치득[취득]자격 인지대 300원 계 1,980원

〈1996년 1월 18일 목요일 날씨 맑음〉

오늘은 자신에깨 등기 필증을 내기 위하여 땅주인 사위가 근무하는 새마을 근고 박명섭씨와 둘리서 차저가서 서류 일체을 준비을 해서 둔것을 자신이 가지고 올라와서 아포읍 앞 김영대 대서에서 서류 일체을 재시하여쓰며 이재는 등기 문재로 고민을 한 것이 이재는 회소을 할 수가 잇캐꾸나.

"이재는 논주인이 마지막 인감을 찍어며 돈을 곳바로 주야 한다고 해서 자신이 서류 일체을 대서방에 접수을 하고서 줄라고 하여서 곳바로 박명섭 씨을 대리고 조합에 가서 돈원을 줄라고 하니 박명섭씨가 김천 병원에 부부가 침 마저로 간다면서 저녁너깨야 구미서 온다면서 돈원 너깨 바들라고 하여서 자신은 친구와 좀 놀다가 오후 2시가 조금 넘어서 2개 통장에서 1통장에서 12,900,000원, 2개 통장에서 600,000원, 계 13,500,000원 차저 와서 논 값으로 12,540,000원 주고 박명섭씨가 물류 단지 들어오는 바람에 땅값이 만이 올라따는 핑계로 돈원 원근희 바라는 눈치을 보여서 그리고 나는 7,000,000만 원 벌어따고 야단을 쳐는 것을 보고는 자신이 생각을 할 때에 돈을 요구을 하는 눈치라서 1,000,000만 원 수고비로 박명섭 씨을 주어다. 그른대 자신이 13,540,000원 주고 영수증을 밭아오지 않아따고 부인이 욕을 할 때에 자신이 잘못하여따는 생각이 들며 자신이 영수증 생각을 하여찌만 박명섭씨가 영수증 쓸 필적이 못대어서 박명섭 부부가 다 잇는데 벌소리는 하지 않캐지 하고서 영수증 업시 돈원을 다주고 와서는 부인의 말래 큰 극정이 돼고 잇꾸나. 오늘 자신이 큰실수을 하여는데 앞푸론 이른 실수을 하지 않캐다."[3]

지출 … 둘리 버스값 일체 4,040원

"오늘 수령액이 40,000원이 모자라서 집외 돈을 40,000원 보태서 박명섭 씨 1,000,000만원 만들어 주어다."

〈1996년 1월 19일 금요일 날씨 맑음〉

오늘 오전은 아포 김영대 대서방에서 치득세와 대서비을 달라고 열락이 와서 이거 하로만에 치득세을 달라고 하며 등가가 이르게 빨리 낫는가 하고 빨리 갈든이 등기는 일주일 후에 난다고 이야기을 하며 돈원을 미리 달라는 소리드라. 오늘 대서방에 213,000원 달라고 하며 영수증도 등기가 나며 같이 줄라고 하는데 바로 해달라고 말

---

3) 일기 지면 상단에 '이번에 주택자금으로 땅 727평 사는데 16,000,000원 다 들어같다.'라고 기록되어 있다.

도 못하고 또 실수을 했따는 생각이 들드라. 돈원 반드시 건느가며 영수증을 밭아야 하는데 이것을 실천을 못하는 마음이 어르석으서 큰일이다. 자신이 어재 13,540,000원 주고도 영수증 업시 돈원 건느쓰니 정말 한심한 일을 하여따고 생각을 하며 어재 일을 실수을 했따고 큰 한심을 쉬고도 오늘 또 실수을 했쓰니 이것은 나 자신이 바보가 아닌가 하고 혼자 말을 뒤십고 잇다. 자신은 돈원 적은 돈이라도 밭으며 영수증을 해주야 인간의 마음 안정을 식켜주야 해야 하겟다. 인간은 돈원을 밭고 줄때에 원칙을 하는 사람만이 인간의 질리을 알고 사라가는 사람이라고 생각을 한다.

"오늘은 이태옥 씨 둘째 딸 결혼식을 외관에 올리는데 축하객이 생각보도 만드라. 이태옥 씨는 인간의 페물이라고 생각을 하는데 축하객이 만은 것을 보며 그래도 아직 어리가 살라 잇따는 생각이 더는구나. 그리고 오늘 접대는 업는 사람이라서 다들 이해는 하지만 오늘 혼주가 인사 한마디 업쓰며 사람이 업쓸수록 싹싹 마음이 잇쓰야 하는데 오늘 혼주 부부는 두리가 똑같다고 생각을 한다."

지출에 … 대서방에 준돈 213,000원
버스비값 440원 김천 사촌
이모님 별세 부주 30,000원
이태옥씨 딸 결혼 부주
20,000원
계 263,440원

〈1996년 1월 20일 토요일 날씨 맑음〉

오늘로서 앞밭에 작과나무 전정을 다하여는데 금년도는 가뭄이 가중이 돼어서 그른지 과수나무들이 상당이 만이 죽어 죽어드라. 그리고 무선 날씨가 비가 오지 않을 뿐 아니라 겨울눈도 한번 눈같이 내리지 않코 잇쓰니 우리 농민은 이재는 날씨마자 농민을 죽일라고 더는데 이재는 기력이 업쓰서도 버틀 힘이도 업따고 보며, 이재는 고서란이[고스란히] 주저 안절 직전이라고 말을 하고 십다.

"우리 마을 사람들은 물류단지가 들어온다고 좋아하는 사람들은 연세가 만은 사람인돼 자신은 늙 주장하는 것이 우선 연세 만은 사람들은 농사짓기가 힘이 들며 땅을 판다고 볼 때에 현시까로 바서 평당 20,000원 더 밭는다고 좋아하고 잇는데 나는 우리 마을 땅이 앞푸로 5년 후만 가도 십짜 이상 돈원 밭으며 앞푸로 힘이 들거든 땅을 묵카도 물류단지 들어가는것보다 더 밭을수 잇따고 사람이 모인 자리에서는 늙 주장을 하고 잇다."

"우리 마을 바서는 물류단지가 들어오지 않으냐 하는데 우리 주민들은 심각하게 생각을 하여야 하는데 주민들은 여사일로 생각을 하고 잇쓰서 더욱 예돌꾸나."

〈1996년 1월 21일 일요일 날씨 맑음〉

오늘 오전은 당산 포도밭에 포도나무 전정을 하여쓰며 오후에는 우리 형제들과 한자리에서 우정을 돈독하기 위하여 오늘 자신의 토기을 4바리 잡아서 한자리에서 술안주 겸 돌부리 할려고 동생들을 부르니 다들 바푼 간개로 구미는 동생 둘리는 올라오지 않코 김천동생 식구들 참석을 하여서 토기 돌부리을 하여쓰며 형재들 다 참석을 못하여서 마음에 걸리드라.

"오늘 포도나무 전정을 하여보니 나무들이 죽은 가지들이 만터라."

〈1996년 1월 22일 월요일 날씨 맑음〉

오늘은 포도나무 전정을 하여쓰며 포도나무가 세력이 약한 것은 만이 죽어쓰며 포도나무무 세력이 강한 것은 꽃눈도 충실해보이며 포도나무도 거름이 만야 하게드라. 그리고 오늘 전정을 종일 하여다.

"오늘 저녁은 우리 마을 물류단지 대책 토위을 하여쓰며 읍장 말과 같이 아직 선정이 안댄 상태에서 무선 말을 할 수가 업따는 말과 같이 우리도 뾰쪽한 의견도 업쓰며 내일은 변호사 자문을 바드로 갈 작정이다."

"일기예보는 비가 온다는 예보도 업고 날씨는 바싹 바싹 조이거 잇쓰며 농민들을 다 죽일라고 작정을 한 거쳐름 3년째 가뭄을 더하고 잇다."

〈1996년 1월 23일 화요일 날씨 맑음〉

오늘 오전은 친구들과 어울려 노라쓰며 요즘 날씨가 일하기가 좋은 날씨가 지속대니 어울러서 노는 사람이 업꾸나.

"오후에 포도나무 전정을 하느라고 오후 시간을 보내고 마랐다. 그리고 물류단지내 집이 우리 마을래서 임태성 백운학 이 두 집이 물류단지 청사진에 나와는데 이 사람들은 요즘 마음에 불안을 감추지 못하고 잇꾸나."

"우리 마을로 바서는 물류단이 들어오는 것은 어떠한 수을 쓰드라도 막아야 하는데 극정이 말을 할 수가 업꾸나."

〈1996년 1월 24일 수요일 날씨 맑음〉

오전은 친구들이 우리집부로 놀로와서 오전은 친구와 놀라쓰며 오후에는 당산포도나무 전정을 일적 다하고 친구 전정하는데 차저 가서 놀랐다.

"그리고 오늘로서 대서방에서 등기가 내 앞푸로 나와따면서 등기을 순달이 주어따고 열락이 왔더라. 이번 땅은 우리 마을 물류단지 선정 대는 바람에 땅값 상성 될 끄라는 예상 때문에 문재가 해결이 되지 않을 끄라는 극정을 하여 왔는데 이재는 땅 문재로는 극정을 면할 수가 잇꾸나."

〈1996년 1월 25일 목요일 날씨 맑음〉

오늘은 날씨가 난대업는 바람까지 불어서 아무일도 못하고 종일 휴식을 하여쓰며 오늘 오후에는 화토노리을 하여쓰며 오늘 자신은 화토가 돼지 않아서 5,000원 손애을 본 셈이다.

"오늘 저녁은 마을 회관에서 물류단지 절때 반대로 우리 동민은 결정을 밭쓰며 자신이 물류단지는 적극 반대을 해야 됀다는 주장을 강력희 주장을 하여쓰며 자신이 두가지 안을 간철시키쓰며 우리 마을에서는 물류단지을 밀어내야 우리 마을이 산다고 본다."

지출에 … 화토노리에 5,000원

〈1996년 1월 26일 금요일 날씨 맑음〉

오늘은 우리 마을 물류단지 내역으로 회관에서 토위 가정에서 우리가 시간이 시급하다면서 시장실을 차저가자고 하여서 봉국이 관광버스로 약 50십 명이 올라같쓰며 시장을 만나서 토위을 하여도 마음이 편한 소리도 덧지 못하고 오희려 간접적으로 공갈을 쳐는 너킴을 주드라. 시장은 국체 사업이라면서 이것이 선정이 돼며 어떠게 할 수 업따는 말만하고 잇쓰니 우리로서는 할 말을 잊고 마라쓰며 시장의 말 한마디로서 우리 마을 사람들이 소리 한번 못하고 죽게 돼어 잇쓰니 이것은 정말 피을 토할 일이다.
앞푸로 투쟁을 해야 하는데 투쟁 방법이 나오지 않으며 결국은 당하고 만단 말인가. 우리가 물류단지가 들어오며 우리 주민은 풍유스렵게 살수는 업따고 생각을 한다.
"오늘 주민 50명이 시청에 간 것은 아무련 득이 업시 끝이 낮따고 생각을 한다."

〈1996년 1월 27일 토요일 날씨 맑음〉
오늘은 물류단지 유치 반대 걸기대회 하는 가정을 토위하면서 자신이 부회장으로 선출이 돼어쓰며 걸기자에 선임자가 돼며 이것은 불익이 만은 위치라는 것을 생각을 할 때에 불안감이 더 가중이 돼며 자신으로는 이 책임자는 사실 실어하는 위치에 서계 돼어다.
"그리고 월요일날 궐기대회 한다는 준비물을 김천시장을 보게 돼어쓰며 그리고 궐기대회 집회는 경찰서에서 집회 허가을 받아야 한다고 해서 아포 지서을 갈더니 허가 문재는 김천 경찰서에서 허가을 받는다다고 하며 지서장은 경운기 시위을 할려고 하니 우리 주민이 다치는 일을 하지 말라고 당부을 하는 것을 볼 때에 경운기 쉬위는 포기을 해야 할 것 같다. 나 자신도 법 태두리에서 벗서나는 일을 하지 않을 것을 자신의 마음을 다스리겟다."

〈1996년 1월 28일 일요일 날씨 비〉
오늘은 감부 측에 토위을 하여쓰며 오늘 토이 과정에서 물류단지 유치반대 명분이 잇쓰야 반응이 잇따고 결론이 나서 우리들은 다들 이른 일을 처음 당하는 일이라서 무라고 손을 뎰 수가 업쓰서 득계 김석권이기 이번에 국회원 출마하는 박영우 사모실에 건무하는 사람이 대모에 전문으로 한다는 사람 이쓰서 당 사모실을 차저갈쓰며 자문을 밭아보니 조금은 도음이 돼어따고 생각을 하나 우리 마음을 다스리는 대는 부족했따고 생각을 한다.
"물류단지 감부들도 속 다른 사람이며 자신이 볼 때는 간부 선출이 잘못돼어다. 외냐 우리 동민원 전격 반대로 시위을 할려고 개핵을 세우고 잇는데 회장 윤봉희, 총무 장희석, 작동에서 선출한 부회장, 이 사람들은 물류단지에 들어가는 땅이 제일 만은 사람들이라 이 사람들은 적면 반대는 실어하며 늙 협상카드을 재시을 하고 잇쓰서 전격 반대는 허터려저게 생각을 하고 잇쓰서 우리들이 감부 선출하는데 과정이 잘못돼어따고 생각을 한다. 외냐 우리 동민들은 땅이 만이 들어가는 사람이 신경을 만이 쓴다고 생각을 하고 선출 한 것인돼 막상 시위을 할려고 들어보니 땅이 만이 들어가는 사람들은 보상을 만이 밭을라고 하고 잇쓰며 이 사람들은 공해, 동네가 망하든 말든 땅 보상금을 만이 바들 깨만 부리고 잇쓰니 이것은 처음부터 잘못돼어다.
"오늘 일들은 조금 도음이 돼어따고 생각을 한다."
"오늘 낡씨 외돌꾸나. 그처름 비가 쏘다질 뜻 한 날씨가 땅에서 문지 않날 정도로 방울비만 내리고 마랐쓰니 개탄을 아니 할 수가 업꾸나."

〈1996년 1월 29일 월요일 날씨 맑음〉
오늘은 운이와 둘리서 대구병무청에 가서 육군 지원서 낼라고 둘리 가서 지원서을 재출을 하여쓰며 오늘일은 운이 한태 막키나도 다할 수가 잇쓰따고 생각을 한다. 운이을 육군을 지원 원서을 내고 오는데 군복입원 아들이 여사로 안보이며 운이가 군복을 입은 아들 보고는 무선 생각들을 하고 잇쓸까 하는 생각도 들며 부모의 머리는 모든 일들이 쓰쳐가고 잇다.

"오늘은 운이 일로 대구 병무청에 갈다오는 일로 오늘 일을 끝낸 셈이다."

지출에 … 버스값 3,500원 열차값 무궁화 통일호 12,000 정심값 5,500원 계 21,000원

〈1996년 1월 30일 화요일 날씨 맑음〉

오늘은 시위 집회 허가 낼라고 간부진들이 서류 정리을 하여서 김천 경찰서 정보과에서 서류 접수을 하여서 조금 기다리니카 집패 허가 낫따고 이야기을 하면서 주위 사왕[상황]을 보라면서 봉투을 주드라. 회장이 집패 허가 카다려어서 못내개따는 이야기을 해서 오늘 집패 허가 신청을 하여 보고 허가을 하여 주지 않는다면 불법 시위을 할 작정을 하여는돼 오늘 수라게 집회 허가을 내주드라.

"오늘 집회 허가내로 간 사람은 (자신과) 윤봉희, 조영대 3명이 김천 경찰서 내안을 하여다."

〈1996년 1월 31일 수요일 날씨 맑음〉

오늘도 우리 마을 사람들은 물류단지 현수막 다는 일과 시위 준비물 만드는데 분주한 시간들을 보내고 잇쓰며 물류단지가 우리 마을에 선정이 다 돼어잇는 줄 알라떠니 아직은 학정은 아니고 정부에서도 선정 가정이라고 대구 방송국에서 지방뉴스에 대구 금난동에 유통단지가 45만평 부지가 학보가 돼어 잇쓰며 물동량을 바서는 아포, 봉산 보다 대구가 유치 족권이 낫따는 평을 하고 잇드라. 이른 것을 볼 때에 유치 반대만 한다면 물류단지 유치는 밀어 낼수가 잇따는 전망이 보이고 잇드라.

"오늘 운이가 낮재 나간 아이가 열락이 업쓰며 밤 9시가 넘어도 집에 들어오지 않아서 집에서 기다리고 잇는돼 전화 오드라. 전화을 밭아보니 운이며 친구와 구미 잇따면서 좀 너깨 올라고 하드니 밤 10시 다 돼어쓰는 버스가 업따면서 택시을 탈라니 10,000원 달라고 하는돼 친구 집에 자고 갈까 물는돼 밤 너전 시간에 친구 집에 가면 안대, 친구 집도 낮재 가야지 하면서 택시타고 오며 돈원 내가 줄라고 하면서 오라고 하여다. 자신은 택시 값을 주기 위하여 마을 입구에서 조금 기다리고 잇쓰니 택시을 타고 운이가 오드라. 그래서 마음속으로는 놀로 다니는 놈들 버스시간도 모르고 놀고 잇는 놈을 꾸중을 줄 마음이지만 한 번이라서 꾹참고 택시비을 주고 아무른 내색업시 이번 일은 용서 하지만 다음에 이른 일이 잇따면 용서을 할 수 업따고 하면서 한마디만 하고 는기고[넘기고] 말랐다."

지출 … 운이 택시비값 10,000원

수입에 … 화토노리 2,000원

〈1996년 2월 1일 목요일 날씨 흐림〉

오늘도 동민들은 물류단지 유치 반대 준비을 한다고 온 동민들이 간심 쓰고 잇쓰며 절먼 사람들은 돼지을 이 추은데 잡으며 유치반대 열기가 시간이 갈수록 더 가중이 돼며 동민들 열기을 바서는 유치하는 것은 십지 않을 것으로 내다보고 잇다.

요줌은 나 자신이 마음이 바로 잡피지 않코

떠잇쓰며 밤잠까지 슬치는 날도 잇다.
"그리고 날씨마저 인간을 개로피고 잇는 것이 안타가어며 겨울 날씨가 눈다운 눈이 오지 않으니 안타가운 마음 검할 길 업꾸나."
오늘도 물류단지 유치 반대을 해야 하며 우리 마을 위치에는 물류단지 유치을 하지 않아도 발전 가능성이 큰 위치에 별득이 업는 물채라고 보며 이것은 꼭 반대을 해야 한다고 본다.

〈1996년 2월 2일 금요일 날씨 맑음〉
오늘은 김천시청에서 시위을 하기 위하여 관광버스 2대와 봉고차와 1톤 봉고차 해서 130명 위상은 돼며 오늘은 회사원들도 출근을 포기하고 시위에 합류을 해서 관광버스 2대와 봉고차하며 아들 차에 나누어 타서 시청 마당으로 침입을 하여쓰며 시청마당에서 물류단지 유치을 반대 한다는 구호을 외쳐도 별 반응이 업쓰며 월론[언론]에도 별 반응이 업는 것 같다서 그만 시청 안으로 들어같쓰며 시청 안에서 시위을 하면서 시장은 회명을 하라고 회치며 구호 낭독을 하면서 시위는 가열이 가중이 대며 그중 시장은 김천 전문대학교 졸업식장에 같다고 하면서 부시장이 나와서 회명을 하는돼 부시장 말씀이 여러분이 반대을 하며 시민의 역적이 된다고 해서 자신이 그따위 소리로 들러로 오지 않아 따면서 손마이크을 뱃아[뺏어]버리쓰며 우리는 물류단지 유치는 반대라고 자신이 예치니[외치니] 주민들은 안전 가열이 돼며 부시장 모라내라면서[몰아내라면서] 이것은 쉬위가 아니고 폭력으로 폭발을 하여쓰며 이려다가는 머리 스쳐가는 것이 자신이 폭력 압자비로 걸려드려 간다는 외감이 들어서 130명 이상 돼는 사람들이 아, 아, 아 하면서 시장실로 올라가는돼 자신이 이것을 적극적으로 막어면서 자재을 하여달라고 하여서 겨우 막아다. 오늘은 부시장 면담, 시장 면담을 하는데 자신은 시위 궁중들이 사고을 쳐며 자신은 책임자로 꼭 걸어 들어가기 돼어잇쓰서 사실 극정이 돼어는돼 오늘 쉬위는 사고업시 무사이 끝이 나서 다행이라고 생각을 한다.
"오늘은 자신은 궁중심이 이려개 응청난 힘이 솟는다는 것을 이번에 너켜쓰며 단채 힘을 다루는 일은 쉽게 생각을 해서는 큰 사고 따라다닌다는 것을 이번에 크게 느켜다."
"시위을 하는 가정을 보니 동민의 눈을 바서 시위에 참석을 하고 잇는 사람이 만으며 시위에 앞장을 서스 반대을 해도 조심 서렵다. 외냐 물류단지가 그냥 두어도 대구로 가는 일을 우리가 쉬위을 해서 대구로 같다고 눈초리을 줄 것이 아닌가 하고 생각을 해바야 한다. 이른 것을 생각을 하니 물류단지 유치 반대도 앞장을 스기가 급이 나는구나."
"그리고 우리 혜지가 김천 전문대 졸업식을 하는 날인돼 이 아빠는 참석을 못하고 부인만 보내개 돼어서 혜지보기가 급이 나는구나. 이번 시위만 아니터라면 부인과 둘리다 참석을 하여쓸 것인돼. 혜지야 정말 미안꾸나. 우리 혜지는 전문학교는 우리 혜지 인내 때문에 전문 대학교을 졸업을 할 수가 잇쓰따고 생각을 한다. 우리 혜지가 2년 도전을 해서 전문대학을 들어가서 오늘 졸업을 한다는 것이 정말 우리 혜지가 대견스렵꾸나. 혜지야 정말 고만다."

〈1996년 2월 3일 토요일 날씨 맑음〉
오늘 날씨가 추어서 아무것도 못하고 어재

시위에 경비 결산보고 내역을 동회관에서 하여쓰며 그리고 주위에서 찬조을 하여서 지출을 큰 도음이 돼어다.

"시위 한번 하는돼 경비가 100만원 잡아야 하겟꾸나. 오늘 오후에는 친구 집에서 화토 노리을 하여쓰며 어울려 놀며 지출이 돼고 잇꾸나."

지출에 … 화토노리 3,000원

오늘 친구와 놀다오니까 펌프가 을려터지서[얼어터져서] 물이 안나온다고 야단을 쳐고 잇드라. 이재는 어더음이 짓떠지는데 내일로 미루다 오늘 곤치지 않으며 내일은 일요일이라서 수도 물 타격이 아들 때문에 크다는 생각을 하고 부인이 전화을 하니 가지고 오면 곤치줄라고 한다 해서 얼어터진 것을 분해을 해서 김천으로 올라 갇다. 그른돼 쉽게 곤치서 올수가 잇쓰다.

지출에 … 펌프 수리밦이 8,000
버스비값 440원
계 8,440원

〈1996년 2월 4일 일요일 날씨 맑음〉

"오전은 정미기에서 쌀방아을 처음 찌어쓰며 95年 쌀은 가뭄이 지속이 돼어서 그른지 쌀이 맑지을 못하며 쌀 량도 상당이 줄어따고 생각을 한다. 오늘 셋 푸대을 정미기에 찌어다."

"오늘 오후에는 세집에 바시내밭 포도나무 전정을 하여쓰며 포도 던불이 여름보다 못한 것 같떠며 포도 수입도 생각보다 적으리라고 생각을 한다."

"금년도는 겨울 쳐고 눈다운 눈 한번 오지 않고 한해 겨울이 넘어가지 않을까 하는 생각이 더는구나."

〈1996년 2월 5일 월요일 날씨 눈〉

오전에는 무이미한 시간을 집에서 보내고 마랐쓰며 오후에는 친구가 차저와서 휴식을 하면서 화토노리을 하여쓰며 오늘은 화토 노리가 잘대어서 먼저 번에 손에을 본 것을 대충 찾게 돼어쓰며 이것은 한편이 좋으며 한편의 친구는 마음속으로 실을 것이 아닌가 하고 생각을 하여 보며 친구와는 화토노리을 하지 않아야 하는데 모여 놀며 돈이 따라 다니기 때문에 문재가 돼고 잇다. 오늘도 밤을 자고나니 눈이 조금 와잇드라. 이것을 보고는 눈도 지독스려깨 눈이 오기 실은 모양이다. 이 날씨가 농민들을의 외간장을 다 태우고 잇꾸나. 이려다가는 2월달 내 비가오지 않으며 농민들은 치명적인 타격을 밭들 것으로 보며 이월 달은 눈이 한번 푹 오든지 만은 량의 비가 와주어야 96年도에 풍년을 이루야 하는데 날씨 불순이 이재 급이 나는구나.

수입에 … 화토노리에 … 6,000원

〈1996년 2월 6일 화요일 날씨 맑음〉

오늘도 친구와 종일동안 화토노리을 하여쓰며 친구 4명은 집집마다 돌라가면서 노는데 늙 하는 화토노리가 4명이 천 원식 무드놓고 화토로 막쳐기로 이긴 사람이 천 원식 패다먹기로 시간을 보내고 잇다. 오늘은 중화요리집에서 정심을 배달을 식키서 먹어가면서 놀랐다.

오늘은 남방용 기름이 업쓰서 친구와 놀다가 대신 분소에 가서 남방용 경유 400리터을 너어 달라고 돈만 지불하고 왔다. 기름값은 연중 수도 업시 올라가며 또 오늘 올라드라.

"요줌은 부인과 두리서 노래 배운다고 야단

이 났쓰며 저녁마다 부인을 부등켜 안고서 노래을 부르는 시간이 자저며 노래을 배우는 시간이 만으며 부인은 노래 곡목을 쉽게 배우는데 자신은 곡목이 잘안대고 잇쓰서 부인한태 매일 저녁 지도을 밭고 잇다. 이것을 보며 부인은 국민학교 회장을 해따고 하드니 자신의 머리보다 낮따는 생각이 더는구나."

지출에 … 남방용 기름 경유 4,000리터
81,460 화토노리값 2,000원
계 83,460원

〈1996년 2월 7일 수요일 날씨 맑음〉

오늘은 날씨가 제일 추원 너킴이 들며 경운기로 대신 떡방아간에 가는데 추어서 혼낮쓰며 갈래떡 뺄것을 큰집, 우리 두 집에 가래떡을 뺄 것을 대신 같떠니 오전 내 걸리며 자신은 형수와 부인 가래떡을 빼구로 두고 부인의 사촌 처영네 집에 가서 휴식을 하여다.

"오늘 우리 떡살은 고붕 7대 됀다고 하는데 떡방아간의 대로 본다면 1말 돼는데 부인 방아간이 손님이 만아서 그들어준 대가로 7대 값만 돌라고 이야기을 주인 한다면서 7대 값만 주고 마랐다고 하드라."

오후에는 이발을 하고 잇쓰니 도로학장 하는데 농로 빡스을 어떠게 해야 돼는지 공사 축에서 온다고 대리로 와서 현장을 가보앗뜬이 공사 축에서 공사비가 너무 만이 들어간다{며} 빡스을 도랑바닥으로 나추어서 하자고 하는돼 자신이 크게 항이을 하여쓰며 자신은 현 도로에서 도로 빡스을 하여 달라고 거센 항이을 하여다. 일부 사람은 낮추어서 해달라고 하는 사람이 잇는데 이른 사람들은 주민 편이 아니고 공사 측에 편이을 바주고 잇드라. 이것은 후대에깨 욕을 먹는 일을 하고 잇는 줄을 모르고 잇다. 현재 우리 세{대}와 옛날 사람의 부주위로 철료 굴을 다니면서 욕을 하고 잇쓰며 공사주의 편에 두고 잇는 것이 안타값다.

"지출에 … 사촌처영 손지 과자 값
1,000원"

〈1996년 2월 8일 목요일 날씨 흐림〉

오전은 가래떡을 부인과 둘리서 쓸려쓰며 오후에는 바시내 포도나무 전지을 하여쓰며 그리고 일적으서 포도나무 주위로 불을 질려서 다들 태아 버리다.

"오늘 포도나무을 전지을 하면서 포도나무 심는데 수고만 하여찌 이곳이 물류단지로 들어간다면 노력의 대가도 업시 다 끝이 나는 것이 안타값다."

〈1996년 2월 9일 금요일 날씨 눈〉

오늘은 복합터미널 유치 반대 진정서을 들고 도청, 상공해이소와 영남일보 편집2국장을 찾저같다. 상공해이소을 같뜬이 우리가 생각한 것처름 좋아하지 않으며 신문기사을 볼 때에 물류단지 유치을 대구시에서 가지고 갈려고 상당이 노력을 한다고 해서 상공해이소을 같뜬이 저이들 힘으로는 마음대로 하지 못하는 뜻을 밝키고 잇드라. 그리고 우리들 진정서을 가지고 간 것을 복사을 할려고 해서 복사을 하라고 했다. 그리고 영남일보사, 편집국으로 달희와 둘리서 찾아가서 신문에 기사을 크게 낼라고 이야기을 했뜬이 물류단지 유치 반대을 하는 기사을 크게 낼 수가 잇따면서 한번 찾아올라고 하드라. 그리고 도청 교통행정과을 찾아가니 역시 김천시장 말과 똑같아서 우리 마을 주민 일동은 우리 생활떠전을 버리고 못사니 결사반대라는 뜻만 밝히로 왔따면서 진정서을 재출을 하여다.
지출에 … 친구와 둘리서 율무차값 500원

〈1996년 2월 10일 토요일 날씨 맑음〉
오늘은 사촌 누님, 순연이 아들 결혼식을 대구 명성 웨딩에서 식을 올리는데 형님과 둘리서 예식에 참석을 하여쓰며 음식은 푸건하지는 않치만 음식이 깨끗하드라.
지출에 … 누님 아들결혼식에 부주 40,000원 무궁화 열차 값 6,000원 직행버스 값 3,400원 계 49,400원

〈1996년 2월 11일 일요일 날씨 맑음〉
오늘은 사과나무 전정을 하여쓰며 사과나무가 가뭄이 지속이 돼어서 그른지 나무들이 싱싱한 맡이 업꾸나. 사과나무는 밀차 자라지 않코 부란병이 걸려 잇는 나무들이 만으며 부란병 때문에 사과농사 짓킷가 힘이 더는구나.
"우리 운이가 아라바트로 돈원을 벌로 나가며 운이을 가만이 볼 때에 저의 엄마을 만이 생각을 하며 만이 야물어 저가고 잇따는 것을 절시리 너키고 잇다."
"운아 이 아빠는 곱게 자라고 잇는 모섭을 볼 때마다 중, 고등학교 때에 오락에 빠저 잇쓸 때에 이 아빠가 열정을 내어서 운이 몸에 손을 댄 것이 이 아빠가 어리석으따고 생각을 하며 이 아빠의 머리는 운이 몸에 손댄 것이 잘못이 돼어따는 것이 머리에 자주 쓰쳐가고 잇꾸나. 운아 아푸로 성실하게만 살라주며 이 아빠는 더 바랄 길 업꾸나."

〈1996년 2월 12일 월요일 날씨 맑음〉
이 날씨가 경상북도만 눈이 오지 않코 다른 도는 눈도 만이 싸일 뿐 아니라 눈도 자주도 내리는데 우리 땅만 가뭄이 지속돼고 과수나무에까지 가뭄을 두고 잇쓰니 심적의 고통이 심하구나.
오늘은 친구가 찾아와서 오전만 놀자고 해서 친구와 오전을 휴식을 하여다.
오후에는 사과나무 전정하로 갇뜬이 그기도 모여서 물류단지 유치 반대 이야기을 하고 잇쓰며 이것도 인간들이라서 찬성을 하는 사람들 30% 댄다고 볼 때에 유치반도 십지 않을 것을 생각을 하며 찬성을 하는 사람은 보상가을 만이 바들라고 생각을 하고 잇쓰며 이 사람들은 우리 마을이 공해가 잇뜬 말뜬 상간을 하지 않코 잇쓰니 정말 기가 찬다. 돈보다 고향마을이 잘 보전이 돼어야 하는돼 쓰지 못할 인간들이 만아서 유치 반대가 힘이 들것을 생각을 하니 가슴이 터질 것 같다고 말을 하고 십다.
지출에 … 부인 멀리약[멀미약] 500원

〈1996년 2월 13일 화요일 날씨 맑음〉
어재 오늘은 그야말로 봄이 왔따고 말을 하고 십꾸나. 과수나무 전정을 하면서도 옻을 벗어노고 일을 하여쓰니 이재는 겨울이 다 가고 봄이 왔따는 느킴이 더는구나. 봄이 오며 만물이 소생을 하는데 대지가 너무 매말라서 식물이 소생을 못한다고 볼 때에 생각할수록 기가 찬다. 이 날씨가 3년째 가뭄을 주고 잇쓰니 농민의 마음의 아품은 말로 다할 수가 업꾸나.
"오늘도 사과나무 전정을 하여쓰며 전정을 하면서 친구와 노는 시간이 만으니까 전정 시간이 길어지고 잇다. 자신은 구정 안카지

전정을 끝을 낸다고 개핵을 세와서 마음의 여유가 잇따고 생각을 한다."

지출에 … 사촌누님 연옥이 아들결혼식
부주 40,000원

경비을 다친다면 지출이 만이 낮다고 보며 (부인이 참석).

우리 마을에 종합 물류단지 문재로 우리 마을 사람들의 마음은 붕 터잇고 무선 일을 잡고 일을 할 수가 읍다고들 하고 잇쓰니 이것은 돈으로도 해결이 안댄다고 보며 마음의 안정을 잡기도 오랜 세월이 흙으가야 한다고 보고 잇다.

〈1996년 2월 14일 수요일 날씨 맑음〉

오전에 사과나무 전정을 하는데 친구 3명이 찾아 와서 나무 전정은 하지 않코 같치 놀라쓰며 사람만 모이며 이중성을 가진 간첩이 누구라며 서로들 나누고 잇다. 옛날부터 열길 속은 알라도 한 키의 인간 속은 모른다더니 정말 왼말이 아나도 털리는[옛말이 하나도 틀리는] 말이 업다.

"오후에도 일 좀 할려고 하며 생각지도 않아뜬 사람이 차저오며 하나 모이고 둘 모이고 하며 금새 어울림이 돼두록 형성이 되고 잇다. 오늘은 종일 쳐도 일을 한 시간은 아주 적은 시간으로 오늘을 접고 마랐다."

〈1996년 2월 15일 목요일 날씨 맑음〉

오늘은 김창길 씨 젓소 두엄을 종일 실어쓰며 쇠똥을 가지고 오는 대신 벼집을 주고 잇다. 매년 자신은 벼집 대가을 좀 못가지고 온다고 생각을 하여는돼 올해는 벼집 다가보다 더 만이 가지고 왔따고 생각을 한다.

오늘 12시경에 대신 분소에서 2인조 강도가 침입을 하여서 현금 5,000,000원 떨어간다고 한다. 자신은 조합을 때로 볼 때에 은행 금고을 허술하게 다룬다는 생각이 때로는 들고 하드니 오늘은 강도들래깨 당하고 마라쓰니 도독을 막는 것은 평상시 도독을 방지하는 태세가 돼어 잇쓰야 한다고 생각을 한다.

〈1996년 2월 16일 금요일 날씨 맑음〉

오전에는 친구들과 휴식을 하여쓰며 오늘 오전은 기온이 사늘래서 일하는 데는 일기가 좋지 않아서 휴식을 한 셈이다.

오후에는 사과나무 전정을 하여다. 앞푸로 오전시간도 못돼두록 전정을 할 나무가 남아잇다.

"윤봉희 씨가 위원장이 물류단지 유치 반대을 하는 것으로 위원해을 조직을 하여는데 위원장은 보상문재로 간다면서 부회장 임태성이가 위원장 윤봉희 씨 믿태서는 일을 못한다면서 말성을 이려키다. 임태성이 말도 맏는 말이지만 내가 볼 때는 이 잘못을 풀어 갈수가 잇따고 보는데 태성이는 본인 주장을 너무 내새우고 잇다. 이것은 가만이 잇는 사람 내새우서 사람을 바보 만들고 잇다."

"이번 일이 잘 수섭이 돼어가야 한다. 외냐 하며 물류단지 유치 반대는 누가 해야 하는 가재 인돼 우리 마을로 바서는 큰문재가 남아잇다고 말을 하고 십다."

〈1996년 2월 17일 토요일 날씨 맑음〉

오늘은 설마지 대청소을 하여쓰며 오늘 청소는 어너 때보다 깨끗하게 청소을 하여따고 생각을 한다.

"그리고 물류단지 유치 반대 위원장을 다시 선출하는데 절먼 사람들이 자신을 선출하는데 한편으로 고맙고 한편으로는 이것을 이끌어 갈 힘이 부족할 것 같고 자신의 능력에 비해 가중하다고 생각을 한다. 이재 위원장으로서 무엇인가 표가 잇쓰야 하는돼 자신의 힘으로는 부족하지 않는가 십다."

"사람이 한 번식은 책임감 잇는 일은 한 번식 해야 한다고 생각을 한다. 자신도 위원장 능력이 됀다고 생각을 해서 자신을 선출을 하여는돼 절먼 사람의 뜻에 어것남이 업깨끔 노력을 해야 하겟다."

"우리 딸들이 돈원 벌고 잇쓰니 온 식구들의 옻선물이 자저며[잦으며] 양발[양말]까지 해서 온식구가 설치리을 만족하게 하여따고 본다."

〈1996년 2월 18일 일요일 날씨 눈〉

오늘은 설날래 쓸라고 동내에서 돼지 잡는데 돼지 뒤다리 하나 어들라고 돼지 잡는데 그들어주고는 하여서 뒤다리 하나 9kg을 24,750원 주고 사와다. 이재는 세대가 변해서 4명만 잇쓰며 돼지 한 마리을 다하고 잇쓰니 돼지고기 한 근 어는데 하늘래 별 따는 힘이나 든다고 본다.

오늘은 한박눈이 쇼다질 때 바서는 만은 눈이 내리겟다 생각을 하여는데 그것도 잠쉬 쇼다지고 말드라. 우리 지방은 위 눈, 비가 오지 않는단 말인가. 마음의 간장을 다 태우고 잇다.

지출에 … 돼지고기값 24,750원 친구들
대접 술값 70,000원[4)]
계 31,750원

〈1996년 2월 19일 월요일 날씨 맑음〉

오늘은 설. 금년 설도 우리 식구들은 빠지는 사람 업시 다들 참석을 하여쓰며 그리고 조카들이 한 해가 다르게 자라고 잇쓰서 큰집 방이 비좁아서 도로 설 때가 업꾸나. 그래서 오늘은 우리 집에서 한밭탕 난을 천샘이다. 우늘 보니까 우리 집이라도 널비서 천만 다행이다 하고 생각을 하여다.

지출에 … 친구들 개모임하는 돼 10,000원
조카들 새배돈 40,000원
계 50,000원

〈1996년 2월 20일 화요일 날씨 맑음〉

오늘은 친구들과 놀라쓰며 오늘은 친구들이 만이 나와서 놀 줄 알라는데 그러치 않코서 일부 멧 사람 만이 자담식으로 좀 놀고 마라따고 말을 하고 십꾸나.

"이번 설은 우리 딸들래깨 용돈을 만이 어더 쓴 셈이다. 작년만 해도 이 아빠의 돈으로 용돈을 쓰곤 하여는데 올 설은 딸 돈으로 용돈 만이 쓴 셈이 돼는구나."

"숙모님이 어재 부억에서 불을 때고 나오다 나무에 걸리서 그대로 넘어가서 넉뚝다리[넓적다리] 부뜬[붙은] 곳에 뼈가 푸라저서 사람이 움직이 못하여서 김천 의료원에 갈뜬이 대구 큰 병원으로 가라고 한다고 해서 내리와서 오늘 순범이가 대구로 같는데 숙모님이 정말 건강하게 살랐왔는데 연세 만은 사람들은 뼈가 아무는 시간이 만아서 안치가 불가능 하지 않을까 생각을 하며 그리고 숙모님이 성질이 매마른 분이라서 병원 생활도 힘이 들 것으로 본다."

---

4) 실제 계산은 94,750원이나 31,750원으로 잘못 기록하였다. 혹은 총계가 31,750원인 것으로 보아 친구들 술값이 7,000원인 경우 총계가 맞게 된다.

〈1996년 2월 21일 수요일 날씨 맑음〉

오늘은 동신계 정기총회을 개채을 하여쓰며 동신계도 처음보다 계원들이 모이는 수짜도 적을 뿐 아니라 관심이 적으지고 잇꾸나. 그리고 오늘 부인은 친정에 어머님에깨 인사드리로 같다와쓰며 자신도 나의 어머님처름 모실라고 마음을 먹어는데 실찌 행동이 돼지 않코 잇다. 때로는 자신이 이려며 안대는데 하면서도 행동이 돼지 않으니 부인보기에도 미안하며 처어머님예깨서는 더 미안한 감을 가지고 잇다. 자신이 가까위 살면서 처어머님을 등안시한다는 것은 사오도[사위도] 자식으로 볼 때는 음청난 불효을 하고 잇다.

지출에 … 동신계 총회을 열면서 계금 20,000원

〈1996년 2월 22일 목요일 날씨 맑음〉

오늘은 위원들과 청아대와 교통부에 탄원서 낼라고 원고로 작성을 동회관 컴퓨터에 마을에서 컴퓨터을 다류는 사람을 대리고 와서 좀 해달라고 하니까 종이가 들어가지 않아서 결국은 하지 못하고 구미 회사 잇는 내 딸에깨 차저가서 탄원서 3부와 서명 날인 밭는 것을 일체 해왔다. 자신이 볼 때에 내 딸이라고 하는 것이 아니라 일처리을 세심하게 하며 나무랄 때가 업시 일처리을 하고 잇는 것 같드라.

"그리고 우리 혜영이가 차장이라고 하면서 인사을 식키드라. 자신은 딸을 막키고 진작 인사을 드리야 하는데 이재 와서 인사을 드리게 돼어서 미안타는 인사을 하게 하여다."

그리고 탄원서 내용물을 들고서 김천 영남일보 기사 김천 지국장을 김천서 만나서 이 내용물을 듣고 기사을 내달라고 부탁을 드렷다.

지출에 … 친구와 화토노리에 30,000원
혜영 회사에 탄원서 원고로
하로 가는데 6,500
계 36,500원

〈1996년 2월 23일 금요일 날씨 맑음〉

오늘 오전은 포도나무 전정한 것을 끌러내는 일을 하여쓰며 포도 줄기가 길어서 서로 들 뒤윈켜 잇쓰서 일이 시간이 만이 걸일 뿐 아니라 힘 드는 일이구나.

"기상대는 비 온다는 말 한마디 업고 날씨는 건조한 날씨만 지속대고 잇쓰며 날씨가 너무 하다는 생각이 더는구나."

오늘 오후는 탄원서에 도장 밭으로 다니쓰며 대다수가 수고한다는 말과가 도장을 잘 주고 하는데 옛사람은 도장이 어디 잇는 줄 몰겟따면서 고위적으로 해피하고 잇드라. 그리고 찬성을 한다는 사람도 잇쓰며 이른 것을 생각을 할 때는 사람의 속을 모른다는 옛말이 생각이 나는구나. 물류단지가 들어오며 동내가 사나 죽나 하는 판국에 개인의 소득을 생각한다는 것은 뭇엇신가 잘못댄 생각이라고 생각을 한다.

〈1996년 2월 24일 토요일 날씨 맑음〉

오늘은 포도 순 잘라논 것을 끈을 잘라서 내리는 작업을 하여다. 이것도 오전은 혼자 하다 오후에는 부인을 대리고 같이 하여다. 앞푸로 하로 정도 더 하면 다 내릴 수가 잇따고 본다.

"그리고 화요일, (토요일), 일주일 두 번식 회관에 모여서 자담 식으로 자담을 나누고 회여지곤 한다. 이것도 물류단지 유치 반대 때문에 일주일에 두 번식은 모임을 가지곤 한다.”

〈1996년 2월 25일 일요일 날씨 맑음〉

오늘은 부인과 둘리서 포도순을 끌어 내리서 다들 태어벗리다. 엔날 같떠며 탤감을 할려고 서로 가지고 갈려고 할 것을 이재는 세대가 달라서 그냥 태어버리고 말고 잇쓰니 정말 살기 좋은 세상이라고 말을 하고 십꾸나.

우리 경북도에는 무선 일로 3년째 가뭄이 지속대고 잇쓰며 인간의 마음을 태우고 잇다. 요줌 와쓰는 비나 눈이나 푹 았쓰며 하는 소원이라고 말을 하고 십다.

〈1996년 2월 26일 월요일 날씨 맑음〉

오늘은 안전희 봄이라고 말을 하고 십꾸나. 그리고 등 골짝이에 땀이 낮쓰니 이재는 봄이라는 것을 몸으로 느킬 수가 잇쓰며 이재는 겨울이라는 것이 멀리 간 느킴이다.

그리고 오늘도 부인과 둘리서 사과나무 전지목을 주어 모두는 일을 하여다. 그리고 오후에는 친구들과 놀다가 자신의 일을 해가 다 짓두록 하여다.

〈1996년 2월 27일 화요일 날씨 맑음〉

오늘은 위원 사 명이 청아대와 교통부에 탄원서 재출을 할려고 아침 일적 나쓰며 고속버스로 서울를 가서 전철로 청아대 민원실에 가서 관개자와 상담을 하여보니 중앙에서 갈리하는 것이 아니라 교통부에서 한다고 하면서 면담을 거절을 하고 잇드라. 그래서 중앙에서 국책사업을 모런다는 것은 말도 안댄다고 반박을 하기까지도 하여다. 그리고 청아대 민원 접수을 하고서 교통부로 전철로 같쓰며 교통부에 가니까 먼저도 탄원서 냇는데 또 이른 것을 가지고 앗따면서 반가이 여기드라. 교통부가 우리 관청보다 더 친절하며 사람이 더 좋드라.

물류단지 관계자와 문답을 하여보니 이미 물류단지는 전문가와 성정가정을 ‘타당성을’ 2년간의 연구진들과 판단을 하여서 선정을 하여따고 하며 이재와 디업는[뒤엎는] 일은 아주 희박하다는 말을 하고 잇드라. 이것을 덧고 힘이 쪽 빠지는 너킴이 들며 자신은 대구시에서는 물류단지 유치을 대구에 할려고 하니 우리 주민은 한가닥의 힘이 잇쓴데 이제는 다 물거품으로 돌라 같쓰니 이재는 우리 주민은 불편한 고통을 당하면서 살라가야 돼는 시련을 가지야 하는 동네가 대어버리쓰며 앞푸로 우리 동네가 보전을 할 수가 잇쓸까 하는 생각이 든다.

지출에 5,000원(물류단지 문재일 씀)

“그리고 우리 마을은 동우회와 동신회원들은 화요일, (토요일)은 회관에서 물류단지 유치 문재로 토위을 하는 날이라 우리 동네 오니까 회관에는 약 35명이 모여서 우리들을 기다리고 잇드라. 그래서 오늘 이야기을 거대로 전달을 했뜬이 다들 놀라는 표정이드라. 그리고 동우회는 동법을 정화며 찬성을 하는 사람은 우리 마을래서 고립을 시키자는 사람, 추방을 하자는 사람, 여르 결론이 나와따고 생각을 한다. 자신은 이 마은 사람들이 자신을 위원장으로 인정을 하여 주는데 정말 고맏드라. 자신은 위원장의 감투가 양쪽으로 욕을 먹을 가능성 때문에 버릴라고 생각을 해도 절먼 사람의 건유 때문에 위원장을 보고 잇찌만 실지 위원장은 모든 책임이 자신한태 채종적으로 온다는 것을 생각을 할 때에 상당한 위험성이 잇따는 것을 인정을 하고 잇다. 이것을 생각을 하고 잇는 자신은 상당한 불안감을 가지고 잇다."

〈1996년 2월 28일 수요일 날씨 맑음〉

오늘 오전은 사과나무 전지목을 묵는 일을 하여쓰며 전지목이 아주 적은 것을 바서 자신이 전정을 적개 한 것이 아닌가 하는 생각이 든다.

"오늘 오후에는 윤익희 부친 촻재사을 지내고 마을로 음식을 재공을 하여주어쓰며 그 자리을 빌리서 위원장으로서 어재 청아대와 교통부에 탄원서 재출을 하고 민원실래 접수한 것을 내역을 알려 주어쓰며 그리고 어재 저녁에 동신회원과 동우회 두개에서 물리단지 유치 반대로 동민 여르분은 따라와 달라는 것과 찬성을 하고 서명 날인을 받는돼 찬성을 한다면서 도장을 주지 않는 3사람을 고립을 식킬라고 하면서 찬성을 하는 세 사람에는 말과, 길, 흉사 모든 일체을 동민 전원은 협조을 하지 않는다는 발표을 하니까 으른들이 한 번은 시간 여유을 주야 한다면서 사정을 하는 바람에 동신회원과 동우회원들은 한발작욱 물려 서계 돼어다. 물류단지 유치 문재는 대구시에서 물류단지 유치을 당겨 간다는 말을 할 때에 한가닥 희망이 잇쓴데 건교부 갈다와쓰는 한가닥의 희망이 살러지고 물류단지가 우리 마을에 유치하는 것이 학정돼어쓰니 우리 주민은 김천시의 희생양이 돼어쓰니 허망한 마음 검할 길 업꾸나.

〈1996년 2월 29일 목요일 날씨 맑음〉

오늘은 어재 김천 경찰서에서 형사 두 분이 와서 건교부에서 회신 내리온 것과 이번에 탄원서을 청아대와 건교부 낸 자료을 달라고 하여서 어재 탄원서을 복사한 것 준다고 한 것이 바피 날띠는 바람에 그만 원본을 주어서 오늘 이영대 형사을 아침 9시에 찾아가서 원본과 복사한 탄원서와 바꾸어 와다. 자신원 탄원서 원본은 꼭 지키야 한다고 늙 말을 한 사람이 자신의 실수로 원본을 잇절뿐 했꾸나. 이 원본을 경찰서 준 것을 일적 아라서 다시 찾아올 수가 잇쓰찌 그러치 않코서 나중에 알라따면 위원장으로서 큰 실수을 할 뿐 하여다. 위원장으로서 탄원서 원본을 일어따면 간부 쪽에서도 욕을 할 끄시며 칠칠 맏따는 소리을 면치 못할 뿐 하여다. 오늘 원본을 뒤차저[되찾아] 와서 자신의 일을 하여따고 생각을 하며 오늘 일들은 천만다행이라고 생각을 한다.

"오늘 오후에는 세집에 골래 작과나무 밭을 자신이 짓게 돼어다. 자신은 물류단지 유치가 돼며 포도밭이 다들 들어가며 밭이 업키때문에 물류단지 유치가 될 때까지는 자신이 밭이 만아서 힘이 든다는 것을 알면서도 세집에 작과밭을 하고 잇다. 만약에 물류단지가 들어오지 않으며 자신이 밭 17곱 마지기을 다할 수가 업는돼 물류단지가 들어온다는 전재족끈을 걸고서 세집에 밭을 하게 돼어다."

"오늘은 세집에 작과나무 전정을 하여다."

지출에 … 보험료값 13,400원 국민연금 4,400원 톱실련돼 2개에 3,000원 버스비값 880원 계 221,800[5)]

5) 실제 계산은 21,680원이나 221,800원으로 잘못 기록하였다.

〈1996년 3월 1일 금요일 날씨 맑음〉

이월달이 눈 감짝할 사이에 다 지나카고 삼월이 왔쓰니 세월이 재일 빠르다는 생각을 하여쓰며 우리 부부도 가는 세월처름 인생길이 빠르게 간다는 생각을 가지볼 때에 그저 허전한 마음 검할 길 업꾸나.

"오늘은 봄바람이 세차게 부르서 일하기가 불편한되 앞푸로 일그리가 너무 만이 밀리서 어러운 날씨인되 부인과 둘리서 일을 하여쓰며 부인은 날씨가 차거어서 못나오게 하여는데 오늘 남편을 따라 나와서 종일동안 전지목을 줏어 모두는 일을 하여다."

"이놈의 날씨가 너무하다는 생각이 절로 나며 가뭄으로 우리 경복을 말쌀을 식킬라고 더는지 겨울네 눈 한 번 오지 않코 잇쓰며 쓸 때 업는 바람만 모질게 불고 잇쓰며 우리 농민을 개로피고 잇쓰며 금년 농사을 극정을 하게 만들고 잇다."

"자신은 늙 일본이 적이라고 오랜 전부터 말을 하여찌만 역시 일본의 본심을 드려내고 잇꾸나. 요줌은 일본이 독도을 일본땅이라고 부르짓고 잇쓰니 후진국들의 마음을 아푸게 하고 잇다. 우리나라는 북한이 적이 아니라 일본이 적이라고 생각을 하여야 한다."

〈1996년 3월 2일 토요일 날씨 맑음〉

오늘 오전은 대신역전에 사돈 이인배 장남 결혼식을 대구 귀빈 예식장에 올리는데 형님과 두리서 참석을 하여쓰며 귀빈예식장이 깨끗하며 예식장이 좀 적은 감은 잇쓰도 아담하고 좋은 인상을 주더라.

"예식장에서 정심을 먹고 숙모님 위변실을 [입원실을] 형님과 순달이 식구와 같이 병문안 같쓰며 생각보다 연세가 만원신 분이 대수술을 한 사람같이 안으며 경과가 아주 좋더라."

그리고 병문안을 갔다오는 적시로 대신에 4촌 동서집에 동서 회갑이라고 놀로 오라는 열락을 받고 안갈 수도 업고 해서 대구에서 오는 적시로 부인과 둘리서 동서 회갑이라 오토바이로 가서 참석을 하여서 대접을 받아다. 사촌 동서는 딸만 셋이며 이재 종말이 딸만 결혼식을 올리주며 다들 끝을 낸다.

지출에 … 대신역전 이인배 장남 결혼식
부주 40,000 숙모님 병문안에
10,000원 사촌동서 회갑에
선물 20,340
계 70,340원

〈1996년 3월 3일 일요일 날씨 맑음〉

기상대는 비가오지 않는다고 하며 우리 농민들은 기상대 일기예보만 귀을 기울리는데 비 온다는 말은 하지 않코 맑은 날씨만 지속대고 잇따고 이야기을 할 때는 자신도 몰래 한숨만 쉬게 돼고 잇다.

"오늘도 종일동안 작과나무 전정을 하여쓰며 앞푸로 하로는 더해야 다 할 것 같다. 자신이 현재로 바서는 밭이 너무 만아서 갈리을 다할 수가 업쓰며 자신은 물류단지가 들어온다고 보고서 세집에 작과밭을 욕심으로 부치고 잇다. 만약에 물류단지가 들어오지 않는다면 세집에 밭을 도로 내어나야 한다."

〈1996년 3월 4일 월요일 날씨 맑음〉

오늘은 동신회 돌부리 한다고 자신이 주전을 하여서 오징어 한 짝에 20,000만 원 사와서 동우회 반 짝을 주고 동우회에서 돼지고기 앞다리을 주어서 오징어와 돼지고기을 잘 먹어다. 우리 농민들은 오늘로서 노는 일은 오늘로 끝이다 하면서 열심희들 놀라따고 생각을 한다.
"오늘 신한국당은 오늘 우리 마을래 보름이라 온 동민이 논다는 것을 어떠게 알라는지 신한국당에 출마한 임인배 운동자가 몰려와서 한 표을 달라면서 드링크을 주고 가며 뒤로 돈 20,000원 주고 가드라. 이른 것을 보며 여당은 운동을 하면서 술값을 쓰고 잇쓰며 야당은 운동을 하면서 입부로만 한 표을 달라고 하면서 그냥 돌라가고 잇는 실정이며 이것은 여당은 선거법을 다 어기가면서도 선거운동을 다하고 야당들은 손발을 묵끄놋고 운동을 하라는 뜻이며 이것은 국민의 수준이 낮은 나라에서는 여당을 이기낼 수가 업따고 본다."
지출에 … 화토노리에 10,000원
우리는 화토노리을 하면서도 노리로 조금식 하고 잇는데 좀 크게 하고 잇는 친구들은 손실이 크다. 이른 것은 친구 간에는 하지 않아야 하는데 모이며 의래 행사처름 벌어지고 잇다.[6]

〈1996년 3월 5일 화요일 날씨 맑음〉

오늘은 대구 서청부 장녀 결혼식을 대구 귀빈예식장에서 올리는데 우리 마을 동기생 3명, 창길, 덕삼이, 자신 다 참석을 하여쓰며 여자 동기생들은 참석을 하지 않코 남자들은 그진참석을 다 하여쓰며 그리고 혼주가 특별이 술자석을 다시 만들어 주어서 혼주가 부담이 돼어쓸 것으로 보며 이것은 잘못한 일이라면서 지방아들을 돼리고 올라고 하여는돼 그것도 친구들 말류 때문에 실천을 하지 못하고 잘못됀 대접을 받고 마랐다. 오늘 이차로 대접을 받은 음식은 3분지 1은 음식이 남아따고 보며, 이것은 큰 실수의 대접이라고 본다.
지출에 … 서청부 장녀 결혼식 부주
30,000원 열차비 10,000원
버스비값 2,640원
계 42,640원

〈1996년 3월 6일 수요일 날씨 맑음〉

오늘로서 작과나무 전정을 끝을 냇다. 작과 전정을 진작 끝을 낼 수가 잇쓰는데 요즘 잔치에 참석을 하느라고 오늘로서 금년도 작과나무 전정을 끝을 냇다.
"날짜로 바서는 작과, 사과, 포도 다들 거름을 다 주어쓰야 하는데 과수 전정을 못해서 현재 거름을 못하고 잇다. 자신이 과수 거름을 매칠이 잇쓰야 과수 거름을 할 수가 잇다고 본다."

〈1996년 3월 7일 목요일 날씨 비〉

오늘 기상대는 비가 온다고 예보을 하여도 비가 내린다고 생각을 하지 않아는데 밤사이에 대지을 적시주는 단비가 내리쓰며 이비는 밭작물에는 생명을 구하는 단비가 돼어쓰며 이번 비야말로 만물에 소생을 주는 비라고 말을 하고 십다. 오늘비가 푹 아쓰며 하는데 비의 량이 적으서 안타값다.
"오늘은 화토노리을 하는돼 자신은 지키보앗다. 친구들이 이번에는 돈둘이 적으서 화토노리도 희미하게 한날이라고 말을 하고 십꾸나. 그리고 대희한대 밭은 돈 30,000원을 오징어 장만하면서 오징어 속들 집에 같다 노고 오면서 돈을 가지고 와서 돈

6) 일기 지면 상단에 '(김원태 47,000원 동신회 돌부리하고 남은 것 가지고 감.)(3月4日)'라고 기록되어 있다.

30,000원을 덕국이 주어다."
지출에 … 기름값, 남방용 경유 2드람
80,360원

〈1996년 3월 8일 금요일 날씨 맑음〉

어재 단비가 내리지 않아따면 오늘 작과 거름은 하지 못했쓸끈돼 오늘 포도 거름과 작과 거름 다는 하지 못했찌만 반절은 했따고 생각을 한다. 오늘 오전에 비료을 띠어와서 열마지기 거름 하는데 정말 바빠다. 이재는 말리 사과나무 묵고 앞밭에 전지목을 묵끄서 거름만 하게 돼며 과수 거름은 다하게 됀다.

"당산에 포도거름 전용비료 4포 용성인비 3포함. 그리고 세집에 바시내이 포도거름 전용비료 5포, 복합 17-17-17 다이 거름 10포함. 앞밭에 5포량. 골래작과 5포 거름을 맏차서 함.

지출 … 포도전용비료 9포에 55,000원
작과거름 10포 용정인비 3포,
분사 3포
계 49,740원
총계 104,740원
용정 포도전용비료 포당 6,150원

〈1996년 3월 9일 토요일 날씨 맑음〉

말리사과 나무에 거름을 하기 위하여 과수나무 밑을 깔꾸리로 끌어내고 오후에는 과수 거름 경기용 과수전용 비료을 하여다. 그리고 오늘 정심 시간에 처남댁이가 장모님이 어질어서 토기을 하여 주어쓰며 하길래 자신이 내일이나 토기을 가지고 가게따고 이야기을 하여쓰며 자신이 생각을 하기에 내일보다 오늘 토기을 가지고 가서 장모님이 어질움에는 토기가 좋다고 하니 조금이라도 일적 해자시며 도음이 낧찌 않캐나 하는 생각에 과수 거름을 빨리하고서 오늘 부인과 같이 갈라고 부지른희 일을 하고 부인과 둘리서 어미 토기 1바리의 적은 토기 2바리을 가지고 오토바이로 처어머님예깨 같다. 처어머님을 1년는 만에 처음 본 것 같다. 이번에는 처어머님이 만이 상한 얼굴이드라. 자신이 이번 설래 처어머님예깨 인사을 못 드리서 오늘 인사 겸 처어머님을 배올라고 같쓰다.

"아무 부모라도 자식을 잘두는 것보다 매느리을 잘 보는 것이 그것이 재일 큰복이다 하고 생각을 한다. 부모는 아들 잘 두는 것은 자랑을 할 가치가 업따고 말을 하고 십꾸나. 그리고 매느리 잘 드리는 것은 큰 자랑을 해야 한다고 생각을 한다."

"오늘 처어머님은 딸 6섯에 아들 예동[외동]을 두어서 부모로서 그야말로 밧드려서 키어따고 생각을 하는데 부모가 자식 키운 것 만 분지 일이라도 생각을 한다면 부모의 불편을 다 들어주어도 시원찬타고 생각을 하는데 자식은 무이미하고 매느리는 노망을 하여서 예먹이며 어떠게 하나 하고 극정을 하고 잇쓰며 우리들이 잇는데도 말도 돼지 않는 말을 하고 잇는데 실찌 당하고 잇는 처어머님은 큰 고통을 당하고 잇는 사람들은 그 고통이 말을 할 수가 업따고 본다. 나이만은 사람들이 죽지 않는다고 말을 하고 잇는 그 속을 알 수 잇따는 생각이 더는구나.

"오늘 사촌 동생들이 쌀방아 찌어로 와서 우리 집에서 정심을 한 키 먹어면서 동생들의 말이 우리 마을 물류단지 유치 반대로 형님 이름이 나온다고 하며 위원장으로 이름을 날린다고 이야기을 할 때에 요줌은 위원장으로 각 신문에 등장을 하고 잇찌만 앞푸로 위원장으로서 법에 저축이 돼는 신문이 혹 나갈까하고 극정을 자신은 크게 하고 잇다."
지출에 … 두유 처어머님 5,000원

〈1996년 3월 10일 일요일 날씨 맑음〉

오늘은 옛날에 공동 우물을 식수을 하기 위하여 끌어당긴 수도을 자신이 안집을 사고 난후로 이 물을 먹지 않코 잇다. 이재 와서 수도가 셋집에 어울린 사람이 여때것 손짝도로 물을 먹다 이재 펌프로 물을 먹을라고 작업을 하여서 자신도 이재는 내 것을 찾아야지 하고서 자신은 수도 새암이 두 개인돼 이재 이것을 찾어며 수도 새암이 3개가 돼는 셈이다.
"오늘은 수도을 설치을 할려고 땅을 파는 일을 하여쓰며 오후에는 앞밭에 전지목을 묶는 일과 실어 드리는 일을 자신도 모르게 무리하게 일을 만이 하여 떠니 배가 곱파서 허전한 일이 잇쓰서 좀 쉬기도 하여쓰며 나중에는 해가 다 젔는데 부인보고 새을 사오라고 하여서 배를 채우고 일을 하여다."
"오늘 저녁은 잠자리에 들기 전에 자신의 몸도 만이 늙어따는 생각이 드는구나. 외냐 가로로 사람이 죽는다고 이야기을 하드니 이것을 자신이 느켜쓰며 사람이 무리한 일을 만이 하여도 사람이 죽는다는 것을 알랐다. 아푸론 일래 개핵을 새우는 일을 하지 않캐다."
"자신이 이처름 몸이 피곤한돼 부인은 을마나 더 피곤할 것인가. 정말 부인한태 미안하며 자신은 늙 고마운 분이라고 생각을 하면서도 등안시 날을 보내고 잇다. 여보 이 남편은 원재라고 꼬집어 말을 못하고 잇찌만 당신의 고마음을 꼭 갈파[갚아]드리라, 여보."
지출에 … 세값 1,000원

〈1996년 3월 11일 월요일 날씨 맑음〉

오늘 오전은 부인과 둘리서 앞밭에 둥치기 나무 실어내고 부인은 나무 밑을 다 끌에내고 자신은 거름을 하고 비료 량을 6섯 포을 하니까 조금 적은 감이 잇드라. 내년에는 거름량을 바서 거름량을 더 할 작정이다.
"오후에는 펌프을 셋집이 넛는데 기술자을 도와주는 일가 수도을 넌는데 땅 판 곳에 다시 뭇는 일을 하여다. 자신은 이번수도는 너치 않아도 돼는데 이번은 욕심 때문에 수도을 너깨 돼어다."
지출에 … 수도비용 값 115,000원

〈1996년 3월 12일 화요일 날씨 맑음〉

오늘로서 과수 전지목을 안전희 세집우로 실어드리쓰며 그리고 전지목 한 바리는 텔감이 업는 노인 집에 주인도 업는데 한 발리 실어다 주어다. 옛날 같터며 자신도 남외 전지목을 주어서 같다 때어는데 이재는 나무들 너무 허나니까 전지목을 주어나도 하기 실어하지 않을라고 하는 실정이다.
그리고 오늘 외성보에 총회 날인돼 사람의 수짜가 업쓰며 이삼 년 전만 해도 약 300명은 참석을 하는데 이제는 약 40명밖에 참석을 하지 않으니 공동일은 간심 밖에 일이라고 생각을 한다.
"오늘 김천 교차로 신문은 자신의 이름까지 나와서 우리 주민을 궁지게 몰리개끔 기사가 나드라. 이문재가 우리 마을만 불평을 하는 것이라 문재점이 만타고 본다. 앞푸로는 이것은 문재가 돼지 않꼬 앞푸론 경렬하여저지 않을까 한다."
"오늘 이후부터는 시간여유가 조금식 잇쓸 것으로 내다본다. 부인도 여때것 큰일을 하지 않타가 갑짝이 배락치기 일을 하여쓰니 육체적으로 큰 고통이 따라쓸 것으로 내다본다. 나이가 만이 먹을수록 일끄리을 줄라가야 한다고 본다."

〈1996년 3월 13일 수요일 날씨 맑음〉

오늘은 사과나무 전정자리에 약 바르는 일을 하여쓰며 약 바르는 일도 오후 3시까지 일을 하여다. 그리고 남은 시간은 벼집을 나무 밑에 깔라 주는 일을 하고 부인은 김매기 작업을 하여다.
"요줌 일은 잠자리가 조금 편한 것이 일들이 그만춤 수라다는 생각이 더는구나."

〈1996년 3월 14일 목요일 날씨 맑음〉

오늘은 친구 황덕삼 '이부' 아버지 김철수씨가 어재 돌라 가시서 일좀 거들어 줄라고 같뜬이 이집은 절차가 다들 복잡하다고 하며 이집의 내력은 아주 복잡하다. 외야 하며 고인이 세번재 여자을 돼리고 살라쓰며 셋 여자의 몸에서 자식들이 다들 돼어 낮쓰며 그기에서 여자가 살로 오면서 대리고 온 아들 둘래서 이 아들래서 두 번 장가을 가서 칯아들 놋고 이혼을 해서 또 장가을 가서 아들이 수복하니 우리 머리로는 아주 복잡한 가정인돼 실찌 '돈원' 업쓰도 별소리 업시 잘사라가고 잇다.
그리고 죽은 고인은 술집 여자을 만나서 보리고개도 모르고 살라 왔따고 보며 족보는 상당이 복잡한 사람이라도 편한 세상을 살라 온 사람이라고 말을 하고 십다.
그리고 상갓집에서 윤석희가 부위을 보는돼 술이 취해서 다섯 사람 보는데 40,000원이 부족대며 자신보고 도리어 부위을 못 보게쓰니 좀 바달라고 사정을 하는데 어떠게 할 수가 업드라. 자신도 부위을 본적도 업고 하는데 극정이 돼면서도 사정에 못잇어서 오늘 저녁만 봐줄때니까 내일 아침은 다시 보라고 하드니 볼라고 해서 저녁은 자신이 부위을 보게 돼어쓰며 오늘 저녁 12시까지 부위을 본 금액이 4,800,000만 원이 돼며 온 저녁에 부인과 총금액을 개산을 하니까 밤 2시가 돼며 자신은 일적 자는 벗릇이 잇키 때문에 밤 느전 시간이 돼며 잠을 위루지 못한 때가 만타. 오늘 저녁에 잠도 3시간도 못잣따고 생각을 한다.

〈1996년 3월 15일 금요일 날씨 비〉

아침에 일어나니까 비가 엄치 내리드라. 이 비는 상가 집 바서는 불편을 주고 잇찌만 우리 농민으로 바서는 박수을 철비라고 생각을 한다.
"오늘은 부위 기록부을 누구을 줄라고 해도 조심이 만은 기록이라서 바들 사람이 업따고 생각을 하고 자신이 기록을 하기로 결심을 하여다. 자신이 상가집 부위 기록은 처음이며 그리고 한문이 아주 짤번 사람이라서 기록은 하지 않을라고 하는 사람이다. 그른돼 묘하게 술이 취한 사람을 도와줄라고 하다 생각지 못한 고통을 당하고 잇따고 생각을 하고 잇다. 그른돼 한문을 몰라서 그르치 기록은 뜰림이 업시 하다고 생각을 한다. 오늘도 부위돈이 상당이 만원 금액이다. 부위금액이 천만 원 넘는 사람은 촌에서 아주 더문 일이라고 생각을 한다. 아늘 자신이 부위돈을 계산을 하니까 10,800,000원이 돼드라. 자신이 부위계을 보니까 절먼 사람들이 올해 진급을 했따고 말을 자주 하고 잇다.
지출에 … 부위돈 30,000원

〈1996년 3월 16일 토요일 날씨 비〉

과수밭에 벼집을 같다논 것이 부인과 둘리서 다들 깔라쓰며 세집에 골래 밭은 벼집이 좀 적드라.
그리고 오늘 오후 3시부터 비가 내리쓰며 어재 오늘 내린 것은 봄을 재촉하는 비가 돼어쓸뿐 아니라 돈 비라고 말을 하고 십꾸나. 이비가 식수 해갈은 못돼지만 밭곡은 해갈을 면할 수 잇쓰따고 생각을 한다.
“요줌은 부인은 일 좀하면 팔이 아푸다고 하고 잇쓰며 부인 바서는 일도 못할 것 같떠며 자신의 일을 줄류지 않으며 부인의 일은 자연적 따려기 때문에 자신이 생각을 만이 할 때라고 생각을 한다.”
“오늘저녁은 7시에 동신회원 8명이 상갓집에서 115만원을 운상꾼에깨 나온 것을 우리 동신회원에깨 35만원 떨려 된 것을 오늘 배신예 고기집으로 가서 불고기를 배부려개 먹어도 50,000원 빡에 나오지 않아드라. 요줌 살기가 좋으니까 음식점마다 차세울 때가 업쓸 뿐 아니라 들어갈 방이 업쓰며 음식점 하여서 손예을 본 사람이 업따고 생각이 더는구나. 자신도 도로학장이 돼며 자신도 음식점을 지어 볼 작정이다. 앞푸로 살기가 좋을수록 외식을 만이 한다고 볼 때에 음식점은 장소만 좋다면 아주 전망이 밝다고 생각을 한다.”

〈1996년 3월 17일 일요일 날씨 맑음〉

어재 비가 만이 왔드라. 밭에 일을 할려고 해도 땅들이 추지서 발래 부터서 무선 일들을 할 수가 업드라. 그래서 사실 오늘 일한 것이 업따고 바야 한다. 오늘 일한 것은 양살구나무 한포기 오기는 일과 구름 하나 조금 달라 내는 일밖에 하지 못하여다.
“이번비로 작과나무 해갈은 안전이 면회따고 생각을 한다. 이번비가 오지 않아따면 과수뿐 아니라 봄을 저만춤 멀게 하여쓸 끈돼 이번 비는 봄이 우리 앞까지 왔따는 생각이 드는구나.”
“오늘은 시간여유가 잇쓰서 아버지, 어머님 산소에 가보아쓰며 자신이 부인을 대리고 어머님 산소에 한번 들일라고 생각을 하여는돼 오늘 자신만이 어머님 산소에 들리게 돼어다. 앞푸로는 아버지 산소에 자주 들릴라고 생각을 한다. 어머님 살라계실 때는 우리 순덕이 하여는데 이재는 아무 말도 계시지 않코 잇는 어머님이 돼어따는 것이 정말 아쉽구나.”
“어머님, 아들 순덕이가 좋은 부인을 만나서 잘살고 잇씀이다. 이 아들은 정말 편하게 세상을 살라가고 잇씀니다.”

〈1996년 3월 18일 월요일 날씨 맑음〉

오전은 아포 조합에서 각 대리점에서 농기계 수리봉사 한다고 일적암시 트랙터을 몰고서 갈뜬이 2번째로 도착을 하여다. 봉사 나온다는 사람들이 10시가 넘어서 나와서 한다는 말이 부품도 가지 오지 않코 그리고 수리 하는데 시간이 만이 글리는 것은 하지 않코 손만 보며 될 것만 수리을 하고 잇쓰며 이것도 각 대리점에서 제일 하바리[수준이 낮은] 재발 기술을 아는 한명만 보내서 농기계 무료 봉사 한다고 정말 어쳐구니가 업드라. 그래도 티부이에 농촌 무료 봉사 했따고 떠들석하게 방송이나 하고 잇쓰니 기가 찬다. 우리 농민들은 기계 무료 봉사 나와서 부품 값만 받고 수리 하여준다니 10리가 돼는 거리을 경운기을 몰고 왔다가 부품이 업따고 하니 다 돌라가는 일을 벌리고 잇쓰니 관에서 하는 일들이 더 한심하다고 생각을 한다. 자신도 트랙터 곤칠라고 갈다가 부품이 업쓸 뿐 아니라 기사가 시운찬아서 그만 돌라오고 말랐다.

"정부하는 일들이 하나도 올캐 하는 것이 업다. 하나에서 열까지 다 근성으로[건성으로] 하고 잇쓰니 한심한 일들이다."

그리고 오늘은 포도나무 죽은 것을 다시 보식을 하여쓰며 일년생 포도는 만이 죽은 포기가 만으며 앞푸로 싹이 나와바야 학실희 알지 않나 하고 생각을 한다.

"요줌은 매일고기 먹는다고 생각을 한다. 오늘은 원예농협에서 70,000만원 나온 것을 오늘 저녁에 김천 고기집에 불고기 먹으로 가는돼 조합원 다간다면 15명인돼 다들 볼일로 다들 빠지고 8명이 저녁식사와 고기로 배을 채우고 그래도 돈이 남아서 다방으로 가서 돈 낭비을 다하고 마랐다. 오늘 저녁 식사와 고기값은 54,000원 나오드라. 다방은 시간을 보낼라고 간다고 하지만 차 한 잔에 1,200원, 녹차는 3,000원식을 받고 잇쓰니 칼을 들지 않어서 그려치 반강도라고 말을 하고 십꾸나."

"지출에 … 트랙터 곤치로 가서 수리도
하지 못하고 2,000원 분실함."

〈1996년 3월 19일 화요일 날씨 맑음〉

오늘은 포도 교육을 김천공단 복지 회관에서 오전 10시부터 오후 4시까지 교육을 하여쓰며 오늘 교육은 교관이 교육을 잘 갈치며 잘하드라. 오늘 교육은 값어치 잇는 교육을 받아따고 생각을 한다. 무선 교육이라도 강사가 좋아야 한다고 생각을 하며 주최적에도 실속이 잇는 교육을 해야 한다.

"오늘은 물류단지 일로 동회관에서 모이는 날이라 총무계장, 사회계장, 부읍장, 우리 마을 회관에 나와드라. 오늘 사람들은 만이 모여찌만 별 안끈도 업쓰서 읍 직원 보기에 면목이 업드라. 물류단지 일로 은성을 높이는 일이 잇쓰며 절먼 사람들은 앞도로을 차단을 식키자 하는 사람 잇는데 이것은 무묘한 일이다 하고 은성을 높이쓰며 이원장은 법 태두리을 벗서나는 일을 자재을 할라고 하며, 무능한 이원장이 돼고 나 자신은 물류단지 일로 자신을 휘생을 하는 일을 하지 않캐다."

지출에 … 경운기, 공기순환기 8,000원

〈1996년 3월 20일 수요일 날씨 맑음〉

오늘은 창길이 소줄, 벼집 태운 것을 골래작과 나무 밑에 깔려고 종일동안 경운기로 실으쓰며 벼집이 일부 탄 것이라서 과수 밑에는 크개 도움이 못돼는 것 같다.

"봄비가 포근하게 내린 뒤라서 그른지 나무가지는 물이 올라서 촉이 곳 띠어 나올 것 같드라. 과수들이 봄비가 내리니 나무들이 할기을 찾은 것 같다."

"금년에 수도작 14마지기 줄우고 포도밭 4마지기, 작과밭 3마지기, 밭이 7마지기 들어 온 셈이다. 자신으로 바서는 금년 일이 좀 수라지 않을까 하면서도 밭일이 만아서 일끄리로 바서는 만만치 않타고 보고 잇다."

"요줌 생각을 하기에는 실찌 내 나이을 바서는 작업량이 만타고 인정을 하고 잇찌만 만약 물류단지가 들어온다고 볼 때는 자신의 일량이 만는다고[많다고] 생각을 한다.

자신도 살라 볼라고 부인과 악작같이 살라 와따고 생각을 하며 이것이 부인 마음과 일치을 해서 우리 부부가 살개 돼어쓰며 나 자신이 기본 재산 업시 이만춤 벌어따는 것을 나 자신은 만이 벌어따고 말을 하고 십다. 그리고 내 마음 욕심은 들차지만 내 생활에 만족을 가지고 살라 간다고 본다. 실찌 돈원 남들보다 적다고 보지만 부부 생활은 하늘에 뜬 구름 같이 살라가며 내부인 업시는 하로도 살라가지 못한다고 생각을 한다."

"오늘 날까지 부인과 둘리서 돈과 싸우는 바람에 부인의 육체적인 고통을 너무나 만이 주어따고 생각을 한다. 앞푸론 부인의 육체적으로 고통을 들 주는 방법으로 갈 길을 선택을 해야 한다. 돈과 싸우는 일도 다 나이가 잇고 때가 다 잇따는 생각이 더는구나."

"우리 혜영이가 적금 5,000,000만 원짜리을 오늘로 다 부어쓰며 이재 한 달 후면 5,000,000원 차절 수가 잇쓰며 우리 혜영이 만이 벌어다. 우리 혜영이가 대학교 졸업 한지가 일 년이 넘어따는 정거가 돼는구나. 우리 혜영이 만이 벌어다. 수고 만아다."

〈1996년 3월 21일 목요일 날씨 비〉

오늘은 포도밭에 석회을 26포을 했쓰며 한 단지 600평에 석회 24포가 딱 맏다고 생각을 한다. 외냐하면 포도 골이 12줄이기 때문에 한 줄에 2포식 하면 꼭 맏다고 생각을 한다. 오늘 비 온다고 기상대에서 비 온다고 예보을 하여서 아침을 일적 먹고서 서들어서 석회을 헌치는돼 반도 못해서 비방울이 떨어지드라. 그래서 비가 만이 오기 전에 석회 헌치는 일을 다 할려고 바삐 헌치는데 하늘래서 바주는지 비가 조금 오드니 끝치곤 하여서 석회을 별장해 업시 다 허치고 마랐다.

"그리고 부인과 둘리서 불탄 벼집을 실런 것을 비가 내리며 문지가 나지 않는다고 과수 밑에 까는 일을 비을 마지면서 작업을 하는돼 비가 너무 만이 와서 결국은 다하지 못하고 부인과 둘리서 다음으로 미루고 말랐다."

〈1996년 3월 22일 금요일 날씨 맑음〉

오늘은 어재 비온 뒤라서 아무 일도 못하고 먼저 번에 32,000원 남은 돈으로 육계와 페계을 사와서 돌부리을 하여쓰며 오늘은 화토노리 윷노리로 종일 동안 잘 놀라다. 이재는 모다논 돈도 다들 쓰고 업키 때문에 모여 노는 것도 오늘이 끝이라고 바야 한다.

수입에 … 화토노리 5,000원

〈1996년 3월 23일 토요일 날씨 맑음〉

오늘 오전은 들판을 한 박기 돌라보니 먼저 번에 물꼬을 잘리어 논들은 이번 비에는 물이 고여 잇는 곳이 업고 물꼬을 그대로 두어둔 것은 이비에 논들이 상당이 만이 고요 잇는 논이 아주 만아서 자신도 물꼬을 다시 따는 일을 하여쓰며 올봄에는 비가 자주 내리서 밭작물에도 해갈을 안전희 면할 수가 잇따고 본다. 오후에는 친구들과 화토 노리을 하여쓰며 비가 만이 온 디라서 아무 일도 못하며 술판에도 돌라 다니보며 사람도 업뜬돼 사람들이 놀로 나오지 않으며 오늘은 5명이 화토노리로 시간을 다보내고 마랐다.

"수입에 … 화토노리 1,000원. 화토노리는

5명이 천원 식 무드놓고
막처기[민화투]을 하여서 익인
사람이 천원 식 가지고 가는
화토노리을 하여다. 이 놀리도
안될 때 는 만이 일캐 돼드라."

〈1996년 3월 24일 일요일 날씨 맑음〉

오늘은 기상대는 정국적으로 한차례 비 온다고 이야기을 하여는데 비는 오지 않아서 큰집에 사과나무는 잘 심어다. 오늘 큰집에 형님은 오늘 김천 양천에 사과나무 5년생 200주을 봉고차 2대와 형님 사오 둘, 아들, 동민들 둘리 와서 도와주어서 150주을 다 심어다. 오늘 사오들 뿐 아니라 오늘 일한 사람 다들 수고을 만이 하여다. 오늘 자신은 10 바리을 해야 다실러 됀다고 바는돼 나무 주수가 200포기가 못돼어서 8바리로 끝을 냇다. 차 한대에 20주 이상 실을 수가 잇쓰며 오늘 실어온 나무 수는 190포기가 됀다고 보며 형님은 5년생 사과나무 포기당 4,000원식 하여서 가지고 왔쓰니 나무들은 잘 삿따고 생각을 하며 형님은 나무을 다들 심어노니 월래 과손보다 더 좋은 너킴이 들드라. 형님은 물류단지 발표 하로 전에 사과나무 15년 이상 돼는 사과나무을 다 배어내고 포도나무 심을라고 다들 배어냇서 오늘 이른 고충을 다하고 잇쓰다. 형님은 월래 사과나무 보상보다 오늘 사과나무 심은 나무수가 만아서 물류단지 유치가 돼드라도 보상금이 적지는 않을 것 같다.
"오늘 종일동안 부인 도과둘라다[도와주려다] 형님 사과나무 심는데 도와주어다. 부인은 팔이 아파서 병원에 가서 침을 마저면서 어재만도 병원에 다니는 부인이 오늘 사과나무 심는데 그들어주로 와서 내 마음은 그리 편치 않트라."

〈1996년 3월 25일 월요일 날씨 맑음〉

어재 형님 사과나무 심고 남은 것을 나무사위에 심으라고 하여서 오늘 부인과 둘리서 11포기을 심어다. 이것도 정부에서 발포을 하지 않코 물채가 들어오며 나무들을 사다가 심는 일이 업쓸끈돼 이것도 미리 공포을 하여기 때문에 지상물[손해] 보상하여 주는 것도 생각 위에 만이 잇쓸 것 같다.
오후에는 과수 밑에 벼집 깔라주는 일 도구쳐는 일을 하여쓰며 이재는 손길이 바파지고 잇다. 우리 농민들은 비가 오나 눈이 오나 이재는 들판에 살라야 한다고 바야한다. 오늘 저녁에 저녁을 먹을라고 막 더는돼 동장이 저녁을 먹지 말고 동회관으로 나오라고 하여서 가니 이미 봉고차가 3대에 막 갈려고 시동이 걸려 잇쓰며 그리고 성용차 해서 4대가 준비가 돼어잇드라. 그래서 무르니 민자당 후보 선거술 머로 간다고 해서 따라 같뜬이 칠곡 회집으로 대리고 가는데 그곳에서 회와 저녁밥을 먹은 것이 13명에 370,000원 나오드라. 이 돈은 13명에깨 쓰따고 볼 때는 후보로 한사람으로 음청난 돈이며 우리 마을 뿐 아니라 다른 마을도 민자당은 다들 쓸 것이 아닌가. 정부에서는 돈 안쓰는 성그, 깨끗한 성그 한다고 부르짓고 야당들은 씹번 막글리도 한잔 못주록 하며 이것이 깨끗한 정치란 말인과. 우리가 일 년에 한 번도 먹기 어르운 회 고기을 배가 떠지두록 먹고 고발은 한단 말인가. 이것은 천 명에 한사람도 업다고 본다. 이것을 민자당은 서슴치 않코서 행동하고 잇쓰며 만약에 오늘 저녁 13명이 야당 후보의 성거 술을 먹으따면 당장 고발이 됀다고 본다. 이것은 각경찰이나 형사나 다들 눈을 까마주기 때문에 이것들이 다들 넘어가고 잇다. 요즘은 음식을 어더먹고 표는 다른 후보에깨 가는 것이 잇다. 이것을 보며 국민 수준이 조금 나젓따고 생각을 한다.

"선거풍토가 우리나라는 땅바닥에 깔려 잇따고 생각을 한다. 외냐 여당들은 할기을 쳐가면서 운동을 하고 잇고 야당들은 선거법 위반을 하지 못하게 경찰들이 주시을 하고 잇는 것은 야당운동자의 발목을 묵끄놓고 경합을 한다는 것은 우리 국민이 바로 살라갈 수가 업따고 생각을 한다."

〈1996년 3월 26일 화요일 날씨 맑음〉

오늘 오전원 횡도 부친이 오늘 돌라가쉬서 돼지 잡는데 거들어 주어쓰며 이분은 업시 살면서 나무일도 만이 하여쓰며 이 노부부가 아들이 업쓰서 주어와서 키운 아들 밖에 없쓰며 딸은 사 명이 돼며 딸들은 다들 결혼을 하여서는 다들 살라가고 잇쓰며 이 노인원 두 부부 오늘날까지 돈은 업시 살라도 두 노인들이 살라도 남들이 불버할 정도로 노인내가 살라와쓰며 두 노인내가 팔십이 넘두록 같이 살라준다는 것은 정말 복노인라고 생각을 한다.

"오늘 오후에는 부인 병원 갈다오면서 마구네슘을 두 포을 사와서 오늘 당산 표도밭에 헌치는 일을 하여쓰며 포도 600평에 마구네슘 2포을 하니까 충분희 할 수가 잇드라."

그리고 일을 다 하고 집에 들어오니 이웃지 순희 엄마가 벌서 군대 갈 때가 돼어꾸나 우리 아들은 제일 전방에서 그리 힘이 든다고 하며 특희 아들을 군대 보내고 옻이 돌라올 때 그리 서운해서 눈물을 흝리따고 이야기을 하니까 부인의 눈에는 눈물이 도는 모섭이 보이며 자신도 오늘 운이가 기술병으로 4月21日날 논산 훌련소 입소을 해야 한다는 영장을 밭아 앗따고 할 때에 내 마음은 눈시울 떠거운 너킴을 밭아와쓰며 그 전에는 내 아들은 군대에 간다는 생각조차도 하지 않아따고 해도 가연이 아니며 이재 운이가 영장을 밭고 보니 이재 군대 이야기만 나와도 이재는 가슴이 아푸구나. 이재 자신도 저피리[목숨] 같튼 자식, 운이을 군대을 보내야 하는 구나 할 때에 자신의 심정도 밝지 못하다. 운이가 군대을 잘 배기낼까하고 극정이 크구나.

지출에 … 마구네슘 거름, 2포대 7,000원

〈1996년 3월 27일 수요일 날씨 맑음〉

오늘은 포도밭에 김매기을 할려니 엄두가 나지 안으며 김매기을 하는 것보다 제초제을 살포하는 것이 좋을 것 같다서 부인은 상가집에 가고 해서 경운기 픈무기로 약 살포도 못하고 사람이 매는 픈무기로 제초제을 살포을 하여쓰며 포도 전면에 약살 포을 하는데 약 8말이 들어 같다. 제초재도 날씨가 차거어며 약이 절 덧지 않는다고 하는데 오늘 약 살포하는 데 힘 들은 것을 생각을 하며 약발이 잘드려 주야 하는데 하는 생각이 더는구나.

"운이가 어재 군 영장을 밭아 왔쓰며 입대 일자가 4月 21日 라서 오늘은 회사을 가지 말고 푹시라고 이야기을 하여뜬이 이달까지 갈라고 하드라. 그래서 그냥 두고 밧쓰며 내 생각에는 회사을 가지 말고 휴식을 하여쓰며 한다."

〈1996년 3월 28일 목요일 날씨 맑음〉

오늘은 형도 부친 출상을 하는 날이며 이분

은 아들을 주어와 키아서 아들을 만들어쓰며 그리고 딸들 4명, 사위들 4명 이 사람을 볼 때에 든든한 감이 잇드라. 오늘 주어서 키운 자식이 상주 노릇을 하고 잇는 것을 볼 때에 자식을 키운 보람을 가질 수가 잇꾸나.

"요줌은 초상이 나도 절먼 사람이 만아서 우리는 운상하는 돼도 열외다. 오늘도 산에 올라가서 묘봉초 하는돼 조금 그들어주는 일로 끝을 냇다."

"그리고 오늘 상주댁은 업는돼 사위들이 잘 사라서 행상돈이 850,000원 나와따고 하니 업는 사람들은 사실 이 돈이 급이 난다고 바야 한다."

지출에 … 형도 부친 별세 부주 20,000원

〈1996년 3월 29일 금요일 날씨 비〉

오늘은 감자 갈 때에 트랙터 노타리을 하는데 자신의 밭노타리을 하려고 갈다가 이웃 밭만 노타리을 한 셈이며 오늘 자신의 밭 노타리 하고 이웃 노타리을 6섯 집이나 노타리을 하여쓰며 오전 내 남의 노타리을 한 셈이다. 오후에는 비오는 바람에 아무 일도 못하고 어재 상가집에서 나온 돈으로 배신내이 불고기 집으로 고기을 먹어로 가서 11명이 마음끝 먹은 것이 63,000원 나오드라. 요줌은 앞패서 돈갈리 하는 사람이 잘못한다고 생각을 한다. 외냐 고기도 띠음띠음 먹으야 하는데 요줌 계속 먹고 잇쓰서 위장도 고기 때문에 욕을 할 끄라고 생각을 하며 돈 갈리 하는 사람은 매일 고기로 터분[포식]을 식키는 일은 잘못이라고 생각을 한다.

"요줌은 운이 영장을 받아 노코는 이 영장이 내 머리에서 십게 살라지지 않코 잇쓰며 자신이 군 생활을 보낸 것이 어재 일같 뜬데 이재는 아들 군 영장을 받아 낮쓰니 심적으로는 아주 힘 든다고 말을 하고 십꾸나."

〈1996년 3월 30일 토요일 날씨 비〉

윤봉희 씨가 물류단지 유치 찬성을 한다고 우리 마을 절먼 사람들이 희생타로 철라고 단단희 배라서 자신은 위원장으로서는 집안 싸음을 해서는 안 댄다는 생각을 여르번 하고서 윤봉희 씨한때에 전화을 해서 좀 조심을 해달라고 전화을 했뜬이 윤봉희 씨가 동사무소에 나와서 발뺌을 할려고 소리을 쳐따고 하니 이것은 정말 자신을 피곤하게 하고 잇따. 자신은 편하게 갈려고 한 것이 우리 위원들 보기에 마음속으로 걸리며 이것이 자신이 고자질을 했따는 것을 안다면 정말 피참한 일이 됀다고 볼 때에 자신의 심각성 들 하다는 생각이 들며 앞푸론 이른 행동을 하지 않깨다. 남을 편하게 할려고 하다 큰 창피을 바들 뿐 하여다.

지출에 … 윷노리 6,000원

〈1996년 3월 31일 일요일 날씨 맑음〉

오늘은 포도나무 약 살포을 하여쓰며 약량은 28말을 한샘이다. 그리고 바시내이 포도밭과 당산 포도밭을 오전에 약 살포을 다 할려니 무리하며 오후 1시 30분에 약 살포을 다하여따고 본다.

"오늘은 윤봉희 씨의 물류단지 유치 찬성으로 오늘날까지 윤봉희 씨을 우리위원회서 주시을 하여쓰며 다들 미어하여쓰며 희생따로 철라고 배루고 잇는 중에 자신이 들어도 내 속으로 해소 하여쓰며 그만인돼 자신이 또 위원장으로 10만 원, 15만 원을 봉희 씨 밭 엽패 사람이 이야기을 한다고 한

마디 한 것이 화권이 돼어서 잘못대며 봉희 씨는 정말 큰 희생타가 돼 이것이 자신뿐 아니라 그전부터 흙르낮다. 그른돼 자신이 다 한 것처름 돼어 잇다. 정말 말이란 심중성을 가지고 이야기을 해야 하며 자신이 이른 심중이 업쓰따고 생각을 한{다}. 그래서 자신이 이 책임을 다 지드레도 윤봉희 씨의 희생대는 일을 막을라고 들어쓰며 자신이 학대대는 일을 막아다. 이것은 자신의 위치을 지키지 않아따고 생각을 한다.

〈1996년 4월 1일 월요일 날씨 흐림〉

오늘은 사실 어재 일로 구경을 가고 십픈 마음은 업드라. 그른 자신이 안가며 나의 말을 만이 할 것 같고 그래서 오늘은 사실대로 이야기을 할려고 구경을 같뜬이 오늘 자신이 오늘 좋은 날에 분이기을 혹 흐리게 될까바 오늘은 아무 말도 하지 않코 자신의 마음으로 색이고 마랐다. 그른돼 내일 결산 보고 하고 난 디에 이 말을 할려고 생각을 하여다. 사실 오늘 구경은 영주로 해서 동해바다로 백암 온천으로 한 밖기 돌라 왔다. 이것은 구경은 하나도 하지 않코 관광버스만 종일 따고[타고] 마랐다. 오늘은 안전 낭비만 돼어찌 아무른 득은 업쓰따고 생각을 한다.

지출에 … 구경가는 데 15,000 차값 2,000
계 17,000원

이번에 구경은 동우회가 그진 다들 돼어따고 생각을 한다.

〈1996년 4월 2일 화요일 날씨 맑음〉

오늘은 우리 마을 부인회에서 거재 구경을 같쓰며 부인도 구경을 같쓰며 오늘은 날씨가 어재보다 못하며 우리가 어재 날씨가 바람도 불 뿐 아니라 날씨마자 차거어서 정심 먹는데도 추어서 밥만 먹고 버스 안으로 들어오곤 하여는데 오늘은 날씨 변득이 어재보다 더해서 구경은 좋지 안으리라고 생각을 한다.

"우리는 결산 겸 속푸리을 하여다. 그리고 자신은 위원장으로서 조용하게 단채을 이끌어갈려고 하다 오희려 학산이 돼어서 무리을 이려키서 이 무리을 이려킨 이유을 발키면서 나는 이번 일은 처벌을 주며 희생자는 엄청난 피해가 될 뿐 아니라 우리 동우회 동신회도 그만 춤 무리가 오며 나는 누섭과 망우리가 안될 것 같다서 자신이 전화을 해서 대책을 새어 달라고 자신이 하여쓰며 이점을 여르 분이 어떠한 벌을 주도 달개 밭개쓰며 자신은 이단체가 이처름 힘 드는 단체인줄 모르고 돼드런 것이 잘못이며 나 자신은 오늘로서 이자리을 물려 쓰게다 하면서 이야기을 하니까 이재와서 말게 돼며 아무도 할 사람 업고 읍으로 보나 김천 시에서 보나 오늘날까지 단체을 잘했와는데 안댄다고 하면서 이번일은 업씁뜬 일로 하고 개속 하라고 한결같뜬 목소리가 나오는데 자신으로서는 이 자리을 그만두어야 하는데 회원들이 좋아하는데 푸리치고 나온다고 할 때에 그 문제점 그리고 개속 일을 한다고 볼 때에 앞푸로 일이 관하고 싸음밖에 업는데 자신으로는 희생밖에 업는데 이 두 길을 두고 볼 때에 이번 일로 그만두어야 하는데 하는 생각밖에 업쓰며 사실 이번 일로 그만두면 인격에는 손상이 따린다고 바야 한다. 그른돼 앞푸로 이 단채을 이끌어간다고 볼 때는 나 자신은 희생이 댄다고 바야 한다. 사실 내 입장은 이려지도 저려지 못하고 두 단체에 깨 이끌려 가고 잇다."

수입에 … 윷노리 띠방으로 10,000원

〈1996년 4월 3일 수요일 날씨 맑음〉

오늘은 트랙터 수리을 할려고 아포조합 수리점에 갇다노코 왔쓰며 그리고 사과나무약과 작과나무약을 외상구입을 하여쓰며 오후에는 바시내 포도밭에 부인과 둘리서 김매기을 하여쓰며 부인과 김매기을 하면서도 미안한 감이 들며 자신이 부인한태 신경을 들 쓴 것이나 다름이 업쓰며 부인은 어재 구경한다고 차에 시달림을 받은 사람을 김매기 하로 따라 나온다고 자신이 대리고 나온 것이 미안하며 김매기을 하면서도 생각을 할수록 오늘은 미안하며 자신이 부인을 들 생각을 하고 잇따는 미안감에 아직 해가 만이 잇는데 그만 부인을 대리고 왔다. 내부인은 내일 죽으리 삼아도 남편의 일을 같이 할려고 노력을 만이 하는 사람이다.

"금년에는 기온들이 불규칙 서려어 작과 꽃망우리가 작년보다 너전 감이 잇다. 오늘도 아주 차거운 날이라고 본다."

〈1996년 4월 4일 목요일 날씨 맑음〉

오늘은 당산에 4차선 도로 나는데 산소 위장을 할 준비한다고 오늘 우리집안 사람들은 천동 선산에 내일 위장을 4상구을 할려고 오늘 폭크랜으로 묘 터을 따듬어쓰며 처음 시작을 할 때는 일크리가[일거리가] 상당이 만을 줄 알라는돼 실찌 작업을 하고 보니 오전 일크리로 폭크랜 작업을 하여쓰며 내일은 광전구등이만 파면 일끄리가 다들 끝이 난다.

"육촌형님 댁은 내일 조상묘을 4상구을 위장을 하여야 하고 내일은 우리 사촌키리 삼촌 묘을 1위장을 해야 한다. 우리 사촌들도 오늘 준비을 해야 하는데 내일로 다 할려고 생각을 하고 잇쓰니 이것은 무리가 아닌가 십다."

"이번에 도로 4차선으로 나는 바람에 우리 조상들이 날리을 만나게 돼어쓰며 도로 4차선 나는 바람에 조상의 묘가 4상구을 위장을 해야 하는 날리을 만났다."

〈1996년 4월 5일 금요일 날씨 맑음〉

오늘은 4月 5日 식목일이며 한식{이}다. 오늘은 4차선 도로 학포장[확대포장] 바람에 우리 조상들이 날리을 만난 셈이다. 오늘 조상 묘가 5섯 상구가 이장을 하여쓰며 이것은 묘 위장은 한구도 큰일{인}돼 다섯 상구는 음청난 일이며 이일은 다른 일과 달라서 일들이 그북한 일들이다. 그래서 더 어르운 일이라고 생각을 한다.

"당산에 묘들이 우리 눈우로 바서는 묘들이 명산 터로 보이고 위치하며 다들 좋은돼 묘을 위장을 할려고 파보니 다들 물구등이드라. 이것은 산소 자리로는 부적당 곳이라고 생각을 한다. 삼촌 묘도 안전물이며 열 짝에 전부 물이드라. 이것을 본 숙모님은 당산에 묘 터가 업따면서 천동산이 연명으로 웃마 큰집과 우리큰집 공동 명외로 돼어잇는 성산으로 가자고 하여서 갑작이 위장을 하게 돼어쓰며 삼촌은 당산에서 도로가 들어가지 않는 곳으로 위장을 할려고 폭크랜으로 한 쪽 엽패 산소자리을 다따듬어 쓰며 곳 위장을 할려고 더는돼 숙모님 보시든이 온기자고 이야기을 하여서 갑짝이 삼촌이 천동 산으로 온기가개 돼어쓰며 천동 산이 위치는 당산보다 못하지만 땅 토질은 아주 좋은 곳이다."

"이번에 도로 난다고 우리조상만 날리을 만

난 셈이다. 앞푸로 물류단지가 들어온다면 이것보다 아주 만은 조상들이 날리을 만나게 됀다. 앞푸로 이른 일은 업쓰며 한다."

"오늘 육촌 형님내 묘위장하고 우리 삼촌 묘는 듬[덤]으로 안장을 하면서 그곳에서 돈이 400,000만 원 나온 것으로 절먼 사람들이 김천 부산 회집에서 회를 먹으면서 동장과 자신을 올라오라고 전화가 왔따면서 동장이 가자고 하여서 자신이 따라 올라가서 정말 잘 어{더}먹으다. 그래서 이차로 미안해서 노래방으로 가자고 하니 이 만은 사람이 가면 돈이 만이 나온다면서 가지 말자고 하여서 이차는 표기을 하고 내리오고 마랐다."

〈1996년 4월 6일 토요일 날씨 비〉

오늘 오전은 트랙터 수리을 한 것을 차저오는데 부품 값이 260,000원이 돼며 자신은 처음에는 노타리 뒤문짝만 갈라고 생각을 한 것이 배아링 측하며 만이 갈라 너어다.

"오후에는 포도밭 김매기을 하여쓰며 오늘 김매기는 비을 마저면서 김매기을 다 할려며 삼일은 더해야 다할 것 같다."

"운이 군입대 날짜도 하로하로 다가오며 이 아빠가 군 생활을 할려면 운동 좀 조금식 하라고 하여도 매일 잠만 자고 잇쓰서 이 아빠로 근 극정이다. 내가 군대 입대을 할 때는 아침에 들래 한밖이 돌과 와서 아침밥을 먹고 군입대을 하여 왔는데 자식을 군대에 입대 날자을 받아놓고 보니 늙 마음이 허전 하구나."

지출에 … 트랙터 수리비 값 260,000원
버스비 값 440원
계 260,440원

〈1996년 4월 7일 일요일 날씨 맑음〉

오늘은 오전 내 작과나무에 살충재 살균제을 부인과 둘리서 살포을 하여쓰며 오후에는 사과나무에 약살포을 바람이 모질개 부르서 약 살포하는데 힘이 너무 만이 들어쓰며 부인은 덥프두어따가 내일 오전에 약 살포을 하두록 하자고 하는돼 자신이 내일 할 일이 잇는데 일이란 미루며 일이 안댄다면서 약 살포을 하여는데 약이 바람 때문에 손실이 만아따고는 생각을 하지만 또다시 내일 약 살포을 한다고 하며 거중스렵고 오늘 약 살포는 잘했따고 생각을 한다.

"우리 운이가 군대 입대 날짜는 다가오는데 방에서 잠만 자고 시간을 보내고 잇쓰서 군대을 갈려면 운동을 해서 체력을 달련 식키야 한다고 당부을 해도 개안타면서 잠만 개속 자고 잇쓰니 극정이 크다. 이 아빠도 운동한 심도 업시 몸이 짝까라저[착 가라앉아] 잇따고 생각을 하고 잇다. 외냐 하며 공장에 가서 돈 번다고 약 2달 동안 아라바이트을 해서 이재는 군대 간다고 쉬고 잇쓰니 몸은 피곤하기 마른이다. 그래도 운동을 하지 않코 잇쓰니 이 아빠로서는 극정이 크구나.

〈1996년 4월 8일 월요일 날씨 맑음〉

오늘은 형님과 둘리서 상토흙을 팔라고 골래논에 트랙터 노타리을 하여쓰며 형님은 오전에 경운기로 두 바리하고 우리는 오후부터 시작을 하여쓰며 시간여유만 잇따면 오늘 노타리을 해서 이틀정도 잇다가 상토흙을 파면 아미에 아주 잘나올 것 같튼돼 오늘 형님은 경운기로 6섯 바리 준비하고 자신은 5섯 바리 준비을 하여다. 그른돼 자신은 다섯 바리는 조금 적은 량이다.

"오늘은 상토흙 준비을 하는데 운이가 도와

주어서 부인은 조금 거들어 주는 정도 여쓰며 오늘 부인은 운이 득을 톡톡희 본 셈이다. 자신도 운이 도와주어서 상토흙을 큰 무리 업시 잘했따고 생각을 한다.

지출에 … 세값 2,600원

오늘은 운이도 잊고 형님, 형수 다들 상토흙 준비한다고 해서 아포 통닭집 김천 통닭집으로 주문을 해서 세 먹을라고 했뜬이 아포는 배달할 사람이 업쓰서 안댄다고 하며 김천통닭집은 두 바리는 안돼고 셋 바리 해야 배달이 됀다고 하며 두 바리는 배달을 안알라고 해서 그만 통닭 세는 표기을 하고 저녁에 혜영이 태권시에[퇴근시에] 통닭 2바리을 해오라고 하여서 통닭 2바리을 하는데 1바리 9,000원 한다면서 18,000원 주여따고 해서 이 아빠가 20,000원 혜영이 주어다.

지출에 … 상토흙거름 3,230원 다찌엣스약
7봉 14,000 제초제 근사미약
300CC 14병 36,000원
계 53,230

〈1996년 4월 9일 화요일 날씨 맑음〉

오늘은 건답직파 논에 제초재을 근사미을 살포을 하여쓰며 10마지기에 근사미약 300CC짜리 13병 들어같다. 13병의 약으로는 조금 부족 하드라. 그리고 직파을 좀 일적 할려고 생각을 하여는돼 오히려 직파시기가 조금 너찌 않을까 하고 생각을 한다.

"그리고 오후에는 상토흙에 비료 2포와 다찌엣스약 7봉을 혼합을 하여 두어쓰며 이 일은 운이와 부인 다들 상토흙에 거름과 약을 혼합을 하여 주어다."

"그리고 시간이 조금 남아서 바시네이 포도밭 김매기을 하여쓰며 자신이 김매기을 하는돼 너무 힘이 만이 들며 이재는 무선 일이든지 힘으로는 안됀다는 생각이며 이재는 재초재로 회결을 하여야 한다고 생각을 하며 자신도 이재는 무선 일을 해도 몸은 아주 피료하며 이재는 자신도 만이 늙어따는 생각이 더는구나."

〈1996년 4월 10일 수요일 날씨 맑음〉

오늘은 감자씨을 집배 감자씨로 파종을 할려고 더려는데 집에 감자씨을 갈무리을 잘 못해서 다들 썩으서 감자씨 파종을 못하고 잇따가 오늘로서 시장에 가서 감자씨 1관에 2,000원 주고 사와서 부인과 둘리서 파종을 하여쓰며 무지파 씨도 다들 파종을 하고 마라다.

오후에는 바시내 포도밭 김매기을 하여쓰며 김매기도 밭이 너무 말라서 김매기도 힘이 더는구나.

"오늘은 운이가 계속 잠만 자고 잇쓰서 이 아빠 생각을 할 때에 운이 저려깨 몸이 까라저서 군 입대을 하여서 고됀 훌련을 받을라면 상당한 무리가 갈 것 같아서 오늘 아침부터 운동을 하기로 약속을 하여서 6시가 돼어서 운아 운동 하로 가자고 하니까 병호하고 아침 운동하기로 약속을 했따면서 아빠는 두라고 하여서 자신은 운동하는 것을 그만두고 운이 거동을 보앗뜬이 아침 운동을 하고 오드라. 그 모섭을 보니 이 아빠로서는 정말 반갑드라."

지출에 … 남방용 기름 경유 400리터
83,220원 트랙터 엔진오일
3통, 기와오일 3통 23,600원

〈1996년 4월 11일 목요일 날씨 맑음〉

오늘은 15대 국회원 선거날이며 사실 자신

은 투표을 하지 않을라고 하여는데 사실 기권은 하지 않코 토표을 하여는데 자신은 사실 표을 줄 사람이 업쓰며 자신은 여당이 정치을 하는 것이 한치 앞도 보지 못하고 정치을 하는 것을 볼 때에 자신없은 마음에 들지 않으며 오늘날까지 여당만 정치을 하고 잇는데 이재는 정치을 바꾸어야 한다고 주장을 하는 사람이다.

"오늘 오후에는 범식내가 보밭 갈라 달라고 하여서 오늘 오후에 갈라주는데 시간을 다 보냇다."

"오늘은 우리 식구가 투표을 하고나서 직기사 구경 갈려고 개핵을 세어는데 혜영이가 안갈라고 하여서 그만 구경 가는 것을 표기을 하고 마랐다. 나는 운이가 군대도 가고 해서 구경을 갈려고 하여는데 혜영이가 안 갈려고 하여서 구경을 표기을 하고 마랐다."

〈1996년 4월 12일 금요일 날씨 맑음〉

이번 선거는 여당의 선가이며 이번 선거는 여당의 돈 선거라고 말을 하고 십다. 현여당은 15대 국회원 선거는 깨끝한 선거을 한다면서 야당의 손발을 묵끄놓고 선거운동을 한 것이나 다름이 업따고 말을 하고 십다. 이번 선거 패패는 야당들의 분열도 잇찌만 우리나라의 선거 풍토을 바서는 야당이 여당을 이길 수가 업따고 본다. 외냐 여당은 교묘하게 돈원을 마구 푸리고 잇고 야당은 돈원 가지고 잇쓰도 돈원을 못쓰고 폐배을 해야 하는 아품을 가지야 하고 특희 우리 국민의 수준이 나자서 선거는 돈원을 쓰는 데 돼로 득표가 나오고 잇쓰니 정말 기가 차고 잇다. 이번 선거는 혼탁 선거든 말든 여당들이 기대 위상 당선이 돼어쓰며 여당의 국회원 당선자가 139명, 국민회 79명, 자민련 50명 무소속이 16명, 국민회가 9명 이른 수로 의석수을 학보을 하여다. 이번 선거는 여당들이 참페을 할 줄 알라는 돼 여당들이 선거 운이 잇쓸라고 판문점에 의 이북 놈들이 남침을 할 수도 잇따는 방송도 나오고 잇쓰니 국민들은 정치 안정을 하기 위하여 여당한태 표을 주어서 여당들이 압승을 햇따고 생각을 한다.

오늘은 오전은 건답직파 기계 손을 보는 것으로 시간을 보내쓰며 오후에는 웃들에 논 갈리을 하는 것으로 시간을 보냇다.

지출에 … 트랙터 노타리 날 20개
32,000원

〈1996년 4월 13일 토요일 날씨 맑음〉

의성보에서 개돌처는[자갈 치우는] 보을 처음 시작을 하여쓰며 금년도 보는 사실 근성으로 한 셈이며 그리고 일끄리가 조금 적따고 생각을 한다.

오후에는 정심을 일적 먹고서 보꾼들 나오기 전에 논갈리을 한 단지 다갈 욕심으로 일적 소들어떠니 오후 보을 시작을 하기 전에 한 단지 다 갈라다. 그리고 외성보을 끝을 내고 금년도 자신이 산논 을 갈라쓰며 이 논을 갈면서 자신이 산 논이라고 생각을 할 때에 그리 기분이 좋더라. 그리고 자신의 욕심이라면 엽페 부튼 논 두필지만 더 사면 원이 업깨때는 생각이 더는구나.

"우리 운이가 입대 날짜가 하로하로 다가오며 이재 일주일 밖에 남지 않아 쓰며 생각을 할 수록 마음만 담담하구나."[7]

---

7) 일기 지면 상단에 '세논에는 뒤로 논갈리을 하여다.'라고 기록되어있다.

〈1996년 4월 14일 일요일 날씨 맑음〉

외성보을 오늘로서 끝을 냇다. 여태것 갯돌보는 3, 4일은 꼭 하여는데 금년에는 이틀만에 다 하여쓰니 갯돌보는 등안시하여따고 바야 한다.

"자신은 정심시간에 보꾼들이 나오기 전에 김상진 씨 논갈리을 한 단지 하고 보을 끝은 내고서 자신이 부치는 논갈리 6마지기을 하여쓰니 이것은 상당이 만이 한 것이라고 생각을 하며 자신은 오늘 두 단지만 갈라고 작정을 한 것이 한 단지 더 갈라쓰니 무리한 일을 하여따고 생각을 한다. 요줌은 무리한 일을 하고나며 밤에 잠자리 들어 갈때는 단번에 표가 난다."

"요줌은 하로가 달라저두록 변묘해가고 잇다. 외냐하면 외성보 생기고 처음 보꾼들을 회고기로 세을 주어쓰니 이것은 옛 세대가 다 흘려같따고 바야 한다. 한 사라에 20,000원 주고 사와따니 이것은 음청난 경비을 냇따고 보며 공금을 가지고 고급 고기로 참을 한다는 것은 잘 먹고도 욕을 하는 사람이 잇쓸 것으로 본다."

그리고 오늘로서 논갈리을 끝을 냇다. 그리고 세논에는 뒤로 갈고 다른 논은 앞푸로 다들 갈라돠.

〈1996년 4월 15일 월요일 날씨 맑음〉

오늘로서 벼씨 침종을 하여쓰며 금년에는 하남 벼씨와 일품 벼씨 두 가지로 벼씨 침종을 하여 두어다.

"오후에는 직파 자리에 거름을 헌치 두어쓰며 거름 량은 한 단지에 20kg짜리 6포을 하여쓰며 오늘 거름 헌친 량은 10마지기에 20포을 헌치는돼 오후 내가 걸리다."

지출에 … 복합비료 21-17-17 20kg짜리 20포 벼씨 소독약, 스포탁 3병

계 77,200원 스포타 1,800원

총계 79,000원

〈1996년 4월 16일 화요일 날씨 맑음〉

우리 마을은 오늘로 건답직파을 하여쓰며 건답 직파 논들이 무려면서도 노타리가 매끄려지 않코 등으리가 만이 생기드라. 생각보다 파종이 수라지 않을 것으로 본다. 오늘 직파 노타리 면적은 20마지기을 한 셈이다.

그리고 오늘 파종 노타리가 일적으서 자신의 직파자리에 노타리을 7마지기 정도을 하여다. 오늘일은 트랙터 기름이 부족해서 오늘 일을 적개하고 마랐다.

오늘 직파 노타리한 것이 20마지기 함. 윤돈희 2단지, 김위태 5.5대지기(노하함), 최종한 8.5돼지기

"오늘 운이 군 입대하는데 대전까지 차표을 미리 살라고 대신역에 같뜬이 내일 오전에 와보라고 하여서 대신역에서는 차표을 만돼로 돼지 않는 모양이다. 그래서 내일은 김천역으로 집직 가서 4月 22日 차표을 미리 사야 할것 같다. 자신이 월요일날 차표을 구입을 할려고 했는돼 자신이 너무 바푸구나. 그래서 표 구입을 못하여다. 4月 22日은 군입대하는 날이라 평소 때보다 손님이 상당이 만을 것으로 볼 때에 미리 준비을 하여 두야 하는데 이게 자석이 매진이다 돼어쓸 것이 아닌가 하고 극정이 돼고 잇다."

〈1996년 4월 17일 수요일 날씨 비〉

직파을 계속할 때에 같이 하여쓰며 우리 마을은 5일 안에 직파을 끝을 낼수가 잇따고

보는데 그만 오늘 비가 직파을 못하게 하고 잇꾸나. 오늘 비로 직파 파종을 삼 일 못한다고 볼 때에 이왕기 모재리와 한태 겹치며 자신으로는 상당한 일이 만으며 일손이 모자라서 문재가 만아 지고 잇다. 그리고 오늘은 비가 내리서 아무 일도 못하고 해서 운이 군 입대하는돼 차표나 끈어 나야지 하는 생각에 운아 오늘 김천 가서 불고기 사주께 하면서 가자고 하니 처음에는 안갈라고 하드라. 그래서 이 아빠가 사정사정하니까 응답을 하여서 마음적으로는 고맙드라. 집배서 10시경에 출발을 해서 버스로 김천 터미널에 내리서 육교로 가는데 역까지 5분이 소유돼며 역에서 대전가는 통일로 8시 24분 출발하는 자석표을 사고 운이와 약속한 불고기 집부로 들어 갈쓰며 고기 1인분을 더 식키서 먹자고 하니 운이가 그만 먹자고 하여서 정심을 식키먹으다. 나 자신도 정심을 먹고 나니 량이 좀 만은 것 같든 너킴을 밭아다. 오늘은 여때것 자식과는 외식을 처음 하여고 군대 가기 전에 운이을 맡잇는 것을 사줄라고 배루코[벼루고] 하여는돼 소고기로 사주지 못하고 돼지고기로 준 것이 마음에 글리며 실찌 소고기는 음청 비싸기 때문에 돼지고기 집부로 간 것이 이 아빠의 돈 욕심을 부리따고 생각을 할련지는 몰라도 이 아빠는 운이을 위하여 살라간다고 해도 가연 큰 무리 돼는 말은 아니라고 생각을 한다. 오늘 처음 자식과 외식을 하는 날인돼 만족한 외식이 안돼어드라도 운이 이 아빠을 용서 해다오. 이 아빠는 나 살개따고 돈원을 아키고 잇는 아빠가 아니다. 아빠의 대접이 마음에 들지 않트레도 아빠 고맙다는 생각만이라도 가저다오.

"오늘 차표을 끈는데 혜지가 회사을 결근하고 동생 군대가는데 논산까지 따라 갈라고 하면서 혜지 차표도 사라고 하여서 우리 식구가 차표 3장 그리고 운이 친구 박병호가 운이와 둘리서 같이 입대을 하기 때문에 병호 차표도 같이 샀다."

오늘 차표 4장에 9,600원

지출에 … 버스비값 2,270원 불고기집 11,000원 대전차표값 9,600원
계 22,870원

〈1996년 4월 18일 목요일 날씨 맑음〉

외성보에서 물 막아넌는 보을 하여쓰며 이재는 사람이 할일을 폭크랜으로 다들 하여서 사람이 할 일은 아주 업쓰저쓰며 요줌 세대들은 힘드는 일을 안 알라고 할뿐 아니라 돈 들어가는 것을 급을 내지 않코 잇다. 그리고 감천내가 모래 채치을 만이들 하여서 우리 외성보아구지와 냇바닥에 물 내리가는 바닥과 그진 같따고 보며 앞푸로 5년 안에는 보 물 돼기가 힘이 들것으로 보며 냇바닥에 안침 공사을 하지 않코는 우리 외성보는 살라저야 할 위치에 노여 잇따고 바야 한다.

그리고 오늘 보는 별로 일한 것이 돼지고기 새참으로 낭비만 한 것이나 다름이 업다고 바야 한다.

"우리들이 외성보을 할 때마다 어른들은 걸어서 보하는 같쓰며 자천차도 더물어는돼 이재는 오토바이도 밀리서 이재는 1톤 차들이 일부 자리을 차지하고 잇쓰며 이재는 머지 안아서 봉초 차들이 외성보하는돼 자리을 차지 할 것으로 내다보며 정말 사람 살기 좋은 세상이라고 생각을 한다."

"운이가 군입대 날짜가 다가오니 마음이 불안하여지는구나. 자신이 군대 같다 온지가

어거재 같뜬돼 자식을 군에 보내게 됀 자신이 마음의 한쪽에는 허전함은 말을 할 수도 업고 남자라면 군에 같다와야 한다고 생각을 하면서 자식을 군에 보내야 하는 부모로서는 참참하구나."

"오늘은 비온 뒤라서 아무 일도 못하고 들을 한 밖기 돌라서 보밭에 잔 씨갑씨 갈란 것이 낮는지 궁금해서 가보앗뜬이 아직 나지을 안아쓰며 그리고 우해도로 나는돼 자신의 밭 간통을 해서 자두나무가 양쪽으로 조금식 남아서 자두나무 수학을 표기을 하고 그냥 둔 석이 자두꽃이 만발을 해서 잇는 모섭을 보니 마음이 끌리며 저 것을 전지을 하여서 갈리을 하며 수학을 할 수가 잇쓸 것 같다서 나무들이 나전 것은 꽃이 만발한 나무정전을 하여쓰며 시간 여유을 내쓰라도 큰 나무들도 전지을 해서 수학을 해야 하는돼 시간 여유가 잇쓸란지 몰개꾸나."

〈1996년 4월 19일 금요일 날씨 맑음〉

오늘은 종일동안 농로 부역을 하여쓰며 경운기 30대와 폭크랜으로 실어주니까 경운기에 실련 모래 량은 상당이 만은 량이라고 생각을 하며 오늘 모래 양은 만은돼 꼭 필요한 곳에 들어가지 않아서 아쉽꾸나.

〈1996년 4월 20일 토요일 날씨 맑음〉

오늘 오전은 자신의 직파 갈때에 노타리을 다하고 남외 모재리 노타리을 해달라고 부탁을 하는돼 들 좋아할 것이고 오늘 남외 모재 노타리 한 것만도 3집이나 하여주어쓰며 오늘 모재리 때린 것은 다들 대작자라서 자신으로 바서는 손실이 만타고 본다. 부탁하는 사람은 한사람이라고 하지만 자신으로는 무리라고 말을 하고 십꾸나.

"오늘 오후에 직파 노타리 3단지을 하여다. 이철수 2단지, 이청자 1단지."

"요줌 운이 이야기만 하면 집사람은 눈물을 흙리고 하여서 오늘 꾸중을 주어다. 그른돼 운이 보는돼 눈물 흙리고 하면 죽인다고 이야기까지 하고 나서 자신이 잘못하여따는 생각이 더는구나. 부인은 가슴이 을마나 아푸면 눈물이 쇼다저개나. 앞푸론 자신이 부인의 마음을 안정을 시킬 의무가 잇따고 생각을 한다."

"우리 운이가 군입대 날짜가 다돼어꾸나. 이재는 부모 곁을 터나서 삶에 질리을 배야하며 운이가 아무 것도 모르는 운이가 자기 일은 자기해야 하는 사회생활을 해야 하는돼 정말 별무리 업시 하여주어며 하는구나. 내가 생각을 할 때는 모든 것이 불안하며 정말 극정이 태산같떠며 군 생활에 적용을 잘하여서 군 복무을 잘 맡쳐주어쓰며 하는 바람이다."

"아버님, 어머님 내 아들 운이가 내일 모래 군에 같미다. 어머님, 아버님 내 아들 운이을 잘보살펴주십요. 내가 어머님, 아버지 곁을 떠나서 군에 간지가 어거재 같뜬돼 내 아들이 군에 간다고 하니 미드지지 않내요. 어머님, 아버지가 5형재 중 처음 순덕을 군에 보낼 때에 이처름 가슴 아파했뜬 것 이재야 부모님 마음을 다 알 수가 잇쓰며 이처름 고통을 가지고 키운 자식들위 부모님 마음을 몰라주고 세상을 살라온 내 자신 정말 원망스렵씀이다. 이한을 풀어 줄 사람 어머님, 아버지가 안계시니 피을 토할 입니다. 어머님, 아버지 어리석은 내자식을 끝까지 보살펴주십요."[8)]

〈1996년 4월 21일 일요일 날씨 맑음〉

오늘로서 직파을 10마지기 파종을 하여쓰며 금년에는 파종을 하는돼 씨값씨가 아주 적개 들어가는구나. 내가 침종을 할 때에 15kg 침종을 하여는돼 파종을 다하고 남은 것이 18kg 남아서 마음이 아주 찐하드라.

그리고 오늘 제초제을 남을 식키떠니 농약방 주는돼로 가지고 와따면서 한단지에 바세트 유제약 300CC짜리 두 병으로 물량 10말하라고 한다면서 10마지기 7병을 가지고 왔드라. 한단지에 물량 15말 해야 그른돼로 약 살포을 할 수 잇따고 본다. 그른돼 오늘따라 약쳐는돼 바람이 부르서 약이 3분지 1은 바람에 다 날라갈따고 바야한다.

그리고 상기 형수가 혼자 살고 잇쓰며 직전 자리에 약 살포 할 것을 극정을 하여서 자신이 우리 약 살포을 하고 나서 제초재을 처주어다. 자신은 오늘 약을 살포을 하지 않으며 내일 군대가는 돼 가야지, 이왕기 파종을 해야지, 모재리 해야지, 직파 해야지 이재는 자신의 일할시간이 업쓰서 바람이 부른돼 재초재 약을 살포을 하고 마랐다.

"그리고 운이을 대리고 아버지 어머님 산소에 가서 내일 군대 간다고 할아버지, 할머니 운이 군대 잘 같다 오게 씁니다 하고 절을 올리라고 하여쓰며 어머님, 아버지 손자 내일 군대갑니다. 아버지, 어머님 운이을 잘바주세요. 부탁을 합니다. 아버지의 자식 순덕이도 자식의 일로 가슴아리을 하고 잇씀이다. 이 가슴아리는 아버지, 어머님이 도와주야 합니다. 우리 운이 제대하는 그날까지 아버지, 어머님 돌바주야 합니다."

"이번에 운이가 군대 가는돼 동생들 집집마다 차저가서 인사을 하며 부담됀다고 오늘 저녁에 전화로 삼촌들래깨 내일군대 간다면서 잘같다 오게 따고 전화을 하라고 하여뜨이 구미 동생들이 내외가 다들 차저왔쓰며 나는 부담됀다고 저녁에 알리떠니 오희려 내가 동생들을 바푸게 만들어서 더 미안하구나. 이려깨 밤에 찾아주어서 고맡고 늙 동생들이 잘하고 잇쓰며 늙 나는 동생들래깨 몾하고 잇따는 느킴을 주고 잇다. 여화뜬 동생들이 고맡꾸나. 저위들 살기 바픈돼 그냥 왔다 가는 것 만도 내 자신은 너무 좋깨는돼 동생들이 돈원 주고 가니 자신으로서는 더 부담이 돼는구나. 형님 50,000원, 조카 용학이 20,000원, 순달이 50,000원, 순서 50,000원, 종말이 순복이 100,000원, 이 돈들은 정말 고마운 돈들이다.

"동생들 정말 고맙다."

지출에 건답직파 제초제 300CC 7병
15,400원 다이매크롱 약 500CC
1병 5,600원
계 21,000원

〈1996년 4월 22일 월요일 날씨 맑음〉

오늘은 운이가 논산 제2훌련소 입소식{이}라서 우리 마을서 운이 친구 병호와 둘리서 가게 돼어쓰며 박병호는 집에서 따라갈 사람이 업쓰서 혼자가고 우리는 아빠와 혜지 둘리서 논산 훌련소까지 따라 같쓰며 오늘 부담은 박병호는 가정 형편이 어르서 금일 교통비, 식사비 일체을 다 돼어 주어쓰며 자신은 오후 1시까지 부대까지 가야 해서 집에서 7시 10분경에 출발을 하여서 김천 통일호 8시 24분 차을 끈어 났쓰며 자신으

---

8) 일기 지면 상단에 '직파 노타리함, 이철수 2단지, 김청자 1단지'라고 기록되어있다.

로서는 논산을 처음 길이라서 시간 안에 갈 수 잇쓸까 하고 극정이 상당희 만아다. 사실 열차 안에서 마음의 불안 참키가 힘이 들어다. 요줌 길을 나서보니 교통이 좋아서 십계 교통연결이 잘 돼어서 시간 안에 충분이 갈수가 잇쓰서며 오전 11시에 논산훌련소에 도착을 하여서 그곳왜서 정심식사을 하고 조금 도보로 가서 1시 조금 전에 부대을 들어 같쓰며 이재는 부모내들도 다들 부대 안으로 같이 들어 같쓰며 부대 완에 연병장에서 입소식 올리고 알들은 추링복으로 갈라 입는 시간에 부모네들은 부대시설을 형식적로 한 박키 돌면서 보여주고 나서 부모네들은 입소식장에 잇쓰니까 아들이 옻을 갈라입고 보타리을 들고 나오드라. 옻 보타리을 부모들을 돌려주면서 약 5분 시간을 주며 그 시간이 나로서는 아주 계로운 시간이며 눈에는 눈물이 돌고 잇쓰며 오늘은 눈에 눈물이 돌안 적은 상당이 만아따고 생각을 한다. 사람이 인간이 될려며 군생활을 거쳐야 한다고 생각을 하면서도 운이을 생각을 하며 눈에는 눈물이 돌고는 하는구나. 오늘은 운이을 논산 훌련소에 대리다 주고 돌라올 때는 허전하기 짝이 업쓰며 자신이 무엇을 잇고 돌라오는 기분이라서 뒤을 자주 돌라보곤 하여다. 오늘은 무사이 잘 같다 왔쓰며 이재는 운이가 군생활에 잘 적용을 하여서 아무련 일업시 군복무 잘맡치고 아빠 품으로 돌라와주어며 하는 바람뿐이다. 자식을 키우면서 자식 일로 부모의 가슴을 아푸게 하는 일도 잇꾸나. 이 가슴은 운이가 편한 생활을 한다면 쉽게 풀일 수가 잇따고 보는데 운이는 26개월동안 계로움을 가지야 하니 부모 마음보다 시련이 만을 줄 안다.

운아 이 세상에 남자로 태어났쓰며 군대 생활도 해야 한단다. 그른니 인간의 인내로 군 생활에 적용을 하여서 제대 하는 그날까지 건강만 지키다오. 그날은 아빠 손으로 운이와 아주 따뜻한 악수을 하리다. 운아 군 생활 잘 맡쳐다오.

"어머님, 아버지 오늘 운이을 순덕이 딸 혜지와 둘리서 논산 훌련소에 운이을 대리다 주고 왔소. 아버지 아들, 순덕이가 처음 논산 훌련소을 구경을 하여소. 아버지, 어머님이 내 아들 운이을 한 발자욱 띠어놓는 일을 한 발자욱도 빠트리지 말고 보살펴 주십시요."

지출에 … 운이 지참금 160,000원
오늘 교통비 일체 72,160원

〈1996년 4월 23일 화요일 날씨 맑음〉

오늘은 자신이 파종기로 파종을 하여 주어쓰며 오전에 윤상무 5.5, 김상진 9마지기, 김영남이는 오후에 하는돼 15마지기중 9마지기하고 남어지 6마지기는 자신의 이왕기 파종을 하기때문에 다해주고 올 수가 업쓰서 영남한태 사실 이야기을 하고 파종은 내일로 미루고 집우로 들어오니 일부 파종을 하고 잇드라. 자신이 우리 조 파종을 한다고 놉을 하여 났찌만 그래도 주인이 잇쓰야 할 것 같다서 집에 들어 왔떠니 일을 하고 보니 잘했따는 생각이 더는구나. 그리고 올해는 자동기계소에 100,000원 주고 들어떠니 파종하기 일도 업쓰며 할 수록 신기하드라.

"운이가 군대에 입대을 하서 잘하고 잇는지 마음자세가 돼어잇는지 운이 생각보다 수란지, 지금 이 시간에 무엇을 하고 잇는지 정말 궁금하구나."

오늘 지출에 … 파종하는 돼 지출, 통닭
27,000원

〈1996년 4월 24일 수요일 날씨 맑음〉

오늘은 종일동안 건답직파 파종을 하여쓰며 종일동안 휴식 업시 파종을 하여도 30마지기 파종밖에 못하여다. 자신이 건답직파 파종하는 돈벌리만 안해도 좀 수라겟는데 이것이 욕심이 잇쓰서 티지는 못하고 계속 한다면 건강에 무리라고 생각을 한다.
"영남이 파종한 것이 6마지기, 회식 8.5마지기, 영진씨 6.5, 선태 6마지, 경수 3마지기 계 30마지기."
우리 성운이 신체검사가 끝냇쓸 것으로 본다. 신체검사가 끝이 나며 병과가 판정이 돼며 26개월 동안 군 복무을 할 판정이 난다고 볼 때에 무선 병과을 받아는지 궁금하구나. 운이도 군대 복이 만아서 좀 편한돼 근무을 해야 하는돼 하는 생각밖에 업꾸나.
"운아 오늘도 무사희 하로 일과을 맡치겟찌."

〈1996년 4월 25일 목요일 날씨 맑음〉

오전에는 파종을 하고 오후에는 파종자리는 잇찌만 자신이 모재리하는 것이 더 중요해서 오후에는 모재리 하는돼 시간을 다 보내쓰며 오후에 일적 서들어도 양군돼 할려니 마음도 바플 뿐 아니라 좆들은 노타리을 해서 모재리을 해야 할 형편이며 이것을 모재리을 다 할려니 힘이 만이 들어가는구나. 오늘 양군돼 모재리 하는돼 겨우 다한 셈이다. 그른돼 흑칼을 한번 돼야 할 것 같다.
우리 운이가 오늘은 신체검사는 끝을 내지 않아나 하고 생각을 가저본다. 우리 운이가 좋은 병과을 바다야 하는돼 하는 욕심밖에 업꾸나.
운아 아빠도 오늘 일과는 정신업시 시간을 보냇딴다. 그리고 오늘일은 이 아빠도 오늘 일은 무리인돼 운이 생각을 해서 힘이 생기서 오늘 일은 저녁 노월이 지고 잇는돼 겨우 다 했딴다. 운이 오늘 일은 어떠하여는가. 운아, 힘이 들거든 이 아빠을 생각을 해서 힘을 업고 이 아빠는 운이을 생각을 하여서 힘을 어더서 그날, 그날을 착실희 살라가자.

지출에 … 경유 경운기 기름 200리터
경유값 41,700원 모판비누류
1막키 12,800 음료수 2,200원
계 15,500원

〈1996년 4월 26일 금요일 날씨 맑음〉

운아 오늘도 아빠는 건답직파 파종한다고 정신 업시 일을 했딴다. 운아 군 생활이 쉽지 않치. 사람의 인생 살리가 시련이고 시련이 잇쓰야 마음과 몸이 성숙대어 가고 잇딴다. 우리 운이도 군대 생활만 다하고 나며 벼가 누루게 익어 갈수록 고개을 수기더시 우리 운이도 군복무만 맡치고 나며 성숙이 됀 사회인이 됄 것이며 마음가짐이 열가지 이상이 달라절 것으로 본다. 이 아빠는 운이을 군대을 보내고 나서는 가슴이 아푸지만 인간의 본질의 교육이 꼭 피로한[필요한] 돼가 군 사회라고 이 아빠는 생각을 하고 마음의 북바침을 참아가고 잇딴다. 사람이 인간의 탈 쓰고 잇따고 다 사람이 아니다. 인간은 거짓업고 성숙이 돼어 잇쓰야 사람이니 우리 운이 군 생활이 수라지 않는 것을 이 아빠도 잘 알고 잇찌만 이 아빠는 운이도 군 복무을 잘할 줄 안다.
"자신은 내 마음대로 안될 때는 소리을 쳐

는돼 오늘도 육모상자을 저녁 무름에 한 번 더빌라고 하여는돼 부인이 너깨 들어와서 그만 부인한태 소리을 지루고 부인한태 한부로 말을 하는 습성 이 버릇이 나푸다는 것을 알고서 참아 주기가 힘이 더는구나. 인간이 무선 일이든지 한 거름만 참을 줄 알며 그것이 어진 인간인돼 나는 이것이 안돼고 잇다."

"오늘일은 부인의 잘못이 20% 라면 자신의 잘못이 80%로 라고 생각을 한다. 오늘 일은 부인 네 잘못하여소."

〈1996년 4월 27일 토요일 날씨 맑음〉

운아 오늘은 외할머니 생신이란다. 너의 엄마가 외할머니 생신에 아침 일적 참석을 할려고 하는데 오늘따라 사과나무 약철라고 하니 안달이 나서 발부등 쳐는 것 잇찌. 그래도 오늘 아니며 육모 상자가 나간다면 약칠 시간이 업쓰서 너의 엄마 안달에도 사과나무 약을 쳐게 돼어다. 약을 다쳐고 아빠와 둘리 같단다. 오늘 외갑집은 너의 외갑집 식구는 다들 참석을 하여드라. 그리고 사위는 운이 아빠 밖에 업드라. 그리고 오후에는 노타리 조금 하고서 내일 육모상자 나가야 하는 준비 정도 밖에 하지 않아다.

"운아 오늘은 아전 휴식을 하는 날이여따고 말을 하고 십꾸나. 운이도 아빠의 곁을 떠난지도 일주일 돼어꾸나. 운이도 오늘일은 좀 수란 일을 하여따고 생각을 하고 십꾸나."

수입에 … 노타리 값 20,000원

지출에 … 용전 사촌 처남아들, 결혼식 부주 50,000원 장모님 생신에 6,600원
계 56,600원

〈1996년 4월 28일 일요일 날씨 맑음〉

운아 오늘 육모상자을 본답에 우리 조 4사람이 다들 한크번에 육모상자 낸다고 아침 일적부터 부산하게 일을 하여딴다. 오늘일은 육모상자가 2,000상자 이상 본답에 내는 일을 하여서 오후 너깨는 사람들이 맥빠진 일들을 하고 마랐단다. 평소 때는 하로 한 집식 육모상자을 내곤 하여는 올해는 날씨가 따서해서 너깨 한 사람도 육모 상자가 같이 나가기 때문에 오늘 넷 집이 한끄번에 하여서 이 아빠가 힘이 들어딴다.

"운아 오늘이 딱 일주일 대는 날이구나. 운이가 군대 가기 전에는 주일 가는 것이 눈깜짝 할 사이에 일주일 가든이 운이가 군대 가고 나서는 일주 가는 것이 그리 멀기만 하구나. 이 아빠는 일 년이 눈 깜짝할 사위에 다 가버리쓰며 하는 심정이다. 운아 오늘 이 아빠 육모상자을 본답에 다냇딴다. 운아 육모상자 묘가 자라서 출수을 해서 고개을 숙여 들판에 황금물결이 넘실거일 때는 운이가 집에 한번 오겟따. 운아 그날을 손꼬바 기다릴 것이다."

지출에 … 육모상자 내는돼 세갑
돼지고기값 12,000원
빵 4,000원
계 16,000원

〈1996년 4월 29일 월요일 날씨 비〉

오늘은 오전부터 가랑비가 내리며 기상대는 내일까지 30-70mm 온다고 하여서 모판 모재리을 물꼬을 안전이 나차쓰며 오늘 오전은 모판 돌라보는 일밖에 하지 않아쓰며 오후에는 용만 육모상자 낼라고 하는돼 비방울이 글거지드라. 그래도 육모상자 내야 하는돼 하면서 정심을 일적 먹고 용만 큰집에 육모상자 낼라고 부인과 둘리서 가서 일을 하여쓰며 나중에는 비가 소낙이드라. 그래도 사람이 만으니 잠깐 일을 다하여다. 농촌 일은 인간의 수짜가 다한다고 바야 한다. 오늘 같이 비는 쇼다지는돼 사람이 업쓰며 그 고충은 크다고 본다.

"운아 오늘은 비가 재법 만이 오고 잇꾸나. 운이 잇는 논산도 비가 만이 오고 잇캐지. 인간이 만대로 한다면 이 아빠가 운이 훌련 받는 논산에는 비을 못 오게 하게찌만 하늘이 하는 일을 인간이 막을 수가 잇나. 운아 비가 와서 고충이 만을 것 으로 생각을 한다. 운아 훌련기간만 끝이 나며 지금처름 육체적인 고충, 정신적인 고충은 아주 줄어든다. 운아 6주 동안 정신적으로나 육체적으로 고충이 말로 다할 수 업쓸 정도 고충 따리고 잇따는 것을 이 아빠도 군 생활 하여바서 다 잘 알고 잇다. 내 아들 운이도 이 고충은 참아내리라고 생각을 한다. 매사 일에 심중이 처리을 하여주기 바란다. 운아 군대는 앞도 가지 말고 뒤도 가지마라. 군대는 중간 생활이 심적으로 제일 편하다고 생각을 하며 운이도 중간을 선택을 하여서 훌련기간을 잘 너켜달라는 밁밖에 못하고 잇다. 운아 비가 와서 훌련에 고충이 만아쓸 것으로 본다."

아버님, 어머님 운이가 군 입대 한지가 꼭 일주일이 됀니다. 오늘도 우연이 운이 이야기가 나와서 부인의 눈에는 눈물이 흐르고 그 모섭을 본 아버지의 아들 순덕이도 눈물을 흙리땀이다. 자식을 군에 보내고 부모가 눈물을 흙리고 잇따는 것은 그만춤 생활력이 약까다고[약하다고] 생각을 합니다. 눈물을 흙리지 않아야지 하면서도 자식 생각을 하며 참을 길 업시 눈물이 먼저 나오고 잇땀이다. 어머니, 아버니 내 자식 끝까지 돌바주십요. 내 힘으로는 감당하지 못하게 씀이며 아버지, 어머님의 힘을 빌리서라도 우리 운이 군복무에 차질업시 무사이 마치두록 도와주십요.

"운아, 이곳에는 기상대서는 비가 만이 온다고 하여는데 비는 만이 오지 않꼬 사과나무 꽃피는데 도움을 주는 정도의 비가 왔따고 바야 한다. 운아 우리 사과나무에도 사과 꽃이 만발한 것도 만치만 아직 몽으리로 잇는 것이 아주 만이 잇다. 그리고 올해는 꽃 바서는 사과가 만이 달리줄 것으로 본다. 운아 논산은 비가 만이 왔느냐. 훌련에 지장을 주두록 앗느냐. 그리 궁금하구나. 앞푸로 정상기온이 됀다고 하드라. 그려며 우리 운이 교육에 지장이 업깨지. 운아 주어진 일래 착실희 해가면 시간은 잘 가는 법이다. 무선 일이든지 근성으로 하지 말고 착실희 하기 바란다."

"운아 이 아빠는 비 온다고 오후에 휴식을 하여딴다."

〈1996년 4월 30일 화요일 날씨 비〉

오늘은 종일동안 보슬비가 내리고 잇쓰서 오전은 휴식을 하여다. 오늘 비오는 모섭을 볼 때에 비 온다고 휴식을 하기에는 마음이 미안하며 그래서 오후는 우장을 준비을 하여서 부인과 둘리서 바시내 포도 벌순을 따는 일을 하여쓰며 바시내이 벌순은 다따고 당산 포도밭에 가서 벌순을 따는돼 포도 순이 고루지 못하며 이것이 작년도 포도송이 만이 달란 영향인가 하고 생각을 가지보며 올 포도 농사가 극정이 사실 돼고 잇다. 포도 순이이 작년에는 아주 순들이 고로 났는돼 순이 고루잔아서 일하는 돼 크게 달갑지 않으며 그리고 계속 비가 내리서 우리 농민들은 눈떠며 일을 하는돼 비오는 날 쉬지 못하며 원재 시나 하고 그만 부인보고 이 일은 다음에 하고 그만 집부로 가자고 하고서 그만 일적 들어왔다.

"우리 운이는 아빠가 공휴일돼며 운이는 훌련에 악족끈이 돼겟찌. 오늘 비 때문에 이 아빠는 공쳐는 날이라고 바야 하는돼 우리 운이는 일기불순이든 말든 주어진 시간을 다 때아야 돼는 훈련생이니 운아 오늘은 훌련에 힘이 들어찌. 사람이란 힘 더는 일 하고 나며 또 수란일이 오게 마련이다. 운아 힘이 들거든 이 아빠 생각을 하여서 힘을 내라. 그리고 경용이도 5月 2日날 논산으로 영장을 밭아딴다. 운아 경용이가 이재 들어가는돼 우리 운이는 그만춤 성숙이 돼어쓰며 운이 밑태도 잊따는 생각을 한다면 심적으로도 조금 났찌 않나 하고 생각을 가저본다."

〈1996년 5월 1일 수요일 날씨 맑음〉

오늘은 부인과 둘리서 포도 벌순 따로 가다가 이우지[이웃]에 잇는 김종옥 씨가 혼자서 육모상자 내로 간다고 하여서 그만 부인 혼자 가개 하고 육모상자 내는돼 그들어주로 같쓰며 육모상자 240개을 혼자 낼라고 생각을 하여쓰니 정말 기가 찬다. 우리는 육모상자을 혼자 낼라고는 마음도 먹지 못할 일을 김종옥씨는 매년 혼자 잘하고 잇다. 그른돼 오늘 모판을 두리 할려면 힘이 들끈돼 생각지도 않는 사람이 두리가 와서 그들어주어서 생각보다 수라게 잘하여 따고 생각을 한다. 자신도 이웃에 잇는 사람이라고 하지만 나 자신 일이 바풀 때 한번 돼리다 쓸라고 경운기을 가지고 가서 그들어주어다.

"오후에는 포도밭 김매기을 하여쓰며 오후내 김매기을 하여는데 3분지 1일을 겨우 매따고 생각을 한다. 앞푸로 하로 더 김매기을 해야지 다 할 것 같다."

"오늘은 운아 어재 비온 뒤라서 그른지 오늘은 정말 화창한 날씨구나. 운아 오늘은 훌련 밭기가 좋은 날씨라고 생각을 하고 십꾸나. 우리 운이 훌련 다 밭을때까지 이 좋은 날씨만 돼어쓰며 한다. 운아 하로 일을 착실희만 한다면 원잰가는 좋은 날이 온다고 생각을 한다. 운아 내일이며 운이 친구 경용이가 논산에 입대을 한단다."

〈1996년 5월 2일 목요일 날씨 맑음〉

오늘 오전으로서 모판에 끄지기 덥픈 것을 벗기는 일을 하여쓰며 자신의 묘과 우선 보기에는 아주 좋으며 자신이 육모상자을 낸 후 처음 조석희 좋은 것 같꾸나. 자신은 묘가 너무 좋으니 거름 량이 너무 좋아 묘가 부드럽게 자라지 않을까 하고 극정이 만아서 돼는 구나.

"오후에는 포도밭 김매기을 하여쓰며 우리 부부가 일을 십게 할려면 제초제로 해결을 해야 하는돼 김매기을 손으로 하고 잇쓰니 이것은 우리 부부가 일을 으렵게 하고 잇따고 생각을 한다."

"운아 오늘은 운이 친구 경용이도 오늘 논산으로 입소식을 하로 같딴다. 남자라면 한번 가야 하는 의무이며 운아 오늘도 무사희 하로 일가을 잘 보냇깨지. 이 아빠는 바푼 고비 다 넘어가고 요즘은 시간 여유가 잇는 하로의 생활을 하고 잇단다. 우리 운이도 이재 2주일 다 돼어가는구나. 이재는 군 생활에 만이 위숙돼어깨지[익숙해졌겠지]. 운아 군 생활도 하여보며 그리 힘더는 일만 아니라고 생각을 한다. 아무조록 하로 생활에 안전을 염두하여 주기 바란다. 운아 이 아빠는 하로에 달력을 수십 번 보는 벗렷이 돼어 잇쓰며 운이 군대 가기 전에는 날짜을 챙기지 않으며 날짜 가는 것도 모려고 살라는돼 운이 군대 보내고는 달력에 눈이 떨어지지 않는구나. 이것이 부모의 마음이구나 하는 생각이 들며 부모의 자리도 그리 힘이 더는구나. 운아 무선 일이라도 한 번 더 생각을 하여서 임해주기 바란다. 사람은 심중희 해도 실수가 따려는 법이며 이 아빠가 앞스서 말을 하여찌만 사람이란 것은 무선 일을 하여도 두 번 식 생각을 해서 행동을 온기는 습간을 길려야 한다."

지출에 … 행상하는 사람에깨 (얼기미[9], 치) 강주리 3개 30,000원

〈1996년 5월 3일 금요일 날씨 맑음〉

오전에는 김매기을 부인과 둘리서 하여쓰며 바시내 포도밭은 오늘 오전에 다 할려고 둘리서 부지련희 하여서며 오늘 일은 한 고량에 40분 잡고서 다섯 판 김매기 하는돼 힘이 들어따고 생각을 한다. 오후에는 부인과 둘리서 당산 포도밭 김매기 하로 가는돼 동우회 회원들이 우리 마을 경로 잔치을 내일 한다고 돼지 잡고 부인회원들은 적을 부친다고 분주워 날띠는돼 들래 갈수가 업쓰서 들래가는 일은 포기을 하고 부인은 부인회원들을 도와주고 자신은 절먼 사람들을 도와주는 일을 하여쓰며 오늘 오후는 경로잔치 준비하는 돼 도와주어다.

"운아 우리식구들은 저녁 시간에 거실래 모여 안전서 우리 운이 면회 갈 때 무엇을 해서 가지고 갈까 하고 극정을 하는 시간을 가지쓰며 이번에 면회 갈 때는 우리 식구 전원이 다 간다는 결정을 하여딴다. 운아 오늘도 침착한 하로을 잘 보냇깨지. 운아 아무조록 하로 생활을 안전에 염두을 두는 생활을 이 아빠는 바란다."

그리고 오늘 우리 혜영이가 적금 500백만 원짜리을 다부어서 오늘 혜영이 적금 돈 500백만 원 차저서 정기적금을 하여쓰며 우리 혜영이 돈 만이 벌어다. 수고가 정말 만아다. 우리 혜영이 버는 돼로 우리 혜영이 시집갈 때에 다주리다. (혜영아 정말 수고 만이 하여다.)

〈1996년 5월 4일 토요일 날씨 비〉

오늘은 기상대예서 비 온다고 하여서 남외밭에 일손이 모자라서 밭이 3.5돼지기 돼는 밭이 놀로 잇는데 이밭 이 사과나무 둥치기 배나무 둥치기가 온 밭에 늘려잇는 나무들 비가 오는돼 아침 일적 다 태우야지 나무들이 불래 잘 탈 것 같다서 아침 일어나는 적시로 가랑비을 마저면서 다들 태어다. 그리고 오늘 경로잔치라서 트랙터 노타리 하로 갈려고 하다 경로 잔치인돼 물류단지 위원장으로서 남의 눈 때문에 일하는 것을 표기을 하고 경로잔치에 일적 참여을 하여다.

"운아 오늘은 우리 마을에 경로잔치이다. 오늘 비가 만이 와서 경로잔치가 밝지 못한 잔치가 대어따고 생각을 한다."

오늘 운이 교육 받는다고 수고가 많아찌. 이 아빠는 경로잔치가 아니드라도 비 때문

9) '어레미(바닥의 구멍이 굵은 체)'로 강원, 경기, 경상, 전남, 충청 지역 방언이다.

에 휴식을 한날이라고 생각을 한다.
지출에 … 동내경 로잔치에 부주 20,000원

〈1996년 5월 5일 일요일 날씨 맑음〉

오늘은 부인이 참깨 갈 때가 업다고 이야기을 해서 부인이 참깨 가꾸는데 시간이 잇따면 노는 땅에 트랙터 노타리을 하여서 이랑까지는 지어줄 수 잇쓰니 부인만 일을 할 수 잇따면 해줄라고 하여서 오늘 트랙터 노타리을 하는돼 지섬이 넘어 만아서 노타리을 두 번식 쳐도 맑지 못하드라. 그래서 다음에 한 번 더 노타리을 해서 이랑을 만들 작정이다. 그리고 형님이 봉답 논을 노타리 할려고 경운기에 노타리을 조립을 할려고 해서 내가 노타리을 해줄라고 하여서 자신의 일을 다 하고 형님 논에 노타리을 하여 주어다.

"오후에는 당산 포도밭을 김매기을 하는돼 지섬이 너무 만아서 손목에 힘이 업쓸 정도로 김매기을 하여쓰며 오늘 김매기는 해는 서산에 넘어가서 어더움이 짓떠저두록 김매기에 열심희 하여 왔다."

"운아, 오늘이 큰누나 생일이다. 운이는 누나 생일도 모루고 잇캐지. 운이가 잇따면 오늘이 더 밝은 오늘이 될끈돼 운이가 업쓰서 좀 쓸렁한 너킴이 더는구나."

"오늘은 운아 어린이 날이라서 군에서도 안전 휴식을 하여깨지. 운아 오늘은 안전 휴식을 하여서 오늘까지 싸인 피로가 오늘 휴식이로 안전희 푸르저쓰며 하는 마음뿐이다."

〈1996년 5월 6일 월요일 날씨 맑음〉

오늘은 트랙터 노타리을 첫서 경운기로 이랑을 짓어서 참깨 씨뿌림을 하두록 이랑을 만드는데 힘이 만이 들어쓸 뿐 아니라 부인은 자신이 내일 54회 생일이라고 준비한다고 참깨 갈자리에 일을 거들어 주지 못하니까 자신의 혼자 참깨 갈 자리에 이랑을 만들고 하는데 부인이 도와주지 않으니 아쉽따는 것을 오늘 절시리 너켜다. 무선 일이든지 부인의 힘이 잇쓰야 됀다는 것을 알라다.

"운아 이 아빠의 생일이 내일이다. 우리 운이는 아빠의 생일도 모른 체 오늘 교육을 밭아깨지. 운아 이 아빠의 생일이라도 기억을 해다오. 운아 이 아빠의 생일에 운이가 업는 아빠의 생일을 마지하게 돼어꾸나. 운아 다음 생일날은 꼭 참석을 해다오. 운아 오늘도 훌련을 잘밭아깨지. 운아 아직도 정신이 업는 훌련을 밭는 것은 아니개찌. 운아 이재는 군 생활이 마음의 윤각이 나리라고 생각을 한다."

"오늘은 참깨 갈자리에 제초제 처는 일만 두고 이랑을 만드는 일 전부 다하여 둘라고 정신 업시 일을 만이 하여따고 생각을 한다."

오늘 딸들래깨 이 아빠 생신이라고 옻선물을 밭아쓰며 딸들이 돈원을 벌고 잇쓰니 아빠에깨 선물이 자주 들어 오는구나. 이재 자신도 자식 키운 보람의 맡을 너킬수가 잇꾸나.

"아버지 어머님 내자식 운이가 군대 간지가 오늘이 2주일이 돼는 날입니다. 아버지 어머님 아직 4주 이상이 남아 잇씀이다. 이재 4주 후에는 내자식 면회을 갈수가 잇씀이 자식을 군대을 보내고 나니 하로 넘어 가는 것이 외 이래 깁이까. 요줌은 하로 가는것이 일년 넘어 가는것보다 아버지의 자식이 고통이 따린다고 말을 하고 십소. 아버지, 어머님 내자식 운이 잘보살펴 주십요. 아버지의 자식 순덕이가 불효자식으로 자라 왔따는것을 살라가면서 뼈저리게 너켜 가고 잇씀이다.”

〈1996년 5월 7일 화요일 날씨 맑음〉

운아 오늘이 이 아빠의 생신이란다. 올해는 운이 고모님도 오시딴다. 운이는 아버지 생신도 모르고 오늘을 지내깨지. 다들 참석을 하여는데 운이만 참석을 못하는 자리가 돼어서 습습한 감이 잇다.

“오늘은 참깨 이랑을 못한 것을 오늘로서 이랑을 다 만들고 모판에 항기 구멍을 내고 옻들래 물 잡는 일과 참깨 씨 뿌림을 할 때에 제초재 약 살포을 하여 두어다. 거른돼 재초재 약이 유효기간이 1년밖에 안돼며 오늘 제초제는 유효기간이 1년이 지난 약을 살포을 하여다. 그른돼 약 살포을 하여도 마음이 개운하지 않는구나.”

“오늘 생각지도 않아는돼 내 생일이라고 누님이 오시서 너무나 고맙드라. 누님은 다리가 불편한돼 앗따는 것이 너무나 고맙고 초대을 할려고 해도 적은 부담이지만 자신은 부담 때문에 누님을 초대을 하지 않아다. 내 마음은 꼭 초대을 하고 십픈 마음이여딴다.(누님 고맙소.)

지출에 … 누님이 온천 구경 간다고 해서 20,000원

〈1996년 5월 8일 수요일 날씨 흐림〉

오전은 모재리 한 밖기 돌라보고서 복판에 물 잡어면서 보뚝을 하여쓰며 복판논에는 모재리 하면서 두룸 노타리을 처두어뜬 곳이라서 오늘 보뚝을 할려고 하니 보뚝 할려고 흙이 업쓰서 생외을 먹어다. 그리고 집에 오니 운이 군대에서 어버이 날이라고 꽃과 수건이 왔떠라. 그래서 그 봉투 속에는 편지라도 잇쓸 줄 알라떠니 꽃 두 송이와 수건 2장 밖에 업쓰며 편지라고 잇쓸 줄 알라는돼 업쓰니 서운하기 짝이 업드라. 그래서 운이와 둘리 같이 간 박병호 집에 전화을 걸러서 우리 아이는 부대에서 꽃과 수건이 와떠라고 하면서 자네 아이는 편지라도 한장 드려뜬가 하고 무르니까 나는 밭같을 나가지 못해서 모른다고 하여서 나중이라도 편지라도 한장 잇끄든 전화 좀 주게 하고서 끈어다. 그러고 나니 한참 잇쓰니까 전화가 왔뜨라. 문을 열고 보니 대문에 봉투가 잇는돼 나가지을 못해서 주어볼 수가 업따고 하여서 내 마음이 다타는돼 방에 들어 안저서 병과 싸우는 박세춘 씨는 오직이나 하게나. 나이 오십에 밭같을 못나오니 마음이 오직이나 타게나 하고 곳바로 가서 주어서 줄때니까 기다리라 하고서 곳바로 대문에 잇는 봉투을 들고서 박세춘 보는돼 내가 먼저 떠드바도 돼지 하면서 봉투 찌저보니 편지는 업고 꽃과 수건. 역시 운이와 똑같이 잇드라. 외타는 부모들을 바서 편지라도 너어서 부쳐 주어쓰며 하며 편지라도 들어잇쓰며 들 서운하게꾸나.

오후에는 부인과 둘리서 참깨 비누루을 씨우는돼 정두환 부인이 사람 죽어따고 소리을 쳐면서 혜지 아빠 사람을 살려 달라고 소리을 쳐길때 띠어 올라가보니 경운기 앞 발통이 정두환 허리에 눌리면서 발통은 계속 돌고 사람은 실신대어 잇쓰며 사고는 언재 났는 줄도 모르고 부인이 회사 갇다와서 과손에 올라가보니 그 지경이 돼어 잇따고 하니 이것은 상쳐바서는 오래 돼어 잇쓰며 몸은 안전이 알몸이 돼어 잇쓰며 사람이 살라고 바락을 칠 때는 옻도 벗는 습간이 잇

는지 경운기 발통에 깔려 잇는돼 아래뚜리 옷이 다 벗키잇드라. 그리고 자신도 부인과 두리서는 경운기 배키잇는 것을 어떠게 할 수가 업쓰서 사람을 더불어 와서 구출하여 쓰며 정두환은 부인이 밑차 발견을 하지 않으떠라면 사람은 그대로 죽고 만다. 그른돼 생명은 구에찌만 하반신은 못쓰지 않을까 하고 생각을 하여본다.

"그리고 순달이 동생이 아포 송천에서 분식점을 지수씨가 운영을 하여 볼라고 오늘부터 오뿐을 하여따고 하면서 큰집에 형수와 부인 두리가 가보왔뜬이 아직은 손님도 업고 한다면서 극정을 하드라. 장사는 하는 사람도 힘 드는 일이라고 생각을 하는돼 경험도 업고 만원 돈을 투자해서 시작을 한다니 나 자신도 극정이 돼는구나."

지출에 … 순달이 분식점 오픈하는돼 200,000만원 참깨 비누류 1,000매다짜리 2개 고추 비누류 1개, 크라이목손10) 500CC짜리 15병 계 79,500원 총계 279,500원

〈1996년 5월 9일 목요일 날씨 맑음〉

오전은 작과밭 사과밭에 제초제 약 살포을 하여쓰며 오전에 셋 군대의 밭에 제초제 살포을 하는돼 오전 일적부터 시작을 하여는데 오전이 다 걸리드라.

오후에는 참깨 비누류 씨우는 일, 참깨 이랑사이에 제초제 살포을 하는 일, 이재 참깨씨만 너는 일만 남아잇다.

그리고 오늘 운이 편지을 처음 밭아 보앗쓰며 무엇보다 잘 잇따니 고맙고 운이가 아직 들자란 줄만 알라떠니 아빠 생일까지 기억을 하고 누나 생일까지 기억을 하고 잇따니 정말 고맙고 이 아빠는 생일상을 밭아들고는 우리 운이는 저의 아빠 생일도 모르고 잊캐지 하여쓰니 이 아빠가 운이을 너무 몰라주어서 미안하구나. 우리 운이 다 자라꾸나. 운아 힘이 들거든 아빠을 생각을 해서 힘을 내고 옛말래 참는 자가 복이 온다고 하드시 우리 다 참아서 군복무 끝내자. 이 아빠도 힘들 때는 운이을 생각을 해서 더 일을 하고 잇다.

"운아 외이래 날짜가 가지 않나. 아빠는 달력을 쳐다보는 것이 내 일가가 돼어꾸나. 달력을 쳐다 볼 때마다 날짜가 쑥쑥 갈쓰며 을마나 좋깨나. 그른데 볼 때마다 그 날짜니 볼 때마다 짜증이 나는구나."

지출에 … 라쑈 3,940원

〈1996년 5월 11일 토요일 날씨 흐림〉

오늘은 건답직파 논에 제초재 약 살포을 할려고 개핵을 하여는데 아침부터 바람이 너무나 세게 부르서 그만 고초 모종하는 것으로 미루고 말랏다. 오늘 고추 모종은 210포기 돼며 이것을 둘리가 오전 내 하여서 끝을 냇다.

오후에는 박종서 씨 수들레 이앙기 모내기을 할 수 잇두록 노타리을 하여 주어쓰며 노타리 하기에는 물이 넘어 만아서 미숙한대가 만타고 본다. 그리고 시간이 남아서 자신도 웃들레 9마지기을 노타리을 다 하여쓰며 웃들 굼논은 물이 업쓰서 물을 돼면

10) 국내에는 그라목손(Gramoxone)이라는 이름으로 널리 알려져 있으며 이에 대한 오기인 것으로 보인다. 정식명칭은 파라콰트(paraquat)이며 제초제의 일종이다.

서 노타리을 하고 보뚝까지 하여다. 오늘 오후에는 휴식 업는 일을 하여쓰며 오늘 오후 노타리는 14마지기 돼는돼 박종서 씨는 두번 노타리을 하여쓰니 작업량은 상당이 만아따고 생각을 한다.

"운아 이재는 시간이 잘 가리라고 생각을 한다. 이재는 이 아빠도 남외 논노 타 리 할라네, 내일 할라네 하면 이 아빠도 상당이 바푸게 움직이야 하니까 달력에 날짜도 잘 가리라고 생각을 한다. 이 시간들이 후탁가서 면회 날짜만 왔쓰며 하는 마음 푼이다. 운이 말돼로라며 이재 겨우 2주 교육을 밭아꾸나. 운아 이재 입소하는 아들 바서는 운이도 아주 고참이라고 생각을 하고 십꾸나. 운아 아무조록 몸조심을 하여서 훌련소 생활을 맡쳐주기 바란다."

〈1996년 5월 12일 일요일 날씨 맑음〉

오늘 오전은 건답직파 논에 제초제약을 살포을 한 한단지에 약량 20말 하니까 약이 만이 남어며 이번에도 크라녹손 약과 마세트 유제약, 이것은 풀이 안 나는 약이다. 오늘 둘리서 약 살포을 하는돼 오전 내 걸리드라.

오후에는 웃들레 보뚝하는 일을 하여쓰며 시방 서드는 사람은 보뚝과 두룸을 일부하고 잇쓰며 아직 물도 잡지 않은 사람이 만이 잇다.

운아 오늘은 일요일이라서 휴식을 하여깨지. 운아 훌련소 생활에는 먹고 십픈 것은 사먹어 가면서 해야 하는돼 돈 악킨다고 먹고 십픈 것 참아가는 것 아닌가 이 아빠 염려돼는구나. 운아 항상 몸조심을 해야 한다. 그리고 우리식구들은 다들 잘 잇단다. 운아 힘 더는 일을 참아내는 지해도 배어야 한다. 여화튼 훌련소 생활을 잘하기 바란다. 운아 이재 이주 교육은 끝이 났고 이재 4주 남아다. 이 4주 동안 아빠도 열심하고 운이도 이 4주 열심희 하여서 아무련 일 업씨 설키로개[슬기롭게] 잘 지내자.

"아버지 어머님 운이 편지가 온지가 좀 돼어씀이다. 운이가 잘 잇따면서 집배 극정을 만이 하고 잇는 것을 보고 아버지 아들 순덕이가 눈물을 훌리고 마라씀니다. 나는 아무것도 모르고 자라고 잇는 줄 알라떠니 저의 아빠 생일, 저의 누나 생일 다들 기억을 하고 잇떠군요. 아버지, 어머님 운이 편지온 것을 지때 알려 드리지 못해서 정말 재송합니다. 아푸론 이른 실수는 순덕이가 하지 한캐씀이다[않겠습니다], 아버지 어머님."

〈1996년 5월 13일 월요일 날씨 맑음〉

웃들래 두룸을 안전희 하여쓰며 오후에는 노타리을 해서 모내기을 할 원정운이 두룸 노타리을 하여쓰며 복판논에 노타리을 쳐고 두룸까지 하여다.

"운아 오늘은 월요일이라서 훌련에 힘이 들어찌. 무선 일이든지 처음 시작이 힘 드는 법이다. 사람이 시작하며 끝이 잇는 법이다. 이번 주을 시작을 했쓰니 이재 일요일이 오기 마련다. 이번 주을 보내며 3주가 돼는 것 같꾸나. 내일도 안전을 이주로 생활을 하기 바란다, 운아."

〈1996년 5월 14일 화요일 날씨 맑음〉

아버지 어머님 운이 편지가 셋 통째 왔씀이다. 운이가 저의 아빠 극정을 하는 것을 보니 군대가고 나서는 우리 운이가 아주 성숙이 됀 것 같씀이다. 아버지 어머님 앞푸로 계속 돌바주십요.

"오늘은 작과 나무에 두 번째 약살 표을 하여다. 그리고 경화 논 갈림하는 것을 안전 노타리을 하여쓰며 자신도 너무나 바파서 뒤도라 볼 결도 업는돼 형님이 경운기 노타리을 하는것을 보고는 마음에 걸리서 오늘 2단지 노타리을 하여주어다."

〈1996년 5월 15일 수요일 날씨 맑음〉

오늘로서 자신이 부치는 논들은 다들 노타리와 두룸 다들 한 셈이다. 다들 개인들 일들이라서 잘들 하고 잇드라. 그리고 남외 일은 여가 치기로 할려니 힘이 더 드는구나. 오늘도 손만원 씨 4단지 중 시간이 업쓰서 셋 단지만 노타리을 하고 마랐다.

운아 요줌은 이 아빠는 한참 바빠서 편지 보기 좋차도 힘이 들 정도로 바픈 철이 돼고 잇딴다. 모든 일들이 너무 바푸니 하로 가는 시간은 잘 가고 잇꾸나. 우리 운이도 시간이 잘 가는 훌련소 생활이 돼어쓰며 한{다}.

지출에 … 경유 경운기(200) 43,092원
복합비료 40포 20kg
154,798원
계 197,880[11)]

〈1996년 5월 16일 목요일 날씨 맑음〉

오늘은 회장부터 손만원 씨 노타리을 하여주어쓰며 그리고 사과약 25말 용을 오늘 오전에 살포을 하여쓰며 사과는 약이 만이 들어가서 수입성이 떨어지고 잇다. 금년 사과 값을 본다면 사과농사을 시원찬게 농사을 짓어노어머 약값 건지기가 힘이 든다고 본다.

"오후에는 모내기 준비한다고 두룸과 보뚝을 깍까가서며 자신이 작년보다 올해가 시간 여유을 가지고 이앙기 준비을 하고 잇다."

"운아 요줌 날씨가 낮재는 한여름에 복더{위}보다 더 덥고 잇꾸나. 우리 운이 훌련에 고통이 만캐꾸나. 이 아빠 일하는돼 이마에 땀이 흐려며 운이 생각이 절로 나는구나. 이놈의 날씨가 때 아닌 복더위가 와서 내 마음을 아푸게 하고 잇꾸나. 이 기온이 요번 주만 지나며 정상기온이 됀다고 한다. 요번 주만 지나며 조금 낛지 않캐나 하고 생각을 한다. 고생스렵드라도 참아주기 바란다."

지출에 … 사과약 25말 28,200원

〈1996년 5월 17일 금요일 날씨 맑음〉

오늘은 해장부터 순달이 개업식 한다고 돼지 잡고 고기을 집에서 삶마서 오전 열 시까지 순달이 개업식 하는데 가다 돼는데 집에서 한참 바빠다. 오늘 울집에서 돼지 잡는돼 내가 책임 진배나 다름이 업다. 오늘은 자신은 3시 40분부터 돼지고기 쌈는 물을 데우는 것을 하여다. 그리고 자신은 12시 넘어서 순달이 개업식 하는 가게로 같뜬이 이치도 좋으며 상점이 아주 깨끗하며 장사도 됄 뜻 하드라.

〈1996년 5월 18일 토요일 날씨 맑음〉

오늘은 웃들래 모내기할려고 쓰레질을 하여쓰며 웃뜰에 부인과 둘리서 거름을 헌치가면서 9마지기을 오후 2시경에 끝을 냇다. 그리고 아래들레 와서 동쓰리을 2단지

11) 실제 계산은 197,890원이나 197,880원으로 잘못 기록하였다.

하여다.

〈1996년 5월 19일 일요일 날씨 맑음〉

오늘은 선둘 동서 칠순이라서 부인만 보내고 자신은 모내기할려고 노타리을 해달라고 진작부터 약속을 하여서 동서 칠순한다고 하는돼 부인만 보내게 돼어서 미안한 감이 잇다. 자신은 종일 트랙터 노타리을 하여쓰며 오늘 트랙터 노타리로 벌은 돈이 380,000원이 된다.

"선둘 동서 칠순 부주 50,000원."

〈1996년 5월 20일 월요일 날씨 비〉

오늘로서 이앙기 모내기할려고 쓰레질을 안전이 하여쓰며 이재는 모내기을 내일부터 시작을 하면 자신으로서는 금년도에 큰일은 그진 다하여따고 생각을 한다.

"오늘은 비을 마저면서 부인과 둘리서 밑거름을 하고 쓰레질을 하는돼 힘이 만이 들어쓰며 열심희 했따고 생각을 한다."

"오늘은 들판에 모내기 준비한다고 다들 분주하게 움직이며 들판에 사람이 만으니까 들판에 열기가 생기는 너킴을 어더따."

지출에 이왕기 기름 4,600원

〈1996년 5월 21일 화요일 날씨 맑음〉

오늘은 웃들래 이왕기 모내기을 하는돼 기계가 손을 받는돼 이앙기가 힘을 쓰지 못하고 시동이 끝자드라[꺼지더라]. 오늘 이앙기 고장으로 수리점을 두 번 식이나 갈쓰며 해마다 이앙기가 말성을 내고 잇꾸나. 오늘은 두 단지 밖에 심지 못하여다. 내년에는 매년 당번을 정해서 이앙기 수리을 해야 하겟다.

〈1996년 5월 22일 수요일 날씨 맑음〉

오늘은 웃들 굼논을 회장에 다들 심을라고 아침 일어나는 적시 모을 심기 위하여 논에 같서 시동을 걸어보니 시동이 걸리지 않아서 연장을 가지고 왔서 푸락구 소재을 할려고 연장을 가지고 와서 보니 여재 기름을 가득 체어논 기름이 한 게도 업드라. 그래서 기름 가지로 와서 기름을 너어보니 호수로 기름이 다 세어 나오드라. 그래서 회장에 모내기는 포기을 하고 아침을 먹고 모내기을 할려고 외상을 하여다.

오늘 오전은 웃들 모내기을 하고서 아래들 모판을 띠는 일과 모판을 논자리마다 75판식 분배을 하여쓰며 오는 김종옥 씨 품을 아사낫떠니 오늘 용희하게 사용을 하여 오늘 오전은 아래들 논자리마다 모판을 다들 분배을 하고 나니 오후 1시가 돼드라.

오후에는 김종옥 씨 10마지기 생노타리을 하여쓰며 오늘은 무엇신가 잘 안돼는 날이라고 생각을 하고 십꾸나. 외냐 오늘도 마지막 노타리을 하면서 기름이 모자라서 집부로 가지로 오는 바람에 날이 너무 어더어서 라이터을 키어서 작업을 하여다. 오늘은 수라지 않아따는 생각을 하고 십꾸나.

〈1996년 5월 23일 목요일 날씨 맑음〉

대신 범수가 노타리을 해달라고 미리부터 부탁을 해서 자신이 일을 주리기 위하여 회장에 범수 노타리을 하로 가서 한 밖기 도는돼 봉답 뒤뚝에 빠치고 마랐다. 오늘 트랙터을 빠준것은 자신의 실수엿다. 봉답은 뒤뚝부터 작업을 해서는 안돼며 자신은 늘 앞뚝부터 하는돼 오늘은 이상하게 앞뚝부터 해서 곳바로 뒤뚝으로 돌다가 그만 빠지고 마랐다. 그래서 창길이 트랙터을 소리을 하여서 빼내게 돼어다. 앞푸론 내일도 너무 만원 일끄리을 바가면서 일을 해야 하게 쓰며 트랙터 갈리로 돈을 버는 것보다 임대농사을 한 단지 더 짓는 것이 자신의 일도 더 돼고 기계도 무리가 업쓰며 실속이 더 잇는 일이다. 이것을 실천을 해야 하는돼 욕심보다 면 때문에 자신의 위주로만 살라 가기가 힘이 더는구나.

오늘 오전에는 모재리 장만을 하여쓰며 자신은 오늘로서 쓰리을 다 쓴 셈이 됀다. 오후에는 형님이 아푸다고 해서 오늘은 형님 모판띠는 돼 그들어주어쓰며 오후 6시 넘어서 달희가 이왕기을 다쓰서 그때는 이앙기로 복판 논에 모을 심어야지 내일 일이 수라다고 일을 주률 작정으로 오늘 해가 저서 땅거미가 저두록 일을 하여서 반단지 이상 모을 심어다. 내일은 셋 단지 반만 심어며 금년도 모내기는 끝이 난다.

그리고 운이 편지을 온 식구가 기다리고 잇는돼 편지가 오지 않으니 다들 하로가 넘어갈 때마다 편지을 기다리고 잇다. 운아 시간이 업드래도 짤막하게 편지을 해다오.

〈1996년 5월 24일 금요일 날씨 맑음〉

운아 오늘도 더어서 훌련에 고생이 만아찌. 우리 운이 군대 갈 때는 봄이라서 훌련 받기가 좋깨따고 생각을 하여는돼 이놈의 날씨가 변득을 직이고 잇꾸나. 요즘 날씨가 초여름 날씨보다 더 드우니 운이 극정이 더 돼는구나. 이놈의 날씨가 철도 모르고 잇따고 원망도 하여본다단다. 사람이 더울 때에 배탈이 잘나고 잇다. 아무조록 건강 갈리을 잘해다오. 이 아빠는 늙 극정이란다.

운아 오늘은 혜지 누나가 모내기 하는데 도와주어서 이 아빠가 좀 수라게 모내기 끝을 냇다. 우리 운이는 20일을 더 밭아야 끝이 나게꾸나. 앞푸로 열심희 하여서 밝은 우섬을 짓을수 잇는 면회 날이 돼두록 만들어 보자구나.

"이 아빠는 앞푸로 면회 날말 기다리겟다."

〈1996년 5월 25일 토요일 날씨 맑음〉

웃들래 재초제 약을 살포을 하여쓰며 오전에 3단지 제초제을 살포을 하고서 오전 시간이 일적으서 정정수 트랙터 노타리을 해달라고 하여서 노타리을 하는데 오전 시간이 다가두록 하여쓰며 오후에는 포도 적심을 하는 일, 포도 순들이 밑차 손을 못돼어서 서로들 윈켜잇쓰서 어느 것을 먼저 손을 돼야 하나 하고 마음이 다급하드라. 우선 바서는 포도가 작년보다는 작항이 낮찌 않나하고 생각을 하여 본다.

〈1996년 5월 26일 일요일 날씨 맑음〉

오늘로서 논 잡초약을 살포을 다 하여쓰며 제초재는 건답직파 논에만 재초제 살포을 할 일만 남아잇다.

오후에는 건답직파 자리에 물 돼는 일을 하여쓰며 건답직파 논은 들 전체에 하발치에 부터서 물 돼는돼 힘이 들뿐 아니라 밤을 설치 가면서 물 돼는 일을 해야 한다. 오늘도 의에는 아니다.

"윤석이 봉답에 트랙터 노타리을 하여다."

〈1996년 5월 26일 일요일 날씨 맑음〉[12)]

오늘은 포도나무 적심[13)][순지르기]을 하여

12) 같은 날짜가 두 번 반복되어 기록되어 있다.

쓰며 금년도에는 포도나무들이 거름 량이 만은 것 같뜨며 포도송이에 아무련 지장이 업쓸란지 몰게꾸나. 자신으로서는 포도 농사 비중이 크다고 생각을 한다. 포도나무 적심할라네 눈 따야지 발 따야지 무엇을 먼저 손을 돼야 하나 한참 망스려지드라.

〈1996년 5월 27일 월요일 날씨 맑음〉

오늘도 종일동안 포도나무 손질을 하는 것으로 시간을 다 보내쓰며 아직 당산포도 나무 손질도 상당이 여르 날 갈 것 같뜬돼 바시내 포도나무는 아직 손길이 당분간 못갈 것 같뜬돼 포도나무 손질을 노치지 않을까 하고 극정이 돼고 잇다.

우리 식구는 멧칠 전부터 운이 편지을 기다리왔는데 오늘 운이 편지가 왔드라. 사진과 편지을 보고 우리 운이가 아직 만향 아들이라고 생각을 하여 왔는돼 편지 내용을 보니.

〈1996년 5월 28일 화요일 날씨 맑음〉

운이 편지을 밭아 볼 때마다 부인이 먼저 눈물을 흙리고 두 번째로 눈물을 흙리고 만다. 사람이 눈물을 흙리지 않고 살라 가는 사람은 업깨지. 오늘로서 운이 편지을 5통 밭아 보앗다. 운이가 훌련 기간에 편지을 5통 보낸 것은 그만춤 성숙이 돼어따고 생각을 한다. 여하뜬 편지을 자주 주는데 고맙다.

"오늘도 포도 적심 속순 발 따는 일을 하여쓰며 종일동안 부인과 두리서 하여쓰며 일거리을 바서는 품을 돼어야 하는돼 사람이 업꾸나. 그려니 죽어도 두리밖에 업다. 이것을 생각을 할 때는 부부가 시간 여유을 가지고 일을 할 수 잇두록 작업량을 조절을 해야 한다고 본다."

"오늘로서 트랙터 노타리을 끝을 냇따고 생각을 한다."

수입에 노타리값 … 100,000원

〈1996년 5월 29일 수요일 날씨 비〉

요줌은 우리농민들은 목마르게 비을 기다리는돼 비는 간질란 비가 돼어고 이 비는 문자도 막지 못할 정도로 왔쓰니 우리 농민들을 외따게 만들고 잇꾸나.

"오늘은 종일동안 포도 순 묵는 일을 하여다. 운아 오늘도 하로 넘어가는구나. 이재 우리 운이 훌련소 생활이 15日이 남아 잇꾸나. 우리 운이 이 15일은 긴 시간이 돼게찌. 운아 남은 이시 간을 설기록게[슬기롭게] 넘겨보자."

〈1996년 5월 30일 목요일 날씨 흐림〉

오늘은 품을 어더서 참깨 씨 뿌림을 하여쓰며 참깨 씨 뿌림을 하는돼 부인과 셋시가 씨 뿌림을 하고 자신은 모래로 참깨 씨 뿌림 했는되 모래로 덥는돼 못 따라하게드라. 오늘 씨 뿌림을 하는되 정심시간이 다 될 무룸에 형님, 형수가 도와주어서 오후 1시까지 하여서 끝을 냇다. 오늘은 참깨 씨 뿌림을 하면서도 논에 물을 될랴 심적으로는 마음이 상당이 바빠다.

오후에는 포도밭에 물을 프쓰며 금년에는 비가 자주 와서 그른지 포도나무들이 가뭄이 들타는 너킴이 더는구나.

---

13) 줄기의 정단부(頂端部)의 우세생장을 억제하여, 가지의 충실을 촉진시키기 위하여 순자르기보다는 짧게 가지의 최선단을 잘라 주는 것.

지출에 … 셋값 3,700원
수입에 노타리값 45,000원

〈1996년 5월 31일 금요일 날씨 맑음〉

오늘은 아포읍 주선으로 양산 복합 터미널 현장에 견학을 갈뜬이 아직은 건물은 업고 성토 중이드라. 그것은 우리 지역보다 땅값을 천사면 아주 가격이 적은 땅이라고 말을 하고 십꾸나. 양산은 수도작만 편입지구에 들어같쓰며 이곳은 과수가 다들 들어가니 양산 복합터미널 보다는 사항이 틀리고 잇다만 우리는 땅값으로 본다면 우리가 보상을 배는 더 받아야 한다고 보는돼 우리 땅들은 공시시가 2,000원, 양산은 공시시가 18,000원에 보상금액이 118,000원 받아따고 이야기을 하드라. 우리는 공시시가 적으서 땅만 다들 버리고 말 것 같다.

"오늘 양산에 복합터미널 현장에 소장과 윤주원 과장을 만나서 면담을 하여 보앗뜬이 우리 마을도 결국은 물류단지가 들어 올 것 같고 우리 마을로 바서는 큰 대책은 업고 우리 마을이 결국은 잠식이 될 것으로 바야 한다."

"오늘 읍에서 부읍장, 사회계장, 윤돈희 씨 3명이가고 우리는 임원 6명이 양산복합터미널 현장에 견학을 같쓰다."

"오늘 자신이 회장이라서 질문을 할려고 30개 종목을 빼서 준비을 해서 질문을 했키 때문에 오늘 회장 의무을 조금 했따고 생각을 한다. 오늘 자신이 준비을 하지 않아따면 6명이 가도 준비을 하지 않아키 때문에 견학의 의미는 눈으로 본 것 밖에 못 하여따고 본다. 사회계장 말이 앞푸로 이원장이 질문 내용을 적으와서 문답을 하라고 이야기을 하드라."

"오늘 경비는 읍에서 지불을 다하였다."
지출에 … 트러트슴약 터프 2개 6,000원

〈1996년 6월 1일 토요일 날씨 맑음〉

요즘 날씨가 평균 30도가 넘는 불빛더위가 돼고 잇꾸나. 이놈의 날씨가 우리 운이 훌련에 고통을 주고 잇꾸나. 요즘 날씨가 원망스렵꾸나. 우리 운이 훌련 밭는 동안 평상 기온으로 돌라와주며 월마나 조어련만 이놈의 날씨가 내 아들 훌련이 끝나두록 더 울란지 날씨 변득스려 원망스렵꾸나.

"오늘도 불빛 더위에 일을 하고 잇쓰니 등골짝에는 땀이 흙으서 등으리을 타고 내리와서 부인보고 좀 쉬서 하자고 이야기을 하니 운이는 이 더위에 훌련을 밭고 잇는데 우리 참고 하자고 이야기을 하드라. 자식이 뭇엇신되 눈떠며 극정을 하고 잇쓰니 부모된 자신도 무엇 때문에 건강에 무리가 가두록 신경을 쓰고 잇는 줄을 몰겟꾸나."

"운아 이 불빛 더위에 훌련에 고생이 만치. 우리 운이 고생이 돼며 주위에 동료들도 고생이 따려게 마련이다. 이것이 인간의 경쟁이다. 의지력 싸음이다. 군대가 총칼을 들고 싸와야 싸우는 것만이 싸우는 것이 아니라 우리 살라가는 것이 총칼 업는 싸음을 하고 인간이 살라 간단다. 우리 운이 고통이 돼드래도 이재 12일 남아따. 그려니 이재는 군 생활을 반은 했따고 바야 한다. 운아 꾹 참는 자가 복이 온다고 말을 했떠시 우리 운이 참아 주기 바란다."

지출에 … 포도 태프값 6,800원

〈1996년 6월 2일 일요일 날씨 맑음〉

오늘은 소낙이 구룸이 몰려 들어와서 한줄기 소낙이라도 올 뜻 하여는돼 결국은 소낙이는 오지 않코 소낙이 구룸이 살라지고 말드라. 자신은 오늘 소낙이 오는 돼로 고대로 마저면서 일을 할려고 작정을 하여는돼 그만 비는 오지 않코 개이는 날씨을 보이는데 원망스렵드라.
오늘도 포도 손질을 하는 일로 종일을 보내고 마랐다. 그른돼 포도 손보는 것은 대충 한번은 다 본 셈이다. 포도 손보는 일은 한이 업드라.
"자신은 가는 곳마다 손 될 일이며 가는 곳마다 잡초가 잘라서 무성하며 포도밭은 포{도}송이에 꽃이 한창이라서 제초제을 살포을 하지 못하고 그냥 두고 볼라니 남 북끄러 보기가 그북한 점이 만꾸나."

〈1996년 6월 3일 월요일 날씨 비〉
오늘은 웃들논에 거름을 하여쓰며 한단지에 요소 50kg 식 하고 잇다. 금년에는 어린 모들이 죽살지 않코 그대로 살라서 묘가 좋은 셈이다. 그리고 금년에는 물을 만이들 잡아서 요소 거름을 하여서 모가 변약하게 자라지 않을까하고 극정이 돼고 잇다.
오후에는 당산포도 순 자룬 일을 하여쓰며 포도 손질은 끝이 업는 것 같꾸나.

〈1996년 6월 4일 화요일 날씨 맑음, 비〉
오늘은 서양바실래 건답직파 자리에 부인과 두리서 모을 머들이는 일을 하여쓰며 요줌 날씨가 비만 올라고 폼만 재고 잇따고 바야 한다. 어재 오늘 비 온다는 시늉만 하고 마는구나.
그리고 오늘은 몸살과 설사을 만나서 회관에서 월요일은 물류단지 일로 동신회원과 동우회는 정기적으로 회을 하는돼 몸이 피료해서 위원장으로서 참석을 안 알 수도 업고 해서 억지로 참석을 하여다. 오늘은 설사나지 한정이 들지 정말 개롭드라. 그리고 자신이 알기론 처음 대변이 안전 물이드라. 자신도 상당이 불안을 느켜다. 그리고 앞푸로 거름도 해야지 싸락약[14]도 살포을 해야지 거름도 해야지 직파 논자리에 제초제 살포을 해야지 할일들 태산 같뜬돼 지금 이 몸으로서는 못할 것 같다서 극정이 돼고 잇다.

〈1996년 6월 5일 수요일 날씨 맑음〉
오전에는 사과나무 약을 살포을 하여쓰며 금년에는 사과도 업쓸 뿐 아니라 오늘 약 살포을 하는돼 25말로는 량이 적드라. 그리고 금년도는 다들 사과가 달리지 않아따면서 약값도 안대겟따고 아우성이다.
오늘로서 이화명충 약[15] 사락 약 입제을 살포을 하여쓰며 올해는 벼입 깔가먹는 벌레가 일적부터 성화고 잇다. 그래서 싸락약 입제을 일적부터 살포을 하고 잇다.
"우리 운이 태소식한다고 대대장에깨서 면회오라는 약도을 거린 편지가 와드라. 이재 운이가 고댄 훌련소 생활을 다 했꾸나 하는 안도의 숨을 실수가 잇꾸나. 우리 운이 이더운 날씨에 정말 수고가 만아다."
수입에 터랙터 노타리값 300,000원

〈1996년 6월 6일 목요일 날씨 맑음〉
오늘로서 이와명충약 싸락약 입재을 살포

---

14) 싸락약은 작은 알갱이 즉 세립으로된 화학약품, 농약의 살충제, 제초제 등을 뜻한다.
15) 이화명충약은 벼의 큰 해충인 이화명나방의 유충을 없애는 약이다.

을 하여쓰며 두 필지 말고는 다들 살포을 하여쓰며 자신은 오늘로서 싸락약 입재을 다들 살포을 할려고 계핵을 하여눈돼 사실상 물이 만아서 기상대 발포가 내일부터 비가 만이 온다고 하여서 물이 넘치며 약 손실이 만을까바 싸락약 살포을 하는 것을 다음으로 미루고 마랐다.
오늘 오후에는 포도 속순 따는 일을 하여쓰며 포도 손질은 끝이 업는 것 같꾸나.
그리고 오늘은 우리 운이 태소식을 6月13日 하는돼 벌서부터 운이 면회 갈 준비을 구성을 하고 잇다. 벌서부터 마음들은 우리 식구가 운이한태 가잇다.

〈1996년 6월 7일 금요일 날씨 비〉

오늘은 콩씨 뿌림을 하여는데 지섬이 만아서 부인과 두리서 비을 마저면서 김매기을 하고 제초제 라쑈을 대신 분소가서 사와서 비을 마저면서 라쑈 입제을 뿌리는돼 콩씨가 땅위에 올라 올 직전에 노여 잇는데 콩씨에 약해나 가지 않을까 하고 극정을 하면서 약을 뿌리다.
운아 오늘은 이곳에 가랑비가 내리고 잇다. 운이 아다시피 우리 농촌 아니야. 엔날에는 비가 오면 공휴일이라고 하여는돼 이재는 그 말이 엔말이다. 요즘은 비가 온따고 공휴일 아니라고 말을 하고 십다. 이 아빠는 오늘 일을 해도 하지만 운이 태소식을 하개 돼면 차표을 미리 사야 돼기 때문에 날씨가 좋은 날에 차표을 사로 간다면 그만춤 아빠 일에 지장을 준다고 오늘 비오는 날을 택했다. 운아 이 아빠가 운이 태소식 하는돼 식을 올리는 것 다들 빠트리지 않코 다 볼라고 이 아빠가 대전가는 첫차을 통일호 5시 10분차 차표을 4장 사났다. 운아 6月 13日 은 우리식구 다들 운이 면회 간다고 벌서부터 마음이 다들 들떠잇다. 운아 이 더운돼 훌련에 정말 수고 만아다. 이놈의 날씨가 때도 모르고 변득을 부리고 잇는 것을 원망도 만이들 했딴다. 우리 운이 변득서르운 날씨에 굴복하지 않코 이기냇따니 사회생활에 큰 도음이 돼리라고 본다. 운아 정말 고맙다. 이 아빠는 너을 군대 보내고 달력의 날짜을 하로에 수십 번도 더 밭다. 이것이 부모와 자식의 관계인가바. 너의 아빠가 자랄 때 부모의 고충을 모르고 그냥 자라온 건이 원망스렵꾸나. 이재는 나의 부모가 다들 돌라가시쓰니 생각을 할수록 분통만 떠지는구나. 우리 운이도 혼자 다들 자라따고 생각을 하면서 잇쓸 것이다. 운이도 앞푸로 결혼을 해서 이세들을 키우며 이 아빠의 고충을 그때서야 캐우치고 잇캐지. 운아 이 아빠 태소식 그 날만 기다리겟노라.
지출에 자두약 50말용 운이 태소식 대전 차표값 9,600원 버스표 값 1,440원

〈1996년 6월 8일 토요일 날씨 맑음〉

우리 운이 면회날이 지나같다. 이재는 5일이 남아꾸나. 운아 이 시간을 하로도 이전 적이 업다. 이시간이 흙르가는데 그러깨 지루할 수가 업구나. 나 자신 살라오면 지루한 시간을 보내고 잇따는 것을 처음 너켜다. 나 자신은 오늘날까지 세월이 너무나 빨리 가서 가는 세월을 원망을 해와는데 우리 운이 군대 보내 세월이 가는 것이 아니라 중지돼어 잇는 너킴이다. 운아 시간을 빨리 가게 만드는 것은 자신들이 시간을 알차게 보내야 하며 무선 일이든지 주어진 일은 착실희 하는 방법을 가지야 한다. 그리고 사람이 어느 곳에 가드레도 피료한 사람

이 돼어야 시간을 잘 보내는 사람이다.

"오늘은 부인과 둘리서 고구마 심는 일 김매는 일 이른 일을 하고 오후에는 모심은 곳에 한 밖기 돌라보고 채소밭 감자, 무지파, 울콩, 이 자리에 김매기을 하고 일적으서 직파논에 피살희을 하여다. 우리 부부는 가는 곳마다 일끄리가 싸여잇다."

지출에 … 라쑈 입제약 2봉 3,700원
휘발유 2말

〈1996년 6월 9일 일요일 날씨 맑음〉

오늘로서 벼논에 잡초약을 살포을 마지막으로 하여쓰며 마지막으로 살포을 한 논은 건답직파 논에 제초제을 살포을 하여쓰며 건답직파 논이라도 두 번째 물을 될 때에 잡초약을 푸리야 할 것 같트며 자신이 지금 하는 것은 조금 너지 않는가 생각을 가저본다.

오늘은 바시내이 포도 속순과 포도 육손[16]을 따는 일을 하여쓰며 오후에는 바닥에 잡초가 너무 만이 자라서 잡초약 살포하기가 불편을 할 것 같다서 오늘 오후에 낮으로 다들 쳐눕피는 일을 하는돼 그것도 처음에는 장관[잠깐]할 것 같드니 하로 반은 작업을 해야 돼지 않을까 하고 내다보고 잇다. 이번 잡초도 가감하게 약 살포을 했쓰며 수란돼 일부 소문에 포도 꽃이 피기 전에는 잡초약을 살포을 하게 돼며 포도송이가 발라 전다는 소문 때문에 사실 급이 나서 약 살포을 못해서 우거진 잡초밭으로 변화고 마라다. 이것을 사람의 손으로 재거을 해서 약 살포을 할려니 그리 힘이 더는구나.

우리 운이 면회갈 차표을 미리 산 것이 시간이 5시 10분차 통일호이며 이시간은 너무 일적으서 준비하는데 문재가 잇쓸 뿐 아니라 딸드리 일적은 시간에 일어나는돼 힘이 들것으로 내다보고 차표을 뒤차로 바꾸어야 부인과 딸드리 준비하는 과정이 좀 나을 것으로 내다보고 오늘 교환을 할려고 생각을 하여는돼 일요일이라서 내일로 미루고 마라다.

우리 운이 면회날이 4일로 다가왔쓰며 이 시간이 정말 긴 시간이라는 느킴으로 시간을 지나왔다. 모든 일들이 이처름 지루한 시간으로 흙르간다면 인간의 만족함을 들할 것이다.

우리 운이도 이 아빠처름 지루한 시간으로 나날을 보내고 잇쓸까. 운이는 이 아빠처름 하로 생활들이 지루함을 모르고 살라야 하는돼 하는 궁금정이 더는구나.

〈1996년 6월 10일 월요일 날씨 비〉

요줌은 비가 많은 비는 아니지만 비가 자주 오고 잇꾸나. 이 비가 자주 오는 것 보다 만은 량으로 한번 오고 날씨가 들어 주어쓰며 하는 마음이다.

오늘은 운이 면회 가는 차표을 5시 10분차을 끈어났뜨니 일적으서 준비을 하는돼 불편이 따를 것 같다서 6시 50분차로 차표을 물리다. 차표을 물리는돼 추가로 돈원을 더 달라는 말도 업시 불평 한마디 업시 차표을 물려 주드라. 이른 일들은 심중희 했드라면 이른 실수는 업다고 볼 때에 상당희 미안터라.

---

16) 포도송이에 한가지가 옆으로 길게 자라있는 것을 의미. 이를 제때 제거하지 않으면 포도 과실에 영양이 제대로 공급되지 않을 수 있다.

오후에는 바시내 풀 깍는 일을 하여쓰며 오늘로서 바시내이 풀은 안전희 깍까다. 앞푸로 조금 두어다가 제초제 약만 살포을 하면 됀다.
그리고 우리 운이 면회날이 바싹 다가오니 우리 운이 배치 문재가 극정이 돼 우리 운이 후방으로 배치가 돼어야 돼는돼 하는 극정밖에 안돼며 운이가 복이 만아서 후방으로 배치가 돼어쓰며 하는 마음 간절하구나.
"아버지 어머님 운이가 전방기 교육을 그진 끝이 났씀이다. 앞푸로 후반기 교육을 받게 돼는돼 후방으로 떨어지두록 아버지, 어머님이 도와주십요. 자식 놈을 군에 보낸 후는 잊써본 적이 업쓰며 자식의 놈이 무엇시라 부모의 건강에 무리가두룩 신경이 쓰이고 잇내요. 아버지 어머님 운이을 끝까지 보살펴 주십요."
"운이을 군대을 보낸 후부터는 면회날을 학수고대만 하여와는돼 면회날이 두렵따니 이것은 말도 대지 않는 말이지. 우리 운이가 어디로 배치가 됄련지 정말 불안하구나."
지출에 … 차표값 1,920원 적과가위 3개 2,000원 작과약 50말 용 52,500원
계 56,420원

〈1996년 6월 11일 화요일 날씨 맑음〉

들을 한밖기 돌라보고 당산포도밭 잡초을 낮으로 쳐 누피는 일을 하여쓰며 오늘로서 포도밭 잡초을 쳐 누피는 일은 끝을 냈다. 잡초을 손으로 다들 비 누피는[베어 눕히는] 작업은 정말 힘드는 일이다.
"이재는 자신이 생각을 하기에는 아주 바푼 일들은 그진 다들 하여따고 생각을 하는돼 이재 시간 여유을 가질 수 잇쓸란지 몰겟다."
우리 운이 면회날이 하로만 더 지내면 면회날이다. 우리 운이 얼굴을 볼 시간도 내일만 지내면 운이을 볼 수가 잇다. 운이을 보기가 그리 힘이 들며 이 지루한 시간들을 당하보지 않코는 아무도 나의 심정을 모런다고 말을 하고 십다.

〈1996년 6월 12일 수요일 날씨 비〉

오늘은 일적부터서 작과나무약을 살포을 하여쓰며 오늘은 부지런희 약 살포을 하고서 내일은 운이 한태 갈라고 작과밭 두 군돼 포도밭 두 군돼을 약 살포을 하는돼 오후 6시가 넘두록 살포을 하고나니 소낙이 구름이 몰려들더니 때 아닌 소낙비가 한참 내리고 잇는돼 의이가 업드라. 기상대는 흐린 날씨만 됀다고 예보을 하여서 과수에 약 살포을 하여는돼 이것이 엔 말인가. 자신뿐 아니라 온 동민이 다들 약 살포을 하여는돼 이것들이 소낙비 때문에 다들 약효음이 업게 돼어쓰니 자신은 오늘 약갑의 손실이 음청나게 크다. 기상대 예보을 덧고 다들 약 살포을 하여는돼 다들 약만 버리고 마랐쓰니 기상대 때문에 전국적으로 이 손실은 음청나게 크다고 생각을 한다. 우리나라도 기상대 예보에 따라서 약 살포을 하는돼 기상 예보을 정학하게 발표을 하여쓰며 한다. 오늘 자신이 약값을 버린 것만도 90,000원 이상 손실이 돼어따고 생각을 한다.
"오늘은 우리 운이 면회간다고 준비을 한다고 분주하게 보낸 날이며 오늘 저녁은 부인은 밤을 세와야 준비을 끝을 낼것 같다. 나재는 집에 일다하고 김천 시장을 보고 오니 방 8시가 넘어니 이것을 다들 준비을 할려면 밤을 거의 세와야 할 것 같다. 부인은 오

늘 위하여 살라온 사람 같다. 자신도 오늘을 학수고대한 날이라고 말을 하고 십다. 우리 운이도 내일이며 저의 엄마을 볼 수가 잇따고 밤을 설래이는 밤이 돼지 않을까 한다. 우리 운이 어른스러운 모섭을 빨리 보고 십꾸나."

"운이 면회 간다고 순달이 동생이 와서 돈 30,000원 주면서 운이 잘 먹는 사주라면서 주드라. 이것이 다들 부담이라고 아무 말도 하지 않아는돼 어디서 알고 찾아와서 고맙드라."

수입 … 순달이가 운이 주라고 30,000원

〈1996년 6월 13일 목요일 날씨 맑음〉

오늘은 우리 운이 태소식을 한다고 우리식구 전원이 서들어서 용일이 택시로 김천역까지 가서 통일호차로 대전까지 이용을 하여쓰며 대전서 택시로 서부 터미널까지 이용을 하는돼 이 가정에서 택시 기사의 마음이 불량하드라. 이 거리로는 2,800원 정도 나오는데 4,200원 나오두록 돌라서 서부 터미널을 도착을 해서 돈원을 적게 줄라고 생각을 하다 큰돈이라서 돈원 다주게 돼어쓰며 기사한태 이려면 안대는데 하고 은성을 좀 올리다 마라다. 그려다 고발을 할려고 들다 참고 마랐다. 서부 터미널에서 논산가는 직행 버스로 이용을 하고 논산에서 논산 제2훌련소까지 택시로 이용을 해서 운이 잇는 면회장까지 도착을 하여쓰며 그곳에 가니 이미 와서 자리을 깔고 그진 다들 직개 가족들이 다들 와서 기다리고 잇드라. 태소식은 내일 하고 오늘은 아들이 오전 11시에 면회장으로 오드라. 우리 운이을 11시경에 만나쓰며 자신이 생각을 한 것보다 얼굴이 낮드라. 그른돼 팔꼽이 까진 상쳐가 아직 다 났지 않아서 마음이 아푸드라. 운이을 보는 적시 눈물이 쇼다 저드라. 여화뜬 고댄 훌련을 마치 따는 것이 고맡드라. 그리고 우리가 준비을 한 것을 까스에 꾸어서 주어쓰며 운이가 평소에도 별로 만이 먹는 채질이 아니라 부모의 마음에 찬 음식을 먹지 않아서며 면회시간은 오후 3시까지 진행이 돼어쓰며 면회장은 안전 잔치장이 돼어쓰며 자가용으로 온 사람들은 아이{스}빡스을 가지고 와서 안전 날리드라. 자가용을 이용을 하지 몾한 사람들은 초라한 준비의 모섭이 돼어보이드라.

이 아빠는 오늘을 위하여 기다리왔따고 해도 가연이 아니며 우리는 오늘가면 운이가 어디로 가는 것을 다들 안다고 하든이 실찌 오늘 가보니 그르치 않고 내일로 배치 됀다고 하니 마음이 편하지 않꾸나. 운이 면회 시간은 오전 11시부터 오후 3시까지 주어진 면회시간이다. 이 면회시간은 우리한태는 아주 짤번 시간이라고 말을 하고 십다. 오후 3시 정각이 돼니까 훌련생 모여 하는 말래 훌련생들은 부모들을 멀리하고 집합 장소로 가고 마는 자식을 바라 볼대에 그의 심정은 격크본 사람만이 알 수가 잇따고 생각을 한다. 그래도 운이 모섭을 4시간동안 보고 가니 당분간 마음을 달랠 수가 잇따고 본다. 운이을 띠어놓고 오는 심정이 무거운데 우리 집부로 오는 도중에 훌련병이 들어오길래 우리 식구들래깨 우리 마을 운이 친구 경용이가 잇쓸란지 모르니 한번 찾저 보라고 이야기을 하고 잇는돼 제일 뒤줄에서 경용이가 인사을 하는돼 자신의 눈에서는 눈물이 푹 쇼다저드라. 나는 경용이 줄 것이 업나 하고 이야기을 하는돼 조교가 무선 소리을 했뜬지 고개을 숙이고 나을 볼 생각을 하지 않으며 앞만 보면서 걸어가는 모섭을 보니 안스려어 무어라 말을 할 수도 업쓰며 인솔하는 조교가 원망서렵꾸나.

"오늘은 운이 때문에 발길을 무급게 하여고 두 번째는 경용이가 우리 식구들의 발길을 무급게 하여다. 오늘은 아주 우을한 날이라고 말을 하고 십꾸나."

"오늘은 운이 면회 갇다 오는돼 정말 힘이 들어 쓰며 집에 오니 쓸어절 정도로 피곤하며 내딸들 정말 예먹으다. 그리고 부인도 수고가 만아다. 부인은 어재 저녁에 아들보로 간다고 준비을 하는돼 밤을 세우다시피 하여쓰며 잠이라곤 40분간 눈을 부치는 정도로 날을 세우고 마랐다. 오늘 그 피로의 몸으로 오늘 차타는 돼 시달리쓰니 정말 수고가 만아쓰며 오늘 일이 아들 보는 일 아니며 아무도 할 장사가 업다고 보는돼 아들 본다는 힘이 잊쓰서 이일을 이켜내따 본다. 부인 정말 수고 만아다."

"아버지, 어머님. 오늘 운이 면회 갇다 왔씀니다. 내 아들 보고 눈물이 쇼다접티다. 아버님 아들 때문에 눈물을 만이 흙리고 했씀니다. 아버님 자식에깨 외 이래 눈물이 허난지 몰개씀이다. 앞푸론 눈물이 들 나오게 찌요. 이재는 운이도 고댄 훌련이 끝이 났키 때문에 아버지 아들 순덕이가 가슴이 들 아푸게지요. 이재는 눈물을 흙리지 않을라니다."

"앞푸로도 운이을 돌바주십요. 아푸로도 후반기 교육이 8주는 밭아야 기성부대 갈 끔이다. 운이 놈을 끝까지 지켜주십요. 내 부인은 운이 때문에 아주 자주 울고 합니다. 부인은 운이가 재대을 해야지 우는 것이 끝이 날 것 같씀이다."

운이 … 100,000원

지출 … 56,020원

계 156,020원

〈1996년 6월 14일 금요일 날씨 맑음〉

오늘은 직파논에 모 머들리는 일을 하면서 도살리까지 줏는 일을 6마지기을 하여다. 그리고 오후에는 포도 순 따는 일을 하여다. 앞푸로도 순따는 일을 상당이 여르 날을 해야 끝이 날것 같다. 그리고 부인과 오후 일을 마치고 바시내 포도밭으로 참깨밭으로 한 박기 돌라보니 가는 곳마다 우리 부부의 손을 기다리고 잊드라. 이것을 볼 때에 너무 일이 만아서 숨값은 너킴을 밭아다. 내가 생각을 할수록 일이 만타는 너킴이 든다. 우리 부부가 작업량이 너무 만아 건강에 극정이 됀다.

〈1996년 6월 15일 토요일 날씨 맑음〉

오전은 부인과 둘리서 참깨 쩝는 일을 하여쓰며 참깨가 약해을 입어서 그른지 안전희 죽윈 자리가 만드라. 오후에는 포도 순따는 일을 하여쓰며 포도 일은 끝이 업는 것 같다. 요즘 주로 포도나무에 매달리도 끝이 업꾸나.

"아버지 어머님, 오늘 운이가 대구 사단으로 내리와따는 친구 김응수 대령한태 전화 열락을 밭아씀이나. 나는 대구로 오면 을마나 좋깨나 하고 마음속으로 생각을 하고 잊쓰는 돼 실지 운이가 대구로 내리 왔따니 마음이 이상하게 들뜬 기분을 자재을 할 수가 업쓰며 벙한 마음이 머리에서 떠나지 안꼬 잊뜨군요. 우리 운이가 대구로 내리와따서 나로서는 한 줌 들어따고 생각을 합니다. 이재 후반기 교육을 밭아서 대구에 주저 안는 일밖에 업씀이다. 아버지 어머님 계속 지켜주십요. 운이을 군대 보낸 후는 늙 부란 마음을 떨처버릴 수가 업씀이다. 나는 아버지, 어머님만 미깨씀이다. 아버지, 어머님 운이을 멀리 하지 말고 보살펴 주십요.

지출에 … 안성탕면, 국수 13,200원
근사미 5병 13,500원
계 26,700원
수입에 … 노타리값 60,000원

〈1996년 6월 16일 일요일 날씨 흐림〉

우리 마을에 들력 전체의 수로에 수초 작업을 하여쓰며 오늘 수초 작업은 아주 잘됀 작업이라고 생각을 한다. 앞푸로 공동일은 인원 동원이 수가 적으저서 일하기가 그북한 점이 잇다. 외냐 농사가 자꾸 미라저고 잇쓰니 일할 사람은 적으저니까 공동일래 사람의 수가 그만춤 주려저고 잇다. 우리 마을도 물류단지가 더려오니 않는다 해도 앞푸로 5년만 지나면 농사을 지을 사람이 상당이 줄어든다고 본다.

오늘은 종일동안 수초 작업으로 시간을 다 보냇다. 자신은 오늘 개핵을 잡초약을 살포을 할려고 준비을 하여는돼 수초 작업때문에 하지을 못했다.

운이가 대구로 왔따는 것을 친구 편으로 들어는돼 나는 오늘 일요일이라서 전화을 운이가 할 줄 알라는돼 전화을 주지 않는 것을 보니 재치가 업는 놈이다. 인간이 사회생활을 할려면 때로는 돈도 쓰가면서 자기 일을 할 수 잇두록 재주도 부릴 줄 알라야 하는돼 우리 운이는 남외깨 살살거리는 것을 실어하는 놈이라고 생각을 한다. 자신도 이른 돼는 거리가 멀지만 아빠는 운이처름 무간각이지는 않아쓰며 무선 일이 다치면 어떠게 해야 달성을 할 수 잇나 하고 상당이 생각을 하는돼 우리 운이는 이른 생각을 하지 안는 것이 외돌개 생각을 한다. 이 아빠가 대구에 왔이따는 것을 알고 잇키 때문에 마음의 안정을 가지고 일을 할 수 잇찌 그려치 않코 운이가 어디로 같는 줄 모르고 잇쓰며 을마나 속이 타게나 하고 운이을 원망을 하여본다. 이것이 자신이 면회가서 후방기 가거든 조교에깨 사래비을 주어서도 집부로 전화을 화두록 부탁을 할려고 생각을 했는돼 깜짝 잇고 이야기을 못했뜬이 운이가 전화을 못하고 잇는 것이 이 아빠가 갈치주지 못했서 이른일 들이 다들 벌어전 것이 내 부찰이다. 이재는 운이와 열락이 돼며 이른 사실을 다 이야기을 하여야 할것이다. 군대는 돈거래로 목적을 달성을 하여라고 말을 해야 하겟다.

"운아 인간이 여자처름 살살거리는 것은 이 아빠도 실타만 사회생활이나 군대생활이나 살살거리는 것이 생활에 유리하게 살라가는 방볍 중 하나라고 말을 하고 십다. 이다음에는 돈으로 하는 방볍을 가리키주리다."

〈1996년 6월 17일 월요일 날씨 비〉

오늘 비는 너무 만이 오며 소낙이라서 비오는 모섭이 급이 나는구나. 온천지가 물이며 늑둘레는 배수장이 잇쓰서 늑들 굼통에 힌빛이 나지 않는구나. 우리 마을은 배수장이 업쓸 때는 비만 오면 물에 자물시는[잠기는] 벼가 이재는 자물시는 일이 업키 때문에 우리 마을은 큰득을 보고 잇다. 이번 비는 배수장이 업드라면 늑들 전역에 물날리을 다 만날 것인돼 부수장이 잇키 때문에 비가 만이 와따는 너킴을 들 가지게 돼는구나.

"오늘은 들을 한 밖기 돌라보는 정도며 오

후에는 참깨밭 주위의 도구 쳐는 일로 오늘 시간을 다 보냇다."

〈1996년 6월 18일 화요일 날씨 맑음〉

어재 비는 음청난비라고 말을 하고 십꾸나. 아래들은 배추장이 잇쓰서 별 피해을 업다고 보는돼 웃들은 큰 피해가 잇따고 바야 한다. 오늘도 침수 지구에 물이 아직 장겨 잇고 내일이 가야 물이 다 빠질 것 같다서 침수 피해가 만을 것으로 내다보고 잇다.

"오늘은 포도 이차 적심을 하여쓰며 부인은 포{도}송이 알 속기 작업을 하여쓰며 포도 송이가 작년보다 적키는 하지만 전체적인 수량으로 본다면 수학이 만을 것으로 내다 보고 잇다."

"오늘은 운이가 열락이나 잇쓸 줄 알라는돼 아무련 소식이 업쓰서 궁금하구나. 운이가 대구에 왔잇따는 것은 알지만 그래도 직접 운이 한태 소식을 덧고 십꾸나."

〈1996년 6월 19일 수요일 날씨 흐림〉

오늘오전은 아포조합에가서 사과 약을 사와서 사과 약 살포을 하는돼 오전 내 걸리쓰며 오후에는 바시내이 포도나무 속순 따는 일을 하여쓰며 부인은 당산포도송이 속는 일을 하여다. 우리 부부는 포도 손질하는 돼 정신이 업다. 포도는 무선 일이 매일 해도 끝이 업구나.

"그리고 오늘은 부인이 내일부터 3일간 비가 온다고 하며 그리고 장마가 온다면서 사과 약이라고 비오기 전에 약 살포을 하자고 해서 불이야불이야 해서 약을 사와서 약 살포을 하여쓰며 오늘 약 살포을 하고 나니 참 잘해따는 생각이 더는구나."

"오늘 아포조합에 사과약사로 가는돼 동내 아주마가 마느라 일을 너무 만이 한다면서 나중 나이가 만이 먹어며 아주마하는 말이 건늙거진다면{서} 잘 먹이라고 이야기을 하는돼 마음속으로 아주 미안한 점이 들드라. 자신이 생각을 해도 내부인은 너무 일이 만아서 늙 극정을 하고는 잇는돼 자신도 부인의 일을 들어 주어야 하는데 하는 마음은 잇찌만 실천을 못해서 정말 미안타 여보."

〈1996년 6월 20일 목요일 날씨 흐림〉

오늘은 운이 편지을 기다리는돼 편지가 오지 않아쓰며 운이가 대구 수송부대로 온지가 오래 돼어는돼 열락이 업쓰서 극정이 돼는구나. 편지을 주지 않을라면 전화라도 주어 쓰며 들극정이 돼게는되 아무련 소식이 업쓰니 답답하구나.

"오늘도 포도순 따는 일을 하여쓰며 아직도 순 따는 일도 하로 정도 해야 다할 것 같다."

웃들래 침수지역에 벼들이 흙탕물이라서 벼들이 부여깨 돼어잇는 벼잎을 이번비로 다들 식켜 전다고 조아했는돼 기상대 예보는 빗나가고 마라꾸나. 기상대는 만은 비가 온다고 비 피해가 업두록 주의해달라고 부탁을 한 것이 보슬비로 끝을 내고 마라쓰니 기상대 예보도 아직은 응터리가 만꾸나. 아직까지 기상예보가 응터리 인돼 우리나라도 선진국이라고 말들을 만이 하고 잇는돼 아직은 실속은 아직은 선진국이 뙐려며 아직 긴 시간이 흙으야 됀다고 보아야 한다고 말을 하고 십다.

오늘은 누님 생신이라고 해서 형님과 둘리서 누님 생신 형님과 두리서 생신에 참석을 하여쓰며 누님 생신의 열락을 저녁에 바다서 고기도 못 사고 형님과 두리서 30,000

만 원식 내어서 60,000원 주면서 아무것도 사지 못했서 미안타고 이야기을 하여다.
지출에 … 누님 생신에 30,000원

〈1996년 6월 21일 금요일 날씨 흐림〉
바시내이 포도 속순 따는 일은 오늘로서 끝을 낸 셈이다. 그리고 당산 포도밭에 알속기 작업을 하여쓰며 부인이 여때것 일을 하고 부터 살다시피 해도 일은 한이 업고 아무것도 한 것이 업는 것 갈다서 한마디 하여쓰며 부인은 일은 매스렵개 하지만 무선 일이든지 추진이 안대고 잇쓰서 자신은 마음에 들지 않는다. 농촌에서는 일이 깔끔하게 하는 것보도 무선 일이든지 추진성이 잇쓰야 한다.
"운이가 오늘은 편지라도 올 줄 알라는돼 편지도 오지 않코 전화도 주지 않아서 큰 극정이다. 이 아빠가 극정을 하는 줄도 모르고 잇나. 운아 전화 열락이라도 주기을 바란다."
수입 … 트랙터 노타리값 180,000원

〈1996년 6월 22일 토요일 날씨 비〉
오늘은 종일동안 포도밭 사과 밭 작과밭 제초제을 살포을 하여쓰며 오전에 포도밭에 제초제을 살포을 하는돼 비방울이 간간이 내리면서 그른돼로 날씨가 참아주어는돼 오후에 작과밭에 제초제을 살포을 하니 문개구룸이 몰려 오는돼 오늘 약을 헌약 쳐는구나 하는 느킴이 오드라. 그러자 약 살포을 끝을 내고 약천 호수을 가시는돼 소낙비가 쇼다지드라. 자신은 기상대에서 어재 비 온다고 외보을 하여서 어재 약 살포을 하지 않코 오늘은 흐린 날씨만 됀다고 해서 약 살포을 해뜨니 오늘은 비가 오고 비 온다는 어재는 맑은 날씨을 보이고 이거 기상대 외보가 응망이구나. 요즘 기상대는 하로 기상도 모르고 잇쓰니 우리 농민들이 고충은 말을 할 것도 업고 기상대 외보 빗나가게 돼며 우리농민들은 손실이 음청나게 만타는 것을 알라야 한다.
오늘 제초제 약 살포 면적이 15마지기 밭에 제초제 약을 살포을 하여는돼 이곳에 들어간 약값도 적은 돈이 아니며 이것이 기상대의 잘못으로 자신푼 아니라 오늘 흐린 날씨로 예보을 하여키 때문에 자신뿐 아니라 약 살포 일로 손실은 음청나게 만을 것으로 내다본다.
"오늘도 운이 한태 편지가 오는가 하고 기대을 하는돼 운이 한태는 오지 않코 대대장에깨서 운이을 잘돼리고 잇따고 안부 편지을 보내드라. 이 아빠는 중기차는 생각지도 않아는돼 중기차을 교육을 밭는 모양이다. 운이가 중기 10기라고 한 것을 보니 운이가 힘이 들게꾸나. 부인은 지원을 하지 말고 영장이 나오두록 기다릴끈돼 미리 지원을 해서 간 것 을 후해가 됀다고 이야기을 하고 잇꾼아. 자신은 전방기 교육이 끝이나며 후반기 교육은 수랄 줄 알라는돼 운이가 중기차량 교육을 다시 밭자면 전방기 교육 모지 않깨 힘이 들게 꾸나. 이 아빠는 운이도 군대생활을 십게 할 끄라고 미드왔는돼 십계 돼지 않는것 같아서 부모로서 극정이 끄구나."

〈1996년 6월 23일 일요일 날씨 맑음〉
우리 부부는 들래가고 업는데 운이 한태서 전화가 와따고 하며 혜영이가 밭아는데 전화을 할려면 (1시간)(40분) 기다리다가 해야 한다고 하면서 먼저 번에 1시간 기다리다 하여는데 집에는 아무도 업쓰서 못해따고 하면서 이번에는 40분 기다리다 한다면서 이곳은 할마나다고 이야기을 하면서 안부전화을 한다고 혜영이 한태 이야기을 한다고 할 때에 이 아빠는 전화라도 안준다고 원망을 하여떠니 오히려 아빠가 원망을 들어야 하게꾸나. 아빠는 나의 입장에서만 이야기을 하고 잊따는 생각이 더는구나. 운이 입장에서 그 피곤한 몸으로 1시간식이나 기다리야 하는 그 피곤함을 생각을 하여주야 하게꾸나. 앞푸론 운이 한태 원망을 안하는 쪽으로 마음과짐을 가지야 하게꾸나. 운아 시간 여유을 가질 수가 잊크든 전화열락을 하여주기 바란다. 이재는 운이가 열락을 안 알 때는 시간이 여유가 업따는 것을 생각을 하여주마. 운이 전화을 혜영이가 받아따고 하지만 이 아빠는 전화가 와따고 하니 마음이 노이는구나. 앞푸로 훈련에 침착성을 가지고 충실희 의무을 다해다오. 운이 면회날은 엄마와 둘리서 꼭 갈깨. 그때는 사랑하는 우리 운이 얼굴을 한번 보게꾸나. 그름 그때 만나자.

"오늘은 대석에 색나는 약을 살포을 하여다. 약량. 물 한 말에 20CC타서 당산밭에만 살포을 하여다. 그리고 오늘은 작과나무 도장지을 빼내는 하여다. 이것도 내일까지 해야 다할 것 같다."

수입에 복숭 4짝 48,840원

〈1996년 6월 24일 월요일 날씨 비〉

오늘은 외성보에서 쌍구름 도량 수초작업을 하여쓰며 쌍구룸 도량 수초작업은 맷는점만 해도 우리 마을에서 수초작업을 신경을 쓰왔는돼 이재는 우리 마을은 배수장이 준공대고는 우리 마을은 침수는 이재업고 쌍구룸 도량은 아무런 간심도 업게 돼어다. 유행가 노래 처름 자구멍에도 빛들 날이 잊따는 노래처름 우리 마을은 배수장 생기고는 넉둘굼이 이재는 침수 지구에서 벗스나게 돼어쓰며 안전 상답으로 변모 했따고 본다.

"오후에는 장마비 때문에 휴식을 한 셈이며 비가 와서 부인과 둘리서 마늘 역는 일을 하여쓰며 금년 마늘 농사는 자신으로 바서는 잘 지은 셈이다. 마늘접수는 15접이 돼드라."

그리고 어재 복숭 4짝 수학하고 오늘도 복숭 4짝으로 복숭 수학을 끝을 냇다.

〈1996년 6월 25일 화요일 날씨 비〉

오늘은 당산 자두수학을 하여쓰며 대석 작과일을 처음 수학을 하여쓰며 오늘 자두수학을 한 이곳은 사실 자두수학을 포기을 한 곳이며 이곳은 밑거름도 하지 않코 참초도 그대로 두어쓰며 너깨스야 작과약, 살충제을 두 번 살포을 하고 자두 수학을 하는 자신이 부끄러어지며 버린 곳이 작과일이 재일 만이 달리서 도로 학창하는돼 들어가고 짝뚜리 땅에서 과일 수학을 생각보다 아주 만이 할 것 같꾸나. 현재 자두 수학량이 9짝 수학을 하여다.

오후에는 앞밭태 자두나무 도장지을 따내는 일을 비을 마저면서 다들 따내리는 일을 하였다.

수입에 … (5짝) 158,400원

〈1996년 6월 26일 수요일 날씨 맑음〉

오늘도 당산밭에 작과일을 수학을 하여쓰며 오늘은 대석 4짝을 수학을 하여쓰며 남들은 착색약을 살포을 잘해서 자신은 착색약 살포을 하는 것은 생각을 별료 하지 않코잇다. 그리고 도로학창하는 곳에서 일을 차단을 식키서 자신이 당산밭에 과일을 수학을 한 것이 길들이 차단을 식키서 우리들이 농로 길을 다니는데 그리 힘이 더는구나.
오늘은 기상대에서 장마가 오늘 하로 소강 상태이며 내일은 장마비가 온다고 해서 장마 때는 하로 동안만 참아 주는 것도 약 살포에 큰 도움을 주는 일이라면 오늘 약쪽 포도밭에 약 살포을 하여쓰며 약량은 25말 약량으로 두 군대의 포도밭에 약 살포을 하여다.
운이가 전화을 했따고 편지을 하지 않코 잇꾸나. 이 아빠도 운이가 대구에 왔잇따니 마음이 노이서 그른지 마음이 그리 편하다고 말을 하고 십꾸나.
운이가 운전교육을 밭고서 대구지역에 주저 안저야 하는돼 이 아빠는 운이가 대구바닥에 뜰어저는 소망박에 업다. 운이가 이재 철이 들고 잇찌 그전에야 아주 어리석개 자라서 이 아빠는 운이을 생각을 할 때에 하로가에[화롯가에] 옊 노아둔 것처름 신경을 쓰고 잇딴다.
수입에 대석 4짝 114,800원

〈1996년 6월 27일 목요일 날씨 비〉
오늘은 화장부터 작과일 따는 일을 하여쓰며 우리 부부는 작과일 따는 일을 세 번 째이며 작과일 따는 일을 하며 이재는 밥을 재대로 먹지 못할 정도로 시간들이 바픈 나날이 돼며 이시간이 흙르가면 우리 농민들원 시간 여유을 가지게 됀다고 바야 한다. 그리고 우리부부는 비을 마저면서 작두수학을 해서 우리 마을에 상인이 들어오는 사람에깨 대석 10짝을 270,000원 밭아서 자신원 속원 것이 아닌가 하고 신기가 밝지 않아서따고 말을 하고 십다. 그른돼 김천원예 청과에 같다준 김영남의 말을 들어 볼 때에 손에는 가지 않아따고 생각을 한다. 금년에는 자신의 과일을 농사을 잘 짓지 않아서 가격을 만이 밭지 못하는 것은 자신도 잘안다.
"오늘은 들래 같다가 막 들어오니까 전화벨이 울리서 밭아 보니 운이 전화드라. 운이 전화을 받고 보니 자신의 마음이 차권하지 못하고 흥분이 돼며 차건하게 말을 할 수가 업꾸나. 운이가 전화음성이 감기 소리을 하여서 이 아빠의 마음이 안스러저드라. 무엇보다 건강이 좋아야 하는돼 감기 때문에 어떠게 하나. 날씨마저 변득을 계속 부리고 잇쓰니 더 극정이 돼는구나."
수입 … 대석 10짝에 270,000원

〈1996년 6월 28일 금요일 날씨 맑음〉
오래만에 맑은 날씨을 보여주는구나. 요줌 한참 자두 수학을 하고 잇는돼 맑은 날씨을 보여주니 자두을 수학을 하는 사람으로 정말 살마나다 하는 느킴을 밭아쓰며 앞푸로 10日만 맑은 날씨을 준다면 월마나 좋깨나 하는 생각이 드는구나.
그리고 오늘은 김천 농협청과로 갈려고 종태한태 자두 11짝을 실어가라고 부탁을 하여서 자신은 어재 마을에서 상인한태 과일 파라서 만이 속아따는 너킴이 들어서 오늘은 김천을 가지고 갈려고 작정을 하여는돼 이것도 자신의 마음대로 돼지 않는구나. 외냐 하면 부인 과일 상자에 담는돼 마지막 짝이 한짝이 들차서 앞밭에 가서 조금 따와서 체울라고 간 것이 그만 종태 시간이 업따면서 우리도 몰래 가버리고 마라트라. 그래서 한편으로는 노친 것이 잘하여는 줄 모른다 하는 생각도 하여 밭다. 그래서 자신은 오후 경매을 볼라고 작정을 하여는돼 그만 상인 물건도 업지 하니까 자신의 자두 11짝을 300,000원줄라고 해서 자신은 김천을 가지고 가도 과일이 났빠서 만원 돈은 밭지 못한다고 생각을 하고 오늘 300,000원 밭고 주는 것이 잘한다는 생각으로 주고 마랐다. 오늘 우리 마을에서 김천농협으로 가지고 간 사람도 짝당 25,000원 밭은 사람이 잇따고 말을 하는 것을 볼 때에 오늘은 잘했따는 느킴이 드는구나.

오늘 앞밭에 과일 5짝은 품질이 아주 좋으며 당산에 과일은 포기을 핸 것이라서 거름도 안해서 담아가 적으서 자신으로는 생각부주위로 큰 손실을 밭아다. 올해 당산 과일은 거름을 주고 갈리을 했드라면 큰 돈을 할끈돼 자신으로서는 생각 잘뭇으로 음청난 손실을 바따고 생각을 한다. 그리고 앞밭에 자두 5짝을 상담아 45,000중 담아 1짝에 13,000원 자두 5짝에 179,900원.

수입에 … 당산작과일 11짝에 300,000원
앞밭에 5짝에 139,900원
계 479,900원

짝당 45,000원 자신이 농사을 짓은 후 처음 만이 밭아다.

〈1996년 6월 29일 토요일 날씨 비〉

오늘 오전은 비가 오지 않아서 자두수학을 잘했는돼 오후에는 비가 와서 자두 수학을 해는돼 비 때문에 그북하드라. 그리고 만이 온다고 하니 자두수학에 상당희 힘이 들 끄수로 본다. 그른돼 우박이 와도 자두 값만 떨어저지 않는다면 좋은련만 벌쓰 자두 갑은 땅바닥에 다 떨어젓쓰니 오늘은 자두 수학을 의욕도 사실 다 일어따고 말을 하고 십다. 자신은 수고비도 안 댄다면서 비가 오는돼 따면 뭇엇돼 하면서 안딸라고 하니 그래도 부인은 따야지 어떠게 할부도 업따면 수학을 할려고 더니 할 수 업는 일이다. 오늘은 자두 값이 반으로 떨어지고 적은 담아는 3,000원석으로 내리쓰니 사람이 의욕이 업쓰지고 마는구나. 오늘 자신이 20짝 수학을 하여는돼 이것은 힘은 들어찌만 소득은 업는 일 무선일이든지 일을 하는 것만끔 수입이 돼어야 할기을 찾는 일이다.

〈1996년 6월 30일 일요일 날씨 맑음〉

오늘로서 당산 작과일은 오늘로서 자두수학을 끝을 냇쓰며 사실 당산 작과일은 포기을 하고 거름도 하지 않코 방치을 하여다가 과일이 만이 달리서 약 살포을 두 번 하고서 자두 수학을 했쓰며 이곳에서 50짝 이상을 수학을 했쓰니 거리고 일적 수학을 해서 그른돼로 수입을 만이 하여따고 생각을 한다.

오늘도 부인과 둘리서 자두수학을 하여쓰며 오늘은 대전 청가로 좋은 것만 8짝을 처음 부쳐보앗다. 청과는 김천이 평균쳐며 제일 났따고 하든돼 처음 대전으로 부치서 어떠게 될련지 알 수가 업꾸나.

그리고 오늘전화가 운이한태 왔드라. 그리고 편하다고 하니 마음이 노이는구나. 앞부로 기성부대에 잘 떨어저야 하는돼 하는 극정밖에 업꾸나.

〈1996년 7월 1일 월요일 날씨 비〉

오늘도 우리 부부는 비지땀을 흙리면서 자두 수학을 하여쓰며 여때까지 장마비가 계속 내리고 낢씨 흐리서 땀이라고는 흙리지 않코 자두 수학을 하여는돼 오늘은 따거운 햇빛 때문에 더어서 일을 할 수가 업쓰며 낮참에는 무선 일을 한다면 빛에 꾸피어 죽을 것 같뜬 생각이 들드라. 그리고 오늘 오후에는 정석윤씨가 오후 경매에 간다고 해서 따라 갈쓰며 자신은 자두 8짝을 가지고 김천 농협 청과을 같쓰며 오늘 청과에 물량이 쇼다저 나와쓰며 그 물동량을 보니 급이 나드라. 이것을 다 소비을 식키며 이것은 생물이라서 이삼일 내로 소비을 식키야 한다고 볼 때 정말 입이 벌어지는구나.
오늘 자신은 제일 뒤라고 해도 가연이 아니며 자신은 오후 경매라도 너무 너깨 가서 마음이 사실 불안했다. 자신은 경매 시간을 너무 앞도 실고 중관보다 조금 앞페가 좋다고 생각을 하기 때문에 오늘은 경매 시간이 오후 2시인돼 집에서 3시 30분에 출발을 했쓰니 자신은 마음적으로 불안한 것이 사실이며 오늘 너무나 너깨 가서 손실이 만아따고 생각을 한다.
오늘 상담아 5짝은 짝당에 25,500원
중담아 3짝은 짝당에 5,000원을 받아다.
수입에 … 대석 8짝에 · · ·

〈1996년 7월 2일 화요일 날씨 맑음〉
오늘도 둘리서 자두 수학하는돼 비지땀을 흙리면서 일을 하여쓰며 금년도 자두 수학하는돼 다들 시간 여유을 가지고 자두 수학을 하고 잇쓰며 다들 자두가 숭년이지만 금년도 자두 값이 아주 비싸서 돈원 다들 작년만춤은 했쓰리라고 생각을 한다. 자신도 금년도 자두 수학원 작년의 반도 못돼고 잇따고 본다.
"우리는 처음부터 자두수학을 하면서 홀롱개로 따곤 하니까 수학량을 만이 할 수가 업쓰서 오전까지 수학을 해야 12짝식 수학밖에 못하고 잇다."

〈1996년 7월 3일 수요일 날씨 맑음〉
오늘도 해장부터 부인과 둘리서 자두수학을 두군돼 수학을 해도 12짝밖에 수학을 못했쓰며 자두 12짝을 미수구리[포장]을 하여서 용만 대전 청과 간다고 같다주고서는 오후에는 물류단지 일로 추진이원[위원]들만 김천 시청에 교통부 과장을 만나서 어재 물류단지 위치을 돌라보고 간사 람이 어디서 나와는가 무려보는 교통계에서는 모른다고 하며 유신 건설에서 나와쓰며 교통계을 들린다면서 모른다고 이야기을 하며 물류단지 위치가 발표가 돼며 어떠게 할 수도 업고 주민들이 제아무리 반대을 해서 유치가 됀다고 이야기을 하고 잇쓰니 우리로서는 아무른 말도 못하고 그냥 당하고 말게꾸나. 농민이 살라면 땅이 잇쓰야 하는돼 이재는 땅도 물류단 한태 다들 빼앗키게 돼어 잇쓰니 우리 주민으로서는 정말 근심이 크다고 보고 잇다.
"앞푸로 물류단지 일로 낭비돼는 것도 좀 생각을 해서 지출을 낼것 같다."

〈1996년 7월 4일 목요일 날씨 비〉
오늘은 해장부터 새래단 포도 알곡이 작업을 하여쓰며 성급한 포도송이는 중디가 몽창 몽창 내리안전 포도송이가 들어 만으며 우리 부부는 이 날비을 다 마저면서 포동송이 속는 일을 하여쓰며 오늘 비는 종일 내리고 잇꾸나. 남들은 이비로 인하여 다들 휴식을 하고 잇쓸끈돼 우리 부부는 일 량이 너무 만아서 일 년에 휴식 시간이 업시 일을 해야 하는 부인보기에 부적 미안하구나.

이때는 미안하다는 표시로 안아주는 일을 자주 하곤 하는돼 부인바서는 남외 농사을 줄리는 일밖에 업는돼 아직은 십계 돼지 않코 잇꾸나. 자신은 아들 결혼만 하며 우리 부부는 편하게 살라 볼 작정을 하고 잇는돼 부인 바서는 더 빨리 남외 농사을 나야 돼지 않나 하고 내다본다. 외냐 하면 요즘 부인은 팔, 어깨, 허리 다들 아푼 돼만 티어나오고 잇쓰니 사실 자신의 마음이 바파지고 잇다.

"우리 운이 운전교육을 잘밭고 잇깨지. 오늘은 낱비가 개속 비 내리고 해서 강당교육을 하여깨지. 운아 군대는 안전을 중요시해서 생활화해야 한다. 그리고 주어진 일에 열심이 하다보면 원젠가는 좋은 일이 오게 마른이다. 우리 다 열심희 살라보자. 인간이 태어나서 무어신가 보람이 이쓰야 하며 인간이 무이미한 사람이 돼면 아무른 가버치가 업다. 산에 나무들도 수도 업시 살고는 잇찌만 그중 가버치 잇는 나무들은 아주 적은 수치다. 우리 운이도 이사회에서 가버치 인는 인간이 돼두록 성숙 돼어 달라고 부탁을 하고 십다.

〈1996년 7월 5일 금요일 날씨 맑음〉

오늘 오전은 자두 수학을 마지막으로 하여쓰며 오늘은 자두 이삭을 준는 일을 하여쓰며 양밭에 다들 수학을 하여도 8짝밖에 수학을 못해쓰며 여하뜬 자두 수학을 다하니 마음이 편하고 잇따고 알을 하고 십다.

"자두수학을 작년보다 일적 자두수학을 하여다고 말을 하고 십다. 그른돼 금년도는 일기불순으로 자두 수학을 너저 저는 감이 잇쓰서 작년보다 수학 날짜가 일주일은 너절 것이라고 밭는돼 오희러 착색약을 살포을 해서 오희려 1주일은 먼저 수학을 하는 현상이 돼어따고 본다."

그리고 부인은 자두학을 하다가 나무에 밭치서 갈비가 이상이 잇쓸까 병원에 가서 사진을 찍어 보라고 이야기을 하여쓰며 부인은 병원에 가니까 사진은 안 찍어도 됀다면서 약을 주고 사진은 다음 찍어보자고 이야기을 한다고 해서 천만다행이라고 생각을 한다.

수입에 8짝

지출에 … 도열병 약[17], 빔수화제약 20봉
7月6日 32,000원

〈1996년 7월 6일 토요일 날씨 맑음〉

오늘은 일적부터 스들어서 벼논에 도열병 약을 살포을 하여쓰며 금년도는 문고병[18]은 들한 것 같뜬돼 도열병원 상당이 심하며 오늘 직파논 10마지기 논에는 도열병이 너무 심해서 숭년이 돼지 않을까 하고 큰 극정이 돼고 잇다. 올해는 직파논에는 도열병이 더 심{하}며 앞푸로 이래다가는 직파 면적이 줄어들 것으로 내다 본다.

"오늘은 도열병약 살포한 면적이 13말 5돼지기 살포을 하여쓰며 오후에 포도송이 알속이 작업을 하다가 사과나무 약 살포을 하는 것으로 하로의 마감을 하여다."

지출에 … 도열병약 살충제 77명 45,600
경운 푼무기 벨트 2,800원
계 48,400원

---

17) 도열병은 벼가 잘 자란 뒤에 잎과 줄기에 박테리아가 생겨 잎줄기 등을 해치는 병이다.

18) 문고병은 잎집무늬마름병이라고도 하며 주로 잎집에 담자균류가 기생하여 회색의 얼룩무늬가 생기고 차츰 잿빛을 띤 흰색으로 변하여 시들어 죽는 병이다.

〈1996년 7월 7일 일요일 날씨 맑음〉

오늘로서 바시내이 쌔래단 포도 알속이 작업을 다 하여쓰며 우선은 알속이 작업을 다 한다고 하여는돼 송이가 자라서 몽창몽창 떨어지는 일이 업쓸란 몰겟꾸나. 알속이 작업을 오후 5시까지 맡치고 곳바로 약 살포을 하여는돼 당산 포도나무에 약 살포을 하고나니 밤 8시에 마치게 돼어쓰며 포도나무에 약 살포는 그리 더디구나.

그리고 운이가 어재 전화을 주면서 오늘 전화을 할려고 하드니 오늘 전화을 주지 않는 것을 보며 일요일도 휴식을 주지 않코 무엇을 식키는 모양이다. 이 아빠가 김천 진영공장에 방위산업채로 가라고 사정을 해도 손에 쇠가루 박인다고 안갈려고 하드니 우리 운이 생의을 먹고 잇는 모양이다. 인간이 성숙이 될래며 군대을 갈다 와야 됀다고 볼 때에 하기는 잘했따고 보는돼 군복무을 잘하고 나와야만 잘한 것이다. 아무조록 군복무 무사이 맡치기 바란다.

그리고 운이 면회날이 이재 탁 일주일 남아꾸나. 운이 논산 훈련 때 면회날은 눈 떠면 면회날을 생각을 했는돼 이재는 면회날도 멧칠식 익고 살라갈 때가 드로 잇꾸나. 이것은 운이가 우리 지방에 잇쓰서 마음이 노이서 그른 것이 아닌가 하고 생각이 더는구나.

〈1996년 7월 8일 월요일 날씨 맑음〉

오늘은 도열병약 살포을 하여쓰며 오전으로서 벼논에 도열병약을 살포을 하는돼 문고병약 살충재 도열병약 세 가지을 혼압하여서 살포을 하여다. 그리고 도열병은 금년은 아주 일적 차저 왔다고 생각을 한다. 자신이 생각을 할 때에는 장마기관에 늙 문고병약 때문에 늘 극정을 해왔는돼 금년도는 문고병이 전연 보이지 않는 현상이며 반대로 도열병은 이 시간에는 도열병이 보이지 않는 때에 도열병이 발생을 해서 벼논에 벼들이 큰 고전을 하고 잇는 실정이다. 금년도는 일품벼는 도열병 때문에 수학량의 감소가 따을것 같다.

"우선 바서는 하남벼는 아주 깨끗하며 아주 성장율도 아주 좋은 편이다. 금년도는 하남벼가 마전 것 같꾸나. 매년 씨품종에 풍년 농사을 지을 수가 잇고 품종 선택을 잘못하며 그해는 농사을 망치는 수가 만타고 내다 본다."

〈1996년 7월 9일 월{화}요일 날씨 맑음〉

고추 탄저병 약[19]을 살포을 하고서 보들 보뚝과 두룸에 풀깍는 일을 하여쓰며 그전 같떠며 보뚝에 풀 깍는 일은 멧차례 하여쓸끈돼 요줌은 바빠서 두룸과 보뚝에 풀 깍는 일은 등안시 하고 잇다. 밭일이 만으니까 수도작은 아주 등안시 하고 잇는 것은 사실이다.

벌서부터 포도가 풍년이라면서 포도 하락세을 태래비에서는 극정을 하고 잇는 것 을 보니 포도 시세가 좋으리라고는 기대을 하지 않아야 할것 같다. 자신이 생각을 해도 포도 면적이 수십 배로 늙어 낯쓰니 가잉생산은 사실이다. 이것이 지속적으로 간다고 볼 때에 농촌에서 음청난 타격을 주리라고

19) 탄저병은 통상 작물, 야채, 화초, 과수, 수목 등 유용식물의 잎, 가지, 과실, 종자 등에 발생하는 병으로 잎과 과실 등에 병반을 만들며 후에 병반에 점질물이 생성된다.

생각을 한다.

〈1996년 7월 10일 수요일 날씨 맑음〉

오늘은 종일동안 사과나무 도장지을 빼내는 일을 하여쓰며 사과나무에 사과가 달리지 않아서 일에 의욕이 업쓰저며 금년에는 모든 과일이 숭년을 만난 해라고 말을 하고 십꾸나.

올해는 무사이 넘어갈 것 같지 않는 예감이 더는구나. 때 아닌 저온 현상이 계속돼고 잇쓰니 금년 날씨가 순탄지 않는 것만 사실이다.

〈1996년 7월 11일 목요일 날씨 흐림〉

오늘은 오전부터 무지자 모종을 하여쓰며 올해는 무지파 모종이 만아서 가을배추 자리가 줄어들기 돼어잇다. 채소밭이 두 군대일 때는 동생들 가을배추는 다들 대어 주어는돼 작년부터 채소밭 팔고 나서는 동생들을 가을배추을 주지 못하고 잇쓰니 배추 갈 때가 돼며 동생들이 생각이 나곤하 며 요줌은 배추밭을 업쌘 것이 후해가 돼고 잇다.

"오늘 오후에는 지도소에서 순회 봉사을 나와서 경운기을 수리을 하여주는돼 원과로 하여주어서 자신은 경운기 신부 배아링, 품무기, 박킹 수리을 만이 하여는돼 20,000원 나와쓰며 오늘 경운기 수리점에 갈드라면 상당한 금액이 났아쓸 것으로 내다보며 오늘 수리한 것을 아주 잘했따고 생각을 한다. 우리 농민들을 바서는 순회 봉사을 자주 나와주어쓰면 한다. 오늘 오후에도 부인이 무지파 모종을 하고 남은 것을 오후에 하는돼 도와주는 것 으로 오늘 일가을 보내개 돼어다."

지출에 … 경운기 수리비값 20,000원

세탁기 탈수기 수리, 부품 교환 7,400원

계 27,400원

〈1996년 7월 12일 금요일 날씨 비〉

오늘 오전원 웃들래 보뚝에 풀 깍는 일을 하여쓰며 웃들에 두 단지는 보뚝이 양쪽으로 잇쓰서 풀 깍는 량이 아주 만으며 오늘은 보슬비라서 일하는 돼는 아무른 지장을 받지 않코서 일을 다 하여다.

오후에는 부인이 내일 운이 면회 간다고 장에 같는돼 장끄리가 너무 만아서 다 못가{져} 온다고 하면서 집에서 푹 시고 잇따가 장을 다보고서 전화을 할태니까 가질로 오라고 해서 집배서 휴식을 한 셈이다. 자신은 김천에 올라오라고 전화가 올 줄 알라는돼 형수하고 둘리 온다고 주막까지만 오트바이로 마중을 나와 달라고 부탁을 하드라. 그래서 주막으로 가니까 떡하고 오트바이로 한 바리가 드 돼드라. 오늘 운이 면회 간다고 준비한 것 이 100,000만 원이 더 돼다고 부인이 돈원을 만이 쓰따면서 이것이 아빠가 만이 하라고 당부을 해서 만이들 쓰따고 이야기을 하길래 사람이 이때 쓸라고 돈원을 버는돼 하면서 두말하지 말라고 이야기을 하였다.

"운아 이 아빠가 논산 훌련소 잇쓸 때는 운이을 하로도 잊저본 적이 업는돼 운이가 대구에 오고는 운이을 잊절 때가 만아쓰며 운이을 좀 멀리 하여따고 말을 하고 십꾸나. 운이을 때로 잊고서 일을 한 것은 운이가 아빠 곁에 잇쓰니까 마음의 안정이 돼어서 때로는 잊전 것이지 이 아빠의 마음은 늙화로가에 옃 둔 것 처름 늙 너 곁에 잇따고 말을 하고 십다. 이 아빠는 내일 운이 보로 간다고 생각을 하니 마음 들떠잇쓰며 무선 일래 집중이 돼지 않는 하로 여따고 말을 하고 십다. 운아 내일 보자."

"아버지, 어머님 요줌 정말 살기 좋은 세상이라고 이야기을 하고 십소. 순덕이가 군에 갈 때만도 훌련소에서 면회을 하면 끝인돼 이재는 후반기 교육 때도 면회 날을 지정을 해서 부모내들을 만나게 만들어 주는 세상이 돼어씁니다. 이재는 면회 날은 안전 시골 잔치 집을 연상캐 하고 잇씁이다. 아버지, 어머님 순덕이가 자식 면회을 내일 대구 수송대대로 갑미나. 내일 자식 면회을 갈 때는 한 짐 저고 갈라잇다. 아버지 어머님의 손자가 잇탈돼지 않캐 개속 지키바주십요. 순덕이는 아버지, 어머님을 밑깨습이다. 아버지, 어머님 내일은 운이 면회을 잘 같다 오게 씁이다."

지출에 … 운이 면회 가는돼 준비하는 돼 100,000원 더 쓰따고 이야기을 하드라.

지출에 … 포도약 24,500원 황상가리 6,500원 버스비값 560원 계 31,560원

〈1996년 7월 13일 토요일 날씨 비〉

오늘은 운이 면회날이라서 아침 일적 일어나니 비가 쇼다저서 운이 면회날을 잇꾸나 하고 안스려어 마음만 타고 잇쓰며 마음을 조리면서 이 비가 그치주어야 하는돼 하면서 그실 창문을 자주 차저보게 돼며 낡씨가 밝아가면서 비가 그치가게 돼며 우리가 아침 통학차로 갈 무름에는 비가 안전희 비는 그치서 우리는 7시 통학차을 출발을 했쓸 때는 비가 오지을 안아서 우리 부부는 마음이 편한 마음으로 출발을 하여쓰며 이번에는 형수도 같치 같쓰며 우리가 대구에 도착을 해서 용학이 차로 우리 식구와 형수, 용학이 내외와 5명이 운이 면회을 같쓰며 이번에는 논산에 면회 때보다 면회장이 아주 좋으며 면회장이 이층 스라브 집부로 현대식 건물이드라. 그리고 훌련병의 숙소도 안전희 새 건물로 짓어저잇쓰며 우리 때의 군생활에 비에서 최고의 고급이드라. 정말 새대가 만이 변해전 것은 사실이며 우리 운이가 논산훌련소의 면회 때보다 오늘 면회 날을 보니 운이가 더 성숙이 돼어 잇쓰며 말도 만이들 하고 잇쓰며 이 아빠 생각을 할 때 아주 만이 성숙이 돼어잇따는 것을 너켜쓰며 오늘 면회는 운이을 처음 바와도 눈시월만 조금 떠거어지는 느킴만 밭아쓰며 운이도 눈빛 변함이 업시 운이 손을 잡아쓰다. 오늘은 운이 면회을 끝을 내고 돌라쓸 때 운이도 손을 헌들어 주는 여유을 보여고 우리도 차안에서 손을 헌들면서 서로 해어지고 마라다. 운아 오늘은 너의 변함의 모섭을 보니 이 아빠의 마음이 조금은 노이는 캐감이 잇쓰따고 말을 하고 십다. 아무튼 운아 고맡다.

오늘 면회을 하면서 운아 무선 일이든지 돈으로 해결을 해서 좀 편하게 지내라고 운이 한태 당부을 하여다. 운이가 너무나 말이 업는 아이라서 불이익이 올까바 돈은로 해결을 하며 군 생활이 조금은 편할 것이다 하면서 운이 한태 군대의 요령을 갈치 주어다. 아버지, 어머님 오늘 운이 면회을 우리 부부가 잘 같다 왔씁이다. 논산 때보다 얼굴이 더 좋으며 모든 것이 성숙이 돼어 잇는 너킴을 밭아서 내마음이 좀 노이는 것 잇찌요. 자식 면회한번 하는돼 200,000만 원 이상, 지출이 나도 아깝지 않코 잇내요. 부

모가 자식에깨 돈 들어가는 것이 좋은 캐감을 가저본다고 이야기을 할까요. 어머님, 아버지 오늘은 밝은 마음으로 자식과 해여 저씀이다. 아버지 어머님 운이가 앞푸로 3주더 교육을 받아야지 부대 배치가 됀담이다. 그때는 손자놈을 꼭 지키바주세요. 아들 순덕이가 부탁을 하고 잇씀이다.

〈1996년 7월 14일 일요일 날씨 비〉

오전은 후모사 수학을 5짝을 하여는돼 3짝은 용만이을 부쳐보냇는데 2짝은 자신이 미리 말을 하여두어쓰며 다들 부치어쓸 끈돼 2짝은 아무른 말을 하지 않아서 일적 가버리서 다들 김천 상회에 가는 사람이 업쓰서 할 수 업시 그만 자신이 오토바이로 2짝을 실고 김천 원예 조합에 가지고 같뜬이 김천 농협에 보다 아주 적개 밭아다. 상은 18,000원, 하는 4,000원 받아다.

그리고 오늘 기상대는 5mm미리 내린다고 해서 오늘 오후에 포도밭에 약 살포을 하여떠니 바시내이는 맑은 날씨에 약 살포을 하여는돼 당산밭에 포도약을 살포을 하는돼 검은 구름이 모여 들드니 마지막 포도밭 골랑을 잡아서 약 살포을 하는돼 소낙비가 쇼다저고 잇쓰며 오늘은 약을 헌약 친 것은 접어두고도 오늘 오후에 부인과 둘이서 죽두록 일한 것이 더 아깝꾸나. 자신은 포도약을 살표을 하고 나며 비가 자주 온다. 자신은 포도약을 자주 쳐는 이유가 비을 자주 마자서 약효용이 업키 때문에 자주 쳐는 일이 벌어지고 잇다.

수입에 후 5짝 80,000원

〈1996년 7월 15일 월요일 날씨 맑음〉

오전은 후모사을 4짝을 수학을 하여쓰며 자신은 후모사 농사을 잘뭇짓어쓰며 후모사도 금년에는 잘 짓은 사람들은 다들 좋은 금액을 밭고 잇씀이다.

“오후에는 당근씨을 씨뿌림을 하고서 건답 직파논에 피살리을 부인과 둘리서 10마지기을 하고 나니 시간 여유가 좀 잇는돼 손아구심이 업쓰서 더 할래야 할심이 업쓰서 그만 일하는 것을 내일로 미루고 부인과 둘리서 집부로 들어오고 마랐다.”

수입에 … 후모사 4짝 49,000원

〈1996년 7월 16일 화요일 날씨 맑음〉

건답직파 논에 도열병과 문고병, 살충재을 살포을 하여다. 자신은 건답직파 논 10마지기는 도열병 때문에 벼농사 피롱햇따고 생각을 한다. 금년도는 저온 현상 때문에 도열병 때문에 우리 농민들을 생와을 먹이고 잇다. 오늘날까지 도열병으로 이르게 피해을 본적은 업따고 생각을 한다. 자신이 병을 보고 곳바로 약 살포을 하여쓰며 이르게 피해을 보지 않아는돼 너무나 바푼 땃으로 방재약을 소을리 하여서 큰피을 보앗다. 오늘 약 살포는 건답직파 10마지기 이앙기모 3.5돼지기, 13.5돼지기만 2차 도열병약을 살포했다.

오후에는 조합에 가서 사과약을 사와서 사과약 25말 참깨 약 5말을 살포을 하여다. 오늘은 자신이 사과약 처는 것은 상당이 망스리다 약 살포을 하여다. 외냐 하면 자신은 약만 살포을 하고 나면 비가 오고 해서 오늘도 기상대는 소낙이 비가 온다고 해서 상당이 망스리다 약 살포을 하여는돼 좀 흐리드니 참아주어서 천만 다행이며 오늘은 약 살포을 재돼로 잘했따고 생각을 한다. 그리고 오늘은 후무사 4짝 수학함.

수입에 후모사 4짝 51,000원

〈1996년 7월 17일 수요일 날씨 맑음〉

당산에 포도송이가 째저진 것을 빼내고 원이치을 할려고 하니 재돼로 송이가 돼는 것이 30% 될련지 몰게꾸나. 우선 바서 앞푸로 더 째저지 않는다면 별 렴려을 하지 않아도 될것 같다.

오후에는 우리 논에 피살리을 하고서 건답 직파논에 도열병약을 살포을 하고서 좀 낫지 않나하고 가보앗뜬이 점점 더하는 것 같드라. 그래서 마음 아푸며 앞푸로 다들 망해도 안아야 하게꾸나 하는 생각이 들며 자신은 일품벼을 12마지 하여는돼 이것은 다들 망해따고 말을 하고 십꾸나.

그리고 오늘 낮재 운이 한태서 전화가 왔드라. 오늘은 공휴일이라서 운이도 노는 모양이다. 요줌은 날씨가 불규칙스려어서 운이도 운전 교육에 힘이 들게 꾸나. 운아 일기가 불규칙스러울때는 몸조심을 더해야 한다. 늙 건강에 신경을 쓰서 불빛 더위에 몸조심 바란다. 우리 운이가 운전교육을 하로 빨리 끝을 내서 부대 배치을 잘 바다야 하는돼 극정이 크구나.

"요줌 부인이 아푼 대가 더 티어 나오며 아침 잠자리에서 일어나면 안 아푼 돼가 업다고 하니 나로서는 마음속으로 극정이 됀다. 부인이 건강해야 우리 가정이 하목하게 살라가는 돼 정말 극정이 돼 아푸로도 일을 조금 더해야 하는돼 부인 바서는 작업량을 주라야 하는돼 이것이 자신의 결단에 잇는돼 힘이 더는구나."

"자신이 생각을 해도 일이 끝이 업고 일 년내 일이 처밀려잇쓰니 이것은 사람이 할일이 아니라고 생각을 할 때가 만타. 때로는 일이 넘어 만아서 짜증날 때도 잇다. 인간이 시간 여유도 잇쓰야 살라가는 진미도 잇는돼 자신으로서는 너무나 일이 만꾸나. 앞푸로 부인의 동태을 보고서 작업량을 조절을 해야 하게꾸나."

〈1996년 7월 18일 목요일 날씨 맑음〉

우리 운이 요줌 35도가 넘어 올라가는돼 운이 교육에 정말 힘이 들게꾸나. 이 아빠는 오늘 오후는 더어서 일을 할 수가 업쓰서 휴식을 했따고 바야 한다. 운아 오늘도 무사이 교육을 잘받아깨지 날씨가 더울 때는 운이 생각이 나는구나. 운아 더울수록 침착한 하로의 교육을 충실이 받아주기 바란다.

"오늘은 윤봉희 씨의 동생, 윤봉국이가 52세로 교통사고로 오늘 장래식을 하여쓰며 요줌은 교통사고가 너무나 자주 나기 때문에 아로 생활이 정말 부란한 새상을 살라간다고 바야 한다. 오늘 장래식을 하면서도 아주 절먼 사람이라서 아주 예석한 장래식이 될 줄 알라는돼 그러치 안코 아주 나이가 만은 사람이 죽은 것보다 들 쓸뿐 너킴을 받아다."

오늘 오후에는 대신 고물집에 가서 가닥 달라고 빠이프 8개을 개당 3,000원식 해서 25,000원 주고 사왔는돼 자신이 생각을 하기보다 아주 허르며 너무 싸다는 너킴이 들어다. 오늘은 너무 더어서 들래는 가지 않코 빠이프 사온 것을 가닥을 달기 좋투록 용접을 하는 일을 하여쓰며 오늘일은 김천에서 빠이프에 티자 용접을 하여따면 계당 10,000원 주야 하는돼 자신은 오늘 상당이 득을 바타고 생각을 한다.

지출에 … 4인치짜리 빠이프 8개

3매다짜리 25,000원

〈1996년 7월 19일 금요일 날씨 맑음〉

오늘은 부인과 둘리서 식전에 후모사 따로 가서 3짝을 용만 주고서 직파논에 도열병 하는돼 더하는지 궁금해서 들을 한 박기 돌라보니 도열병 한 것이 이재 새순이 나니까 우선보기가 났드라. 새입이 나온 벼을 볼 때 자신의 기분이 좋드라. 진작 새입이 나와드라면 내 마음을 들 아파슬 끈돼 하는 마음이 나의 머리를 쓰쳐 가는구나.

오후에는 뒤들래 가닥을 달기 위해서 기둥자리을 하는 일을 하여쓰며 자신은 가닥을 달라고 생각을 하고도 새멘을 다 하여쓰니 그 당시 기둥자리에 말목이라도 박아두어쓰며 세멘 깨는 일은 업쓸끈돼 세멘을 기둥자리 8개 군돼을 캐는돼 힘이 들어다. 이것만 하여도 다한 기분이구나.

수입에 … 후모사 3짝 62,000원

“과일을 다 따고난 뒤에 가일 값이 올라가면 무엇하나. 요줌은 과일값이 만이들 올라꾸나.”

아푸로 포도 가격이나 조으며 을마나 좋으리만 포도 값은 과잉생산이 돼어서 우리포도는 박폐도 먹이지 않아서 제일 나중에 나며 수고비도 안대는 것이 아닌가 하고 극정이 돼는구나.

우리 운이 운전교육에 고충이 을마나 만을까. 이 불빛더위에 가만이 잇쓰도 등골짝에 불을 붓드시 땀이 흐르고 잇는돼 옻이 군복이 을륙에도 운전석은 열이 치솟는돼 교육을 받는다고 생각을 할 때에 이 아빠의 마음이 더워지는 너킴이 더는구나. 이 날씨가 내 마음을 아푸게 하고 잇다. 요줌 날씨가 불규칙으로 우리 운이 교육을 힘들게 하고 잇쓰서 내 마음이 더 따고 잇다. 오늘도 아무른 일업시 훌련에 임해따고 이 아빠는 생각을 하고 잇다. 운아 건강에 신경을 만이 쓰주기 바란다.

〈1996년 7월 20일 토요일 날씨 맑음〉

두둘래 가닥을 달라고 쇠바이프로 8개을 세와서 골주 공사을 하여두어쓰며 골주 공사을 나무가 모자라서 안전희는 하지 못했다. 가닥을 좀 크게 달라고 하니 나무들이 아주 만이 들어가는구나. 자신은 맷 년 전부터 나무 준비을 상당이 만이 하여두어는돼 그것이 다들 들어가고 스레트 못 박을 자리 두 줄이 모자라드라. 나무준비만 다 돼어잇쓰서며 골주 공사을 안전희 하는근돼 못다한 것이 아쉽구나.

오늘은 종일동안 가닥 다는 준비을 하여다. 그리고 오늘은 토요일이라서 운이 한태 전화가 올 줄 알라는돼 그리고 전화기을 일하는돼 엽패 두고 일을 하여는돼 운이 전화는 오지 않는구나. 운이가 날씨가 무더어서 전화할 기분이 업는값꾸나. 운아 전화시간을 억찌로는 내지 완아도 이 아빠가 이해하여 주겟다.

〈1996년 7월 21일 일요일 날씨 비〉

오늘 오전은 스레트와 평구대 세멘 이것을 살려고 김천 제재소 가니까 일요일이라서 문을 닫아나쓰며 그래 스레트 집에가도 역시 문을 닫아나쓰며 농약방도 닫아나서 자신의 할일을 하나도 못하고 그냥 집부로 돌라오고 마랐다.

“오후에는 들을 한 밖기 돌라보는돼 뭉개구름이 몰려들드니 비가 내리고 잇드라. 비가 오는돼 부인은 포도 든불이 엉킨 것을 풀어서 쎄래단 포도송이가 든불이 업쓰서 이번 빛에 다들 딘 것이 만아서 피해가 만으며 이것을 조금 방지을 해볼려고 부인은 든불을 골고루 펴는 일을 비가 오는돼 할려고 하는 것을 자신이 돼리오고 마랐다. 우리들은 할 일들이 너무 만아서 일을 다 하고 실수는 업따고 본다."

오늘은 운이 전화가 올 줄 알라다. 운이가 일요일은 전화을 주기 때문에 오늘은 온 식구가 기다리고 잊는돼 전화을 주지 않으니 궁금하구나. 무엇 때문에 전화을 주지 않는가 하고 극정이 돼고 잊꾸나.

지출에 … 차비 형수와 둘러가기 때문에 1,440원

〈1996년 7월 22일 월요일 날씨 비〉

오늘오전은 김천 목재소에 가서 평구대을 사고 스레트 세멘 못 다들 가닥다는돼 재로 일채을 오전에 사와서 오후에는 스래트 이는 일을 형님과 부인 셋시가 스레트 잇는 일을 하는돼 힘이 만이 들어다.

오늘 스레트을 다 잇고 보니 작품이 아주 잘돼어쓰며 자신이 보기에도 아주 잘돼어서 신기 할 정도로 말을 하고 십다. 오늘 가닥 다는돼 스레트, 6자 짜리가 15, 7자짜리 15장, 스레터 30장짜리 가닥을 안전희 한 셈이다.

지출에 … 평구대 7자짜리 10개 21,000원 스레트, 7자짜리 19개 스레트 6자 19개 못 6치 4근 (근당 400원) 스레트 5뭉치 세멘 2포 계 151,000원 총금액 172,000원

〈1996년 7월 23일 화요일 날씨 맑음〉

논에 물 돼는 일을 하여 쓰며 경화내 논은 올미때가 너무 만아서 뽑아내는 일을 하여쓰며 이것은 사실 남 문 때문에 뽑는 일을 하여쓰며 오늘 올미때 뽑어면서 땀을 올마나 만이 흙린는지 요줌은 변득스러운 더이 때문에 아무것도 할 수가 업다. 오늘 오후에는 대신분소 가니까 염아가리는 떠려저서 태성이가 아포농협으로 염아가리 사로 간따고 하여서 농협으로 전화을 해서 좀부쳐 달라고 하여서며 자신이 기다리다 이드위에 부쳐 달라고 했찌만 별로 좋은 일이 아닌 것 같아서 윤두희씨가 구미 병원에 간다고 해서 따라 내리가서 태성이 비료 사는돼 같떠니 이미 비료을 조금 실어났드라. 같이 실고 올 때는 경운기로 같이 올라와서 곳바로 들고 가서 가리 비료와 이삭거름을 헌치는 일을 하여다. 지도소에는 이삭거름을 하지말고 가리 거름만 하다고 하는돼 자신은 경화 두 재리에 한 단지 반 포식을 하여서 두단지 1포을 하여두어다. 그리고 가리도 한 단지 반 포을 하여다. 자신은 가리비료을 잘하지 안는 편인돼 금년은 논에 필지마다 다들 할 욕심이다.

그리고 운이 전화가 올 때 가 돼어는돼 전화을 주지 않으니 궁금하기 짝이 업꾸나. 운이가 대구로 오니 개작따고 편지는 하지 않코 전화만 하는돼 전화가 오지 않어니 답답하기 짝이 업꾸나.

그리고 숙모님 자두밭을 자신하여는돼 과일이 업쓰서 올마 하지 못하고 자신으로 바서는 소득업는 일을 1년간 한 셈이다. 내년에는 숙모님 건강이 회복이 돼며 돌려주야 하겠다. 자신도 일이 너무 만으니까 사람만 지치고 별 이득도 업는 일이 돼고 잇다. 오늘 자두 값으로 400,000원 통장에 너어 주어다.

지출에 … 조합에 이차와 이삭거름 3포 55,000원

〈1996년 7월 24일 수요일 날씨 맑음〉

오늘오전은 서무사 3짝을 마지막으로 수학을 끝을 냇다. 금년도 과일수 학량은 적지만 가격이 좋아서 수입금은 작년과 별다름이 업쓸 것으로 내다보고 잇다.

그리고 사과 아우리 수학을 3짝을 수학을 하여쓰며 작년도는 8짝을 수학을 했따고 보는돼 금년도는 8짝을 수학을 못할것 같다.

오후에는 웃들 셋 단지에 염아가리을 헌치는돼 날씨가 더어서 땀은 흙리는 것은 말을 할 것도 너무 더어서 입이 자연적으로 벌어지고 잇쓰며 오후 5시에 작업을 하여는돼 사람이 아주 지칠 때로 지치서 사람이 죽기도 하게구나 하는 너킴이 머리에 자주 쓰쳐 가는구나. 이재는 오후 일을 피하는 것이 건강에 득이 돼는 일이라고 생각을 한다.

요줌 날씨가 입이 벌어지두록 더어서 운이가 어떠게 교육을 어떠게 밭는지 극정이 돼는구나. 집에서도 35도 넘는 더위 때문에 참기야 힘이 들어서 아우성인돼 우리 운이 교육을 밭는다고 생각을 하니 숨이 가빠지는구나. 운아 교육에 힘 더는 줄 이 아빠도 잘알고 잇다. 운아 교육시간도 을마남찌 않아다. 몸조심 하고 힘을 내어서 교육을 무사이 마치주기 바란다.

"인간이 교통이 따를수록 성숙이 돼어가며 열매가 성속이 돼어 갈수록 아물어 저 가드시 인간도 식물이나 다름이 업다. 우리 운이 이재 아주만이 성숙이 돼어따고 이 아빠는 생각을 한다. 운아 남자로 태어나서 군대 같다온 것을 자랑으로 생각을 해야한다. 우리 운이도 대한의 남아라는 것이 틀림이 업다. 운아 몸조심을 항상 하고 교육에 충실희 하여 주기 바란다."

수입에 … 노타리값 30,000원
직파값 977,000원
계 1,007,000원

〈1996년 7월 25일 목요일 날씨 맑음〉

오늘은 복합하물 터미널 푸랑카드을 다시 3개을 하여서 도로에 내걸어 났쓰며 이번에 푸랑카드 광목이 안전 힌색이라서 글자가 맑아서 멀리서 바도 현명하게 잘 보이드라.

오늘도 복합화물 터미널 반대 경비 조달한 것을 오늘 경비가 만이 났따고 본다. 앞푸론 이른 경비을 줄리야 한다고 본다.

오후에는 구동장이 우리 토래[또래]들은 널[늘] 죽은 돼지고기만 먹지 말고 한 차온[차원] 올리서 회집에 가서 한번 먹자고 하여서 운상한 돈 100,000원과 개인 돈 10,000원 식해서 230,000원을 13명이 회집에서 회고기로 지출을 다 하여다. 오늘 등대 회집에서 한 사람에 60,000원 한다고 할 때에 우리 서민들은 회집에 간다는 것은 분수에 맏지 않는 일이라고 생각을 한다.

"우리 운이가 날씨가 더어서 전화도 주지 않코 잇꾸나. 이 아빠도 전화한번 할려면 30분 내지 1시간식 기다리야 한다는 말을 덧고는 피곤한 몸을 전화 할려고 시달리는 시간은 원화지 않으면서도 막상 전화을 주지 않으니 이 아빠가 운이 전화가 기다리어 지고 잇꾸나."

〈1996년 7월 26일 금요일 날씨 맑음, 비〉

자신은 포도 약만 살포을 하면 꼭 비가 온

다. 오늘 오전에 그처름 해말은 날씨가 오후가 돼니 뭉개 구룸이 몰려들드니 소낙비가 짜드라. 잭키고 잇쓰니 자신은 포도약만 쳐며 비가와서 약효염이 업게 말들고 잇쓰서 마음이 아푸구나. 약 철 때마다 비가 오니 약 효력이 업따고 약 살포을 자주하게 됀다. 오늘도 약값은 반절은 버리따고 생각을 한다.
오후는 비오는 바람에 휴식을 하고 마랐다. 할 일들은 만으나 휴식을 하고 잇쓰니 육체적으로는 편하드라.
수입에 직파값 576,000원

〈1996년 7월 28일[20] 토요일 날씨 비〉
벼논에 약 살포을 하여쓰며 기상대에서 한차래 소낙이 비가 온다고 해도 이곳은 한차례하면 안오기 때문에 약 살포을 5섯단지을 하여는돼 요줌은 기상대에서 한차래 온다고 하면 꼭 내리고 잇꾸나. 자신은 오전에 약 살포을 하고서 오후 너깨 비가 와서 마음적으로는 조금 났다. 약효음이 어느 정도가 효력이 잇쓸란지 궁금하구나.
오후에는 직파논에 염가리을 한단지에 반포식 금년도는 논 필지마다 다들 살포을 하여다. 자신의 벼알이 만이 죽는 것 같다서 금년도 필지마다 염아가리을 다들 헌치 두어다. 금년도 일기불순이라서 그른지 도열병이 일품벼에 아주 침하다. 자신은 오늘날까지 도열병으로는 극정을 하여본 적이 업는돼 금년도는 늑들 전역에 일품벼는 다들 도열병이 다들 심각하다.
그리고 강원도 철원은 집중호우로 군대막사에 산사태로 매몰이 돼어서 50여명의 사상사을 냇쓰며 이것은 천재지변이라고 하지만 지휘층의 인재도 포함이 잇따고 생각을 한다. 예야 하면 폭우가 쇼다저면 민간인도 산 밑태 사는 사람들은 조심을 하고 피하는돼 군에서 군막사가 산사태로 매몰됀다는것은 이것은 어느 누가 책임저야 한다고 바야 한다.
"우리 운이가 곳 자재 배치가 돼어야 하는돼 전방에 사고로 인명피해가 너무 만이 났스 우리 운이가 전방으로 팔려가지나 않을까 부적 신경들이 보여지는구나. 우리 운이가 후방으로 잘 떨어저야 하는돼 극정이 크구나."
"아버지 어머님 운이가 일주일 잇쓰며 자재배치을 받는 날임이다. 아버지 어머님이 운이을 잘 보살펴주십요. 아버지의 자식 순덕이는 운이가 전방으로 팔려갈까바 극정이 크담이다. 이것이 부모됀 욕심인가바요. 순덕이는 자식에 일이라면 욕심을 아킴 업시 부리고 십씁이다.
지출에 농약 값 488,400원

〈1996년 7월 29일[21] 일요일 날씨 비〉
오늘 오전은 벼논에 피살리을 하여쓰며 요줌은 벼논에 피살리 하는 사람이 업다고 바야 한다. 논에 피살리을 하지 않는 것은 벼농사기 재미가 업쓰서 벼논에 사람들이 신경을 쓰지 않코 잇다.
오후에는 직파자리에 이삭거름을 하는돼 심중이 생각을 해서 오늘 이삭거름을 하여는돼 좀너지 않을까 하고 극정도 돼며 자신

20) 27일이나 28일로 잘못 기록되어 있다.
21) 28일이나 29일로 잘못 기록되어 있다.

은 서양바실래는 늙 벼이삭이 죽어서 올해는 벼가 노라게 돼잇는 벼을 그대로 둘라고 하다 벼 색갈이 너무나 노래서 오늘 이삭거름 반포을 하여는돼 오히려 그냥 두게 한 것이 더 수학이 대는 것을 이삭거름을 하여서 벼수학을 떠려떠린 것이 아닌가 하고 극정이 만이 돼고 잇다.

"요줌은 저녁노을이 될 무름에는 꼭 비가 오고 잇다. 요줌 약 살포을 하는 사람은 꼭 비을 만나게 돼다."

오늘 운이가 잘 잇따는 전화가 왔드라. 운이가 잘 잇따니 마음이 그리 편하구나. 박병호는 땀티약을 사부치라고 전화을 하고 잇따는 소리을 들어니 우리 운이는 병호보다 생각을 만이 하고 잇따는 것이 절시리 너켜지는구나. 우리 운이 만이 성숙이 돼어꾸나.

운아 자재배치을 받으며 면회을 한번 갈 작정이다. 운아 불더위에 교육에 고생이 만아다. 운아 앞푸로 일주만 받으며 교육은 다 들 끝을 내게 돼는돼 이 아빠는 이시간이 무어라 말을 다할 수 업는 긴 시간이라고 말을 하고 십다. 이 아빠는 앞푸로는 이 지루한 긴 시간은 나외깨는 업키 바란다.22)

〈1996년 7월 29일 월요일 날씨 맑음〉

오늘 오전에는 벼논에 약 살포을 하는돼 불빛더이라서 온몸에 땀은 말할 끄도 업고 마지막논에 6마지기에서는 10시 30분 정도 돼어저는 이려다 약 쳐다 죽깨꾸나 하는 생각이 들며 가슴이 답답하며 죽을 지경인돼도 약은 쳐다 말라고 하니 다음에 쳐야 대는 불편이 따리기 때문에 건강에 무리 인줄 알면서 약 쳐는 일을 계속하게 돼는되 이때 사람이 죽는 일도 버르진다고 본다. 자신도 가슴에다 어름물을 부어니까 조금 낪드라. 운동선수 들이 머리에 물을 붓는 모섭을 테레비전에서 보는돼 이것은 자신이 하여보니 몸에 아주 좋드라. 자신은 오늘 날씨 더어서 난생처음 혼이 났다. 아푸로는 이런 행동은 하지 않캐다. 오늘 일을 도려켜보며 음청난 어리석은 짓을 했따고 생각을 한다. 오후에 5시가 넘어서 자두 딴 따후에 착색약 살포을 하여쓰며 이것은 다해야 3주밖에 돼지 않아서 별감심이 업는 일을 하여다. 그리고 고추밭에 거름을 하는돼 이삭거름용을 반포을 하여다. 그리고 고추밭 김매기 일을 하고나서 참깨 밭에 김매기을 할려고 하니 땀은 비오드시 하고 참깨는 다해야 을마돼지 않을 것 같다서 부인보고 사람 죽는다면서 마자고 하고서 그리고 참깨을 못 먹는 한이 잇쓰도 김매기 작업을 하지 않을 작정이다.

"우리 운이 날씨 더운돼 이 아빠처름 비지땀으로 시간을 싸어가야 하는 자식을 생각을 하니 날씨가 원망스럽고 가을에 가두록 할끈돼 하는 마음이 부적 생각이 더는구나. 운아 날씨을 원망은 하지 말고 건강에 전신경을 쓰야 날씨을 이기는 일다. 사람이 더이에 건강을 상하게 하니 6일 남은 교육을 무사이 잘 받기 바란다."

"인간의 능력으로는 36도가 넘어며 이기내기가 힘이 더니 이때는 휴식을 하고 인간이 활동에 무리가 업쓸 때에 열심희 하면 그대까는 다들 갈다진다고 본다."

---

22) 일기 지면 상단에 '알거름은 이삭이 80% 출수을 한 뒤에 주어야 한다'라고 기록되어있다.

〈1996년 7월 30일 화요일 날씨 맑음〉

오늘은 물류단지 추진 이원 4명이 과천 물류 시설과을 가서 물류단지 추친 가정을 알라보로 같쓰며 도면상에는 우리 마을 농로길 가는 곳이 똑바로 연필선으로 선을 끄어서 변경을 하여 두어드라. 그것 위에는 변다른 점이 업쓰며 그리고 12월에는 착공을 한다는 것은 그진말이고 아직은 정부가 돈이 업따고 말을 하드라. 정부에서 돈이 업쓰서 그르치 정부 돈만 잇따면 내년이라도 시작은 할 것 같드라. 오늘 물류단지 일은 마음이 풀리지 않는 일들이라고 생각을 하며 오늘일은 경비만 내따는 말을 하고 십프며 앞푸 서울 가는 것보다 시청에 가서 시장을 만나서 대화하고 실무자을 만나는 일이 더 우리에게 도음을 주는 일이라고 생각을 한다.

"사람이 앞스서 일도 해야 생각을 하는 범이도 만아질 뿐 아니라 인생에 살라라는 돼 도음 주기 때문에 책임자도 해야 됀다고 생각을 하지만 물류단지 추진 위원장은 정말 신경을 쓰는 책임자라고 생각을 하며 물류단지가 빨리 착공을 한다면 별 문재인돼 그러치 않코 시간만 질질 끌고 잇쓰며 이것은 1년이 갈련지 2년이 갈련지 개약이 업는 일이라 더 사람의 힘을 빼고 잇다. 나중가면 지치서 물류단지 일래 큰의미도 업개 만들고 잇는 국책사업의 작전이 아닌가 하는 생각까지 들고 잇다.

지출에 … 공금 경비을 만이 내지 않코
개인풀리로 30,000원 냇다.
자신원 5,000원 더 쓰따고
본다.

〈1996년 7월 31일 목{수}요일 날씨 맑음〉

오전은 사과나무 약을 조합에서 사과나무 약을 사와서 사과 약을 살포을 하여쓰며 이번에는 사과 약 25말용으로 재발 약 살포을 한셈이다.

그리고 오후에는 바시내이 포도밭에 잡초약 20말약으로 조금 적드라. 그리고 오후 5시 돼어서 일하로 가니까 일을 할 시간이 업쓰서 오늘일도 시간이 업쓰서 재초약도 다 못쳐고 날이 어더어서 내일로 미루고 집에 들어오고 마랐다.

"우리 운이 요줌 날씨가 불빛더위가 아니라 아주 폭음이라고 말을 하고 십꾸나. 이 아빠는 낮재는 더위 때문에 쉬고 잇는돼 우리 운이는 낮재도 교육을 받고 잇는지 궁금하기 짝이 업꾸나. 앞푸로 3일만 교육을 받으면 자재 배치을 받으며 교육 때보다는 생활하기가 났깨찌. 앞푸로 3일은 정말 빨리 같쓰며 한다."

〈1996년 8월 1일 금{목}요일 날씨 맑음〉

오늘은 포도밭 작과나무 밭에 제초재 약을 살포을 하여쓰며 오늘은 종일동안 잡초약을 살포을 하여다. 이변에 잡초약 살포면적은 16마지기 약을 살포을 하여다. 금년도는 잡초약을 만이 사용을 한 셈이다. 우리 운이가 오늘 저녁에는 꿈을 잘 꾸어야 한다고 생각을 한다. 외냐하면 내일은 우리 운이 자재 배치을 한다고 하면 본인도 어디로 배치을 받아는지 알수가 잇따고 하니 우리 운이 오늘밤에는 꿈을 잘 꾸어서 조은 곳에 배치가 돼어야 하는돼 오늘은 자신의 마음이 안정이 돼지 않코 불안하구나.

"운아 오늘까지 오기에 정말 수고가 만아다. 요줌은 운이 마음이 불안하게지. 운아 어디을 가든 운이가 군복무에 성심껏 한다면 군 생활은 어디가든 생활에는 다 같다고 바야 한다. 이재는 명만 잘바다 주기 바랄 뿐이다."

"어머님, 운이가 내일이면 26개월 동안 살 곳이 결정이 돼는 날이라고 합니다. 아버지 어머님이 좋은 곳으로 가구로 도와 주십요. 순덕이는 아버지 어머님만은 밑고 잇씀이다. 도와주십요."

지출에 … 염가리 1포 바시내이 사용
크라목손약 500CC 4병
14,600원

〈1996년 8월 2일 금요일 날씨 맑음〉

요줌은 폭음이 계속돼는구나. 요줌 날씨 온도가 대구지방에 38도식 올라가고 잇는 실정이니 해필이며 우리 운이 이는 곳이 수원주가 올라간단 말인가. 내 아들 더어서 큰 고통을 당하고 잇따는 생각을 할 때에 숨이 갑파지고 잇쓰며 자신도 군대생활을 하고 잇는 고충 이상 정신적으로 고통을 주고 잇다.

오늘은 우리 운이 팔리 가는 곳이 결정 대는 날이라고 한다. 오늘은 이 아빠가 전화 벨소리만 기다리쓰며 전화 소리가 올 때마다 우리 운이 전화다 하면서 빨리 밭다 밭쓰며 올 때마다 운이 전화가 아니라서 실망을 하여쓰며 한번 친구가 전화을 하는돼 말을 허리게 내라 해서 운이가 하니까 아니며 친구드라. 오늘은 집에서 운이 전화을 기다리면서 시간을 다보내쓰며 혜영이도 운이 전화 아난너야고 하면서 전화을 주곤 하며 온 식구가 운이 전화만 기다리고 잇는 실정이다. 운아 오늘은 바빠서 전화을 못했드라도 내일은 운이가 전화하기가 고충이 잇드라도 전화을 주기 바란다. 오늘은 사실 아빠도 무선 일래 집중이 돼지 않코 우리 운이 어디로 갈까 하고 멍한 극정만 하고 잇단다. 내일은 꼭 전화을 주기 바란다. 기다리고 잇깨다.

오늘은 외성보에서 대신보아구지에 수초작업을 하여쓰며 그리고 바시내이 쌔래단 포도나무에 황산가리을 헌치고 오후에는 당산포도 나무에 약 살포을 하여다. 올해는 포도나무에 약쳐는 회수가 아주 만타고 생각을 한다.

〈1996년 8월 3일 토요일 날씨 맑음〉

오늘오전은 바시내 쌔래단 포도나무에 약 살포을 하여쓰며 올해는 자신도 포도나무에 박패[박피]을 먹일라고 시도을 하여는돼 남들이 포도나무 박패을 잘못하면 나무을 다들 죽인다고 해서 급이 나서 박패을 시범으로 5포기만 박패을 너어서 다들 잘살면 내년에 박패을 전체적으로 박패을 할려고 시범으로 5섯포 기만 하여다. 이것이 자신으로는 큰 행운 다라따고 생각을 한다. 우리 마을에도 박패을 하면 사람은 맷치는 포도나무가 다들 죽어가고 잇쓰며 박명섭이는 20포기 이상 죽어따고 하면 윤천희 씨는 음청나게 죽어 잇드라. 자신이 밭을 견학을 하여뜬이 깜짝 놀랄 정도로 죽어가고 잇쓰며 그것도 포도 색갈이 나면서 죽어가는 포도 보니 보는 사람의 마음도 안타가운돼 본인은 가슴 아픈 것이야 말로 다할 수 잇깨나. 금년도 박패는 일기분{순}으로 여기뿐만 아니라 다른 곳도 포도나무 죽는다고 아우성을 친다고 하드라.

"자신은 박패을 너을라고 결심을 하여다가 나무 죽인다고 내년으로 포기을 하여는돼 남들은 급어지 다들 박패을 너는 것을 볼 때는 자신이 박패을 못한 것을 원망을 하여

왔는돼 이재 와서 박패한 포도나무가 죽어 가고 잇는 것을 볼 때에 자신은 행운아라고 생각을 한다. 포도 박패을 해서 죽는다고 생각을 할 때에 수학기간이 3년 이상 뒤떠려 진다고 볼 때에 박패을 너어서 돈원 더 할려고 하다 돈도 못하고 나무만 죽이고 잇쓰니 이것은 양쪽으로 손실이 따린다."

아버지 어머님 운이가 대구에 떨어젓따고 합미다. 운이는 야공단 일한 곳이라고 불만을 하지만 순덕이는 잘돼여따고 생각을 합니다. 나 자신도 먼 곳에 떨어저면 신경이 쓰저는 것이 당연하면 일을 한다고 해도 군대가 을마나 하게쓰며 대구에 잇쓰며 집에 오기도 좀 편하지 않깨 씀이까. 운이는 나쁜 곳이라고 원망을 해도 자신은 잘돼서따고 생각을 하며 아버지, 어머님 운이가 배치 돼어쓰니 학실한 주소가 오게 돼며 부인과 둘리서 아들 보로 갈람이다. 그리고 운이가 무름이 아푸다고 해서 을마나 아픈지 극정이며 주소가 오는 돼로 시간을 내서 면회을 할 작{정}입니다.

우리 운이 불빛더위에 교육과정을 마치너라고 정말 수고가 만아다. 자재 배치을 하고 보면 수랄 때가 더 만타. 아무조록 재대하는 날까지 건강에 신경을 쓰주기 바란다.

오후에는 무지파 김매기을 하는돼 더어서 못하게따는 소리가 절로 나는구나. 요줌은 오후 5기가 넘어서 일을 하로 가도 더어서 일을 할 수가 업꾸나.

〈1996년 8월 4일 일요일 날씨 맑음〉

오늘은 고추에 살충재을 살포을 하고 피자두에 착색약 살포을 하여쓰며 금년도는 고추에 약을 살포을 해서 그른지 고추을 버리는 것이 업쓰며 고추 품질이 좋은 것 같드라.

오후에는 벼논에 물을 될라고 같뜬이 물은 내리오지 않으며 벼논에 물은 돼지 못하고 보뚝에 풀 깍는 일만 하고 마랐다. 금년도 벼을 볼 때에 다들 거름 량이 적은 너킴이 들며 들 전체가 노라타고 본다. 벼들이 이만 때가 돼며 검은 필자들이 만이 보이는돼 금년도는 벼들이 거름 량이 적어 보이며 다들 벼 작항이 아주 좋다고 본다. 그리고 금년도 벼을 볼 때에 거름 량이 만원 것은 대풍작이 돼리라고 본다. 그리고 금년도 벼농사는 앞푸로 날씨만 잘해준다면 풍년을 기약을 할 수가 잇따고 생각을 한다.

"우리 운이가 자재에 배치가 돼니까 더 열락을 줄 수가 업나보다. 이 아빠는 운이가 전화을 줄 줄 알고 전화을 기다리고 잇쓴는돼 전화는 오지 않으니 마음이 더 타는구나. 운이 말로는 재일 날번 돼 간다고 이야기을 하든돼 정말 그른 곳인지 아이들에깨 원조을 났쓰 아들 급 줄라고 이야기을 한 것인지 궁금하기 짝이 업꾸나. 이 아빠는 대구에 잇따는 것만도 전방보다 낱지 않을까하고 생각을 할 때는 한편으로 마음이 안정이 돼다가도 야공단이라고 하니 26개월 동안 삽질하다 재대을 하는 곳이 아닌가 하고 사실 급도 난다."

〈1996년 8월 5일 월요일 날씨 맑음〉

오늘은 남외 두룸에 풀 깍는 일을 하여쓰며 자신도 벼 한골 안먹으며 돼지만 남들의 눈을바서 내두룸도 아니지만 그대로 두 개 돼며 나 자신도 벼 두골은 수학량이 떨어지기 때문에 원망을 하면서 자신이 남외 두룸 깍는돼 비지땀을 흙리곤 해서 짜증내는 일을 하여다.

"오늘도 운이 전화을 기다리고 하여는돼 운이 전화는 해가 저고 이 밤이 저물어도 전화는 오지 않코 잇꾸나. 운이가 재일 쫄병이라서 전화 시간의 여유도 업깨지. 운이 전화을 주지 못하고 잇는 것을 보니 우리 군 생활이나 요줌 군 생활도 별다름 업다는 것을 너켜다."

〈1996년 8월 6일 화요일 날씨 맑음〉

오늘은 물류단지 대처 방법에서 우리 동네 총회을 정자나무 밑태서 토론회을 열려받는돼 신통한 방법도 업고 자신이 물류단지는 국책 사업이라서 우리주민이 결사 반대을 해도 막지 못하니까 물류단지는 수용해주고 우리가 선을 크어서 마을 건접에서 한 발자욱이라도 물러내는 일이 동마을 바서 할 일이라면서 건유을 사실한 셈이다. 동민들도 물류단지가 결사반대을 해도 들어온다면 마을 피해을 주리는 것이 마을 바서 큰일라면서 따라오드라.

우리 주민이 여때것 결사 반대을 해도 중앙에서는 주민의 의사는 무러보지 않코 설계 작업을 실시하고 잇쓰니 우리가 물류단지을 조금이라도 밀어내는 것이 잘하는 일이라고 생각을 하고 십다. 오늘 총회에서 물류단지을 수용을 하고 들로 가는 농로길 살리고 대화산업 살리는 선에서 사실 결정을 받다. 우리주민 수용해주고 우리들 안대로 정부에서 바다 줄란지 의문이 사실 됀다. 만약 우리가 원하는 선으로 대지 않는다면 결사반대 쪽이 더 날찌 모르는 일들이라는 생각도 일부 들어간다.

"여화튼 우리 주민은 마을에 피해을 주리 방법을 택하고 마랐다. 이재는 자신도 한 가지 길이 선정이 돼어쓰니 일하기가 좀 났찌 않나 하고 내다본다."

〈1996년 8월 7일 수요일 날씨 맑음〉

오늘은 포도 약 살포을 함. 오늘 약은 살충재와 마이신 약을 살포을 하여다. 마이신은 포도알이 떠지는 것을 막는다고 해서 약 살포을 하여는돼 효음이 을마나 날련지 모르게꾸나.

오후에는 고추와 참깨 약을 살포을 하여쓰며 요줌 바서는 참깨가 좀 나지는 것 같다.

오늘은 운이가 전화가 왔드라. 운이가 벌서 자재 배치가 돼어는 줄 알라는돼 여때것 대기하여따면서 오늘 대구 강항 엽패로 배치됀다고 하는 것을 보니 우리 운이가 대구로 오는 것을 보니 배치는 잘돼는 너킴이 들며 우리 운이 재발 좋은 돼 배치 돼어쓰며 정말 좋게다. 우리 운이가 한 번 더 전화을 주어야지 안전이 마음이 풀리지 아직까지 궁금하기 짝이 업꾸나. 운아 배치 대는 돼로 전화을 주기 바란다.

〈1996년 8월 8일 목요일 날씨 맑음〉

직파논에 물돼는 돼 화발치[풀이 무성한 땅]라서 힘이 상당이 힘이 들어다. 도랑에 수초 작업을 안 해서 물돼는되 힘이 말을 할 수도 업고 10마지기 물돼는돼 이뜰 동안 작업을 해서 겨우 다 돼어다. 화발치 농사 힘이 들어 못짓깨드라. 이것도 밤에 물을 돼어야 물을 될 수가 잇쓰니 모든 일들이 악족끈이라고 말을 하고 십다.

운이가 아직도 대기 상태라니 대기하는 본인들은 심적인 고통이 말로 다할 수 잇쓰리.

〈1996년 8월 9일 금요일 날씨 맑음〉

오늘도 물 돼는 일로 하로 일가 들이라고

말을 하고 십다. 그리고 우리 운이가 월요일날 자재 배치 댄다고 말을 하고 잇쓰니 부모로서는 빨리 자재 배치을 했쓰면 좋깨따는 생각을 한다. 자신은 3,4일이 이처름 긴 시간이라는 것을 느켜보지 않코는 아무도 알라줄 수가 업따고 본다.

〈1996년 8월 10일 토요일 날씨 맑음〉

논에 물 댄다고 밤잠을 자지 못해서 오늘 오전은 자신도 모르게 아침밥을 먹고 거실래 누어따가 그대로 잠이 들어서 오전 10시가 돼두록 잠을 자고 마랐다. 부인도 들래가면서 남편이 잘자고 잇쓰서 현관문도 가만이 열고 들래같다고 하드라. 자신이 일어나보니 오전 10시가 돼어서 대신분소가서 농약을 사와야 오후에 벼논에 약 살포을 할려고 개핵을 새와서 오전은 약사 오는 것으로 오전 일가을 다 했다.

오후에는 벼논에 이화명충, 문고병, 도열병, 3가지와 혼용을 해서 약 살포을 하여다. 오늘 오후에 약 살포 면적은 건답 직파논 10마지기 살포만 하여다.

“다들 포도 따낸다고 야단이며 심지어 박패하고 꼬장이 비누루 씬 사람들은 그진 포도을 다들 따냇따고 하는돼 우리는 아직도 포도송이가 새파라게 잇는돼 원재 시장에 출라을 할까 외관장이 다타고 잇다. 아직도 포도송이에 약처리 하지 않코 포도가 정식으로 익어서 시장 출하을 할려면 8.15日 돼어야 포도가 나올 것 같터며 이때 돼며 포도 금은 다들 하락새가 돼고 잇쓰니 생각을 할수록 기가 찬다. 포도에 약품처리 해서 억찌로 익카서 시장에 출하한것은 돈을 만이 주고 포도나무에서 정식으로 익카서 출하한 포도는 똥금으로 쳐주니 생각을 할수록 기가 찬다.

〈1996년 8월 11일 일요일 날씨 맑음〉

오전에는 벼논에 이화명충 문고병, 도열병이 셋 가지의 방재약을 살포을 하여쓰며 일품벼 필지는 벼들이 막 출수을 하고 잇쓰며 화남벼는 아직을 출수을 할려고 준비 중에 잇다고 말을 하고 십꾸나.

오후에는 우리들의 형재들이 한 사람도 빠지는 사람업시 우리 집에서 개, 복땜을 하여쓰며 우리 육남 매가 한자리에서 모여서 개고기 못 먹는 사람들 닭개장을 들고 그 남어지는 개고기로 복땜을 하는돼 잘했따고 생각을 하며 오늘 조카사위, 사촌 딸 우리 육남매 부인까지 동원을 다 했쓰니 큰잔치 집이 돼고 마랐다. 주선은 김천 순달이가 하고 개고기 값은 자신이 110,000원 전액을 다하고 형님, 닭 2바리, 순달이가 닭 3바리 하여쓰며 오늘 고기는 두번 먹을 것은 업고 한번은 아주 만족하게 먹어쓰며 오늘은 일요일이고 말복이라서 한자리에서 복땜과 우정을 다지는 시간이 돼어따고 생각을 한다. 앞푸로도 한해에 한 번식 이른 자리을 마련을 할려고 생각을 한다.

오늘 운이가 전화가 왔드라. 운이가 월요일날 대구 공항 엽푸로 간다고 전화가 왔드라. 이 아빠는 자재 배추을 빨리 밭다야 하는돼 운이가 간다고 하면서 대기을 하고 잇는 것이 불안한 시간이 돼고 잇다. 오늘이 빨리 가서 운이가 배치 됀 부대에서 전화을 주는 것이 나의 소원이라고 말을 하고 십다.

지출에 … 형재들과 복땜으로 개고기값 110,000원

〈1996년 8월 12일 월요일 날씨 맑음〉

오늘오전으로서 벼논에 약 살포을 한 번식 다한 셈이다. 금년도는 벼논에 포도밭에 할 것 업 약 살포 회주는 삼배 이상 됀다고 바야 한다.

오후에는 포도 착색약을 살포을 하여쓰며 부인과 둘리서 약량 5패을 살포을 하는돼 이약량으로는 7곱을 체 못하여다. 그리고 남들은 포도 박패 미고 착색약을 살포을 하여서 그진 출하을 다 해가는돼 자신은 아직도 못따고 잇쓰니 진신경이 다 쓰이고 잇꾸나.

오늘은 우리 운이 자재에 배치돼는 날이며 재발, 수란돼 배치을 받아야 하는돼 전신경이 다쓰이고 잇꾸나.

지출에 바리문 2병 500CC짜리 6,620원

〈1996년 8월 13일 화요일 날씨 맑음〉

오늘 오전은 포도 첫 수학을 하여쓰며 남들은 그진 다들 따가는돼 자신은 처음 3상자을 수학을 해서 김천 농협에 출하을 하여보니 상자 당 14,000원 받다쓰며 이 금액은 작년도 금액을 본다면 10,000원 차이금이 생기며 자신은 작년도 보다 농사을 잘지 어찌만 가격으로 본다면 작년도 금액 반은 좀 더하지 안을까 하고 본다. 이 금액은 땀의 대가도 대지 않는다고 보며 앞푸로 포도금액이 좀 올라가야 돼지 않나하고 기대을 하여본다.

오늘은 정한수가 43세로 이세상을 터나쓰며 이 사람은 병으로 고생을 하여찌만 술로 죽어따고 보며 술을 주라따면 이려깨 십게 죽지는 안는다고 보는돼 몸 갈리 부족으로 절먼 사람이 죽어가는 것을 보니 마음이 그리 않대꾸나. 오늘 오후에는 상가집에서 시간을 보냇다.

수입에 … 포도 3상자 38,860원

〈1996년 8월 14일 수요일 날씨 흐림〉

오늘은 정한수 장래식을 하기 때문에 우리 부부는 세벽밥을 먹고서 포도 따로 갈쓰며 포도밭을 한 박키 돌라서 익은것을 장래식하로 가기 전에 다 따볼라고 생각을 했는돼 시간이 모자라서 반 정도 밖에 못따고 마랐다. 수학한 포도 선별은 부인한돼 막키고 자신은 장래식에 참석을 하여쓰며 아주 절먼 사람의 장래식이라 예석함이 보이며 자식들도 자기 아버지가 죽어따는 것을 몬 너키는 감이 엽보이는구나. 여화튼 절먼 사람의 죽음이라서 인간의 삶매 길이 허망하다는 너킴을 난겨주어다.

오후에는 자신이 굼도랑에 수초작업을 하자고 해서 오늘 외성보에서 수초 작업을 오늘 오후에 하여다.

오늘은 운이 전화을 기다리보앗다. 자신은 전화벨만 울리면 우리 전화라면서 빨리 받다보라고 소리을 처곤 한다. 이번에 운이 전화가 한 번 오면 학실리 거처을 알 수가 잇다.

수입에 … 포도 12짝

〈1996년 8월 15일 목요일 날씨 맑음〉

부인은 포도 수학을 하고 자신은 포도 이랑에 물 돼는 일을 오전 내 하여다. 오후에는 의성보에서 전도랑 수초작업을 하여다. 그래도 한번 더해야 수초작업이 끝이 날 것 같다. 오늘 부인이 포도 수학한 짝수는 17짝 수학을 하여다.

우리 운이가 전화 할 시간도 업는가 전화을 주지 않으니 그리 궁금하다. 운이가 전화을 준다면 이재 학실이 부대 명을 알 수 잇쓸끈돼 운이 이 아빠가 답답한 마음이 살라저지 않코 잇다. 이것이 운이가 전화을 준다면 다들 해소가 될 것 같꾸나. 운이 피곤할 줄은 알지만 전화을 할려고 노력을 한다면 시간이 다 나게 마련다. 운아 벨소리만 들리면 우리 운이다 하고 외치고 잇딴다. 그른돼 벨소리가 운이 목소리가 나지 않으면 그리 허전하기 짝이 업딴다. 운아 전화을 주기 바란다.
포도 수학 17짝.

〈1996년 8월 16일 금요일 날씨 맑음〉
오늘 포도 34짝 수학을 한 것을 용만 차로 농협 청과에 따라 같쓰며 청과에도 포도 물량이 아주 적드라. 그래서 오늘도 좋은 값을 바들 것으로 보고 마음의 한곳은 편한 감이 잇드라. 자신은 포도을 내면서 늘 바른 돼로 살라가는 사람이 늘 손애을 보고 살라가는 것이 인간의 세상이라고 원망을 해왔는돼 금년에는 인간의 인생 살라도 바르게 살며 득이 돼다는 것을 금년도는 너킬 수가 잇꾸나. 올해는 박페 하지 않코 자연 거대로 포도송이을 익훈 사람들이 재값을 받고 잇쓰며 요 시새로 유지 해준다면 더 바라지 않캐다.
오늘 34짝 짝당 19,000원
오후에는 사과나무 약 살포을 하여쓰며 그리고 바시내이 쌔래단 나무에 약 살포을 하여다. 쌔래단 포도에 숙기가 오고 잇드라. 이것을 보니 캄벨포도 수학을 끝을 내개 돼며 곳바로 쌔래단 포도도 수학이 될 것으로 내다보고 잇다.
포도 수학 34짝 수입금 570,940원

〈1996년 8월 21일 수요일 날씨 비〉
오늘까지 포도수학을 해서 전라도 상인이 우리 마을에 포도 사로 들어오는 사람 한태 물건 전채을 주어다. 하로가 넘어 갈 때마다 천원 식 내리고 오늘은 이천 원이 내리서 물건을 안줄라고 하다 할 수 업시 12,000원 해서 물건을 다 실어주어는돼 형님이 오시서 김천시세가 좋타면서 동국이가 12,000, 12,000, 5,000원 이래 받아따면서 계산서을 보여주드라. 그래서 상인한태 이르면 너무 서운하니 짝당 1,000원 식만 더 달라고 해서 40,000원 더 받아다. 내가 볼 때는 사람이 좋아서 거래을 했떠니 자신이 생각을 한 것 처름 좋은 사람은 못돼는 것 같다. 상이도 남아야지만 하지만 우리 생산자도 피해는 주지 않아 하지. 요줌에는 우리가 시간이 업쓰서 안저서 물건을 낼 때는 우리도 김천 상회에서 수수료와 운임과 이름 값들은 다들 감소을 하고 잇다. 그른돼 상인들은 그러치 않코 잇다.
오늘은 형님이 계산서 들고 오는 바람에 40,000원 더 받아쓰며 그리고 자신의 물건이 재일 좋다고 상인이 자신의 물건을 재일 먼저 차에 일고 남외 물건 흥정을 하곤 한다.
우리는 마음에 들지 않는 행동을 하면 곳바로 기대을 하지 않는 성격이다. 그래서 자신은 이재 물건을 주지 않캐따고 이야기을 하였다. 이분은 동네 사람을 한분 잡아야지 우리도 장사을 한다면서 그래을 하여 보자고 하드라.
그른돼 저녁때가 돼어서 남들 계산서을 보니까 자신은 오늘 물건 값은 잘 받아따고 생각을 한다.
"이번에 부인이 대단한 사람이라는 것을 발

견을 하여다. 외냐하면 하로 종일 포도 수학을 한것을 저녁에 밤1시 돼두록 선별 작업을 하는돼 자신은 죽어도 못하게드라. 그른돼 부인은 이것을 해내고 잇쓰니 정말 대단하다는 것을 발견을 하여쓰며 정말 부인을 하늘같이 모시 주어야지 하는 생각이 들며 자신은 부인을 본다면 생활력이 아주 떨어진다는 생각이 들며 마음속으로는 아주 미안하게 생각을 한다. 내부인 정말 좋은 사람이다. 자신은 밤잠을 자게 하고 부인은 밤이 세두록 선별 작업을 다 했놓고 잠자리에 들어오며 자신은 잠을 자든 말든 불평하는 것은 오늘까지 살라오면서 한마디 하지 않코 잇쓰며 늙 아빠가 나보다 더 뒤다면서 미안하게 말을 하는 것을 볼 때 내 한업시 좋은 사람이라는 것을 이번에 다시 그 참뜻을 너켜다."

"여보 늙 부인의 고마움을 다 못해드리고 잇는 남편 마음속 깊이 미안따는 맘이 박혀 잇쏘. 여보 내 마음은 존경하고 사랑을 다 준 다해도 부인의 고마음을 다 갑지 못한다고 생각을 하고 잇소. 부인 남편의 부족은 여보의 늙번 가슴으로 감싸주기 바라오."

오늘은 비 때문에 포도 수학을 을못하고 45짝 선별하고 남어지 28개는 선별 작업을 못했서 상인을 주지 않아다.

수입에 포도 45짝 550,000원

지출에 포도송이 한묵끔에 10,000원

〈1996년 8월 22일 목요일 날씨 맑음〉

어재 전라도 상인외께 거래을 쭉해오다가 어재 물건 값을 적게 주는 것 같다서 오늘은 못오게 하여뜬이 당장 번거러운 일이 벌어지는구나. 오늘 포도을 수학을 해서 포도 30짝을 선별을 하여 주어는돼 이것을 가지고 남외 차을 부를라고 하니 운님 때문에 미안한 감 때문에 여르 사람의 짐을 맡추게 돼어 쓰며 여르 사람을 마추다 보니 물건이 147짝을 모두게 돼어쓰며 이것을 농협 청과에 가지고 가서 입찰을 보고 잇는돼 상인 한사람이 오드니 내 물건을 속을 디저놓뜨라. 그래서 오늘은 기분이 상하드라. 그른돼 남외 물건을 뒤접어 놋는 것은 좋은돼 그대로 가드라. 그래서 상인을 불어서 파보는 것은 좋은돼 당신 물건 원이치로 해노라고 하여뜬이 이것이 욕설을 하드라. 그래에서 서로가 원성을 높이서 싸우게 돼어다. 자신이 속이 상해도 물건을 원이치로 하여 두어쓰며 물건 값은 재돼로 밭는돼 그만 싸우고 물건을 그대로 두어떠니 자신의 물건 값만 손예을 보고 마랐다. 오늘 자신은 짝당 2,000원 손애가 났따고 생각을 하며 자신의 물건보다 적개 밭는 것이 13,000 밭아는돼 자신은 11,000원 밭아쓰니 실속으로 손외을 상당이 만이 밭따고 생각을 하며 오늘 처음부터 재수가 업쓰서 물건을 원예 조합으로 가지고 올라고 생각을 만이 하여는돼 한 번 온길라고 하며 자신의 차가 아니기 때문에 번거러운 일이 넘어 만아서 오늘은 재수가 업는 날이라면서 물건을 그냥 주고 마랐다.

수입에 포도 30짝에 280,000원

〈1996년 8월 23일 금요일 날씨 맑음〉

오늘은 물건을 수라게 팔랐다. 외냐 하면 어재 저녁에 전라도 상인한태 전화을 하여다. 자신이 못오게 하여따고 정말 안오며 어떠게 하느냐고 하면서 자신이 잘못 하여쓰니 내년에는 서로 거래을 하여보자면서 이야기을 하여뜬이 오늘 물건이 을마나 돼느냐고 하드니 66짝 이라고 하니 당장 올라고 하드라.
그래서 오늘은 자신이 수라게 물건을 팔라다. 우리는 김천을 갈 시간도 업고 사실 주선을 해서 김천을 가지고 가니까 일은 일돼로 못하고 물건을 실어주야지 돈원을 차저서 집집마다 갈다 주야지 돈외 신경을 쓰야지 다들 불편하드라. 그래서 조금 손애가 가드라도 집외서 파니까 편하드라. 그래서 오늘은 집외서 물건을 주고 마랐다.
수입에 포도 66짝 짝당 11,000원
계 677,000원

〈1996년 8월 24일 토요일 날씨 맑음〉
오늘도 우리 부부는 포도 수학을 하고 오후에는 딸 두리가 도와주어서 좀 수레다. 그리고 포도 수학 하는돼 고부시에 딸두리 도와주어서 포도 수학을 그른돼로 수라게 한 셈이다.
오늘은 56짝 밖에 못했다.
그리고 오늘은 부인한태 너무 했다. 부인이 상인이 잇는돼 오늘 타면 업따고 이야기을 해서 자신은 100짝은 돼지 않캐나 하고 잇는돼 부인이 재치 업시 말을 한다고 꾸중을 주어 떠니 그른 말을 해서 어뜬야고 하는돼 성질이 솟긋치트라. 그래서 멸치 봉지로 부인 얼굴 마전 모양이드라. 그래서 한바탕 싸우고 마랐다.
자신은 참을성이 업쓰서 부인과 자주 다투는 편이다. 추라벌이 잇쓸 때마다 가만이 생각을 한다면 자신이 참아 주어 쓰며 이른 불상사가 업쓸끈돼 늙 후회을 하고 잇딴다.
"오늘은 부인은 죽두록 하는돼 자신이 서운하게 하여서 속이 을마나 상했쓸까. 그리고 밤잠을 안자고 선별 작업을 하는 부인을 조금 이해을 못해 주는 자신은 정말 마음이 넒지 못한 남편이라고 생각을 한다. 부인 미안하다. 조금식 마음을 키어가는 남편이 돼어보리다."
포도수학 56짝 580,000원

〈1996년 8월 25일 일요일 날씨 맑음〉
오늘로서 사실상 포도 수학이 끝이 났따고 바야 한다. 이재 남은 포도는 선물이나 하고 이웃에 나누어 먹어야 돼며 금년도 포도 수학은 560짝 수학을 했쓰며 이것은 한 단지 포도량으로 볼 때는 너무 만원 량이라고 생각을 한다. 내년에는 400짝 량으로 주리서 수학을 해야 오른 값을 바들 것으로 생각을 하기 때문에 내년에 수량을 주려는돼 전력을 다해야 할것 같다. 오늘 포도수학 53짝으로 금년도 포도 수학을 끝으로 생각을 한다.
내부인 포도 수학을 해서 밤어로 선별 작업을 하느라고 고생을 만이 하여따고 생각을 한다. 부인이 아니라면 포도 수학을 이처름 깔끔하게 매조지지 못할 뿐 아니라 포도 허실이 만을 끈돼 허실이라곤 한송 이도 업시 망우리을 잘했따고 생각을 한다. 이번에 부인은 상당이 무리한 일을 했따고 생각을 한다. 자신은 부인을 하늘 같이 바뜰어 주어야 하는돼 나는 그러치 않코 잇는 것이 마음 속으로 미안하며 속 다르고 겉 다른 사람이 자신이라고 말을 하고 십다. 앞푸로는 부인을 소중희 다라주어야 하며 앞푸로 자신의 거친 행동은 자재을 해가면서 살라가야 하겠다.
"오늘은 우리 운이 전화을 쫄 줄 알라는돼 전화을 주지 않코 잇꾸나. 우리 운이가 아주 고대게 매인 것이 아닌가 하고 극정이 돼고 잇다. 우리 군대 생활할 때는 전화가 업쓰서 그려치만 요줌은 전화할 때가 만타고 생각을 하여는돼 요줌도 우리군대 생활과 별다름이 업는 모양인갑다."
포도수학 … 53짝 54,700원

〈1996년 8월 26일 월요일 날씨 비〉
오늘은 배추, 무우 씨뿌림을 하여쓰며 자신은 늙 무우 해주는 남 먼재 씨뿌림을 하는돼 올해는 남들보다 무우 배추 씨뿌림이 2털이 너저따고 생각을 한다.
"요줌 바서는 벼들이 절시을 하고 잇는돼 비을 바랄 때는 아니지만 밭작물 바서는 비가 와야 한다. 그러치 않으며 밭곡석은 수학을 할 수주가 업키 때문에 이번 비로 밭곡석은 해갈을 면할 수 잇두록 와야 한다고 생각을 한다."
오늘은 우리 부부가 휴식을 하여다. 비가 오지 완아따면 피곤한 몸이라도 일을 해야 하는돼 가랑비라도 오니까 우리부부는 휴식을 할 수가 잇쓰다.
"전직 대통령 공판 판정이 전두환은 사형, 노태우 대통령은 22年 6개월이 판정이 돼어쓰며 이분들의 부정도 잇찌만 나라의 발전하 는돼 기본이 돼어따고 생각을 하며 이분들 정권을 잡아서 정치을 할 때는 불안감 업시 국민이 재일 안전하게 살라와따고 생각을 하는돼 이분들 중형을 주는 것은 정치보복이라고 말을 하고 십다."

〈1996년 8월 27일 화요일 날씨 비〉
오늘은 서양바실 도량에 수초 작업을 하여쓰며 오늘 수초작업을 자신이 임사 한태 건유을 해서 수초 작업을 하여다. 오늘 도량에 수초작업을 하고 나서 건답직파논 10마지기 논에 장관 물을 다돼어서 속이 다들 시원 하드라. 수초 작업을 하기 전에는 물 됀다고 띠어다니도 물이 내리오지 않아서 물을 돼고 마랐는돼 이번에 수초 작업을 하고서 물을 돼는돼 너무나 시원하게 들어가서 마음이 아주 상캐한 기분을 가짓다.
오후에는 휴식을 한 셈이다. 오늘 휴식을 해도 몸은 풀리지 않코 몸은 더 무거어서 아주 혼이 났다.
"운이가 너무나 오래 전화을 주지 않코 잇꾸나. 우리 운이가 월마나 어떠게 매이서 전화을 못주고 잇는지 궁금하기 짝이 업꾸나. 그리고 운이을 대리고 잇는 부대장도 무책임한 사람이라고 말을 하고 십다. 부화가 들어오면 안부 편지라도 주야 인사의 도리가 아닌가. 단하로을 대리고 잇쓰도 부모님에깨 알려드리야지 인간의 예이가 아닌가 하고 원망을 하고 십다. 부모내들은 자식을 군대 보내고 나며 항상 극정을 하고 잇는돼 고속을 몰라주는 국 책임자을 원망을 하고 십다."

〈1996년 8월 28일 수요일 날씨 비〉
요줌 벼들이 너깨 출수을 하는 필지에는 연일 비가 와서 피해가 만을 것으로 내다본다. 이번 비로 밭작물은 해갈을 면할 수가 잇찌만 이재 벼가 출수을 하고 잇는 벼는 피해가 상당이 만을 것으로 본다.
오후에는 가랑비을 마저면서 부인과 두리서 포도 수학을 안전이 하여다. 포도수학을 안전이 하고 보니 선별작업을 한다 해도 40짝은 대리라고 내다본다.

〈1996년 8월 29일 목요일 날씨 맑음〉
오늘 날씨가 잘한다. 비가 여르 날 와서 벼

이삭이 절시을 하고 잇는돼 비가 와서 피해는 주어 따고 생각을 하지만 오늘 날씨는 해맑은 날씨을 보이며 따거운 날씨을 보여서 벼이삭에 도음을 주고는 잇따고 본다. 그른돼 날씨가 불규칙스려어서 이러다가는 어느 날에 갑짝이 차거운 날씨로 농사을 망쳐논는 것이 아닌가 하고 사실 부란한 마음을 감출 수 업드라. 우리 농민으로서는 항상 풍년이 돼어야 한다. 올해도 풍년이 돼는 96年이 돼어쓰며 하는 바람이다.
오늘로서 당산포도 마지막 포도 수학을 38짝으도 금년도 포도 농사을 끝을 냇다. 오늘 포도 포도 38짝을 농협청과 가서 짝당 126,000, 중담아 1짝 5,000원 해서 수령금액이 433,400원.
금년도 포도 수학량 606짝 총금액 7,887,420원
"요줌은 운이 전화 오두록만 바라고 잇따고 해도 가연이 아니다. 운이가 어떠게 메여잇킬래 열락이 업쓸까 극정이 크다. 전화 열락을 못하며 편지라도 하여 주어쓰며 하는돼 이것도 저것도 업쓰니 답답하기 짝이 업꾸나."
지출에 … 동내분과 형님 셋이가
정심값으로 10,500원

〈1996년 8월 30일 금요일 날씨 비〉
오늘은 아침부터 구름이 몰려들어 비가 곳솟다질 것 같다서 참깨 수학을 할려고 서들어서 수학을 하고 잇는돼 비가 막 오고 잇쓰서 하든 일을 중단하고 집우로 돌라오니 비가 거치드라. 그래서 다시 가서 할 수도 업고 그만 오전 일과을 망쳐 버리고 말라다. 그른돼 참깨 파종을 너무나 너깨 하여서 참깨 수학을 해바야 우리 먹을 기름{이}나 할 수 잇쓸란지 몰겟다.
오후에는 비가 오락가락 하여서 휴식을 한 사람이 만아따고 생각을 하며 자신도 그개의 한사람이다. 그른되 비가 자주 오는 것을 볼 때에 풍년 농사는 어렵지 않을까 하고 내다본다.
오늘도 운이 전화을 사실 기다리다. 그른돼 오늘도 전화는 오지 않코 해는 저물어 가버리고 마랏쓰며 내일 모래는 전화가 오지 않캐나 하고 기대을 하여본다.

〈1996년 8월 31일 토요일 날씨 비〉
오전에는 물류단지 반대 푸랑카드을 앞 도로에 가로수에 달라 둔 것이 한쪽이 떨어저서 다시 원{위}치을 하여서 달라났다. 우리 주민으로는 물류단지가 안드라야 하는돼 이것이 만약에 들어온다면 우리 주민은 아주 가난병이로 살라가야 한다. 아직은 정부 예산이 업다고 하면서 미루어 오고 잇는돼 물류단지는 국책사업이라서 원잰가는 유치될 것이 아닌가 하고 불안한 감은 떠나지 않코잇다.
"운이 전화을 어재 너깨까지 기다린는돼 오지 않아서 오늘 내일은 운이 전화을 주지 않깨나, 하고 원근희 기다리면서 어재 하로을 넘겨는돼 이것이 밤 너깨 전화벨이 울리는돼 부인이 바드면서 운이구나 할 때에 정말 반갑드라. 오늘은 노픈 사람이 전화을 하라고 하면서 이야기을 해서 오늘 전화을 준다면서 이야기을 하드라. 지금 운이는 잘 잇다고 이야기는 하지만 모진 고통을 다 밭아따고 생각을 하며 운아 이재는 어르운 고비는 다들 넘켜따고 생각을 한다. 운아 이재는 좋은 날이 더 만을 것 으로 내다본다. 운아 이재는 이 아빠가 한숨을 다시따. 지

금 곳바로 운이한태 달려가고 십찌만 아직은 면회가 안댄다니 이 아빠도 마음을 가다담아서 기다리보리다."
"아버지 어머님 운이가 기성부대에 배치가 돼어따고 합니다. 이재 고댄 훌련은 끝이 났따고 보며 이재는 대구에 잇쓰니까 아무래도 전방보다는 좀 수랄 것으로 생각합니다. 이재는 아버지의 자식 순덕이도 극정을 들 하게 돼어씀이다. 이것이 아버지의 돌바주어서 다 잘돼어따고 생각을 합니다. 아버지, 어머님 손자 성운이을 지키바주십요. 순덕는 아버지 어머님만 믿고 잇깨슴이다.
지출에 윤상무 종말리 딸 결혼 부주
20,000원

〈1996년 9월 1일 일요일 날씨 맑음〉
바시내이 쌔래단 포도나무에 약 살포함. 힌가루 병과 탄저병약 살포을 하여다. 그전에는 약량 15말로 살포을 하여와는돼 이재는 약량 7말 5돼로 약 살포을 하고 잇다. 이것은 약량이 만으니까 포도송이에 약이 만이 발리서 상품가치가 뜰어저기 때문에 이재는 약량을 만이 주라서 약을 살포을 하고 잇다.
그리고 참깨 수학을 하여쓰며 참깨도 잘못돼어서 다들 쓸러지고 이것을 가리내면서 참깨을 쪄는돼 그리 시간이 만이 걸리고 긋드라.
오늘도 운이 전화을 원건희 기다리다 일요일이라서 전화을 주리라고 생각을 하여는돼 전화을 주지 않는 것을 보니 할일들이 만은 것 같다. 이 아빠도 욕심을 안부리야 하는돼 하면서도 운이 전화을 기다리은 한다. 아푸론 내 욕심을 주리야 하게꾸나.
"우리부부는 일하는 것 바서는 몸외 피로하도록 하지 안코 잇는돼 몸의 피로 때문에 죽깨따는 소리가 저절 나며 나 자신도 몸이 피료해서 견디가 그리 힘들며 잠자리에서는 아주 몸부림을 쳐고 잇다. 부인은 잠자리에 들며 한 군대도 성한 대가 업따고 이야기을 하고 잇다. 우리 부부는 너무나 일에 지치고 잇따는 생각을 하고 잇찌만 이것을 해결을 할 사람은 나 자신이다. 나 자신이 부인을 편하게 하여 주어야 한다고 생각을 한다면 가감하게 갈림 농사을 줄라야 한다고 본다. 나 자신도 만이 생각을 하여 받치만 앞디로 다들 생각을 해볼 때에 돈원을 더 버려야 한다고 생각을 하고 잇키 때문에 우리 부부의 고충이 따리고 잇다."
여보 이 남편을 너무 원망 하지 마십요. 부인을 하늘같이 사랑하고 잇는 남편이 외이공주 같이 편하게 하고 십픈 심정이 예 업깨소. 우리가 힘이 들드래도 아들딸 다 출가 식키고 우리 부부 손을 꼭 잡고 관광유람을 하면서 남은 여생을 지낼라고 작정을 하고 잇소. 부인 지금 힘이 들드래도 묵묵희 참아서 그날을 기다리봅시다. 여보 정말 미안하오.(남편이)

〈1996년 9월 2일 월요일 날씨 맑음〉
오늘 오전으로서 참깨 수학을 다하여쓰며 참깨 수학을 잡초 속에서 참깨 수학을 하여다.
그리고 오후에는 사과나무 약을 살포을 하여다. 사과약을 작년도보다 더 열심이 약 살포을 하여는돼 탄저병이 만이 걸리따고 부인이 이야기을 하드라. 부인이 자신보다 간찰역이 더잇쓰면 부인이 이야기을 하면 꼭마저 떨어진다. 자신은 무선 일이든지 대충하는 성격이며 부인은 무선 일이든지 안벽하게 하는 성격이다.

그리고 오늘 잠자리 일어나서 꿈재리가 아주 지저분한 꿈을 꾸어따고 이야기을 하여쓰며 부인이 개꿈이라고 넌기고 말드라. 자신도 개꿈이라고 넌기코 마랐는돼 오늘 아포 조합에서 사과약을 사오니까 김경수가 당산밭 짝두리 땅 15,000,000만 원 바다줄라고 해서 학실한 답은 하지 않아다. 외냐 하면 부인과 의논을 해서 팔라고 집에와서 부인보고 당산에 짝두리 땅 천오백만원 받다줄라고 하는돼 우리 팔자 하고서 서로 약속을 하여다. 그러자 부인의 하는 말이 지저분 꿈이 좋은 꿈이구나 하고 이야기을 하는돼 자신도 그때는 좋은 꿈이라고 생각을 하여다. 그리고 저녁밥을 먹고서 물류단지 일로 요줌은 매주 월요일은 회관에 모임을 꼭 가지는 날이다. 그래서 회이을 가니까 선태가 술에 만비[만취]가 돼어서 상점 앞패서 춤을 추고 잇쓰며 자신이 가니까 술을 안 잔 주고는 하면서 술래 고도로 치해 잇쓰서 자신은 그만 회관 안우로 같쓰며 그기에서 회원들과 여담을 하고 잇는돼 벌소리을 막하고 잇쓰서며 다른 친구와 싸울라고 들어서 불만이 잇끄든 우리 내일 하자고 이야기을 하니까 그 불이 나한태 부드라. 자신도 모르는 일을 자기 어릴 때에 자신한태 마자따면서 이재 한번 해보게따고 돼들드라. 그래서 그 열분을 참는 돼 힘이 들어쓰며 만약 김선태가 술주정이 심하다고는 알고 잇찌만 만약 손만 먼저 돼면 박살을 낼라고 내 절먼 사람 손을 먼저 안될 태니까 손만 먼저 돼바라하고 돼드니까 손은 돼지 않코 잇드라. 그래서 내가 참는것이 났깨다 하고 그자리을 피해다. 그러니까 우리 집부로 올라 가드라. 그래도 피해쓰며 자신이 절먼 사람의 두리한태 선태가 울집로 같쓰니 말리서 돼리고 온나라고 부탁을 하여쓰며 절먼 친구가 돼라고 왔는돼 또 올라가드라. 그래서 따라가서 한바탕 싸울까 하고 만이 생각을 하니까 상쳐내면 당장 돈이 들어 간다는 것을 생각을 하니 부디 칠수가 업쓰며 속은 끌어도 참자 하여쓰며 자신이 피핸다고 피핸것이 선태 눈에 보이든가 형님 이리 와바요 해서 오야 한번 싸우보자 하고 바싹 돼더니 수거려 들드라. 자신은 아직 선태보다 등치는 적지만 절멀 때 당수을 배와쓰며 아직까지 자신의 몸을 보호 할려고 운동을 해아키 때문에 선태 한태는 말지 않는다는 생각을 하여기 때문에 사실 급은 나지 않드라. 오늘 집에서 부인과 딸드리 놀라깨찌만 자신이 참는 바람에 큰 불상사을 막을 수가 잇쓰따고 생각을 한다. 어재 저녁 꿈 정말 재수업는 꿈이드라.

어재 저녁 꿈은 자신 대변을 보고 십픈돼 화장실에 가는 곳마다 변을 보는 곳이 업쓰서 화장실 차저 해매다 잠이 깨고 마랐다.

"오늘로 바서는 이 꿈이 좋은 쪽과 나쁜 쪽이 50%, 50%라고 생각도 더는구나."

〈1996년 9월 3일 화요일 날씨 맑음〉

웃들래 보뚝 풀 깍는 일을 하여쓰며 오늘 오전은 벼논 주위에 풀 깍는 일을 하여다. 그른돼 웃들 2단지 논에 올미가 너무 만아서 남들 보기에 미안할 정도며 자신이 생각을 해도 우리 부부가 논필 지마다 다들 도살리을 안전희 주어는돼 이재는 우리 부부가 무엇을 하든지 논에 도살라 주을 시간이 업쓰며 일 년 내 일이 끝이 업다고 말을 하고 십다. 웃들 2단지도 3년 전만 해도 올미을 다 잡아는돼 이재는 올미가 무성하게 잘라서 벼 수학에도 지장을 줄 정도 다.
"오후에는 서양바실래 4마지기 피살리을 하여쓰며 서양바실 4마지기는 올해도 죽은 내키가 아주 만으며 수학을 만이 하기는 틀리따고 생각을 한다. 오늘 날까지 서양바실 4마지기는 한 번도 수학을 재대로 한 적이 업쓰며 앞푸로 땅심을 도다주지 않는다면 수학을 만이 할 수 업는 땅이 돼어버리고 마랐다."
"수학을 재대로 할려면 땅심을 도다주지 않는다면 풍년농사을 지을 수가 업쓸 뿐 아니라 정부에서도 농업에 큰 투자을 하여야 한다. 오늘날까지 입우로 농민을 도와준다는 정치을 하여찌 오늘날까지 농민을 죽이는 정치을 하여따고 말을 하고 십다. 우리 농민이 못하는 이유가 정부 정책 잘못으로 우리 농민이 비지땀을 흙리면서 해도 효과가 업다. 정부에서 작년까지만 해도 수도작을 등안시하여쓰며 우리 농민도 정부에서 등안시 하니까 농민들도 수도작을 외면해서 논들을 다들 적토을 해서 밭작물로 이전을 다들 한샘이다. 이것이 다들 잘못돼어서 이재와서 수도작을 육성을 해야 댄다면서 정부에 쌀 중산 {정}책을 내새우서 아우성을 쳐고 잇쓰니 우리 농민은 논이 밭으로 전한 한 것이 다들 잘못 돼어쓰며 정부에서 일년 앞도 모르고 정치을 하고 잇쓰니 우리농민은 우왕좌왕 하다 우리 농민들만 죽을 지경이다."
우리 농민이 잘살라 갈려면 정치하는 사람들이 긴안목을 가지고 성실하게 해야지 우리 농민들도 정부을 밑고 따라지 우리 국민이 잘살 수 잇다.
"오늘날까지 정부따린 사람들은 다들 망하고 마라쓰니 앞푸로 정부가 어떠게 해서 국민들을 따라오게 한단 말인가. 생각을 할수록 기가 찬 일들이다. 정부가 신임 업씨는 그 나라가 부강이 될 수가 업다."

〈1996년 9월 4일 수요일 날씨 맑음〉
당산포도 밭에 수학을 끝을 내고 살충재 약을 살포을 하는돼 데시스약 물 한 말래 약 90CC 희석을 해서 약량 22말용을 살포을 하여다.
금년도는 물량을 만이 달라서 포도송이가 안전이 익어주지 않을까 하고 극적을 했는돼 다행이 다들 익어주어서 작년보다 1,800,000원 더 하여쓰며 금년도 수학량은 606짝에 7,800,000원 하여쓰며 생각보다 돈원을 만이 하여따고 생각을 한다.
"내년에는 물량을 450짝 계산을 하여서 올해보다 날짜을 10일은 앞당기야 하겟다. 적은 물량으로 오른 값을 밭는 것이 자신으로 났깨다."
오늘 오후에는 두룸에 풀깍는 일을 하여쓰며 보뚝에도 오늘로서 풀 깍는 일을 안전이 하여다.
"금년도 농사가 작년보다 수학량이 우선 바서는 났찌 않캐나 하고 내다보고 잇다."

〈1996년 9월 5일 목요일 날씨 비〉
오늘은 동내부역을 하여쓰며 오늘 부역은 마을 주위에 잡초베기와 회관 주위에 세멘을 하는 것으로 오늘 부역을 다 하여다.
오후에는 남외 두룸에 피살라와 잡초 제거을 하여다. 자신의 논엽패 사람이 두룸에 풀재거을 하지 않아서 자신도 남외 두룸에 피가 무성하게 잘라서 자신이 제거을 하지 않으며 자신의 논에도 피해가 만아서 참아서 두고 바도 두룸에 풀을 재거을 하지 않아서 자신이 보다 못해 오늘 오후는 남외 두룸에 풀 깍는 일을 하여다.

"오늘은 운이 전화을 원거니 기다리쓰며 운이가 전화을 주지 않와서 답답하기 짝이 업꾸나. 나는 자재배치가 돼면 전화는 자주 줄 쭐 알라는돼 운이 사정은 그르치 않코 잇는가바. 이 아빠는 무선 부대인가 학실희 알라쓰면 한다. 지금은 운이가 무선 부대인가을 모르고 잇쓰니 답답 하다."

〈1996년 9월 6일 금요일 날씨 비〉

이종태와 제석이 둘리서 사대오네 입식 부역을 만들어 주면서 부억에 댄조을 하여 달라고 하여서 오전에는 댄조을 오전 내 하여 주어쓰며 오후에는 둘리 하라고 하고 자신은 오후에는 당산 작과 밭을 도로 높이로 내 돈이 들어가도 지금 장비들이 비가 온다고 휴식을 하고 잇는돼 이장비을 좀 싸게 할 수 잇따고 생각을 하고 현장에 가서 어떠게 해야 돈원을 적개 드리서 할 수 잇쓸까 하고 연구을 하여 밭쓰며 먼저 번에 순석이 형님이 철로변 쪽으로 남은 펄지을 도로 높이로 흙을 다 떠내줄라고 약속을 한 것이라. 지금은 도로부지만 떠내고 잇찌만 자중이라도 흙을 기지고 갈 개핵이 잇는지 현장 소장을 만나서 이야기을 들어 볼라고 현장 사무실래 가서 소장 이야기을 들어떠니 아직 철도청에 허가가 아직 나지 않아서 못하고 잇따고 이야기을 하면서 약 6개월 정도 가야 한다고 이야기을 하면서 그 흙은 떠낼 생각을 하고 잇따고 말을 하여서 자신이 돈을 더리서 장비을 뙬라고 생각을 한 것을 표기을 하여야 하게따고 생각을 하여다.[23]

〈1996년 9월 7일 토요일 날씨 맑음〉

오늘은 채소밭 김매기와 무지파 약 살포 하는 일 이른 일들을 하고서 부인과 둘리서 벼논에 필지마다 다들 벼이삭이 연결어가는 것을 관찰을 하여밭쓰며 우선 바서는 출수을 할 때보다 지금의 벼가 더 좋은 감이 들드라. 올해는 벼 수학이 필지마다 차이점이 만이 날것으로 내다본다.

오후에는 바지내이 쌔래단 포도에 일부나무에 원인은 잘 모르고 잇찌만 포도 알맹이가 건딜며 흐르고 잇쓰서 이것이 살살리 병이 아닌가 하고 다른 송이을 보호하기 위하여 오늘 약 살포을 하여다.

"자신은 표도나무에 약은 철저하게 방재을 하여따고 생각을 하는돼 병에 걸리서 일부나무가 포도 알맹이가 흐르고 잇는 모섭을 볼 때에 쌔래단 포도 농사 짓키가 힘이 든다는 것을 알라쓰며 그리고 쌔래단 포도는 다른 지역에 캄벨 포도와 같이 수학이 돼기 때문에 수입금액을 만이 할 수가 업따고 생각을 한다. 자신은 쌔래단 포도 수학기가 타지방에 캄벨 포도와 수학기가 같다는 것을 전원 몰랐다. 우리 지역은 쌔래단 포도는 마치 않타고 생각을 한다. 외냐 우리 지역에 쌔래단 첯수학과 타지방에 캄벨 수학 중간 정도와 같이 출하가 돼고 잇따고 볼 때는 우리 지역에 쌔래단 포도는 실패 작물이라고 내다본다."

23) 일기 지면 상단에 '(오늘 숙모님이 대구 누님이 참깨을 사달라고 한다면서 10만 원만 빼어달라고 하여서 오늘 찾아 주어다.)'라고 기록되어있다.

〈1996년 9월 8일 일요일 날씨 맑음〉

오늘 오전은 뒤들래 가닥 달란 것에 기둥마다 센멘을 해서 기둥보광을 하여쓰며 오늘은 집안 치우는 일을 했따고 생각을 한다. 자신이 세집을 짓찌 않아따면 추석까지 집치리 한다고 법석을 부리는 때라고 말을 하고 십다.

오늘은 운이 전화가 올 줄 모르니까 부인보고 딸드리 전화을 하면 오래하고 오는 전화도 오래 받기 때문에 운이가 전화을 못할까바 전화을 못하두록 딸들래깨 당부을 하라고 이야기을 하여다.

오늘은 아침부터 운이가 전화을 줄 것이다 예감이 들며 예감은 무시하개꾸나. 오늘 운이 전화을 그처름 기다리든 전화가 왔다. 운이 부대만 알면 면회을 갈라고 생각을 하여는돼 운이 이야기가 아직은 면회을 오지 말라고 이야기을 하며 한 달 후에 면회 열락을 하거든 오라고 하드라. 내마음은 내일이라도 면회을 같쓰며 하는돼 운이가 못 오게 하니까 다음으로 기다리야 하게꾸나. 그리고 운이가 잘 잇따고 하는돼 내 눈으로 운이을 바야 마음을 놋캐쓰며 오늘 운이와 전화 통화는 부인과 딸, 셋시가 전화통화을 하여다.

〈1996년 9월 9일 월요일 날씨 비〉

오늘은 자고 일어나니 보슬비가 내리고 잇드라. 지금이야 말로 비는 필요 업는 비가 오고 잇다. 오늘은 아버지의 생신날이며 재사 날이다. 오늘도 우리 형재들은 다들 참석을 하여쓰며 그리고 올해는 지수 들이 돈 번다고 재사 준비는 다들 너깨 하여쓰며 지수들이 재사 준비하는 돼 파지니까 조용한 재사 준비 날이여따고 생각을 한다.

오늘은 사실 아버지의 재사 날이라서 아무것 하지 않코 준비하는돼 들락끄리면서 하로 시간을 보냇따고 이야기을 하고 십다. 그른돼 쌔래단 포도농사에 자신은 열심희 하여따고 생각을 하는돼 요즘 포도송이가 살사리 병이 일부 나무에 걸려서 포도 알맹이가 땅바닥에 떨어져 잇는 것을 볼 때에 정말 가슴 아푸며 나 자신은 약도 상당이 만이 쳤다고 생각을 하며 남들이 약만이 친다고 이야기들 하는돼도 포도가 병이 들어서 알맹이가 흐른다는 것은 포도나무 적지가 아니라서 그른 것이 아닌가하고 내다본다.

〈1996년 9월 10일 화요일 날씨 맑음〉

오늘오전은 채소밭에 김매기 작업을 하고 직파논에 물 돼는 일을 하여다. 직파논은 물 돼는데 제일 하발치라서 물돼기가 힘이 들어 미리 물을 조금 보충을 하여주는 셈이다.

오늘 부인과 둘리서 들판을 한밖 기 돌라보니 벼 이삭이 온 이삭으로 죽은 것이 한정도 업쓰며 금년에 정부에서 풍작이라고 야단을 직이지만 실지로 수학을 한다면 큰 숭년이 돼지 않을까 하고 극정을 하여본다.

〈1996년 9월 11일 수요일 날씨 흐림〉

(세레단 첮수학을 함)

오늘은 세레단 포도을 첮 수학을 하여쓰며 아직은 캄벨 포도가 시장에 쇼다저 나와서 세레단 포도을 시장에 출하을 하면 시장성이 업쓸 것 같다서 너추어서 시장 출하을 할려고 해도 자신의 포도 일부나무가 살살 흙리서 너출 수가 업쓰서 오늘 포도 수학을 하여는돼 가격이 어떠게 나올란지도 모르고 오늘 조합차가 와서 자신의 포도 17짝을 가지고 같다.

오늘 자신의 앞푸로 상 9, 중 1짝 계 10계

부인 앞푸로 상 6, 중 1짝 계 7계 17개

세레단 포도 농사을 짓어보니 우리지역에서는 세레단 포도가 맡지 않는것 같아서 올 가을래는 숙모님과 상이을 해서 캄벨포도 나무을 보식을 할 예정이다.

지출에 포도상자 값 태성 20개, 형님 6개, 자신것 2개 윤석 100개, 총수 128개 계 89,500원

〈1996년 9월 12일 목요일 날씨 흐림〉

오늘은 부인과 둘리서 포도 수학을 하는돼 자신은 색망이라서 포도 수학을 못하고 잇쓰며 부인이 포도을 따는돼 자신은 상자을 지고 따라 다니는 정도 밖에 못하며 그래서 부인은 포도 수학을 하구로 두고 자신은 사과나무 도장지 빼는 작업을 하여쓰며 자신이 생각을 해도 색망은 음청난 큰 병이라고 생각을 하며 부인 혼자 포도 수학을 하여야 하는 안타가운 일들이며 부인보기에 미안하다. 이것들을 둘리하며 부인이 그만춤 부인이 수랄 것 인돼 정말 미안하게 생각을 한다.

오늘은 포도 수학을 18짝 해서 조합에 출하하여다.

순덕 상 9개, 중 1개

윤심 상 7개, 중 1개 18짝

〈1996년 9월 13일 금요일 날씨 맑음〉

당산포도밭에 오늘 마지막으로 약 살포을 하여다. 오늘은 약량 22.5반으로 소미치온[24] 500CC짜리 4병을 희석을 하여서 살포을 하여다. 살충재약을 살포을 하면서 같이 곰팡이 약을 혼용을 해서 살포을 할려고 생각을 하여는돼 오늘도 살충재만 살포을 하고 마랐꾸나.

그리고 오늘도 시간이 남아서 사과나무 도장지 빼어내는 작업을 하여다. 이일도 일적해야 하는돼 자신 미차 서들지 못해서 이러깨 너저따고 생각을 한다.

"오늘 저녁에 결산한다고 회관에 나오라고 해서 갈뜬이 보기 실은 선태가 잇드라. 속마음은 아주 실어도 총무로 잇키 때문에 속마음과 다른 행동을 사실 하여쓰며 선태가 내손을 잡고 죽을 재을 짓어따면서 용서을 해달라고 이야기을 해도 자신의 마음은 풀리지 않코 그투로 술해 치해며 그를 때도 잇따고 이야기을 하고 마랐다. 사람이 오늘도 결산하는 돼 그른 소리 별소리 다하며 사람이 자신이 볼 때에 아주 저질이라고 생각을 한다. 인간 저질은 아무것도 쓰도 못하며 우리로서는 기욱질 날 정도다. 오늘도 밤 11시까지 감사 자리에서 저질적인 소리만 하였다."

그리고 친구들과 형님 또래 윤천희 씨가 이번 선태일로 위원장 자리을 절먼 사람 한태 넌기 줄라고 이야기을 하여뜬이 이재 와서 욕만 먹는 자리을 할 사람도 업쓸 뿐 아니라 주위에서는 우리 마을은 단채가 잘돼고 잇따고 생각을 하고 잇는돼 또 위원장을 갈라치운다면 주위의 이미지가 나쁘다면서 밀고 가라고 부탁을 해서 좀 참아 바야 하

24) 스미치온은 유기인계 살충제로 주로 과수류 해충의 구제에 쓰이며, 벼의 이화명충, 멸구, 채소나 과수의 애벌래나 진딧물에도 쓰인다.

게 따고 생각을 했쓴는돼 오늘 저녁에 선태 술지정을 하는 것을 보니 위원장을 개속한다면 음청난 속을 썩이야 돼개쓰며 자신이 편하게 지낼라면 위원장직을 내어나야 하게따고 오늘 결심을 하여다. 자신이 결산 보고을 하고 나면 원태을 할 작정이다.
수입에 … 목수일 오전품 50,000원

〈1996년 9월 14일 토요일 날씨 맑음〉

말리사과 나무 도장지을 오전내 빼내고 오후에는 경운기로 약물 떠다놋고서 못다 뺀 도장지을 마저 다 빼내고서 오늘 사과나무 약을 살포을 하여다. 그리고 오늘은 낮참에 시도 않코 일을 한 셈이다.
내일은 우리 운이가 전화을 주겟찌. 오늘도 전화을 혹 주지 않캐나 하고 사실 마음속으로 조금은 기다리다 오늘은 전화을 못했드라도 내일은 운아 전화을 주기 바란다.
그리고 오늘 혜지가 추석에 옺사 입으라고 150,000원 저의엄마 주는 것을 보고서 정말 놀라쓰며 내 딸이 이재 돈 번다고 15만원식이 주며 이 아빠는 추석 뽀낫스 받으며 40십만 원 준다고 할 때에 정말 고맙다. 나 자신은 딸들이 고개 자라주는 돼만도 이 아빠는 딸만 바도 좋은대 이 딸드리 돈 번다고 저 쓰기도 바플땐돼 아키쓰서 남은 돈을 주는 것을 보고 더 이쁘구나. 요줌 이 아빠가 가정생활에 할기가 더 잇쓸 뿐 아니라 여유가 만이 잇따고 생각을 한다. 순덕이도 딸들의 사랑에 푹 빠저더는구나. 혜지, 혜영이 고맙다.

〈1996년 9월 15일 일요일 날씨 맑음〉

오늘은 포도수학을 하는돼 자신은 포도 수학을 하는돼 거들어 주지 못하고 해서 부인 혼자 하는돼 그냥 볼 수가 업쓰서 집부로 와서 딸들이 일요일이라고 휴식을 하고 아직 잠을 자고 잇는돼 딸들을 깨와서 오늘 하로만 도와 달라고 부탁을 하여쓰며 이 아빠가 색명만 아니라면 너위들에깨 도와 달라고 부탁을 하지 않캐다고 하며 오늘만 도와달라고 하니까 혜지는 바로 일어나서 도와줄라고 성락을 하는돼 우리 혜영이는 안 알라고 아주 캥살을 부리드라. 그냥 두고 갈려고 하니 혜지보기에 안대쓰서 실어하는 혜영이을 끝까지 달래서 두리다 부인 포도 수학을 하는 돼 대리고 가서 오전 일만 도우개 하여다. 이것들이 도와주니 자신의 계핵돼로 일이 추진 돼고 잇드라.
오늘 종일 포도 수학 량이 김천 15짝 조합에 8짝 수학을 하여다.

〈1996년 9월 16일 월요일 날씨 비〉

오늘은 외성보에서 김천 시청으로부터 2,000천만 원 공사금액이 떨어저서 이 공사을 보아구지 로캉이 물수위보다 높파서 그 공사을 다들 파해치서 다시 공사을 한다고 재방에 아까시와 풀 재거을 하는 돼 부역을 한 셈이다.
부인은 오늘 오전에는 어재 포도 수학을 한 것을 선별 작업을 하여쓰며 오후에는 포도 수학을 한 것 21짝을 조합에 부치기 위해서 기다리는 시간이 만이 걸리다. 오늘 직파장에서 오늘 비을 피하기도 하여쓰며 오늘 직파장을 처음 득을 바타고 생각을 한다.
오후에는 비가 내리서 포도 수학을 5짝 수학밖에 못했다. 오늘은 채소밭과 들판을 도라보지 않코 포도 수학을 했드라면 포도 수학을 좀 만이 하여쓸끈돼 오늘 일은 조금 아쉬운 생각이 든다.

오늘 포도 수학량 조합에 21짝 부침.

〈1996년 9월 17일 화요일 날씨 맑음〉

오늘은 포도 수학을 월마 하지 못했다. 포도가 익지 않아서 포도 수학량을 만이 할 수가 업쓰다. 그리고 자신이 생각하는 것보다 수학량이 적드라.

자신이 새래단 포도을 심지 않코 칼벨을 심어드라면 금년도 수학량도 만아슬 껏이며 수입도 만이 할 수가 잇쓸 것 으로 보는돼 새래단 심어서 큰 손실이 따라따고 생각을 한다.

우리지역에서는 세레단 포도는 지억상[지역상] 맡지 않는다고 생각을 한다. 자신도 포도나무을 심을 때는 몰랐는돼 세레단 포도을 수학을 하여보니 세레단 포도는 맡지 않는다고 생각을 하여다.

오늘포도 수학량 조합에 15짝

〈1996년 9월 18일 수요일 날씨 맑음〉

오늘오전은 밭뚝에 풀 베는 작업을 하여쓰며 그리고 이발관에 가서 이발을 하여다.

오후에는 부인과 둘리서 침대을 사기 위해서 김천 농협에 가구 대리점을 구경을 하여쓰며 김천농협 가구점은 에이스침대는 업고 비매크 밖에 업쓰며 침대일수록 매이크가 잇는 물건을 사야 한다고 이야기을 하여서 돈원이 만이 들어도 매이크가 업는 침대는 살 마음이 업드라. 그래서 구미 에이스 침대 대리점으로 부인과 혜지 셋시 대리점에 같드니 침대는 진열이 상당이 만이 잇드라. 그른돼 에이스 침대는 어느리[에누리]가 업쓰며 원가에 10%부로 깍까 주고 잇찌그 이상은 할린을 해주지 않으며 사실 원가돼로 팔고 잇드라. 그래서 동화 백화점으로 와서 가구구경을 하여뜬이 이곳도 에이스 침대는 원가에 10% 디씨 밖에 해줄수가 업다고 이야기을 하며 에이스 침대는 법칙을 어기며 물건을 받들수가 업다고 하면서 원칙을 지킬라는 판매원 아가씨의 말이드라. 그래서 침대는 가격이 다 돼어 잇쓰며 백화점이라서 침대 카바도 이곳에서 구입을 할 수가 잇쓰서 에이스 대리점에 다시 갈려고 하다 그만 동화백화점에서 에이스 침대만 백오만 원 주기로 하고 선금 50,000 주어쓰며 남어지 백만 원 20日 부치 줄라고 하고 남어지는 물건이 오는 날 주기로 하고 우리는 왔쓰며 우리는 침대 씨드 쎗트로 구입을 하여다. 침대 씨트 일체을 220,000원 주고 사왔다.

지출금액 김천 버스값 950원
김천서 구미 직행값 2,400원
에이스 침대 개약금으로 50,000원
침대 카바 셋트값 220,000원
구미에서 시내이버스값 1,900원
계 275,250원

〈1996년 9월 19일 목요일 날씨 비〉

오늘 포도 수학을 하는돼 비가 와서 오전도 올캐 수학을 못했다. 오늘 오전만이라도 수학을 했드라면 형수도 거들어서 만은 짝수을 수학을 하여쓸 끈돼 비 때문에 포도 수학을 온전도 다 못해서 포도 수학 량이 21짝밖에 못했다.

"오늘 오후에는 배추벌레 잡아주고 벼논을 한 밖기 도라 볼끈돼 벼논에 가기가 실어저서 그만 집우로 오고 마랐다. 벼논도 벼알이 충실이 돼어서 땁스러야지 연결러가는 벼을 보고 십프서 자꾸만 가고 십지 그러치 않코 벼 이삭들이 죽은 것을 보기가 실어서 논에 가기가 실꾸나. 이것들이 자신의 부두 위로 다들 거러치만 마음에 내키지 않아서 벼논에 가기가 그리 힘든다."
지출에 … 이발료값 5,000원

〈1996년 9월 20일 금요일 날씨 맑음〉
오늘도 우리 부부는 포도 수학을 하여쓰며 오늘은 침대을 가지고 온다는 생각과 자신의 머리에서는 기쁨과 마음의 슬래는 마음 뒤범벅이 대어 잇쓰따고 말을 하고 십다. 그른돼 전화가 와서 수화기을 들어보니 에이스 침대라면서 우리 집 위치가 어더줌 대는가 물킬래 전화하는돼 가 어띤가 무르니까 외관이라고 해서 그름 구미역에 잇는 도로 쪽으로 쭉 올라와서 대화 산업 잇는 마을이라고 하여다. 그르자 을마 잇쓰니까 침대 매트래서을 봉고차에 한차 실고 오드라. 그래서 기다리든 침대가 와서 기분이 좋은돼 이 사람들이 조립을 하드니 물건을 잘못 가지고 와따고 이야기을 하면서 내일 너깨야 가지고 오게따고 하드라. 그래서 마음속으로는 마음이 좋찌 않드라. 이왕 조립을 한 짐에 안전하게 하여쓰며 마음이 깨운할 끈돼 물건을 빠드리서 침대을 안성이 돼지을 않아서 마음이 걸리고 잇꾸나.
오늘 포도 수학을 한것이 19짝 수학을 함
조합에 포도 수학량 19짝.

〈1996년 9월 21일 토요일 날씨 맑음〉
오늘 오전에는 부인과 둘리서 배추밭에 가서 배추와 무우을 단곳에 부인은 속고 자신은 배추벌레을 잡아 쓰며 배추벌레가 약을 독하게 쳐도 죽지도 않코 그대로 살라 잇쓰며 배추는 벌레가 먹어서 배추 잎이 을기미[그물망]을 만들고 잇쓰며 이것을 어떠게 해야 깨운하게 다들 죽이나 하고 극정을 하여다. 오후에는 웃들 굼논에 두룸에 피가 만아서 낫으로 피만 다들 끈는 작업을 하여쓰며 그리고 오늘로서 논 필지만다 물꼬에 물을 다들 파났다. 남들은 벌서 물꼬에 파난 사람들이 만아쓰며 자신은 오늘 물꼬을 다들 파난는돼 좀 일적을란지 몰게꾸나.
오늘은 오후 시간이 일적오서 김천 신흥농약방에 가서 배추 청벌레 약을 사왔다. 배추약은 앞푸로 약 살포을 월마하지 않아도 돼느되 약이 너무 만으며 배추벌레을 죽이기 위해서는 할 수 업시 약량이 만아도 싸야기 때문에 2가지 약을 주드라. 응애 약[25]과 살충재 2가지가 12,500원. 이것은 배추에 대해서 너무 큰돈이라고 생각을 한다.
지출에 … 버스비값 980원 약값 12,500원
계 13,480원

〈1996년 9월 22일 일요일 날씨 맑음〉
오늘은 배추벌레가 살충재을 살포을 해도 죽지 않아서 오늘은 어재 배추벌레가 잘 죽는 약을 신흥 농약방에서 12,500원 주고 사와서 오늘 오전은 배추, 무우, 대파하고 약을 살포을 하여 났는돼 이재 배추벌레는 다들 죽깨지 하고 마음까지 깨운하드라.
오늘은 운이 전화을 받아다. 운이가 잘 잇따고 하며 다음 달에는 일병을 단다고 이야기을 하며 이재는 운이도 일병을 달고 또 상병

25) 응애는 거미강 진드기목 가운데 후기문아목(Metastigmata)을 제외한 거미류의 총칭으로 응애라는 말은 본래 평안도에서 전라남도 순천에 이르는 사과 재배지대의 사과나무에 기생하는 사과응애를 뜻한다.

을 달며 외출을 마음대로 할 수 잇깨지. 이 아빠는 그날을 만은 기다리고 잇깨다.
운이 전화을 밭고 곳바로 면회을 가고 십픈돼 운이가 면회을 못오게 하니까 우기서 갈 수도 업고 이 아빠는 내 눈으로 운이을 바야지 마음을 놋캐는돼 운이는 잘 잇따고는 하지만 미드저지 않코 잇다.
그리고 오늘 침대을 가지고 왔드라. 침대도 개약을 하고 침대을 가지고 와서 조립을 다하고 매드려서는 가지고 오지 않아서 침대사용을 하지 못해서 2일 동안 답답한 마음으로 보낸 것이 사실이다. 오늘 밤 너깨야 매드려서을 가지고 와서 사용을 할 수가 잇쓰서며 잔금 백만 원을 다 지불하여다. 그르며 침대 값 1,050,000원 안불을 한 셈이다.

〈1996년 9월 23일 월요일 날씨 맑음〉

오늘로서 세레단 포도 수학을 사실상 오늘로서 끝을 냇다고 본다. 이재는 세레단 포도는 조금 남아 잇찌만 이것은 시장 출하을 할 수가 업다고 본다.
오늘 포도 수학량은 7짝 수학을 해서 농협으로 부치는 것으로 끝을 냇따고 본다.
오늘은 시간 여유가 오후에 낪서 들판을 돌라보니 자신은 직파자리 10마지기는 안전숭년이라고 바야 한다. 자신이 생각을 해도 너무 허무하다는 생각이 더는구나.
금년도는 벼수학을 하여보며 벼씨 선정을 잘한 사람은 풍년을 마지할 수가 잇찌만 벼씨 선정을 일품벼 씨을 한사람은 큰 숭년을 만낪따고 생각을 한다.
"올해는 벼수학을 하여보며 수학량이 만치는 안을 것으로 내다본다."

〈1996년 9월 24일 화요일 날씨 맑음〉

오늘은 한여름과 별다름 업시 더어서 낱참을 피하여 일을 해야 될 정도다. 오늘 수운수가 30도가 넘어 올라가니 한여름을 한 번 더 생각을 하게 돼는구나.
오늘 오전은 채소에 청벌레 약을 살포을 하여는돼 배추벌레가 죽은는가 학인을 하로 채소밭을 가보앗뜬이 벌레가 거진말같이 다들 죽어드라. 살충재라고 다들 벌레가 다 죽는 것이 잇꾸나 하고 생각을 다시 하게 만드는구나. 자신은 청벌레 약을 농약방에서 줄 때는 돈원 만치 별로라고 생각을 하여는돼 한 번 살포을 하여보니 신기할 정도로 신기한 약이라고 생각을 한다.
오후에는 집안 청소을 한 것을 경운기로 한발리 실어냇다.
요즘은 시간 여유을 만이 가질 수가 잇쓰며 요세는 무엇을 해야 하나 하고 한참식 생각을 해야 겨우 차저 낼 정도다.
자신은 금내 시간여유가 업쓸 것으로 생각을 하여쓰며 남들은 길거리에 모여 노는 사람을 볼 때마다 그 사람들을 불버하여는돼 자신도 이재는 시간 여유을 가질 수 잇쓰며 자신도 너무 한가하다는 생각을 한다.
오늘은 딸들레깨 추석 뵤났쓰을 밭아다. 혜지한태 현금 300,000원, 혜영한대 200,000원 밭아쓰며 딸들이 돈원을 벌고 잇쓰니 아빠가 돈이 푸짐하구나. 이재는 딸들 다들 키우고 나니 이러깨 좋은 일을 뒤돌러 밭게 돼지 정말 좋꾸나. 이 아빠는 아무련 일 업시 잘크 주는 것만도 이 아빠는 고맙따고 생각을 하고 잇는돼 이것들이 아빠 엄마에깨 사랑을 배풀어 주고 잇쓰니 이 기쁨을 말로 다 할 수 잇쓰리까.

〈1996년 9월 25일 수요일 날씨 맑음〉

오늘도 불빛 더위에 시달리뜬 하로 해라고 말을 하고 십다. 금년에는 계절주기가 업는 해라고 말을 하고 십꾸나. 우리 농민으로서는 계절주기가 업는 해는 사실상 실어한 계절이라고 말을 하고 십다.

오늘 오전은 추석맡지 대청소을 우리 마을 주민은 다들 참석을 하여쓰며 우리 마을 주민들은 대청소 하는돼 다들 적극적으로 참석을 하고 잇는 것 같드라.

그리고 오늘은 혜지가 300,000만원, 혜영 200,000원 계 500,000만원 다들 저금을 하였났다. 그리고 딸들이 용돈을 푸근하게 주고 잇쓰니 아빠 돈원 다들 저축이 돼니까 자신의 마음이 아주 푸근하여 진다고 말을 하고 십다.

오늘 오후에는 배추와 무우, 대파에 물을 주는 오후 시간을 보냇쓰며 물을 충분이 주어서 내일이며 배추, 무우들이 무럭무럭 자라개찌 하고 생각을 할 때에 마음이 푸근해 지고 잇다.

〈1996년 9월 16{26}일 목요일 날씨 맑음〉

이번에 이북 간첩이 26명이 잠수함으로 온 간첩 때문에 9일 동안 간첩 소탕하는돼 우리 아국들이 추석 명절도 실수도 업쓸 뿐 아니라 나 자신도 아들 군외 본낸 한 사람이라 뉴스을 볼 때마다 가슴 아푸며 자식들이 간첩 잡게따고 강원도 칠성산에 투입됀 자식들의 부모들은 가슴이 따는 마음을 누가 알라주며 아군 4명이 간첩들의 총에 죽어간 부모들은 그 아품을 누가 알라 주리까. 나 자신도 명절이 다가오니까 가슴이 더 아푼 마음이며 이간첩들이 하로 빨리 잡아서 군대들이 재자리 돌라가서 좀 편해 쓰며 하는 바람이다. 앞푸로 간첩 잔당들이 5명이나 더 남아따고 하니 정말 힘을 들게 하고 잇다.

오늘은 추석 명절 준비한다고 분주한 시간을 보내쓰며 우리들의 형재, 부인들은 연일가 다름업시 다들 참석을 해서 고맙드라.

"그리고 올해는 동생들과 조카가 추석 선물을 주어서 한편으로 고맙고 한편으로는 미안하기 짝이 업꾸나. 정말 고맙게 생각을 한다."

지출에 … 손지 과자 500원

〈1996년 9월 27일 금요일 날씨 맑음〉

오늘은 추석이다. 이 좋은 날래 운이가 업따는 것은 마음에 걸리는 일이다. 운이가 군대에 매인 몸이라 추석이라도 한자리에 참석을 못하고 잇쓰니 내마의 한쪽은 비어잇는 너킴이다. 이 빈자리을 매어줄 날을 기다리야 하는 긴너킴 자신으로서는 힘이 더는구나.

금년 추석은 연휴가 어느 때보다 길어서 그른돼 고향을 차저온 사람이 만으며 길목에는 차량의 수짜가 아주 만아전 추석이라고 말을 하고 십다.

"올해는 우리집안 성묘객은 아주만이 줄언 추석이다. 외냐하면 금년추석부터 삼촌 재사가 대구, 사촌 형님이 추석 차례부터 대구로 가지고 가서 사촌 4형재가 떨어저가서 우리집안 성묘객원 그만춤 줄어젓다고 바야 한다. 이재 우리 집안은 차례식을 올리는 집이 3집안인돼 이재는 2집으로 줄어들어쓰며 3집에서 차례식을 올릴 때는 하로 분주하여는돼 이재 두집으로 줄어니 아주 조용한 너킴을 밭아다."

"사실은 어재부터 운이 전화을 기다리 는돼 오늘 큰집으로 운이 전화가 왔드라. 운이도 부대에서 조금 음식 준비을 해서 병사들은 고향을 생각을 하면서 차례식 절을 올리따고 운이가 이야기을 하며 그리고 운이가 훌련소에서 무릅이 안대따고 이야기을 하드니 아직도 무릅이 안전희 낫찌 않타고 이야기을 해서 이 아빠는 10月 3日 날 용학이 조카와 운이 면회갈려고 약속을 하여는돼 운이가 특박을 온다고 하니 운이 사왕을 바서 면회을 가야하게꾸나 하고 약속을 뒤로 미루고 마랐다."

"운이가 특박을 나온다면 무릅에 사진을 찍어바야 하겠다. 군대 생활은 무엇보다 건강이 좋아야 하며 운이가 무릅에 이상이 잇따니 마음이 조급해저는 구나."

지출에 … 친구개에 회빅값 10,000원

〈1996년 9월 28일 토요일 날씨 흐림〉

부인은 오늘 친정을 갈 준비을 하고 잇는돼 우리 동신회원들은 정기 총회을 할려고 우리 집으로 회원들이 돼지고기 뒤다리을 들고 막 들어와서 자신은 처과에 가는 것을 표기을 하고 부인 혼자 친정을 다녀오게 돼어다.

자신은 오늘 장깐이라도 처어머님을 배웁고 와야 하는돼 그려치 못해서 미안하구나. 오늘은 정기총회라고 하지만 돼지고기 돌부리만 하고 마랐따는 생각이 더는구나. 오늘 총회는 회비값 10,000원식 내는 것만으로 오늘 회을 말라따고 생각을 한다.

지출에 … 동신회원 회비값 10,000원
훛노리 뒤판노리에 15,000원
계 25,000원

〈1996년 9월 29일 일요일 날씨 흐림〉

오늘도 동신회원들은 훛놀리로 놀라고 약속을 하여는돼 사람들이 오지 않아서 배추밭을 한밖기 돌라 보앗다. 그리고 포도밭다들 한밖기 돌라서 와 훛노리에 참석을 하여다.

오늘은 훛놀리 하는돼 돈 거는 놀리는 하지않을라고 결심을 하여다. 훛놀리는 잘하는 사람이 이기는 것이 아니고 그날의 기분이 좋은 사람이 이기기 때문에 평소에 훛놀리 잘한다고 돈을 놀리을 넌는다고 이기는 것이 아니라 그때의 기분이 좋은 사람이 이기는 것을 어재 훛놀리에서 너켜다. 그래서 자신은 놀리넌는 것을 안캐따는 결심을 하여쓰며 오늘은 조을 만들어서 훛노리을 하여서 자신의 조가 만이 이기서 어재 일은 돈을 조금 감축을 할 수가 잇쓰다.

수입에 훛놀리값 4,000원

오늘도 공비 한 명을 1명 사살을 하여다. 오늘이 공비 수색 작업 14日에 한 명 사살을 하여서 공비가 3명이 남아잇다. 이 공비을 팔리 잡아야 하는돼 이 공비 때문에 아군의 고충이 말로 다할 수 업는 고충을 받고 잇다.

〈1996년 9월 30일 월요일 날씨 맑음〉

어재 운이 전화을 혜지가 받아쓰며 운이가 저의 누나한태 잘잇따고 하면서도 무릅이 조금 아푸다고 이야기을 한다기에 운이가 내가 전화을 받든지 저의 엄마가 받든지 하며 무릅이 아푸지 않타고 이야기을 하는것은 부모의 극정을 들게 할려고 참고 잇는 것이구나 하고 오늘은 운이 부대에 권 씨가 잇따고 하니 우리 종씨을 만나서 사실 이야기을 하며 우리 운이 외출을 잠깐 대리고 나와서 무릅에 사진만 찍고 들어가면 안대겟나 하고 자신의 생각만으로 부인과 둘리서 포도 한 상자을 들고 운이 부대을 찾아 가서 면회실에서 이름도 모르고 그저 종 씨만 알고 면회 신청을 하여뜬이 다행이 응해 주드라. 그래서 사실 이야기을 하니까 외출을 응애주드라. 그래서 선물 포도 한 상자을 주어다. 그리고 종씨라고 그러는지 잘해주며 사람이 아주 좋은 사람같드라.
그래서 우리는 운이을 돼리고 파티마 병원에 용숙이 조카 한태 갈뜬이 연휴 끝이라서 병원에는 사람이 들어갈 틈도 업시 사람들 밀리 잇쓰며 사람이 넘어 만아서 오늘 결과을 보기에는 어렵다고 생각을 하여는돼 용숙이 득으로 기다리지 않코 결과까지 다하여쓰며 오늘은 용숙이 아니드라면 질료도 어렵지 않아쓸까 하고 생각도 하여본다. 그리고 운이 무릅도 깨끗하다고 하며 군대 훌련에 무리가 가서 무릅이 아푸다고 이야기을 한다고 해서 다행이라고 생각을 한다. 그리고 병원 음무을 다보고 성운이을 고기집으로 돼리고 가서 너 먹고 십픈 것을 골라서 식키라고 하니까 돼지고기 불고기을 식키며 공기밥을 식키 먹어다. 이 아빠는 아주 값이 비싼 음식을 식킬 줄 알라는돼 이 아빠도 채고 음식을 운이한태 먹두록 할려고 생각을 해는돼 운이가 돈을 생각을 하뜬가 돼지고기을 선택을 하여서 운이도 돈애 애착을 가지고 잇따는 것을 너키게 했쓰며 오늘은 운이 마음에 따리게 생각을 하였다.
오늘 운이 한태 돼지고기와 통닭 양념으로 재공을 하고 부대 안으로 들어가는 모섭을 보고 아빠 엄마는 집우로 돌라왔쓰며 운이가 10月 12일날 면회을 오며 특박을 나올 수가 잇따면서 10月 12일 날은 아빠만 오라고 부탁을 하드라. 요놈의 자식이 집에는 오고 십픈 모양이구나. 운이가 말을 하지 아도 12일 날은 이 아빠가 운이 면회을 갈 작정을 하고 잇다.
지출에 …

〈1996년 10월 1일 화요일 날씨 맑음〉

오늘은 부인과 둘리서 채소을 해왔쓰며 자신은 금년 배추 농사는 잘짓 어따고 생각을 한다.
오후에는 봉답 채소을 참깨자리에 조금 갈라떠니 가뭄 때문에 배추가 자라지을 안아서 오늘 물을 주어다. 오늘 물을 배추에 주는 일은 사실 망서리다 물을 주엇다. 외냐하면 기상대는 내일 비가 온다고 해서 물주는 일을 다음으로 미루어 둘라고 하다 오늘 일이 여유가 잇쓰서 오늘 물주는 일을 하여다.
요줌은 전에 업는 휴식을 만이 하고 잇따고 생각을 한다. 자신이 생각을 하기에는 금년처름 시간 여유을 만이 가지고 잇는 해는 자신이 알기론 금년이 처음이라고 말을 하고 십다.

〈1996년 10월 2일 수요일 날씨 맑음〉

오늘은 가랑비 오는돼 아무것도 화지 않코 오전은 대신 분소에 가서 돈 찾아오는 것과 샘표 간장을 사오는 일 오후에는 아포 조합에서 사과나무 약을 사오고 나서 친구들과 오후에 노는 것으로 오늘 일자을 마감하여다.
오늘은 가랑비라서 무선 일이든지 만대로 할 수가 잇는돼 일하기 실어서 휴식을 하여따고 생각을 한다. 요줌 자신이 너무나 한가한 시간을 보내고 잇따고 생각을 한다. 자신은 이른 휴식은 생각지도 못했는돼 요줌 늙 휴식을 하고 잇쓰니 자신이 이를 때가 와꾸나 하는 생각이 더는구나.

"금년에는 자신 픈 아니라 다들 한가한 시간을 보내고 잇다. 다들 절우가 일적은 땃이 아닌가 하고 내다본다."

올해는 가을추수는 아주 수라게 할 것 같다. 외냐 하면 다른 일들은 끝을 내고 남은 것은 벼탈곡하는 일만 한다면 아주 수랄 것으로 내다본다.26)

지출에 … 샘표간장 2,500원

〈1996년 10월 3일 목요일 날씨 비〉

오늘오전은 가랑비가 내리고 해서 아무 일도 못하고 해서 조합에 가서 사과 약을 사와야 날씨가 내일이라도 맑은 날씨을 보인다면 약 살포을 하두록 준비을 하여 둘 욕심으로 오늘 오전은 사과 약 살포을 할 준비을 하여두어다.

오늘 기상대는 오후 1시 발포아[발표에] 구름만 만이 키고 비는 오지 않는다고 해서 오늘 오후에는 하늘래 뭄개 구름이 몰러더는돼도 기상대 믿고 부인과 둘리서 약 살포 준비을 해서 사과 약 살포을 하로 가서 사과 약을 살포을 하여쓰며 사과 착색약을 혼용을 해서 살포을 하였다(약량은 25말 살포을 함).

오늘은 공유일이라서 운이 전화을 기다리왔는돼 전화는 오지 않아쓰며 이 아빠는 무름 아푼 약이 몸에 맡는지 약 요음을 보고 잇는지 궁금하기 짝이 업꾸나. 운이가 이번에 약이 마자서 약 효음을 바야 하는돼 하는 생각 밖에 업다.

〈1996년 10월 4일 금요일 날씨 맑음〉

이재 아침 저녁에는 재법 선선한 바람이 불뿐 아니라 피부에 참바람이 닷는 것이 이재 가을{이}라는 생각이 더는 감을 너킬 수가 잇다. 이래간다면 눈 감짝 할 사이에 가을은 깁속이 다가올 것이며 그러다보면 가을다 귀울러지면 또 겨울, 이러다가 보면 96年을 뒤로 보내야 하는 인간의 심정을 무엇으로 표현을 해야 좋다 말인가 나 자신은 삶매 길을 걸어온 뒤을 본다면 자신이 무엇을 했는가 조용이 자신의 마음을 원망을 하여본다.

"올해는 부인이 경주 구경을 못했따고 해서 부인보고 포도농사 잘 짓어여 부인 경주 경을 식키줄라고 약속을 하여는돼 그만 약속을 지키지 못하고 잇는 자신이 부인보기에 미안하기 짝이 업꾸나. 외냐하면 자신의 침대는 생각지도 않아는돼 딸들이 침대 값을 보태 줄라고 하는 바람에 침대 값을 너무 만이 지출을 해서 이것도 백만 원 이상을 지출을 해서 경주 구경 가는 것을 표기을 한 동기다. 자신이 침대을 내년으로 미루고 부인과 약속을 한 것을 꼭 지키는 것이 남편의 도리인돼 자신은 생각지도 않코 행동을 하고 잇는 자신이 원망을 하고 십프며 자신이 늙 우리 국민이 너무들 과소비을 한다고 만이 하는 사람이 또 과소비을 한다면 자신이 마음의 허락이 돼지을 않아서 부인이 남편의 욕을 한다고 해도 생각지도 않은 돈은 너무 만이 쓰키 때문에 내년으로 미루고 마라쓰며 내년에 부인의 손을 꼭잡 고 경주 구경을 가리다. 여보, 경주 구경을 못

26) 일기 지면 상단에 '10月2日 동신회 회비값 윤대희 10,000원. 윤천희 씨와 이진일 아포 복지간에 한학자 강연 간다도 버스 승장강에 잇쓸 때에 대희 돈 줌 10,000원'라고 기록되어있다.

가서 정말 미안하오.
"오전은 배추에 살충재약을 살포을 하고 오후에는 소 인분을 당산포도 밭에 경운기로 실어 너어쓰며 소인분이 안전희 썩지 않아서 포도 거름하기에는 알맡지 않는돼 이왕 생각을 한 것이라 시작을 하여다. 자신은 내년 포도 농사을 잘짓키 위해서 뒤거루 준비을 하고 잇는 중이다."

〈1996년 10월 5일 토요일 날씨 맑음〉
오늘 오전은 가정용 정미기을 숙모님과 공동 구입을 해서 약 2년을 사용을 하여는돼 자신 1년 정미기을 돌리도 양식만 정미을 하니까 정미기 이용이 을마 돼지 않코 숙모님 대구 사촌들이 3명인 양식을 다들 정미을 하며 심지어 쌀을 찌어서 팔기도 하니까 자신보다 정미기을 사용을 하니까 숙모님이 미안하니까 자신을 정미기 반을 준다면서 각자 사용을 하자고 하면서 이른 이야기을 정미기 장사 뒤에 들어가서 정미기 장사가 자신의 말도 업시 정미기을 우리 집에 같다 나와드라. 자신은 정미기 구입을 할 때에 75만원 주어는돼 이번에 정미기 구입 값은 85만원 달라고 하며 이가 격에 한 품도 깍가 주지 않으며 자신은 정미기 사용을 한 것 비에 손에가 만타고 생각을 한다. 숙모님은 정미기을 세 것을 하기 때문에 자신이 득을 본다고 생각을 할련지 몰라도 자신이 75,000원 1년에 정미기을 사용했따고 볼 때에 자신은 사용을 을마 하지 않코 75,000원을 더 내고 잇쓰니 자신은 숙모님과 같이 정미기 구입을 한 것은 득은 업고 손실이 만아따고 생각을 한다. 숙모님이 40십만 원만 줄라고 하니 어떠게 할 수도 업고 자신이 가을하고 나며 45만원 주고 정미기을 구입을 하게 돼어다. 오늘 오전은 정미기 85만 원짜리 들려놨다.
오후에는 포도밭에 경운기로 소두엄을 실어다 너는 일을 하여쓰며 오후 내 실어났도 경운기로 두 바리 밖에 실어너치 못하고 잇다.
"들레서 경운기을 몰고 오니까 혜영이가 혜지 친구 소위가 순천항 병원 영안실에 잇따고 혜지한태서 전화가 왔다고 이야기을 할 때에 자신의 몸이 뜰리며 혜지에서는 우리 마을 여자 친구는 소위밖에 업는돼 친구 하나을 일코 말라쓰며 자신도 점수와 친구라고 생각을 하며 나이로 바서는 2살 위지만 점수와 지내는 것은 친구라고 생각을 한다. 인간이 살라가는돼 이른 일은 업쓰야 하는돼 점수로 바서는 딸을 전문대학을 식키서 회사에 근무을 하며 이재 딸을 다들 키어 났는돼 교통사고 딸을 버리고 마라쓰니 이것은 가슴 아픈 일이며 이것도 중안선을 침범을 해서 교통사고로 죽은 것은 다 키운 자식을 그냥 버리는 일이 돼고 마랐쓰며 오늘 저녁에 우리 계원 7명이 구미 순천항 병원 영안실을 찾저가보앗다. 현장에 가서 친구을 본들 위로 말도 나오지 않으며 그저 안스러울 뿐이다.
이른 일들을 보고나니 혜영이가 티코 차을 구입을 해서 혜지와 둘리서 출태근을 할려고 하며 아빠에 허락을 어들라고 이야기을 하는돼 나는 시집을 가기 건에는 허락지 않는다. 입도 띠지 말라 하며 허락을 하지 않아다. 오늘 점수 딸 면허증을 치득을 해서 회사차로 출태권을 하다 오늘 이른 변을 당하고 잇는 것을 보니 여시기[여자 아이들] 들은 차 구입은 반대을 해야 한다는 것을 절시리 너켜다. 인간이 눈으로 보기에는 승용차로 출태근을 하는 것을 보며 다들 부러서 하는 것은 인간의 심리라고 말을 하고 십다. 이것들 판단을 해서 결정을 하는 일은 부모가 할일들이다. 부모가 침착하게 생각을 해서 결정을 지어준다면 큰 변도 막을 수가 잊따고 생각을 한다.

"오늘 점수 딸 죽음의 변은 부모가 심각하게 생각을 했드라면 죽음의 변을 모면을 할 수가 잊찌 안아나 하고 조금스렵게 생각을 하여본다."

오늘 점수 딸 근무처을 생각을 하여보자. 점수 딸이 아주 적은 기업체에 경리로 들어가서 회사 차로 회사 음무을 보는돼 점수 딸이 승용차로 이용을 하고 또 회사차라서 직원들 출태근을 다 식킨다고 하니 이것은 생각을 해본다면 현도로가 아주 복잡을 뿐 아니라 한국의 도로는 살린마라고 부르고 잊는돼 여자의 몸으로 거것도 쳐녀의 몸으로 운전 경력도 업는 딸이 그른 일을 한다면 부모로서도 생각을 하여본다면 부모가 속 깊이 생각을 하지 묯했찌 않나 하고 생각도 더는구나. 여하뜬 가슴 아푼 일이다.

오늘 지출 … 점수딸 영안실 가는돼 개인당
5,000원, 형님 돈 5,000원
해서
계 10,000원

<1996년 10월 6일 일요일 날씨 비>

오늘 오전에는 개장국 어더 먹는 일로 오전을 보냇다. 오늘 오전은 사실상 점수 딸 구미 순천항 영안실 잊는돼 친구의 아품 가슴을 조금이나 들게 하기 위하여 구미병원에 가다가 진일 집에서 개돌부리 하고 남은 개장국이 잊따고 하며 오전에 국을 해서 먹고 가자고 하여서 진일이 집에서 모여서 개장국을 끌리서 먹고 놀다보니 오후 2시가 돼드라. 그려자 우리가 놀라도 병원에 가서 놀자면서 이야기을 해서 여릇을 돼리고 갈다. 점수가 평소에 일하는 쳐세가 아주 나푸다고 생각을 한다. 외냐 하면 점수 친구가 마을래 길, 흉사 때에 참석을 하지 않아서 오늘 이른 자리에 표가 나며 교인들이 조금 잊찌 남어지 사람들 상막한 기분이 들며 점수로 바서는 이번일로 만이 생각을 할 것으로 내다본다. 요줌 사람들은 엔날가 달라서 와야 가는 행동을 보이고 잊다. 요줌 인간의 어리가 잊쓰야 어르운 자리을 같이 동참을 하고 잊다. 이범에 점수을 볼 때에 자기 집안도 별로 참석을 하지 않는 것 같터며 그저 채면으로 참석을 하고 잊드라. 인간이 평소에 사라갈 때는 별로 어려움 업시 살라가는돼 큰일을 당하고 보며 그 사람의 평이 나오며 큰 어르움을 당하게 돼는 것이 인간의 삶매 생활이라고 생각을 한다. 오늘은 친구 개돌부리하고 남은 개장국을 잘 어더먹어쓰며 오후에는 점수 딸 영안실래 잊는 병원에서 오후 시간을 보내는 일로 오늘 하로 생활을 보냇다.

그리고 오늘은 일요일이라서 운이 전화을 기다리쓰며 그리고 무릅에 통정은 어뜬가 차도가 잊는지 궁금하여쓰며 집에서 극정을 한다고 전화을 줄 쭐 알라는돼 전국에 비상이 내리서 운이가 전화할 시간이 업는 것 같꾸나. 이 아빠는 무릅에 아푼 것이 차도가 잊는지 궁금하기 짝이 업꾸나.

지출에 병원가는돼(버스비값) 1,200원
(가곡 태이프) 2,000원
계 3,200원

<1996년 10월 7일 월요일 날씨 흐림>

오늘은 운이 부대에 선임상사 권삼만 씨의

상사님께 쌀 40kg을 오늘 김천역 화물에서 동대구역으로 부처 주어다. 자신은 우리 운이을 주위에서 좀 보살펴 달라는 뜻이며 내 자식을 특별이 바달라는 뜻은 업다. 운이가 무름이 아푸다고 하니까 이아픔의 차도나 간찰을 해달라는 뜻으로 오늘 쌀 40kg을 부쳐 주어쓰며 앞푸로 우리 운이을 조금이라도 돌바준다면 자신이 농사을 짓고 잇는 것은 조금식 선물을 할 작정이다.

"오늘은 들판을 한 박키 돌라보고 나서 매주콩을 익은 것 뽑아쓰며 자신은 매주콩은 콩잎이 아직 새파레서 콩 수학은 생각지도 않아는돼 부인이 콩 수학을 하고 잇쓰서 자신도 콩수학을 하는 것으로 오늘 일과을 보내고 마랐다."

지출에 … 열차비 140원
쌀부치는돼 1,800원(40kg)
버스비값 480원
계 2,420원

〈1996년 10월 8일 화요일 날씨 맑음〉

오늘은 어재콩 수학을 한것을 오늘 탈곡을 하여다. 콩 꼬트리가 물티라고 생각을 하여 본다. 이것을 탈곡을 하는돼 힘이 더는구나. 그리고 콩 꼬트리가 생길 때에 가뭄이 심해서 콩꼬트리가 빈집이 돼어서 콩 수학에 음청난 타격을 주어따고 생각을 한다.

그리고 오늘은 부인의 생일이다. 딸들이 저의 엄마 생일 선물을 하고 캑을 싸서 초불을 켜놓고서 아빠을 부르드라. 그래서 딸들이 엄마 생신인돼 선물을 내나야지 하길래 아빠는 선물 준비을 못했따면서 여보 사랑해 하면서 뽀뽀을 하는 것으로 그 자리을 모면을 하여다. 그러자 딸들은 축하 노래을 불러주는 것을 보고 오늘날까지 딸키어 와는돼 이재는 딸들이 다 잘라서 이재는 부모을 도와주고 잇따고 생각을 한다. 그리고 오늘 이 자리에 운이가 한자리을 했쓰며 을마나 좋으리만 운이가 업쓰서 마음의 한구석에는 어더어따고 말을 하고 십다.

〈1996년 10월 9일 수요일 날씨 맑음〉

오늘은 96年 벼농사 종합 평가회을 김천시 양천동외서 농촌지도소 주선으로 열리쓰며 자신은 아포읍 지소도장으로부터 우리 마을에서 동장과 둘리 참석을 해달라고 하여서 오늘 동장과 두리 오전 10시에 평가회 장소에 참석을 하여쓰며 이곳에서 금년도 벼농사 어르운 점을 의논을 하여쓰며 금년도는 기상족근은 좋아따고 평가을 하며 벼씨 선정을 잘못했서 농사을 망친 사람이 들어 잇찌만 농가 전체을 본다면 풍년이라고 지도소에서도 평가을 하고 잇드라. 그른돼 우리 마을에서는 일품벼을 만이 하여키 때문에 풍년이라고는 생각지 않는다. 오늘 평가회 참석을 해서 보니 시범포을 견학을 해볼 때에 거름이 만아서는 벼농사에는 좋은 점이 못돼고 늙 벼농사는 안전하게 농사을 짓어야 하며 거름 욕심을 버리야 하게쓰며 이재는 일품벼을 도태을 해야 하게따는 생각을 하여다.

오후에는 콩수학을 한 것을 풍구질을 하는 것으로 오늘 일가을 보내다.

그리고 운이 중대 선임 상사 한태서 전화가 왔드라. 운이 무름 아픈 것은 극정을 하지 말라고 하면서 운이 아픈돼 운동선수들이 {쓰는} 무름대[무릎대]을 사줄라고 해서 고맏드라. 그리고 오늘 쌀 부친 것을 찾와따고 하며 고맡따고 이야기을 하며 사람이 아주 좋은 사람이라고 생각을 한다. 앞푸로 우리 운이가 재대을 할 때까지 자신이 농사을 짓는 품목을 조금식 선물을 할 작정이다.
자신은 권상사님에깨 우리 운이을 특별이 잘 바달라고는 생각지 않으며 자신은 주위에서 운이 동태을 바달라는 뜻으로 자신의 성위 보인 것이다. 다른 뜻은 업따고 말을 하고 십다.
자신은 운이 무름만 차도 잊쓰서 아무른 일이 업쓰며 이 아빠는 더 바라지 않캐는{데} 운이 극정때 문에 오늘 밤은 좀 설친 잠을 이루어따고 생각을 한다.

〈1996년 10월 10일 목요일 날씨 맑음〉

오늘은 부인을 돼리고 벼탈곡을 할 수가 잊나 하고 벼논을 한 밖기 돌면서 자신이 짓는 필지마다 돌라보는 과정에서 부인의 말이 실랑 농사을 헛짓어따고 원성을 만이 하고 잊다. 그래서 마음속으로는 자신이 원망소리을 들어도 싸다는 생각을 하면서도 부인의 원망소리을 막을라고 자신도 벼농사을 잘 짓어라고 노력은 하여찌만 그것이 만돼로 안돼며 자신은 농사는 다망치도 부인만 잊따면 자신은 부자이며 더 이상 부리지 않으며 자신은 이것만도 대만족이다. 부인은 무선 욕심을 부리나 벼이삭이 죽은 것은 보지 말고 벼을 탈곡을 해도 돼나 하고 이것만 바달라고 부탁을 하여다. 오늘 부인이 농사을 잘못 지어따고 원망을 하는돼 자신이 매년 농사을 마음에 들지 못하개 농사을 짓는 것을 보며 큰 바보인가 하고 머리가 수거러진다. 올해는 일품벼 10마지기을 해서 농사을 망치버리다. 그리고 올해 일품벼을 하지 않아는 사람들은 풍년이라고 말을 해도 됀다고 생각을 한다.
오늘 자신이 색망이기 때문에 벼이삭이 고로 익은 것을 잘 모르기 때문에 부인을 벼논 필지마다 견학을 하게 해서 이 남편 농사을 재대로 못 진는다고 원망을 할 때에 정말 미안하드라. 부인이 농사을 짓는다면 아주 잘 짓을 사람이라는 생각이 들며 정말 오늘 미안한 느킴을 밭아다. 여보 정말 미안하오.
오후에는 내년도에 200평 논에 가지을 해볼라고 소두엄을 한 벌식 덥이비서 비누루을 덥프두는 일을 하여쓰며 앞푸로 2달 정도 덥프서 거름이 다들 썩을란지 몰개꾸나. 신촌사람이 가지 농사을 해서 수입을 만이 본다고 순달이가 해도 여사로 여기와는돼 내년에 한번 할 작정이다. 그른돼 금년도에 가지농사을 짓은 사람들은 다들 돈원을 만이 하여키 때문에 내년도는 가지농사 면적이 만이 늙어나서 가지 농사 짓언 사람들의 가지값 하락으로 오히려 벼농사보다 못하는 결과가 돼지 않을까하고 극정도 돼고 잊다.
오늘 저녁을 먹고 온 식구들이 모여 안저서 텔레비전을 보고 잊는데 전화벨소리가 울려서 운이 전화다 하면서 빨리 밭드라고 이 아빠가 이야기을 하여는돼 정말 운이 전화드라. 전화을 바꾸어들고 무름 아픈 돼는 좀 차도 잊느냐고 무려니까 조금 났따고 하면서 극정을 하지 말라고 하드라. 이 아빠는 자식이 아픈 것이 조금 났따고 이야기을 해도 미드저지 않코 잊다. 오늘 전화을 주는 것도 종씨의 덕이 아닌가 생각이 더는구나. 우리 종씨가 운이한태 잘해준다면 내가 무엇을 아키개 하개는가. 앞푸로 성운이 잘 간찰을 해서 돌바주어 쓰며 하는 마음뿐이다. 이 아빠가 군 생활이 아니고 사회생활을 하다가 운이 무름이 아푸다면 극정을 하지 않캐는돼 군 생활에서 운이 무름이 아푸다고 하니까 큰 극정이 돼는구나. 운아 무름 아푼 돼 전신경을 다 쓰주기 바란다.

〈1996년 10월 11일 금요일 날씨 맑음〉

요즘은 자신이 아침에 일어나서 무엇을 해야 하나하고 생각을 한참식 해도 무엇을 해야 된다는 일끄리가 업쓸 정도로 한가한 시간을 보내고 잇다. 자신은 언재나 일끄리가 너무 만아서 해도 해도 끝이 업쓰서 속상할 때가 만아쓴는돼 이재는 자신도 길거리에서 여유시간을 가질 수 잇쓰서 나도 이른 시간이 다 이꾸나 하고 여르 번 이 시간을 생각을 할 때가 만다.

오늘 오후에는 우리 형재키리 한자리에 염소 돌부리을 할려고 해서 오늘 자신이 넉둘래 염소 먹이는 공부동 씨 한대가서 염소 숫놈 큰 것을 150,000원 주고 사와다. 자신은 염소 값이 200,000만원 달라고 하지 않을까 하고 낭비을 만이 한다는 생각 때문에 순달한대 우리 돌부리 한다는 것을 표기을 하자도 이야기을 했뜬이 먼저 번에 돌부리 하고 남은 돈이 잇따면서 돌부리을 하자고 하여서 오늘 염소을 160,000원 달라고 하는돼 150,000원 주고 염소를 몰고 왔다.

〈1996년 10월 12일 토요일 날씨 맑음〉

오늘은 시민체육날이며 동내 친구들 일부가 운동회을 간다고 같이 갇자고 해서 사과나무 밭침대을 세우로 가면서 친구들이 모여서 가자고 하길래 오늘 순달이가 염소 돌부리을 형재간키리 내일한다고 오늘 오후에 염소을 잡아서 양념을 해서 재나야지 만이 잇따고 하면서 순달이가 온다고 해서 운동회는 못갈 것 간다고 이야기을 해도 자신의 마음속은 운동회을 가고 십드라. 그래서 사과나무 밭침대을 사과가 만이 달리서 뒤리전 것만 밭루인 집부로 와서 순달한태 오늘 운동회 한다는돼 오늘 운동회에 가지 않나 하니까 순달 말이 오라고 해도 찬조을 50,000원 이상해야지 매년 이른 돈이 너무 만이 들어가서 올해는 안갈라고 하드라. 그래서 자신도 운동회 가고 십픈 생각을 표기을 하고 말랐다.

"순달이가 염소을 잡우로 4시가 넘어서 와서 오늘 염소을 잡는돼 둘리가 염소을 잡는 구경도 한 번 해보지 않코 두리 잡는돼 염소을 잡는돼 염소을 죽이는돼 큰 망치로 두리가 번갈라 때라도 죽지을 안아서 상당한 시간을 보냇다. 염소을 죽이는 시간만 생각을 해도 1시간은 보내따고 생각을 한다. 둘리가 한번 잡아보지도 않아서 둘리가 큰 고충을 당해쓰며 오늘 염소을 잡는돼 처음에는 물을 대어서 염소을 태어서 털을 뽑는돼 안전희 뽑피지 않아서 내중에는 껍질을 벗키는 순서로 염소을 잡는돼 불을 켜놋고 두리 잡는돼 안전 쇼을 했따고 생각을 한다. 그리고 우리는 염소 잡는 일만 우리가 하고 부인과 형수가 살고기을 발가서 양념을 해서 재는 일은 부인 형수가 다들 하여쓰며 부인은 다들 일을 맡치고 잠자리에 들어오는돼 밤 11시드라. 이것을 보니 남들은 먹고 가면 다들 끝이 나며 이른 일들 자주하게 돼며 부인만 수고을 식키는구나 하고 생각을 할 때에 이것도 자주 했쓰는 안돼꾸나 하는 생각을 하여다. 오늘은 종일동안 염소을 잡는 준비로 오늘 일가을 다들 보내고 마랐쓰며 오늘 자신의 하로 생활을 생각을 하여본다면 오늘 염소을 잡지 않아따면 자신은 동내 형 친구와 운동회을 같쓸 것이며 운동회을 같따면 낭비을 좀 했쓸것이며 오늘은 결과적으로 낭비을 하지 않아서 득을 바따고 생각을 한다."

지출에 … 염소잡는돼 순달이 담배값
하나로 2갑 2,400원

〈1996년 10월 13일 일요일 날씨 맑음〉

오늘은 우리 형재관키리 염소 돌부리을 할려고 염소 뼈을 곰을 오전 내 꼬어났쓰며 오늘 정심 때을 마추어서 먹을 수 잇두록 준비을 안전희 하여쓰며 다들 바푸니까 시간을 맡추어서 오니까 부인만 바푸며 부인은 가만이 보며 먹을 시간도 업드라. 형재간의 정을 도꾸기 위해서는 희생하는 사람이 잇쓰야 하지만 자신으로 바서는 돌부리을 한다면 서둘어서 오는 사람이 업고 때을 기다리서 오는 것을 보며 힘을 드리지 않코 먹고만 갈려는 생각만 하고 잇는것 같드라. 오늘 돌부리 식구들은 우리 형재 중 순서가 회사 근무로 빠지고 다들 참석을 하고 큰집에 조카, 용만 형수, 세집에 사촌동생 둘리 숙모 16명이 염소고기을 실큰 먹어쓰며 남들이 염소는 풀 먹을 때는 노린네가 난다고 하며 고기 맡이 업따고 하는돼 그러치 않코 오늘 고기을 미리 제났따 고기을 꾸어 먹어니 고기 맡이 아주 좋드라. 오늘 고기을 먹은 사람들은 다들 맡이 잇따고 하드라.

그리고 우리 형재키리 돌부리을 오늘로서 2번째가 돼는구나.

"오늘 돌부리을 맡치고 동생들이 돌라가는돼 부인은 곰국을 다들 그릇에 나누어 담아서 주는돼 자신은 부인 약질이고 조금 난겨두어따가 아침 공복으로 좀먹어쓰며 하는돼 이것을 다들 똑같이 나누어주는 것을 보고 부인을 원망하고 십픈돼 한편으로 다들 나누어주고 보니 마음이 깨운 하드라. 내부인은 성격을 본다면 형재가 만은 곳에 맡미느리가 돼어쓰야 하는돼 지차부인 돼어쓰니 아쉬운 사람이라고 말을 하고 십꾸나. 인간이 다들 부인의 마음처름 마음이 넒버며 형재간키리 어리로 싸우는 일이 업쓸 것으로 본다."

"부인 이번 돌부리 준비을 하는돼 고생이 만아다. 여보 정말 수고가 만아쓰며 미안하오."

"이번에 무장공비일 아니드라면 운이가 오늘 외박을 나와서 염소 고기와 곰국을 먹을 수 잇는돼 공비 때문에 오지 못하고 전화만 주고 잇쓰니 내 마음이 글리는구나. 여하튼 운이 음성을 들어니 무름 아푼 것이 조금 차도가 잇는 너킴이 들며 운이 음성이 밝어며 운이가 집 극정을 하여주다니 고맡드라."

〈1996년 10월 14일 월요일 날씨 맑음〉

오늘은 아침 일적부터 벼을 탈곡을 할 수 잇쓸까 하고 논 필지마다 벼알이 다들 익은 것을 학인을 하여보니 일부 벼알리 70% 익은것 같트며 실찌 벼탈곡은 할 때가 돼어따고 보는돼 막상 벼탈곡을 할려니 망스리어지고 잇쓰서 자신은 이삼일 잇따가 벼 탈곡을 활 예정이다. 그리고 오후에는 콩 수학을 하고 남은 것을 오늘 마저 콩을 뽑아서 경운기로 실어났다.

"금년도 자신의 콩 농사는 우리 부부가 콩씨 부림을 해서 김매는 일, 다들 품을 따지며 콩수학을 다해도 품값 반도 안댄다고 생각을 한다. 금년도 콩 재배을 한사람은 다들 숭년이라고 생각을 한다. 외냐하면 콩이 한참 꽃이 필 때에 가뭄이 너무 심해서 콩수학을 떨어뜨리게 돼어따고 생각을 한다."

"요줌은 자신이 생각을 해도 너무 한가한 시

간을 보내서 오늘 부인한태 요즘 내가 외 이래 한가한 시간을 보내게 돼는 것이 자신도 모르게 이상하다고 이야기을 했쓰며 자신도 이처름 한가한 시간을 가지고 잇는 해는 금년이 처음이 아니가 하고 생각을 한다."

〈1996년 10월 15일 화요일 날씨 맑음〉

오늘은 벼 수학을 할려고 준비는 하여찌만 오늘 콤바이 탈곡을 한다는 것은 생각지 않코 났을 들고 들판을 가서 콤바이가 아다리가 됀다면 콤바이 탈곡을 할려고 웃들 굼논에 엽패논에 콤바이 탈곡을 해서 잘 돼어다 하고 내 것도 콤바이 탈곡을 해달라고 하니 시간이 돼겟나 하든이 휴식 시간을 줄라더니 내 논에 콤바이가 들어갈 때 시간은 5시에 들어 간 셈이다. 콤바이가 적은 것이라서 시간이 만이 글리드라. 안전이 콤바이 탈곡을 맡치니 길이 어더어지며 집에 올 때는 안전이 절무려서 숙모님 보기에 미안하드라. 그전 같뜨며 밤너깨 벼탈곡을 하며 아주 실어하는돼 오늘은 실어한 기색이 업드라. 숙모님도 시간이 흙려가니 생각하는 것이 좀 늙번 감이 잇드라.

오늘은 생각지도 않아뜬 콤바이 탈곡을 하여다. 자신은 금년도 벼탈 곡을 처음 하여다. 그른돼 자신은 아주 벼농사가 잘돼어따고 생각을 한 벼가 콤바이 푸대로 42푸대밖에 생산을 못해쓰니 자신은 벼가 잘 돼어서 수학량이 만을 줄 알라는돼 그 반돼로 수학량이 생각지 않아뜬 적은 수량의 수학이라서 허전하기 짝이 업쓰며 콤바이 탈곡을 해도 쓴 우섬밖에 지울 수밖에 업쓰따. 오늘은 정말 허전한 하로라고 말을 하고 십다.

지출에 … 벼 탈곡하는 돼 새값 맥주3병 4,500 과자 300 (경유한드람)

휘발유 1말 56,160원

계 60,960

〈1996년 10월 16일 수요일 날씨 맑음〉

어재 콤바이 탈곡한 벼을 말류는 일을 하여쓰며 올해는 처음 벼 탈곡한 벼을 하로만에 담아서 창고에 저장을 하여두어다. 매년 벼는 칯수학한 벼들은 삼일 식을 말라서 재어두야 하는돼 금연에는 하로만에 벼을 다말라쓰니 금년에는 희기한 일기라고 말을 하고 십꾸나.

"우리 마을레는 콤바이가 업쓰서 벼탈곡이 지연이 돼게꾸나. 오늘도 콤바이가 큰 들파에 업쓰며 벼들만 한금 물결을 쳐고 콤바이 탈곡을 할 사람은 외가 달라서 들판만 나와따가 쓸쓸리 돌라가는 일을 자신도 오전에 한 번 오후에 한 번 하로에 두 번식 예타는 고비을 넌기야 한다."

"우리 마을도 콤바이가 2대가 잇는돼 한사람은 직업을 폭크렌 기사로 직업을 온기고 한사람은 기계가 노후가 돼어서 고장으로 수리가 부품을 업쓰서 곤치지 않코 잇쓰니 우리 마을은 콤바이가 업는 마을이 돼고 마랐다. 그래서 우리 마을은 콤바이가 업쓰서 벼 탈곡이 자꾸만 너저만 가고 잇꾸나."

"자신이 콤바이을 단장 사고 십프나 뒤바리시 할 사람이 업쓰서 콤바이 구입은 망스리고 부인만 아푸다 소리만 하지 않으며 콤바이을 구입을 하지만 부인건강을 생각해서 콤바이 구입은 못하게 꾸나."

〈1996년 10월 17일 목요일 날씨 맑음〉

오늘은 웃들2단지 콤바이 탈곡을 하여쓰며 두 단지벼는 굼논보다 수학량 46푸대 수학을 하여는돼 한단지에 4푸대식 굼논보다 더 수학을 하여다. 우리들 눈으로 보는돼 잘돼어따는 표가 학실이 나는돼도 한단지에 콤바이 푸대로 4푸대 차이박에 안 나는 것을 보며 잘 돼 필지와 보통 돼 필지의 차이을 본다면 거름 량의 욕심을 부리지 않는 것이 벼농사에 더 유리하리라고 생각을 가지본다. 우리 마을은 거름 량이 너무 만이 하여서 수학의 감수을 매년 맡보게 돼다고 말을 하고 십다.

“자신은 늙 이야기을 하지만 벼씨 선정을 못한 사람들은 금년도에 큰 숭년을 맡보고 잇다. 올해 숭년은 음청나게 개인의 재산에 큰 손실이라고 말을 하고 십다. 외냐하면 우리나라가 쌀이 부족한 이 마당에 수학량이 업따는 것은 개인적으로 손실이 크다고 본다. 올해는 수매값보다 시중의 시세가 더 올라갈 것으로 내다본다.”

지출에 콤바이 탈곡 세값 3,600원 맥주 3병, 음료수 1병 오늘 세는 통닭 1마리 재공함

〈1996년 10월 18일 금요일 날씨 비〉

오늘은 기상대에서는 우리 지방에 비올 학률이 30%라고 해서 아침 이러나면서 탈곡한 벼을 말루기 위해서 어재 콤바이 탈곡한 벼을 마당으로 가득 늘어났쓰며 기상대 외보에 우리 지방은 30%라면 거의 비가오지 않아서 오늘은 비가 오지 않는다고 가감하게 탈곡한 벼을 열어났뜨니 오후 1시경에 문개구름이 모여들드니 아주 가는 비가 오드라. 오늘은 자신은 비가 오지 않는다고 아주 가감하게 벼을 늘러 났뜨니 이것이 엔 말인가 비가 오지 않는가. 우리 부부는 정신업시 늘어논 벼을 푸대에 담는돼 정신이 업드라. 이비가 사람만 아주 바푸게 하여놋코서는 하늘에 구름은 어디로 다들 살라지고 말드라. 오늘 날씨에 우리 농민들은 깜짝 놀란 일정이라고 말을 하고 십드라. 오늘 날씨가 우리 농민을 잔특 긴장을 식키지만 비가 오지 않코 급만 주고 개이는 날씨을 보여주어서 천만 다행이라고 생각을 하며 자신도 오늘 마당으로 가득 벼알들 늘어 났는돼 한줄기 소낙이라도 하여드라면 밑차 손도 쓰지 못하고 살모시 당하고 마는돼 오늘 날씨 천만다행이라고 생각을 한다.

“오늘 자신은 두 단지 콤바이 탈곡한다고 열락이 왔찌 비는 오지 마당으로 벼알을 널어 났는돼 이것을 치아야지 무엇을 어떠게 할 줄 몰게쓰며 오늘 정말 우리 부부가 진땀이 나두록 바파따고 말을 하고 십꾸나.”

오늘 경화논 2단지 콤바이 탈곡을 하여쓰며 자신은 금년도에 일품벼는 아주 허무하다고 하지 실찌 오늘 콤바이 탈곡하는돼 수학량이 너무 적을까 내 나람대로는 신경이 만이 쓰젓따고 생각을 한다. 나 자신은 금년도 벼수학에 공첫도 사실 별거도 아니라고 생각을 하는돼 갈림하는 주인바서는 안전 날벼락이다. 이분들 땅을 주어서 갈림을 어더먹게따고 주는데 그기에서 농사을 망처버리서 식량할려고 하다 식량도 안돼버리면 너무 허망할 것이 아닌가 하고 자신은 그것이 극정이 크다. 그른돼 경화내는 생각보다 수학량이 만드라. 그래서 자신은 한숨을 쉬게 돼어따고 말을 하고 십드라. 자신은 한 곳에는 46푸대 또 한 군대는 47푸대 이것은 콤바이 푸대로 말을 하지만 손만원씨는 한 단지에 콤바이 푸대로 30푸대 나와따고 할 때는 안전이 체멘을 모면했따고 생각을 한다.

그른돼 일품벼가 처음에는 병활 때는 수학

량은 기대을 할 수가 업쓴는돼 요즘 바서는 벼알 색갈리 껌어서 그르치 벼알들은 다들 충실하다. 일품벼을 심은 사람들 다들 신세 조지따고 이야기을 하고 잇는돼 실찌 콤바이 탈곡을 하여보니 큰 실망을 조금 해복을 할 수가 잇따고 생각을 한다.
지출 … 콤바이 탈곡하는돼 세값

〈1996년 10월 19일 토요일 날씨 맑음〉
오늘은 용학 처과집에 처재 결혼식을 대구 영빈예식장에 형님과 둘리 같쓰며 영빈 예식장은 예식을 올릴 사람이 처밀려 잇쓰며 축하객들래 산태날 정도며 사람들이 결혼도 처밀러 잇는곳을 예식장으로 몰러 잇는 것을 보며 인간의 본능인가 생각을 가저 본다. 요줌은 무료 예식장도 만으며 예식장들이 한가한 곳도 만은돼 이른 곳은 예식을 올리는 사람들 업쓰며 이곳을 이용하여서 예식장은 바가지요금을 혼주 택에 디집어씨우는 일을 매년 하고 잇다. 우리 인간들의 성격을 곤치야지 그러치 않으며 예식장의 행포는 정부에서 말리기가 어럽따고 본다.
"오늘은 운이 전화을 기다리왔는돼 운이 전화는 오지 않아쓰며 무엇보다 무럽이 약을 먹고 차도가 잇는지 재일 궁금하구나. 운이가 군복무에 건강에 아무련 이상이 업쓰야 이 아빠는 건강에 제일 극정이 돼고 잇꾸나."
지출에 … 용학이 처재결혼 부주 50,000원
꽃나무란 5,000원 녹음기
태프값 2개 6,000원
計 61,000원

〈1996년 10월 20일 일요일 날씨 맑음〉
오늘은 오후에 벼탈곡을 할려고 약속을 하여서 자신의 혼자서 10마지기 갈돌일 수가 업쓰서 부인을 돼리고 가서 오전 내 콤바이 탈곡할려고 갈돌리는 겨우 다 하여다.
"오후에는 부인을 돼리고 가서 10마지 콤바이 푸대을 다 만친다면 부인의 아픈 에깨는 더할것 같다서 혜지한 아빠 좀 도와달라고 이야기을 하니까 선뜻 도와줄라고 하며 혜지는 도와다라고 부탁만 하면 거절을 하지 않코 도와주고 잇쓰서 늙 고맡고 맡딸이라서 그른지 저의 아빠 말은 거역은 하지 않코 도와주어서 이 아빠는 혜지가 부탁을 한다면 무엇이라도 도와 줄 것 같떠며 이 아빠는 혜지 일은 도와주고 십픈 심정이다."
"어재 저녁에도 매상가마니 70가마 이상을 정리을 하는돼 다들 도와주고 오늘은 시고 십펄땐돼 이 아빠 염치을 무렵쓰고 또 도와달라고 하니 혜지는 실은 내색을 하지 않코 도와주는 성위가 정말 고맡드라. 오늘도 콤바이푸대 137푸대을 트랙터에 다 실어 주어쓰며 오늘 혜지 때문에 아빠 엄마가 아주 수래따고 생각을 한다."
"윤봉희 동서땅 6마지기에서 콤바이 푸대로 79개 서양바실래 57푸대 수학이 돼어쓰며 이두 필지 땅은 처음에 도열병으로 그대 물려 않는돼 자신은 벼 수학을 할 수도 업따고 본 논에 저은 수학이라도 할 수가 잇쓰서 자신으로는 천만다행이라고 생각을 한다. 오늘 벼 탈곡을 하여보니까 수학이 생각보다 만은 량이 수학을 했따고 생각을 한다."
"그리고 오늘 운이 한태 전화가 왔는돼 무릅에 통찡이 좀 났따고 이야기을 저의 누나에 이야기을 하여따고 하지만 자신이 전화을 받지 않아서 마음을 놋치 못하게꾸나."

"자신이 망친 벼농사 10 마지기 벼 탈곡을 하고 나니 부인한태 미안한 감이 다들 살라저 가는 느킴이다. 오늘날까지 농사일만 해온 자신이 매년 농사을 마음에 들지 못하게 농사을 짓는 자신이 부인 보기에 미안한돼 보기 실은 필지의 논을 벼 탈곡을 다하고 나니 마음이 시원하구나. 이재는 농사을 그른돼로 농사을 잘 짓는 자신의 땅 6말 5돼지기 벼탈곡을 할것이 남아 잇쓰니 부인한태 고개을 들 수가 잇따고 본다."

〈1996년 10월 21일 월요일 날씨 맑음〉

콤바이 탈곡한 벼을 오늘종일 동안 건조을 식키서 창고에 저장을 하여쓰며 금년에는 벼을 말루는돼 낢씨가 아주 좋아서 다들 벼 말루는돼 큰 어르운 일 업시 잘들 말루고 잇다.

자신으로서는 작년보다 수학 량은 좀 떨어저고 잇쓰며 정부는 풍년이라고 이야기을 하지만 우리 마을은 풍년이라고 말하기는 어렵지 않나 하고 내다본다.

"어재 사촌 순범이가 운이 면회을 갇다고 이야기을 할 때에 정말 고맏드라. 면회을 간 것만도 고마운돼 돈원을 40,000원을 주어따고 운이한태서 저의 누나에개 전화니 와따고 이야기을 할 때에 정말 고맏드라."

"자신이 부인을 바라볼 때에 이사 람은 변함이 업다. 사람이 이 세상을 살라가며 자연적 꾸김이 잇는 것이 사람인돼 내부인은 꾸김이 업는 것을 보라보는 자신은 정말 행복한 사람이라고 생각을 한다. 한 남자가 여자을 잘 만나는 것은 자기의 복이라고 생각을 하며 자신은 복이 아주 만은 사람이라고 생각을 한다."

〈1996년 10월 22일 화요일 날씨 맑음〉

오늘은 콤바이 탈곡을 해줄라고 약속을 하여는돼 그만 약속을 어기서 그만 자신은 종일동안 벼 말루는 일을 하여쓰며 오늘은 사실 어정돼[어정쩡한] 날이라고 말을 하고 십다.

"오늘은 활머니 재사 날이며 오늘 아버지가 재사 준비을 하고 재사을 지내며 아주 음숙한 마음으로 재사예 임할끈돼 우리들이 재사을 임하는 마음은 너무나 차이점이 만타고 오늘 생각을 너켜보앗다."

"금년 가을은 어느 때보다 시간여유가 만은 가을 해라고 말을 하고 십프며 금년은 특이한 가을이라고 생각을 한다."

〈1996년 10월 23일 수요일 날씨 맑음〉

기상대는 내일 전국적으로 비가 온다고 예보을 해서 오늘 콤바이 탈곡을 다할려고 생각을 하여는돼 콤바이 가지고 잇는 사람이 될 수 잇는 돼로 적개드라. 다닐라고 콤바이 탈곡을 하는 자리에서 주위로 콤바이 탈곡을 할려고 해서 오늘 자신이 두 단지 탈곡을 할려고 들어는돼 그만 한 단지밖에 탈곡을 못하고 마랐다.

오늘 오후에 벼 탈곡을 하고 나니 시간 여유가 조금 남아서 형님 벼 탈곡을 하는돼 트랙터로 한 발리 실어 주어다. 요줌 자신의 몸이 다들 지친 몸인돼도 안 거들어주며 실타할 것을 생각을 하니 자신의 몸은 무리가 가드래도 거들어 주어야지 내 마음이 더 편할 것으로 생각을 하여기 때문에 해가 서산에 넘어갈 머리에 트랙터로 한 발리 실어 주어다.

오늘 복판에 벼 탈곡을 하여는돼 자신이 오늘 콤바이 푸대을 50개 사와서 49푸대을 사용을 하여쓰니 새 푸대로는 하지만 오늘 수학 량은 좀 만아따고 생각을 한다.
복판논 콤바이 푸대 49푸대 수학
지출에 콤바이 푸대 50개 25,000원

〈1996년 10월 24일 목요일 날씨 비〉

오늘로서 콤바이 탈곡은 아주 잘했는돼 기상대는 오늘 비올 학률이 낮, 밤 40% 터라고 하여서 오늘 낮재는 맑은 날씨라서 오늘 세논에 콤바이 탈곡을 53푸대을 해서 오늘 낮, 밤 40% 터라고 해도 오늘 낮에 맑은 낡씨라서 비가 온다는 것을 다들 잊고 콤바이 푸대 8푸대 난겨두고 마당으로 가득 널어 났떠니 밤에 비가 와서 손돼 쓰지도 못하고 고대로 만은 비을 다들 마추고 마랐다. 이재는 비을 마전 벼알을 다들 다 말유라고 하며 3日은 더 말라야지 될 것 같떠며 자신이 기상대 알라보고 비가 40% 온다고 하는돼 외 벼 탈곡을 한 것을 마당으로 가득 늙어 논 것이 실수라고 생각을 한다.
오늘은 벼 탈곡을 아주 잘하여는돼 망우리가 잘못 돼어따고 생각을 한다. 그리고 세논에 콤바이 푸대로 53푸대 수학함.
"그리고 콤바이 탈곡을 하는돼 작년만 해도 세주는 것이 막걸리, 음료수, 정도인돼 금년에는 안전희 맥주만 주는 시절이 돼어쓰며 농촌에는 맥주 수준이 안돼고 잇는돼 농촌의 수준 이상으로 낭비을 하는 것이 우리 농촌의 실정이라는 말을 하고 십다."

〈1996년 10월 25일 금요일 날씨 흐림〉

벼 탈곡한 것을 마당으로 하나 늘어논 벼가 어재저녁에 비가 너무 만이 와서 손도 하나 쓰지도 못하고 그대로 두어쓰며 이것을 생각 부족으로 음청난 일끄리을 어더따고 본다. 어재일은 조금만 생각을 깊이 해드라면 아무련 일 업시 넘어갈 일인돼 그러치 않코 큰 일을 어든것이 마음에 걸리고 잇쓰며 오늘은 종일동안 마음이 편치 않는 날이라고 말을 하고 십다.
"사람이 무선일이든지 심중희 행동을 해야 돼며 아주 적은 일이라도 깊이 생각을 해서 행동을 해야 한다."
오늘은 종일동안 휴식을 하여쓰며 자신은 잠만 자고 마랐쓰며 자신은 종일동안 잠으로 피로을 풀어바도 몸은 계속 무거어며 피로한 몸이 풀리지 않코 잇다.
"어재비가 가을비 쳐고 아주만은 비라고 생각을 하며 이비는 탈곡을 못한 사람은 어재비가 불천객이지만 벼 탈곡을 한사람들은 김장배추에 가뭄이 심해는돼 이것을 해결한 비가 왔쓰니 마음에 협족한 비가 돼어따고 생각을 한다."

〈1996년 10월 26일 토요일 날씨 맑음〉

콤바이 탈곡한 벼을 물마리을 하여서 오늘 나누어서 말류는 작업을 하여쓰며 이것도 남외 집부로 분산을 해서 벼말류는 작업을 하는돼 부인은 부터 잇쓰다.
"그리고 기상대 외보가 내일은 기온이 아주 내려간다고 하여서 꼬추대을 안전이 뽑아 두어다."
그리고 오늘 운이와 군입대을 해서 훌련소 운전교육대 자재 배치까지 소대까지 같이 근무하는 박병호 마을 친구가 오늘 부모 병환으로 맨 년째 방에서만 생활하는 핑계을 돼어서 오늘 외박을 나와따면서 오늘 집에 잇드라. 그래서 운이 무렵이 어떠나 하니까 내무반에서 무렵을 만치고 잇따고 하길래 극정이 크다. 군 생활을 피할 수도 업고 군 생활은 매일 구보을 해야 하는 실정인돼 무렵 간절인지 통증이 잇따는 것은 군 생활을 개롭게 만드는 일이며 운이로서는 그 고통을 이기내야 하는 마음 상쳐가 너무나 크다고 생각을 한다. 군 생활이 아니면 탄약이라도 지어서 먹이면 좋깨는돼 군복무 중에 탄약 먹기는 것은 힘 드는 일이며 나 자신으로서 자식이 고통을 당하고 잇는 것이 마음이 고럽꾸나.

아버지 어머님 운이 손자가 군복무에 무렵 통증으로 큰 고충을 당하고 잇딴이다. 대구 파티마병원에서 사진을 찍어보니 깨끗하다고 하는돼 운이는 통증에 시달리고 잇따고 합니다. 이것이 약을 복용을 하여도 별차도가 업는 {것} 갑씀이다. 아버지 어머님이 운이을 돌바주십요. 아버지, 자식이 운이가 군 생활이 아니고 사회생활에 무렵 통증으로 시달리고 잇따면 아버지의 힘을 빌리지 않코 순덕이 힘으로 다 하게는돼 그려치 않코 자식 놈이 군 생활을 하고 잇쓰니 순덕이의 힘으로는 부족합니{다}. 아버님 보살펴 주시서 군 무을 건강이 상함이 업시 무사이 마치두록 보살펴주십요. 재일 부탁입니다.

아버님 순덕이 자식 에 거름이 돼기 위하여 오늘날까지 부인과 온몸에 비지땀이 나두록 열심희 하여 와씀이다. 순덕의 비지땀이 허대지 않깨 아버님이 돌바 야 하게씀이다 아버님.

〈1996년 10월 27일 일요일 날씨 맑음〉

오늘은 동기생 조영차 장녀 결혼식을 한다고 대구 그렌더호텔에 예식을 한다고 열락이 와서 대신 명세와 창길 3시가 아침 통학차로 가서 대구, 재옥, 친구 집우로 해서 예식에 참석을 하여다. 오늘 친구 딸 결혼식을 예식장이 아닌 호텔에서 식을 올리는 것을 볼 때에 조용하고 손님 접대하는 태이블도 아주 고급스려어며 품위가 아주 더 잇쓰며 예식장보다 더 났깨드라. 앞푸로 호텔이 용을 만이 할 것 같드라.

그리고 우리 동기생들도 하나둘식 식을 올리고 잇쓰며 오늘 동기생들이 아주 만이 모여드라. 그리고 우리 동기생들도 아들딸들 결혼문재로 예식만은 참석을 할려고 드는 노력이 영령스럽게 표가 난다고 본다.

지출에 … 축이금 조영차 장녀 결혼에
30,000 대구--구미간 무궁화
열차 10,000
계 40,000원

〈1996년 10월 28일 월요일 날씨 맑음〉

요줌은 아침저녁으로는 아주 쌀쌀한 날씨을 보여주고 잇꾸나. 이앙기로 모내기 한지가 어거재 같튼돼 벌서 가을 거지을 다들하고 어정대는 시간이 만으며 지나가는 개절을 볼 때에 세월이 빠르다는 생각을 너킬수가 잇쓰며 이것들을 생각을 한다면 허망한 감만 잇꾸나.

오늘은 형님이 오늘 서양바실에 콤바이 탈곡을 마지막으로 하는돼 탈곡한 벼가마니을 트랙터로 한 바리 실어주는 일을 도와주어다. 오늘 형님도 작년보다 수학을 더해는지는 몰라도 수학 량이 적다고 본다. 푸대수는 43푸대가 돼지만 콤바이 탈곡을 하면 따라다니는 사람들은 푸대을 그진 똑같이 담아내는돼 처음 하는 선태가 담아서 푸대수가 고로 담지 않을 뿐 아니라 적게 담아내서 실량은 적다고 내다본다.

오후에는 창길이 쇠똥을 경운기로 실어 내

는돼 자신의 손으로 거름을 실어내면 힘이 들어서 을마 실지 못할 끈돼 창길이 트랙터 바가지로 똥을 실어니 아주 편하며 경운기가 여릇 돼 쓔시돼면[쑤셔대면] 다들 마음이 붕 터잊쓰며 마음이 바빠서 정신을 바로 잡을 수가 업는돼 오늘은 자신 혼자 포도나무에 실어 너는돼 조용해서 좋으며 트랙터 바가지로 자신이 실어니 조용해서 정말 좋드라. 오늘오후에 좀 너깨 실어서 5섯 바리 밖에 못 실고 마랐다.27)

〈1996년 10월 29일 화요일 날씨 맑음〉

자신은 오늘날까지 허리 아푼 것을 몰랐는돼 요줌 허리가 오래 안자 잇따가 일어나면 허리가 똑바로 피지을 못하며 허리 때문에 극정이 돼는구나. 오늘은 허리 때문에 극정이 돼어서 대신약방에 가서 허리 아푼 약을 2일분을 4,000원 주고 사와다. 이 약을 복용을 하고나면 허리 아푼 정세가 업쓰야 하는돼 신경이 만이 쓰이고 잇는 실정이다.

우리 운이가 이번 토요일 날은 외박을 나올 수가 잇따고 면회을 오라고 하며 우리가족이 이번 일요일은 집에 하로 온다고 벌서부터 마음이 슬래이고 잇는돼 우리 운이는 마음이 슬래이다 못해 요줌 하로 가는 것이 일 년이 가는 것 처름 시간이 지루하게나. 운아 군에 입대을 해서 생활하면 다들 그른 고충이 잇개 마른이다. 이른 고충을 견디다 보면 언잰가는 재대날이 절리 오고 잇따. 우리 운이 군 생활 잘해서 재대 그날에는 이 아빠와 두 손을 꼭 잡는 그날까지 우리 참을성 키우가자구나.

오늘로서 벼 건조을 안전이 맡치 쓰며 이재는 정말 일 년이 넘어 간다는 인식이 들며, 어게재 봄을 마지하여따고 생각을 하는돼 벌서 추수을 안전이 끝을 냇따니 정말 한편으로 허전하기 짝이 업꾸나.

지출에 … 푸대 30개 9,000

자신의 허리 아푼돼 4,000원 13,000원

〈1996년 10월 30일 수요일 날씨 맑음〉

어재 저녁에는 보일라가 돌라가지 않아서 딸들은 불이 들어오지 않아서 냉방에서 잠을 자고가서 감기나 들지 않을까 하고 염려가 돼고 잇다. 아푸론 부인만 보이라을 막키고 나는 보일라에 오늘날까지 등안시하여는돼 이재는 보일라을 신경을 쓰서 우리 식구들이 보일 정검 소웕로 냉방에서 자는 일은 업게 하여야 하겟다.

오늘은 보일라 반나[버너]에 불이 붓지 않아서 오늘 오전은 반나 청소을 하는 것을 학실이 몰라서 친구에깨 무르서 겨우 청소을 하여서 조립을 하여쓰며 이재는 반나 청소는 안전이 알라다. 이재는 자신의 혼자 청소을 안전이 할 수가 잇따고 생각을 한다.

오늘 오후에는 검정콩을 수학을 하는 것으로 오늘 오후 시간을 다 보냇다.

자신은 오늘 별로 일은 하지 않코 지내찌만 허리가 아푼 간개로 조심을 상당이 하면서 일을 하여따고 생각을 한다.

지출에 … 보일라 기름 경유 2드람
102,800원 보험료, 재산세값
33,650원
계 136,450원

27) 일기 지면 상단에 '서양바실콤바이 탈곡함'라고 기록되어있다.

〈1996년 10월 31일 목요일 날씨 비〉

오늘오전은 벼 탈곡을 하면서 세 논에 내년도 가지 농사을 지어볼라고 벼집을 다들 쓸러뜬 것을 골고루 피는 작업을 하여다. 세 논에 가지 농사을 짓어볼라고 개핵을 세와찌만 요줌 자신이 허리가 아파서 가지농사을 할려고 하는 마음이 망스리지고 잇다. 돈도 좋지만 건강에 무리가 가두록 해서 수입보는 것은 자신의 마음이 원치 않코 잇다. 그리고 부인이 가지농사을 짓을라면 힘든다고 말류을 더하고 잇는 실정이라서 자신의 허리 아픈 것을 안전희 풀리야 가지농사을 생각을 하여볼 작정이다.

"오늘 오후에는 가랑비가 내리서 아무련 부담 업시 휴식을 하여다. 오후 내 휴식을 하여도 몸이 안전이 풀리지 않코 잇드라. 이 비가 내일까지 비가 온다고 내일도 부담 업시 휴식을 해서 안전이 몸이 풀리드록 휴식을 할 작정이다."

우리 운이가 이번 토요일은 외박을 나온다고 하는돼 집에서는 부인이 무엇을 하여줄까 하고 극정을 하고 잇쓰며 우리 식구들은 운이가 나오는 날을 기대하는돼 온 식구가 쓸래하는 마음을 억재을 못하고 잇다. 우리 운이는 집에 간다는 슬래이는 마음 때문에 밤잠을 이루지 못하고 잇는 것이 아닌가. 이 아빠는 극정이 돼는구나.

〈1996년 11월 1일 금요일 날씨 비〉

오늘은 기상대도 종일동안 비가 온다고 외보을 하여쓰며 오늘은 우리 부부가 마음도 슬레이는 날이며 이 슬레이는 마음을 참기도 어르운 날이라고 본다. 외냐하면 내일이며 우리 운이가 이 아빠가 면회을 가면 외박을 나올 수가 잇키 때문에 내일은 운이가 집을 6개월동 안 오지 못하고 군 생활에 시달리쓰니 을마나 집이 그립고 부모, 또 누나 다들 보고픈 심정을 누가 해아리겟나. 우리 운이가 내일이면 온다고 이 아빠 밤잠을 쑬치쓰며 우리 부부는 일적 일어나서 거실 창문으로 밭같을 내다보니 밤새두록 내린 비가 그치지 않코 내리고 잇쓰며 부인은 비가 와서 아이먹일 곰도 못 꼬어겟따면서 극정을 하드라. 그래서 우박이 와도 곰을 꼬을태니까 극정을 하지 말라고 해쓰며 이 날씨가 아침을 먹고 바도 비는 그칠 줄 모르고 여전이 끝까지 비가 내리고 잇드라. 그래서 이비는 그칠 비가 아니라서 그만 마당에 포장을 쳤고서 염소 곰을 꼬고 염소 곰탕에서 김이 솟아날 때는 자신이 집 짐승을 잡으라고 하면 아주 도망을 가는 성격이며 원잰가 자신이 토기을 잡아주지 않아서 부인이 토기을 잡아 준적이 잇는돼 오늘은 토기 고기을 잡아서 운이 주겟따고 자신이 토기 잡는 도사처름 서슴업시 토기을 잡아서 부인을 주니까 부인 하는 말이 토기 잡는돼 빨리 잡아따고 깜짝 놀라드라. 내가 아들 줄라고 하는돼 무엇을 못해 소도 잡깨따 하고 말을 하여쓰며 부인은 운이 줄라고 맡잇는 음식을 살려고 돼지 갈비, 쇠고기 사려간다고 시장을 같쓰며 시장을 같다오는돼 돼지 갈비는 다들 떨어저서 못 사고 고기로 대치하여쓰며 운이아 좋아하는 음식은 조금식 다들 해와쓰며 심지어 감귤, 과자, 김밥, 이른 것들을 다들 준비을 하여쓰니 이른 일들을 생각을 해볼 때에 부인의 마음 아픈 심정은 남편의 자신도 몰라따고 이야기을 하고 십꾸나. 부인은 자식의 사랑, 남편은 부인의 그 심정을 해아리일 수가 업따고 본다. 부, 모는 성질이 다르기 때문에 어머니는 자식을 사랑으로 손수 품안에서 젖을 물리서 키어 와키때문에 사랑의 상처가 남편보다는 더크다고 생각을 한다. 자신이 오늘 준비 가정을 볼 때에 자신의 마음으로 너키곤 하여다.

"오늘은 우리 부부가 힘이 솟는 날이라고 말을 하고 십다."

"오늘은 비도 오고 운이 내일 오면 맡잇는 것을 줄라고 준비하는돼 오늘 시간을 다 보냇따고 말을 하고 십다."

〈1996년 11월 2일 토요일 날씨 비〉

오늘은 자식 놈외 두 번째 면회 날이다. 운이을 군대 보낸 후 면회 회수을 친다면 오늘이 4번째가 돼는구나. 오늘은 평소 때보다 일적 일어나서 준비을 하여쓰며 오늘 면회을 하면 권상사님이 외박을 보내줄라고 해서 가면은 운이을 집부로 대리오게 됀다. 그래서 부인은 대리가지 않코 내혼자만 가서 운이을 대리고 올라고 생각을 하여는돼 부인도 가고 십픈 행동이드라. 그래서 부인을 돼리고 같이 운이 면회을 같쓰며 운이 무럽 아픈 약은 용숙이가 역으로 가지고 오기로 약속을 하고 같뜬이 우리가 역에서 조금 기다리니 약을 가지고 와드라. 그 약을 받아들고 운이 부대 캐이투, 정문까지 택시을 이용을 하여다. 자신과 부인은 면회장을 한 번 가바서 정이든 면회장이며 면회 접수을 하여놓고 약 1시간 기다리니 운이 중대장가 선임 상사, 셋시가 나와쓰며 중대장은 책임을 저게따면서 극정을 하지 말라고 이야기을 하드라. 내가 볼 때에 운이 상사님들 잘 만나꾸나 하고 어뒨가 모르게 포근한 느킴을 받아다. 오늘 운이 본 부모로서 오늘은 기분이 좋드라. 외냐 운이 얼굴이 먼저 번보다 좀 나졌쓰며 대견스렵게 보이드라. 그 자리에서 한참 잇따가 해어지고 우리는 운이을 돼리고 동대구역에서 열차로 집부로 올랐와다.

오늘 마음은 자식 놈이 원하는 것은 다들하여 주고 십픈 심정이다. 운이가 집에 와와서 음식을 먹고 과자을 먹는돼 입빨자욱에 때온 입빨이 빠저따고 이야기을 할 때에 한편으로는 부모의 신경을 만이 쓰두록 만들고 잇꾸나 하면서도 한편으로는 운이 입빨이 어금니가 양족에 한 개식 업는 것을 그냥 군 입대을 씩킨 것이 마음에 걸리며 이 아빠 살라고만 했찌 당장 해주야 할일은 못했따는 것이 안스려어며 이재는 운이 입빨을 해느어야 한다고 볼 때에 내년 4월에 정식 휴과가 잇따고 하니 그때까지 기다리야 하는 안타가운만 남아 잇꾸나. 그른돼 운이 입빨 때운 것 빠진 것은 현숙이가 내일 가라줄라고 해서 천만 다행이다. 현숙이 아니면 내일은 일요일지 운이 입빨은 때우지 못하고 그냥 부대에 들어가야 하는 안타가운 일이 벌어질땐돼 다행이 현숙이가 잇쓰서 내일 운이 입빨을 때울 수 잇따는 것이 천만다행이다.

"아버님 어머님 운이가 외박을 집부로 나와씀이다. 순덕이가 극정하는 몸이 아니고 아주 건강 몸으로 집에 왔씀이다. 손자가 건강한 몸으로 집에 온것은 아버지 어머님이 잘 돌바주어서 순덕이 자식이 건강한 모섭으로 어머님의 아들 순덕이 앞패 앗따고 생각을 합니다. 아버님 성운이 재대하는 그날까지 보살펴주십요, 아버님."

지출에 … 집뜰이 가는돼 줄 선물 값 14,000원

〈1996년 11월 1일 일요일 날씨 맑음〉

오늘은 운이 영양보충을 하여주기 위에서 음식을 잔득 준비을 하여는돼 이것이 엔 말인가. 운이가 때운 입빨이 빠지는 바람에 오늘 사촌 누나을 따라가서 입빨 때우는 일을 하여쓰며 오전에는 치과 간다고 고기도 먹지 못했찌 오후에는 시간이 업쓰서 맡잇는 음식도 먹지 못하고 특희 곰국을 먹이지 못해서 마음에 크게 걸리는구나. 한편으로 생각을 하며 입빨이 집에서 빠지서 다행이 사촌 족카 때문에 입빨을 잘 때와따고 생각을 한다. 만약 입빨이 군에서 빠지는 일을 당해쓰며 어떠게 할 수도 업고 휴가 기간 동안 입빨의 고충을 안고 생활을 해야 할 것이 아닌가 하고 생각을 하여 볼 때에 집에서 입빨을 원이치로 만들어 쓰니 한편으로는 천만 다행이라고 생각을 한다.

"오늘은 자신이 속 깊이 생각을 못하는 하로 일정이라고 말을 하고 십꾸나. 외냐 하면 운이을 대리고 와서 내 마음에 차두록 음식도 먹이지 못하고 내 마음 깨운하게 재공을 하여주지 못하고 무엇신가 멍한 시간을 보냇따고 생각을 한다."

"오늘은 음식만 준비을 하여찌 음식을 먹을 사람이 음식을 먹지 못했쓰니 이것은 결국 마음만 안스러운 일 돼고 마랐다. 운아 다음 휴과을 나오게 돼면 훈 입빨을 안전 무결하게 해주어야 할 것이며 자신이 어떠한 일이 잇쓰도 치와는 갈라주야 됀다고 생각을 하며 꼭 실천을 해야 하겟다."

"오늘 운이 혼자 외박 기대을 하두록 운이한태 막키둘라고 하다 운이로 바서는 처음 길이지 운이로 바서는 부대에서 재일 쫄병이라서 시간을 지키주어야 할 것 같다서 오늘 내가 따라가기로 하여쓰며 내 눈으로 부대에 들어가는 것을 바야지 마음이 편하다는 생각으로 운이와 같이 가기로 결정을 하여다."

오늘 집에서 오후 4시에 운이와 둘리서 출발을 하여쓰며 앞 도로에서 버스로 구미역에가서 5시 15분 통일호로 동대구역까지 가서 동대구역에서 택시로 캐이투 정문 앞까지 가니까 일부 기대을 일적한 4명이 불고기을 꾸어 먹으면서 저녁을 먹고 잇드라. 그리고 운이 둘리 온 외출명을 자신이 정식을 식키고 나서 이 사람들을 행동을 하는 것을 보니 아주 현명하게 일들을 처리을 하고 잇드라. 외냐 하면 이번에 외박 나간 사람들은 오늘 이 식당에 다 모여서 같이 행동을 하며 부대에 들어갈 때에 선물을 똑같이 돈원을 거두어 합동으로 한다고 하니 요줌 아들은 정말 부담 업시 일들을 처리하고 잇따는 생각을 하고 나는 6명의 기대병 식사값을 내가 다 부담을 하고 나는 갈 길 멀어서 가야 하게따면서 그자리을 나와다. 그리고 운이 좀 잘바달라면서 그자리을 나오고 마랐다. 운이는 아빠을 따라 나오면서 아빠 극정을 하지 말라고 당부 말을 하는 것을 볼 때 운이도 마음이 연결어간다는 것을 너켜쓰며 운아 곱게 잘라주며 특희 건강에 신경을 만이 쓰주기 바란다. 운아 이 아빠의 마음이 운이을 대리고 올 때와 운이을 대리고 갈 때의 마음은 그 차이가 외이래 큰 줄 몰랐다. 사람이란 늙 좋은 것만은 업따는 것을 이번에 또 한 번 너켜다. 운이도 고충을 참와주면 반드시 좋은 날이 잇다. 운아 그날을 위하여 우리 열심희 노력을 하여보자. 이 아빠는 운이도 할 수도 잇따고 생각을 한다. 그날까지 몸조심 바란다.

지출에 버스비값 2,940원 열차비값

10,200원 택시비값 4,000원
외출기대병의 식대값 20,000원
성운이 용돈 90,000원
계 127,140원

〈1996년 11월 4일 월요일 날씨 흐림〉

오늘은 부인과 둘리서 사과 수학을 하여쓰며 처음부터 사과가 달려 주지을 않아서 사과 만은 량의 수학은 기대을 하지 않아찌만 오늘 사과 수학을 하여보니 너무나 허무한 수학을 하여쓰며 자신은 사과 수학 하는돼 너무나 허무하며 그리고 사과에 탄저가 만아서 속이 더 아푸구나. 그리고 사과 수학을 다해야 약값도 사실 안대고 잇는 실정이며 이것은 일 년 동안 노동이 들어같쓰며 이것은 거름 값, 갈리비 한다면 이것은 음청난 손실의 농사을 짓어따고 할 때에 이 가슴은 너무나 아푸며 부인의 가슴에는 음청난 아품이 속 깊이 파고들어같쓸 것이며 자신위 부인의 아품을 들어줄라고 노력을 해도 부인의 아품을 들어주는 일래는 아주 미급한 일들이라고 생각을 한다.

"오늘 사과 수학을 하면서 마음이 밝지 못한 사과 수학 하는 날이라고 생각을 한다. 인간이 안전이 연결어 익은 과일을 수학을 하며 인간의 감탄사가 솟아오르게 대는 것이 인간인돼 오늘은 아주 발지 못한 사과 수학의 날이라고 말을 하고 십다."

〈1996년 11월 5일 화요일 날씨 비〉

오늘은 기상대에서 우리 지역은 한두 차레 비가 온다고 하드니 오늘 아침에 일어나니 보슬비가 조금식 내리드라. 그래서 오늘 일은 안전 휴식을 하여쓰며 오늘 비의 량을 바서는 무선 일이든지 만돼로 할 수 잇다고 생각을 하는돼 자신은 오늘 김치크리 조금 해다주는 일로 오늘 일과을 보내고 마랐다.

"요줌 가을비가 자주오고 잇따고 말을 하고 십꾸나. 이비는 아무른 가치가 업는 비가 내리서 농민들의 가을거지만 지연을 식키고 잇다."

"운이가 외박을 나왔다가 기대을 하여는돼 이 아빠가 이재와서 기대을 안전희 하는 것을 보고 도라와야 하는돼 나는 올 길이 머르서 외박 나간 아들이 6명은 서울식당에 약속장소에 미리 왔잇고 2명은 내가 잇쓸 때도 아직 오지 않코 잇는 것을 보고 돌라왔뜬이 운이가 전화을 이 아빠가 집에 오기 전에 전화가 왔는돼 아직 1명이 오지 완아따고 이야기을 하드라고 이 아빠가 집에 도착을 하니 이야기을 해서 이 아빠가 속 깊이 생각을 못했꾸나 하는 생각을 하여는돼 지금 이 아빠가 군부대 들어가는 것을 보고 와야 하는돼 너무 성급희 도라왔따는 것이 마음에 걸리는구나. 운이가 1명이 기대을 하지 않아서 단채 기압을 만이 밭아는지 그 한명이 재 시간에 기대을 하여는지 궁금하기 짝이 업꾸나."

〈1996년 11월 6일 수요일 날씨 맑음〉

오늘도 사과 수학을 우리 부부는 하여는돼 어재와 다름 업시 속은 상하는 사과 수학의 날이라고 생각을 한다. 사과 수학을 할 때에 사과들이 큰 것만이 부페병이 들어서 사과을 버리야 하는 심정, 정말 가슴 아푸드라. 내년에는 어떠한 잊쓰도 약 철 시기을 노치지 않코 철도 철처하게 약을 살포을 할 작정이다.

"금년도 사과나무에 약 살포을 소월이 한사람은 사과농사 헛지어따고 생각을 한다. 무선일이든지 원칙을 벗스나서는 안 댄다고 바야 한다."
올해 사과수학을 해바야 부폐병이 만아서 정품이 작년보다 적을 것으로 내다본다.

〈1996년 11월 7일 목요일 날씨 비〉

요줌은 설때업는 비가 자주 오고 잇꾸나. 쓸때업는 비가 한번 내리면 우리농민들은 삼사일은 가을거지가 너저만 가고 잇따고 바야 한다.
"오늘은 흐린 날씨가 지속이 돼면서 비는 오지 않터니 오후에는 가랑비가 내리고 잇드라. 그래서 우리 부부는 오전 시간을 오후 1시가 넘두록 했는돼 우리 부부는 정심식사을 하고 잠시 휴식도 못하고 사과 수학을 하다 남은 사과을 마저 수학을 하기 위하여 우리 부부는 가랑비을 마저면서 경운기을 몰고 가서 우리 부부는 가랑비을 마저가면서 사과수학을 하다 남은 것을 안전이 수학을 끝냇다. 금년도 수학을 하면서 부폐병 때문에 아까운 사과을 버리야 하는 안타가운 마음 달래기가 그리 힘이 드는구나. 앞푸로는 사과농사을 철처하게 짓어야지 하고 이을 악물고는 하는돼 그 뜻이 잘될련지 모르게꾸나."
"농민의 마음은 수학을 하는 기쁨이 잇쓰야 하는돼 자신의로 바서는 금년도 사과 수학의 기쁨은 느킬 수가 업쓰며 부패된 사과을 볼 때마다 뼈 아품을 어느 누구에깨 하소연을 할 수도 업고 자신의 마음만 다 타고 잇따고 말을 하고 십다."

〈1996년 11월 8일 금요일 날씨 비〉

오늘은 권삼만 상사님 줄라고 사과 2팍스와 대파을 큰단으로 한단해서 동대구역으로 부쳤주어다. 사과 1팍스는 중대장 주라고 부쳐 주어는돼 권상사님이 사과을 찾자서 중대을 돌려 줄란지 몰개꾸나. 자신은 운이 면회 같쓸 때에 중대장이 면회장까지 나와서 권정훈 무름 아푼 곳을 책임전다면서 극정을 하지 말라고 이야기을 하는 것을 보고 다들 고맙드라. 그래서 오늘 사과 1팍스을 중대장 줄라고 권상사 편으로 부쳐주어는돼 잘 받을란지 몰게꾸나.
"자신이 권정운이 부대에 상관님에깨 자신위 농사을 짓는 품목을 조금식 부쳐주고 잇쓰며 자신은 내 아들을 남외 아들보다 더 잘해달라고 하는 것이 아니고 우리 운이가 무름이 아푸다고 하니까 먼발치에서 좀 바달라고 성위을 표하는것이다."
"오늘은 박명섭 아들 결혼식을 앞두고 오늘 돼지 잡는돼 그들어주어쓰며 오늘 비가 내리서 오늘 돼지 잡는돼 불편한 점이 잇드라."

지출에 … 오늘 권상사님 사과 2팍스와 대파 1단을 동대구역에 부치는돼 3,000원 열차비 700원 버스비값 960원 계 4,390원

〈1996년 11월 9일 토요일 날씨 흐림〉

오늘은 박명섭 아들 결혼을 앞두고 동민들에깨 음식을 재공을 하는돼 그들어주어쓰며 이번에 동내로 음식을 재공을 하는돼 집적 음식을 재공을 하고 망우리 치우는 일까지 하여보니 이것은 재공보다 치우는 일이 더 힘들며 음식 쓰레기 말로 다할 것도 업고 음식이 동네로 재공이 돼며 음식이 재공대는 반은 다들 쓰레기로 다나오고 잇는 것을 보니 이것은 좀 시정이 돼어야 한다고

생각을 한다.
"자신은 음식을 먹고 나서 절먼 사람이 잇는돼 앞푸로 음식 재공도 문재가 잇따고 이야기을 하여쓰며 외냐하면 혼주로 바서 오늘 동내로 음식 재공을 한다고 잔치을 혀야하지 내일 식을 올리고 식당에서 토 음식을 내야하며 또 잔치을 치루는 이중 잔치을 쳐야 하는 불편을 들어 주야 한다고 말을 만이 한사람이다."
"오늘은 박명섭이는 오봉골짝에서 어릴 때 나와서 우리 마을에 살기가 돼어쓰며 그래서 집안이 업키 때문에 심부름 할 사람이 업쓰서 우리가 심부름을 한 셈이다. 앞푸로 잔치을 쳐는돼 일을 도와줄 사람 업는 사람들은 동네로 음식 재공을 하는돼도 문재점이 만타고 생각을 가저본다. 앞푸로 다들 자식을 돼리고 잇는 사람이 업키 때문에 큰일을 쳐게 돼 신부름 할 사람이 업키 때문에 문재점이 따린다고 본다. 내 자신이 생각을 할 때에 나이만은 사람들은 동내 음식 재공을 막는다면 실타고 하게찌만 이일은 두 번을 치루는 잔치을 한 번으로 막는 것이 현 실정이라고 말을 하고 십다.
"사람이 시대을 따라가면서 살라가야 한다고 주장을 하고 십다."

〈1996년 11월 10일 일요일 날씨 맑음〉

오늘은 박명섭씨 아들 성구 결혼식을 김천 자유예식장에서 식을 올리쓰며 음식 재공은 부페로 하는돼 일인당 7,000원 식권인돼 그른돼로 충분이 먹을 수가 잇쓰며 부페로 하면 혼주 쪽에서는 편하게드라. 앞푸론 사람들이 편한 쪽으로 생활을 할려고 하니 부페로 치루는 것이 제일 편한 방법 같드라.
"그리고 부인 친구들이 날씨도 좋타면서 직기사 가자고 해서 달희와 두리 부인친{구} 7명과 직기사 구경을 같는돼 직기사도 만이 발전이 돼어쓰며 오늘 일요일이라서 그른지 구경인파 수도 업드라. 돈원 관광지에다 끌어며 직기사 입장권 수입만도 수도 업쓸 것 같드라. 그리고 부인친구와 못처름 나드리 같는돼 원악 수짜가 만아서 음식점에도 들어가지 못하게드라. 외냐하면 관광지 음식은 부르는 것이 돈이라서 적은 돈원도 사실 급이 나드라. 그래서 음식 대집도 못하고 직기사 절을 한 밖키 도라오는 것으로 구경을 끝을 내고 마라쓰니 부인친구들이 욕을 하지 않아쓸까 하는 생각이 자신의 머리에 쓰쳐가는 것이 오늘 일은 차라리 업쓰튼 일이 차라리 났찌 않아나 하는 생각도 하여본다."
그리고 오늘 저녁에 혼주 댁에서 친구들을 초청을 하여서 저녁 술상 파티가 벌어 젓쓰며 요줌 세상은 여자들 세상이라고 하드니 다들 잘들 놀드라.
지출에 … 부주 40,000원
버스비가 3,260원
계 43,260원

〈1996년 11월 11일 월요일 날씨 맑음〉

오늘은 순달이 식당에 나물을 줄라고 배추와 대파을 해오는 것으로 오늘 오전을 다 보냇쓰며 자신은 요줌 너무나 시간 여유가 만이 잇는 것이 신기할 정도며 무선 이유인지 너무나 한가한 시간을 계속 보내고 잇다.
"자신은 어재 부인 친구을 대리고 직기사 구경을 같뜬이 부인의 옻이 재일 초라해서 오늘은 부인을 대리고 옻을 좋은 것으로 사둘라고 작정을 하여는돼 오늘 실천을 못하고 부인은 사촌 오빠가 김천의료원에 교통사고 입원하여는돼 병문안 갔쓰며 부인은 아직까지 시간 여유가 업따고 본다."
오후에는 마늘 갈 자리에 김매기 작업을 조금 하고 그 남어지는 휴식을 하여쓰며 요줌 자신은 무엇을 해야 하나 하고 한참식 생각을 하여도 일끄리가 선득 생각이 나지 않는구나.

〈1996년 11월 12일 화요일 날씨 맑음〉
오늘 오전은 포도밭에 두엄을 실어너는 일을 하여쓰며 쇠 두엄을 실어 너는 일은 경운기도 들어가지 못해서 손으로 크는 외발미아까로 실어 너어니 힘이 들어서 작업량을 올릴 수가 업드라. 경운기로 실어낸 것만 포도밭에 너어면 충분할 것 같다.
오후에는 묵은 벼집을 경운기로 사과밭에 실어넌는 일을 하였다. 묵은 벼집이 만아따면 사과밭에 한 벌 깔라쓰며 하는돼 벼집이 적으서 해집으로 사과밭에 한 벌 깔두록 벼집을 실어올릴 작정이다.
"운기 밭에 시금치 씨뿌림을 하길레 씨가 나겟는냐고 하니까 겨울에 나면 됀다고 하면서 씨뿌림을 하드라."

〈1996년 11월 13일 수요일 날씨 맑음〉
오늘로서 무 수학을 하여쓰며 금년에는 무우을 자신이 먹을 것만 갈라서 무 수학하는돼 간단해서 좋드라. 매년 무 배추을 만이 갈라서 동생들도 주고 했는돼 이재는 줄 것도 업고 너무 간단하다는 생각이 든다.
"오후에는 포도밭에 두엄을 실어 너는 일을 하여쓰며 아직까지 고랑이 추지서 두엄 실어 너는돼 발통이 빠지서 작업하기가 힘이 든다."
"요줌 부인이 자신한태 더 잘하고 잇쓰며 자신이 생각을 할 때는 부인이 넘어 잘한다는 생각이 들며 자신은 복 받은 사람이라고 생각을 한다. 외냐하면 내부인 처름 남편한태 잘하는 사람이 업따고 생각을 하기 때문에 자신은 늙 따뜻하다고 생각을 한다."

〈1996년 11월 14일 목요일 날씨 맑음〉
오늘로서 포도밭에 두엄을 경운기로 실어낸 것은 오늘 오전으로서 포도 이랑에 다들 깔라서며 아직까지 포도밭에 두엄을 개핵대로 깔라면 경운기로 한 발이는 더 잇쓰야 할것 같다.
"그리고 오늘은 부인은 풍농거름 공장 견학을 우리 마을 부녀회원과 절먼 사람이 풍농비료공장 견학을 하로 같쓰며 우리 또래들도 견학을 갈 사람이 잇쓰며 같이 갈라고 생각을 하여는돼 아무도 갈 사람이 업드라. 외냐 우리 또래들은 다들 학교 식킬라지 결혼문재가 노여 잇쓰서 다들 엽도라 볼 여가가 업따고 생각을 한다."
"오후에는 숙모님 무우 수학을 하여주고 나서 검은 콩 타작을 하여쓰며 월마 돼지 않아서 부인도 업고 방망이로 타작을 하였다."

〈1996년 11월 15일 금요일 날씨 맑음〉
오늘은 포도밭에 포도 순이 자라면 철사 줄레 묵는 철사 줄을 순도매하는돼 편하구로 2줄을 쳦터니 순이 들 자라도 순을 묶끌 수가 잇쓰서 좋은돼 포도송이가 자라면 철사 줄레 키어서 포도송이을 상처을 주어서 올해는 준간 철사을 재거을 오늘 하여다. 이것을 작년에 재거을 할려고 했뜬 것이 시간이 업쓰서 못하고 오늘 철사 긋는 일을 하여다. 앞푸로 하로 더해야 다 할 수가 잇따고 본다.
그리고 오늘 저녁에 매상량을 좀 풀자고 하면서 동장이 회관으로 나와 달라고 해서 같뜬이 1,869개 나와따고 하드라. 그려면서 공문을 보여주어서 밭뜬이 우리 마을이 할당이 제일 만트라. 그리고 마지기당 2.65 수매량이 돌라가드라.
"그리고 우리 마을래 매상일자가 11月 20日 이라고 하며 금년에는 사람들이 매상에 크게 신경을 쓰지 않코 잇드라. 외냐 하면 요즘 시장에도 쌀값이 수매값을 육박하고 잇쓰니까 수매 크게 신경을 쓰지 않코 잇따고 본다."

〈1996년 11월 16일 토요일 날씨 맑음〉
김창길 친구 쳧딸리 아닌 둘째딸이 먼저 결혼식 앞두고 오늘 음식을 준비을 하는돼 그들어준 것보다 그저 모여 놀라따고 말을 하고 십꾸나. 김창길이는 돼지을 집배서 잡찌안코 고기집에서 잡아 앗키 때문에 집배서는 할일도 업드라. 그래서 친구 입장에서 다른 일을 하로 갈수도 업고 해서 무미하게 시간을 보냇다.
"운이 전화을 이 주 동안 받아보지 못했쓰며 운이 음성을 전화로나마 덧고 십꾸나. 오늘도 친구 잔치만 아니면 종일이라도 기다리고 내일 일요일 날 또 기다리서 운이 전화을 받아보고 십픈돼 오늘도 친구, 찬치 준비 때문에 받들수가 업쓰며 내일도 운이 전화을 받지 못하게 돼며 정말 아쉬운 감이 더는구나."
"오늘은 당산 작과밭에 산업도로 나는 바람에 자신의 밭이 양쪽으로 두 동강이가 나서 밭으로도 힘들두록 약 쪽이 언득밭이가 돼어서 그 양쪽을 도로 바닥에서 1매다 높이로 나추는돼 2,000,000만 원 주기로 하고 양쪽 밭을 나추기로 개약을 하여다."

〈1996년 11월 17일 일요일 날씨 흐림〉
오늘은 김창길이 둘째 딸 결혼식을 자유 예식장에서 올리는돼 참석을 하여쓰며 오늘 손님은 만은돼 식당이 적으서 문재가 만아따고 말을 하고 십꾸나. 그리고 우리 동기생들이 만이 참석을 하여는돼 서울 친구는 한사람도 참석을 하지 않아쓰며 청첩을 서울까지 한다는 것은 무엇신가 생각을 해바야 한다.
그리고 창길 딸 예식을 올리고 나서 김천 친구가 술돼접을 한다면서 고기집으로 돼리고 가서 대접을 하는돼 부담을 햇따고 생각을 하는돼 또 노래방으로 대리고 가서 또 부담하게 만들어서 미안하게 만들고 마랐다. 이것은 친구 잔치에 와서 큰돈은 쓰게 만들으서 이것은 아주 잘못됀 버릇이다고 생각을 한다.
지출에 … 창길이 둘째딸 축이금 40,000원
노래방에서 99점 빵파루
나와따고 친구들이 돈달라고
해서 10,000원

〈1996년 11월 18일 월요일 날씨 흐림〉
우리 마을은 11月 20日 우리 마을 공판장이라서 우리는 공판장에 출하을 하기 위하여 벼 가마니을 40kg으로 만들어서 공판장에 가지고 가기 위해서 오늘은 형님, 형수 우리 부부 숙모님 위의 사람들은 종일동안 준비을 하여다.
"정부에서는 매년 매상 가격을 결정을 못한채 금년에도 수매에 응하며 돼게 돼어쓰며 우리나라 정치는 매년 수매량과 수매값도 재때에 결정을 못하고 잇는 것을 보며 우리나라 정치는 코앞도 생각을 못하는 정치라고 말을 하고 십다. 우리 정치는 책임을 가지고 정치 하는것이 아니라 생각돼로 실천을 하다 잘못돼면 그만인 정치 치가 떨린다. 우리나라가 국민들이 정부을 따르게 할려면 앞푸로 정부을 따라가면 득이 돼두록 신임을 가지두록 전 신경을 다쓰야 한다고 생각을 한다.
자신은 현 정치을 아주 못만당하게 생각을 한다. 우리나라 대통령 인기중 각부장관들이 수도 업시 갈리게 돼며 우리나라에서 장관하면 다들 개핵을 세울줄 알고 다들 안목이 잇는 사람들인돼 이분들을 하로 아침에 가라치우고 잇는 정치 언재까지나 지속이 돼가 갈련지 우리 농민들은 바라보다 지쳐 죽을 지경이다.
그리고 오늘 매상준비는 숙모님과 나 자신 두 집에 매상수가 113개을 준비을 하여두어다. 그른돼 우리 형제들도 금년에는 매상을 준비을 하는돼 풍구질을 하지 않코 그대로 근대만 40kg 300g해서 풍구질을 하지 않코 근대만 마추어낱다. 매상준비에 풍구질을 하지 않으니까 매상준비에 지치지 않코 아주 수라드라.
수입에 … 사과 공장용 14짝 = 28,000원

〈1996년 11월 19일 화요일 날씨 맑음〉
오늘 오전은 형님 매상준비을 하여쓰며 이번에는 형님 82개을 준비을 하여두어쓰며 오늘은 오전으로서 매상준비을 끝을 냇다. 우리들 바서는 2차 매상도 잇쓰야 하는돼 매상이 이번으로 끝을 난다면 우리 농민들은 조합부채 갑기도 버급따고 생각을 한다. 정부에서 우리농민들을 생각을 한다면 우리 농민이 짓어논 추곡은 다들 매상을 바다주어야 하며 우리 농민은 3년 동안 동결을 한다 했도 전량 매상만 바다준다면 정부보고 서운하다고 생각을 하는 사람은 적을 것이라고 생각을 가저본다.
"이번 매상준비는 풍구질을 하지 안코 그대로 근량만 달라서 푸대만 꾠매 내면 돼니까 매상 준비을 하는돼 문지을 뒤덥프 쓰지도 않코 작업도 손이 들 가며 매상준비에 반일로 줄어따고 보며 매상 준비에 아주 수라다고 생각을 한다. 요줌 사람들은 돈원을 더 하는 것은 생각지도 않코 무족끈 수란 쪽으로 따라가고 잇다."

〈1996년 11월 20일 수요일 날씨 흐림〉
오늘은 우리 마을에 매상 날이다. 그른돼 우리 마을 창고는 개인 창고라서 개인들이 추곡매상을 밭아서는 창고 수입에 적자라고 아포읍 개인 창고는 다들 매상을 밭아서 적자라고 다들 폐사을 다하여서 이재는 우리도 우리 마을에서 매상을 못하고 다들 대신 역전에 농협창고에 매상을 할려고 우리 마을은 다들 매상을 하기 위하여 대신 역전으로 출하는 불편을 당하여쓰며 그리고 우리 마을가 득계와 두 마을이 같이 출하을 하여서 아주 분주한 공판장이 돼고 마랐다. 오늘 자신은 수매량이 학정이 됀 75개인돼 읍 직원이 입고증을 끈어면서 자신의 수매수을 10가마니을 개산 착오로 더 부쳐주어서 개산 착오라서 바로 곤치줄라고 하다 이판에 매상 10가마니을 더 될 욕심으로 집부로 돌라와서 부인과 둘리서 매상을 하기 위하여 계산 착오와 종태 1가마니와 11가마니을 더 돼기 위하여 부인과 둘리서 바픈 일손으로 진팜을 빼따고 말을 하고 십프며 오늘 어거지 11가마니을 더 돼어쓰며 오늘 출하한 매상 수는 86가마니 다들 1등을 맡아서 기분이 좋드라.
오늘 매상 출하한 수 86개. 다들 1등을 맡아다.
매상수입 4,112,520원

〈1996년 11월 21일 목요일 날씨 흐림〉
어재 매상 됀다고 생외을 먹어서 그른지 감기가 들어서 하로 종일동안 받간 출입을 하지 않코 구둘묵 신세을 저고 마랐다. 자신의 감기을 바서는 무선 일을 해도 할 수가 잇는돼 일끄리가 사실 별로 업고 해서 오늘은 안전 휴식을 하여 그른돼 부인도 오늘은 신경을 쓰지 말고 푹 시라면 방에 보일라을 너어 주드라. 부인은 가만이 보며 남편을 위해서 살라가는 사람 같다. 매사 일을 하는 것을 볼 때에 남편을 극진이 생각을 하는 것을 보며 정말 고마운 사람이며 자신은 늙 부인보다 속이 쫍은 사람이라고 생각을 하며 자신이 부인을 따라갈라면 자신은 한 세상을 더 살라야 따라 갈 똥 말 똥이라고 생각을 한다.
"앞푸로 부인을 바서도 말과 행동을 잘해야 하는돼 자신은 행동, 말 이것을 수차 조심을 할려고 노력을 해도 십게 곤치 저지 않으며 자신이 말과 행동을 곤치 준다면 남편으로서는 100점이라고 생각을 하는돼 말과 행동을 벌로 해서 남편으로 점수을 준다면 아주 적은 점수라고 말을 하고 십다. 부인 늙 미안함을 가지고 살라간다고 말을 하고 십소. 나의 본태성이 그래서 십게 곤치저지 않는 자신을 용서을 바라오 여보."
지출에 감기약.

〈1996년 11월 22일 금요일 날씨 맑음〉
오전에는 안전 휴식을 하고서 오후에는 가을 배추 수학을 하고 대파 수학을 하여쓰며 자신이 오늘날까지 대파을 쭉 가라왔찌만 금년처름 농사을 잘 짓은 적이 업쓰며 대파만도 한경운기 수학을 하여쓰니 수입 면으로 본다면 음청난 수입이 될건돼 정말 아쉬운 한해라고 생각을 하여본다. 자신은 벼농사는 평짝이 못 됀다고 생각을 하여본다.
오늘 운이가 오후 2시경에 집부로 하니까 전화을 안 받아서 혜지 누나한태 해도 업쓰서 혜영이 회사로 전화 왔따고 이야기을 하길래 오늘 배추 수학 하로 같뜬이 그때 전화가 왔쓰니 운이 전화을 받들 수가 잇나. 자신이 배추 수학을 내일 할려고 개핵을 잡아 쓴는돼 대파 자리에 마을 놀라고 오늘 대파 수학하고 배추 수학을 해서 운이 전화을 못 받아서 안타갑다. 오늘 배추수학을 못해도 운이 전화을 받아야 하는돼 정말 아쉽게 돼어다.
"오늘 마늘 파종은 개핵도 업뜬 일을 하여따고 생각을 한다."

〈1996년 11월 23일 토요일 날씨 맑음〉
오늘은 이재봉 씨 진갑이라고 동대로 음식 재공을 하여 준다고 돼지을 잡고 이웃 아주마 들은 적을 부치며 분준한 시간을 보내서 자신의 부인을 일 거들어주로 가고 자신도 일 좀 도와줄라고 갈쓴는돼 폭크랜이 자신의 밭을 도로 높이로 다들 파내고 이재 고루는 작업을 하여서 자신은 이재봉 씨 진갑에 음식 재공하는돼 그들어주지 못하고 자신의 밭을 고루는 작업을 하는돼 자신에 마음에 들지 않캐 고루고 잇쓰서 이거 안돼겟따. 내 물을 주어야 자신의 마음에 들두록 할려면 내물을 주어야 하게따고 하고 담배 1보루, 맥주 2병 해서 주니까 곳바로 표가 나드라. 내물 15,500원 쓰니까 내 마음에 꼭 들드라. 한국 사람은 내물을 주어야 득이 돼니까 이거 한국 사람의 본질이 문재다.

"오후에도 땅 고루는 작업을 하여서 이재봉씨 진갑 음식 재공을 동회관으로 준 음식이 남아서 폭크랜 기사님에깨 좀 같다 주어떠니 좋아하며 자신은 오늘 2,000,000만 원 주기로 하고서 약속한 일들이지만 오늘 폭크랜 기사 담배 준 대까을 톡톡이 바따고 생각을 한다. 이재는 남어지 67평 남은 것만 고루는 작업을 한다면 끝이 나는구나."

지출에 담재 1보로 맥주 2병 안주. 15,500

〈1996년 11월 24일 일요일 날씨 맑음〉

오늘은 아직 감기 키도 조금 남아 잇쓰서 참바람을 안씔라고 오늘은 휴식을 그의 한셈이다. 그리고 오후에 숙모님 배추 두 바리 뽑아 주는 것으로 오늘 일가을 보냇다. 오늘 사실 휴식을 하여쓰며 운이 전화을 받지 못해서 미안하고 한편으로 생각을 하면 자식에 관심이 업는 아빠가 됀 기분이라서 오늘 하로는 정말 미저건한 하로의 날이라고 말을 하고 십꾸나. 외냐 하면 오늘 11시 30분에서 12시 사이에 전화을 한다고 요 먼저 저의 엄마와 약속을 했따고 하는돼 이 아빠는 오늘 운이 전화 통화을 해야지, 또 3주나 운이 목소리을 덧지 못해서 오늘은 운이 목소리을 들어야지 하면서 생각을 하여는돼 시간이 너무 만이 남아서 큰집에 장간 같다온다고 같뜬이 용학이가 왔드라. 그래서 조금 이야기을 하다 보니 11시 45분 정도 돼는 것을 보고 집부로 막앗뜬이 부인이 운이 전화 한다고 시간까찌 갈추 주어는돼 시간을 못 지키는 예비가 어디 잇쓰 하면서 조금 전에 운이 전화가 왔는돼 아빠 어디 같쓰하는돼 놀로 같다 하기가 좀 걸리드라고 이야기을 하길래 이 아빠가 자식에 무간심한 아빠가 돼어쓰며 이 아빠는 무선일이 잇쓰도 오늘은 운이와 전화 통화을 할려고 작정을 하여는돼 그 약속을 장깐 부주위로 지키지 못하고 자식위 어떠게 이 아빠을 생각을 했쓸까 정말 운아 미안하다. 이 아빠의 욕심은 매일 전화 통화을 하고 십프도 내 자식 군대에 잇는 몸이라 그 욕심을 다부리지 못하고 꾹 참고 시간을 보내고 잇딴다. 오늘 운이는 이 아빠가 전화을 한다고 기대을 했따가 이 아빠가 놀로 가서 전화을 못했따니 운아 큰 실망을 했캐지. 만사 일을 점어두고 운이 전화을 기다리야 하는돼 그것도 아니고 놀로 가면서 전화 통화을 못했따는것은 어뜬 별명도 돼지 않는다고 생각을 한다. 오늘은 잠쉬 잘못 때문에 이 아빠의 머리는 맑지 못한 생각으로 오늘 이시간까지 지속이 돼며 이잘못이 원재까지 지속이 될련 모르게꾸나. 오늘 정말 미안하다. 아무조록 운이 잘잇따니 이 아빠는 좋꾸나. 이추은돼 몸조심 해서 건강에 상함이 업키을 진심으로 이 아빠는 바란다. 운아 정말 미안타.

〈1996년 11월 25일 월요일 날씨 맑음〉

오늘 오전에는 포도밭에 중간 철사줄을 걷는 일을 하여다. 오후에는 마늘 파종을 하고 담아내기 모종을 시장에서 조금 사온 것을 파종을 하고 오후에는 허들래 일로 하로을 보내고 마라따고 말을 하고 십다.

요줌은 하로 일가들이 갑어치가 업는 일들이라고 생각을 하며 우리 농민들이 이재 겨우 시간여유을 가지고 살라간다.
"자식을 키우보니 다들 성격이 틀리드라. 외냐 하면 혜지는 회사 상사들레깨 선물을 할려고 들고 잇쓰며 오늘도 혜지는 오늘 사장과 팀장 줄라고 사과 2팍스와 대파을 선물을 할려고 오늘 직원 성용차에 실고 같다. 그 반면에 혜영이는 선물을 할려고 들지 않으며 혜영이는 성격이 남외깨 선물을 하는 것은 실어하는 편이다."

〈1996년 11월 26일 화요일 날씨 맑음〉

오늘은 벼논에 가지을 내년에 한번 해볼라고 갈리을 하여쓰며 기상대는 오늘 저녁에 비가 온다고 해서 오늘 트랙터로 갈리을 하는돼 땅이 추지서 갈리를 하는돼 힘이 들어다. 자신이 내년에 가지을 한번 해볼라고 논갈리을 하여찌만 자신이 포도 재배에 일손이 너무 들어가서 가지 재배에 일손을 빼앗키면 포도 생산에 손실이 따려지 않을까 하고 극정이 크며 부인은 여유시간이 업따고 하지 말라고 해서 가지 농사는 사실 망스리 지고 잇다.
수입을 좀더 할려고 들면 가지농사을 짓어야 수입이 더 됀다고 생각을 하지만 건강에 무리가 가서는 안 됀다고 생각을 한다. 자신보다 부인의 건강을 생각을 해서는 일손이 더하는 일은 하지 않아야 하는돼 자꾸만 돈원을 생각을 하니 자꾸만 욕심이 생기고 잇꾸나. 이 욕심은 무리가 아닌가 하고 정말 망스리지고 잇다.

〈1996년 11월 27일 수요일 날씨 맑음〉

오늘은 이온도 제일만이 내리 같지만 바람까지 찬바람이라서 체감온도는 상당이 차가운 날씨라고 말을 하고 십꾸나. 자신은 아무것도 하지 않코 놀라는돼 부인은 오후에 양파 모종하는 돼 품 들고 왔쓰니 이 추은돼 돈 한품 벌게따고 일을 할려고 하는 것 을 볼 때에 자신보다 돈을 한품이라도 벌게따는 욕심이 만으며 자신은 요즘 생각을 할 때에 자신한태 주어진 일은 열심이 할뿐이지 돈외 욕심은 크게 부리지 않는다고 생각을 한다.
한인간이 욕심이 업따면 죽은 사람이라고 생각을 할련지 몰라도 큰욕심은 상가해야 건강에 상함이 업씨 인생살리을 할 수 잇따고 본다. 자신도 내 나이 바서는 욕심은 상가해야 한다고 생각을 한다.
"오늘은 안전 휴식을 하여쓰며 요줌은 갑어치 잇는 일은 하지 못하고 그저 시간만 보내고 잇따고 말을 하고 십다."
11月 28日 지출내역 사과팍스 10장에
6,000원 태이프 2개 1,600원
계 7,600원

〈1996년 11월 28일 목요일 날씨 맑음〉

오늘은 아포읍 전체 표준 공시 시가 맥인다고 동장이 읍 회위실에 가자고 하여서 자신도 물류단지 때문에 공시 시가가 포도밭과 사과밭 이두절지가 공시가 어떠게 책정이 돼어 잇는가 학인도 해볼 겸 늙 궁금하든 일이라서 동장이 가자고 해서 같이 읍에 같쓰며 다들 각동네 동장들만 참석을 하여더라. 자신은 궁금해서 따라왔찌만 실찌 동창들만 참석을 해서 미안한 감이 들드라. 그리고 다들 참석을 하니까 김천시 아포읍 담당 감정사라고 이야기을 하며 인사을 올리드라. 김천서 2명이 나와서 동장들의 위주로 읍 전체적인 감정을 안저서 다들 하고 잇드라. 자신이 아포읍 전체적인 일률료 표준 시가을 올리는 것은 고루해야 한다. 외냐 우리 마을은 봉답 땅들이 다들 과수원으로 둔갑을 해서 수학면도 음청나며 우리 지역은 표준시가 만이 올라야 한다면서 요소요소가 표준 시가을 바서 올리주야 한다고 이야기을 하니까 감정사 말씀이 고루해서 올리겠씀이다 하드라만 동장들과 설계 도면을 대조을 하면서 표준 당가을 맥이고 잇는 실정이드라. 그리고 우리 마을은 물류단지 편입지구라고 말이 났뜬 것이라면서 김천시가 특별 괄리 한다고 접어 두자고 해서 우리 마을은 공시가 표준 당가에 별 문재가 업는 마을이 돼어쓰며 늑둘 수도작은 표준 시가을 올리 달라고 건위도 하지 않코 마랐다. 이것은 발전 가능이 업끼 때문에 그냥 두고 마랐다.

〈1996년 11월 29일 금요일 날씨 눈〉

오늘은 쵯눈이 내리쓰며 쵯눈 쳐고 아주 시들한 쵯눈이라고 생각을 하며 오늘 눈이 처음에는 아주 적은 눈이 내리드니 금새 먹구름은 다들 살라저고 맑은 날씨을 보이고 말드라. 내마음 같아서는 아주 만은 눈이 내리쓰며 하는돼 눈이 마음 찬 눈이 내리지 않아서 정말 아쉬운 날이라고 생각을 한다. 오늘도 아무련 일도 하지 않코 일을 했따면 자신의 이발한 것이 오늘 일이라고 생각을 해보며 요줌은 부인 보기에 미안할 정도로 휴식시간만 가지고 잇는 자신이 미안할 정도의 시간을 보내고 잇다.

"요줌 시간여유가 만아서 부인보고 처어머님 문안 드리로 가자고 하니까 부인은 요줌 너무 할일들이 만아서 다음으로 미루고 잇는 실정이며 우리 부부는 다 같이 바푼돼 요줌은 자신은 시간 여유가 만은 반면에 부인은 요줌은 아주 바푼 시간을 보내고 잇딴다."[28)]

지출에 … 자신의 이발비값 5,000원

〈1996년 11월 30일 토요일 날씨 눈〉

오늘은 토목 소장이 흙을 파낸 곳에 나라시[평평하게] 한다고 학인을 하여라면서 현장에 나와달라고 해서 같뜬이 고루고 잇드라. 그래서 도로 박닥보다 조금만 놋게 고라 달라고 하여쓰며 땅을 다 고루두록 잇쓸라고 하다 눈보라 쳐서 추어서 잇쓸 수가 업드라. 그래서 잘 고라 달라고 하니 잘 고라젓는지 학인 하라고 해서 그른돼 잘 고라쓰며 일부 조금 남아는돼 돈원 土曜日이라서 월요일 줄라고 하니 오늘 한잔해야 하며 줄때가 잇따면서 토요일은 오후 1시까지 은행에 본다면서 돈원 달라고 하드라. 그래서 소장차을 집적 대신 조합에 가서 수표로 2백만 원 빼주어다. 자신은 우선바서는 2백만 원 들어같찌만 내 마음은 잘했따는 생각이 더는구나. 만약에 이 사람들이 2차공사로 흙이 모자라게 돼면 그 주위로 흙을 다 떠내기 대면 자신은 성급하게 돈원 주고 떠낸 것이 후해가 될련지 몰개꾸나.

"그리고 오늘 아포 능금가든에서 김천 구미사는 11회 동기 계을 모앗다. 회비 30,000원 냄."[29)]

지출에 … 당산밭고루는돼 2,000,000만원
동기계 회비값 30,000원

28) 일기 지면 상단에 '(쵯눈 내림)'이라고 기록되어있다.

29) 일기 지면 상단에 '(토목 현장 소장) (12시 15분경에 수표로 50십만 원짜리 4장을 줌.) (2,000,000백만 원 줌.)'라고 기록되어있다.

총계 2,030,000원

〈1996년 12월 1일 일요일 날씨 흐림〉

오늘은 자신이 임대 농사을 짓든 김달수 씨의 칠순과 집뜰이을 겸사로 잔치을 벌리쓰며 김달수 씨는 동회관으로 음식을 재공을 하여쓰며 동민 전체가 다들 대접을 바들 끝인돼 김달수씨는 동민들을 집부로 모시계 돼어서 손님들이 적으쓰며 손님들의 대접을 하는돼 예이을 했따고 생각을 하지만 동민들의 만은 수을 끌리드리는 돼는 실패라고 생각을 한다. 김달수 씨는 음식을 만이 준비을 해서 음식을 소비을 다 못해서 아쉬운 일이라고 말을 하고 십다.

그리고 우리또래도 초청을 할려고 자신한태 소리을 해달라고 하여서 자신이 소리을 해서 11명 본집부로 돼리고 가면서 절먼 사람들이 나이만은 사람의 칠순에 그냥가면 안됀다고 해서 개인당 2,000원을 내서 슈퍼 따위을 20,000원 금액치을 사들고 본집으로 초청을 받아 간서 음식 재공을 잘 받아다.

"오늘은 운이 전화을 받아 볼라고 남외 일바주로 가서 운이 전화을 받기 위해서 셋번이나 집에 와서 전화을 기다리다 운이 전화을 받지 못했쓰며 운이는 저의 아빠가 전화을 기다리고 잇는 줄도 모를 것이라고 생각을 하며 부모는 자식을 이처름 생각을 하는돼 자식은 여사로 여기고 잇는 것이 아닐까. 이 아빠는 자식에깨 이 몸을 받치고 십다. 그른돼 부인은 이 아빠처름 운이 전화을 바들라고 큰 신경을 안쓰도 운이와 전화 통화을 잘하고 잇다. 오늘도 부인은 운이와 전화 통화을 하여따고 하며 나중에 한 번드 한다고 이야기을 하드라. 운이 전화을 기다리는돼 혜지 전화가 와서 운이 전화 못한다고 혜지보고 전화을 끈어라면서 강조을 하여쓰며 혜지가 전화을 하면서 군대 간 동생전화 한다고 아빠가 전화을 끈어라고 한다면서 전화을 끈고 말라서 미안한 점도 잇드라. 그러저 한참 잇따가 운이 전화가 와드라. 운이 전화을 1달 만에 운이 전화을 받는 것이 그리 마음이 좋드라. 자신이 늙 운이 전화을 받지 못해서 늙 미안 하다는 생각을 가지기 때문에 오늘 전화는 정말 기쁘드라. 운이는 아무른 일은 업시 잘 잇따니 이 아빠로는 더바랄것이 업드라. 운이 전화을 받고 보니 답답한 마음이 풀어저는 너킴을 받아따고 생각을 한다. 이재는 운이 전화을 기다리는 안타까움은 좀 주려들것 같다."

지출에 … 김달수씨 칠순에 참여에
2,000원

〈1996년 12월 2일 월요일 날씨 맑음〉

오늘은 추어서 아무 일도 하지 않코 휴식을 하여다.

요줌은 날씨가 아주 강추위에 무선 일을 할수가 업쓰서 휴식을 하고 잇쓰며 자신이 생각을 할 때에 강추위가 일적 차저 와서 사람을 개롭게 만들고 잇꾸나.

"강추위가 지속돼고 잇쓰니 군복무 하고 잇는 자식을 생각을 하니 자신의 몸이 움치려저고 잇쓰며 이 날씨가 내 가슴 차겁게 만들고 잇쓰며 이 날씨가 빨리 가서 따스한 봄날이 월련 와주어쓰며 하는 심정이다."

"요줌은 부인의 몸무게가 조금식 늙어나고 잇다. 자신은 늙 매말라 잇는 부인이 살 한번 이라도 살 한번 져받쓰며[쪄봤으면] 하는 마음이 늙 머리에 바켜 잇쓰따고 해도 가연이 아니며 부인이 한번만이라도 살 한번 부터서 둥실둥실 해바서며 자신은 원도 업깨따고 생각을 하여 왔는돼 요줌 몸이 조금식 부러나고 잇쓰서 그리 마음이 기쁘구나."

〈1996년 12월 3일 화요일 날씨 맑음〉

오늘은 부인은 김장배추 저리는 일을 하여쓰며 자신은 부인의 일을 조금도와 주는 일을 하여쓰며 자신은 대나무 비짜루를 만들어쓰며 요줌은 갑어치 잇는 일은 못하고 한가한 시간을 보내고 잇다.

오늘은 날씨가 탁 푸려저고 잇꾸나. 오늘은 일을 하면서 옷을 벗고서 일을 하두록 날씨가 학 풀려서 겨울이라는 낢씨을 잔깐 잊저버리는 날이라고 말을 하고 십꾸나.

"요줌은 너무나 한가한 시간이 너무 만아서 부인보고 처어머님한태 떡을 해서 한 번 배웁자고 수차 이야기을 하여는돼 부인이 바푸다는 핑계로 자꾸만 미루고 잇다."

〈1996년 12월 4일 수요일 날씨 눈〉

오늘은 눈빨이 내리는 간경을 보니 급이 날 정도로 내리고 잇드라. 이 눈이 음청나게 내릴 것 같떠며 우선 급이 날 정도 이드라. 그른돼 이 눈이 만이 내리면 내 자식 운이가 고통을 당할 것 같떠며 자식을 생각을 해볼 때에 눈내리는 것도 부적당하게 생각을 한다. 이 추위에 군복무하는 자식을 생각을 하며 기상대에서 수원주가 내리간다면 운이 생각밖에 나지 않는구나. 자신의 마음 이번 겨울만 잘 넘어가면 이처름 가슴 아푸지는 않캐다.

부인은 김장 담구는 일을 하며 자신은 필요할 때만 거들어주는 일만 하여쓰며 나중에는 형수가 그들어서 저녁노을이 지기 전에 김장을 다 담아스며 형수가 아니여드라면 밤 너깨까지 해야 한다고 생각을 한다.

"오늘 눈은 상당이 만이 온 것 인돼 눈 온 디에 비가 만이 내리서 눈이 녹아서 눈이 만이 온 표가 업쓰서 그르치 실찌 눈비는 온 것이다."

〈1996년 12월 5일 목요일 날씨 눈〉

오늘은 눈은 별로 오지 않어면서 찬바람이 모라쳐서 무선 일을 할 수가 업는 날이라고 말을 하고 십꾸나. 금년은 강추위가 일적 찾저와서 우리 농민들을 당왕하게 만들고 잇다. 우리 농민들은 탈곡한 벼집을 아무도 만치 보지 못하고 논바닥에 얼어부터 잇쓰며 이 벼집은 내년 봄이 와야 만칠 수가 잇따고 생각을 한다.

오늘은 형님 생신이라서 아침 식사을 형님댁에 가서 식사을 하곤 하여다.

그리고 오늘은 찬바람 때문에 아무 일도 못하고 휴식을 하여쓰며 그리고 친구들과 휴식을 하였다. 그리고 친구들도 사랑방에서 놀고 잇는 것이 아니라 요줌은 집에서 혼자의 휴식을 하고 잇는 쪽이라고 말을 하고 십다.

지출에 … 형님 생신에 고기값 15,000원

〈1996년 12월 6일 금요일 날씨 흐림〉

요줌 연일 강추위가 개속 돼어서 오늘 오후는 트랙터 부동액을 김천 동양 대리점에 가서 4리터 짜리 8,000원 주고 사와서 부동액 가라너어쓰며 자신이 미련을 돼쓰며 좀 얼어쓸 것으로 내다본다. 외냐하면 부동을 갈라고 물투껑을 열어보니 이미 조금 얼어잇드라. 그래서 부동액을 잘 사왔다 하는 너킴을 받아다.

"미련돼면 결국은 손에만 따린다는 것을 다시 너켜보는 객이가 돼어다."
"오늘도 부동액을 싸와서 갈라주는 일로 오늘 하로 시간을 다 보내쓰며 자신이 생각을 해도 잘놀라 난다고 생각을 한다."
지출에 … 아포버스 480원 아포에서
김천까지 480원 김천서
시내이까지 480원 오트바이
주부 5,000원 부동액 트랙터
8,000
계 14,440원

〈1996년 12월 7일 토요일 날씨 눈〉

오늘도 눈이 내리는되 눈의 량은 만치 않치만 농촌의 지분에 하야게 만들어 쓰며 인간들은 소복이 눈이 내리도 실어하는 사람이 업쓸 것으로 내다본다.
오늘도 종일동안 아무 일도 하지 않코 휴식을 하여쓰며 요줌은 자신을 원망할정 도로 휴식을 하고 잇다. 자신은 요줌 휴식을 계속하고 잇쓰니 부인보고 매일 놀고 잇는돼 밥을 적개 달라고 이야기도 한다. 이 날씨가 춥지 않는다면 할일들이 만이 잇는돼 강추위 때문에 일을 못하고 잇다.
오늘은 사랑방에서 화토치기을 하여서 간식을 사먹는 놀리을 처음 하여다.
"우리 운이가 일요일날 전화을 꼭 주고 잇는돼 오늘 사실 원근희 운이 전화을 기다리쓰며 요줌 강추위에 어떠게 군무을 하고 잇쓸까 무름은 어뜬가 하고 이 아빠는 극정이 크다. 이 아빠는 주어면 휴식을 하고 잇찌만 운이는 강추위도 주어진 일들 다해야 하는 몸이 돼어 잇쓰니 그 고통은 크다고 생각을 한. 운아 고통이 클수록 참는 능력을 키우야 한다. 운아 몸조심 하여서 군 복무을 다하는 자식이 돼어 달라고 부탁을 하고 십다."

〈1996년 12월 8일 일요일 날씨 맑음〉

오늘은 부인이 강냉이 까는돼 거들어 쓰며 올해 강냉이는 상당이 만으며 매년 강냉이 띠밥으로 2돼 정도 박에 못하는돼 금년에는 강냉이가 6돼도 더 되게드라. 올해는 강냉이 띠밥을 다티면 못 다먹을 정도라고 생각을 한다.
그리고 오늘은 운이가 전화을 일적 주어쓰며 운이가 잘 잇따고 하니 재일 반갑드라. 이 아빠는 운이만 잘잇 따면 더 바랄길이 업따고 생각을 한다. 오늘 부인이 오늘 운이 전화 오는날이라고 집에서 가만이 잇쓰라고 해서 오늘 운이 전화을 바들 수가 잇쓰따고 생각을 한다.
오늘 마늘 파종한곳에 경운기로 벼집을 실고 가서 덥는 일을 하여다. 오늘은 추위가 학풀리서 땅이 질벅거리서 일하기가 힘이 들정도다.
"금년에는 일기불순으로 벼집을 다들 치운 사람이 업쓰며 벼집이 논바닥에 그대로 잇쓰며 앞푸로 새찬 바람이 부르야만 벼집이 마를 것 같다."

〈1996년 12월 9일 월요일 날씨 맑음〉

오늘은 봄을 연상개 하여다. 오늘은 음지에 잇는 눈이 녹아서 도랑에 물이 흙으내리며 길거리는 온통 질벅거리며 봄을 연상개 하여쓰며 오늘은 다들 일손이 바푸계 움직이고 잇는 사람을 볼 수가 잇쓰며 인간은 추위에 견디지 못하는 가바 역시 날씨가 따뜻하니 움추린 몸을 펴고 일들을 하고 잇는 모섭을 볼 수가 잇다.

자신도 오늘은 오전은 포도 철사 줄 겉는 일을 하여쓰며 오늘 포도 철사줄 겉는 일을 안전이 하여다. 오후에는 포도 든불을 끈으로 묵는 일을 하여다. 자신은 오늘은 일을 재돼로 한날이라고 말을 하고 십다.
"앞푸로 날씨가 풀리며 일의 계핵을 세와서 일을 차근차근 일을 할 작정이며 여때 것 너무 무이미한 시간을 보내서 이재는 일을 만이 해야 하게쓰며 열심이 일하여야 하게다. 사람이란 무선 일을 해도 열심이 해야 하며 성실하게 절급게 해야 한다고 생각을 한다."

〈1996년 12월 10일 화요일 날씨 맑음〉

오전은 대신분소에 가서 혜영이 적금을 하고 경유을 보일라 기름을 400리터 띠는 일을 하는 것으로 오전 시간을 보내고 오후에는 작과 나무 전정을 하는 것으로 오늘을 마감을 하여쓰며 이재는 작과 전정을 하두록 노력을 해야 하겟다.
오늘도 날씨는 풀리는 기온이며 봄기온처름 안전이 얼은 땅들이 녹아내리는 기온이라고 말을 하고 십프며 음지에 잇는 눈들도 다들 논는 날이라고 말을 하고 십다.
부인도 오늘 큰집에 김장을 다들 담아서 부인도 이재는 겨울 살리 준비 일들은 다들 했쓰니까 이재 부인도 시간 여유을 가질 수가 잇따고 생각을 한다. 그리고 부인이 바픈 핑계로 친정에 어머님 배웁자고 하든 말도 거절을 하여 왔는돼 이재는 남편의 말을 들어 줄수 잇따고 생각을 한다. 내 마음 같아서는 처어머님 배온지가 오래 돼어서 당장이라도 가고 십픈돼 부인은 준비가 돼지을 안아서 십개 돼지 않을 것이며 곳 한번 처어머님 문안 드리로 갈 것이다.

지출에 … 남방용기름 경유 400리터
107,784원

〈1996년 12월 11일 수요일 날씨 맑음〉

오늘 오후에만 작과나무 전정을 하여쓰며 작과 나무가 죽은 가지가 만으며 기상대는 올해는 강추위가 지속된다고 하니 나무 가지들이 만이 늙어 날것으로 내다본다.
오늘 오전도 일을 마음대로 할 수가 잇는돼 오전은 모욕을 하느라고 다른 일을 못하고 휴식을 한 셈이다.
"요줌은 사실 일을 하여도 마음이 집중이 돼지 않코 일을 하여도 백푸로 일이 돼지 않코 반 정도의 일밖에 안대고 잇는 느킴이 들고 잇다."

〈1996년 12월 12일 목요일 날씨 맑음〉

오늘은 작과나무 전정을 하로 간다고 가는돼 길 엽패서 마을 사람들이 모닥불을 피어놋고 절먼 사람부터 나이가 만은 사람들 모닥불 피어놋고 불을 찌어가면서 놀고 잇드라. 그래서 자신도 합세을 해서 같이 놀라쓰며 나무전정을 표기을 하고 오전 내 휴식을 하여다.
그리고 오후에는 조합에서 직원이 나와서 조합운영을 어떠게 한다. 조합에 거래하는돼 불편한 점을 말을 하라고 하면서 자담해을 열고 저축 이율이 좋은 저축을 해서 가정에 보탬이 돼두록 하라고 근유을 하고 잇드라.
오늘은 종일동안 아무 일도 못하고 휴식을 하고 마랐다. 오늘은 휴식을 하기에는 너무나 아까운 날씨라고 말을 하고 십다.
민현이는 운이 선배이지만 민현이는 재대휴가 나와 따고 하는돼 우리 운이는 언재 휴가 제대을 언재 나올까. 남들은 그리 시간이 잘 가는돼 제 자식 군복무 시간이 외이래 시간이 가지 안노 세월이 눈 감짝 할 사이에 다가서 운이 제대 휴가을 나와쓰며 을마나 조어리만 운이 제대 날자을 생각할려니 끝이 보이지 않아서 실망이 돼는구나.
오늘 방송국에서 하든 말이 미국 국방부에서 하든 말이 북한 체제가 앞푸로 3년 완내 문어진다고 말씀을 하고 잇는 것을 볼 때에 북한 채재가 문어지는돼 3가지의 요권이 잇따고 말을 하드라.
1가지는 북한이 전쟁을 해서 통일을 하는 것과
2째는 자연 분계가 됀다고 보며
3째는 북한 채재가 지휘청에서 내분으로 분계 됀다고 보고 잇쓰서 큰 극정이 돼고 잇다.
"북한 분계가 돼어도 운이 군복무을 맡치고 나가든 북한이 분계 돼어쓰며 극정이 들 돼게는돼 자식이 군 생활을 하고 잇는돼 북한 채재가 문어진다고 하니 북한이 남침을 할까바 큰 극정이 돼는구나. 북한 채재가 문어저드래도 남북한 대화로 통일을 하여쓰며 하는 바람뿐이다."

〈1996년 12월 13일 금요일 날씨 맑음〉
오늘은 오전도 작과나무 전정을 하여쓰며 요줌은 계속 봄날과 다름이 업쓰며 옷가지을 벗어놓고 일을 할 정도니 날씨 변득은 알라주야 한다고 생각을 한다.
오늘 오후 정심 먹고 부인과 둘리서 거실래서 휴식을 하고 잇는돼 지진이 일어낫서 집이 헌들리고 전선까지 흔들리는 것을 보고 우리 부부는 정말 놀라쓰며 또 지진이 올 줄 모르니 빨리 밭같으로 부인보고 빨리 가자고 하면서 거실을 나오고 마랐다. 자신이 집을 2층로 짓은 것을 후해한다. 외냐 단층보다 2층이 지진에는 불리하기 때문에 2층을 짓은 것을 후해 하고는 했다. 그리고 이번 지진이 강원도 열월에서 발생한 것이 전국적으로 건물들이 헌들리따는 것은 지진의 힘이 대단하다는 것을 이번에 절시리 너켜쓰며 지진에 힘이란 것은 치가 뜰린다는 생각이 더는구나. 지진의 강도가 3.3이리고 하는돼 건물 흔들리는 것을 보고는 불안이 십계 가지을 않는구나.
"오늘 오후에는 자신은 전정을 하고 부인은 전정을 한 것을 줏는 일을 하곤 하여다."

〈1996년 12월 14일 토요일 날씨 맑음〉
오늘도 작과나무 전정을 하여쓰며 앞밭에 나무만도 삼일은 해야 다 할 것 같다. 전정을 하로 해야 7곱 주 내지 8주정도박에 못하고 잇쓰니 시간이 상당이 만이 글린다. 자신은 음력 설까지 작과나무 전정을 다하고 포도나무 전정을 끝을 낼 작정이다. 사과나무는 음력 설을 쉬고 나서 전정을 할 작정이다.
내일이면 운이 전화 통화을 한다는 것을 생각을 하니 오늘시간은 아주 잘 가는 느킴이다. 이번주일은 아주 잘 가는 주일이라고 생각을 한다. 이번 주일은 자신이 시간이 조금 바픈 일을 가지따고 생각을 한다. 운아 이 아빠는 주일 기다리는 맡으로 살라간다고 해도 가연이 아니며 운아 너의 아빠마음 조금이라도 생각을 하고 잇는지 궁금하구나.
"요줌은 날씨가 따뜻해서 운이 극정이 돼지 않는구나. 이 날씨가 추어며 이 아빠가 추위을 더 따는돼 요줌 날씨가 봄날과 같떠니 우리 운이 군 생활이 들 힘들 것 같다서 운이 극정을 잠쉬라도 잊절 수가 잇쓰서 내 생활이 그리 편하다고 말을 하고 십다."

〈1996년 12월 15일 일요일 날씨 맑음〉

오늘오전에는 꼭 오전은 운이가 전화을 주기 때문에 오늘오전은 운이 전화을 받들라고 오전에 휴식을 하여서 운이 전화을 들래 가지 않코서 기다리고 잇는돼 오늘은 오전 10시경에 전화가 왔드라. 전화을 받아보니 운이가 건강하게 잘 잇따고 하며 그른돼 요줌 외박 다들 박탈돼어서 아무도 외출도 못 간다니 연말이 돼면 운이 면회을 한 번 갈 작정이다.

"오늘은 운이 전화가 일적 와서 오전에도 작과나무 전정을 조금할 수가 잇쓰며 오늘 개핵은 운이 전화을 받아야 하기 때문에 오늘 개핵대로 일을 못한다고 표기을 하고 잇쓴는돼 운이 전화가 오전에 일적 오는 바람에 오늘 작업은 개핵돼로 할 수가 잇쓰따. 오늘 운이가 매주 전화을 주는돼 오전 11시경에 주는돼 오늘은 오전 10시경에 주어키 때문에 오늘의 계핵돼로 하여서 마음이 편하구나."

"오늘은 오후에는 부인이 전정한 나무가지을 줏는 일을 도와주어다. 부인은 도와주는 일을 그만두라고 해도 날씨가 따뜻하다면서 도와주고 잇다."

〈1996년 12월 16일 월요일 날씨 맑음〉

오늘 오전은 조합에 부체을 갑는돼 4,100,000원 들어같다. 자신은 금년도 부체가 제일 만으며 자신이 금년도 땅이 나며 한 단지 구입을 할려고 작정을 하여는돼 오늘 부체을 갑고 나니 4백만 원 들어가고 나니 땅 구입을 포기을 해야하겟따는 생각이 들드라. 그래서 정기적금을 부인 앞푸로 12백만 원 하고 남어지 돈으로 97년도 농비을 해야 할 것 같다. 이것을 실천을 해야 할것 같다.

"그리고 조합에 같다와서 시간이 남아서 방아간에 바을 찌어쓰며 매상가마니로 2가마을 찌어다. 오늘 방아는 묵은 나락 1가마와 했나락 1가마 해서 2가마을 찌어다."

오늘 오후는 작과나무 전정을 하여다. 앞푸로 1하로만 하며 앞밭에는 다 할 것 같다. 나무들이 만이 죽어서 전정을 할 것이 적드라. 나무들이 다들 죽어서 과실수학 할 것이 업겟드라.

지출에 … 조합부체 값 4,100,000원

〈1996년 12월 17일 화요일 날씨 비〉

오늘오전으로서 작과 전정을 앞밭에는 다 하 여쓰며 작과 전정을 적극적으로 하지을 안아서 날짜을 지원을 만이 식킨 셈이다.

오늘 오후는 날씨가 곳 비가 쇼다질 뜻 한대 자신은 골래 작과나무 전정을 하로 같쓰며 전정을 2나무 하니까 보슬비가 내리드라. 이 비을 마저면서 전정을 하고 잇는돼 비가 더 만이 오드라. 그래서 작과 전정을 표기을 하고 말랐다.

그리고 오늘 저녁에 매상 배당을 할려고 동장이 좀 나와달라고 이야기을 하드라. 그래서 저녁을 먹고서 회관에 같뜬이 우리 마을 매상 활당이 360가마니 나와따고 가가우 배당을 할려고 하니 704마지기 마지기당 8.5% 돌라가며 자신이 총 11가마 배당량이며 이것을 무엇하라고 하는지 생각을 할수록 뼈가 아푸다고 말을 하고 십다.

이것은 봉답 수도작이 다들 과수답으로 둔

갑을 했따고 바야 한다. 그리고 우리 마을 뿐 아니라 전국적으로 봉답 수도작이 다들 밭으로 다들 딸박끕이[탈바꿈이] 돼어따고 바야 한다.

“정부에서 오늘날까지 농민들만 죽어 왔따고 생각을 하며 정부가 농민들을 죽이고 선진국으로 간다고 발부등을 쳐고 잇찌만 농민이 잘살지 못하며 국가는 부강을 할 수가 업쓰며 정부가 부강해질라면 우리 농민들이 잘살라{야}지 정부도 부강을 할 수가 잇따고 본다. 우리 정부는 입우로는 농민을 살라지 한다고 소리을 높피지만 실질적으로 농민들만 죽이고 잇는 정치을 하여 왔다. 이것은 나라의 발전을 지원식키고 잇따는 것과 다름이 업다.”

“나의 평생 아니 자신이 살라 잇는 한 여당을 표을 주지 않캐다.”

〈1996년 12월 18일 수요일 날씨 맑음〉

오늘은 바람이 부르서 그러치 아주 추은 날은 아니라고 말을 하고 십다. 그리고 오늘은 매상 준비을 할려고 작정을 하여는돼 매상 수짜 적다고 숙모님이 매상 당일 날 하자고 해서 자신은 부인하고 자신의 매상 할 당한 것만 묵끄놀라고 한참 쉬작을 하고 잇쓰니까 친구들이 놀로 와서 매상준비는 포기을 하고 그만 친구들과 화토노리로 오후 시간을 다 보냇다.

오늘은 이무련 일도 하지 않코 친구들과 휴식으로 오늘 하로을 보내고 마랐다. 농민들이 겨울에 쉽게 돈벌리가 잇쓰며 우리 농민들이 살라가기가 수랄끈돼 그려치 않코 조금만안 추위가 돼어도 우리 농민들은 무작정 휴식을 하고 잇다.

수입에 … 화토노리 3,000원

〈1996년 12월 19일 목요일 날씨 눈〉

오늘 아침에 일어나보니 밤하늘이 새까마깨 구룸이 키어잇는 것을 보고는 한박눈이 푹푹 내리겟따하고 생각이 들어는돼 한박눈은 자신의 생각대로 내리지 않아쓰며 자신의 생각은 한박눈이 내리서 발자욱이 푹푹 빠지두록 와주어쓰며 하는돼 적은 눈이라서 정말 마음이 서운하구나.

“이번에 매상 배당량이 11가마이며 이것을 출하할 준비을 하여놓고 보니 기가 찬다. 11가마 매상을 돼어서 무엇을 하라 말인가. 이것을 매상해서 상점에 술값 주라고 매상을 주는지 생각을 할 록 뼈가 아푸구나. 정부 정책이 구역질나는구나. 이 사람들이 농민들의 고충과 부채을 할고 정치을 하고 잇는지 피을 토할 일들이다.”

“우리나라 정치인들원 다들 부패와 사기꾼들이라고 말을 부치고 십다. 우리나라는 국회원 당선이 돼면 재산이 우리서민들은 생각지도 못할 정도로 부르나고 이 사람들은 국회에 들어가면 다음 차기에 당선이 돼개끔 운동이나 하고 우리나라가 어떠게 가야 잘살라 갈까는 뒤전이다. 자기 궐역에만 유지을 할까 생각밖에 않하고 잇쓰니 이국회원들은 보수 업시 명외직우로 하든지 그려치 않으며 우리나라 실정으로 바서는 다들 업세야 한다. 국회원 비리부터 업쌔야 우리 국민이 잘살라가리라고 생각을 한다.”

〈1996년 12월 20일 금요일 날씨 맑음〉

오늘은 우리 마을 매상 날이다. 매상 날이 우리 마을뿐 아니라 아포읍 반은 오늘 대신 2동 농협창고에 출하을 해서 나락가만이 보다 사람의 수짜가 더 만으며 매상가마니도 3가마 2가마 출하한사람이 태반이며 이것을 대어서 무엇 하라 말인가. 정부하는 짓거리가 아래 사람들 골탕을 먹이고 잇쓰며 정부 일에 신물이 난다.

"자신은 오늘 매상 출하을 하여서 11가마 다 일 등을 다들 맏자다. 자신은 금년도 매상을 97개 출하을 해서 다들 일 등을 다들 맡아다."

오늘 저녁을 먹고 부인과 둘리서 티부이을 보는돼 전화 벨소리을 울리서 수화기을 들어보니 운이 전화드라. 그래서 반갑고 생각지도 안은 자식의 소리라서 정말 고맏다. 요줌 날씨도 추운돼 별고 업쓰며 어르운 일들 업느냐고 무르니까 아무련 일 업쓰며 요즘은 아주 편하다고 해서 이 아빠의 마음이 풀어저는 너킴을 밭아다. 이 아빠는 이 추운 겨울이 빨리 가서 봄이 왔쓰며 하는 간절한 마음 뿐이다.

이해의 추위가 빨리가면 여름이 지나서 다음의 겨울이 온다면 우리 운이도 그때는 어젓한 고참이 돼니까 이 아빠가 요줌처름 극정을 들래 해도 될 것이며 자신의 머리가 가벼어절 것으로 내다본다.

"운아 평소 때에 시간이 나거든 전화을 주어쓰며 한다. 외냐 하면 운이 전화을 밭는 날들은 기분이 좋으며 그날은 이 아빠도 절급게 보내고 잇딴다."

지출에 … 서운사람의 콤바이값
70,000원(3.5돼지기 값)

수입 … 매상수입 11가마 = 526,020원

지출에 … 이앙기 결산에
21마지기×5,000=105,000

〈1996년 12월 21일 토요일 날씨 맑음〉

오늘은 아침밥을 먹고 부인과 둘리서 티부이에서 하얀미들레 연속극을 보고 잇는돼 우리 마을에 동우회에서 절먼 사람 오 명이 우리 집에 찿아 와드라. 절먼 사람이 온 이유는 물류단지 대책 위원장을 계속 바달라고 건유을 하로 와드라. 그래서 자신이 사태을 할 때는 상당이 만이 생각을 해서 위원장을 사태을 하여쓰니 나는 거론을 하지 말고 새사람을 새와서 대책원회가 구성이 잇쓰야 우리 마을에 득이 돌라 오지 그러치 않코 적은 단채가 업쓰며 우리동네 손실이 따러기 때문에 절먼 사람이 재구성을 하여서 이끌어 가야 한다고 부탁을 하였다. 절먼 사람들은 한번 바달라고 부탁을 해도 거절을 하여 왔다. 자신은 이번 기회에 나와야 다음에 욕을 들 먹는다고 생각을 하여쓰며 아푸로 계속 싸울 일밖에 업는돼 계속 그 그릉덩이 빠질 수가 업따고 생각을 해서 자신은 사태을 한 셈이다.

오늘은 형님이 매상을 돼고 남은 벼알을 조합에서 40kg 200g에 466,500원 주고 사들인다고 해서 형님은 40kg 200g을 푸대에 담아서 120가마니을 달라 났다. 이것을 농협부채을 갑기 위해서는 할 수 업시 매상금액보다 적은 값으로 달라내야 하는 농민의 가슴 아품을 누가 알라 준단 말인가. 이 가슴 알리는 농민위 아니고는 알라 줄 사람이 업다고 본다.

"그리고 오늘은 부인 앞푸로 천만 원짜리 적금을 너어쓰며 자신은 12,000,000만 원 적금 할려고 했는돼 돈을 앞푸로 쓸 생각을 하니 적을 것 같아서 천만 원만은 적금을 하고 마랐다."

"정부에서 조금만은 생각을 하여주어도 우리 농민들은 좋아 할끈돼 정부에서는 입부로 농민들을 도와주야 한다고 하고서는 실지 농민을 생각을 하는 것은 반 푼어치도 업쓰며 우리 농민들도 정부의 정책에 등을 돌리고 잊따고 말을 하고 십다."
"자신은 수매가격을 두고 큰 욕을 치루고 잊는돼 대통령도 농민을 예민을 하고 잊쓰며 내 마음 같뜨며 수매가격을 농민의 사이을 위해서 2%로 만이라도 올리 준다면 농민들의 가슴아리가 좀 풀릴 수도 잊따고 보는돼 김영삼이도 정치는 하지 않코 5年 임기에 남의 비리밖에 캐지 못하는 비굴한 대통령이라고 밝밖에 할 수 업따고 자신은 생각을 한다."

〈1996년 12월 22일 일요일 날씨 맑음〉
오늘은 운이 전화을 기다리왔는돼 운이 전화가 끝내 전화을 주지 않는구나. 이 아빠는 일요일이 돼면 집에서 전화을 기다릴 뿐 아니라 일요일은 일하는 것을 표기을 하고 전화을 기다리면 전화을 받고 나야 일하로 가는돼 오늘은 기다리는 전화가 오지 않으니 서운하구나.
"오늘은 매상을 돼고 남은 나락을 조합에서 40kg 200g백 그람에 46,650원 주고 떠는돼 줄라고 부인과 둘리서 100가마니을 하여다. 이것을 같이 하면 수랄끈돼 혼자 할려고 하니 힘이 더는구나. 나는 다들 거들어찌만 내 끄 한다고 오라고 하기가 그북스려어서 그만 힘이 들어도 부인과 둘리서 우리 곳은 혼자 다하고 마랐다."
"정부에서 매상가격을 동결을 하고 농민의 사기을 향상을 시키기 위하여 수매 전량을 밭아 주어쓰며 농민의 이마에 주름이 학 필끈돼 그려치 않코 이 등 값도 못 밭고 시장 추라을[출하를] 해야 하는 심정 말로 다할 수 업시 아푸구나."
지출에 … 박병호 외박나와서 운이 돈 말한다기에 50,000원

〈1996년 12월 23일 월요일 날씨 맑음〉
오늘은 날씨도 조금 차거며 오늘따라 길가에 사람이 만이 나이드라. 그려자 정상원 집에 오징어 팔고 남은 것이 3짝이 잊따고 해서 자신이 돌부리을 하자고 하면서 오징어 1짝을 가지고 와서 종희氏 집에서 오징어 돌부리을 하여다. 오징어 1짝에 12,000원 한다고 하며 태부이는 오징어가 대풍이라고 오징어 값이 땅바닥에 떨어 젓따고 이야기을 해서 오징어가 싸다고 생각을 했뜬이 오징어 값이 생각보다 흙치 않쿠나.
"오늘은 오징어 돌부리로 8명이 종일동안 휴식을 하여쓰며 오징어 먹어본지가 아주 오래 대어서 돌부리을 하면 생각으로 상당이 만이 먹을 줄 알라는되 실지 먹어보니 을마 먹지 못하게드라. 자신이 3바리 조금 못 먹어따고 생각을 한다."
오늘 술값 9,000원 오징어값이 12,000원
지출에 … 오징어 돌부리값 3,000원 부인 사촌 오빠 아들 결혼식 축하금 50,000 장모님 용돈 20,000원 부인 사촌언니 아들 결혼식 축하금 30,000원
계 103,000

〈1996년 12월 24일 화요일 날씨 맑음〉
오늘은 조합에서 나락터로 온다고 집에서 기다리왔쓰며 그려자 동회관 방송으로 나락을 조합으로 낼 사람들은 동회관으로 가지고 오라고 해서 나는 사실 조합에서 적은 차가 온다면 집에서 실어 낼라고 순달이 동생 한태 전화을 했뜬이 동생 하는 말이 부탁을 했따면 집에 그냥 두라고 하드라. 그

래서 형님과 숙모님 자신 다들 벼 가마니을 그대로 두어쓰며 오전에는 동내 전체의 물량이 만아서 울집우로 올라와서 벼 가만이을 실고 간다는 것은 남들 눈도 잊고 해서 오전에 실고 가는 것은 원하지 않아다. 오후에는 실어다 주지 하고 기다려떠니 정미소에 정전이라면서 동회관에 나온 가만이만 가지가고 26日날 가지고 가계따고 이야기을 하드라. 사람이 너무 약바른 사람이 밤눈 어덥따드니 오늘 자신이 그른 꼴이 돼고 마랐다.

"그른돼 형님은 개인차로 이용을 해서 120 가마을 두 대을 이용하여서 다들 달라 내고 마랐다. 조합에서 개인차을 이용을 하며 한 가마니에 400원식을 더 주고 잇다. 그른돼 60가에 24,000원 인돼 운님을 6,000원 더 달라주어서 6,000원식 해서 6,000원 60,000만으로 운님이 들어간 셈이다.

〈1996년 12월 25일 수요일 날씨 맑음〉

어제는 어머님 재사 준비는 부인과 김천 지수씨와 삼명이 어머님 재사 준비을 다하여쓰며 구미 지수씨 둘리는 돈원 버는 사람이라서 저녁에 와서 어머님 재사 준비는 아무것도 하지 않아 따고 생각을 한다.

큰집에도 집을 짓어야 하겟다. 외냐 하면 온 식구가 한자라에 밥을 먹을 수가 업쓰서 한머리 밥을 먹은 사람이 나오고 다시 들어가서 밥을 먹어야 하는 불이 잇쓸 뿐 아니라 온가족이 한자리에 다들 안절 수가 업쓰니 그 불편이 크다. 이번 재사에도 누님도 참석을 하여쓰며 우리 형재는 다들 참석을 다하여서 고맡드라.

"오늘은 형재들과 같이 놀라쓰며 요줌 기업이 불항이라서 순서 동생 기업이 극정이 돼며 순서 나이로 바서는 명외 태직을 해야 한다면서 극정을 하드라. 동생은 아들을 대학을 셋시나 식키고 잇쓰니 순서 동생이 재일 바푸다고 생각을 하며 동생이 아들 학교을 시킨다고 답답한 입장인돼 자리을 지키가 불란하다고 하니 극정이 크다."

지출에 … 어머님 재사준비 어물값 26,000

〈1996년 12월 26일 목요일 날씨 맑음〉

오늘은 조합으로 나락을 내는돼 40가마는 회관으로 실어내주고 60십 가마는 조합차가 적은것이 우리 집부로 들어와서 실어냇다.

"숙모님은 우리가 벼 가만이을 40kg 200g을 달라낸다고 용만 200kg짜리 저울로 근대을 달라는돼 저울 다이가 합판으로 돼어 잇쓰서 바탕이 맡지 않아서 그른지 근대 수가 맡지 않트라. 그래서 조합으로 바로 실어 가지 않코 용만이 차로 정미소에 집적 달라서 낼라고 용만 차로 실어 같다. 그른돼 우리가 근대을 속이서 낼라고 조합직원들은 생각을 했쓸것이 아닌가 하고 생각을 하니 기가 찬다. 우리가 저울 눈과 저울 다이에 신경을 들쓴 것이 사실이라고 생각을 한다. 우리가 숙모님을 득을 보일라고 적개 달라 줄라고는 꿈에도 생각지 않아는돼 오늘 실수는 음청난 실수을 하여쓰며 이른 실수는 양심을 보는 실수 이기 때문에 앞푸론 이른 일은 업쓰야 한다. 정말 오늘 부끄럽다."

"오늘은 혜지가 적금 만기일이라 5,060,000원 차저서 일 년짜리 정기 적금을 너어쓰며 우리 혜지가 회사 입사 한지도 일 년이 넘어쓰며 혜지 돈 번다고 수고가 만아다. 그리고 오늘 신규로 적금 450,000원짜리 1회을 부어쓰며 이 아빠는 혜지가 천만 원 벌어 주며 이 아빠가 천만 원 부태

준다고 공연하게 혜지한태 자주 말을 하고 잇다. 우리 혜지가 1년만 벌어 준다면 약속을 지키주는 결과가 됀다."

"이 아빠는 혜지 결혼을 26세 돼면 식킬 작정이다. 혜지가 올해 25세며 내년에 26에 돼는 해며 이 아빠는 26세 겨울이 돼면 시집을 보낼 작정이다."

오늘은 오후에는 일을 할 수가 잇는돼 몸이 피료해서 휴식을 하고 마랐다. 내일 부터는 일을 할 작정이다.

우리정부 정책이 기가 막힌다. 외냐 하면 신한국당이 국회원 수가 만타고 국회 통과을 세벽 6시에 기씁 국회통과을 식키고 말라쓰니 이것은 국회통 과을 했따고 볼 수가 업따고 바야 한다. 앞푸로 이른 일들은 용서을 해서는 안됀다고 바야 한다. 외냐하면 여당의 행패며 그리고 여당의 장기 정권을 가질라고 비상한 수법이라고 바야 한다. 그리고 정부에서 경기가 불경기라고 우리 국민이 다들 허리띠을 매어달라고 부르짖고 잇쓰며 국회에서 노동법을 기습 국회 통과을 시키는 것을 보며 정부는 우리나라가 망하든 말든 내년에 정권을 잡는 일만 생각을 하고 잇따고 볼 때에 가슴 아푼 일들이라고 본다.

"국회 농동법 기습 통과을 하는 바람에 노동부는 파업을 하기로 결정을 하고 업체에 노동부가 파업을 하고 잇따. 이것은 국가경기을 부란하게 만들고 잇따고 바야 한다. 이번 노동부 파업으로 우리 경재가 망하고 마는 것이 아닌가 하고 생각을 한다. 이 파업이 오래가면 우리나라가 망하고 만다고 바야 한다."

수입에 … 벼집 값 120,000원 화남벼
벼씨값 = 49,000원
계 169,000원

〈1996년 12월 27일 금요일 날씨 맑음〉

오늘은 오래만에 작과 전정을 하여쓰며 숙모님 고래 작과 나무는 너무 만이 죽어드라. 그리고 요줌은 날씨가 봄날 같트며 요줌은 일하기가 불편한 점이 업따고 바야 한다. 앞푸로 4일 정도만 날씨가 좋다면 작과나무는 전정을 끝을 낼 수가 잇따고 바야 한다.

그리고 아래 조합으로 나락을 달라 낸 것을 오늘 조합에서 계산을 하여보니 별도 조합차적은 차로 60가마니 낸 것이 근대수가 좀 더 나가서 그 차액금이 32,690 드 주드라. 자신이 100가마 달라낸 금액이 4,666,000 근대수가 불어난 금액이 32,690원 총금액 4,698,690

수입금 … 나락조합으로 낸 것이
4,698,690
지출에 … 신흥농약방에 농약값
360,000원

〈1996년 12월 28일 토요일 날씨 맑음〉

96年을 만지한지도 어거재 갇튼돼 벌서 96年을 앞푸로 3일이 지나면 97年을 마지해야 한다는 것을 생각을 할 때에 일년 이란 세월이 눈 깜짝할 사위에 간다는 것은 자신의 인생을 쓰렵게 만들고 잇다. 내자신이 50십고개을 넘고 보니 인생이 너무나 성끔성끔 가는 너킴을 가질 수가 잇쓰며 인간이 세월이 가는 것을 서르어할 나이는 가는 세월 원망만 하고 잇따고 말을 하고 십다.

"오늘은 작과나무 전정을 열심희 하여뜬이 곳바로 몸이 피료가 오는 것을 육체적으로 너킬수가 잇쓰며 우리 딸의 말쳐름 아빠는 이재 청춘이 아니라고 자주 말들을 하곤 하든이 정말 나 자신도 이재 청춘이 다 같따는 생각이 더는구나. 사람이 청춘이 다들 같따면 사람으로서 좋은 일은 다 같따고 생각을 할 때에 허전하기 짝이 업꾸나."
"사람이 인생살리을 절급게 살라가는 길을 생각을 해바야 한다. 부모가 자식을 위하여 너무 희생을 하여가면서 살라가는 길도 바람직 한일은 아니라고 생각을 가지 본다."
지출 … 농약값 회관에 188,460 콤바이
　　탈곡값 2단지 120,000원
　　계 308,460

〈1996년 12월 29일 일요일 날씨 맑음〉

오늘도 작과 전정을 하여쓰며 작과나무가 고목이 돼어서 그른지 죽은 것이 너무 만아서 내년에 작과일 수학을 만이 하기는 힘들 것으로 내다본다.
부인은 대신 김종환 씨의 딸 결혼식에 같쓰며 김종환 씨가 사돈이라서 안갈 수도 업고 김종환 씨가 이번은 4번째인돼 이것은 너무한 것이 아닌가 십다. 요즘은 청첩을 한번 해도 좋아 하지 않는 것이 청첩이라고 생각을 하는돼 한사람이 자식들 결혼 다할 때까지 다 본낸다는 것은 양심을 버리는 것이 아닌가 하고 생각도 해본다.
"오늘은 운이가 전화을 줄라고 그르는돼 전화을 주지 않는구. 운이가 어재 전화을 햇따고 전화을 안주고 잇는지 몰게꾸나. 운이을 줄라고 했는돼 전화을 주지 않으니 무선 일이 잇쓰서 전화을 못주는가 하고 극정이 돼는구나."
"오늘도 작과 전정을 종일동안 하여쓰며 요줌 갈터면 안전 봄이라고 착각을 할정도며 전정을 하는돼도 옻을 벗어놓고 일들을 하고 잇다."
지출에 … 김종환씨 4째딸 결혼식에 부주
　　30,000원 혜지 까스명수 2병
　　600원
　　계 30,600원

〈1996년 12월 30일 월요일 날씨 맑음〉

오늘로서 작과나무 전정을 끝을 냇다. 골래 작과나무는 너 무만이 죽어 잇쓰서 과일을 만이 수학하기는 불가능하다고 본다.
요줌 날씨가 안전 여름이라고 말을 하고 십꾸나. 날씨가 따뜻하니 사람들이 다들 일손이 바푸게 움직이며 이 날씨가 계속 좋아쓰며 하는 심정이다.
혜지가 아침도 아파서 먹지도 못하고 회사을 출근을 하여는돼 오늘 재대로 근무을 하고 잇는지 궁금해서 정심시간에 전화을 걸어 보앗다. 그른 돼로 아파도 참고 일을 한다고 해서 일보다 병원에을 한번 가보라고 했뜬이 오후에 병원에을 같다 왔따고 하면서 조금 낫따고 해서 천만 다행이다.
혜지가 무엇을 잘못 먹으서 그른지 원인도 모르고 하로 동안 고통을 당하고 마랐쓰니 이 아빠는 아푸다고 눈물을 흙리는 혜지을 볼 때에 안스려어 죽깨뜨니 회복이 돼어서 천만 다행이다.
"가는 세월 인간의 인력으로 말리지 못하고 잇꾸나. 가는 세월을 잡을 수가 잇따면 꼭 잡아서 나주지 않코 내 인생이 다할 때까지 잡아두어쓰며 하는돼 그르지 못하고 한숨만 모라 쉬는 나 자신 허전하다고 할까 무엇인가 가슴 한쪽이 비어 잇는 느킴이다. 96年을 다보내고 이재 남은 하로만 남아 잇따는 것을 생각을 할 때에 인간 뭇엇을 했딴 말인가. 뒤을 돌라 볼 때에 이것이다 하고 했따는 표가 업다. 한가정의 어른으로서 보람을 가지따고 이야기을 하라면 우리 가정이 96年도을 아무른 일이 업시 건강하게 지냇와따는 것이 자신에깨 재일 소중한 일이라고 말을 하고 십꾸나."
"한편으로 생각을 한다면 한 해을 보내면서 가정에 하목하고 건강에 하게 넘긴다는 것이 가정에 어른으로서는 더 바랄 것이 업는 일이라고 말을 부치고 십꾸나."

〈1996년 12월 31일 화요일 날씨 맑음〉
오늘오전은 바새이 쌔레단 포도 전정을 하여쓰며 남들은 포도눈을 셋 게 두고 전정하는돼 자신은 그진 두 눈을 두고 전정을 하고 잇다.
오후에는 혜지 뽀낟쓰 받은 금액 600,000만 원 중 300,000만 원만 예금을 할려고 조합에 가는 길에 친구들을 만나서 그만 오후 네 놀고 마랐다. 자신은 잔깐 예금을 하고 와서 포도나무 전정을 할려고 개핵을 했는데 개핵이 친구들과 노는 바람에 무산 대고 마랐다. 오후는 혜지 예금만 하고 그 남어지는 휴식을 하고 마랐다.
이번에 딸들이 뽀나스을 받은 금액이 1,000,000만원 넘어니 이것은 큰 돈이며 딸들이 내는 금액이 아빠 버는 금액보다 더 벌고 잇다. 자식들이 벌고 잇쓰니 이 아빠 수라다고 말을 하고 십다.
오늘 저녁에는 막년회라고 딸들이 돈따먹기 하자고 해서 그 말이 그리 좋드라. 외냐 하면 딸들이 뽀낫스 받은 금액이 만이 잇키 때문에 딸들 돈을 다 딸라고 생각을 했키 때문에 아주 좋드라. 그래서 부인과 둘리 마음을 맡추며 딸들 돈원 내 것이다 생각을 하여는돼 막상 딸 둘과 우리 부부가 4명이 화토판이 벌어젓는돼 우리 부부는 화토가 않대며 우리 부부보다 딸들의 눈이 더 잘 맡추며 화토가 더 잘돼며 오늘 화토로 딸들은 아빠 돈 다 딸라고 들고 우리 부부는 딸 돈 다들 탈라고 생각을 하면서 화토을 하는돼 우리 부부는 22,000원 다 나가두록 화토가 않돼며 화토을 씨기소[화투가 죽어도] 않대고 잇드라. 오늘 같이 화토가 않대는 일은 업따고 생각이 들며 화토는 태력이라고 하드라. 그래서 맏판에는 우리도 돼겟찌 하고 계속 일어주어쓰며 결국 화토는 체력이라는 소리가 실감이 나드라. 혜지는 연신 합뽐을 하고 혜영이는 몸부림을 처고 잇드라. 그러자 우리 부부는 띠음 띠음 돈을 먹개 돼드라. 그러자 딸들은 급속도로 체력이 탈리게 돼며 화토을 하기 실어하고 잇드라. 그러자 돈이 들어오는돼 딸들이 하기 실타면서 화토을 않알라고 하드라. 화토법은 돈원 딴사람이 화토을 않알라고 하는 법이 업따면 자꾸만 안치고 돈을 어그지로 빼는 화토가 대고 말라다. 결국 3,000원 일코 마랐다.
오늘 딸 돈 먹을라고 한판에 4,000원식 큰 판으로 하다가 딸들한태 큰 손해을 당할 뿐했다. 한판 4,000원 돈은 아주 큰 화토판이드라.
오늘은 우리 가족이 한자리에 안저서 절거운 시간을 가지쓰며 오늘 이 자리가 운이가 빠진 자리라서 마음의 한쪽이 비어 잇는 너킴이며 자신이 하나 업는 자리는 음청난 큰 자리라는것을 너껴쓰며 오늘 이 자리에 운이 잇따면 이 아빠의 마음이 가득한 아빠의 모습은 아주 다른 모습이 됄끈돼 그르치 못한 98年 6月달이 돼어야 이 아빠의 빈자리을 다 채울수 잇따고 보는돼 생각만 해도 너어마 긴 시간 갈꾸나. 98年 6월이 이 아빠의 살라온 시간보다 더 길다는 너킴이 들며 그저 멍하니 입만 벌어지는 시간 갈꾸

나. 여화든 이 아빠는 이 시간을 기다릴 것이며 다가오는 97年 새해로 우리 가정에 건강과 행운이 깃들기을 기원한다.
아버지 어머님 새해도 순덕이 자식들 보살펴주십요. 내 오늘날까지 살라오면서 보모의 사랑을 못르고 살라 온 자식 순덕이가 이재 부모님 안개시니까 부모님이 살라 개실 때에 요줌 생각 백분지 일라도 생각을 미리 했뜨라면 효자 소리 들을 끈돼 그러지 못한 자식 순덕이가 뼈아품을 가지고 살라 간다고 말을 하고 십소. 아버지, 어머님 우리 형제가 다들 잘 살고 잇쓰며 부모님이 여때까지만 살라주어드라면 그 빛이 태양 빛보다 더 밝을 수가 잇따고 생각을 하고 잇는 순덕이라고 합니다.
아버지, 어머님 우리 운이 끝까지 보살펴주십요.

▌1997년▐

〈1997年 1月 1日 수요일 날씨 비, 눈〉
오늘은 윤천희 씨의 참외 밭 노타리 해달라고 해서 날씨는 잔뜩 허리고 금새라도 눈보라가 칠 것 같고 트랙터는 안 쓴다고 다들 불류 햇 두어는돼 우리 부부는 아침 일적부터 노타리 미우너라고 한참동안 바파따고 말을 하고 십꾸나. 노타리을 한참 하고 잇는되 비바람이 모르치며 낡씨가 그북스렵드라. 노타리을 한 단지 다 쳐두록 비는 내리고 잇드라.
오후는 비바람이 모라치고 날씨가 추어서 아무 일도 하지 않코 집에서 휴식을 하여쓰며 오후 너깨는 눈보라가 쳐고 잇드라.
그리고 자신이 남의 일 간 뒤에 운이 전화가 와따고 이야기을 하는돼 남의 일만 안 같드래도 운이 전화을 밭을 끈돼 운이 전화을 밭지 못해서 아쉬운 마음이 감돌고 잇꾸나.
낡씨가 오늘날까지 봄날씨처름 따뜻하니 일하기가 좋은돼 오늘 갑짝이 추어저니 몸이 움처려저고 잇쓰서 일하는 것을 다음으로 미루고 말게드라.

〈1997년 1월 2일 목요일 날씨 맑음〉
오늘은 강추위구나 이 추위에는 일을 할 수가 없쓰서 우리 가족은 다들 거실래서 테레비전을 시청을 하고 잇는돼 부인 친구가 전화로 김춘효 장남 동범이가 심장으로 죽어따고 김천의료원에 영안실에 잇따면서 친구 매 명이 같이 가자고 하면서 이야기을 하는돼 놀랐다. 우리는 심장으로 죽어따고 이야기는 하지만 우리는 심장으로 죽어따는 것은 인정이 돼지 않는구나. 심장으로 29세의 절먼 놈이 밤잠을 자다 그대로 죽어 같따는 것은 힘드는 일이라고 생각을 하여본다. 이 일은 죽원 자식의 문재가 아니라 부모의 문재들이라고 생각을 한다. 외냐 김춘효씨가 증권, 조합장 실패 문재로 가정을 탕진을 하고 가족들이 다들 어디로 가서 허터저 살라가는 문재가 조금은 개입이 돼지 않아나 하는 생각도 가지본다. 여하턴 김춘효는 모든 것을 다 일은 편이며 앞푸로 회복이 어렵따고 바야한다. 돈의 상처는 이절 수가 잇찌만 자식의 상처는 잇키가 힘든다고 본다. 그르고 볼 때에 김춘효는 자신의 힘으로는 회복이 어렵따고 볼 때에 김춘효는 돈 욕심 때문에 페망이 돼어따고 본다.
〈김천의료실 가는돼〉 버스값 1,180원[30]

〈1997년 1월 3일 금요일 날씨 맑음〉
오늘은 김춘효 장남 동범이 화장을 할려는 절차가 그리 까달어며 절차상 어러운 감이 잇쓰며 절차가 힘이 들어서 오전 10시경 할려고 작정을 한 것이 아들의 죽음이라서 그리 십지 않아서 시간이 만이 걸리며 오후 3시경 화장터로 가서 망우리를 하여다. 오늘 이와 같든 일은 너무나 뼈아품을 부모들래깨 주고 마라쓰며 죽은 자식은 조용이 죽어 갈지만 부모는 뼈아품을 평생 잊찌 못하

30) 원문에는 페이지 가운데 공백에 적혀있다.

는 고충을 격고 살라가야 한다.
"오늘은 김종옥이 모친 문상을 오늘 저녁에 대신국민학교 11회 동기개 김천, 초곡, 대신, 시내이, 봉산, 구미 친구들이 오늘 저녁에 같이 문상을 했쓰며 동기개을 처고 처음 김종옥이가 개금을 받아쓰며 12명이 × 50,000원씩 해서 600,000원 돈을 부주금으로 하여다. 지금 금 한 돈에 46,000원인돼 우리들이 부주하는 금액이 금 한 돈 보다 만이들 하고 잇는 셈이다."
지출에 … 김춘효 아들 죽음 부주금
30,000원, 초곡 김종옥 모친
별세 부주금 50,000원
계 80,000원
"자신 우리 동기개에 총무을 보면서 처음 열락을 해서 김종옥 모친상을 마지하면서 다들 참석을 하여주어서 다들 고마어며 이번 일로 바서 총무의 책임을 다 햇따고 생각을 하며 오늘은 총무 바람을 너킬 수가 잇쓰다."

〈1997년 1월 4일 토요일 날씨 맑음〉
오늘은 친구들과 동태 돌부리을 하여쓰며 적은 돈으로 맡잇개 먹을 수가 잇쓰며 동태국에다 밥을 말라서 한 그릇 먹고 보니 이번 돌부리는 2,000원짜리 돌부리 치고 큰 득을 바다고 생각을 한다. 늙 돌부리을 하고 나며 손에다 하는 너킴이 들어는돼 이번 돌부리는 갑진 돌부리 여따고 생각을 한다.
"오늘 돌부리을 하고 난 뒤에 물류센타 대책위원장을 계속 바 달라고 부탁을 하여서 자신은 요즘 대어서 사태을 하는 것이 자신는 기회라고 생각을 한다면서 그리고 우리 임원 측에서 소리가 낮는돼 자신이 그 자리에 더 가서 일을 한다는 것은 자신의 마음이 허락돼지 않을 뿐 아니라 자신을 두고 평가밭는 일들은 자신이 실어하기 때문에 자신은 사태를 한다고 말을 했다. 이 일로 형님 또레의 건유을 거절을 하여왔다."
"자신은 물류단지 대책위원장은 늙 당하는 일이라 늙 어떠게 해야 이 자리을 벗나올까 하고 사실 생각을 하여 왔따고 해도 가연이 아니다고 말을 하고 십다."
지출에 … 동태 돌부리값 2,000원

〈1997년 1월 5일 일요일 날씨 눈〉
오늘은 기상대는 눈,비가 조금 온다고 예보를 하여는돼 오늘 눈 내린 것이 금년처고 채고 최고 눈이 내리쓰며 눈의 량은 7cm 치 내리따고 생각을 한다. 내 마음 같다서는 눈이 우리들의 키로 한 키 내리 주어쓰며 하는 심정이다. 여하든 천지에 하얀 눈으로 뒤덥펴 잇는 모셥을 보니 자신의 마음이 푸근해저는 너킴이 더는구나
그리고 오늘은 우리 마을에 정기총회 날이며 그리고 오늘은 물류단지 위원장을 뽑는다고 이야기을 한 날이며 위원 선출을 두고 동신 회원과 동우회 총회을 두 번을 열어도 인원 참석도 하지 않을 뿐 아니라 결정을 실페을 하여서 오늘 총회 날로 결정을 하여서 오늘 위원장을 매덥을 해야 한다고 말을 했찌만 오늘도 위원장 뽑는 일은 실페를 하고 그만 무이미하게 끝이 낫따고 하드라.
오늘 자신은 오늘 총회만 한다면 참석을 하는돼 위원장도 결정을 같이 한다고 해서 자신은 총회에 참석을 하지 않코 집에서 휴식을 하여다.
오후에는 친구들이 요즘은 놀고 있는 윤종희 씨 집에 갈뜬이 총회를 하고 남은 고기을 수북이 단긴 고기 당생이[광주리]가 방 한

곳에 두고 이미 화토노리을 하고 잇드라. 자신이 들어가니 총회에 않아따고 이야기을 하드라만 자신이 그 자리에 가면 불편할 것 같다서 참석을 하지 않아다. 자신으로 바서는 오늘 위원장 선출을 다 하여쓰며 하는돼 위원장 선출을 결정을 하지 않아따고 이야기을 하니 자신의 마음이 불안하구나.
그리고 오늘은 운이가 전화을 주지 않아서 눈이 너무나 만이 내리서 바파서 전화을 못 주고 잇는가 하고 생각을 하여는 돼 저녁 7시경에 운이 전화가 왔드라. 운이 전화을 온 식구가 다들 돌라가면서 전화을 밭아다. 오늘은 운이 전화을 기다리다 그만 운이가 바빠서 전화 할 시간이 업는같다 하고 자재을 하고 잇는돼 운이 전화가 왔따는 것은 이 아빠의 힘을 할성와 하는 전화가 돼어따고 생각을 한다.

〈1997년 1월 6일 월요일 날씨 흐림〉
오늘도 우리들의 사랑방에서 어재 동네 총회 하고 남은 고기로 제 요리를 해서 잘 먹어쓰며 오늘도 화토 노리을 하여는돼 손에 업시 잘 노라따고 생각을 한다. 화토 노리을 하며쓰며 화토을 잘하는 사람도 할 때마다 손에을 보고 말며 화토을 지발 처는 사람도 돈을 따는 것을 보며 그때의 운수라고 생각을 한다. 그리고 우리가 노는 사랑방에 가면 담배을 골초 피아서 눈이 따거울 때가 만으며 부인은 담배 냄새 난다고 가지 말라는 소리도 하지만 안갈 수 업고 담배 피우는 사람들은 양심도 업따고 본다.
"우리 마을래 96年 새 집 지은 사람들 김달수, 윤중회, 권용만 셋 집이나 짓어다. 우리 마을도 새집들 상당이 만이 늙어나고 잇다."

〈1997년 1월 7일 화요일 날씨 맑음〉
오늘은 사랑방에서 화토 쳐기로 해서 짜장면을 여섯 그릇을 내기로 중식을 먹어쓰며 짜장면도 오래만에 먹어보는 날이 돼어쓰며 짜장면을 내기는 편을 만들어서 하여는돼 우리 조가 저서 중식을 다 하게 하여쓰며 짜장면 값은 12,000원. 이것을 다 하게 돼어쓰며 나중에는 화토 노리을 하는돼 자신은 본전을 다 차자쓰며 자신은 오늘 중식을 공짜로 어더먹개 돼어쓰며 자신은 편을 갈라서 내기는 딱 한 번 이기고 그 남어지는 다 들 저고 마랐쓰니 중식을 다 하게 돼어는돼 천원식 패먹기 하는돼 자신이 재일 잘 돼며 결국 자신은 본전을 다 차고 마랐다. 오늘은 처음에는 자신의 마음이 밝지 못했는 돼 나중에는 우섬을 가질 수가 잇쓰다.
"요줌이 부인이 갈수록 남편에깨 더 잘하고 잇는 것을 보니 정말 고맡고 부인을 볼수록 기업고 아름다우며 정말 남편이 그처름 좋은가 하고 의심이 가두록 부인이 잘하고 잇쓰며 때로는 인간이 할 수 업는 일을 내 부인이 하고 잇따고 생각을 하며 정말 고맡고 나는 복이 만은 사람이라고 생각을 하면서 하로의 생활이 그리 절급게 살라간다고 말을 하고 십다."

〈1997년 1월 8일 수요일 날씨 맑음〉
오늘도 사랑방에서 친구들과 여담과 일부 화토노리을 하여쓰며 자신은 사랑방에서 놀고 잇는데 사과 사로 온 상인 와서 사과를 산다고 해서 우리 사과를 보여뜬이 사과 상자가 고루잔타고 하면서 험을 잡고 잇드라. 그래서 자신은 이웃 차가 김천 볼일로 김천 간다고 해서 곳바로 따라가 사과팍스을 70개을 사왔다.

개당 600원×70개=42,000원 주고 사왔다.
"오늘 오후에도 사랑방에서 오후 시간을 친구들과 함께 휴식을 하며 왔다.
지출에 사과막스 70개×600원=42,000원
버스비 값 480원
계 42,480원

〈1997년 1월 9일 목요일 날씨 맑음〉

오늘도 사랑방에서 정심을 중국집에 식키어 먹어가면서 9명이 잘 노라쓰며 요줌은 너무 잘 놀고 잇다. 날씨도 놀개 만들고 잇찌만 모두들 잘 놀고 잇다.
"요줌은 딸들이 태근을 하고 오며 예인도 못 줏고 우리 딸들 바보라고 말들을 하고 잇쓰며 연예을 못 하면 소개띵이라도 해야지 우리 딸 못 파라먹개따고 이야기을 하면 다른 아들은 소개띵 하라고 자도 내지 않는다고 하는돼 우리 아빠만 모채다고[엄하다고] 이야기을 하면서 극정을 하지 말라고 이야기을 하고 잇찌만 나 자신은 우리 딸이 예인을 어더서 가끔 대리고 왔쓰면 하는 마음이다."
"오늘도 화토로 짜장면을 식키서 먹는돼 자신은 공짜로 먹어쓰며 요줌은 화토을 해도 손해는 보지 않코 잇다."

〈1997년 1월 10일 금요일 날씨 맑음〉

오늘 오전에는 친구들과 사랑방에서 휴식을 하여쓰며 매일 놀게 돼면 돈이 따리기 때문에 늙 손애가 나기 마른이며 돈을 일치 않코 본전을 하개 돼면 이것은 운이 좀 셈이다. 자신은 오전만 놀아서 1,000원을 손애를 밭쓰며 오전 내 운이 잘 따라주지 않는다면 6,000원 이상 손실이 나며 종일 동안 화토가 안대면 10,000원 이상 손실이 따린다. 자신은 오전만 놀고 오후는 바시내이 포도밭 전정을 하여쓰며 남들은 노는돼 자신은 포도 전정을 하여서 그만춤 득을 밭따고 생각을 한다. 그리고 오늘로서 바시내이 포도 전정을 다 하였다.
지출에 … 1月10日 지출 화토 노리값
10,000원[31]

〈1997년 1월 11일 토요일 날씨 맑음〉

오늘은 김원태 막내아들 결혼식을 구미 오성예{식}장에서 식을 올리는 돼 마을래서 오성예식장 차로 마을 사람을 모시고 가는돼 아주 적은 사람만 참석을 하여쓰며 이것은 다들 답례비 5,000원을 돌려주기 때문에 예식장에 가지을 않코 축이금을 부치는 사람이 만타고 본다. 앞푸로 이래 가다가는 혼주한태 피해를 주고 잇따고도 바야한다. 외냐하면 혼주는 식사을 청첩장의 수로 대충 개산을 해서 음식점에 예약을 하고 잇는돼 다들 답례품으로 5,000원식 돌려받으니 다들 축이금을 부치고 잇쓰니 식당에 사람수는 생각보다 아주 적은 결과을 나니 이것이 혼주로해도 문재가 될 것 같다.
"오늘도 김원태 예식장을 갈다 와서 사랑방에서 오늘 시간을 다 보낸 것이나 다름이 업다. 자신이 일을 할 것이라면 부인이 스라부에 눈쳐는 것을 도와주는 것으로 오늘 일을 마감을 하여다."
지출에 버스비값 960원 김원태 축이금 값

31) 이 내용은 1월 8일자 일기의 아래 쪽 빈 곳(1월 10일 일기의 옆면)에 적혀있는 것인데, 지출 날짜인 1월 10일자 일기로 옮겼다.

30,000원
계 30,960원

〈1997년 1월 12일 일요일 날씨 맑음〉

오늘은 우리 마을래 3차로 매상 할당이 돼어서 자신이 배당을 밭은 량이 23가마니가 할당이 돼어드라. 이것을 부인과 둘리서 풍구질도 하지 않코 그저 40,200원으로 20가마을 준비를 하며 낫다.

"그리고 오후에는 당산에 포도나무 전정을 하며 낫쓰며 당산 포도는 나무가지가 만아서 전정하는 시간이 만이 글리드라. 앞푸로 전정 시간이 만이 글릴 것으로 내다보고 잇다."

"오늘 우리 혜지가 전직원들이 해인사을 가서 97年도 시무식을 하여쓰며 97년도 잘해보자는 결회대회을 하로 같쓰며 그기에서 내 딸 혜지가 모범사원으로 상패와 부상으로 황금 5돈으로 됀 열쇠을 밭아서며 이것은 부상의 금액보다 회사의 모범이라고 하는 돼 이 아빠는 어깨의 힘이 들어가는 기쁨을 가지쓰며 내 딸이 회사에 필요한 사람이라고 인정을 밭는 것은 그만춤 사람이 성실하다는 것은 정거이다. 이것이야말로 갑진 일들이며 이것은 보인의 노력 업시는 어더저지 않는 법이며 우리 혜지가 오늘 보니 더 대견스렵고 오늘따라 순덕이가 사는 보람을 가지는 너킴을 밭아다."

"오늘은 혜지 날이다. 회사의 모범생으로 황금 5돈을 밭아쓰며 그리고 특별 뽀낫쓰로 500,000원까지 밭아따고 하니 이것은 97年도을 맞지하면서 큰 행운이라고 생각을 한다."

"운이가 일요일은 늙 전화를 주는 돼 오늘 무엇 때문에 전화 주지 않아쓸까 극정이 돼는구나. 일요일은 온 식구가 전화을 기다리고 잇는돼 무선 일로 전화를 못 했는가. 그리 극정이 돼고 잇다. 운아 다소 힘이 들드레도 전화해다오."

〈1997년 1월 13일 월요일 날씨 맑음〉

오전에는 숙모님 매상에 출하을 할 량을 19가마을 준비을 하여쓰며 요줌은 매상을 될 벼을 풍구질도 하지 않코 그대로 근대만 달라서 출하를 하고 잇다. 요줌 사람은 등은 상관하지 않코 사람만 수란 쪽으로 행동을 하고 잇다.

오후에는 포도나무 전정을 하여쓰며 오늘 포도나무 전정을 하여보니 일부 포도나무가 물키가 잇는 너킴이 잇쓰며 포도나무 전정이 너치 않은가 하는 너킴이 들드라.

"오늘 저녁을 먹을라고 하는돼 전화벨이 울러서 전화을 밭아보니 운이 전화드라. 운이 전화라고는 생각지도 않아는돼 운이 전화라서 반갑드라. 운이는 아무련 일 업시 잘 잇따고 하며 이재는 운전연습을 하고 잇따고 하며 장갑하고 로숑을 부치라고 저의 엄마한태 한다고 해서 내일 부쳐주야 하겟다."

그리고 혜지가 이번에 특별 뽀나스 밭은 돈 500,000만 원 중 400,000만원은 혜지 앞푸로 예금을 하여 두어다.

"우리 딸래미드리 버는 돈은 한 푼도 빼지 않코 다들 딸들 앞푸로 적금을 하여서 딸들 결혼식 할 때에 혼수품의 준비을 하는돼 쓰두록 하겟다."

〈1997년 1월 14일 화요일 날씨 맑음〉

오늘은 우리 마을에 3차 매상 날이다. 자신은 26가마을 출하을 해서 다들 일등을 맡자쓰며 자신은 일품 7가마는 2등을 마절

줄 알라는돼 26가마 다들 일등을 마자서 기분이 좋드라. 오늘 검사원이 다른 사람이며 오늘 출하한 일품벼 7가마는 먼저 검사원이라면 2등을 마자 쓸 끈돼 이번 검사원은 우리 농민들의 마음을 알라주는 검사원이라고 말을 하고 십프며 정말 좋은 사람이라고 생각을 한다.

"오늘 오후는 우리 동신회 임시총회을 열어쓰며 별다른 이야기도 업쓰서며 회비만 10,000원식 내는 것으로 임시총회을 맡치다."

"요줌은 부인의 몸이 캐알하지 않는 너킴이며 부인이 안 아푼 돼가 업다고 하면서 몸부림을 쳐는 모습을 볼 때에 불안하기 짝이 업꾸나. 여때것 부인이 아푸다고 몸부림을 천 적은 업쓴는돼 자꾸만 아푸다고 자주 이야기을 하여서 병원에을 가보라고 해도 병원은 가지 않코 잇쓰며 부인의 몸이 약해져 잇따고 생각을 한다."

"오늘 매상 가만이는 부인의 팔다리가 아푸다고 하여서 매상 가만이 26가마을 부인의 힘을 빌리지 않코 자신의 혼자 힘으로 경운기에 다들 실어서 공판장에 출하을 다 하여다.

지출에 … 동인회 기금으로 회비값
10,000원 화토 놀리값 3,000원
계 13,000원

수입에 … 매상값 26가마 다들 1등값
1,292,980원

〈1997년 1월 15일 수요일 날씨 맑음〉

어재 동신회원 임시총회을 하고 남은 고기을 오늘 일부 사람만 나와서 남은 고기와 동태찌게을 해서 잘 먹어다. 요줌 사람들은 고기을 먹지 않아서 오늘도 돼지고기는 그냥 남아잇따고 생각을 한다. 자신은 화토놀리을 하며 종일 놀라고 들어서 자신은 화토놀리을 해바야 득고 업고 놀고 나면 무름만 아파서 화토놀리는 사실 근성으로 하지 돈원 따게따고 생각지을 않으며 화토을 적극적으로 하지 않으니 쉽게 실정이 나고 잇쓰서 자신은 오후에는 포도 전정을 하로 같쓰며 오늘은 자신의 개핵돼로 전정을 하여다. 앞푸로 포도 전정은 오전 시간만 하개 돼며 포도 전정은 다 할 끄로 내다 본다. 그리고 자신은 해가 다 질 무름에 집에 들어왔는돼 그때도 사랑방에서 화토노리을 하고 잇드라.

"운이가 장갑가 료송을 부치라고 하여서 오늘 혜영이가 우편으로 부친다고 가지고 같는 돼 오늘은 운이 앞푸로 부치줄란지 모르게꾸나. 운이 누나들이 운이가 요구을 하면 다들 들어주는 것을 보니 고맙드라. 운이가 군복무를 맡치고 저의 누나 고마움을 알라줄란지 몰겟꾸나."

〈1997년 1월 16일 목요일 날씨 맑음〉

오늘은 봄을 연상깨 하여쓰며 오늘은 오전으로서 포도 전정을 끝을 내쓰며 오전에 전정을 끝을 내고 시간이 일적으서 포도 전정을 한 가지을 끌어내리는 작업을 하여쓰며 오늘 오후에도 포도 가지을 땅박닥에 끌어내리는 일을 하여다. 자신은 포도 가지 따내리는 일이 더딜 것으로 내다밭는 돼 가지 내리는 일들은 아주 수라면 그리고 가지 내리는 것은 오후 일적부터 시작을 한다면 하로 정 때 시간만으로도 한 단지 가지는 다 따내일 것 같다. 오늘 당산 포도밭에 가지 내리는 일을 다 할 수도 잇는돼 몸을 피료가 싸이지 않깨 내일 할려고 한 판 반을 두고 일적 일을 마치고 마랐다.
지출에 … 남방용 경유 400리터 2드람.
계 152,800원

〈1997년 1월 17일 금요일 날씨 맑음〉

오늘은 농협 회위실래서 포도 교육을 한다기에 친구 삼 명이 교육을 바두로 같쓰며 오늘 교간은 아주 잘 하지는 못하며 그저 그르터라. 오늘 교육은 만이 습득은 못했찌만 한두 가지는 배와따고 생각을 한다. 교육은 늙 참석을 하면 득이 돼지 손애는 보지 않는다고 생각을 한다. 그리고 오늘은 너깨 참석을 해서 교재도 밭지 못하고 말랐다. 포도 교육을 아포에서 하면 교육을 밭으로 온 사람이 월마 돼지 않아는 돼 오늘은 백 명을 예산을 하고 교재을 준비을 해왔다는 돼 오늘 교재을 못 밭은 사람은 반이 넘는다고 생각을 하여본다.
그리고 교육을 밭고 집에도 들리지 않코 백운기 아들 결혼식을 앞두고 돼지을 잡는다고 해서 곳바로 백운기 氏 집우로 같든이 돼지는 벌서 다 잡고 술잔을 기울고 잇드라. 그래서 그기에서 술 한 잔 어더먹고 놀다가 해가 질 무릅에 돼지머리 2바리의 머리을 봉해는 일을 하고 집부로 돌랐다.
지출 … 백운기 집에서 보원덥게을 그냥
가지고 가라고 해도 두 뭉치
가지고 오면서 그만 10,000원을
주어다. 보원덥게는 헌 거라서
별료 용위하지는 않드라.

〈1997년 1월 18일 토요일 날씨 맑음〉

백운기 아들 결혼식을 앞두고 동 회관으로 음식 재공을 하는 돼 조금 그들어 주어쓰며 백운기는 고기을 터실 때 주어서 동민들이 다른 때보다 잘 먹으쓰리라고 생각을 한다. 그리고 오후에는 친구들이 회관에 남은 고기을 가지고 와서 사랑방에서 오후 내 논다면서 어울려서 노는돼 자신은 잠이 오길래 집부로 와서 잠을 자는 것으로 오후 시간을 보냇다.
"요줌은 딸들 결혼하는 돼도 힘이 든다고 하며 딸들이 연예을 하지 않코 중매로 한다고 하며 정말 어렵다고 하며 머뭇거리다 보면 나이가 넘친다고 하며 혼기을 노치게 돼면 상당이 어르어지니까 나도 딸을 둘리가 잇찌만 상당이 극정이 돼고 잇다. 이것들이 예인을 만들어서 아빠한태 인사도 가끔 식키면서 집에도 가끔 대리고 왔쓰며 하는 마음인돼 내 딸이 재주가 업는지 그른 친구을 돼리고 오지 못하니 아빠 마음으로서는 상당이 극정이 돼고 잇다."
"우리 혜지는 내년에는 그르니까 올가을에는 시장에 내나야 하겟다. 이 아빠는 빨리 아들딸들 결혼식을 올리주야 하겟다.
지출에 가매기 (고기값으로) 친구 일동
1,000원

〈1997년 1월 19일 일요일 날씨 맑음〉

혜영이가 부친 물건 료숑과 장갑, 전화카드을 잘 밭아따고 운이가 전화을 일적 주어드라. 운이는 잘 잇다는 것을 들어니 이 아빠의 마음이 좋드라. 이 아빠는 늙 일요일이 돼며 운이 전화 기다리고 잇쓰며 늙 이 시간 기다리저며 요줌은 일주일 가는 것이 조금식 빨라저가고 잇다. 우리 운이가 이번 겨울만 지나가면 이 아빠도 마음이 들 안스려어 질 끈돼 이 겨울 빨리 가주어쓰며 하는 바람뿐이다.
"오늘은 백운기 아들 결혼식을 구미 오성예

식장에서 식을 올리는돼 부인과 둘리서 참석을 하여쓰며 오늘 예식을 올리는 분이 부인의 친구이며 나는 동신회 계원이라서 우리 부부는 다들 참석을 한 셈이다. 우리 부부는 예식을 맡치고 혜지가 모범사원으로 받은 황금 5돈으로 이 아빠의 가락지 하여준다고 해서 구미 금오당에 찾아 같든이 일요일이라서 문을 닫아드라. 그래서 우리는 허탕을 하고 말라다."

"오늘 예식을 맡치고 오는 시간이 1시간 반의 정도 시간이 남아서 당산 포도밭에 포도 전정을 한 포도 줄기을 땅바닥에 내루는 일 하여쓰며 작업량이 시간에 딱 맡절 것 같다서 일을 끝낼라고 가서 일을 안전이 매듭을 짖어다. 오늘 작업량이 시간에 비외서 작업량이 만터라."

지출에 … 백원기 축이금 30,000원 버스 2,880원
계 32,880

〈1997년 1월 20일 월요일 날씨 맑음〉

오늘 날씨가 추원 것 같아서 오전 너깨야 돼어서 세레단 전정목을 내리는 작업을 하여쓰며 세레단 전정목은 깜벨 전정목 보다 든불이 길개 나가서 내리는돼 더 힘이 들드라. 캄벨 던벌이라면 하로 종일 하여쓰며 다 내릴 수가 잇쓰따고 하는돼 세레단 든벌은 시간이 만이 걸린다고 생각을 하며 실지 시간이 아주 만이 글리며 내일까지 해야 다 내릴 수가 잇따고 본다.

"오늘은 종일 동안 포도 전정목을 땅바닥에 내리는 일을 하여다."

〈1997년 1월 21일 화요일 날씨 맑음〉

오늘 낡씨가 아주 추어서 오전 내 휴식을 하여쓰며 그리고 태레비전에서 일기 변득으로 유행성 독감 주의보을 내리따고 방송을 하여서 감기에 급이 나서 사실 들레 가서 않코 집에서 휴식을 하여다.

"오후는 낡씨도 춥다면서 사랑방에 나와서 놀라고 하여서 오늘은 사랑방에서 화토놀리로 오후 시간을 다 보냇쓰며 오늘 자신은 화토놀로 3,000원 손예을 보고 마랐다.

지출에 … 사랑방에서 화토놀리 3,000원

〈1997년 1월 22일 수요일 날씨 맑음〉

오늘 부인과 두리서 사과을 시장에 출하을 할려고 사과 선별을 해서 사과 막 박스에 포장을 하는돼 부인이나 나나 사과 박스 담는 것을 처음 하는 것이라서 모든 일이 잘 돼지 않코 잇드라. 나는 팍스 부치는 일 허드래일만 하고 부인은 사과을 선별을 포장을 하는 일들을 하는 돼 사과 30상자을 만드는 데 종일이 걸린 셈이다. 우리는 난생 사과 팍스을 포장을 하여서 시장 출하을 하두록 만드는 돼 넘어나 긴 시간이 걸리따고 생각을 한다. 다음에는 포장을 할 것이 오늘 량만큼 남아 잇는돼 다음에는 시간 단축을 할 수 잇쓰리라고 생각을 한다.

"올해는 사과을 일적 출하을 할려고 작정을 하여 왔는돼 올해도 일적 출하을 못해서 사과 팔로에 실패을 했따고 생각을 하며 작년 올해 다 실페을 하여다고 생각을 하고 잇다. 사실 사과 저장고가 업는 사람들은 초가을래에 시장출하을 해야 한다고 생각을 한다."

〈1997년 1월 22일[32] 목요일 날씨 맑음〉

오늘은 부인과 둘리서 사과 포장을 한 것을 조합에서 차가 와서 구미농협 공판장으로

가지고 같는돼 가격이 어떠게 나와는지 궁금하구나. 이번에는 사과을 가지고 갈 때에 따라갈라고 작정을 하여는돼 7시 30분에 차가 와서 자신은 준비을 하지 않는 상태라서 그만 따라가지 못 하고 그만 농업 직원을 막키고 그만 따라가지 못하고 말라다. 자신이 따라간다고 가격이 더 올라가지는 안치만 따라가지 못한 자신의 마음이 궁금하며 아주 폭락이 돼지 않아쓸까 하고 극정이 돼고 잇다. 여하튼 가격이 좀 올라쓰며 하는 마음뿐이다.

〈1997년 1월 24일 금요일 날씨 맑음〉

오늘은 육촌 형수 회갑가 집뜰리을 한다고 돼지을 잡아쓰며 돼지을 잡는 돼 자신은 좀 너깨 같뜬이 형님과 조카들이 돼지을 물 태어서[데어서] 이미 돼지털은 다들 뽑아버리쓰며 막 각을 틸라고 들고 잇드라. 오늘 날씨도 추어서 돼지을 좀 너깨 잡을 끄라고 생각을 좀 너깨 같뜬이 이미 일을 다 해서 미안트라. 오늘은 육촌형님 집에서 회갑 준비하는 돼 그들어 주어쓰며 자신은 오늘 육촌형님 집에서 시간을 다 보냇다.

"오늘 부인과 둘리서 사과을 막 팍스에 담아서 농협을 통해서 부친 사과가 좋은 것이 15,000원 중간 것이 7,000원 하 담아가 2,600원 나와따고 농협 직원이 전화을 주어드라. 이 소리을 덧고는 정말 화가 나드라. 2,600원이며 이것은 노력비도 안돼며 자신이 따라갈려고 생각을 했는돼 조합차가 7시 30분에 와서 구미농협 청과는 8시에 경매을 본다면서 일적 와서 자신은 준비을 밋차 못해서 그만 사과만 실어 보냇떠니 이른 패단이 나와따고 생각을 하며 그래 댄 가격을 알려 주는돼 2,600원 이른 금액은 자신이 잇쓰떠라면 유찰을 해서 시장에 와서 그냥 버리도 주지 않을 끈돼 하면서 직원한태 이야기을 하여다. 오늘 사과을 그냥 버린 것이 가슴이 아푸다. 조합도 문재가 잇따고 생각을 한다. 사과 한 상자 2,600원이라면 이것은 주인의 성인을 무르야 한다고 생각을 한다. 조합에서는 무족끈 같다만 준다고 임무을 다 한다고 생각을 하는돼 이것은 조합원의 좀이 돼는 것이나 다름이 업다.

오늘 자신은 사과을 버린 것을 생각을 하니 속이 쌍하고 잇다고 말을 하고 십다."

〈1997년 1월 25일 토요일 날씨 맑음〉

오늘은 자고 일나면서 잔치가 셋 곳이란 것을 하니 극정이 돼는구나. 육촌 형부 진갑이라고 집들리 겸 마을 사람을 집부로 초대을 해서 음식 재공을 한다고 하지 부인의 친정 오촌 딸 결혼식을 구미 오성예식장에서 식을 올리는 되 참석을 해야지 오늘 저녁 6시는 대신초등학교 11회 동기개 한다고 참석을 해야지 이것을 다 해야 할 생각을 하니 극정이 돼고 잇드라.

"육촌 형수 진갑과 집뜰리 하는돼 오후 12시 30분까지 일을 그들어주고 자신은 신촌 이양근 딸 결혼식에 참석을 할려고 일반버스로 오성예식장에 참석을 해서 혼주을 만나보고 곳바로 식당 부페집으로 사촌 동서와 부인의 친척 사람과 같이 부페집으로 갈쓰며 그 자리에 가니까 부인을 안 보내따고 해서 마음이 아푸드라. 이번에 부인 육촌 형수 일만 아니드라면 자신은 이 자리에 참

---

32) 23일이나 22일로 잘못 기록하였다.

석을 안하고 부인을 참석을 식킬탤탠돼 이번 일이 잘못돼어따고 생각을 한다.

"부폐집을 나와서 혼주 댁에서 관광버스을 내주어서 그 차을 이용을 해서 집에 와 옷도 가라입지도 않아서 손님이 한 차 왔드라. 우리 집우로 온 손님이 처남, 처남댁이, 사촌 처재, 처형, 부인 친척, 부인의 조카, 이르게 손님이 만이 왔쓰며 이번 손님들은 내가 대접을 잘 해주어야 될 사람이라고 생각을 하며 이번들을 대접을 하기 위해서 부인을 육촌 형수 집에 가서 돼리고 왔쓰며 부인을 대리고 오니 자신은 부담이 들개 돼며 부인은 음식을 형수 집에서 좀 가지고 왔쓰며 그리고 상점에서 음료수와 과자을 좀 사와서 대접을 하여쓰며 그리고 집에서는 나한태 귀한 손님이 와 잇찌 우리 동기개는 6시에 만나하고 약속을 해나서 시간은 7시가 다 돼어가지 마음은 자신이 총무만 아니드라도 개에 참석을 표기을 할 수가 잇는돼 총무라서 어떠게 할 수도 업고 자신의 귀한 손님을 부인한태 미루고 손님에깨 양해을 구하고 나는 동기개에 참석을 하게 돼어다.

"오늘 동기개에 참석을 하여보니 다들 세 맡이 나며 그야말로 어릴 때의 친구가 좋은가 바. 나는 그 자리에서 결산보고을 하고 나는 개금에 대한 이야기 개 운영에 장담점을 말을 해 달라고 부탁을 간단하게 말을 하는 것으로 끝을 냇다. 그리고 2차로 노래방으로 가서 노는 돼 아포는 아직 촌이란 것이 표가 나드라. 그리고 오늘 여자 동기생이 와서 고맡드라. 여자 동기생은 자식을 하나 놋고서 이혼을 했따고 이야기을 하며 고생을 수업시 하여쓰며 여자가 술장사로 지내 왔따고 이야기을 하며 여자가 몿땐 소리을 너무 만이 하여서 자신은 큰 동정이 가지 않드라. 여자든 남자든 고생을 너무 만이 하면 악한 사람으로 변하는 모양이다."

"오늘 자신이 노는돼 친구들이 자신하고 (승웅) 둘리는 키가 만은 사람이라고 숭을 보드라. 오늘은 자신이 마이크을 만이 잡아따고 생각을 한다. 오늘은 노래방 기계가 시원찬아서 만족한 노리을 못했따고 생각을 한다."

지출에 … 이양근 딸 결혼식에 축이금 50,000원 개돈 30,000원
손님대접에 4,400원
계 84,400원

수입에 … 부인 사촌 처재한태서 세집을 짓서따고 표나는 것을 사라고 (일금) 100,000원 줌(너무 고맡구나)

〈1997년 1월 26일 일요일 날씨 맑음〉

일요일은 운이 전화을 꼭 기다리고 잇다. 오늘도 오전 10시경이면 전화가 올 줄 알고 이 아빠는 오전 내 기다리쓰며 늙 일요일은 오전은 서성대다가 운이 안부전화만 받고 보면 오전 시간이 다 가곤 한다. 오늘 운이가 안부전화을 하고 저의 누나을 바꾸어 달라고 하드니 혜지가 전화을 바꾸어 들어니 장갑을 잘 쪘다고 하면서 장갑을 볼 때마다 누나을 생각을 한다면서 쓴다고 한다키에 운이가 다 잘라꾸나 하는 생각이 들며 우리 운이도 생각을 하는 것을 보니 마음과 몸이 만이 잘라 잇따는 생각이 더는구나. 운아 재대로 잘라고 잇따는 것 느킨 이 아빠 말로 다 할 수 업는 기쁨을 맏보고 잇다. 운아 정말 고맙다. 운아 요줌은 추은돼 생활하기가 그리 힘이 들지. 이 아빠도 운

이가 힘드는 고통을 다들 참고 견디어서 이러개 따뜻한 생활을 하고 잇딴다. 운이 어떠한 고통이 따르드래도 꾹 참아서 건강한 몸으로 아빠의 품으로 도라와주어. 이 아빠는 그 날을 손꼬바 기다리고 잇단다. 운아 이번 겨울만 참아낸다면 내년 겨울에는 좀 쉬운 겨울이 돼지 않캐나. 이 아빠는 운이가 꼭 해낼 줄 알고 잇다.

"오늘도 오후에는 포도나무 전정을 한 것을 땅으로 내리는 일들을 하여다. 앞푸로 남은 일은 조금 밖에 남지 않아다."

앞푸로 설이 오기 전에 작과나무 전정을 한 것과 포도 전정을 하는 것들은 다들 정리을 해야 하는돼 계핵대로 될련지 몰개꾸나.

〈1997년 1월 27일 월요일 날씨 맑음〉

오늘로서 포도 전정을 한 것을 땅으로 다들 내리는 작업을 하여쓰며 이재는 포도 전정을 한 것을 거어서 태우는 일만 남아잇다. 그리고 오후에는 혜지가 회사에서 모범상으로 밭은 황금 5돈을 아빠 가락지 하라고 혜지가 이야기을 한 것이라 부인과 둘리서 구미 금오당에 갈쓰며 자신은 금방에 갈 때는 자신의 마음속으로는 아빠 가락지을 서돈으로 하고 나머지로 금을 더 보태서 부인의 목거리을 하여줄라고 생각을 하여는 돼 실지 금방에 들어가서 모댈 가락지을 보니 3돈은 가락지가 얄바서 가락지 행세는 못할 것 같다서 오늘 가락지을 5돈으로 아빠의 가락지을 마추어 놋고 왔다.

"가락지을 맞추어 놋고 집에 오니 오후 4시가 돼어서 집에서 휴식을 할려고 하다 세집에 사과나무 4 폭기 전정을 못해서 시간이 조금 남아서 사과나무 전정을 할려고 현장에 가서 전정을 하여다.

지출에 … 버스값 3,800원

〈1997년 1월 28일 화요일 날씨 맑음〉

오전에는 바시내이 포도 든불을 태어버릴라고 손구루마로 실어내는 일을 하여쓰며 자신이 포도나무 전정을 하면서 줄기가 길개 간 것은 세 등분으로 잘라 주어야지 그대로 든불을 그대로 땅에 내리낮떠니 손구루마로 실어내는데 아주 불편한 점이 너무 만트라. 그래서 내년에는 꼭 토막을 내서 크내는 일이 수라두록 해야 하게다.

"사람이 순서을 지키어서 일을 해야 망우리까지 일하는 것이 수라게 돼는돼 자신이 순서을 지키지 않아서 포도 든불을 실어내는돼 너무 힘들어쓰며 시간을 따짓드레도 시간은 다들 같이 걸리며 자신은 처음에 든불을 마구 내릴 때는 이 일이 더 빠르지 않나 하고 생각을 하여뜬이 이재와 망우리가 힘이 들며 시간이 더 지원돼고 잇꾸나."

사람이 무선 일을 하는돼 순서을 무시해서 일을 하면 처음에는 일이 진도가 돼는 것 같다도 망우리까지는 다 같다고 생각을 오늘 하여 보앗다.

"오후에는 날씨가 바람이 너무 새차게 부르서 친구들과 휴식을 하여다. 그리고 우리 식구가 저녁식사을 다하고 거실에서 모두들 태레비전을 보고 우리 부부는 잠자리에 들어간 시간은 밤 11시에 잠을 잘라고 침대에 누어잇는 돼 욕조실에서 쿵하고 소리가 나서 아들이 발이 미끄러어저서 넘어가는 줄 알고 띠어가 보니 혜지가 소변을 보고 일어나다 그대로 넘어간 것 같드라. 그래서 혜지을 방우로 가는데 혜영이도 부축을 해서 저위들 방에 대리고 가서 안정을 식키고 혜지야 병원에 가자고 하니까 개안따면서 안 갈라고 해서 밤새 병원에는 가지 않코 내일로 미루고 마랐다. 자신도 내일 아침에 스들어서 병원에 갈 개핵을 하고 부인한태 오늘 저녁에는 딸들 방에 자라고 하고 자신은 방에서 자는돼 자신은 잠이 오지 않을 뿐 아니라 모든 잡념 때문에 더 잠이 오지 않트라. 오늘 저녁에는 큰 고충이 돼어뜬 일 날이다."

〈1997년 1월 29일 수요일 날씨 맑음〉

어재 혜지가 쓰려저서 오늘은 구미 순천항 병원에 혜지을 대리고 가서 머리에 사진을 찍어볼라고 신경내과을 가서 진찰을 하고 머리 사진까지 다들 찍어보며 오늘 혜지 진찰 검사을 하는 돼 그진 종일이 걸리쓰며 오늘 병원에서 나오는돼 오후 5시에 병원 문을 나와쓰며 혜지 병명은 나오지 완아서 약도 타지 못하고 다음에 혜지가 잠을 자면서 수면내파을 검사을 해바야 약을 쓸 수가 엊따고 하드라. 자신은 처음부터 병명이 나오지 않는다고 생각을 했지만 나는 혜지가 넘어가면서 머리에 상쳐가 잇쓸까 극정이 돼어서 머리에 사진을 찍어 볼라고 병원에 갇쓰다. 여화튼 머리에 상처가 업쓰서 천만 다행이라고 생각을 하며 혜지는 살이 만아서 건강하다고 보신약도 한 바 지어주지 않아쓰며 혜지가 회사에 시달린 몸이 돼어쓰며 혜지가 만이 약해졌따고 생각을 한다. 혜지을 앞푸로 한약을 지어 먹이야 하게쓰며 앞푸로 자식들을 건강에 돌바야 하게쓰며 자신이 살라오면서 돈만 모어는 돼만 신경을 쓰지 아들 건강은 소월이 한 것이 사실이며 내가 살라가는 방식을 바꾸어야 하게쓰며 혜지 진단 결과가 나오면 건강에 신경을 꼭 쓰야하게다.

"일개 가족이 행복할려면 자식들이 건강하게 잘라주야지 한 가정이 행복하지 그르치 않코 자식이 건강하지 못한다면 그 가정은 발지 못하다고 생각을 한다. 우리 가정에 밝은 날이 오기을 기원을 하고 십다."

지출 … 병원에서 … 266,160

〈1997년 1월 30일 목요일 날씨 맑음〉

오늘은 내 마음 같아서는 혜지를 회사에 가지 말고 집에서 휴식을 하여쓰며 하지만 회사에 매인 몸이라 휴식도 못하고 오늘 출근을 하여는돼 이 아빠는 혜지가 어재 병원에서 시달리는돼 오늘도 가로로 쓰려질까바 전 신경이 혜지한태 쓰이며 오늘 일도 잘 안돼고 잇드라. 오늘은 오전에 쌀 방아을 찍어쓰며 오후에는 바시내이 포도 든불을 다 태어버리는 일을 하며쓰며 이재는 포도 든불 파진 것만 주어서 태우는 일을 하면 바시내이 포도밭의 일은 끝이 난다.

"혜지가 오늘따라 태근시간이 너저며 혜지가 저의 엄마에깨 너깨 온다고 전화를 주어따고 하는 돼도 밤 10시가 돼어도 오지 않으니 나는 오늘따라 밤 너깨까지 집에 오지 않으니 별 생각이 다 들며 집에 안저 잇쓸 수가 업드라. 그래서 주막에 버스 승강장에 가서 혜지가 타고 오는 버스을 기다리쓰며 을마간 기다리고 잇는돼 버스가 오길래 우리 혜지가 오는구나 하고 밭뜬이 그대로 가고 말드라. 그래서 다음 차을 기다리면서 너무나 추어서 불을 낯스 추위을 녹이고 잇쓰서며 그려자 버스가 오길에 버스 가까이 가니까 혜지는 오지 않코 엽집에 재준이만 내리더라. 그래서 추위 때문에 더 잇쓸 수가 업쓰서 재준이만 때어서 집우로 왔다. 자신은 집에서 15분 잇따가 가면 조금만 기다리겟찌 하고 집에서 15분 시고 안전무장을 해서 혜지 마집을 가니 회사 차장님이 라면서 태워다 주고 간다고 승용차는 저만춤 가고 잇드라. 그래서 혜지만 오토바이로 실어왔다."

오늘은 딸한태 불안을 가지고 시간을 보냇따고 말을 하고 십꾸나. 한 가정의 호주로서 자식의 불안은 정신적으로 육체적으로나 너무나 큰 고충이라고 생각을 한다. 앞푸로 이른 고충을 잊저 가면서 우리 가정이 오늘날까지 밝개 사라온 것처름 아주 해맑은 모습으로 살라가두록 아버지, 어머님이 도와주야 하게끔 아버지의 자식 순덕이 힘으로는 감당을 할 수가 업소. 아버지 어머님이 도와주야 하고 아버지 어머님 도와주야 하겟소.

지출에 … 라면 엿 15,000원

〈1997년 1월 31일 금요일 날씨 맑음〉

오늘 혜지가 잠을 자면서 내파 검사을 해야 한다고 해서 저의 엄마와 둘리서 내파검{사}을 받는다고 구미 순천항병원을 갇쓰며 어재 밤잠도 못 자개 해서 밤잠을 슬친 모양인 돼 오늘 내파 검사 한다고 전 신경을 쓰게 하여서 더 피로가 누적이 돼지 않을까 하고 극정이 돼며 나는 가로로 쓸러진 것이 아닌가 하고 극정을 하고 잇는돼 이번에 검사을 나재 한 것은 아무련 이상이 업따고 했는돼 자면서 내파 검사는 어떠개 나올지 몰게쓰며 병원에서는 쓰려졋따고 하니 간질로 보는돼 나는 그러깨 생각지을 않는다. 그른돼 병원에서 수면에서 내파 검사 결과가 간질의 시초라고 한다고 이야기을 하는돼 미드저지을 않는다. 혜지는 회사에 시달리서 피료의 누적이라고 생각을 한다.

그래서 앞푸로 자식들의 건강에 신경을 쓸 작정이며 자신 살라오는 돼 돈만 생각을 한 것이 이른 큰 비극을 밭는 것이 아니가 생각을 하고 만약에 혜지가 잘못 넘어가서 큰 변을 당해드라면 이 아빠가 앞만 보고 달려온 내 어리석음을 다들 치우한단 말인가. 이번에 아빠의 마음의 상쳐는 말료 다 할 수 업시 상쳐을 입어따고 생각을 하지만 혜지가 아무련 일 업시 회복이 돼어쓰니 이 아빠로서는 행운이 잊는 사람이라고 가지야 하게꾸나. 앞푸론 내 건강은 뒤로 하고 자식 건강을 챙기 주야 하게다.

"오늘 이 아빠는 큰 충격을 밭은 날이라고 생각을 해야 하겟다. 앞푸론 이른 충격은 업키을 바란다."33)

〈1997년 2월 1일 토요일 날씨 맑음 〉

어재 혜영이가 반지을 찾아 왔는돼 가락지가 조금 적드라. 그래서 오전에는 구미 금오당에 가서 가락지을 조 널가쓰며 두 번재로 널가서 손가락에 꼭 맏게 만들어다. 혜지 회사의 상품으로 아빠의 반지을 하여쓰니 혜지한테는 고맙지만 자신이 하고보니 반지을 부인 목거리을 하여쓸 끈돼 마음이 글리는구나. 자신의 손가락에 반지을 처음 키어보니 기분이 좋터라. 혜지 득분에 5년을 앞당기어서 내가 반지 키개돼어따고 생각을 한다. 혜지야 정말 고맙다. 이 아빠 밭고 보니 혜지한태 대까을 해야 하는돼 무엇을 해야 됀다 말이냐. 혜지야 반지 값은 너 결혼을 할 때에 꼭 지불해주마.

---

33) 일기 지면 상단에 '(혜지, 순천항병원)'이라고 기록되어 있다.

오전은 반지을 손가락에 널구는돼 시간을 다 보내고 오후에는 당산 포도 든불 태우는 작업을 하여다. 오늘 포도 든불을 태우는 되는 생각보다 수라드라. 오늘 포도 든불 태우는 일을 오전부터 했드라면 안전무결하게 일을 안전무결하게 끝을 낼 수가 잇는돼 아쉬운 감이 더는구나.

지출에 … 버스비 값 1,920원 음악 씨디 13,000원 내 약, 대장약 7,500원
계 22,420원

〈1997년 2월 2일 일요일 날씨 맑음〉

오늘로서 포도 든불 태우는 일을 다 하여다. 포도 든불 태우는 일은 개핵대로 다 한 셈이다.

"오후에는 사과나무 전정을 좀 하여쓰며 오늘 사과{나}무 전정하로는 좀 너깨 갈쓰며 자신이 피료해서 좀 쉬니너라고 과수 전정을 너깨 하고 말랐다."

"오늘 일요일이라서 혜지가 좀 쉬어쓰며 하는돼 회사에서 고객에깨 가드을 보낸다고 봉투을 만들기 때문에 회사 가야 한다고 혜지가 가는돼 너무나 안스려어며 혜지가 회사에 시달리서 좀 쉬어쓰며 하는돼 일요일도 쉬지 못하고 회사 가는 모습이 그리 힘들어 보이는구나."

"부모의 마음이 잠쉬 실 여{유}가 업구나."

"부인은 오늘 강정을 하여쓰며 집사람은 무선 일을 하여도 아주 깔끔하게 하는 사람이며 오늘 강정도 사람의 손으로 하지 않은 너킴이 들며 부인의 손씨는 음식점을 해도 잘 해낼 사람이라고 생각을 한다.

"부인의 손씨는 알라주야 한다고 생각을 한다."

수입 … 터랙트 노타리 값 40,000원

〈1997년 2월 3일 월요일 날씨 맑음〉

오전은 사과나무 전정을 하여쓰며 사과나무 전정을 하면서도 사과로 수입을 한 번도 본 적이 업쓰며 늙 사과 약값도 안대는 수입을 보면서 늙 노동도 만이 들어가며 사과나무 수입을 바서는 물류단지 들어갇쓰며 한다.

"오후에는 벼집 두 단지용으로 쇠똥을 줄라고 해서 오후 일적부터 경운기로 실어쓰며 이번에는 똥을 벼집에 대해 적개 준다고 불평을 하여서 그른지 이번에 경운{기} 4대를 불려서 충분이 거름을 주고 잇드라. 그전에는 보며 온 동네 경운기을 불려서 거름을 몟 바리 실지 못하고 잇다."

"오늘 자신은 끝까지 다 실어쓰며 남들은 일적 마란는데 자신은 정신업시 뛰어다니쓰며 자신이 거름을 다 실고 나서 생각을 하여보니 거름 한두 바리 더 실어도 아무것도 아닌돼 늙 바삐 날띠면 사고가 나는돼 하고서 오늘 일에 대해쓰는 아주 잘못 했따고 생각을 하며 아푸론 성숙댄 일을 해야 하게따는 생각을 하여다."

〈1997년 2월 4일 화요일 날씨 맑음〉

오늘은 정미기 값 850,000원 중 830,000원 주어쓰며 자신은 숙모님가 같이 정미기을 공동구입을 하여는돼 숙모님이 우리보다 정기을 만이 쓴다고 따로 하자면서 40,000만 원을 주드라. 자신은 100,000원 올란 가격으로 구입을 했키 때문에 자신은 손실을 본 셈이다. 그리고 개속 숙모님과 정미기을 사용한다면 결국은 손실이 따르게 돼어 잇는돼 이갈리에[이참에] 잘 햇따

는 생각이 든다.
오늘도 사과나무 전정을 하는돼 가지을 학잘라 낼라고 생각을 하여는돼 막상 전정을 하고 보니 나무 전정을 들 하고 잇는 너킴을 가지고 잇다.
"혜지가 이번 사고난 후부터는 혜지가 집에 와야 마음을 노을 수가 잇따. 오늘도 밤 11시에 집에 들어 왔드라. 오늘 혜지가 회사 일끄리가 너무 만아서 시간이 넛는다고 전화가 왔는데도 시간이 흐르니 이 아빠의 마음이 안절부절 하드라. 내 생각에는 회사을 거만두고 가사 일을 도와주다 내년이라도 시집을 모내쓰며 하는돼 혜지는 회사에서 을마나 중요한 일을 하는돼 안댄다고 이야기을 하는되 이 아빠 신경이 무척 쓰저고 잇다.
지출에 … 정미기 값 830,000원

〈1997년 2월 5일 수요일 날씨 맑음〉
오늘도 사과나무 전정을 하여쓰며 전정을 하여는 것도 한 밖기 돌라보니 그래도 가지 전정을 들 하여따는 너킴이 들며 가지을 학속을라고 하여는데 마음대로 돼지 않코 잇다. 이것이 욕심이 만아서 나무 전정이 재대로 대지 않는다고 생각을 한다. 앞푸로 사과나무 전정은 내일 하로만 더 하게 돼며 전정은 다들 끝을 낼 수가 잇따고 생각을 한다.

〈1997년 2월 6일 목요일 날씨 맑음〉
오늘은 우리 마을에 설맏이 대청소을 하여쓰며 자신은 오늘 사과나무 전정을 다 할려고 작정을 하여는돼 마을에 설맏이 대청소을 하는 바람에 자신의 계핵대로 못 하고 마랐다.
"오늘은 우응부응하다 시간을 보냇쓰며 그리고 사랑방에서 놀자고 대청소하고 남은 음식을 사랑방에 같다놋고 다들 나와서 노는 사람이 업쓰다."
그리고 우리 혜지 회사에서 일처리 잘 한다고 금 (한 돈)을 선물을 받아따고 할 때에 우리 혜지가 정말 회사 일을 충실하게 바주고 잇따는 것을 다시 한번 너켜쓰며 내 딸이 회사에서 선물을 받는 것은 아빠의 자랑이며 어깨에 힘을 주고 잇따는 너킴이 잇다. 혜지 고맙다.
지출에 이발료 값 5,000원

〈1997년 2월 7일 금요일 날씨 맑음〉
오늘은 운이 면회를 하면 외박을 할 수가 잇쓸 끄라고 해서 오늘은 병호 엄마와 둘리서 일적 대구을 같쓰며 오전 10시에 면회가 됀다고 해서 10시 전에 면회장에 도착을 해서 면회 접수을 하고 한참 기다리고 잇쓰니 운이와 병호가 나오드라. 아들이 외출층을 가지고 나와쓰며 시간이 오후 5시까지라서 권 상사님한태 전화을 해서 2시간만 더 달라고 부탁을 하니까 성락을 하여 주드라. 그래서 아들을 집부로 대리왔다. 오늘 일은 외출로 대구시에서 시간을 보내는 것보다 집부로 오는 돼 힘은 들어도 집에 와서 식구들도 다들 보고 음식도 마음것 먹고 참 잘 했따고 생각을 하고 잇다.
그리고 오늘 운이 대리로 갈지 또 대리다 주어찌 하로에 대구을 두 번식{이}나 다니쓰니 오늘은 아주 피료하구나. 그리고 오늘 기승길[귀성길]이라서 너무나 복잡해서 다니는 돼는 너무나 힘든다고 생각을 한다.
"오늘 운이 엄마가 강정과 과자을 해서 한 푸대 주어는돼 부대원들 잘 나누어 먹어는지 또 고로 먹지 못해서 오히려 운이한태 원망을 하는 고참이라도 잇쓸가바 이 아빠의 극정이 크다."

지출 … 운이 대리고 오는 돼 경비가
30,000만 원 운이 50,000원 용학
20,000원
총금 100,000원

〈1997년 2월 8일 토요일 날씨 맑음〉

올해는 설 명절 추석 명절에는 셋집에서 밥 떠낮는돼 올해는 숙모님이 이곳에서 지내지 않코 재사을 대구로 모시가서 이곳에서는 두 집에서 밥을 떠넛게 돼니 바푸지 않코 조용하여지며 좀 간편한 너킴이 더는구나. 그리고 우리집에서는 한 사람도 나고[낙오]가 업시 다들 참석을 하여쓰며 그리고 이번 설레는 감소하게 지내는 너킴이 들고 잇다.

"아버지 어머님 우리 형제들이 착실희 사회생활을 하면서 다들 잘 살라가고 잇씀이다. 그리고 손자들도 다들 잘 자라고 잇쓰며 앞푸로도 개속 돌바주십요 아버님 어버님."

"이재는 새해을 마지하고 일꾸나 우리 운이 바서는 새월이 좀 빨리 가서 운이 재대을 하여쓰며 하는 바람 뿐이다. 이 아빠는 운이가 원재 재대을 하나 생각을 할 때에 정말 너무 가마득해서 한숨이 나오고 잇꾸나."

"이재 순덕이 나이도 55세나 돼어따는 것을 생각을 할 때에 나 자신도 나이을 만이 먹어꾸나 하는 생각이 들며 자신도 이재는 점잔한 행동을 하여야겟쓰며 앞푸론 내 자식 내 부인한태도 말 한마디라도 생각을 해서 말을 해야 하게쓰며 내가 말을 해서 상대방이 마음의 상쳐을 입지 않투록 나의 처신을 해야 하겟다고 꼭 다짐을 하고 십다."

지출에 … 기운이 세배돈 10,000원 구미
순서 동생 아들 30,000원
계 40,000원

〈1997년 2월 9일 일요일 날씨 맑음〉

오늘은 처어머님한태 설이 오기 전에 한번 인사을 드릴라고 생각을 하여는돼 자신의 성위가 업쓰서 여때것 미루어 왔쓰며 오늘 부인과 둘리서 처어머님한대 인사을 드리로 같쓰며 처가집에 가니까 처남, 처남댁이 다들 교회을 가고 처어머님만 개시며 처어머님도 걸력[근력]이 그처름 좋떠니 이재는 걸력도 아주 떨어젓쓰며 인간보다 더 못땐 동물은 업다고 본다. 인간은 부모을 버리고 잇따는 너킴을 밭아쓰며 부모가 나이을 만이 먹으며 다들 버리고 잇따고 생각을 한다. 처어머님도 이동[외동] 자식을 키울 때는 그 정성 뼈를 깍는 아품도 자식을 위한 길이라면 다들 참고 견디면서 다들 키운 자식이 다들 부모을 버리고 잇따는 것이 나로서는 정말 가슴 아푼 일이며 나는 부모을 등한시하고 잇는 것을 보니 가슴 아푼 일이며 이 일들이 위해가 돼지 않코 잇다.

"오늘 처어머님이 나는 사이가 아니라 자식 같다고 이야기을 하며 다른 사이들은 생각지도 않으며 보고 십픈 생각이 업다고 이야기을 하며 별로 간심이 업따고 이야기을 하면서 내 손을 잡고 고맙따고 이야기을 할 때에 오히려 미안하며 처어머님을 더 따뜻하게 해드리야 하는돼 오히려 더 미안하다."

"오늘은 김천 동서 아들, 사이, 딸 한꼐 와서 외할머니한태 인사을 드리로 왔드라. 김천 동서는 아들, 딸, 사이, 손지 다들 하며 현재 30명이 넘는다고 하니 하나의 손이 음청나게 불어난다고 생각을 한다. 그리고 김천 동서는 아직 미혼이 2명이 남아 잇쓰며 김천 동서는 머지 않아서 50명의 손은 늚어난다고 본다."

〈1997년 2월 10일 월요일 날씨 흐림〉

오늘은 동신회 총회날이며 우리 동신 회계을 모은 지가 2年이 돼어쓰며 이번 총회는 회장과 총무을 다들 갈라쓰며 앞푸로 총무, 회장의 임기는 2年으로 하기로 길정을 밭쓰며 회장은 나이 순서대로 하기로 결정을 보앗다. 그리고 동신회의 총회는 인원 동원이 돼지 않아쓰며 다들 성위가 업따는 생각이 더는구나.

"오늘은 동신회의 총회 문재로 아무 일도 못하고 그저 휴식을 하고 마랐다."

"기상대는 눈비가 온다고 자주 예보을 하는데도 눈비는 오지 않코 가뭄만 지속이 돼고 잇쓰서 과수에는 가뭄에 피해가 만을 것으로 내다보고 잇다."

지출에 … 동신 회개 회비값 20,000원

〈1997년 2월 11일 화요일 날씨 맑음〉

오늘은 날씨도 춥지만 새찬 바람 때문에 아무 일도 못 하게 대어쓰며 지금은 노달기[34]라서 날씨가 따뜻해도 오늘 휴식을 하여쓸 것이다. 오늘 사랑방에 한방 모여서 화토놀리을 하면서 오늘을 절급게 놀고 잇쓰며 자신은 담배연기에 질리서 노는데 별 흥미을 가질 수가 업쓰며 자신은 오늘은 화토도 만치지 않아쓰며 자신은 별 흥미 업시 지난 날이라고 생각을 한다.

〈1997년 2월 12일 수요일 날씨 맑음〉

사랑방에서 화토놀리을 하여본들 담배연기가 자욱한 방에서 늙 놀아도 담배연기 때문에 별 재미가 업쓰서 자신은 당산밭에 공사을 하면서 나무둥치기가 여르 곳에 늚려 잇쓰서 이것을 모다서 다들 불태어 버리는 일을 하여쓰며 이재는 바람이 부르도 아주 찬 바람은 아니라고 생각을 한다.

"오늘 사랑방에서 짠뽕을 7그릇을 식키서 정심을 때우고 마라쓰며 남들은 하토놀리을 하고 잇는돼 자신은 뒤전에서 구경만 할 수도 업고 집부로 와서 담배연기 업는 거실래서 전축 음악 소리을 감상을 하면서 오늘을 보낸 셈이다. 사랑방에서 형님만 담배을 태우지 않는다면 강력하게 담배 태우는 것을 건절을 식키갯는돼 형님이 오비기[35] 나발 불더시 담배을 물고 잇쓰니 어떠게 할 수도 업고 나는 문을 열어 짹기는 일밖에 하지 않는다."

"인간이 채면이 업는 사람은 담배 피우는 사람 둘째는 술 먹는 사람. 이른 사람들은 자신의 행동을 한 번식 돌라바야 한다고 본다."

지출에 … 짠뽕값 2,000원

〈1997년 2월 13일 목요일 날씨 맑음〉

오늘은 사과나무 전정을 하여쓰며 오전 사과나무 전정은 생각보다 만이 하여쓰며 오늘 오전에 일적 전정을 하로 같드라면 오전에 다 할 수 잇는 량이 돼어쓸 끈돼 다 하지 못해서 아쉽꾸나.

"오후에는 일적 과수 전정을 다 하고 부인

---

34) 노달기는 농한기의 사투리 표현이다.

35) '오비게'는 많이, 엄청나게와 비슷한 의미를 지닌 사투리로 추정된다(예문: 밥을 오비게 쳐먹는구나).

과 둘리서 전정목을 주어서 묵는 일을 하여다. 오늘은 처음으로 부인이 일을 거들어쓰며 부인이 일을 거들어 주니 일들이 잘 주려더는 너킴을 받아쓰며 부인이 어깨가 아푸지 않는다면 매일 같이 일을 하여쓰며 작업량이 만이 줄어들 끈돼 부인이 아푸다고 해서 부인을 대리고 나오기가 안스렵다. 오늘도 좀 쉬서 몸을 추수려서 안전희 봄이 오거든 일을 거들어 달라고 하여다."

"오늘부터 혜지와 혜영이 한약, 보신약으로 때리 온 것을 오늘로서 복용을 하고 잇쓰며 보신 약위라고 진맥도 하지 않코 용학이 쳐재가 한약방에 건무을 해서 늙 값싸게 보약을 짓어와서 이번에도 진맥을 하지 않코 용학이 부인한태 부탁을 해서 보약을 짓어 오게 돼어쓰며 보약을 설을 쉬고 곳 바로 복용을 해야 하는돼 오늘부터 복용을 하고 잇다."

지출에 … 혜지, 혜영이 보약 값
220,000원

〈1997년 2월 14일 금요일 날씨 맑음〉

오늘은 사과나무 전지목을 묵는 일을 하여쓰며 부인도 같이 하여쓰며 금년에는 자신이 작업의 진도가 상당이 빨르다고 생각을 하고 잇쓰며 일의 진도가 빨리 가니까 마음의 여유을 가질 수가 잇따고 생각을 하고 잇다.

"오후에는 사과나무 전정을 한 자리에 불란병[36] 약 예방을 하기 위하여 약 바르는 일을 하여쓰며 오후에 약 바르는 일을 전부다 하여쓰며 부란병 예방약을 바르는 일은 생각보다 만이 하여따고 생각을 하며 일을 끝을 내고 보니 일들을 알떨하게 못한 것이 아닌가 하고 생각을 하여 본다."

〈1997년 2월 15일 토요일 날씨 맑음〉

오늘은 아연한 봄날씨라고 말을 하고 십꾸나. 오늘은 전지목을 묵는데 온 몸에 땀이 나며 안전한 봄이라고 말을 하고 십프며 날씨는 생각을 할수록 신기하며 이 날씨가 몃칠 전만 해도 봄이라는 날씨는 오지 않을 것 갇드니 이재는 봄날씨을 보이는 것을 보니 계절은 어김업시 오게 돼어 잇따는 것을 느켜스며 개절이 잇키에 인간도 잇는 것 같꾸나.

"오늘은 작과 전지목을 묵는 일을 하여쓰며 오후에는 부인도 같이 도와주는 오후가 돼어쓰며 오늘 앞밭에 전지목을 안전이 묵는 일을 끝을 냇다. 내일은 골내 작과 전지목을 묵는 일을 할 계핵이다."

〈1997년 2월 16일 일요일 날씨 맑음〉

오늘은 운이 전화을 받들라고 오전 10시까지 기다리왔는돼 전화을 주지 않아서 극정이 돼며 운이 전화을 받아보고 일을 하로 갈려고 생각을 하여는돼 기다리도 전화을 주지 않아서 12시경에 전화을 줄랑가 하고 나는 부인한태 무선 말을 해야 한다고 부탁을 하고 나는 전정목을 묵끄로 같뜬이 참 바람이 너무 새차게 불어서 너{무} 추어서 불을 노어면서 일을 해도 잠쉬뿐이며 일하기가 거북해서 그만 집우로 들어왔다.

"그리고 오후에는 전정목을 묵끄로 갈려고 시도을 하고 잇는돼 박명섭씨는 우리보다 5살 위인돼 부인이 집사람 친구라서 자신

---

36) '부란병'은 사과나무 가지나 줄기에 발생해 나무를 죽게 하거나 성장을 약화시키는 병이다.

과 둘리는 둘도 업는 친구로 지내고 잇다. 그른돼 들래 갈려고 시도을 하고 잇는돼 집 사람과 둘리서 밥을 먹으로 오라고 전화가 오드라. 그래서 나는 정심을 먹어따고 하니까 놀로 오라고 해서 그만 부인과 둘리서 박명섭씨 집에 초대을 같쓰다. 박명섭씨는 업시 살라도 남부렵지 않깨 살고 잇다. 자신은 정심을 먹어서 별 의미는 업쓰찌만 부인 친구 4명은 잘 먹으쓰리라고 생각을 한다. 그른돼 박명섭씨는 능통하지만 부인은 대인관개가 좋으며 그리고 놀기 좋은 사람이며 여르모로 바서도 박명섭 씨보다 아주 좋은 사람이라고 생각을 하여 본다."

"김영삼 씨 대통령이 돼고는 안전사고가 대형으로 나며 안전사고 하면 사람을 수십 사람 죽이는 사고이며 역대 대통령 임기 중 사람을 재일 만이 죽이는 대통령이 돼어쓰며 자신은 역대 대통령 중 국운이 재일 업는 사람이라고 생각을 하며 우리나라 운명을 바서는 재일 중요한 시기의 대통령이라고 생각을 하는돼 이분이 나라을 한발짜욱도 앞푸로 나가지 못 하고 나라만 풍지박산만 만들고 마라쓰며 김영삼이가 우리나라가 고개을 들지 못하두록 마구 집빨바 버린 객이 돼고 마라쓰며 하나의 예을 들자면 이번 한보그룹이 우리나라에 5위, 전 세계에서 15위 재벌을 하로 아침에 부도을 내서 도산이 돼두록 둔 것은 대통령의 책임이 잇따고 생각을 한다. 외냐 우리나래에서 5위 재벌이 넘어가개 돼며 우리나라 손실, 따린 업체 손실, 세계 안목, 하나에 열까지가 손실이 크며 잘못은 뒤에 가리고 우리나라 손실을 막기 위해서는 한보그룹, 아니 우리나라 재벌, 부도는 우선은 막아야 한다고 바야 한다. 그리고 우리 경제가 땅바닥에 떨어진 이때에 보도로 쓰려진 책임은 김영삼 대통령이 책임이 크다고 생각을 한다."

오늘은 끝내 운이가 전화을 주지 않코 잇꾸나. 우리 운이가 동계 훌련을 1주일 간다고 하드니 훌련을 같는가, 해필이며 추울 때 같쓸까. 이 추이는 내부반에 잠자기도 추월 텐돼 이 추위에 받같에서 잠을 잔다는 것은 생각하기도 실어며 밤새두록 뜬다고 눈도 부치 보지 못한 밤을 지세어쓸 껏이며 그 고생을 다 해야 한다는 것을 생각을 하니 이 아빠의 뼈아픔의 너킴이 오고 잇다. 운아 이번 고생만 잘 너겨 주기 바란다. 사랑하는 운아 항상 건강에 주위을 해서 건강에 상함이 업두록 훌련에 임해주기 바란다. 운아 훌련이 끝나거든 이 아빠에깨 전화을 주기 바란다.

운아 몸조심을 잘하기 바란다. 이 아빠가 부탁을 한다.

〈1997년 2월 17일 월요일 날씨 맑음〉

오늘로서 과수 전지목을 다 묵끄스며 오늘 전지목을 다 묵끌 수 잇쓰뜬 것은 오후에 부인이 도와 주어서 작업을 다 할 수 잇쓰따고 본다. 오늘 오후에 부인이 도와줄라고 하는돼 내 혼자 해도 다 할 수 잇따고 부인은 그냥 두라고 했뜬이 오후에는 부인 도와준다고 하면서 부인이 따라 나와서 일을 도와주어서 전지목을 묶는 돼 끝을 낼 수가 잇쓰다.

"올해는 자신이 생각을 해도 전지목을 안전이 망우리 한 적이 금년이 재일 빨라따고 생각을 하여본다. 남들보다 조금 빠르니 마음의 여유가 잇따고 본다. 그리고 전지목 만치는 돼는 부인의 손을 좀 들 빌리따고 생각을 한다. 작년만 해도 부인의 손이 그진 다들 만치야 했는돼 올해는 그진 자신이 다들 했따고 생각을 하여본다."

〈1997년 2월 18일 화요일 날씨 눈 흐림〉

오늘은 외성보에서 파보을 하여쓰며 금년도 파보는 대신1동에서 하여쓰며 외성보는 총감을 2年 임기로 임무을 보고 잇다. 총감은 대신1동에서 2년, 대신3동 2년 이련 주기로 외성보을 이끌{어} 와다. 금년에는 우리 마을에서 총감을 선출을 하는돼 형님이 선출이 돼어쓰며 총감은 별로 일은 업찌만 그래도 신경을 만이 쓰야 한다고 생각을 한다. 요줌은 책임자가 돼면 득 볼 일은 업따고 본다.

"오후에는 파보 술과 고기을 가지고 와서 오후에 사랑방에서 오후 내 놀랐다. 그리고 사랑방에서 놀고 잇쓰니 닭장사가 와서 닭 10바리에 10,000원 한다고 해서 자신은 닭 값이 외 이래 허렬까 하고 너무 닭 값이 싸서 자신도 10바리을 10,000원 주고 사왔다. 자신이 생각을 해도 개알을 다 빼낸 것이지만 1바리에 1,000원 짜리가 어디 잇나 하는 생각이 들드라."

지출에 … 닭 10바리에 10,000원

〈1997년 2월 19일 수요일 날씨 맑음〉

오늘은 전지목을 경운기로 실어서 나무 비갈리[37]을 재쓰며 오전은 앞밭태 전지목을 다들 치우고 오후에는 골래밭에 전지목을 새집에 다들 갇다주어쓰며 숙모님은 전지목보다 죽은 둥치기 나무가 더 만으며 올해는 전지목이 아주 적은 감이 만타.

"세상은 변화는 것이 급속도로 변화고 잇따고 본다. 외냐하면 자신이 2年 전만해도 남외 전지목을 우리 부부는 다들 묵끄서 다들 땔감을 할려고 다들 거드어 왔쓰며 전지목을 조금이라도 더 만이 땔감을 할려고 내 일도 미루고 남외 전지목을 거두어 오는 일이 급선무라고 생각을 하고 실천을 해온 자신이 이재 자신이 땔감이 피료가 업쓰며 작과 둥치기가 밭 가외로 처밀리고 잇쓰며 갈구치는 것이 자신의 나무 둥치기라고 말을 하고 십구나."

"요줌 세상이 오늘이 옛날로 변화고 잇따고 해도 가연이 아니며 인간의 문화생활이 태풍이 지나가는 것처름 빠른 속도로 변화고 잇따고 말을 하고 십다."

〈1997년 2월 20일 목요일 날씨 흐림〉

오늘로서 전지목을 묵끄서 다들 치아쓰며 이것을 나무 삐까리을 다들 재쓰며 전지목을 안전이 치우고 나니 밭에 일을 다들 끝을 낸 것 갈꾸나.

"그리고 오늘은 면장 김상한 씨가 부인의 친구와 남편들을 정심 대접을 한다고 다들 초청을 하여서 부담은 돼지만 그래도 마음 먹고 대접을 할려고 하는돼 가지 않으며 좀 서운하게 생각을 할까바 친구 3명이 가서 대접을 잘 받아다. 직책이 면장이라서 우리들보다는 다른 생활을 하는 너킴이며 오늘 대접을 잘 받아다."

"오늘 초청을 받아 정심 대접을 받아 가지만 모친이 살라개시고 잇쓰서 그냥 갈 수가 업따고 하며 둘리서 7,000원 짜리 자쭉[잣

37) '삐까리'. 낟가리의 경상도 지역 방언이다. 여기에서는 나무의 잘라낸 잔가지들을 의미하는 것으로 이해된다.

죽]을 사 갈다."

"오늘 오후에는 정심 대접을 밭고 나서는 오후에 친구 3명이 휴식을 하여 왔다."

지출에 … 친구 정심 대접에 가는돼 모친 음료수로 3,500원

〈1997년 2월 21일 금요일 날씨 맑음〉

요줌은 계속 건조주위보가 내려 잇쓰며 오늘도 바람이 너무 강하게 부르서 일을 하로 가기가 망스려질 정도의 날씨여쓰며 자신은 망스리다 과수나무에 거름을 하두록 깔키로 나무 믿을 다들 끌어내서 거름을 하두록 준비를 하여둘라고 막 일터을 갈려고 하는돼 부인이 닭이 죽어 잇따고 해서 들래 가는 일을 뒤로 하고 죽원 닭 1바리을 잡고 한 바리는 고기가 적을 것 갈다서 한 바리 더 잡아서 두 바리을 잡아서 한 번은 고기를 먹을 수가 잇따고 본다.

"오후에는 사과나무에 거름을 하기 위하여 깔키로 나무 믿을 안전이 끌어냇다. 이재는 비료거름만 하게 돼면 돼두록 준비를 하여 두어다."

"올해는 들러서면서부터 자신의 행동을 좋은 점을 살리고 말 한 마디까지 좋은 점을 살리고 나쁜 행도 나쁜 언어는 다들 곤칠하고 결심을 하여는돼 요전번에 부인한태 부인에깨 실은 언어을 해서 부인의 마음을 아푸게 하여서 마음속으로 상당이 미안하며 자신이 올해는 나의 낫뻔 버릇을 다들 버리고 살라고 결심을 하여왔는돼 벌서 실천을 못했따는 것이 숙서려며 자신을 꾸짓고 잇다."

"이번 일은 자신이 잘못했따고 생각을 하며 나의 성격이 아주 나푸다고 생각을 하고 잇다. 앞푸론 이 성격을 곤치가야 하겟다."

〈1997년 2월 22일 토요일 날씨 맑음〉

오늘은 동신회원들은 윤종희 씨 집에서 윷노리을 하여쓰며 회원들이 만이 참석을 하지 않아쓰며 일부 사람만 참석을 하여서 놀리을 절기쓰며 그리고 오늘 경비는 찬조 20,000원과 동신회의 계에서 20,000원 오늘 경비을 충당을 해서 오늘 놀리을 한 셈이다.

"그리고 오늘 오후에는 처어머님이 우리 집에 온다고 해서 연세가 만은 사람이 사위 집에 온다고 해서 한편으로는 고맙고 한편 으로서는 극정이 됀다. 외냐 어머님은 일어스지도 잘 못하는 사람이 내 집에 온다고 하니 염려도 돼고 잇다. 처어머님이 집에 오신는가 하고 윷놀리을 하면서 중간에 집에 와보기도 하여쓰며 처어머님은 저녁때 즘 돼서 어머님이 오시따고 하드라. 처어머님을 볼 때에 설래 볼 때보다 걸력이 줄윈 것 같이 보이드라. 처어머님이 자식에 대해서 멸시을 밭아서 딸집에 온다고 했찌 않아쓸까 늙 처어머님은 며느리가 잘못한다고 이야기을 자주하고 잇다. 처어머님은 어낙 말이 업는 사람이라도 엔만하면 아무 소리 업시 지낼 사람인돼 서운하다는 말씀을 하는 것을 볼 때에 나는 처남을 욕을 하고 십다. 이동자식이 부모한태 무관심한 것을 너무 가슴 아푸며 엔말이 이동자식 불효가 만타고 하드니 정말 처남도 한 사람이며 또 교회 장로라고 하는 사람이 부모에 무관심이 너무 가슴 아푼 일들이라고 말을 하고 십다."

〈1997년 2월 23일 일요일 날씨 맑음〉

오늘은 운이 전화을 기다리다가 전화을 밭아는데 운이가 아빠라 하면 전화 끈어지고

두 번식이나 끈어지든이 세 번째는 수신자 부담으로 전화글려 오드라. 전화가 외 그른야고 물어니 카드가 나빠서 그른지 자꾸만 끈어진다고 하드라. 우리 운이가 지나간 주일날은 전화을 기다리도 오지 않아서 운이가 동계훌련 간다고 하드니 훌련을 갔는지 궁금하드니 오늘 전화가 왔키에 먼전번에는 전화을 외 안해노 하니까 동계훌련 갔따고 하면서 탠트 생활에 추어서 죽는 줄 알라따고 이야기을 하여서 이 아빠도 이 추원 날 해필이면 추원 날 동개훌련을 갔지 하며 이 아빠도 예을 만이 태어딴다. 여화튼 감기들지 않코 무사이 지내따니 방갑다. 앞푸로 추원 날은 맷칠밖에 남지 않아쓸 끄며 이재는 봄이라서 운이 몸도 서서이 풀어질 끄시며 이재는 운이도 군 생활이 이숙해절 껏이며 97年도 겨울이 오며 우리 운이도 재대 고참이라 이 아빠 극정을 들 해도 될 것이며 우리 운이 이재 군대생활 끝이라고 해도 가연이 아니다고 생각을 한다.

"오늘도 사랑방에서 어재 고기 남은 것으로 오늘도 윷노리을 하여쓰며 오늘은 윷노리로 또띠기[38] 해서 돈 원을 만이 일은 사람이 만으며 해가 지두록 하여쓰며 해가 지서 어더어니 방에 들어가서 굽삐[39]로 돈먹기을 하는돼 사람들이 만이 약아젓드라. 자신이 대라을 보는돼 다들 급을 내며 적은 돈으로 아주 약카게 하며 몸을 살리는 표가 영역 영역이 표가 난다."

〈1997년 2월 23일[40] 월요일 날씨 맑음〉

날씨가 신기하기 짝이 업꾸나. 참 바람이 옻깃을 휘날리게 할 때는 영혼희 봄이 오지 않을 것 같드니 오늘은 안전 봄을 연상깨 하여쓰며 이재우수가 지나서 그른지 안전 봄이라고 생각이 들두록 날씨가 말을 하여 주고 잇꾸나. 오늘은 기상대서 내일 비가 조금 온다고 예보을 하여서 자신은 작과나무에 거름을 주기 위해서 작과나무 밑을 안전이 끌어내는 일을 하여쓰며 오늘 종일을 거름 할 준비을 하여 두어다.

"우리 혜영이가 성격이 날카른돼 저의 외할머님한태 하는 것을 보며 신기할 정도로 생각을 하며 저의 할머니가 저처름 좋을까. 아니 저의 진할머니가 업쓰서 외할머니을 좋아하는 것인가. 나 자신도 어머님이 일적 도라가시서 처어머님을 좋아하는 것처름 내 딸도 그래서 저의 예할머니을 좋아하는지 혜지보다 혜영이가 더 잘하고 잇다."

"요즘 아들 부모가 식키지 않아도 저이들 알라서 하는 것을 보며 우리들 잘랄 때보다 아주 다르다고 생각을 하며 우리들 잘랄 때는 부모가 식키지 않으며 아무 것도 못했따고 생각을 하는돼 지금 아들은 생각하는 것이 어른들보다 만이 생각을 하고 잇쓰며 지금 아들은 대화로 해결을 해야지 부모라고 우기서는 절때 안댄다고 생각을 한다."

"그리고 김천 처형이 장모가 우리 집에 잇따고 처형이 이발관에 노는 날이라고 울 집에 왔드라. 나을 일도 만은돼 장모까지 보태서 힘들겟따고 이야기을 할 때에 처어머

38) 윷놀이 중 개인전을 뜻한다.

39) 굽비. 화투놀이의 일종이다.

40) 24일이나 23일로 잘못 기록하였다.

님이 오시도 별도로 보신약을 사들리지 못하고 우리 먹는대로 식사을 해드리고 잇쓰서 정말 미안하며 처어머님이 아니고 내 어머님이라면 벌서 야단이 낮쓸 것이며 곰, 보약 짓서온다고 법석을 부리고 잇쓸 끈돼 처어머님이라도 등한시 하고 잇는가. 그려치 않으며 우리들이 더 잘 살려고 돈 욕심을 부리고 잇는지 곰곰이 생각을 하며 부인한태 잘못하고 잇는 너킴이 잇다고 본다. 역으로 부인은 저의 어머님인돼 앞푸로 살라개면 을마나 살겟나 하는 생각을 하며 무엇이 압까개는가. 나 역시 생각하는 겻처름 곰, 보약 다들 해주고 십픈돼 돈에 독한 남편의 눈치 때문에 못하고 잇는지 부인의 마음을 모르게꾸나."

"나는 처남을 욕을 하고 십다. 이동자식으로 사랑을 독차지하고 살라온 자식이 부모을 내몰라 하는 식이며 아들이 부모을 등안시하며 며느리가 부모을 소중이 여기야 하는돼 며느리마저 보모 그릇은 따로 두고 사용을 하고 잇는 실정이며 처어머님이 살라가는 돼 큰 고충이며 자신은 어머님이 일적 도라가시서 그른지 부모한태 잘못하는 사람들은 여사로 보지 않는다."

〈1997년 2월 24일[41] 화요일 날씨 비〉

오늘은 기상대서 비가 온다고 하든이 오늘 잠을 자고 일어나니 보슬비가 내리드라. 그래서 하무 일도 못하고 종일동안 휴식을 하여쓰며 이번 비가 만이 와야 과수에 해갈을 면할 수가 잇는돼 비오는 모섭이 마음에 들지 않으며 이래 와서는 종일 와도 과수 해갈은 어렵다고 보고 잇다.

"진작 포도 거름을 준비을 하여두어쓰며 비에 맡추어서 거름을 할 수가 있쓰따고 생각을 하는돼 비료 준비을 하지 못해서 이번 비에 맡추어서 거름을 못했따고 생각을 한다."

"오늘 종일동안 휴식을 하여쓰며 오후에는 사랑방에서 화토노리로 오후 시간을 보냇다."

수입에 화토노리값 4,000원

〈1997년 2월 25일[42] 수요일 날씨 흐림〉

처어머님이 누어개시다가 일어날 때는 힘이 들어서 겨우 일어나시면서 우리 집에 오신 것이 정말 고맙다. 몸이 불편한대 사이집에 오게따고 결심을 하기까지는 고충이 만아따고 생각을 한다. 처어머님은 이재는 한 번 더 온다는 것은 기적이 일어나면 모르지만 이재는 끝이라고 생각을 하면 우리 집에 계실 동안이라도 잘 해드리야 하는돼 하는 생각밖에 업꾸나.

〈1997년 2월 26일[43] 수요일 날씨 맑음〉

이번 비가 너무 적따고 말을 하고 십꾸나. 오늘 과수에 거름을 하면서도 너무 약빠르다는 생각을 버릴 수도 업고 잇다.

"사과나무 밑 비료 19포, 당산포도 밑 비료 4포 포도 전용, 염아가리[염화칼리] 2포 바시내이 포도밭에 포도 전용 비료 6포, 가리 2포을 하여두어다. 앞밭에 작과 거름 7포 골래 작과 6포 하여두어다. 오늘 종일동안

41) 25일이나 24일로 잘못 기록하였다.

42) 26일이나 25일로 잘못 기록하였다.

43) 26일 일기가 2번 기록되어 있다.

15마지기 밑거름을 다 한 셈이다. 오늘 밑거름을 하면서도 이번 비가 조금 만이 와드라면 을마나 좋아쓸까 하고 생각을 하여 보앗다."
지출 … 총지출 134,660원

〈1997년 2월 27일 목요일 날씨 맑음〉
오늘은 작과 밭과 포도밭, 사과밭 다들 염화가리 붕사을 다 하여쓰며 한 단지에 붕사 3kg식 하여다. 염화가리는 당산 포도밭에 2포 바시내 포도밭에 염화가리 2포 사과밭에 염화가리 2포을 하여다. 그리고 오후에는 사과밭에 소 두엄을 실어난 것을 삽우로 사과나무 밑에 깔라주는 일을 하여다.
"동기생 김동식이가 서울서 딸 결혼식을 한다고 청첩이 왔드라. 자신이 김천 초곡, 대신, 봉산, 구미 동기생 계에서 총무을 보고 잇쓰서 빠질라고 해도 마음에 내키지 않코 회장이 가면 축이금을 주고 나는 기권을 할려고 하여는돼 이번에 회장이 아들 방을 어드주야 하기 때문에 할 수 업따고 이야기을 하여서 자신이 억찌로 예식에 참석을 한다고 해도 무리는 아니다.
3月1日날 기차표을 예매을 하는돼 자신이 원하는 시간에는 자석이 업쓰서 생각지도 않은 시간에 자석이 잇쓰서 할 수 업시 6시 50분 차을 예매을 하여 두어다. 자신이 차표 예매 시간에 버스가 잇쓸란지 몰겟꾸나.
김천서 - 수원까지 - 통일호 운님 일인당 5,100원
4명 = 계 20,400원

〈1997년 2월 28일 금요일 날씨 비〉
오늘은 정부에서 농토을 개량을 하기 위하여 규산질을 무상으로 자신이 50포을 받아다. 이것을 수도작에 사용을 해야 하는돼 자신은 수도작에 규산질 쓸 껏은 17포을 난겨놓고 33포는 포도밭에 다들 사용을 하여다. 오늘 포도밭에 규산질을 손으로 헌치는 돼 힘이 들어쓰며 포도밭 7곱 마지기을 규산질을 사용을 하는돼 오후 1시까지 하는돼 힘이 들어다.
"오늘 오후에는 비가 내리서 아무 일도 못 하고 휴식을 하여쓰며 자신이 내일 서울 결혼식을 가야 하기 때문에 더 휴식을 할려고 노력을 한 셈이다."
지출에 … 의료보험

〈1997년 3월 1일 토요일 날씨 맑음〉
오늘은 서울 동식이 딸 결혼식을 수원 목화예식장에서 올리는돼 이곳 친구 4명이 올라가서 축하을 하여주어쓰며 이곳 예식장은 구미 오성예식장보다 들 분이며[분비며] 아주 한가한 예식장이라고 말을 하고 십꾸나.
"오늘 공휴일이라서 그른지 수원역에 수만은 인파 발 디딜 때도 업드라. 그 만은 사람들이 다들 재각기 볼일로 수원역까지 쇼다저 나와쓸 것을 생각을 하니 치가 떨일 정도라고 말을 하고 십꾸나."
"오늘 자신은 서울로 갈 때는 피료을 몰라는돼 올 때는 정말 몸부림을 쳤쓰며 자신이 너무 몸{부}림을 쳣따고 생각을 하여본다."
"그리고 이곳 친구들은 축이금을 30,000원 하여는돼 서울 친구들 계에 일부 보태서 100,000원을 봉투에 너어서 주드라. 이 봉투에 돈 원을 화인들 하고 보니 얼굴이 풀거저드라. 우리는 축이금을 조금하고 이곳 돈 원을 만이 밭다 간다는 것은 인사의 도리가 아니라고 생각을 하여쓰며 오늘 상당이 미안하게 생각을 하여다. 앞푸론 축이금

을 더 해야 하게드라."[44]

지출에 … 축이금 동석이 딸 결혼식
30,000원 식대값 5,000원
계 35,000원

〈1997년 3월 2일 일요일 날씨 맑음〉

오늘은 사과밭에 소 두엄을 나무 밑태 다들 깔라두어쓰며 금년에는 사과밭에 두엄을 상당이 만이 깔라두어쓰며 금년에는 비료 거름 만이 하여찌 소 두엄을 상당이 만이 너어찌 올해는 사과나무가 상당이 만이 잘라 줄 것이며 그리고 금년에는 사과를 만이 수학을 해서 여때것 적자만 보든 사과 농사을 만은 헉자가 돼어 주어쓰며 한다. 그리고 사과 수입을 못 하고 잇쓰니 사과농사에 간심이 업쓰서 안대개꾸나.

"오늘 오후는 사과밭에 벼집을 깔라두는 일을 하여다. 금년에는 벼집을 바시내이 포도밭에 벼집을 깔 작정이다."

"오늘은 처어머님이 오늘 가시는돼 마음이 안스려며 다들 부모가 나이가 만으며 다들 실어하며 부모님을 버리고 사는 세상이 돼어버리쓰며 처어머님도 처남을 키울 때는 둘도 업는 자식으로 키어왔는돼 이재 와서는 자식으로부터 냉대을 밭아가면서 눈치을 바야 하는 부모들 정말 가슴 {아}푼 일들이며 이것이 세상이 만드는구나 하면 십개 넘어 갈련지는 몰라도 내가 자식을 키울 때는 이르깨 키우지 않아서 하며 그 피참함은 영혼희 이저저지 않는 아픔이 돼리라고 생각을 한다."

"오늘 처어머님을 보고서 인간은 자식이 필요업따는 너킴도 들어가고 잇다. 현대인은 부모을 버리고 잇쓰니 실찌 자식의 마음속은 다들 부모님도 다들 버리고 잇쓰니 무엇이 자식이 필요하다는 말인가."

"오늘 들래 같다오니 운이 전화가 왔는돼 병호 앞푸로 전화카드을 2,000짜리 5,000짜리 두 장을 부치달라고 하고 현재 현금을 30,000원 가지고 잇쓰며 4月 달래 휴가 갈 때까지 저금을 찾지 않코 돈원 쓰두록 30,000원만 병호 앞푸로 부치 달라고 해서 50,000원을 부치 주어다. 병호는 고참들레깨 쌀사리을 쳐서 외박도 나오고 잇는돼 우리 운이는 너무나 떰한 아이라서 약싹 빠른 돼가 업꾸나. 이 아빠는 외박을 못 나와도 남자가 무거운 돼 잇쓰야 한다. 사람이 간사하게 행동을 하면 한 번식은 덕이 잇쓸란가 몰라도 인생 끝을 보고 살라간다면 사람이 간사하게 생활을 해서는 득이 업따고 보기 때문에 이 아빠는 간사한 짓은 바라지 않코 잇다."

"우리 운이 4月 말래는 휴가을 올 수가 잇따고 하니 우리는 그때 한 자리에 안저서 좋은 말들만 나누자. 운아 그때까지 몸조심을 잘하기 바란다."

"운아 박병호한태 50,000원 부치다."

지출에 운이 용돈 50,000원

〈1997년 3월 3일 월요일 날씨 맑음〉

오늘로서 작과나무에 거름을 하고난 뒤 벼집으로 거름한 것을 다들 덥프두는 일을 안전이 하여다. 그리고 오후에는 포도나무에 마구네슘을 할려고 4포을 사왔다. 한 포에 4,300원×4포에=17,200원 주어다. 이것을 친구 차로 잘 가지고 왔다. 친구 차가 아

44) 일기 지면 상단에 '5月 18日 재수'라고 기록되어 있다.

니드라면 버스로 이용을 해야 하는 버거려움이 따라야 하는돼 달희 때문에 잘 가지고 왔다.

"오늘 마구내숍 사료 갈따가 친구가 시청에 볼일이 잇따고 하여서 자신이 복합터미널이 어떠게 돌라가는지 궁금해서 시청 교통행정 과장을 만나서 상담을 하여보니 복합터미널 선정은 확정이 돼지는 않아찌만 복합터미널 유치 작업은 계속하고 잇따고 하며 터미널 유치 학정은 3月 달에 학정이 됀다고 이야기을 하고 잇드라. 자신이 이원장직을 그만두고 나서부터는 추진 위원회가 다들 해산대여따고 해도 가연이 아니며 우리 마을로 바서는 추진위원회가 잇쓰야 주민의 득이 돼는돼 앞푸로 희생을 할 사람이 나와야 하는돼 하는 아쉬운 생각이 들고 잇다."

"김천시청에서는 물류단지 유치을 할려고 노력을 하고 잇는 것을 볼 때에 물류단지가 유치는 반드시 됀다고 보는돼 어느 시기에 학정이 됄련지 몰겟꾸나. 우리 마을로 바서는 물류단지 유치가 돼지 않아야지 우리 마을이 잘 살라가는돼 그려치 않으며 우리 옥토을 자갈논으로 파라야 할 실정이 돼고 만다."

지출에 … 포도거름 마구내숍 4포에 17,200원

〈1997년 3월 4일 화요일 날씨 맑음〉

오늘은 형님이 코충농증 수술을 할려고 어재 대구 파티마병원에 입원을 해서 오늘 수술에 들어 간다고 이야기을 해서 오늘은 부인과 둘리서 형님의 병문안을 갈쓰며 형님은 오전에 제일 먼저 수술을 하여다고 하며 요줌은 충농증 수술은 칼을 돼지 않코 코안을 끌거 낸다고 이야기을 하며 형님도 코안을 끌거내는 수술을 하여따고 하드라. 형님은 딸 용숙이가 파티마병원에 오래 근무를 하여서 형님으로서는 큰 득을 보고 잇다. 파티마병원 직원 가족은 모든 것이 반절이라고 하고 잇다.

"오늘 보일라 경유 400 리터에 109,300원 주어쓰며 이 금액은 경유 면세 금액이다."

"부인은 남편과 둘리서 나드리을 하며 그처름 좋아하며 자신이 생각을 할 때 의심이 가두록 좋아하며 아들이 좋으며 홀짝홀짝 띠고 잇떠지 부인도 그른 행동을 하고 잇쓰며 부인이 이르깨 좋아하는돼 남편인 자신이 부인의 좋아하는 부부의 나드리을 못해주는 남편이 미안하다는 생각이 들며 나 자신도 부인을 극진이 생각을 하고 잇는돼 부인도 남편한태 뒤저지 않는 사랑의 열정을 주고 잇는돼 무라고 할 수 업시 고맙고 감사한 마음 잊절 수가 업다고 말을 하고 십다."

"부인 나들리을 하면 부인의 얼굴에 띠가 업는 모습 이 남편이 잘 알고 잇쓰. 이 남편은 남남이 만나서 의이 저러캐 좋을까 하고 나로서는 이해을 못하고 잇쓰며 나는 부인을 만나서 절거운 행복감으로 오늘날가지 살라와소. 이 남편이 사랑에 너무 빠저서 부인한태 투쟁을 때로는 하여따고 생각을 하고 잇소. 이것은 사랑의 욕심이니 부인 마음 아파하지 말고 이 남편 여보의 따뜻한 가슴에서 띠어놓치 말고 앞푸로도 살라온 것처름 해다오. 이 몬난 남편도 부인의 온정을 다 알고 잇쓰며 부인은 하늘아래는 부인 같은 사람은 단 부인의 한 사람밖에 업따고 생각을 하고 잇소. 부인 정말 고맙소.

"앞푸로 자식들 다들 짝만 지어주며 우리

부부는 두 손을 꼭 잡고 나들리 시간을 가질라고 결심을 하고 잇소. 부인이 좋아하는 부부의 나들리을 원을 푸려주리라.”

지출에 … 버스비 값 3,840원 호두과자
1,000원 무궁화 열차 값
11,200원 형님 간식으로 쓰라고
50,000원 경우 보일라기름
400리터에 109,300원
계 186,270원[45]

〈1997년 3월 5일 수요일 날씨 맑음〉

오늘 오전은 포도 껍질을 벗키고 하는 일을 하여쓰며 일부 사람들은 껍질을 벗키지 않코 그대로 포도농사을 짓고 잇는돼 포도 껍질을 손질을 다해서 농사을 짓을라니 힘이 더는구나. 오늘 오후에는 부인과 둘리서 포도껍질을 벗키는 일을 하여쓰며 오늘 둘리 해도 포도 한 줄을 다 못하고 말라쓰니 포도 껍질을 다 벗킬라니 음청난 시일이 걸일 것으로 내다보고 잇다.

“정부가 정치을 하는 일들이 국민의 마음에 들지 않을 뿐 아니라 국민이 정부을 밑지 못하두록 하고 잇쓰니 이것이 문재이라고 생각을 한다. 오늘 날까지 정부을 따란 사람들은 다들 망해따고 생각을 하고 잇다.”

“요줌 수십만 원을 정부 지원을 밭아서 대형 열로 하오스[하우스]는 경유 면세유가 1년에 45% 올라서 대형 원예단지가 다들 망하고 잇쓰니 이것을 보며 기가 찬다. 대형 하오스 육성을 할 때에 우리도 대형 하오스로 외국가 싸우야 한다고 부르짓고 또는 정부 지원을 마구 주고 잇쓰는돼 이재 와서는 대책 업시 바라보고 잇는 실정이니 뼈가 아푸며 당하지 않은 사람들은 그 뼈아품을 의이 알까 한다. 정부가 코 압도 생각을 하지 않코 정부 예산을 소모을 하고 잇는 것이 한심스렵게 짝이 업따고 보고 잇다.

〈1997년 3월 6일 목요일 날씨 비〉

오늘은 기상대에서는 오늘 비가 온다고 해서 보밭에 마늘 갈라논 것에 벼집을 덥프두어뜬 것을 벼집을 거두어 와야지 이번 비가 땅속 깊이 들어 갈 것을 생각을 하고 날씨가 잔득 흐리어 잇쓰서 곳바로 비가 올까바 일도 다 하기 전에 비가 와서 주어진 일을 못할까바 극정을 하여 와는돼 다행이 마늘밭에 벼집을 경운기로 실어오는돼 보슬비가 내리고 잇쓰서며 벼집을 사과밭에 깔고 잇쓸때는 비방울리 굴그지고 잇쓰서며 일을 다하고 올 때는 비을 재법 맏고 마랒다.

“오늘은 오후에는 보슬비가 내리서 부인과 둘리서 휴식 시간을 가지고 마랐다. 요줌 비가 오는 모습이 외 그래 시원찬게 내리고 잇는 줄을 몰겠다. 내 마음 같다서는 소낙비로 푹 와주어쓰며 하는 생각밖에 업꾸나. 요줌 기온들이 예날과 같지 않으며 일년 강우량을 본다면 매년 강우량은 아주 적은 량으로 비가 오고 잇쓰서 큰 극정이 돼서 잇다. 이러다가는 비가 오지 않아서 인간들의 생명을 다들 빼와사 가는 것이 아닌가 하는 생각도 들어 간다.”

〈1997년 3월 7일 금요일 날씨 맑음〉

오늘은 부인과 둘리서 포도 껍질을 벗키 위하여 일적부터 스들어서 포도밭에 가서 열심희 껍질을 벗키고 잇는돼 오전 11시경이

45) 실제 계산은 175,340원이나 186,270원으로 잘못 기록하였다.

돼어서부터 까치가 여르 마리가 날라와 아주 요란하게 울러서 자신은 우치고 하여쓰며 부인은 까치들이 너무 요란하게 울고 잇쓰니 부인하는 말이 우리 운이가 올라나 하고 이야기을 하드라. 그래서 부인보고 집에 가바라 하고 농담까지 하여쓰며 오늘은 까지가 아주 여르 마리가 울려돼서 좀 이상하다고 생각을 하며 엔말래[옛말에] 까치가 울면 기한 손님이 온다는 옛 풍습이 잇쓰서 까치가 울르도 그리 실치는 않드라. 부인과 둘리서 오전 일을 맏치고 집에 와서 부인은 주방으로 들어가고 자신은 전축을 덧고 잇쓰니 부인이 아쿠 하면서 캄짝 놀라드라. 그래서 쳐다보니 운이가 문을 열고 들어오드라. 자신도 너무나 떡밖이라 눈물이 쇼다질라고 하드라. 부인은 우리 운이 온다고 그처름 까치가 울르꾸나 하며 좋아하드라. 운아 집에 오면 전화라도 주지 그냥 왔따고 하니까 운이도 오늘 아침 몰라따고 하면서 권 상사가 와서 특박 준비을 하라고 해서 전화을 못 햇따고 이야기을 하드라. 여화뜬 운이가 집에 와서 고맏꾸나.
그래서 밤 9시경에 권 상사 자택으로 고맏따고 전화을 하니 권 상사는 주번이고 부인 받드라. 그래서 고맏따는 인사을 하여다.
자신은 이른 줄도 모르고 내 마음 속으로는 종씨쳐고는 인사을 너무 모르는 사람이라고 생각을 하여다. 사람이 한 동네서 같이 입대을 해서 한 내무반까지 같이 생활을 하는 사람을 한 사람은 먼저 보내고 한 사람은 나중 보낸다는 것은 무엇신가. 한쪽에는 원망의 소재가 잇는 것이 아닌가 하고 생각도 하여 보았다. 자신은 그래도 인사을 하여따고 생각을 하는돼 이번 불편을 사실 원망을 하였다.
"요번에 권 상사가 운이를 안 보내 주어쓰며 아주 멀러질 뿐 해는돼 이번 권 상사가 채면을 유지을 한 셈이 돼며 자신은 벌서부터 사실상 인사을 모르는 사람이라고 멀리하고 잇는 중인돼 이번 일로 줄을 당길 수가 잇는 길을 만들어따고 생각을 한다."
"나는 운이을 남들보다 특박, 외박을 자주 보내달라는 소리는 하지도 않을 뿐 아니라 바라지도 않는 사람이다. 우리는 자주 열락을 하고 먼발치서 바달라는 욕망밖에 업다고 말을 하고 십다."

〈1997년 3월 8일 토요일 날씨 맑음〉

오늘도 포도 껍질 벗기는 일을 부인과 둘리서 하여쓰며 두리가 열심희 하여도 한 판밖에 못 하고 잇다. 종일해야 두 판밖에 못 하고 잇쓰니 다 할려고 한다면 상당이 여르 날 가야 한다고 본다.
"오후에는 택준네 밭에 작년에 참깨을 갈라떠니 배나무 심는다고 비누루을 거두어 달라고 해서 오후 일적부터 비누루을 거두어 주어쓰며 시간으로 바서는 일 적으서 다들 태어줄라고 해는되 바람이 너무 세차게 불어서 태우는 일은 내일로 미루고 원정운이 트랙터 노타리을 해달라고 해서 노타리을 하여 주로 같쓰다. 노타리을 하는돼 폭크랜으로 나무 캔 곳이라서 땅이 고루잔아서 힘이 들어다.
"운이 왔따고 저의 누나들이 맏잇는 것을 다들 사주며 누나 밑애서 자라는 자식들은 상당이 득을 보고 잔정을 만이 받고 살라가는구나 하는 너킴이 드는구나. 운이 준다고 쇠고기, 돼지고기, 통닭, 캑, 빵, 입맛돼로 사주고 잇꾸나."

〈1997년 3월 9일 일요일 날씨 맑음〉

오늘은 용만이 조카가 대전 천과[청과]상회 간다고 해서 오늘은 남은 사과을 선별을 하여서 막팍스에 담는 일을 하여쓰며 오늘 오후 1시까지 선별을 하여서 담는 일을 하여도 상당이 작업이 더디드라. 그리고 저장고 업시 마당에 그대로 야적을 하여 둔 것이라서 사과가 푸폐됀[부패된] 것이 만으며 점박이가 만아서 상품가치가 업는 물건이 만을 것으로 내다보며 자신은 금년도 사과 농사을 잘못 짓어따고 나 자신도 생각을 하고 잇다. 오늘 선별을 해서 담아 보니 정품이 몟 개 돼지 않아서 큰 돈은 대지 않으리라고 생각을 한다.

오늘 사과팩으로 담은 계수가 34짝 밖에 안돼드라. 자신이 금년도 사과 수확량 총수가 74짝 여름 사과 해서 약 180짝, 이상은 수학을 했따고 생각을 한다.

오늘 운이가 2박 삼일 특박을 나와서 오늘 저녁 8시까지 기대을 해야 하기 때문에 오늘 오후 5시 18분에 잇는 무궁화 표을 끈어쓰며 이번에는 운이 혼자 기대을 할려고 하는돼 이 아빠가 극정이 돼어서 이번은 대구는 안가고 구미역에 가서 동대구 역가지 표을 끈어주고 올라고 따라가서 무궁화로 열차 자석표을 끈어주고 택시요금까지 별도로 잔돈을 주고 개찰국으로 운이가 나가는 것을 보고 도라 왔다.

"운이가 늙 돈원을 적개 달라고 해도 용돈을 푸근하게 주니까 운이가 아빠을 이용하고 잇는 줄도 모르고 잇따만 그래도 재일 쫄병이 돈이라도 만이 가지야 힘이라도 생기지 하고 달라는 금액 배는 주고 잇다."

지출에 … 55,000원 (운이가 남은 돈이 30,000원 잇다고 한다.)

〈1997년 3월 10일 월요일 날씨 비〉

요줌은 일들을 해도 무리한 일들을 하지 않는 것 같다도 몸들이 아주 피료을 너키고 잇쓰서 오늘은 비만 오면 종일동안 푹 실라고 어재부터 작정을 했는 일이라 오늘 부인과 둘리서 종일동안 푹 시고 말라쓰며 오늘 날씨는 부지련한 사람은 일을 할 수도 잇는 날인돼 우리 부부는 종일동안 휴식을 하고 마랐다.

"운이가 (이박삼일동안) 특박을 나왔따가 어재 부대 앞에서 잘 앗따고 전화을 햇찌만 이 아빠는 부대에서 전화을 했드라면 이 아빠가 마음을 노월 수가 잇는돼 부대에서 전화가 안아키에 다가오는 일요일이 돼어야 운이 전화을 바들 수가 잇쓰며 그때 가야 불안을 안전 해소을 할 수가 잇쓸 것 같다."

"운이을 구미 대합실래서 승차권까지 준비을 하여서 주고 대구역에서 부대까지 가는 택시비을 별도로 잔돈을 주고 나니 개찰국에 부산가는 무궁화호 개찰을 한다고 자막이 나오고 잇쓰서 운아 개찰을 한다면 운이 몸조심해라 하고 등을 밀어주며 운이가 개찰국을 나가면서 손을 흔들고 가는 모섭이 선화며 마음이 안스렵드라. 그리고 운이가 왔다 가는 빈자리가 너무나 큰 자리인 것 같꾸나. 성운이 자리가 큰 자리라는 것을 오늘 이 아빠가 처음 너켜본다고 말을 하고 십다."

〈1997년 3월 11일 화요일 날씨 맑음〉

오늘은 바시내 세레단 포도나무에 마구내숌을 두 포을 하여쓰며 그리고 바시내이 포도밭에 점점 분수[46]을 숙모님이 돈을 다 줄라고 해서 오늘 기술자을 대어서 점점 호수을 다들 깔라쓰며 점점 호수는 아무라도 재로

만 사와서 설치을 하며 다들 할 수 잇는 일이다. 자신은 이번에 하는 것을 보고 쓸때업는 돈을 낭비을 만이 하여따고 생각을 한다. 우리 마을은 무선 일들이든지 한 사람 하게 돼며 다들 따라 하는 습성이 마은 동네라고 생각을 한다. 우리 동내 점점 호수는 한 사람도 한 사람이 업는돼 금년 들어서 포도밭에 점점 호수을 다들 설치을 하고 잇다. 한 단지 점점 호수 설치하는 소요시간은 약 2시간 글린다고 생각을 하는돼 설치비용이 만이 들어간다고 본다. 오늘 점점 호수 설치비용 값 480,000원 달라고 하는돼 20,000원 깍까서 460.000원 주어다.

오후에는 당산 포도밭에 마구내슘을 2포을 살포을 하여쓰며 그 남어지 시간은 부인과 둘리서 포도 껍질을 벗키는 일을 하여다. 포도 껍질을 안전희 벗키지 않코 껍질이 느들느들 한 것만 벗키는 일을 하고 잇따고 바야 한다.

"오늘 점점 호수 설치하는돼 기술자 세 값은 집배 잇는 술과 음료수을 같다 주어서 세 값은 지출을 하지 않아다."

(세로) 맥주 2병 음료수 1병

〈1997년 3월 12일 수요일 날씨 맑음〉

오늘은 안전 봄을 넘어서 여름이라고 말을 할 정도 기온이 상승이 돼어쓰며 오늘은 포도 껍질을 벗키면서 옷을 벗어노코 일들을 하여쓰며 이려다가는 봄은 업고 곳바로 여름이 오지않나 하고 극정이 돼는구나. 오늘도 우리 부부는 포도 껍질을 벗키는 일을 종일 하였다.

〈1997년 3월 13일 목요일 날씨 맑음〉

오전은 이성곤이 배나무 심을라고 트랙터 노타리을 해달라고 하여서 포도 껍질 벗기는 일을 부인한태 막키고 자신은 노타리을 쳐로 같쓰며 노타리는 오전 일적 다 쳐주어쓰며 오후에는 포도 껍질 벗기는 일을 부인과 둘리서 하여쓰며 오늘로서 포도 껍질 벗기는 일을 안전이 하여쓰며 포도 껍질을 다 벗기고 나니 내 속이 다들 시원하며 이재는 마음의 시간을 가질 수가 잇쓸 것으로 내다보고 잇다.

"오늘은 기상대 외보가 4月 중순 날씨의 기온이라고 예보을 하고 잇드라. 오늘은 안전 겨울옷은 다들 벗쓰놓고 일들을 할 정도로 화창한 날씨라고 말을 하고 십다. 요줌 날씨는 규칙스렵지 않아서 극정이 돼는구나."

수입 … 트랙터 노타리 값 80,000원

〈1997년 3월 14일 금요일 날씨 비〉

오늘은 기상대에서는 비가 만이 온다고 해서 일적암시[일찌감치] 목골 모목상회을 오토바이로 가서 보니 모목이 좋은 것은 다들 팔려가서 그른지 모목들이 다들 마음에 들지 않아서 남의 심부름으로 한수네 모목, 대추 10포기, 대석[47] 10포기, 사과 2포기을 사오라고 하여서 이것을 사다주어따가 욕을 먹을 것 같아서 집부로 전화을 해서 한수네 전화번호을 알리달라고 해서 한수 모친한태 모목이 나푸다고 어떠게 할까하고 무르보니 사오라고 해서 한수내 모목을 다들 사주어다.

"모목을 사오면서 장모가 우리집에 왔다 가

---

46) '점적 호스' (또는 점적 관수). 물이 방울방울 흘러나오도록 설치한 급수시설이다.

47) 대석은 자두 품종 중의 하나이다.

시서 어떠게 보네고 잊는지 궁금해서 처과을 들리떠니 처어머님이 거름을 더 못 글깨따면서 왜 이래 안 죽는다고 한탄을 하고 잇쓰며 처어머님이 외 밥을 자쉬는 것까지 눈치을 보인다고 하면서 삶매 포기을 하고 잇쓰며 이것은 자식이 부모한태 공경을 하지 않아서 부모가 이른 생각이 들지 그르치 않으며 눈치 밥을 먹는다고 생각을 하지 않을 끈돼 죽어가는 부모들이 생각을 하는 자식의 상은 어떠하게는가."

오늘 오전에 작과 모목을 사온 것을 비가 쇼다질 것 같아서 대석 나무 15포기, 서모사 5포기, 대추 3포기을 비가 오기 전에 다들 심어다.

"오후에는 비가 와서 오후 내 부인과 둘리서 휴식을 하고 마랐다."

〈1997년 3월 15일 토요일 날씨 비〉

오늘은 종일동안 비가 오락가락 해쓰며 오늘 날씨는 비는 이슬비처름 내리서 일을 할려고 하면 을마든지 할 수 잇는 날이라고 생각을 한다만 날씨가 조금 차거어서 오늘 일들을 포기을 하고 휴식을 하고 마랐다.

"이번 주는 시간이 지루한 시간을 보냇다. 운이 전화를 받아야지 아파[아빠]의 마음이 노이기 때문에 운이가 특박을 나와서 들어간 후로 이 아빠의 마음이 노이지 않아서 이번 주일 보내는데 그리 힘이 더는구나. 내일은 운이 전화가 오는 날이며 내일이 오기까지 마음을 조리어온 일주일이라고 생각을 한다."

"사실 운이가 군에 잘 들어 같깨지 하면서도 마음이 편하지 않는 마음으로 주일을 기다리 왔따고 말을 하고 십다."

지출에 … 포도나무에 살충재와 살균재
살충재 500CC 짜리 8명
내와소진 7명
계 48,550원[48]

포도나무 살충재 파라치온[49] 500CC 8병 × 4,300원 = 34,400

네아소진[50] 7병 × 1,830원 = 12,810원

〈1997년 3월 16일 일요일 날씨 흐림〉

오늘은 운이 전화 온다고 부인을 아무 것 하지 말고 운이 전화을 받고 나서 무선 일을 하라고 이야기을 하고 들래 같뜬이 오전 일을 다 하고 오후에 들어와서 운이 전화 왔뜬아 하니까 전화가 안아따고 하길래 운이가 일요일 낮 12경이나 오전 10시경에는 어김업시 전화을 주든 아이가 전화을 주지 않으니 더 극정이 돼고 잇꾸나. 오늘 운이가 전화을 주지 않으니 오늘은 무엇신가 가슴의 한쪽이 비어 잇는 너킴으로 오늘 종일 시간을 보냇따고 생각을 한다.

"오늘은 포도나무 원순을 끈으로 묵크주는 일을 하여쓰며 오늘 당산 포도밭은 끈으로 다들 묶는 일을 다 하였다."

"구미 동생 순서가 이재 갤로프밴을 구입을 하여쓰며 순서가 늙 동생 순복이 차을 이용을 하고 잇는 것을 마음에 걸리드니 그것도 동생이 색망이라서 지수씨가 운전을 하는 동생 차을 큰집에 올 때마다 사용을 하는 것

48) 아래의 살충제, 살균제 구입액의 실제 계산은 47,410원이나 48,550원으로 잘못 기록하였다.

49) 파라치온(parathion)은 벼에 붙는 명충, 과수나 야채 따위의 해충, 패각충 등의 살충에 사용하는 살충제이다.

50) 네아소진은 벼문고병약(벼 잎집무늬마름병)에 사용되는 약이다.

이 늙 마음에 걸리드니 이재 차을 빼쓰니 내 마음도 좋꾸나. 이재 동생들은 다들 차을 다 들 구입을 했쓰니 이재는 남들 차을 빼서 몰고 다니는 것을 불러하지는 않캐꾸나."
"우리 운이 재대을 하면 나 자신이 차을 못 가지는 대신 운이을 차을 사주야 하게꾸나. 운아 재대하는 그 날이 빨리 왔쓰며 하는 바람뿐이다."
지출에 … 윤창희 씨 종말이 아들 결혼에
축이금 20,000원

〈1997년 3월 17일 월요일 날씨 흐림〉

오늘은 바시내이 포도밭에 포도 둥치기을 끈으로 묵는 일을 하여쓰며 자신의 혼자가 종일동 묵는 일을 하는되 겨우 바시내 포도밭에 둥치기 묵는 일을 끝을 냇다.
"운이가 무엇시 바푸길래 집에 전화도 못주고 잇나. 집에서는 전화 온다고 종일동안 기다리는돼 외 전화을 못했쓸가 하고 극정이 돼는구나. 이번 주일 기다리는돼 답답한 고충이 크쓴는돼 이번 주을 또 기다리야 하는 입장이 돼고 잇꾸나. 운아 다가오는 일요일은 꼭 전화을 주기 바란다. 운아 나보다 너의 엄마가 전화을 더 기다리고 있단다. 꼭 전화주기 바란다."

〈1997년 3월 18일 화요일 날씨 맑음〉

오늘 오전은 일적암시 서들어서 양 포도밭에 약 살포을 하여쓰며 바시내이 포도밭은 약 량은 18말로 살포을 하여쓰며 물 한 말래, 파라치온 80CC 내와소진 100CC을 희석을 하여서 살포을 하여쓰며 농약방에서는 파라치온 살충재는 50CC 희석을 하여서 살포을 하라고 하는돼 자신은 그진 배의 약 량으로 살포을 하고 나서도 극정이 돼고 잇다. 당산 포도밭은 물 량 17말 량으로 약 살포을 하여는돼 약 량이 15말로 살포을 하여도 충분하리라고 본다. 당산에 포도 약은 파라치온, 내아소진을 말[물] 한 말래 살충재 80CC, 내아소진 100CC 희석을 하여서 살포을 하여 두어다.
(포도 가지 봉지 비누루 씨우는 일을 착수함.)
오후는 부인은 포도순 비누루 봉지 씨울라고 김천으로 봉지 사로 가고 자신은 당산 포도밭 김매기을 하여다. 김매기도 좀 일적을 하여쓰며 지섬이 겨울에 을쏙여 잇쓸 때에 김매기을 하여쓰며 뿌리가 땅에 들 밖혀 잇쓸 때에 김매기를 하여쓰며 좀 수랄 끈돼 오늘 김매기을 하여보니 뿌리가 이미 땅속을 박고 잇키 때문에 김매기는 이내 너저서 힘이 들어다.
"앞푸론 양 포도밭에 약 살포을 할려며 아주 일적 스들어야 오전 시간에 약 살포을 다 할 수가 잇따고 본다. 오늘 약 살포을 오후 1시가 넘두록 약 살포는 상당이 무리한 약 살포라고 생각을 한다. 앞푸론 무리한 약 살포는 자재을 해야 한다고 생각을 한다."

〈1997년 3월 19일 수요일 날씨 맑음〉

기상대는 재주도 봄은 내년에 비예서 일주일 빨리 온다고 발표을 하여쓰며 오늘은 안전 봄이 됀 날이며 요줌은 기온은 기상대도 예측을 할 수 업는 기상이변이 일어나고 잇다. 인간은 기상이변 때문에 불안감을 털처버릴 수가 업따고도 할 수도 잇따고 말을 하고 십다.
"오늘은 당산 포도밭 김매기을 종일 하여쓰며 부인은 당산 포도밭에 포도 가지에 봉지 비누루을 씨우는 일을 하여쓰며 봉지 비누루을 씨우는 가정을 가만이 바라보니 보통 일이 아니며 작업시간이 너무 만이 걸리며 처음 봉지 씨우는 일을 하여 보는돼 너무 작업시간을 잡아먹어서 힘드는 일이라고 말을 하고 십다."

〈1997년 3월 20일 목요일 날씨 맑음〉
오늘은 윤달희 친구가 마당에 세멘을 한다고 그들어 달라고 몇칠 전부터 거들어 달라고 해서 미리 부탁을 하는 바람에 레미콘차가 오전 8시에 온다고 해서 자신은 7시 40분에 갇뜬이 레미콘차는 약속시간에 오지 않코 9시경이 돼어서 도착을 하여서 그때부터 일이 시작이 돼어쓰며 레미콘으로 마당에 세멘을 하고 잇쓰니 아주 수라면 위치가 좋은 자리는 그만춤 일끄리가 수리다는 것을 한번 더 느킬 수가 잇쓰다. 달희가 레미콘차을 5차 예약을 하여는돼 실지 마당에 들어 간 량은 4차 3류배[루베] 들어 갇다.
"그리고 자신은 마당에 미장 칼질은 징한 사람이 하두록 두고 포도나무 봉지을 씨우는 일을 할려고 올라고 {했}더니 달희가 마저 다 해주고 가라고 해서 그냥 둘 수가 업쓰서 마저 칼질을 다 하여 주어쓰며 일을 다 맡치고 나니 오후 3시가 돼드라. 달희 마당은 낡씨도 좋아고 사람도 불필요한 사람도 업쓰서며 손발이 마자따고 생각을 한다. 그리고 아직 마당을 동내 쳐고도 재일 너저따고 생각을 한다. 그리고 현재 남은 마당은 아주 업는 사람의 소수가 잇따고 본다."
"그리고 오후 시간이 좀 남아서 당산 포도 김매기을 끝을 냇다. 자신이 당산 포도밭을 오늘까지 짓어 왔찌만 금년 처름 김매기을 한 적은 올해뿐이다. 이것을 보면 금년이 시간 여유가 잇쓰다는 정거가 아니겟나 하는 생각을 하고 십다."

〈1997년 3월 21일 금요일 날씨 맑음〉
둘리서 포도 가지 봉지 씨우는 작업을 하여쓰며 둘리의 부지련이 씨운다고 해도 두 줄 반 밖에 씨우지 못하여 봉지 씨우는 일들이 아주 중노동이라고 생각을 한다. 남이 할 때는 아주 수란 일처름 보이는돼 실찌 봉지 씨우는 일을 해보니 다른 일들 하지 봉지 씨우는 않알 것으로 내다본다. 그리고 오후 너깨는 경미 엄마가 도와주어서 좀 만이 씨어따고 본다.
"내년에 봉지를 씨운다면 일적암시 살충재약을 살포을 하고서 봉지 씨우는 일을 서들어서 봄일에 지장이 없두록 해야 하겟다. 내년에 실천을 하두록 할 개핵이다."
"오늘 정심을 먹고서 좀 쉬고 잇쓰니 우회도로 나고 짝뚜리 땅 남은 것을 평당 30 십만 바다 줄라고 하면서 파라고 하드라. 그래서 자신은 아직 팔 의사가 업따고 이야기을 하니까 팔라야 잘 한다면서 자꾸 근유를 하는돼 의사가 업따고 이야기을 하니까 한번 찾아 온다고 이야기을 하드라. 자신의 짝두리는 위치가 용이하게 부터잇쓰서 사촌 형님이 사용을 한다고 해도 내 짝두리가 필요하며 내 뒤에 잇는 사람은 꼭 내 짝뚜리 땅이 이쓰야 용이하게 이용을 할 수가 잇키 때문에 이번에 살려고 하는 사람은 내 뒤에 산을 산 사람이다. 이 사람은 자신이 물러서면 따라 올 사람이다. 그려니 배 나오는 장사을 하여볼까 하는 심정이다."

〈1997년 3월 22일 토요일 날씨 맑음〉
오늘로서 포도 가지 봉지 씨우는 작업을 오늘로서 사실 끝을 냇다. 처음 시작을 할 때는 포도 가지 비누루 씨우는 작업을 6섯 골 씨우고 6섯 골은 그냥 둘라고 작정을 하여는 봉지 비누루 산 것돼로 봉지을 씨우니 7곱 골 반을 씨우겟드라. 그래서 포도 고량을 7곱 골 반을 비누루 봉지 씨우는 것으로 끝을 냇쓰며 금년 봉지 씨운 것이 소득이 만으며 내년에는 일적 서들어서 당산 포도밭 전체을 다들 씨울 개핵이다.

"금년에는 포도 가지 비누루 씨우는 일들을 유행처름 포도밭이라고 하는 돼는 다들 가지 비누루 씨우는 일을 하고 잇쓰서 봉지를 씨우지 않는 사람들이 오히려 득을 볼란지도 모른다."

〈1997년 3월 23일 일요일 날씨 맑음〉

오늘은 아침 일적부터 상토흙 천다고 서들어서 우리 당산밭 흙을 터랙터로 노타리을 하여서 흙을 쳐는돼 흙이 말라서 아미에[그물에] 아주 잘 나오드라. 그래서 십개 상토흙을 준비을 수라게 하여쓰며 올해는 작년도 상토 흙이 경운기로 한 발리 남아서 올해는 경운기로 3바리을 준비을 하여쓰며 작년도 상토흙 1바리와 상토 준비량은 경운기로 4바리을 준비을 한 셈이다.

"오후에는 좀 쉬어 갈려고 쉬고 잇는돼 운이 전화가 왔드라. 먼저 주일에 전화를 주지 않아서 오늘은 오전에 경운기로 상토흙을 실어면서 딸들에깨 운이 전화 왓뜬아 하니까 전화가 오지 않아서 극정을 했쓴는돼 운이 전화을 밭고 보니 그간 심려했뜬 것이 다들 풀어지며 몸 건강하게 잘 잇따니 다행이다. 일주일 동안 마음을 조리왔뜬 것이 다들 해소돼고 잇다."

"그리고 운이 4月 초에는 첫 휴가을 올 수가 잇따고 하니 이재 운이도 군 생활을 다 한 것이나 다름이 업꾸나."

"오후에는 당산밭에 상토흙 준비을 한다고 트랙터가 간 짐에 노타리을 저 해놓고 올라고 가서 트랙터 노타리을 할려고 시동을 걸어보니 시동을 글리지을 안아서 노타리을 할 수가 업쓰서 그만 트랙터만 더리다 보다가 그만 오늘은 일요일이라서 기사도 부를 수도 업고 내일 조합에 기사을 부르기로 생각을 하고서 부인과 둘리서 바시내 포도밭 김매기 하로 가고 마랐다."

〈1997년 3월 24일 일요일 날씨 맑음〉

오늘은 트랙터 고장난 것을 곤치기 위하여 오늘 일적 아포 조합으로 사과 약, 작과 약을 사려가면서 조합에 경원이 기사을 대리고 가서 트랙터 고장을 손을 볼라고 아침 일적 센타을 가서 기사 손이 나두룩 기다리쓰며 조합 기사는 바푼 고비을 넘기고 트랙터 수리을 할려고 현장으로 와서 수리을 할려고 점금을 하는돼 큰 고장은 업고 바때리가 방전이 돼어서 트랙터가 시동이 돼지을 않아따고 하면서 바때리 띠어가서 충전을 해서 갖다 줄라고 하면서 가지고 가는 바람에 오전에는 곤치지 못하고 오후에 트랙터을 바때리 충전을 해와서 오후 너깨야 시동을 할 수 잇두록 하여다. 옌날부터 모르면 바보라고 하든이 바때리 방전이 됀 것을 모르고 그 고생을 하여쓰니 농촌에서도 농기계 수리을 할 수가 잇쓰야 하는돼 생각이 더는구나.

"오늘 우회도로 도로 나고 남은 밭에 트랙터 노타리을 하고 잇쓰니 대신 범수가 우리 땅 짝두리 땅을 살려고 왓드라. 내 땅을 평당 350,000원 줄라고 하면서 파라고 건유을 만이 하는돼 자신은 400,000만원 주며 판다고 하면서 응답을 하지 않으니 자꾸만 건유을 하든이 그냥 가드라. 자신은 내 땅이 도로을 배고 누어서 내 땅이 들어가지 않으며 두 필지가 사용가지가 업키 때문에 내 땅은 시간이 갈수록 갑이 올라가 돼어서 졸급하게 생각을 하지 않는돼 그르니 내 땅 뒤에 잇는 사람이 급파게 돼어 잇다. 이 사람들이 대신 범수 집에서 전화을 화드라. 24,000,000 하자고 하길래 나는 여르 말을 하지 않는 사람이며 총금 26,400,000 원인돼 26,000,000원 주고 팔려면 하고 그려치 않으며 마자고 하니까 좋다면서 도장을 가지고 오라고 하드라. 그래서 대신을 넘어가니 개약서에 개약금과 개약서에 도장을 다들 찍어낫드라. 그려니 내 도장만 찍어면 다들 개약이 끝이 나게 돼두록 서류 준비을 안전이 하여 두어드라. 돈원 내일 오전 중으로 온라인으로 부치줄라고 하드라. 오늘은 서류 정리만 한 셈이다.

"오늘 자신이 재아무리 짝뚜리 땅이라고 하지만 팔라따는 생각을 하니 서운하기 짝이 업꾸나."

"자신이 그 땅을 살 때 7년 전에 7,000,000 만 원 준 것이 이르게 돈이 될 줄을 몰랏다. 토지 보상으로 2,000 백 만 이번에 2,600만 원 바다쓰며 앞푸로 남은 땅이 260평 이상이 남아 잇쓰니 이 금액도 만을 것으로 볼 때에 정말 이 땅이 나을 살리고 잇따고 본다."

수입 평당 400,000만원×66평=2,600백만원

지출에 사과 약, 작과 약 65말용에 27,230원

지출에 트랙터 바때리 충전 값 후항기 벨트 값 10,000원 두 번 왕복을 하여서 사래비 값 10,000원

계 20,000원

총계 47,230원

〈1997년 3월 25일 화요일 날씨 맑음〉

오늘은 우리 부부가 바시내이 포도밭 김매기을 하는돼 정말 힘이 들드라. 우리 부부는 서로가 힘들다는 말이 떨어질 때가 업시 말을 하고 잇쓰다. 그래서 자신이 이래 하다가는 부인 넘어가게따는 생각이 들어서 그만 서산에 해가 남아 잇는돼 부인보고 오늘은 너무 만이 일을 하여쓰며 이래 하다가는 사람 죽개따면서 쌀피[살피][51] 갱이[괭이]을 부인이 잡고 잇는 것을 뺏앗사서 일을 끝을 내개 하였다.

"그리고 오늘 땅 개약금과 중도금으로 8,000,000원 자신의 통장으로 들어왔드라. 이 돈을 보고 이재는 땅을 팔라따는 생각이 들며 그 땅을 남애깨 넘어같따는 생각을 하니 서운하며 그 땅의 보답으로 자신이 이 세상에 수라게 살 수 잇깨 만들어준 땅 정말 고맙다. 그 땅이 아니여떠라면 아직 자신은 비지땀을 수도 업시 만이 흙리야 하는돼 그 땅이 자신의 삶매 윤택을 주어따고 생각을 한다. 그 땅이 사람이라면 평생 동안 잊처서는 안댈 사람이라고 말을 하고 십꾸나.

지출에 … 가루, 화장지 4,850원

〈1997년 3월 26일 수요일 날씨 맑음〉

오늘은 일적부터 사과 약, 작과밭 약을 살포을 할려고 우리 부부는 서들어쓰며 약 살포을 셋 군돼을 살포을 할려니 오후 1시 돼어서 겨우 약 살포을 하여다. 앞푸론 오늘

51) 살피는 '가래'의 방언이다.

보다 더 일적 스들어야지 하는 생각을 한다. 늙 약 살포는 지치게 하여서는 안댄다는 생각을 하면서도 실천이 잘 안돼고 잇는 실정이라 늙 가슴 아파하는 심정이다.
"말리 사과 약 량 25말 작과밭 양 군돼 45말을 살포을 하여다."
지출에 … 읍, 사회계장 산불 단속으로 나와서 (드링크, 대추) 8병 4,000원

〈1997년 3월 27일 목요일 날씨 맑음〉
오늘 대신 범수 트랙터 노타리을 해 달라고 해서 오전에 노타리을 하여 주어쓰며 오후에는 바시내 포도 김매기을 하고 남은 곳에 제초재 약 크라이목손 약[52]을 130CC 너어서 살포을 하여다. 오늘은 살포량은 8말 살포을 한 셈이다. 이재는 바시내이 포도밭 김매기는 안전이 끝이 냄 샘이다.
우리 혜영이가 오늘로서 두 번재 적금 5,600,000원짜리을 마지막 부금을 다 넘어다. 우리 혜영이는 이재 11,000,000원을 안전이 벌은 셈이다. 우리 혜영이 돈만이 벌어쓰며 돈 번다고 수고을 정말 만이 하여다. 우리 혜지는 7,000,000만원 벌어따고 생각을 한다. 우리 딸들이 이 아빠들 보다 더 만이 벌고 잇따고 생각을 한다. 내 딸들이 벌지 않는다면 이 아빠가 결혼비용을 다 돼어야 하는돼 딸들이 잘 벌고 잇쓰니 이 아빠가 근심을 줄어따고 생각을 한다. 이 아빠는 딸들이 돈원을 잘 벌고 잇쓰니 아빠가 어깨에 힘을 주고 요즘 살라가고 잇딴다.
"오늘은 부인은 지리산 여행을 갇다와쓰며 여행을 당일로 갇다 왔쓰며 수행을 잘 해따고 하며 관광객이 인생 만성이라고 하니 정부에서는 국민 여르분이 경재가 어렵다고 낭비을 줄리 달라고 당부을 하고 잇는데 여행객이 산태난다고 이야기을 할 때애 정부 구호는 것돌고 잇는 것이 사실이다. 국민들이 씀씀이 자재을 해야 경제 회복을 빨리 할 수 잇따고 본다."

〈1997년 3월 28일 금요일 날씨 맑음〉
오전에는 동국이 나무 심을라고 트랙터 노타리 해달라고 하여서 노타리을 하여주어쓰며 이것은 다들 물류단지 들어온다고 보상금을 받을라고 다들 수도작애 나무을 심어서 보상금을 노리고 잇다. 그리고 우리 마을 전체인 다 보상금을 노리고 하양[53]에 대추나무을 사와서 빈틈업시 심고 잇다. 그리고 우리 마을 사람들이 물류단지 반대하는 사람이 업고 다들 찬성을 하고 잇는 편이드라. 그리고 오전에 시간이 남아서 대신 분소에 가서 모판용 비료와 상토읅에 약, 다찌에스 10봉, 비료 2포을 사오고 그래도 시간이 남아서 김천 동양대리점에 가서 트랙터 앞박기 리대나[54] 4개 20,000원 주고 사오고 대동대리점에서 경운기 동전[55]

52) 국내에는 그라목손(Gramoxone)이라는 이름으로 널리 알려져 있으며 이에 대한 오기인 것으로 보인다. 정식명칭은 파라콰트(paraquat)이며 제초제의 일종이다.
53) 경북 경산시 하양읍을 뜻한다.
54) '리데나'는 차량이나 모터에 부착하여 오일 등의 기름이 새지 않게 하는 부품이다.
55) 겨울에 냉각수가 얼어서 터지지 않도록 하기 위하여 냉각수 통의 아래쪽에 동전 모양의 마개를 만들어 놓는다. '경운기 배꼽'이라고도 한다.

500원 주고 양수기 부품값 17,000원 주고 사와쓰며 그리고 경운기 동전이 신형이라서 맡지을 않아서 아포 조합 경운기 수리점에서 동전을 어드와서 경운기을 곤친 셈이다.
"오후에는 벼집을 경운지 두리 실어서 바시내 포도밭에 깔라두는 일을 하여다. 그리고 부인이 여행을 같다와서 속풀리 한다고 해서 바라지 않아는데 너깨 와서 집 실련돼 그들어 주어다."
지출에 … 모판용 비료 2포, 다찌에스 약 10봉 계 30,000 트랙터 이대나 20,000 양수기 부품 17,000원 경운기 동전 500원 차비가 960원 계 68,460원

〈1997년 3월 29일 토요일 날씨 맑음〉
오늘은 안전 여름이라고 해도 가연이 아니며 오늘 부인과 둘리서 서양바실래 벼집 드리는 돼 땀을 만이 흙리다. 오늘 경운기로 벼집을 실어서 바시내 포도밭에 실어 너어쓰며 서양바실 4마지 벼집을 다 실어 올리서 사과나무에 두 바리 실어쓰며 그 남어지는 포도밭에 다들 실어는돼 나무 밑에 만이 깔라서 그른지 면적이 을마 대지 안드라.
"벼집도 짓때 맞치야지 문지가 나지 않치 요줌 만치니 문지 때문에 작업하는 가정에 너무 힘이 들드라. 이재는 벼집을 재때 만치야 하겟쓰며 무선 일이든지 재각기 때가 잇따는 것을 절시리 너켜다."
"오늘 진등 가든에서 동기생 개를 하는돼 이번에는 회장이 열락을 하지 않코 자신이 일리리 편지을 해서 열락을 했는데 다들 참석을 하고 한 사람만 빠지드라. 부회장 임무를 보면서 열락이 잘못돼어 빠지는 사람이 적으며 어떠게 하나 하고 극정을 사실하였다. 인간이 책임자도 해바야 하지만 자신으로서는 실속업는 일을 하고 잇따고 머리에서 십게 지어저지 않코 잇꾸다."
지출에 … 동기계 개금 회비 값 30,000원
수입 … 트랙터 노타리 값 50,000원
오늘 저녁 8시에 진등 능금가든에서 모임을 가짓는돼 인원 12명인돼 이 사람들이 술 한 잔하고 떠더는돼 아들 같드라. 나이가 내일 모래가 회갑인인돼 아들처름 떠드는돼 기가 안차드라. 조용이 하라고 해도 여전이 떠들고 잇는 모습을 보니 아직 성숙이 들 돼어 잇꾸나 하는 너킴을 받아다.

〈1997년 3월 30일 일요일 날씨 맑음〉
오늘은 윤돈회) 모친 별세을 하여는돼 일거들어 주로 같쓰며 우리 또래들은 다들 심부름같은 일들은 하지 않아쓰며 윤돈희회가 읍 직원이라서 손님이 한도 업드라. 사람이 말단 직원인돼도 손님이 만은돼 장관하면 인간 산태가 나지 않을까 한다. 큰일처는 돼는 큰 도움은 공무원이 최고라는 생각이 돼는구나. 오늘은 부인과 둘리서 상가집에 도와주는 일을 하였다.

〈1997년 3월 31일 월요일 날씨 맑음〉
오늘은 우방주택이 오픈한다고 우방, 모델, 부인과 둘리서 서류 접수을 한다고 돈 100백만과 주민등본 1통과 인감증명을 띠서 우방주택 29.94평을 신청을 하여쓰며 자신은 요즘 아파트을 수도 업시 짓어서 집 어는 사람이 업쓸 것으로 생각을 했튼이 모텔 하오서[모델하우스] 견학 온 사람이 수도 업시 모여들어쓰며 사람에 떠밀리어서 평수 구경을 하여따고 말을 하고 십다.

자신은 일반이라서 주택 회당[해당]이 돼지 않을 것으로 밑더면서 준비을 한 서류와 청약금 100백만 원 주면서 29평 94합짜리 평수을 접수을 하여보앗다. 그른돼 접수 서류을 보니 다들 24평짜리 신청을 만이 하여서 실랏 같은 기대을 가져본다.

"아버지 어머님 오늘 우방주택에 운이 집을 마른을 할려고 아버지 아들이 순덕이가 아파트 청약을 했는돼 이것이 4月14日 날 추천을 해서 당선이 돼어야지 아파트을 구입을 할 수가 잇씀이다. 아버님 어머님이 이번 추첨에 돌바주어야 돼겟씀이다. 그래야지 운이 집을 장만을 할 수 잇쓸 것으로 봅니다. 아버님 어머님 도와주십시오."

"오늘 윤돈회 모친 장례식에 오후에 가니 그진 일을 다 하여쓰며 자신은 일을 을마 도와주지 못했서 윤돈회 보기에는 미안한 감이 더는구나."

"오늘 오후 4시경에 포도나무 밭침 나무을 베로 갈쓰며 고속도로 뚝애 아까시와 둥치기 배어논 것을 톱으로 끈어 오는 돼도 시간이 걸리며 해가 서산에 다 넘어가두록 해서 경운기로 한 발리 준비을 하였다. 이번 포도 지주목은 작년부터 해야 하는 밭침대을 올래라도 해서 갑어치 잇는 일을 하여다고 본다.

지출 … 주택청약금 100백 원 차비 값
3,840원 윤돈회 씨 모친 별세 부위
30,000원
계 1,033,840원

〈1997년 4월 1일 화요일 날씨 맑음〉

오전은 상토읅래 다찌에서와 모판용 비료 1.8포을 한 셈이다. 그리고 모판흙은 경운기로 4바리며 흙 량은 소복이 한 셈이라고 바야한다. 부인과 둘리서 상토흙에 거름과 약을 썩는돼 땀을 흙리쓰며 작년에는 운이가 도와주어는돼 금년에는 운이 손을 빌리지 못하고 부인과 둘리서 작업을 다 하여다.

"그리고 어재 아파트 청약을 한 것이 자신은 29평 96작인인돼 청약에는 25평 45작이라고 활짜가 찍혀 잇는 것을 부인이 보고 이것이 잘못돼 것이 아니냐고 무르서 자신은 아파트는 평수가 만이 줄어든다고 하여서 25평 54작이 실 평수라고 알고 그냥 왔따가 이것이 생각을 할수록 잘못댄 것이라고 생각을 하고서 문의전화를 했뜬이 확인을 해서 전화를 줄라고 하든이 조금 기다리고 잇쓰니 청약서를 가지고 가면 바꾸어 줄라고 해서 당장 사모실래 찾아 갈쓰다. 이 청약서을 곳바로 바꾸어 주든이 눈치만 잘못을 주는 느킴을 밭아다. 이 일이 자신도 학인을 잘못한 땃이 잇따고 하지만 콤피터 음무을 보는 직원이 잘못으로 4,000원이 손실을 본 셈이다."

"오후에는 내일을 기상대는 비가 온다고 해서 오늘은 벼논에 벼집이 남은 것들을 다들 태우는 작업을 하여다. 이것도 오후 내가 걸리드라."

지출에 … 차비 값 1,920원 원태와 둘리
정심 값 4,000원
계 5,920원

〈1997년 4월 2일 수요일 날씨 비〉

오늘 비는 우리 농민들의 일을 들어줄 뿐 아니라 눈에 표가 나지 않아서 그르치 실지적으로 큰 득을 주는 비라고 바야한다. 밭작물들은 비료거름을 준 것보다 더 효력을 준 비라고 생각까지 하여본다.

"우리 운이가 4月18日 첫 휴가을 온다고 한다. 이 아빠도 하로 가는 것이 그리 지루한돼 우리 운이는 요즘 하로 가는 것이 한업시 답답하게 갈 것으로 생각을 한다. 우리 운이 나이을 먹어서 군대을 같지 아직 마음은 아주 어린 것이 저의 부모 품을 떠나 군대 생활이 마음적으로 고충이 크다는 것을 잘 안다. 그 고충을 참아내고 잇는 내 아들 정말 장화다고 말을 하고 십다. 운아 사람이란 고충을 격고 마음속으로 다들 새기줄 쭐 알라야 사람의 본분을 다 한다고 바야한다. 사람이란 고충이 업시 다 잘란다면 이미 마음의 한쪽에서 죽어가고 잇따고 바야한다. 나무잎들이 모진 바람, 태풍, 모든 풍파을 다 격켜야지 꼴이 나고 열돼가 돼드시 사람은 고충을 소와을 다 할 줄 아는 사람이 이 사회도 필요로 한 존재가 돼는 것이다. 운아 인간이 고충을 쉽개 이기는 길은 주어진 일을 열심 한다면 인간의 고충은 잊개 마른다. 이 고충을 다들 잊기서 휴가오는 그날이 아니라 재대하는 그날까지 건강한 몸으로 열심히 하여다오. 이 아빠 부탁을 한다."

〈1997년 4월 3일 목요일 날씨 흐림〉

직파기 날을 살려고 태성이와 둘리서 조흥배아링 대리점 가니 노타리 날이 업드라. 그래서 다른 일들만 보고 맑라다. 자신은 국재 대리점에서 트랙터 노타리 날을 40개에 72,000원 주고 사고 태성이는 40개 60,000원 주어쓰니 물건 값이 국재 대리점에서 너무 비싸게 밭고 잇드라. 자신은 12,000원 더 준 것을 생각을 하니 오늘 장본 것이 마음에 걸리며 대상을 하는 사람도 물건 값을 멋대로 밭고 잇쓰니 늘 소비자만 멍들고 잇다.

오후에는 당산밭에 오동나무을 심어서 그늘을 지어주며 오고 가는 사람들이 쉬어간다면 포장마차 장사을 했도 큰 도음이 될 것 같아서 오늘 오동나무을 끝곳이[꺽곶이] 할려고 60개 이상 만들어서 말리 사과나무 밭 뒤뚝에 다들 곱아 낫쓰며 이것들이 끝꼬지가 됀다면 당산밭에 충분이 심을 수가 잊는 나무의 수라고 볼 수가 잊다.

"오늘 마늘 비료거름 복합을 0.8부을 한 센이다. 마늘이 우선 바서는 작항이 아주 좋다고 본다."

"오늘 부인은 종일동안 포도 가지 비누루 봉지 씨운 곳에 물이 고여서 물 폐는 일을 하여쓰며 봉지 씨우는 일 뒤일도 상당이 만아저고 잊쓰며 포도 봉지 씨우는 일이 여사일이 아니라는 것을 다시 한 번 생각을 하여본다."

지출에 … 트랙터 노타리날 40개에
72,000원

〈1997년 4월 4일 금요일 날씨 비〉

오늘은 트랙터 리돼나을 갈라볼라고 일적부터 스들어쓰며 앞박키 한 곳에 리대나 돗곳인돼 이것을 다 갈고 나서 조립을 할려고 하니 박키에 박킹이 그대로 해서는 기름이 샐 것 같다서 일부로 김천 조흥배아링 대리점에서 박킹을 털 것과 본드을 두 개를 사왔쓰며 이것을 기사들이 사용을 해도 됀다고 해서 그대로 한쪽 박키만 조립을 하여 두어는돼 기름 유출이 돼지 않을란가 몰겟다. 오늘 약 쪽 박키에 리대나을 다 갈라 너을라고 했는돼 형님이 집을 짓을 업자 박세종이가 왔따고 해서 리대나을 갈라 채우는 일을 하면서 그만 다음으로 미루고 큰집에 업자와 개약을 한다고 해서 가 밭뜬이 우리 집을 짓을 때와는 음청난 차이의 금액이드

라. 형님이 23평으로 우리집 모양 이층으로 짓어면 61,000,000만원 달라고 해서 형님이 생각을 하는 것보다 천만 원 차이가 난다고 개약은 하지 않코 돈 때문에 2층은 포기을 하고 단청으로 25평 짓을라고 개핵을 하고 잇다.

"오늘 트랙터 리대나을 다 갈지 못하고 한쪽의 박기만 갈라주는 일로 끝을 냇다."

"오늘로서 앞박기에 리대나 두 곳에 갈라주는 월리을 안전이 알라다."

지출 … 살피 갱이 교환에 1,500원 트랙터 리대나 갈라주는 대 본드 값 2,000원 박킹값 5,000원 차비 960원
계 9,460원

〈1997년 4월 5일 토요일 날씨 비〉

오늘 어머님 친구 병문안을 부인과 둘리서 같쓰며 이분은 어머님과 친구여쓰며 이분의 남편은 아버지와 동갑네기며 자신은 마음은 벌서부터 병문안을 가야 하는돼 하면서 여때겆 가지 못 하고 오늘은 보슬비도 내리지 해서 부인과 둘리서 두유을 팍스을 싸서 병문안 같튼이 목에 가래 때문에 견디기가 힘이 들러 보이며 그처름 걸력이 좋떠니 이재는 아주 줄어 잇쓰서 극정이 돼드라. 그래도 어머님 바서는 복도 아주 만은 사람이라고 말을 하고 십프며 어머님은 59세 별세을 하여는돼 88세라고 하니 어머님보다 배을 살라쓰니 그 복이야말로 큰 복이라고 말을 하고 십꾸나.

"오늘 오후는 오전에 휴식을 한 제로 사과나무밭 뒤 도구을 안전이 쳐고 집에 들어오니 5시가 조금 못 대어더라. 그래서 포도나무 뒤 도구을 안전이 쳐는 일로 오늘 일과을 보낸 셈이다. 오늘 도구 쳐는 일은 종일 활 일을 오후에 다 하여서 자신 몸을 무리하게 한 셈이라고 생각을 한다. 아푸론 일을 나누어서 하는 일을 하두록 노력을 해야 하겟다."

지출에 … 윤문희 씨 모친 병문안 6,000원 위생사 불어서 화장실 첫는돼 35,000원 계 41,000원

이것은 영수증을 주지 않는 것을 보며 부정이 잇따고 바야 한다. 작년에 25,000원 주어는돼 영수증 주지 않코 35,000원 달라고 하면서 그대로 가는돼 이것은 10,000원 이상 부정이 잇따고 바야 한다.

〈1997년 4월 6일 일요일 날씨 비〉

오전에 보슬비가 오는 바람에 휴식을 하면서 운이 전화을 기다리다 운이 전화 받는 것으로 오전 시간을 다 보내쓰며 오후에는 감자 씨을 낮쓰며 그리고 무지파 씨을 푸리쓰며 오늘은 잔 씨 뿌림을 부인과 둘리서 한 셈이다.

"운이가 전화을 줄 때에 이 아빠가 운이 줄라고 우방에서 짓는 아파트 29평 95작을 청약을 했낮다고 자랑을 하여는 오늘 오후에 우방 모델화오서 전화가 왔는돼 3순위만 돼고 일반은 청약이 안대어따고 돈원 차저가라고 전화 왔다고 혜지가 이야기을 하드라. 이 전화 소리을 둣고서 내가 실망이 큰대 우리 운이는 을마나 실망이 을마나 크게나. 이 아빠가 일적 자랑을 하여따는 생각이 들며 남자는 입이 무거어야 한다는 생각을 한번 너켜다. 운이한대 자랑을 하지 않아따면 운이 가슴은 아푸지 않을 끈돼 이 아빠가 아푸게 하여서 정말 미안쿠나. 운아 이 아빠가 말을 한 것은 조금 지원이 돼드

라도 운이가 살 곳 집을 마른하두록 하게 다. 운아 가위 습습하게 생각을 하지 말라."

〈1997년 4월 7일 월요일 날씨 맑음〉

오늘은 여자들만 사는 사람들이라서 보밭 갈라주며 다음에 대가로 다음에 일 거들어 줄라고 해서 오늘 오전은 두 집이나 갈라주어쓰며 이것은 사실 다음에 일 도와달라는 소리을 못하기 때문에 그냥 도와주는 것이나 다름이 업다. 오후에는 벼씨 탈망을 하여쓰며 오늘 탈망한 벼씨는 화남벼 씨라서 아주 맑은돼 그래도 탈망기에 한 번씩 돌려냇다. 오늘 탈망을 재일 만이 하여서 세 값을 자신이 하여다.

"사람이 한번 생각을 한 것이 실제로 돌라가니 이번의 마음 상쳐가 마음속 깊이 파고 들지도 않은 것 같아서면도 마음속에 흐리게 차 잇쓰면서 털쳐버리지 못하고 잇는 상처가 크구나. 이것을 잇절라면 아파트을 하나 구입을 해야지 잊저질 것 같꾸나.

지출 … 세 값 2,300원

〈1997년 4월 8일 화요일 날씨 맑음〉

오늘은 부인과 둘리서 바시네 포도밭 김매기을 하여쓰며 종일 김매기로 오늘 시간을 다 보네따고 생각을 한다. 둘리서 김매기는 힘이 들어도 김매기을 한 곳을 뒤을 볼 때에 그리 마음이 깨운하구나. 우리 농민이 힘드는 것을 참아가는 모습은 농민이 아니고서는 오른 캐감을 너켜보지 {못}한 일들이라고 생각을 하여본다.

"우리 운이 첫 휴가 오는 날이 이재 10日 남아꾸나. 요즘 운이는 하로 가는 것이 을마나 지루하게나. 이 아빠가 하로 가는 것이 그리 긴 너킴으로 시간을 보내고 잇딴다. 운아 지루한 시간을 잘 보내는 길은 주어진 일에 열심희 하는 일밖에 업단다."

〈1997년 4월 9일 수요일 날씨 맑음〉

오늘 오전으로서 바시내 포도밭 김매기을 끝을 냇다. 오늘 김매기는 오전으로서 다 할려고 부지련희 하여쓰며 무선 일을 해도 개핵을 세아서 하게 돼면 육체적인 고통이 크다고 본다.

"오후에 당산밭에 참깨 갈려고 이랑을 짓어 둘라고 이랑만 만들어 낫다. 오늘 참깨 갈 때에 복합비료 13포 반을 밑거름으로 하여 두어다."

지출 … 복합비료값 40kg짜리 4포
계 16,200원 포당 4,050원

〈1997년 4월 10일 목요일 날씨 맑음〉

오늘은 처숙모 상문을 갈쓰며 오늘은 처숙모님의 별세에 따라서 아들이 뒤을 위어서 3시간 뒤에 교통사고로 고생을 하다 어머니의 뒤을 따라 같쓰니 이른 일은 업따고 생각을 하여본다. 동민들도 두 번을 운상을 해야 하는돼 한 번에 운상을 하게 돼어서 천만다행이라고 생각을 한다. 이른 일은 생각을 할수록 인간의 운명은 태어날 때부터 시간을 지정을 하여 논 너킴이 잇꾸나.

"오늘 용전 사람들 운상하는 돼 힘이 만이 들어쓸 것으로 본다. 상가 집 일은 한 번도 힘이 더는돼 두 번을 해야 하는 고충이 크다고 바야한다."

지출에 … 처숙님 부위에 100,000원

〈1997년 4월 11일 금요일 날씨 맑음〉

오늘은 오전에 직파할 때 복합 밑거름을 하여쓰며 서양바실 4마지기에 4포 반을 하고 봉희 동서 논에는 9포 반을 하여두어다. 올해는 작년보다 조금식 밑거름을 적개한 셈이다.
오후에는 직파 논에 노타리을 하여두어다. 오후 시간에 10마지기 노타리을 하여 두어다.
지출에 … 16포에 67,000원(복합)

〈1997년 4월 12일 토요일 날씨 맑음〉

오늘 오전은 보성타운에서 24평짜리 주택을 청약을 하여쓰며 이번에는 일반 청약자라고 밀어내지 않아쓰며 한다. 이번은 당첨이 돼어야 하는돼 하면서도 마음은 불안한 마음은 무라고 말을 할 수도 업꾸나.
"오후는 웃들논 9마지기 논에 생노타리을 하여두어다. 자신은 늙 갈리을 하면서 모내기을 하여는돼 금년에는 수라게 농사을 짓을라고 노타리을 하여서 농사을 짓어며 모든 일들 수라기 때문에 벼농사 짓키가 수라기 때문에 자신은 노타리만 하여서 농사을 짓어보고 수라개 벼농사을 짓을 수 잇따면 매년 노타리로 농사을 지을 작정이다."
지출에 … 보성주택 청약 값 1,000,000만원
인감증명, 주민등본 350원 차비
2,880원 사과 약 25말 7,000원
무수 아들 결혼식 부주 30,000원
총계 1,040,460원[56)]

〈1997년 4월 13일 일요일 날씨 맑음〉

오전에 사과 약 살포을 함. 오늘 사과 약, 터물 약[57)], 탄저병 약[58)]을 살포을 하여다. 오후는 아래들 벼논에 노타리을 하여쓰며 자신은 갈리 대신 노타리을 전부 하여 준 셈이다.
"트랙터 노타리을 해보니까 기계가 힘이 만이 더는 너킴이다. 원칙은 필리 갈리을 하여서 벼농사."

〈1997년 4월 14일 월요일 날씨 맑음〉

오늘부터 외성보는 갯돌 보을 시작을 하여쓰며 올해는 가뭄 때문에 갯돌 작업을 하기가 수라다고 보고 잇다. 그리고 오늘 농촌지도소에서 순회봉사 농기계 수리을 하로 와서 외성보는 일적 보을 맡치고 농기계 수리을 하두록 하여다. 오후에도 외성보는 갯돌 작업을 개속 하였다.
그리고 오늘 부인은 침종을 하여다. 벼씨 소독약은 6병 사용을 하여다. 한 단지 600평, 벼씨 15kg 침종을 함.[59)]
지출 … 벼씨 소독약 5병 3,250원

〈1997년 4월 15일 화요일 날씨 흐림〉

오늘도 외성보을 하여쓰며 올해는 작년보다 반나잘이 단축을 한 셈이다. 금년도는 출력 인원이 좀 만은 것 같드라. 오늘도 종일동안 보을 하였다.
"우리 운이 집배 올 때도 다 돼어 가는구나. 우리 운이 오며 아빠 일을 만이 거들두록 해야 하게다. 운이가 오면 저의 엄마 일도 좀 수랄 것이며 우리 운이 와서 일을 만이 도와 주어쓰며 한다."

---

56) 실제 계산은 1,040,230원이나 1,040,460원으로 잘못 기록하였다.
57) '뜸물약'. 진딧물 약을 이렇게 부른다.
58) 탄저병은 통상 작물, 야채, 화초, 과수, 수목 등 유용식물의 잎, 가지, 과실, 종자 등에 발생하는 병으로 잎과 과실 등에 병반을 만들며 후에 병반에 점질물이 생성된다.
59) 일기 지면 상단에 '벼씨 침종함, 4月 14日'이라고 기록되어 있다.

"오늘 트랙터을 용접을 좀 할려고 조합에 경원기 센타에 갈다 노와다가 오늘 트랙터을 차저왔다. 자신이 트랙터을 차저오면서 돈원 줄라고 생각을 하여는돼 손님이 잇쓰서 돈원을 주지 못 하고 그냥 와서 사실 미안하다. 다음에 기계 수리을 한다면 이번의 대가을 할 작정이다."

〈1997년 4월 16일 수요일 날씨 맑음〉

오늘은 건답직파 하는돼 시간을 다 보네쓰며 오늘따라 부인은 처어머님 생신이라서 친정을 가고 업는돼 온자 직파 파종을 할려니 그리 힘이 더는구나. 오늘 오전에 파종을 하고 오후에는 양 코노[코너]에 손수 씨푸림을 하여서 갱이로 다시 문는 일을 하여쓰며 이것이 종일 글린 셈이다.

지출에 기름값 400리터 … 109,300원
건답직파 제초제 … 36,000원
계 135,300원60)

〈1997년 4월 17일 목요일 날씨 맑음〉

건답직파 자리에 제초제 살포을 할려고 오전 일적 부인과 둘리서 서들어서 약 살포을 서양바실래 약 살포을 하고 나니 바람이 세차게 불어서 봉희 동서 논 6마지기는 바람이 너무 세계 불어서 약이 다들 날라 가버리는돼 속이 상하드라. 오늘 약은 반은 바람에 다들 날라가버리따고 생각을 한다.

"오늘 바람 때문에 너무 속이 상한 날이라고 말을 하고 십다."

오늘 오후는 영남이 건답직파 노타리을 하여주어쓰며 오후에 15마지기 노타리을 하여다. 오후는 일적 스들어찌만 만이 한 것이라고 생각을 한다.

"건답직파 논에 제초재 량은 3마지기에 500CC짜리 3병 물 량은 15말을 희석을 하여서 살포을 하는돼 약 량이 15말은 적고 20말 량은 충분하리라고 생각을 한다."

"우리 운이 내일은 첫 휴가을 오는 날이며 오늘은 긴긴 날이며 이 아빠도 오늘을 학수고대한 날이며 오늘을 기다린다고 하로 하로의 지나가는 날을 손꼬바 기다리왔따고 말을 하고 십다. 우리 운이는 오늘이 오기까지 수난 고통을 다들 참아온 운이 정말 수고가 만아쓰며 우리 운이 대견스렵꾸나. 운아 정말 고맙다. 운아 내일 보자구나."

〈1997년 4월 18일 금요일 날씨 맑음〉

오늘도 직파할 때 노타리을 하여쓰며 우리 농민도 농사을 외면을 하는 것이 영력스려게 표가 나고 잇다. 작년만 해도 파종기 뒤에 따라 다니면서 고루고 씨갑씨가 잘 드려가개끔 손질을 한다고 법석을 부리는돼 올해는 씨갑씨가 들어가든 말뜬 머리마다 높뜬이 말든지 돼는 돼로 그대로 두고 잇쓰며 그저 파종기만 바라보고 잇는 실정이니 정부에서 농업을 천대을 하고 잇쓰니 우리 농민도 농업을 천대을 하고 잇다. 우리 조상들은 농업을 천직으로 알고 잇는 우리 농민이 농업을 천대을 하고 잇는 것은 농업이 망하고 잇는 것이나 다름이 아니다. 농업이 망하면 나라도 망하게 돼어잇다. 우리나라는 자원이 업는 나라라고 공업만 육성을 하고 잇는돼 이것은 정책이 잘못이다. 농업을 살리야지 공업이 따라 살기 마른이다.

60) 실제 계산은 145,300원이나 135,300원으로 잘못 기록하였다.

"오늘 운이가 휴가을 나와드라. 운이가 군대 입대을 할 때만도 아들 같고 하든이 오늘은 어딘가 모르게 성숙이 돼어 잇는 너킴을 받앗다. 여화뜬 고맙꾸나."
(오늘도 노타리을 약 8단지 한 셈이다.)

〈1997년 4월 19일 토요일 날씨 맑음〉
오늘도 종일 직파 노타리을 하여쓰며 올해는 노타리가 잘 돼어서 파종이 잘 돼고 잇는 너킴이 들며 앞푸로 3日만 날씨가 잘 한다면 파종은 안전무결하게 파종을 할 것 같뜬돼 날씨가 참아줄련지 몰겟꾸나.
(오늘도 노타리 8단지 한 셈이다.)

〈1997년 4월 20일 일요일 날씨 맑음〉
오늘부터 자신이 파종을 하여쓰며 태성이 노타리가 맨 년 전부터 노타리가 잘 안돼고 잇는돼도 불평을 하지 못하고 그대로 해왔는돼 오늘은 노타리가 잘 돼지 않는다고 시인을 하드라. 자신은 같치 하면서 노타리가 돼지 않아서 파종이 재돼로 돼지을 안아서 마음속으로 마음 상해 왔는돼 오늘 시인을 하니 마음이 풀어저는구나. 남들은 노타리가 안돼어서 파종이 안 대고 잇는 줄도 모르고 잇쓰니 속이 터지곤 하여는돼 이재 사실을 다 알고 보니 마음이 풀어지는구나.
"오늘 태성이 노타리가 시원찬아서 파종하는돼 힘이 들어다."
오늘 부인은 송서방 동생 결혼식에 마산 같쓰며
축이금 지출 50,000원

〈1997년 4월 21일 월요일 날씨 맑음〉
오늘부터 기상대가 정국적으로 비 온다고 예보을 해서 파종할 사람들이 예가 타서 불평하는 소리 참기가 힘이 더는구나. 우리는 비가 오게 돼면 습폐서 못 할 자리부터 너주고 잇는돼 사람 바가면서 파종을 하여주니 자식 업따고 미루고 잊따고 하는 사람들 정말 인간이 살라가는 돼 하나의 전쟁이드라. 남이 죽든 말든 나만 살게따는 욕심 정말 치을하드라. 그리고 업는 자 보다 잇는 자가 더 자기의 욕심을 부리며 업는 사람이 마음의 여유가 더 만드라.
"이번에 기상에 외보가 비 온다고 이것도 전국적으로 월, 화 비 온다고 하여쓰니 파종할 사람은 치을한 경쟁을 하여쓰며 우리도 그 고통을 참기가 사실 힘이 들어다."
오늘 전국적으로 비 온다고 하든 날씨가 날만 좋꾸나. 사실 오늘 비가 와서 파종을 못하게 돼어쓰며.

〈1997년 4월 22일 화요일 날씨 맑음〉
오번에 비 온다고 해서 직파할 사람이 날리을 직이찌만 천만다행으로 비가 오지 않아서 지파을 무사이 마치게 돼어서 직파기계을 가진 사람으로서는 큰 위기을 모면을 했다고 생각을 한다. 비 온다고 서로 앞폐 할려고 날리을 직일 때 바서는 난처하기 짝이 업쓰는돼 기상대 예보는 전국적으로 비 온다는 월, 화 양일간 비 온다는 예보가 빛나가개 돼어서 살란 것이 직파 기계을 가진 자신이 살라따고 생각을 한다. 직파는 오늘로서 말끔하게 맡치게 돼어서 살 것 같꾸나.
(오늘은 … 6단지 파종을 한 샘이다.)

〈1997년 4월 23일 수요일 날씨 맑음〉
오늘은 이앙기 파종을 하여쓰며 오늘은 우

리 조에서 5섯 집 중 오늘 하로 4집을 파종을 하여쓰며 파종기가 자동으로 돼니까 사람이 수라더라.

오늘 4집 파종량은 2,000상자을 한 셈이다.

"오늘은 사실은 파종을 하는돼 힘이 들어따고 말을 하고 십꾸나. 자신이 직파 하는 돼 힘이 만이 들어서 그른지 오늘 피곤한 몸으로 파종을 임해따고 생각을 하며 오후 너깨는 기운이 나는 너킴을 밭아다."

그리고 운이가 휴가라서 아빠의 일을 도와주고 잇쓰서 이 아빠가 조금은 수라다고 생각을 한다.

지출에 … 읍사모소에 인감증명 1통,
주민등본 1통 430원 파종을
하는돼 세 값 양념통닭 3바리
27,000원
계 27,430원

〈1997년 4월 24일 목요일 날씨 맑음〉

요줌은 부인도 자신도 일 좀 하게 돼면 저녁으로는 몸이 피료해서 몸살을 천다. 부인보다 자신이 더 몸살을 처고 잇다. 그리고 자의 마음은 변함이 업는돼 육체적으로는 아주 나약해 잇따는 것을 생각을 할 수가 잇다. 자신도 올해는 조금만 일을 해도 잠자리에 몸살을 부리는 것을 보며 자신도 일을 줄리야 할 때가 다 대어따는 생각이 더는구나. 자신도 내 몸 건강을 지킬라면 일을 줄리서 부인과 둘리만 가질 수 잇는 시간만은 만들어야 한다고 본다.

"오늘은 종일동안 모재리 만드는 되 일을 하여쓰며 오늘 종일해도 안전하게 만들지 못하고 줄만 처논 상태이며 내일 노면을 한번 발라야 끝이 난다."

오늘 모판 수는 6섯 판을 만들어 낮다.

"그리고 물류단지가 곳 들어온다고 말들을 하고 잇다. 우리 주민은 물류단지가 들어오면 우리 동민들은 생활 터전을 다들 일고 만다. 물류단지가 들어오지 않으며 우리 주민들은 재산 가치가 날이 갈수록 높파저는 위치의 땅인돼 우리 마을 망치는 것이 물류단지인돼 동민 반은 다들 찬성을 하고 잇쓰니 기가 찬다."

〈1997년 4월 25일 금요일 날씨 맑음〉

오전은 모판에 흑칼질을 하여서 모판을 평탄하게 만드는 작업을 하여쓰며 모판을 매끈하게 할려면 한 번 더 흑칼질을 해야 할 욕심으로 오늘 대충 하여다고 바야 한다. 그리고 대신 사람들은 모판이 다들 나와는돼 우리 마을은 이재 처음 한 사람이 내따고 바야 한다.

오후에는 용만이 이왕기 파종을 하고 오후 나머지 시간은 오늘 저녁에 주택업자와 집 짓는돼 개약 하로 온다고 해서 큰집에 집을 지을 실평수가 어떠개 나오나 하고 형님과 둘리서 자질을 하여보니 터나 넘어 적어서 22평밖에 나오지 않드라. 현 시새을 바서는 25평은 돼어야 하는돼 집터가 까짓끄라서 어떠게 할 수가 업다.

"어머님 아버지 이번에 보성주택에 청약을 한 것을 내일 추첨을 오후 2시에 합니다. 우리 성운이 집 마른에 좀 도와주십요. 어머님 아버지 도와주지 않으며 순덕의 꿈이 무너지고 맡이다. 이번 추첨에 꼭 당선이 돼두록 도와주십요. 순덕이는 밑깨씀이다."

"그리고 요즘 운이가 휴가와서 일을 도와주고 잇씀이다. 운이도 발자욱 하나하나 움직일 때도 아버지가 도와주야 합니다. 순덕의 힘으로는 너무나 부족합니다. 부족한 자식을 보모님이 보살펴주어야지 세상살리을 수라게 살라 갈 수가 잇따고 봅니다."

지출에 … (비누류, 모판용) 12,500원
휘발유 20리터 5,700원
계 18,200원

〈1997년 4월 26일 토요일 날씨 맑음〉

오늘은 보성황실타운에서 주택 당첨을 하는 날이라고 보성주택에 청약을 하여나서 오늘 추첨하로 오라 해서 오늘 운이와 둘리서 갇뜬이 일반 청약자는 주택업자들의 들노리만 하여따는 생각을 하고 잇다. 외냐하면 1순위, 2순위, 3순위, 일반 순위 이른 순위로 가는돼 늙 3순위까지 재발 회당돼고 일반 순위는 후보 순위로 30명을 뽑고 잇는돼 이것은 주택업자들이 청약자 자금을 이용을 하기 위하여 청약금 백만 원식 선불로 밭아 챙기는 수법으로 무한정 밭아 들리고 잇다 이 돈이 약 한 달 동안 주택업자들이 이용을 하며 이윮을 따진다고 해도 상당한 돈이라고 생각을 한다.

"오늘은 자신의 생일이며 올해도 누님이 오시서 한깨 참석을 해서 고맏드라. 그리고 구미서 온다고 해서 음식을 만이 하라고 부인한태 이야기를 해서 음식을 만이 하여낮는돼 구미에서는 오지 않아서 음식이 만이 남아서 극정이 돼고 잇다."

"그리고 오늘 아빠 생신이라고 우리 아빠는 현금을 좋아한다면서 현금으로 150,000원 주드라. 내 딸드리 돈원 벌고 잇쓰니 이 아빠가 옻이라뜬지 모든 것이 딸 득을 만이 보고 잇다."

〈1997년 4월 27일 일요일 날씨 맑음〉

오늘은 파종을 한 모판에 곰팡이 너무 만이 피어 잇쓰서 벼씨가 싹은 것이 너무 만아서 모 농사을 안전이 버린 판이 만타고 보며 자신이 여때것 농사을 짓어도 모판 농사을 이려깨 실페을 본 적이 업는돼 올해는 안전이 모 농사을 망치서 큰 극정이다. 자신이 파종을 할 때에 물리 자찌 않아서 극정을 했뜬이 이것이 원인돼 돼고 말라따고 생각을 한다. 우리 조에 재복이도 자신처름 모판에 물이 짜지 않아서 역시 실페 모판이 만으며 상토흙은 물리 자지 않으며 문재가 됀다고 생각을 한다.

"오늘 운이가 만이 도와주어서 좀 수레따고 생각을 한다. 우리 운이가 일래 마추어서 휴가 와서 집안 일을 만이 도와주어쓰며 이재 운이가 휴가 기대을 하는 날을 보니 멧칠박에 업쓰서 마음 속으로 서운한 점이 더는구나. 이 아빠의 마음이 운이을 보네야 하는 마음이 아픈돼 본인은 이 아빠의 마음보다 더 극정이 돼리라고 본다. 운아 이번에 들어가면 재대 날이 가까와 진다는 것을 생각을 하고 귀대의 위미지을 살리주기 바란다."

〈1997년 4월 28일 월요일 날씨 맑음〉

오전은 이종태 파종한 모판을 본답에 나가쓰며 우리 조에서 재일 벼씨가 잘 쓰따고 말을 하고 십프며 벼씨가 본답에 나갈 때에 좋아야 한다고 본다. 그래야지 본답에 가서 극정이 없시 잘 자라란다고 본다.

그리고 파종을 하고 남은 것을 다시 파종을 하여다. 오늘 파종한 판 수는 재선이가 한 단지, 자신이 한 단지 이르깨 해서 두 단지 용 파종을 오늘 한 셈이다.

그리고 오늘 오후에 당산 짝투리땅 66평 값 2천 600백만 원 밭고 등기 넌기주는돼

구등기 업다고 사법 대서에서 30,000원 주어다.61)

지출에 … 등기 넌기주는 돼 30,000원
당산밭 지적도 인지 값 900원
계 30,900원

〈1997년 4월 29일 화요일 날씨 비〉

오전은 용만이 육모상자을 본답에 나가쓰며 오늘은 바람이 아침 일적부터 일기 시작을 하여 모판 비누류 씨는 돼 힘이 들어서 오늘로서 우리 조 모판은 마지막 다 냇따고 바야한다.

"운이을 보내야 하는 입장이 돼고 보니 요줌 시간이 너무 잘가면 운이를 보내야 하는 아쉬운 마음. 부모가 돼지 않코야 이 마음은 몰르리라고 생각을 한다. 내가 이른 시른[시련]들은 운이가 제대를 해야 이 가슴아푼 일들은 업깨지. 이 아품은 아직도 일년을 넘기 해야 한단 말인가. 그 시간 가마득 하구나."

오늘 오후는 포도 꼬쟁이에 비누류 씨운 것을 다들 벗키는 일들을 하여쓰며 비누류 벗키는 일도 씨우는 일이나 별 다룸이 업꾸나. 앞푸로 하로는 더해야 다 할 것 같다. 오늘 부인이 운이을 돼리고 병원에만 가지 않아따면 오늘 비누류 벗키는 일을 다 할 끈돼 하는 아쉬움이 남아 잇다."

〈1997년 4월 30일 수요일 날씨 맑음〉

오전은 모판에 멀칭을 벗기고 모판에 물이 올라 가두록 돼어다가 물을 다시 패는 일을 하여쓰며 이것은 곰팡이을 업새기 위하여 이른 일을 하는 것이다. 자신은 본답에 나가기 전에 곰팡이가 일어서 모판에는 이미 벼씨 싹은 곳이 수도 업쓰서며 이것들이 오늘 멀칭을 벗키보니 조금은 나전 감이 잇드라. 그래서 천만다행이라고 생각을 한다.

그리고 가뭄이 너무 심해서 오늘 포도밭에 물 퍼는 일을 하여쓰며 포도밭에 양수작업을 오늘 처음이다. 그리고 바시네이 포도밭에 점점호수에 물을 올리보니 물이 올라오지 않드라. 그래서 양수기가 시원찬아서 그른갑다 하고 내 양수기을 손을 볼라니 부품이 업쓰서 김천 한일펌프 집에 가니 손님이 너무 만아서 주인이 아주 바푸드라. 그래서 한참 기다리주어다가 좀 징한 것 같아서 이 부품 좀 사로 왔따니까 어대 잇는 줄도 모른다면서 돈이 적은 것은 눈에 띠지 않는다는 식으로 외면을 하는돼 기가 막히드라. 자신이 처음 불캐한 기분을 너켜쓰며 자신이 멸세을 제일 강하게 받아따고 생각을 하며 자신도 모르게 더렵따는 말을 표현을 하여쓰며 니가 요줌 돈을 벌어따고 문전박대을 하는돼 너의 행세을 보니 망할 때가 다 대어꾸나 하는 너킴이 들며 그따이 행세로 돈을 벌어서는 안돼며 인간의 양심이 썩은 빠진 놈이 돈을 벌어서는 안됀다. 내가 두고 볼 것이다.

문전박대을 받고 나와서 부품에 한일펌프 집에 가야지 구입을 할 수가 잇쓰서 아주 적은 한일 부품 집에 이야기을 하니 그리 대우가 좋으며 아주 잘 해주드라. 그곳에서 부품을 3,000원 주니까 내가 하고 십픈돼로 다들 해왔다. 앞푸로 한일모다을 싼다면 재 아무리 비싼 일이 잇쓰도 이 사람한태 사야지 하는 마음이 우려나드라.

61) 일기 지면 상단에 '(오늘 당산밭 값 나머지 땅값 1,800백만 원 받음)'이라고 기록되어 있다.

지출에 모타 부품 값 3,000 차비 값 960원
계 3,960원

〈1997년 5월 1일 목요일 날씨 맑음〉
내일은 우리 마을에 경로잔치을 한다고 오늘 오전은 마을에 대청소을 하여쓰며 자신은 대청소을 하면서도 포도밭에 양수작업을 하고 잇키 때문에 내 마음은 포도밭에 가잇다. 자신은 대청소을 하면서 물 갈리을 해가면서 대청소을 끝을 냇고 마라다. 양수작업을 오전 9시경에 끝을 내고 원정훈 참외 논 갈라주고 오후에는 트랙터 노타리을 11마지기 하여다. 그리고 올해는 마른 땅에서 생 노타리을 하고 두 번째는 물 노타리을 한다면서 생 노타리을 만이 쳐고 잇다. 생 노타리는 기계 무리는 갈련지는 몰라도 나중 일이 좀 수라지 않을까 하고 생각을 하여본다.
"우리 운이가 내일 가야 하니 그리 마음이 아쉽꾸나. 아직도 자식을 내 품에서 띠어놋키가 이르게 힘이 더는구나. 이른 마음이 업쓸라면 우리 운이 재대을 해야지. 우리 운이 제대 날을 생각을 하여보니 가마득하구나."

〈1997년 5월 2일 금요일 날씨 맑음〉
오늘은 우리 마을에 경로잔치며 자신은 오전에 성운이 노타리을 하여 주고 경로잔치에 참석을 하여쓰며 경로잔치에 참석을 해서 음식을 먹고 잇쓰도 운이가 1시 20분에 갈려고 해서 음식 따이는 별로 진미가 업드라. 그래서 정각 한시가 돼는 것을 보고 집부로 왔다. 운이 갈 준비을 하는 것을 보고 잇쓰며 지금 운이는 어떤 생각을 하고 잇쓸까. 운이는 지금 가기 실어도 억지로 갈 준비을 하고 잇따고 생각을 해야지. 내 마음이 이처름 가슴 아푼돼 내 마음이 더 무급다. 사람이 하기 좋은 일만 다 할 수가 잇쓰리. 운아 쓴 맡을 만이 볼수록 인간이 성숙이 됀단다. 이재 가서 참고 군 생활을 한다면 휴가 오기 전보다가 더 성숙됀 군 생활이 될끄다. 한국 절먼이라면 군 복무을 무사이 맡치야 한단다. 이 아빠 운이 제대복을 입고서 아빠한돼 인사할 날을 손꼬바 기다리겟다. 그날까지 안전사고 조심을 해야 한다. 이 아빠는 운이가 군 생활 무사하게 잘 해낼 수가 잇따고 생각을 한다.
"오늘 운이가 귀대을 하는돼 병호와 둘리 가기 때문에 구미 대합실에서 운이가 가는 뒤모섭을 보고 잇쓰려니 마음이 아푸구나. 운이을 15일 돼리고 잇쓴는돼도 보내야 하는 아빠의 마음이 안쓰렵다. 자신은 운이을 보내고서 나는 보성황실타운에서 청약금 백만 원을 밭아 왔다."
지출에 경로잔치에 30,000원

〈1997년 5월 3일 토요일 날씨 맑음〉
오늘 아침을 먹고 트랙터 노타리을 할려고 시동을 걸어보니 유압이 말을 덧지 않아서 유압 수리을 할려고 아포 조합에 경운기 쌘타에 가서 유압 박킹이 업쓰서 조합 직원이 김천 볼일이 잇따고 해서 같이 타고 가서 대원유압상사에서 박킹을 사와서 보니 트랙터 박킹을 다들 갈라 너어드라. 그래서 먼저 번에도 노타리 손 본 것을 돈도 안 밭을라고 해서 이번에는 돈 10,000원을 주면서 정심을 먹어라고 하면서 떤저주고 왔다.
지출에 … 트랙터 유압 박킹에 10,000원
부품값 1,000원
계 11,000원

〈1997년 5월 4일 일요일 날씨 맑음〉

오전은 보뚝이 내리안저서 말목을 준비을 하여서 두 군대 보뚝 곤치는 돼 오전 시간을 다 보냇다.

오후는 고추 심을 때에 이랑에 분수 호수 깔라서 시범으로 작동을 해보니 펌프가 시원찬아서 분수 호수에 발산돼는 것이 아주 약해서 마음에 들지 않는가. 그래도 고추는 충분이 키울 수가 잇따고 생각을 한다.

"이재는 일기들이 옛날처름 비가 고루 오지 않코 변득을 만이 부리며 이재는 하늘 밑고 농사을 지을 때는 다들 지나가고 이재는 인간이 작물을 키울 수 잇두록 안전 준비을 해야 하는 새대가 왔잇따고 생각을 한다."

"운이가 무선 일로 전화을 주지 않꼬 잇꾸나. 이 아빠는 부대 들어갈 때에 전화을 줄 쭐 알라는돼 그때도 주지 않코 토曜일도 전화을 주지 않꼬 오늘은 어떠한 일이 잇쓰도 전화을 줄 쭐 알라는돼 오늘도 전화가 업는돼 아주 서운하구나. 이른 것을 보며 운이가 만이 배우야 하겟따는 생각이 더는구나."

〈1997년 5월 5일 월요일 날씨 흐림〉

오늘은 포도밭에 살균재와 살충재 살포을 하여다. 당산 포도 물 량 10말 바시내이 포도밭 10말로 두 군대 포도밭에 살포을 하여다. 올래는 포도나무 가지 비누 씨운 것 때문에 약살{포} 날자가 작년보다 좀 너따고 생각을 한다.

오후는 모판에 물 돼는 일 웃뜰래 보뚝을 하여쓰며 오늘부터 본답에 물 돼는 일을 시작을 하여다.

"운이가 오늘도 전화을 주지 않는구나. 운이가 무선 일이 잇쓰서 전화을 주지 않는지 그러치 않으며 집에 오래 잇따가 가서 여사로 생각을 하고서 전화을 주지 않는지 궁금하기 짝이 업꾸나."[62]

〈1997년 5월 6일 화요일 날씨 맑음〉

오늘은 작과 약을 살포을 하기 위하여 조합에 가서 사과 약 25말, 작과 약 50말용을 사와서 오전 너깨야 작과 약을 살포을 해서 오후 1시가 넘두록 살포을 하여다. 정심을 먹고는 몸이 피료해서 우리 부부는 오후 3시가 넘두록 휴식을 하고 마라다. 그리고 모판에 들리서 웃뜰래 6마지기 보뚝을 다 하여다.

오늘 조합에 농약 외상 거래함.

오늘 보뚝을 하면서 날시가 복더위처름 사람 져게 만들고 잇다. 그래서 비지땀을 을마나 흙린는지 말로 다 할 수가 업쓰다. 요줌은 한여름 날씨가 개속대고 잇다. 사람이 쉬게 피료가 오는 것은 날씨 변득이 아닌가 하고 생각을 한다.

"오늘 쌀방아 찐원 것이 2가마 찌어다. 집에 방아가 잇쓰서 해가 저도 방아을 찌을 수가 잇는 것을 생각을 해보며 정말 돈이 좋다는 것을 생각을 하여보앗다."

그리고 오늘 약값이 학실희는 몰라도 210,000원 됀다고 본다.

오늘 약은 길잡이 약 13병 × 9,600원 크라목손 1팍스 20병 500CC짜리 사과 약 25말용 작과 약 50말용

〈1997년 5월 7일 수요일 날씨 비〉

이번 비야말로 농민을 살리는 비라고 말을 하고 십다. 이 비야말로 만물을 소생을 식

62) 일기 지면 상단에 '(포도 칯 약 살포함)'이라고 기록되어 있다.

키는 비가 돼어쓰며 건답직파도 이번 비로 인하여 땅 박에 나오게 돼어쓰며 이번 비가 농민의 일손을 들어주는 비가 돼어따고 말을 하고 십다.

"오늘 오전은 비 때문에 휴식을 하고서 오후에는 오전에 놀란 대신 오후에는 일적 스들어서 가랑비을 맏저면서 모판 비누류 다 들 벅키고 논에 물 돼는 일 보뚝 하는 일 오늘 일로 바서는 오전에 휴식한 대까의 일을 오후 시간에 다들 했따고 생각을 한다.

지출 … 이발료 값 5,000원

당산 우회도로 나는돼 자신의 밭에 건물 허가을 내준다고 삼일부동산 (황돈연 씨가) 도장을 달라고 하면서 서류에 도장을 찍어 같쓰며 건물등기가 나면 로비금을 5백 달라고 하면서 이야기을 하는돼 넘어 만타고 하니 부서가 여르 곳이라서 그래 들어간다고 하면서 달라고 하는돼 그래 들어가면 문재라고 하면서 생각을 해야 한다고 하면서 꼭 할려고 하면 건물 허가 내주면 3백을 준다고 합이을 보앗다. 로비금을 자신은 이처름 요구을 할 줄을 몰라는돼 자신이 말려들고 잇찌 않는가 하고 의심도 가는구나

경북 김천시 성내동 219-4번지
휴대폰 011-509-2635
호 출 015-727-5000
사모실 (0547) 32-4161
(〃) 33-8821
삼일 부동산 (황돈연 씨)

〈1997년 5월 8일 목요일 날씨 맑음〉

오늘은 어버이날이다. 부인하는 말이 아버지 산소에 한 번 둘리 보지요 하는 말래 고맙드라. 자신도 부인의 말을 듯고 한 번 들리 바야지 하면서 그만 자신이 바픈 핑계로 아버지을 배옵지 못하고 어버이날을 보내고 말아씀이다. 내년에는 어버이날래는 어떠한 일이 잇쓰도 성묘을 찾아 볼 작정이다.

오전은 참깨 갈 때에 비누류 씨우고 오후에는 고추 모종을 하여다. 고추 모종을 200 포기을 하여뜬이 멧 포기가 남드라. 그른돼 고추 모종을 하는돼 비가 온 디라서 고랑에 전부 물인돼 모종을 하여서 모종이 재대로 잘라 날 수가 잇쓸란지 극정이 돼는구나.

〈1997년 5월 9일 금요일 날씨 맑음〉

오전은 논에 물을 돼어서 노타리을 하여쓰며 금년도는 날씨가 가뭄이 너무 오래 지속이 돼어서 그른지 노타리가 수라게 돼드라.

"자신으로서는 갈리을 해달라는 사람은 금년에는 잘 해준다고 마른 노타리을 다하여 주어는돼 이번에 김종옥 씨는 매년 자신이 갈리을 하여 주는 사람인돼 시간이 업쓰서 마른 노타리을 못 하고 이번에 비가 와서 물을 돼어서 노타리을 하여보니 노타리가 아주 수라다는 것을 알랐다. 내년에는 기계 무리을 막기 위해서 물 노타리을 하여야 자신이 득이 돤다는 것을 알랐다."

"오늘 부인이 참깨 씨 넌는돼 그들어 주어다. 그리고 참깨 터가 작년보다 조금 적은 터에 참깨 씨을 너어 두어다."

〈1997년 5월 10일 토요일 날씨 맑음〉

오늘은 사과밭에 약 살포을 하여쓰며 그리고 올해는 열매가 너무 만이 왔서 적과을 해야 시장 출하을 할 수 잇쓰리라고 생각을 하며 올해는 적과을 을마나 열심히 하나 달려잇다. 속음질을 소월이 하면 돈을 할 수 업따고 본다. 올해는 사과뿐 아니라 작과일도 너무 열매가 만이 와서 다들 극정을 하

고 잇다.
오후에는 포도 육손 따는 일을 하여다. 올해 자신의 포도는 우선 바서는 송이가 아주 적으서 포도 망친 것이 아닌가 하고 생각을 한다.
"자신은 포도농사가 풍년이 돼어야 실소득이 늙어나는돼 포도 농사가 극정이 돼어서 마음은 밝지 못하다고 말을 하고 십다."

〈1997년 5월 11일 일요일 날씨 비〉
오늘은 기상대서 월, 화, 수 3日간 비가 온다고 예보을 하여서 건답직파 자리는 피가 너무 무성하게 잘라고 잇쓰며 제초재는 자꾸만 너저 가는돼 일기는 비가 온다고 하고 마음은 건답직파 논자리에 피는 너무 만이 자라고 잇쓰서 마음은 송구스렵게 짝이 업쓰며 불안한 마음을 참지 못해서 오늘도 한때 비가 온다고 하면서 량은 오 미리 정도라고 하여서 오늘 일적 스들으서 건답직파 논자리에 가니 가랑비가 한두 방울 내리는 돼도 약 살포을 하고 마라쓰며 중강줌 약 살포을 하고 나니 비방울이 너무 큰 비방울리 내리고 잇는돼 약 량은 물래 희석을 하여 낮찌 잇재는 할 수 업다. 약을 버리는 한이 잇쓰도 할 수 업다. 이 마음을 달래면서 약을 줘야 하는 심정 우울하기 짝이 업다. 이 심정을 참아가는 돼 정말 힘이 들어쓰며 부인은 비 오는돼 약 살포을 한다고 궁정거리지 이 심정은 정말 힘이 들어다. 오늘 부인이 궁정그리는 돼 너무 성화을 부리서 너무 미안하다. 이재 생각을 하여보며 이번 약 값이 100,000원이 넘어가니 부인으로서는 빙잔을 할 수 잇는 일이라고 생각을 한다. 여화튼 음성을 높피서 정말 미안하다고 생각을 한다. 오늘 부인이 그른 표정을 안 해도 나 자신의 마음은 가슴이 찌저지는 너킴을 받아서 부인이 보기에는 생각 업시 일을 한다고 생각을 하는 줄 알란가 모르지만 나는 하나을 해도 생각을 너무 깊개 생각을 해서 나와 건강에도 상할 만춤 생각을 하고 잇쓰소 무선 일이든지 부인은 아무 말도 하지 않코 뒤만 미려주며 좋게쑈.
"오늘 오후는 아포읍 농촌지도소 소장 아들 결혼식을 영빈예식장에 올리는돼 축화객으로 참석을 하여쓰며 자신은 사람이 좋아서 그리고 공직에 잇쓰서 손님이 상당이 만을 줄 알라는돼 오늘 식당에 들어가보니까 손님이 생각보다 아주 적드라."
지출에 … 축하금 30,000원

〈1997년 5월 12일 월요일 날씨 비〉
트랙터 노타리을 하여쓰며 노타리와 두룸을 시간나는돼로 하여쓰며 오늘로서 남의 노타리는 일차로 다 한 셈이며 나중에 이앙기 모내기을 할 때는 대충 고라주는 일이 남아잇다.
"그리고 비가 올라니 너무 만이 오고 잇다."
"우리 운이 편지을 받고 보니 마음이 성숙이 돼어 잇는 것은 사실인돼 이번에 휴가 왔다 가고는 군 생활이 적응이 돼지 않는 모양이구나. 사람이 어르울 때 잘 참아내는 사람이 어진 사람이라고 생각을 한다. 우리 운이도 어르운 군 생활 의무를 잘 참아내는 운이가 돼리라고 이 아빠는 믿는다. 운아 지루한 시간은 절거운 시간으로 만들어가면서 인간 생활을 하는 것이 사람이 다 무선 일이든지 열심히 하면 다들 절거운 일이 됀다고 한다."

〈1997년 5월 13일 화요일 날씨 비〉

오늘은 종일동안 비가 너무 만이 내리며 이 비을 다들 마저면서 일을 하여쓰며 자신은 모내기 준비을 하는돼 하로가 바푼 시간으로 날을 보내따고 말을 하고 십꾸나.

"오늘 비가 너무 만이 내리서 오전에 옺 한 벌 오후에 옺 한 벌을 다 배리고 말라쓰며 오늘 비 때문에 부인의 일끄리가 더 만아저서 신경이 더 쓰여지는구나. 요줌 빨래 아니라도 부인이 일이 넘어 만은돼 요놈의 날 때문에 부인의 일손이 더 바파저서 마음이 안스렵다."

지출에 … 서울 김재수 딸 결혼 축하금 30,000원

〈1997년 5월 14일 수요일 날씨 비〉

이번 비가 너무 만이 내리서 들판에 물 천지가 돼고 마라쓰며 물꼬에 물 빼는 작업을 종일한 셈이다. 오늘은 웃들래는 논들이 장마가 지속돼면 논에 물꼬을 만대로 조정을 할 수 잇쓰며 비가 올수록 수료에 물이 기하며[귀하며] 논은 아주 특한 지억[지역]이라고 말을 하고 싶프며 이곳에 농사을 짓어 보지 않코는 모른다고 생각을 한다.

"오늘은 웃뜰래 트랙터 노타리을 3단지 하고 오후에는 포도 순을 묵는 일을 하면서 아래들래 물 빼는 일을 들랑거리며 한 샘이다."

"이번 비야 아주 잘 앗찌만 이재는 비가 재발 그만 앗쓰며 하는 심정이며 비가 3일 개속 내리니 비에 질리고 잇다."

〈1997년 5월 15일 목요일 날씨 맑음〉

오늘은 형님 집 짓을라고 업자가 와서 살든 몸채을 다들 떠드쓰며 형님은 나처름 이층으로 하는돼 일층을 2,600백으로 하기로 하고 집 평수가 너무 적으서 일층은 22평, 이층은 20평으로 결정을 본 셈이다. 요줌 집들은 25평은 돼어야 하는돼 평수가 너무 적으서 아쉬운 감이 더는구나. 자신은 집을 철거하는 돼만 그들어 주어쓰며 오후에는 실어내는 일을 하는 돼는 자신이 잇쓰도 별로 도울 수가 업쓰서 오후에는 트랙터 노타리을 하로 같쓰며 노타리을 다 하고 와도 흙을 실어내는돼 너무 만이 실어내서 마당에 도둘 흙이 잇쓰야 한다면서 흙을 못 실어내게 하여다.

"형님은 단층으로 짓을 작정을 하여는돼 촌에서 마당이 너무 업쓰서 할 수 업시 이층을 짓키로 결심을 하여다."

"요즘 평당 1,700,000만 원 창고는 800,000원 자신이 짓을 때는 박세종 씨 업자가 주택에 때가 무찌 않아서 큰 이문 업시 집을 짓어주드니 이재는 박세종 씨도 이재는 이문을 더 보고 잇따고 본다."

〈1997년 5월 16일 금요일 날씨 맑음〉

오늘은 작과 밭, 포도밭에 잡초 약을 살포을 하여쓰며 작과 밭, 잡초 약 살포을 할 때는 날씨가 바람이 업쓰서 작과 밭 두 군대는 약 살포을 잘했는돼 포도밭 잡초 약 살포을 할 때는 바람이 아니라 태풍 바람이라고 말을 하고 십프며 잡초 약은 물래 희석을 하여 낱지 바람은 아주 강화게 불어대지 정말 가슴 아푸드라.

오후에는 웃뜰래 논 장만을 하여쓰며 웃뜰래 3단지인돼 2단지만 이앙기 모내기 하두록 장만을 하여 두어다.

지출에 … 복합 21-17-17 40포 = 162,000원

〈1997년 5월 17일 토요일 날씨 맑음〉

오늘로서 모내기 할 때에 쓰리[써레] 작업을 다 하여쓰며 오늘은 부인도 거름 헌치는 돼 경운기 운전을 하고 자신은 복합 비료을 헌치는 일을 하며 600평 논에 밑거름을 20kg 짜리 5포식 한 셈이다. 요줌은 부인이나 자신이나 눈코 뗄 새가 업꾸나. 요줌 자신은 욕심을 부리고 잇키 때문에 정신이 업시 바푸게 움직이야 한다.

〈1997년 5월 18일 일요일 날씨 맑음〉

오늘로서 모내기을 할 때에 쓰레 작업을 하여쓰며 여과 치기로 남의 일을 해야 하고 내일이 지장이 돼어도 남의 일은 지장 업시 하는 성격이라서 자신은 단 매 분도 휴식 시간이 업시 보내는 실정이다. 남들이 보며 정신업는 사람이라고 생각을 할련지도 모른다. 내가 생각을 해도 너무하고 잇따는 생각이 든다.

"오늘 집사람은 포도 순을 믿차 묵지 못한 것은 바람에 다들 떨어진다고 모전지게 와 달라 해서 부인은 포도밭에 일을 하두룩 하고 들일은 내 혼자 일을 하고 잇다."

"그리고 이번 주는 훈희 전화을 받지 못하고 일요일이 넘어가고 잇꾸나. 그리고 이번 주는 운이 전화 받는 것도 몰랐다. 평소에는 월요일부터 일요일까지 기다리고 잇따가 운이 전화을 받는 실정인돼 이번 주는 통화도 못 하고 그냥 넘어가고 마랐다."

〈1997년 5월 19일 월요일 날씨 맑음〉

오늘은 모판을 띠는 돼 부인을 돼리고 갈라고 하다가 손신촌을 놉을 하여다. 바푸다고 하는돼 오전만이라도 도와달라고 하니 성낙을 하드라. 그래서 고맡고 나는 답답하면 손신촌한태 부탁을 하면 들어준다. 이것이 보통 마음 먹고는 성락이 잘 안돼는대 꼭 들어주니 고맡드라.

오늘 신촌이 대리고 모을 띠어서 본답에 같다. 논는 작업을 하는돼 부인을 돼리고 가면 자신이 신경이 만이 쓰여지는돼 오늘은 신경이 안 쓰일 뿐 아니라 일을 열심이 하여서 자신이 수알 뿐 아니라 종일 일을 해야 하는돼 오전으로 일을 맡치다고 바야한다. 그래서 오후 일은 자신이 시간 여유을 가지고 작업을 할 수가 잇쓰다.

"그리고 손만원 씨가 오늘 도와주어서 부인은 부인돼로 일을 할 수 잇쓰꼬 자신은 그만춤 수라게 일이 돼어따고 생각을 하며 오늘 일은 손만원 씨 때문에 수란 일가여따고 본다. 그른돼 대가을 오전에만 하여서 30,000원 주니까 어림도 업드라. 일은 잘 하여는돼 대가을 받지 않꼬 잇쓰니 마음이 편화지 않꼬 잇다."

지출에 … 세 값 3,000원

〈1997년 5월 20일 화요일 날씨 맑음〉

오늘 웃들레 모내기을 하여는돼 씨가 다라서 모농사을 다 바리따고 생각을 한다. 처음 파종을 할 때는 몰라는돼 이재 이앙을 하여보니 모씨가 너무나 달라서 실낮 갖드라. 이래서는 본답에서 다들 죽살기[살기 힘들기] 때문에 모 농사는 실패여따고 바야한다. 내년에는 파종을 해도 드물게 해야 하겠다.

"오늘은 김종옥씨 놉을 하여뜬이 오전 10경이야 왔드라. 이른 사람들은 마음이 우리들보다 다르다고 생각을 한다. 남의 품으로 가면서 시간도 업고 여사로 생각을 하고 잇쓰니 그른 사람의 마음이 천화태평이니 사람 살라가는 것도 천충만충이라고 생각을 해야 하나. 실지 농촌에서도 이른 놉이라도 상정으로 모시야 하니 기가 찰 노릇이다. 이것도 내일 오전은 약 천도 못 오고 오후에 올라고 하니 힘이 드는구나. 이른 놉을 하면서도 부인은 어재 저녁에 김천 장을 밭쓰며 남을 식키면서 고기 업는 밥을 줄 수 업따면서 장보는 시간 빼앗키 모든 것을 생각을 하여 보며 너무 힘든다."

오늘은 운들 셋 단지 아래들 3,5돼지기 이앙을 하여쓰며 늘 웃들 3단지 모내기만 하여도 하로가 다 가는돼 오늘은 아래들 3.5돼지기을 심어쓰니 이것은 자신이 농사을 짓고 처음 잇는 일이다.

오늘 … 새 값 탁주 3병= 1,400원

〈1997년 5월 21일 수요일 날씨 맑음〉

오늘로서 모내기을 끝을 냇다. 금년도 모내기는 좀 여유을 가지고 끝을 냇다고 생각을 하고 잇찌만 자신이 모 농사을 바린 원인은 모판 흙이 좀 나푸다는 것과 모판 거름이 만아따고 생각을 하며 그리고 파종을 할 때에 벼씨를 만이 파종을 하여서 모 농사을 바리따고 생각을 한다.

"내년에는 상토흙을 알맡은 것 특희 씨값씨을 조금 더물게 하여야 한다. 그리고 거름을 상토흙에 알맡게 썩으야 한다고 본다."

"오늘도 자신이 모내기을 막 끝을 내고 윤재근 생 노타리을 하여 달라고 하여서 5마지기을 노타리을 하여주고 보니 자신의 모상자 수거을 하는돼 안전 밤이 돼고 마랐다. 자신이 일을 해도 자신의 건강을 생각을 하지 않코 일을 한다고 생각을 하며 오늘 태성이가 일을 그키 하여도 몸이 디지않는가 무르보드라. 나도 사람인돼 일을 만이 하며 피로하는 것은 사실이며 우리 부부는 매일 저녁만 돼며 남의 일을 주라야 한다고 말을 돼새기고 잇다."

"모내기을 끝을 내서 시간 여유을 가질 수가 잇쓸란다 하고 기대을 하여 본다."

〈1997년 5월 22일 목요일 날씨 맑음〉

오전에는 김종옥 씨 생노타리을 하여쓰며 노타리도 물이 업는 곳은 화지 못 하고 물이 알맡전 대만 노타리을 하여서 모내기을 할 수 잇두록 하여두는 돼 60,000 받고 하여수며 이 금액은 자신이 트랙터 구입을 한 후부터 1단지에 60,000만 원을 오늘까지 이 금액을 밭아앗쓰며 이 금을 7년이란 긴 세월이 흙러두록 변함이 없는 트랙터 품싹이다.

"오후는 이양기 모내기 한 곳에 내일 재초제 살포을 할려고 논물 돼는 일로 오후 시간을 보냇다. 오후에 물 돼는대 9마지기 물돼는 것으로 오후 시간 다 보낸 셈이다."

"그리고 오후 일을 맡치고 올 무름에 상기 형수 동생이 모 심어주로 왔따가 차가 논에 빠저서 나올 수가 업쓰서 트랙터을 교섭을 하여 준다고 시간을 만이 소비을 하고 마랐다. 그래도 자신이 교섭을 하여서 빠진 차을 건저냇쓰니 보람이 잇쓰따고 생각을 하며 그리고 생기 형수가 수고을 만이 하여따고 인사을 하니까 보람이 잇쓰따고 생각을 한다."

〈1997년 5월 23일 금요일 날씨 맑음〉

오늘은 사과 약을 살포을 하여쓰며 금년에는 사과가 너무 만이 와서 적과을 할려고 하니 음두도 나지도 안치만 그래도 만이 달려 잇쓰서 기분이 종꾸나. 올해는 열매도 만아서 약 살포을 철쳐하게 해야 부폐병을 막아야지 하는 생각을 가지본다.
그리고 웃들논에 제초제 약을 살포을 하여다. 제초재는 만드레 약인돼 어린 모라서 약해나 보지을 안을까 하고 극정이 돼는구. 자신이 제초제 약을 9마지기 살포을 하고 트랙터 노타리을 3단지을 하여쓰며 이재는 오봉 사람만 생노타리을 하여주면 금년도는 트랙터로 돈 버는 일은 끝이 나는 셈이다. 자신이 트랙터 노타리만 하지 않는다면 자신이 좀 수랄 끈돼 하는 생각이 더는구나. 자신이 일 양을 주리며 부인이 좀 수라게 돼는대 이것이 그리 힘이 더는구나.

〈1997년 5월 24일 토요일 날씨 맑음〉
모내기 한 논에 제초재 살포을 할려고 물 돼는 일을 하여쓰며 오늘따라 봇물이 만이 내리와서 물 돼는 일이 수라게 하여쓰며 자신은 물을 돼어 가면서 포도 순 묵는돼 놉을 해서 일을 하는돼 그들면서 분주위 띠어 다니면서 물 돼는 일을 하고 오후에는 오봉 사람 생노타리을 하여주어쓰며 오늘로서 남의 일, 트랙터 일은 다들 끝을 냇따고 생각을 한다. 자신이 실지 내일만 해도 엽 도라볼 시간이 업따고 보는돼 남의 일을 너무 많이 하며 동네 일을 그진 내가 다 하다십피 하고 잇쓰니 자신은 너무 바푸며 부인은 부인돼로 바파서 죽을 지경이니 나로서는 부인 바서도 일을 주라야 한다고 본다.
수입 … 트랙터 노타리값 100,000원

〈1997년 5월 25일 일요일 날씨 맑음〉
오늘로서 이앙기로 모내기 한 논은 제초제 살포을 다 하여다. 이재는 본답 일이 줄어든다고 바야 하며 이재는 자신도 포도밭을 돌라볼 수 잇는 시간이 생길 수 잇따고 바야 한다.
그리고 오후는 포도밭 김매기 하는 사람을 품을 대어는돼 아줌마 혼자는 김매기 할 밭이 너무 만아서 나도 아주마와 둘리서 김매기을 하고 부인과 우리 딸 2둘리는 포도순 묵는 일 속순 따는 일을 하여다. 오늘 작업량이 분배을 다하여는돼 김매기 작업이 재일 먼저 끝을 내고 그리고 딸들, 부인 이른 순서대로 끝을 임시로 냇따고 바야 한다.
"내일은 바시내 포도 손질을 볼 작정이다. 그리고 작과 그 다음 사과 이른 순서대로 생각을 하는돼 이 일을 다 해야 한다고 생각을 할 때에 이러다가는 부인을 지치게 하여서 죽이지 않캐나 하는 극정까지 돼는구나 엔말이 시집살리 살라갈수록 고대다고 하드니 정말 살라갈수록 너무 힘드는구나."
"오늘은 일요일이라고 구미 동생 지수씨 들어와서 큰 집에 사과 적과 해주로 온 모양인돼 이춤아서[이쯤에서] 찾아보지 않코 그냥 가버리고 마니 내가 동생들에깨 잘못하고 잇는가 생각을 하여보앗다. 이번에는 오면서 부인을 만낟따고 하지만 때로는 그냥 왔다가 가는돼 나로서는 서운화다. 큰집과 나의 집은 만이 돼어야 200매다 됀다고 보는돼 이 거리에 바푸다는 핑계는 나는 이해가 돼지 않는다. 그리고 형님은 생각을 나와는 다르다는 생각을 한다. 형재뿐 아니라 사위, 딸들 그리 와도 삼촌 왔다가 간다는 말을 한마디 업시 가버리고 하는돼 이것은 형님과 형수가 교육이 모자라서 그려따고 하는 것이 자신을 달래는 길이라고 생각을 한다. 그리고 나는 동생들이 나한태 볼 일로 형님 집을 들리지 않아는냐고 꼭 물어서 안 들리따면 장칸이라도 들리다가 가라고 부탁을 하는돼 형님은 전연 그른 이야기는 업는 모양이다."

"내가 형님을 볼 때는 우리 부모가 자식을 잘못 키아따고 생각을 한다. 외냐 육 남매 중 큰 아들이라고 예기중지해서 오늘날까지 자기빡에 모르고 자기 물근밖에 모르고 잇쓰며 그리고 지금도 도와주면 하는 바람을 가지고 잇쓰며 형님은 무엇을 생각이 업는 사람이라고 생각을 하고 십다."

"이번에 형님을 도와주고 십프도 하는 행동이 마음을 상하게 하여서 사실 도와주기 않꼬 그냥 두어다. 외냐하면 우리 마을래서 트랙터가 4대가 잇는돼 동내일은 90% 이상을 내가 다 하는돼 형님은 돈 주지 않는다고 형님 논을 소먹이는 창길을 가을개 집을 주기로 하고 노타리을 다 해달라고 했따고 이야기을 하드라. 그래서 벼집도 한 단지에 60,000인돼 나는 60,000원 벌개따고 이앙기로 모내기을 할 수 있두록 하여주는돼 이것을 창길이는 노타리 한 번으로 준다니 기가 차며 그리고 매년 형님 일을 노타리을 하여준다. 작년에도 3단지을 하여 주어쓰며 올해는 어낙 바파서 재일 힘드는 논 2단지을 노타리을 하여 줄라고 무르니까 창길이 벼집 주기로 하고 다 해달라고 하여따고 이야기을 하는돼 마음속으로는 마음이 편하지 않트라. 외냐 동생이 동네 일을 다 하고 잇는돼 형님이 남을 주고 잇쓰니 남들은 순덕이가 돈 버는 일은 다 하면서 저의 형님 일은 안 해주니까 창길이 주는 것이 아니냐 하고 생각을 하는 사람이 드르 있쓸 것이 아닌가 하고 생각을 할 때에 이번 일도 좀 생각을 하여 바라 하는 식으로 그들어 주지 않아따고 생각을 한다."

"이번 일로 자신은 신경을 들 쓰게 돼어쓰며 매년 형님 일을 하는 것을 보며 자신이 바파서 일은 해주지 못하고 마음만 쓰이서 고충이 잇쓴는돼 이재는 그 고충을 들어따고 본다. 이재는 재 아무리 바푸다고 했도 노타리 해달라고 말을 못 할 끄시며 나도 시간도 업쓸 뿐 아니라 한마디라도 하여주지 않을 끝이다."

지출 … 김매기 품이 40,000원 세 값
4,000원
계 44,000원

지출에 … 대신1동 이기일 잔치에 축이금
30,000원
계 74,000원

〈1997년 5월 26일 월요일 날씨 맑음〉

오늘은 바시내이 쌔래단 포도 적심과 속순을 따는 일들을 하여쓰며 오늘은 피료가 누적이 돼어서 그른지 아주 피료해서 서잇키도 불편할 정도로 몸이 피료하며 부인도 눈이 다 들어 가 잇쓰며 부인도 아주 피료한 기색이며 자신이 너무한다는 생각이 들며 이래 하다가는 부인을 죽이게따는 생각이 솟꾸처 떠오려며 부인보기에 너무 미안하며 자신은 손발이 다 딸투록 부인에 대한 일만 한다 해도 부인의 고마음을 다 할 수 업따고 생각을 하고 잇다. 여보 정말 미안하오. 여보에 대한 고마운 것들은 다들 갑파드리라. 조금만 참아주오.

〈1997년 5월 27일 화요일 날씨 맑음〉

오늘로서 세레단 포도 순 묵는 일 속순 따는 일을 일차적으로 끝을 내고 오후에는 부인은 골레 작과 일 속음질 하로 하고 자신은 형님 단청 스라부 쳐는 돼 그들어 주어쓰며 레미콘 차로 3대 2루배을 스라브을 쳤쓰며 평수가 적으니까 공구리도 적개 들어가는구나. 그리고 길까에 집들은 집짓기가 아주 수라면 우리집 짓을 때 바서는 형님네 집은 거저먹기다. 오늘 공구리을 하는돼 펌프가 와서 레미콘 차가 와 펌프까에 부어만 주며 자동으로 공구리는 스라부에 올라오며 이것을 밀대로 밀기만 하면 끝이 나니까 요줌 노가다는 힘드는 일이 업꾸나. 세상은 하로가 다르게 변해가고 잇따는 것을 요줌 장비을 보고 너겻다.

지출 … 휘발유 40리터 11,200원 화장지 7,000원

〈1997년 5월 28일 수요일 날씨 흐림〉

오늘로서 작과일 속음질을 대충 부인과 둘리서 하고서 사과 적가을 하로 같픈이 잡초가 무성하게 잘라 잇쓰서 그냥 두고 적가을 할 수가 업쓰서 부인은 적가을 하구로 두고 자신은 잡초을 뽑는 일을 하여쓰며 잡초을 뽑는 일을 내일을 더 해야 작초 작업이 끝을 낸다고 본다.

"오늘은 일을 하고서 집에 올 무름에는 몸을 운신하기가 힘이 들어쓰며 이르깨 힘이 들어서 무엇을 하나 하고 허망한 마음이 들드라."

"아직도 작업량이 줄어들 기미는 보이지 않코 잇쓰며 자신으로서는 시간 여유을 가지고 작업을 할 수 잇는 날이 끝이 보이지 않코 잇다."

〈1997년 5월 29일 목요일 날씨 흐림〉

오늘로서 사과밭에 김매기 작업을 끝을 내고 오후 너깨부터 사과 적화 일레 거들어 주는 일로 들어 갔쓰며 올해는 열매가 너무 만이 와서 속음질도 시간이 아주 만이 걸리며 금년에는 나무 열매는 대풍이라고 생각을 하며 자신이 사과 농사 작과 농사을 지어온 후 재일 열매가 만이 왔따고 생각을 한다. 우리 농민은 열매가 만이 와서 좋아들 해야 하는돼 그 반대로 우리 농민은 과일 못 팔라 먹는다고 큰 극정이다. 과일 풍년이 들며 특별한 과일만 소득을 올리지만 그 반대 사람들은 그저 과일을 버리는 객이 돼니 우리 농민은 벌서부터 불안한 감을 감추지 못 하고 잇다.[63]

〈1997년 5월 30일 금요일 날씨 비〉

오늘도 우리 부부는 사과 적과을 하여쓰며 사과 적과도 둘리서만 하니까 여르 날 할 것 같터며 작년만 해도 부인 혼자해도 하로만 적과하면 다 하곤 하여는돼 올해는 두리 해도 여르 날 해야 적과을 다 할 수 잇쓸 것 같다.

"오후에는 적가을 하다가 소낙이가 와서 집우로 왔따가 집에서 휴식을 할려고 햇는돼 금새 소낙이가 언재 왔나 하는 식으로 빛이 밝게 나서 집에서 휴식을 하지 못하고 우비을 준비을 해서 사과 적가을 하로 다시 현장으로 나갔다."

수입 … 노타리값 440,000원

〈1997년 5월 31일 토요일 날씨 맑음〉

오늘로서 사과 적아을 끝을 냇쓰며 사과 적아을 다 하고 나니 살상바르며[살 것 같으며] 그래도 사과 적아는 재 적과을 해야 돼는 것이 아닌가 십다.

63) 일기 지면 상단에 '(5月 29日) (오늘로서 정기예금을 5천만을 하여다.)'라고 기록되어 있다.

"내일 사과 약 살포을 할려고 조합에 가서 사과 약과 작과 약 십만 원치 외상으로 가지고 왔쓰며 과일값 보다 약값이 더 만을난지 몰겟다. 농산물은 싼돼 약값은 외 이래 비싼지 몰겟꾸나.

〈1997년 6월 1일 일요일 날씨 비〉

오늘은 참깨 이랑을 짓어쓰며 자신은 참깨 이랑을 두 번 짓는 일을 하여쓰며 오늘 오전에 우리 부부는 참깨 골 짓는 돼 힘이 만이 들어다. 오후에는 벼논에 물 돼는 일을 하여쓰며 기상대는 비가 온다고 해서 물 돼는 대 등안시 하여쓰며 그마저 물이 들어가고 잇는돼 비가 내리서 물꼬을 막고 그만 집부로 들어왓다.

"오늘 비는 조금 오다가 그치는 바람에 일을 해도 충분이 할 수가 잇는돼 자신은 몸이 피료해서 좀 실라고 자신은 오후내 휴식을 하고 마랏는돼 부인은 일을 하여쓰며 부인은 자신보다 더 악빨로 일을 하며 내가 볼 때는 몸이 피료해서 넘어갈 끝 같튼돼 그래도 휴식 업쓰며 잠쉬도 쉬는 일이 업쓰며 자신은 죽는다고 좀 쉬며 하기 실은 일들은 접어두고 시간만 보내라고 부인한태 노래을 하고 잇다.

지출에 … 병호 외박 나와는돼 운이 용돈 주라고 五萬원 줌.

〈1997년 6월 2일 월요일 날씨 맑음〉

오늘은 참깨 이랑에 비누류 씨우는 일을 하여쓰며 오늘 오전내 우리 부부는 참깨 비누루 씨우는 일을 겨우 다 하였다. 오후는 윤두희 직파 자리에 이앙기 모내기을 할려고 생노타리을 하여주고 나서 부인이 참깨 씨넌는 돼 그들어 주는 일을 하였다.

지출에 … 경유값 면세을 받지 않는 가격 74,400원

〈1997년 6월 3일 화요일 날씨 맑음〉

오늘 사과 약 살포을 하여쓰며 늘 사과 약을 살포을 하면 약 량이 적어서 이번에는 약대을 적은 적으로 살포을 하니 시간이 만이 걸리서 그려치 약은 나무에 골골로 약 살포을 해서 더 효과적이라고 생각을 한다. 약 량도 적다는 감이 업쓸 정도로 살표을 하게드라.

"오후에는 웃들로부터 벼논에 웃거름을 하여쓰며 한 단지 600평에 요소거름 20kg짜리 2포식을 하고잇다. 오늘 거름 량은 5섯 단지 거름을 하여다."

"금년에는 벼들이 활짝[활착]이 돼지 않코 자꾸만 죽어가고 잇쓰며 실지 웃거름을 할 때가 돼며 다들 벼가 좋은돼 금년에는 일기가 불순으로 그리고 아침 저녁으로는 추어서 날씨 땟을 하고 잇다. 금년에는 초기부터 일기불순으로 벼가 고전을 하고 잇는돼 나중에 좋은 날씨을 보여 주어야 하는돼 실지 극정이다."

〈1997년 6월 4일 수요일 날씨 맑음〉

오늘은 직파논에 물을 돼어 거름을 할려고 어재 저녁잠도 설치 가면서 물을 돼 것이 6마지기는 물을 돼고 4마지기는 들어가다 말라쓰며 열 마지기 논에 밤새두룩 물을 돼 것이 4마지기는 물을 못 대는 바람에 오늘 거름을 못하고 물을 돼 6마지기 논에는 오늘 거름을 하여다. 자신으로 바서는 서양바실래 4마지기 말고 다른 필지는 다들 거름을 다 하여다. 자신으로 바서는 웃거름을 하고 나면 수도작은 다들 짓어따고 생각을

한다. 자신은 오늘 서양바실 4마지기도 물이 들어같드라면 오늘 웃거름을 다 하는돼 물 때문에 거름을 못해서 마음 한 쪽에 비어잇는 너킴으로 오늘 해을 보내고 마랐다.

〈1997년 6월 5일 목요일 날씨 비〉

윤두희씨 직파 논에 씨는 잘 쓴는돼 잡초 갈리을 못해서 꼬꼬랑때(고랑때)가 너무 만아서 오늘 노타리을 해서 이앙기 모내기을 할려고 안전이 장만을 하여두어다. 금년에는 직파 자리가 다들 시원찬따고 생각을 하며 실지 실패작이라고 생각을 한다. 그리고 직파 자리에 품종 선별을 잘 해서 파종을 한 사람은 그른돼 직파에 관개업시 잘 자라고 잇는돼 그 반면에 직파 자리에 일품벼을 선정을 한 사람들은 안전 실페을 본 사람이 아주 만아따고 생각을 한다.

"기상대서 오늘 비가 온다고 해서 사과나무에 거름을 한다고 해서 자신도 요소비료을 1포반을 나무마다 골골루 주어다. 비료도 밑차 주기로 전에 비가 내리고 잇드라."

"오후 너깨 서양바실에 비가 오는돼도 물을 돼는 일을 하여다. 늙 서양바실에는 물 대는 일이 그리 힘이 든다."

〈1997년 6월 6일 금요일 날씨 맑음〉

오늘로서 벼논에 웃거름을 다 하여쓰며 올해는 벼들이 사랑스렵지 몾하고 모들이 땅속으로 기어들며 가는 너킴이며 모들이 다들 할작이 돼지 않코 자꾸만 죽어가고 잇다. 그 중 물바구미까지 합세을 하여서 모 페기을 곤욕스렵개 만들고 잇쓰서 더 할짝이 돼지 않으며 작년만도 물바구미가 어린 모을 회친다고는 하지만 별도로 물바구미 약을 살포을 하지 않꼬 그대로 넘어 왔는돼 올해는 물바구미 약을 다들 살포을 하며 자신은 한 필지도 빠짐업시 다들 물바구미 약 입재을 다들 살포을 하여다. 그리고 물바구미 약을 좀 일적 살포을 했드라면 물바구미 피해는 좀 주릴 수가 잇쓴는돼 이것은 지도소의 홍보부족으로 농민들의 피해가 더 크다고 생각을 한다.

"앞푸로 물바구미 약을 새로 개발을 해서 물바구미가 전멸을 식키지 않는다면 우리 농민들은 물바구미 때{문}에 수도작이 큰 낭패가 따린다고 바야한다."

〈1997년 6월 7일 날씨 맑음〉

오늘은 포도 약 살충재와 탄저병 약, 작과 약을 살포을 하는돼 날씨의 기온이 30도 올라가는 여름 날씨와 다름이 업쓰서 약 살포에 고충을 치라다. 외냐하면 살충재 살포을 하는 일이라서 방재복을 입고 약 살포을 하니 더어서 땀으로 옻들을 다들 배리고 숨도 모라 실 정도라서 부인예깨 약 살포을 좀 해달라고 이야기을 해서 약 살포을 하는 일을 거들어 달라고 부탁을 해서 서로가 반 가라서 약 살포을 하곤 하여다. 그리고 시간이 일적으서 참깨에 엽꼬병 약을 살포을 하고 고추 고랑에 잡초 약을 살포을 하여다.

오늘은 내일 동기계 참석을 할려고 오늘 작업량은 아주 만은 양인돼 내일 개 참석을 할려고 오늘 일을 무리하게 한 것이 사실이며 오늘 화장에 물바구미약을 살포을 2단지을 하여다. 이것들은 다들 생각 외 일들이라고 생각을 한다.

〈1997년 6월 8일 일요일 날씨 비〉

오늘은 운이가 전화을 줄 끈대 하면서 기다

리서 운이 전화을 받아보지 못하고 누님 생신이 내일인돼 오늘로서 누님 생신을 치룬다고 상환 조카가 전화을 해서 우리 부부와 형님, 형수 넷 시가 누님 생신에 참석을 하여다. 운아 전화로나 너의 목소리을 덥고 싶픈돼 아빠의 일로 운이 전화 받지 못한 이 아빠의 심정이 아푸단다. 이 아빠의 마음은 너의 전화을 기다리따가 받아보고 십픈 마음을 실천에 온기지 못하고 자신의 일로 운이 전화을 못 받는 이 아빠을 이해해 다오. 나의 활동으로 야외에 몸은 잇찌만 마음은 전화기 엽페 잇는 심정이라고 말을 하고 십꾸나. 오늘은 아빠와 전화 통화을 못하개찌만 누나들과는 전화을 하게지 하고 오늘 출타을 했는돼 집에 들어오면서 운이 전화 왔뜬아 하고 무르니까 전화가 오지 않아따고 해서 무엇 때문에 전화 못 했는가 하고 극정이 돼는구나. 비상이라서 전화을 못 했는가 하고 여르 잡념이 다 들어가는구나. 자신이 운이 목소리을 들어온 지가 그리 먼 것 갈꾸나. 운아 이 아빠는 일요일이 돼며 운이 전화 왔따고 해야지 아빠의 마음이 풀린다고 말을 하고 십다. 운아 너의 전화가 업는 일요일은 아주 불안하구나. 운아 군복무에 힘은 들 끄란 것을 알면서도 이 아빠는 욕심을 부리고 잇딴다. 운아 시간을 내서 주일은 너의 목소리을 들리다오. 이 아빠는 기다리고 잇딴다. 운아 시간을 내어서 전화을 주기 바란다.

"오늘은 대신국민학교 11회 동기개을 구성다리 밑에서 개모임을 가지기로 약속을 해서 오늘 봉산 친구들과 구성다리 밑태 참석을 하여쓰며 이번이야말로 다들 참석을 다 하여 가랑비 내리는 다리 밑태서 옛이야기 주고 받고 하로의 시간을 보내는돼 절거어따고 생각을 한다. 앞푸로도 야외에서 개모임을 하여쓰며 하는 마음이 들들드라."

지출에 … 누님 집에 가는돼 50,000원
동기 개금 30,000
계 80,000원

〈1997년 6월 9일 월요일 날씨 맑음〉

오늘은 우리 들녘에 수초 작업을 하고 오후는 김천 목재소에 가서 매기탕할 나무을 사와서 매기탕을 하고 다가오는 장마을 대비을 하기 위하여 우회도로 내는 데서 재방을 손실을 식키고 안전 보수을 하여주지 않아서 오늘 동장과 읍장을 면담을 해서 재방 보수을 하여 달라고 건위을 하여 낱다.

"오늘도 수초작업에 출력 문재을 두고 말성위 만아쓰며 출석에 결정을 지우지 못하고 말라쓰며 이재는 조금도 손예을 보지 않을라고 하니 늙 공동일래는 말성 소재가 늙살라 잇쓰서 공동일래 갈수록 힘이 든다고 바야 한다."

〈1997년 6월 10일 화요일 날씨 맑음〉

어제 수초 작업을 종일 해도 수초 작업을 몾 다해서 오늘 다시 대작자만 오늘 수초 작업을 하다 남은 것을 오늘 13명이 일적다 하여다. 그리고 오후는 포도 순 따는 일을 하여쓰며 그리고 이차 순 지려는 일을 하여다.

"올해는 자신픈 아니라 포도 작항이 다들 나푸며 심지어 멧 사람은 시장 출하도 못할 정도로 포도 나푸며 우리 마을도 포도 농사을 짓는 사람은 닷섯 손가락 안에 들 정도니 이것은 포도 농사가 숭년이라고 말을 하고 십다."

〈1997년 6월 11일 수요일 날씨 비〉
오늘은 당산 포도 이차 적심을 하여쓰며 당산 포도 이차 적심은 오늘로서 적심을 끝낸 샘이다. 자신이 오늘 다 한다고 어재부터 이차 적심을 다 한다고 개핵을 세어다. 그른돼 비가 오는 바람에 개핵대로 재발을 한 셈이다.
수입 … 310,000원
지출에 … 품값 50,000원

〈1997년 6월 12일 목요일 날씨 맑음〉
오늘은 바시내이 쌔래단 포도 약 살포을 하는돼 포도송이가 다들 꼬쟁이만 남아 잇는 송이가 만아서 약 살포을 하기 조차 실어며 포도가 안될라면 다들 안대며 사람이나 수라두록 하여 주어쓰며 차라리 더 좋을 뿐했따는 생각이 더는구나.
"오후에는 직파 논에 물 대어가면서 모을 머드리는[64] 일을 하여는돼 6마지기을 다들 머들린다고 본다면 2일은 머드리야 다 할 것 같꾸나. 우리 부부는 일을 해도 해도 끝이 보이지 않는구나. 사람이 너무 일들이 만아서 부인 보기에 너무 미안타. 인간은 팔자 길드리게 달려 잇따고 하는돼 우리도 가감하게 일을 주리 바야 할 땐돼 내 배짱으로는 정말 힘이 드는구나."

〈1997년 6월 13일 금요일 날씨 맑음〉
자신위 작과 농사을 지언 후 처음{으}로 예쓰레이 약을 경운기로 오늘 살포을 하여쓰며 그리고 올해는 작과일이 풍작이라서 남먼저 출하을 해야 돈을 할 수가 잇쓸 것 같다서 올해는 서들어 예쓰레 약을 살포을 하여도 극정이 돼고 잇다. 오늘 약은 예쓰레이 영양제 미성알파 약은 꼭지 않빠지는 약 4종 복합비료 이러깨 혼합을 해서 살포을 하여 노앗다. 약 량은 예쓰레이 약 1병에 물 3말을 희석을 하여서 살포을 하였나다. 오후에는 직파 모 머드리는 일을 하여쓰며 만은 곳에 잇는 것을 뽑아서 머드리는 일을 할려니 힘이 더는구나.[65]

〈1997년 6월 14일 토요일 날씨 맑음〉
포도밭에 재초제 약 살포을 하는돼 약 량은 25말로 당산 포도밭과 말리 사과밭에 제초제 약을 살포을 하는돼 오전에 약 살포 하는돼 시간을 다 빼앗키며 특희 오늘 더위는 대구 지방이 33도 올라 같따니 오늘 약 살포하는돼 그 고충은 말로 다 할 수가 업따고 본다.
"오후에는 형님 집 상장식을 한다고 해서 아무 일도 못 하고 상장식을 하는 돼 음식을 나누어 먹고 있쓰니 오후 시간이 그진 다들 같쓰며 실지 오늘 오후는 무선 일을 한다고 해도 너무 더어서 일예 능률도 업쓸 것으로 내다보고 있쓰다. 요줌 드위가 개속돼고 잇쓰서 농민들을 힘들게 만들고 잇다."
오늘 사과 약 순달이가 약을 가지고 옴. (25말)

〈1997년 6월 15일 일요일 날씨 맑음〉
요줌은 연일 짐통더위가 개속대고 잇다. 이 더위는 인간들을 너무 개로피며 인간들을 너무 피곤하게 만들고 잇다. 오늘은 사과

64) '머드리다'는 보식하다는 뜻의 방언이다.
65) 일기 지면 상단에 '오늘은 예쓰레이약 살포을 함. 약 량 예쓰레이약 1병에 물 3말 희석함.'이라고 기록되어 있다.

약 살포을 하여쓰며 사과 속음질을 한 것이 적과을 하지 않안 밭 같드라. 가는 곳 마다 일손들을 기다리고 잇는돼 우리 부부는 일은 끝이 업고 마음까지 질리는 실정이다. 오전은 사과 약 살포을 하고 오후는 직파 논에 모 머드리는 일을 하여쓰며 부인은 사과 재 적과을 하로 같쓰며 우리 부부는 잠쉬 실 여가 업꾸나.
오늘은 운이 전화를 밭아 보라고 전화기을 가지고 다니라고 부탁을 하고 들레 갈라고 작정을 했는돼 그만 깜짝하고 그냥 들레 같뜬이 전화을 밭지 못했따고 이야기을 하드라. 오늘따라 혜지는 대구 갑바위 가고 혜영이는 재 볼일을 밭쓸 것이며 화장실에 잇는돼 한 번 전화벨이 울리따고 하드라. 이 벨이 운이 전화 여는돼 못 밭은 것이 아쉽꾸나. 이 다음에는 운이가 한 번 온다면 무선 수단을 쓰드레도 일주일래 한 번식 집우로 전화을 하라고 이야기을 해야 하게꾸나. 이번 주도 전화을 밭지 못하고 운이 전화 밭아본지가 3주을 넘어 가는 셈이다. 다음 주는 어떠한 일이 잇쓰도 이 아빠 한돼 전화을 다오. 운이 목소리라도 덧고 십꾸나.
"아들 딸 키어보니 다들 재각키구나. 우리 혜지는 일주일에 3번은 정식 시간으로 집우로 들어오고 그 나머지는 회식 친구와 놀라따고 이야기을 하고 혜영이는 일주일에 한번쯤 놀라따면서 재 시간에 들어오지 않코 잇다. 이 딸드리 예인이라도 잇쓰면서 놀고 잇쓰며 좋은돼 예인도 업쓰면서 시간 낭비을 너무 만이 하고 잇쓰며 이 아빠는 딸들이 예인이라도 좀 만들어 주어쓰며 한다."

〈1997년 6월 16일 월요일 날씨 맑음〉
오전으로부터 직파 논에 모 머드리는 일을 다 하여다. 파종을 할 때는 늙 여사로 알고 파종을 하는돼 올해로 바서 직파 논에 파종이 재대로 안대면 차라이 이앙기 모내기하는 것보다 더 힘이 든다는 것을 절시리 너켜쓰며 다음에는 노타리부터 신경을 쓰야 하게쓰며 자신은 늙 자신의 것은 여사로 생각을 하는 습성이 잇다. 아푸로 어떠한 일이 잇쓰도 자신의 일에 중요시 해서 무선 일이든지 침착하게 해야지 자신의 소득에도 더 올릴 수 잇따고 생각을 하며 앞푸론 소득이 더 돼는 쪽으로 가야한다고 생각을 한다.
"오후에는 사과 2차로 적화을 하여다. 늙 약값도 못 돼게 돈을 하는돼 올해는 열매가 아주 만이 달리서 올해는 약을 쳣도 철쳐하게 살포을 해볼 욕심이다."

〈1997년 6월 17일 화요일 날씨 맑음〉
당산포도 약 살포을 하는돼 집사람이 대신해서 약 살포을 하여주니 자신이 수라드라. 자신이 힘든다고 부인이 그들어 주는 모섭은 정말 좋으나 자신이 쉬면서 부인의 약 살포을 하는 모섭을 보니 마음에 걸리는구. 약 살포는 남자들이 하는 것이며 이것 아니라도 부인이 너무 만이들 하고 잇쓰며 부인은 사실 1초도 휴식이 업는 사람인돼 약 살포을 대신 식키도 잇쓰니 안스려서 자신이 다시 약 살포을 하는 일을 하여쓰며 이것이 2회의 일이 벌어저고는 하여다.
"오후는 마늘 수학을 하는돼 이것이 잡초 속에서 가리서 수학을 하는돼 날씨는 36도의 기온에서 마늘 수학을 하는돼 음청난 고충을 당해쓰며 자신이 오늘날까지 일을 하면서 재일 고충이 심해따고 생각을 한다. 오늘 날씨는 입이 벌어질 정도로 힘이 들은 날이라고 생각을 하고 십다. 오늘 작과 착색 약을 2차로 살포을 하여쓰며 남들은 을마나 일적 착색 약을 하여는지 마을에 멫 사람은 작과 약을 일적 하여서 작과 일을 수학을 하고 잇쓰니 귀가 찬다. 자신은 내 딴에는 일적 착색 약을 살포을 하여는돼 남들은 6月 10日 이전에 약 살포을 한 것이 아닌가 한다. 엔말에 늙 날라가는 사람이 만이 잇따고 하드니 우리는 따라가지 못하게꾸나."
수입에 노타리값 90,000원

〈1997년 6월 18일 수요일 날씨 비〉
오늘은 벼논에 물을 댈란내 포도송이 알 속이 작업을 할란에 정말 마음이 바푸구나. 논에 물을 너어 낱서 갑짝이 물이 만이 내리와서 나로 인하여 남의 피해를 줄까봐 오토바이로 연신 앙래을 하면서 물 대는 일을 할려니 휘발유 값도 못하겠다 하는 생각이 들두록 자주 단위쓰니[다녔으니] 이 마음이야말로 격끄보지 않코는 알 수가 업는 일이라고 말을 하고 십다.
오후는 때 아닌 소낙이가 내리고 있쓰서며 기상대는 비가 오늘 내일 업따고 해서 벼논에 물을 대는 일을 하여뜬이 이것은 시간 낭비을 했따고 생각을 한다. 외냐하면 소낙이가 잇따고 하여쓰며 논에 물 돼는 일은 표기을 하고서 포도 알속이 작업이나 할 끈돼 생각을 할수록 아쉬운 일이라고 생각을 한다.

〈1997년 6월 19일 목요일 날씨 맑음〉
오전에는 부인은 작과 일 수학을 하고 자신은 포도 알속이 작업을 하고 오후에는 부인과 둘리서 포도송이 알 속는 일을 하여쓰며 부인은 일이 만이 밀리 잇쓸 때는 저물두록 할려고 하고 자신은 몸이 상한다고 적개 할려고 다툼을 자주 하는 셈이다. 자신이 생각을 해도 참을성이 부인보다 아주 적다고 생각을 하며 내 부인은 일래 지침이 업시 계속하는 것은 악으로 하는 것인과 정말 일이 하고 십프서 지루함도 모르고 종일이라도 휴식 업시 할려고 하는 마음 생각을 할수록 급이 날 정도며 자신이 강재로 휴식을 식키지 않으며 이 사람은 잠쉬도 쉬지 않는 성격이다. 남들은 자신보고 억척이라고 하지만 부인은 자신 비해서는 억척이라고 하기보다 신이라고 말을 부치고 십다. 사람으로는 도저희 할 수 업는 일을 부인은 하고 잇따고 말을 하고 십꾸나. 자신이 부인을 그대로 두면 넘어가기 때문에 자신이 가감한 결단을 내리야 하는돼 아직 못하고 두고 보고 잇는 자신이 부끄렵꾸나.
"여보 건강을 생각을 해서 일을 하여 주어쓰며 남편의 마음의 무게을 들어주는 일이요. 앞푸로 남편의 마음을 들어주는 부인대어 주십시오.

〈1997년 6월 20일 금요일 날씨 비〉
오늘은 비을 맏저면서 자두 수학을 하여쓰며 자신이 착색약 살포량은 남들보다 적지는 않는데 반더시 착색약을 살포을 할 때는 영양제을 너어서 살포을 하면 착색이 빨리 오지 않는다고 한다. 남들은 착색약을 살포을 한 사람들은 만이 수학을 하는돼 자신은 고작 5짝 밖에 수학을 못하고 잇쓰니 이것은 영향제의 혼용을 해서 자두 수학이 지연대는 것이 틀림이 업다. 내년에는 더 빨리 약 살포을 해야 할 끄시며 반드시 영향제는 빼고 착색약을 살포을 해야 하겠다.

오늘 오후에도 포도 알속이 작업을 하여쓰며 둘리가 종일 작업을 해도 포도나무 한 줄 빡에 못하고 잇다. 하로 한 줄 작업을 한다고 본다면 12일은 해야 다 하니 아직 쌔래단 포도 알속이을 해야 하는돼 아직 캄벨 포도을 5일은 해야 다 한다고 보는돼 생각을 할수록 아득하구나.

〈1997년 6월 21일 토요일 날씨 맑음〉

오늘은 해장부터 자두 수학을 하여쓰며 자신은 착색약이 약해서 자두가 익어주지을 안아서 매일 수학량이 적어며 자신으로 바서는 오희려 득이 돼는 생각을 한다. 외야하면 포도송이들이 좋은 것은 다들 치키 째저서 상품 가치을 다들 일키 때문에 사실 자두 수학은 뒤전이다. 요즘 오전에 자두 수학을 하고 나스는 곳바로 당산 포도송이 알속이 작업을 하는돼 여념이 업쓰며 자신의 부부는 엽 도라볼 시간이 업다.

오늘은 자두 수학량 6짝

지출에 … 수박값 5등위 10,000원 개약
1판에 3,000원
계 13,000원

(수박을 큰집에 2등이 두고 자신은 3등이 함)

"내일은 어떠한 일이 잇쓰도 운이 전화을 받뚜록 저의 누나 한 명은 전화기 엽폐서 떠나지 않투록 당부을 하고 들래 갈 끗이다." 이 아빠는 엔 일인지 운이 전화을 받아야지 그 주일은 아무른 잡념 업시 지나가지 그르치 않코 운이 전화가 업는 주일은 그리 지루하고 마음의 안정이 들 대는 주일이 돼고 만다. 운아 이재 군 생활도 재법 하여따고 이 아빠는 생각을 하고 잇는돼 전화 할 시간이 그리 업튼아. 이 아빠 갈뜨며 어떠한 방법을 쓰드레도 전화 활 시간은 내개따는 생각이 드는구나. 운아 전화하는돼 힘이 들거든 로비용은 이 아빠가 돼어 줄 때니 전화을 평일에도 전화을 자주 해다오. 꼭 주일날 하니까 너무나 멀구나. 내일은 어떠한 일이 잇쓰도 전화을 해주어 이 아빠가 전화기 엽폐 기다리다가 전화을 받아보면 을마나 좋깨노만 이 아빠는 요줌 포도송이 작업 때문에 엽 도라 볼 시간이 업도. 그러니 이 아빠 이해하여주고 오늘 누나 한 명을 전화기 엽폐 배치할 작정이니 내일은 전화해라. 아빠가 부탁을 한다.

〈1997년 6월 22일 일요일 날씨 맑음〉

오늘은 작과 수학을 12짝을 하여쓰며 오늘은 수학량이 조금 늙어낫쓰며 자신이 착색약을 살포을 한 것 비해서는 수학량이 아주 적은 편이라고 생각이라고 한다. 오늘 오전에는 참깨 찝어달라고 어재 저녁부터 딸 둘레 좀 도와달라고 당부을 해서 약속을 받아나서 오늘 오전에 아들을 깨와서 들레 대리고 갈려고 일어나서 아침을 먹고 참깨 찝어로 가자고 하니 안 갈려고 안칼을 부리드라. 어재 저녁부터 좀 도와달라고 외원을 하다십피 하여는돼 오늘 안 알라고 할 때에 이 아빠는 허탈하드라. 나는 자식들을 살리볼라고 눈코 뜰 새도 업시 날띠고 잇는돼 그리고 부모님의 고마음을 모르고 잇따는 생각을 할 때에 내가 무엇 때문에 매일 비지땀으로 살라가는가 하고 허탈하기 짝이 업드라. 오늘은 정말 서운하드라. 그래서 은성을 높피고 딸들이 들을 때에는 서운할련지는 몰라도 나는 다들 필요가 업꾸나. 내가 살라가는 습관성을 곤치야 하는구나. 미국에는 자녀들 교육만 식키주며 부모들은 아들래깨 자기 능력으로 살라가라고 돌바주지 않는다드니 한국 부모들도 이세들레 인간의 생을 다 밭치고 잇는돼 이것이 아주 잘못이라고 생각을 하며 오늘 딸들래깨 이것을 다시 배운 셈이다. 이려깨까지 아빠의 마음을 디집어 놓고 정심시간에 혜지가 아빠 식사해요 할 때에 아빠의 마음은 풀지 않아는돼 딸은 다들 풀고 아빠 식사해요 할 때에 이 아빠도 마음을 풀지 않을 수가 업쓰서 혜지 말래 응애 주어쓰며 오후에 참깨 찝어주는 돼 도와줄라고 하는돼 그냥 두라고 하니까 도와줄라고 애원을 해서 아빠도 오늘 오전에 일은 업픈 것으로 생각을 하고 혜지와 혜영이 다들 대리고가서 참깨 찝는 일을 다 하고 마늘까지 수학을 해서 오늘 딸들이 마이 도와주어따고 생각을 한다. 오늘 딸들이 도와주지 않는다면 품을 퇼라고 생각을 한 것이 딸들이 다 하고 마랏다.

"오늘 오전은 안전 우울한 기분으로 오전 시간을 보내따고 말을 하고 십다."

"오늘날까지 자식을 이주로 살라왔따고 생각을 하는돼 이재는 부인을 이주로 살라야 한다는 마음의 너킴을 밭아쓰며 나 자신 너무 이세한태 희생을 하는 따입인돼 이재는 나의 노후을 생각을 하는 인생을 살라야 한다.

〈1997년 6월 23일 월요일 날씨 맑음〉

오늘도 자두 수학을 하여쓰며 자신이 자두 수학을 해도 이상하다고 생각을 한다. 외냐하면 자신이 착색약을 살포을 한 것 바서는 적은 량의 수학이라서 자두을 따고 곳바로 착색약을 분무기로 3통을 살포을 하는돼 약 량은 미성알파 20CC 착색약 27CC 희석을 해서 살포을 하여다. 남들은 만이 수학을 하는돼 자신은 남들보다 먼저 약 살포을 했는돼 자두 수학을 더 못하고 잇쓰니 예는 더 타고 잇다.

"오늘은 나무가 죽는 한이 잇쓰도 자두 수학을 만이 해볼려고 살포을 하여는돼 기상대는 25日부터 본격적으로 장마라고 하니 극정도 돼고 잇다."

자두수학 … 골래 13짝, 앞밭에 3짝
계 16짝

〈1997년 6월 24일 화요일 날씨 맑음〉

오늘은 서들어서 자두 수학을 하는돼 열중하여쓰며 우리는 자두가 익어주지 않아서 18짝 수학을 한 것이 고작이다. 오후에는 포도송이 알속이 작업을 하여쓰며 오늘로서 비누루 봉지 씨운 것은 다들 알속이 작업을 끝을 냇쓰며 이재 비누루 씨우지 않은 것이 4골 반이 남아잇는돼 이것을 처음 시작을 하여다. 이것은 봉지을 씨운 것보다 더 힘이 드는구나. 포도는 발라가 약간 저야 한다고 하드니 발라가 저지 않은 포도 알속이 작업은 너무나 힘이 만이 드는구나.

자두수학 골래밭에 14짝, 앞밭에 4짝 계 18짝

〈1997년 6월 25일 수요일 날씨 비〉

오늘은 잠자리에서 일어나지 않아는돼 소낙비가 쇼다지고 잇쓰며 이 비을 다들 맡저 가면서 자두 수학을 다 해야 한다는 것을 생각을 하니 끔직하드라. 부인과 둘리서 5시에 밥을 먹어니 밥맡은 업고 비는 쇼다저고 해서 일을 할 맡도 나지 않으며 정말 억지로 부인과 둘리서 우이을 준비을 해서 자두밭으로 가서 자두 수학을 열심이 하여다. 오늘은 자두 수학을 오후 3시까지 한 셈이다.

오후에는 포도송이 알속이 작업을 하여쓰며 우리는 8시까지 일을 하고 오후 시간을 맡치고 만다. 우리 부부는 늙 오전 5시에서 오후 8시가지 일을 계속하고 잇다.
자두수학 골래 14짝 골래, 앞밭에 10짝 24짝 수학함.

〈1997년 6월 26일 목요일 날씨 비〉
오늘은 소낙비을 마저면서 자두 수학을 하여쓰며 이날 비을 마저면서 자두 수학을 해서 시장 출하을 해도 과일값은 똥금이니 생각을 할수록 기가 찬다. 이것들이 중간 상인들의 행포라고 생각을 하니 의이가 업꾸나. 오후는 연일가 같이 당산포도 알속는 작업을 하여쓰며 금년에는 발라가 저지 않꼬 그대로 결실이 돼어서 우리 부부을 고생을 식키고 잇쓰며 이것도 모자라서 포도송이가 좋은 것은 다들 째저서 성한 것이 업쓰서 더욱도 가슴 아푸게 하고 잇다.
자두 수학 골래 11짝, 앞밭에 7짝 계 18짝

〈1997년 6월 27일 금요일 날씨 비〉
오늘도 자두 수학을 하는돼 남들은 너무 익어서 한번 올라가면 반구니로 반식은 딴다고 하는돼 우리는 자두 한두 개을 보고 올라가서 따는 실정이니 자두을 만이 수학을 할 수가 업꾸나. 올해는 남 먼저 착색약을 살포을 하고도 자신은 자두 수학을 못하고 잇는 것은 자신이 약 량이 약해서 자두을 익어주지을 않는구나. 내년에는 물 한 말래 착색약 25CC는 너어야 남들처름 자두 수학을 같이 한다고 본다.
오늘도 오후는 포도 알속는 작업을 함.
자두수학 … 골래 10짝

〈1997년 6월 28일 토요일 날씨 비〉
오늘은 기상대에서 태풍이 오기 때문에 그 여파로 우리나라는 상당이 만은 비가 온다고 주위하라고 날리을 직이드니 이번 태풍이 일본으로 비키가서 우리나라는 맑은 날씨 여타고 말을 하고 잇쓰니 기상대도 문재가 만타고 본다.
"오늘은 자두가 매일 따니 수학량이 적다고 숙모님이 너위들 포도 알속이 하는 바푸다고 오늘은 자두 수학을 그냥 두고 오늘은 포고 알속는 일을 마음노코 우리 부부는 일을 하고 정심 먹어로 집에 오니 숙모님 전화로 자두가 온 돼가 발갈타고 하면서 오후는 자두을 따야 한다고 해서 밭에 가보니 정말 만이 익어드라. 이것을 본 자신은 마음이 바파저드라. 그래서 정신업시 자두따는 일을 하여쓰다.
그리고 우리는 대전을 부치바도 가격이 떨어지고 해서 김천 농협청과로 33짝을 가지고 같뜬이 오늘은 서울에는 다들 신다고 상인들이 배장을 부리는 바람에 자두값은 폭락을 하고 자신은 상담아[상다마] 14,000원 중담아 2,000원 부인 앞푸로 부친 것은 6,000원 중담아 1,500원 숙모님 앞푸로 부친 것은 5,500원 2,000원 이른 식으로 계산서에 나와는돼 이것을 보는 힘이 쪽 밭지며 일레 의욕이 업드라. 오늘은 정말 마음의 상처가 크서 아주 힘들게 하로을 보내따고 생각을 한다.
"오늘은 돈은을 더 받다 보겟따고 욕심을 부리서 오히려 큰 손에을 본 셈이다."
"무선 일이든지 농사을 잘 짓는 일보다 파라먹는 운이 띠어야 한다고 생각을 한다."
"오늘은 너무나 허무해서 일레 의욕도 업쓸뿐 아니라 오늘 저녁이라도 자두가 날라가

버리쓰며 하는 심정이다."

〈1997년 6월 29일 일요일 날씨 맑음〉

오늘은 장마라든이 장마가 잠쉬 소광사태라고 오늘 날씨는 아주 맑은 날씨을 보여쓰며 자두 수학을 하는돼 비가 오지 않아서 큰 도음이 돼는돼 가격 폭락으로 자두 수학에 큰 의미도 업쓰며 우리 농민들은 늙 땀의 대까도 업쓸 뿐 아니라 중간상인들의 논관에 놀라나야 하니 피을 토활 일이다. 요줌 자두값이 상담아 8,000원 중담아 3,000원 하담아 1,500원 하담아 1,500원 운님 500원 띠고 상자값 800원 띠고 상회 수수료 띠면 이것은 적자가 돼니 기가 찬다. 늙 생산자는 당하고만 살라야 하니 한심하기 짝이 업다. 이 중간상인은 업새야 하는돼 이것을 업새지 못하고 생산자의 기생충을 업쌔지 못하면 우리 생산자는 늙 당하고 마는 인생이 뗄 것을 생각을 하니 정부을 욕을 하고 십꾸나.

오늘은 일요일이라서 딸래미드리 새래단 포도 알속는 일 하여쓰며 오늘은 불평업시 잘 도와주어서 고맡드라. 내 딸들이 순순이 도와주니 딸들이 이 복드위에 일을 식키는 이 아빠가 미안해서 몸 둘바을 몰겟꾸나. 이 복드위에 이 아빠가 숨돌일 시간만 잇따면 이 모닥빛에 얼굴 태우까바 일을 않식킬끈돼 이 아빠 요줌 계속 오전 5시에 나와서 저녁 8시까지 일을 하고 잇쓰니 이재 일래 멀정이 난다. 남들도 일을 그만 하라는 것이 나의 인사가 돼어 버리쓰니 나도 좀 수레서 우리 딸들 곱게 곱게 길여서 시집만 보내고 십다. 오늘 혜지, 혜영이 수고 만아다.

"그리고 요줌 부인 일레 지칠까봐 극정이 만이 돼다. 부인은 자신의 일래에 대해서 3분지 1을 더하고 잇따고 생각을 한다. 나는 들래서도 휴식 시간을 가지고 잇찌만 부인은 휴식시간 업쓰며 늙 아빠보다 수라다면서 휴식을 하지 않을 뿐 아니라 집에 와서도 소소한 일 집에 일을 다 하고 잇쓰며 저녁에 집에 들어오면 거실레 쓰러지면서도 불평 한마디 업쓰며 남편을 존경을 하여주는 부인보고 늙 이상한 사람이다 생각을 하고 잇다. 이 속이 늙번 부인보고 때로는 불평을 하는 자신이 부끄러며 늙 포건한 마음으로 살라도 부인의 고마음을 못다 하는돼 하면서 실천을 못 하고 잇는 이 남편 용서해주며 앞푸로는 부인의 고마음을 갑파가는 인생을 살라 갈 끄요. 여보 정말 고마어.

자두 수학 … 대전 29짝, 김천 57짝
계 86짝 수학

지출에 … 운임 31,000원

〈1997년 6월 30일 월요일 날씨 맑음〉

사실상 오늘로서 작과 수학을 끝을 냄 셈이다. 앞푸로 과일은 이삭 정도 밖에 업쓰니 금년도 작과 수학은 끝을 냇다. 자신은 포도송이 알속이 작업을 못 해서 작과일 수학은 관심도 업쓸뿐 아니라 빨리 업쓰며 하는 심정으로 작과 수학을 하고 잇따고 말을 하고 십다.

"오늘 양 군대 수학량 앞밭에 22개, 골래는 9개 = 31짝

지출에 … 국수, 라면 12,300원 순달이
동생 생일에 고기값 20,000원
계 32,300원

〈1997년 7월 1일 화요일 날씨 비〉

오늘은 쌔래단 알속이 작업을 하는돼 알속

이 작업이 너저서 좋은 송이는 다들 찌저저서 한 송이도 오른 송이가 업쓰며 이것을 본 자신은 내가 시간이 업쓰서 포도송이을 다 버리찌만 너무나 마음이 아푸구나. 우리 부부는 죽두록 해도 손이 모자라서 포도송이가 다들 몽창몽창 떨어저고 그것도 못해 갈기갈기 찌저저서 오른 송이는 업쓰며 남은 것은 바라[66]가 만이 전 것 만이 남아 잇쓰며 자신이 쌔래단 포도농사을 잘 짓어 논 것이 이른 지경이 대어쓰며 가슴이 더 아플끈돼 올해따라 농사을 망쳐 논 것이라. 마음이 조금 낮따고 이야기을 할까 한다. 자신이 작년도는 쌔래단 포도송이 알속이 작업은 작과을 다 수학을 하고 나서 알속이 작업에 들어같는되 올해는 그러치 못 하고 포도송이가 다들 찌저저 포도농사을 안전이 망치고 마랐다.

"내년에 아주 다구지게 포도 알속이 작업을 해야 할 것을 다짐을 해야 하겠다."

〈1997년 7월 2일 수요일 날씨 흐림〉

오늘 오전으로서 작과 이삭을 다들 주어쓰며 생각보다 수학량이 적으며 자신으로서는 돈이 돼든 말든 끝을 냇쓰니 이재 우리 부부가 그만춤 일손이 줄어더는 것으로 만족을 하고 십다.

오후에 자두 수학을 골래밭에 4짝 앞밭에 7짝 11짝을 하고

오후에는 우리 둘리는 바시내 쌔래단 포도 알속이 하는돼 속이 상해서 열이 오르드라. 이것은 자신의 일손 부족으로 일어나는 현상이지만 속이 상해서 참아가는 돼 정말 힘이 들어다.

〈1997년 7월 3일 목요일 날씨 맑음〉

오늘은 일적부터 서들어서 당산 포도나무에 약 살포을 하고 말리 사과나무에 약 살포을 하여쓰며 그리고 바시내이 포도나무에도 약 살포을 하여쓰며 오전에 셋 군대 약 살포는 상당이 무리라고 생각을 하며 앞푸론 사과나무와 포도밭은 별도로 약을 살포을 해야지 사람이 수라지 그러치 않꼬는 늙 정심시간이 넘두록 해야 하는 무리가 따러며 장시간 약 살포는 피해야 하기 때문에 다음에는 불류을 해서 약 살포을 할 작정이다.

"오후에는 벼논에을 오래 동안 가보지 못해서 오늘 한 밖이 돌라보니 자신의 보뚝은 잡초가 무성하며 자신의 보뚝만이 풀이 수복이 싸여 잇쓰며 논자리을 볼 때에 자신이 바파쿠나 하는 생각이 들며 가는 곳마다 잡초가 무성하며 무지파 모종밭은 잡초가 무성해서 자신의 허리까지 키가 크 잇고 이것을 본 자신이 입이 버려지고 잇드라. 가는 곳마다 일손을 기다리고 잇쓰니 담담하기 짝이 업꾸나.

오후에는 쌔래단 포도송이 알속는 작업을 하여쓰며 앞푸로 알속는 일을 하로는 해야 다 할 것 같다.

수입 … 노타리값 20,000원

〈1997년 7월 4일 금요일 날씨 맑음〉

오늘로의 쌔래단 포도 알속이 작업을 끝을 냇다. 처음 시작을 할 때는 상당이 여르 날 해야 다 할 줄 알아는돼 포도송이가 다들 바라가 저서 오른 송이가 을마 돼지 않아서 알속이 작업이 생각 위예로 일적 하여따고

---

66) 바라는 송이가 작은 저품질 포도를 이르는 말이다.

본다.
"이재는 우리 부부도 숨을 돌릴 시간이 나올 것으로 본다. 이재는 포도을 손을 바서 시간 여유가 조금은 나지 십푸다. 이 시간이 오기까지 부인 정말 수고 만아다. 잠쉬 쉴 수가 업는 시간에 쪼켜서 정말 예먹다. 이재는 시간이 나면 여보 몸보신을 해야 활력을 어들 수가 잇따고 보고 누렁이 개을 큰놈을 사와서 부인의 원기을 도두두록 곰을 까드릴 작정을 하고 잇소. 여보 저녁으로 기진맥진하는 여보을 볼 때는 내일이라도 누렁이라도 잡아 주고 십찌만 아직가지 일이 넘어 만이 밀리 잇쓰니 요것을 대충 해놓고 여보 몸보신을 하여 주겟소. 그간 몸 탈이나 날가바 숨이 다 갑푸오. 여보 정말 고마어."

〈1997년 7월 5일 토요일 날씨 비〉
무지파 모종이 풀 속에 들어잇는 것을 갈리가면서 잡초 재거을 하면서 모종을 갈리내서 무지파 모종을 하여다. 오늘 무지파 모종을 하지 않아드라면 풀 속에서 다들 녹아 업쓰저버릴 모종을 용캐 모종을 하여서 천만다행이며 올해는 무지파 모종도 업는 해가 돼어 가는 줄 알라는되 모종을 하고 보니 이 모종이 어디서 나온 것인가 하고 기쁨 마음이 그리 식지 않는 마음이구나. 오늘 모종은 잡초가 무성이 자라서 내 허리까지 오는 풀 속에서 모종을 가리내어 모종을 한 것이라 더 깃뜻하구나[기특하구나].
그리고 오늘 감자 수학을 하여쓰며 금년에는 감자 씨을 구입을 하지 않꼬 집에 감자 씨로 논 것이라서 감자 씨가 아주 잘드라.
지출 도열병, 문고병[67] 살충재 61,8000원

〈1997년 7월 6일 일요일 날씨 비〉
오전은 비가 너무 만이 와서 제방이 분개대어서 동민들이 재방이 분개 됀 것을 임시 조치을 하는돼 힘을 쓰도 임시 복구도 돼지 않아서 재방 유실만 들 돼구로 조치을 하고 말라도 요줌 사람들이 재방에 간심이 너무 업다. 일 년에 재방에 돼예서 풀 재거 한 번식 도라보는 정도만 해도 오늘 같은 분개돼는 것은 막을 수가 잇따고 본다.
"오후는 비가 너무 만이 와서 좀 쉬고 잇쓰니 몸이 무거어지서 어떠게 할 수가 업드라. 그래서 들래가서 보뚝이라도 막는 일을 해야지 하면서 들래 나와떠니 온 천지가 물이며 이번 비가 들레 나와 보니 비가 만이 왔따는 것을 실감을 가질 수가 잇꾸나. 오늘 보뚝을 4단지을 깍까쓰며 자신은 너무나 바빠서 남아니[나만이] 보뚝을 막지 않꼬 그냥 둔 줄 알리는돼 들레 나와서 엽 논들을 보니 아직 그냥 잇는 사람들이 만이 잇드라. 이것을 본 자신이 시간 여유을 가지고 일을 할 수가 잇꾸나.
"그리고 운이가 7월 초에 외박을 나온다고 하고 같이 잇는 박병호가 이번에 운이 외박 간다고 저의 엄마에깨 전화을 하드라고 하면서 혜지한태 이야기을 한다고 하는돼 운이는 전화도 주지 않꼬 오재 오늘 비는 쇼댜저지 외박을 나와서 대구 지역을 벗스나지 못하게 하니까 친구들과 대구에서 놀고 잇는지 답답하기 짝이 업꾸나. 나는 토요일

67) 문고병은 잎집무늬마름병이라고도 하며 주로 잎집에 담자균류가 기생하여 회색의 얼룩무늬가 생기고 차츰 잿빛을 띤 흰색으로 변하여 시들어 죽는 병이다.

부터 운이 전화 받으라고 부인을 들레 가지 말라고 하고 운이가 외박을 나와 끄든 우리 부부가 대구로 가서 운이 맡있는 음식을 사 주자고 하면서 부인을 전화통 엽페 터나지 말라고 하면서 부탁을 하고 나의 일을 하곤 하여다. 그른대 전화도 업고 일요일은 꼭 전화을 하는돼 일요일도 전화을 주지 않꼬 해서 전화을 주지 않는다고 원망을 온 식구 하여다. 이재는 오후 7시가 다 될 무렵에 수진자 부담으로 운이 전화가 왔드라. 왜 전화을 주지 않는다 꾸중을 주니까 요줌 요줌은 전화을 할 시간이 업따고 하면서 아침 일적 나가서 저녁 너깨 들어오기 때문에 전화을 못해따고 하면서 오늘 비을 맡저면서 작업을 했따고 이야기을 하면서 다음 주에 외박을 간다고 하면서 집우로 올라고 하드라. 그래서 마음 노와다."

"어재 오늘은 운이가 부모의 마음을 너무 몰라준다고 원망을 한 날이라고 말을 하고 십다. 그른돼 운이는 운이돼로 이유가 잇는 것을 아빠가 무리한 욕심을 부린 것 같꾸나."

〈1997년 7월 7일 월요일 날씨 맑음〉

우리 마을은 큰 비만 오면 배수장에 양수기을 돌리고 잇다. 양수기 가동은 일 년에 한두 번식은 가동을 하고 잇다. 올해도 그냥 넘어가는 줄 알라뜬이 이번 비로 양수기 가동을 하는 바람에 오늘 오전은 자신이 당번이 돼어쓰며 하로 24시간을 4등분으로 나누어서 일개 조로 2명식 하여서 당번을 하고 잇다. 오늘 오전은 자신과 윤재근 둘리서 당번을 하여다. 그리고 오후는 당산 포도밭에 황산가리 2포을 하여쓰며 포대에 살포량보다 조금 더 한 셈이다. 그리고 보뚝에 풀 깍는 일을 하여다. 그른돼 물이 너무 만아서 풀 깍는 일도 쉽지을 안드라.

〈1997년 7월 8일 화요일 날씨 흐림〉

오늘로서 보뚝에 풀 깍는 일을 안전이 하여쓰며 보뚝에 1차로 풀 깍는 일을 맡치쓰며 작년만 해도 두 번째 풀 깍는 일을 했쓸 시간이다. 올해는 자신이 너무 바쁜 간개로 보뚝에 풀 깍는 일을 빼어먹은 셈이다. 보뚝에 풀 깍는 일을 재 때 못 하고 잇쓰니까 보뚝 쪽으로 모래기 한 줄은 아주 시원찬아서 수학량이 만이 줄어들 것으로 내다본다.

"앞푸론 보뚝에 잡초도 이재는 재초제 약을 살포을 해서 해결을 해야 할 것 같다."

〈1997년 7월 9일 수요일 날씨 흐림〉

오늘은 기상대는 오후부터 비 온다고 해서 수도작에 약 살포는 비가 온다고 해서 급이 나서 살포을 못하고 포도밭, 사과밭, 작과밭 제초제을 하여쓰며 냇 곳에 제초재을 다 살포을 하고 나니 오후 2시가 넘드라. 그리고 고압 픈무기 가시고 나니 오후 3시가 돼드라. 정심도 빵 한 조각으로 때을 이우고 약 살포을 하는 것은 너무 무리라고 생각이 드는구나. 자신이 늙 무리한 일을 피할려고 노력을 하는돼도 때에 따라 할 수 업시 무리한 일을 하게 됀다. 이것은 일 하는 돼 밀린 일들 추어내는 돼는 좋을란지 몰라도 자신의 건강이나 여르가지로 손실이 만타고 본다.

"오후에는 벼논에 물꼬을 일부 나추고 물이 너무 빠저서 그둔 곳이 있쓰며 오늘 저녁부터 또 장마비가 온다고 해서 물꼬에 물을 신경을 쓰지 않아다. 그리고 부인이 콩밭에 김매기 하는 도와 주어쓰며 어디에 가나 잡초는 무성하고 이것을 다 매야 한다는 생각을 하니 숨이 갑픈 것 같꾸나."
지출에 작과일 시장출화 운님 7,000원

〈1997년 7월 10일 목요일 날씨 맑음〉
오늘은 문고병, 도열병, 이화명충 약[68]을 살포을 하여쓰며 이미 이화명충은 만이 먹은 상태며 이화명충 약은 7月 5日 안에 이화명충은 방재을 할 수 잇따고 본다. 내년에는 장마비가 온다고 해도 잠쉬 비가 그친다면 그때라도 약 살포을 해서 이화명충을 방재을 할 수가 잇두록 하겟다. 오늘은 이화명충 약을 살포을 하는 돼 오늘 하로 시간을 다들 쓰셔며 오늘 낟참을 이용을 해서 후모사 수학을 7짝을 수학을 하였다.
"오늘 오전에 22마지기을 약 살포을 하고 오후에는 9마지기 약 살포하여다. 만약에 종일 약 살포을 한다면 40마지기는 약 살포을 할 것 같다."

〈1997년 7월 11일 금요일 날씨 비〉
오늘은 당산 밭, 땅콩밭, 콩밭, 참깨밭 김매기을 하여쓰며 그래도 우리 밭 김매기 한다고 하늘이 참아 주는 것 같이 오전을 참아 주어서 김매기을 안전무결하게 김매기을 다 할 수가 있쓰다. 오후에는 부인은 참기름 짜로 가고 자신은 아포 보신탕에서 순달이가 개을 십만 원 주고 20근 조금 넘는 것을 다들 잡아서 온다고 해서 오후에는 휴식을 하면서 기다리는 시간으로 오후을 다 보낸 샘이다.
"내일은 운이가 외박 나온다고 지난주에 이야기을 하여는돼 내일 오후에 외박을 나올란지 궁금하며 비가 너무들 와서 외박이 연기대는 것이 아닌가 하고 염려도 사실 돼고 잇다. 그른돼 내일은 운이가 외박을 나온다고 부인은 운이 온다고 준비을 한다고 시장을 가고 자신도 누릉이을 운이 온다고 서들어서 준비을 하여따고 본다. 오늘 운이 온다고 준비을 다 하여는돼 운이가 오지 않을까바 불안한 마음이 감출 수가 업꾸나.
지출에 … 화장지, 샤프란 7,950원 개 값
100,000원 22 斤
계 107,950원

〈1997년 7월 12일 토요일 날씨 비〉
오늘은 운이 외박 나온다고 온 식구가 기다린 날이라고 말을 하고 십꾸나. 딸들이 회사에서 12시 다 댈 무렵에는 혜지, 혜영이 연신 전화을 하며 운이 왔는냐, 전화라도 왔는냐 하면서 예타게 기다리고 잇는 실정이며 저의 엄마나 나 자신도 자식이 무엇인지 운이 전화 열락이나 곳 대문에 들어오는 착각으로 자식을 기다리고 잇다. 온 식구가 전 신경을 곤두세우고 잇는돼 전화 열락이라도 하여 주면 모든 것이 다 해결이 돼는되 하고서 전화을 못 하는 자식을 원망을 하고 십꾸나. 우리 식구들은 오후 3시가 돼어도 전화가 업쓰서 부대에서 비가 오니까 홍수 대비로 아들을 외박을 중단을 한 모양이다 하면서 우리 식구들은 포기을 하고 이는 중이며 운이 온다고 개장국, 닭죽, 닭에다 인삼을 너어서 따린 통닭 이것들이 다들 허사가 돼고 마는구나 하고 허전해 있는돼 초인종이 울리드라. 그래서 수화기을 들어보니 운이 모섭이 나오는돼 이 아빠는 운이다 하고 소리을 지려고 마랐다. 자식이 거

68) 이화명충약은 벼의 큰 해충인 이화명나방의 유충을 없애는 약이다.

실래 들어오는돼 이놈아 전화을 주면 안대나 온 식구가 눈이 빠지두록 기다리고 잇는돼 하고서 꾸중을 하니까 전화을 했는돼 통화중이라서 못하여쓰며 그러자 차가 와서 그만 오고 마라따고 이야기을 하는돼 자식이 부모 마음을 다 해아리겟나 하고 다음에는 전화하는 돼 신경 좀 쓰다오 하고 끝을 내고 마랐다. 그리고 이변에는 운이 얼굴이 깨끗해 보이드라. 그리고 먼저보다 더 성숙이 돼어 잇는 모섭이드라. 자식과 이야기을 하면서 이놈이 제대을 해야 내 마음이 노이지 그려치 안코는 늙 마음이 안정이 안댈 것 갈떠며 아직가지 제대 날은 11개월이 남아쓰니 너무나 가마득해서 입이 다 버르지는구나. 여하뜬 건강한 모습으로 아빠 곁에 와 주어서 고맙다. 운아. 남은 군대 생활도 아무련 일 업시 잘 넌겨주어. 이 아빠 부탁을 한다.

〈1997년 7월 13일 일요일 날씨 맑음〉

오전은 들판에 한 밖기 돌라보는 것으로 오전을 다 보내쓰며 금년에는 사과가 만이 달려서 그른지 열매가 크지 않는 너킴을 주고 잇쓰며 요줌 시대는 물건을 크개 키어야 돈을 하는돼 사과 열매가 적으서 극정이 돼는구나. 그리고 자신의 벼는 그진 거름이 약하다고 생각을 한다. 그른돼 거름키가 만은 사람의 벼는 도열병을 하고 잇드라. 이른 것을 바서는 거름을 적개한 것이 잘 햇따고 생각을 한다.

"오후에는 후모사 수학하는 돼 거들어 주어쓰며 자신은 일요일 날 수학을 해서 시장 출하을 하면 그저 버리는 때가 만아서 오늘은 수학을 하지 않코 논에 김매기을 하로 갈려고 생각을 하여는돼 숙모님이 일부 자두 수학을 해서 후모사 수학을 하고 마랐다.

"오늘 운이가 고기을 먹지 않코 잠만 자고 잇쓰서 마음이 서운하구나. 먼저 번에 와서는 잘 먹어서 이 아빠의 마음이 좋더니 이번에 와서는 어재나 오늘이나 잠만 밖에 모르고 잇쓰며 집에서 운이 먹인다고 고기라곤 다들 준비을 하여는돼 별로 입에 돼지 않코 그냥 간 셈이 돼며 이번에는 잘 먹지 않코 갈려고 할 때에 이 아빠의 마음이 좋지는 안쿠나."

그리고 운이가 갈 때에 돈이 을마나 피료하나 하니까 2만원 달라고 하드라. 이 아빠는 미리 마음속으로 10만원 줄라고 생각을 하고 피료한 만큼 줄라고 무르니 20,000원 달라고 하는돼 캄짝 놀라다. 외냐하면 너무 적개 달라고 해서 정말 20,000원 주카하고 무르니 20,000원 역시 달라고 하면서 주머니에 10,000원 잇따고 하면서 달라고 하드라. 그리고 예금대어 잇는 것이 270,000원 그대로 잇따고 해서 우리 운이가 옛날보다 아주 달라저쓰며 옛날 갈터며 270,000원 단 매칠 만에 다 쓰고 업쓸 돈인돼 아직까지 손도 돼지 않코 그대로 둔 것은 그만큼 참을성을 키어 왔따는 것이나 다름이 업다고 본다. 그래서 돈이라는 것은 보겟트에 여유잇시 들어 잇쓰며 힘이 생기는 법이며 돈이란 것은 쓸 때만 쓰야지 아무대나 쓰며 안 댄다고 하면서 100,000원 주니까 50,000원 돌려주드라. 그냥 너두라고 하니까 이만춤은 필요업따고 하면서 5만원 돌려주어서 그름 70,000원 가지고 가라면서 20,000원 도로 주어다. 이 아빠는 돈을 주는대로 가지고 가지 않코 저의 아빠에 돌려주는 것을 보니 나도 운이을 다 키어따는 생각이 들며 돈을 아는 운이가 돼어 잇쓰니 정말 고맙다. 운아 안전사고 조심을 해서 다음에 만날 때는 좀 더 숙성이 된 마음으로 한자리 앉자서 좋은 말만 나누자. 그름 만날 때까지 서로 열심 살라가자.
지출 … 운이 외박 잡비 값 70,000원

〈1997년 7월 14일 월요일 날씨 맑음〉

오늘은 기상대서 오늘 맑은 날씨가 돼겟따고 해서 당산 포도밭과 바시내이 포도밭에 약 살포을 하여쓰며 우선 바서는 캄벨 포도는 좋다고 생각을 하는돼 쌔래단 포도는 볼수록 가슴 아푸다. 두 군대 약 살포을 하고 오전 시간이 좀 일적에서 부인은 후모사 따로 가고 자신은 사과 약 사로 아포조합에 가서 약을 외상으로 25말 용량을 가지고 왔다. 후모사 수학을 낮참을 이용을 하여서 자두 수학을 한 것이 골레 4짝 앞밭에 4짝 총 8짝을 수학을 하여다.
오후 남어지 시간은 당산에 캄벨 포도 수세가 너무 좋아서 포도나무 고랑을 다들 덥프서 빛 들어가구로 순을 일부 잘랐다. 지도소 문이을 하여보니 순을 빛 들어가두록 잘라주야 한다고 이야기을 해서 순을 일부 잘란는돼 포도 익는 돼 지장이 오지 않을까 하고 극정이 돼고 잇다.
지출에 … 사과 약 사는돼 차비 값 960원

〈1997년 7월 15일 화요일 날씨 비〉

오늘은 쌔래단 포도 순이 너무 만이 자라서 고랑을 덥프버리고 있쓰며 자신이 이차 적심을 하여는돼도 금년에는 캄벨이나 쌔래단이나 순이 너무 웃자라서 포도 이랑을 다 덥프서 이랑에 빛이 들어가지 못해서 포도 착색에 문재가 잇쓸 것 같다서 일부 순을 잘라내고 잇는돼 이것이 착색에 도움을 주는지 자신으로서는 미지수다. 내년에는 포도 거름을 주는 돼 전 신경을 쓰야 하겟다.
수입에 직파 파종한 금액 올해는 1단지에 90,000원 함. 440,000원

〈1997년 7월 16일 수요일 날씨 흐림〉

오늘로서 쌔래단 순이 너무 잘라서 너무 숲이 우거저서 순 자르는 일을 오전으로서 끝을 냇다. 자신은 지도소 문위을 해서 순 자르는 일을 해도 개안타고 하는돼 일반 농가들은 순을 자르며 착색이 넛따고 이야기을 하고 잇쓰서 순을 자르고 나서도 극정이 돼고 잇다. 부인은 사과 재 적과을 하는 일을 하고 오후에는 부인과 벼논 필지마다 병이나 하지 않나 하고 관찰을 할려고 한 밖기 돌라보니 문고병은 업는돼 도영별은 필지마다 조금식 다 잇드라. 거름키가 만은 벼논들은 아주 심한 논들이 만트라. 자신은 작년에 도열병한태 생 예을 먹고 올해는 거름량을 줄리더니 도열병이 심한 필지는 업다. 벼농사는 거름 량을 적개해서 농사을 지어야 하게 따는 것을 절시리 너켜다. 자신은 우선 바서는 벼농사을 잘 짓어따고 생각을 하고 잇다.
수입에 … 직파 파종값 510,000원
트랙터 노타리값 60,000원
계 570,000원

〈1997년 7월 17일 목요일 날씨 흐림〉

오늘은 사과 약 살포을 하여쓰며 오늘 약 살포는 비가 온다고 생각을 하고서 약 살포을 하여는돼 다행이 날씨가 참아주어서 큰 다행이라고 생각을 한다. 오늘 약은 벼논에 도열병 약도 기상대의 40% 소낙이 온다고 하는돼도 벼논에 도열병이 번지고 잇쓰서 비

가 온다는 감수을 하고서 약 살포을 하여다.
지출에 도열병 약 빔 100g 2봉에 7,200원
사과 적과 가위 20,000원
계 27,200원
수입에 … 직파 값 360,000원

〈1997년 7월 18일 금요일 날씨 맑음〉

오늘로서 벼논에 2차 도열병을 살포을 하여다. 금년도는 화남벼도 도열병을 하고 잇드라. 작년에는 화남벼는 도열병을 하지 않아는돼 올해는 어느 벼 할 것 업시 도열병이 심하드라. 자신은 2차 방지는 도열병 약만 희석을 해서 약 살포을 하여다.
"그리고 오늘로서 후모사 4짝으로서 수학을 끝을 냇다. 그리고 사과 아오리 수학을 처음 하여서 시장 출하을 하여는돼 가격이 어떠게 나올란지 모르게꾸나."
오후에는 참깨에 약 살포을 하여쓰며 자신이 처음 참깨 농사을 잘 짓어따고 생각을 한다. 앞푸로 기후가 큰 변동이 업쓰며 참깨 농사는 풍년이 댄 것이나 다름이 업따고 본다.
"벼 한 가마 정미을 함. 요줌 쌀에 벌거지가 생기기 때문에 한 가마 방아을 찟어다."[69]
후모사 4짝. 사과 아오리 5짝. 중대석 1짝.
계 10짝 수학을 함.

〈1997년 7월 19일 토요일 날씨 맑음〉

오늘은 벼논 3필지 9마지가 올미[70]가 넘어 만아서 올미 약을 살포을 할려고 지도소 소장에깨 문의 전화을 하여보니 시기가 너따면서 올미 약을 못쳐고 하여서 경화내 형님 논 3마지기만 만이 잇는 곳에만 김매기을 하여다. 안전이 맬라고 하면 수도 업시 시간이 만이 걸리지만 만은 곳만 매고 내년에는 서들어서 올미 약을 살포을 해야 하게다. 요줌은 사람 손으로 김매기 하는 시절은 다들 지나쓰며 이재는 대충 짓어먹고 사람이 편하게 살라가는 방법 밖에 업다. 오늘 종일동안 벼논에 올미 김매기을 하여쓰며 날씨가 찜통 드위라서 힘이 만이 들어따고 말을 하고 십다.
수입에 … 직파값 300,000원
"이재는 우리 부부도 여유 시간이 좀 잇쓰리라고 생각을 한다. 자신은 365일 눈코뜰 시간 업는 것이 아닌가 하고 불안해는돼 이재는 시간이 좀 여유가 잇찌 않을까 한다. 정말 긴 시간을 해쳐왔다고 생각을 하며 이재부터 재충전을 해서 다음 일에 대비을 해야 할 때라고 생각을 가저본다."

〈1997년 7월 20일 일요일 날씨 맑음〉

운이가 전화을 줄 쭐 알라는돼 전화을 주지 않는구나. 이 찜통 드위에 일요일도 업시 일 씩키나. 외 전화을 못 하고 잇쓸까 그리 극정이 돼는구나. 이 아빠는 일요일이 돼면 운이 전화가 와야 일주일이 잘 가면 그려치 않으며 일주일 가는 것이 너무나 긴 일주일 돼고 만다. 이 아빠는 토요일만 돼어도 내일은 자신 전화 오는 날이다 하고 기다리는 날이 돼는돼 일요일 들레만 같다오면 운이 전화 와뜬나 하고 딸들레깨 무르보며 전화가 오지 않아따면 내 얼굴이 변화고 잇는 너킴을 주고 잇따고 말을 하고 십꾸나.

---

69) 일기 지면 상단에 '정미을 함.'이라고 기록되어 있다.
70) 주로 논밭의 얕은 물에서 자라는 여러해살이 풀.

"오늘은 들래 가다 형님 대설리 싼 것이 망우리[마무리]을 타일류 부치는 식으로 민자로 망우리을 하여서 일하는 사람에계 우리는 계약을 할 때 이래 하지 않아쓰니 망우리 하는 각을 접어서 해달라고 하니 사장에깨 말을 하라고 해서 들레 가는 것을 포기을 하고 박세종이 현장 구미전문대 앞에 잊따고 해서 조카 차을 타고 가서 박사장을 곳바로 대리고 와서 시정을 하여다. 박사장도 우리 집을 짓을 때는 신경을 쓰서 잘 해주드니 이재는 무근디가 돼어서 어떠게 하면 돈을 적개 드리고 하는 방법을 쓰고 잇다. 형님은 정화조 통 하며 여르가지가 시원찬은 곳이 만타고 본다. 오후에는 두룸에 풀 깍는 일을 하는 것으로 오늘 망우리을 한 셈이다. 요줌은 일을 해도 해장에 조금하고 오전에 조금하고 말라야지 하로 종일은 무리라고 생각을 한다.

〈1997년 7월 21일 월요일 날씨 맑음〉

당산 포도나무에 벼이삭 거름을 두 포을 하여다. 포도 알맹이가 숙기[71]가 일부 올 때에 비료을 하면 포도송이에 숙기가 빨리 온다고 해서 오늘 앵캐이 비료을 두 포을 하여다. 처음 시작에 3포을 할려고 작정을 하여는돼 비료을 너무 만이 하면 오희려 숙기을 너추는 일이 생길가바 두 포을 주고 마랐다.

그리고 오늘 낮참을 이용을 해서 포도 약을 사오는 일을 하여쓰며 이번에는 캄벨은 살충재와 다코닐을 사와다. 다코닐 사용을 할 때는 영양재을 혼합을 아난다고 해서 두 가지만 사오고 마라다. 오늘 태성이가 차로 김천 간다고 같이 가자고 해서 자신도 약 때문에 따라가서 수라게 볼일을 보앗다.

"오후에는 두룸 깍끄로 가니까 날씨가 넘어더어서 못한다고 다들 거늘래서 놀고 잇드라. 자신도 들레 간다고 집에서 나갈지만 가만이 잇쓰도 땀이 줄줄 흐르는돼 어떠게 일을 할 수가 잇깨나 하고서 자신도 같이 놀고 말라다."

지출에 … 고기집에서 태성이와 둘리서 불고기 먹은 것을 자신이 부담을 하고 마랐다. 고기값 13,000원 샘표간장 2,500원 포도나무 비료 이삭 거름 3포 11,000원 작과 상자 값 100개 96,000원 계 122,500원 경운기 부레키 기름 2,000 ——— 124,500원

〈1997년 7월 22일 화요일 날씨 맑음〉

두룸에 풀 깍는 일을 하여쓰며 요줌은 오전 10시까지 일을 하고 오후는 6시에 가서 1시간 일을 하면 하로의 일을 하고 잊다. 오후에는 엔만하면 오후에는 휴식을 해야 한다고 본다.

"오늘 오후에는 6시에 일을 하로 가서 약 1시간 일을 하는돼 땀으로 옿을 헌벅 젓저버리쓰며 오후에는 불빛더위 때문에 무선 일을 할 수가 업꾸나."

태성이가 어재 자신이 고기 값을 했따고 오늘 정심을 한 때 하자고 하면서 아포가든에서 물냉면과 갈비찜을 하니까 둘리가 21,000원 나오드라. 그래서 자신이 10,000원 보태서 지불하라고 하면서 주어떠니 그르

71) '숙기(熟期)'는 여기서는 포도가 익는 때를 뜻한다.

며 배찌[백지][72] 왔따고 이야기을 하드라. 자신은 원재뜬지 손예을 보는 입장이 돼어야 부담이 업는 사람이다.
지출에 … 물냉면 10,000원
수입에 … 직파값 122,500원

〈1997년 7월 23일 수요일 날씨 맑음〉
오늘은 당산 포도와 바시내어 쌔래단 포도 약을 살포을 하여다. 캄벨은 가지 비누류 씨운 것은 색이 만이 오고 잇쓰며 가지 비누류 씨우지 않은 포도는 아직 착색이 오지 않코 잇쓰며 이것들을 볼 때는 필리 비누류 봉지을 씨어야 한다는 인식이 더는구나. 올해 포도 시세만 작년 수준으로 유지을 하여준다면 작년보다 수입금이 만을 것으로 본다. "요줌 수원수[수은주]가 36도식 올라가니 오후는 일을 할 수가 업쓰서 오늘도 오후에는 휴식을 하여다."
사과 아오리 3짝 수학
지출 … 사과 약 조합에서 가지고 오는데
버스비 값 480원

〈1997년 7월 24일 목요일 날씨 맑음〉
오늘은 말리 사과나무에 약 살포을 함. 금년도 내 나람어로는 약을 철쳐하게 천다고 생각을 하는돼 이래도 사과 수학을 할 때에 부페 병이 만타면 약 량이 적은 것으로 생각을 하고 약 량을 배로 해야 하겟다. 자신이 약 량은 25말 하는돼 자신도 조금 적다고 생각을 하고 있다.
 오후에는 서 마지기 양 두룸 풀 깍는 일로 하로 일과을 맡치쯔며 요줌은 하로 두 가지 밖에 못 하고 잇다. 외냐하면 기온이 35도 이상 계속 올라가고 잇쓰니 일을 할려고 해도 급이 나서 일을 못하고 잇는 실정이다. "이 찜통 더위에 운이가 고생을 하고 잇따는 것을 생각을 하니 가슴 아푸구나. 그리고 대구라는 곳은 정국에서 제일 덥고 제일 추원 곳이라 군복무에 정말 고생이 만타. 내 자식이 이 찜통 드위을 참아 이기내야 하는 운이의 고충 무어라 말을 할 수가 업꾸나. 운아 대한의 남아라면 군복무는 의무이며 남자라면 이른 고충을 한 번식은 해야 돼다는 생각을 가지고 이 찜통 드위 설기로깨 지내서 건강에 상함이 업키을 바란다. 운아 힘들고 고됀 것은 운이뿐 아니라 군복무을 하고 잇는 장병들은 똑같다. 이것도 이간의 삶매 경쟁이니 싸와서 이기내야 한다. 그리고 힘들거든 이 아빠을 생각을 하면 어떠한 고충도 이기낸다고 이 아빠는 생각을 하고 잇다. 그리고 다가오는 일요일은 이 아빠가 전화통에서 기다리고 잇쓸태니 전화을 해다오. 부탁을 한다."
그리고 운아 여름에는 인간은 다들 식욕이 떨어저는 것이 사실이다. 입맡이 업다고 때을 여사로 생각을 하지 말고 때마다 입맡이 업드라도 정신으로 때는 다 챙기야 한다. 여름철은 한 키을 그르게 돼면 건강에 영향이 따르니 하로 새 키는 꼭 챙기기 바란다. 특희 군은 자기 몸은 자기가 챙기야 하는 태두리서 꼭 실천을 해주기 바란다. 운아.

〈1997년 7월 25일 금요일 날씨 맑음〉
늑들레 도랑에 수초 작업을 하여쓰며 이번 수초 작업은 용인하게 잘 쳐고 잇따고 본다. 외냐하면 이번 일요일은 태풍이 일본 쪽으

72) 백지는 괜히, 턱도 없이 등의 뜻을 가진 부사어이다.

로 비키가지만 비을 푸린다고 하니 이번 수초 작업은 약삭빠르게 하고 잇다고 본다.
오후에는 날씨가 너무 더어서 도랑에 수초 작업은 내일 오전으로 미루고 말라서 자신은 오후 너깨야 직파 논에 피살리을 하여다. 자신은 피살리을 하는돼 시간이 모자라서 나중에는 대충하고 말랐다. 요줌은 날씨가 더운 땃으로 아주 시간 여유을 너무 만이 가지고 잇다.

〈1997년 7월 26일 토요일 날씨 맑음〉
느들에 도랑 수초 작업을 전 도량을 다하지 않코 큰 도랑만 수초 작업을 한 셈이다. 사람들이 자기 일도 9시 30분 돼면 다들 마는 형편인돼 오전 10시까지 하는돼 다들 힘들어 하드라.
"그리고 자신은 간접적으로 태풍의 영향으로 오늘 저녁부터 일요일까지 20미리에서 최고 50미리 온다고 기상대에서 예보을 하여서 자신은 논마다 물꼬 막는 일로 오후 시간을 보냇다. 요줌은 사실 오후는 아무 일도 못하고 그냥 시간을 보내고 잇따고 말을 하고 십다."
"그리고 경운기 추레라 갈라 널라고 김천에 윤공소 재작소에 윤재선 소개로 오늘 추레라을 차로 실고 같다. 가격은 200,000만원 달라고 하는돼 마음에 들두록 할련지 몰게꾸나."
"오늘 자신은 운이 전화을 원근희 기다리 보앗다. 이 찜통 더위을 어떠게 참아내고 잇는지 그리 궁금한 일주일을 보냇따고 말을 하고 십다. 먼저 주일에 전화을 주어드라면 이처름 마음이 타지는 않캐는돼 한 주일동안 공백이 돼고 보니 궁금하기 짝이 업꾸나."

〈1997년 7월 27일 일요일 날씨 맑음〉
오늘은 벼논에 물을 댈려고 뛰어다니도 한 필지 밖에 못 돼고 마랐다. 다들 장마가 갑짝이 끝이 나는 바람에 논에 물을 다들 말라버리는 현상이 돼고 마랐다.
"운이 전화을 먼저 주일에도 주지 않아서 이번 주는 꼭 줄 쭐 알라는돼 오늘도 주지 않아서 원망을 하다 하로가 넘어가고 마랐다. 운이가 성위가 업쓰서 그른지 정말 전화을 할 시간이 업쓰서스 그른지 안타가어 죽개다. 이 아빠가 돈이 들어가는 한 잇쓰도 고참을 돈으러 사겨서 전화을 할 시간을 만드라고 해도 운이는 못하는 이유가 무엇인지 정말 외가 타는구나."

〈1997년 7월 28일 월요일 날씨 맑음〉
고추에 약 살포을 함. 올해는 고추에 약 살포을 등안시 하여서 고추 모종 값도 못하겟다. 이번이 고추에 처음 살포을 하여쓰니 우리 먹을 고추라도 딸란지 몰겟다.
오후에 당산 포도에 푸라마이신 약을 살포을 하여다. 이 약은 포도알이 벌어지는돼 효과가 좋다고 해서 약 살포을 하여받다. 약 량은 10말로 살포을 함.

〈1997년 7월 29일 화요일 날씨 비〉
바시내이 쌔래단 포도에 약 살포을 함. 금년도는 쌔래단 포도는 약값도 안 될 것으로 내다보기 때문에 약 살포을 하는 것도 별 의미가 업다고 말을 하고 십다.
오후에는 웃들래 굼논에 이삭거름을 6kg 한 셈이다. 자신의 마음은 이삭거름을 안아고 십픈돼 남들이 자신의 벼보다 좋은돼 이삭거름을 마음대로 하여서 자신도 조금하여 보았다.

그리고 서양바실래는 벼가 너무 죽어서 올해는 넉들에서 재일 노린 돼 이삭거름을 하지 않꼬 그냥 두어서 수학량 전놈[전념]을 해바야 하겟다.

〈1997년 7월 30일 수요일 날씨 맑음〉

어재 소나기가 좀 더 왔쓰며 논에 물 퇠라고 뛰어다니지도 않아도 퇼 끈돼 어재 노낙이가 문지 않날 정도로 오고 마랐쓰니 오늘 물 돼는 돼도 비지땀을 흙리고 말라쓰니 모든 일이 인간의 힘으로는 힘이 더는구나. 어재 비가 푹 왔쓰며 오늘같이 비지땀을 않 흙리도 돼고 만사가 해결이 돼는돼 오라는 비는 오지 않꼬 불빛더위만 더하고 잇쓰니 우리 농민들이 나날이 힘이 더는구나.

"오늘 봉희 논 6마지기 물 댈 극정을 하니 태모가 우리 전기 양수기로 물 프라고 해서 고맙드라. 그래서 오전 11시에 양수기 작업을 하였다."

오늘 저녁을 막 먹을라고 하는돼 전화벨이 우려서 밭아보니 운이 전화드라 그래서 이놈아 집에서는 너 전화을 기다리고 잇는 심정을 생각을 해야지 꾸중부터 주어쓰며 무엇 때문에 전화을 못 했너야고 물려니 전화할 시간이 업따면서 이야기을 하드라. 운이 말을 드려니 또 할 말이 업구나, 지금 운이는 동해바다 해수욕장이라고 해서 우리 군대 생활을 할 때보다 군 생활이 만이 달리젔따는 생각이 돼는구{나}. 우리는 부산에 잇쓰도 사병들은 해수욕장에 참석을 못 해는돼 요줌은 사병들도 해수욕을 할 수 잇따는 것이 군 생활에 변모을 했따는 것을 생각을 가저본다.

지출에 … 국수 가루 3,500원 포도 착색약 3병 7,800원
계 11,300원

〈1997년 7월 31일 목요일 날씨 맑음〉

오전은 논머리에 풀 깍는 일을 하여쓰며 논에 도열병 약을 두 번이나 살포을 하여는돼도 아직 도열병이 심하드라. 그래서 오후는 대신분소에 가서 살충재 문고병 약, 도열병 약 사와서 약 살포을 하여다. 오후 너께 가서 약 살포을 하는돼 4단지 약 살포을 하니 저물드라.

그리고 경운기 추레라을 김천 윤공서에서 하여는돼 부레키을 하여다고 250,000원 달라고 하는돼 230,000원 주어다. 그른돼 내 마음에 들지는 않드라.

자신이 바빠서 포도 수학을 하면 청과에 실어나렬라고 급페서 아무대나 하면서 조금 미전한 곳이 만타.

지출에 … 태모 정기양수기 사용 하여다고 참두유 6,000원 농약 값 63,000원
계 69,000원
경운기 추레라 값 230,000원
계 299,000원

〈1997년 8월 1일 금요일 날씨 맑음〉

오전에는 포도 쵗 수학을 함. 착색 약을 살포을 하여는되도 아직 안전희 익은 것이 업쓰서 겨우 7짝을 수학을 하여다. 그래도 가지 비누류을 씨어서 좀 빨리 나오는 것 같다. 내년에 가지 비누류을 씨우고 박페[박피][73]을 미기야 하게드라. 박페을 미긴 것

73) 원줄기 부위의 껍질을 일정한 넓이로 벗겨내는 작업을 말한다. 광합성 양분인 탄수화물이 아래쪽으로

은 그진 다들 따고 잇드라.
오후에는 캄벨에 송이가 터지는 것이 잇쓰서 탄저 약을 살포을 하여다. 작년에는 터지는 것이 업쓰따고 아는돼 올해는 터지는 것이 만아서 상품가치가 떠려저고 잇다. 사실 월, 화 양일간 비 온다고 기상대서 발포을 하는돼 정말 만은 비가 온다면 포도 상품 가치가 만이 떨어진다고 바야 한다. 이번 비만 피해 간다면 좋은 결과가 오지 십푼돼 극정이 만이 됀다.74)

〈1997년 8월 2일 토요일 날씨 맑음〉
바시내이 쌔래단 포도에 살사리병[살살이병]75) 약을 살포을 하여다. 올해는 무선 약을 살포을 한다고 해도 수학을 할 포도가 업는 것 같아서 약 살포을 해도 만족한 감은 가질 수가 업꾸나.
오전 시간이 남아서 아포조합에 가서 사과약을 25말용 약을 외상으로 구입을 하여와다. 조합에 농약 전문이 업고 일반 직원들 수도작이나 원예 약을 지식이 업는 사람이 약을 마구 내주고 잇쓰니 사실 사과 약은 마음적으로 끄리어 지고 잇다.
그리고 오늘로서 벼논에 도열병 약 살충재 문고병 약을 두 번째로 살포을 수도작 전 필지에 약 살포을 다 하였다.
지출에 … 동기계, 퇴비 값 30,000원

〈1997년 8월 3일 일요일 날씨 비〉
오전에 일적 서들어서 부인과 둘리는 벼논에 약 살포을 하여쓰며 자신은 기상대서 오후에는 비가 온다고 예보을 하는돼도 오늘 아니면 갈수록 바빠전다고 생각을 하고 오늘 벼논에 문고병, 도열병, 살충재 약을 살포을 하여쓰며 오늘로서 벼논에 도열병, 문고병은 두 차례 약 살포을 하여다.
우선 바서는 들녁에 벼들이 다들 좋타고 생각을 하고 잇다. 올해 뒤 날씨만 잘 한다면 대풍년이 될 것으로 생각을 한다.

〈1997년 8월 4일 월요일 날씨 비〉
오늘 친구 김경환 모친이 도라가시서 일을 도와주는 일과가 돼어쓰며 오늘따라 동네 절먼 친구들이 놀료을 가서 일을 거들어 주는 사람이 업쓰며 오늘따라 비가 계속 내리서 일 바주는 돼 힘이 만이 들어다.
요줌은 무선 일을 당해도 다들 품아시라서 오고 가는 정이 업쓰며 도와주는 일도 하지 않어며 이재는 촌예도 옛날의 이웃 정은 다들 사살라저고 도와주며 도와주 만큼 뒤돌라오는 세상이 돼고 그 위에는 따뜻한 손길은 그리 궁색한 세상이 돼고 말라다고 말을 하고 십다.
"오늘 부인과 둘리서 상가 집에 일 도와주는 일과로 시간을 보네고 마랐다."

〈1997년 8월 5일 화요일 날씨 맑음〉
오늘 오전은 부인과 둘리서 포도 수학을 하여다. 친구 보기에는 개안한 감은 있쓰나 자신이 비가 와서 포도는 벌어지지 포도송이만 벌어지지 않는다면 포도 가격이 하로

이동하는 것을 차단하여 위쪽 포도송이로 모일 수 있도록 하기 위해서 박피를 한다.
74) 일기 지면 상단에 '(포도 첯 수학함) 8月 1日 (7짝)'이라고 기록되어 있다.
75) 살살이병은 포도송이가 마르면서 알이 떨어지는 병이다.

하로 떨어지는 가격은 참아서 친구 모친 상당한 돼는 거들어 주겟는돼 자신이 하로 너추며 너무나 손실이 만어서 오전은 자신의 일만 하고 오후는 좀 거들어 주다 다시 자신 포도 수학한 것을 실어 드리는 일을 하여는돼 친구는 이를 때에 안 도와준다고 욕을 할련지는 몰라도 자신으로 바서는 할 수가 업다.[76)]

〈1997년 8월 6일 수요일 날씨 맑음〉

오늘도 상가집에 일을 도와주어쓰며 오늘 자신은 물건을 경운기로 한번 실어주는 것으로 오늘 오전을 때와다고 해도 가연이 아니다. 자신이 친구 집에 일을 마음먹고 하지는 않아따고 생각을 하며 자신이 내 일을 비예스는[비해서는] 아주 않아는 편이며 오늘 이 친구는 공무원을 하고 잇찌만 친구로서는 좀 먼 친구라서 그른지 일을 좀 만이 도와주야 하는 너킴이 사실 업쓰서 그늘에서 신 적이 더 만타고 생각을 한다. 앞푸론 내 일보다 남의 일을 더 중하게 해야 남의 인심을 살 수가 잇따고 본다.
조합에 순달이 18짝
지출에 … 경한 모친 별세에 부주
30,000원

〈1997년 8월 7일 목요일 날씨 맑음〉

우리 혜영이가 휴가을 3일을 해서 용인하게 포도 수학을 하는 돼 도와주어서 이 아빠 숨을 돌릴 수가 잇쓰다고 생각을 한다. 이 아빠가 색망이라서 포도 수학하는 돼는 안전 제로인돼 이번 혜영이가 휴가을 내서 도와주어서 이 아빠가 큰 모면을 하여따고 생각을 한다. 오후에는 혜영이을 대리고 사과 약 살포을 하여다. 사실 사과 약은 살포 시간은 업쓴는돼 어거지로 사과 약 살포을 하여다.
포도 수학량 대전 11짝, 김천 14짝 계 25짝

〈1997년 8월 8일 금요일 날씨 비〉

오늘은 포도 수학을 하는돼 김천 지수와 민성이가 포도 수학을 하여주로 와서 정말 고맏드라. 나 도와줄 사람은 업따고 생각을 하여 와는돼 오늘 생각지도 않은 일꾼이 3명이 와서 큰 도음이 돼어따고 생각을 한다. "우리 둘리서 포도 수학을 한다면 25짝 박에 못할 끈돼 오늘 형수와 김천 지수씨와 민성이가 도와주어서 오늘 46짝을 수학을 하게 되어다."
오늘 포도 수학량 46짝, 태성이 10짝 = 56짝
지출에 … 조합직원이 포도상자 실련 돼 노력을 만이 하는 것을 보고 드링크을 주는 돼 6,000원

〈1997년 8월 9일 토요일 날씨〉[77)]

〈1997년 8월 10일 일요일 날씨〉

오늘은 포도 선별을 하면서 운이 전화을 기다리 왔는돼 오늘도 전화을 주지 않아서 서운함이 잘 가지 않는 날이라고 말을 하고 십다.

〈1997년 8월 11일 월요일 날씨〉

---

76) 일기 지면 상단에 '김천 44짝 용만 대전 포도 23짝'이라고 기록되어 있다.

77) 일기장에 날짜만 적혀 있고 내용은 적혀 있지 않다. 이처럼 일기 내용 없이 날짜만 적혀 있는 경우에는 같은 방식으로 처리하였다.

〈1997년 8월 12일 화요일 날씨 비〉
지출에 … 통닭값 양념 두 바리 18,000원

〈1997년 8월 13일 수요일 날씨 흐림〉
오늘은 김천 지수씨와 민성이가 도와주어서 포도 수학에 큰 도음이 잇쓰며 자신도 도와주는 사람이 잇따는 것이 마음의 만족감을 가질 수가 잇따는 느킴을 받앗다. 오늘도 숙모님이 도와주어서 만이 수학을 하여따고 생각을 한다.
지출에 … 정심 짜장면 값 13,500원

〈1997년 8월 14일 목요일 날씨 흐림〉
오늘은 포도가 익어주지 않아서 착색 약을 살포을 하여다. 오늘은 익어주지을 않아서 포도 수학을 하는 것을 포기을 한 것이나 다름이 업다고 말을 하고 십꾸나. 오늘 포도 수학은 어재 남은 것과 합폐서 포도 6짝 자두 2짝 = 6짝 수학을 하고 체소밭에 트랙터 노타리을 하면서 내 밭 주위에 김매기을 다 한 채소밭은 노타리을 다 하여주어다. 오늘 노타리을 남의 것이 다섯 자리을 노타리을 하여 두어쓰며 김매기을 하지 않은 밭을 못 해주어서 미안타.
오늘 배추 무를 갈라 나씀.
포도수학 6짝

〈1997년 8월 15일 금요일 날씨 맑음〉
오늘은 동신계에서 매년 8月15日은 임시총회을 여는 날이다. 올해는 야외을 선택을 하여고 선택시는 증산 계곡에 선정을 하여쓰며 동신계에 총 인원이 22명인돼 오늘 참석자는 11명인 참석을 하여쓰며 증산 계곡에 놀로 온 사람들이 넘어 만아서 계곡을 매울 정도이며 우리들이 언재부터 살기가 좋은지 이려깨 낭비을 하고 잇는 사람들을 한 번식 더 보게 돼어쓰며 우리들이 좀 살기 좋다고 이려깨 낭비을 해야 하는 자신도 한 번식 돌라보는 시간이 돼고 잇다.
그리고 증산계곡은 정말 인간을 끌어들릴 매력은 잇따고 생각을 하며 증산계곡은 인간을 감탄사 쑈다저는 개곡이라고 말을 하고 십다. 그리고 다음에는 이 좋은 계속을 올 때는 부인을 대리고 올 작정이다.
지출에 … 회비 값 10,000원

〈1997년 8월 16일 토요일 날씨 맑음〉
오늘은 아침 일적부터 참깨 수학을 할려고 서들어서 부인과 둘리서 참깨 수학에 낫쓰서며 참깨밭에 도착을 하여보니 너깨야 참깨 역병 약 살포을 못해서 참깨 수학에 큰 차질을 가저오게 돼 것 같다. 처음에 참깨 너무 좋아서 풍년을 만들어 주겟따고 생각을 한 것이 큰 실수다 하고 생각을 한 번 하여본다. 참깨, 꽃 망우리을 할 때에 역병 약을 살포을 하여드라면 대풍 농사을 짓을 수가 있쓴는돼 장깐 방심을 하는 바람에 수학량이 떨어지게 한 동기다.
오늘 포도 수학량 57짝 수학을 함.

〈1997년 8월 17일 일요일 날씨 맑음〉
오늘도 포도 수학을 하여쓰며 포도 수학을 하는돼 딸들이 포도 수학을 하는 도와주어서 정말 고맙드라. 남들은 휴가을 내서 아빠와 엄마을 도와주니 그리 고맙다. 내 딸도 남들과 같이 해수욕장, 산으로 휴가을 절기고 십정을 외 업깨나. 이 욕심을 다 버리고 아빠 엄마을 도와주는 마음을 이 아빠 생각을 하여보니 내 딸도 다들 자라따는 생각을 하여본다.

"운이가 교육을 간다고 하더니 교육을 갈는가 전화을 주지 않으니 이 아빠의 마음이 안정이 돼지 않는 너킴을 주며 훈희가 3주깨 열락이 업꾸나. 운아 전화을 주며 이 아빠의 마음이 노이갯따. 다음 주는 꼭 전화을 좀 주어. 이 아빠 다음 주는 꼭 전화을 받아보고 십꾸나." 이 아빠 부탁을 한다.

〈1997년 8월 18일 월요일 날씨 흐림〉

요줌 포도 수학을 하면서 포도 알이 다들 터지고 송이 송이마다 파리가 알을 씨려서 구등이가 득실거리는 포도송이을 만칠라니 그리 속이 상하는구나. 포도송이 들어 정상으로 크타면 수학량도 만을 뿐 아니라 수입을 만이 할 수 잇쓸땐돼 송이마다 오른 송이 송이가 업쓰서 속이 상하도 잇다. 부인은 썩은 포도 손질을 하느라고 아래는 밤 2시까지 하고 어재도 밤 12시가 넘두록 손질을 하느라고 부인은 고충이 말로 다 할 수가 업따고 말을 하고 십꾸나.

"늘 부인의 목씨는 자신보다 만으며 밤낮으로 일을 하는 부인을 볼 때에 너무나 미안하며 이 남편은 색망이라서 포도 수학을 못하는 만끔 부인이 다 해야 하는 부인을 볼 때에 더 사랑을 해주고 십꼬 더 잘해야지 하는 생각 밖에 업다.

포도 수학 49짝

〈1997년 8월 19일 화요일 날씨 비〉

오늘은 기상대서 비가 온다고 하여서 어재 오후에 포도 수학을 한 것을 선별작업을 해야 하는돼 비 온다고 하여서 선별작업은 뒤로 미루고 부인과 둘리서 서둘러 포도 포도 수학을 하는돼 비방울이 떨어지기 시작을 하고 잇드라. 지금도 마구 터지고 잇는돼 또 비가 온다면 포도송이는 안전희 버리야 하기 때문에 대충이라도 한 번식 더터서 대충이라도 수학을 하면 비가 와도 포도 알맹이가 터지는 것이 적지 않을까 하는 생각에 부인과 두리서 비을 마저 가면서 포도 수학을 대충 한 번식 더터타. 올해는 비가 자주 오니 다들 포도 알맹이가 마구 터지고 잇쓰서 버리는 송어리가 너무 만아서 수학량이 적다고 야단들이다.

오늘 포도 수학량이 26짝 함.

지출 … 그리고 강신구 모친 상문 부위에 30,000원

〈1997년 8월 20일 수요일 날씨 비〉

오전에 포도 약, 사과 약 살포을 할려고 부인은 김천 신흥약으로 포도 약 사료 가고 나는 아포조합으로 사과 약을 사와서 오전부터 개핵을 새어는돼 오전에 비오는 바람에 오전 약 살포는 못하고 오후에 포도밭 양 군데만 약 살포을 하는 것으로 오늘을 망우리을 한 셈이다.

그리고 생각지도 않은 운이 전화가 왔드라. 자신은 잠이 들어는돼 혜지가 운이냐 하면서 대화을 하고 잇드라. 그려자 잠이 깨어서 벌득 일어나 잇쓰니 아빠 바꾸어 달라는 소리가 들리쓰며 전화을 밭아들어니 아빠의 건강을 무러보는 운이가 고맙드라. 늘 아들로 상각을 해와는돼 운이가 아빠의 건강을 염려을 하여주두록 자라따는 것이 고맡트라. 그리고 전화을 못한 것은 다리 놋는 훌련을 가서 전화을 못했쓰며 또 유격훌련 교육을 가기 때문에 이달은 전화을 못한다고 이야기을 하며 우리 식구들 다 전화을 바꾸어 달라면서 대화을 하고 잇드라. 운이 군대 입대을 한 디에 온 식구가 운이 전화

받고 통화을 한 적은 이번이 처음이다.
"부모가 자식 전화을 밭고 보며 큰 뜻은 업스도 자식의 목소리을 덧고 나면 마음이 안정이 돼며 일주일 가는 것이 수라게 지내지만 자식의 목소리을 덧지 않꼬 다음 주일에 들을 수 잇깨지 하고 기대을 하면서 일주일 보내며 그리 지루한 감을 감출 수가 업다."
지출에 … 포도 종이 한 묵끔 9,000원

〈1997년 8월 21일 목요일 날씨 맑음, 비〉

오늘은 사과약 살포을 함. 사과 약 량이 남들이 25말은 적다고 해서 이재부터 약 량을 더 할려고 해서도 그러코 금년도는 약 살포을 정학희 하여따고 생각을 하는돼 만약 올해 부페병이 만이 나오면 내년에는 약량을 배로 올리야 하겠다.
오늘은 사과 약 살포와 오후는 들녁에 한 밖이 돌라보고 고추 탄저병 약만 살포을 하는 것으로 오늘 일가을 맡이다.
지출에 … 품값 30,000원
수입에 … 트랙터 노타리 값 60,000
직파값 180,000
계 240,000원

〈1997년 8월 22일 금요일 날씨 맑음〉

찜통더위에 그처름 기성을 부리더니 이재야 가을를 실감게 하며 오늘은 아주 서늘한 바람이 종일 불어 이재는 여름의 기생은 물어가고 잇따는 것을 실감개 하고 잇다. 그리고 자신픈 아니라 남들도 포도가 억어주지[익어주지] 않아서 수학을 못하고 잇는 안타까움은 말로 표현을 다 할 수가 업꾸나. 오늘은 포도가 잇어주지 않아서 26짝밖에 수학을 못했다. 앞푸로 남은 포도는 을마 대지 않치만 그래도 익어주지 않아서 예가 타고 잇다.
"내년에는 거름 량도 줄리고 포기당 송이 수도 줄아서 한 포기에 30송이로 줄라야 수학 시기을 앞당길 수 잇따고 생각을 한다."
지출에 … 포도 공판장 출하는데 운임 53,000원

〈1997년 8월 23일 토요일 날씨 맑음〉

오늘로서 참깨 수학을 마지막으로 하여쓰며 오늘 참깨는 아주 너깨 씨 푸림을 한 것이라. 참깨 꼬투리가 아주 적개 달려서 수확량은 아주 적을 량으로 수확이 돌 것으로 내다본다. 현재로 참깨을 뜰런 것이 1말 5돼는 수확을 했낫쓰며 앞푸로는 1말 5대는 떨어서 총 수확이 3말은 떨어야지 하는 생각을 가지고 잇다.

〈1997년 8월 24일 일요일 날씨 맑음〉

이재는 아침 저녁으로 추어서 창문을 닫고 자야 하며 가을의 문특에 왔 잇다는 실감을 가질 수가 잇다. 금년도 찜통더위는 영혼이 기성을 부릴 줄 알라는돼 흐르는 시간한태 당할 수가 업따는 것을 다시 한 범 너켜본다.
"오늘로서 포도 수학을 사실상 다 한 셈이다. 오늘은 구미 동생들을 오라해서 포도 한 상자식 주어쓰며 오늘 27짝 수확으로 끝을 냄 셈이다."
현재로 캄벨 수확량 총 수 575 상자 공판장에 출하을 함.
자신은 금년도 포도 수학을 작년도 600상자 수확을 하니 착색이 너전 것 같아서 올해는 500상자을 잡아는돼 올해도 500상자을 넘어서 내년에는 500상자로 줄아야 착색이 정상으로 오지 않을까 하고 생각을 하여본다.

〈1997년 8월 25일 월요일 날씨 맑음〉

사과밭에 잡초가 무성하게 자라 잇쓰서 단번에 제초제을 살포을 할려고 더니 풀이 넘어 자라 잇쓰서 살포가 힘들 것 같다서 오늘은 낫으로 잡초을 배는 작업을 하여쓰며 오늘이 하로 반이 돼며 앞푸로도 반나잘은 잡초을 베어야 다 할 것 같다. 잡초을 낫으로 재거을 할려니 힘이 드는 것을 바서는 외치기을 구입을 해야 할 것 같드라. 농촌 생활에는 모든 장비을 다 갇추어야 돼겠따는 생각이 드는구나.

오후에는 복판에 물을 돼고 잇쓰니 친구가 와서 그만 오후 내 돌리서 포도 수학량과 돈 이야기을 하다가 오후 시간을 다 보냇다.

지출 … 운임 공상자 43개 43,000원

〈1997년 8월 26일 화요일 날씨 맑음〉

채소밭 김매기을 부인과 둘리서 하여쓰며 배추 씨갑씨을 적개 너어서 그른지 겨우 가꾸울 정도 밖에 안대며 속음질 할 것이 업따고 본다.

"오후에는 벼논에 문고병, 도열병, 멸구병 방재들 하는돼 논물이 적어서 약 살포을 하는돼 힘드는 것은 다 헌쳐고 날씨가 더어서 죽는 것 같드라. 사람이 이래 죽는구나 하고 극박한 너킴을 밭아쓰며 자신의 개핵대로 한다면 1단지 약을 더 살포을 해야 하는돼 이대로 1단지 더 살포을 하게 돼며 사람이 죽을 것 같다서 부인 보고 사람 죽개따면서 내일로 미루고 집에 들어오고 마랐다. 오늘 약 살포는 큰 실수을 저절 뻔 해다. 이재는 약 살포는 오후는 피하고 돼두록 몸에 무리가 잇따면 당장 철수을 해야 한다고 생각을 한다."

〈1997년 8월 27일 수요일 날씨 맑음〉

오늘 오전에 벼논에 약 살포을 하여쓰며 오늘은 덥기 전에 약 살포을 다 할려고 아침 일적 스들어서 약 살포을 시작을 하여쓰며 오늘은 계핵 면적을 일적 살포을 하여다. 오후에는 나머지 필지 논을 약 살포을 해서 끝을 낼라고 시작을 하다가 요 앞전에 오후에 약 살포을 하다가 생외을 먹고는 급이 나서 내일로 미루고 부인 참깨 떠는 돼 그 들어주고 벼논에 물 돼는 일을 하는 것으로 오후 시간을 보냇고 마랐다.

지출에 … 화장지, 라면 12,800원

오늘 약 살포 면적 (4단지 살포을 함)

(멸구약, 문고병, 도열병)(4가지 희석함)

〈1997년 8월 28일 목요일 날씨 맑음〉

오늘 오전은 건답직파 논에 약 살포을 하는 돼 물이 업쓰서 약 살포에 무리가 잇쓰다. 자신은 물을 대어서 할려고 하니 삼일 안에는 물을 퉬 수가 업는 것 같다서 물이 업쓰도 약 살포가 시급한 것 같다서 물이 업는 돼도 불구하고 부인과 둘리서 약 살포을 하여다. 우리가 약 살포을 맡치고 보니 오전 11시드라. 부인은 오전 시간이 일적다면서 포도 익은 것을 따로 가면서 아빠는 샤우하고 푹 시어서 나중에 포도 실어로만 오라고 할 때에 너무 고맙고 보잘 것 업는 자신을 신 모시드시 아켜주니 정말 나는 복이 만은 사람이다. 오늘날까지 시집 올 때에 그 마음이니 의이 복이 업따고 할까. 자신은 때로는 부인을 고마운 사람이라고 잘 해주야 한다 하면서도 때로는 변하고 때로는 똥파리 날리드시 하며 마음이 변하고 잇는돼 부인의 모습은 변함이 업쓰니 정말 어진 사람이다. 이 앞푸로 어진 사람의 보답을 해주야 하는돼 자신의 가슴이 아주 좁은 사람이라 그 보담을 만 분지 일도 갑지 못할 끄라는 생각이 들어 가슴 아푼 일이다. (여보 정말 고맡소)

오늘로서 포도 수학을 안전이 함.

포도수학 16짝

지출에 … 동네 아주머니들이 술값을
　　　　내라고 해서 5,000원

〈1997년 8월 29일 금요일 날씨 맑음〉

오늘 오전은 동 회관 주위로 길 보수을 하는 부역을 하여쓰며 길 부역을 조금하고 조합에서 우리 마을에서 과실 {출}하을 만이 하여따고 200,000원 준다고 이 돈으로 돼지고기 안주로 온 동민이 잘 먹어따고 생각을 한다. 요즘 책임자들이 자기 낮 내는 일을 주로 하며 옛날 책임자들은 한 푼이라도 아카서 후배들레깨 넌기 줄라고 예을 쓰는돼 요즘 책임자들은 자기 위주로 처신을 다하고 잇다.

오후에는 4단지 보툭과 도로 쪽의 제초제 재거을 하여쓰며 남들도 그대로 제초재을 방치을 하여둔 것을 보며 다들 나처름 바푼 같다 하는 생각이 더는구나

"오늘은 아버지의 재사날이다. 우리 형재들 다들 불참을 하는 사람 업시 다들 참석을 하여쓰며 아버님 어머님이 늙 자식들을 돌바주시고 잘못 가는 자가 잇드레도 바른 길로 가두록 도와 주야지 우리 형제들이 아버지 어머님을 잘 모시고 우리 형제들 정을 가지고 잘 살라 갈 수가 잇딴 있다. 그리고 형님도 평수는 조금 적지만 2층으로 잘 짓어씀이다. 아버지 어머님도 세 집에서 이번 제사을 잘 모씨씀이다. 아버님 어머님의 자식들이 인간이 살라가는 폐을 기치는 자 업시 다들 잘 살고 잇씀이다. 아버지 어머님의 자식 순덕이는 늙 명절 때나 제사 때나 남들은 승용차가 마당으로 하나 잇는 것이 그리 불고외 우리 형제는 승용차가 업는 것이 한이 돼어 와는돼 이번에 아버님 어머님 제사을 올리고 집 압에 나와보니 승용차가 길거리에 6대가 나란이 잇는 관경을 보고 우리도 남뜰래깨 떨어저지 않는 자부심을 가지씀이다. 이재는 순덕이가 한을 다 푸려따고 생각을 합니다. 앞푸로도 우리 형제들이 주첨[주춤]하는 형제가 안 대두록 어머님 아버님이 보살펴 주어서 쭉쭉 벗어가는 자식을 만들어 주십요. 아버님 힘들 때만 아버님 어머님을 생각을 하는 것이 아니라 늙 부모님을 생각을 하고 잇는 순덕이람이다.

지출 … 형님 세 집을 지엇따고 집뜰이
　　　　선물로 전화기 선물을 하여다.
　　　　200,000원

(이 돈은 포도로 개산을 한다면 20짝 값이다)

〈1997년 8월 30일 토요일 날씨 맑음〉

오늘은 새래단 포도나무에 약 살포을 하여쓰며 자신은 새래단 포도는 수입은 생각지 안는다. 처음부터 포도송이 알이 업쓰며 쭐거리만 남아있쓰니 의이 수입을 본다고 생각을 하겟나. 오늘은 약 처면서도 별 의미업시 약 살포을 하고 십꾸나.

"오후에는 손만원 둘째 동생이 가로로 53세로 세상을 터나고 마라쓰며 이 사람도 살라고 아주 발부등을 천 사람이며 구미 도랑동에서 참외, 수박을 아주 만이 한다고 하드라. 지금 53세 나이며 정말 아까운 나이며 가정에서는 꼭 필요한 나이며 이때 가장이 업따면 그 가정은 이 세상 살라가는돼 고충은 말로 표현을 할 수가 업다고 본다.

우리 마을래서 53세 친구가 12명인돼 현재 6명 죽어따고 하니 이것은 너무 큰 충격이다. 한 또레가 반이 53세 이전에 다 죽어따는 것은 인간이 풀 수 업는 숙재라고 말을 하고 십꾸나. 오늘 오후에는 손만원 집에서 동생 손천교 장례을 하는돼 여기에서 음식 준비을 하는 돼 부인과 둘리서 도와주어다.

〈1997년 8월 31일 일요일 날씨 흐림〉
오늘은 손천교가 어릴 때부터 객지에 나간 사람이라서 운상꾼이 적어서 우리 또레가 3명이 운상을 하는 돼 참여을 하여쓰며 앞푸로 절먼 사람이 줄어더는 추세라 우리도 운상꾼으로 참여을 하는 쪽이 만아저고 잇꾸나.
“오늘 운상꾼들이 보닥빛에 비지땀을 흙리고 잇는돼 형 둘리는 그널 밑에서 지내고 잇는 것을 보니 몰라도 너무 모른다. 남들이 땀을 흙리는돼 나무 민이 무엇시며 손만원 몰라서 그러타고 치지만 손천호는 고등학교을 한 놈이 그늘에서 하로 시간을 보낸다는 것은 너무 외위[예의]을 모르며 동생을 보내는 마당에 너무들 하고 잇따고 말을 하고 십꾸나.
인간이 만이 배앗따고 예이범절을 지킬 줄 아는 것이 아니라 인간이 기본 밭탕이 잘 돼어 잇쓰야 범절을 지킬 줄 알며 이것이 부모의 교육이 업쓰따는 정표라고 말을 하고 십꾸나.“
“오늘 운상꾼들이 비지땀을 흙리면서 아무련 말 업시 일을 하여둔돼 자신이 고맡따는 생각이 더는구나.”

〈1997년 9월 1일 월요일 날씨 맑음〉
오늘로서 벼논에 보뚝 도로 쪽 다들 잡초 재거을 하여쓰며 이재 보뚝 잡초는 벼 탈곡을 할 때까지는 잡초 제거는 극정을 하지 않아도 될 끄라는 생각이 든다. 오후에는 물 돼는 일을 할려고 생각을 하고 같는돼 그만 대신 인배와 둘리서 포도 수학 이야기을 하다가 오후 시간을 다 보냇다.
“금년에는 벼농사가 어느 필지 업지 업시 다들 잘 대어쓰며 아푸로 태풍만 업다면 금년도는 대풍을 맏지 할 것으로 내다보고 잇다.”
“오늘은 지도소 순회 기계수리을 우리 마을래서 실시을 하여쓰며 자신도 푼무기 바킹을 갈라 너어쓰며 푼무기 바킹은 무료로 드리더라.”
9月 1日 형님 5백만원 수표로 달라고 해서 집에서 수표 4십만 원 분소에서 46십만 원 5백만원

〈1997년 9월 2일 화요일 날씨 비〉
서양바실과 봉희 동서 논에 물 됀다고 멧칠재 띠어다니도 물을 재돼로 될 수가 업꾸나. 외냐하면 도랑에 수초 작업을 하지 않아서 물이 내리오지 않아서 물대는 일이 그리 힘드는구나. 이 비가 오든 짐에 비가 만이 왔쓰며 하는돼 길바닥에 문지 않날 정도로 오고 마라쓰니 외통[애통]이 터지는 구나. 오늘 비는 채소 밭 해갈도 면하지 못 하고 잇꾸나. 타 지방은 만은 비가 쇼다저서 날리가 난는돼 외 우리 지역은 해갈도 면하지 못 하두록 비가 온 것이 외돌꾸나.
“아버님 어머님 요즘 순덕 자식이 일이 너무 바파서 현대아파트가 구미 봉곡에 아파트 분양한다고 오푼을 한다고 해도 아버지 어머님 자식이 바파서 가보지 못 하고 오늘은 좀 징해서 허퍼삼아[헛수고하는 셈 치고] 현대아파트 사모실을 찾아같뜬이 아파

트 층수는 좋은 것은 다들 나가고 고층과 아주 낮전 층수가 남아 입쓰디다. 마음에는 들지 않치만 15층 중 12층을 선택을 하고 내일 개약금 8백만 원 주기로 하고 오늘은 접수을 한단은 식으로 20,000원 주어씀이다. 순덕이가 생각을 할 때에 돈으로 두는 것보다 자식을 대리고 잇쓰며 좋치만 요줌 세대는 따로 사는 세대라서 자식을 전세로 내보내는 것보다 아파트을 사서 보내야겟따는 생각으로 사실상 28평 아파트을 계약한 것이나 다름이 업씀이다. 아버님 어머님이 순덕이을 보살펴주어서 이른 영광을 가진다고 생각을 하고 잇씀이다. 앞푸로도 계속 보살펴주십요."

〈1997년 9월 3일 수요일 날씨 맑음〉

오늘은 아침부터 분주하게 움직이는 날이 돼어꾸나. 김천 구미 동기생 총무을 보기 때문 정명세 모친 별세 화원을 해주야 하는 개칙이라서 자신이 꽃집에 열락을 해서 오전 9시까지 하여 달라고 하고 돈원 대신 분소에다 100,000원을 막키고 자신은 대신 분소에서 아파트 개약금으로 8백만 원 수표 한 장을 들고서 읍사모소 가서 부인 임감증명서 주민등록 등본 1통을 띠어서 현대 아파트 현장을 답사을 할려고 하니 순달이가 구미 볼일이 잇따면서 태다 줄라고 하드라. 그래서 순달이 차로 현장을 한 밖키 돌라보고 모텔화오스에 가서 8백만 원 주고 12층 28평짜리 개약을 하였다. 자신이 아파트 개약을 하고 나니 우방에 사곡 보성에 상모 이른 자리보다 오늘 현대아파트 봉곡 아파트가 아주 잘 했따고 생각을 하며 우리로서는 봉곡 아파트 단지 개약한 것만도 행운이라고 생각을 한다.

오늘 오후에는 직파 논 10마지기는 멸구약 입체을 손으로 헌치쓰며 멸구에 큐레탈 입제[큐라텔 입제]을 살포을 하여는돼 효력이 날련지 몰겟다.

"아버님 어머님 오늘 운이 줄 아파트을 개약을 하여씀이다. 아버지 어머님이 보살펴주시서 순덕이가 아들 줄 집을 장만을 하여씀이다. 아버지 어머님 아들이 야물개 살라서 자식 집을 7천1백5십만 원짜리 아파트을 개약을 하여따는 것은 대 행운이라고 생각을 합니다."78)

지출에 … 정명세 모친 별세에 부위
50,000원 아파트 개약금
8백만원 버스 값 3,000원
계 8,053,000원

〈1997년 9월 4일 목요일 날씨 맑음〉

오늘 사과 약을 살포을 하면서 사과가 오른 것이 업는 것 같이 탄자병이 걸려서 달려잇는 사과을 볼 때에 가슴 아푸터라. 나는 올해는 사과도 만이 달려서 내 나람대로는 약 살포을 철처하게 살포을 한다고 생각을 하는돼 사과는 탄저병에 다 걸어 잇쓰며 이려다가는 사과 수학할 때까지 남아나겟나 하는 생각이 먼저 들고 잇다.

"오후에는 정미기에 쌀 방아 찟어놋고 들레한 밖기 돌라보는 정도로 오후 시간을 다 치앗다. 자신이 전 필지 다 멸구약 살포을 할려고 31마지기 약을 다 사왔는돼 그 중 10마지기만 멸구약을 살포을 할려고 개핵을 잡앗다."

78) 일기 지면 상단에 '김종옥 100,000원 대납. 이두우 50,000원'이라고 기록되어 있다.

지출에 … 멸구약 6병 500CC × 16,300원

〈1997년 9월 5일 금요일 날씨 맑음〉

오전은 멸구약을 살포을 하여쓰며 오전 일적 스들어서 약 살포을 하니 오전 일적 15 마지기 약 살포을 하게드라. 오늘은 약 살포에 안성맡춤이드라.

"오후에 순서 아들 민수가 무름에 수술을 하여따고 해서 경대 병원을 형님, 형수, 우리 내외가 병문안을 같쓰며 다행이 수술이 잘 돼어따고 해서 천만다행이다. 요줌은 몸에 칼을 대는 것은 여사로 알지만 옛날에는 몸에 칼을 대는 것을 아주 실어해 온 것이 사실이다. 여하뜬 무름에 아무른 일 업시 안치 돼어야 하는 생각박에 업다. 아버님 어머님 순서 아들 민수가 무름수술을 하여쓰이다. 수술은 잘 돼어따고는 하지만 어머님 아버님 도와주야 하게쓰이다. 우리 가족이 병원에서 수술을 한 것은 좋은 일은 아니니 아푸론 이른 일들이 업깨끔 아버지 어머님이 보살펴 주십요.

지출에 … 민수 병문안 100,000원 열차비 15,200원 버스 값 4,000원
계 119,200원

〈1997년 9월 6일 토요일 날씨 맑음〉

오늘 오전도 벼논에 멸구약을 살포을 하여쓰며 오늘 약 살포는 넛 스들어서 오전에 약 살포을 하여쓰며 이재 벼논에 약 살포는 오늘로서 마지막이 아닌가 십다. 금년도 벼는 대풍작이라고 말을 하고 십다. 어느 누구 업시 온 들판에 벼들이 다들 풍작이라고 생각을 하고 잇다.

오후는 배추, 무우밭에 물주는 일을 하여쓰며 배추밭에 물주는 것을 푼무기로 물을 주니 마음에 차두록 주지 못했다. 오늘 형님 배추에 물을 주니 해가 저물어 안전 밤이 돼고 마랐다.

자신이 농사일에 들어서고는 처음 참깨을 1말 내어서 150,000원 소득을 낸 것은 금년도 처음이다. 자신이 처음 시관을 나와서는 참기름 사 먹을 돈이 업쓰서 박카스 병으로 참기름을 사 먹은 생각을 하며 정말 꿈같다. 요줌은 참기름을 마음것 먹어며 그것도 모자라서 밥을 비빌 때마다 참기름 숟갈로 너어서 밥을 비비 먹어니 이것은 자신이 을마나 살기가 부유한 것을 알 수 잇따고 본다.

수입에 … 참깨 1말에 150,000원

〈1997년 9월 7일 일요일 날씨 맑음〉

오늘 회장[해장]에 채소 거름을 하는돼 벼 이삭 거름을 하여는돼 거름이 재대로 될련지 모르게꾸나. 자신이 채소 거름을 이삭거름으로 한 적은 이번이 처음인돼 거름 효과가 있쓸련지 모르개꾸나. 그리고 아버지 어머님 산소에 벌초을 할려고 혐님과 둘리서 예치기을 시운전을 하여보니 시운전이 돼지을 안으며 예치기가 너무 오래 돼어서 예치기에 수리 비용을 드리바야 별 효과가 업따고 보고 김천으로 예치기을 사로갈려고 하는돼 순달이가 조합에 잇따고 해서 그만 내일 구입을 할려고 생각을 하고서 아버지 산소에 벌초는 다음으로 미루고 마랐다.

오후에는 참깨 뿌리 뽑는 일을 하여쓰며 참깨 뿌리 뽑는 일은 비가 조금 와야 좀 수랄 것으로 보며 참깨 뿌리 뽑는 일은 다음으로 미라야 하겟따고 생각을 한다.

"오늘은 운이 전화가 오지 않나 하고 기다리는돼 오늘도 운이 전화는 주지 않아쓰며 운

이가 아직도 교육 중인가 그리 답답하구나."

〈1997년 9월 8일 월요일 날씨 맑음〉

용만 큰집에 마당에 세멘을 한다고 해서 그들어 주어쓰며 오늘 사람은 을마 돼지 않아서 자신이 그들어주지 않아따면 집안의 한 사람으로 아무도 업쓰드라면 외부에 보기에 안돼쓸 끈돼 내가 가서 일을 그들어주어서 그 모면을 면회따고 생각을 한다.

그리고 오후에 부인이 포도 남은 것을 다 따니 5짝이 돼드라. 그래서 사촌 형님과 동생이 대구에서 올라와서 2짝을 주고 3짝은 대전청과에 내고 마랐다.

"오늘로 칼벨 포도을 마지막 딴 날이라고 말을 하고 십다."

〈1997년 9월 9일 화요일 날씨 맑음〉

외성보에서 녹들레 수로 수초 작업을 하여쓰며 오늘 수초 쳐는 부역을 하면서 벼논에 물 대는 일을 같이 하여쓰며 오늘 부역은 시간을 오래 동안 하여서 수초 작업을 만이 하여서 하로만에 다 할 수가 잇쓰다. 이번 수초 작업은 재때 일을 한 것으로 내다본다.

〈1997년 9월 10일 수요일 날씨 맑음〉

오늘은 임숙네 아래채에 스렛트 위어달라고 해서 시간도 업는돼 그절을 못 하고 오늘 윤학대 형님과 같이 일을 하여쓰며 둘리가 석가래을 걸어서 스렛트을 위는돼 별로 시간이 남지 않드라. 자신은 다 할려고 부지련희 하여쓰며 자신은 무선 일이든지 일이 주어지면 하로만에 다 할려고 노력을 하는 사람이라고 말을 하고 십다.

그리고 적녁을 먹고 잇쓰니 임숙이 어머니가 노임 대가로 110,000원을 가지고 와서 이래 주면 적개 주는 것이 아닌가 하고 미안감으로 주는돼 자신은 이 돈을 밭아도 돼지만 자신이 목수 일로 돈원을 버는 사람이 아니며 한 마을에서 하로 일을 거저 도와주도 돼는대 일당을 밭을라고 하는 것이 마음이 허락지 않아서 110,000원 중 50,000원 받고 60,000원 억지로 돌려보내고 마랐다. 우리나라가 하로 노임 일당이 너무 비싸며 하로의 임금이 너무 비싸며 일당으로 벌어서 살라가는 사람도 오희려 큰 도움이 못 댄다고 생각을 한다.

수입에 … 목수일로 50,000원 참깨 1말
150,000원
계 200,000원

〈1997년 9월 11일 목요일 날씨 맑음〉

가을배추 물 주는 일을 하여쓰며 자신은 배추는 일적 갈라서 무우, 배추가 아주 좋다고 말을 하고 십다. 오늘 배추 물 주는 일은 고합 픈무기로 오전 내 주어따고 바야한다. 부인은 오늘 처음 쌔래단 포도 첯 수학을 함. 자신은 쌔래단 포도 농사을 잘못지어서 돈 한다고는 생각지 않는다.

"오후에는 형님과 둘리서 조상 산소와 아버지 어머님 산소에 벌초을 하여쓰며 둘리가 4상구 벌초을 하는돼 오후 너깨까지 하여쓰며 산소에 잡풀이 너무 만이 잘라서 벌초하는 돼 힘이 너무 만이 들어다."

"어머님 아버지 산소에 벌초을 할려고 예치기을 200,000원 주고 싸쓰며 요줌은 예치기 업시는 벌초을 할려고 생각지을 말라야 한다. 지금 세대가 급속도로 변해가며 벌초에 예치기가 들어온 지가 을마 돼지 않아다. 요줌 오늘이 옛날이라고 생각을 할만끔 변해가고 잇다."

지출에 … 예치기 값 274,000원

〈1997년 9월 12일 금요일 날씨 맑음〉

오전은 바시네이 세레단 약 살포을 하여쓰며 금년도 새레단 포도 수학을 해바야 밑천 들어간 값도 못할 것으로 내다보고 잇다. 오후에는 당산 캄벨 포도 약 살포을 하여쓰며 약 량은 물 20말에 파라치온 1,000CC × 500CC 2병하고 띠디부어피[79] 500CC 2병을 희석을 해서 살포을 하였다.
올해는 포도 수학을 다 하고 살충재 약 살포가 작년보다 만이 넛따고 보고 잇다.[80]
지출에 … 버스비 값 1,000원

〈1997년 9월 13일 토요일 날씨 맑음〉

오늘 부인과 둘리서 땅콩 수학을 할려고 가보니 땅콩이 가뭄이 들어서 말라 죽은 것이 만으며 요줌 날씨가 너무 가뭄이 심해따는 것이 절시리 너켜쓰며 가뭄이 너무 심해서 사과 피해가 너무 크게 나타나며 앞푸로 수일 내로 비가 오지 않는다면 음청난 피해가 될 것 같다. 사실 요줌 벼 바서는 비을 바랄 때가 아닌돼 밭 곡석이 연결지 못하고 그대로 말라가는 모습을 볼 때에 가슴 아푸다.
"오후에는 예치기로 앞밭에와 고래밭 작과 나무 밑에 잡초 제거하는돼 힘이 들어다며 요줌 세대는 사람이 일을 하는 것이 아니라 기계가 일을 하는 세대가 왔따고 바야 하며 정말 신기한 기계라고 말을 하고 십다."

〈1997년 9월 14일 일요일 날씨 흐림〉

오늘은 운이 전화을 받아쓰며 운이 전화을 정말 오래만에 받아쓰며 한 달이란 교육을 받너라고 여때것 전화도 주지 못하고 찌저지는 더위에 교육을 받느라고 고통이 을마나 크깨나. 집에서 잇는 이 아빠도 더위 때문에 시달림이 말로 다 할 수 업쓰며 땀이 눈으로 들어가서 눈이 다 붓고 하여는돼 운이 정말 수고 만아꾸나. 그리고 추석을 쉬며 2박3일 동안 유격훌련에 들어간다고 하니 이 아빠가 자신도 모르게 숨이 모라쉬저는구나. 운아 아무뜬 훌련 잘 받고 늙 안전사고 조심하고 훌련 잘 받고 부대 복기하기 바란다.
"그리고 오늘도 운이 전화을 온 식{구}가 다들 통화을 하여쓰며 운이 전화을 받고 보니 자신도 모르개 할력소가 대는 너킴을 받아다. 그리고 이 아빠가 운이 살 아파트 28평짜리 71,500,000원 주고 사따고 이야기을 하여쓰며 이 아빠가 그리 좋은돼 운이는 이 아빠보다 더 좋아하리라고 생각을 한다. 운아 너의 아빠는 제대 날짜을 늘 새어가면서 살라가고 잇따. 운아 군 생활이란 고충만 잇따고 해도 가연이 아니며 그 고충을 참아내는 사람만이 밝은 기쁨을 마지 하는 것도 인간만이 간직을 할 수 잇딴다. 우리 운이도 그따위 고난을 참아갈 수 잇따고 이 아빠 학신한다. 운아 우리 발개 웃쓸 그날까지 열심히 살라가자. 이 아빠는 밝고 크게 웃쓸 수 잇는 그날이 아주 가까이 잇따고 생각을 한다. 운아 주먹을 한 번 더 꼭 지어바라. 인간은 힘이 생기며 자신이 생긴다. 이것도 남자만이 할 수 잇는 일이다. 운아 아빠는 눈떠며 운이을 생각을 하는 아빠라

79) 'DDVP(디클로로보스)'는 인을 함유한 유기화합물 살충 농약이다.

80) 일기 지면 상단에 '캄벨 포도나무에 약 살포함. 물 량 20말에 파라치온 500CC 2병, 띠디부이피 500CC 2병 희석함'이라고 기록되어 있다.

고 말을 하고 십꾸나. 운이도 늙 아빠을 생각을 하면서 군 복무을 하여다오. 이 아빠 부탁을 한다."

"우들은 추석마지 대청소을 하는돼 자신은 일적 스들어서 사과나무 약 살포을 하고 와서 대청소에 합세을 할 생각으로 사과나무 약 살포을 하여는돼 올해는 대청소을 일적 하여서 청소을 한 사람들이 우리 들어오니 청소을 끝을 내고 집우로 돌라가드라. 그래서 자신은 미안한 마음이 들드라."

〈1997년 9월 15일 월요일 날씨 흐림〉

올 추석은 성용차가 우리 마을에 작년보다 들 분비는 것 같터며 이번 추석은 조금 한산한 감을 너켜 보앗다. 우리 조상들이 추석 명절은 대 명절로 생각을 하면서 살라왔따고 보는돼 지금 세대들은 명절을 여사로 여기어 잇쓰며 세월이 갈수록 고유 명절을 무듬듬 명절로 만들지나 않을가 하고 극정이 앞쓰 가는구나.

"오늘은 세 논에 물이 업쓰서 대어주는 일을 하여쓰며 이재는 벼논에 물꼬을 파나야 하는돼 자신은 아직까지는 물이 좀 잇스야 하지 않나 하여서 물을 대어주는 일을 하였다."

그리고 우리 형재들은 올해도 다들 참석을 하여서 내일 차례 올일 음식 준비을 하여쓰며 매년 음식 준비하는 돼 빠짐이 업는 우리 가족이 돼어주며 늙 밝은 마음으로 고유 명절을 마지 하여 주기을 기원을 하고 십다.

지출에 … 동네친구 계 회비 값 20,000원

〈1997년 9월 16일 화요일 날씨 비〉

오늘은 추석이며 이 좋은 날에 비가 와서 명절의 기분을 망치쓰며 우리 농민들 바서는 잘 온 비라고 하지만 비의 량이 너무 적어서 사과나무에 도음은 전연 못 준 비라고 말을 하고 십프며 실지 추석 분이기만 망친 비라고 말을 하고 십꾸나.

아버님 어머님 우리 형재들 아무련 일 업시 이번 추석에도 건강한 모습으로 차례 상에 참석을 다 하여는돼 종말 순복이는 회사 숙직이라서 차례 올리는 돼 참석을 못 햇쓰며 내년에는 아버지 어머님이 우리 형재들 추석이나 설이나 좋은 날에는 한 사람도 빠지는 사람이 업두록 보살펴 주십요. 그리고 아버지 어머님 성묘을 비오는 바람에 차저 배웁지 못햇씀이다. 내일이라도 아버지 어머님 성묘는 어떠한 일이 잇쓰서도 성묘을 가계씀이다.

그리고 운이 부대에 잇는 권 상사라는 사람을 욕을 하고 십꾸나. 이번 추석 연휴가 약 5일이 돼는대 그래도 이박이라도 좀 보내줄 쭐 알라는돼 아무른 반응이 업쓰며 자신은 그래도 운이 부대 선임상사하고 성위을 보냇따고 생각을 하고 잇는돼 권 상사라는 사람은 성위을 모르고 잇는 사람 갇꾸나. 군이라는 선임상사라지만 그 위에 부관 중대장이 잇쓰서 만대로 못하고는 잇찌만 그래도 여때것 성위의 답이 업는 사람이라서 좀 서운하구나. 군대는 그날 그날 끝이 난다고 하지만 그래도 인간의 성이는 알라주야 인간의 참댐이 아닌가 십다.

"운아 오늘 집우로 전화을 주어따고 하드라. 이 아빠가 운이 전화을 못 받아서 안대꾸나. 운아 이 좋은 추석에 을마나 오고십계나. 이 아빠는 너의 마음을 잘 알고 잇다. 그래서 이번 추석에는 권 상사한태 외박이로 좀 보내달라고 부탁을 할려고 수화기을 들카 말카 한 적이 두셋 번이 됐다고 본다. 어느 부모가 자기 자식 어찌 안보고 십개나. 나처름 다 부탁을 한다면 군 생활이 어찌 돼개쓰며 이 아빠도 운이 보고 십프서 가슴이 사실 아푸다. 이 아품을 참아보자하고 권 상사한태 부탁을 하는 것을 표기을 하고 그냥 두고 보자 하면서 이 아빠가 참고 마라다. 운이도 이재는 고참이라고 생각을 하는돼 이재는 운이도 참는 능력이 잇따고 보며 운이도 이 고충이야 충분이 참으리라고 보고 이 아빠의 마음을 다시 한 번 추수려 마음을 달려본다. 운아 이재 9개월 남아다. 이 9개월은 열심희 승실하게 살다보면 후탁 가는 법이다. 길다는 생각을 하지 말고 내가 군 생활 어떠게 하여서 건강한 모습으로 아빠의 품으로 도라가녀냐 생각을 하면서 군 생활에 임예 주기 바란다. 운아 다음 주에 전화을 기다릴깨. 부탁한다."[81)]

〈1997년 9월 17일 수요일 날씨 맑음〉

오늘은 동신계 정기총회라서 올해는 우리 집에서 하게 돼어쓰며 집에서 조을 짜서 윷노리을 하면서도 어재 아버지의 성묘을 못 가서 자신의 머리에는 오늘은 성묘을 가야지 하는 생각이 머리에서 떠나지 않아서며 기회만 대면 아버지의 성묘을 같다 와서 놀라야지 하는 생각으로 놀라쓰며 오후 너깨야 아버지의 성묘을 같다 와서 오후 내 놀랐다.

지출에 … 개돈 10,000원 윷놀리 5,000원
계 15,000원

수입에 … 80,000원

〈1997년 9월 18일 목요일 날씨 맑음〉

오늘 오전은 사과나무에 물주는 일을 하여쓰며 사과나무 물주는 일은 자신으로서 처음이다. 올해 뒤 도구에 물을 가두어 두어따가 과수나무 고랑에 양수기 작업을 해서 물 퍼니까 수라게 과수에 물을 줄 수가 잇꾸나.

"오늘 오후에 윷놀리 경품권을 끌고 윷대회을 하여는돼 자신이 상품을 사다주고 자신은 상품 하나 따지 못하고 말라다. 그리고 내일 또 하로 더 놀개 돼어쓰며 자신은 오늘 끝을 냇쓰며 좋게는돼 내일 또 하로 논다면 우리 집에서 계속 삼일을 놀게 돼어서 자신의 일이 재대로 돼지 않아서 외로가 만꾸나."

지출에 … 윷놀리 2,000원

〈1997년 9월 19일 금요일 날씨 맑음〉

오늘도 사과나무에 물주는 일을 하여는돼 뒤 도구에 물을 하로 저녁 내 물을 가두어 두어따가 오전 내 사과나무 물을 주는돼 시간을 협이하게 돼며 앞푸로 이런 식으로 사과나무에 가뭄을 해결을 해야 할 것 같꾸나. 그리고 오늘 사과{나}무에 황산가리을 2포을 싸와서 사과나무에 주어는돼 사과 착색이 도움이 댈련지 몰개꾸나. 다들 황산가리을 일적 하여따고 하는돼 자신은 사과 착색이 오지 않아서 착색에 도움이 댈련지 하는 마음 때문에 황산가리을 하여다.

오후에는 우리 집에서 3일째 윷노리을 하여쓰며 오늘은 어재 소 겁떡이가 남아서 오늘은 억지로 놀란 샘이라고 본다. 소 가족

81) 일기 지면 상단에 '용근 개돈 김창길이 20,000원 줌. 돈을 건느 줄 때 말지가 왔다 같다고 하드라.' 라고 기록되어 있다.

을 먹두록 하는돼 실찌 땔감이 너무 들어가서 실지 손애가 됀다고 본다. 앞푸론 소 가족은 힘이 들어서 못하게드라.[82)]

지출에 … 윷놀리 3,000원 황산가리 값 2포에 14,000원
계 17,000원

〈1997년 9월 20일 토요일 날씨 맑음〉

오늘로서 사과 물주는 일을 끝을 냇쓰며 이번에 사과 물주는 일은 아주 잘 하여따고 생각을 하며 이번 물은 수학량에 큰 보탬이 대리라고 생각을 한다.
그리고 오늘 사과 썩은 것이 오재 오늘 경운기로 한 발리 반이 좋게 갇다 버리다. 자신이 사과농사을 짓은 후 처음 부페병이 만아서 큰 손실을 보고 잇다. 앞푸로 사과 썩은 것이 아직 나무에 만이 달려잇다. 이것까지 다들 가리낸다면 아주 수도 업따고 본다.
"오늘 오후는 용만 집뜰리와 형수 생신 잔치을 겸해서 내일 잔치을 준비을 하여다."
"그리고 오늘 달희와 둘리서 사과 착색 약을 무실[83)]료 사료 가서 착색 약 15병과 미성알파[84)]을 싸왔다. 자신은 사과에 착색 약은 처음 사용을 할려고 더는돼 실찌 마음은 부란하다. 그른돼 일반 농약방에서 우리 농협보다 5,000원 이상 싸개 파는 위유을 몰개쓰며 생각을 할수록 이해가 돼지을 않코 잇다. 조합보다 5,000원식 헐캐 팔라도 이익이 잇키 때문에 판다는 생각을 할 때 조합에는 농민을 위한 조합이라고 말로 부르돼지만 실찌 농민을 생각을 한다는 것은 다들 허새이며 농민의 피을 빠라먹은 것이나 다름이 업다고 본다.

지출에 … 사과 약 착색 약 미성알파 1병 착색약 15병 57,000원

〈1997년 9월 21일 일요일 날씨 맑음〉

오늘은 권용만 집뜰리에 손님 마지에 시간을 보내쓰며 생각보다 손님이 적은 너킴이 들드라. 그리고 요줌 아침 저녁으로 쌀쌀해서 우래 쌔래단 포도 익어 주지 않을 것 같든 생각이 들며 자신은 바라라도 시장 팔료을 원화고 잇는돼 이것마저 아침 저녁으로 추은 것을 보니 이 꿈까지 상실돼는 것이 아닌가 쉽꾸나. 자신은 약값이라도 건저야 하는돼 너무나 실망이 크다.
"오늘 운이가 전화을 주지 않는 것을 보니 유격훌련을 2박 삼일 간다고 하드니 교육을 같는 모양이구나. 운이가 이번 교육으로 제대할 때까지 교육은 마지막이 돼서 주어쓰며 한다."

〈1997년 9월 22일 월요일 날씨 맑음〉

오늘은 임숙네 몸체에 위어서 가닥 다는 목수 일을 하여쓰며 자신은 바푼 사람인돼 과거에 농사을 짓어쓰며 옛정에 못이져서 오늘도 일을 하여쓰며 사실 나는 남의 일을 하여 줄 시간이 업는 사람이다.
"오늘 태모 아버지하고 김달수씨 사오와 여로서 하니까 하로 좀 일 적드라."
포도수학 쌔래단 14짝 상품 18,000 중품 14,000 하품 8,000

---

82) 일기 지면 상단에 '(황산가리 사과나무에 함 2포)'라고 기록되어 있다.

83) 김천시 지좌동 무실(茂實)을 뜻한다.

84) 미성알파는 사과 낙과 방지약이다.

수입에 … 노임 60,000원

〈1997년 9월 23일 화요일 날씨 맑음〉
오늘은 사과 착색 약을 살포을 하여쓰며 자신이 사과에 착색 약은 처음이며 약 량은 미성알파, 물 한 말에 20CC, 착색 약은 50CC 한 병으로 물 2말 5반을 희석을 하여쓰며 물 량 12말로 사과나무 전체 약 살포을 하여두어다.
오후에는 부인과 둘리서 들녁을 한 박키 돌라보고 김치 다물 배추을 조금 해 온 것으로 오후 시간을 보내다.

〈1997년 9월 24일 수요일 날씨 맑음〉
오늘은 땅콩 수학을 하여쓰며 땅콩은 수학을 하여보니 가뭄이 들은 헌적이 너무 만으며 가뭄이 아니더라면 수학량이 만아쓸 끈돼 그르치 않아서 마음이 안스렵다.
"오늘 조합에서 경운기가 나와따고 하면서 서류 절차을 발바야 한다면서 나와 달라고 해서 오늘 959,000원 가지고 가서 서류 절차와 현금을 다 지불하고 와쓰며 경운기는 내일 보내준다고 이야기을 하드라."
"이번에 경운기 공급은 2백만 원 한도액 중 반액 공급이라서 자신은 몸체, 노타리 밖기와 두 가지을 하고 형님이 부치서 노타리을 반액으로 하여다."
지출에 859,000원

〈1997년 9월 25일 목요일 날씨 비〉
대신 풍농비료 도매점에서 중공식을 겸해서 포도 교육을 하고 풍농비료 좋은 점을 강사가 교육을 하고 술대접, 정식 식사을 재공을 하드라. 오늘 손님은 500명 이상이 돼갯쓰며 정말 만은 사람이 참석을 하였다. 앞푸로 풍농비료가 다들 전용 비료이기 때문에 판매량이 만을 것으로 내다보고 잇다.
오늘 오후는 부인과 둘리서 김천 동서한태 이발을 하로 같쓰며 나 자신은 가까운 돼서 이발을 할려고 하니 부인 이왕 돈을 주면서 언니내 주며 좋은 것이 아니냐 하고 사정을 해서 부인과 둘리서 맏동서 형님이 집도 짓는다고 하여서 구경을 할 겸 형님한태 이발을 할려고 음료수 밖스을 들고 이발관을 같뜬이 손님이 두 사람이 잇쓰쓰며 그분들을 다 해주고 자신이 이발을 하는돼 솜씨가 정말 좋으며 나이가 68세인돼도 아직까지는 이발을 잘하고 잇드라. 형님으로 바서는 힘이 들게찌만 돈 버는 재미로 힘드는 줄 모르고 일을 하고 잇드라.
사람이란 나이가 만아도 자기의 일이 잇쓰야 됀다는 느킴이 들드라. 그리고 부인의 옺을 사줄라고 양행점 같뜬이 옺들이 넘어 만아서 어는 것이 좋은 줄을 몰갯쓰며 부인은 여르가지의 옺을 입버보고 이것은 좋은가 저것이 좋은가 하고 망스려가면서 옺을 골라서 구입을 하는 것을 보니 부인이 야문돼가 잇꾸나 하는 너킴을 밭아쓰며 부인의 옺을 한 벌 사주는돼 내 마음이 좋드라. 이 옺을 사주야 하는돼 하는 마음은 사실 작년부터 생각을 한 것이다. 오늘 이 꿈을 이루고나니 자신의 어깨가 가벼저는 너킴을 밭아다.
지출에 … 부인 정장 값 200,000원

〈1997년 9월 27일 토요일 날씨 맑음〉
오늘은 대구 친구 이오랑이 딸 장녀 결혼식을 귀빈예식장에서 올리는 돼 참석을 하여쓰며 우리 동기생들은 서울 친구들 말고는 다들 참석을 하여따고 본다.

"오늘 김천 대신 구미 사는 동기생 일부 9명이 이번 오랑이 딸 결혼식에 참석을 하는돼 경비 일체을 우리 개에서 부담을 하는돼 자신이 총무라서 돈원을 갈리을 하는돼 자신이 너무 빈틈업시 일처리을 하는돼 대예서 다들 너무 잘 한다고 친찬이 자자한 돼비에서 한두 사람은 불만을 가지는 사람도 잇따고 보며 자신이 생각을 할 때에 사람이 너무 야무게 하는 것도 실어하는 사람이 잇따는 것을 알라다.

지출에 … 대구 친구 이오랑이 딸 결혼식
부주 30,000원 대신 11회
동기계 회비 30,000원
계 60,000원

〈1997년 9월 28일 일요일 날씨 맑음〉

오늘은 운이가 전화을 줄 뚤 알라는돼 오늘도 전화을 주지 않아서 벽병우는 집우로 전화을 하여는가 궁금해서 무러보니 내무반에서 자면서 전화을 주지 않아따니 기가 차는구나. 집에서는 온 가족이 전화을 기다리고 잇는돼 요놈이 이려깨 몰라주다니 서운하구나. 박병우는 운이다 비와면 어른이구나. 병호는 주일마다 집우로는 꼭 전화을 주고 잇따니 그 고마음이 크구나. 운이는 너무나 이 아빠의 마음을 몰라주니 이 아빠의 마음이 상하는구나. 내 마음을 달래서 이재는 자식의 전화을 학수고대는 상가해야 하는 것이 아닌가 다시 한 번 정리을 해바야 하겟다.

"오늘 구미 오성예식장에서 김상한 씨 둘재 아들 결혼식에 참석을 부인과 둘리 결혼식에 참석을 하여다."

그리고 시간이 남아서 배추, 무우에 물주는 일을 하였다. 우리 배추는 좋아서 물을 주지 않아도 될 것 같뜬돼 오늘 경운기로 물을 주는 일을 하여쓰며 배추, 무우 물주는 일을 하지 않아도 될 것 같다.

지출에 … 김상한씨 아들 결혼식에 부주
30,000원 가요, 녹음태프값
2개 6,000원
계 36,000원

〈1997년 9월 29일 월요일 날씨 맑음〉

오늘은 쌔래단 포도 수학을 하여쓰며 우리 부부는 종일동안 수학을 하여도 17짝 밖에 수학을 못 하니 예가 만이 타는구나. 수학을 못하는 이유는 포도송이가 오른 것이 업쓰며 또 송이가 좋은 것도 일적 송이 알이 익은 것은 오물어들면서 썩고 잇쓰니 손이 만이 갈 뿐 아니라 수학을 포기을 하고 십픈 생각이 여르번 들고 잇다. 우리 지역은 자신뿐 아니라 그위 다들 쌔래단 농사을 짓고 잇는 사람들은 자신처름 고통을 당하고 잇다. 요줌은 쌔래단 포도농사을 짓는돼 자신이 업쓰서 그만 물류단지로 빨리 들어같쓰며 하는 생각이 든다.

쌔래단 포도 수학 17짝

〈1997년 9월 30일 화요일 날씨 맑음〉

오늘도 포도 수학을 하는 돼 어재보다 시간은 만이 소비을 하고서 포도 수학은 적개 하여쓰며 포도 수학을 하면서도 수학의 기쁨도 업쓰며 무이미한 포도 수학을 하고 잇따고 바야한다.

오늘 김경수 집뜰리 하는 돼 동민들을 초대을 하여쓰며 집을 잘 짓어쓰며 돈이 상당이 만이 들어같쓸 것으로 내다보고 잇다.

지출에 포도박스 태프값 4,000 우리
친구들이 집뜰리 가는돼 2,000원

계 6,000
(우리 운이 군 생활이 9개월이 남아꾸나. 이 구 개월이 남들은 적개 남아따고 할련지는 몰라도 나로서는 음청난 긴 시간이라고 생각을 하고 잇다)
포도 수학 15짝

〈1997년 10월 1일 수요일 날씨 맑음〉
오늘 사과 착색 약을 살포을 하여쓰며 오늘로서 착색 약은 2회을 살포 날이며 살포 약량은 12말 5돼에 미성알파 약은 240CC와 착색 약 300CC을 희석을 하여서 살포을 하여다. 자신이 착색 약을 두 번이나 살포을 해서 사과가 잘 익을 끗으로 생각을 한다. 올해는 사과 부폐만 업드라면 금년도 사과 농사의 보람을 가질 수가 잇깨는돼 올해 따라 썩음병 때문에 오른 사과가 을마 업는 것이 속이 아푸다.
오늘 운이 전화가 온다는 것을 생각지도 뫃했는데 운이 전화가 왔쓰며 못처름 운이 전화을 밭고 보니 내 마음이 그리 좋으며 운이가 고댄 훌련을 다들 밭고 이재는 정비만 한다고 하며 잘 있따고 해서 이 아빠의 마음이 노이며 여때껏 운이 전화을 하지 않아서 궁금하여는돼 전화을 밭고 낫쓰는 모든 것이 다들 풀리드라.

〈1997년 10월 2일 목요일 날씨 맑음〉
오늘은 김치끄리 할려고 부인과 둘리서 채소밭을 들리서 벼논에도 한 밖기 돌라쓰며 벼들이 연걸어가는 벼을 관찰을 하여쓰며 올드려 벼농사는 대풍이라고 생각을 한다. 이 풍작은 자신이 알기론 처음이 아닌가 십다.
오후에는 배추에 살충재을 살포을 하여쓰며 채소에 살충재을 살포을 하지 않으니 벌레가 배추을 못 쓰게 하여서 오늘 살충재을 살포을 하여다.
"운이가 이번 토요일 날 외박을 나온다고 하니 마음이 슬레이며 머어슬 해야 좋을까 망스리저며 자식이 무엇신돼 이려깨 우리 부부는 극정을 하고 잇다. 집에 온다고 하니 이 아빠의 마음은 더 빨리 밭쓰며 하는 심정이다."

〈1997년 10월 3일 금요일 날씨 맑음〉
오늘은 김천 아래장터에서 신흥농약방 주인 한정수 씨 장남 결혼식을 김천 자유예식장에서 결혼식 올리는 돼 자신 참석을 하여쓰며 자신도 혼주을 보고 부주을 하고 식장 안은 들어다 보고 그냥 식당으로 행하고 마는돼 나 자신뿐 아니라 친척 이외는 다들 축이금 올리고 곳바로 식당으로 가서 식사을 하곤 그대로 끝을 내고 잇는돼 이것은 아주 잘못한다는 짓이라고 생각을 하고 잇찌만 주위에서 다들 거려니 십계 고치지 못하고 이른 이유는 청첩자을 너무 난발하는 이유도 잇따고 생각을 한다.
그리고 부페 식당을 가보면 식사을 한 후 그릇은 그대로 두고 다들 나가고 하는돼 이재는 자기가 먹은 그릇은 다들 들고 설거지 하는 곳에 갇다 주고 잇는 것을 보며 우리 국민들도 인간의 수준이 높파저 가고 잇따는 느킴을 받을 수가 잇다.
지출에 … 한정수 씨 축이금 30,000원

〈1997년 10월 4일 토요일 날씨 흐림〉
오늘은 운이가 외박 나온다고 전화을 밭고 보니 자신은 사과 썩은 것을 따 내리면서 마음은 운이가 집에 온다는 생각이 나의 머리에 곽차 잇쓰서 자신의 일이 재대로 안대고 잇쓰며 오늘이 토요일이라서 돈원 차저 노지 않으며 운이 갈 때에 돈원 주지 못하기 때문에 오늘 돈원을 300,000원 찾자와서 기름 값 78,000원 주고 운이 갈 때에 100,000원 주고 100,000원 가용에 쓸 생각을 찾아 왔다.

그리고 운이 줄라고 나는 닭 두 바리을 잡고 부인은 김천 시장에 가서 운이 줄라고 맏잇는 음식을 살라고 김천 시장을 가고 우리 집은 운이 온다고 총 비상이 걸리다. 딸들은 운이 왔느냐고 연신 전화가 오지 우리 가족들은 다들 빠푼 일정이 돼어따고 생각을 한다.

혜영이가 운이 오며 맏잇는 캑을 사올라고 하면서 전화을 하길래 운이가 지금 동대구에서 2시 차로 온다고 하니 구미역에서 기다리따가 운이와 같이 오라고 하여쓰며 딸들이 나이가 더 먹어따고 생각을 하는 것을 보니 고맙드라. 딸들은 딸들대로 맏잇는 것을 싸오지 저의 엄마는 자식을 어떠게 해야 잘 먹이보겟따고 열성을 다하지 나도 운이 줄라고 닭을 두 바리 잡는다고 분주한 시간을 보냇다.

지출 기름값 보일라 400리터 78,000원

〈1997년 10월 5일 일요일 날씨 맑음〉

오전은 포도에 영양재을 살포을 하여쓰며 자신은 포도에 밉천을 드리바야 본전도 몾 찾는다는 생각은 머리에 각 차잇찌만 그래도 남은 포도가 영양재라도 살포을 하면 남은 포도들이 익어 줄까 하는 생각 때문에 오늘도 영양재 살포을 하여 두어는돼 약값이라도 나올란지 의문이 돼고 잇다.

"오늘은 운이와 한 자리에서 놀라고 생각을 하여는돼 복판 벼을 오늘 콤바이 탈곡을 할려고 약속을 하여서 운이와 한 자리에서 시간을 보내지 못한 것이 마음에 걸리는구나. 그리고 자신이 콤바이 탈곡을 하지 않아따면 운이 갈 때에 구미까지 같이 가서 열차표을 그것도 자석이 잇는 무궁화 열차표을 끈어줄라고 생각을 하여는돼 콤바이 탈곡 때문에 내 생각대로 못했서 마음에 걸리고 잇꾸나.

지출에 새값 1,500원 운이 부대 들어가는
　　　돼 형수 20,000 집에서 50,000
　　　70,000원

콤바이 탈곡한 푸대 수 62.5푸대 수학함

〈1997년 10월 6일 월요일 날씨 맑음〉

오줌 날씨가 가을거지[가을걷이] 바서는 아주 잘하는 날씨라고 바야 하지만 밭작물에는 큰 피해을 주고 잇다. 이 가뭄이 여름이라면 아우성을 처는 날씨라고 바야 하는돼 가을 가뭄이라서 아우성이 들 하다고 바야 한다.

오늘은 어재 콤바이 탈곡한 벼 말류는 돼 시간을 보내따고 바야 하며 어재 콤바이 탈곡을 하는돼 벼 가마니가 쇼다전다고 말을 하고 십다. 우리 마을에서 남천벼 씨가 20kg짜리 3포가 들어왔는데 우리 마을에서 남천벼을 한 사람들은 상당 득을 볼 것으로 내다본다. 자신이 어재 벼 탈곡을 한 것이 63푸대가 나왔쓰니 이것은 음청난 수학이라고 생각을 한다. 이 남천벼가 미질이 어뜰란지 몰라도 미질만 좋다면 모내기 면적을 늘리야 하게는돼 앞부로 정부 대책이 어떠게 돌라갈련지 몰게꾸나.

〈1997년 10월 7일 화요일 날씨 맑음〉

벼 말룬 것을 담을 푸대가 업쓰서 대신 분소

가서 푸대을 살려고 하니 막푸대는 업고 작크 푸대 하나에 500원식 하며 자신이 막푸대가 업쓰서 사실 작크 푸대을 100개에 50,000원 주고 싸따가 자신이 생각을 할수록 매상을 한번 돼고 나면 그만인돼 이 조원 푸대을 쓸 필요가 업따고 생각을 해서 다시 무루고 말랐다. 조합에서는 막푸대는 300원 한다고 하며 조합에서 푸대을 산다고 해도 20,000원 득을 본다는 생각으로 작크 푸대을 무루고 마랐다. 그래서 시간도 만아서 자신이 김천 시장으로 매상 푸대을 구입을 하로 같다. 매상 푸대을 무르니 한 장 250원식 하며 상인의 하는 말이 푸대는 질이 조금 떨어저도 무서 물건이든지 조합보다는 다들 싸다고 한다. 자신이 생각을 하여도 조합보다 일반 상인들레깨 구입을 하며 득을 본다고 생각을 한다. 자신은 늙 조합이 조금 비싼 한이 잇쓰도 조합이 살라야지 우리 농민들이 살라간다고 늙 이야기을 한다. 나 자신이 이번 일로 조합이 뜰어지고 잇따는 너킴을 받아쓰며 농약이나 매상 푸대나 이른 것이 다 조합보다 다들 싸며 우선 내가 살라나야지 하는 생각을 하여본다면 조합을 멀리하여야 될 입장이 돼어가고 잇다.

오늘은 벼 말류는 돼 시간을 다 보내따고 생각을 한다. 오늘은 김천 시장에 가서 매상 푸대 100장에 25,000원 주고 사와쓰며 사실 조합에서 50,000원 쌋따가 무루고 김천 시장에 가는 바람에 25,000원 벌어따고 생각을 한다.

지출에 … 매상 푸대 값 100장 값
25,000원

〈1997년 10월 8일 수요일 날씨 맑음〉

자신은 오후에 세 논에 콤바이 탈곡을 하기 위해서 벼 갇돌리는 일을 하고 부인은 세레단 포도 수학을 하여쓰며 지금 세레단 포도는 착색은 오지 않코 포도송이만 망가지고 잇따는 이야기을 하고 잇쓰며 세레단 포도에 큰 수입은 바라지 않아찌만 그래도 이려게 허무할 줄은 몰랐다.

오늘 포도 수학은 15짝 하고 콤바이 탈곡은 일미벼 씨을 하여는돼 자신이 거름을 적개하여서 수학량도 적으며 다음부터는 벼 거름은 좀 만이 해야 수학이 만타는 것을 올해 수학량을 보고 너꼈쓰며 자신은 거름량이 적으서 벼알은 양걸지만 수학량은 적은 것은 사실이다.

콤바 탈곡 벼 가마니 수 51 반 수학함. 콤바이 푸대 수

〈1997년 10월 9일 목요일 날씨 맑음〉

오늘은 김천에 양천에서 97年 벼 평가대회 참석을 하여쓰며 금년 평가대회 하는돼 우리 읍에서 3명밖에 참석을 안해쓰며 김천시 전역에 평가대회인돼 참석 인원이 불가 맷 명밖에 안돼며 갈수록 수도작 교육이라든지 평가대회 할 것 업시 호응을 하여주지 않으며 이른 현상은 갈수록 힘해전다고 본다.

오후에는 내일 콤바이 탈곡을 하기 위해서 벼논 갇돌리는 일을 하여쓰며 내일 콤바이 탈곡을 할 자리도 너무나 양걸게 농사을 짓어 낳서 수학량은 만치는 않을 것으로 내다보고 잇다.

"오늘 벼 작항 평가대회에서 이야기을 하드지 50년 만에 처음 대풍작이라고 이야기을 하며 이것은 하늘이 잘 해서 대풍작이라고 이야기을 하드라".

〈1997년 10월 10일 금요일 날씨 맑음〉

오늘은 콤바이 탈곡을 할려고 하여는돼 콤바이가 고장이 나는 바람 콤바이 탈곡을 못하고 형님 집에 화장실 짓는 돼 스라브 천다고 일을 해달라고 해서 종일을 동안 스라브 치는돼 목수 일을 하여쓰며 생각보다 일이 만드라. 그리고 스라브에 공구리 치는돼 트랙터 바가지로 올리니까 일하는 사람이 수라개 일을 하여다.

오늘은 자신이 큰집에 일을 한다고 형수와 부인 둘리서 벼 말룬 것을 풋대에 담는다고 수고을 만이 하여다. 자신이 잇쓰며 부인은 풋대 자루만 벌리며 돼는돼 부인이 말룬 벼을 다들 담는 일을 하여따고 온몸이 절린다고 이야기을 하여서 실랑 업쓰니까 힘들지 하고 무르니 실랑 업시 못 산다고 이야기을 하여서 웃고 마라쓰며 내 부인은 일을 너무들 만이 하여서 내 마음 속으로는 늙 미안개 생각을 하며 이 마음은 365일간 가진다고 이야기을 하고 십구나.[85]

〈1997년 10월 11일 토요일 날씨 맑음〉

오늘은 오전 11시경에 서양바실래 콤바이 탈곡을 한다고 해서 아무 일도 못하고 말라쓰며 자신이 서양바실은 복색이[복새기] 땅이라서 벼들이 푹싹[86] 때는 좋아따가 벼 출수 머리는 수랑이 줄어들면서 벼 이삭이 다들 말라 죽어서 소출이 아주 떨어저서 량이 업쓰서 올해는 웃거름 2포반 정도 하고 이삭 거름도 하지 않아쓰며 늑들레서 제일 노라푸록 돼어 잇는돼도 벼가 매년 죽년다는 생각 때문에 올해는 그대로 두어서 결과을 보자하고 그냥 두어따가 오늘 콤바이 탈곡을 하여떠니 작년보다 콤바이 푸대로 4가마 증가 돼어쓰며 거름을 만이 하여서 실폐을 보는 것보다 거름을 적개 하는 것도 득이 돼다는 생각이 더는구나.

벼농사을 매년 짓어도 수학을 할 때가 돼며 늘 미전하며 내 마음에 꼭 들두록 짓어 본적이 업꾸나. 그러고 볼 때에 벼농사도 기술이 잇쓰야 됀다는 너킴이 더는구나. 오늘은 서양바실레 콤바이 탈곡을 하는돼 정심을 하여주어 쓰며 콤바이 푸대로 62가마 수량이 나오드라.

〈1997년 10월 12일 일요일 날씨 맑음〉

형님이 콤바이 탈곡을 한다고 해서 트랙터을 몰고 너깨야 갈뜬이 벼 탈곡을 그진 다 했드라. 그리고 수학량이 35푸대 수학밖에 안돼고 잇드라. 금년에 형님은 벼농사가 풍년이 못 대고 잇따고 본다.

오후에는 내일 콤바이 탈곡을 할려고 갈돌리는 일을 하여다. 자신은 6마지기만 벼 탈곡을 할려고 개핵을 세와는돼 윤천희 씨 근유로 오늘밤에 웃뜰 2단지을 콤바이 탈곡을 하게 돼어쓰며 자신이 내일 콤바이 탈곡을 할 끗이 4단지. 이것은 하로의 량 되며 상당이 만은 수짜라서 사실 이것을 다 만친다는 것은 자신의 육체적인 고통이 따릴 생각을 하니 마음이 부란하구나.

오늘 운이가 전화을 주지 않는구나 하고 은망을 하여는돼 저녁을 먹을라고 준비을 하고 잇는돼 전화벨이 울어서 수화기을 들어니 아빠라 하는 소리가 운이 목소리라서 그

---

85) 일기 지면 상단에 '매상 피리 푸대 100장 회관에서 수령함.'라고 기록되어 있다.

86) 어린 싹을 의미하는 '풀싹'일 것으로 추측된다.

리 방가어서 무선 말을 할 줄 잠쉬 잊고 마랐다. 나 자신이 자식의 음성에 육체적인 할력소가 돼고 잇따는 것을 절시리 느켜쓰며 부모라는 존재는 이세을 위하여 산다고 해도 무리한 말이 아니라고 생각을 한다. 운이 몸조심하여라.

〈1997년 10월 13일 월요일 날씨 맑음〉

오늘은 4단지을 콤바이 탈곡을 하니 마음이 바푸며 마음이 바푸니 사고가 나는구나. 자신이 너무 바삐 날뛰다 발목 접치서 오늘 일 하는돼 상당이 힘이 들어쓰며 처음 발목을 접을 때는 큰 사고가 낮따는 생각이 머리에 쓰쳐같는돼 운 좋게 절육거리면서 4단지 콤바이 탈곡을 다 하여쓰니 천만다행이다 하고 생각을 한다.

오늘 자신이 콤바이 탈곡을 4단지을 한 번도 해보지 않아서 염려도 만이 하여쓰며 사실 부인이 이 가마니을 다들 만치야 하는 것이 큰 극정을 하여쓰며 다행이 형님이 한 발리 실어주어서 큰 도음이 돼어다고 생각을 한다. 앞푸론 2단지 이상은 콤바이 탈곡을 하는 것이 무리 잇다는 생각을 하여본다. 앞푸론 이른 무리는 하지 않캐다.

지출에 … 콤바 탈곡하는 돼 세 갑 7,400원

〈1997년 10월 14일 화요일 날씨 맑음〉

오늘은 말목을 접친 뒤로 절룩거리면서 형님 콤바이 탈곡을 8마지기 하는 돼 그들어 주는 것으로 오늘 하로을 다 보냇다. 정부에서 대풍이라고 소리을 해도 작년보다 크게 표나게 수학이 만치는 않는 것 같꾸나. 그리고 병충 약을 소월이 한 사람들은 소출이 떨어지고 잇따고 바야한다.

우리 농민들이 벼농사을 짓을 때는 여사로 농사을 짓어 놋코는 수학을 할 때는 늙 후해을 하곤 하는돼 나 자신도 콤바이 탈곡을 할 때마다 수학량이 적어서 얼굴 색갈이 변할 정도로 니우침을 하고 잇다. 농부가 여름 네 비지땀으로 농사을 짓어 놋코서 콤바이 탈곡을 할 때는 농민의 얼굴이 밝아야 하는돼 수학량이 떨어지는 벼논은 정말 가슴 아푸다.

〈1997년 10월 15일 수요일 날씨 맑음〉

오늘은 산물벼을 퇄라고 무실 물레방아간에 트랙터로 36가마을 가지고 같뜬이 질서을 정리을 하는 사람이 업쓰서 자신이 사모실레 가서 질서을 정리을 해 달라고 부탁을 해도 직원들이나 사장이나 너무나 질서을 지키지 않아서 너무 응망이 뎬 뒤라서 질서 잡기가 힘이 들개 돼어쓰며 이것을 방아간 쪽에서 오전 9시경까지 방치을 하여 두어쓰며 우리 농민들은 산물벼 돼는 날은 너무나 만이 밀리서 힘 든다고 오전 5시 30분에 집에서 출발을 한 사람들이 만타고 하며 자신은 트랙터라서 6시에 집에서 출발해서 방아간에 가니 이미 만이 와서 모닥불 지펴 놋고서 기다리고 잇드라. 우리 농민들은 산물벼를 대갯따고 밤잠을 설치가면서 산물벼 매상을 대겟따고 아우성인돼 받아드리는 쪽은 정말 무관심이며 나 자신은 이른 것을 보며 그냥 두고 보는 성질이 아니며 그 만은 사람 중에 불평을 만이 하는 사람이라 생각을 한다.

오늘 질서정리 하는 돼 힘이 돼어 주어따고 생각을 하며 주체쪽에서 조금만 생각을 해서 정리을 하여 준다면 우리 농민들은 밝은 마음으로 산물벼 매상을 돼고 갈 끈돼 오늘 주체쪽에서 무관심으로 만은 소란을 피아

쓰며 오늘 욕을 만이 먹어따고 생각을 한다.[87]

수입에 매상량 36푸대 … 1,790,280
(남어지감 36kg 39,610)
계 1,829,890

〈1997년 10월 17일[88] 목요일 날씨 맑음〉

오전에는 부인은 포도 수학을 하고 자신은 오후에 콤바이 탈곡을 하기 위하여 갇돌리는 일을 하고서 오후는 부인이 업기 때문에 재선이을 좀 도와주며 다음에 콤바이 탈곡하는 돼 도와줄라고 하고서 재선이을 콤바이 탈곡을 하는돼 힘이 좋으니 콤바이 푸대을 들만치는 돼 아주 수라드라. 오늘 따라서 형님도 좀 도와쓰며 자신은 형님이 도와줄 쭐 알아떠라면 재선이한태 도와달라는 소리을 않알 끈돼 이것을 몰라서 둘리 다 도와줄라면 힘이 들 것으로 내다본다.

포도 수학량 24짝 조합에.

지출에 콤바이 탈곡을 하는 돼 세 값 3,500원

〈1997년 10월 18일[89] 금요일 날씨 흐림〉

오늘도 포도 수학을 하면서 정심식사을 짜장면을 식키 먹어다. 이것도 시간 여유가 업쓰서 음식점 식키 먹어쓰며 만약에 집에 와서 정{심}식사을 하고 갇드라면 일이 재대로 안 델 것 같다서 자신이 짜장면을 식킨 것이 남들이 보면 포도도 포도 것잔은 것을 따면서 짜장면을 식키 먹는다고 욕을 할련지는 몰라도 오늘 정심을 잘 해따고 생각을 한다. 오늘도 숙모님 포도 손질하는 도와 주어쓰며 숙모님이 포도 손질 하면서 자식도 자식 것잔은 것이 생 외을 먹인다고 하면서 포도도 포도 것잔은 것이 생 외을 먹인다고 말씀을 하드라.

지출에 … 짜장명 3그릇에 6,000원

내 딸들이 늙 아빠 청춘이 아니라고 하든 말이 오늘은 실감이 나는구나. 오늘은 벼 말린 것을 푸대로 담아서 창고에 정리하는 일 밖에 힘드는 일은 하지 않아는돼 몸이 피료해서 어쩔 줄을 몰겟드라. 나 자신도 일을 무리해서는 안대겟쓰며 이재는 마음만 청춘이지 육체는 늙어간다고 생각을 한다. 이재 마음이 청춘이 아니라는 생각이 든다면 인간 생활에 별 의미가 업는 것이 아닌가 생각을 할 때에 허전한 생각이 더는구나. 앞푸로 이 허전함을 막꿀 수 잇는 것은 부인가 정을 돈독독한 정을 나누는 길밖에 업쓰며 이재는 부인가 둘리 시간만 가지는 일밖에 업따는 생각이 드는구나.[90]

〈1997년 10월 19일[91] 토요일 날씨 맑음〉

오늘은 김치 담을 배추을 할려고 부인과 둘리서 배추을 하고 오면서 콩지름 콩을 수학을 하여쓰며 콩나물 콩이 가뭄 때문에 재대로 연결지 못하고 집만 짓어놓고 알맹이 업는 것이 만으며 이것이 이 가뭄 이래라도 됀 것이 고맙따고 생각을 해주야 대지 않나

87) 일기 지면 상단에 '산물벼 매상함. 무실 물레방간 1등 49,730원 36푸대 함.'라고 기록되어 있다.

88) 16일이나 17일로 잘못 기록하였다.

89) 17일이나 18일로 잘못 기록하였다.

90) 일기 지면 상단에 '포도 수학량은 — 27짝 수학함.'이라고 기록되어 있다.

91) 18일이나 19일로 잘못 기록하였다.

하고 생각을 하여본다.

"오후에는 마지막 콤바이 탈곡을 할 때에 벼 갈돌리는 일을 하여쓰며 갈돌리면서 벼 알을 볼 때에 벼농사을 그대로 짓어따고 생각을 하고 잊는돼 수학량이 작년보다는 나야 하는돼 하는 심적 불안이 잊꾸나."

"오늘 혜지가 운전 실기에 합격을 하여따고 하드라. 사실 혜지가 회사일에 지친 몸으로 집우로 오는 모섭을 자주 보기 때문에 학원에 등록을 하는 것을 반대을 하여뜬이 아빠 몰래 등록을 해서 나중에야 혜지가 운전학원에 등록을 한 것을 알라는돼 그때는 아무 말도 하지 않코 모르는 치 하고 그냥 두어쓰며 늙 피료가 뉴적이 돼면 안댄다면서 집에만 오면 텔레비도 시청도 못하게 하면서 잠을 자라고 건유을 하고 여때것 왔따고 바야한다. 그른돼 오늘 실기는 합격을 하여따니 고맙꾸나."

〈1997년 10월 19일 일요일 날씨 맑음〉

오늘로서 금년 벼농사 콤바이 탈곡을 마지막으로 하여쓰며 금년은 벼 수학이 좀 수라게 한다는 너킴이 더는구나. 지금 같더며 셋 단지는 더 짓어쓰며 하는 생각까지 더는구나. 그리고 올해는 풍년이라고 하드시 자신도 작년보다 수학량이 많아따고 생각을 한다.

"이재는 벼 탈곡을 다 하여서 부인도 시간 여유가 만을 뿐 아니라 이재 우리 부부는 사과 수학과 포도 수학을 다하게 돼며 이재는 안전이 휴식을 할 시간이 앞푸로 다가오고 잊다고 본다."

콤바이 탈곡 값 — 2,200원

벼 수학량 콤바이 푸대 수 45푸대. 웃뜰굼

〈1997년 10월 20일 월요일 날씨 맑음〉

오늘은 물류단지 진임료[진입로]에 자신의 포도밭으로 물리따는 소문이 낮도 자신이 너무 바파서 시간을 내지 못하고 오늘 부인이 포도 수학을 하여도 시간을 낼 수가 잊쓰서 집입로 간개 돼는 사람들 4명이 행정과장을 만나서 집입료 대해서 상담을 할려고 시청 행정과장실래 갈뜬이 현항판에 집입료 철로 복선 다들 명시되어 잊쓰며 자신이 요대로 간다면 주택 4체가 들어가기 때문에 주택피해가 업개끔 조금 내라주면 주택 4체가 다 살 수가 잊따고 건위을 하니 실시설개 들어갈 때에 이야기하면 반응이 됄 끄라고 이야기을 하는돼 가연 수정이 됄련지 의문스렵꾸나. 이번 가도면을 보니까 대각으로 내 포도밭 반쪽이 들어가드라. 그래서 자신의 욕심으로 행정과장님에깨 주택을 핑계삼아서 주택만 피해 달라고 한 것은 내 포도밭을 살리기 위해서 건위을 한 것이다. 앞푸로 주택 들어가는 사람들이 열성으로 튀어다니면 자신의 포도밭도 살 수가 잊찌 않캐나 하는 생각이 더는구나.

오늘도 포도 수학을 하면서 음식점 식키 먹을라고 하니 숙모님이 포도 꼬라지보니 정심 사먹을 크도 업따면서 그리고 남들이 보면 포도 문디 갈뜬돼 짜장면을 식키 먹는다고 거절을 하드라. 그래도 자신이 생각을 할 때에 조합에서 오후 3시 오면 일이 재대로 안 됄 것 같아서 오늘도 짜장면을 식키 먹어다.

지출에 … 짜장면 3그릇에 6,000원

〈1997년 10월 21일 화요일 날씨 맑음〉

오늘은 사과 수학을 이어 포도 수학을 하여다. 포도 가격이 업쓰도 포도 수학을 하여서 청과에 출하을 하면 돈이 돼는대 이재는 포도가 가뭄 때문 그른지 아니면 때가 다들 넘어서 그른지 포도 야문 것이 업고 다들 골라서 시장 팔료 어려어지고 잇따고 본다. 자신은 처음에 포도 수학은 어렵지 않나 하고 생각을 한 것이 그래도 포도 수학을 해서 시장 출하을 하여따는 것이 대행이라고 생각도 하고 잇다.

"오늘날까지 자신이나 부인이나 잠시 엽 도라볼 결도 업시 일들이 처밀리서 정신업시 일들을 하여왔는돼 이재는 추수도 끝을 내서 내 부인 허리을 필 수 잇는 시간이 이재는 생긴다고 생각을 하니 자신의 머리가 맑아저는 너킴이 더는구나. 늙 부인의 일이 너무 만아서 휴식시간 업쓰며 늙 일만 하는 부인의 모섭을 보너라면 그리 힘드는돼 이재는 모든 일들 다 추실어 나서 갈수록 부인의 일이 줄어든다는 생각을 할 때에 내 마음이 그리 좋꾸나."

"자신은 부인을 잘 만나서 만족하게 살고 잇쓰며 내 부인이라고 하는 말이 아니라 내 부인은 정말 훌륭{한} 사람이며 아주 양반이라고 생각을 하면 자신은 내 마음속에 든 행실 모든 것을 빠짐업시 다들 내버리고 하나에 열까지을 부인한태 다시 배와서 인간세상에 살라가야 한다고 생각을 한다. 내 여보는 정말 훌륭한 사람이라고 생각을 하면 내 여보는 강산이 수십 분 변해도 한사람 나기가 어렵지 안나 하고 생각을 하여본다. 여보 정말 고맙소."92)

사과 수학 5짝
포도 〃 10짝 15짝

〈1997년 10월 22일 수요일 날씨 흐림〉

오전은 배추밭에 가뭄이 너무 심해서 배추잎이 척 늘어저 잇는 것을 보고서 배추밭에 푼무기로 물을 주면 배추가 재대로 할기을 가질 수가 잇쓸란지 몰개꾸나. 만약에 수일네로 비가 오지 않으며 다시 한 번 물을 줄 작정이다. 자신의 배추가 우선 바서는 제일 좋다고 생각을 하는돼 가뭄으로 망친다는 것은 말이 안대지.

오후에는 부인과 둘리서 사과수학을 하는돼 다들 부페 병으로 다들 썩으서 속이 상해서 사과 수학하는 돼 음청난 고충이 따르고 잇꾸나. 자신은 금년에는 사과가 만이 달리서 자신은 사과 약을 철처하게 살포을 하여따고 보는돼 사과는 다들 썩으서 수학을 할 것이 업꾸나. 자신이 사과농사을 짓는돼 이른 일도 잇꾸나 하는 생각도 하여본다.

오늘 사과 수학량 12짝

〈1997년 10월 23일 목요일 날씨 맑음〉

요줌은 계절이 바킨 너킴을 주고 잇다. 오늘은 여름 날씨가 지속이 돼고 잇다. 그리고 가뭄이 심각한 시기라고 말을 하고 십다.

"오늘은 우회도로 4차선 학포장에 들어간 필지에 영농 보상을 준다고 여르 사람한태 통지가 다들 왔는돼 자신은 통지가 오지 않아서 자신이 시청에 학인을 시청에 같뜬이 대구 순석형님 앞푸로 명세가 돼어 잇쓰서 이것을 바르고 자신은 영농보상금 서류, 인감 2통, 등본 2통 일체을 구비을 해서 반납을 하여서 보상금 받두록 다들 정리을 하여 두어다. 이재는 농협 통장으로 들어오면 됀다.

---

92) 일기 지면 상단에 '(포도 수학 30짝 함.)'이라고 기록되어 있다.

오후에는 콤바이 탈곡을 할려고 도량에 다리을 나무로 논 것을 이재 회수을 해왔다.

지출에 … 버스값 3,000원
택시값 1,000원
計 4,000원

〈1997년 10월 24일 금요일 날씨 맑음〉

다들 농촌 사람이나 도시 사람 할 것 업시 비가 너무 안 {온}다고 야단들이며 이려다가는 밭에 신긴 과수들 월동에 고사할가 바극정이 돼며 자신은 포도나무에 양수기 작업을 하여쓰며 물을 고랑에만 주고 잇다. 자신이 양수 작업을 좀 일적해야 하는돼 시간 여유가 업쓰서 오늘 하게 돼어다. 포도나무에 물푸는 일도 내일 하로 더 해야 다 줄 껏으로 내다보고 잇다.

"오늘은 부인은 사과 공장용 20kg짜리 한 상자에 2,000원 하는 것을 11상자을 하여서 22,000원 하여쓰며 자신은 사과에 착색약을 살포을 하면서 꼭지 안 빠지는 약을 적개 넛코 약 살포을 해서 그른지 사과가 다들 빠진 사과가 만으며 그 중에 다들 썩어서 정품사과는 업쓰며 이것을 본 자신의 마음이 아빠서 사과밭에 가기가 실꾸나."

수입에 … 사과 공장용 11상자 22,000원

〈1997년 10월 25일 토요일 날씨 맑음〉

오늘도 포도밭에 물주는 일을 오늘로서 사실상 끝을 낸 셈이다. 오후에는 날씨가 내일은 더 추어진다고 이야기을 하여서 오후에는 부인과 둘리서 새래단 포도 수학을 하여쓰며 오늘은 포도 수학만 하고 내일 시장 출하을 작정이다.

"그리고 자신은 동내 친구들과 개 돌부리을 하여쓰며 그리고 부인 줄라고 뒤다리을 가지고 왔는돼 아직 가격은 모르게꾸나."

〈1997년 10월 26일 일요일 날씨 맑음〉

오늘은 어재 포도 수학을 한 것을 오늘 손질을 해서 시장에 출하을 할려고 우리 부부는 아침 일적부터 분주위 운직어야 했고 오후 3시까지 손질을 해서 포도 25상자을 포장을 하여쓰며 자신이 포도농사을 잘 짓어드라면 만은 상자을 할 수 잇따고 보는돼 포도농사을 너무나 응망이라서 시장 출하기까지 그리 힘이 든다.

"우리 부부는 오늘로서 포도 수학을 사실 다 한 셈이다. 금년도에 세래단 포도농사을 잘 짓어드라면 만원 돈을 할 수 잇쓴는되 자신이 포도농사을 못 짓어서 포도농사의 밑천도 못하게쓰니 생각을 할수록 가슴 아푸구나."

"자신은 토요일, 일요일은 꼭 집에 들어기만 하면 운이 전화 왔뜬아 하는 말을 꼭 하고 잇다. 오늘도 연일과 다름이 업시 아들한태 운이 전화 왔뜬 하고 무르바쓰며 아직까지 전화가 않 아따는 딸들의 말래 자신도 모르게 기분이 죽는 너킴이 들어쓰며 자신은 운이 전화가 왔따고 해야지 다가오는 일요일까지 시간이 잘 간다고 생각을 한다."

"그른돼 저녁을 먹고 텔레비전을 보고 잇는돼 전화벨이 울리드라. 그려니 부인이 주방에서 운이 전화라면서 전화을 빨리 밭드라고 소리을 하드라. 그 전화을 혜지가 밭으니 정말 운이 전화가 왔쓰며 이것을 볼 때에 부인도 자식을 생각을 하는 것은 이 남편보다 자식에 온정은 남편보다 더 하다고 생각을 해야 한다."

"오늘 운이 전화을 밭고서 운이 전화을 낮부터 기다리따고 이야기을 하니까 아빠 다음부터는 이 시간에 꼭 할려고 이야기을 하드라. 여하뜬 운이 잘 잇따니 이 아빠로는 제일 좋은 일이라고 생각을 한다.
지출에 … 개 돌부리와 뒤다리 가지고 온 것. 가격 20,000원

〈1997년 10월 27일 월요일 날씨 맑음〉
오늘은 아무 일도 하지 않아쓰며 사실상 몸이 피료해서 무선 일을 할 의욕이 업드라. 사실상 오늘은 어재까지 양수기 작업을 한 것을 철수을 하는 것으로 오늘 일과을 보낸 것이나 다름이 업다.
"오늘은 아무 일도 한 것이 업는돼 몸이 피료해서 몸을 간을 수가 업쓰며 자신이 생각을 해도 피료한 위유을[이유를] 몰겟꾸나."
지출에 … 휘발유 1말에 5,400원

〈1997년 10월 28일 화요일 날씨 맑음〉
오늘 사과 수학을 할려고 생각을 하여따가 사과 값이 너무 폭락이 돼어 잇따고 해서 사과 수학은 다음으로 미루고 말랐다. 그리고 자신은 정미기로 별 2가마을 찌어쓰며 그 남어지는 아무 일도 하지 않아쓰며 요줌은 휴식시간이 아주 만타고 생각을 한다.
요줌은 가을도 아주 깊어가고 잇쓰며 단풍잎이 하로가 다르게 바람결래 떨어지고 잇쓰며 성급한 나무는 앙상한 나무 둥치기만 남아 잇는 것들이 늘어가고 잇따.

〈1997년 10월 29일 수요일 날씨 흐림〉
오늘은 배추 물줄라고 생각을 하여는돼 날씨가 흐리서 혹시나 비가 올까 물주는 일을 뒤로 하고 오늘 우리 마을에 동회관 앞패다 상가건물 짓는 사람이 동민 여러분에깨 음식 대접을 한다고 떡, 돼지고기, 술 할 것 업시 음식을 푸짐하게 내나서 음식을 만이 먹어쓰며 동민들은 고기 엄식을 대접을 하니 좋다들 하고 잇는돼 실찌 이 상가 건물이 우리 주민에 꼭 득이 대는 일만은 아니라고 말을 하고 십다. 마을회관 앞에 철골 건물이 이층으로 서 잇는 것만도 큰 피해라고 생각을 하고 잇다. 이것뿐만 아니라 물류단지 들어오면 우리 마을도 고유의 정이 멀어저는 것이 아닐까 하고 극정을 하는 편이다.
오늘 개핵만 세와찌 실지 아무 일도 하지 않코 친구가 놀로오라 해서 휴식으로 오늘 날을 다 보내고 잇다.[93]

〈1997년 10월 30일 목요일 날씨 흐림〉
자신이 금년 가을 막밭이에 감기가 들어서 고전을 하고 잇쓰며 이것도 목감기가 들어서 힘이 더는구나. 오늘도 사과 수학을 하여쓰며 사과 수학만 하면 속이 타는구나. 외냐하면 썩은 사과가 너무 만이 나오니 사과 수학 의욕이 업꾸나. 요줌 꼴도 보기 실어 을련[얼른] 업쓰저쓰며 하는 심정이다.
오늘도 용만 대전하는돼 15짝 주어다.
"우리 농민들이 수학을 하는 것은 소득이 돼는 것이 업쓰며 무엇을 해야 소득을 할까 생각을 할 때에 아무것도 할 껏이 업따고 생각을 할 때에 우리 농민의 자리가 업따고 볼 때에 가슴만 아푸구나."
오늘 사과 수학 (15짝 대전)

〈1997년 10월 31일 금요일 날씨 맑음〉
오늘은 혜영이 회사 아맥스 콤피트가 부도

93) 일기 지면 상단에 '(마을회관 앞에 철골집 2층)'이라고 기록되어 있다.

가 낫다고 이야기을 하드라. 자신은 딸의 말을 덧고서 부도을 낼 사람이라고 생각을 하여찌만 이르게 내 딸의 회사가 부도가 낫따니 실감이 나지을 않는구나. 내 딸이 이야기을 하는돼 직원 내보내는 것을 여사로 한다고 이야기을 들을 때에 너의 사장 경령 방침이 그래서는 회사 발전이 업따고 뉴차 말을 하여다. 그른돼 오늘 부도로 책권자가 몰려 와서 야단이며 심지어 한 사람은 혜영이 전화번호을 알라서 집우로 전화가 오는 것을 보니 여사 일이 아니며 직원들도 고충이 따리겟따고 생각을 하며 직원들도 사장한태 결국은 당한 사람이라고 생각을 하는돼 여기서 책권자한태도 시달림을 밭게 돼어쓰니 여사일이 아니구나. 부도을 내는 회사는 음격하게 다라야 한다고 바야 한다. 부도을 내는 사람들은 고위적으로 내는 사람이 잇따고 볼 때에 음격하게 다라서 고위적인 피해을 막아주야 한다고 바야 한다.
"혜영이 사장이 고위적으로 사전에 치밀한 개핵아라래 부도을 낸 것이 아닌가 쉽다. 내 딸도 수개월 전에 사표을 내고 나올라고 하는 것을 억찌로 말리떠니 이재 와서 보니 내 딸이 앞을 보고 이야기을 하는돼 사표을 낼라고 그처름 할 때에 그냥 두어쓰며 이른 재난을 보지 않는 것인돼 이 아빠가 아주 잘못했꾸나. 이 아빠의 잘못으로 태직금도 못 밭게 돼어쓰며 봉급도 반 달치는 날라가 버리쓰니 음청난 손애를 보게 돼어쓰니 혜영이 보기에 더 미안꾸나."
"오늘은 대신분소에 가서 주택자금 이자와 개별 투자금 2백만 원 이자와 원금 지불함."
지출에 2,960,054원
(오늘도 사과 수학을 하여씀.)

〈1997년 11월 1일 토요일 날씨 맑음〉

오늘도 사과 수학을 부인과 둘리서 화다가 자신은 윤항희 마지막 딸 결혼식을 앞두고 동 회관으로 음식 재공을 하여는돼 자신은 사과 수학을 하다가 좀 너깨 같뜬이 고기 종류는 그진 다들 떨어진 상태여드라. 그래서 떡만 먹어쓰며 자신이 좀 너깨 참석을 한 재라서 할 말도 업드라.
"오후에는 배추에 물주는 일을 하여쓰며 물도 가뭄이 지속이 돼어끼 때문에 물도 고갈이 대어서 물을 만이 줄 물도 업쓰서 물대로 주어쓰며 고기들이 물이 업쓰니가 한 곳으로 몰리서 손으로 주원 솀이나 다름이 업다. 자신은 배추 물주고 고기도 우리 식구 한번 먹을 수 잇두록 잡아쓰니 자신은 도랑쳐고 까재까지 잡은 것이 다름이 아니다. 남들도 배추에 물을 주기 때문에 고기을 잡을 수가 잇쓴는돼 자신한태 아다리가 돼어서 한 보티 한 셈이다."
"내일이며 운이 전화을 밭아볼 수가 잇따는 생각을 하니 마음이 뜬 기분이 더는구나. 이 아빠는 주일마다 운이 전화 밭는 일 이외는 별 의미 업는 일을 한다고 말을 하고 십꾸나."
지출에 … 윤황희 딸 결혼 축이금
20,000원

〈1997년 11월 2일 일요일 날씨 맑음〉

부인은 사과 저장을 활 정품만 가리서 상자에 담는 일만 하고 자신은 사과 공장용 준비을 하여쓰며 우리 사과는 점박이 사과 공장용 사과을 다 빼어낸다면 정품은 멧 상자밖에 돼지을 않는다고 생각을 한다. 내년에는 약 량을 배로 살포을 하여서 사과 부페병은 업쌔야지 그러치 않코는 사과농사을 포기을 하는 것이 낫따고 바야한다. 내년에는 무선 재주을 부리드라도 부페 병은 막아볼 작정이다.

오늘 저녁에는 운이 전화을 기다리는돼 전화을 화지 않으니 또 극정이 대는구나. 지나간 주일날 매주 저녁 때 아빠 전화 할깨 하든 아이가 전화주지 않는 것을 보니 부대 무선 일이 잇는 것이 아닌가 염려가 크구나. 운아 이재 또 한 달이 넘어같다. 운아 군 생활도 8개월 남아꾸나. 이 팔 개월이 이 아빠한태는 한업시 긴 세월처름 너켜지는구나. 이 아빠처름 운이가 이 팔 개월은 긴 세월처름 생각을 해서는 안됀다. 남원 군 생활은 인간 생활에 제일 중요한 과정을 을마나 착실하게 배운돼 대해서 사회생활에 그만춤 성숙한 사람이 됀다고 생각을 하고 지루하다 생각지 말고 참됀 군 생활 건강한 몸으로 맡치고 아빠 품으로 돌라오기 바란다.

〈1997년 11월 3일 월요일 날씨 맑음〉

사과 정품을 상자에 담아서 마당에 제어 낫쓰며 썩은 사과는 공장용으로 내는돼 썩은 부위을 도려내서 약 20kg 대두룩 할려니 그것도 수란 일이 아니며 사과 생산자들이 썩은 사과는 공장용으로 주는 것이 사과금을 하락에 원인이 됀다고 바야 하는돼 다들 공장용 낼라고 아우성이구나. 자신도 오늘 공장용으로 12상자을 냇어다. 자신이 사과 부페 병만 막아드라면 사과 량이 만아서 사과금이 허로도 수입을 만이 할 수가 잇따고 보는돼 정말 아쉬운 사과농사라고 생각을 한다. 내년에는 약 량을 배로 하여서 부페 병을 막으라고 생각을 한다.

그리고 기상대서 내일 정국적으로 비가 조금 온다고 해서 무우을 수학을 하여다. 이재는 무우농사도 자신이 먹을 것을 조금만 하고 잇쓰니 무우 수학에 수라드라.

지출에 … 멸치젖 9,500원

〈1997년 11월 4일 화요일 날씨 맑음〉

정국적으로 비가 조금 온다고 하든 날씨가 맑은 날씨만 보이고 잇꾸나 이 날씨가 너무 가물어서 내년 봄 작물이 큰 피해가 됄 것으로 내다보고 잇다. 가뭄이 지속대는 것은 농민의 뼈을 깍는 아품이나 다름이 업다. 오늘로서 사과 수학을 하여서 손질을 다하여 시장 출하을 34짝 하고 나머지 60짝은 집우로 가지고 와서 마당에 적재을 하여쓰며 지금까지 사과금이 업따고 하여서 집우로 일부 가지고 온 셈이다. 자신은 오늘날까지 약값도 지발한 셈이라고 생각을 한다. 앞푸로 사과농사도 귤 때문에 사양길에 접어드려따고 생각을 한다.

자신으로 바서는 거두어 드릴 것은 다들 드리따고 생각을 한다. 앞푸론 시간 여유가 잇따고 보는돼 이 시간을 이용을 잘 하여 내년 농사을 설개을 해야 한다고 본다.

지출에 … 사과팍스 태프값 5개 4,000원
농협직원 음료수 1,000원
計 5,000원

〈1997년 11월 5일 수요일 날씨 맑음〉

오늘은 참깨 뿌리 뽑는 일을 하여쓰며 오늘 일은 생각을 해서 일거리을 만들어서 한 셈이다. 자신도 요줌은 일끄리을 생각을 해서 일을 하고 잇는 것은 그만춤 시간 여유가 잇따는 것과 일을 그진 다 하여서 일거리가 업따는 것이다.

"자신은 늘 일레 처밀러 엽도 도라볼 시간이 업시 자신의 몸은 바빠는돼 이재는 시간

여유가 잇따는 것이 옛말레 오르막이 잇따면 내리막이 잇드시 자신도 이처름 시간이 남아돌라가니 신기할 정도로 생각을 하고 잇다."

〈1997년 11월 6일 목요일 날씨 맑음〉

요즘은 기상대는 비 온다는 소리는 업고 건조주위보만 내리고 잇쓰니 우리 농민들은 극정이 크다. 외냐하면 내년에 작과나무들이 싹이 도닷날련지 의문이 돼며 자신이 생각을 할 때에 을동[월동]에 상당한 나무들이 고사할 것으로 내다보고 잇다. 우리 농민을 날씨마자 외면을 하고 잇쓰며 여기다 더 가중을 하여서 우리 정치까{지} 외면을 하고 잇쓰니 우리 농민은 살라남을 수가 업따고 본다. 이련 정치로 오래간다면 우리 농민은 다들 쓰려지{고} 만다고 이야기을 하고 십다. 우리 농민을 허득이게 한 정치는 김영삼 대통령 직권 때라고 말을 하고 십다.

"오늘은 오전은 서승거리다 오전 시간을 다 보냇쓰며 오후는 원정운이가 갈리을 해달라고 해서 트랙터을 몰고 가서 갈리을 하여보니 벼집을 만이 쓸러서 갈 리가 돼지을 않아서 두 자락 대어보다 안 대어서 그만 돌어오고 마랏다."

"오늘은 사실상 아무 일도 하지 않코 오늘 하로 시간을 다 보내고 마랐다."

〈1997년 11월 7일 금요일 날씨 맑음〉

오늘 오전은 아파트 중도금을 내기 위하여 대신분소에 가서 적금 천만 원을 단보을 하고 대출 천만 원을 받아서 김천 주택은행에 천이백30십만 원을 입금을 하여다. 이번 아파트 중도금을 준비을 하는돼 힘이 들어다. 자신이 땅을 살려고 정기예금을 하지 않코 그냥 통장에 너어두어따가 땅도 사지 못하고 정기예금을 너깨 하여서 이번 중도금을 납부을 하는돼 적금을 해약하지 않코 중도금을 준비을 할려니 그리 힘이 들어다.

"오늘 중도금을 내로 가는돼 돈이 만아서 순달이 승용차로 가는돼 정유소에서 휘발{유}을 30,000원치 달라고 하는 것을 보고 그대로 두고 볼 수가 업쓰서 내가 30,000원 휘발유 값을 부담을 하여쓰며 이 돈원 동생을 바주는 것으로 내가 부담을 하여찌만 별로 깨운한 부담의 돈이 아니라고 생각이 드는구나."

"오늘은 아파트 중도금을 납부을 하는 것으로 오늘을 마금을 한 셈이다. 요세 멧칠은 갑진 일도 하지 못하고 그날그날을 보내고 잇다."

지출 아파트 중도금 12,300,000원 순달이 승용차 휘발유 값 30,000원
계 12,330,000원

〈1997년 11월 8일 토요일 날씨 맑음〉

오늘은 윤두희씨 참외 한다고 갈리을 해 달라고 하여서 트랙터로 갈리을 하여보니 땅이 너무 말라서 힘이 들드라. 평소 때는 밭터는 밭이라고 해도 가연이 아닌돼 이번에 논을 갈라보니 쟁기가 고[골]로 들어가지을 안트라. 이것을 보며 비가 너무 않아따는 정거다. 지금 곳 바로 비가 와야지 그러치 않으며 밭작물에 치명적인 타격을 밭는다고 바야 한다.

옛날 공용이 살라따는돼 지금 공용이 헌적도 업시 살라저드시 인간도 기후의 변화로 헌적 업시 살라저는 것이 아닌가 하고 염려도 대고 잇다. 이 가뭄이 지속이 돼는 것을

보며 이것이 인간에 암시을 주는 것이 아닌가 하고 극정이 돼는구나.

"성운이 지난주에 전화을 주지 않아는돼 내일은 전화을 주개지하고 기대을 하여본다. 운아 내일도 전화을 주지 않으며 이 아빠 화낼 끄다. 내일은 꼭 전화을 주기 바란다."

"오후에는 마늘 갈 자리에 거름과 규산질을 조금 헌치고 친구와 둘리서 지난 이야기을 하면서 오후 시간을 보냇다. 요줌은 가격을 천다면 밥값도 못하고 이따고 바야 한다."

〈1997년 11월 9일 일요일 날씨 맑음〉

요놈이 오늘은 전화을 줄 쭐 알라는돼 이번주도 전화을 안 주는 것을 보며 부모의 관심은 안중에도 업는 놈이 아니냐. 나는 지난주가 다 가두록 극정을 하고 오늘이 오기에 긴 세월 처름 기다리왔는돼 오늘도 전화을 안 주다니 이놈을 이래 키아서는 아무것도 안대개꾸나. 내일은 저의 누나한태 편지을 하두록 하여서 좀 깨우치두록 당부의 편지을 하두록 만들어야 하게꾸나. 내 자식 운이는 너무 부모의 마음을 몰라주니 안타깝키 짝이 업꾸나.

"오늘은 새말바우 우리 후배 나정섭이 딸 결혼을 구미 목화예식장에서 식을 올리는돼 참석을 하여쓰며 혼주가 인사의 도리도 못하고 잇쓰며 음식도 아주 야수[약소]하드라. 사람이 음식이 시원찬으며 혼주가 식당에 다니면서 인사라도 칵뜨시 하개 돼면 음식 카바는 좀 돼리라 보는돼 그려치 못 해서 좋은 평은 하지 않으리라고 생각을 한다."

지출에 … 직행 값 구미가지 1,300원
축이금 30,000원
계 31,300원

〈1997년 11월 10일 월요일 날씨 맑음〉

오늘은 우리마을래 첯 매상일이며 자신은 9가마을 매상에 임해쓰며 이번 매상은 량이 적으서 돈이 을마 돼지을 않어며 매상량이 너무 적으서 농민의 얼굴에 주름을 주는 량에 자신은 불만이 큰 사람이라고 말을 하고 십다. 지금 농산물 위에는 하로가 다르게 올라가는돼 농산물만 정부에서 발목을 잡고 잇는 정치 이재는 물어나야 한다고 생각을 한다.

"오늘 자신은 매상량 9가마을 대신농협 창고에 출하을 하여쓰며 검사원이 아주 절먼 사람이며 검사을 하는돼 아주 수라게 하며 자신 뿐 아니라 다들 1등을 밭아따고 생각을 한다."

자신이 산물매 36가마 출하하고
이번에 공판에 9가마 〃 계 45가마 출함.
수입에 9가마 값 447,570원

〈1997년 11월 11일 화요일 날씨 맑음〉

오늘은 마늘 파종을 하여쓰며 올해는 씨마늘을 바꾸어서 파종을 할려고 했는돼 씨마늘을 갈지 못하고 장년 마늘을 그대로 파종을 하여서 내년 마늘농사가 극정이 됀다. 사실은 기상대서 내일 모래 양 일간 비 온다고 하여서 오늘 급희 마늘 파종을 하여다. 기상대 말과 같이 비가 온다면 마늘 갈란 돼 물을 주지 않아도 됄 것으로 내다보고 잇다.

"오후는 사과 공장용 손질을 부인과 둘리서 하여쓰며 사실 사과 공장용 준비을 하는 것은 일당을 생각을 하여서는 이 일은 못한다. 공장용 낼라고 하면 놀면서 한다는 생각으로 일을 해야 마음이 편하다."

"오늘 자신은 공장용 사과을 썩{은} 자욱을 칼로 다들 오려내는 일을 하는돼 아주 더디며 일이 일 같잔아서 자신은 부인한태 채소밭을 한 밖기 돌라 올라면서 그 자리을 장칸 피하곤 하여다."
"요줌은 혜영이가 회사의 부도로 집에서 가사일을 도와주고는 잇찌만 혜영이가 취직을 해야 하는돼 회사마다 불경기라서 사원모집을 하지 않아서 극정이 크다."

〈1997년 11월 12일 수요일 날씨 비〉
오늘 비는 밭작물 과수는 생명을 건저주어따고 해도 가연이 아니다. 이번 비는 목마른 돼지을 살리주어따고 바야 한다. 이번 비는 3개월 만에 비가 온 것이나 다름이 업다. 그리고 이번 비가 농민을 살린 비라고 이야기도 하고 십다.
"오늘 비오는 것은 마음에 찬 비는 안돼지만 정말 고마운 비라고 바야 한다. 오늘 비로 인하여 휴식을 하여왔다. 비오는 모섭을 보면서 소낙비로 좀 만이 왔주어쓰며 하는 심정 박에 업드라."
그리고 오늘 딸한태 운이한태 편지을 쓰라고 건유을 하여서 혜영이와 저의 엄마와 둘리서 편지을 해서 우체통에 너어쓰며 저의 엄마와 저의 누나의 편지을 이틀이 지나면 밭아보겟찌. 이 편지을 밭아 들어보며 전화을 주겟찌. 운이가 전화을 하기 실어 않아 논지 정말 시간이 업쓰서 않아고 잇는지 궁금하기 짝이 업쓰며 이 아빠 생각은 시간은 잇쓰도 개어련 땃으로 전화을 주지 않코 잇따는 생각을 하니 이 아빠 마음이 타는구나. 그래서 요줌은 혜영한태 편지을 자주 하여서 마음의 행실을 깨우쳐주라고 늙 이야기을 하고 잇다.
"오늘 비오는 모습을 현관에 바라보니 마음을 밝게 하여주는 너킴을 밭아쓰며 이 비는 정말 고맡게 생각을 하여주야 하며 만물에 성장은 하늘에 달려 잇따는 것을 다시 한번 너켜보는 시간을 같지따고 본다."

〈1997년 11월 13일 목요일 날씨 흐림〉
오늘 부인은 광주 비엔날레 구경을 가는돼 부인이 감기로 구경을 포기을 할려고 하는돼 자신이 앤만아그든 구경을 같다 오라고 해서 구경을 간다고 가서 부인이 오희려 손예을 보는 것이 아닌가 하고 친구들과 정심내기을 하면서 극정을 만이 하여쓰며 부인은 구경도 만대로 하지도 못하고 고생만 하는 것이 아닌가 하고 자신은 부인의 건강문재 때문에 종일동안 신경이 쓰여지드라.
"어재 비는 밭작물에 안전 해갈은 못 대지만 자신이 부인을 구경을 보내고 사과밭, 포도밭을 한밖기 돌라보니 비가 적따는 생각을 하면서 이번 비가 조금 더 왔쓰며 마음에 찬 비가 돼겟는돼 비가 적으서 정말 아쉽따는 말을 하고 십다."
"저녁을 먹고 띠부이을 보고 잇쓰니 전화벨이 울르서 밭아보니 부인이들라. 부인의 음성이 들어니 이 남편이 극정을 한 것보다 다르다는 생각을 하여쓰며 사실 부인 몸이 피곤하다면서 구경을 포기을 할려고 할 때에 부인의 생각대로 하두록 둘 끈돼 구경을 같다 오라고 건유을 하여서 오늘 구경을 가서 기진맥진하고 잇는 부인이라고 생각을 하고 극정까지 하여는돼 부인의 목소리가 전화기로 흙으나오는 해맑은 목소리을 들을 때 그 기분 정말 좋드라. 부인의 맑은 목소리로 다 알고 잇찌만 그래도 머리는 아푸지 않나 몸은 어떠나 하고 다들 무르쓰며 부인은 다들 개안타고 이야기을 하여쓰며 그리고 부인의 목소리는 이곳은 한간[황간]이라고 하며 한간이며 앞푸로 1시간 안에 집에 도착을 하개꾸나 하고 혜영이 한태 너의 엄마가 곳 오니 마중을 가바라. 남들은 마중을 다 나오는돼 너의 엄마는 마중 나오는 사람이 아무도 업따면 을마나 서운하겠나 하고 사정을 하여도 춥따면서 안 갈라고 하는돼 내 마음은 다들 타지만 화도 못 내고 내가 교육을 잘못 갈친 것이 아닌가 하고 자신의 뒤을 한번 생각을 하여 바쓰며 그리고 딸들이 부모님의 마음을 조금도 모르고 잇따는 것이 가슴 아푸며 실찌 내 마음은 곳바로 나가서 부인을 업고 오고 십픈돼 실지 남 눈을 생각을 해서 실천을 못 하고 잇는 자신이 좋치 안타는 생각도 들지만 남들이 들 하는 것을 자신이 할려고 하니 마음이 십개 허락을 하지 못 해서 집에서 부인을 마지하게 돼어쓰며 부인을 볼 때에 미안하다는 소리가 곳바로 나오고 잇드라. 지금 자신의 마음과 긋[겉]과 다른 행동으로 부인을 마지하고 잇는 자신 정말 미안타는 말을 하여다."

지출에 … 친구들과 짜증면 내기 술빵치기 값 10,000원

〈1997년 11월 14일 금요일 날씨 흐림, 비〉

요줌 부인이 감기 키로 상당이 피료{해} 보이고 해서 오늘 병원에을 갈따 오라고 하여쓰며 부인이나 자신이나 몸을 바로 잡을 수가 업시 몸이 피료하기 짝이 업쓰며 자신은 아무른 일도 업시 몸이 피료하며 집에서 잠만 만이 다는 편이며 사람이 잠을 자고 나며 몸이 가벼어지는 너킴이라도 잇쓰야 하는돼 늙 몸이 무급따고 말을 하고 십다. 부인은 18일 날 매상을 돼고 나면 대구가서 한약을 지어 먹이야 하게꾸나. 자신은 몸이 피료한 것은 몰라도 부인은 일을 너무 만이 하여쓰 원기 부족이라고 생각을 한다.

〈1997년 11월 15일 토요일 날씨 맑음〉

오늘 우리 마을에 이사온 사람이 마을회관으로 음식 준다고 하여서 어영부영 놀다가 회관에서 음식 재공하여 주는 것을 어더먹어쓰며 음식이 적으서 너깨온 사람은 고기안주 업시 술만 어더먹고 마라쓰며 그리고 친구가 놀다가 달희 미아까 방판 깔라주는 일을 하여 주어쓰며 미아까 방판도 재료가 상당이 만이 들어가드라. 그리고 내 부인과 친구 부인 3쌍이 옛이야기로 오늘 하로을 보내고 마랒다.

〈1997년 11월 16일 일요일 날씨 맑음〉

오늘은 18日날 매상을 될라고 근대을 다는 일을 하여쓰며 마을래 부인 친구가 아들 결혼식을 오성예식장에서 12시에 식을 올린다고 해서 매상 준비하는 것을 뒤로 하고 부인 친구는 혼자 돼지가 아주 오래 돼어쓰며 자식이 2남 삼 녀인돼 오늘까지 3명을 식을 올린 셈이며 앞푸로 2명이 남아다. 과부의 몸으로 아들딸들 식을 잘 올리고 잇다. 이분은 남자가 여때까{지} 살라잇따면 살림이 더 못하지 좋아 좋아젓쓰리라고는 생각지 않는다. 부인의 친구가 가부[과부]가 4명인돼 이 사람들 다 기본 재산 업시 혼자 몸으로 아들딸들 교육을 잘 갈치며 살림을 잘 사라가고 잇는 것을 보며 대단한 사람이라고 생각을 한다.

그리고 예식을 갈다 와서 매상될 매상 풋대는 근대는 다들 달라낮다. 이번에 매상을

될 가마니의 수는 49개 돼드라. 이것이 한 단지의 수학이니 엄청난 수학이라고 본다. 일반벼는 잘 짓바야 36가마 정도 됀다고 볼 때에 이것은 49가마라면 엄청난 수학이라고 바야 한다. 가마당 알속이 40kg임.
"남들은 결혼식을 올리곤 하는돼 아직은 자신은 딸자식의 상대자가 업쓰니 극정이 돼고 잇다. 사실 자신은 작년만 해도 남들이 결혼식을 올린다고 해도 예사로 생각을 하여 왔는돼 올해는 딸 결혼 문재가 심각하드라."
지출 … 이원만 결혼 축이금 30,000원
"운이 이번에는 전화을 꼭 줄 쭐 알라는돼 저녁을 먹고 운이 전화을 을마나 기다리 왔는돼 전화을 주지 않으니 별 생각이 다들더는구나. 지나간 주에는 전화 좀 하라고 저의 누나 편지하고 저의 엄마까지 편지을 한 대도 전화을 안주니 이상한 생각이 다드는구나. 이것이 개어려서[게을러서] 전화 팍스에 가기가 실어서 전화을 안주는지 아무것도 몰라서 전화을 안주는지 종집을 잡을 수가 업쓰며 이려개 부모 마음을 몰라주는 것은 다 키아도 자신 노릇도 못하는 것이 아닌가 십고 캐씸한 생각까지 들어가는구나. 이래두고 자식이 다들 필요업따고들 하는구나. 이려깨 부모 정을 모르고 잇는 자식을 무엇을 더 보태 준단 말인가. 생각을 할수록 의이가 업꾸나. 앞푸로 자식한태는 투자을 하지 않으리라. 나는 그래도 물리단지 보상을 받으며 아파트 상가을 해서 자식 하나는 수라게 살두록 할려고 꿈을 꾸어 와는돼 지금 운이한태 투자한 것 아파트도 후해가 돼는구나."
"운이 전화을 3주째 주지 않코 잇다."

〈1997년 11월 17일 월요일 날씨 맑음〉
오늘은 날씨도 차거어서 아무 일도 못하고 집에서 휴식을 하면서도 바람 소리을 들을 때에 몸이 움크려어저며 아무 일도 생각을 할 수가 업꾸나. 오늘 부인은 매상 가마니 꾸매는 작업을 하여찌만 자신은 안전이 놀고 마랐다.
"부인의 얼굴은 아주 살이 주른 너킴을 받앗는돼 실지 중량을 달라보며 60kg에 인접하며 중량이 줄지 않코 고대로 잇는돼 얼굴은 살아 업쓰니 자신이 신경을 만이 쓰이게 하고 잇다."

〈1997년 11월 18일 화요일 날씨 맑음〉
오늘은 삼화분소에서 아포읍 전역에서 통일게 다산벼와 남천벼 이 종류만 매상을 받는다고 자신은 한 단지 벼 49가마을 트랙터로 삼아분소에 가지고 갈뜬이 이곳은 경운기도 업고 다들 1톤짜리 봉고차며 트랙터도 자신밖에 업쓰며 재넘어 송천은 돈이 만아서 그른지 경운기로 매상 가마니을 가지고 업는 것을 보니 우리 농촌도 살기가 좋타는 말인가 하고 자신이 느켜쓰며 그리고 면적이 널버서 가구당 땅이 만이 돌라가개따는 생각을 하여다.
"자신이 처음 송천에 가밭쓰며 무엇보다 땅이 늙다는 것을 감탄을 하여쓰며 자신 매상 가마니 49개을 가지고 가서 다들 1등을 맡자따. 올해 남천벼을 하여서 상당이 득을 밭따고 생각을 한다. 자신이 남천벼을 하여서 일반벼을 한 것보다 약 500,000만원을 수학을 올린 셈이다. 우리 농민이 이른 벼씨을 건장을 하여서 농사을 짓을 수가 잇따면 우리 농민이 잘 살 수가 잇깨는돼 내년부터 미질이 나푸다는 이유로 다산벼, 남천

벼 이 두 종류는 도태을 한다고 정부에서 발표을 하여서 정말 아쉬운 감이 십계 살라저지 않코 잇다."
"오늘 정정심을 먹고 좀 실라고 하는돼 전화 벨 소리가 울리서 받아보니 운이드라. 그래서 당장 무엇 때문에 전화을 못 했나 그러치 않으며 개어려서 전화을 못 했는냐고 소리을 쳤쓰며 하고 소리을 질려쓰며 운이 하는 이야기가 요줌 정신업시 일을 하여쓰며 전화 할 시간이 업쓰따고 이야기을 하는 것을 보니 이 아빠는 마음이 풀리드라. 외냐하면 꾸중을 덧고 잇는 것보다 운이 변명을 한다는 것이 머리가 돌라가고 잇따는 것을 적명이 돼니까 운이가 3주 동안 전화을 주지 않아서 애타는 마음이 탁 풀리드라. 운이가 저의 아빠을 생각을 하고 잇는지 안중에도 업는지 십계 구별이 돼지 않코 잇꾸나."
수입에 49개 매상 1등값 2,436,770원
지출에 비디오 값 3개 25,000원
신흥농약방 농약 예상[외상] 값 230,000원 오토바이 밭태리 값 15,000
지출에 270,000원

〈1997년 11월 19일 수요일 날씨 맑음〉
오늘 정심은 순달이가 소머리을 어재 저녁에 가지고 온 것을 오전에 곰을 까서 정심겸 형님과 형수, 우리 내외가 잘 먹어쓰며 이 고기는 가지고 온 사람도 업시 우리들키리 고기을 먹기가 미안감이 잇드라.
"오후는 부인과 둘리서 배추 수학을 하여쓰며 기상대는 기온이 풀린다고 해도 오늘 그만 배추 수학을 하여쓰며 그리고 큰집에 배추농사을 다 바리서 오늘 형내 배추 40포기을 주어쓰며 이 40포기로 김장이 될 수 있쓸까 하고 생각을 할 때에 배추 포기을 좀 더 줄 끈돼 하고 생각이 들드라."

〈1997년 11월 20일 목요일 날씨 맑음〉
오늘은 윤두희 씨 참외밭 트랙터 노타리을 하여주어쓰며 자신은 트랙터 갈리 값이나 노타리 값을 자신이 7年 전이나 지금이나 똑같은 값을 밭고 있쓰며 남들은 벌쓰부터 만이 올리서 밭고 잇는돼 자신은 우리 마을에서 트랙터 벌리는 그진 다들 하고 잇따고 해도 가연이 아니며 자신이 마음 약해서 가격을 올릴 수가 업쓰서 가격을 올리지 못하고 말라는돼 새해부터 조금 올릴 작정이다. 그리고 기상대서 내일 비가 온다고 예보을 하여서 시간이 업는돼 당산 포도밭에 규산질 14포을 가지고 가서 포도나무에 손으로 헌치쓰며 사실 규산질이 적으서 마음이 아쉽드라.
그리고 우리 마을에서 열차관광을 동해 환선동굴로 우리 마을에 70명이 넘깨 가는돼 우리 또래는 여행비을 자신이 그두는돼 돈 회수가 다 안대어서 대납을 해서 내일 차표을 끈으로 가구로 동장을 주어다. 열차관광은 여행비을 꼭 밭야 하는 책임이 잇쓰야 하기 때문에 앞쓰서 하는 사람이 힘이 든다. 그리고 돈이 잇쓰도 주지 않코 찔기는 사람이 꼭 멧 사람이 잇키 때문 힘이 들며 그리고 앞쓰서 하는 사람은 득은 업고 손실만 따르는돼 앞푸로는 사절을 해야 하게꾸나.
지출에 열차 관광비 값 30,000원

〈1997년 11월 21일 금요일 날씨 비〉
서울 동서가 모친 별세을 하여서 고향인 황세골로 운구차로 온다고 하여서 윤학도 씨의 성용차로 황세골 마을까지 같쓰며 이번 고인이 우리 마을 윤종회 씨의 누님이다. 그래서 집안들이 여릇이 같쓰며 오늘따라 비가 만이 와서 일하는 돼 힘이 만이 들어쓰며 집안이 별로 업쓰서 그른지 일하는 사람이 적으서 일하는 돼 비는 오지 산소에 일하는돼 외료[애로]가 만아따고 생각을 한다. 자신도 비만 오지 않아따면 적은 일을 도와줄 끈돼 비는 쇼다저지 어떠개 할 수도 업쓰서 구경만 하다가 온 셈이며 오늘 음식은 서울서 맞추어 아서 그른돼로 잘 돼어따고 본다. 그리고 서울 동서 집에도 딸이 4명 이상이 돼는 것 같떠며 이른 자식이들이 부모을 일에도 별로 안타까운 너킴이 업는 것 같떠며 동서도 외동어로 자라와찌만 부모의 외착감을 볼 수가 업는 것 같떠며 이것들이 세월의 흐름이 예정[애정]을 감촉[감축]을 하고 잇따는 너킴을 밭아본다. 세월의 흐름이 인간의 감정, 예절한 정 이것들을 다들 쓰러가 버리고 잇따는 것이 가슴 아푼 일들이다. 이른 관경을 60세 이상 대는 사람이 볼 때에 가슴의 반을 버린 너킴이 아닌가 하고 생각도 가져본다. 인간의 참 땐 쐚매 길은 어뜬 길인가 하고 잠쉬 생각을 하여본다.

지출에 … 부위 서울 동서 모친상
100,000원 티김가루 1,600원
계 101,600원

〈1997년 11월 22일 토요일 날씨 맑음〉

오전은 골목에서 친구들과 시간을 다 보내고 오후는 당산 포도밭에 밑거름을 하여쓰며 사실은 자신은 밑거름을 늙 봄에 하지 가을에 한 적은 업다. 그른돼 포도나무 교육을 가면 가을 거름이 좋다고 하여서 올해는 때 마춤 비가 와서 처음 가을 거름 하여 밭다. 포도농사을 지을수록 어렵따는 생각이 더는구나. 오늘 당산 포도밭에 밑거름 량은 4포을 하여쓰며 아래 위로 한 골식은 거름을 하지 않코 10골에 포도 전용비료 4포을 하는돼 포기당 내 손으로 한 주목식 밖에 돌라가지 않트라.

〈1997년 11월 23일 일요일 날씨 맑음〉

오늘은 형님 생신이라 우리 형제들 다들 참석을 하여서 옛이야기로 시간을 보내쓰며 누님까지 합세을 하여서 절거운 시간을 가질 수 잇쓰다. 부인은 배추을 동생들 나누어 주는 것을 보며 정말 고맙고 내 동생들을 주는 것을 끄리고 저의 형재을 줄라고 들며 내 마음이 편하지 않을 끈돼 그려치 않코 남편의 형재들 쨍기주는 행동을 보며 정말 고마운 사람이다.

"오늘 나재부터 운이 전화을 기다리 왔는돼 저녁때에 운이 전화가 {와}서 내 마음이 밝아저는 기분이 들어쓰며 이 아빠는 운아 너의 집에 아빠가 가보앗다 하니까 만이 짓어는가 무르보는돼 이재 기초을 놋고 잇드라 하고서 이야기가 돼어쓰며 오늘은 운이 목소리도 맑드라. 그래서 내 기분은 아주 좋아다. 그리고 전화을 온 식{구}가 다들 통화을 하여다. 우리 운이가 일주일 후가 돼면 고참 3명이 또 제대을 하면 5명이 남는다고 하는돼 이 아빠는 고참 5명이 마음에 걸리고 잇꾸나. 운이는 70명 중 5명은 아무것도 아니라고 말을 하고 잇찌만 이 아빠 마음은 그르치 않꾸나. 여화뜬 우리 운이가 잘 지내와따고 생각을 하며 앞푸로 남은 군생활 잘하여 주어쓰며 하는 바람뿐이다."

"오늘 나는 운이 아파트가 기초을 다 하여는지 아파트 위치가 계속 빛을 밭을 수가 잇쓸가 극정이 돼어서 오늘 동생이 구미 가는 돼 따라가서 아파트 구경을 다시 하여쓰며 처음 볼 때보다 마음이 더 편하드라. 지금 생각을 하여도 잘하여따고 생각을 한다."

〈1997년 11월 24일 월요일 날씨 맑음〉

오늘은 친구가 부동액을 사료 가자고 해서 따라같쓰며 친구는 차에 부동액을 갈라 넛코 차 수리을 하여쓰며 자신은 부동액을 사와쓰며 부동액은 작년 가격과 다름이 업는 것 같드라. 그리고 부동액 반과 물 반을 희석을 하여서 트랙터 물탱크에 너어두어다.

"오후에는 집안 청소을 하여서 경운기에 한발리 실어서 앞밭에 실어내는 돼 밭에 올라가는돼 몿한태 찔리서 빵구을 내고 마랐다. 그래서 경운기는 가지고 오지 못하고 그냥 돌아오고 마랐다. 그려니 오늘 일은 일진이 좀 나빠따고 생각을 한다."

지출에 … 트랙터 부동액 8,000원

"우리 혜영이 회사 부도로 여때것 놀다가 오늘 첮 출근을 하여쓰며 혜영이는 먼저 회사에서 분가 돼어서 별도로 회사을 창설한 곳이라 일하는 부서는 같아서 근무하는 돼는 아무련 불편은 업따고 하드라. 이 아빠는 출근을 하는돼 차을 두 번 타야 한다고 해서 별로 찬성을 하지 않코 잇는 실정이다."

〈1997년 11월 25일 화요일 날씨 비〉

오늘은 비가 생각보다 만은 비가 내리는구나. 이 비가 한번 오기 시작을 하니 자주 오며 량도 아주 만타고 생각을 한다. 오늘은 비가 오는 바람에 아무 일도 못 하고 종일 동안 휴식을 하여쓰며 일을 한 것을 이야기을 한다면 경운기 앞밖기 빵구 난 것을 집에서 때우는 일 밖에 하지 않아다.

"이재 비가 가뭄에 충분한 비라고 말을 하고 십구나 이 비가 한 달 전에만 내리따고 하여도 과수에 큰 도움을 주어쓸 끈돼 생각을 할수록 아쉽따고 말을 하고 십다."

〈1997년 11월 26일 수요일 날씨 흐림〉

오늘도 친구들과 휴식을 하여쓰며 오늘은 날씨가 잔득 허리서 금새라도 비가 쇼다질 뜻 하는 날씨라서 무선 일을 할려고 음두을 낼 수가 업쓰뜬 날씨여따고 말을 하고 십다. 그리고 부인 감기가 병원에 치료을 해도 잘 낮지 않아서 이번에는 이비누과을 찾자 가보라고 하면서 오늘 병원에을 같따 오라고 하여서 병원에을 같따 오는돼 부인의 말이 검진을 야물게 한다면서 기분이 좋은 기색이드라. 내일 부인과 둘리서 열차관광을 가야하는돼 부인의 감기가 뚝 떨어저면 좋캐꾸나.

부인 요줌 감기가 떨어저지 않으니 이 남편이 고생을 만이 식키서 그른 것이 아닌가 미안스러운 감이 들구려.

남편의 아픈 마음을 들어줄라면 우리 요보 감기 떨어저서 월래 모습이 보고 십구려. 여보 이재는 당신의 남편이 급쟁이가 돼어 잇따고 말을 하고 십소. 외냐하면 여보 감기만 들어도 가슴 철렁 내리안는 너킴이 들 때가 잇는 것을 보며 당신의 남편이 이재 늙어가고 잇따는 정거라고 봅니다. 여보는 나의 반쪽이며 건강 갈리 소리[소홀히] 한다면 이 남편 화 낼태니까 앞푸론 감기 조심하고 건강 갈리만 잘해주며 여보한테는 더 바라지 않으리라. 앞푸로 남은 여생 두손 잡고 해맑은 정을 남김업시 서로가 다 주며 살라갑시다. 이 남편은 당신이 중요하다는 것을 일적 몰라따는 것을 머리 숙이며 사가을 하고 잇따고 말을 하고 십소. 여보. 당신이여.

〈1997년 11월 27일 목요일 날씨 맑음〉

오늘은 우리 마을 주민 72명이 열차관광을 동해 환선동굴 구경을 갇는돼 정말 감탄사가 절로나며 동굴 안이 음청 넑버며 정말 신기한 동굴이드라. 이 동굴이 10月달부 개장이 돼어따고 해서 집입료 상인 상점이 업는 것이 이재 개장을 하여 표가 나고 잇드라. 우리 부부는 동굴 안을 구경을 하면서 손을 잡고 다니다시피 하여쓰며 남들은 부부간에 떨어저 다니는돼 우리 부부는 부터 다니쓰며 나 자신도 부인과 둘리 다니는 것을 좋아는 하지만 내 부인은 팔장을 키어서 다니고 십픈 사람이라 남편을 남들처름 각각 관광을 하지 못 하고 잇따고 본다. 우리 부부는 집에서 나갈 때부터 둘리가 같이 가서 오늘 종일 같이 여행을 하여쓰며 부인은 종일동안 좋아하는 모섭이며 자신도 부인이 사랑을 하여주니 그리 마음이 편하며 부인에 고마음이 내 가슴을 박차는 그 부품 격끄보지 못하고는 알 수가 업따고 바야한다.

"그리고 내 부{인}을 가만이 보며 남편을 제일 만이 쨍기주며 시종일 남편을 쨍기주는 부인 너무 고마어 열차 안에서 부인의 손을 꼭 잡고 춤을 추어쓰며 내 부인이 그처름 따뜻한 기분이 말로 다 할 수 업쓰서며 과부 손 아주마 손 다들 잡고 춤을 쳐도 내 부인처름 따뜻한 초감을 너키지 못했쓰며 내 부인 손 잡고 잔깐 잔깐 춤을 주는 그때는 잠자리의 표곤함 보다 더 포근함 너켜쓰며 부인이 이처름 좋은 것이구나 한 번 더 너켜보앗다.

자신이 서양마실래 콤바이 탈곡 한 날이 10月28日날 함. 운기 밭에 씨금치 씨 뿌림을 한 날이 96年 11月12日함.

"그리고 우리는 1호차 오늘 열차가 11호까지 잇는돼 2호차에서 남자가 여자복을 입고 머리까지 여자이며 이 사람이 열차관광은 꼭 와서 여자들의 관광객에 춤을 추어주고 돈을 버는 사람이라 춤도 여자들 모양 몸매가 잘 도라가며 춤은 우리가 바도 잘 추드라. 그리고 자신이 구경을 하는돼 너무 찰쳐고 그곳에서 25,000원 티입 주고 노는 것을 보앗쓰며 자신이 저 춤꾼을 어떠게 해야 돈을 적개 주고 대리고 오나 하고 생각 끝에 돈을 10,000원을 젓가슴에 너주고 빼앗사 올라고 하니 25,000{원} 주어따고 돈원 달라고 하는돼 어찌로 안고 온 셈이다. 춤꾼을 우리 차에 돼리고 와서 춤을 첫니까 우리 마을 사람들이 그리 잘 놀고 잇는 사람이 다들 춤을 첫지않코 구경만 하고 잇드라. 그래서 한참 놀리고 돌리보내고 마랐다.

"오늘 부인이 집에 와 오늘 여행은 남편과 제일 만이 걸어따면서 좋아하는돼 오늘 춤꾼을 10,000원 주고 내가 대리고 왔따고 하니까 오늘 종일 마느라 대리고 다니면서도 박카스 하나 사주지 않코 10,000원 주고 그른 사람 대리고 왔따면서 짝 저진 일한다고 내 응등이 을마나 때리든지 그저 미안하다고 말만 하여도 외냐하면 10,000원을 부인한태 쓰뜨라면 이 남편이 하늘같이 올라갈 끈돼 그만 여자들을 절급게 해줄라고 만 한 것이 부인한태 너무 미안하게 돼어따는 것이 미안하기 짝이 업꾸나. 여보. 미안."

〈1997년 11월 28일 금요일 날씨 비〉

오늘은 박명섭 씨 집에서 우리 친구들을 초

대을 하여서 정심 한 키 대접을 한다고 부부가 다들 오라고 하여서 우리 부부는 초대에 참석을 하여쓰며 사람이 남의 초대을 받고 보니 행동을 내 마음대로 할 수 업따는 것을 이번에 알라도. 오늘 초대을 하는 박명섭 씨는 내 형님 나이와 같은 사람인돼 부인이 내 부인과 계원이라서 늙 우리와 같이 노는 사람이다. 그른돼 이분이 남의 집우로 머슴살리로 돈을 벌어서 이재는 먹고 사는 돼는 아무른 지장이 업는 사람이라. 작년 올해 두 번 초대을 받아서 대접을 잘 받아다.

"오늘 자신은 어재 여행을 하고 와서 몸이 피료해서 자신의 생각으로는 정심을 어드 먹고 좀 놀고 오자고 생각을 한 것이 내 마음대로 돼지을 않트라. 왜냐하면 주인이 전축 터려놓고 놀자고 하는돼 푸리쳐고 나올 수도 업고 피료한 몸으로 노는돼 힘이 들어따고 바야 한다. 그리고 오늘 모인 여자들이 다들 놀기 좋아하는 사람이며 나쁘게 말을 한다면 키들이 만은 사람이라고 바야 한다. 자신도 그의 한 사람이라고 보며 자신은 그래도 주위을 만이 으식을 하고 노는 사람이라고 말을 하고 십다. 오늘 참석 인원이 여자 7명 남자 3명이 놀라쓰며 마이크 업시 노래을 부르고 놀랏다. 오늘 여자들과 한태 어울리서 절급게 잘 노라따고 생각을 한다.

그리고 저녁을 먹고 부인과 둘리서 태레비전을 보고 잇는돼 전화벨이 울러서 부인이 수화기을 더는 적시 운이냐 하는 말래에 반가운 마음으로 깜짝 놀랐다. 오늘은 토요일, 일요일도 아닌 날짜인돼 운이가 전화을 하는돼 대해서 좀 놀랐따고 말을 하고 십다. 요놈이 전화을 잘하는 놈이며 여사로 생각을 하고 잇깨는돼 그려치 않는 놈이 전화을 주니 엔일인가 하고 생각을 하여다. 그른돼 운이가 다음 주 일요일 휴가 온다고 이야기을 하는돼 이 아빠는 밑드저지 않는구나. 외냐하면 휴가 온다는 날이 11월 말경에 온다고 하든이 휴가가 연기돼어서 12月8日 대통령 선거을 하고 휴가 땔 끄라고 이야기 하든 아이가 다음 주 월요일 휴가라니 마음이 미드저지 않코 잇꾸나.

오늘 자신이 여자친구와 놀면서 이야기을 쭉 하는 것을 들어볼 때에 귀가 막히드라. 외냐하면 정부에서는 탈라[달러] 부도가 낫따고 온 국민이 허리띠을 매야 한다고 뉴스 시간만 돼면 아나운서들이 부릇짓는돼 오늘 여자들의 이야기가 이재 인생을 절급게 살라야 한다고 아우승이며 이재는 자식도 필요업고 여행도 하고 절급게 노라야지 그려치 않으며 후해한다고 놀고 보자고 한 목소리을 내는 것을 보며 우리나라 말이 아니다. 우리 농민의 부녀들이 이르깨 나가는돼 도시 여자들은 가연 어떠캐나 하고 생각을 하니 정말 말이 아니구나 하는 생각이 앞쓰며 여기다 춤 선생을 대리고 와서 춤 배우자 하는 여자들이 더 만으니 우리나라 경재 말이 아니며 이것들이 다들 대통령 김영삼 씨 정치인들 다 책임을 져야 한다고 생각을 한다. 그리고 역대 대통령 중 김영삼이가 나라 5年 임기로 다들 말라먹어따고 생각을 하면서 제일 못했따고 생각을 한다.

지출에 구경 가서 관식으로 11,500원

〈1997년 11월 29일 토요일 날씨 비〉

오늘은 동기계을 하는돼 비가 내리고 잇쓰서 직지사에서 대신에 국민학교 11회 동창 모임이라서 참석을 할려고 하니 서거프며 안 갈수도 업쓰며 우산을 들고 본동에 김창길와 둘리서 직지사 산중고을식당을 찾저가니 아무도 참석을 하지 않코 창길와 둘리밖에 업쓰서 동창생들이 비가 오고 잇쓰니 참석을 하지 않는구나 생각을 하고 잇쓰니 하나둘 식 모여들드라. 그래서 다들 성위을 잇따고 생각이 들며 그리고 시간 약속을 하지 않코 잇따는 너켜쓰며 사람이 시간약속을 지킬 수가 잇는 사람이 대어야 하는돼 시간 개념이 잇쓰야 하는돼 그려치 않아서 아쉽구나.

"오늘 동창회 인원이 21명 참석을 하여쓰며 그 중 여자가 6명. 이 사람들이 오전 11시부터 모임을 해서 저녁 10시까지 놀라쓰며 그리고 서울 친구들을 잘 여관을 보니 100,000만 원 달라고 한다고 너무 비싸다면서 시내로 나와서 여관을 차저며 숙박비가 조금 싸다면서 친구들을 대리고 나와서 김천 여관을 찾저니 방이 업따고 하는돼 깜짝 놀랐다. 김천 여관에 방이 업따는 것은 우리들로서는 이해가 돼지 않트라. 그래서 서울 친구들이 속이 쓸리다면서 개앙식이[갱식이]을 좀 먹어쓰며 해서 우리집우로 대리고 왔다. 대구 친구와 서울 친구, 구미 친구 다 쳐니까 15명이 돼드라. 이 사람을 밤 11시에 개앙식이을 크리주고 서울 친구 여자 2명 남자 3명 오명은 집에서 놀다가 우리집에서 잠을 잦쓰며 이 사람들이 편하다고 하면서 친구 집에 온 것이 잘 했따고 이야기을 하니 자신의 마음이 좋드라. 오늘 부인의 마음은 어떠했는지는 몰라도 오늘 하고 보니 잘 했따고 생각을 한다. 그리고 이 친구 갈 때에 서정일이는 친척집에서 사과을 어더따고 해서 주지 않꼬 나머지 4명은 사과 한 상자식 주어서 4상장을 서울 친구을 주어다. 혹 이 친구들이 썩은 사과가 만은 것이 돌라간 사람은 욕을 할련지 사실 극정도 돼는구나."

지출에 … 오늘 동창회비값 20,000원
노래방에서 앵콜비 10,000원
계 30,000원

김천, 구미, 대신 동기계에 김종현 씨가 회비 30,000 선불 안납. 정명세가 줌.

〈1997년 11월 30일 일요일 날씨 맑음〉

요즘은 몸이 더 피료하구나. 그제깨 관광다니와서 피료한대 관광 뒤예 날에 친구 부인들과 종일 노라찌 동기생 집에 와서 저녁내 놀라지 그래서 오늘은 필요가 누적이 대어서 몸을 곤울 수가 업쓰며 자꾸만 깔라저서 이려다가는 큰일 나갯따 하는 생각에 포도밭에 물이나 고이지 않아나 하는 생각에 가 보앗떠니 물이 고인 곳은 업쓰서 참개갈란 곳에 비누류을 것는 일을 하여쓰며 이것을 오늘 다해야 하겟따는 생각으로 반을 하고 들어오니 오전이 넘어드라. 오후에 한심 자고 3시 가서 일을 하는돼 다 못 할 것으로 내다 보앗는돼 저녁노을이 지두록 하니까 다들 하게드라.

"내일은 사랑을 하는 자식이 두 번째 휴가 온다든돼 무엇을 해주야 하느냐 하는 생각이 드는구나. 내 자식이 온다고 무엇이 곳 달라저는 것은 업는돼 내 마음이 이러깨 들떠 잇는지 몰겟쓰며 딸드리 아들이 그러깨 좋아여 하고 잇쓰며 내 감정을 안정을 씌킬 수가 업따고 말을 하고 십꾸나. 이 아빠는 아직까지 몸 안에서 키우고 살고 십프니 이거 어떠게 하나."

〈1997년 12월 1일 월요일 날씨 흐림〉

97年 달력을 는켜 보니 달랑 한 장 남은 달

력 보고 또 하나 나이가 든다는 생각을 하니 허전하기 짝이 업꾸나. 우리 운이 바서는 세월이 빨리 가버리쓰며 하는돼 내 인생이 빨리 간다는 생각을 하니 마음의 한 구석을 비어잇는 너킴이 더는구나.

"운이가 오늘 휴가 온다고 해서 오전 아홉시부터 전화을 기다리고 잇쓴는돼 운이가 구미 와서 전화을 하는 것을 볼 때에 부모의 마음을 너무 몰라주어서 속이 타는구나. 이 아빠의 마음 깥트며 부대 정문 나와서 전화을 주고 역에 와서 표을 끈어 놓고 전화을 주고 구미 와서 전화을 주기을 바라고 잇는돼 그러지 못하니 외돌꾸나. 여화뜬 구미역에 와서 전화을 주어서 이 아빠는 오토바이로 앞 도로 승강장까지 마중을 가서 운이 태어서 집부로 왔쓰며 이번에 운이 얼굴이 먼저보다 얼굴이 좋아서 기분이 그리 좋드라. 부인이 오전내 아들 온다고 분주하게 음식 준비을 하여쓰며 어재 저녁에 우리 동기생들 때문에 잠도 재돼로 자지 못하고 서울 친구들이 일적 간다고 아침 밥을 일적 하는 고충을 받고도 오늘 아들 온다고 힘이 나서 음식을 준비하는 그 모습을 바라보니 늙어 실어지두록 뒤에서 끈아주고[껴안아주고] 십픈 춘동 참을 길 업쓰서 오늘도 실천을 하면서 사랑해요 여보을 하로내 수십번식을 하고 살라간다고 생각을 한다."

자신이 올해 중반기부터인가 언잰인가 학실한 날짜는 몰라도 자식보다 부인이 위라는 것을 알고서는 부인을 더 사랑하며 사랑한다는 말과 부인을 끈아주는 회수가 음청난 수로 늙어낮따고 생각을 하며 글래 와서는 죽고는 못 산다는 마음으로 사랑을 주고 받고 잇다. 자신도 부인만을 사랑을 해주어야지 하는 마음 구치니까 내 생활이 그리 절거어 지는구나.

〈1997년 12월 2일 화요일 날씨 맑음〉

올 드려 오늘이 제일 추원 날이 돼어쓰며 날씨 추어서 감기 염려 때문에 휴식을 하고 오후에는 친구들과 휴식을 하는 것으로 오늘 일과을 보냇따. 올 들어서면서 감기에 시달림을 밭아서 적은 고충을 밭고 잇다. 부인도 감기에 고충을 당하고 잇다.

지출에 … 튀김가루 칫솔 1,250원

〈1997년 12월 3일 수요일 날씨 맑음〉

당산 밭에 우회도로 나는 밭에 차들도 맘대로 다니두록 할려고 폭크랜을 잠시 쓰고 단배 한보류 사줄라고 하니까 수료 정비하면서 폭크랜으로 자신의 요구대래 하여줄라고 삽을 돼드니 땅이 야물어서 그른지 폭크랜이 길을 생각대로 하여주지 않코 십은[쉬운] 쪽에만 날을 돼어서 자신의 생각돼로 길이 돼지 않코 마음에 반도 않차두록 하여서 사실은 돈원을 주기로 약속을 하여찌만 돈원 주고 십지 않드라. 기사가 일 잘하는 사람은 주인의 생각보다 더 잘하고 잇는돼 이번 기사는 영 마음에 들지 않아는돼도 할 수 업쓰서 돈 만원을 떤저주고 마랐다. 자신이 내고 십픈 길은 3분지 1도 차지 않은 길인돼 어쩔 수 업시 돈을 1만원 준 것이 아깝다.

그리고 오늘 달희하고 둘리서 박명섭 씨 집에서 정심 내기을 해서 자신 4,000원 달희 4,000원 명섭씨 1,000원 해서 화토로 9,000원 만들어 놓고 분식점 정심을 식키떠니 오늘은 장사을 하지 않는다고 하여서 그만 정심 내기한 것이 무효가 돼 버리쓰며 만약에 정심이 배달이 돼어쓰며 할 때마다 밖아지 쓴다고 야단날 끈돼 오늘 무효가 돼어서 모면을 한 셈이다. 그러자 정심시간이 다 돼어서 주인집에서 정심을 하게 돼어쓰며 우리는 또 정심을 어더먹어쓰며 두 번식이나 어더먹으서 한편으로 미안터라.
정심을 먹고서 오후 내 놀면서 옛 이야기을 하다 자신은 부인이 나외깨 너무 잘해서 나는 여자 복이 제일 만은 남자라고 생각을 하면서 편하게 살라간다고 이야기을 하니까 부인 친구 둘리가 잘하는 것은 알고 잇찌만 그처름 잘하고 잇는 줄은 몰라따면서 깜짝 놀라더라. 자신은 아들 자랑, 부인 자랑 하는 사람은 픈수라고 이야기을 하지만 사실 아들 자랑은 할 끄도 업고 내 부인은 나외깨 너무 잘하고 잇쓰니까 이것을 자신의 혼자만 영혼희 간직을 할 껏이 아니라 원잿가는 친구들 부인 친구 잇는돼 자랑을 하고 십픈 이야기라. 오늘 적은 사람의 모임인돼 어떠게 부인의 자랑을 하게 돼어다. 오늘 모인 4명은 정말 조흔 사람이라고 다들 짬짝 놀라면서 자기 부인들은 그려치 않타고 다들 이야기을 하고 잇드라.

〈1997년 12월 4일 목요일 날씨 맑음〉

오늘은 부인의 친구들레깨 정심 초대을 하여쓰며 원재라도 무선 모임에는 꼭 경재력이 업는 사람은 갠이 가가 죽어 잇는 모습이 영영회 표가 나고 잇드라. 돈이 무엇신지 인간의 기을 죽이고 잇는 것을 보니 돈을 모르고 사라가는 사람은 생각을 할수록 아타가운 일들이며 이것을 일적 캐치 못하고 사라간다면 인간행로에 꼭 움치려저개 됀다. 인간의 삶매 길에는 늙 긴장해서 허터려진 몸매로 살라가서는 안 대고 늙 근면 성실하게 살라가야 한다고 생각을 한다.
“오늘 부인 친구 정심 초대을 해서 정심 대접을 하여쓰며 그리고 다들 잘 먹어따고 하며 좋아하는 모습을 보니 자신의 기분도 좋드라. 그리고 노래방을 해서 절급게 잘 노랏다.”

〈1997년 12월 5일 금요일 날씨 맑음〉

오늘은 당산 밭에 수양버들 나무을 심어볼라고 냇가에 같뜬이 땅이 얼어서 나무 캐기가 힘이 들 것 같다서 포기을 하고 집우로 돌라왔다. 자신은 도로 까라서 나무 거늘만 만들어 노어며 오고 가는 사람들이 시고 가지 않캐나 그리고 사람만 만이 시고 간다면 미아카 장사라도 할려고 더는 사람이 잇쓸 것 같다서 자신은 그늘이 대는 나무을 심을라니 쉽지 않는구나.
“자신이 당산 밭을 유실수을 심어며 짤번 시간에 수입은 더 됄련지 몰라도 나중을 바서는 그늘이 좋은 나무을 심어서 그늘이 좋아서 가끔이라도 쉬어가고 십픈 마음이 들두록 대어준다면 자신은 큰 소득을 어들 수가 잇따고 보고 자신은 그늘이 됄 수 잇는 나무을 선택을 하여서 심어 볼 계산이다.”
“오늘은 개핵을 새운 것이 무어지는 바람에 친구들과 명태 돌부리을 한 셈이다. 오늘 명태국으로 정심 한 키 잘 이우고 오늘 돌부리는 2,000원식 돌라오는돼 이것은 낭비가 아니고 오히려 득이 됀 돌부리라고 생각을 한다.”
지출에 … 명태 돌부리값 2,000원

〈1997년 12월 6일 토요일 날씨 비〉

오늘은 계속 비가 내리며 부인은 비가 내리는돼도 아랑곳 하지 않코 김장 담을 준비을 한다고 분주위 움직이고 잇는돼 자신은 아무것도 하지 않코 거실에서 테레비만 보는 것으로 종일을 보냇다.
"이 비가 올라니 자주 오고 잇꾸나. 인간이 고루지 않터시 그리고 정치 다들 고루지 못한 인간 생활이라서 하늘도 인간 생활을 따르드시 이루지 못한 일기을 보여서 인간들이 더 불안하구나."
"우리나라가 잘 살라간다고 정부에서 아우성이드니 그것도 1달 전만해도 우리나라는 선진국에 들어쓴다고 정부에서 아우성쳐더니 이재와 나라의 부도라고 온 국민이 허리띠을 매어서 이 난국을 극복하자고 아우성을 쳐는 정부 기가 막인다. 김영삼이 대통령이 나라 마라 먹어쓰며 이것은 책임을 무르서 원벌에 처해야 한다고 생각을 한다. 지금 정부는 자기만이 책임이 아니라고 아우성을 쳐고 잇쓰니 이것이말로 갯씸 놈들이라고 말을 하고 십다."

〈1997년 12월 7일 일요일 날씨 비〉
오늘 김천 동서과 이발관 하는돼도 나는 이번이 두 번째 이발을 하여쓰며 김천 동서는 처과로서는 형재 중 제일 마지며 그 형님은 70세가 돼는돼도 아직 이발을 하고 잇쓰니 몸 갈리을 잘 하고 잇는 편이다. 자신은 동네 이발관이 잇쓰서 늙 동네서 하곤 하여찌만 이 형님은 모암동 산 중특에서도 이발을 잘하고 잇쓰니 손님이 넘어 만터라. 오늘도 일적 갈따고 바야 하는돼 오후 1시경에 이발을 다 하여쓰니 이발 손님은 아주 많트라. 두 노인이 힘은 들어도 아들래깨 용돈 바라지 않코 만대로 쓴다는 것은 그것도 하나의 복이라고 생각을 하고 십꾸나.
지출에 버스비 1,500원 이발비 5,000
김장 비누류, 갓, 미나리 3,500원
계 10,000원

〈1997년 12월 8일 월요일 날씨 비, 눈〉
오늘은 순두부와 두부 돌부리을 하여쓰며 7명이 1,000원 내어서 돌부리을 하는돼 아주 배불리 먹어쓰며 오늘 돌부리는 정심 한 키보다 더 싸게 잘 먹어따고 생각을 한다.
"그리고 대통령 선거일이 10日 남은 돼도 별 헝미도 업쓸 뿐 아니라 정치인들 똑갈뜬 놈이라면서 별 의미업는 생각들이다.
오후는 무이미한 시간을 다 보내고 요줌은 계속 구전 날씨만 보여서 마음까지 밝지 못한 나날이 지속이 돼어서 마음이 안타가운 일이라고 한다."
지출에 … 돌부리값 두부 1,000원

〈1997년 12월 9일 화요일 날씨 눈〉
내일은 우리 마을에 매상 날이라서 자신은 형님 25개 숙모님 17개 자신이 4개 이것을 우리 부부는 매상 준비을 하는 것으로 오전 일과을 보냇다. 자신은 매상 출하을 하고 남은 것이 148개 남아 잇는돼 이것을 시중으로 출하을 한다면 상당한 금액이 손실이 돼고 잇다. 우리 농민들의 어르운 가슴아리을 몰라주고 잇는 정부가 원망스렵다. 이번 정권은 야당으로 정권이앙이 잇쓰야 우리 농민들의 아품을 조금이라 알라준느 정치원이 돼어주어쓰며 하는 바람이다.
오후는 일기 고루지 못해서 오후 내 휴식을 하고 부인은 참기름 짜로 김천 시장을 갈쓰며.

〈1997년 12월 10일 수요일 날씨 맑음〉
오늘은 자신의 마지막 매상 날이며 자신은 4가마 출하을 하여쓰며 자신은 금년도 출하량이 98가{마}이며 이것을 마지막으로 4가{마}을 마지막으로 97年도의 매상량을 안전이 다 돼어다. 그리고 올해는 다들 1등으로 등급을 다 맡자쓰며 이것만도 다행으로 생각을 하고 잇다.

"그리고 이앙기 개산을 하여쓰며 올해는 1,000원 더 거출을 하엿다. 그래서 자신이 126,000원 지불을 하였다. 이 금액은 근답 직파을 제위한 돈이다."

그리고 운이가 오늘 휴가을 맡치고 오늘 기대을 하는돼 이 아빠가 운이 가는돼 구미역까지 따라갈쓰며 운이가 개찰국으로 손을 흔들며서 나가는돼 마음이 아푼 것은 별 다름이 업쓰며 운이가 제대을 해야지 이른 아품은 업쓸 것으로 본다. 운이을 보내고 오니 부인은 눈물이 난다면서 울고 잇쓰며 이것을 본 자신도 눈물이 핑 돌고 잇드라. 우리 부부는 자식에 잔정이 만아서 그른지 아들에 대한 눈물이 만타고 생각을 하여 본다.[94)]

매상 수입 4가마 198,920원

선도자금 지출 80,000원

지출에 … 버스비 값 3,400원 자신의 모자 5,500원 운이 용돈 80,000원 이야기 융자금 126,000원 計 140,400원[95)]

〈1997년 12월 11일 목요일 날씨 눈〉

오늘은 정말 한박눈이 내리는 모습을 나 혼자 현관에서 바라보다 너무나 감탄사 나와서 부인도 대리고 나와서 한박눈이 내리는 모습을 을마간 구경을 하여다. 오늘 눈 량이 10cm 이상 댄다고 본다.

"오늘은 아무 일도 못하여쓰며 일을 했따고 한다면 옥상에 눈 쳐는 일 외는 아무것도 하지 않아다."

"우리 운이가 십 일 동안 휴가을 와서 집에 잇쓸 때는 집이 깍차 잇뜨시 푸근한 맏이 잇쓴는돼 운이가 업쓰니 집이 허전하기 짝이 업꾸나. 가족의 한 사람이 차지하는 부분이 크다는 것을 다시 알라다."

〈1997년 12월 12일 금요일 날씨 맑음〉

오늘은 우리 마을이 고향인돼 이진시 부친이 구미에 살로 간지가 1年이 됀 것 갈터며 이 어른도 업시 살든 사람이며 그중에 아들이 만아서 유산을 고루 못 주어서 작은 아들이 우리 마을에서 대리고 살라는돼 유산 불평으로 결국 우리을 떠나게 돼어쓰며 결국은 부모의 처신이 잘못돼어서 늙어 큰 고충을 받고 죽어쓰며 오늘 우리 마을회관에서 바랑[발인] 시간이 9시인돼 자신은 어머님의 재사가 내일 저녁이라서 운상하로도 가지 않아쓰며 아예 참석을 하지 않아다. 자신의 어머님 재사가 한 달이라도 더 남아쓰며 참석을 할 수도 잇따고 보지만 바로 어머님 재사라서 미안한 마음 만치만 그래도 어머님 재사가 일 년에 한 번인돼 하고서 운상에 참석을 하지 않꼬 부위 30,000원 부치고 마랐다.

자신은 오늘 상 당한 가족 바서 밭갈에 가지 않아쓰며 오늘 따라서 부인은 친정 조카 결혼이 내일이라 음식하는 돼 그들어주로 가고 업고 자신 혼자만 종일 집에 잇쓸라니

---

94) 일기 지면 상단에 '이앙기 잔금액 100,000원 남음.'이라고 기록되어 있다.

95) 실제 계산은 214,900원이나 140,400원으로 잘못 기록하였다.

지루하기 짝이 업꾸나.
(오늘 정말 지루한 시간을 너켜보앗다.)
지출에 … 이진시 부친 별세 부주 20,000원

〈1997년 12월 13일 토요일 날씨 맑음〉

오늘은 어머님 재사와 처과집에 처남 장남 결혼식다. 그래서 오늘 어머님 재사 준비는 지수씨 한태 미루고 우리 부부는 예식에 참석을 하여쓰며 음식은 만은 방면에 손님들이 만치는 않드라. 처남은 이번에 처음 쳐는 잔치라서 상당이 손님이 만을 줄 알라는돼 생각보다 적은 수라고 말을 하고 십꾸나.
그리고 마을이 적으서 그른지 놀라고 더는 사람이 업고 아주 조용히 끝을 내드라. 우리 마을 갈터며 예식을 치루고 와서는 한바탕 놀고 하는돼 처과집은 교인이라서 그른지 아주 조용이 끝을 내드라.
그리고 우리 부부는 저녁을 먹고 어머님 재사라서 그만 집부으로 돌라오고 마랐다. 실지 나는 처과 집에 몸은 잇쓰도 마음은 어머님 재사 때문에 울집에 잇쓰따고 말을 하고 십꾸나.
오늘도 어머님 재사에 우리 형제 네외는 다들 참석을 한 것을 보니 마음이 그리 좋꾸나. 우리 형재는 특출하게 잘 사는 사람은 업쓰도 다들 정만은 가지고 살고 잇따는 것을 자랑을 하고 십꾸나. 우리 형재는 앞푸로 계속 정만은 돈독한 유지을 해 가면서 사회생활을 하면서 살라가자.
"인간이 사회생활을 하면서 살라보면 친구가 제일 가까운 갈타도 한 피줄보다는 못하니 어르울 때일수록 형재을 생각을 하며가면서 이 새상을 살라 가보자. 형재들이여."
지출 … 부주 100,000원 절돈 50,000원
계 150,000원

〈1997년 12월 14일 일요일 날씨 맑음〉

오늘은 일요일이라서 아들 전화을 기다리는돼 전화가 오지 않코 잇꾸나. 운이한태 부대에 기대할 때에 그만춤 전화을 하라고 하여는돼 전화을 주지 않는 아들이 원망스려며 이 아빠의 마음을 몰라주고 잇는 자식이 이 아빠의 마음을 돌려놓고 잇꾸나. 그래도 내 마음은 부인보다 자식에 정을 더 두도 잇는돼 실지 자식의 행동을 보고서는 아들도 다들 소용이 업따고 하드니 정말 그 말이 맡따는 생각이 더는구나.

〈1997년 12월 15일 월요일 날씨 맑음〉

오늘은 조합에서 3,500,000 차저와서
농가 목돈 2구자에 1,200,000원
경운기 … 87,193원
농업대출금액 … 522,643원
계 609,836원
(원예비료 사과) 120,400원
계 730,236원
신라라면 … 1팍스 8,400원
계 738,636원
오늘은 추과 매상량 5가마을 내일 아포조합으로 출하을 할려고 준비을 하여 두어쓰며 그리고 친구들과 돼지족발 돌부리을 하여쓰며 우리는 입빨이 나파서 고기을 마음대로 먹지을 못하게드라. 요줌 마을 친구 3명만 모여도 돌부리을 해야 한다.
지출에 … 족발 값 3,000원
수입에 … 화토노리 값 2,000원

〈1997년 12월 16일 화요일 날씨 맑음〉

오늘은 추가 매상 날이며 자신은 5가마 배정이 돼어쓰며 이것을 아포조합으로 출하을 하여쓰며 이것을 서로 땔라고 더는 모습을 보니 아직까지 농촌에는 불신을 들하고 잇는지 정부에서 농촌을 죽이고 잇쓰니 살려고 아우성으로 추과 매상을 서로 될라고 하는 것이인가 감을 잡을 수가 업꾸나. 오늘 우리 마을에 매상량은 농사을 만이 짓는 사람이 7가마이니 생각을 할수록 가슴 아푸며 우리 농민을 이려깨까지 해야 하는가 생각해보며 이해가 돼지 않는구나.

오후에는 매주 끄리는 일을 하여쓰며 올해는 매주을 6장 반을 만들어 노앗다.

"오늘 매상은 선도자금을 띠는 일이 업고 매상 전액을 다 받아오니 매상 기분을 가질 수가 잇쓰따고 생각을 가지 본다.

지출에 … 콤바이 값 2단지 값 150,000원
콤바이 싹이 1단지 75,000원

그리고 나머지 콤바이 싹은 벼집으로 대치을 하여다. 벼집을 콤바이 싹으로 위우니 우선 바서는 콤바이 싹 주는돼 어르운 일이 업꾸나.

수입에 … 매상 출하 가마 5개 (다 1등)
248,650원

〈1997년 12월 17일 수요일 날씨 비〉

내일은 우리나라 15대 대통령 선거 날이며 오늘날까지 대통령은 여당이 대통령이 돼어쓰며 여때것 선거하며 별이 방법을 다 쓰고 심지어 이북을 이용을 하여서 여당 후보가 당선이 돼곤하며 와쓰며 이런 것을 보며 후진국의 국민이라서 어떠게 할 수가 업따는 것을 생각을 할 수가 잇쓰며 자신은 내일이 선거일인돼도 선거는 관심이 업따고 본다. 오늘날까지 선거하면 이기니까 선거하며 관심이 업고 그 바람에 우리나라가 부도가 낫서 이재는 국민들의 허리띠을 졸라매서 이 난국을 이르키 세우자고 부르짓고 잇는 꼴 바줄 수가 업쓰며 이래도 국민들은 여당을 표을 주고 잇쓰니 누구을 원망을 한단 말인가.

"실지 자신은 대통령 후보가 7명이 출마을 하여는돼 이름도 다들 모르며 이재는 관심이 업다. 그래서 선거해도 아무른 의미도 업는 날이라고 말을 하고 십다."

오늘은 숙모님의 나락을 농협에서 19日날 40kg 한 가마을 47,000원 주고 사드린다고 오늘 숙모 벼 가마니 45개을 낼 준비을 하여두어다.

"그리고 부인은 친정에 조카 신혼여행 갈따온다고 부인은 친정을 가서 음식하는 돼 도와준다고 갈쓰며 자신은 친구들과 오후 내 휴식시간을 보내고 마랐다. 요즘은 사실 할 일은 만은돼도 일은 접어두고서 매일 휴식을 하고 잇는 형편이다. 자신이 일을 해야 하는돼 하면서도 늙 휴식을 하고 잇는 것 외돌꾸나."

"오늘 친구 삼명이 오후 내 화토놀리을 하여는돼 삼명이 돈을 일은 사람이 똑같이 본전이라는 것이 신기한 일이라고 생각을 한다. 늙 한 사람이 돈을 일코 마는돼 오늘은 다들 본전이라는 것은 신기한 날이라고 본다. 오늘 오후 내 잘 놀고 딱 본전이 돼어쓰니 다른 날도 한 사람이 돈을 일는 사람 업깨끔 돼는 날이 돼어주어쓰며 하는 바람이 더는구나."

지출에 … 매상 푸대 값 … 30,000원
농약 값 … 200,200원
계 230,200원

〈1997년 12월 18일 목요일 날씨 맑음〉

오늘은 우리나라 15대 대통령 뽑는 선거일이다. 오늘따라 날씨가 너무 좋아서 선거

참여도가 어느 선거 때보다 높을 것으로 내다본다. 자신은 늙 여당을 표을 주지 않으며 이번에도 여당 김대중 후보을 선택을 하여쓰며 부인은 나와는 반대 여당 후보한태 표을 주어다. 부인한태 우리 농민이 이 모양이 됀 것은 수십 년간 여당이 직권을 해서 그르니 이번에 김대중이가 돼면 나라 파라 먹는다면서 여당 이회창 후보을 선택을 하여다. 부인이 내 말이라면 따라오는돼 선거하는 돼는 따라오지 않는구나. 부인이 남편을 따라오지 않는 것은 좀 서운한돼 실지 후보들을 보며 표을 줄 때가 업다. 외냐하면 야당 후보을 본다면 김대중 씨는 나이가 70대 후반이지 귀에 보청기 끼어잇찌 그기다 한 쪽 다리을 절고 잇찌 이인재 씨는 사람은 아주 똑소리가 나지만 신당이라 국회원 8명이라 정치하는 돼 어롭따고 볼 때 표는 여당 이회창 후보빡에 업쓰니 나도 부인보고 크개 강조을 하지 않아다.

이번 대선은 이회창, 김대중, 이인재 새 분은 서로 자기 됀다고 큰소리 하고 잇찌만 이번 당선은 이회창이 됀다고 본다. 자신은 정권을 한 번 바꾸어야 하는돼 국민이 따라주지 않으니 예통 터지고 잇다.

김대중 씨가 역대 대통령들이 김대중은 빨갱이 색갈이 다르다 하면서 모락을 하면서 역대 대통령들이 정권을 잡아서 오늘날까지 유지을 하여쓰며 자신은 정치 속을 알고 잇는 사람은 김대중 씨가 아주 큰 사람이라는 것을 알 수 잇찌만 속도 모르고 역대 대통령들이 한 말을 그대로 덧고 잇쓰서 야당들이 수난을 밭아가면서 살라온 것이 사실이다. 김대중 씨가 전라도가 아니고 경상도라면 벌서 대통령 해먹어따고 생각을 한다.

"이번 대통령이 돼는 사람은 정말 나라을 사랑하는 사람이 돼어야 한다. 그려치 않으며 정말 보리고개보다 아품과 시달림을 밭는다고 바야 한다."

"이번 대통령선거는 금품선거가 업는 것이 신기할 정도다. 우리 국민은 근폼 타락선거을 해야 하는 국민인 줄 알라는돼 이번 선거는 더링크 하나 업는 깨끗한 선거을 치루는 것을 보며 우리 국민도 성숙이 돼어 잇는 것을 보니 우리 국민도 할 수 잇는 국민이란 것을 입정이 돼어다."

〈1997년 12월 19일 금요일 날씨 맑음〉

오늘은 우리 국민이 투표을 한 것이 어느 당에 표을 준 것일까. 자신은 야당 김대중 씨 후보에깨 표을 주어는돼 자신 늙 야당에깨 표을 주니 당선이 안대곤 하여쓰며 늙 자신은 우리 국민들이 나라 발전을 바서는 정권 교체을 해야 하는돼 오늘날까지 정권 교체을 못해서 원망스렵더니 이번에는 자신이 표을 준 야당이 당선이 돼어쓰니 이것은 기적이라고 생각을 하며 우리 국민도 한 단계 발전을 한 국민이라고 너켜다. 이것도 여당인 이회창 씨보다 34만 표을 더 어드서 김대중 씨 후보가 당선이 돼어쓰니 이것은 50年만에 야당의 기적이라고 말을 하고 십프며 우리 국민의 수준으로 야당이 대통령 후보로 당선이 됀 것은 오늘날까지 여당들이 농민을 등안시 한 결과이며 오늘날까지 여당 정치는 자리싸움만 한 것이 이번에 결과이다고 바야 한다. 이것이 14대 대통령선거 때에 야당 직권을 해야 하는돼 이것이 잘못 돼어서 여당이 5年 직권을 더 하는 바람에 나라의 부도라는 오명을 쓰게 돼어쓰며 나라을 이 지경으로 만들어 논 것이 특희 김영삼 대통령이 다들 망치따고 바야 한다.
"자신은 표을 김대중 씨 주고도 대통령 당선은 여당 이회창 후보가 됀다고 생각을 하여는돼 투컹을 열고 보니 김대중 씨가 당선이 돼어쓰니 늙 실패만 하는 사람이 이번 4번째로 당선이 대어쓰니 이것은 하늘이 준 사람이라고 바야 한다."
"야당 직권은 50年만 이룬 것이 기적이며 어릅게 어든 직권 정말 소신을 다 하여서 국민에깨 실래을 받들 수 잇는 정치을 바라고 십꾸나. 나 자신은 오늘날까지 국민의 불신만 하여뜬 정치을 하여따고 보는돼 앞푸로 세 정치는 국민이 믿고 따라갈 수 잇는 정치 정말 바라고 십다.
97年도 대통령 후보 명단 1번 이회창 2번 김대중 3번 이인제 4번 권영길 5번 허경영 6번 김한식 7번 신정일 (7명 후보자)

〈1997년 12월 20일 토요일 날씨 맑음〉
오늘은 조합에서 벼 40kg에 47,000원 주고 조합에서 떠가는돼 자신은 오늘 토요일이라서 조합 차가 토요일이라 한 번식밖에 못하기 때문에 다음으로 하여야 한다고 해서 자신은 다음으로 하기로 하고 형님 벼 가마니 100개을 1톤 차로 2차로 실고 가는돼 따라갈려고 생각을 하고 잇는돼 달희 태성이가 둘리서 한 발리식 하여 줄라고 하면서 차을 몰고 오는돼 공짜인 조합 차로 한다고 하면서 안 알라고 해도 돈을 안 밭게 따면서 차을 몰고 집우로 가서 할 수 업시 따라가서 달희 61가마니, 태성 60개 해서 121개을 실고 선산농협 정미소로 가서 정미소 검사인이 검사한 결과 자신이 나락이 좋다면서 통운 차로 별도 출하을 하드라. 그른돼 우리 마을 벼가 품질이 떨어저서 어재 우리 마을 벼을 떠온 것에 2,800,000원 손실을 밭따면서 시가리가 돼어 잇는 것을 보고 자신의 벼을 보고 좋다는 하는 검사원 말씀에 기분이 좋드라. 그리고 자신이 오늘 일이 하고 보니 차 운님이 좀 들어 가는 한이 잇쓰도 잘 했따고 생각을 한다. 그리고 운님 대신에 자신이 정심을 살려고 생각을 하여는돼 조합에서 20,000원 식사하라고 주어서 그 돈으로 식사 값을 5명 값을 지불하니 6,000원 모자라서 자신이 대납을 하여다. 이번에 식사 값을 다 했쓰며 운임에 인사을 하는 것으로 바야 하는돼 그려치 않아서 자신이 운임 인사을 다음에 해야 할 일이 돼고 마랐다.
그리고 오늘 저녁에 대신 초등학교 김천 구미 동기생 개날이라 이번은 김천 김옥현 설감식당에서 개을 하기로 하여다. 옥현이 집에서 개을 하고 2차로 장군스탠트바에서 2차 회식을 하기로 하고 갈뜬이 처음에는 손님이 업떠니 나중에는 손님이 구름때처름 몰려와서 사람 산태 날 정도니 한편으로는 나라 극정이 돼드라. 정부에서는 허리띠을 매야 한다고 아우성인돼 국민들은 이르깨 낭비을 하고 잇는 자신부터 극정이 돼고 잇다. 우리 국민이 외 이래 돼어 가는가 재각키 한번 돌라바야 하는 것이 아닌가 하는 생각을 하여 본다.
오늘 동기개에서 지출을 한 것이 340,000원 이 돈원 너무나 큰돈이라고 생각을 한다. 자신이 경비을 만이 낸돼 돼에서는 자신의 책임도 잇따고 보며 앞푸로 이른 만원 돈원 지출을 안 내두록 노력을 하겟다.
오늘 지출에 … 선산 농협에 벼 가마니
내고 오면서 식사 값으로
6,000원 동기개 회비

30,000원
계 36,000원
(동기개 결산함) 12月20日 6,000원
지출에 … 동기개 회비 30,000원
계 36,000원

〈1997년 12월 21일 일요일 날씨 흐림〉

오늘은 종일동안 몸이 피료해서 몸을 간월 수가 업는 느킴을 밭아쓰며 자신은 몸에 피료을 업쌔기 위하여 종일동 방바닥의 신세을 젓쓰며 자신은 종일동안 몸의 피료가 풀리지 않아서 고통을 당해다. 내가 피료해서 못전지게 움직이고 잇쓰니가 혜영이가 아빠 어깨 좀 주물어주카 하면서 어깨을 주물어주고 안마을 하여주니 그때는 몸이 풀리는 느킴을 밭아쓰며 그때부터 회복이 돼어가고 잇따는 것을 자신은 알라다. 사실 자신이 출하하는 벼 가마니을 들만친 수을 본다면 형님 100개, 달수 씨 25개, 내가 121개 이것을 들머리 하여주고 만친 탓인지 몸의 피료 때문에 고충을 당햇따고 생각을 한다.
"앞푸로는 벼농사도 잘 지어야 하겟다. 외냐하면 선산농협 정미소에는 벼 등을 두고 차등가격을 두고 벼을 사들리고 잇는 것을 보니 벼농사도 잘 짓어야 할 것 같다."

〈1997년 12월 22일 월요일 날씨 맑음〉

오늘로서 봉곡아파트 분양 밭는 돼 1회분 분양비을 낼라고 하니 적금한 것이 날짜가 너저서 분양가을 지불하기 위하여 적금통장을 단보을 하고서 천만 원 대출 낸 것을 오늘 적금 천만 원짜리 찾자서 대출밭은 천만 원을 오늘 갑고 마라다. 천만 원을 대출밭은 것이 1달 반에 160,000원 넘어니 업는 사람이 살기가 힘이 더는구나. 사람이 업쓸수록 성실 근면을 염두하여서 살아가야 한다고 본다.
오후에는 바시내이 포도 전정을 하여쓰며 전지가위로 전정만 하여 두어쓰며 전정한 가지는 다음으로 미루어 두고 잇다.
오늘로서 전직 대통령 전두환 노태우 그에 갈련댄 사람들 다 사면 복권이 다 돼어쓰며 이분들이 옥살리을 2年이 넘두록 감옥살리을 하여쓰며 이분들 실명재을 하면서 김영삼 씨가 감옥으로 보내쓰며 김영삼이 대통령은 전직 대통령을 감옥에 보낸 것이 대통령 실책이 돼고 마라쓰며 이것 때문에 나라 망신이 돼어쓰며 나라 지도자 선출을 잘못하는 바람에 나라가 부도가 나는 꼴이 돼어쓰며 전직 대통령은 일적감시 사면을 해야 하는돼 시간이 넘어 흙으따고 자신은 생각을 한다.

〈1997년 12월 23일 화요일 날씨 맑음〉

오늘로서 바시내이 포도나무 전정만 하여 두어쓰며 이것을 끌어내리자면 힘이 들 것으로 내다본다. 바시내 포도는 던불이 아주 길개 잘라서 상당이 힘이 들 것으로 내다본다. 자신은 매년 대한 소한 추위을 다 보내고 포도 전정을 하니까 봄에 가서 전정 자리에 물이 낮쓰 올해는 일적 전정을 하는돼 월동에 포도나무가 죽지나 않을까 하고 극정이 돼는구나.
올해는 포도전정을 12月달 안에 전정을 끝내 볼 작정이다.
(오늘는 종일동안 포도 전정을 하였다.)

〈1997년 12월 24일 수요일 날씨 맑음〉

오늘은 물가과 20% 이상 올라간다고 이야기들이 만아서 복합비료도 내년 봄이 대며 올라 갈 끄라는 생각에 자신이 복합비료 40표을 대신 분소에서 띠어 왔쓰며 만물이 하로가 다르개 올라가는돼 비료인들 외 안 올라가개나 하는 생각에 오늘 비료을 사와 는돼 남들 자신과 같은 생각을 가진 사람들 이 비료을 만이 사료 왔드라.

“오늘도 당산 포도나무 전정을 하여쓰며 그 른돼 쌔래단 포도나무보다 캄벨 포도나무 가 더 만이 죽은 것 같드라. 올해 포도나무 에 박패을 먹인 것은 올 을동에 고사을 만 이 할 것 같꾸나.”

지출에 … 복합비료 40표 162,000 사과
팍스값 83,200
계 245,200

〈1997년 12월 25일 목요일 날씨 맑음〉

당산 포도나무 전정을 오늘로서 다 하여쓰 며 사실 포도나무 전정은 아주 십고 시간이 짤번 시간에 전정을 다 할 수가 잇쓰다.

“오늘 포도나무 전정을 다하고 저녁 무릅에 집에 오니 손만원 씨가 죽어따고 이야기을 하드라. 손만원 친구는 우리보다 셋 살이 만은 58세잇다. 이 사람이 위암이라고 병 원에서 판정을 받고 월마 대지 않아쓰며 요 멧칠 전에도 마당에 돌라다니는돼 오늘 갑 짝이 죽어따니 너무 놀라다. 올해도 다 살 지 못할 몸이 비지땀을 흙리면서 일하는 모 습이 눈에 선하게 생각이 더는구나.

이 사람이 작년까지만도 남의 구전 일들 다 들 바주곤 하여는돼 동네로 바서 아까운 사 람 노치따고 바야 한다.”

“인간의 생명이 다들 끝을 바야 한다고 보 지만 자기 할 일들을 못 다하고 간다는 것 이 너무 설픈 일들이다.”

“사람이 오십대가 넘어니 인생이 불안감이 때로는 너켜지며 내 몸을 관리해야 하게따 는 생각이 앞쓰고 잇꾸나.”

〈1997년 12월 26일 금요일 날씨 맑음〉

오늘도 거위 상갓집에서 활 일도 업시 시간 만 다 보내다. 상갓집우로 바서는 날씨가 너무 좋아서 천만다행이다. 요즘 날씨는 봄 에 해동하는 날씨라고 말을 할 정도며 이재 는 철이 업는 너킴이 들 정도로 기후의 변 하가 오고 잇따는 말을 해야 하겟꾸나.

“올드려 자신이 감기가 두 번째로 글리어 고전을 하고 잇다. 연거펴 두 번 감기가 글 린다면 자신의 몸도 그만춤 약카다는 뜻이 됀다. 아직까지 자신의 건강이 줄어들어쓰 는 안댄다고 보며 자신이 일을 해도 여유을 가지고 하면 돼는되 계핵대로 하고 잇쓰니 무리가 가며 무리 가면 피료가 따리개 돼어 서 감기에 힘을 못쓰고 잇는 것이 아닌가 십다.”

〈1997년 12월 27일 토요일 날씨 맑음〉

손만원 씨는 법 업시 살라갈 수 잇는 사람 인돼 그리 실마리가 풀리지 않는 삶매 길을 살라왔따고 바야 한다. 여하튼 손만원 씨 가정으로 보나 동네로 바서도 큰 손실을 바 따고 해야 한다.

지출 … 상가집 부주 30,000원

〈1997년 12월 28일 일요일 날씨 맑음〉

사과 출하을 하기 위하여 부인과 둘리서 난 자 팍스와 막 팍스에 사과 선별을 하여서 오전 10시까지 일을 하다가 자신은 윤중희 동생 결혼식장에 참석을 할려고 부인을 사 과을 만치두록 하고 자신은 예식일로 그만 두고 그 자리을 부인한태 막키고 예식장에 참석을 하여다. 오늘 예식을 올리는 집도 부인의 친구인돼 이분도 남편을 일적 일코 혼자 아들 셋을 키우며 살라온 사람이며 오늘 식을 올리는 자가 둘째 아들 식을 올리는 부모다. 이 사람도 고생을 만이 하여쓰며 남편 죽고 식당일을 하면서 아들을 키어온 사람이다.

"오늘 사과 32상자을 대전청과에 출하을 하여는돼 시새가 어떠게 나올찌 신경이 쓰이구나."

지출에 … 축이금 30,000원 전구 담아
10,000원 사과팍스 20장
13,000원
계 53,000원

〈1997년 12월 29일 월요일 날씨 맑음〉

요줌 띠부이에서 98年 1월에는 경유갑 대폭 오른다고 방송을 하여서 자신은 면세유 400리터 경유을 드리 낮쓰며 정부에서는 사재기을 부채질을 하고 잇다. 외냐하면 국민은 아무것도 모르는돼 태래비전은 물가 인상이 을마 돼며 때로는 대폭 올라간다고 야단을 처고 잇쓰니 국민이 부란해서 사지개을 하고 잇다. 현재 우리 농민들이 비료 사재기 하여찌 기름 사재기 하여찌 월론[언론]에서 무엇을 부채질을 할련지 불안하구나. 월론에서 떠들어 돼서 득도 잇찌만 손실도 만이 따른다고 생각을 한다. 월론에서 좀 고루해서 발표을 하여 주어쓰며 한다.

"오늘은 경우 2드람우 띠어오고 휘발유 1말을 더리 낮쓰며 98年에는 기름 대폭 오른다고 남들도 야단법석을 부리고 잇다."

오늘은 사실 감기로 종일동안 휴식을 할려고 생각을 하여는돼 기름 값은 대폭 오른다고 하여서 방에서 감기로 휴식을 할 수가 업쓰서 참바람을 쉬는[쐬는] 일이 잇드라도 경운기 몰고 대신 분소로 기름 띠어오는 일을 하느라고 힘이 들어다. 오늘 별료 힘이 안들 끈돼 드람에 기름이 잇는 것을 기름 보일이라 통에 갈다 채우는 일을 하는 돼 힘이 들은 편이다.

"운이 어재 전화을 안 준다고 이 아빠가 궁전거리떠니 운이가 너깨야 전화을 하여드라. 이 아빠는 전화을 주야지 그 주일에는 시간이 간다."

지출에 … 아빠 감기약 휘발유 1말에
10,150원 경유 2드람
202,000원

〈1997년 12월 30일 화요일 날씨 흐림〉

오늘은 감기 회복을 하기 위하여 휴식을 하고 잇는돼 친구가 놀로 오라고 하여서 오후 너깨야 박명섭 씨 집에 오라고 하여서 3명이 모여 안저서 화토놀리을 할려고 막 들고 잇다. 그래서 자신이 그 자리을 매꾸어 오후 내 하토놀리을 하여다. 오늘 오후 내 화토놀리에 돈원을 일은 것이 3,000원이며 돈 노리에 십 원을 일뜬 백 원을 일뜬 기분은 좋지 않는 것은 사실이다.

"97年도도 이재 하로밖에 남지 않아쓰며 이 한 해을 보내는 자신의 마음이 아파따고 바야 한다. 운이을 군대 보낸 후는 늙 마음이 조리왔쓰며 이 해을 빨리 보내고 98年도 빨리 가버리서 내 아들 군 복무을 맡치고 돌라왔쓰며 하는 생각밖에 업꾸나."

"자신도 아들이 무엇신지 군에 보낸 후는 하로도 아들을 잇고 산 적이 업따고 말을 하고 십프니 내 생보다 자식의 생을 보고 살라가는가 하고 자신의 속도 판별이 돼지 않코 살라가고 잇따고 말을 하고 십다."

지출에 화토노리 값 3,000원

〈1997년 12월 31일 수요일 날씨 맑음〉

오늘로서 97年 해을 무사이 보내고 잇따는 것이 자신으로서는 뜻깊은 해라고 말을 하고 십꾸나. 외냐하면 자신은 운이 줄 집 아파트을 분양을 받아쓰니 97年은 큰 행운의 해라고 생각을 하고 십꾸나. 그리고 우리 가족이 건강한 몸으로 98年 맡지하게 돼어쓰며 이 기쁨은 내 가정에 과장으로서는 더 따뜻한 기쁨이 아닐 수 업다. 앞푸로 98年도 우리 가정에 행운이 가득하기 바라며 특희 운이가 새해는 재대을 하는돼 재대 그날까지 몸 건강한 몸으로 내 품으로 돌라 주어쓰며 하는 마음뿐이라고 한 번 더 말을 하고 십꾸나.

"새해는 우리 가정에 행운이 한깨 하기 바란다."

"98年 새해는 자신이 성숙이 댄 아빠가 돼어서 말 한마디라도 눞[누]을 기치는 말을 상가해야 하게쓰며 자신한태라도 좋은 말을 할 것을 마음 속으로 다짐을 하고 십프며 특희 부인한태 더 사랑을 할 끄시며 새해는 남편의 사랑을 이재 말로 고봉으로 부인한태 줄 껏을 결심을 하고 십다."

"부인은 이 남편이 생각을 할 때에 부인으로서는 채고라고 생각을 하고 잇쓰며 하늘 아래는 내 부인보다 더 잘하는 사람 업따고 생각을 하고 잇는돼."

"부인은 이 남편이 을마만큼 생각을 하고 잇쓸까. 우선 바서는 좋은 점수을 주고 잇따고 생각을 하는돼 부인의 마음은 어떠한지 궁금하구나. 이 남편이 부인의 마음에 찬 남편이 될 것이며 98年 해는 채고의 남편이 대두록 노력을 하게노라."

수입에 … 사과 32짝 275,200

▌1998년▐

〈1998년 1월 1일 목요일 날씨 맑음〉

오늘은 동신개에 정기총회 날이며 개원들이 갈수록 참여을 하는 률이 적으며 이래가다가는 동신개가 문어저지나 않을까하고 염려가 돼고 잇다.

우리 가정에도 98年 새회을 맞지 하여쓰며 아버님 어머님 올 새해도 우리 형재을 만이 보살펴주십요. 우리 형재들이 아버님 어머님 보살폄에 다들 잘 살고 잇씀이다. 올 새해도 우리 가정에 밝은 98年 해가 돼두록 보살펴주며 특희 건강을 유지을 하도록 도와주기 바랍이다.

"나의 소망이라면 새해도 내 부인 내 자식들 건강한 모습으로 98年을 무사희 잘 보내주십사하고 기원하고 십프며 그리고 우리 가정에 행운이 함께 하여주기 바란다. 그리고 내 아들 운이 건강한 몸으로 이 아빠의 품으로 도라와주는 일은 아버지 어머님이 도와주어서 어머님의 아들 순덕이 품으로 돌라오두록 도와주십요."

지출에 … 동신계원 회비 20,000원
화토놀리값 5,000원
계 25,000원

〈1998년 1월 2일 금요일 날씨 흐림〉

오늘은 작과나무 전정을 할려고 가는돼 길목에서 어재 총회하고 남은 고기을 먹자고 하면서 가지말라고 하면서 길목을 막아서 전정을 표기을 하고 같이 모닥불을 찌면서 같이 놀고 말라다. 그리고 술 먹는 사람들은 가매기을 끕질 벗키어서 미역과 막 먹는돼 우리는 날고이라서 입에 대기도 실은돼 술 하는 사람은 일품이라고 하면서 잘 먹고 잇드라. 우리는 형님과 둘리서 어재 남은 닭고기 한 마리를 다 먹어 채와쓰며 실찌 우리 형재가 알고기을 먹은 셈이다.

"오후는 구미 순서 동생이 대신 처과집에 가서 누룽이을 몰고 와서 잡아 먹자고 하서 둘레가지 말라고 하여서 집에서 기다리떠니 동생이 중개가 못 대는 개을 가지고 오는돼 너무 말라서 잡아바야 고기가 업쓸 것 같다서 잡키가 선뜻 내키지 않드라. 그러자 김천 순달이 동생이 어재 저녁에 개추 하여 따면서 안 올라고 하드라. 그래서 그만 개을 잡지 못 하고 다음에 개 살을 찌앗서 잡아먹기로 하고 말랐다."

"개을 잡을라고 하면 오전부터 서둘러야 하는돼 오후라서 돌부리가 실제로 돌라같따고 해도 가연이 아니다."

지출에 … 나락가마니 선산 정미소에 내는돼 운임비 60,000원(달희, 태성)

〈1998년 1월 3일 토요일 날씨 맑음〉

오늘은 마을회관 앰프가 석회가 필요한 사람들은 회관으로 나오라해서 같뜬이 일부 사람들은 나와서 이미 실고 잇드라. 자신도 161포대 분배을 밭아서 경운기로 실어서 바시내 포도밭 말리사과밭 당산밭에 나누어서 분배을 하여 두어다. 올해는 생각보다 석회량이 만이 나와서 마음에 찬 석회라고 생각을 하여본다.

"그리고 한가지 모선을 이야기을 한다면 오늘 석회량이 수도작에 사용하라고 나왔는 돼 다들 밭에 사용을 하고 잇쓰니 우리 농민도 잘못하고 잇지만 정부에서 학인정치을 하지 않아서 이른 폐단이 잇따고 본다. 오늘도 학인을 하여드라면 이 석회을 밭으로 가지고 가지는 않아쓸끈돼 사실 이른 것을 볼 때에 우리 국민의 량심이 엽보이며 이른 습성 때문에 나라의 부도을 내는 국민이 돼고 마라따고 바야한다."

"오늘은 누님이 빚이 만아서 땅을 팔려고 내나쓰며 누님이 남편을 일고 아들마저 버는 것이 시원찬아 빚더미에 사위게 돼어쓰며 이것을 이기지 못 해서 땅을 팔라야 하는 누님 볼 때마다 누님은 정말 복이 업는 사람이며 남편의 덕이 업는 사람이라고 말을 하고 십다. 누님의 사정을 아는 자신이 땅값을 더 밭아 줄라고 우리 마을 사람을 현지 답사을 식키서 땅을 싸라고 건유을 하여다. 오늘 토요일이 아니면 흥정이 돼어쓸건돼 대서방에 휴일이라서 매매을 이루지 못 하여서 이것이 영혼희 이루지 못 할가바 극정이 사실 돼고 잇다. 외냐하면 본동에서 땅을 물고 잇키 때문에 남들이 선뜻 달라부지 못 하고 잇쓰니 안타갑기 짝이 업다. 이것이 농촌의 현실이니 아직 생활의 여유가 잇따고 바야한다. 나는 이른 일들이 도시에는 업쓸것으로 보고 잇다. 그려니 농촌에는 아직 궐력이 살라잇따고 바야하며 그리고 이른 일은 아주 야비한 행동이 아직 살라가고 잇는 것이 입정이 돼며 이른 일들이 말살돼지 않코는 업는 사람이 살라가기가 더욱 힘이 더 든다고 바야한다."

"자신이 건유을 하는 것이 승사가 돼며 35,000원 짜리가 48,000원짜리 갑이 돼고 잇쓰니 가슴을 조으는 일이다. 이른 값진 땅을 마을 사람의 모두가 35,000원 준다고 남의 땅을 잡고 잇쓰니 흥정이 돼지 않코 잇는 관경을 보고 잇는 자신이 내표을 할수도 업고 두고 볼라니 가슴이 아푸게 돼는 구나 이른 일들을 하고 잇는자가 잇는 자가 하고 잇따는 것이 더 가슴 아푸다."

"그리고 오늘 저녁에 6시에 동회관으로 나오라고 하여서 나와떠니 김천 원예 조합장 선거가 1月13日 선출을 한다고 한번 밀어달라고 우리 마을에서 15명 이 사람들이 조합원으로 가입을 할 때만도 동네에 작과 농사을 만이 짓고 잇는 사람들이다. 이 구성도 우리는 돈 한푼 드리지 않고 모 조합장이 가입을 식키쓰며 이것도 다들 선거 작전이며 오늘도 부실가든에서 음식 재공을 하여 주면서 부탁을 하고 잇다. 이른 일은 업쓰야 하면서도 주니까 잘 먹고 잇다. 이번 대통령 선거때는 국물도 업쓴는돼 이번 조합장 선거 한다고 저녁 대접을 자 밭앗다. 12명에 음식 재공값이 80,000원 낮따고 바야한다."

〈1998년 1월 4일 일요일 날씨 맑음〉

오늘은 일이 불순으로 종일동안 휴식을 하여쓰며 자신이 감기로 그른지 목에 담이 생기서 바라을 쌔개채며 담이 더 생기는 것 같다서 바람이 차며 일을 하기가 급이 난다. 그래서 휴식을 만이 하게 돼며 부인이 약을 사와서 복용을 하니 좀 수란돼 그래도 바람이 불고 차거어며 급이 난다.

"그리고 부인은 친정에 저의 오빠 생신이라고 오늘 친정에을 같쓰며 부인이 같이 가자고 하는돼 날씨 차급따는 핑계로 자신은 가지 않아쓰며 자신도 처 어머님 바서는 가야 하는돼 늙 인사을 다 드리지 못 해서 미안하기 짝이 업꾸나."
"종말이 동생이 공장장으로 승진이 돼어따고 이야기을 하는돼 놀랐다. 춘복이 회사일이라면 죽을 줄 살 줄 모르두록 하도니 성공을 하여따고 본다."

〈1998년 1월 5일 월요일 날씨 맑음〉

오늘은 누님땅 매매한다고 아포 대서방에서 개약을 하는돼 평당 46,000원 가격으로 매매을 하여다. 그른돼 매수인이 우리 마을 사람이라서 좀 만이 밭아따고 생각을 한다. 누님 마을래서는 35,000원 줄라고 남의 땅을 잡아논 상태라서 주위에서 흥정을 할려고 더는 사람을 간접적으로 막고 잇쓰서 우리 마을에 윤대희 친구을 대리고가서 흥정을 하여서 누님은 조금 더 돈원을 밭은 셈이다.
"누님은 땅을 팔려는 심정을 그 누가 알라주는 사람 업따고 보며 자식들이 저의 엄마 마음을 조금이라도 달래주는 길은 저의 4남매가 조금식이라도 보태서 그 땅을 건지야 하는돼 그러지 못 해서 마음이 안타갑다. 누님은 혼자 살면서 땅이라도 잇쓰야 하는돼 그러치 못 해서 마음적으로 고충이 크다고 생각을 한다."
"나는 누님이 말로 표현을 다 할 수 업는 고충과 복이 업는 사람이며 누님이 시아버지 시어머니의 시달림을 생각을 하며 소름이 키칠 정도며 어정쟁이 남편을 만나서 한번도 기 한번 펴보지 못 하고 남편가지 일고 이재와서 관절로 막노동도 못 하고 집에서 보내야 하는 형편이며 내 보기에는 아들도 저의 엄마한태 잘 한다고 생각을 하지 않으니 누님은 복도 업는 사람이라고 생각을 한다."
"오늘 누님 땅의 평수가 620평 이며 × 46,000원 = 計 28,800,000원 돼드라."
지출에 … 누님 등본 인지대 960원

〈1998년 1월 6일 화요일 날씨 흐림〉

오늘은 우리 마을에 정기총회을 하는돼 생각보다 만이 사람들이 나와쓰며 오늘 총회을 하는돼 나이가 만은 사람이 3분2가 돼는 것을 감짝 놀랐다. 우리 마을에 갑짝이 나이가 만은 사람의 수짜가 돼어 잇따는 것이 세월이 그만큼 흝으따고 볼 때에 내 위치도 한번 생각이 들드라.
"그리고 오늘 조카가 동장을 4년을 보고 일부 친구가 유임을 하여보자고 하니 한쪽에서는 유임은 안돼고 유보을 3일 하여 두어따가 신임후보을 낼라고 하는 것을 볼때에 깜짝 놀라다. 외냐 나는 아직 동장 일을 잘 보고 잇따고 생각을 하여 왔는되 동민들이 이러개 외면을 하고 잇는돼 깜짝 놀랐다."
"권용만도 동민들이 반대을 일부하고 잇는 것을 외면을 하고 동장을 할려고 한단은 것은 큰 무리라고 생각을 한다. 용만이도 이쯤해서 동장을 포기을 하는 것이 자기의 인심으로 바서도 잘 하는 일이라고 생각을 하여본다."
"오늘 혜지가 운전면회 시험보로 대구에 간다고 아침 6시에 현숙이 조카 차로 구미 터미널가지 가는돼 눈이 조금 와서 극정이 돼어서 현숙이 차로 가는돼 내가 구미 터미널가지 딸라같쓰다. 이 아빠는 혜지가 횟 일로 밤 너깨오고 일적 출근을 하기 때문에 면회 시험 공부을 할 수가 업쓰서 면회 공부을 할 시간이 업기 때문에 시험에 합격을 하겟나 하고 극정을 하여왔는돼 시험에 합격을 하여따니 실감이 나지을 않으며 평소 때에 혜지가 합격을 하며 내 손에 장을 찌지겟다고 농담도 하여는돼 오늘 혜지가 면회 시험에 합격증 노란 카드을 내주는돼 이것을 보고 정말 수고 만앗다. 나는 회사 일로 면회증을 엇는 일은 너무나 먼 길이라고 생각을 하여는돼 혜지가 셋번째로 면회증을 딴 것이라서 무어라 말로 다 할 수 업는 축복이라고 말을 하고 십꾸나."

"이 아빠는 혜지가 회사 사디면서 면회증을 딸라면서 운전 교육 학원에 갈라고 하며서 나는 반대을 하여다. 외냐하면 출근하면 7시 태근하면[퇴근하면] 밤 9시인돼 시간이 업쓰서 학원에 못 한다면서 말류을 하여쓰며 이 아빠는 회사 일도 지칠 정도인돼 그 중에 운전교육 받는다는 것은 몸을 지탱을 할 수 업따고 반대을 하여는돼 그래도 혜지는 면회증을 따야 한다면 결국을 한다고 해서 끝가지 말리지 못 하고 이 아빠의 마음만 조리 앗뜬 일들인돼 오늘 그 결실 내개 돼어서 이 아빠로서는 정말 고맙다."

"오늘은 조카 현숙이 다니는 치과로 가서 부인의 치아 못 쓰는 것을 일부 뽑아 버리쓰며 자신은 입빨을 뽑키 전에 탄약이라도 따려 먹이고 치아을 갈라 널라고 개핵을 대앗는돼 그러지 못 하고 부인의 입빨을 뽑아서 건강에 무리가 갈가바 극정이 돼는구나."

지출 … 오늘 현숙이가 아침 일찍 혜지 때문에 수고해서 기름이라 만탕고 너어라면서 40,000원 줌.

〈1998년 1월 7일 수요일 날씨 흐림〉

기름 값이 또 올라간다고 오늘 등유을 기름 보일라 가득 체우는돼 167,130원 주고 기름 보일라에 가덕 체우는 일을 하여다. 오늘 공드람우만 잇따면 기름을 더 드리놀라고 해도 공드람이 업쓰서 내일 오른다고 해도 사드리지 못 하고 말랓다.

"기름 값 올라간다면 업는 서민만 죽이는 것 밖에 안됀다. 물가 상성대어바야 돈 만은 사람들은 살기가 더 좋아지고 만다."

"오늘 친구들이 이 맡터[이마트] 시장 구경 간다고 해서 자신도 같이 따라 같뜬이 부인 친구가 4명, 우리 친구 4명 합이 7명이 이 맡터 구경을 같뜬이 소문보다 손님이 적으며 사원들의 수을 보니 경령에 힘이 들 것으로 내다보고 잇다. 앞푸로 농협과 경쟁을 해서 이기야지 살라남지 그르치 않으며 결국은 어느 한 끗이 죽어야지 경령에 유지을 할 수가 잇다고 보니 이맡터는 필요업는 사원의 수가 만타고 보고 잇쓰며 앞푸로 농업이 유리하리라고 생각을 한번 가지본다."

"오늘 실지 부인의 친구와 나드링르 한 셈인돼 아무것도 입에 대지 않아서 무엇신가 마음이 캐원치 않는 것 같아서 우리 그냥 집에 갈려니 서원하여서 안대겟따면서 우리 고기 집에 가서 한사리을 하고 가자고 하면서 차을 세와 음식점에 들어가서 고기 10인분과 음료수 3병해서 자신이 고기값 23,000원. 오늘 고기값 23,000원 자신이 다 하니까 혼자하면 안댄다면서 나누어서 하자고들 하는돼 돈이 을마대지 않을뿐 아니라 부인 친구들이라서 자신 고기값을 부담을 하여다. 자신이 부담을 하고도 오늘 돈은 잘 보따고 생각을 하며 돈원을 쓰고도 마음이 좋은 적은 이번이라고 말을 하고 십다."

지출 … 보일라 기름값 167,130원 고기값 23,000원 (밀감) 농협 면세점에서 2,300원
계 213, 130원

〈1998년 1월 8일 목요일 날씨 눈〉

밤잠을 자고 일어나보니 천지가 하얀 눈으로 천지을 뒤덥프버린 돼지와 산을 볼 때에 내 마음이 그처름 상캐할 수가 업드라. 그것은 만은 눈이 밤새두록 내리두록 자신이 몰랏따는 것이 아쉽기 짝이 업는 일이다. 오늘 소복이 내린 눈이 약 20cm나 내려쓰니 이 량은 상당이 만이 내린 눈이다. 이 눈을 볼 때마다 마음이 그리 포근하구나.

"오늘 한박눈이 내리는돼 땅값 1,500백만원 줄라고 해서 누님이 부체로 바푸지 않는다면 오늘 같은 낡씨에 교통도 불편한대 다음으로 미루고 말끈돼 하로라도 빨리 부채을 갑파줄라고 한박눈을 마저면서 아포 조합으로 가서 1,500백만원을 부채을 진 빛을 갑고 이재 남은 돈원 7만원이 남아잇다. 누님도 땅을 빨라서 서운하지만 조합 부채을 약 2,000만원 돼는 것을 땅갑으로 다들 갑개 돼니 실지 마음은 캐운하지 안을까하고 생각을 하여본다."

오늘 누님 부처을 갑프로 같뜨이 오늘 10시부터 읍 회이 실래서 포도교육이 잇따고 하여서 부체을 다 갑고 나서 강위실 이층에 올라같뜨이 이미 읍장이 읍민이 협조을 해 달라고 부탁을 하고 잇쓰서 자신은 교재을 들고 의자에 조용히 안저서 읍장님의 말씀을 덧고 마라쓰며 그리고 오늘 포도교육의 강사 이야기을 잘 들어다. 그리고 오늘 교육은 상당이 갑으치 앗개[값어치 있게] 받아따고 생각을 하며 오늘은 일기가 악족권이라서 교육을 받으로 온 사람이 아주 적은 수짜라서 안타가운 일이며 우리 마을에서도 자신밖에 업쓰니 좀 아쉽다. 우리 마을에는 회장의 무능함이라고 생각을 한다. 외냐하면 오늘 포도교육 날짜라고 했드라면 그래도 교육 수가 만아 쓸 것으로 본다.

지출에 … 버스비값 1,000원

〈1998년 1월 9일 금요일 날씨 맑음〉

오늘 동장 선출은 캐운찬은 동장을 말들어따고 생각을 한다. 외냐하면 동장이 원근희 물고 잇쓰서 후보가 나오지 않아쓰며 자신이 동네 여른이 좋지 않아서 남외깨 미루어 주고 다음에 정 한번 하거집거등 다음에 생각을 하고 이번은 새 동장을 새우는 것이 좋지 않캐나 하고 건유도 하여 밭뜬이 다 허사이며 용만이가 욕심이 한도 업쓰며 동민들이 세 동장을 세울라고 삼일 유보을 한 것도 모르고 친구들도 4년이나 하여쓰니 다음 사람이 해야 한다고 다들 아우성인돼 이것도 모르는지 아는지는 몰라도 개속 욕심을 부리고 잇는 것을 보니 동장을 하면 생기는 것이 만은 가바. 용만이가 욕심이 만은 줄 알라찌만 그러깨 만은 줄은 정말 몰랐다.

"자신이 동장을 말류을 할 때에 두 가지 길이 잇다. 1. 한 가지는 일년을 더 해서 신임을 원점으로 뒤찾는 길 2. 번째는 이만때 깨끗하게 물려않는 것이 잇다. 이야기을 했뜬이 무선 이유로 생각을 하고 동장을 원건이 물고 제임을 한 것이 극정이 됀다."

〈1998년 1월 10일 토요일 날씨 맑음〉

오전은 자신의 집에서 휴식을 보내쓰며 요줌은 눈이 싸여 잇키 때문에 아무 일도 못하고 휴식들을 만이 하고 잇다.

"오늘 운이가 제주도 친구와 외박을 나와드라. 제주도 친구는 운이보다 후배이며 이 친구는 제주도라서 외박으로는 집에 갈 수가 업쓰서 군생활이 좀 지루한 친구라고 볼 때에 우리 집우로 잘 대리고 왔따고 생각을 한다. 이 친구가 좋은 친구라면 아주 좋캐따."

"오늘은 김천 원예 조합장 후보 안원모씨가 살꼬지 가든에서 우리 마을 조합원 14명에깨 저녁 식사을 재공을 하여 주어쓰며 오늘로서 후보 2명이 다들 음식 재공을 하여 주어쓰며 조합장으로 후보을 나와서 음식을 재공하는 사람도 문재라고 생각을 하지만 우리들도 더 큰 문재라고 말을 하고 십꾸나. 그리고 조합장 선출에 대해서는 내물이 3年 전이나 하나도 달라 점이 업꾸나."

"부인은 아들 외출 나온다고 김천 시장을 밭쓰며 부모는 자식에 대한 일례는 너무 정성이 들어가는구나."

〈1998년 1월 11일 일요일 날씨 흐림〉

오늘은 운이 날이라고 말을 부치고 십다. 운이을 위하여 부인이 쩡성을 다 하여서 식당 준비을 하고 특희 운이 친구 제주도 사람이라 우리 집에 와서 그른돼로 대접을 밭아따고 생각을 하는지 그러치 않으며 별로라고 대접을 밭아따고 생각을 하는지 몰라도 외출, 외박으로 자기집 제주도는 못 가고 잇쓰니 그 마음이야 오죽이나 할까. 고향의 향수을 우리집이라도 와서 조금이라도 달래는 마음이 조금이라도 잇쓰따면 좋으리만 어떤 기분으로 돌라 갇는지 궁금하구나. 앞푸로 한번 더 와쓰며 하는 마음이다.

"어재 운이 친구을 볼 때에 내 자식 처름 말이 넘어 어따는 생각이 더는구나. 운이와 운이친구도 말이 조금 만아쓰며 하는 마음이다."

"오늘 운이는 친구와 모욕을 하고 영화까지 갈람을 하고 오후 3시까지 놀다 집에 온 셈이며 이번에는 운이가 친구을 대리고 와서 그른지 집에서 시간을 보낸 적이 업쓰서 자신과 부인으로 바서는 운이와 대화가 업쓰서 좀 서운한 감도 사실 잇따."

오늘 운이가 집에서 4시에 출발을 하는돼 운이한태 돈이 을마나 피료하너냐 무르니 50,000원 달라고 하는돼 100,000원 주니까 50,000원 돌려주는돼 친구가 잇쓰서 십만원을 주니까 너무 만타면서 돈원 돌려주는돼 그만 80,000원 주면서 돈원 중한 줄 알라야 한다는 이야기을 하여다.

지출에 … 운이 용돈 80,000원(모욕비,
용돈원 부인이 주어는돼 알
수가 업다.)

〈1998년 1월 12일 월요일 날씨 맑음〉

오늘은 마을 친구와 사랑방에서 노는돼 자신은 화토놀리을 하는돼 구경을 하고 잇쓰니 담배 연기 때문에 화토놀리 구경도 짜정이 나와 집에 와서 음악을 조용히 감상하고 잇쓰니 부인 친구들이 놀 사람이 업따면 혜지 엄마 어디 같느냐고 물어서 언니 집에 집뜰리 한다고 그기 같다고 하니 혜지 아빠 놀로 오라고 하면서 어재 동전 1,500원 딴 것을 다 가지고 오라고 사정을 하여서 자신도 부인이 업는 집에서 주리하기 보내가 힘들 것 같다 동전을 가지고 놀로가서 도로 300원 이상 수입을 더 바서 여자들이 안타가어 여기드라.

"부인은 자기 언니 집에 집뜰리 간다고 가서 오후 내 김천 언니 집에서 시간을 다 보냇다."

지출 … 부인 언니네 집뜰이 110,000원
버스비값 2,300원
계 112,300원

〈1998년 1월 13일 화요일 날씨 맑음〉

오늘은 김천 원예 조합장 선거날이라 우리 마을 조합원 15명 선거을 하여쓰며 자신은 조합장 후보가 2명이 나와는돼 1명원 조합장을 한번 하여고 안원모씨는 이번이 후보 출마을 3번째 나와서 이번은 안원모 2번을 찍어다. 선거는 한번식 갈리야 한 뗏으로 후보을 갈랏다. 무선 단체장은 재임을 하두록 하는 것보다 새 인물을 새아야 무선 일든 열정을 가지고 일을 하기 때문에 발전을 할 수가 잇따고 본다.

“오늘 정심시간에 누님 등기서류 문재로 아포 대서방에 등기서류을 누님 아들 딸 등위 서류 갇추는돼 시간이 걸리서 오늘 대서방에 서류 재출을 하여쓰며 이 서류도 다들 갇추는돼 절차가 복잡하구나.”

“오늘 오후에는 부인 친구들 동전치기 하는돼 놀로 오라하여서 부인도 같아 가자고 하니 부인은 입빨을 빼서 남들보기에 부끄러어 내 혼자 놀다 오라고 하여서 자신만 놀로 갇뜬이 여자 3명, 남자 2명, 5명이 동전 따먹이을 하고 잇쓰서 자신도 합세을 해서 동전치기을 하여쓰며 자신은 오늘 하토가 안 대어서 오늘 동전을 만이 일어쓰며 오늘 일은 동전을 좀 일어도 아직까지 수입을 본 것 바서는 반절만 일어따고 바야한다.”

“요줌 정부에서 항금 모우는 캠페인을 벌리고 잇다. 우리 국민이 우리 경제을 살리기 위하여 아들 돌반지까지 금 모어기에 동참을 하고 잇는 국민의 저력은 정말 대단하다고 바야한다. 우리 국민이 다들 참석을 하고 잇는돼 아쉬운 것은 고위층에서 금 모기 운동에 참여을 하지 않아서 마음이 아픔이 쉽계 살라지지 않코잇다. 우리 국민이라면 지휘층에서 금 모어는 일에 발 벗고 참여을 해야 우리 경제을 살리는돼 그려치 못 해서 너무나 안타갑다.”

지출에 … 버스비값 1,000원

“오늘 친구에게 놀로 간다고 가니까 우리집을 짓뜬 사람이 귤장사 한다고 1톤차 봉고차을 몰고 큰집 앞페 잇쓰서 사실상 귤이 잇는돼 인정에 못 잇저서 귤 한 팍스에 13,000원 주고 삿다. 절먼 사람이 삶애 의욕이 만은 사람이라 동정이 가는 사람이다.”

지출 … 귤값 13,000원

계 14,000원

〈1998년 1월 14일 수요일 날씨 맑음〉

오늘은 사랑방에서 7명이 2,000원식 내어서 순대 돌부리을 하여쓰며 2,000원 돌부리로 순대을 실컨 먹고 남은 돌부리을 하여다. 요줌 눈 때문에 잘들 놀고 잇딴느 생각이 들며 이번 눈이 아니더라면 어려깨 무작정 놀지는 못 할끈돼 싸인 눈 때문에 여르날 잘 놀고 잇딴느 생각이 돼는구나.

“요줌 무작정 놀면서도 작년 갇터며 설 아래 작과 전정을 다 하여는돼 올해는 눈이 만이 오는 바람에 작과나무 전정을 못 하고 그대로 남아 잇쓰서 봄일이 너무 만이 밀리며 어떠게 하나 하고 극정이 사실 만이 돼드라.”

지출에 … 순대 돌부리값 2,000원

우리 국민들 대단하다고 말을 해야 하겟다. 금 모아 수출 하자는돼 온 국민이 동참을 하여준느 것을 보며 저력이 잇는 국민이라는 것이 이번에 입정이 돼어쓰며 우리 국민은 한다면 해내는 국민이라고 말을 아니할 수 업다.

〈1998년 1월 15일 목요일 날씨 흐림〉

오전은 집에서 텔래비전을 보고 오후는 사랑방에서 순대 돌부리을 하여쓰며 요줌은 셋사람만 모이며 돌부리을 하고 셋이만 모이며 화토로 돈을 따먹는 일 이른 이 들은 재미로 한다고 여사로 여기고 잇쓰며 화토놀리, 돌부리 다들 하게 돼며 하로내 적은 돈은 아니라고 나는 보고 십다. 자신은 화토놀리는 형님이 하고 잇쓰서 자신은 화토놀리을 피하고 돌부리만 참석을 하고 잇쓰서 돈에 부담을 가지지 않꼬잇다.

"요줌은 부인이 치과에서 입빨을 빼서 보기가 실어서 갈가지라고 놀리고 하니까 좀 실어하며 때로는 부인보고 재미로 갈가지 보기 실타고 이야기을 하는 것을 부인은 재미로 밭아드린느 긋 같지 않아서 앞푸론 이른 말들을 하지 않으야 하겟다."

지출에 … 두부 돌부리 할려고 하다 두부가 업쓰서 순대 돌부리로 하엿다. 1,000원

〈1998년 1월 16일 금요일 날씨 맑음〉

오늘은 사랑방에서 오징어 돌부리을 하여쓰며 모인 사람이 10명이 돼며 이 사람들이 오징어 돌부리을 하는돼 1인당 2,000원식 하여는돼 돈이 모자란다고 하여서 자신과 셋 사람이 1,000원 내어서 부족한 돈을 맡추어 냇다.

요줌 매일 돌부리을 하며 자신은 오늘 화토노리로 4,000원을 수입을 바서 자신은 오늘 돌부리는 아무 부담업시 잘 먹으다.

오늘 부인은 치과에 가서 이 치료을 하여쓰며 부인의 치아을 치료을 다 하고 입빨을 해 널라면 상당한 날짜을 소유 될 것 같다. 자신은 입빨을 갈라너키 전에 보약을 한번 먹이고 치과에 보낼라고 생각을 한 것이 그러지 못 하고 치과 병원을 먼저 보내게 돼어 정말 미안타고 생각을 하고 잇다.

〈1998년 1월 17일 토요일 날씨 맑음〉

오늘은 달희 친구집에 놀로가서 화토노리을 하다가 12시가 돼어서 집에 올라고 하니 박명섭씨가 두부을 한다면 어더먹고 가자고 해서 주저주저하니 달희 부인이 두부가 다들 돼어따고 먹고 가라고 사정을 하여서 순두부을 어더먹고 정심까지 먹어쓰며 우리뿐 아니라 부인들 친구도 다들 소리을 하여서 잔치을 치룬 셈이다. 그리고 여자들은 여자들돼로 화토노리을 하고 우리는 4명이 고을 쳐고 놀랏다.

오늘 한 방에서 부인들 친구와 같이 놀고 잇쓰니 남자들만 놀고 잇는 것보다 여자들이 한 자리에 잇쓰니 같은 놀리을 해도 지루한 감이 업따고 바야 한다고 생각을 한다.

"오늘 부인과 한자리에서 시간을 보내고 잇쓰니 어된가 모르게 힘이 대는 너킴이 드는구나."

〈1998년 1월 18일 일요일 날씨 맑음〉

운이 전화을 줄 쭐 알라는돼 운이가 전화을 기다리는돼 전환느[전화는] 오지 않는돼 마음이 아쉬운 감이 더는구나. 이 아빠는 월요일부터 전화을 기다리면서 일주일을 기다리는돼 이 예비의 마음을 너무 몰라주고 잇꾸나.

"오늘은 오전도 휴일을 하고 오후는 작과 전정을 할려고 밭에 가서 전정을 하여보니 자신 손가락이 조금 얼어서 조금만 추어며 손가락이 시려어서 일을 할려고 해도 할 수가 업쓰서 오늘도 연일 휴식을 하여서 지루

하기 짝이 업쓰서 오늘 바람도 씰겸 밭에 가서 나무 전정을 하여보니 손가락이 실어서 도저희 할 수가 업쓰서 그만 집우로 돌라오고 마랒다."

"자신이 늙 설전에는 작과 전정을 다 하는돼 올해는 작과 전정과 사과 전정 그대로가 남아 잇쓰서 자신은 늙 불안하다. 외냐 봄일이 너무 만이 남아서 극정이 크다."

"이재는 설도 을마남지 않아서 이재 일의 개핵은 명절 이후로 넘기야 할 입장이 돼버리고 마랒다. 자신은 명절을 시고는 개핵을 새와서 열심히 해야 하겟따는 생각 밖에 업꾸나."

〈1998년 1월 19일 월요일 날씨 맑음〉

어재 저녁에 대통령 당선자 김대중씨가 국가 위기을 어떠게 대처하나 자담해을 하는돼 국민이 질문하는돼 허심탄탄하게 이야기을 하며 김대중씨는 우리가 이 난국을 해쳐 갈려면 국민들이 협조을 하여주며 김대중씨는 정말 열심히 할려고 하며 국민의 협조을 바란다고 하며 김대중씨는 죽어서 여르분위 국가 위기을 설기록개[슬기롭게] 대쳐하여따고 인사을 덧고 십다고 이야기을 할 때에 정말 미듬이 가며 사실 자신도 김대중씨 한태 표을 주면서 연세가 너무 만아서 대통령 직무에 영향이 잇찌 않나하고 극정을 하면서 표을 준는돼 오늘 자담을 잘하고 잇는 모습을 보니 건강은 임기중에는 아무런 염려가 업따고 생각을 하여본다.

"내 자신이 생각을 할 때에 국민들이 선택을 잘하며 따고 생각을 하며 국민가 대화을 하는 것을 보니 전직 대통령보다는 훎신 준비을 만이 한 분이라고 생각을 하여본다."

"오늘 오후는 친구가 놀로 오라고 하여서 윤달희씨 집우로 마실을 같쓰며 그기에서 화토노리을 한참하고 잇쓰니 부인친구 2명이 더 합세을 하여서 화토놀리을 오후네 6명이 하였다."

수입에 … 놀리값 1,200원

〈1998년 1월 20일 화요일 날씨 눈〉

오늘은 내 부인 힘이 나는 날이다. 외냐하면 남편하고 출타을 하며 내 부인은 힘이 나는 날이다. 오늘 주택 은행에 중도금을 내려고 김천 주택은행에 12,300,000 납부하로 가기 때문에 부인과 두리 늙 같이 간다. 그래서 부인과 둘리서 버스에 몸을 실고 김천 주택은행 앞페 내리서 은행에 중도금을 내고 처형이 부부간에 이발관을 하는돼 둘리서 이발을 할려고 장 다니는 길로 갈려고 하니 부인하는 말이 오늘은 산넝선으로 아빠와 둘리서 대이터을 하고 십다면서 돌라서 가자고 하길레 길은 음청나게 멀지만 부인이 늙 좋아하는 데이트을 못 해주어서 미안한대 오늘 그름 갈대어 따면서 성남교에서 산능선으로 도렵병원 앞가지 갈려면 상당한 거리인돼 데이터을 원하는 것이 난생 처음 길을 능선으로 무려서 가는돼 길을 잘못 들어쓰서 내리같다가 다시 올라오는 반복을 하면서 데이터을 하면서 처형집을 찾아오는돼 힘든 데이트을 함 셈이다. 처형집에 힘들게 와보니 이발관에 손님이 콱 차 잇쓰서 나중에 할려고 처형닙에서 부인과 두리서 티부이을 시청을 하다보니 오후 5시30분이 돼드라. 이러다가는 오늘 이발을 못 하게다 하면서 손님이 만으며 그냥 갈려고 생각을 하여는대 다행이 손님 한분박에 업쓰서 의자에서 시간을 기다리다 손님들이 이발을 다 하고 자신이 이발을 한 적엔 6시경에 하여쓰며 이발을 다 하고 나니 6시 30분에 이발관을 나오니 눈빨이 조금 오드니 그려다 한박눈이 쇼다 저는되 부인은 나을 그냥 돌수가 업찌 그때사 신혼부부가 팔일 끼어서 태연하게 길거리을 다니더시 부인이 내 품으로 들어오는돼 그때는 밤이 어덥고 눈이 한박눈이 내리며 우리 부부는 그 한박눈을 맡저면서 한박눈 길 걸어가면서 주위을 다 내도 아무도 신혼부부처름 팔을 키어서 눈길을 가는 사람은 우리밖에 업쓰며 우리는 영화의 장면처름 너켜저며 우리가 이재라도 40대라면 을마나 좋으려만 우리가 56세의 나이라는 것을 생각을 하니 가슴이 미어저는 너킴이 나의 머리을 스켜가는 구나. 내 부인이 이처름 좋아하는돼 이것을 못 다해주고 아까운 세월이 다 갈따는 생각을 하니 허전한 감이 드는구나.

"나는 난생 처음 부인의 팔장을 하여서 함박눈 쇼다저는 그 눈 다들 마저면서 우리 부부가 그늘번 도시의 거리을 부인과 둘리서 대위트을 한 것이 기분이 그리 좋꾸나. 그리고 부인이 그처름 좋아 부인을 생각을 할수록 자신의 빈 속을 차곡차곡 채우지는 너킴이 들어다."

"부인과 데이트을 할때마다 부인과 둘리서 시장을 오래만에 나왔는돼 부인 불고기 집에 가서 한사라 먹고 가자고 건유을 해도 부인 말이 요줌 입빨이 업쓰서 고기을 못 먹어서 우리 여기서 먹는 거기을 집부로 가지고 가서 고기을 먹는다면 우리 가족이 다들 먹는다고 이야기을 하면서 우리 그려자고 사정을 하는돼 이번에 부인의 의사에 넘어가고 마랏다. 나는 부인의 의견에 꼭 따라가고 만다. 내 부인이 원재 자신의 의견에 따라와 남들처름 단둘리 안저서 불고기 꾸어먹는 모습을 우리는 원제 그 모습을 남들처름 할 수 잇쓸까. 내 부인이 원재 우리 둘리만의 시간을 가지면서 인생을 절기면서 남은 여생을 보낼라고 들까. 나 자신은 둘리만의 시간을 만들 수 잇는 시간이 빨리와 주어쓰며 하는 마음이다."

지출에 … 분양금 중도금 12,050,000
버스값 2,500원 오뎅 1,500
버섯 2,000 이발값 5,000원
돼지고기 7,000원
계 12,068,000

〈1998년 1월 21일 수요일 날씨 맑음〉

오늘 사랑방에서 윤학도씨가 조합이사 돼어따고 육계 5섯바리을 가지고 왔따면서 고기 먹어로 오라고 열락이 와서 오늘 같뜬이 닭고기을 잘 어드먹다. 요즘 사람들은 감투을 두고 서로 쟁탈을 할려고 사력을 다하는 사람이 만꾸나.

오늘 부인은 가래떡을 대신 떡 방앗간으로 가서 해와쓰며 가래떡을 해올 때는 밤 8시가 너어쓰니 불항이 아니라는 너킴이 더는구나.

(가래떡 한돼 1,500원)

지출에 … 가래떡 - 11,000원

〈1998년 1월 22일 목요일 날씨 눈〉

오늘은 사랑방에 놀로 갈려고 생각을 하니 부인 혼자 가래떡을 다들 쓸 것을 생각을 하니 도저희 부인 혼자 하두록 할 수가 업쓰서 칼을 다들 갈라서 가래떡을 쓸어쓰며 올해는 가래떡이 조금 추지어 가래떡 쓸기는 아주 수라면 부인과 둘리서 떡을 쓸려니 아주 빨리 끝낼 수가 잇쓰다.

"오늘도 눈이 조금 내리쓰며 올해는 눈들이

녹을새가 업두록 자주 내리고 잇꾸나."
"올해같이 눈이 푸근하게 만이 내리서 농촌 사람들은 마음의 여유을 가지고 올 겨울을 보내고 잇쓰며 내 자신이 생각을 해도 마음을 녹코 겨울을 보낸 적은 올해밖에 업쓰하고 말을 하고 십꾸나."

〈1998년 1월 23일 금요일 날씨 맑음〉

오늘 숙모님 바시네이 포도 수입금을 40십만원을 부인이 주어더니 10만원을 주면서 치과 치료하라면서 준다고 부인이 받아 왔드라. 금년에 포도 농사가 잘 돼어드라면 나도 수입이 만아 좋코 숙모님도 수입이 만아서 좋아 할끈돼 그러지 못 해서 미안꾸나.
"오후에는 박명섭이 집에서 화토놀리을 하여쓰며 사랑방에는 공기가 탁하지만 박명섭씨 집이나 달희씨 집에 놀며 부인친구가 꼭 한 두명이 잇쓰니 다 같은 놀리을 하여도 재미가 잇다. 오늘도 오후내 화토놀리을 하여찌만 소득도 업고 손예도 업다고 말을 하고 십꾸나."
지출에 … 포도수입금 300,000원
(숙모님 줌)

〈1998년 1월 24일 토요일 날씨 맑음〉

오늘도 사랑방에서 두부 돌부리을 하여쓰 그리고 윤학도씨가 이사 돼어따고 고기와 주류사라고 300,000만원 주는 것을 고기와 술을 다 준비을 하고 난 뒤에 우리 사랑방에서 시식을 먼저 하여다. 자신은 요줌 매일 휴식을 하면서 영향까 만은 음식만 매일 습치을 하여서 몸이 불어날까 하고 극정이 돼면서 나의 욕심으로 먹고 잇따고 바야 한다.
지출에 … 갈구리 쇠로 됀 것 3,000원

〈1998년 1월 25일 일요일 날씨 맑음〉

요줌 매일 강추로 지속대어서 운이 극정이 만이 돼고 잇는돼 먼저 주일날 전화을 주지 않아서 극정을 만이 하며 왔는돼 오늘 운이가 전화을 주면서 아빠의 극정을 하고 잇쓰서 고맙드라. 운이 요줌 강추위에 수고 만치 이재 5개월 남아다 하면서 힘을 내라하고 힘을 실어주어다. 우리 운이도 이번 추위만 보내면 돼지 않캐나 하고 조심 서렵게 말을 하고 십꾸나. 옌말에 소한 대한 지나면 내 아들 얼어죽지 않는다는 말이 잇떠시 운이도 이번 추위만 지내면 군 생활을 다한 셈이나 다름이 업따고 본다.
"오늘은 마을 전체에 설맞이 청소을 하는돼 하나에서 열가지 다 얼어붙터서 사실 청소가 돼지을 않드라."
"그리고 윤학도씨가 조합이사 돼어따고 동민한태 술과 안주 재공을 하여 주어서 청소는 형식으로 하고 온 동민이 고기 안주로 잘 먹어다."

〈1998년 1월 26일 월요일 날씨 맑음〉

오늘부터 날씨가 조금 풀어지고 잇꾸나. 자신은 오늘 집에서 모욕을 하는돼 밭간에서 물을 돼어와서 모욕을 하여쓰며 기름값이 너무 올라서 기름값을 줄리기 위하여 어재 부인과 혜지가 받같에서 물을 돼어와서 하고 오늘은 혜영이와 자신이 보일라 기름을 악키기 위하여 마당에서 물일 대어와서 모욕을 하는돼 일이 거중서로어서 그려치 모욕을 하기는 더운 물이 더 만아서 더 편하다고 말을 하고 십다. 앞푸로 보일라 기름이 더 오른다면 기름 보일라가 때는 아궁이 변해야 우리 농촌에서 유지을 할 수 잇쓸때가 오지 않을가 하고 마음이 두렵꾸나.

"모욕을 다 하고 나서 욕조, 식당 다들 물이 나오지 않아서 모타가 얼르터지서 저녁 7시라서 곤칠라니 짜증나고 이것을 수리을 하지 않으며 저녁에 보일라 가동이 돼지 않을 같다서 부인을 불을 들개하고 밤이 어더운돼 모타 수리을 하는돼 힘이 들어다. 얼르터진 것을 업세버리고 호수로 응급 치료만 하여 두어다. 이것을 음지라서 자신은 보원을 만이 하여따고 생각을 하는돼 올해도 실수로 모타값을 날리따고 생각을 하니 자신의 부주로 모타 손실을 보니 자신의 마음을 꾸중을 하여본다."
"부인은 혜지한태 설치리을 하여쓰며 나는 혜영이한태 티사을 얻드입버쓰며[얻어 입어쓰며] 부인은 도빠[톱파(점퍼)]을 어더 입버쓰며 딸들을 키어노니 선물도 자주 받으니 딸 키운 보람이 잇꾸나. 하는 생각을 가저본다."

〈1998년 1월 27일 화요일 날씨 맑음〉
우리 가족들은 설실 음식 준비을 한다고 분주한 시간을 보내쓰며 올해는 작년보다 음식 준비을 조금식 줄란다고 하는돼도 종일이란 시간이 그리 길지 않는 준비을 하고 잇드라.
올해도 우리 형재 참석을 하여쓰며 제수씨들이 일적 참여을 하여 주어서 고맙고 건강한 몸으로 참여을 하여준돼 대예서 아버지 어머님에게 감사을 드리고 십씁이다.
"운이가 군에서 설 명절을 맏지 한 대 대해서 고향 향수가 월마나 그립깨나 아빠 생각을 할 때는 아직 셋살 됀 아들로만 생각을 하고 이는 이 아빠도 운이 업는 설을 맡지 하는 것이 한쪽의 가슴이 비어잇는 마음으로 설을 시게꾸나 하는 마음 어느 누구에깨 말을 할 수가 업꾸나. 이 아빠도 추석에는 가슴 속이 깍차잇는 마음으로 추석을 실 수 잇는 그 날을 기대하는 마음으로 이번 설의 냉한 마음을 잊저며 시개노라."
지출에 … 동네 개 회비값 20,000원

〈1998년 1월 28일 수요일 날씨 맑음〉
아버지 어머님 오늘이 설날입니다. 우리 형재들이 다들 차례에 참석을 하여 주어쓰며 이 마은 형재들이 부모님의 보살픔이 업씨는 허만[험한] 사회에 회쳐 갈 수가 업따고 생각을 합니다. 올 새해도 보살핌을 아킴업시 보살펴 주십시오.
"정부에서 아이내프에 대비을 할려면 허리띠을 조여 매어야 어려운 난국을 극본한다 하로에도 텔레비전은 수십번식 방송을 하여서 그른지 이번 설이 쓸렁한 기분이 더는구나. 다들 모임에 가서 들어 보면 거품을 빼야 한다고 마음에 준비을 하고 잇드라. 이것만도 이 난국을 극복을 생각보다 빨리 회복이 돼지 않을까 하고 생각을 조용히 가저본다."
오늘 시간이 잇뜬가 전화을 운이 주어드쾨[주었구나.] 운이도 가만이 보면 성숙한 감이 들 때가 잇다. 군복무을 맡칠 때 까지는 무르익은 이삭이 돼어서 아빠의 품으로 돌라왔쓰며 하는 마음 뿐이다,
지출에 … 새배는 밭지 않코 조카들에깨 55,000원
오늘 아침에 설이라고 자신은 잠자리에 일어날서 보일아 더운 물 빼어서 머리 빨고 세수을 한다면 기름값 들어 간다고 자신은 수건, 면도기, 수대을 들고 한 대 숫에서 물을 대어서 쓸라고 현관문을 열고 한 대 나오니 부인이 이미 물을 대어와서 남편 머리

물, 세수하라고 대운 물 한 통을 들고 왔잇드라. 이것을 보고 부인을 바라보면서 웃고 말랐다. 부인이 남편을 위하여 세벽같이 일어나서 그것도 한 대 백솟태서 물대어 왔쓰니 이것은 남편을 지극희 생각이 업씨는 이 추은 날래 불을 때어서 세수물을 준비을 한다는 것은 여사의 성위라고 생각을 해서는 안 댄다고 바야한다.

"오늘 자신은 부인의 고마움에 감동을 밭아쓰며 나는 남편의 행동을 다 하고 잇는지 생각을 하여 보앗뜬이 아무것도 한 것 업고 남자라는 특권만 부린 것 밖에 업쓰따고 생각을 하며 앞푸론 내가 부인왜 목을 다 해야 하게쓰며 내 부인이 아니라 내 부모처름 모시도 부인의 뜻을 다 하지 못 하리라고 생각을 하면서 내 육신을 부인에깨 희생을 다 해야 한다고 내드며 앞푸로 부인에깨 아낌업는 사랑을 주두록 노력을 하개노라(보인 고맙소.)"

〈1998년 1월 29일 목요일 날씨 맑음〉

오늘 오전은 집에서 텔례비전으로 시간을 다 보네고 오후는 사랑방에서 화토노리 업시 서로가 대화로 시간을 보낸 것이 사랑방의 기적이라고 생각까지 하여본다. 늙 화토로 시간을 보내는돼 오늘은 화토업시 오후 시간을 보낸 것이 다들 나라의 극정이 돼어키 때문에 오후 시간 다 보낼 수 잇쓰따는 것이라고 회명을 하고 십꾸나.

"이재는 농촌에서는 이재 본격적으로 일을 해야 하는 시기가 돼어쓰며 자신도 오늘날까지 푸건하게 잘 쉬어는돼 앞푸로 부인과 둘리서 정신업시 일을 할 것을 생각을 하니 별서부터 마음이 불안해저는 너킴이 잇꾸나."

"어재 구미 동생 차로 자신의 봉각 현대 아파트 분양을 밭고 분양금 3200백만원 납부을 하여는돼 분양자들이 만이 들해서 아파트을 계속 올릴 수 업따는 말이 나와서 순서 차로 현장을 가 보앗뜬이 아파트는 만이 올라 같드라. 그래서 마음이 안정이 돼드라."

"자신도 현대 아파트가 부도을 낸다면 한국에 기업들이 살라남을 기업이 업따는 생각을 하니 마음이 아주 든든하드라."

〈1998년 1월 30일 금요일 날씨 맑음〉

오늘 부인은 친정가는돼 같이 가자고 하는돼 동신개에서 돼지고기 돌부리 한다고 부인 혼자 친정을 가개 돼어쓰며 자신은 돌부리 하는돼 시간을 다 보내고 말라쓰며.

부인은 친정으로 선둘 동서가 중풍으로 병원 다닌다고 병문안가지 같다 왔쓰며 그리고 처 어머님이 혜지 나바이 외 안 온다고 이야기을 한다고 해서 미안한 감이 드는구나. 자신은 처 어머님을 내 부모처름 신길라고 결심을 하여는돼 실지 자신의 행동은 처 어머님 한태 효성을 하지 못 하고 마음뿐이라 말을 해야 하게꾸나. 실지 자신의 마음은 부모처름 해야 하는돼 하면서 실천에 온기지 못 하는 마음 가슴 아푸다.

지출에 … 돼지고기 돌부리 20,000원

〈1998년 1월 31일 토요일 날씨 맑음〉

오늘은 사랑방에서 돼지고기 씨레기 국을 만들어 먹어쓰며 오늘 씨레기국으로 정심을 먹은 것은 대중 음식점에서 갑어치을 쓴다면 상당의 고가라고 생각을 한다. 요줌은 사랑방에 가면 정심을 해결하는 적이 만타. 오늘 오후는 김천 대신 구미에 거주하는 동기생 계 날이며 오늘 개는 이달선 여자친구가 남편가 사별을 하고 식당에 가서 생개을 유지하는 그 식당에 사장의 입장을 바서 우리 동기생은 한번 갈라주기 위해서 달선 친구 채면을 유지하여 주기 위하여 이번에 아포 한일식당에서 개을 하게 돼어다.
"우리 개에 여자친{구} 2명이 꼭 참석을 하고 잇다. 이 친구는 1명은 이혼, 1명은 사별한 친구인돼 이 여자친구는 남자들보다 더 더시며 욕설 잘하고 이 친구들만 참석을 하게 돼 남자들이 여자가 돼는 기분이고 여자 친구가 반대로 남자가 돼어 잇는 너킴이다. 이 여자들이 남자의 사랑을 밭아보지 못 해서 이 친구들의 성격이 망가진 것이 아닌가 하고 생각을 한다."
지출에 … 동기계 회비값 30,000원

〈1998년 2월 1일 일요일 날씨 맑음〉
오전은 날씨가 차거어서 휴식을 하고 오후는 작과 전정을 할려고 개핵을 세어낮는돼 사랑방에서 족발 돌부리 한다고 전화가 와서 사랑방에 가보니 족발과 통닭을 2바리을 같다 낮쓰며 음식이 생각보다 아주 푸짐하며 음식비에서 사람의 수가 적으서 배불리 잘 먹으다.
"오늘로서 사랑방에서 시간을 절길 수가 업개 돼어다. 앞푸로는 작과나무 전정을 할 작정이다."

〈1998년 2월 2일 일요일 날씨 맑음〉
모처름 작과전정을 하여쓰며 오래도록 놀다 전정을 하여보니 힘이 만이 들드라. 생각 같다서는 좀 오래 할려고 작정을 하여는돼 생각대로 하지 못 하고 좀 일적 작업을 맡치다.
"부인은 치과에 치료하로 같다 오곤 하여는돼 입빨이 잘 돼어야 하는돼 사실 남편으로서 극정이 크구나."

〈1998년 2월 3일 화요일 날씨 맑음〉
오늘도 작과 나무 전정을 하여쓰며 오전에도 전정을 하고 오후에는 나무 전정을 한참하고 잇쓰니까 부인이 사과 한 개을 들고 왔드라. 부인이 내 곁에 안터니 날씨가 추어서 사과 한 개만 가지고 왔따고 하면서 이야기을 하는 부인의 모습을 보니 부인의 이야기을 덧지 않아도 다 알개드라. 부인은 일을 먼저 도와주기보다 사과 한 개를 남편을 주기 위하여 왔따는 것을 누구보다 자신이 더 잘 알고 잇다.
"부인이 감기키가 조금 남아 잇는돼 부인이 전지목을 줏는 것은 내 마음이 편치 않드라. 그래서 부인을 집에 들어가라고 야찬을 찾다. 부인이 실지 일을 하고 잇쓰니 내 마음이 더 고충이 돼며 일적 집에 들어 가지 않는다면 자신이 대리고 갈려고 생각을 하여는돼 부인이 들어주어서 나는 전정을 개핵대로 하고서 집우로 돌랐다."

〈1998년 2월 4일 수요일 날씨 맑음〉
오늘은 날씨가 따뜻해서 봄이 온 기분을 주는 것 같다다. 외야하면 오늘은 일을 하면서 옷을 벗어노고 일을 하여쓰니 봄이란 착각을 하고 잇따고 바야한다. 오늘 날씨가 따뜻하니 우리 운이 생각이 나는구나. 올 추위에 운이가 움치려뜨는 몸을 이재 펼 수가 잇깨꾸나하고 생각을 할 때에 이 아빠의 마음이 그리 편하여지는구나. 이재 운이가 군 생활을 다 한 것이나 다름이 업꾸나.
"오늘도 골래 작과나무 전정을 하여쓰며 작과나무들이 3분1은 죽어따고 말을 하고 십프며 실지 작과나무가 고령을 돼어찌만 나무가 이려개 만이 죽은 것은 작년에 가뭄 때문에 만이 죽지 않아나 하고 생각을 한다. 그리고 오늘 전정을 하는돼 부인도 같이 나와서 일을 도와주어다."

"국란을 극복을 할려면 거품을 줄이야 한다고 정부에서는 너무 외치고 잇쓰니 우리 농민들이 생산 것만 배락을 맡고 잇다. 정부에서도 시장 유통을 위하여 거품이 들지 않는 유통은 하두록 두어야 하는돼 국란을 이기내는 긋은 허리띠을 매여야 한다고 부르짓고 잇쓰니 시장 유통이 안 대어서 다들 망하는 것이 아닌가 하고 극정이 됀다."

〈1998년 2월 5일 목요일 날씨 맑음〉

오늘 오전으로서 골래 작과나무는 전정을 다 하여쓰며 전정을 다 하여도 작과나무가 대다수 나무들이 죽어서 마음이 아푸구나. 오후는 앞밭에 작과나무 전정을 하여다. 이래 간다면 2月 달 안에 사과 전정까지 다 할 수가 잇쓸 것으로 내다본다.

"올 작과일은 수학이 상당이 감소대어 수입이 업쓸 것으로 내다보면 약값이라도 나올잔지 의심스렵구나."

〈1998년 2월 6일 금요일 날씨 맑음〉

오늘은 우리 마을 회관에서 영농교육을 하는돼 대신 1,2,3 봉산 1,2,3 등 하는돼 타동에서 5,6명 정도 밖에 나오지 않아쓰며 우리 마을 사람들 정심재공을 하여 준다고 하니까 만이 낮아드라.

오늘 교육은 수도작인돼 교육 내용은 형식적이고 아이내프에서 이야기하고 부업장읍에 대해서 피아라이 하고 별 내역 업는 교육을 말치고 마랐다.

오늘 오후는 작과 전정을 할려고 개핵을 하여는돼 사랑방에서 오징어 돌부리 하면서 놀자고 하면서 박명섭이가 돈을 빼앗드시 해서 돈을 거출해서 오늘 오후에 사랑방에서 오징어 돌부리로 시간을 다 보냇다.

"우리 마을 물류단지는 오늘 부업장이 올 하반기는 일을 착수을 할 것이라고 이야기을 하는돼 정부에서는 돈이 업따고 야단인돼 물류단지 일을 할까 하면서도 사실 극정이 됀다. 만약 우리 마을은 물류단지가 들어온다면 우리 동민은 거르지 다 돼고 만다. 이것도 모르고 맷 사람이 좋아하니까 좋아하는돼 이것은 아주 잘못됀 일이라고 바야한다."

지출에 … 오징어 돌부리 2,000원 부인
치아값 1,000,000원
계 1,002,000원

〈1998년 2월 7일 토요일 날씨 맑음〉

오늘도 작과 전정을 하여는돼 자신이 전정을 하면서 나무들이 너무들 죽어서 속이 상하는구나. 올해는 작과 농사을 그대로 짓고 내년에는 대채작목을 해야 심을 결심을 하여다.

오늘은 전정을 하면서 자신이 어재 오후에 휴식을 하여는돼 오늘 작과 전정을 하는돼 피료한 감이 만이 더는구나. 자신의 피료을 바서는 일을 조절을 해서 피료가 누적이 돼지 않깨 일을 조금 줄리야 개속 일을 할 수가 잇투록 작업량을 조절을 해야 할 것 같다.

〈1998년 2월 8일 일요일 날씨 맑음〉

오늘은 강한 바람이 불며 날씨마저 추어서 아무 일도 하지 못 하고 오전은 집에서 휴식을 하고 오후는 사랑방에서 휴식을 하여쓰며.
아포 조합장 후보로 나온 박시화씨가 사랑방에 음식 개공을 함. 오늘 닭고리탕 2바리, 티김닭 1바리, 맥주, 소주 이것을 다 한다면 상당한 돈이라고 생각을 한다.
오늘 운이가 아빠 놀로 간 후에 전화을 주어따고 이야기을 하드라. 이 날씨가 다시 추어서 운이 군 생활을 어렵게 만들고 잇꾸나. 이재 추위 물어가서 내 자식을 군 생활에 도와 주어쓰며 하는 바람 밖에 업꾸나.
"운아 이재 군생활이 131日 남아 잇다. 이 아빠 하로 지나가면 운이 군 생활이 하로 줄어꾸나 하는 생각을 운이 군애 보내고 늙 날짜을 새어왔다. 이 날짜을 새어온 이 아빠 날짜의 고충을 너켜보지 않은 사람은 아무도 모른다고 말을 하고 십꾸나. 여하튼 그 지루한 나날을 다 보내고 이재 따뜻한 봄날을 지나서 여름의 첮발을 뒤띨때는 운이가 아빠 품으로 돌라온다는 생각으로 하로의 날짜을 채크을 하면서 하로 생활을 하고 잇따고 말을 하고 십꾸나(이 아빠가.)"

〈1998년 2월 9일 월요일 날씨 흐림〉

기상대는 오늘 기온이 상당이 내리간다고 해서 사실 휴식을 할려고 작정을 하여는 아침 일어나서 기온을 학인을 하여보니 별로라서 전정을 할 준비을 해서 밭으로 가서 일을 하여쓰며 오늘 닐을 해도 나무들이 너무 만이 죽어서 자신의 마음이 너무 상하며 전정을 해도 죽은 가지도 업고 꽃방울이 충실하며 전정을 하는 자신도 마음이 좋을끈돼 그려치 못 해서 안타까운 전정을 하여따고 생각을 한다.
"오늘 종일 작과 전정을 하였다."
"오늘 부인은 치과에 가서 입빨을 일부 갈라넣어다."

〈1998년 2월 10일 화요일 날씨 눈〉

오늘 사랑방에서 놀고 잇쓰니 부인이 찾아왔서 누님한태 전화가 왔따고 해서 집에 와서 누님한태 전화을 하여보니 등기 절차가 다 돼어따고 해서 땅을 매수한 사람을 대리고 아포 대서방에 같뜬이 농지원 도장을 받아야 한다고 윤달희와 둘리서 작동 동장에깨 농지위원 도장을 받는 것으로 대서방에서 절차을 끝을 내고 땅을 산 사람예깨 막 대금 10,800,000원으로 논 값을 다 받아다.
"누님은 요줌 금리값이 인상이 돼어 잇쓰서 땅을 아직 매도을 하지 않아쓰며 금리 이자 때문에 상당한 문재가 따를끈돼 땅값을 잘 밭아서 누님의 천만 다행이라고 생각을 하여본다."
"이재는 누님은 조합 부채을 안전이 갑파버리쓰니 이재 홀가번 할 끄며 이재는 부채가 업쓰니 살 것 같뜰 것으로 내다본다."
"오늘 조합 부채을 자신이 댕기면서 누님의 부채을 땅캅으로 다들 정리을 다 하여주어다. 부채을 다 감고 나니 약 9,870,000원 남아서 누님을 4,870,000원 주고 나머지 5,000,000원 조합 직원을 임시로 막키면서 순달이가 오거든 주라면서 부탁을 하고 왔다. 주위에 본 사람은 잇지만 영수증을 받지 않아서 조금 극정이 돼는구나."
지출에 … 버스비값 500원 농지원본
인지대값 1,000 계 1,500원
보일라 기름값 272,000원
계 273,500원

〈1998년 2월 11일 수요일 날씨 맑음〉

오늘은 동신계에서 윷놀리을 이계조로 나누어서 삼품을 걸고 대회을 하여쓰며 오늘 인원은 14명이 놀리쓰며 윷놀리에 1등은 슈프타이, 2등은 화장지을 하여서 대회을 하여쓰며 자신은 남의 득으로 1등을 하여 따고 본다.

"오늘 윷놀리을 하는돼 아마추어들이 잘 놀라따고 바야하며 옛날에 잘들 논다고 명이 난 사람은 다들 떨어젓따고 생각을 한다."

올해는 마을 전체로 본다면 각 또레돼로 윷놀리을 상품을 걸고 윷놀리 대회을 특별이 만이 한 해라고 본다.

오늘 자신은 슈프타이가 집에 만이 잇쓰서 화장지와 형님과 바꾸어 왔쓰며 그리고 친구 화장지을 4,000원 주고 사쓰 자신은 오늘 화장지 2개을 가지고 왔다.

지출에 … 화장지값 4,000원

수입에 … 화토놀리값 4,000원

〈1998년 2월 12일 목요일 날씨 비〉

전정을 하로 가는돼 사랑방에 묘여논다고 해서 자신도 사랑방으로 가고 마랒쓰며 사랑방에 가니 5명이 화토판이 벌어 젓잇쓰며 자신은 구경만 하다. 나는 아직이 너무 만이 남아 잇쓰서 남들과 같이 놀 수가 업쓰서 오후는 일적부터 작과 전정을 하로 같쓰며 12시 대는 것을 보고 같뜬이 생각보다 만이 전정을 할 수가 잇쓰다.

그리고 어재 점두록 휴식을 했는돼 오늘 오후에 전정을 하는돼 자신의 몸이 아주 피료하며 요즘 몸이 쉬 피로하다는 너킴이 들며 요줌 자신이 나무들이 둥치기을 톱질을 해서 그른지 자신도 모르개 피료하다는 너킴이 자주 들곤한다.

오늘 오후에는 부인도 전정목을 주어모드는 일을 하였다.

"이제부터는 잠쉬 실 사이도 업시 일을 하여야 하며 앞푸로 1년이란 시간을 땀으로 싸어야 하니 생각만 하여도 급이 나는구나."

〈1998년 2월 13일 금요일 날씨 맑음〉

오늘은 자신의 입빨이 통증이 심해서 더 참을 수가 업쓰서며 오늘가지 입빨에 통증을 참아온 날도 5일이 넘어따고 본다. 오늘은 참다 못 해서 부인이 치과을 다니는 구미 금오치과에 큰 집에 현숙이 조카가 다니는 치과에 치료을 할려고 같쓰며 병원에서 한참 기다리고 잇쓰니까 현숙이가 삼촌 오라고 하듯이 의자에 앉치더니 내 입안을 보드니 사랑니 난타고 이야기을 하면서 염증치료을 하고 나서 입빨을 빼야 한다고 말을 하드라. 그러면서 치석을 재거을 하여 주드라. 나는 이에 치석 재거는 오늘이 처음이라고 생각을 하며 치석 재거하는돼 힘은 만이 들어찌만 치석 재거을 하고 나니 자신의 마음이 상캐하며 입빨이 상캐한 기분이 들어오늘은 치과에 잘 왔따고 생각을 한다.

"그리고 오늘 치과에 가면서 극정을 만이 하여다. 외야하면 입빨을 빼내어서 갈라너라면 어떠개 하나 하고 극정을 하여 왔쓰며 부인이 입빨을 갈라넌는돼 4백만원 들어갈 끄라고 생각을 하고 잇는돼 나마자 입빨을 갈라너라면 어떠게 하나 하고 극정을 만이 하면서 같는돼 입빨라 너라는 소리는 업고 막니 난다고 염증이 생기서 그려니 막니을 빼어야 한다고 해서 천만 다행이라고 생각을 하여다."

그리고 부인과 둘리서 치과 치료을 받고서 나오면서 용곡 현대 아파트 분양 사모실래

들리서 분양금을 밥부을 못 해서 비어잇는 아파트가 잇쓰며 좀 나쥔 층이 잇쓰며 낮은 층으로 온기볼라고 본양 사모실래 들리떠니 직원하는 말이 우리 현대 아파트는 분양금을 다들 잘 낸다면 분양 해약 한 사람이 업따고 이야기을 하드라. 그래서 그만 집우로 돌라오고 말랐다.

"오늘 오후는 안전 여름이라고 해도 가언이 아니며 오늘 작과 전정을 하면서 옻을 벗어놓고 일들을 하였다."

지출에 … 버스 2,400원 택시비값 1,900
계 4,300원

〈1998년 2월 14일 토요일 날씨 맑음〉

오늘 오전으로 앞밭에 작과 전정을 끝을 냄이다. 그리고 오후에는 말리사과 전정을 하여는돼 사과도 역시 나무들이 생각보다 싱싱하여 젓잇찌 않으며 뭇엇신가 부족한 감이 잇쓰보이며 이려다가는 물류단지가 들어오기 전에 사과나무가 다 죽어지지 않나 하고 생경이 보여지고 잇꾸나.

"사과농사을 잇어바야 농약갑도 못 하고 약갑 안 돼고 잇따고 그냥 버리 둘 수도 업고 농사을 여름에 비지땀으로 짓어바야 노력을 두고 약갑도 나오지 않으니 이것은 죄을 토할 일 들이다. 사과 농사을 손애을 보면서 농사을 짓어야 하는 내 심정을 누가 알라 주리까 이내 몸만 상하는구나."

〈1998년 2월 15일 일요일 날씨 맑음〉

오늘도 사과 전정을 하여쓰며 사과농사을 짓어도 약갑도 안 대고 잇쓰니 귀가 찬다. 사과농을 표기을 할려고 해도 시청에서는 물류단지 보상을 년말에 지불을 한다고 사과농사을 표기을 못 하고 잇는 심정 생각을 할수록 기가 찬다. 사과농사을 짓어야 약갑도 안 대도 잇쓰니 하로 빨리 물류단지 보상이나 밭아쓰며 하는 생각 밖에 업다.

"오늘도 사과전정을 하로 종일 한 셈이다. 사과 전정이 작과 전정보다 좀 십따는 생각이 더는구나."

〈1998년 2월 16일 월요일 날씨 맑음〉

말리 사과 전정을 종일하여쓰며 자신이 전정을 하고 잇는돼 경운기 소리가 요란하게 나는돼 외 자신의 마음이 바푸며 경운기 소리가 요란하게 난다는 것은 남들은 전정을 끝을 냇따는 소리라고 보기 때문에 자신의 마음은 아주 바프다. 자신은 남들보다 밭농사가 만키 때문에 남들보다 봄 일을 좀 너따고 바야하는돼 자신은 마음이 여유을 가지고 일을 해야하는돼 자신의 마음은 그러치 않아서 요줌 자신은 열심히 일을 하고 잇다.

〈1998년 2월 17일 화요일 날씨 맑음〉

요줌 날씨는 안전 봄대라고 해도 무리돼는 말이 아니라고 생각을 한다. 요줌은 일을 하면 콕 옷을 벗어놓고 일을 해야 돼는 공식이 돼고 말라다.

"오늘도 사과 전정을 끝을 냇다. 그리고 사과나무 전정을 띠엇띠엄 가지을 두고 할려고 작정을 하여는 실지 전정을 하고 보니 자신의 생각도로 돼지 않아서 마음이 안쓰럽꾸나."

"오늘로서 전정 일은 끝을 냇쓸 뿐 아니라 올해는 전정을 다 햇따는 생각을 할 때에 한 해가 다 같꾸나 하는 생각이 앞쓰고 잇꾸나."

지출에 … 봇돈 133,000원 지불함

〈1998년 2월 18일 수요일 날씨 맑음〉

오늘 오전은 사과 전정한 자리에 부람병 방재약을 바르는 일을 하여쓰며 자신이 대충 발라서 그른지 오전 내 약을 다 바를 수가 잇쓰다. 그리고 물류단지가 들어온다고들 하고 잇쓰니 사과나무에 신경이 들쓰이고 잇꾸나.

"오후는 전지목을 아궁이에 불을 때는 순이네 다들 주고 사과나무 밑거름을 포도전용비료 17포을 5포기에 한포식 하여쓰며 작년에 19포을 한 줄 안느돼 올해는 17포을 하여서 조금 적은 감이 잇는 것이 아닌가 하고 염려는 돼는돼 그래도 작년에 거름량이 만아서 착색이 오지을 않아서 올해는 조금 거름량을 주리밨다."

그리고 요즘은 부인이 치과을 하로 걸려서 꼭 치과에 가니 자신이 일이 재돼로 돼지 않코 잇다.

〈1998년 2월 19일 목요일 날씨 비〉

오전은 골래 작과나무 전정목을 묵는 일을 하여쓰며 기상대는 오늘 오후부터 비가 온다고 해서 자신은 전정목을 다 묵어서 실어드리는 일 오후에는 작과나무에 거름을 할 수 잇두록 나무 밑을 깔꾸리로 끌어내는 일을 다 할려고 상당이 열심히 하여쓰며 오후에는 부인이 전정목을 경운기에 실어주는 일을 도와주고 정신업시 일을 해도 개핵돼로 못 하고 말라쓰며 마지막에는 개핵대로 할려고 해도 몸이 말을 덧지 안아서 일을 할 수가 업쓰서 부인보고 우리 다음에 화지하면서 오늘 일을 마치자고 하니 부인은 말자고 하면서 먼저 집에 가라고 화돈이 부인은 일을 더 하면서 가랑비을 다 자머면서 오후 시간을 다 채우고 왔드라.

"오늘 자신은 피료한 몸을 바서는 꼭 몸살할 줄 알랐다. 그른돼 모욕을 해서 피료을 풀어서 그른지 몸에 아무른 탈이 업드라."

〈1998년 2월 20일 금요일 날씨 비〉

기상대는 오늘 비가 만이 온다고 예보을 한 것 비에서는 아주 적은 비가 왔따고 바야한다. 자신은 오늘 비 때문에 휴식을 종일 하여쓰며 부인은 김천 시장하고 농촌 사람의 부인네는 비가 와서 일을 못 하는 날을 이용을 하여서 시장을 가곤한다. 내 부인도 역시 남들과 같이 시간을 용인하게 사용을 하고 잇다.

"오늘 자신은 가랑비 때문에 자신의 피료을 안전이 풀 수 잇는 시간을 만들어따고 생각을 하며 내일 날시가 맑다고 해도 자신은 피료가 업는 몸으로 일을 할 수가 잇따고 본다."

지출에 … 거두톱 6,000원

〈1998년 2월 21일 토요일 날씨 흐림〉

오늘 오전은 날씨가 차거어서 일을 하기가 그복한 날인돼 부인은 바시내 포도든 불 내리는 작업을 하로 가고 자신은 앞밭태아 골래밭에 작과나무 거름을 할려고 나무 밑을 끌어내는 일을 오전에 다 하엿다.

"오후는 작과거름을 할려고 개핵을 하여는돼 달희 친구가 놀로나오라고 전화을 하여서 거름 하는 것을 포기을 하고 사랑방에 놀로 갈쓰며 사랑방에서 술빵치기을 하여도 자신은 손실이 업는 화토을 하여쓰며 오늘은 화토가 잘 돼드라."

〈1998년 2월 22일 일요일 날씨 맑음〉

오늘 오전은 바시내이 포도등굴 내리는 일

을 하여쓰며 포도등굴 내리는 일은 십지 않타.
오후에는 앞밭에 작과거름을 하고 거름은 복합비료을 하여쓰며 앞밭에 거름량은 6포을 하여쓰며 복합 1포로 작과나무 10포기에 1포가 들어간 셈이다.
골래 작과나무에는 5포 반을 하여쓰며 작년 거름량을 바서는 거름량이 조금 만아따고 바야한다. 외냐하면 작과나무가 다들 죽어서도 거름이 만은 편인돼 그중 반포을 작년보다 더 한 셈이다.
"오늘 운이한태 전화을 밭아쓰며 지난주는 교육 때문에 전화을 못 했따고 말을 하드라. 그른돼 이 아빠는 운이가 개어려서[게을러서] 전화 하로 나오기가 실어서 전화을 못 한 것이라고 좀 서운하게 생각을 하고 잇쓴는돼 운이 전화을 밭고 보니 이 아빠의 마음이 풀리는구나."

〈1998년 2월 23일 월요일 날씨 맑음〉

오늘은 오후에는 외송보에서 파보을 한다고 해서 순희내가 포도등굴을 땔감을 할려고 다들 북끄논 것을 오전 내 경운기로 실어다 주는돼 정신업시 일을 하여쓰며 오늘 아침 일적 스들어서 오전내 다 할 수가 잇쓰따고 본다. 사실 오늘 경기로 두바리 실어주고 파보을 하고 나서 오후에 남은 것을 다 실어줄라고 계핵을 세왔는돼 아침 일적 스들어서 일을 하여키 때문에 오전에 경운기로 4바리을 실어서 오전에 끝을 내서 마음이 편하구나. 일이란 스들며 만이 대는 것은 사실이며 사람이 마음 먹고 스들며 평소 때에 배는 할 수 잇따고 오늘 너켜본 것이다.
"오후에는 외송보에서 파보을 하고 나서 사랑방 친구들이 오늘 오후에만 놀자고 하며서 자신도 일은 만은돼 남들이 다들 놀자고 하는돼 일을 할 수도 업쓰서 그만 사랑방에서 오후네 놀고 마랐다."
지출 … 화토놀리값 2,000원
수입에 … 벼씨로 80kg에 100,000원

〈1998년 2월 24일 화요일 날씨 비〉

요즘 해동비가 너무 자고 오고 잇꾸나. 이 날씨가 땅이 수건한돼 잇는 것은 피해을 주루록 비가 만이 오고 잇쓰며 금년들어 봄비의 양을 본다면 어느 해보다 만은 비, 눈이 왔따고 본다.
"오늘은 비 때문에 사랑방에서 놀라쓰며 사랑방에 노는 사람들도 오늘만 놀면 다 논다고 하면서 이것이 여르번 반복이 돼어따고 본다."
수입 … 화토놀리 2,000원

〈1998년 2월 25일 수요일 날씨 맑음〉

오늘은 15대 대통령 취임식 날이며 김대중 대통령 취임을 간소하게 한다고 국민들래깨 이야기을 한 사람이 오늘 취임식을 보니 간소보다 더 낭비을 한 것이 아닌가 하고 생각을 가저본다.
"지금까지는 김대중 대통령이 아이엠프 시대을 마지하여 대처을 잘하고 잇는돼 이 경재 위기을 잘 모면을 해서 경재위극복을 우리나라가 잘 사는 나라가 돼어쓰며 한다. 그리고 특희 우리 농민을 죽인느 정치을 하여는돼 이재는 김대중 대통령은 농민을 살리는 정치을 하여 주어쓰며 하는 심정이다. 농민이 잘 사라야 국가 발전을 할 수 잇지 그려치 않코 농정 기반이 흔들리는 정치는 결국 안정이 들 수 업쓰니 우리 농민의 귀을 기울여 주는 대통령이 돼어 주기 바란다는 말밖에 업따고 말을 하고 십다."
"우리나라도 50年 만에 여야을 바꾼 세 성치을 바꾼 국민으로 변모을 한 나라가 돼어쓰니 이재는 나라의 발전을 기대을 할 수가 잇따고 본다."
"오늘은 바시네이 사과나무 5포기가 잇는돼 이것을 전정을 하고 전정목을 묶는 일을 하고 오후에는 바시네이 포도밭에 석회을 하여쓰며"
제 15대 대통령은 국민을 위한 대통령이 돼어주어쓰며 한다. 전 대통령들은 국민을 위한 대통령이 아니라 부정 대통령으로 말을 하고 십고 그남아 부정의 돈만 간직하는 대통령 들이여쓰니 국민으로서는 치가 떨리는 지난 대통령은 앞푸론 나와서는 안 댄다고 생각을 하며 김대중 대통령은 국민을 생각을 하는 대통령이 대어주기을 기대을 하여본다.

〈1998년 2월 26일 목요일 날씨 맑음〉

오늘은 당산 포도밭에 도구에 낙업을 끌어내는 일을 하여쓰며 이것을 일적해야 수건한 것을 조금이라 막을 수가 잇는돼 이 작업을 일적 해야 하는돼돼 하는 후회가 돼는구나.
"부인은 당산 포도 등굴을 끌어내리는 일을 오전으로 다 하여쓰며 우리 부부는 이재 남들처름 봄 일을 같이 따라 왔다고 생각을 한다. 우리 부부는 봄일 뒤쳐저 잇쓰서 열심히 일을 하여다."
오후는 숙모님 작과 둥치기 나무 실어주는 일을 하여다. 둥치기 나무만 해도 경운기로 3바리나 실어주어다.
지출에 … 황산고토 5포 22,500원 봉사
10봉 10,000원 부인치과값
290,000원
계 333,500원
부인 치과값 총 340,000 줌 셈이다.

〈1998년 2월 27일 금요일 날씨 비〉

오늘은 사과나무 이식을 한 포기을 하고 그리고 사과나무에 붕지을 3kg을 하여다. 그리고 세례단 포도나무가 죽은 곳에 과식을 한 포도나무을 이식을 하여쓰며 오늘 이식을 한 나무가 만아쓰며 이것을 작년에 이식을 할려고 한 것인돼 시간이 업쓰서 못 한 것인돼 오늘은 죽은 포도나무는 다들 대쳐을 하였다.
"오후는 앞밭에 둥치기 나무을 집우로 실어더리는 일을 하여쓰며 오늘 둥치기 나무 실어 더리는돼 비가 와서 힘이 들어다."
지출에 … 부인 몸살에 피료회복제 900원
수입 … 출자 배당금 12,000원
(부인 용전친구 딸 결혼식 축이금 30,000원)

〈1998년 2월 28일 토요일 날씨 흐림〉

이태옥씨의 죽음은 삶매 보람이 업이 살라온 인생이 아닌가 십구나. 이 사람은 절멀때는 남의 집 머슴 살리도 큰 머섬은 못 하고 꼴 머섬으로 살라와다. 그디는 동네 하섬으로 쭉 살라와가 병으로 고생을 하다가 생명을 2月27日 오후에 끝을 냇쓰니 한편으로 보며 삶매 보람이 업쓰뜬 생의 길이 아니여뜬가 하고 생각을 하여본다. 동네로 본다면 이태옥씨 때문에 동민 전원이 눈에 표는 업찌만 간접적으로 다들 덕을 밭아따고 생각을 하는돼 이것들이 동민들은 조금도 득을 밭아따는 생각보차 가지는 사람이 업따는 반응 밖에 업는 너킴을 밭아쓰며 동민들이 이태옥씨 죽음에 대해서는 협조을 해야 하지 않는가 하는 마음이 앞쓰고 잇는돼 상가 집에 일을 도와 주는 사람이 업쓰따는 것이 좀 안쓰렵꾸나.

"오늘 상가집에서 시간을 다 보낸 셈이다. 그리고 업는 사람이 돼지 170斤을 잡아서 음식은 품짐하구나."

지출에 … 부인 친구 딸 결혼식에 축이금 30,000원

〈1998년 3월 1일 일요일 날씨 맑음〉

오늘 이태옥씨 운상하로 같는돼 운상꾼이 만아서 자신은 안전 열와가 돼고 말랐다. 그른돼 우리 마을에서 이번이 일어낫다. 외냐하면 오늘날가지 장지가 안 만 머르도 운상꾼들이 새이을 매어서 장지까지 가는돼 오늘은 절먼 사람들이 무급따면서 큰 골못뚝에서 경운기로 새이을 실어서 경운기로 가고 운상꾼들은 상주와 경운기 뒤을 따라오는 운상을 하여쓰며 오늘은 아주 편한 운상을 하여쓰며 앞푸로 계속 이른 운상이 돼지 않을까 한다.

오후에는 골래 작과나무에 경운기 노타리을 하여쓰며 나무들이 죽은 나무가 만코 실지 살라 잇따해도 큰 수학을 할 수가 업는 나무들이라서 노타리을 길게 하여다. 노라티가 너무 길게 하여서 나무 뿌리들이 끈치서 더 피해가 잇찌 않을가 하고 염려가 돼고 잇다.

지출에 … 이태옥 별세에 부의금 20,000원

〈1998년 3월 2일 월요일 날씨 맑음〉

오전은 목골 묘목집에 가서 배, 복숭, 후모사, 대석, 대추 나무을 오토바이로 사왔쓰며 묘목집에는 나무을 사료온 사람들이 한정도 업쓰며 묘목값이 너무나 만이 올라쓰며 오든 것이 동다라 올라가고 잇쓰니 도시 글로자와 우리 농민만이 죽어나는구나. 우리 농산물은 바닥 시세에 노여잇는 것이 안타갑기 짝이 업꾸나. 오늘 모목값이 배나무 2,000원 대추나무 3,500원 후모사 나무 3,000 대석나무 3,000원 복숭아 나무 3,000원. 유실수가 너무나 값이 올라서 우리 농촌을 울리고 잇다. 우리 농촌이 울르서는 아무것도 회복이 뙐 수가 업따고 본다. 오후에는 앞밭에 경운기 노타리을 하여쓰며 오늘은 묘목을 68포을 다들 심어찌 노타리을 하는돼 오늘 하로 빡빡한 하로가 돼어다.

"골래밭에 46포을 심고 앞밭에 22포기을 심어 두어다."

지출에 … 22포기만 자신이 부담을 하고
46주는 숙모님이 부담을 하여다.
복숭나무 3,000×10주=
30,000원 대추나무 3,500원 ×
3주 = 10,000원 배나무
2,000원×10주=20.000원
계 60,000원

〈1998년 3월 3일 화요일 날씨 맑음〉

오전은 사과나무에 석회을 하여쓰며 석회 1포로 사과나무 3포기을 한 셈이다. 오늘 사과밭에 석회량은 40포가 들어간 셈이다. 앞푸로 사과밭에 투자을 할려고 해도 급이 나는구나. 외냐하면 투자가치가 업쓰니 가슴이 아푸구나.

"오후에는 바시네이 포도밭에 경운기 노타리을 하여쓰며 오늘 경운기로 노타리을 한 것은 포도나무가 세력이 좋은 것은 뿌리을 끈어주며 세력이 약해저서 포도송이가 좋

아진다고 하여서 경운기 노타리을 하여는돼 포도가 정상으로 열매가 올만지 극정이 사실돼고 잇다."

"바시네이 포도나무에 붕사을 하여쓰며 오늘 붕사 1.5kg짜리 2포을 하여는돼 실지량은 적은 것 같떠며 붕사을 3포을 하면 적당할 것으로 내다보고 잇다."

"바시내이 포도밭에 붕사을 하는돼 붕사 1.5kg짜리 2포을 하는돼 겨우 붕사을 한 셈이라고 말을 하고 십다."

〈1998년 3월 4일 수요일 날씨 맑음〉

오늘은 큰 골못뚝에 아까시와 나무을 재거하는 동네 부역을 하여쓰며 못뚝에 아까시와 나무가 모종을 부어논 것 처름 칵 밭혀 잇쓰서 오전에 다 못다 할 줄 알리는돼 사람이 상당이 만이 출력을 하여서 생각보다 일적 작업을 맡치고 마랒다. 그리고 자신은 부역을 하면서 수양버들을 갇꽂이 할려고 약 40cm 정도로 짤라서 50포기 모정을 한 셈이다. 이것이 끝꽂이로 살라난다면 내년 이만때는 당산밭에 심어서 도로에 다니는 사람이 쉬어갈 수 잇두록 할 작정이다.

"오후에는 부인과 둘리서 바시내이 세레단 포도밭을 김매기을 하여쓰며 오늘로서 바시내 포도밭은 오늘로 김매기을 안전이 하여다. 포도밭에 김매기 하는돼는 무척 힘이 들어찌만 김매기을 끝을 낸 밭은 보기에도 그리 종꾸나."

"오늘은 부인은 종일동안 김매기 한다고 갱이질을 하여서 고충이 만을 것으로 본다. 자신은 오후만 하여도 온몸이 원신을 못 할 정도로 고충이 따리는돼 부인은 종일동안 갱이질을 하여서 상당이 힘이 들어쓸 것으로 내다본다. 앞푸론 남편이 긴경을 쓰지 않으며 부인은 몸살이 날 것은 사실이며 앞푸론 부인의 건강을 지킬라면 이 남편이 신경을 쓰주야 할 것 같다."

〈1998년 3월 5일 목요일 날씨 맑음〉

오늘 오전은 당산 포도밭에 포도등굴을 갈어내서 다 태우고 말라쓰며 포도등굴을 매어서 끌어내는돼 여관심이 아니드라. 이 포도던불을 끌어내서 다 태우고 나니 허리가 똑바로 서잇찌을 못 하게드라. 이재는 봄일을 일적 스들어서 미리미리 하여두면 이로깨 육체적인 고통을 들해도 돼두록 일을 미리해야 하게따는 생각이 앞쓰는구나.

"오후에는 부인이 사과 남은 것을 대전천과상회에 조카 용만이가 대전천과에 자기 사과을 가지고 가면서 내 사과을 가지고 가게따고 해서 부인은 사과포장을 조금하여쓰며 오후에는 자신이 도와주어서 사과포장을 26팍스을 하여서 대전천과에 출하을 하엿다. 요즘 시장에 사과값이 하락이 돼어서 사과을 팔 수가 업다고 하는돼 사과값이 을마나 나올란지 궁금하구나. 그른돼 사실 마당에 사과는 을마돼지 않는 사과을 볼 때에 늙 극정이 여는돼 오늘 다들 업세고 나니 마음이 다 들깨운 하드라."

〈1998년 3월 6일 금요일 날씨 맑음〉

요줌 몸이 피로해서 오늘은 좀 수란 일을 한다고 오늘 사과나무 밑을 깔키로 끌어너는 일 그리 뒤도구 쳐는 일을 하여쓰며 오후에는 당산 포도밭에 황산 고토 2포을 하고나서 뒤도구을 쳐는 일을 안전이 하여 두어쓰며 실재 오늘 일은 수란 일이 아니여뜬 것 같드라.

"이재는 일을 해도 힘드는 일 수란 일 썩

박아서 해야지 몸의 피로을 막을 수가 잇쓸 것 같다. 요줌은 일을 조금만 해도 쉬 피료가 오니 몸을 생각을 하여서 갈리을 할 것 같다."
"요줌 내 딸들 돈 번다고 수고가 너무 만쿠나. 업채들이 직원들을 불항이라 하면서 직원들을 골탕을 먹이고 잇꾸나. 요줌 직원 태근 시간이 보통 밤 9시가 넘두록 일을 식키고 잇쓰니 이재는 살 맡나는 사장들이다. 앞푸론 고용인들은 좋원 시절은 다들 같따고 생각을 하며 내 딸들 돈 번다고 고충을 받고 잇는 내 딸이 안스려어 이 몸이 아푸구나."

〈1998년 3월 7일 토요일 날씨 맑음〉
오늘은 당산에 4차선 도로확포장에 편입대고 남은 필지 300평에 오동나무을 심어쓰며 자신이 오동나무을 심은 것은 자신이 밭에 농사을 짓어 수입을 보는 것보다 도로변이라서 거늘만 잘 만들어 노어며 리아까 장사라도 할 수 잇쓸 것 같아서 자신은 농사 짓는 것을 포기을 하고 오동나무을 심어서 거늘을 만들기로 하여쓰며 남들이 자신의 밭에 오동나무을 심은 것을 본다면 웃쓸 일이 아닌가 하고 뒤 맡도 남는구나.
"자신이 밭에 오동나무을 심고 잇쓰니 철로반 직원 사람이 아무 설때도 업는 오동나무을 심는다고 이야기을 하고 잇쓰서 웃고 마랐다."
"밭에 오동나무을 심는 것은 현재 자신이 숙모님 밭 임대농사을 합파면 밭이 16마지기다. 이것을 우리 부부가 다 하는돼 일손이 너무 만으며 그기다 길이 낮번 도로변 밭은 이험성이[위험성이] 따리고 해서 일손을 주리면서 나중에는 오히려 독이 될 것 같아서 오동나무을 심는돼 결정을 받다."
"오늘 정심을 먹고 쉬고 잇쓰니 전화벨이 울려서 받아보니 운이드라. 운이가 외박을 나와따면서 집에 간다고 이야기을 하는돼 깜짝 놀라다. 외냐하면 외박은 생각지도 않아는돼 운이가 외박을 나왔따니 반갑드라."
이 아빠가 일을 다 하고 운이가 집에 왔잇찌 하면서 급이 오니 운이가 자고 잇드라. 그래서 깨우지 않꼬 엽폐 가만이 안저잇쓰니 운이가 일어나드라. 그때사 아빠 원재 왔쓰하면서 인사을 하고 잇드라. 이 아빠가 운이을 볼 때에 얼굴이 조금 좋아짓드라. 이재 운이도 제대날이 3개월이 남아쓰니 이것은 군 생활을 다 한 것이나 다름이 업다고 본다. 군 생활을 운이가 여찌만 이 아빠도 마음적으로는 군 생활을 한 것이나 다름이 업쓰따고 생각을 하여본다.

〈1998년 3월 8일 일요일 날씨 맑음〉
오늘은 형재들이 누릉이 돌부리을 하는돼 형님은 개고기을 들지 않아서 자신이 쇠고기 2斤을 별도 준비을 해서 드리고 순복이는 초상집에 간다고 돌부리에 참석을 못 하고 우리 오형재중 3명만 참석을 한 셈이다. 오늘 돌부리는 6명이 한 셈이며 6명이 중개 한 마리를 단번에 다 먹어 치아쓰며 개장국은 다들 나누어가고 두 번으로 누릉이 한 바리을 다들 했치아 따는 것은 다들 고기을 절기 편이라고 말을 하고 십다.
그리고 운이가 외박을 때마치 잘 나와따고 생각을 하여는돼 운이는 개고기을 좀 만이 먹어주어쓰며 하는돼 그리치 않코 맷점 먹고 말라서 안스려운 마음이 들드라.
"오늘은 개 돌부리 한다고 종일동안 휴식을 하여는돼 몸은 더 피료한 감을 더 느켜쓰며 사람은 항상 일을 해야 한다는 생각이 더는 구나."

지출에 … 쇠고기값 20,000원 운이 용돈 70,000원 운이 찬 준비금 30,000원
계 120,000원

〈1998년 3월 9일 월요일 날씨 맑음〉

오전은 당산 포도나무 지주 보광하는 일을 하여쓰며 작년에 지주가 모자라서 띄엄띄엄 비어둔 것을 보충을 하고 지주목이 썩은 것을 교차을[교체을] 다 하여 버리다. 이재 지주목이 교차을 하여뜬이 이재 마음이 든든하며 이주목 때문에 손실은 업쓸 것으로 내다보고 잇다.

"오후에는 당산밭 남은 필지에 석회을 하여쓰며 석회량은 24포을 하여쓰며 이 량은 300평 면적 바서는 석회량이 만타고 생각을 한다."

"당산밭에 우선바서는 오동나무을 심어낫찌만 지금 생각에 복숭나무을 심어서 수입을 본다면 자신으로 바서는 실속이 더 돼는 것이 아닌가 하고 생각도 들고는 잇찌만 한편으로 생각을 하면 거늘 잘 짓어노어며 리아까[리어커] 장사을 할려고 드는 사람이 잇따면 자신으로서는 과실 수입보다 더 날 껏으로 보고 자신은 오동나무을 심어노앗다."

〈1998년 3월 10일 화요일 날씨 맑음〉

오늘은 부인과 둘리서 포도큽질을 벗키는 일을 하여쓰며 오늘은 날씨도 차급지만 바람가지 세차게 불어서 체감온도는 아주 낮저며 자신이 일을 하여도 일을 하기가 그북해서 시간을 좀 일적 작업을 일적 마랐다. "요줌 날씨가 여름이란 착각을 할 정도로 온도가 올라 무선 일을 해도 옷을 벗어노코 일을 하다 오늘은 온 몸을 움츠리고 일을 하여쓰니 일기가 번득스렵어 고충이 따르는구나."

〈1998년 3월 11일 수요일 날씨 비〉

오늘은 보슬비가 내리기 때문에 휴식을 한 셈이다. 그리고 물류단지 보상이 올 12월에 나온다고 위원회서 이야기을 하고 잇드라. 자신은 이것이 다 시장의 선거운동홍보라고 생각을 한다. 지금 대기업들이 부도 직전인돼 물류단지는 아직 시기상조라고 생각을 하고 잇는돼 김천 시장 박팔용씨는 심심하면 물류단지 착공 보상 문재을 들고 홍보을 하고 잇는돼 이것은 우리 주민을 개로피고 잇다. 이것이 물류단지 선정 발표을 한 뒤부터 쭉 2년째 댄다고 홍보을 하고 잇는 것이 우리 주민을 개로피고 잇다.

"오후는 사랑방에서 화토놀리을 하여쓰며 요줌은 사랑방이 비만 오면 손님이 가득차고 잇쓰니 이재 휴식을 집에서 보내는 것보다 사랑방에서 휴식을 보내고 잇는 사람들이 늙어나고 잇따고 생각을 하고 잇다."

"요줌 우리 딸들이 태권 시간이 집에 도착이 밤 11시가 돼는 때가 일주일래 반은 더 돼고 잇쓰니 부도가 볼 때에 외쳐렵꾸나. 고용주는 아이네프라고 하면서 고용인을 너무 고충을 주고 잇튼 것이 바람직하지 못 하다고 생각을 한다. 이것이 반복이 돼면 고용주가 이른 고충을 고용주 격끌 때가 잇따고 볼 때는 그 가슴 바리는 참아주기가 힘들 것은 사실이며 이른 것을 보면 인간의 존중을 지키주어야 한다는 생각이 더는구나."

(혜영이 적금으로 백만원함)

〈1998년 3월 12일 목요일 날씨 맑음〉

부인과 둘리서 포도 껍질을 벗키는 일을 하여쓰며 사실 포도 껍질 벗키는 일은 다른 일이 업쓰서 포도 껍질을 벗키고 잇는돼 이것도 수라지 않터라. 오늘도 둘리서 포도 껍질을 종일 벗키도 한 골 밖에 못 한다고 바야한다.

"오늘도 꽃샘 추위 때문에 몸들이 움치려 지곤 하며 일 하기가 그북한 마음 일을 한 셈이다."

〈1998년 3월 13일 금요일 날씨 맑음〉

오전은 포도 껍질을 부인과 둘리서 벗키고 포도 껍질을 아물개 할려고 하면 맷나무 하지 못 하게 쓰며 이것을 다 할려면 맷칠은 더 해야 할 것 같다.

"오후에는 도로 편입 대고 남은 당산밭에 트랙터 노타리을 하여쓰며 노타리을 오동나무 심어 논 것 때문에 노타리가 쉽지 않는구나. 노타리을 오후 일적 하고서 부인 포도 껍질 벗키는 돼 일을 도와 주어쓰며 그리고 오늘 자신이 아침에 개핵을 세운 일은 다 하고 트랙터 노타리는 우해 일을 한 셈이다. 사실 개핵대로 다 할려고 저녁 노을이 다 지두록 일을 하였다."

〈1998년 3월 14일 토요일 날씨 맑음〉

우리 부부는 매일 포도 껍질만 벗키고 잇는 나날을 보내고 잇다. 사람이 똑같은 일만 반복을 하니 육체적인 고통이 더 따리는 것 같꾸나. 우리 부부는 저녁에 잠자리 들어쓰며 온 몸에 아푼돼가 만아서 해일 수 업씨 온 몸이 쑤시고 잇쓰니 몸부림을 상당이 여르번 쳐야 잠을 위루고 잇따고 볼 때에 이재 일을 수라개 할 수가 업쓸까 하고 잠깨을 부리고 잇는 실정이다.

"요 매칠은 꽃샘 추위가 반복이 돼어서 일하기가 그북한돼 내일은 기상대는 더 춥다고 예보을 하고 잇쓰니 일을 하기가 그북한 것은 두고라도 우리 부부가 먼저 감기 조심부터 해야 할 것 같꾸나."

〈1998년 3월 15일 일요일 날씨 맑음〉

오늘도 역시 포도 껍질 벗키는 일을 부가하여쓰며 일의 능률이 갈수록 떨려저는 감이 잇쓰며 자신도 상당이 여르날 계속하고 잇쓰니 지치고 잇꾸나.

운이는 부모의 마음을 너무 몰라주는구나. 일요일은 꼭 운이 전화을 기다리는 줄 알면서 전화 한통아 주지 않꼬 그냥 넘어가고 잇는 자식놈이 원망스렵꾸나. 이 아빠는 하로가 넘어가면 운이 제대날짜가 하로 줄어꾸나 하는 생각을 하로 갈 때마다 이 아빠하고 넘어 가는돼 이 예비 마음 몰라주는 자식을 무라하여야 될련지 생각을 못 하겟꾸나.

〈1998년 3월 16일 월요일 날씨 맑음〉

오늘 오전으로 당산포도 껍질을 벗키는 일을 끝을 냇쓰며 그래도 포도 껍질을 안전이 하지 못 하고 대충 일을 하여 두어다.

"오후는 사과밭에 노타리을 하여쓰며 자신의 기억으로서는 사과밭은 노타리을 한 적은 업는 것 같터며 올해는 자신이 시간 여유가 만은 것 같꾸나. 그래서 사과밭, 포도밭, 작과밭을 올해는 다들 노타리을 다 하여쓰니 올해는 시간이 여유가 잇따고 생각을 가지본다."

지출에 … 농약 네아소진[96] 500CC짜리 ×2병= 8,000원

〈1998년 3월 17일 화요일 날씨 맑음〉

당산 포도밭에 네외소진 약을 물 한말래 희석약 100CC 파라치온[97] 50CC씨 해서 물량 15말 해서 살포을 하여다. 약량은 충분하드라.

"그리고 바시네이 쌔래단 포도에 약살포을 함. 물량은 17말 약량은 네아소진약은 물 한말래 100cc 파라치온 약 50CC 희석을 하여서 살포을 하여두어다."

이 두 곳을 약살포을 하고 나니 오전 시간 꼭 지드라.

오후에는 아포조합에 가서 작과약과 사과약을 사와서 작과약을 살포을 하여두어다. 매년 작과약 25말을 살포을 하여는돼 올래는 작과나무가 너무 만이 죽어 잇쓰서 올해는 20말로 살포을 하여쓰며 골래 작과밭에 20말, 앞밭에 20말로 살포을 하여서 결과적으로 10말이나 줄어따고 본다.

그리고 올해 약을 살포을 하여보니 약값이 너무 올라서 입이 벌러지고 잇다. 이 농약이 이처름 올라서 농사는 이재 사양길에 들어쓰써며 우리 농민의 고충이 날이 갈수록 더 힘이 들고 아이네프에 우리 농민도 이재 약값으로 서서이 표가 나고 잇꾸나.

지출에 … 사과약 27,000원 작과약
48,000원 씨감자씨 1,460원
계 76,460원

〈1998년 3월 18일 수요일 날씨 맑음〉

오늘 오전은 사과약 살포을 하여쓰며 이번 사과약은 제일 값싸게 들어가는 약, 기계류 약을 1말에 27,000원 주면 50말의 약이라서 자신은 이 약은 두 번을 살포을 할 수가 잇다. 그래서 약의 반은 내년에 살포을 할 때에 쓸라고 보관을 하여두어다.

오후는 잇밭에 트랙터 노타리을 하여서 감자씨을 노앗쓰며 올해는 감자씨을 일적 논샘이다.

그리고 오늘 시간여유가 업쓰서 봇밭에 노타리을 못 한 사람의 밭을 자신이 시간이 잇쓰서 5섯군대을 트랙터 노타리을 하여 주어다.

〈1998년 3월 19일 목요일 날씨 비〉

오늘은 당산 포도나무 가지 비누류 씨우는 일을 부인과 둘리 하는돼 가랑비가 내리다 말다 해서 개속 비누류 씨는 작업을 오전내 하고 오후에는 비가 만이 왔서 휴식을 하두록 하여 주어쓰며 하는 기대를 하여는돼 점심 식사을 하고 하늘을 첫다바도 비는 곳 쇼다질 끝 갇뜬돼 비는 오지 않코 잇드라. 내 부인 일을 할려고 안달이 나 잇는돼 휴식을 할려고 들지을 않으며 부인이 비가 오지 전에 봉지 하나라도 더 씨운다면서 준비을 하는돼 자신도 마음 속으로 가랑비라도 와주며 부인을 말리서 휴식을 하개는 그려지 못 하고 일터로 가서 작업을 하여쓰며 일을 한참 하고 잇쓰니 비가 오드라. 그 비을 맞저면서 일을 하여쓰며 비가 좀 그쳐주면 두 줄을 다 씨우겟는돼 하고 오희려 비가 오지 않아쓰며 하는 심정이며 이재는 욕심에 두 줄을 다 씨어야지 들어간다는 욕심이 생기며 그때는 비가 제법 내리는돼 우리 부부는 일을 하고 남들은 비가 온다고 다들

96) 네아소진은 벼문고병약(벼 잎집무늬마름병)에 사용되는 약이다.

97) 파라치온(parathion)은 벼에 붙는 명충, 과수나 야채 따위의 해충, 패각충 등의 살충에 사용하는 살충제이다.

들어가는돼 우린느 비을 마저면서 두 줄을 다 씨운다고 계속 일을 하여쓰며 결국은 비가 너무 만이 와서 두 줄을 조금 못 씨우고 철수을 하고 마랐다.
그리고 부인은 일을 못 할 때에 비누류 봉지 사로간다고 시장을 가서 봉지을 사오는 것으로 오후 시간을 보내따고 생각을 한다.(비누류 봉지 6,000 장)
"어재 봇밭 노타리을 하여 주어떠니 음료수을 사와서 오희려 더 미안한 감이 더는구나."

〈1998년 3월 20일 목요일 날씨 흐리, 바람〉
부인과 둘리서 포도가지 비누류 씨우는 일을 한다고 일적 현장에 같뜬이 날씨는 차거서 한 겨울 날씨 같터며 참 바람은 예 그러깨 부는지 손이 실려어서 도저이 일을 할 수가 업드라. 그래서 부인 봉지을 씨우는 것을 뺏아서 일을 못 하게 하면서 억찌로 집우로 대리오고 마랐다. 부인은 한 사람이라도 일을 하두록 나와두지 남가지 일을 못 하두록 한다고 잔소리을 하고 잇쓰며 자신은 날씨가 너무 차거어서 엇는 것보다 일련 것이 만을 것이라 생각을 하고 이번에는 부인을 어거지로 대리고 온 셈이다.
오전은 휴식을 하고 오후에는 자신 몰래 부인이 일터로 갈려고 하는 눈치며 부인은 날씨가 너무 차거어서 당신은 못 하니까 푹 자라고 하드라. 부인은 무선 소리을 해도 이 남편이 27年이란 세월을 같이 살라왔는돼 무선 짓을 모르게 쓰며 부인이 저처름 일을 할려고 더는돼 이번에는 내위을 한 벌 식 더 입고 시도을 해서 일을 하여보고 정 못 하게 쓰며 부인을 강재로 대리고 올 욕심으로 일터에 가서 일을 하여보니 안전무결하게 무장을 하여서 일은 아쉬운 대로 일을 할 수가 잇드라. 그른돼 오전보다 몸외 추위만 신경을 쓰서 옷만 한 벌 입고 양발은 오전과 똑같이 같뜬이 발이 실러어서 도저이 할 수가 업쓰며 그른돼다 장화라서 발 뛰꼽치가 실어 더 할려고 해도 더 할 수 업쓰서 오후 5시에 집에 들어오고 마랐다. 자신의 개핵은 5시 30분이여는되 그만 30분을 채우지 못 하고 마랐다.

〈1998년 3월 21일 토요일 날씨 맑음〉
오늘도 날씨는 꽂샘 추위는 일하기가 그북한 날이라고 말을 하고 십꾸나. 이른 날씨에 우리 부부는 포도자기에 봉지 씨우는 일을 계속하여쓰며 오늘은 날씨가 어재보다 조금 풀어저서 봉지 씨우는 일이 좀 수레따고 생각을 한다. 그래서 그른지 일을 개핵보다 더 만이 하여따고 생각을 한다. 오늘은 봉지 씨운 것이 셋줄을 그진 다 한 셈이며 내일 날씨만 잘해준다면 안전이 셋줄을 충분이 할 수 잇쓸 것으로 내다본다.

〈1998년 3월 22일 일요일 날씨 맑음〉
오늘도 우리 부부는 포도 봉지 씨우는 일을 하여쓰며 사람이 기온이 회복이 돼어 쓸 때 봉지 씨우는 일을 더 할려고 생각을 해도 실천을 못 하고 우리는 지금 꽂샘 추위에 발을 굴리면서 봉지 씨우는 일을 하여쓰며 그리고 오늘은 부인이 발이 너무 시렵다고 하여서 내가 집에 들어가서 운동아을 가지고 왔서 바꾸어 신키도 하여쓰며 그리고 요줌은 일하는 것이 욕심으로 한다고 바야한다.
오늘도 포도 봉지 씨우는 일은 상당이 무리한 일이라고 생각을 가저보며 사람이 이려개가지 해야 하느냐하는 생각을 가저보기도 하였다.

〈1998년 3월 23일 월요일 날씨 맑음〉

오늘로서 포도가지 비누류 씨우는 일을 끝을 냇다. 봉지 씨우는 일을 끝을 낼 개핵으로 아침 일적 스듭고 정심 때는 우리 부부가 밥 한 줄 탁 터고 곳바로 봉지 씨우는 일을 할려고 현장에 가서 일을 했키 때문에 봉지 씨우는 일을 끌을 냇다. 오늘 일을 맏치고 보니 우리는 이재 일을 다 한 것 같은 기분이 들드라.

〈1998년 3월 24일 화요일 날씨 맑음〉

오늘은 당산 포도밭 김매기을 하여쓰며 부인은 포도 가지을 철사줄레 동여매는 일을 하여쓰며 부인은 철사줄레 가지을 동여매는 작업을 다 하여는돼 자신은 김매기을 닷섯판 밖에 매지 못 했쓰며 앞푸로 일곱판이 남아 잇쓰니 아직가지 하로반을 매야 끝을 낼 수가 잇따.

"요줌은 자신이 무선 일을 해도 자신의 몸이 늙 무급고 잡자리에 들어가기 전에는 몸부림을 한참식 쳐야 잠이 들곤 하니 자신의 몸도 늙어따는 생각이 들 때도 한 두번이 아니다."

"몸부리 쳐는 것은 자신 뿐 아니라 부인도 피료가 누적이 돼어 몸부림을 쳐는 것은 자신과 별 다름이 업따고 생각을 하며 자신은 늙 부인의 건강문재을 늙 생각을 하고 잇쓰며 부인의 피료에 누적이 돼어 잇는 모섭을 볼 때는 내 마음이 그리 안스렵꾸나. 여보 미안하오."

〈1998년 3월 25일 수요일 날씨 맑음〉

오늘은 상토흙을 준비을 하여쓰며 상토흙 준비는 경운기로 4바리을 준비을 하여쓰며 상토흙을 경운기 추레라예 수복이 하지 않코 추레라에 조금 올라오는 정도 4바리을 준비을 하여 두어다.

오후는 쓰레기 준비을 하여 둔 것을 다 불류을 하여서 경운기로 한발리 실어 내는돼 이것을 보고 우리 집도 상당이 만이 쓰고 잇따는 것을 생각을 하여쓰며 그른돼 우리는 상당이 알뜨리 살라간다고 생각을 하는돼 쓰레기 양을 보니 다시 한번 생각을 해바야 하겟따는 생각도 자신의 머리을 쓰쳐 가는구나.

오후에 마늘거름을 하여쓰며 마늘 웃거름은 복합거름을 하여 두어다. 오늘 마늘 거름은 기당대서 내일 비가 온다고 예보을 하여서 오늘 거름을 하여 두어다.

〈1998년 3월 26일 목요일 날씨 비〉

오늘 오전부터 흐린 날씨가 금새라도 비가 쇼다 질뜻한 날씨며 우리 부부는 피료한 몸을 쉬기 위하여 비 좀 오전부터 시작을 해서 비가 와주며 우리 부부는 피료의 몸을 쉬기 위하여 비을 바라고 잇는돼 비는 오지 않아서 우리 부부는 하늘 바라보며서 오전 9시가 돼는 것을 보고 일을 하로 같쓰며 우리 부부는 몸살 직전까지 왔잇따고 생각을 하면서도 무심한 날래 휴식을 하지 못 하고 몸부림을 쳐면서 일을 하로 가서 억찌로 일을 하곤 한다. 오늘은 부인을 좀 쉬기 위하여 김매기을 조금하고 부인을 억찌로 쉬개 한다. 이른 수을 쓰지 않는다면 몸을 지탱을 할 수가 업따는 생각에 오늘은 김매기을 조금만 하고 억찌로 쉬게 만들어다. 그른돼로 지탱을 하면서 오후 4시까지 일을 하고 그만 비가 와서 피료한 몸을 쉬기 위하여

바라뜬 일이라서 반갑드라. 그만 연장을 총알같이 쨍기서 집우로 들어오고 마랐다.
"요줌 우리 부부의 건강을 생각을 하여보면 둘리가 조금만 일을 하여도 쉬 피료한 것 같떠며 작년까지만 하여도 자신의 몸이 힘들어하지 않아는돼 이것이 한나이 더 먹어서 체력이 따리서 그른가 감을 잡을 수가 업꾸나. 지금 자신의 마음은 늙어따는 생각을 조금도 하지 않는돼 사실 몸이 늙어간다고 바야 하나 그려치 않으며 봄개 절래 몸이 따라가지 못 해서 피료한지 몰개꾸나."
"지금 우리 부부는 육체적인 피료가 너무 누적이 돼어 잇따고 보며 무선 일이라도 욕심으로 일을 하고 잇따고 생각을 한다."

〈1998년 3월 27일 금요일 날씨 맑음〉
오늘 오전은 비가 온 디라서 휴식을 하고 잇쓸라다가 아무 일도 못 할 때에 수앙 버들 끄고지을 하여주어따가 당산 맥밭에 안전 보식을 하여서 도롯에 다니는 사람들의 휴식처을 만들어 줄 욕심으로 오늘 수양버들 끄꼬지을 만이 하여 두어다.
오후는 당산 맥밭에 경운기로 두엄을 실어 냇다.
그리고 우리 혜지가 운전면회증을 김천 경찰서에서 부인이 찾자 왔쓰며 우리 혜지가 회사을 다니면서 면회증을 따쓰니 이것은 큰 소득이라고 생각을 하며 나는 면회증도 시간이 업쓰서 면회증을 못 따는 것이 아닌가 하고 마음 속으로 극정을 만이 하여다.
"자동차 면회증은 딸들보다 내가 면회증을 취득을 해야 하는돼 나는 색망이라서 면회증을 딸라고 생각도 해보지 못 하는 처지니 안타갑다."

〈1998년 3월 28일 토요일 날씨 맑음〉
오늘 오전으로서 당산 포도밭 김매기을 자신 혼자 끝을 냇쓰며 오늘 김매기을 한 것은 비가 온 뒤라서 땅추지서 김매기 효력이 업쓸 것 같다서 마음이 개운치 않는 김매기여따고 본다.
오후는 이발도 할 겸 처형이 개단에서 넘어저서 팔 골절이 돼어서 병원에 입원하여따고 하여도 자신이 바픈 간계로 병문안을 가보지 못 하고 부인도 한번 가바야 하는돼 하면서 가보지 못 해서 마음외타게 시간을 보낸 뒤라서 이번에 동서한태 이발을 할 겸 오늘 우리 부부는 병문안 겸 이발도 하로 김천 동서 집에 가개 돼어쓰며 오늘 이발은 일거양득이 돼 일이라고 생각을 한다. 자신의 이발문재도 회결을 하여고 부인은 언니 팔 골절로 고생을 하고 잇는 언니의 문안을 했쓰니 채면 유지을 좀 한 샘이라서 마음이 좀 편 할 것이 아닌가 십다.
지출에 … 버스비값 3,040원 이발료값
5,000 한자 옥편값 18,000
오토바이 부품값 4,000
오토바이 오일값 3,000
계 33,040원

〈1998년 3월 29일 일요일 날씨 맑음〉
오늘은 바시네이 세례단 포도 등굴을 올릴 등굴 철사에 유동을 막키 위하여 동여매는 작업을 하여쓰며 이 일을 종일하여도 다 못 하고 내일 오전을 해야 다 할 것 같꾸나.
운이가 전화을 줄 쭐 알라는돼 오늘도 주지 않코 잇다. 이 아빠는 일요일은 운이 전화을 받들 수가 잇따고 주일월 늙 기다리고 잇는돼 전화가 업쓸때는 그리 서운한 마음으로 일요일월을 보내고 다름 일요일은 전화을 주겟찌 하고 다음 주월 기다리는 이 마음을 몰라주는 자식이 원망스렵다.
지출에 … 동기개 회비값 30,000원

〈1998년 3월 30일 월요일 날씨 맑음〉
오전은 바시네이 세레단 포도 등굴 고정을 하는 철사가 유동성이 만아서 동여매는 일을 오전으로 끝을 낼 수가 잇쓰다.
"오늘 범식네가 혼자 살면서 포도 약을 아직까지 살포을 못 해서 약살포을 하는돼 줄 잡아 줄 사람이 업따면서 자신보고 그들어 달라고 부탁을 해서 자신도 여유 시간이 업는돼 그들어 달라고 하는돼 어떠깨 할 수도 업고 해서 약 타는 일 모든 일을 그진 다 하여다."
"오후는 부인과 둘리서 땅콩 갈 때 이랑을 만들어 두는 일을 하여쓰며 이것을 일적 이랑을 만들어 두어도 아무런 지장이 업는지 몰개꾸나."

〈1998년 3월 31일 화요일 날씨 흐림〉
오늘 오전은 대신 계령 사이에 놋는 다리 대동교 기공식을 오늘 오전 10시에 하는돼 이 기공식에는 선물을 준다고 하니까 만이도 참석을 하여드라. 자신도 어낙 큰 공사라서 기공식에는 거창할 줄 알라는돼 그려치 않코 시공식 답사 맷마디 하드니 기공식을 끝을 낸다고 이야기을 할 때에 신급기 끝을 냇쓰며 오늘 선물은 수건과 음료수이며 이것도 사람의 수짜바서는 주체척에서는 부담이 돼개드라만 오늘 기공식에 참석을 하지 않꼬 일이나 할끈돼 하는 후예만 돼는 마음이 더는구나.
"오후는 기상대에서 내일은 전국적으로 비가 온다고 해서 자신의 논자리을 한박기 돌면서 보뚝과 벼집을 들거두어서 벼집이 남은 것을 말금이 태우는 일을 하여쓰며 대신 사람은 벼집을 알떠리 거두어 같든돼 본동에 창길이는 밭터린 벼집이 너무 만아서 손댈 것이 너무 만아서 힘이 들어다."
지출에 … 보일아 기름값 135,000원
(면세금 경유을 등유로 교환함)

〈1998년 4월 1일 수요일 날씨 비〉
오늘은 친구와 부인 친구들과 같이 놀라쓰며 오늘 비 때문에 부인 친구들과 절거운 시간이 돼어쓰며 부인 친구들이 우리 부부가 내일 경주 구령 관다고 불비하는 모습을 보이며 이재는 부부키리 관광을 가야 한다고 한 목소리을 하드라. 자신도 부인과 둘리서 경주 관광 간다는 이야기는 사실 작년부터 생각을 한 것이며 부인은 다음으로 미루는돼 자신이 생각을 했쓸때에 같다 와야 한다면서 자신이 이끌어 내일 경주 관광길로 나쓰게 대어다.
"그리고 어재 부인과 둘리서 관광갈려고 어재 200,000원 대신분소에서 찾자 왔는돼 생각지 않아뜬 보일라 기름값을 135,000원 주고 나니 내일 여행이가 부족해서 오늘 또 200,000원 찾자 왔쓰며 그리고 부인 친구들리 자신이 대신분소에 간다고 하니 과자을 사오라고 하는돼 안 사가면 욕을 할 것 같아서 3,600원 주고 사탕을 사다주어쓰며 사탕을 너무 만이 사와따고 미안한 감을 가지드라."
"그리고 부인은 내일 여행 준비을 한다고 김천장을 보고서 자신 평소때에 사진기가 잇쓰야지 하고서 극정을 하여뜬이 오늘 부인이 처형 아들집에서 사진기 500,000원을 과일 수학을 해서 준다면서 외상으로 가지고 왔드라."
"우리 군 생활이 두달 20日 남아꾸나. 이 시간이 오기까지는 이 아빠는 을마나 월마나 마음을 조리 왔는 줄을 운이는 모르개찌 이 아빠는 이 고충이 너무나 크다고 생각을 한다. 여하뜬 남은 두달 20日 이 시간은 길다고 하면 긴 시간이지만 짤다고 생각을 짤번 시간인돼 이 시간을 잘 망우리을 하여서 건강한 몸으로 부모 품으로 돌라주기을 학수고대하는 마음 뿐이다."
지출에 … 부인친구한태 3,600원

〈1998년 4월 2일 목요일 날씨 흐림〉
부인과 둘리서 경주 여행을 하여쓰며 우리 부부는 둘리서 여행은 처음이라고 생각을 하며 오늘 관광은 부인과 단 둘리라서 그른지는 몰라도 절거운 여행이라고 생각을 하며 경주는 관광지가 사방으로 허터저 잇쓰서 계인적으로 경주 관광 온 사람은 불편이 따린다고 말을 하고 십프며 그리고 버스 성강장에 어느 곳은 몇 번이라는 표가 업쓰서 항상 무르야 하는 불편을 주고 잇쓰며 우리나라에서 경주하면 관광지하면 일위라고 해도 가연이 아닌돼 방향 표시 이정표가 아주 낙후하다고 생각을 하며 자신으로 바서는 우리나라가 너무 형편이 업따는 생각이 들며 경주 박물간도 그르터라. 그 만은 사람이 순서돼로 관람을 못 하고 훌훕이 돼어서 관람을 하기 때문에 서로들 바치며서 관람을 하고 이른 것들을 업쌜라면 유적들의 순서돼로 할 수 잇두록 관람 순서돼로 하두록 방향 표시을 하여 두든가 그려치 안으며 관람비는 입이 벌어지두록 받으면서 안내자을 배치하여서 순서대로 관람을 하두록 하여 주든지 여행객들래깨 너무 최대을 하고 잇따는 너킴을 너무나 크게 밭아쓰며 그리고 외국 여행자들도 드로 만턴돼 이른 사람을 바스라도 특별한 한 두 곳은 유적의 내력을 알려주야 하는 의무가 잇따고 보는돼 그려치도 않코 미술관에 그림을 보고 지나가는 유적지가 돼어서 돼겟나 하는 생각밖에 업꾸나.
오늘 부인은 신혼 여행 왓따고 말들을 만이 하며 부인은 아주 좋아하는 하로여따고 말을 하드라. 그리고 부인은 자신보다 현대 사람이라고 말을 하고 십꾸나. 외냐 그만은 사람들 중 손 잡고 다니는 사람이 절먼 청춘 남녀들이 한 두쌍이 손 잡고 다니는돼 내 부인이 그 대열에 들어갈려고 팔장을 해서 다닐라고 여르번 시도을 하는돼 남들보면 욕 한다면서 자꾸만 팔을 푸리치고 하여쓰며 내 부인은 나보다 아주 점타는 생각을 가저받다.
여화뜬 오늘 구경은 잘하여따고 생각을 하고 십프며 관광도 절멀 때 해야 한다는 너킴을 밭앗다. 외냐 오늘 여르 곳을 다니보니 체력이 딸리며 아주 피료한돼 부인은 아직 피료한 감이 업는 것 같드라. 오늘 관광은 부인이 리더을 다 했따고 생각을 한다. 하나에서 열까지가 부인이 섬새하다는 너킴을 주어다.
오늘 구경은 구미 터미널에서 직행으로 경주 터미널- 직행으로 - 보문단지 - 직행으로 불국사 - 직행으로 석굴암 - 직행으로 불국사 - 직행으로 시내 박물관으로 - 직행으로 경주역 - 택시로 쌍마촌 - 상마촌에서 택시로 경주역 - 역에서 - 새마을로 - 구미 - 이른 순서로 관광을 맡치다.
"오늘 여행은 좋아따는 말을 하고 십다. 다음에는 부인과 둘리서 여르 곳을 하지 말고 한 두 곳을 선정을 해서 구경을 하고 돌라오는 일정을 짜야 한다는 생각을 가저본다."
지출에 … 경주 관광비값 계 102,500원

<1998년 4월 3일 금요일 날씨 맑음>

오늘 캄벨 포도나무에 봉지 씨운 비누류 봉지에 물이 고인 것을 물 패는 작업을 하여쓰며 오후에는 땅콩 파종을 하고 잡초약을 살포을 하고 비누류을 씨어는돼 땅콩 촉 터는돼 지장을 주지나 않을가 하고 염려가 돼는구나.
"올해 포도 가지들이 시원찬은가 포도 운 터는 것이 마음에 들지 않으며 눈들이 다들 죽은 너킴을 주고 잇는 것이 금년도 포도는 풍년 농사는 힘들 것이 아닌가 하고 염려가 돼고 잇다. 아푸로 수도작으로는 돈을 한다는 것은 아주 힘드는 일 돈이 돼는 것은 포도밖에 업는돼 실지 극정이 만이 돼고 잇다."

<1998년 4월 4일 토요일 날씨 맑음>

바시내이 포도 김매기을 하여쓰며 부인과 둘리서 김매기을 싹한지가 맷칠이 돼지 않아는돼 오늘 바닥을 보니 무엇신가 바닥에 새파라깨 땅위에 올라오고 잇는 것을 보니 급이 나는구나. 이것을 오전내 김매기을 하면서 기상대는 내일 정국적으로 비가 온다고 하는돼 김매기 일은 잘못 하는 것이라는 생각이 머리 스쳐만가서 오후는 고추 갈때 두엄을 경운기로 실어 넛는 작업을 하여다.
"금년에는 비가 자주 오고 잇꾸나. 금년에 비가 자구 온다는 것은 일기가 고루지 못한 것은 일기가 불규칙 스려어서 작물이 고로 자라지 못 한 뜻이 돼며 결과적으로 풍년이 어렵따고 생각을 한다. 요즘 일기가 불순하여 비가 자주 아서 작과일이 숭년이 돼지 않을까 하고 극정을 하고 잇다. 요즘 아니네프에 실업자가 쇼다저는 이때는 풍년이 돼어야 인간도 선한 쪽으로 흙으가는돼 농사마저 어렵개 돼며 선한 쪽보다 약한 쪽으로 흙으간다고 바야한다."

<1998년 4월 5일 일요일 날씨 비>

요줌 날씨가 비 오는 날이 자저며 비만 왔따하면 만은 비가 오면서 꾸준하게 비가 내리는돼 인간이 질리두록 하고 잇다.
오늘 자신이 비가 와서 종일동안 휴식을 하면서 운이 전화을 기다리고 잇는돼 이번주도 전화을 주지 않코 잇꾸나. 이 아빠는 지난주에 전화가 업쓰서 이번주는 꼭 전화을 줄 끄라고 생각을 하여는돼 이 아빠의 기대는 허사로 돌라가고 말랐다.
"부모가 자식을 볼 때마다 몸이 조금 고달프드레도 주일날은 꼭 전화을 하라고 부탁을 하여도 요놈은 실천을 못 하고 잇쓰니 이 아빠가 생각을 할 때는 아무것도 모르는지 알라도 기찬아서 안하고 잇는지 그 마음을 몰라주게쓰며 부모의 마음을 너무나 몰라주는 것이 안스렵다."
지출에 … 봉산 이장로 자식 축이금 30,000원

<1998년 4월 6일 월요일 날씨 흐림>

오늘은 장모님 생신이며 부인은 올해는 바픈 것이 업쓰니 이번에는 꼭 장모님 생신에 참석을 하자면서 손을 일끌고 가자고 외구치는돼 다음에 같깨 하면서 억찌로 말루을 하고 부인은 올해도 아침식사을 같이 한다고 아침에 부인은 친정을 같쓰며 내 부인은 늙 아침식사는 참석을 못 하는돼 올해는 아주 장한 해가 돼어서 부인이 아침에 참석을 할 수가 잇쓰따고 본다.
그른돼 낮 12시경에 서울동서가 장모님 생신에 참석을 하여따가 외가집을 둘리면서 자신한태 와서 사진기 교환 할려고 가지고 오라면서 전달이 왔드라. 그래서 자신도 스 들어서 장모님 생신에 너깨나마 참석을 하게 돼어쓰며 금년에는 동서가 만이 참석을 하여쓰며 앞푸로도 이른 자리에 다들 참석을 하여 주어쓰며 하는 마음이 들드라.
"오늘 사진기 교환을 할려고 세기전자 대리점에 갇뜨니 사진기도 마음에 더는 것도 업고 해서 처음 가지고 온 사진기 그대로 가지고 왔다."

〈1998년 4월 7일 화요일 날씨 맑음〉
우리 마을은 물류유통 터미널 들어온다고 다들 대구 하양에 가서 대추나무 묵은 것 6,000원 주고 사와서 너도 나도 땅보상을 받을라고 사방 매다로 심어서 보상을 받들라고 몸부림을 친다고 말을 해야 돼나 이것은 인간의 욕심이 한이 업따고 바야하게 꾸나.
오늘은 포도 고랑에 물이 고여서 이것을 해결을 할려고 경운기로 모래을 실어뜨리는 일을 하였다. 오늘 자신이 모래을 실련 것은 요즘 비가 자주와서 다른 일은 힘들고 해서 오늘 자신이 포도밭에 모래 실른 일을 하였다.
요즘 부인과 살라가면서 진미가 더 생기는 감이 들며 부인이 자신을 넘어나 챙기주는 것을 보며 때로는 미안하두록 잘하고 잇쓰니 자신은 그 고마음 때문에 자신은 부인을 소중이 여기며 우리 부부는 신혼 때 못 느껴 본 것을 요줌은 우리 부부는 잠쉬라도 떨어저스는 못 할 정도로 사랑이 길다고 자신은 생각을 한다.

〈1998년 4월 8일 수요일 비〉
올해는 비가 자주 와서 선답직파도 못 할 것 갇꾸나. 나 자신이 볼 때는 4월달돼 비가 자주 올 뿐 아니라 그것도 만은 량의 비가 온다는 것은 아주 더문 해라고 바야한다.
오늘은 비 때문에 오전을 휴식을 하고 오후는 골래 작과밭에 경운기 들어가기가 불편해서 경운기로 흙 샛바리을 실어너어서 길목을 잘 만들어 놋는 일을 하였다.
그리고 저녁에 동장이 나와서 약정 수매 팔찌을 빼는돼 도와달라고 하여서 가밭뜬이 올해는 논들이(임대논이) 상당이 만이 바키쓰며 이재는 임대농사도 경쟁이 치열하구나. 그리고 절먼 사람들이 욕심을 만이 부리서 농사도 기업으로 몰리는 현상이 올해는 표가 나는구나. 앞푸로 을마 안 가서 넉둘들이 맷사람의 경작으로 끝이 날 것 갇꾸나.
"이재는 농촌도 살매 경쟁이 나타나며 이것은 다 삶매 여유가 업따는 정거라고 말을 하고 십꾸나."
지출에 … 따지엣스 4봉 셈표간장 1명
모란용 비료 작년비료 0.5포
모란용 비료 1포 - 1포반함
계 37,500

〈1998년 4월 9일 목요일 날씨 비〉
오늘 오전은 상토흙에 거름과 다찌예스을 혼합을 하는 일을 하여쓰며 올해는 제 논에도 직파을 할려고 상토흙도 준비을 하지 않아는돼 요줌 사월 도로 비가 오고 잇쓰니 금년도 직파는 힘들지 않을까하고 극정이 돼고 잇다.
오늘 부인이 백내장 수술을 하고 개려어하

는돼 상토흙에 거론과 약을 썩는 일을 하는 돼 자꾸만 일을 도와 주는돼 자신의 마음이 쓰이지만 이 일은 셋시가 해야 하는 일이기 때문에 부인의 도움을 밭아다. 오늘 자신은 혼자 할려고 개핵을 하여는돼 부인이 나와서 도와주어서 일을 생각보다 수라게 하게 돼어쓰며 그리고 일을 다 맡치고 나니 비가 막 내리는돼 오늘 일은 하늘이 도와준다는 너킴이 들어다.

"오늘 상토흙에 비료 1.5포 약 9봉을 사용함. 흙량은 경운기로 4바리정도이며 추레라에 수북이 하지 안는 량의 흙이다."

〈1998년 4월 10일 금요일 날씨 맑음〉

오늘은 외성보에서 갯돌보을 하여쓰며 수료에 물리 만아서 갯돌보는 대충 한 셈이다. "우리 농촌도 이른 일에 일력이 동원대는 일이 업깨끔 수료에 세멘을 하여서 불필요한 인원이 동원이 돼어서 낭비을 하는 일이 업깨끔 해야 될 것 같다. 출력 인원이 약 30명이 넘어며 이 사람이 지출내는 금액도 하로에 150,000원 이상이 됀다고 볼 때에 음청난 금액이다. 이것이 여름에 수초작업 다들 친다면 회수가 상당이 만으며 이것들이 돈이라고 볼 때에 상당한 금액이라고 본다."

지출에 … 스포탁 7병 6,300원

〈1998년 4월 11일 토요일 날씨 맑음〉

오늘도 외성보에서 갯돌처는 일을 하여쓰며 금년에는 갯돌 부역을 하로을 단축을 하여쓰며 올해는 2일만에 끝을 내고 마랐다. 오늘 저녁을 먹고 온 식구가 텔레비전을 보고 잇는돼 운이 전화가 와서 온 식구가 돌라가면서 음석을 들어쓰며 이번에 3주만에 전화을 주는 것이라 더 반갑드라.

〈1998년 4월 12일 일요일 날씨 비〉

오늘은 내일 포항, 경주로 동신계에서 관광을 간다고 마음들 분주하며 자신도 준비물 준비을 하는돼 도와줄가하고 같튼이 여자둘이 다들하고 잇쓰서 남자들은 할 일이 업드라. 오후는 바시네 포도밭에 김매기을 하여쓰며 사실 김 매는 것은 기상대서 비가 온다고 해서 김매기도 의욕이 업는 김매기을 하고 잇따고 바야한다. 자신이 김매기을 하여도 기상대의 말돼로 비가 만이 오면 김매기는 보람이 업는 일이라서 오후에 일적 마랒다.

지출에 … 대신 1동 이장호 아들 결혼식
축이금 30,000원

〈1998년 4월 13일 월요일 날씨 비〉

오늘은 포항, 경주로 동신개에서 여행을 가는 아침부터 비가 내리고 잇쓰며 기상대에서 비가 만이 온다고 하니 부인은 남편 생일 준비을 한다고 하면서 구경을 포기을 할려고 하는 내가 억찌로 돼리고 같스며 자신이 여행길을 낮쓰면서 극정이 돼드라. 외냐하면 비가 만이 와서 사고나 나면 어떠게 하나 부인이 안 올라고 하는돼 남편이 배락을 맡치는 것이 아닌가 하고 방정한 마음이 머리에서 떠나지 않드라. 부란한 마음으로 여행길을 가개 돼어쓰며 그른돼 시간이 갈수록 비는 더 오고 포항에 도착을 해도 비는 거칠 줄 모르고 우리는 야회에서 고기을 꾸어 먹을라고 한 것이 다들 술푸로 도라가고 마라쓰며 우리는 식당에서 정심을 먹고 가는돼만 30,000원 주고 정심을 회결을 하고 죽도 시장만 구경을 하고 곳바로 경주 불국사로 가개 돼어쓰며 그때사 비는 내리도 불안한 마음이 조금식 살라저가고 잇쓰며 그른돼 10日전에 우리 부부는 경주구경을 다 하여서 별 재미가 업는 여행이 돼어쓰며 경구구경은 불국사 청마총에 구경을 끝으로 오늘 여행을 끝을 냇쓰며 오늘 비만 오지 않아따면 포항 주위에서 바다 구경을 하여떠라면 좋은 여행이 돼어 쓸끈돼 오늘 여행은 날시가 다들 망치따고 생각을 하는 여행이 이여따고 생각을 한다.

오늘 동신개에서 남자들이 14명 여자들이 11명이 여행을 포항, 경주 여행을 한 셈이다. 오늘 여행계 지출이 850,000이라고 한다.98)

지출 … 개원 한 사람이 10,000원
부부간에 온 사람은 20,000원
내기로 결정을 하여서 우리는
20,000원 지출을 한 셈이다.

〈1998년 4월 14일 화요일 날씨 맑음〉

오늘로서 자신이 벼씨 참종을 하여쓰며 올해는 벼씨 품종을 일벼씨을 전필지에 다 한 것이나 다름이 업다고 바야한다. 자신이 28마지기에 일미벼씨을 참종을 하고 나머지 3마지기는 남천벼씨을 참종을 하여다. 자신이 한가지 품종을 만이 한 것은 올해뿐이다. 참종을 다 하고 어재 여행 속풀리한다 다들 모여서 정심식사을 다하고 결산을 하고 종일 휴식을 한 셈이며 자신은 너깨야 포도밭, 사과밭, 작과밭을 한밖기 돌라보는 것으로 오늘 일과을 다 한 셈이다.

그리고 오늘 우리 식구 식량으로 둔 것을 벼씨로 달라는 사람이 와서 업다고 할 수도 업고 식량으로 둔 벼씨가 약 7가마가 나갈 쓰니 이것은 우리 식구들 식량 비록 미라 업세면 밭땅이 식량이 부족이 온다는 것을 다 알지만 벼씨로 달라고 하는돼 거절을 할 수가 업쓰서 오는 사람은 다들 주고 달희 친구는 양식을 하구로 벼씨량 2가마의 량을 바꾸어 가라고 해서 이 친구는 교환을 하여서 가지고 같다. 오늘 일들은 자신이 바보가 됀 셈이다. 이것을 알라도 벼씨라는 말 한마디 때문에 자신은 적은 손실을 보고 잇쓰며 벼씨을 주고 잇다.

수입에 … 벼씨 소독약 2병 1,800원

〈1998년 4월 15일 수요일 날씨 비〉

어재 저녁에 밤새두록 비가 내리서 오늘 아침에는 일어나는 적시 포도밭을 들리서며 생각보다 비가 만이 온 표가 업쓰며 그른대로 요란스럽개 천동비가 내린 것 쳐고는 포도밭이 조용한 너킴이 더는구나. 자신은 포도봉지에 물 들은 것은 비어내고 아침 일을 만이 한 셈이다. 그리고 바시내이 포도밭 도랑을 쳐는 일을 다 하여쓰니 자신이 해장 일을 한 적은 오늘이 처음이다.

오후는 부인이 떡방아간에 가서 쑥떡을 다 하여놓고 부인은 병원에 가서 눈을 치료하고 농협장을 바가온다고 하면서 나부로 떡을 찾자가라고 이야기을 해서 자신이 오후 5시 경에 떡을 찾자 왔다.

부인은 내일이 남편 생일이라고 준비을 한다고 상당이 분주한 시간을 보내고 잇따고 생각을 하며 바뿐 모습을 보는 부인이 고맡고 나는 부인한태 너무나 기대면서 살라간다는 너킴이 드는구나. 늙 부인한태 미안하구나

지출에 … 버스비값 1,860원

98) 일기 지면 상단에 '(오늘로서 참종을 하여다.) 벼씨'라고 기록되어 있다.

〈1998년 4월 16일 목요일 날씨 맑음〉
이번에 부인이 남편 생일 준비 한다고 밤잠을 자지 못 하고 준비을 하여 준되 대회서 너무 고맙꾸나. 자신은 부인처름 존경을 못 하고 잇쓰며 자신은 죽어도 못 할 정도로 부인은 남편을 위하여 살라가는 사람이라고 말을 하고 십꾸나.
오늘은 포도 비누류 봉지 씨운 것을 오늘 포도 순이 잘라서 비누류 봉지에 닫는것은 다들 비끼는 일을 하여쓰며 자신이 작년에 포도순이 만이 잘란 뒤에 비누류 봉지을 재거을 하여서 득보다 손실이 만은 것 같다서 올해는 비누류 봉지 일적 제거을 하고 잇다.

〈1998년 4월 17일 금요일 날씨〉
오전은 포도 비누류 씨운 것을 벗키는 일을 하여쓰며 오늘 오전은 부인과 둘리서 하여다.
오후는 봇밭에 참깨 갈려고 이랑만 만들어 놓아다.
우리 부부는 참깨 이랑만 만들어 놓고 집에 오는 가정에 소낙비가 내리서 우리 부부는 옷을 다 바리쓰며 이 비가 사월도로 오고 잇쓰니 건답직파는 생각도 못 하두록 비가 내리고 잇는 하늘이 원망스렵꾸나.
그리고 오늘 영농자금 2,000,000만원과 매상 선도자금 1,890,000원과 자신의 통장 돈을 보태서 5,000,000원을 적금을 하여 두어다. 작년에는 이 돈을 통장에 너어 두어다가 가용에 다들쓰고 나니 가을래는 허전한 것 같아서 올해는 저금을 해서 영농자금과 매상 선도 자금을 남겨 놀라고 적금을 하였낮다.
지출에 … 참깨 비누류값 18,000원

〈1998년 4월 18일 토요일 날씨 맑음〉
오늘 오전은 마을에 대청소을 하고 김기진씨 회갑에 음식 재공을 밭아쓰며 오후는 웃뜰논 셋단지을 트랙터 노타리을 하여 두어다.
"올해는 비가 자주 와서 건답직파을 할 사람들이 비가 자주 와서 다들 포기을 하여기 때문에 건답직파을 할 사람이 업쓰서 자신의 시간이 만아서 부인을 도와주는 시간이 만아졋쓰며 자신이 바푸면 부인이 고만춤 시간이 바픈돼 그만춤 여유 시간이 잇쓰서 자신은 마음이 더 편하구나."

〈1998년 4월 19일 일요일 날씨 맑음〉
오전은 모재리 노타리을 트랙터로 하여쓰며 내끄 노타리을 하면서 남의 것을 4군대을 하여 주어쓰며 남들은 여사로 알개찌만 모재리 노타리 힘이 만이 들어간다고 바야한다. 외냐하면 쪼번 면적에서 두 번식 나닐라면 상당이 힘이 던다. 이것도 모르고 잇는 것이 마음에 걸린다고 말을 하고 십꾸나.
"오후는 대신 1동 강신규 아들 결혼식을 자유 예식장에서 올리는돼 참석을 하여쓰며 잔치을 여르번 올린는돼도 손님이 아주 만드라."
지출에 … 강신규 아들 결혼 축이금
30,000원

〈1998년 4월 20일 월요일 날씨 맑음〉
오늘은 수원수가 30도 육박하는 한여름의 날씨며 요줌 일기가 불순이라 생활이 힘이 드는구나. 오늘 오전은 모재 두룸만 하여 두어쓰며 물둘이 업쓰서 힘이 들드라. 올해는 물박아 넌는 작업을 좀 일적 해야 모재리 준비가 수란돼 그려치 못 해서 힘이 드는구나.

오후는 건답직파을 포기을 하고 오늘 다시 침종을 하여쓰며 상토흙도 경운기로 셋바리 준비을 하여두어다.
"오늘 상토흙 복토흙 해서 경운기 추레라에 가득하지 않코 셋바리 준비을 함.[99]

〈1998년 4월 21일 화요일 날씨 맑음〉
오전은 자신의 모재리터을 생노타리을 하여뜬이 모재리가 재돼로 돼지 않을 것 같다서 오늘 물을 가득 너코 물노타리을 하여뜬이 모재리가 제대로 돼는 것 같드라. 앞푸론 모재리는 생노타리을 하여서 삥삥가리을 만들며 차라리 노타리을 안한 것이 낱따고 본다. 오늘 물노타리을 쳐보니 모재리 하는돼 별로 손 뛜 것도 업두록 미끈하게 잘 돼드라.
오후는 군수 재선 두 집에 육모상자 1,300매을 파종을 하여쓰며 그래도 시간이 조금 남드라. 개가 좋으니 짤번 시간에 만은 수짜을 하지만 그만춤 사람의 힘도 더는구나.

〈1998년 4월 22일 수요일 날씨 비〉
오늘 오전은 외성보에서 물 막아 넌는 작업을 하여쓰며 오늘 일은 년일 작업량은 업찌만 오늘도 오전 10시에 작업을 끝을 내서 자신이 파종을 할려고 스들어서 집우로 와서 파종이 설치을 다 하였노고 사람이 오두록 기다쓰며 오늘 파종을 큰 집과 자신이 파종량이 상당이 만으며 특희 날씨가 흐리서 비가 올까바 극정이 더 돼며 파종을 자신끄만 하고 오후에 비가 와서 파종하는돼 지장을 주게되며 자신의 마음이 편하지 않을 것 갈다서 더 신경이 쓰이며 오늘 형님과 두 집에 파종하는돼 신경을 넘어쓴 날이라고 말을 하고 십프며 오늘 오후 너깨 비가 와서 형님내도 파종을 다 하여서 천만다행이다. 나는 날씨가 너무나 흐리서 파종 도중에 비가 올가바 극정을 만이 하였다.
지출에 … 짜증면 10그릇에 23,000원

〈1998년 4월 23일 목요일 날씨 흐림〉
오늘 모정에 흑칼질을 하여쓰며 우순 골룬다고 흑칼질을 해도 아직 골루지는 못 하지만 다시 한번 흑칼질을 해야 바르게 뛜 것 같꾸나.
오후에는 용만 파종을 하고 자신이 건답직파 포기을 하고 육모상자 110개 파종을 하고 나니
지출에 … 모판비누류 17,500원 물신 부인 것 자신의 것 2컬레 9,400원
계 26,900

〈1998년 4월 24일 금요일 날씨 흐림〉
오늘은 웃뜰레 모판에 물이 업쓰서 모판에 물을 포서 트랙터 노타리을 한번 더 하여쓰며 자신이 마른 노타리을 한 것은 우예 일이 돼고 마랐다.
그리고 오후에 재선, 근수 두 집에 육모상자을 오전에 다 낼라고 하니 시간이 업드라. 두 집에 모판량이 16단지 량을 오후에 다 할려고 하니 힘이 만이 들드라.
"공동일에 만이 하는 사람이 잇쓰야 적개하는 사람이 잇따고 보지만 우리 조가 4조인돼 이 사람이 다들 둘리석 손을 모여주면 그른대로 수란돼 어느 사람은 회사가고 어느 사람은 농사가 적다고 참석을 등안시하

99) 일기 지면 상단에 '(누님, 육모상자 수 110개)'라고 기록되어 있다.

고 그중에 서로 수란쪽에 쓰서 일을 할려고 노력을 하고 잇는 것을 보며 마음 속으로 속이 상하는구나. 이것을 내포만하면 속좁은 사람이라고 말을 끄며 그대로 참고 일을 할려니 마음이 편하지 않는구나."

〈1998년 4월 25일 토요일 날씨 비〉

오늘은 자신이 육모상자을 낼라고 하는돼 세벽 4시에 소낙이가 쇼다지고 잇쓰며 그 중에 바람가지 불어서 속으로 극정이 돼고 잇쓰며 육모상자 내는 것을 내일로 미루고 오늘 형님내 육모상자 내고 말까하는 생각이 들드라. 그른돼 오늘 모판 내는 것을 포기을 하고 미룬다면 내 뒤로 모판을 내기로 돼어 잇는 사람 때문에 미루지 못 하고 개핵도로 할려고 회장에 일적 스들어서 육모상자을 트랙터에 한발이 실어놋고서 같튼 조 사람들에깨 육모상자 낸다고 열락을 다 하여서 육모상자을 내기로 하여서 막상 일을 하고 잇쓰니 날씨가 개이는 쪽으로 흙으가서 천만다행으로 생각을 하고 잇다. 오늘 자신이 모판내는돼 오전 10시에 모판을 아래들끄만 다들 냇다. 그리고 시간이 일적으서 형님은 호우 낼 육모상자을 오전에 내개 돼어쓰며 형님내도 오후 2시경에 작업을 맡치고 마랐다.

"부인은 대신 동서 아들 결혼식을 올리는돼 예식장에 참석을 하로 같쓰며 이 동서는 부인의 언니며 이분은 아들만 둘놋고 산후조리을 잘 못 해서 죽어서 동서는 여때것 여릇 여자가 왔찌만 계속 살지 못 하고 여때것 동서 혼자 살라온 동서며 자신도 육모상자 내는 일만 아니여뜨라면 자신도 예식에 참석을 할 끈돼 참석을 못 해서 미안꾸나."

지출에 … 축이금 100,000원

〈1998년 4월 26일 일요일 날씨 맑음〉

오늘 오전은 웃들레 모판을 냇쓰며 모판을 금세하여서 힘은 들으도 그른돼로 할 수가 잇드라. 나는 시간이 업쓰서 모판을 급피하여서 구층 시간이 업쓰서 외로가 만아다.

오후는 용만 모판을 마지막으로 냇쓰며 모판을 다 내고 보니 마음이 한결 가벼어지는 너킴이들며 또 한해 농사을 반은 짓은 너킴이 드는구나.

"우리 운이가 이 모판을 본답에 이앙을 하여서 세파레저면 운이가 제대을 하다는 것을 생각을 하니 이 세월이 좀 빨리 같쓰며 하는 생각이 더는구나."

"운아 이 아빠는 하로가면 운이 제대날이 하로 줄어꾸나 하는 생각을 하로 빠짐업시 세어 왓따고 말을 하고 십꾸나. 이 아빠 군대 생활하는 것보다 운이 제대날 기다리는 고충을 운이 알개나. 아무라도 부모가 대어바야 이른 고충을 알 수 잇쓸끄라고 생각을 한다."

〈1998년 4월 27일 월요일 날씨 맑음〉

당산 포도밭에 약량이 10말로 살포을 하여 보니 순이 만이 자라서 그른지 약량이 부족한 감이 들드라. 내년에는 약꼭지을 바꾸어서 살포을 하면 약량이 풍족할련지 모르개꾸나. 달희는 약량 10말로 살포을 하고도 남아서 버리든돼 나는 약량을 맡차쳐는돼 힘이 들어다.

오후에는 앞밭에 골래밭에 노타리을 첫쓰며 밭들이 비가 자주 와서 잡초들이 무성하게 잘라서 제초제로는 해결을 할려면 약값이 무시못해서 오늘 경운기 노타리로 해결을 하고 마랐다.

"당산 포도밭에 약량 10말, 바시네이 새래

단 포도밭도 10말, 20말로 살포을 하고 마랐다."

〈1998년 4월 28일 화요일 날씨 맑음〉

참깨 갈사리에 트랙터 노타리하고 경운기로 이랑을 만드는돼 쉽게 돼지을 안드라. 오후에는 부인과 둘리서 이랑을 갱이로 골루는돼 힘이 만이 들어다. 그른돼 둘리서 이랑을 골루는 작업을 하여도 내일 오전은 해야 다 할 것 같꾸나.

"올해는 유독 더 바픈 것 같떠며 우리는 엽드라 볼 시간도 업두록 하여도 일은 산터미 같이 싸여 잇쓰며 원재 가면 바픈 일을 대충이라도 정리가 될 련지 몰갯꾸나. "

그리고 오늘 조합에 가서 사과약, 작과약을 싸는돼 사과약 25말용, 작과 50말용을 사는돼 116,700원 이 약값이 1회 칫는돼 십만원 넘는다는 것은 농사을 더 짓어바야 약값도 건지기 힘이 든단느 것을 강 건너 불보듯시 쁜한 일들이다. 이것을 약값이 안됀다고 포기을 할 수도 업고 정말 극정이 됀다.

지출에 … 사과약, 작과약 116,700원

〈1998년 4월 29일 수요일 날씨 흐림〉

오늘은 참깨 이랑을 칫어서 풀이 안 나는 약을 살포을 하여쓰며 오늘 일은 개핵돼로 잘 돼어따고는 생각을 하지만 기상대서 내일은 비가 온다고 예보을 하는 것을 바서는 오늘 작과약을 살포을 하여쓰며 더 잘하지 않아나 하는 생각도 더는구나.

오후에는 김원태씨 건답직파 파종을 할려고 트랙터 노타리을 하여 주어쓰며 남들은 자전비로 건답직파 못 한다고 다들 포기을 하고 이양기 모내기 할려고 육모상자 파종을 하여는돼 동네에서 김원태씨만 오늘가지 버티오다 건답직파 씨뿌림을 하개 돼어쓰니 그 배짱도 대단하다고 생각을 한다. 자신도 김원태씨 돼는 것을 보고 내년에는 건답직파을 해야 일손이 줄릴 수가 잇깨다. "남들도 일량이 만타고 하면서 이재는 편하게 살라라고 이야기을 하는 사람이 잇떠시 자신도 부인의 채력이 딸리는 것을 보며 작업량을 줄리야 하는돼 하면서 못 줄리고 잇는 실정이다."

"자신은 아들 딸만 결혼식을 올리주며 우리 부부 편하게 살라갈 작정이다."

지출에 … 경운기 엔진오일 3통 18,000
잡초약 마세로 옥제 4병 11,000
{계} 29,000

〈1998년 4월 30일 목요일 날씨 흐림〉

오전은 앞밭에와 골래밭, 작과약 살포을 하여쓰며 골래는 나무들이 죽은 것이 너무 만아서 약량 25말은 너무 만트라. 앞푸론 20말로도 살포량 돼겟드라.

앞밭에는 약량 25말로 살포을 다 하였다. 앞밭에도 나무들이 죽어는돼도 25말이 다 들어가드라.

"오후는 웃들래 9마지기에 밑거름을 하였다. 나는 금년에는 밑거름을 난생 처음 생노타리을 하고 그기에다 밑거름을 1단지에 복합비료 5포을 하여쓰며 자신이 밑거름을 일적 하는 위유는 부인이 포도 끈 볼때에 논장만 하고 쓸 뒤에 부인이 타서 거름을 헌치면 부인은 꼭 바풀때에 포도 일손을 빼앗키는 결과가 돼니 이것을 업세기 위하여 마른 논에 거름을 하게 돼어쓰며 사실 거름 손실이 따르드라도 부인이 포도에 손을 더 블수가 잇쓰서 포도에 수익을 더 보면 결과

적으로 같따는 생각에 남들이 하지 않는 밑거름을 올해는 시도을 하였보앗다."
"올해는 밑거름 하는돼 부인의 도움을 받지 않코 자신이 일적 밑거름을 할 작정이다. 만약 자신이 밑거름을 해결을 한다면 부인이 밑거름 하는돼 약 3일은 빼앗키는돼 올해는 부인이 거름하는돼 신경을 쓰지 않아도 돼두록 하여야 하겟다."

〈1998년 5월 1일 금요일 날씨 흐림〉

오늘이 오월이라 운이가 작년에 이맘 때에 휴가을 왔다 가는 날에 내년 오월이 오면 운이 군대 생활이 끝이 나는구나 하고 생각을 하여는돼 이재 운아 오월이 왔꾸나. 이재 재대날짜가 한 달 20日이 남아꾸나. 이재는 이 아빠도 운이가 군대 생활이 다 돼어따고 생각을 한다. 이 아빠도 오월이며 모내기 한다고 바삐 날띠고 보면 우리 운이 제대 날이다 하고 깜짝 놀랄 일이 코압에 잇쓸 것으로 생각을 하니 마음이 들뜬 감이 돌고 잇꾸나. 운아 제대 그날까지 건강 조심하여 두기 바란다.
"오늘은 기상대는 비가 만이 온다고 하여서 아침 일적부터 논갈리을 시작을 하여서 개핵대로 갈리을 다 하였다. 이것은 날씨가 참아주어서 자신의 개핵대로 갈리을 다 하여서 오늘 개핵은 잘시아서 안전무결하게 끝을 냇어 기분이 좋꾸나."
오늘 갈리 면적 5단지을 갈라쓰며
지출에… 경운기 쓰리 수리값 15,000원
경운기 쓰리 주부값 2개 8,000원
달리, 차로가니 편지봉투값
자신이 함 2,000원
계 25,000원

〈1998년 5월 2일 토요일 날씨 흐림〉

오전은 경화내 형님 논에 든불 지섬이[더미가] 만아서 갱이로 캐서 경운기로 실어 냇쓰며 자신이 농사을 짓원 후는 논갈리하기 전에 든불 지섬을 캐내는 일은 이번이 처음이라고 생각을 한다. 자신이 엽도로 볼 시간도 업는돼 그래도 논에 던불 지섬을 캐는 일은 이번이 처음이니 지나간 해보다 더 시간이 만아따고 바야한다.
"오후는 우리 마을 경로잔치 날이며 해마다 경로잔치날이며 협찬금 때문에 말이 만으려 우리 마을 어른들이 유별나다고 생각을 한다. 외냐하면 경로잔치을 하고 남은 돈을 돌려 달라는 사람이 업나. 아무라도 나이가 들며 아들이 돼는가. 우리 생각을 할 때에 동네 절먼 사람이 잔치을 벌리주며 고맙따고 생각을 해야 돼는 것이 아닌가 생각을 하여본다."
그리고 경로잔치을 취류고 나면 수입금을 가지고 말성이 만아서 이번에는 객찌에 잇는 고향친구들레깨 엽서을 따앗서 매년 찬조금을 밭아 앗는돼 올해는 고향친구들레깨 알리지도 않아쓰며 금년에는 마을래 사는 우리 또레가 찬조금 30,000원식 다들 하여쓰며 올해는 찬조 업쌜라고 이야기을 했는돼 우리 또래가 음식을 잘 먹고 그냥 갈 수가 업따면서 찬조을 다 하였다.
지출에… 경로잔치에 찬조 30,000원

〈1998년 5월 3일 일요일 날씨 흐림〉

오늘은 우리 부부는 참깨 이랑에 참깨 비누루 씨우는 일을 하여쓰며 우리 부부는 오전내 씨운 것이 반절 밖에 씨우지 못했쓰며 오후에 참깨 비누루 씨우는 일 다 해야 됀다는 계핵을 하여는돼 순달이가 오늘 초파

일인돼 직지사[100] 가서 저녁 한키 하자면서 6시에 일을 하고 들어오라는 열락을 받아서 6시 안에 개핵한 일들을 다 할려고 정신업시 일을 하였쓰며 오늘 일은 어거지 일을 한 날이라고 말을 하고 십다.

"오늘은 우리 부부, 형님 부부와 조카 순달이 부부, 민성, 누님 해서 오늘 우리 식구가 10명인돼 두 대 성용차로 나누어 타고 직지사 산채밥 먹으로 같쓰며 산채밥은 깨끗해서 좋드라. 이른 침목은 형재정을 나누는 자리라 낭비가 돼는 일이 잇쓰도 일 년에 한 두 번의 자리을 만드는 것도 좋캐따는 생각을 하였본다."

"오늘 순달이가 저녁 한 키 먹자고 하였찌만 순달이는 아직 아들이 다들 학생이라서 자신보다 좀 어릅따고 보고 자신이 반은 할려고 100,000원 가지고 같는돼 오늘 밥값은 형님이 80,000원을 하고 마랐다."

오늘 직지사에 초파일이라서 등달라 논 것을 보니 입이 저절로 벌어지며 저녁에 본 직지사을 보니 관광을 해도 저녁에 관광도 나푸지 않타고 생각을 한다.

이번에 직지사 법당 앞에 등 달라 논 것이 수도 업시 만으며 앞푸로 돈원 종교 단채로 다들 몰리게 돼어 잇쓰며 이 종교 단체가 너무 비대했저면 인간의 리듬이 다들 깨어진다고 바야 한다.

지출에… 사진기 필림값 5,000원
번디기 값 4,000
計 9,000원

〈1998년 5월 4일 월요일 날씨 맑음〉

"오전은 사과약 살포을 하였쓰며 약량 25말로 사과나무 살포을 할려고 보며 적은 량이라고 본다. 올해는 사과약 살포을 하고 나서 잡초약 12말로 잡초약을 살포을 하여 두어다. 그른돼 올해는 자전 비로 잡초만 무성하게 잘 자라고 잇다. 이것을 잡초약으로 해결을 할려니 힘이 더는구나."

"오늘 자신은 모판 비누루을 반을 벗키는 정도로 하여 두어쓰며 성급한 사람은 모판 비누로 골주 다들 회수했은 사람들 만타고 본다."

〈1998년 5월 5일 화요일 날씨 맑음〉

오늘로서 모판 비누류을 안전이 벗키쓰며 올해는 기온이 상성이 돼어 올해는 모판에 비누루을 일적 재거을 하여따고 본다.

오늘 오전은 혜지도 5月 5日 공휴일라 아빠 엄마을 도와 주어쓰며 오늘도 포도 속눈발 따는 일을 하여쓰며 포도나무 손질은 끝이 업따는 생각을 가저본다.

"오늘로서 고추모정을 하고 잇는돼 현숙이 예인이 인사하로 왔따면서 저녁 한 키 하자고 열락이 와서 현숙이 예인을 보기 위해서 고추모정을 하는 것을 다 두고 가보앗뜬이 현숙이보다 아주 못하드라."

"요줌 세대는 부모는 자식 결혼에는 갈로밖에 일로 돼어버린 세상이 돼고 마랐다. 요줌 저 좋으면 부모한태 인사 정도만 식키고 마는 정도가 돼버리쓰니 부모라는 존재는 멀어저는 존재가 돼버릿다."

〈1998년 5월 6일 수요일 날씨 맑음〉

우리 부부는 봇밭에 참깨 씨 너을라고 일적부터 스들어서 부인은 참깨 씨을 넛고 나는

---

100) 경북 김천시 대항면에 위치한 사찰이다.

모래로 덥는 일을 하고서 그리고 당산에 참깨 갈 때에 모래 준비을 경운기로 2바리 하여 두어다. 오후는 포도 순 묵는 일을 하였쓰며 앞푸로 부인은 포도 순 묵는 일을 모내기하기 전에 다들 할련지 몰개꾸나.

요줌은 건답직파가 업쓰서 부인 포도나무에 손질하는돼 만이 그들어 주는 사람이 만아서 그만춤 부인이 수라리라고 본다.

지출에… 포도태프 1개, 포도태프삔 3통값
계 11,800원

〈1998년 5월 7일 목요일 날씨 맑음〉

오늘은 원정운이 마른 노타리을 하였다. 작년에는 물노타리을 하여는돼 올해는 마른 노타리을 해서 트랙터가 힘이 너무 만이 들어서 자신은 앞푸로는 물노타리을 해주야 하게꾸나.

(오늘 노타리 자신 논까지 7단지 노타리을 한 셈이다.)

〈1998년 5월 8일 금요일 날씨 흐림〉

"오늘은 우리 부부는 참깨 씨뿌림을 하여쓰며 오늘 씨뿌림을 하는돼 땅이 너무 말라서 씨뿌림하는돼 이것이 씨가 잘 쓸란지 그려치 않으며 우리 부부가 죽두록 고생만 하고 마는 것이 아닌가 하고 마음이 사실 개운하지 못한 마음으로 참깨 씨뿌림을 종일동안 하였다. 자신이 올해 참깨 씨뿌림을 재일 만이 한 셈이다."

〈1998년 5월 9일 토요일 날씨 맑음〉

오전은 늑들 농로길 보수 부역을 하여쓰며 온 동민이 부역을 하니 일의 진도는 내 일같이 진행이 돼고 잇드라. 농로 부역은 다들 자기 일처름 열심히들 하고 잇쓰며 다른 부역도 농로 부역처름 하여 준다면 만사 일들이 현통할끈돼 그려지 못해서 마음이 안스렵따고 말을 하고 십꾸나.

"오후는 부인이 포도 순 묵는 일을 도와주는 것으로 오늘 일을 다 했따고 바야한다. 포도밭의 일은 끝이 업꾸나. 포도밭에 일은 너무 만아서 진저리난다고 말을 해야 하지 않나 하고 생각을 하여본다."

운이가 이번 어버이 날이라고 편지을 하여드라. 운이 군대간 후 집부로 편지한 적은 이번까지 3번 한 것으로 아는돼 이번에 어버이 날이라고 편지을 한대 대회서는 고맙다. 운이가 편지을 잘 쓰는 아이 같트며 수십통 했쓸끈돼 성격상 편지 같뜬 것은 아나는 성격인돼 이번에 편지 한 것에 고맙게 생각을 하고 이 아빠는 수십통 받은 것이나 다름이 업시 고맙게 생각을 하며 우리 운이가 군대 간 후로는 마이 성숙이 돼어따고 생각을 한다.

운아 이재 제대날이 1달 10日 남아다. 이 아빠는 이 한달 십일도 음청나게 긴 시간이란 느킴이 더는구나. 운아 이 아빠 모내기 한다고 정신 업시 날떠다보면 운이 제대날이 이십로 밧싹 다가오게찌 하고 이 아빠 마음이 들떠고 잇는 너킴이 더는구나. 운아 그날까지 안전사고 조심하여주기 바란다.

〈1998년 5월 10일 일요일 날씨 비〉

오늘은 부인과 둘리서 새래단 포도[101] 순 묵는 일을 하여쓰며 아직 새래단 순은 들자

---

101) 새 단(Sheridan)은 포도 품종 중 깐포도 통조림 및 생식 겸용의 만생종 품종. 저장력이 가장 뛰어난 포도 품종 중의 하나로 많은 농가에서 수확 후 저온저장하여 겨울에 출하한다.

라서 순 묵는 수가 적으서 일의 진도가 아주 빨리 가고 잇다. 그리고 캄벨포도[102]는 포기수도 만코 줄기 수도 너무 만은 느킴을 새래단 포도 순 묵는 일을 하고 보니 우리 캄벨 포도 순은 너무 만타는 것을 알라쓰며 금년에는 포도 송이로 조정을 할 결심이다.

"내 부인 대단하다는 것을 오늘 포도 순 묵는 일을 하는 것을 보고 너켰다. 자신은 오늘 오후에 순 묵는 일을 하는돼 손아구가 나중에는 힘이 너무 들든돼 부인은 계속 순 묵는 일을 하고 잇는 것을 보니 정말 대단한 사람이라고 생각을 한다."

"내 부인은 깔끔한 사람이며 빈틈이 업는 사람이며 이분은 허점을 찾절라고 심중이 지키바도 허점이라는 업는 사람이며 정말 마음이 맑은 사람이며 목화로 본다면 같핀 목화 한 송이라고 말을 하고 십프며 이 사람은 나무로 본다면 아주 큰 나무라고 생각을 한다."

〈1998년 5월 11일 월요일 날씨 비〉

오늘은 만은 비가 내리서 논에 물 돼는 작업을 하여쓰며 비가 만이 오니 온돼가 물천지라서 물 돼는 돼는[대는 데는] 수라드라.

"부인은 포도밭에 잡초 뽑는 일들을 하여쓰며 지금은 가는 곳마다 일손을 기다리고 잇꾸나. 이것들을 다 할려고 한다면 숨같푸개지{만} 이를 때일수록 세월이 약이라드시 시간만 흙으가라 하고 너깃한 자세로 취해야 하게꾸나."

〈1998년 5월 12일 화요일 날씨 흐림〉

오늘은 트랙터 노타리을 하고 보뚝과 두룸을 함. 올해는 포도나무 손질할려고 하지 모든 것이 접치고 잇쓰서 금년은 더 바푸구나. 오늘은 들판에 논장만을 하는 사람들이 분주하게 움직이고 잇꾸나.

지출에… 포도약 쌔래단 약 사는돼(약외상)
　　차비 1,500원 포도뻔 태프
　　10,400원
　　계 11,900원

〈1998년 5월 13일 수요일 날씨 맑음〉

트랙터 노타리을 하는돼 기계에서 냄새가 나는 것 같다서 두리번 찾는다고 보는돼 처음에 연기인 줄 알라떠니 후앙벨터[팬 벨트(fan belt)]가 떨어저서 물탱크 물이 달라서 수정기가 돼어서 품는돼 자신은 트랙터을 다 해먹는가 하고 극정이 사실 크쓰다. 노타리해서 돈 버는 것이 아니라 트랙터을 회먹어면 오희려 큰 손에다.

"바시내이 쌔래단 포도약 흰가루병약 영향재을 15말 용으로 살포을 하여다."

요즘 사실 약 철 시간도 업는돼 포도약을 살포을 하여다. 포도가 돈이 돼지 않으며 모내기 후로 미루고 말끈돼 포도는 수학량이 만을뿐 아니라 수입도 좋아서 업는 시간을 냇따고 바야한다.

오늘 트랙터 후앙 벨트을 아포조합으로 갈뜬이 조합에 업고 아포 철물점으로 가서 후앙벨터을 사와는돼 처음에 크서 두 번째로 가서 벨트을 맡는 것을 사와서 가라너어다. 오늘 후앙 벨트 때문에 일이 남페가 돼 셈이다.

지출 … 후앙 벨트 값 5,000

---

102) 캠벨얼리(Cambell Early)는 포도 품종 중의 하나로 이 품종은 착색이 생리적 수확기(산미가 떨어지고 당도가 올라가 최상의 식미품질을 보이는 시기)보다 약 보름정도 빨리 이루어지므로 착색후에도 유통기간을 고려하여 일정한 시간이 지난 후에 수확하여야 품질을 높일 수 있다.

〈1998년 5월 14일 목요일 날씨 맑음〉
오전은 돈 버는 노타리을 하고 오후는 자신의 노타리을 하여쓰며 원칙은 자신의 일을 다 하여 놋고 남외 돈을 버는 일을 해야지 자신의 일예 피해가 업는돼 요즘은 내 일은 접어두고 일을 해야 하니 내 일에 눈에 표는 나지 않치만 자신의 외 일에 손실이 만타고 생각을 하며 부인은 따라서 육체적인 고충이 눈에 표가 다들 나는구나. 이점에 대해서 부인한태 미안한 감 드는구나.
요줌 부인은 포도 손질하는 고충이 크다. 자신이 남외 일을 하지 않으며 부인이 시간 여유을 가지고 살라갈끈돼 나의 결단이 부족해서 단절을 못 하고 잇쓰서 내 부인의 고생을 식키고 잇는 것이 나로서 마음의 고충이 크다고 말을 하고 십다.

〈1998년 5월 15일 금요일 날씨 맑음〉
오전은 웃들래 논장만 할려고 두룸과 보뚝을 하고 오후는 트랙터로 논장만을 할여쓰며 금년에는 수라게 할려고 쓰리을 대지 않코 트랙터로 노타리을 하면서 노타리 뒤에 철봉을 달고서 끌고 다니면서 논장만을 다 하였다.
내년에는 두룸과 보뚝을 일적해야 돼겟다.

〈1998년 5월 16일 토요일 날씨 비〉
오늘은 종일동안 남의 노타리을 함. 금년에는 모든 일들이 겹쳐서 자신의 일은 해장으로 해야 하면 세치기 일을 할려니 육체적인 힘이 더는구나.

〈1998년 5월 17일 일요일 날씨 흐림〉
오늘 오전은 말리사과나무에 약살포을 하여쓰며 사과약 25말로 살포을 할려고 하니 늘 약 모자라까바 늘 조바심을 가고 일을 하게 됀다. 앞푸론 약량을 더 해야 할 것 같다.
오후는 모재리에 모판을 본답에 다 온기고 모판에 노타리는 대신 사람의 경운기로 해서 자신이 모판장만하는돼 좀 수레따고 생각을 한다. 오늘날까지 모판장만은 부인과 두리서 해도 힘드는돼 올해는 부인이 포도나무 손질하는돼 바푸다고 해서 올해는 모판떠는 일, 모판 장만하는 일들 혼자 다하였다.

〈1998년 5월 18일 월요일 날씨 맑음〉
오늘은 종일동안 남외 노타리을 하여주어쓰며 이재는 트랙터 노타리을 해서 모내기을 하는 사람은 아주 절먼 사람도 수라개 하고 잇다. 트랙터 노타리만 해서 모내기을 하는 사람은 노동력이 업고 나이가 만은 사람이 노타리만 하고 이앙기 모내기을 하는돼 이재는 절먼 사람이 더 만이 하고 잇다.

〈1998년 5월 19일 화요일 날씨 맑음〉
오늘 오전은 웃들 모내기을 함. 오늘 모내기는 어재 웃들 굼논에 모을 음치 심어낫서 오늘 오전으로서 웃들 3단지 모내기을 다 할 수가 잇쓰다.
오후는 아래들 논에 동쓰리[논갈기] 질을 다 하여쓰며 오늘 동쓰리을 다 하여야지 하는 마음으로 일을 하여서 잠쉬 실사이 업시 일을 하여따고 말을 하고 십꾸나.

〈1998년 5월 20일 수요일 날씨 맑음〉
오늘은 우리 부부가 정심 싸가서 논장만을 하여쓰며 일곱단지을 밑거름을 하여서 쓰리질[써레질]을 다 하는돼 몸이 지치두록 일을 하여쓰며 부인은 하로만에 다 할려고 하면 사람 죽는다고 이야기을 하며 자신도 남외 돈을 벌라고 더니 자신의 육체적인 고통이 이루어 말로 다 할 수가 업꾸나. 내년에는 일을 수라야 부인이 살갯따는 생각이 더는구나.
오늘로서 우리 운이 군 생활이 30일 남아꾸나. 그기에다 휴가 10日을 빼면 실지 군 생활은 20日이 남아꾸나. 이 아빠 운이 군대 보내고 나서 운이도 재대날이 잇깨나 하는 생각이 들어는돼 이재 우리 운이 재{대}날이 코 앞에 잇따니 이 아빠 일을 해도 재미가 잇꾸나. 이 아빠 운이 재대 그날을 기다리며 살라왔따고 말을 하고 십꾸나.

〈1998년 5월 21일 목요일 날씨 맑음〉
오늘도 벌리 노타리을 하는돼 트랙터가 조금만 일을 해도 고열 때문에 일을 할 수가 업쓰서 예타는 마음 격끄보지 않은 사람들은 이 마음 알 수가 업따고 본다.
"오늘은 생노타리을 12마지기을 한 셈이다. 이것을 하는돼 기계가 열이 나서 휴식을 하여서 고열을 씩키고 작업을 하노라 예만타고 잇다."

〈1998년 5월 22일 금요일 날씨 맑음〉
요줌은 해장으로 트랙터 노타리을 해서 자신의 일래 지장이 업두록 할려니 자신의 몸을 100쪽을 내도 손이 모자랄 판국이다.
오늘은 모내기을 할려고 모판을 7단지 1마지기 모판을 부인과 둘리서 다들 띠어서 본답에 다들 갈다 노와쓰며 이것을 다들 하고 모재리 장만을 하고 벌리 노타리 2단지 반을 하여야 내일 모내기에 차질이 업두록 정말 열심{히} 하여서 개핵돼로 다 하는돼 정말 힘이 들어다.
지출에 … 이앙기 쓸 휘발유 1말 7,000원

〈1998년 5월 23일 토요일 날씨 맑음〉
오늘은 아래들 모내기을 하는돼 날씨가 너무 더어서 입이 다 벌어지드라. 자신이 평소 때는 일하는 도중에 휴식을 잘 안아는 편인돼 오늘은 자신이 휴식을 일부로 하였다. 우리 부부가 이앙기 모내기 한 면적이 13마지기을 한 셈이다. 그리고 오늘은 모내기하는돼 육모상자을 들어줄 사람을 품을 될라고 해도 품이 업쓰서 우리 부부가 모내기을 하고 마랐다.
"오늘은 낢씨 더어서 모내기하는돼 고충이 너무 크따고 생각을 한다."

〈1998년 5월 24일 날씨 맑음〉
오늘로서 모내기을 끝을 냇쓰며 금년에는 트랙터로 돈 버는 일을 만이 하여서 자신의 일이 티전이[터전이] 돼고 해서 금년 모내기는 어느 해보다 이앙기 모내기가 넛저따고 생각을 한다.
"올해는 남외 일을 해서 돈 버는 일도 좋찌만 내 일이 산터미같이 싸여 잇쓰서 자신뿐 아니라 부인이 넘어나 힘이 들고 잇다."

〈1998년 5월 25일 월요일 날씨 맑음〉
오늘은 서양바실에 모내기 한 곳에 물이 적으서 양수기 작업을 하여쓰며 오늘 양수시간은 약 3시간 하니까 충분이 물을 피개드라. 그리고 트랙터 노타리을 하여쓰며 오후에는 노타리 삔이 빠저나가서 노타리 작업 할 수가 업쓰서 삔을 살라고 아포조합에 가서 삔 1개 3,000원 주고 사왔다.
"오늘 작업량은 개핵대로 못 하였쓰며 자신의 생각대로 못한 면적은 4마지기을 못하였다."
지출에 … 트랙터 벤 1개 3,000원 경유값
1드람 65,420원
계 68,420원

〈1998년 5월 26일 화요일 날씨 맑음〉

오늘 오전까지 노타리 주문을 받은 것은 안전이 노타리을 하여주어 쓰며 자신이 노타리 주문을 받은 것을 다 하여주니 자신의 마음이 날라갈 것 같다.
오후는 웃들논에 제초제 포도대장[103]을 3단지에 살포을 하여쓰며 자신이 포도대장 제초재는 올미[104]을 죽인다고 해서 잡초가 만은 3단지에 살포을 하여 받다.

〈1998년 5월 27일 수요일 날씨 맑음〉

이양기 모내기을 하고서 제초재 약을 살포을 해야 하는 공식이라서 오늘 제초재 약을 살포을 하면서 살충재 물바구니 약을 혼합을 해서 같이 뿌리니 논 필지마다 두 번식 다니야 하는 번거름을 단 한번으로 끝을 내기 때문에 그만춤 일을 든다고 바야 한다. 그른돼 살충재 약은 이화명충 약[105]은 상당이 일적은 편이라서 문재점은 사실잇다. 오늘로서 제초제는 끝을 낸 셈이다. 제초제 약을 살포을 다하고 나니 이재는 시간여유가 잇깨지 하는 생각이 더는구나.
부인은 사과 적과 놉을 둘리하여서 오후부터 시작을 하였다. 놉을 될 바이야 일적 적과을 해서면 상당한 득이 돼어 쓸끈돼 아쉽꾸나.

지출에 … 국수 4,550 + 라면 10,800원 =
15,350원

〈1998년 5월 28일 목요일 날씨 맑음〉

오전에는 품을 대어서 사과 적과을 하여쓰며 사과가 만이 온 것은 만이 왔찌만 과일이 오지 않은 나무들 만아서 사과 적과는 아무 품으로 하로 하니까 다 하는 것을 부인은 매일 극정을 하여와는돼 오늘로서 사과 일을 끝을 냇쓰니 마음이 한결 가벼어지는 너킴이다.
오늘 오후는 적과하고 남은 것을 우리 부부가 오후내 하여다.
지출에 … 통닭 10,000원, 음료수 빵
3,800 품값 50,000원
계 63,800

〈1998년 5월 29일 금요일 날씨 맑음〉

오늘은 당산 포도밭에 일을 하면서 포도 속순 따는 일을 주로 하였다. 가는 곳마다 일손을 바라고 잇쓰니 마음만 답답하구나.
오후는 둥기 모재터 노타리을 하여주고 김천 신흥농약사 가서 캄벨포도약을 사오고 다시 아포조합에 가서 사과약, 작과약 다들 외상으로 사오고 당산 포도밭에 약살포을 하고 이번에는 약량 15말로 살포을 하여보니 약량이 좀 만터라.
"오늘은 정신업시 띠어다닌 하로라고 말을 하고 십고 자신은 모내기을 하고나면 시간 여유가 잇쓸 줄 알라는돼 실지는 시간 여유도 업쓸뿐 아니라 요줌도 시간 여유는 전과

---

103) 포도대장은 '벤설푸론메칠(bensulfuron-methyl)'과 '모리네이트(molinate)입제'로 된 제초제로 약효의 지속기간은 40~50일 정도이다.

104) 외떡잎식물 소생식물목 택사과의 여러해살이풀. 논밭과 연못의 가장자리에서 자란다.

105) 이화명충약은 벼의 큰 해충인 이화명나방의 유충을 없애는 약이다.

맡찬가지다."

지출에 … 버스비값 1,800원 픈무기 꼭지 3,000 호수 이임쇄 4,000 계 8,800원

〈1998년 5월 30일 토요일 날씨 맑음〉

오전은 당산 포도나무 속순 따는 일을 하여쓰며 오후는 이윤석이 모내기 할 논에 생노타리을 하여 주어쓰며 윤석이가 동네에서 모내기가 제일 너저며 자신외 노타리도 제일 마지막으로 한 것 같다.

그리고 웃들래 물바구미[106] 약 살충재을 살포을 하여 두어쓰며 쌀락약을 제초재와 혼합을 해서 살포을 하니 아주 수라드라. 아래들은 제초와 혼합을 해서 살포을 하여는돼 웃들은 제초재 따로 싸락 약[107] 따로 살포을 하니 새삼수렵꾸나.

지출에 … 싸락 약, 물바구미 살충제 큐라텔[108] 5봉 21,000원

〈1998년 5월 31일 일요일 날씨 맑음〉

오늘은 사과약 살포을 하여쓰며 이번에는 약량 35말로 약살포을 하여보니 충분이 살포을 하게드라. 늙 25말로 약살포을 할 때는 처음부터 약 모자라까바 성급하게 약살포을 시작을 하곤 하는돼 이번에는 약량이 만으니 시간 여유가 잇드라.

"조합장 선거을 하는돼 돈으로 표을 살려고 하는 것을 보니 조합장 봉급이 도대체 월마인돼 돈으로 표을 어들라고 하니 우리는 이회가 돼지 않는구나. 우리 조합에 3명이 후보로 나와는돼 박후보에깨 30,000원, 이후보 운동자에 술 하라고 50,000원 주드라. 이 돈을 계산을 한다면 음청난 돈이라고 볼때에 선거는 다들 부정이 따르는돼 깨끗한 선거을 할 수가 업는가."

"우리 운이 이재 10일만 돼면 휴가을 온다. 사실상 휴가을 오면 제대라고 바야한다. 외냐하면 휴가 10일 발아서 기대해서 제대신고만 하고 온다니까 사실 제대라고 이 아빠는 생각을 하고 십다."

수입에 … 원골사람 노타리값 125,000원

〈1998년 6월 1일 월요일 날씨 흐름〉

오늘은 부인과 둘리서 참깨 찝어면서 논에 물을 대 가면서 일을 하여쓰며 자신이 올해는 일이 넘어 만타는 것을 크개 너켜쓰며 자신의 일에 한개가 잇따는 것을 알라따. 자신이 개속 욕심을 부린다면 부인 죽이개따는 생각이 들며 내 요즘 부인을 하늘같이 모시고 잇는돼 내 부인 바서도 내년에는 남외 일을 탁 끈어야 나도 살고 사랑하는 부인도 살라 남을 수가 잇따고 본다.

내 부인 나한태 시집와서 너무나 일을 만이 하여쓰며 무게가 업는 여자라면 벌서 일 못한다고 야단을 했쓸끈돼 내 부인은 무든한 사람이라 묵묵이 일만 열심이 하고 남편 일에 적극적으로 도와주며 오늘날까지 남편 몸을 더 생각하는 부인이라고 생각을 하고 잇다.

106) 벼 물바구미는 연 1회 발생하며 월동한 성충은 4월 중순부터 활동하며 벼와 옥수수 모를 갉아먹으며, 모내기 후에는 논에서 벼 잎을 갉아먹는다. 피해를 입은 벼 잎에는 흰색의 가느다란 선이 생긴다. 성충의 밀도가 높아지면 잎 전체가 흰색으로 변하다가 결국 포기 전체가 말라죽는다.

107) 싸락약은 작은 알갱이 즉 세립으로된 화학약품, 농약의 살충제, 제초제 등을 뜻한다.

108) 큐라텔은 살충제의 일종이다.

"요줌은 내 부인 업씨는 못 살두록 사랑을 하고 잇다."
올해도 새래단 포도 농사가 숭년이라고 바야한다. 오늘 속순 따는 일 하면서 포도 꽃 뜰리 현상이 잘 돼지 않코 지저분하게 부터 잇는 송이가 만으며 지금줌 포도 송이가 좋아야 하는돼 그려치 않는 것을 보니 새래단 포도는 또 숭년이라는 예감이 들며 포도밭에 일을 하여도 재미가 업는 일을 하고 잇따.

〈1998년 6월 2일 화요일 날씨 비〉
오늘은 종일 비가 내리는돼 만은 비는 아니지만 계속 내리고 자신은 종일 비을 마저면서 세래단 포도밭 김매기을 하여쓰며 이 비가 좀 만이 와서 지섬들이 수래개 뽑피쓰며 하는 마음이 더는구나. 이것을 종일 일을 하니까 손아구가 아파서 지섬도 뽑을 심이 적으저며 나중에는 사람이 지섬에깨 딸려 간다. 그례서 비가 만이 만이 와서 땅이 추지며 지섬이 수라게 뽑피는돼 비가 적으서 시섬[지섬]이 뽑는돼 힘이 들드라.
오늘 비가 온다고 휴식을 하여쓰며 세래단 포도밭 잡초는 무성화개 그대로 남아 잇쓸끈돼 오늘 자신이 휴식을 하지 않꼬 김매기을 하여서 포도밭 4마지기 김매기을 반을 했쓰니 이것들은 다들 공짜라는 생각이 들뿐 아니라 김매기 한 자리을 바라볼 때에 마음 속이 다들 시원하며 이른 기분은 격끄 보지 않꼬는 이진맡을 몰라둔다. 오늘 부인이 김천 미장원에 같지 않꼬 자신과 김매기을 하여드라면 포도밭 4마지기 김매기을 끝을 낼 수가 잇쓴는돼 좀 아쉬원 생각이 더는구나.

〈1998년 6월 3일 수요일 날씨 맑음〉
어재 포도밭 김매기 하다 남은 김매기을 부인과 둘리서 김매기을 해도 포도나무 이랑 한판을 못 다 했쓰며 김매기을 오전에 다 할려고 열심히 하여는돼 다들 못 다했서 아쉬운 감이 더는구나.
"오후는 대신분소에 가서 웃거름 요소 27표, 유안 2표, 이삭거름용 비료 포도나무에 할려고 3표해서 계 32표을 사와서 웃들 3단지에 요소비료 20kg짜리 7표을 하여다. 그른돼 웃들 거름 시기을 자신이 바픈 관계로 3일 정도 너깨 한 셈이라고 생각을 하여 본다.
지출에… 32표에 163,500원

〈1998년 6월 4일 목요일 날씨 흐림〉
오늘은 기상대에서 곳에 따라 소낙이가 온다고 해서 하늘은 곳 소낙이가 쇼다 질{것} 같은 날이며 남들은 비가 온다고 해서 내일로 미룬다고 말들 만이 하는돼 자신은 넘어나 일이 쳐 밀려 잇쓰서 가감하게 작과나무에 약살포을 하는 일을 시작을 하여서 약살포을 하는돼 비방울이 좀 오드니 그대로 참아주어서 큰 다행이라고 생각을 하여다. 사실 약값도 상당한돼 비는 곳 쇼다질뜻 하지 내 마음은 작과나무에 약살포을 다 하두록 극정을 해다.
약량. 앞밭에 25말, 골래 25말, 계 50말 살포함.
오늘은 지방 단체장 뽑는 선거날이다. 우리 지역은 도지사, 시장, 도위원을 뽑는 투표 날이라 사실 정치하는 사람들이 국민을 위하는 사람이 한놈도 업따고 보고 귀권을 할려고 하다 참아 우리 부부만 투표을 하고 우리 딸래미 둘리는 귀권을 하고 마랐다.

투표을 하고 와서 새래단 속순 따는 일을 하였쓰며 이재 속순 따는 일은 다 했따고 보는돼 그래도 빠진 것이 도로 잇쓸 것으로 본다.

"바시네이 새래단 포도 거름은 오늘로서 첫 거름이다. 지도소 문위을 하여보니 2표반을 하라고 하는돼 한 나무에 자신의 홉콥으로 볼속하니 약 2표 7부정도 들어가드라. 세례단 포도 거름은 작년에 포도 수학을 못해서 금년에는 밑거름도 하지 않코 오늘 추비[109]로 벼 이삭거름(엠케이) 비료 2포 7부을 하여 두어는돼 거름량 맏절란지 몰게꾸나. 지금 바서는 포도 잎이 너무 노란돼 어떠게 될련지 몰겟꾸나."

〈1998년 6월 5일 금요일 날씨 비〉

오전은 부인과 둘리서 당산 캄벨포도 2차 적심을 하는돼 오전내 하여도 적심을 다 못하고 한판을 난겨두고 정심식사 하로 들어오고 말랐다.

오후는 논에 웃거름을 경운기에 요소거름 5섯단지의 량 실어놓고 보니 비가 곳 내일 것 같다서 망서리다가 생각을 한 짐에 그만 거름을 할려고 실고 가서 거름을 한참하여도 비는 오지 않코 잇드라. 자신의 생각은 거름을 다 하거든 비가 내리라하고 열심히 거름을 하여는돼 그만 2단지 난겨놓고 비가 내리드라. 이 두 단지도 오늘 개핵에 들어 잇쓰며 계핵대로 다 할려고 두 단지는 비을 맡저면서 거름을 개핵대로 다 하여다. 오늘 웃거름을 한 면적은 16마지기을 거름을 다 하였다. 서양바실에 논에는 요소 20kg짜리 3포을 함. 봉화 동서 논은 요소 20kg짜리 4포을 함. 경화 형님 논은 한 단지 2포 반을 해서 5포을 한 셈이다. 경화 형님 논 위에 논은 2포반이 더 들어 갈다고 본다. 오늘 거름량이 12포을 웃거름을 한 셈이다.[110]

〈1998년 6월 6일 토요일 날씨 맑음〉

오늘 오전으로 벼 웃거름을 하여쓰며 오늘은 두단지 웃거름을 하는 것으로 웃거름을 다 한 셈이다. 앞푸론 이삭거름 하는 것만 남아 잇다. 오늘 새 논에는 요소 20kg짜리 3포을 하여쓰며 복판에는 요소 2포 반을 하여두어다.

오후는 당산 포도밭에 제초재 살포을 할려고 잡초을 키가 큰 것만 낫으로 깍는 작업을 하여쓰며 이것도 양보뚝에 풀 깍는 일만 하여도 제법 시간이 걸리며 실지 이랑은 5섯판을 한 셈이다.

아버님, 어머님 순달이가 이번에 조합 상무로 성진을 하여따고 합니다. 나는 순달이가 진급이 돼지 않코 부장으로만 잇쓰서 진급도 못 하고 부장으로 직장을 끝을 내는 것이 아닌가 하고 염려을 만이 하여씀이다. 그련돼 상무로 진급을 하여쓰니 이 기쁨은 정말 갑진 것으로 생각을 합니다. 이른 일들이 아버님, 어머님의 다들 돌바주어서 우리 형제들이 이 기쁨을 맡보면서 이 허만 세상을 잘 살라가고 잇씀이다. 아버님의 자식들이 삶매 보람을 가지고 살라가두록 늙 보살펴주십요. 우리 형재들이 다들 열심히 살라가고 잇씀이다. 아버님 이 자식들 한치 어건남[어

109) 추비는 작물의 생육 도중에 주는 비료이다.

110) 일기 지면 상단에 '(웃거름 량)'이라고 기록되어 있다.

긋남]이 업시 잘 살라가게 씁이다.
지출 … 대신초등학교 11회 동기계 회비값 30,000원

〈1998년 6월 7일 일요일 날씨 맑음〉
오늘은 새래단 포도나무에 약살포을 하는돼 부인은 포도 알속이 작업이 바푸다고 혜영이을 대리고 가서 새래단 포도약 살포을 하였다. 그리고 참깨약도 살포을 하였다. 포도 약량은 15말, 참깨약은 7말을 살포을 함. 오후는 포도밭에 잡초 재거을 하는 일을 하였다.

〈1998년 6월 8일 월요일 날씨 맑음〉
오전으로서 잡초약 살포을 하두록 준비을 다 하여쓰며 잡초가 무성화게 잘란 그대로 잡초약을 살포을 하면 약이 만이 들어가면 약갑이 무시 못하기 때문에 잡초가 무성이 만이 잘란 것을 낫으로 잘라내서 약값을 적개 들어가두록 포도밭 양밭을 손질을 다 하여두어다.
오후에는 포도 알속이 작업을 하여쓰며 알속이 작업을 하여보니 포도들이 바라가 만이 젓잊쓰서 알속이 작업이 좀 수라기는 하여도 역시 포도 알속이는 시간이 상당이 필요하구나. 그리고 자신이 볼 때는 우리 포도 지금은 바라가 만이 젓잊쓰서 속이 상하지만 나중에는 알맡은 송이들이 돼리라고 생각을 하였본다.
"우리 운이가 이재 이틀밤만 자고 나면 제대휴가을 온다. 이 아빠는 이 시간을 기다리오느라고 육체적인 고충과 정신적인 고충은 자식들을 군에 보내 보지 않는 부모는 이 고충을 생각지도 못 할 일이다. 나는 운이 기다리는돼 내 머리카락이 시는 고충으로 오늘까지 왔따고 나 자신은 생각을 한다."
지출에 … 치약값 1,350원 운이 준조합원 가입비 1,000원
계 2,350원

〈1998년 6월 9일 화요일 날씨 비〉
요줌은 날씨가 개속 흐린 날씨만 하고 잇쓰니 벼농사가 극정이 돼며 작물들이 빛이 나야 농사가 잘 돼지 그려치 않아서 농민의 한 사람으로서 극정이 돼고 잇다. 오늘도 포도 알속이 작업을 하였다.
그리고 오늘 조합장 선거날이며 조합장 출마자는 삼명이며 한 사람은 대학졸업이고 또 한 사람은 고졸 또 한 사람은 국졸인돼 이 사람은 조합 노무직으로 들어가서 조합근무 18년이며 사람은 성실한 사람이다. 이 사람이 조합장으로 당선이 돼어쓰니 이것을 보며 사람은 성실해야지 표을 주는구나 하는 생각이 더는구나. 이 사람이 김수옥이며 정말 출세을 한 사람이라고 생각을 하여본다.
"우리 운이 내일이며 제대휴가 온다. 사실상 제대휴가가 아니라 제대라고 말을 해도 무리대는 말은 아니다. 외냐하면 휴가 와서 10日 잇따가 귀대을 해서 신고만 하고 오면 제대라서 사실 제대라고 나는 생각을 하고 십다."
지출에 … 버스비값 600원

〈1998년 6월 10일 수요일 날씨 맑음〉
오늘도 알속이 작업을 함. 포도 알속이 작업은 상당한 시간이 걸리며 자신은 발라가 만이 저 잊는돼도 이르깨 시간이 걸리는돼 포도 송이가 깍배겨잊쓰며[꽉 박혀 있으며] 정말 고충이 따르게따는 생각이 드는구나.

우리 부부 요줌 매일 부터[붙어] 산다고 바야한다.
오후는 당산 포도약 사와서 알속이 작업을 하다 골래 착색약을 오후 너깨야 골래 작과 나무 착색약을 살포을 하여쓰며 약량은 착색약 한 병으로 물 두 말을 하여서 살포을 하였다. 약량은 착색약 물 한말래 25CC, 영양재 20g, 미성알파 꼭지약 20CC 해서 두 말로 약살포을 다 하여쓰며 두 말로 골래 작과 나무 전체에 약살포을 다 하여다.
오늘 오후에 운이가 제대 휴가을 왔는돼 이 아빠 생각으로는 얼굴이 좀 야비서 올 줄 알라는돼 얼굴이 오히려 더 좋으며 얼굴이 밝으며 운이가 현관에 들어오는돼 이 아빠 수고 만아다 하며 악수을 하여쓰며 이 아빠로는 정말 건강한 몸으로 아빠 품으로 돌라온 돼 대회서 정말 고맙고 나로서는 제일 반갑은 마음이라고 말을 해야 하게꾸나.
지출에 … 버스비 값 600원 제초제 꼭찌 2,500
계 3,100원
포도약은 외상을 함.

〈1998년 6월 11일 목요일 날씨 맑음〉

오늘도 포도 알속이 작업을 하여쓰며 부인은 알속이 작업을 매일 하여도 지루하다, 다리 아푸다는 소리을 하지 않코 개속하는 것을 보며 대단한 사람이라고 생각을 하며 참아서 그른지 악으로 일을 하는돼 종일해도 휴식을 할려고 들지을 안으며 자신이 휴식을 하라고 이야기을 해도 겨우 안저잇따가 곳바로 일을 할려고 서드는 것을 볼 때에 체력이 대단하다고 말을 하고 십프며 나는 부인을 따라 할 수가 업쓰며 나는 한골 나가는돼 상당이 여르번 휴식을 해야 다 할 수가 잇다. 남자들보다 여자들이 인네가 더 잇따고 생각을 한다.
부인이 지치기 전에 보신을 해주야 하게쓰며 아푸로 시간이 조금 생긴다면 누렁이라도 한바리 잡아 주야 하게다. 자신은 부인을 일으며 다 일코 마는 것이나 다름이 업다. 자신의 몸보다 부인의 몸을 더 중하게 여겨 주어야 한다.

〈1998년 6월 12일 금요일 날씨 흐림〉

오늘은 약살포을 하는돼 성운이가 도와 주어쓰며 당산 포도는 약량을 10말로 살포을 하여쓰며 약꼭지가 저건[작은] 것으로 사용을 하여도 충분이 살포을 하게드라. 그리고 당산포{도}는 나날이 달라저개 크는돼 새래단 포도는 작년보다는 조금 나와 절란지 몰라도 올해는 수고만 했찌 수학은 어릅따고 생각을 한다. 바시내 새래단 포도는 약량 15말로 살포을 하여 두어다. 그리고 말리 사과에 약살포을 함. 약량 30말로 살포을 함.
"오늘 종일동안 약살포을 하는돼 운이 도와주는돼 잘하며 운이가 군대 생활을 한 뒤부터는 조금 달라젓따는 생각이 들어가는구나."
"운이가 집에 와 잇쓰니 날짜 가는 개념이 업쓰저는구나. 운이가 오기 전에는 달력에 날짜을 수십번 본다고 해도 무리는 아니라고 말을 하고 십다."
오늘 낫참에 새래단 약 사로 갈다 오면서 버스비 직행
지출에 버스비 1,920원
(포도약은 외상) (신흥농약사)

〈1998년 6월 13일 토요일 날씨 비〉

오늘은 비가 만이 내리고 잇쓰서 자신의 몸

이 너무 피료해서 오전내 휴식을 하면서 몸부림을 너무 만이 쳤다는 생각을 가지며 자신의 몸이 이처름 무급따는 생각을 처음 가지받다.
(오늘 오전은 안전 휴식을 하였다.)
오후는 대신초등학교 제 11회 동창회을 대신 한골 통나무 식당에서 하여쓰며 창가 인원은 25명이 참석을 하여 와쓰며 늙 동창회가 모여서 왁짝스럽게 소란만 피우고 해여저는 모임이라고 말을 하고 십키도 하구나. "그리고 작년에 동창회을 직기사서 하고 숙방료 간개로 서울 친구들만 우리 집에서 하로 저녁을 묵개 대어쓰며 그때는 나는 갑짝이 찾자 온 손님이라 별로 대접을 못하고 마라쓰며 자신이 한 것이라면 그래도 우리는 묵은 쌀로 밥을 짓어 먹는돼 서울 손님이라 해쌀로 밥을 짓어주기 위하여 세벽에 정미기을 돌리서 해쌀로 밥을 해서 대접을 한 것과 갈 때에 사과 4상자 준 것 밖에 업는돼 서울 친구들 너무 따뜻한 감을 받다따면서 너무나 고맙따고 인사을 해서 자신으로 너무나 고맙고 이번에 회금강[해금강]으로 3박 4일동안 여행을 같다오면서 동창회에 들리따면서 마른 오징이 한 쭉을 성이라면서 주는돼 너무 고맙드라. 자신은 대접도 못해는돼 너무나 큰 대접을 자신이 받아따는 생각이 더는구나. 이것이 동창생 전은이 다 알두록 소문이 낮쓰니 자신은 서울친구한태 더 고맙따는 인사을 내가 해야 하는 입장이 돼고 마라따고 생각을 한다. 이 고마음 때문에 자신이 대접을 한번 더 해야 하겠따.
지출에 동창회 회비값 20,000원 친구
담배값 1,000원
계 21,000원

〈1998년 6월 14일 일요일 날씨 비〉
오늘 오전에 비가 와서 휴식을 하여찌 어재는 동창회한다고 휴식을 하였찌 그래서 알속는 일을 못해서 그간은 포도 송이가 잘라서 포도 송이 가지들이 찌저저서 자신은 큰 피해을 본 셈이며 자신은 여유가 잇따고 비가 와서 포도 손질을 소월이 했떠니 그간 피해가 따르는구나. 자신은 포도 송이가 이틀만에 포도알이 감짝 놀라두록 자라는 것을 자신은 몰라쓰며 이번에 여사로 여기다 큰 손애을 본 셈이 돼는구나.
오후는 정심식사을 하고 수저을 노어면서 포도밭으로 가서 포도 알속는 작업을 하였다.

〈1998년 6월 15일 월요일 날씨 맑음〉
오늘 오전으로서 캄벨 포도 알속는 일을 끝을 냇다. 그리고 오늘 골래 자두을 8짝 수학을 하였다. 오늘 자두 수학은 착색약 살포한 득이라고 생각을 한다.
그리고 자두 수학을 하고 착색약을 2차로 살포을 함. 약량은 1차와 같이 약을 희석하여서 살포을 함. 약량은 착색약 물 한 말래 25CC, 미성알파[111] 20CC 영양재 20g 해서 2말로 약살포을 하여다.
그리고 오후 너깨 앞밭에 약량 1말로 살포을 함.
오늘 자두 수학을 함. 자두 8짝 복숭 1짝 9짝 수학함
지출에 … 크라이목손 약[112] 제초제 5병
건사미 약[113] 14병
계 76,000원

111) 미성알파는 사과 낙과방지약이다.

〈1998년 6월 16일 화요일 날씨 비〉

오늘은 아침 일적부터 스들어서 당산 포도밭에 잡초약을 운이와 둘리서 살포을 하고 약량은 24말로 살포을 하여떠니 약 5말이 남드라. 그리고 바시네이 새래단 포도밭에 남은 약으로 살포을 하고 다시 18말로 살포을 하니 약이 조금 남드라. 그려자 정심시간이라서 정심을 먹고 나니 하늘은 검세 비가 쇼다질 것 같다서 운아 비 오게따면서 남은 약이라도 살포을 해야 하게따면서 앞밭에 약살포을 할려고 하는돼 비가 한두방울 떨어저는돼도 시작을 하여뜨니 그저 소낙이가 내리드라. 그래서 재초제 살포을 하는 것을 중단하고 마랐다. 이 비가 소낙이라서 지나가면 약살포을 할려고 생각을 하여는돼 생각보다 비가 만이 와서 제초제는 내일로 미루고 부인 작과 따는돼 그들어 주어다.

"이번에 운이가 아나드라면 잡초약도 살포을 못하고 작과일을 수학을 할 뿐 했꾸나."

오늘 죽두록 잡초약을 살포을 하여는돼 비로 인하여 약 효과가 업쓰며 자신은 잡초약보다 두리서 노력을 한 것이 압깝기 짝이 업꾸나.

〈1998년 6월 17일 수요일 날씨 맑음〉

오늘은 어재 약살포을 하다 둔 잡초약을 살포을 할려고 준비을 하여 두어는돼 오촌 조카가 부부싸움으로 농약을 먹어서 구미 순춘병원[114] 원급실례[응급실에] 잇따고 열락을 받아다. 조카 용일이는 얌전하기 짝이 업쓰며 나는 인간이 용일이 하나밖에 업따고 생각을 하여 와는돼 용일이가 약을 먹다니 자신의 몸이 틀리두록 쇼크을 받아쓰며 용일이가 아들 교통사고 보내고 이재 상처을 잇고 겨우 정답게 사는 줄 알라는돼 이른 사고가 났따니 도저이 이해가 돼지 않는구나. 그래서 쳐든 잡초약을 앞밭에 사과밭에 해서 잡초약을 다 살포을 하고서 형수와 둘리서 병문안을 갇뜬이 중한자실례 잇는돼 회복이 돼기가 어렵지 안나하고 생각이 들드라. 이른 사고는 용일이가 너무 마음이 고아서 버르젓따고 본다. 만약에 회복이 돼지 않는다면 조카 매느리도 이재을 씨셔내기가 어릅따고 바야한다.

작과 수학량 21짝

지출에 버스비 6,800 정심값 7,000원

계 13,800원

〈1998년 6월 18일 목요일 날씨 맑음〉

작과일 수학은 부인이 다들하고 자신은 포도 일레만 열중을 하고 잇다.

내 부인 초봄부터 오늘가지 잠쉬 실여가 업쓰니 육체적인 고통은 말로 다 할 수 업두록 고단할끄로 본다. 자신의 몸이 이처름 부셔저는 것 같은돼 부인 몸으로 자신의 일보타 배나 더 한다고 보는돼 그 고통이 말을 안해서 그러치 그 피료는 음청나게 크다고 생각을 하며 부인은 무든해서 그려치 다른 여자 같으며 날리가 수십번 났쓸끈돼 아무 말을 하지 않코 아빠 디지 수고했소 그 말들을 남편한태 할 때에 을마나 고마운지

112) 국내에는 그라목손(Gramoxone)이라는 이름으로 널리 알려져 있으며 이에 대한 오기인 것으로 보인다. 정식명칭은 파라콰트(paraquat)이며 제초제의 일종이다.

113) 근사미로 제초제의 일종이다.

114) 순천향대학교 구미병원은 경상북도 구미시 공단동에 있는 순천향대학교에서 운영하는 종합 병원이다.

말로 표현을 할 수 업꾸나. 옛말래 부인 자랑을 하면 픈수라고 다들 하였는돼 나는 픈수가 돼드라도 이처름 고운 여자가 잇따는 것을 이 세상 끝까지 알리고 십다. 그리고 이 말을 자주하는 편인돼 부인복은 자신이 제일 만타고 생각을 하면서 세상을 살라가고 잇다. 지금은 자신이 육체적인 고통이 따라도 실타는 생각을 하지 않으며 이것들이 안예[아내]의 힘이 아닌가하고 생각도 하고 잇다.

요줌은 부인은 작과일 수학을 하고 자신은 포도일만 하고 잇다. 오전은 새래단 포도 2차 적심을 오전에 끝을 내고 오후는 새래단 포도 알속이 작업에 들어같다.

〈1998년 6월 19일 금요일 날씨 비〉

새래단 포도 알속이 작업을 하다가 부인이 자두 수학을 하는돼 내가 그들지 않으며 오전에 옻을 다 배리고 또 오후에 계속 온다면 또 배리기 때문에 포도 알속는 일을 내일로 미루고 부인이 자두{수}학을 하는돼 거들어서 오전 너깨까지 하여서 익은 것을 한 벌 더러면 오후에는 창고에서 선별 작업만 하면 대니까 옻도 한 벌을 들 베리기 때문에 자신이 자두 수학을 하는돼 도와주는 쪽으로 생각을 하였다. 부인도 자두 수학을 하면서 아빠가 와서 도와주면 잘하는 짓인돼 하고 생각을 하여따고 하드라.

오늘 자신의 생각대로 하여서 부인이 좀 수레따고 생각을 하며 비에 옻을 한 벌을 안 배리도 돼어쓰며 오늘 일은 잘 하여따고 생각을 한다.

"오늘 운이가 재대휴가을 끝내고 부대에 귀대하여서 20日 신고만 하면 운이 군복무을 맡치게 돼며 오늘이 오기까지는 온 식구가 노력이 들어따고 생각을 한다. 이재는 21日날 집우로 오면 그 지루한 군복무 끝을 내게 돼어서 이 아빠 마음이 한결 가벼어지는 너킴이다.

지출 … 휴가와다 가는돼 100,000원

〈1998년 6월 20일 토요일 날씨 맑음〉

생물이 출하될 때는 휴일이 업쓰며 좋치만 오늘은 천과 조합들이 일체이 휴일이라고 천과일을 밭아주는 돼가 업쓰서 과일을 수학을 할 수가 업쓰서 오늘은 부인이 알속는 작업을 하여서 둘리가 새래단 포도 알속는 일을 종일 하여다. 두리 종일해도 4골도 못하고 잇는 실정이다.

〈1998년 6월 21일 일요일 날씨 맑음〉

(운이 제대을 함)

어머님, 아버님 운이가 오늘로서 제대을 하여씀이다. 건강한 몸으로 순덕이 품으로 돌라왔씀이다. 이것이 부모님의 보살품으로 무사이 돌라왔따고 생각을 합니다. 어머님, 아버님 나을 군에 보내고 마음적, 심적으로 고충을 하여따는 것을 내 자식 군에 보내고서 알라씀이다. 내 자식 군에 보내고 달력에 날짜 넘어가는 것을 하로 수십번 바라보고 살라 왔씀이다. 아버님 그 심정을 이재 순덕이도 생각을 하고 이 세상을 살라가고 잇씀이다.

지금 순덕이는 살림이나 가정에 문재나 아들, 딸들 다들 만족하게 세상을 살라가고 잇씀이다. 특희 집사람이 그리 잘하며 순덕을 위하여 태어난 사람같이 잘하고 잇쇼. 이것이 제일 큰 복이 아니계소. 아버님, 어머님 앞푸로도 보살펴 주십요. 늙 순덕 힘으로는 이 세상을 살라가는돼는 힘겨운 일이요. 앞푸로 내 자식 내 형제 다들 돌바주십요.
오늘은 작과일 수학을 함. 작과일 수학량 30짝 순덕이 앞푸로 4짝, 혜지 18짝, 부인 앞푸로 18짝 계 30짝함.
수입 논 갈리값 460,000원
(돌려준 금액 36,000원 줌)
지출에 … 순덕 시계값 38,000원 운이 제대하면서 사옴.

〈1998년 6월 22일 월요일 날씨 맑음〉
오늘로서 자두 수학을 사실상 다 한 셈이다. 오늘 자두 수학량 앞밭에 10상자 골레 5상자 계 15상자.
자신은 종일동안 새래단 포도 알속는 작업을 하였다. 앞푸로도 하로 더 알속는 일을 다 할 수 잇깨드라.

〈1998년 6월 23일 화요일 날씨 맑음〉
오전은 새래단 포도 알속는 일을 하면서 생각을 한 것인돼 기상대는 모래부터 장마가 온다고 해서 오늘 값짝이 포도약을 사와서 포도약을 운이와 둘리서 약살포을 하여쓰며 오후내 약살포을 하여쓰며 약량은 당산 캄벨포도에 10말, 새래단 포도에 약량 10말 해서 살포을 하여 두어다.
지출에 … 포도약 사로 가는돼 직행 920원
안행 600원
1,520원
포도나무 박패기 35,000원 태프 3개
3,000원 계 38,000
계 39,520원

〈1998년 6월 24일 수요일 날씨 비〉
오늘 부인이 자두 수학을 마지막 이삭을 줌. 부인이 자두 수학을 다 한 것이 16짝이 돼며 올해는 자두 수학을 장마가 오기 전에 자두 수학을 다 하여쓰니 기적이라고 생각을 한다. 오늘날까지 자두 수학을 할 때는 꼭 장마가 아다리 돼어서 사람을 힘을 들개 하는돼 올해는 장마 전에 자두을 다 수학을 하여쓰니 내 마음이 날라갈 것 같다.
"그리고 자신이 포도나무 박패 먹이는 일은 처음이라서 박패 먹일 줄 아는 남자 놉을 할려고 해도 포도나무 죽이면 안댄다면서 그절을 하여서 박패 경험이 잇는 아주마 놉을 하여서 박패을 하는돼 생각보다 잘 돼며 박패기 한번식 돌리니 아주 속성으로 이려깨 수랄 줄 알라따면 놉을 하지 않코 자신 혼자 할끈돼 하는 아쉬운 감이 들드라. 그래서 아주마는 자신이 박패기로 먹인 자리에 끕질을 벗키는 일을 식키쓰며 박패 먹이는 일이 생각보다 아주 수라며 오늘 놉이 아니라면 12시가 넘두록 일을 한다면 오전에 박패 먹이는 일을 다 할 수가 잇쓴는돼 남을 대리고 해서 12시가 넘두록 할 수가 업쓰서 일적 맡치고 마랐다. 자신이 박패 먹이는 일을 처음이라서 자신이 2일 잡아는돼 오늘 오전에 그이 다 할 수가 잇쓰서며 이러깨 수라게 될 줄 알라따면 자신 혼자 박패먹이는 일을 할끈돼하고 아쉬운 감이 더는구나."
"오늘 박패기로 한번식 돌리는 작업은 오전 9시에 다 할 수가 잇쓰서며 박패기을 반자동을 잘 구입을 하여따고 생각을 한다."

〈1998년 6월 25일 목요일 날씨 비〉
오늘은 비도 만이 내리고 회서 김천 동서집에 가서 이발을 하고 이번 일요일 날 혜지 선본 댁의 부모와 한번 만나자는 약속을 하여서 나는 미리 남자 쪽의 어른들 인심과 당사자의 성실함을 알고자 직지사에서 식당을 한다고 하여 상호는 경기식당이라고 해서 부인과 둘리서 저쪽의 내력을 조금이나 알고자 회서 주변의 식당에 가서 정심한 키을 먹으면서 터보는 식으로 갈려고 작정을 하고 같는돼 김천 동서 집에서 이발을 하니까 동서 아들이 직지사에서 약방 슈포맛갯[수퍼마켓]한다면서 무려보며 너무 잘 안다고 해서 처형 아들한태 알라보라고 하여뜬이 전화로 알라 밭따면서 이야기을 소상하게 이야기을 하는돼 친구 편으로 알라본 것 보다 더 소상하게 갈치 주드라. 그래서 직지사 가는 것을 포기을 하고 집부로 바로 내려왔다.
부모들의 인심은 다들 좋고 돈도 만코 아들도 착실하며 하나 걸리는 것이 맷째 딸인가는 몰라도 결혼 반대로 마음이 살짝 같따고 해서 그것이 마음에 걸리고 잇따. 내 생각으로는 딸 4명에 아들 종말이라서 만약에 결혼을 한다면 혜지가 사랑을 받을 것으로 보는돼 이 아빠 마음이 걸리는 것이 잇쓰서 크게 달갑지 않는구나. 이번 일요일 날 양가 어른들 상면을 하여보고 이번 일은 혜지한태 마키겟다.
수입에 트랙터 갈리값 330,000원
지출이 … 이발비값 5,000원 2명 버스비 안행 1,200원 직행 1명 920원 계 7,100원[115)]
"종일동안 휴식을 한 셈."

〈1998년 6월 26일 금요일 날씨 비〉

우리 마을에 사는 김상한씨가 대항면[116)]장직을 하면서 오늘 태임식을 하는돼 우리 개원 13명과 동네에서 멧명 같쓰다. 본인은 공직을 그만두고 나올란니 서운할련지는 몰라도 우리들 보기에는 출세을 하여쓰며 퇴임을 한다고 상페을 여르 단체에서 만들으로 주는 것을 볼 때에 저것이 인간의 살라온 보람이라는 것을 생각을 하여 보앗다. 그리고 오늘 퇴임식을 끝내고 직지사에 한밖기 돌라서 친구들과가 술 먹을라고 물색을 하고 잇는돼 친구 한 명이 모래 일요일날 양과 어른들을 보자고 약속을 한 경기식당으로 들어가드라. 그래서 자신은 그 자리을 빠절라고 하여는돼 친구 한 명이 여르 사람을 상대을 하여서 모른다고 하면서 같이 들어가자고 하드라. 그래서 일요일 날 볼 사람을 나는 오늘 본 셈이 돼며 총각 어머님은 우리가 보기에도 순수하게 생기쓰며 아주 잘난 사람이며 어느 누가 바도 낮푸다고 할 사람은 업따고 하게드라. 그리고 남외 말대로 결혼문제로 약간 실성이 돼어서 이혼했따는 아가시는 우리가 보기에 가분수로 보여서 그르치 별다른 너킴이 업고 여자 몸이 너무 뚱뚱해서 십계 대리고 갈 사람은 업따고 본다. 그른돼 아직 총각은 보지 못했찌만 여자처름 살이 만타면 문재가 잇따고 생각을 하고 실찌 내 마음은 결혼을 실페한 여자가 마음에 크개 걸리고 잇다.
"퇴임식 축이금은 개금으로 100,000원 하여다."
지출에 … 주대값 12,000원

---

115) 실제 계산은 7,120원이나 7,100원으로 잘못 기록하였다.
116) 김천시 대항면이다.

〈1998년 6월 27일 토요일 날씨 비〉

오늘은 내일 양가 어른들과 만선을 보는 자리가 돼는되 자신이 하복이 업쓰서 생각 끝에 이번 결혼이 돼든 말든 정장이 잇쓰야 돼겟따는 생각에 오늘 혜지을 오후 2시에 구미 농협 앞푸로 나오라고 하고서 부인과 둘리서 하복 구경을 하로 같뜬이 너무 비싸서 옻점을 나오고 마랐쓰며 무선 하복이 400,000원식 돌라고 하니 급이 다 났드라. 그래서 내일 잇는 그대로 보여줄라고 집우로 오자고 하여는돼 인디안 옻집에 한번 가 보자고 하면서 들어같뜬이 세일을 하여서 130,000원 한다고 해서 옻을 살려고 했는돼 판매원이 이것저것 고루다가 이것이 얼굴에 맡는다면서 손을 보고 하드니 계산은 180,000원 이상이 돼며 자신이 130,000원이라고 하니까 처음 그것은 질이 낮전 것이라고 하면서 그래 밭아야 한다고 하면서 가격표는 다들 띠내고 옻기장도 다들 주린 상태라 그냥 당하고 말랐다. 인간들이 다들 속이서 이득을 볼라고 하니 기가 찬다. 이것을 생각을 하니 항당하기 짝이 업쓰며 이재는 오늘 수법으로는 속지 않캐찌만 이것은 다들 지나가고 마라쓰며 요론 속임수는 정장을 처음 맡추는 사람은 다들 당하게 돼어잇다.

"오늘 혜지 때문에 속이 상했다. 내일 양가 어른들 보기로 하였놓코 요 메칠 전에 소개팅으로 만난 총각하고 만나자고 약속을 하여따고 해서 이 아빠 열이 나드라. 내일 보고 표기을 하든 말든 하고 오늘은 남자와 만나지 않아야 하는돼 이 남자을 자주 만나게 돼면 내일 만나자고 하는 것은 형식에 지나치며 내일 맡선을 본다고 옻값만예도 300,000원을 쓰고 잇는돼 이것은 다들 헛돈이 아니냐하는 생각이 들며 오늘 이 아빠 속이 만이 상해다. 그래서 오늘 만나자는 남자을 보자고 하니까 길에서 만나자고 했따고 하길에 약속장소가 어대근 보자고 하니까 위치을 갈치 주드라. 그래서 우리 부부는 혜지와 10매타 후방에 잇쓴는돼 총각이 차에서 내리지도 않코 그대로 혜지만 태어서 가고 마라서 총각도 보지 못하고 마랐다."

"오늘은 혜지 때문에 속이 상한 날이라고 말을 하고 십꾸나."

지출에 … 옻값 289,000원 차비, 버스
직행 6,400원
계 195,400원[117)]

〈1998년 6월 28일 일요일 날씨 비〉

혜지 선 본 자리에 양가 어른들 보자고 하여서 김천 고려 호텔 코피숍에 만나 보앗는돼 어른들도 좋고 당사자도 좋드라. 그래서 우리는 마음에 든다. 이재는 혜지 니 마음에 잇따면서 막키 두어쓰며 당사자 둘리서 금오산에 가기로 하고 우리는 내리오면서 같이 와서 우리 마을에 내리고 두리서 금오산에 같다 와따고 하는돼 혜지도 좋아하는 눈치며 그른돼 혜지 이야기가 총각 주량이 소주 2병이라고 이야기을 한다고 하여서 그만 내 마음에 들지 않는구나. 본인의 말로 소주 2병이라고 말을 할 때에 이것은 주량이 만이 마실때는 을마을 먹는지 알 수가 업쓰며 술 만이 하는 사람이 주간이 업다고 바야한다. 그래서 이번 일은 업썻뜬 일로 하고 십꾸나.

117) 실제 계산은 295,400원이나 195,400원으로 잘못 기록하였다.

지출에… 누님 생신… 50,000원

〈1998년 6월 29일 월요일 날씨 맑음〉
오늘은 장마 때문에 사과약을 18日이나 지나두록 약살포을 못하고 잇따가 오늘 맑은 날씨을 보이서 운이 돼리고 사과약을 살포을 하여다. 약량은 40말 사용을 함. 작년만에도 사과약 25말로 살포을 하여는돼 올해는 40말로 약살포을 하고 잇는돼 탄저병[118]이 들 할련지 모르게꾸나.
"그리고 윤종희 씨 모친 상 당한돼 그들어주지는 않코 한태 우일려 노라따고 이야기을 하는 것이 좋을 것 같꾸나. 요줌 아들은 객지 나간 아들이 길사나 흉사나 다들 와서 일을 도와 주는 것을 보니 여사로 안 보이며 절먼 세대들이 틀린다는 생각을 한다."
그리고 윤종희 모친은 96세로 별세하여쓰니 어느 누가 서운하다는 말이 업쓰며 다들 편이 잘 돌라가시따고 이야기을 하고 잇드라. 그리고 자신도 이 분은 복노인이라고 생각을 한다. 이려깨 오래 살면서 아들, 매녀리 다들 개로움 주지 않코 고생을 하나 하지 않코 조용히 돌라같시따는 것은 아들이나 본인이나 다들 복이 만타고 말을 하고 십꾸나.
"당산 포도에 황산가리 2포을 살포을 하였다."
수입에 갈리값 85,000원
지출이 황산가리 당산 캄벨포도 16,400원

〈1998년 6월 30일 화요일 날씨 비〉
오늘은 윤종희씨 모친 운상을 하로 같다가 자신은 광정 구등이 파로 가서 도래솔[119]을 톱으로 베는 일을 하여쓰며 오늘은 흐린 날씨을 보여서 일하는돼 큰 도음이 돼어따고 생각을 한다.
윤종희 모친의 마지막 가는 길도 순탄하게 가고 잇따고 생각을 하며 이분은 다들 복노인라고 말들을 하며 이번 일을 바스도 복노인라고 생각이 든다. 외냐하면 이 장마에 3일동안 비도 오지 않는 날을 선택을 하여서 작곡[작고]을 하여따는것은 어느 한 쪽이 복이 만타는 입정이 돼어따고 생각을 한다.
오늘 우리 마을 큰 길에 아이스콘을 깔고 이재 노선을 끌려노니 이재는 도시 맡이 나고 잇꾸나. 정부는 불항이라고 아우성을 쳐면서도 농촌에 길에다 아스팔트을 깔라주고 잇쓰니 살기좋은 세상이라고 말을 하고 십꾸나.
지출에… 부이금 30,000원

〈1998년 7월 1일 수요일 날씨 비〉
부인과 둘리서 무지파 모종을 하여쓰며 자신이 무지파 모종을 올해가 제일 잘 키와쓰며 모종이 악치[악취]가 업시 아주 잘 키어따고 생각을 한다. 오늘 모종을 하는돼 보밭에 배추 갈 자리만 두고 무지을 다 하고 모종을 말리 사과밭에 가지고 와서 무지을 하였다.
그리고 오후는 경화내 형님 놈에 개올미가 만아서 자신의 혼자 다들 뽑아다. 앞푸로 필지마다 잡초을 한번식은 주어야 하게꾸나.
윤종희 모친 운상하면서 상두돈이 총 1,600,000원 나와는돼 절먼 동우회가

118) 탄저병은 통상 작물, 야채, 화초, 과수, 수목 등 유용식물의 잎, 가지, 과실, 종자 등에 발생하는 병으로 잎과 과실 등에 병반을 만들며 후에 병반에 점질물이 생성된다.

119) 도래솔은 무덤가에 둘러선 소나무를 이르는 말이다.

1,100,000원 가지가고 우리 동신회가 500,000원 분배을 받아쓰며 이것을 반 잘라서 오늘 나온 사람 9명이 쓰고 남어지 250,000원 기금으로 너차고 합이 바따. 그래서 오늘 무실 고기집에 가서 잘 먹어다. 오늘 지출이 138,000원 낱다. 오늘 고기로 배을 채우고 말랐다.
지출에 … 갈리값(둥기) 300,000원

〈1998년 7월 2일 목요일 날씨 비〉
오늘은 황덕삼이 친구가 광고 대리점 오푼하여다고 해서 창길와 둘리서 덕삼이 광고 대리점 오푼하여따고 해서 둘리가서 대접을 잘 받아다. 이 친구는 무엇을 하여도 질내기 하지 못하는 친구인돼 이번에 한번 오라고 부탁을 해서 오늘 비도 내리고 해서 두리가 사무실에 갇서 잘 받아다.
"오늘 새래단 포도을 한번식 알속이 작업을 한 것이 오늘 부인 이야기을 하는돼 송이가 몽창몽창 내리 않는다고 이야기을 하여서 밭에 가보니 상당이 만이 내리 안저서 속이 상하드라."

〈1998년 7월 3일 금요일 날씨 비〉
외성보에서 수료에 수초 작업하는 보을 하여쓰며 인원 동원이 을마 대지 않아서 작업량이 만아서 다들 수고을 하여따고 생각을 한다.
오후는 친구와 포도약을 사오는 일을 하여쓰며 요 먼저 약 철 기회가 잇쓴는돼 약을 쳐지 못 해서 이때것 약살포을 못해서 포도 농사 바릴가 극정이 크다. 이 날씨가 장마라도 약살포 시간은 주는돼 개속 흐리고 비가 와서 약살포을 못하고 잇다.
오후는 새래단 알속이 작업을 적개하여서 일부 포도 송이가 몽창몽창 내리완는 것이 잇쓰서 다시 알속는 일을 하는돼 힘이 들뿐 아니라 오히려 바라송이을 만들고 잇찌나 않는가 하고 염려가 만이 돼는구나. 그래서 해야하나 그만두고 바야하나 망스리고 잇키도 한다.
"우리 혜지가 맏선을 보고 양가 어른이 다 좋아할 뿐 아니라 아빠, 엄마가 좋다고 하니 혜지도 기울고 잇꾸나. 저이들끼리는 전화로 열락을 자주하고 잇꼬 남자축에서 약혼이라도 하자고 이야기을 하고 잇는돼 우리 혜지는 아직 시간이 일적따면서 아직 만나바야 한다면서 시간을 지연을 식키고 잇다. 이 아빠, 엄마는 우리 혜지 결정에 따르겟다."
"이 아빠는 절먼 친구가 마음이 바르겟고 사람이 순진해보이며 못땐 마음이 전연 업쓰보여서 마음에 들드라."
지출에 … 수도작 농약 바사그람 39,000원

〈1998년 7월 4일 토요일 날씨 맑음〉
캄벨 포도나무에 박패자리에 지우래서 분제약을 발라쓰며 분재만은 잘 발리지 않아서 물래 좀 타서 발으니 아주 잘 발라드라. 오후는 새래단 포도 송이을 처음에 적개 속아서 그른지 일부 송이들이 떨어저서 2차로 알속이을 하는돼 오히려 바라송이을 만들고 잇찌나 않나하고 극정이 크다.

〈1998년 7월 5일 일요일 날씨 맑음〉
포도나무에 약살포을 함. 약살포는 운이와 둘리하고 잇다. 운이 제대 후에는 부인과 약살포을 하지 않아쓰며 운이가 제대 후는 일이 좀 더 돼는 너킴이 더는구나. 캄벨포도에 약량 10말, 새래단 10말 살포을 함.

오후는 포도 알속이와 세집에 큰방 담이 내리안저서 벽돌 치우는 일, 모래 경운기로 한발이 실어오는 일을 하였다.
지출에 … 휘발유값 한말래 7,000원
그리고 혜지가 직지사 총각하고 대위트을 하고 잇는 것을 보면 혜지도 실은 편은 아닌 것 같꾸나. 지금 진행이 돼는 것을 보면 혜지도 결혼을 할 대상이라고 생각을 하고 일요일마다 대이트을 하는 것이 아니야하고 생각이 더는구나.

〈1998년 7월 6일 월요일 날씨 맑음〉
참깨약을 운이와 둘리서 살포을 하여쓰며 약량은 5말. 작년에는 참깨가 너무 잘 돼어는돼 금년에 비가 자주 와서 그른지 참개 좋다는 사람이 업꾸나. 올해는 참깨가 흉년이라고 바야한다.
"오후는 새래단 알속는 일을 하다가 갠이 사람이 건디리서 바라을 만들고 잇찌 않는가 하고 마음에 갈피을 잡지 못하게드라. 그래서 부인보고 포도송이가 내리않저도 그만두고 말자고 이야기을 하여쓰며 그리고 지금 포도알 속는 때가 아니라서 더욱 더 일하는돼 힘이 더는구나."

〈1998년 7월 7일 화요일 날씨 맑음〉
벼논 두 필지가 논하는 올미때가 너무 만코 또 한 곳은 개올미가 너무 만아서 오늘 두 필지에 바삿그람 약을 12말 해서 살포을 하여쓰며 두 필지에 24말 들어간 셈이다. 잡초약 좋은 것은 올미도 안 난다고 하드니 올미는 여전희 다들 나드라.
그리고 낮참을 이용을 해서 동네 포도 농사 짓는 사람 5명이 흥농 농약방에 가서 포도 착색이 빨리 오는 약 사로 같쓰며 약이 별도로 잇는 것이 아니고 영향재용을 만이 주드라. 이것을 셋번 처는돼 3일 간격으로 약 처라고 하며 이 약은 돈에 비에서 별 득이 업는 것이 아닌가 십다. 약량 30말용이 130,000용 주고 5명이 사와는돼 효력이 잇쓸란지 몰개꾸나.
"오후 너깨줌 용일이 병문안을 같튼이 안전이 회복이 돼서 떡밖의 일이며 병원에서 90%로가 안 댄다고 하든 사람이 회복이 돼어서 태원 준비을 하고 잇는 것은 기적이라고 바야한다."
지출에… 병문안에 7,800원 / 직행, 안행 5,800원 〉계 13,600원

〈1998년 7월 8일 수요일 날씨 맑음〉
당산 포도밭에 고랑이 고루잔아서 비만 오면 물이 고이는 곳이 만아서 오늘 오전은 손미아까로 모래을 실어 너어쓰며 이것을 오전내 하였다.
오후는 두룸과 보뚝에 풀 깍는 일을 하여쓰며 요줌은 오후로는 일을 할 수가 업꾸나. 날씨가 34도 이상이니 이것은 불볕 더위라고 바야한다.
지출에 … 벼논에 약값 102,900원

〈1998년 7월 9일 목요일 날씨 맑음〉
벼논에 문고병[120], 도열병[121] 살충재을 살포을 하는돼 논바닥에 물이 업쓰서 부인과 운이 삼명이 약을 살포을 하는돼 동원이 대

120) 문고병은 잎집무늬마름병이라고도 하며 주로 잎집에 담자균류가 기생하여 회색의 얼룩무늬가 생기고 차츰 잿빛을 띤 흰색으로 변하여 시들어 죽는 병이다.
121) 도열병은 벼가 잘 자란 뒤에 잎과 줄기에 박테리아가 생겨 잎줄기 등을 해치는 병이다.

어쓰며 날씨가 너무 더어서 오전 10시 이전에 모든 일을 맡치야 하게드라. 약량은 한단지 600평에 12말로 살포을 한 셈이다. 오늘 오전에 4단 1마지기 살포을 하고 오후 5시 이후에 가서 3단지을 살포을 하였다. 오후에는 정각 5시에 약살포을 한다면 3단지 약살포을 해도 어듭지 안캐드라.
수입에 갈리값 110,000원

〈1998년 7월 10일 금요일 날씨 흐림〉
오늘은 날씨가 흐리서 약 쳐는돼 극정을 좀 하였다. 그른돼 장마때는 비가 오지 않으면 약살포을 해야 한다고 하며 기상대는 내일부터 이삼일 비가 온다고 해서 오늘 극정을 무렵쓰고 벼논에 이화명충, 도열병, 문고병 오전으로서 약살포을 하고 시간이 일적으서 사과밭에도 약살포을 정심시간이 넘두록 해서 약살포을 하여두어는돼 오후 3{시}부터 비가 내리쓰니 오늘 약은 헌[헛]약을 살포을 한 것이라 마음이 아푸구나. 특희 사과약은 부패병을 방재하는 약이라서 비싼 약인돼하고 생각을 하니 속이 아푸구나. 요줌 운이 때문에 약살포을 잘하고 잇쓰며 운이가 재대하기 전에는 죽어나 사나 우리 부부가 다하여쓰며 내가 제일 불버[부러워]하는 것은 일하는돼 도와주는 것이 제일 불버[부러워]하여쓰며 이재는 나도 운이가 도와주고 잇쓰니 숨을 돌릴 수 잇따고 생각을 한다.[122)]
수입에 갈리값 100,000원

〈1998년 7월 11일 토요일 날씨 비〉
오늘은 아침부터 비가 개속 내리고 잇쓰서며 이재 장마가 물로같쓰며 하는 심정이다. 오늘 오전은 비 때문에 휴식을 하고 오후는 서양바실 논에 잡초저거[제거]을 하여쓰며 잡초 제거하는돼 가랑비가 개속 내리는돼도 날씨가 너무 더어서 옻이 땀으로 함박 젓고 마랐다.
요줌은 일을 좀 할려고 들며 땀으로 옻 두 벌을 다 베리야 일을 할 수가 잇다.
"오늘 혜지와 사기고 잇는 직지사 총각이 오늘 오후 6시에 대리로 온다고 하여서 그름 아빠가 한번 더 보고 십다고 하면서 집우로 오라고 하여라고 했뜬이 오늘은 집우로 왔드라. 먼저 맡선 볼 때보다 얼굴이 하예젓쓰며 그때보다 오늘의 총각이 더 밝아 보여저는구나. 우리 부부는 혜지가 오늘까지 대이터을 주일마다 해서 오늘 총각을 잘 바야 한다면서 코가 돌라가지나 않아나 오늘 잘못보면 헌닐라면서 우리 부부는 잘 보자면서 서로 이야기을 나누어쓰며 막상 상면을 하여보니 잘 보지 못하고 대충 보고 마란 생각이 더는구나. 이재는 혜지도 좋아하고 잇쓰니 결혼까지 가야하지 않캐나 하는 생각이 더는구나."

〈1998년 7월 12일 일요일 날씨 흐림〉
오늘은 초복이자 우리 동신개에서 복땜을 하여쓰며 우리 개원 중에서 개을 자시지 않는 사람이 4명인돼 이 사람들은 닭개장을 하여주고 그 남어지는 개고기로 복땜을 종일 한 셈이다.
개고기 산근에 4,000원×28근
우리 혜지가 총각집 어른들이 보고 십따고 하여서 오늘 직지사에 가서 어른들을 면담

122) 일기 지면 상단에 '(이화명충은 7月3日 경에 약살포을 해야하겟다.)'라고 기록되어 있다.

을 하고 왔쓰며 총각집에서는 우리 혜지을 잘 본 것 같드라. 총각은 우리 혜지한태 폭 빠진 것 같드라.

〈1998년 7월 13일 월요일 날씨 맑음〉

오늘 오전은 캄벨 포도 착색약을 살포을 하였다. 착색약이 3가지다가 영향재드라. 이 영향재 3가지을 3일 간격으로 3번 살포을 하면 숙기가 빨라 전다는 말래 흥농사 농약방에서 130,000원 주고 와서 오늘 처음 살포을 하였다. 약량은 10말로 살포을 하여쓰며 매회에 마다 10말로 함.

오후는 새래단 던불이 너무 만이 나가서 3차로 적심을 하고 잇다. 3차 적심을 해서 좋은지 학실리 알지도 못하고 적심을 하고 잇는 중이다.

〈1998년 7월 14일 화요일 날씨 비〉

오늘로서 안과병원에서 치료을 4일, 3일, 7일간의 치료을 해서 눈꼽이 키는 치료을 안전이 하였다.

안과 치료비값 약갑 4,000원
버스비 값 1,500원 〉 계 5,500원
약값 3,600원
버스비값 1,500원 〉 계 5,100원
약값 3,600원
버스비값 1,500원 계 5,100원
계 20,100원[123]

카메라값 … 500,000원
계 520,100원[124]
새래단 약살포함. 약량은 15말로 살포을 함.

〈1998년 7월 15일 날씨 비〉

친구와 휴식을 함.

〈1998년 7월 16일 목요일 날씨 비〉

오늘은 부인과 둘리서 대신 동서가 내수술을 경대병원[경북대학교병원]에서 하여따고 하며 아직까지 사람도 알라보지 못 한다고 하여서 우리 부부는 아침 통학차로 병문안을 갇쓰며 오늘도 사람은 알라보지 못하고 잇쓰며 그래도 만이 나와저따고 하는돼도 사람을 알라보지 못 하고 잇드라.

대신 동서가 처형을 보내고 난 후 지금까지 부인이 왔다 같다 하여찌만 사실상 31년간 혼자 살라 왔따고 바야한{다.} 동서 아들은 (둘) 장남은 결혼을 올해 하여쓰며 차남은 33살인돼 아직 결혼도 못 하고 부모을 속을 썩인다고 하며 가정은 편안하지는 못하고 잇따고 하드라. 동서도 복이 업는 사람이라고 말을 하고 십꾸나.

지출에 … 열차비(대구) 3,800원, 동서에깨 50,000원, 동서 아들 용돈 20,000원,
대구--구미 차비 삼명 20,200원,
택시비 대구역에 오는돼 1,500,
직행버스 4,800원
계 90,300원[125]
농협 장보는돼 국수, 라면, 가루, 피존 26,600원, 무실 농약방 삼보, 도열병, 문고병약 33,900원, 농약값 계 60,500원

수입에 가리값 140,000원

---

123) 실제 계산은 15,700원이나 20,100원으로 잘못 기록하였다.

124) 실제 계산은 515,700원이나 520,100원으로 잘못 기록하였다.

125) 실제 계산은 100,300원이나 90,300원으로 잘못 기록하였다.

〈1998년 7월 17일 금요일 날씨 흐림〉

오늘 오전에는 포도 착색약을 운이와 둘리서 약살포을 하여쓰며 이미 우리 포도는 착색이 만이 왔이쓰며 올해는 박패을 먹이서 그른지 착색이 빨리오는 느킴이 더는구나. 약량은 10말. 오늘이 착색약으로는 2회 살포을 하였다. 앞푸로 1회 더 남아다.

오후는 부인을 대리고 논 필지마다 도열병키가 을마나 잇는지 벼농사는 어뜬지 구경을 식키쓰며 부인은 벼농사는 우선 바서는 잘 짓어는돼 거름이 너무 만타는 평가을 하였쓰며 나는 큰 태풍만 업따면 금년에는 맡따고 보고 잇다. 작년에는 거름량이 조금 적으서 올해는 거름을 반포을 더 하여뜬이 조금 만은 너킴은 든다. 올해로 바서 반에 반포을 더 하여쓰면 꼭 마절뻔 하였다.

지출에… 보리쌀 10kg = 13,000원

〈1998년 7월 18일 토요일 날씨 비〉

오늘 벼논에 두룸과 보뚝에 잡초을 베는 일을 하여쓰며 이번이 두 번째의 잡초 제거을 한 셈이다.

"오늘은 두룸에 잡초 제거을 남외 것을 두 필지 두룸을 하여 주어쓰며 이른 사람들은 속도 업는 사람이라고 생각을 한다. 외냐하면 내 두룸에 풀이 남외 벼을 뒤덥프서 피해을 주는돼도 그대로 두어서 남의 속을 상하게 하는 것을 보며 보통 사람과는 다르다고 생각을 한다."

우리 혜지는 토요일 오후와 일요일은 대이터을 꼭하고 잇쓰며 혜지도 예인이 생기니 마음이 밝아저는 느킴을 주고 잇다. 그른돼 혜지 남자친구는 직장이 서울이며 그른돼도 매주 내리와서 대이터을 하는 것을 보며 그 열정은 절멈이 아니고야 할 수가 업따고 생각을 한다.

〈1998년 7월 19일 일요일 날씨 맑음〉

캄벨 포도밭에 착색약 살포을 함. 약량은 10말.

우리 포도가 착색이 이미 온 것은 상당이 만이 앗쓰며 박패을 먹이지 않는 나무들은 세파라게 잇드라. 금년에는 박패을 먹이지 착색약 살포을 해서 좀 빨리 수학을 할 것으로 내다보고 잇다.

"오후는 참깨밭 주위에 잡초 제거을 하였다."

〈1998년 7월 20일 월요일 날씨 맑음〉

오전은 운이와 둘리서 벼논에 문고병, 도열병을 방재약 살포을 하고 오후는 부인과 둘리서 약살포을 하여다. 오늘은 종일동안 문고병, 도열병 예방을 하는 것으로 하로을 보내쓰며,

(오늘 살포 면적은 31마지기을 함)

지출에 … 문고병약 키타진 500CC
4,200원 황산가리 2포
16,700원
계 20,900원

〈1998년 7월 21일 화요일 날씨 비〉

오전에는 상토흙 남은 것을 경운기로 두 발리을 사과밭에 실어내고 캄벨 포도밭 다니는 길이 너무 허매서 길보수을 하고 사과 아오리 수학을 하여다. 아오리 사과 수학량은 11짝 수학을 함.

오후는 비 때문에 휴식을 함.

"우리 혜지 약혼식을 하자고 말이 오고가고 잇는 중이다. 막상 우리 혜지 약혼식을 할려고 하니 마음이 듬듬한 너킴이 들며 잘

하는지 잘 못하는지 꼭 찝어서 말을 할 수 가 업꾸나."

〈1998년 7월 22일 수요일 날씨 흐림〉

오늘 사과약 쳐로 가면서도 날씨가 흐리고 기상대는 소낙이 올 학률이 60% 됀다고 해서 갈까 말가 하다가 좀 너깨 가서 사과약을 살포을 하는돼 금새라도 비가 쇼다질 뜻 해서 약을 쳐면서도 여르번 놀라쓰며 오늘은 약살포을 한다는 것은 보통 마음으로 시작을 못하는 날씨라고 말을 하고 십다.
오늘 약살포을 하고 마음이 종일 조려 왔따고 본다. 이 날씨가 하로에 수십{번} 날씨 변동이 돼어서 약값을 그냥 버리는 것이 아닌가 하고 극정을 만이 하여와는돼 다행이 종일동안 비는 오지 않코 뽀독뽀독 참아 주어서 큰 다행으로 생각을 한다.
"오후는 남의 두룸에 잡초 제거을 하여쓰며 우리 마음으로는 내 두룸에서 풀이 자라서 남외 피해을 준다는 것은 생각지도 못 할 일들이라고 생각을 한다. 그리고 이 사람들이 일이 바빠서 이른 피해을 준다면 이해을 하게는돼 이 사람들이 아푼 사람도 아닌돼 두룸에 풀을 키아서 남외 피해을 주고 잇다."
"이번에 기상대 발포[발표]가 우리나라 장마가 일주일 연장돼어따고 발표을 하는돼 포도에 지장을 주지 않을까 극정이 돼며 자신은 지난주에 장마가 끝난다고 기상대 발표을 할 때는 포도 비가림을 안해도 포도 수학에는 아무른 지장이 업깨따는 생각을 하여는돼 이번주 이달말래 가야 장마가 끝이 난다고 하니 비가림을 하지 않는 자신은 극정이 크다고 바야한다."

〈1998년 7월 23일 목요일 날씨 맑음〉

오늘은 앞밭에 잡초베는 일 밭뚝에 탁나무 베는 일을 하였다. 이것을 진작해야 하는돼 이재야 해서 탁나무 밑에는 채소류가 피해가 만아다.
오늘은 종일동안 밭뚝에 탁나무 제거을 하는돼 시간을 보내고 마랐다.
"혜지가 약혼식을 하자고 말이 오고가서 채종적으로 혜지와 결혼을 할 사람을 전과가 잇나 업나을 친구가 지서장인돼 이 친구을 통해서 전과 사실을 알라 밭다. 그른돼 전과 사실이 업따고 하여서 이재는 우리 혜지을 막키야 하겟따는 생각이 더는구나."

〈1998년 7월 24일 금요일 날씨 맑음〉

오늘은 캄벨 포도에 착색약을 한번 더 살포을 하여쓰며 이번이 영양재로 착색을 빨리 오두록 살포을 한 것이 4번째가 돼는구나. 자신이 흥농사에 영양재로 착색약을 살포을 한 것이 효력을 보는 것 같드라.
오후는 골래 작과밭에 잡초을 제거하는돼 낮으로 하였다.

〈1998년 7월 25일 토요일 날씨 비〉

이번 비가 우리 포도 망치고 잇다. 자신은 비가림을 하지 않아서 이번 비에 포도 알맹이 터지는 것이 많을 것으로 보며 이 비가 오기 전에도 일부 알맹이가 터지는 것이 만은 돼 이번 비에 포도에 큰 타격을 줄까바 비 소리에 가슴이 조이저는 너킴이 더는구나.
오늘 사과밭에 잡초 제거을 하로 갈따가 비오는 바람에 조금 하다 그만 집우로 돌라오고 마랐다.
그리고 오후 8시에 대신학교 11회 동기생

개 하는돼 장소는 대신통나무식당예서 하는돼 1명만 불참을 하고 그 남어지는 다들 참석을 하였다.
지출에… 동기생 개 회비 30,000원

〈1998년 7월 26일 일요일 날씨 비〉

오늘은 낮 12시에 초곡 김창기가 서울 서처구에서 의회 이원으로 이번에 3선을 하였다고 초곡 고향에 와서 동네 잔치을 한다고 김천, 대신, 구미 동기생들 초대을 하였서 개원들과 약속을 하였서.
오늘 캄벨 포도 수학을 12시 안에 포도 수학을 부인과 둘리서 다 한다고 마음이 상당이 바빠다. 포도 수학은 빌을 만저면서 포도 수학을 9짝을 하였다.
그리고 김창기 의회 위원으로 3선을 한 것은 대단하다고 생각을 한다. 촌에서 서울에 본토배기을 물리치고 당선이 대는 것은 평소에 피나는 노력을 하여따는 것을 인정을 하여 주어야 한다고 본다. 오늘 개원이 참석 인원은 9명이 됐다.[126)]
오늘 축하 화원값은 80,000원

〈1998년 7월 27일 월요일 날씨 흐림〉

이번 장마비로 두룸이 터진대가 만아서 막아두는 일을 하였쓰며 오후는 포도 수학하는돼 좀 거들어 주고 나서 포도가 너무 만이 터지는 것 같아서 착색약을 물 한 말래 1병, 칼슘 150g, 영양재 10g 짜리로 볼속 두 숫푼식 너어서 살포을 하여쓰며 약 두 말로 11골 살포을 하였두어다.
그리고 혜지는 한우동씨 부친 생신이라고 인사을 식킨다고 대리고 같쓰며 우리 혜지는 한우동씨 식구 전체에 얼굴을 다 보인 셈이다. 한우동이는 혜지한태 푹 빠진 것 같드라. 그리고 한우동이는 혜지한태 잘하고 잇따고 생각을 한다.[127)]

〈1998년 7월 28일 화요일 날씨 흐림〉

오늘은 벼논에 3차 약살포을 함. 약량은 25말로 두 단지 식 살포을 하여쓰며 오늘도 문고병, 도열병, 살충재, 파단유제을 살포을 하였다. 금년에는 날씨가 장마도 오래돼고 흐린 날이 만아서 벼성장에 피해을 주고 잇쓰며 병충이 만은 것 같다.
오늘 운이와 둘리서 5섯단지 약을 살포을 하였다. 이재는 약살포을 하는돼도 질리겟드라.
오늘 약량은 25말로 두 단지식 살포을 하였다.
지출에 … 농약 100,000원, 포도종이
10,000, 멸치 20,000,
엔진오일 2통 12,800원
계 142,800원

〈1998년 7월 29일 수요일 날씨 맑음〉

오늘 오전에 벼논에 문고병, 도열병, 살충재을 3회 살포을 다 한 셈이다. 올해는 기온이 불규칙해서 약값이 만이 들어가고 잇꾸나. 앞푸로 더 약살포을 해야 하는돼 약값도 무시 못 할 정도로 들어가개꾸나.
오후에는 포도 수학을 함. 그리고 비가림을 하지 않아서 포도알이 터지는 것이 들어 잇쓰서 가슴이 조마조마하며 포도농사을 잘

---

126) 일기 지면 상단에 '(캄벨포도 첯 수학함 9짝)'이라고 기록되어 있다.
127) 일기 지면 상단에 '(포도 수학 12짝)'이라고 기록되어 있다.

짓어 낮는돼 비가림 안 해서 다 바리는 것이 아닌가 하고 극정이 말로 다 할 수가 업꾸나.
그리고 오늘 포도알이 터지고 해서 마이신 약과 착색약을 신흥농약방에서 가지고 왔다.[128]
지출에… 버스비값 1,200원

〈1998년 7월 30일 목요일 날씨 흐림〉
캄벨 포도에 마이신 약을 살포을 하였다. 오늘 약은 포도 알맹이가 만이 터지고 잇쓰서 이것을 방재을 한다고 약살포을 하여두엇다. 약량은 10말해서 살포을 하는돼 포도송이에 약이 발리는 것을 극정을 하다보니 약이 만이 남아서 약 효력이 별로 이득이 가지 않을 것으로 내다본다.
오늘은 혜지 남자친구와 대이터 하로 같는돼 혜지 전화가 8시에 아빠 조금 너깨따고 하고서는 밤 10시, 밤 11시, 밤 12시 돼어도 전화도 주지 않코 집에서 호출을 해도 돼지 않코 해서 온 식구가 극정을 하였쓰며 밤 1시, 밤 2시 돼는 것을 보고서 아주 그냥 두어서는 안댓개따는 생각에 오늘로서 교재을 끈투록 할 결심으로 동네 입구에 가서 기다리고 잇따가 집우로 올 필요 업고 도로에서 업뜬 것으로 할려고 한참 기다리고 잇쓰니 2시 30분에 차가 들어오드라. 그래서 차을 세어서 혜지 남자친구와 잔깐 이야기 좀 하세하면서 둘리다 내리게 하여쓰며 자신은 요 주위에서 이르깨 너깨 들어오며 사람을 잘못 본 것이라면서 결정을 할려고 혜지한태 지금 어뒤어서 오느냐하고 물어니 감포[129]에서 온다고 하여서 그만 할 말이 업드라. 오늘 일들이 혜지 잘못이라서 이 아빠도 극정을 하여꼬 그 중 호출로 진동으로 하여서 혜지도 제때 학인도 못했고 다들 혜지 책임이라고 생각을 하니 이 아빠로서는 할 말이 업고 그래서 남자친구한태 다음에 이야기하자면서 돌려보네고 마랐다. 이것들이 감포에 같다고 이야기만 했드라면 나도 요즘 길이 막키니까 넛는다고 생각을 할 껏이며 혜지도 전화을 한번 했드라면 이 아빠 극정을 하지 않아쓰며 온 식구가 잠을 자지 않코 초조하게 기다리고 잇찌는 않아쓸끈돼 오늘 일이 혜지 부주위로 속이 상하고 마랐다. 자신도 좀 경솔하게 돼해쓰며 혜지 친구는 밤 너깨 온 것도 미안할끈돼 그 중 내가 화가 난 행동이니 혜지 친구도 입장이 난처했쓸 것으로 생각을 하여본다.
"이 아빠도 더 깊이 생각을 하여쓰며 수라게 넘어 같쓸끈돼 그려치 못해서 자신의 마음을 원망을 하여본다."

〈1998년 7월 31일 금요일 날씨 비〉
오늘은 캄벨 포도 착색약 살포을 하여다. 착색량은 물 1말에 착색약 1병 반을 하고 영양재 10g 짜리 숫푼으로 고봉으로 2숫푼 초산칼슘 6숫푼 이것은 깍까서 6섯 숫푼을 해서 2말로 8골을 살포을 하였두어다. 포도밭 전채을 다 살포을 할려면 3말이 들어간다고 보면 됀다.
"오늘 혜지 남자친구가 어재 잘못하였따는 사과을 하로 왔드라. 어재 일은 혜지 남자

128) 일기 지면 상단에 '(포도수학 11짝)'이라고 기록되어 있다.
129) 경상북도 경주시 감포읍이다.

친구도 잘못이 조금 잇따고 생각을 하지만 전적 잘못은 혜지한태 잇따고 생각을 한다. 그래서 혜지 남자친구한태는 아무른 잘못을 생각을 하지 않아서 별료 이야기을 할 것은 업찌만 그래도 잘못하였따고 사과을 하로 왔쓰니까 이야기을 해야지 하는 생각에 그 안저라고 하고서는 부모라는 것은 자식이 집에 오지 않으며 마음이 부란하고 그리고 딸 가진 부모와 아들 가진 부모는 하늘과 땅 사이라고 이야기을 하여쓰며 자네 부모는 아들 가진 부모라서 어재 저녁에 잠을 잣는가 몰라도 나는 어재 잠을 못 자쓰며 이것이 부모의 마음이며 자네들이 조금만 생각을 해서 이곳은 감포이며 시간이 너무 만이 걸리겟쓰니 극정을 하지 말라고 하여쓰며 극정도 하지 않꼬 밤잠을 못 자는 일이 업쓸 껏이며 부모는 자식의 위치을 항상 알라야하고 역시 자식도 부모의 위치을 서로 알고 살라야한다, 그려치 않으며 그 가정이 화목하지 못하며 마음이 편하지 못하니까 앞푸론 조금만 신경을 쓰달라고 부탁의 말을 하고 마랐다."130)

〈1998년 8월 1일 토요일 날씨 비〉

어재 밤에는 소낙비가 쇼다지는 소리에 밤잠이 오지을 않으며 비소리에 놀란 것은 우리 포도가 수학기에 들어잇는돼 비 오면 포도송이 알이 다들 터지는 것이 아닌가하고 마음이 졸이오며 자신은 포도농사을 처음 잘 짓어논 포도가 이 비로 다들 터진다는 것은 내 부인의 노력의 대까가 다 허물어지는 것이며 이것은 말도 돼지 않으며 내 부인이 열정을 쇼다분 대까 잇쓰야 한다. 자신의 노력은 다 허물어지는 한이 잇쓰도 내 부인의 노력은 남아잇쓰야 한다고 말을 하고 십다.

"오늘은 윤씨의 부친 운상을 하로 같다가 광정 구등이 파로 같쓰며 요줌은 폭크랜으로 광정 구등이도 다들 파고 잇쓰니 이재는 사람이 할 일도 업다고 바야한다."

지출에 … 부위 30,000원

〈1998년 8월 2일 일요일 날씨 비〉

올해 포도 비가림을 하지 않아서 포도 알맹이는 다 터지고 비는 소낙비로 내리고 이것도 적은 량이 아니고 만은 량이 내리고 잇쓰니 이 간장 다 타는구나. 올해처름 포도에 대회 신경을 쓴 적이 업쓰며 이 날씨가 장마가 다들 지나같따면서 비는 장마 때보다 더 만이 와서 남의 속을 썩이고 잇꾸나.

"오늘은 아들, 딸이 포도 수학하는돼 도와주어서 마음이 조금 편하구나. 자신은 색망이라서 부인 포도 수학을 하는돼 도와주지 못 해서 늙 미안한돼 이것을 자식들이 대신하여 주어따고 생각을 한다."

그리고 자신은 바시내이 새래단 포도 순이 너무 자라서 포도 송이에 해빛 좀 들어오두록 순을 잘러는 일을 하였다.

지출에 … 신흥농약방 약 가지고 오는돼
버스비 1,880원. 약대롱
2,500원 가위1,000원,
돼지고기 2斤에 9,000원
계 14,380원

〈1998년 8월 3일 월요일 날씨 맑음〉

쌔래단 포도나무에 약살포을 하였쓰며 약

---

130) 일기 지면 상단에 '(포도 수학 16짝)'이라고 기록되어 있다.

량은 15말로 살포을 하였다.
그리고 쌔래단 포도가 좋은 편은 아니지만 작년보다 우선 보기에는 농사을 잘 짓어논 셈이다.

〈1998년 8월 4일 화요일 날씨 비〉

오늘은 포도 수학을 소낙이을 맏저면서 포도 수학을 하여다. 그른돼 이날 비 속에 수학을 하는 일이 잇쓰도 포도 알이나 터지지 않아쓰며 을마나 좋깨나 하는 생각을 하로에 수십번을 생각을 한다.
자신이 오늘날까지 비가림을 안 해서 손예을 본 적이 업쓰며 비가림을 여사로 생각을 하여왔는돼 올해 비가림을 하지 않아는 사람은 큰 피해을 밭따고 생각을 하며 앞푸로는 부인이 포도농사을 짓을 때는 꼭 해야 하겟다.
사과약 살포을 함. 약 량 35말.

〈1998년 8월 5일 수요일 날씨 비〉

자신은 포도농사을 지을 때는 온같 정성을 다 드리서 농사을 짓는돼 올해 비가림하는돼 정성을 다 못한 벌칙이 돌라온 것이 수입에 손실이 오는 것이라고 생각을 하고 포도송이가 터지는 아품을 억찌로 참아가고 잇다. 그른돼 부인은 그 아품을 참아내지 못하고 아빠 때문에 포도농사을 다들 망치버리따고 말을 돼쇄기고 잇다. 부인의 아품보다 자신의 아품이 들 할련지는 몰라도 자신의 아품도 상당한 고충이 잇따고 말을 하고 십다.

〈1998년 8월 6일 목요일 날씨 비〉

올해는 비에 질리두록 오고 잇꾸나. 이 비가 우리 포도알 터지두록 비가 오고 잇쓰며 소낙이가 쇼다 질 때는 우리 포도알이 터지는 소리가 들리는 것처름 내 마음을 아푸게 하고 잇꾸나.
이 망할 비가 내 포도밭 다들 망칠라고 작정을 하고 내리고 잇는 것 같다서 하늘을 원망을 하고 잇다.
오늘도 비을 마저면서 우리 가족은 포도 수학을 하였다.

〈1998년 8월 7일 금요일 날씨 흐림〉

오늘은 기상대에서 우리 지방에 비가 만이 온다고 예보을 하여서 오늘 아침 일적보터 운이을 일적 깨어서 오늘 운이가 아빠을 도와주야지 포도 손질을 막을 수가 잇쓰며 오늘 포도 수학을 못 하면 음청난 타격이 온다면서 운이을 도와 달라고 신신부탁을 해서 포도 수학을 하고 잇는돼 하늘에 잔득 찌푸리고 잇뜬 것이 스스이 개인 날씨을 보여주어서 한숨을 돌일 수가 잇쓰다.
오늘도 포도 수학을 하여쓰며 포도 수학량 33개 함.

〈1998년 8월 8일 토요일 날씨 비〉

내일은 일요일이라서 정국 청과에 휴일이라서 어재 포도 수학한 것을 선별해서 김천 농협에 부쳐주고 아파트 분양금 내는 날짜는 10일인돼 오늘은 포도 수학도 못 하고 해서 일적 아파{트} 분양금을 부인과 둘리서 김천 주택은행에 납부하로 가서 12,290,000원 지불하고서 부인이 손톱무좀이라고 피부과 병원에 들리서 치료을 받고
"그리고 부인과 둘리서 나들리을 하여는돼 정심이 한 키 할려고 고기집에 들어가니 주인이 업드라. 그래서 분식점에 가서 짜장면을 먹고 말랐다. 자신은 부인이 포도 수학

하는돼 수고도 만코해서 일부로 고기 좀 사 줄라고 마음을 먹은 것이 내 마음대로 돼지 않아꾸나. 오늘 자신의 마음대로 돼지 않은 것은 부인이 따라다니면서 식당에 돈을 주니 우리 그 돈으로 고기 사가지고 가서 온 식구들이 같이 먹자고 하는 바람에 다른 집에 가지 않아서 뜻을 이루지 못 했다.

지출에 … 정심값 5,000원 차비 3,680원, 부인이 시장본 것이 47,200원 계 55,880원

〈1998년 8월 9일 일요일 날씨 비〉

정국적으로 비 피해가 음청나는구나. 국가 경재가 어르운 이때에 비 피해가 만아서 복구비만 해도 수도 업시 들어 갈 것이며 우리나라 경재가 일어서기 어릅따고 바야한다. 우리 국민성이 놀기 좋아하고 잇쓰며 아이네프해도 유원지 회관에는 장소가 업두록 몰리고 잇따니 우리나라 경제는 요대로 주저않고 마는 것이 아닌가 하고 극정이 크다.

오늘도 포도 수학을 혜지, 운이가 도와주어서 내가 마음적으로 편안 하로여따고 생각을 한다.131)

포도 수학량 대전청과 34짝

지출내 … 작과일 상자 1,200×200= 240,000원

〈1998년 8월 10일 월요일 날씨 흐림〉

오늘은 포도가 익어주지 않아서 포도 수학도 못 하고 오전내 휴식을 하니 온 몸이 무거어며 원신을 못 하두록 몸이 피료하며 자신이 생각을 해도 몸을 무리하게 쓰고 잇따는 생각이 드는구나.

"오후는 쌔래단 포도 등굴[덩쿨]을 제거을 하는 일을 하여쓰며 쌔래단 포도 착색이 오고 잇드라. 그리고 우선바서는 작년보다 농사을 잘 짓어따고 생각을 하고 잇다."

포도 수학 김천농협에 상이 6개 중 1개 계 7짝

〈1998년 8월 11일 화요일 날씨 비〉

오늘도 그날 비을 다 마저면서 운이와 부인 셋시서 포도 수학을 하여쓰며 자신은 색망이라서 포도 수학을 못 하고 수학을 한 포도 운반을 하는 것만 하기 때문에 포도 수학하는돼 힘이 들뿐 아니라 일의 진도가 업쓰며 그래도 운이가 재대을 해서 포도 수학하는돼 그들어 주어서 그른돼로 잘하고 잇찌 운이 업드라면 포도 수학도 못 할뿐 아니라 포도 반은 버리야대는 날씨가 지속이 돼니 내 마음은 너무 타며 자신이 음청난 바보라는 생각이 더는구나.

그리고 자신의 포도가 다들 터지는 바람에 상품이 업쓰며 터진 알맹을 다들 패내어서 선벌을 할려고 하니 종일 해야 32상자 빾에 못 하며 오늘 32상자을 손질해서 대전청과에 출하는돼 종일 하여따고 바야한다. 앞푸로는 자신의 포도가 더 상품이 업따고 볼 때에 포도 수학을 하기가 급이 나는구나.

"자신이 포도 비가림을 여사로 생각을 하다 음청난 손외을 보고 잇쓰며 육체적인 고통도 음청나게 만이하고 잇따고 생각을 한다."

오늘 포도 수학량 32짝

〈1998년 8월 12일 수요일 날씨 비〉

오늘 소낙비을 다들 만저면서 포도 수학을

131) 일기 지면 상단에 '지출 240,000원'이라고 기록되어 있다.

하여쓰며 포도송이가 상품성을 일어서 가격도 업쓰서 노력의 대까도 업고 포도 수학하는돼 힘만 들고 포도 수학에 의미을 다 일어따고 말을 하고 십꾸나.
자신의 부주위로 가격에 큰 손실을 밭쓰며 이 아품이 쉬가지 않으며 이 고충을 격끄 보지 못 한 사람이 아니고는 이 뼈아품을 알 수가 업따고 본다.
포도 수학량 23짝

〈1998년 8월 13일 목요일 날씨 비〉
보밭에 참깨 가란 것이 비 때문에 다들 썩으서 수학을 하는돼 거두어 드릴 것이 업쓰며 이것을 본 자신은 수도작 벼로 수학이 업쓸까바 극정이 돼며 무선 날이 빛은 업고 매일같이 흐리며 비가 오고 잇쓰니 우리 농민들 외간장을 다들 태우며 금년에는 풍년은 기대하기가 어릅고 큰 숭년만 민하여쓰면[면하여쓰면] 하는 심정이다.
"우리나라가 경재가 말이 아닌돼 이번 폭으로 피해을 정국적으로 음청난 피해을 주어서 이 복구만도 우리나라에서 감당을 할 수가 업깨끔 만들어 낮쓰니 나라의 회복이 어릅따고 생각을 하여본다."
"하나에서 열까지가 정치인들의 잘못이라서 우리 경재가 이지경이 돼어쓰며 오늘날까지 나라는 뒤전쳐고 정치인들의 자기 자리만 싸와쓰니 나라 꼴이 바로 될 수도 업쓸 뿐 아니라 국회원 작자들이 싸우는 것을 본다면 무족끈 반대며 여야가 하나을 두고 싸우니 귀가 찬다. 그리고 국회원 자질이 문재가 만이 잇따고 생각을 하며 나라의 극정이 크다. 나라가 망하든 말든 책임지는 자가 업쓰니 나라는 망하기 돼어 잇다고 본다."

〈1998년 8월 14일 금요일 날씨 비〉
오늘은 하늘에 먹구름이 잔득 키어 잇쓰서 금새라도 쇼다질 뜻 하면서도 날씨가 오전을 참아 주어서 큰 다행이며 포도 수학을 해서 집에 들어오니 비가 쇼다지고 잇드라. 이번 비는 포도 비을 맡지 않아서 한숨은 돌릴 수가 잇캐대어다.
"오늘로서 포도 수학은 사실 끝이라고 바야한다. 외냐하면 포도가 다들 썩으서 돈도 돼지 않코 자신이 포기을 한 셈이다."
오늘 포도 수학 20짝

〈1998년 8월 15일 토요일 날씨 비〉
오늘은 김천 청과, 서울 청과, 대전 청과에 오늘 휴일인지 모르고 우리는 김천 농협청과에 줄라고 생각을 하여는돼 아침 7시경에 동생을 통해서 자신의 포도 17짝 실어 달라고 하니 공일이라면서 구미농협 공판장에는 청과 취급을 한다고 하면서 가라고 하드라. 그래서 친구 달희차로 농협 공판장에 갈뜬이 물건이 상당이 만이 나와드라. 자신의 포도을 재일 꽁지에 내라놓고 입찰을 다 모두록 기다리쓰며 자신이 기다리면서 오늘 동신회 개에서 감포교132)로 놀로 간다고 하여는돼 자신은 포도 때문에 같이 참석을 못 해서 마음이 조급한 마음이 들드라. 그른돼 경매사 하주 권순덕씨라고 부르면서 상 7,600원이라고 소리을 하드라. 자신은 이미 그래 가격이 나올 것이라고 생각을 하여키 때문에 마음에 큰 변화을 밭지 않아다.

132) 경상북도 김천시 아포읍 의리에서 감문면 태촌리를 연결하는 다리이다.

"자신이 청과에 갈다가 집에 온 시간이 오전 11시라서 동신개을 봉산에 고속도로 다리 밑이라고 해서 오토바이로 가서 참석을 하여다."

지출에 … 쌔래단 비가림 할 것 800매다에 110,000원 주어다. 버스비값 1,200원, 비가림 후 찌개 2개 8,000원, 삔 5개 5,000
계 124,200원

수입에 … 포도 상 12×7,600 = 91,200, 중 5×5,300 = 26,500
계 117,700원

〈1998년 8월 16일 일요일 날씨 비〉

오늘은 폭우로 우리 마을에 제방이 4곳 분개돼어서 수도작 벼는 들력전력에 침수 직전이 그리고 마을 앞 도랑에 분개가 돼어 잇는 상태에서 산사태가 2곳이 나서 토사물이 혼합이 돼어서 물이 넘쳐서 마을 전체에 물날리을 당해쓰며 자신의 알기론 이번이 제일 만은 피해을 밭아쓰며 텔래비전에 수해, 홍수 낱따고 예보을 해도 여사로 알라고 실감이 낮지 않아는돼 이번에 우리 마을 전체에 물날리을 맏고 보니 물날리의 위력이 대단하다는 것을 알랐다.

"이번에 물날리을 본다면 제방갈리가 업따는 곳에서 이 날리을 맡아따고 생각을 한다. 이것을 따지본다면 재방을 가지고 잇는 탕의 지주들이 제방에 갈리을 하지 않으며 또 분개가 돼면 정부에서 제방을 안전이 보수 해줄 뿐 아니라 더 잘해주며 재방의 책입이 업쓰니 주위의 피해자만 손실이 있쓸 뿐 더 나저기 때문에 재방 갈리 문재가 따르고 잇다."

"우리나라가 아네프을 벗어날려면 멧년 간다고 다들 생각을 하고 잇는돼 이번 폭우가 전국적으로 곳곳에 피해을 주고 잇는 것을 볼 때에 국가 경제가 극정이 돼며 폭우의 날리가 업쓰도 국가 경재 회복이 어릅다고 보고 잇는돼 전국의 폭우 피해 복구만도 음청난 돈이 필요하다고 볼 때에 국가 안정이 극정이 돼고 잇다."

〈1998년 8월 17일 월요일 날씨 흐림〉

오늘은 재방 분개 됀 것을 온 동민이 복구공사을 하여쓰며 오늘 공사는 임시 방패만 하여 두어쓰며 앞푸로 비가 곱게 온다면 몰라도 그려치 않코 만은 비가 온다면 더 만은 피해을 볼 수가 잇는 상태가 돼어잇쓰서 매몰이 만이 뙬 뿐 아니라 늑들 전역에 침수 피해가 엄청날 것으로 보고 잇다.

오늘 재방 분개 됀 곳에 복구공사을 하는 것으로 시간을 다 보넷다.

〈1998년 8월 18일 화요일 날씨 비〉

오늘은 배수장에 물이 인수가 돼지을 않아서 배수장 양수기 3대 중 1대만 가동을 하며 이것이 물이 인수가 돼지을 않아서 한 대만 돌리는 심정이 안타가운 일이다.

"재방 분개 됀 것을 복구을 해야지 그리고 침수지에 물 패는 일을 해야지 어느 곳을 먼저 손을 쓰야 하나 생각조차 힘들게 하고 잇꾸나."

〈1998년 8월 19일 수요일 날씨 맑음〉

오늘은 화수구가 막혀서 침수됀 물을 빼는 일을 하고 일부는 마을 길목에 모래가 싸인 것을 실어내는 일을 하며 동민들도 분산을 해서 복구공사에 열을 올리고 잇다.

요줌은 자기 일을 할려고 해도 남의 눈이 무

서어서 피하고 잇다. 자신은 오늘 부역을 하고 포도약을 살포을 하니 날이 너무 저물어서 집에 오기가 그북하두록 저물드라.133)
(오늘 쌔래단 약 15말 살포을 함)

〈1998년 8월 20일 목요일 날씨 맑음〉
사과밭에 약살포을 하여쓰며 이번에는 약이 50말인돼 물량을 40말을 해서 살포을 하여두어다. 우리 농민들은 늙 손에만 보고 잇다. 외냐하면 약 봉다리가 다들 25말용으로 약이 나오니 약 량 30말 살포을 하는 사람이 다들 50말용 약을 사야하니 이것이 다들 농민들을 손예을 비고 잇다.
우리나라 정치는 소비자의 치왕에 맡게 하지 않코 공장 이주로 정치을 하고 잇쓰니 서민의 소리가 만타고 바야한다.
오후는 참깨 수학을 하는돼 속이 터저가는 너킴을 밭아다. 외냐하면 자전 비로 참깨나무가 자라지 못 해서 땅밭닥에부터 잇는 참깨 나무가 수학기을 노치서 참개 꼬토리가 다들 벌어저 참깨씨는 다들 땅바닥에 다들 떨어저서 속이 상해 참키가 어렵드라.
"앞푸로 속이 상하는 일이 잇쓰도 속을 싹이는 노력을 만이 하여야 하게다. 자신은 성화을 참는돼는 약자라고 생각을 하기 때문에 이 점을 중점 신경을 쓰야 하겟따고 생각을 한다."

〈1998년 8월 21일 금요일 날씨 흐림〉
오늘 오전은 무우, 배추을 갈라쓰며 올해는 배추, 무우가 자전 비로 만이 너저젓따고 생각을 한다.
그리고 올해는 무지파을 남들보다 일적해서 참 조아는돼 이번 침수로 무지파가 다들 망해 버리쓰며 올해는 일기가 불손이라 잘 대어다 하는 작물이 업꾸나.
오후는 참깨 수학을 하는돼 속이 상해서 외냐하면 참깨 꼬토리가 다들 벌어저서 참깨을 쪄는돼 깨씨는 땅에 다들 떨어저고 참깨도 장마로 잘라지 못 해서 땅바닥에 딱부터 잇는 것이.

〈1998년 8월 22일 토요일 날씨 흐림〉
오늘은 산산태로 토사가 내리와서 온 골목에 싸인 것을 동민들이 부역을 하여쓰며 동민들의 부역은 오늘밖에 하지 않아찌만 장비는 계속 토사 재거하는돼 폭크렌, 단프터력은 개속하고 잇쓰서며 이 장비 돈만도 한도 업쓸 것 같다.134)

〈1998년 8월 23일 일요일 날씨 맑음〉
오늘 오전은 마을 길에 토사가 싸인 것을 동네 부역으로 재거을 하여쓰며 오후는 장비로만 하고 부역은 부치지 않아다.
오후는 포도 송이가 썩은 것을 재거을 하고 상품성이 잇는 것은 가리서 동생들을 주어쓰며 올해 비가림을 하지 않아서 큰 손애을 본 셈이다.

〈1998년 8월 24일 월요일 날씨 맑음〉
오전은 땅콩 조금 갈란 것이 자전 비로 성숙이 잘 돼지 않아서 달리지을 않아서며 땅콩 수학을 다 한다고 해도 땅콩 갈 때의 노력의 대까도 돼지 않캐드라. 오늘 번 수학

133) 일기 지면 상단에 '포도약 살포을 함 15말'라고 기록되어 있다.
134) 일기 지면 상단에 '쌔래단 비가림을 800 매다 씨운 셈이다.'라고 기록되어 있다.

한 것이 콘태나 빡스에 하나 밖에 수학은 못 했쓰며 앞푸로 남은 것이 반은 더 남아 는돼 이것을 다 한들 수학량이 업쓸 껏이며 올해는 자전 비 때문에 다들 수학량이 업쓸 것으로 본다.
오후는 사과밭 뒤도구 쳐는 일, 잡초 재거 하는 일을 하여쓰며 사과밭이 잡초 투성이라 음두도 못 네게쓰며 이 잡초제거에 신경이 쓰이고 잇꾸나. 이곳뿐만 아니라 전답 어느 곳 업시 내 손길을 바라고 잇쓰니 심적 고통이 돼고 잇다.
지출에 … 수도작에 살포하는 농약
64,800원

〈1998년 8월 25일 화요일 날씨 맑음〉
부인과 둘리서 수도작 필지마다 답사을 하여쓰며 그 중 웃둘레 굼논에는 침수가 약 3일 돼어서 비가 낙태가 돼어서 수학량이 50%로는 줄어들 것으로 내다보며 이것을 본 자신이 힘이 탁 풀리는 너킴을 밭아쓰며 자신이 풍년 농사을 지을라고 모진 고충을 다 해는돼 결실이 이려타니 내 마음이 너무 무급꾸나.
"올해 자전 비가 우리 농민을 개로핀 것 비해서는 우리 마을은 피해량이 적따고 생각을 해야 하겟다."
오후는 쌔래단 포도에 영양재 색깔라을 두 병을 살포을 하였다.
(약 량은 물 10말에 색깔라 2병을 너음.)

〈1998년 8월 26일 수요일 날씨 맑음〉
오전은 쌔래단 포도송이 수가 만은 것을 따내리쓰며 포도 송이가 만이 달린 것은 잘 익어주지 않으며 특이 요즘 낢씨가 찬 바람이 난 기분이라 극정이 돼어서 포도송이 수을 30송이 이하로 조정을 하였다. 요즘 갈다서는 포도을 익어주겟나하는 극정이 앞쓰는구나.
그리고 오후는 수도작에 문고병, 도열병, 멸구약을 웃들 셋단지에만 살포을 하여다. 작년만 해도 오전에 약살포을 다 했는돼 이재는 지도소에서 오전 11시까지 꽃이 핀다고 약살포을 오후에 약살포을 하라고 해서 오늘 오후만 약살포을 하였다.
약 량은 한단지 따로 잇는 것은 15말로 살포을 하고 두단지부터 잇는 것은 약통이 25말용이라서 한단에 12반으로 약살포을 하고 만다.
오늘 웃둘레 3단지에 약살포을 하였다.
오늘 개핵은 4단지 잡아는돼 약 희석을 멸구약을 2단지용 너어야 하는돼 실수로 4단지 약을 희석을 해서 다 버리키 때문에 약이 모자라서 개핵대로 못 하고 말랐다.

〈1998년 8월 27일 목요일 날씨 맑음〉
오늘은 사과 도장지 빼내는 일을 하여쓰며 사과밭 일은 만이 들어 가는돼 대까가 업다. 노동의 대까도 업쓸뿐 아니라 밑천 들어가는 것도 못 빼는 것이 사과밭의 일이다.
"사람이 노동의 대까가 충분이 나와야 일예에착을 가질 수가 잇는돼 사과밭은 수입이 업쓰니 일을 해도 별 의미가 업쓰며 사실 억찌로 하고 잇따고 바야한다."
"오늘 오후는 기상대 예보가 비 온다고 해서 수도작에 약살포을 할려고 하다 포기을 하고 사과 도장지 빼는 일을 하여뜬이 기상대 예보는 빗나가고 하창한 날씨만 지속이 돼어서 약살포을 못 한 것이 한이 돼고 잇다."

〈1998년 8월 28일 금요일 날씨 맑음〉

오늘은 대신 1,2,3동이 합보로 유실됀 재방 복구 사업을 하여쓰며 이곳은 약 3年 전에 분개 됀 곳이며 늙 분개가 됀 곳이 장유실이 돼어서 피해을 주며 복구비만도 늙 이중으로 낭비을 드리고 잇는 것이 원망스렵따고 이야기을 하고 십다.

오늘은 재방 복구 하는돼 종일을 보냇다. 자신은 부역 때문에 수도작에 약살포을 못 하게꾸나.135)

지출에 … 포도박스 520개×550원 = 286,000 작과상자 18×600 = 10,800원
계 296,800

〈1998년 8월 29일 토요일 날씨 맑음〉

오늘은 사과밭에 부패방지을 할려고 네아소진 약136)을 처음 살포을 하여보앗다. 남들은 장마가 오기 전에 네아소진 약을 살포을 한다고 해도 나는 오늘날까지 네아소진 약은 살포을 하지 않아다. 그른돼 오늘은 물 40말 해서 네아소진 약은 한말래 20CC 해서 살포을 하여 두어다.

오후는 수도작에 약살포을 할려고 개핵을 하였는돼 동네 회관에서 오늘 오후는 늑들에 10마지기 이상 경작하는 농가는 분개됀 재방복구 하는돼 나와 달라고 하는돼 수도작 약 살포하는 개핵이 문어지고 말랐다. 수회복구하는 부역 때문에 수도작에 약 살포을 할려고 개핵 잡은 것이 3일 연기가 돼어따고 본다.

"오후는 재방복구하는 부역을 나오라고 하엿서 부역을 갈뜬이 재방에 푸대 쌋는 일끄리가 적어서 장관하고 자신은 세도 먹찌 않코 자신은 포도밭에 약 살포을 할려고 집에 와서 약 살포 준비을 해서 약 살포을 하는 일까지 하였다."

〈1998년 8월 30일 일요일 날씨 맑음〉

오전은 사과나무 도장지 빼내는 일을 하였쓰며 오늘은 도장지을 좀 적개 빼내고 말랐다. 올해는 사과약을 작년보다 약 량을 10말 이상 더 하여는돼 사과 썩은 것이 눈에 만이 보여서 속이 상하고 잇꾸나.

오후는 수도작에 약 살포을 하는돼 논에 물이 업쓰서 약 살포을 하는돼 힘이 만이 들어다. 내년에는 논에 물갈리을 잘해서 약 살포하는돼 큰 고충을 들어야 하겠다.

〈1998년 8월 31일 월요일 날씨 맑음〉

오전으로서 사과도장지을 한 벌 빼내는 일을 끝을 냇다. 올해도 사과 부패 병이 만으며 사과 수학을 다 해야 약 값도 않됄 것 같꾸나.

"사과 농사을 포기을 할려고 해도 여때것 공드린 것이 안타까어서 포기도 쉽지 않으며 그대로 두고 사과 농사을 짓을라니 약 값도 안돼고 잇쓰니 생각을 할수록 기가 찬다."

"오늘도 조합에 사과약 가지로 가면서 운이와 오토바이로 운이 아파트 구경하로 갈쓰며 현장에 가니까 15층으로 다 올라 갈쓰며 내부공사가 한참하고 잇쓰며 우선 보기에는 아주 좋은 인상을 주고 잇드라."

"오늘 오후에 수도작 약 살포을 4회을 끝을

135) 일기 지면 상단에 '포도 286,000 상자 10,800'이라고 기록되어 있다

136) 네아소진은 벼문고병에 쓰이는 약이다.

냇따고 생각을 하고 잇는돼 앞푸로 약 살포을 안하고 수학을 할련지 몰갯꾸나."

〈1998년 9월 1일 화요일 날씨 비〉

이번 비로 앞밭때기 밭에 일부 물래 떠내리가고 남어지는 돌과 모래가 싸인 것을 골라쓰며 이번 비로 때기 밭에 반은 날라가 버리다. 자신은 이번 비로 웃들굼논이 침수로 30%는 수학이 감수 될 것으로 볼 때 때기밭 반은 반은 날라가버리쓰니 손실이 크다고 본다.

"오후는 웃들논을 한밖기 돌라보고 채소밭 김매기로 오늘을 보냇다."

〈1998년 9월 2일 수요일 날씨 맑음〉

외성보에서 물 막아 넌는 일을 대신 1,2,3동이 합보을 하여쓰며 이번 부역이 물 막아 넌는 일은 마지막이 됀다고 바야한다.

"오늘은 합보라 사람들이 동원은 만이 돼어찌만 일은 폭크랜이 다들하고 말라쓰며 이재는 사람이 공동 일을 한다는 것은 멀리 간 시대라고 바야한다."

"오후는 폭크랜이 농로일 뜰련 일을 하는돼 모래가 좋아서 사과밭에 경운기로 8들바리 실어넘는 일을 하여쓰며 오늘 오후는 자신의 혼자라서 조용하게 모래을 실을 수가 잇쓰다."

그리고 아버님, 어머님 오늘 혜지 사주가 낮재 왔씀이다. 사오 될 사람은 직지사 사람이며 부친은 직지사에서 식당을 하는 사람이며 사위가 될 사람은 서울에 직장을 두고 잇는 사람이라고 합니다. 우리 혜지가 잘 살두록 아버지, 어머님이 돌바주야 하겟씀이 혜지가 잘 하는 것이 업는 자식을 출가을 식킬라니 그리 마음이 안정이 돼지 않으며 내가 딸을 결혼을 한다는 인식이 전연 너키지 못하고 잇씀이다. 그리고 어떠개하여야 하는지도 몰개쓰며 그저 시간만 흙으고 잇씀이다.

"아버지, 어머님 우리 혜지 시집가서 잘 살두록 도와주십요 어머님"

〈1998년 9월 3일 목요일 날씨 맑음〉

오늘은 사과약 살포을 하고 돌라서면서 제초재 약 살포을 하면서 사과 응애약[137]을 썩끄서 살포을 하여 두어다. 올해는 사과약 25말 쳐다가 40말로 올리서 약 살포을 하는돼도 부패 병이 만아서 극정이 크구나.

"오후는 수도작 논에 물 돼는 일가 보뚝에 잡초 제거하는 일을 하였다."

〈1998년 9월 4일 금요일 날씨 맑음〉

오늘은 새래단 포도에 영양재 살포을 함. 자신이 착색이 빨리 오두록 영양재을 살포을 하고 잇찌만 요줌 일기가 고루지 못하고 아침으로는 너무나 차거어서 포도가 익어 젓갯나 하는 생각이 자신의 머리에서 떠나지 않코잇다.

"오후는 부인이 옷을 내어놋고 이번 일요일날 혜지 약혼식한다고 무선 옷을 입어야 어울리겟나하고 옷들을 입어보고 했도 맏당한 것이 업드라. 당연이 옷이 업찌. 외야하면 우리 부부는 앞만 보고 살라온다고 옷이라고는 별의미도 업시 모원다고 만 생각을

---

137) 응애는 거미강 진드기목 가운데 후기문아목(Metastigmata)을 제외한 거미류의 총칭으로 응애라는 말은 본래 평안도에서 전라남도 순천에 이르는 사과 재배지대의 사과나무에 기생하는 사과응애를 뜻한다.

하고 살라키 때문에 옻이 잇쓸 수가 잇나. 그래도 아주 추하지 않으면 그냥 입고 가라고 할려도 내 보기에도 옻들이 너무 추하드라. 그래서 저금통장을 가지고 대신분소로 가서 1,500,000원 빼와서 부인을 당장 대리고 김천 시장으로 갈쓰며 부인은 그냥 아무 것이나 입고 갈라고 하면서 그절을 하든이 남편의 건유에 못 잇겨 시장까지 따라나와서 부인은 허른 것만 골려는돼 자신이 정장을 건유해서 한 벌 일루고 말랐다. 그리고 농협장에 쇼핑가자고 부인이 말을 해서 농협장에 어재 개장을 해서 모든 물건들이 새거라서 각 매장마다 윤키가 나고 잇쓰며 김천에서 적은 장사을 하고 잇는 사람들은 살라 남을 길이 업깨따는 생각이 들드라."
"오늘 부인이 남편과 김천 농협장을 쇼핑을 했쓰니 그리 좋아하는 모습 정말 좋으며 내 부인은 둘리 다니는 것을 좋아하면 나 자신이 생각을 할 때에 정말 저르깨 좋을까 하는 생각이 들두록 내 부인 좋아하고 잇다. 이것은 내가 조금 신경을 쓴다면 충분이 할 수 잇는 일이라고 생각을 하면서 실천을 못하고 잇는 자신 늙 미안하며 이재는 너무 사는돼만 생각을 하지 말고 내 인생, 부인의 인생 이 두목을 생각을 하면서 살라야 한다고 생각을 한다."
지출에 … 부인의 옻 170,000원 후라이팬
2개 12,000원 열무 1단 2,000원

〈1998년 9월 5일 토요일 날씨 맑음〉
가닥 달라 냇는돼 비바람이 쳐며 비을 맏고 해서 비가림 막이을 하여쓰며 이재는 물건을 너두어도 비을 맏는 일은 업쓸 것 같다. 오후는 무우, 배추 김매기을 하고 채소을 해왔쓰며 오늘 우리 채소도 충분이 먹을 수 잇두록 잘라는돼 어재 열무을 시장에서 사온 것이 아쉽운 감이 드는구나. 오늘 채소 해온 것만도 다 몾 먹깨쓰며 남을 나누어 주야 하는 불량이다.
오늘 성구 어른 출상날인돼 자신은 내일 혜지 약혼식이라 구전 일을 피하고 십프서 성구 어른 운상하로 가지 않코 집에 일을 하고 마랐다.
"성구 보기에 미안하지만 내 마음이 편한 쪽으로 택한 것이라. 상주들이 욕을하는 일이 잇쓰도 할 수가 업다."
지출에 … 동네부주 이만 원식 하는돼
자신은 30,000원

〈1998년 9월 6일 일요일 날씨 맑음〉
아버님, 어머님 오늘 혜지 약혼반지을 주고 밭아씀이다. 오늘 약혼반지는 혜지가 반지에 다야을 빼서 패물값이 생각보다 아주 적개 들어 갈다고 생각을 한다.
오후는 예취기로 보뚝과 두룸에 잡초 재거을 하여쓰며 애취기로 잡초 재거을 하여보니 생각가 별로 편하지 않트라.
오늘지출 패물값 970,000원 식사값
110,000원 중매장이 차비
10,000 김천 조카 용돈 10,000
계 1,100,000원

〈1998년 9월 7일 월요일 날씨 맑음〉
오늘은 종일동안 농로부역을 하였쓰며 경운기로 농로부역을 하면 다들 열심이하며 부역이 아니라 자기네 일처름 열심이하고 잇쓰며 옛날 부역과는 만이 달라저 잇는 모습을 볼 수가 잇다.
"오후에 부역을 맡치고 우리 뒤들에 청소한 것을 경운기로 한발리 실어내고 나니 날이 너무 어더어저드라."

〈1998년 9월 8일 화요일 날씨 맑음〉

작과 밭에 잡초가 무성해서 예취기로 잡초 재거을 하였쓰며 잡초제거을 늙 낫으로 하여는돼 이재는 예취기로 잡초 재거을 하니 단 시간에 만은 량을 할 수가 잇쓰며 오늘 앞밭, 골래밭 잡초 재거을 안전이 하였다.

〈1998년 9월 9일 수요일 날씨 맑음〉

"오늘은 캄벨 포도에 마지막 살충재을 살포을 하여쓰며 약 량은 물 12말 반에다(지지부피) 500CC 스미치온[138] 500CC 네아소진 500CC 3병을 희석을 해서 살포을 하였다. 이 약 량은 작년보다 적은 량인돼 약 효카가 어떠개 날찌 몰겟꾸나."

"오후는 채소에 물주는 일을 하였다."

그리고 웃들래 굼논이 침수 피해로 한 단지 600평 벼 수학을 할 끄도 업쓰며 오늘 이것을 본 자신은 여름네 땀을 흙린 대까가 이것인가 하고 허탈하기 짝이 업꾸나.

〈1998년 9월 10일 목요일 날씨 맑음〉

오전은 들녘에 수로 수초작업의 부역을 하였쓰며 오후는 동회관 마당에 모래까는 일을 하여쓰며 아이들이 공을 가지고 만이 노는 장소에 모래을 너무 만이 깔라서 아이들에깨 불편을 만이 주겟드라.

"자신은 아이들이 공을 가지고 노는 터라서 모래을 만이 피면 안 댄다고 이야기을 해도 여르 람이 개안타고 하면서 모래을 만이 피는돼 자신은 노리터에 나와서 놀 사람도 업고 해서 주장도 하지 않코 그대로 두고 밭다."

그리고 혜지 보약을 150,000원 주고 지어와서 혜지 시집가기 전에 약을 때리먹이서 시집을 보낼라고 한약을 지어왔다.

지출에 … 혜지 보약 150,000원

〈1998년 9월 11일 금요일 날씨 맑음〉

요즘 날씨 참 잘하고 잇다. 외냐하면 계속 맑은 날씨에 수원수는 33도식 기온이 올라가고 잇쓰며 매일 30도 이상은 돼고 잇쓰니 벼 수학이 증산 될 것이며 요즘 날씨가 농민들을 살린다고 생각을 한다.

"오늘은 수도작에 물 돼는 일을 하였다. 사실 어저녁부터 벼논에 물을 돼어도 을마 대지 못 하였쓰며 수로에 물량도 적지만 여르 사람이 같이 나누어 돼고 잇쓰니 벼 논에 갈정을 더 받고 잇다."

〈1998년 9월 12일 토요일 날씨 맑음〉

오늘로서 벼논에 물 대는 일을 다 하여쓰며 금년에는 벼 이삭 가지가 말라죽는 것이 만아서 수학량이 떨어질 것 같다. 그리 벼들이 탐스렵지 못 하고 농민의 마음을 무곱개 하고 잇다.

"자신은 하발치[거친] 논이 만아서 벼논에 물 뗄라고 들며 밤잠을 설치야지 물을 재대로 뗄 수가 잇다."

그리고 금년에는 벼농사을 탈곡을 하여보면 허무한 사람도 만은 반면에 풍년 농사을 짓은 사람이 잇따고 보며 풍년, 숭년 차이가 만을 것으로 내다보고 잇다.

---

138) 스미치온은 유기인계 살충제로 주로 과수류 해충의 구제에 쓰이며, 벼의 이화명충, 멸구, 채소나 과수의 애벌래나 진딧물에도 쓰인다.

〈1998년 9월 13일 일요일 날씨 맑음〉

오늘은 새래단 포도밭 김매기을 하여쓰며 재초재을 쳐면 수란돼 약 쳐기도 급이 나는구나. 그래서 포도밭 김매기을 손으로 하였다.

오후는 구미 동생이 우리 집우로 카패트 빨로 왔드라. 그래서 채소을 내일 할려고 생각을 하여는돼 오늘 채소을 해와서 구미 동생 둘리 채소을 나누어 주엇다.

〈1998년 9월 14일 월요일 날씨 맑음〉

(채소밭에 청벌래 약 살포함)

오늘 오전은 쌔래단 포도밭 김매기을 함.

오후는 채소밭에 물 주는 일 함. 요즘 가뭄이 지속이 돼어도 물을 주고 하니까 다들 채소는 다 좋으며 배추 농사는 풍년을 기대할 수가 잇쓸 것 같다.

요즘 날씨 잘 한다고 찬사을 하고 십다. 벼이삭 연거는 돼 큰 도움을 주고 잇따고 생각을 하니 자신의 얼굴에 구슬 땀이 흙으도 실타는 내색을 하고 십지 않꾸나. 이 날씨가 벼수학량을 증산을 할 수 잇두록 개속 도와주고 잇쓰니 그래도 반 마음은 풀리는 기분도 잇다.

〈1998년 9월 15일 화요일 날씨 맑음〉

쌔래단 포도밭에 김매기을 운이와 둘리서 한 벌 떠더 낫다. 앞푸로 더 잘라겟찌만 포도 수학 할 때까지는 참아 줄 것으로 생각을 한다.

오늘로서 땅콩 조금 대는 것을 안전이 수학을 하였다. 올해 땅콩은 씨을 회관에서 구입을 한 것이라 이른 땅콩 배는 대두록 알이 굴드라.

지출에 … 신흥농약사에 약 가지고 온다고 차비 농협에 약 가지고 온다고 차비 계 2,120원

〈1998년 9월 16일 수요일 날씨 맑음〉

"오늘은 사과약 살포을 하여쓰며 올해 네와소진 약을 개속 추가을 해서 사과약을 살포을 한 사람은 사과가 부패가 업시 다들 갯끗하고 약방에 주는돼로 약 살포을 한 사람들은 사과 부패로 수학을 할 수가 업두록 피참하다고 생각을 한다. 나 자신도 사과약에 네아소진 약을 첨가해서 약 살포을 한다는 것을 요걸레 알라다."

"포도 기술을 형재한태도 갈치주지 않는다고 하든 말들이 공연하게 돌고 하든이 정말 그려타는 생각을 하였다. 그것을 형님한태 너켜쓰며 이것을 동생 친구가 네아소진 약을 여름에 사과약 철 때마다 13CC 정량을 너어서 살포을 하면 부패 병이 업다고 이야기한다면서 우연희 형님한태 이야기을 하니 20CC, 30CC 너어야 된다고 이야기을 할 때에 깜작 놀랐다. 나는 여때것 사과을 다 썩으서 수학을 얼마 못 하는 것을 형님은 맷는 전부터 알면서도 가르쳐주지 않코 잇따가 남이 이야기한다고 이야기을 하니까 그때사 이야기을 하는 것을 보고 크개 놀랏다."

오후는 쌔래단 포도약 살포을 함.

약 량은 10말 살포을 함.

〈1998년 9월 17일 목요일 날씨 맑음〉

오늘은 경주문화 옛스포에 동신회 동무회에서 관광을 같다 왔쓰며 경주문화 옛스포는 너무 허술한 잔취며 주체쪽에서 욕심만 부라따고 말을 하고 십다. 이번 경주 옛스포는 준비도 반만하고 손님을 밭아따고 말

을 하고 십다.

"무전 전치라도 실망을 주어쓰는 엇는 것이 만아도 내실을 보고 영혼희 경주라는 이름을 빛을 낼라면 실망을 주어쓰는 안 댄다고 생각을 한다."

"오늘 경주 잔취는 실패작이라고 말을 하고 십다."

지출에 … 회비 30,000원 꾸이, 드링크 16,500원 숙모 준다고 가자 2,000원
계 48,500원

〈1998년 9월 18일 금요일 날씨 맑음〉

오늘은 휴식을 한 날이라고 말을 하고 십다. 외냐하면 어재 저녁에 아버지 재사라서 가족키리 한 자리에서 놀다보니 오전은 거위 다 보내고

오후 1시에는 경주 엑스포에 여행 경비 결산 속푸리 하며서 오후 시간을 빼앗키서 오늘 오후는 자신이 부치는 벼논에 필지마다 돌라보는 시간으로 오늘 시간을 보냇따고 바야한다.

〈1998년 9월 19일 토요일 날씨 맑음〉

오늘은 사과나무 밭침때을 경운기로 베어 와서 오후에 사과나무가 너려터저 잇는 것을 다들 받추고 밭침대가 조금 적으서 안전이 받추지 못 했다. 자신은 밭침대을 한 경운기 하면 충분하리라고 생각을 하였는돼 생각보다 만이 들어가드라.

아버지, 어머님 오늘 사위 될 사람이 혜지 결혼날짜을 잡아서 가지고 왔쓰며 아버지, 어머님이 혜지의 결혼 대상자을 잘 보살펴 주십요. 그리고 기뻐하여주십요.

수입 … 노타리값 140,000원

〈1998년 9월 20일 일요일 날씨 비〉

오늘은 형님, 순서, 순달 4명이 벌초을 하여 쓰며 이번이 형재가 만이 모여서 벌초한 것은 이번이 처음이며 앞푸로도 형재들이 만이 모여서 벌초을 같이하며 마음적으로도 합심이 돼며 상당이 좋은 너킴을 맡아다.

오후는 신양평이 딸 결혼식을 구미 금오웨댕에서 하는돼 참석을 하고 부페로 정심을 먹는돼 고기들이 맡이 업쓰서 먹지 못하고 반은 남겨버리고 마랐다.

"그리고 혜지와 사위 될 사람과 셋시서 김천 시청 옆페 탑웨딩타운예서 예약, 결혼식장 예약을 하였다. 나는 자유예식장을 선택을 해서 손님이 오시기에 편하두록 하고 십프는돼 아들이 식장이 이재 2달 된 식장이라고 하고 십프하는 생각이 잇는 것 같아서 아들 이주로 따라가고 마랐다."

지출 신양평 딸 결혼 축이금 30,000원
혜지 예식장 개약금 100,000원
계 130,000원

〈1998년 9월 21일 월요일 날씨 비〉

포도 착색이 올 때에 거름을 하면 빨리 착색이 온다고 해서 유안 15kg과 가리 10kg 정도로 해서 바시내이 쌔래단 포도밭에 거름을 하여는돼 효력이 날련지 몰개꾸나.

오후는 대문가격이 어떠개 하나하고 가격을 알라볼라고 친구 병원에 물리치료을 하로 가는돼 따라가서 김천에 대문하는돼 가격을 무려보니 자당 55,000원 한다고 하며 또 한 군데는 65,000원 달라고 하드라. 그래서 김천 파이프집에 가서 자재값을 무르보니 대문 9자반에 155,000원 한다고 해서 자신이 대문을 하게돼 200,000원 벌개따는 생각이 들어서 그만 대문 자재을 사와다.

지출에 … 친구 차을 이용을 해서 미안해서
짜장면 값 6,000원 대문 자재값
155,000원
계 161,000원

〈1998년 9월 22일 화요일 날씨 맑음〉

오늘은 대문 할려고 재단을 하여쓰며 대문 하는 사람 주면 55,000원, 65,000원 달라고 해서 대문 재료만 사와서 돈원을 적개 드릴라고 하니 절단기도 업고 쇠톱으로 끈어서 할려니 상당한 힘이 들며 돈을 만이 주는 한이 잇쓰도 대문하는 사람 줄끈돼 하는 생각이 더는구나.

〈1998년 9월 23일 수요일 날씨 맑음〉

오늘 운이와 둘리서 대문 만드는돼 오늘 종일동안 시간을 다 보내쓰며 대문 만드는돼 연장이 업시 대문을 할려고 마음 먹은 것이 잘못이라고 생각을 한다. 외냐하면 모든 일들이 연장이 업쓰니 육체적인 고충이 따라서 휴혜을 만이 하고 잇다.

대문 만드는 사람들이 재료비 한 배 이상을 보고 잇쓰니 인권비을 넘어 만이 받고 잇드라. 자신이 만드는 대문은 재료비는 그만두로 인권비만 300,000원을 받고 잇쓰니 이것은 기술을 요구대는 일이지만 이 금액은 부당한 금액이라고 생각을 한다.

"오늘 대문은 그위 윤각을 들어냇따고 생각을 한다."

〈1998년 9월 24일 목요일 낡씨 비〉

이번 비가 만이 왔쓰며 녁들에 벼는 상당이 만이 쓰려졋쓸끈돼 이 비가 다행이 우리 농민들이 힘들개 살라가고 잇따는 것을 알랐는지 비가 곱개 적개 내리서 천만다행으로 생각을 한다.

"오늘 비는 사과나무 밭스는 곱개 좀더 내리주어쓰며 하는 바람도 사실 잇는돼 그래도 수도작바서는 만족을 감소해야 하게꾸나."

"오늘 오전은 대문 부품을 김천 철물집에 가서 사와서 오후는 대문조립을 하였다."

지출에 … 버스비 값 1,920원 대문 부품 값
6,700원 페인트 값 12,000원
계 20,620

〈1998년 9월 25일 금요일 낡씨 맑음〉

오늘도 부자관예 대문 만드는돼 시간을 다 보냇쓰며 대문 만드는돼도 연장이 구비돼어 잇쓰야지 대문 만드는돼 시간도 절약돼고 사람도 수라지 그려치 않꼬는 힘이 들며 자신의 인권을 생각을 한다면 기술짜을 주는 것이 낮따고 생각을 한다. 자신이 재료을 사지 않꼬 기술자을 준다면 제일 적개 달라는 550,000원짜리 대문을 하였쓸 끄라는 생각이 드는구나. 그른대 자신이 노동의 갑어치을 쳣지 않꼬 요즘 한가하니까 큰 돈을 벌어따고 남들은 하지만 자신은 힘이 만이 들어따고 생각을 한다.

오늘 대문을 안전이 만들어서 페인트까지 다 발라노니 자신의 대문이 동네에서 제일 갑어치 잇는 대문같이 보이며 자신의 솜씨가 아닌 것쳐름 아주 이쁜 대문이 돼어다. 남들이 대문 좋다고 찬사가 만트라.

"자신이 대문을 바도 너무나 잘 나와서 또 보고 또 보고 해도 눈이 떨어지지 않는구나."

〈1998년 9월 26일 토요일 날씨 흐림〉

오늘은 사과 부페돼 것을 다들 줏어서 경운기 가득 한발이 실어서 당산 밭에 갇다 버리다. 그래도 나무에 달린 것도 부페돼 것이 수도 업쓰며 이것을 다 갈다 버리야 하는 자신의 심정도 다들 타는구나. 올해는 그래도 약 량이 작년 25말 살포을 하든 것을 올해는 45말, 40말 제일 적개 쳤는 것이 35말을 살포을 하였는 돼도 부페가 다들 돼어쓰니 더 가슴이 아푸구나.
"오늘 봉산에 잇는 친구 사호 친구 차을 4명이 타고 김천 옥현 친구 식당으로 개추을 가는돼 우리가 탄 차가 신호등에 끌려서 일단 정지을 하고 잇는돼 여자가 모는 뒤 차가 우리 차을 박아쓰며 우리가 탄 차는 부스진 것이 업쓰찌만 밭은 차는 차가 부스지는 정도로 끝이 낮찌만 그리고 개을 맡치고 집으로 나오는돼 직진하는 차가 가속으로 달려오면서 우리가 탄 차을 밑차 발견을 못했서 그른지 부레키 소리가 칙 하면서 우리 차 엽꾸리 다을 떳하면서 스는돼 상당이 놀랐다. 이번에는 우리가 잘못하였다. 세 골목에서 나오면서 직차을 보내고 나와야하는돼 너무 성급이 나와서 사고나 날폰했다. 오늘은 처음부터 마지막가지 일진이 사나어따고 바야한다. 그리고 차라는 것은 상당이 이험하다는 것을 다시 한번 너켰쓰며 차라는 것은 자신이 운전을 잘해도 50% 푸로는 사고 날 소재가 잇따는 것을 한번 드 너켜다."
지출에 … 개 회비 값 30,000원

〈1998년 9월 27일 일요일 날씨 흐림〉

일부 사람이 벼멸구 약을 살포을 하고 잇쓰서 극정이 돼어 들녁을 한밖키 돌라밭떠니 일부 필지에 멸구가 먹으찌만 대다수가 작항이 좋트라.
오후는 집안 대청소을 하여서 태어버릴 물건들이 경운기로 하나 나와쓰며 이것을 큰 골못에 가서 다들 태어버리다.
"올해는 더 시간여유가 잇는 것 같꾸나."

〈1998년 9월 28일 월요일 날씨 비〉

오늘은 세멘 1포로 대문 다는돼 지국가 대문 주위에 세멘 일을 하여다. 그리고 비 때문에 아무 일도 못 하고 휴식을 하여다. 이 비가 기상대는 3일 동안 내린다고 발포을 하는돼 이번 비로 수도작 벼 농사을 망쳐버리는 것이 아닌가 하고 극정이 크구나.
"앞푸로 날씨가 좋아서 벼농사만이라도 대풍년을 만드려 주어야 하는돼 만약에 벼농사마저 망쳐버리면 국가경제가 말이 아니라고 생각을 하여본다."
지출에 … 대문 받침대 할려고 보도 2개 1,000원

〈1998년 9월 29일 화요일 날씨 비〉

비가 생각보다 만이 오고 잇꾸나. 이 비로 수도작 벼가 수학량에 막때한 피해을 준다고 바야한다.
"월론에서 아래부터 벼는 대풍작이라고 법석을 부리고 잇는 것을 보고는 기상대는 태풍 올라온다고 주위보을 내리는돼 올해는 풍작이라고 야단을 쳊고 잇는 꼴들이 무엇을 생각을 하고 말을 하는지 의심스렵꾸나. 우리 경재가 수도작 대풍작에 자우댄다는 실낱같은 기대을 정부나 농민이나 가지고 잇는돼 이번 비가 찬물 키언고 마는구나."

〈1998년 9월 30일 수요일 날씨 비〉

태풍 9호 예니 영향으로 비가 만이 오고 잇꾸나. 그리고 들판에 거름 만은 벼는 상당이 쓰려저 잇쓰서 가슴 아푸구나. 우리들의 심정을 몰라주는 날씨가 원망스렵꾸나.

〈1998년 10월 1일 목요일 날씨 비〉

태풍 9호 예니로 인하여 우리 마을은 엄청난 피해가 발생을 하여다. 감천 냇까가 분개가 돼어서 늑들 전체가 물바다가 돼어쓰며 이것은 천재지변이 아니고 김영진씨가 냇방처을 깍까서 때기 밭을 일구어 부치먹어서 재방 분개가 돼어쓰며 이번 피해는 한 사람의 부주위로 엄청난 피해라고 본다.

오늘 온 동민이 재방 분개 된 것을 복구을 하게따고 현장을 갈지만 손대 돼지 못하고 물구록미 쳐다만 보고 마랐다.

"자신이 잠자리에 들기 전에 침수된 벼을 생각을 하니 금년 한 해가 공쳐야 한다는 것과 투자한 금액을 생각을 하니 허탈하기 짝이 업쓰며 딸 결혼하는돼 돈 들어 갈 것을 생각을 하니 가슴이 담담하구나. 우리 농민들은 매년 풍년이 돼어야 하는돼 하는 그 아쉬움 머라 말로 다 할 수가 업꾸나."

〈1998년 10월 2일 금요일 날씨 맑음〉

"오늘은 감천 냇까 제방이 분개된 것은 김영진씨가 도로 수로 재방 일부을 깔가서 때기밭을 만들어서 이번 비로 분개가 돼어서 우리 주민들의 큰 피해 보상을 하라고 김영진씨을 불어서 보상을 하라고 은성을 높이며 보상 금액은 체하 14,000,000원 내라고 우리 주민들은 한 목소리을 내고 잇쓰며 열정을 다 내고 잇는돼 김영진은 보상은 못 하게따고 말을 하고 잇쓰며 주민들을 엄청난 피해을 주고도 큰 잘못이 업따는 말을 하고 잇는 것을 보니 기가 찬다. 이것을 본 주민은 법으로 피해보상을 받들라고 준비을 하고 잇다."

〈1998년 10월 3일 토요일 날씨 맑음〉

오늘은 사과약 살포을 함. 사실 사과약 쳐가도 아깝다고 생각을 한다. 외냐하면 사과 부폐로 수학 할 끄도 업쓰며 실지 노력은 두고도 약 값도 안 돼고 잇는 실정이라 말을 어떠게 할찌 모르겟꾸나.

그리고 배수장에 물이 인수가 안 대고 잇쓰서 물을 퍼는돼 문재가 잇쓰서 넉들 경작자가 나와서 수로에 장해물을 재거을 하여다.

그리고 시간이 남아서 가을 배추가 침수가 돼어서 배추에 맹개가[흙이] 부터잇는 것을 경운 픈무기로 씨쓰바도 별 도움이 업는 것 같드라. 물로 씨쓰주며 종금 낮깨찌만 큰 도움이 업깨드라.

〈1998년 10월 4일 일요일 날씨 맑음〉

오늘은 쓰려진 벼을 새우는 일을 하여쓰며 복판[한복판]논 벼는 다행이 적개 쓰려치서 오전내 벼을 다들 새울 수가 잇쓰서 자신으로 바서는 천만다행이며 자신 벼농사 짓는 후는 처음 벼가 만이 쓰려짓따고 생각을 한다.

그리고 자신이 10단지 벼농사을 짓는돼 8단지가 쓰려젓쓰니 이것은 엄청난 피해라고 바야한다.

〈1998년 10월 5일 월요일 날씨 맑음〉

이번 추석은 아냇프라서 추석 인파가 적개따고 추정하든이 우리 마을로 바서는 추석 시로 온 차량이 골목에 진열한 것처름 골목한 쪽으로 꽉 배거 잇드라. 이것을 보니 이번 추석이 제일 하려한 추석이라고 생각을 하고 십고 차량 대수도 이번 명절이 재일 만아따고 생각을 한다.

"아버님, 어머님 이번 추석도 우리 형재들은 낙오 업시 다들 참석을 하여씀이다. 그리고 손주들도 아버님, 어머님예깨 성묘을 다 하여쓰며 이 손주놈들 한 사람도 낙오 업시 이 어르운 세상을 잘 살라가두록 보살펴 주십시오. 그리고 우리 혜지 결혼식 날이 다음달 29日 날이 예식날입니다. 이것들이 잘 살두록 보살펴주십요. 아버님, 어머님 손주들이 만아서 다 챙기주기는 힘들개찌만 우리들의 힘으로는 어르씀이다. 어머님, 아버님의 힘이 업씨는 감당을 할 수가 업씀이다. 아버님, 어머님 늙 바른 길로 인도해주기을 바라고 잇씀이다."

"오늘 구미 민정이 엄마에깨 순복이 가정 이야기을 들려씀이다. 요줌 순복이 가정이 서로의 의사가 맡찌않아서 냉각기라고 하여서 내가 성묘 갈다오면서 단둘이 이야기을 하여씀이다. 가정이란 것은 냉각기가 오래가면 상당이 어려운 문재가 발생을 하기가 시우니 서로가 한발자욱식 물려서 이야기을 하고 여자란 것은 남편이 힘드는 것을 알라주는 것 그리고 직장보다 가정이 소중하다는 것을 알라주고 실천하는 남편을 좋아하고 잇쓰니 이재는 직장도 좋지만 안내, 아들을 챙기주는 남편이 대라고 타일려 주어씀이다. 형이 잇는돼는 잘 알라씀이다하고 이야기을 하지만 부부생활이 그리 십지않타는 것을 자신도 잘 알고 잇찌만 순복이 가정이 좀 편하게 학푸려 졌쓰며 하는 심정이다. 아버님, 어머님의 자식 종말이 순복이 부부가 충돌한지가 좀 돼어는돼 풀지 못하고 냉각키로 잇따고 합니다. 어느 부부가 다들 싸우고 살라가지만 냉각키가 오래 간다는 것은 문재가 잇따고 바야합니다. 아버님의 자식 순복이 부부 문재 꼭 푸려주야합니다. 막내로 잘라서 부모님의 정, 사랑 한번 발지 못하고 자라서 그 중 부부의 사랑도 업따면 이것은 아버님, 어머님의 책임도 잇따고 생각을 합니다. 어머님, 아버님 꼭 순복이 부부 문재을 푸려주야 합니다. 아버님 어머님 꼭 책임저야 합니다.

지출에 … 친구 개돈 20,000원

〈1998년 10월 6일 화요일 날씨 맑음〉

오늘은 동신회 정기총회을 하는 날이라고 우리집에서 닭 돌부리을 하였다. 그리고 오늘은 회원들이 재일 만이 참석을 하여따고 본다.

"오늘은 부인은 친정에 가서 부모님예깨 인사을 드리로 같쓰며 자신도 인사을 드리야 하는돼 그려지 못 해서 미안쿠나. 자신은 어머님을 일적 일려서 처어머님이라도 내 부모처름 모실라고 작정을 하였는돼 자신의 마음이 씩어저고 잇따는 것을 자신이 알고 잇다. 이래서는 안 대는돼 하는 마음을 진 누루고 잇따."

"우리 혜지가 앞푸로 신혼 살림을 차릴 집을 보로 같쓰며 이것도 혜지 예인이 신혼방을 보려 가자고 여르번 건유을 하여서 따라 같따가 귀경 차가 밀리서 큰 고충을 밭아따고 하며 집에서 서울 간다고 오후 7시에 간 혜지 밤새두록 가도 시원찬아 밤을 새와 오후 2시에 서울 도착으르 하여따고 전화가 왔드라. 그래서 감짝 놀라며 혜지 말이 차가 고장이 낮서 시간이 걸리따고 이야기을 하드라. 서울이란 살기 힘든 곳이란 것을 한번 더 너키개 됀 셈이다. 그리고 혜지는 6시차로 집우로 내리와야 고충 이것을 생각을 하니 혜지을 죽이는구나 하는 생각이 앞쓰는구나."139)

〈1998년 10월 7일 수요일 날씨 맑음〉

오늘 오전은 벼들이 쓰려저잇는 들판을 한

밖기 돌라보니 아직은 벼 탈곡도 못 하게꼬 쓰려진 벼는 일부가 싹이 나고 잇꼬 그대로 두고 바야하는 심정 너무나 가슴 아푸구나.
오후는 운이도 집에서 매일 놀고 잇쓰서 오늘 오후는 운이을 대리고 당산 맥밭[보리밭]에 잡초가 무성한 것을 낮으로 재거을 하는 일을 하였다. 오늘 오후는 운이을 바람 쇼이기 위하여 대리고 나와는돼 생각보다 일을 만이 하였다. 우리 운이가 일을 식키노어며 일은 잘하고 잇다.
"우리 마을에 복합화물터미날 유치 찬반을 가리는돼 찬성보다 반대가 더 만트라. 처음에는 찬성이 만타고 생각을 하여는돼 오희려 반대가 더 만터라."
"자신이 찬반을 가리기 전에 물류단지 유치는 신각하게 생각을 해달라면서 유치하는돼 우리 마을이 불리한 점을 이야기을 하여쓰며 일부 사람들은 재산 증식하는돼만 생각을 하고 잇길래 개인 재산보다 동네을 위하여 생각을 하여달라고 부탁을 하였다."
"우리는 음성이 크서 대충 앞패서는 문재가 잇찌 않나 하는 생각도 더는구나."
(오늘 바른은 잘 했따고 생각을 한다.)

〈1998년 10월 8일 목요일 날씨 맑음〉
오전은 쌔래단 포도예 약 살포을 함. 약 량은 10말로 살포을 하여 두어다.
오늘 오후는 부인과 둘리서 들녘을 한밖기 돌라보고 채소밭을 들리서 김치 담걸라고 조금 해오는돼 배추에 항금이[부스러기가] 무더서 김치나 될련지 몰겟꾸나.
"부인은 벼들이 침수가 댄 후에 처음 들녘을 한밖기 돌라보고 벼들이 다돌 쓰려저 잇는 것을 보고 큰 극정을 하고 잇꾸나."
"오늘 김영진씨 부주위로 감천 냇카 재방이 분개돼어서 들녘 전체을 손혜을 보인 대까로 3,000,000원을 외성보로 내낫따고 하드라. 김영진씨 부주위로 피해는 금액으로 천다면 엄청난 돈이지만 그 대까는 다 할수가 업고 잘못을 혼은 내주어따고 생각을 한다."

〈1998년 10월 9일 금요일 날씨 맑음〉
오늘은 길거리에서 쓰러진 벼을 콤바이 가진 자가 콤바이 탈곡을 해줄련지 가연 가격을 을마나 올려서 바들란지 서로 극정을 하는 것으로 오전 일가을 보냇다.
오후는 당산 밭에 잡초 재거을 오늘로서 끝을 낸 셈이다. 이른 일들은 시간 여유가 만아서 일을 하고 잇따고 바야한다.
"요줌 무선 일을 해야 갑진 일을 하나하고 한참 생각을 해서 행동을 취하고 잇다."

〈1998년 10월 10일 토요일 날씨 맑음〉
지금 콤바이는 벼 탈곡을 할려고 논에 들어갇다가 탈곡기 이번구가 막키서 탈곡을 못하고 나가는돼 귀가 찬다. 녹들레 다들 침수가 돼어서 다들 쓰려젓꼬 앙금이 벼 이삭에 무더서 벼 탈곡이 안돼고 잇쓰니 가슴 아푸다. 저 벼을 낮으로 베야돼는가 생각을 할 때에 마음만 답답하구나.
오늘도 들판에 콤바이가 와서 벼을 베는지 극정이 돼어 들래만 들락날락하고 잇는 중이다.

---

139) 일기 지면 상단에 '용근 개돈을 정자나무 밑에서 20,000원 줌. 주위에는 진일이동장, 창길이가 밭드면서 경환이는 보고도 주지 않코 잇따고 불평을 하드라'라고 기록되어 있다

"우리 주민들은 큰 시련이다."

〈1998년 10월 11일 일요일 날씨 흐림〉

오늘도 휴식을 것과 다름이 업다. 외냐하면 경운기로 모래 두발리 실어서 사과밭에 갈다논 것과 포도기 익어서 바라라도 시장 출하을 할 수 잇쓸까하고 도라보는 정도 여쓰니까 오늘도 휴식한 날이라고 바야한다.

나 자신이 일을 수북이 두고 어거지 휴식을 하고 잇다. 외냐하면 들녘에는 벼가 다들 쓰려저서 이려켜세우면 좋은돼 너무 만이 쓰려저서 음두가 나지 않아서 그냥 두고 마는 실정이다. 그리고 자신푼 아니라 온 동민이 다들 보고만 잇쓰니 우리 마을은 쓰려진 벼을 세우는 사람이 업다.

"올해 정부는 정부대로 경재가 어르운돼 농촌은 농촌대로 큰 숭년을 만낫쓰며 이 손실은 음청나다고 생각을 하며 농민의 가슴마리는 긴 세월이 흙으가야 좀 치우가 돼리라고 본다."

"요줌 나 자신은 부인 가슴으로 한업시 빨려드려가고 잇따고 생각을 하며 부인이 이려깨 좋은 사람이란 것을 내 가슴으로 느켜쓰며 사람이 나이가 먹어며 부부빡에 업따고 하드니 지금 우리 부부는 한 치도 떨어저스는 못 할 정도며 부부의 정이란 것을 이재 알고 부부 생활을 하고 잇따고 바야한다."

〈1998년 10월 12일 월요일 날씨 비〉

농민들이 비 피해도 가슴에 멍이 들어는돼 이 멍이 치우도 돼기 전에 또 비로 가슴 바리을 하두록 만들고 잇쓰니 안타감키 짝이 업꾸나. 이 날씨가 농민을 안전이 죽일라고 들고 잇킬례 또 비가 와서 벼농사을 망쳐버리지 해도 해도 너무들 하고 잇꾸나.

"순달이 동생이 조합에 구매개을 밧스 오늘 혜지 혼수품을 할려고 선산 하치장인에 가는돼 우리 식구 3명, 동생 내외와 경미내 엄마 6명이 선산을 가서 혼수품을 하는돼 혼수품 일체을 전시을 하여 낫는돼 다들 구매을 할 수 잇두록 하였낫드라. 우리도 혼수품으로 8,620,000원 한 셈이다."

현재 혼수품 준비금으로 지출한 금액이 18,000,000원

〈1998년 10월 13일 월요일 날씨 비〉

오늘 들녁에 한밖기 돌라보니 정말 피참하다는 생각이 들드라. 외냐 이번 비로 벼들서 잇는 것이 업고 그위 다들 쓰려저 잇쓰며 먼저번에 쓰려진 벼는 싹이 터서 새파란 풀이 돼어 잇쓰니 이것을 무라고 말을 해야 하나 하고 마움이 움쳐려 더는 너킴을 밭앗다. 이것들이 여름내 땀으로 짓은 대까인가 하고 생각을 할 때는 허전하기 짝이 업꾸나.

"부인과 혜지가 전자재품 혼수품을 사료 김천 처형 아들 처족카 전자재품 대리점을 하고 잇쓰서 다른 곳에서 할 수도 업고 해서 조카 집에서 혼수품으로 일체을 했는돼 선산 농협 하치장에서 가격을 빼온 것보다 약 300,000원 이상의 가격으로 하여서 내가 비싸게 하여쓰며 그리고 예상한 금액보다 오바됀다고 이야기을 하여뜬이 혜지가 오해을 하드라. 아빠 나 천만원 벌은 것만 혼수품으로 가지고 가고 그 남어지는 안 가지간다고 하면서 눈물을 흙리드라. 이 아빠도 오늘 불캐대한 것은 오늘 들녘을 돌라보니 벼는 다들 쓰려저잇고 올해는 양식이나 건지겟나 하는 생각이 머리에 콱 차 잇는돼다가 농협 하치장에서 물건 값을 빼온 것도 내 눈에는 다들 좋은 것 같뜬돼 그기에서

시원찬은 물건을 빼고 좋은 것을 너어서 가격이 올라따고 해서 외 생각을 한 대로 하지 않코 마음이 흔들려서 낭비을 더하냐 하는 생각에 혜지 생각은 하지 못 하고 성화을 낸 것이 혜지 마음을 아푸게 한 것 같다. 막상 내 딸이 눈물 흙리는 것을 보니 마음이 아푸드라. 혜지야 이 아빠가 너의 혼수품을 적개 하여 줄라고 한 것은 아니다. 외어마의 마음이 흔들리서 주인의 말래 따라 가느냐 하는 것이 불캐서 이 아빠가 성을 낸 것이다. 여하튼 이 아빠가 혜지 마음을 아푸개 하여따면 혜지가 이해해주라. 그리고 아빠 세대와 너위들 세돼는 차이가 잇다. 이 아빠 몰라서 그려니 너위들이 아빠을 이해을 식키야지 내가 너희들을 이해해야하나 하고 오늘 혜지 마음을 아푸개 하여따면 이해해라. 우리 혜지가 울고 잇는 모습을 보며 이 아빠 가슴 아파서 잠도 못 자고 하니까 혜지가 마음을 풀어주라. 이 아빠가 농협 하치장에서 장농, 침대 모든 혼수품을 할 때 혜지 마음에 더는 것 하라고 누차 이야기 했찌. 그래서 좋은 것 하고 마음에든 혼수품을 하여는돼 오늘 전자제품에 대해서 적개 해줄라고 이 아빠가 성을 낸 것만은 아니라고 이 아빠 혜지한태 한번 더 말을 하고 십다. 그리고 이 아빠는 혜지한태 사랑이 더 만탄다. 이 아빠가 불캐하여따면 이해을 바란다. 혜지야"

지출에 … 라면, 치약, 간장, 화장지 값 30,000원

〈1998년 10월 14일 수요일 날씨 비〉

쌔래단 포도 첫수학을 하는돼 정품은 업고 전부 바라드라. 이것을 수학을 해야 돼나 그냥 버리야 하나 하고 고민도 만이 하여다. 부인이 한번 출하을 하여보고 결정을 하자고 하여서 수학을 하는돼 자신은 거들지도 않코 그냥 두고 말랐다.

오늘 포도 수학은 10짝 하여는돼 이것을 어떠게 시장 출하을 하는 문재가 극정이 돼는구나.

지출 … 이종열씨 조모 상 당한 것에 부주 20,000원

〈1998년 10월 15일 목요일 날씨 맑음〉

"오늘 들녁을 한밖이 돌라보니 기가 찬다. 벼는 쓰려저서 싹만 자라고 잇는 모습이 안타갑키 짝이 업쓰며 이 아품은 농민이 아니고는 아무도 이 아품을 알라주는 이 업따고 바야한다."

"그리고 오늘 친구들과 대리점에 콤바이가 잇는지 알라보로 같뜬이 중고 콤바이도 업드라. 앞푸로 각 대리점에서 이야기을 하는 것이 다들 콤바이로 벼를 베어줄라고 하는 사람 업쓰며 콤바이 싹이 대폭 오를 것 같다고 이야기을 할 때에 우리들의 마음이 사실 부란하다. 외냐하면 콤바이 탈곡을 다 하고 나서 콤바이 싹을 엄청나개 밭으며 주야하니 생각을 할수록 마음이 아푸구나."

지출에 … 트랙터 부품 5,000원

〈1998년 10월 16일 금요일 날씨 맑음〉

오늘은 부인 생일이다. 자신은 부인한태 목거리 빚을 오늘 갑파다. 외냐 자신이 국수럴 모타 살 돈이 업쓰서 부인의 목거리을 팔라서 모타을 구입을 하였다. 우리가 살라볼라고 몸부림을 천 것도 정말 오래 돼어꾸나. 자신은 원잰가는 부인의 목거리을 사준다는 결심을 자신의 머리에서는 떠나지 않아따고 말을 하고 십다.

"오늘은 부인의 목거리을 했는돼 딸들의 가락지 1돈을 포함해서 5단을 하여 주어쓰며 이 목서리을 부인의 목에 걸어주는돼 자신이 진작 목거리을 하여 줄 끈돼 하는 아쉬운 생각도 더는구나. 부인 목거리을 좋아하면서 고맙따는 말을 할 때 내 마음이 그리 좋꾸나."

오후는 모래 태풍이 북상을 한다고 재방 분개됀 곳에 보수을 하라는 지시가 잇쓰서 오늘 분개됀 재방 2곳에 비누류을 깔고 풋대 흙을 너어서 쌋는 일을 하였다.

지출에 … 부인의 목거리 값 225,000원
대신 1동 이명진씨 부인 부조금 30,000원
계 255,000원

〈1998년 10월 17일 토요일 날씨 흐림, 비〉

밭에 콩 심은 것을 수학을 하여는돼 올캐 연결지도 못 했쓰며 그리고 을마돼지 않아서 시들레 감심도 업드라.

그리고 사과밭에 배추을 갈 때에 딸 결혼하며 적크리라도[적금이라도] 한다고 갈란 것이 이재 김장 배추로 성숙이 돼어쓰며 김장 배추로 갈란 것은 물에 침수가 돼어서 배추 행세을 할 수가 업쓰서 이재는 봉답 배추로 김장배추을 하였야 하겟다.

그리고 형님 봉답 논 콤바이 탈곡을 하는돼 그들어 주어쓰며 올해는 수학량이 상당이 떨어지며 일부 모재리는 빠지서 탈콕을 들했찌만 콤바이 푸대로 35개 나와드라. 이것도 담은 량이 적으서 수학은 작년보다 만이 떨어진다고 바야한다.

〈1998년 10월 18일 일요일 날씨 흐림〉

오늘은 부인은 세신랑 한복하여 준다고 혜지와 부인 신랑측에는 신랑 부모와 대구로 한복하로 갈쓰며 한복집은 큰집 조카 용환 집우로 갈서 양가에 한복을 하고 왔따고 하드라.

자신은 위우지[이웃] 임국현 모친 칠순이라 그들이 주로 같뜬이 아주 할 일도 업고 그저 위우지라는 책임만 하여따고 바야한다. 모친 칠순이라 그른지 동회관으로 고기와 안주 만이 재공하여 따고 바야한다.

그리고 세 논에 콤바이 탈콕을 하여준다고 해서 같돌리는 일만 하여따고 생각을 한다.

〈1998년 10월 19일 월요일 날씨 맑음〉

벼 침수 피해로 콤바이 탈곡을 끄리하고 잇쓰서 추수가 지원이 돼고 잇쓰며 이 사람들이 콤바이 무리가 가고 하니까 콤바이 싹을 올일 개산으로 못하게 따면서 뒤로 벗티고 잇는 것이 아닌가 하고 생각도 하여본다. 이려다가는 서리 피해 올가바 제일 극정이다. "올해는 여름내 땀을 흙린 대까도 업시 콤바이 싹으로 다들 드려가고 소득은 업따고 바야한다. 이래됀다고 볼 때에 농민의 뼈 아품은 상당이 크다고 바야한다."

〈1998년 10월 20일 화요일 날씨 맑음〉

오늘 세 논에 콤바이 탈곡을 하는돼 흙문자가 너무 만아서 콤바이가 때로는 안 보일 때가 잇다. 자신이 생각을 해도 벼 탈곡을 안 할라고 하게따는 생각이 들며 자신이 콤바이 풋대 들어내는돼 그들어 줄라고 들어갈따가 문지 한번 덥프쓰며 숨도 못 실 정도로 허득일 때가 잇쓰며 앞푸로 남은 벼을 어떠개 할까 하는 극정이 돼며 올해 벼는 다들 버리고 마는 것이 아닌가 올해의 고비가 난관이라는 생각이 더는구나.

올해는 넉들 전채에 반도 더 쓰려 젓잇쓰니 이른 해는 자신의 알기로도 처음이며 농민의 평생에 두 번 잇쓰서도 안 댄다고 생각을 한다.

자신이 농사을 짓은 후에 수학량이 제일 적개 낮따는 생각이 들며 오늘 세 논에 수학한 량이 콤바이 풋대로 40 풋대며 작년보다 10 풋대 적은 수짜이며 이것도 3.5 돼지기에 요래 수학했따며 온 숭년이라고 바야한다.

"올해 농민들 살라남키가 힘이 들겟다. 외냐하면 농약 값이 40% 올란는돼 그중에 병충이 만아서 논자리마다 4회, 5회는 살포을 하여쓰며 올해는 침수 피해로 콤바이 싹이 3 마지기에 150,000원 한다는 낭슬이 돌고 잇찌 땅에 붓뜬 벼는 자리마다 가격을 정해서 들어간다고 하지 농민의 가슴을 너무 아푸개만 하고 잇다."140)

〈1998년 10월 21일 수요일 날씨 맑음〉

오늘도 들판을 오전에 한번 돌고 오후에도 한밖기 돌라쓰며 자신푼 아니라 남들도 자신처름 들판에 콤바이가 왔나하고 들을 돌라보고 잇쓰며 이른 시간을 매일 보내고 잇따.

"오늘 오후는 친구 삼명이 모여 놀라다. 들레가도 콤바이도 업고 전 신경을 다 쓰야 아무른 이득도 업고 마음만 상하고 잇다."

"원정운이도 여때것 콤바이 탈콕을 해서 동네을 잡아서 돈을 잘 버로 와는돼 올해 침수 피해로 문지난다고 그리고 기계 상한다면서 콤바이 탈콕을 기피하고 잇쓰며 지금 자신의 콤바이 탈곡을 한다면서 기와가 빠지지 완는다면서 수리도 하지 않코 잇쓰며 원정운이도 동내로 바서 잘 벌어 먹어는돼 이재와서 꽁무니을 빼고 잇는돼 대해서 동민들이 눈살을 찌푸리고 잇는돼도 아랑곳도 하지 않는다."

콤바이 탈곳한 풋대수가 40개 밖에 앟 나와쓰며 이것은 한단지 수학도 안 대고 잇쓰며 3.5 돼지가 40 풋대의 수학원 큰 숭년이라고 말을 하고 십다. 이것을 머리에서 잊절라고 생각을 해도 잊저저지 않으며 머리에 한 자리을 잡아 수십일 흙으로 지어저지 않을 것으로 본다.

〈1998년 10월 22일 목요일 날씨 흐림〉

우리 마을에 벼베기에 큰 일이 낫다. 외냐 우리 마을 콤바이는 문지난다는 위유로 고장 수리도 하지 않코 타동네 콤바이는 들어와따가 침수지역이라면서 그냥 가버리고 잇쓰니 우리 마을에 벼 수학은 심각하다. 이것을 낫으로 벼베기을 하여도 탈곡기는 업지 이려지 저려지 못 하고 마음마는 바푼쳐지이며 극정들만 하고 잇는돼 보통 신각한 일이다.

오늘 자신은 매일 들판에만 하로 두 번식 돌고는 하로 일가을 보내곤 하여는돼 이재는 무이미한 시간을 보내니 벼단 한 단이라도 끈을라고 자신의 혼자 낫으로 종일 벼베기을 하였다. 자신이 벼을 베면서 생각을 해도 앞푸로 좋은 날씨가 개속대면 논바닥이 마를가 그려치 않코는 땅이 추지서 콤바이 탈곡을 기대을 할 수가 업개드라. 앞푸로 시간이 나는돼로 쓰려진 벼는 베어야 하겟드라.

140) 일기 지면 상단에 '넉들레서서 두 번째로 탈곡을 함'이라고 기록되어 있다

"자신은 앞푸로 외쳐 콤바이가 일주일 전에는 오지 않는다는 생각에 쓰려진 벼을 낮으로 끈을라고 들어다."

〈1998년 10월 23일 금요일 날씨 맑음〉

오늘은 운이와 부인 셋시가 쓰려진 벼을 베쓰며 벼가 너무 쓰려전 벼라서 능률도 오르려지 않으며 일을 할수록 한 사람의 부주위로 마을 전체을 막대한 피해을 주는구나 생각을 할 때에 울하통이 터지는구나. 이 큰 들래 손실을 음청나게 주고 돈 3,000,000원으로 때우려쓰니 이재와서 생각을 하니 바보짓만 하여따는 생각이 드는구나. 이번에 옛날에 못땐 버릇을 싹 떠더곤치쓰야 하는돼 옛날에 영진씨 형재라면 다들 치을 떨려쓰며 옛날 어른들 고생을 만이 하여따고 생각을 한다. 그 껀들로 영진씨을 현세대들은 좋아하는 사람이 업따. 그려고 볼 때에 요갈리에 골탕을 먹이야 하는돼 잘못돼어따고 한다.

"오늘 한복을 찾자와서 우리 혜지, 부인 한복을 입고 폐손을 하는돼 혜지는 아름답고 부인은 일 한다고 검은 얼굴에 한복에 크개 아름답지 못 하구나. 양집에 한복값이 2,000,000만원이 훎신 넘는 한복의 등치가 을마 돼지 완는구나."

지출 … 우리 한복 값이 1,050,000원

〈1998년 10월 24일 토요일 날씨 맑음〉

오늘도 셋시가 벼을 베는돼 날씨가 더어서 땀을 훍리면서 벼을 베쓰며 이것을 벼을 베어논들 이중으로 힘이 들어가개돼니 보통 일이 아니다. 자신은 콤바이가 업키 때문에 무작정 놀고 잇니 콤바이 값이라도 벌어보자는 욕심 때문에 손으로 벼을 베어는돼 어느 것이 잘하는지도 몰개꾸나.

자신뿐 아니라 이재 낫으로 벼을 베는 사람들이 만아저고 잇다.

"오늘 우리 혜지 야외 찰영날이 좋아서 다행이다. 그러치 않아도 일기들이 고르지 않아서 이 아빠 극정을 만이 하여는돼 날씨가 좋아서 잘하고 왔따니 마음이 좋꾸나."

우리 혜지는 결혼날이 좋아서 좋깨꾸나. 이 아빠는 오월달에 결혼을 하여 보니 절기상으로 아주 낮펄때라고 바야한다. 결혼은 가을이 체고라고 바야한다.

지출에 … 혜지 야외 찰영비
300,000원(한집에 금액이다)

〈1998년 10월 25일 일요일 날씨 맑음〉

오늘로서 벼을 베든 것을 끝을 냇다. 벼베기을 옛날에는 어째 했는가 하고 꿈 같다는 생각이 드는구나. 이번에 돈 욕심 부리다 혼줄 낫다. 옛날에 다 한 것이라 여사로 벼을 베는돼 죽을 심을 다 했따고 생각을 한다. 이재는 세대의 흐름으로 세상을 살라가야 한다고 절시리 느켜쓰며 이번에 콤바이 싹 값 적개 드릴라고 생각을 하여따가 우리 부부 고충이 말로 다 할 수가 업두록 육체적인 고통을 받앗따고 생각을 한다.

"인간은 세월의 흐름에 따라야 하는 법. 흙으로 간 세월을 생각을 해서는 안 대는 법. 옛것을 생각을 해서 행동을 하며 그만춤 고통이 따르게 돼는 것이란 것을 이번에 잘 너켜다."

"앞푸론 내 인생을 살라가는돼 편한 쪽으로 가야하며 이것을 실천에 온기서 우리 부부가 서로의 건강을 챙기주는 인생의 길을 걸어야 한다고 생각을 하며 우리 부부가 엽도 보지 않코 앞만 보고 와서 건강도 새약하다고 바야한다. 이재는 우리 부부의 건강과 절거운 생활이 돼두록 노력을 해야 한다."

<1998년 10월 26일 월요일 날씨 맑음>

오전은 웃들레 2단지 같돌리는 일을 하여쓰며 아직 콤바이 탈곡도 언재 하여줄라고 이야기도 업는돼 미리 같돌리는 일을 하였다.

"오늘 같돌리면서 콤바이 탈곡을 하는 것을 보니 콤바이가 재대로 돌라가는 모습이 업드라. 콤바이 들리 두 밖키도 돌리지 못 해서 쓰잊는 콤바이을 볼 때에 콤바이 주인도 탈곡을 않알라고 하기도 하개드라."

"오후에는 박사 부인이 포도파라 줄라고 40짝만 포도을 따노라고 해서 부인이 40짝을 만들어 쓰며 이것을 대구 순석 형이 1톤 차로 실고 같다. 이것이 숙모님의 부탁이라서 다들 힘을 쓰고 잊찌만 다들 성위가 고맡드라."

내가 쌔래단 포도로 득을 본 적이 업쓰며 쌔래단 포도는 우리 지역에 맡지 않는 품목인가 자신뿐 아니라 다들 쌔래단 포도는 돼지 않는돼 내년에는 잘 돼갯찌 하는 희망 때문에 매년 가슴아리을 하고 잊따고 본다.

"내년에는 쌔래단 포도나무을 반절 끈어내고 그 밑태 캄벨 포도나무을 심을 개핵이다."

<1998년 10월 27일 화요일 날씨 맑음>

오늘도 포도 수학을 하는돼 본식이 엄마 숙모님 운이친구 원호 운이 오명이 포도 수학을 해서 량이 조금 만아따고 생각을 하며 수학하는 포도가 좋으면 수학을 하는 너킴이 아주 좋을끈돼 정품이 업시 바라로 출하을 하는 마음이 아푸구나.

오늘 포도 수학량 101짝 함.

수학한 101짝을 대구 순범이 부인 면으로 다들 팔라주는 그 마음이 절말 고맙다. 네 형재의 지수씨도 그냥 두고 보는돼 사촌 지수씨가 극정을 해 발 벗고 팔라주는 그 고마음은 잊저저리 않캐꾸나. 아무뜬 고맙다.

<1998년 10월 28일 수요일 날씨 맑음>

어재 포도 수학을 한 것을 손질을 해서 구미 동생 회사에 20짝을 가지고 가서 친본이 잊는 사람들래깨 막킬라고 가지고 같다.

포도 수학량 20짝 함.

<1998년 10월 29일 목요일 날씨 흐림>

내일 콤바이 탈곡을 할려고 10마지기 벼을 같돌리는 일을 하여 두어다.

"콤바이들이 각지에서 몰려 들어와서 들판에 콤바이가 5섯대나 대니까 콤바이 탈곡을 하는돼 수랄 것으로 내다본다."

지출에 … 세금 등기등본 값 40,000

<1998년 10월 30일 금요일 낡씨 비>

기상대도 비 온다는 소리는 업쓴돼 밤부터 비가 와서 땅바닥이 축축하게 저져 잊는 모습을 보니 기온이 싹 빠지는 너킴을 받앗다. 오늘만 참아주면 아래들 5섯단지을 콤바이 탈곡을 할려고 약속을 하여 둔 것이 꿈으로 다들 살라전 것이 너무나 가슴 아푸구나.

오늘 부인 친구 경미네 내일 잔취을 앞두고 동내로 음식을 재공을 해서 잘 먹어다. 이 사람도 남편을 일적 일꼬 혼자서 살라오는돼 고충은 잊쓰따고 생각을 한다.

"오늘 부인 친구라서 도와줄라고 같는돼 별로 할 일이 업드라."

<1998년 10월 31일 토요일 날씨 맑음>

어재 비 온 디라서 탈곡을 극정을 하여는돼

콤바이 주인은 탈곡을 한다면서 시작을 하든이 한밖기 개우 돌드니 벼집이 추지서 탈곡이 안 댄다면서 다음으로 미루고 콤바이가 나가버리쓰니 마음만 아푸구나. 이 기계가 본동 기계가 아니고 신촌 콤바이라서 원재올련지 개약이 업는 일이라서 신경이 만이 쓰이는 구나.

"오늘 콤바이 탈곡을 두 대로 하기로 약속이 돼어 잇는돼 자신의 이주대로 한자리 하고 한 곳 한 곳 할려고 한 대는 내 자리을 매라터니 이것이 마음대로 안 대고 말라서 자신은 어재 뛰어 다니면서 기계을 맡춘 것이 다들 숱으로 돌라가고 마랐다. 오늘은 실수로 두 필지는 꼭 하는 것인돼 그만 자신의 실수로 아무 것도 돼지 않아서며 다들 숲푸로 도라가고 마랐다."

지출에 … 경미의 결혼 축이금 30,000원

〈1998년 11월 1일 월요일 날씨 맑음〉

오늘은 서양바실 4 마지기만 콤바이 탈곡을 할려고 예정한 것만 생각을 하였는돼 생각지도 않은 두 단지을 콤바이 탈곡을 하게 돼어서 정말 개운한 일을 하여따고 생각을 하며 오늘 콤바이 탈곡을 10 마지기을 해서 정말 마음이 가벼저는 너킴으로 세군대을 티어 다니면서 다들 실어 드리쓰며

오늘따라 운이가 서울 혼수품 물건 들어오는 날이라 혜지와 둘리서 물건을 받들라고 운이와 같는돼 어재 저녁에 내리오기로 하고 같는돼 그만 너무 너저서 하로 밤을 묵개돼어서 이 아빠 콤바이 가마니을 10 마지기 다 맡칠라니 힘이 그리 들드라.

외정 시간에 운이가 내리왔쓰며 오늘 둘리서 콤바이 가마니을 만치면 아주 수라며 시간 여유을 가지고 할 끝돼 힘이 만이 들어쓰며 원호가 거들어주어서 조금은 도움이 돼어따고 생각을 한다.

(탈곡한 가마니 수)

서양바실에 … 콤바이 풋대로 48개

복판에 … 57개

경화네 형님논 복판에 … 41개

〈1998년 11월 2일 화요일 날씨 흐림, 비〉

그놈의 날씨 너무하다는 생각이 드는구나. 오늘 웃돌 2단지에 콤바이 탈곡을 오후 2시 하는돼 쓰려진 벼라서 시간이 지연이 돼는돼 그기에다 소낙이가 내리서 자신의 일을 망쳐버리고 마는구나. 오늘만 비가 참아주어따면 쓰려진 벼을 그진 다 베는돼 날시가 신통을 부리는 바람에 반다바지[반마지기] 하고 탈곡한 벼만 트력터에 실고 집우로 들어오고 마랐다.

이놈의 날씨 너무하다. 앞푸로 3일만 참아주어도 올해 탈곡은 그진 다 할끈돼 정말 날씨가 원망스렵다.

〈1998년 11월 3일 수요일 날씨 흐림〉[141]

오늘 오후는 봉희 동서 논에 콤바이 탈곡을 하다 남은 것을 벼 탈곡을 하는돼 벼집이 추지서 제대로 한밖키을 돌지 못 하고 서잊는 시간이 넘어 만아서 논 주인이 더 외가타며 이것도 자전 기계 고장으로 밤 8시가 넘두록 탈곡을 하였쓰며 같뜬 시간에 웃돌도 콤바이 탈곡을 하여서 그 외 같뜬 시간에 콤바이 탈곡을 맡치쓰며 웃돌은 부인 탈곡하는돼 자리을 지키쓰며 그리고 웃둘래

141) 11월 3일이나 10월 3일로 잘못 기록하였다.

콤바이 풋대을 시간이 넘어 너저서 그대로 밤을 재우고 마랐다.
봉회 동서 논에 콤바이 풋대로 74풋대(2단지) 순범이 웃돌래 2단지 64풋대 수학함.

〈1998년 11월 4일 목요일 날씨 흐림〉

오늘 오전에 웃들래 굼논에 콤바이 탈곡을 하는돼 외상하기는 풋대수을 아주 적개 잡아는돼 실찌 콤바이 탈곡을 하여보니 너무 허탈해서 말을 할 수가 업꾸나. 콤바이 풋대로 10 풋대 이것을 보니 너무 항당하며 이것을 다 주야 콤바이 싹도 안 돼겟쓰며 올해는 콤바이 싹이 올라서 한 단지 150,000원 이것도 다 쓰려진 벼는 한 단지에 200,000원인대 여름내 비지땀을 흙린 대까는 그냥 두고 콤바이 싹도 안대고 잇쓰니 너무 허전한 마음 무라고 말로 다 할 수가 업꾸나.
"오늘날까지 농사을 짓어오면서 이처름 큰 숭년을 당해본 적이 업따고 생각을 한다. 올해는 포도농사 망처버리고 참깨농사 망처버리고 사과농사 망처버리고 김장배추 망쳐버리쓰며 하나에서 열까지가 다들 숭년이 돼어쓰니 피참하기 짝이 업다."
오늘 웃들굼논에 수학량 한단지에 10풋대 콤바 풋대로.
(이것을 본 숙모님이 콤바이 싹이라고 하면서 4 풋대을 밭지 않코 다들 가지고 가라고 해서 내가 10 풋대을 다들 가지고 왔다.)142)

〈1998년 11월 5일 금요일 날씨 맑음〉

오늘은 낮으로 벤 벼을 탈곡을 하는돼 음청난 문지을 먹어따고 생각을 하며 자신은 처음에는 침수지역이라고 콤바는 들어오지 않치 벼는 다들 쓰려저 싹은 나지 콤바이 싹은 엄청나게 오를 것이라고 하지 그래서 콤바이 싹이라도 벌어본다는 생각에 낮으로 한지을 베트니 이것을 탈곡기로 탈곡을 하는돼 온 식구가 문지 먹은 것만도 콤바이 싹 더 손애을 본 것 같다. 오늘 탈곡을 하면서 콤바이 싹 200,000원 주며 가만이 안저서 다 할끈돼 오늘 온 식구을 생외을 먹이는 자신의 욕심 때문에 고통을 주는 것이라 미안하기 짝이 업꾸나.
오늘 온 식구의 고충을 주어뜬 날이라고 생각을 한다. 일개 과장의 머리을 잘못 쓰며 가족을 큰 고충을 준다는 것을 다시 한번 너켜다.
"앞푸론 벼가 다 쓰려지든 말든 낮으로는 벼을 베지 않을 꺼이다."
"오늘로서 벼 탈곡을 끝을 냇다. 올해 벼 탈곡은 생각보다 수라개 맡치따고 바야한다."

〈1998년 11월 6일 금요일 날씨 흐림〉

어재 반자동으로 탈곡한 뒤쳐리을 부인과 둘리서 오전 내 하여쓰며 반자동은 뒤에 일이 넘어 만꾸나.
오후는 형님 벼 탈곡을 둘리한다고 하고 잇는 것을 보고는 그냥 두고 볼 수도 업고 해서 오후는 거들어주어다.
"이재는 부인이나 자신이나 벼 탈곡을 안전이 끝을 냇쓰니 시간 여유가 잇쓸 것 같꾸나. 처음 탈곡에 들어가기 전에 콤바이는 업찌 벼는 다들 쓰려젓찌 우리 잔치는 다가오지 극정을 정말 만이 하여는돼 이것들이 다들 수라게 지나가서 마음이 한결 가벼꾸나."0

142) 일기 지면 상단에 '웃들 굼논에 1단지에 10 풋대 콤바이 풋대로'라고 기록되어 있다

〈1998년 11월 7일 토요일 날씨 맑음〉

오늘은 부인은 형님 탈곡하는돼 거들어 주로 가고 나는 이재봉씨 차남 결혼식을 서울에서 하는돼 참석을 하여쓰며 이재봉씨는 아들을 잘 키어 낮스 결혼식도 잘 한다는 생각이 들드라. 사람은 이세을 잘 키어나야 한다는 생각을 다시 생각을 하여본다.

"오늘은 종일동안 버스만 타고 다니따는 생각이 드는구나."

지출에 … 축이금 30,000원

〈1998년 11월 8일 일요일 날씨 맑음〉

사실 오늘은 부인 김치꺼리 해다주고 오전내 휴식을 하고 오후 너깨야 쌔래단 포도 비가림한 비누류 벗키는 일을 하여쓰며 이 비누류를 내년에 한번 더 쓸라고 조심을 하면서 벗키는 일을 하였다.

올해는 캄벨, 쌔래단 포도 다들 숭년을 만나쓰며 이려깨 숭년을 당한 적은 어른들도 업따고 말씀을 하고 잇드라.

〈1998년 11월 9일 월요일 날씨 비〉

쌔래단 포도 비가림한 비누류을 벗키는 일을 하다가 바람이 새차개 부르려서 사과 따는 것이 급선무라고 생각을 하고 비누류 벗키는 일을 다음으로 미류고 사과 따는 일을 부인과 둘리서 하였다.

"사과 수학을 하면서도 마음은 아푸구나. 사과가 좋은 것이 다들 부패가 돼어서 가슴이 아푸며 수학의 기쁨도 업는 수학을 하고 잇따고 말을 하고 십다."

〈1998년 11월 10일 화요일 날씨 맑음〉

오늘 사과 저장용 콘티나 팍스을 중고을 윤천희씨 한태 62개 구입을 해서 수학한 사과을 담아서 집우로 드리는 일을 하였다. 사과 부패 병 때문에 정품은 월마 돼지 않코 점패기[점박이] 사과만 6 만아서 속이 상하며 금년에 약 값이 재돼로 뗄련지 의문이 간다.

"올해 자신은 딸을 치아도 돈원 구애돼지 않는다고 생각을 하였는돼 올해따라 하나예서 열까지가 숭년이니 돈애 쪼달림 따려지 않을까 염려가 돼는구나."

오늘 사과을 파스에 담아 보니 그리 수라드라. 자신은 물류단지 들어오면 푸라틱 팍스는 필요업쓰며 다들 낭비만 한다고 여태것 나무 상자을 사용을 하였뜬이 콘태나 팍스가 그리 좋은 줄을 몰랐다.

(오늘도 종일동안 사과 수학을 함)

〈1998년 11월 11일 수요일 날씨 맑음〉

오늘도 사과 수학을 하였쓰며 오늘이 사과 따내는 일은 다들 망우리을 하여쓰며 이재는 선별을 해서 집우로 가지고 오는 일만 남앗다.

"그리고 요줌 운이가 도와주곤 하니 내가 상당이 수라구나. 그른돼 공부 좀 하라고 해도 공부는 하지 않코 잠 안 자면 놀로 가곤 하니까 손이 상하고 잇다. 이재는 세월이 달라서 전문대학은 나와야 한다고 뉴차 이야기을 해도 공부는 모르고 잇쓰니 극정이 크다."

"올해 사과 부폐로 떨어진 사과 땅바닥에 늙여 잇쓰서 발 띠딜 곳이 업시 널려 잇쓰며 이것을 생각을 안 할라고 해도 눈에 보이니까 속이 아푸구나."

"올해 사과 부폐병에 내아소진 약을 여름에 살포을 한 사람들은 동내 쳐고 셋사람은 잘 짓어다. 그 남어지는 사과 부폐로 수학을 할 사과가 업따."

〈1998년 11월 12일 목요일 날씨 맑음〉
올해는 사과 저장을 개단 밑에 저장을 하는돼 사과 저장으로 섭깝한지[적합한지] 그것도 모르고 점기수까지 130짝 저장을 하여는돼 잘 될련지 그려치 않으며 작년에 마당에 야적을 하였는 것보다 못 할련지 알 수가 업꾸나. 올해 저장을 하여보고 사과 창고로서 역활을 한다면 자신으로 바서는 사과 저장고을 극정을 안 해도 됀다고 생각을 한다.
오늘로서 사과 저장을 다 하였쓰며 쌔래단 비가림 비누류을 오늘로서 안전이 벗키는 일을 끝을 냇다. 그리 이가림 비누류을 내년에 한번 더 쓸라고 공손이 달랐다.

〈1998년 11월 13일 금요일 날씨 맑음〉
정상원이가 자기는 원예조합원이라 공장용 50짝을 신청을 하여는돼 7곱짝이 모자란다고 형님이 될라면 돼라고 해서 고맙드라. 시장에는 1,500원인돼 이곳은 3,000원이라 배나 더 빛싸니 고맙드라. 그래서 부인과 아침 일적 가서 공장용 7곱짝을 만들어서 정상원 편으로 부치고 마랐다.
오후는 초곡 정순현씨 둘째딸 결혼식을 서울서 하기 때문에 손님을 집우로 초대한다고 해서 우리 마을에서 집안 사람과 4명이 초곡 집우로 가서 대접을 밭아다.
"지출에 … 축이금 30,000원"

〈1998년 11월 14일 토요일 날씨 맑음〉
오늘은 낡씨가 봄날씨 처름 따뜻해서 일을 하는돼 땀을 만이 흙린 날이라고 말을 하고 십꾸나.
오전은 무우 수학을 하고 오후는 반자동으로 벼 탈곡 한 자리에 집푹덤이 잇는 것을 경운기에 실어서 온 논에 턴는 일을 하고 벼 집단을 다들 세우는 일을 하여 두어다.

〈1998년 11월 15일 일요일 날씨 맑음〉
오늘은 예비 실랑이 예단값으로 4,000,000만원 가지고 왔드라. 자신은 예단돈을 5,000,000원 주어쓰니 3,000,000원 주리라고 생각을 하였는돼 오늘 4,000,000원 가지고 와서 생각보다 만원 돈을 가지고 와서 고맙드라. 이 예단 돈원 아주 적재 주어도 무으라고 말도 못 하는 일이라 생각보다 만원 돈을 만이 주어서 고맙다.
오늘로 사과 공장용을 내는돼 부페가 너무 심해서 공장용으로도 낼 수가 업쓰서 실지 공장용으로 담아내는돼 월마 돼지 않으며 오늘까지 공장용으로 12짝 밖에 만들지 못했다.
"아직은 예비 사호지만 부인이나 자신이나 신경이 밭삭 쓰이며 자신이 농사을 짓고 잇는 것은 다들 선물을 하고 잇는 것을 보며 옛 어른들이 사위는 백년 손임이라고 하드니 벌스부터 우리 부부는 신경을 쓰고 잇는 것을 보며 틀림이 업다고 말을 하고 십다."
"우리가 예비 사위한태 4번의 선물하여쓰니 이것은 귀한 손님이라고 생각을 아니 할 수가 업다."

〈1998년 11월 16일 월요일 날씨 비〉
오전은 쌔래단 포도 수학을 하고 남은 것을 그중 송이가 좋은 것을 4 상자 따서 한 상자는 형님내 주고 3상자는 잔치 준비할 때 일하는 사람 줄라고 집에 따다 낫는돼 그때 가서 먹을 수가 잇쓸란지 몰겟다.

그리고 오후는 예식장에 식당 예약 할려고 부인과 둘리서 가면서 금은방에 외물값 남어지 돈 470,000원 지불하고 식당 예약을 하는돼 한식부페로 11,000원 짜리을 만이 한다면서 아가씨가 건유을 해서 150그릇을 예약을 하고 도{라}갔다.
부인하고 나들이을 하면 늙 둘리서 대위트을 하자면서 엔만은 거리는 손 잡고 걸어가자고 예원을 한다. 오늘도 갈 때는 직행을 타고 택시을 타는돼 나의 명으로 사실 타고 같다. 그른돼 예식장에서 올 때는 둘리서 그이[거의] 손잡고 이마트까지 둘리서 걸어 왔쓰며 부인은 둘리 만이 걸른 날은 아주 좋아든 날이라고 이야기을 하면서 그리 좋아한다. 내 부인 둘리서 걸어서 대이트을 하면 그리 좋아하고 몸 전체가 꽃망우리 피드시 힘이 생기고 소녀보다 더 좋아하는 그 습을 보고 십프면서도 그 소원가 다름이 업는 일을 못 해주고 잇따는 것이 원인이 무엇인가 잠깐 생각을 할 때에 자신의 일이 넘어만아서 시간이 업따는 이유밖에 업꾸나. 앞푸론 내 부인 손 잡고 다니는 원을 꼭 풀어주리라. 여보 조금 더 기다리요. 이재는 기회을 보고 잇는 중이요. 앞푸론 내 사랑만 덤벅 주어리다.
"앞푸론 남은 여생 부인을 위하여 살라보리라. 나는 부인의 사랑을 오늘날가지 밭은 것만도 어너곳에 돌 때가 업따고 생각을 하며 앞푸로도 부인의 사랑을 밭아서 둘 때만 잇따면 더 밭깨는돼 그곳이 업쓰서 더 밭지 못 하겟소. 이재는 내 사랑을 원 업시 받아 주거려. 사랑한 부인 늙 건강하세요."
지출에 … 페물값 470,000원 직행값 1,840원 이마트 시장 본 것이 29,000원 택시값 2,300원
계 503,140원

〈1998년 11월 17일 화요일 날씨 흐림〉
오늘 근수가 차 점검 들어간다고 김천 진영 검사장에 들어가는돼 같이 따라가서 밧때리을 사올라고 같따가 페차장에 가니까 중고 밧때리을 충전을 식키서 20,000원 팔라서 중고을 사왔는돼 2만원 같치을 할련지 몰개꾸나.
오후는 너무나 찬바람이 부려서 아무 일도 못 하게 쓰며 어재까지만 해도 여름처름 땀을 흙리곤 하였는돼 오늘은 인간의 몸을 움치려지게 만드는구나. 갑짝이 추어니까 사람들이 활동을 하지 않는구나. 자신도 형님 집에서 오후는 휴식을 하였다.
지출에 … 트랙터 밧때리 값 중고 20,000원
수입에 … 사과 공장용 5짝 7,500원

〈1998년 11월 18일 수요일 날씨 맑음〉
오늘은 골목에서 마을 친구들과 여담으로 오전 시간을 보내고 마라쓰며 농촌에서는 다들 일들을 하여서 오전은 날씨가 좋뜬 말든 놀고 잇다.
오후는 참바람도 불고 해서 휴식을 하여쓰며 무이미한 하로라고 말을 하고 십다.
"오늘 예비 사오가 예비군 훈련을 마지막 꼬육을 밭고 오는 길엄에 우리 청첩장을 가지고 왔드라. 부인이 사위 다 하는돼 어르려운 감이 눈에 역역스려어보이며 부인은 상당이 큰 손님이라고 신경을 쓰고 잇는 것이 자신이 바도 표가 난다. 사실 자신도 여때것 손님이 와도 사위 될 사람처름 신경이 쓰여지는 사람이 업쓰다. 여하뜬 사위는 큰 손님은 사실라고 생각을 한다."
지출에 … 청첩장 100장 20,000원

〈1998년 11월 19일 목요일 날씨 맑음〉

형님이 포도나무가 고목이라서 포도농사도 돼지 않코 하니 철거을 하고 자두나무로 대채할려고 하면서 센멘기둥이 피료하거든 가지고 가라고 해서 오늘 센멘기둥을 뽑는돼 상당이 힘이 들며 너무나 깊이 무더서 더욱도 힘이 드는구나. 그래서 뽑는 일은 운이와 둘리 할려고 그냥 두고 구등이만 파낫다.

오늘은 종일 형님 어장 철사 줄 푸는돼 거들어주는 것으로 일기을 다 보냇고 마랐다.

지출내 보일라 기름 면세유 티켓주고 2드람에 126,400

〈1998년 11월 20일 금요일 날씨 맑음〉

오늘은 운이와 둘리서 형님 포도밭 철거을 하는돼서 센멘기둥을 10개 뽑아서 경운기로 실어서 자신의 포도밭에 갇다 낫다.

"오후는 내일 날바지 온다고 해서 아들과 둘리서 이발도 사실 할 때도 돼어고 그래서 김천 동서 이발관으로 가서 이발을 하였다. 김천 동서는 맡동서라 약 70세가 넘어쓸 것으로 보는돼 그래도 이발로 큰 돈을 벌고 잇쓰니 글력이 대단하다고 바야한다. 한 달 벌리가 200백만은 이상이라고 하니 그 수입 대단하다."

"자신은 글력도 자신도 업찌만 딸, 아들 결혼만 식키면 그때부터는 부인과 둘리서 편안 생활을 할 작정이다. 옌말래 인생은 풀입에 이슬과 갇다는 말을 하드시 내 인생도 절급개 삵 외무도 잇따고 바야한다."

지출에 … 우표값 58장에 9,860, 이발비 2명 10,000원, 호떡값 3,000원, 직행 3,640원 계 26,500

〈1998년 11월 21일 토요일 날씨 맑음〉

오늘은 배추 수학을 하여쓰며 금년에는 배추 수학을 상당이 너깨한 편이며 그래도 배추 수학을 하는 사람이 자신하고 다른 한 사람밖에 배추 수학을 한 사람 밖에 업다.

"오후는 혜지 날바지가 왔쓰며 자신은 날밭이을 처음 밭아 본 것이지만 정성이 들은 음식 갇터며 그리고 만은 량의 음식 갇드라. 집안 어른들을 오시라고 하고서 날밭이 음식이 적개 오면 어떠게 하나 극정을 하다가 만은 량의 날밭이라서 기분이 좋꾸나."

"아버님, 어머님 오늘 혜지 날바지 음식을 밭아씀이다. 아버지의 자식 순덕이가 사위을 보는 것이람이다. 이재 아버지 아들도 성숙이 돼고 잇따는 것을 시간이 흐름에 따라 자식들이 내 뒤을 따라 오는 것을 눈으로 보고 잇쓰니 아버지, 어머님 생각이 더 나고 잇씀이다. 이 아빠가 부모 노릇을 착실이 할 끄며 아버님도 만은 도움 주기 바람이다. 부족한 자식을 늙 보살펴 달라는 이야기밖에 할 수가 업씀이다."

"오늘 저녁에 7시에 동기생 계을 하였다. 동기생 개는 2달래 한번식 개을 하는돼 개원들이 힘이 더는지 한 사람이 탈락을 하고 잇다. 이것을 방지을 못하며 뒤따라 탈락이 됄 수도 잇따고 본다. 그려기 때문에 총무로서 방재을 해야 하는돼 사실 극정이 돼는구나."

〈1998년 11월 22일 일요일 날씨 눈〉

오늘 자고 일어나니 눈이 재법 만이 왔드라. 오늘 매상 준비을 할려고 생각을 하였는돼 눈 때문에 포기을 하고 정미기로 쌀방아 찟는 일을 하고 마늘 갈 자리에 거름을 하고 낫쓰 봉답에 배추가란 것을 수학을 하고 무지피도 안전이 수학을 끝을 냇다.

〈1998년 11월 23일 월요일 날씨 비〉

오늘은 매상 출하을 할려고 풍구질을 하는돼 벼알에 무든 문지는 풍구질을 해도 별료 벼알이 깨끗한 감이 업쓰며 풍구 전과 풍구 후도 별다름이 업쓰서 풍구질한 것이 아쉬운 감이 드는구나. 오늘 매상 가마니 111개 하는돼 온식구가 문지구등이서 종일동안 악족끈에 일을 하였다.

"오늘 종일동 흙무던 벼알을 풍구질을 하는돼 육체적인 큰 고층을 당했따고 본다."

〈1998년 11월 24일 화요일 날씨 맑음〉

오늘은 어재 피료을 풀기 위하여 아무 일도 하지 않코 휴식을 한 셈이다.

"부인은 잔치 준비에 들어갈따고 바야한다. 오늘부터 메물을 손으로 비비서 터거운 물에 태는 일을 하고 이재 준비에 들어같다. 자신도 부인 일을 조금 도어는 일을 하여다."

"부인 딸 치우는돼 힘이 만이 들게쓰며 그리고 신경을 쓰야 하기 때문에 고충이 크다고 생각을 하며 내 마음 같다서는 낡씨라도 따뜻해서 활동하는돼 부담이 업두록 하여 주어쓰며 나로서는 더 바라지 않캐다. 앞푸로 내 잔치까지 맑고 따뜻한 낡씨을 보여 주십사하고 자신의 소망이라고 말을 하고 십꾸나."

지출에 … 윤천회씨 둘째아들 결혼식을
서울서 함. 축이금으로
30,000원 함.

〈1998년 11월 25일 수요일 날씨 맑음〉

오늘은 숙모님과 형님내 매상준비을 하였다. 올해 흙문지 무든 것은 풍구질을 해도 별다름이 업쓰서 등급에는 별다름이 업쓸 것 같터며 사람만 흙문지로 고생을 하는 것 같다.

그리고 요줌바서는 산물벼 돼는 것이 잘했다 십꾸나.

오늘 두집에 매상 준비한 것과 형님 47계 숙모님 31계 함.

〈1998년 11월 26일 목요일 날씨 맑음〉

오늘은 형수, 김천 지수씨가 잔치에 쓸 묵을 하고 잔치준비에 상당이 분주한 시간을 보냇다. 미리 장을 받쓰며 좀 수란돼 갑짝이 할려니 저녁 시장을 보게 돼어쓰며 이것마저 김천 지수씨 차가 잇쓰서 저녁장을 볼 수가 잇찌 그려치 않으며 아주 힘들 뿐 했다.

"잔치도 여사로 생각을 해서는 아니돼게쓰며 잔치는 한 번으로 망우리 해야지 두 번도 못 할 일들이라고 생각을 하고 십다."

김천 지수씨가 어재부터 잔치 준비을 하는돼 그들어 주어서 부인이 그만춤 일을 들어서 부인이 좀 수레따고 생각을 하며 일도 일이지만 마음을 쓰고 잇따는 것이 고맙고 사람이 육체적인 일을 도와주는 것도 좋치만 마음으로 생각을 하고 잇따는 것이 더 고맙따고 바야한다. 여하뜬 김천 지수는 늙 고맙게 생각을 하고 잇다.

〈1998년 11월 27일 금요일 날씨 비〉

오늘은 우리 마을에 공판이라서 아침에 일적 일어나서 하늘을 쳐다보니 구름은 깍찌어 잇쓰서 기상대에 전화 문위을 하여보니 우리 지방에 10mm~30mm 온다고 하며 오전은 비가 올 학률이 40% 오후는 80%라고 해서 기상대에 발표바서는 오전은 비가 오지 않캐다 하는 생각에 매상 가마니 111

개을 공판장에갈다 노니 보슬비가 오드라. 그래서 오늘 매상은 안 대는구나 생각을 하여쓰며 자신으로 바서는 잔치라서 매상 가마니을 가지고 간다면 불편해서 안 대는돼 하는 생각 밖에 업드라. 그려자 9시가 조금 넘어서 검사원이 왔는돼 보슬비라서 해도 돼게는돼 알짱거리면서 지원을 식카드라. 그려더니 비가 만이 오는돼 시작을 하드라. 쭉 검사을 하여쓰며 돼는대 안 사람이 검사을 하기 위해서 매상 가만이 내리노어니까 그만 검사을 중단하면서 주민들래깨 이려타 저려타 말도 하지 않코 승용차을 타고 갈려고 하드라. 이래두고 가면 어떠개 하니 지금 땅바닥에 잇는 가만이는 을마 돼지 않으니까 해주고 가야 한다고 사정을 하고 그려치 않으면 창고에 갈다 주게다고 하면서 검사을 해 달라고 하니 막 갈라고 해서 음성을 높이 쓰며 자신은 그릇댄 것은 참지 못하고 폭발을 한다. 그려저 매상돼로 온 사람이 때리 죽이라고 아우성 첬고 검사원 도망을 가서 대신분소에 가지는 안코 잇따고 하드라. 그려자 조합장이 농금으로 전화을 다른 사람 보내 달라 하고 전화을 해서 검사원들 여릇이 내리와서 경운기 잇는매상 가마니는 돌려보내꼬 땅에 잇는 가마니는 을마돼지 않으니까 하여야 한다면서 검사을 보슬비을 맏저면서 검사을 끝을 내고 그려자 비가 잠쉬 겄친 텀타서 돌려보낸 경운기을 다시 불려서 매상을 끝을 내는 소동냇다.

지출에 … 돼지값 350,000원

〈1998년 11월 28일 토요일 날씨 맑음〉

오늘 날씨가 좋아서 음식 준비하는돼 아주 좋은 날이 돼어서 내 마음이 너무 좋쿠나. 어재 바서는 우리 잔치날을 응망이 돼지 않나 하는 극정이 돼어는돼 오늘 맑은 날이 돼어서 우리 부모님이 도와주어꾸나 하는 생각이 든다.

어머님, 아버님 오늘 동내 어른들 음식 대접을 하여씀이다. 동네 어른들은 부모님이라 생각을 하고 마음적으로 따뜻이 대해씀이다. 그리고 어머님의 자식이 음식도 푸건이 하여쓰며 동민들도 너무 만이 참석을 하여 주어서 너무 고맙고 음식도 푸건이 대접을 하여 주어씀이다.

내일은 아버지의 자식 순덕이 딸 혜지가 내일 결혼식을 합니다. 어머님, 아버님이 두루 살피 주십시요. 그리고 이것들이 잘 살두록 하나에서 열까지 다들 보살펴 앞을 볼 수 잇두록 어머님, 아버님이 도와주야 합니다.

그리고 오늘 결혼준비 하는돼 다들 도와주어서 너무 고맙고 특희 절먼 사람이 그진 다들 참석을 하여 주어서 더 고맙게 생각을 한다.

그리고 앞푸로 자신도 남의 일래에 적극 참여을 하여서 나와 갈뜬 마음의 정이 소사나두록 해야 하겟따는 생각이 더는구나.

회관에 음식 재공하는돼 돼지 두바리 잡으니 충분할 것 같다. 오늘 현재 남은 고기가 상당이 만이 남아따고 생각을 한다.

〈1998년 11월 29일 일요일 날씨 맑음〉

어머님, 아버님 오늘 혜지 결혼식을 잘 올리따고 생각을 합니다. 아주 만은 축하객 속에서 식을 올리쓰니 자신의 기분은 고맙고 한편으로 딸이 부모의 곁을 떠난다는 생각을 하니 눈시울 터거지는 것을 억재하는돼 힘이 들어쓰며 내 쳐는 터거지는 눈시울 억재을 못 하고 눈물을 흙리고 마라쓴이다.

어머님, 아버님도 우리 둘을 이러깨 키어왔꾸나 하는 생각이 이재쓰야 든니다. 이른 생각이 부모님 개실 때 들어따면 이재와서 이른 아품이 업두록 잘 모실끈돼 이재와서 생각이 든다는 것이 어리석은 불효자라고 생각을 합니다. 그래도 이 불효자가 이르깨 잘 살고 잇는 것은 어머님, 아버님의 보살품이라고 생각을 합니다. 앞푸로 어머님, 아버님 자식쳐름 내 자식도 올바르게 살두록 보살피고 남외깨 뒤처지 않는 자식으로 키우는돼 이 몸 다 받치게 쓰며 어머님, 아버님도 지키바주십요.

"아버님, 어머님 동민들 찬치 잘 한다고 친찬이 자자합니다. 앞푸로도 동내 어른들은 어머님, 아버지처름 모시개씀이다."

〈1998년 11월 30일 일요일 날씨 흐림〉

오늘 날씨가 잔뜩 찌프려 잇는 것을 보니 우리 잔치날은 아주 좋은 날을 잡아따고 생각을 하고 잇다. 이 날이 잔치준비 하늘 좋아서 음식을 만대로 하여찌 결혼날은 날씨가 너무 따뜻해서 축하객이 청첩도 하지 않해는돼 만이들 참석해서 결혼식을 빛내주어서 자신으로서는 정말 기쁘며 정말 좋은 날을 잡아따고 생각을 한다.

오늘은 잔치한다고 어질어논 것을 정리을 좀 하였다.

그리고 이번 잔치에 집안 사람들 수고을 만이 하여고 위우지 다들 도와주어서 고맙다.

지출에 … 가전재품 값이 4,000,000원 장롱 혼수품 값 4,524,000원

계 8,524,000원

〈1998년 12월 1일 화요일 날씨 흐림〉

오늘은 날씨도 차거어 아무 일도 하지 않코 휴식을 한 셈이며 사실 몸도 피료해서 그른지 아무 일도 하기가 실터라. 오후는 아포조합에 트랙터 밧때리 충전하라고 먼저번에 같다논 것을 찾절 겸 농협직원이 청첩도 하지 않아는돼 내 잔치에 축이금을 주어서 인사도 할 겸 조합에 가서 축이금을 준 셋사람에깨 인사을 전하고 밧때리을 찾자왔다.

"그리고 오늘 축이금을 계산을 하여보니 8,430,000원이 들어왔드라. 자신은 축이금으로 예식비, 식당에 식사값 정도 바라는돼 상상외 축이금을 하여서 진심으로 고맙고 올해 숭년이라서 저금한 돈 다들 따라더가고 내년에 영농비가 극정이 돼어는돼 이른 문재가 다들 회결이 돼고 천만원이 남은 셈이다. 이것으로 혜영이 돈 천만원 쓴 것을 돌려주면 아무련 문재도 업고 내년이라도 혜영이 시집 보내면 혜영이 벌은 돈으로 충분이 갈 수 잇쓰니까 자신은 아무련 문재가 업다. 자신이 생각을 해도 대단하다는 생각을 하여본다. 외냐하면 자신이 2층으로 집을 잘 짓어찌 봇들에 상답 702평 사찌 그리고 구미 봉곡 아파트 운이 줄라고 28평 9갑짜리 분양 받아서 그 돈 다들 예금이 돼어 잇찌 그 돈이 7천 3백만원이 돼며 이른 큰 일하여도 빛업시 해간다는 것을 생각을 하니 자신이 생각을 해도 대단하며 이것은 어머님, 아버지가 도와주어서 끄뜩업이 지낸다고 생각을 한다. 앞푸로도 계속 어머님, 아버님이 보살펴 주어야 합니다."

"오늘 아침에 침대에서 일어나면서 혜지 생각이 들며 이 좋은 날에 내 부모님 한 분이라도 개시드라면 하고 생각을 하니 내 눈에 눈물 쇼다 저드라. 자신이 억재을 해도 억재가 돼지 않으며 만향 쇼다저드라. 한참이 울고서 부인 몰래 욕조실에 가서 세수을 하

고 아무른 일 업는 것처름 행동을 하였다."
수입 … 축이금 8,430,000원

〈1998년 12월 2일 수요일 날씨 흐림〉
오늘 마늘 파종할 자리에 노타리을 하고 경화 형님 논에 올미가 너무 만아서 노타리을 쳐면 올미가 겨울에 좀 죽지 않을까 하는 생각으로 트랙터 노타리을 하여밧다. 만약에 내년에 올미가 죽어며 논 필지마다 다들 노타리을 할 작정이다.
오후는 작과밭에 두엄 실어논 것을 경운기 노타리을 할려고 다들 헌터 노앗쓰며 노타리 준비만 하여 두어다.

〈1998년 12월 3일 목요일 날씨 맑음〉
오늘은 세사위 신혼여행 가다가 돌라오는 날이라 집에서 기다리는 정도여쓰며 집사(람)과 김천 지수씨는 음식 준비한다고 상당이 바푼 시간을 보냇다. 세사이가 오전 12시에 들어와쓰며 나 자신은 세사위 왔따고 온 집안 다들 알리서 정심 식사을 한때 하두록 하여쓰며 그리고 우리 육남매 다들 집우로 모시쓰며 오늘 하로는 적은 잔취을 치랐다.
어머님, 아버님 내 사위가 3박4일 동안 제주도 여행을 다녀왔씀이다. 내 날은 그리 낢씨 좋으며 오늘은 봄날씨처름 따스하며 낢씨가 내 마음을 잡고 잇따고 생각을 합니다 이것이 다들 어머님, 아버지가 도와서 그려타고 생각을 합니다. 앞푸로 혜지 부부가 잘 살두록 도와주기 바람이다. 그리고 아들 순덕이도 황상 보살펴 주어서 앞푸로 잘 살두록 살펴 주십시오.

〈1998년 12월 4일 금요일 날씨 맑음〉
어머님, 아버지 오늘 동생을 다 대리고 혜지 시집에 상각[143]을 가서 정심 식사만 하고 딸과 둘리서 자리을 만들어 줄라고 하는 돼 눈시울이 떠거어지며 눈물이 쇼다질라고 해서 그만 그 자리을 마른을 하고 잇는 돼 억찌로 사양을 하고 동생들을 대리고 집우로 오고 마라씀이다. 집에 오는돼 차 안에서 눈물이 나오는돼 겨우 참으면서 집에까지 왔씀이다.
"우선바서는 사위가 좋은 너킴을 밭아쓰며 내 마움은 사위가 잘 하리라고 생각을 하면서도 마음은 사실 불안하다고 말을 하고 십꾸나."
오늘 형재가 다들 상각을 못 가고 4형재만 같따는 것이 조금 마음이 걸리지만 그래도 한 두명 가는 것보다 동생들 다 돼리고 가서 내 마음은 좀 편한 너킴이 들어쓰며 그리고 오늘 집우로 오면서 인사만 잘하고 돌라와따고 생각을 한다.
"그리고 내 잔치에 김천 지수씨가 고생을 만이 하여따고 생각을 하고 마음을 쓰주는 것이 그리 고맙따고 생각을 한다. 사람이 육체와 마음과 한 마음이 돼어서 도와주는 것이 도와주는 것이 한쪽만 도와주는 것은 별 의미가 업따고 생각을 한다. 그른돼 김천 지수는 마음과 육체와 일체가 돼어서 도와주는돼 자신이 그리 고맙따고 수백번 회도 그 보답이 돼지 않는다고 생각을 하고 잇다. 정말 지수씨 고맙씀이다."

---

143) 방언의 일종으로 상객(上客)이라 한다. 지위가 높은 손님, 혼인 때 신랑 신부를 데리고 가는 집안의 어른 등을 이르는 말이다.

〈1998년 12월 5일 토요일 날씨 흐림〉
오늘은 황덕삼 장남 결혼식을 금오산장에서 예식을 올리는돼 참석을 하여쓰며 이른곳에서 예식을 올리면 부담이 줄어들겟드라. 그리고 덕삼이가 매느리는 우선바서는 아주 좋드라. 신부가 키도 크고 잘 생기드라. 여하든 본처 아들인돼 신부는 아주 좋은 것 같드라.
지출에 … 축이금 30,000원

〈1998년 12월 6일 일요일 날씨 흐림〉
오늘은 씨마늘 까면서 올치 않는 마늘은 김장 마늘로 하고 좋은 것만 골라서 씨마늘을 준비을 하였다. 오늘 운이와 둘리서 김장 마늘을 까는 일과 파종을 할 마늘을 까는돼 아주 힘이 만이 들어다.

〈1998년 12월 7일 월요일 날씨 흐림〉
오늘 마늘 파종을 하였다. 올해는 딸 결혼식 한다고 바빠서 마늘 파종이 너저서 마늘 농사가 재돼로 될 련지 몰겟꾸나. 자신이 마늘 파종을 12月에 파종은 올해가 처음이라고 생각을 한다.
어머님, 아버님 혜지가 서울로 살림을 하로 같씀이다. 이것들이 잘 살두록 어머님, 아버님이 보살펴 주어야 합니다. 인간이 살라 가는돼 어르운 고충이 잇쓸 때가 다들 잇따고 하는돼 그 고비을 설기로깨 잘 넌기서 잘 살라 주어쓰며 하는 심정이다.
지출에 … 사과약 값 660,000원 콤바이
탈곡 값 경호 430,000 원정훈
375,000원 광배, 신촌
350,000원
계 1,815,000원
금년도 총 콤바이 값 1,475,000원 들어감

〈1998년 12월 8일 화요일 날씨 맑음〉
경운기로 앞밭에 노타리을 할려고 가서 한참 하는돼 노타리가 배아링이 다들 망가저 노타리가 돼지을 안트라. 그래서 노타리을 조금 하다가 그만 표기을 하고 마랐다. 그래서 노타리을 앞밭에 골래밭에 바시네이 포도밭 나가서 사과밭까지 노타리을 할려고 개핵을 하여는돼 다들 무산돼고 마랐다.
"오후는 골목에서 동네 절먼 사람과 같이 오후내 놀라다."
"그리고 처음 다닌 회사에서 부도처리로 태직금을 못 받은 것이 이번에 나온다고 하면서 그 돈이 2,000,000만 원 정도 나온다고 하면서 그실에 큰 태래비전을 논는다고 혜영이가 이야기을 한 것을 덧고 운이가 텔레비전 사료 가자고 저의 엄마 졸라서 아직 돈도 나오지 않는돼 운이와 저의 엄마와 둘리 가든이 선금 600,000만 원 주고 30인치 텔레비전을 가지고 왔드라. 올해는 숭년이고 딸 치우는돼 돈도 만이 들어간는돼 잇는 텔레비전도 아직은 을마든지 볼 수가 잇는돼 아들, 딸들한태 저고 마랐다. 그른돼 거실에 큰 텔레비전을 두고 보니 좋키는 좋드라. 돈이 좋은 것을 또 한번 너키쓰며 거실례 1,000,000만 원 드리니까 운치가 잇쓰 보이는구나."
지출에 … 텔레비전 600,000원

〈1998년 12월 9일 수요일 날씨 맑음〉
오늘은 신흥 농약방에 농약 값을 갑푸로 가서 삼 명이 외상구매을 한 것을 갑프니 농약방에서 30,000원 주면서 술 한잔 하라고 하드라. 우리는 순대을 10,000원 싸와서 태성이 집에서 술잔을 나누고 마랐다. 그리고 순대가 남아서 부인 친구을 불어서 나누어 오후내 놀랐다. 순대는 가격이 싸쓰 여릇이 나누어 먹어다.
지출에 … 신흥농약방에 외상구입금 615,000원 줌

〈1998년 12월 10일 목요일 날씨 맑음〉
오늘은 형님집에 한갑준비을 하는가 십프서 내리 같뜬이 아직 한갑준비는 하지 않코 잇쓰며 그려자 골목에 동내 친구들이 나잇쓰서 자신도 같이 놀고 마라쓰며 대개 오전만 골목에서 놀며 오후는 다들 해어저곤 하는돼 오늘은 오후내 사람이 모여서 놀고 잇쓰며 이것을 우리는 장이 오래 선다고 말을 하고 사람이 업쓰며 오늘 장이 시마가 다 젓꾸나 하고 말을 하고 잇다.
오늘은 혜지가 두 번이나 전화을 하여드라. 저의 엄마한태 오탱국 끄리는 법, 됀장국 끄리는 법을 무르보잇드라. 그리고 종일동안 집안같쳐 잇쓸라니 지루하기 짝이 업따면서 극정을 만이 하드라. 여기서는 친구가 만아서 연신 놀로 가곤 하든 아이가 꼭 가다논 이치가 돼어 잇쓰니 더 지루한 시간이 돼리라고 본다.

〈1998년 12월 11일 금요일 날씨 흐림〉
오늘은 윷들논에 벼집을 거더 같스며 올미을 죽이기 위하여 트랙터 노타리을 칠라고 논에 같뜬이 벼집을 일부 가지고 가고 일부는 남아 잇쓰서 노타리을 못 하게드라.
그리고 오늘은 형님 한갑준비을 하는돼 남자들은 할 것이 업쓰며 여자들밖에 회갑준비하는돼 필요하지 않드라.

〈1998년 12월 12일 토요일 날씨 맑음〉
내일이 형님 회갑이라 오늘은 오전부터 돼지잡고 준비하는돼 상당이 바파따. 돼지는 동네 절먼 사람이 잡고 했찌만 적 준비는 우리 식구들키리 준비을 하여쓰며 형님 회갑에는 동네로 음식을 내어 줄라고 생각을 하니 마음이 조금 여유가 잇는 것 같다.

〈1998년 12월 13일 일요일 날씨 맑음〉
오늘은 아버지의 자식 맡아들 회갑날입니다. 아버님, 어머님 키운 자식이 회갑이라는 마음 매키지 않는 너킴이 듣입니다. 옛날에는 회갑하면 인간 세상은 끝이라고 하여는돼 어머님, 아버님 아들이 벌서 회갑이라니 그간 세월이 다 지나가고 어머님, 아버님 뒤을 따라가고 잇따는 것을 생각을 하니 눈시울이 떠거어지며 눈까에는 눈물이 돌고 잇쓰띠다. 오늘 오형제 부부해서 다들 참석을 하고 어머님, 아버님의 자식 손이 40십명이 넘어서 이 손들이 한 자리에 모이니 그 모습들만 바도 희뭇하게 좋씀이다. 이 자식이 다들 잘 살고 인정도 만으며 남들레 부렵게 잘들 살아가고 잇씀이다. 이 형재들이 다들 춤을 쳐고 오늘의 형 갑날을 절급게 잘 보냇씀이다. 동네 아주머니들도 우리 형제와 다들 잘 노라따면서 좋아하고 오늘을 절급게 보냇따고 인사을 만이들 하곤 하였씀이다. 그리고 이번에 형님이 건강이 좋찌 않아서 회갑을 한 것이라 바야 합니다. 어머님, 아버님이 형의 건강을 보살펴 주어서 아직 할 일이 넘어 만은돼 이것들을 할 수 잇두록 꼭 도와주십요.
오늘 돼지갑을 다 할려고 돼지값을 175,000원을 돼지 장사을 미리 주어는돼 형님이 이것을 알고 이번 잔치 준비는 딸들이 다 한다면서 어림도 업드라. 그래서 순달이 동생 금티겟으로 10돈을 하자고 해서 그만 형제들이 150,000원식 내어서 선물 준비을 하였다.

지출에 … 선물값 150,000 노는돼
장구잡이 30,000 돼지잡는돼
장값, 칼 3,500원 혜지 시댁
어른한태 가는돼 고기값으로
40,000원
계 223,500원

〈1998년 12월 14일 월요일 날씨 맑음〉

우들 두단지 논에 올미가 너무 만아서 벼농사가 잘 돼지 않아서 올해는 트랙터 노타리을 하면 올 개울에 얼어죽지 않을까하고 노타리을 하여보니 논도 추지고 노타리 발에 벼집에 감기서 노타리가 전연 돼지 않트라. 그래서 두단지 다 할라고 개핵을 하고 노타리을 하여는돼 노타리가 안 대어서 한단지만 노타리을 하고 마랐다. 오늘 노타리을 한 것도 별 효력이 업쓸 것으로 내다보고 잇다. 겨울에 올미 죽이는 일은 가을가리을 해야 올미을 죽이는 길 밖에 업따고 본다.

지출에 … 동문고비값 34,000원

〈1998년 12월 15일 화요일 날씨 맑음〉

부인이 우리 찬치쳐고 감기몸살로 두 번이나 병원예을 갈다 와도 감기몸살이 회복의 기미가 업는 것 갈터며 어재 저녁에 잠자리에서 몸살로 몸부림을 쳐는 것을 보고 미안하기 짝이 업꾸나. 일년 365日 동안 손 놋코 실 사이가 업는 것이 제일 안스려어며 오늘 잠자리에서 일어나는 돼로 병원을 다녀오라고 하여는돼 오늘도 미련을 두고 병원을 가지 않아쓰며 오늘 잠자리에 몸부림 쳐면 어떠개 할까하고 극정이 돼고 잇다.

"오늘은 바시내이 쌔래단 포도 전정을 하였다. 포도 전정은 좀 일적은 감은 잇쓰나 쌔래단 포도 농사가 잘 안대고 잇쓰니 겨울에 월동하는돼 동해을 입든 말든 마구 일을 하고 잇다. 여때것 농사가 돼지 않아서 버린 포도라고 해도 무리한 말은 아니라고 생각을 한다."

지출에 … 이양기 값 186,000원

〈1998년 12월 16일 목요일 날씨 맑음〉

오늘도 쌔래단 포도 전정을 하여쓰며 앞푸로 하로 더 전정을 해야 다 할 것 같다. 자신이 쌔래단 포도로는 들려간 밑천도 수십은 못 바쓰며 내년에는 캄벨포도가 돼든 말든 캄벨 포도 나무을 보식을 해야 하게꾸나.

"오늘날까지 쌔래단 포도 심어서 죽두록 노력만 들어 갈지 아무련 득이 업쓰다."

"내 부인 감기몸살이 회복이 돼는 너킴이 더는구나. 이재는 부인의 건강이 좋찌 않으며 자신의 마음이 부란한 너킴이 들며 급이 나는구나."

"자신이 늙 생각을 하고 잇찌만 부인이 여때것 남편을 위하여 살라와따고 해도 무리돼는 말은 아니라고 생각을하며 이재는 남편이 부인을 위하여 살고 십프며 이재 자신이 할 일은 사랑을 덤벅 주는 일 부인의 손을 꼭 갑고 여행도 다니면서 생을 절급게 살라 가는 일 밖에 업따고 생각을 한다."

"오늘이 오기까지는 부인의 노력이 더 크다고 생각을 하고 마음으로나 심적으로 편하게 살라가는 것이 부인이 어진 득으로 살고 잇는 남편이 정말 고맙게 생각을 하고 잇쇼, 여보."

〈1998년 12월 17일 목요일 날씨 맑음〉

오늘은 넉들래 경작 면적이 10 마지기 이

상 돼는 사람만 나와서 수로 찾는 일을 하였다. 그리고 폭크랜은 도랑쳐는 일을 하여쓰며 오늘은 수로 찾든 일만 종일 하였다. 수로 찾는 부역은 경지정리을 한 후 처음 이루어진 부역이라고 생각을 한다.
오늘 낡씨는 부역을 하기에는 너무 아까운 날이라고 생각을 한다. 외냐하면 날씨가 너무 하창하고 안전 봄날이나 다름이 업쓰며 이른 좋은 날은 집에 일을 해야 하는돼 하는 아쉬움이 든다.

〈1998년 12월 18일 금요일 날씨 맑음〉
오늘 포도나무 전정을 다 할려고 개핵을 하였는돼 우리 마을 교회 목사 딸 결혼식을 앞두고 동네로 음식 재공을 하여 준다고 회관으로 나오라고 해서 음식대접을 잘 받아다. 오늘 음식 재공 때문에 시간이 지체돼어서 오늘 전정을 예정대로 못 했따고 본다. 그래서 내일 오전에 더 전정을 해야 끝을 낼 것 같다.
지출에 … 동신교회 목사 딸 결혼식 축이금 30,000원

〈1998년 12월 19일 토요일 날씨 흐림〉
오전 일적부터 아포조합 경운기 썬타에 경운기 노타리을 수리하라고 막키논 것을 오늘 일적 찾자 왔다. 그리고 오전 시간에 일적에서 포도전정을 하였다. 포도 전정을 어재 다 할려고 예정을 한 것이 오늘로서 전정을 끝을 냇다. 오후는 이진일 화오서 골주 실어 달라고 해서 오늘 트랙터로 오후 내 실어주어다.
"화오서 골주 실어주는 바람에 자신이 개핵을 세운 것이 무산이 돼어서 아쉬운 마음이 쉬가지 않는구나."
지출에 … 경운기 노타리 수리 23,000원
노타리 날 값 12,000원
수입에 … 트랙터로 화오서 노타리 골주 실어 준 노임값 계 50,000원

〈1998년 12월 20일 일요일 날씨 맑음〉
바시네이 쌔래단 포도 전정목을 다들 태우는 일을 종일 하였다. 전정목이 아직은 추지서 그른지 십게 잘 타지는 안트라. 오늘 오후는 부인이 나와서 도와주어서 종일적 태우는 일을 할 수가 잇쓰다.
"요즘 날씨가 너무 포근하며 우리 농민들 일 좀 만이 하라고 날씨가 도와주는 너킴으로 요즘 부지런이 일들을 하고 잇다."

〈1998년 12월 21일 월요일 날씨 맑음〉
오늘은 포도밭에 경운기 노타리을 할려고 마음에 준비을 하고 잇는돼 동회관에 엠프가 오전 10시에 읍 회이실에서 포도 교육을 한다고 이야기을 해서 노타리을 포기을 하고 포도 교육을 갇쓰며 오늘 포도 교육은 속 들어오는 교육은 아니라고 말을 하고 십다. 오늘 교육 때문에 노타리 일은 내일로 미루고 오늘은 휴식을 하였다.
"오늘 혜영이 전에 회사에서 퇴직금을 못 받은 것을 오늘 수령해와드라. 총 금액이 2,600,000원 받앗앗드라. 이 돈은 잇고 잇뜬 돈이라 정말 고맙드라."
수입에 … 혜영이 퇴직금 2,600,000원
지출에 … 비료값 156,500원

〈1998년 12월 22일 화요일 날씨 맑음〉
오늘은 바시내이 쌔래단 포도밭에 경운기 노타리을 하여쓰며 오늘 노타리을 하는돼 땅이 얼어서 처음에는 노타리가 돼지 않아

서 노타리 하는 것을 포기을 할려고 하다 이왕 노타리을 하로 와서 갈 수도 업고 해서 힘이 들어도 노타리을 하여쓰며 노타리을 어거지로 하고 나니 노타리 날이 다들 따라서 다음에 쓸 수가 업두록 날이 돼어버리고 말라드라. 오늘 노타리 날을 다들 가라야 됀다는 생각을 하니 노타리 한 것이 잘한 것이 아닌가 십다.
그리고 바시내 밭 머리에 사과나무 5포기가 잇는돼 이것을 가지는 다들 베어버리고 둥치기만 남아잇는돼 이것을 뽑아 낼라고 하니 힘이 들어서 그냥 두고 포도나무을 심을라고 생각을 하고 잇는돼 폭크랜이 일을 하고 내리오고 잇쓰서 이 사과나무 둥치기을 뽑아달라고 하니 뽑아주드라. 그래서 부인의 주머니을 보니 잔돈 4,000원 잇드라. 이것을 주면서 담배나 사 피우라면서 주엇다.
지출에 … 사과나무 4폭이 뽑는돼 4,000원

〈1998년 12월 23일 수요일 날씨 맑음〉

요즘 날씨 참 좋다. 날씨가 너무 좋으니 이재 눈이라도 함박눈 좀 내리쓰며 하는 기다름이 생기는구나.
"오늘 오전까지 바시내 포도밭에 일을 하여쓰며 쌔래단 포도밭은 내년 봄일까지 하여낫따고 생각을 한다."
"오후는 골래 작과나무 전정을 하여보니 나무들이 그이 다 죽어따고 바야한다. 작과나무가 고목이지만 죽은 가지가 넘어만으며 포기 전체가 죽은 것도 만꾸나."
그리고 오늘 보일라 정검이 들어와서 퀴터라미 보일라 쓰바쎠을 불려서 보일라 청소을 하는돼 딴 기사보다 5,000원 더 달라고 하드라. 그래서 주유소에서 퀴드라미 보일라 에이스을 한다면서 띠겟을 2장이 10,000원 자신이 선금 주는 것은 5,000원 주면 됀다면서 아포주유소 사장이 불어주어서 청소을 하여뜬이 청소을 다하고 10,000원 달라하드라. 결과는 자신이 5,000원 들면 됀다고 한 것이 10,000원 주어쓰며 청소비는 20,000원 한 셈이며 청소 하는돼 3분도 걸리지 않는 일을 20,000원 바드니 이것은 주인이 당한 감이 들며 그리고 기사하는 말이 부품갈라야 한다면서 이것을 30,000원돼 부품을 빼아서 자신이 갈라주면 25,000원 하여준다면서 이야기을 하길래 그름 가라달라고 하니 이 부품을 가라주로 밤 9시에 왔드라. 그래서 내일 낮재 갈라달라고 하니 금세 됀다면서 갈자고 하면서 왔는돼 어떠개 할 수도업고 부품을 가는돼 이것을 속는 것이 아닌가 하고 의심이 가서 교환한 부품을 자신이 다음이라도 쓸라고 치아두어는돼 부품을 가지고 가야한다면서 달라고 하드라. 그때사 안전 당한 감이 들드라. 자신도 약 빠르다고 생각을 하는돼 그려치 못 하다는 생각이 들며 오늘 저녁에는 아주 기분이 상하드라. 그기에다 기름 걸려는 오롱까지 다들 밭까쓰니 안전이 보일라 기사한태 당하고 마랐다.
지출에 … 보일라 기름값 364 리터에
94,000원 보일라 청소값
10,000원 보일라 부품값
30,000원
계 98,000원

〈1998년 12월 24일 목요일 날씨 맑음〉

오전은 골래 작과나무 전정을 하여쓰며 오후에도 전정을 할려고 개핵을 하고 잇는돼 정명세 명외 태직을 한다고 김천 정자한태 열락을 밭고 안 갈 수도 업고 해서 친구 3명이 태임식을 하는 자유예식장에 가니까 이미 끝을 내고 식사계산까지 다들하고 갈따고 이야기을 하드라. 이재는 어떠개 할 수도 업고 그리고 우리는 책임감은 다 하여따고 보고 잇키 때문에 마음은 조금 편하며 그래도 태임을 하는 친구을 바야 인사 돌리며 그 인사을 다 할려고 열락망을 추적을 하여서 주공을 찾자서 술 한잔을 나누고 개금으로 반지 3돈 값으로 150,000원 주어다.144)

〈1998년 12월 25일 금요일 날씨 맑음〉

오늘도 골래 작과나무 전정을 하는돼 나무들이 너무 만이 죽어서 전정을 할 것이 업쓰서 마음이 너무 아푸구나. 인간이나 나무나 죽어가는 모습은 보기에 흉하며 그 모섭들은 피참한 모습들이구나. 만물이 태어나면 꼭 죽어야 돼는 술래의 법칙이구나 하는 생각이 드는구나.

"요줌 부인의 얼굴이 만이 피료하여 보이며 이것이 다들 가을거지에 몸이 지친대다가 딸 치운다고 고충이 합세을 하여서 그 피료가 요줌 나타는 모양이구나. 부인의 얼굴이 이거려지는[일그러지는] 것은 내 몸이 이걸어지는 것도 속이 더 상하하며 자신은 부인이 엽페 잇쓰야 모든 일을 할 수가 잇키 때문에 꼭 부인 잇쓰야 하는돼 자꾸만 피료한 기색이라 자신의 마음이 무거어지는구나."

"요줌 시간이 여유가 업꾸나. 시간을 내서 부인의 보약을 짓어서 부인의 몸을 추시려 봄부터는 아빠의 일을 도와주야 하는돼 이재는 부인 몸이 쉬 피료하다고 하여서 마음적으로 극정이 됀다."

〈1998년 12월 26일 토요일 날씨 맑음〉

오늘도 골래 작과나무 전정을 하여쓰며 땅거미가 지두록 일을 하였쓰며 전정을 다 할 수가 잇는돼 내일 조금 할려고 그만 두고 왔다.

"오늘 전정보다 둥치기 나무을 더 만이 벤 것이 아닌가 십다."

"오늘 성운이가 아가씨와 미팅하로 간다고 용돈을 달라고 해서 을마 주까 하니까 50,000원 달라고 하는돼 60,000원 주니까 만원은 돌려주고 가는 것을 보니 돈을 별로 쓰지는 않는 것 같꾸나."

지출에 … 운이 용돈 50,000원

〈1998년 12월 27일 일요일 날씨 맑음〉

오늘은 구미 홍우 친구 아들 결혼식을 구미 웨댕에서 식을 올리는돼 참석을 하여쓰며 예식장도 세건물이지만 부폐도 김천 예식장보다 음식들이 잘 나오는 것 같드라.

"그리고 친구들과 이차로 구미 맛창 회집에 가서 잘 먹고 잘 놀다가 해여젖쓰며 그리고 홍우 답례비 200,000원으로 회집에 130,000원 지불을 하고 남어지 70,000원 남아서 기금으로 예급을 하여야 하겟다."

지출에 … 홍우 아들 결혼에 축이금
50,000원

〈1998년 12월 28일 월요일 날씨 맑음〉

오늘 오전은 친구와 골목에서 시간을 보내고 오후는 윤석이 부친 쳣지사라 돼지 잡는다고 해서 그들어 주고 시간이 남아서 과수 전정을 골래밭에는 다 하였다.

"올해는 작과나무들이 다들 죽어서 이재는

144) 일기 지면 상단에 '정명세 태임식 축이금으로 금 3돈 값 150,000원 줌'이라고 기록되어 있다.

대치을 해야 수입을 볼 수가 잇쓰리라고 생각을 한다. 자신은 3년전에 대치 작목을 해야 하는돼 이재와서 대치을 한다고 보며 상당이 너저따고 본다."

<1998년 12월 29일 화요일 날씨 맑음>

우리 부부는 혜지 감기 목소리을 덧고서 딸래집에 간다는 것을 더 미룰 수가 업드라. 그래서 내일 열차로 간다는 마음에 준비을 하고 잇쓴는돼 한서방이 아버님, 어머님 혜지가 한번 왔쓰며 한다고 전화을 주드라. 그래서 내일 올라갈끄다하고 전화을 끈어쓰며 한서방 전화을 발꼬는 우리 혜지가 요줌 독감이 상당하다고 하든이 혜지가 감기로 큰 고충을 받고 잇쓰며 혼자서 어떠개 할 수도 업는 것이구나 하고 집에서 극정만 하고 잇다. 안 그래도 회사일로 몸이 줄어 잇는돼 감기몸살로 더 줄어며 어떠게 할까 하고 두리서 극정만 하고 잇쓰다.

우리 부부는 김천 출발 8시 25분 무궁화로 도착을 해서 혜지한태 전화을 주며 마중을 나온다고 서울역 도착을 했따는 전화도 주지 않코 지하철을 이용하여 그리고 택시을 이용해서 혜지 아파트을 찾자서 혜지집 초인종을 눌리는 순간 극정을 만이 하여쓰며 만약에 혜지가 아주 만이 아푸다면 대리고 내리가서 치료을 할려고 생각을 하여는돼 혜지가 문을 열고 나오는돼 이 아빠 생각하는 것보다 아주 좋은 얼굴로 마지을 하는돼 안도감을 찾절 수가 잇쓰다.

그리고 오후 너깨는 정심을 대충 먹고 병원을 먼저 가 보앗다. 병언 백병원인돼 종합병원으로서 상당이 큰 병원이며 혜지가 임신초기라서 감기약도 지어 주지도 않코 감기을 참아야 한다고 하면서 임신에 대해서 정밀한 검정만 하고 돌려보내드라.

"한편으로는 기쁜 소식이고 한편으로 감기로 몸부림을 치고 잇는 것을 보니 안타가어 볼 수가 업꾸나."

"아버님, 어머님 오늘 딸래집을 갈씀이다. 자기집은 아니라도 신혼살림을 차려서 살고 잇는 모습을 보니 그리 서그프지 않으며 우리 신혼생활을 도라볼 때 비아며 아주 만족한 신혼이라고 바야 한다고 생각을 합니다. 그래로 자기들은 불만은 잇캐찌요. 그리고 혜지가 임신까지 하여따고 합니다. 이것들을 잘 돌바주십시오. 어머님의 아들 첫 딸 잘 살라 가두록 하나에서 열가지 보살펴 주십요."

지출에 … 농약 값 223,000원

<1998년 12월 30일 수요일 날씨 맑음>

오늘은 오전내 휴식을 하고 오후는 지루해서 마도파 백화점에 부인과 둘리서 쇼핑을 하는돼 사람이 정말 마느며 물건들도 고급만 잇는 것 같고 손님들이 정말 마느며 소도시나 대도시나 손님 끄는 방법이 똑같다는 생각이 드는구나. 대단이 백화점을 만들어서 그 지역의 손님을 다 끌어모어고 잇쓰니 그 주위의 적은 상가는 고충이 크다고 바야한다.

"그리고 부인의 손을 잡고 도로을 쭉 따라 오면서 무엇을 생각을 하여나 하면 도로변에 빈자리는 비누루로 바람막이을 해서 한 품이라도 벌개따고 아우성이며 다들 눈동자가 빛이나 보이며 그야말로 이것이 삶매 전쟁이구나 하는 생각이 들 뿐 아니라 농촌에 가서 이른 사람쳐름 열심이 한다면 다들 잘 살겟따는 생각이 드는구나."

"오늘 자신은 부인과 둘리서는 서울거리을

걸어본 적은 오늘 처음이다. 내 부인은 무엇을 어떠개 녀켜졌는지는 몰라도 다들 열심이 삷며 길거리 상인들 바람막이라도 야물개하여서 장사을 했쓰며 한다."

〈1998년 12월 31일 목요일 날씨 맑음〉

"오늘은 서울 쳐재가 우리 와따고 혜지집에 온다고 해서 우리는 쳐재을 기다리면서 나들리도 하지 않코 집에서 기다리쓰며 쳐재는 오후에 왔드라. 쳐재가 오면서 김치을 가지고 혜지집에 아들, 딸 다들 돼리고 와서 고맡드라. 그래도 살 부치기는 쳐재 밖에 업쓰니 혜지는 저의 이모와 전화열락을 자주하고 잇는 모양이며 그래도 큰 힘이 돼고 잇다고 본다."

"딸로 너무 멀리 치아서 한번 만나기가 힘이 들며 딸 자식이 감기몸살로 아푸다고 하는돼도 별 도움을 주지 못 해서 안스려어며 우리 혜영이는 가까운돼 치아야지 하는 생각이 더는구나."

"처음 혜지한태 와서는 지추[계모임]하고 빨리 가야지 하는 생각이 들어는돼 내일 혜지을 두고 가야한다는 생각을 하니 마음찡하며 딸 자식이 감기몸살을 추시려서 밝은 모습을 보여 주어쓰며 하는돼 그 모습이 보이지 않으니 내 속만 타는구나. 혜지야. 빨리 건강한 모습을 찾자다오. 사랑하는 실랑을 따라왔는돼도 이 아빠의 마음이 편하지 못 하고 극정이 더 돼는구나. 하로 빨리 아빠 우리 잘 살고 잇따는 것 보여다오. 혜지야. 그날을 이 아빠가 기다리겠다. 혜지 안녕."

1999년

〈1999년 1월 1일 금요일 날씨 맑음〉

오늘은 사위와 딸이 공휴일라고[공휴일이라고] 열차 예매 한 것을 우리 부부가 그 차표로 내리오게 돼어쓰며 혜지가 감기몸살이 아니여따면 사위 딸이 이표로 외향을 올끈돼 혜지가 감기 때문에 고향에 오는 것을 표기을 하고 아빠 엄마가 딸집우로 가개돼어다.

"오늘은 10시 35분차로 집우로 온다고 서들어쓰며 오늘 밥먹는 혜지의 모습을 보니 처음 보다 훍신 낮따는 너킴을 밭아쓰며 오늘 아침은 몸이 가벼어 젓잊는 모습이라 이 아빠가 혜지를 두고 오는 길이 조금 수레따고 본다."

"그리고 우리는 전철역으로 온다고 생각을 하고 택시을 타는돼 사위가 서울 역으로 가라고 하드라. 전철 역으로 가면 기본금 1300원이면 돼는돼 서울역으로 갈필요가 없따면서 전철로 가자고 하니 서울역으로 모시게 씁니다하는돼 내생각으로 차 시간이 업쓰서 그른가 생각을 잔간하여밧쓰며 서울역애 도착을 하고 바도 시간이 너무 만트라. 이것을 본 자신이 그래도 인사는 할줄 아는 사위구나 생각을 하였다. 물론 돈 원 아키야지만 쓸때는 쓸줄 아는 사람의 모습도 잇쓰야 됀다는 생각을 하여밧다."

"오늘은 어머님 재사이다. 그른돼 내부인은 재사준비도 못하고 지수와 형수 둘만이 재사 준비을 다하여쓰니 자신이 미안 하드라. 앞푸론 아버지 어머님 재사 준비애 소올함이 업두록 노력을 할끄시며 앞푸로 절때 이른 일은 하지 않캐씁니다."

"오늘 내부인 어머님 재사 준비에 소월이 한 점 용서 하여 주십시오. 내부인 자랑이 아니라 재사 준비 이른 일들 소월이 하는 사람이 아니고 참 좋은 사람이라고 어머님의 자식 순덕이 이야기 하고 싶쇼. 이번이 한번이니까 용서을 바람니다. 순덕이가 부탁합니다."

지출에 … 사과팍스 50장 37,000원

딸래집에 갈다오는돼 경미값 180,000원

〈1999년 1월 2일 토요일 날씨 흐림〉

어재 동신회 계하고 남은 고기로 돌부리 식으로 나누 먹고 조금 놀다가 해여 지고 마랐다. 그리고 우리 부부는 김천 주택은행에 아파트 부금을 너로 갇쓰며 이재 부금을 한번만 너어 주면 봉곡 아파트 28.4 합짜리 아파트는 우리 집이 돼는구나.

"운이도 아파트만 주면 앞푸로 살라가는돼 수랄것이며 이재 자신도 너무 욕심을 부리지 않코 내건강 부인의 건강을 지키가면서 살라 가야 하겟다."

지출에 동신회 회비 20,000원

아파트부금 12,300,000원

〈1999년 1월 3일 일요일 날씨 맑음〉

오늘은 감기 몸살로 아무 일도 못하고 구둘목 신세을 지고 마라쓰며 이번 감기로 인하여 사람이 죽는일도 잊깨따는 생각이 들어쓰며 자신이 감기로 이려깨 큰 고충 격끈 것이 이번이 처음 이엿따고 생각을 한다.

〈1999년 1월 4일 월요일 날씨 맑음〉
오늘도 감기로 방에서 누어서 종일 보냇쓰며 이번 감기가 독화다고 다들 말들을 하고 잇찌만 자신이 감기에 걸리기 전에는 몰라는돼 자신이 오늘까지 방에서 꼼짝도 하지 않코 몸부림으로 하로 시간을 다보냇다.

〈1999년 1월 5일 화요일 날씨 맑음〉
오늘은 우리마을 친구 김응수가 준장 돼어따고 회관에 음식 재공한다고 하는돼 나가서 그들어 주지 못하고 친구 보기에 미안마음만 가지쓰며 응수 친구는 성실한 친구라지만 별따는 것이 말이십지 하늘에 별 정말 힘더는 일이다 이것을 이친구는 별을 따쓰니 이것은 큰성공이라고 말을 하고 십다.
"대구친구가 감기가 들어서 못나온다고 일부로 찾자와서 정말 고맙드라. 그리고 세집을 짓어따면서 세재 선물용을 사와서 더 반터라."

〈1999년 1월 6일 수요일 날씨 흐림〉
오늘은 자신의 몸이 감기몸살에서 조금식 떨어저 나오는 너킴을 밭앗다. 이른 너킴을 밭으면서도 마음은 불안하다. 외냐하면 감기 더가면 어떠게하나 하고 극정이 대는 날이라고 말을 하고 십다.
"그른돼 오늘 갑짝이 혜지가 온다고 이야기을 할때에 한번 놀랐다. 혜지가 감기에 임신에 약도 쓰지 못하고 밥도 먹지 못하고 큰 고충만 당하고 서울에서는 도저이 회복을 바랄수가 업는가. 한서방이 2시 30분 차로 내려간다 전화를 하여따고 해서 극정을 만이 하였다."
"딸은 결혼식만 하여주면 다하는줄 알라는돼 그려치 않타는 것을 한번 너켜본다."

〈1999년 1월 7일 목요일 날씨 맑음〉
오늘은 날씨가 급강하 해서 무선일을 할 수가 업두록 기온이 내려가서 할동을 할 수가 업쓰서 자신도 휴식을 하여쓰며 자신은 감기 후유증으로 휴식을 해야 하는돼 날씨가 자신을 도와 주고 잇다. 오늘 날씨가 제아무리 좋아도 휴식을 해야 하는돼 날씨가 추어서 휴식을 마음 노코 할 수가 잇쓰리라고 생각을 한다.
"혜지가 입뜻으로 집에와서 저의엄마 해주는돼로 날을 보내고 잇는돼 십집으로 바서는 좋지 않는 일이라고 생각을 하고 잇쓸줄 모르고 잇는돼 무한정 갈수도 업고 내욕심으로 바서는 입뜻을 조금하고 혜지가 남편쪽으로 가야 하는돼 하는 마음이 머리에서 십게 떠나지 않꼬있다."
지출에 … 운이 도서관에 간다고 10,000원
수입 … 사과값으로 1,310,000원 인돼
선금으로 310,000원 밭고
나머지금 1,000,000원은
실어가면서 백만원을 다주고
가개따고 약속을 하였다.

〈1999년 1월 8일 금요일 날씨 맑음〉
오늘도 날씨가 추어서 밭같에 갈수가 업깨끔 기온이 차가어서 오늘도 방에서 종일 시간을 다 보냇다.
"요줌 자신이 방에서 텔레비와 종일 시간을 보내며 너무 무이미한 시간을 보내고 잇는 것이 마음적으로 미안한 감이 더는구나. 자신이 날씨 땊으로 휴식은 하고 잇찌만 마음의 한쪽은 편치 않타고 말을 하고 십다."

〈1999년 1월 9일 토요일 날씨 맑음〉
요줌 무한정으로 휴식을 하고 잇따는 생각

이 들며 올겨울처름 맥노와 휴식을 하고 잇는 해도 이번에 처음이라는 생각도 가저 보고 잇다.
"오늘도 길성이 아들 결혼식을 김천 자유예식장에서 올리는돼 부인을 보내고 자신은 집에서 휴식을 하엿다."
"아버님 어머님 혜지가 임신 간개로 그른지 음식물이 들어 가면 몸이 불편하고 때로는 어지려며 내가 보기에 안타까어 보이며 내 보기에도 고충이 너무나 크게따는 생각이 드닙니다. 우리 혜지 아버님 어머님이 도와주어서 몸에 불편이 업깨끔해서 혜지가 남편 엽푸로 가두록 도와 주시고 신원 부부가 따로 잇따는 것은 사실 오른 일은 아니라고 생각을 하면 부부는 떨어저지 않는다 자리을 간직을 하고 살라야 하는돼 내보기애 그려치 않코 지금은 입뜻으로 잠쉬 떨어저 잇따고는 하지만 내마음은 바람직한 일들이 아니라고 생각을 하며 마음에까지 걸리고 잇씁니다. 이것을 아버님 어머님이 도와서 이것들이 한자리에 이른 고충을 이기내면서 살라가두록 힘을 도와 주십시요."
"사람이 자식을 키와서 짝을 맏차주면 부모의 일을 끝내는 줄 알라는돼 그려치 않꼬 갈수록 내힘으로는 안돼며 인생을 살라 갈수록 부모님의 도음을 받아야 한다는 생각이 더는군요. 부모님이 어르울때마다 부모님 돌바주니 아버지의 자식이 수라개 인생을 잘살라가고 입씁니다. 앞푸로 혜지 일도 손을 벗어서 도와주십시요."
지출에 … 길성 아들 결혼식에 축이금
계 30,000원

〈1999년 1월 10일 일요일 날씨 맑음〉
요줌 맥업시 놀고 잇쓰며 사실 날씨가 추어서 놀라돼는 입장이지만 그래도 매일 무이미하게 놀고 잇쓰니 마음적으로는 편하지 않는구나.
"오늘 정심시간이 돼어서 우리 사과 단 산상인 와서 상품은 다들 실어가고 남어지 하품만 난겨놋고 다들 실어 같다. 그리고 이번 상인은 좀수라다는 생각이 더는구나. 오늘날까지 상인들은 과일을 실어 갈때는 꼭 힘을 잡고 뒤맡을 흐리게 하는돼 이번 상인은 뒤맡을 깨끗하게 하고 잇따고 생각을 한다."
"내부인이 음식 솜씨가 잇는 것은 사실인가바. 꼭 밥을 자시고 가는 사람은 극찬을 하고 잇쓰며 사람이 인사로 하는 말과 정말 맡잇개 자시따는 인사가 틀리며 오늘 날까지 우리집에서 식사을 하고 가는 사람은 꼭 극찬을 하고 남어지 어픈사람은 식당을 하면 잘하게 따는 사람도 만타. 자신도 좀 점타면 식당을 하여 밧쓰며 하는 생각을 때로 가저본다"
"(부인 음식 솜씨는 인정을 하여주야 한다.)"
수입 … 사과값 나머지금 1,000,000원
받음

〈1999년 1월 11일 월요일 날씨 맑음〉
오늘은 혜지 사골을 싸와서 따려 줄려고 김천농협에 같뜬디 오후 4시경에 들어 온다고 해서 시장식육점 도매집에서 34,000원을 주고 사왔쓰며 그리고 경기 한약방에 가서 보약으로 120,000원을 주고 짓어쓰며 보약은 내일 나온다고 이야기을 하드라.
"자신의 생각 같다쓰는 보약으로 2, 3 십만원 짜리 보약을 짓고 십픈돼 그래도 돈때문에 보통약을 짓고 마랐다."
지출에 혜지 사골값 34,000원 , 쇠고기 굴

15,370원 , 과자값 1,170원,
운이 용돈 30,000원,
계 71,540원

〈1999년 1월 12일 화요일 날씨 맑음〉

오늘은 우리마을 회관에서 수도작 영농교육을 하여쓰며 교육시간은 약 1시간 한셈이다. 이번 농촌 지도소도 구조 조종을 하면서 삼개 면을 통합을 하면서 영농지도센타라고 명칭을 바꾸면서 우리는 남면으로 통합을 하여따면서 구조조종을 하고 처음 영농교육을 나와따고 하드라.
〈우리는 아포, 남면, 농소해서 하노묵끄서 지도센타라고 명칭을 바꾸어따고 한다.〉

지출에 … 포경수술값 100,000원,
작비료 20,000원,
계 120,000원

〈1999년 1월 13일 수요일 날씨 맑음〉

오늘도 밭같을 모르고 방에서만 시간을 보내쓰며 날씨가 오늘부터 기온이 풀리는 너킴을 주며 앞푸로 기온이 풀리서 사람이 활동을 하두록 기온이 확풀리서 사람이 활동을 하두록 날씨가 돼어쓰면 하는 심정이다.
"자신이 감기가 걸린후 오늘까지 13日동안 밭갓 출입을 검지을 하고 방에서만 시간을 다 보내쓰니 자신의 몸이 을마나 쳐저 잇는지 짐작을 할 수가 잇쓰리라고 생각을 한다."

〈1999년 1월 14일 목요일 날씨 맑음〉

오늘도 휴식을 함
"오늘은 형님이 땔감 실어로 경운기로 같다가 너구리가 올가미에 걸려 잇는 것을 주어왔쓰며 너구리가 안전이 죽지 않아쓰며 너구리가 크드라. 이것을 난생 처음 잡아보니 몸전체가 기름 등오리로 싸여 있쓰며 만물이 다들 살라 가개끔 돼어 잇따는 것을 다시한번 너켜다. 너구리 몸에 기름등어리가 잇는 것을 보고는 북극지방에서도 살수가 잇깨꾸나 하는 생각이 들드라."
"혜지가 입뜻으로 밥을 못먹어서 친정에 내려와는돼 우리같터며 입덧으로 밥을 못먹어서 내려왔따면 그래도 극정이 돼어서도 우리집에 사돈댁이라도 와바야 인사가 아니겠는가. 그래도 메느리가 밥을 못먹어서 내려왔따는돼 한번 와보지 않는 것은 외이가 업는 사람이라고 생각을 하고 십프며 만약 자기 딸이라면 이르깨 무관심 하지는 않아쓸끄시며 나자신은 아주 서운하구나. 만약에 내 매느리가 그려타면 물명태로 한바리 들고 부인과 같이 무안이라도 할끄시며 나로바서는 존경을 할사람이 못댄다고 생각을 하고 잇다."

수입에 … 벼집값 5단리 1마지기에
계 345,000원

〈1999년 1월 15일 금요일 날씨 맑음〉

오늘도 휴식을 함.
"요줌 부인이 회맑음의 얼굴이며 내부인은 때로는 소녀 같은 때가 잇쓰며 때로는 개그면 같이 나를 잘 웃키는 일들을 하며 나로서는 부인이 고맙고 부인이업는 자리는 나자신이 존재을 할 수가 업는 인간이라고 말을 하고 십프며 부부의 사랑이 엄청난 위력이 잇따고 생각을 하며 이사랑을 40대만 알라드라도 더행복하게 살라왔쓸끈돼 사랑이란 것을 이재 알라따는 것이 내마음이 아푸구나. 앞푸로 남은 인생은 부인한태 사랑만 주면서 남은 인생을 살끄시며 사랑을 주다 주다 곽차서 드려 갈때가 업쓰며 떵매미[떡메]로 내리쳐서도 사랑만 줄끄시며 앞푸론 사랑만 주고 이남편 순덕이가 살라 갈꺼이다. 여보, 내마음은 늙 여보 가슴안에서만 살라 왔따고 생각을 하며 여보 가슴이 그리 포근하고 따뜻하고 부모님의 가슴 쳐름 따뜻한 것을 이재 알라 따고 말을 하고 싶소. 정말 고마어 여보.
지출에 … 운이 병원에 치료비 21,000원

〈1999년 1월 16일 토요일 날씨 맑음〉
오늘은 나들이을 한셈이다. 조합에 예금도 하고 형님 한태 놀로도 같쓰며 골목에서도 조금 놀랏다.
"오늘 저녁애 한서방이 혜지를 대리 갈라고 집애왔쓰며 우리가 이번주에 혜지을 대리 가라고 미리 이야기을 하였쓰며 지금 혜지가 조금은 입뜻을 들한다고는 하지만 이 아빠가 볼때는 아직은 때을 다못찾자 먹을 것 같뜨며 사실 마음이 불안하다고 말을 하고 십다. 이번에 서울에 올라간다면 이재는 또 내리 오기는 힘들것으로 볼때에 부모의 마음이 불안 하구나."
"앞푸로는 입뜻을 이겨내는 혜지가 돼어주어쓰며 더바라지 않깨꾸나."
수입에 … 벼집값 2,450,000원
지출에 … (사과) 콘티나팍스값 62개 120,000원

〈1999년 1월 17일 일요일 날씨 맑음〉
오늘 혜지 자리가 크다는 것을 다시 한번드 너켜다. 혜지가 입뜻으로 집에 내리왔따가 오늘 한서방 따라 서울로 따라 같는돼 혜지을 대리고 잊쓸때는 집이 가득찬 생활을 하여 왔는돼 혜지가 간 방을 들어 가보니 그 자리가 너무 크다는 생각을 하여쓰며 자식들을 다들 뛰어노면 그때는 허전하기 짝이 업깨꼬 그때는 인간의 생활은 끝이라는 생각이 내머리에 쓰쳐 가곤 하는구나.
"혜지야 너의 아빠의 몸한쪽에 텅비어 잊는 것을 혜지는 모르고 잊깨지. 이아빠의 몸이 텅비어 잊쓰도 우리 혜지 입뜻 싹가시고 혜지 건강에 아무런 일 업시 순산하여주어쓰며 하는 바람 밖애 업딴다. 혜지야, 이재는 몸풀로만 엄마 아빠 품으로 도라 왔쓰며 한다."
"아빠의 짤번 생각에 자식들 하로 빨리 결혼식을 올리 주고 우리 부부만 남아서 인생을 절급개 살라 갈려고 작정을 하여는돼 혜지 자리을 볼때애 요돼로 살리 가는 것이 내인생이 더절급깨 따는 생각이 더는구나."
지출에 혜지 시어른한테 술이라도 사가라고 30,000원

〈1999년 1월 18일 월요일 날씨 맑음〉
오늘은 벼씨을 준비을 하기위하여 남면 농촌 지도소 센타로 마을 친구 6명이 같든이 자신이 요구하는 벼씨는 업고 대신벼씨 3 풋대을 주겟따고 지도 소장이 약속을 받아다. 우리마을은 첨무[전부] 침수 지역이라서 벼씨을 타지역에서 구하여야 하는돼 지도소는 보급종도 업쓸뿐 아니라 일개 가정에 잇는것도 다들 매상을 다 돼고 업따면서 지도소가 더극정을 하고 잇쓰니 우리마을에 벼씨 구입에 외료가 만이 들것으로 내다보고 잇다.

〈1999년 1월 19일 화요일 날씨 눈〉
오늘은 우리지역에 첫눈이 온셈이다. 밤새 눈이 내리서 온산이 흰눈으로 덥펴잇고 이

것을 본자신은 눈이 좀만이 왔주어쓰며 하는 바람이 쉬가지 않는구나.

"오늘 부인이 전화로 처어머님이 더아푸다는 전화을 받고 오늘 오후애 가바야 하겟따고 해서 자신도 처어머님이 살라 개실때에 한번 더 배옵고저 해서 부인과 둘리 같뜬이 대 소변을 받아 낸다고 하면서 처어머님이 아주 만이 이거려 것일 잇는 모습을 볼때에 가슴이 아푸구나. 그 걸력이 좋은 사람이 이재 한주묵이 돼어 잇는 육신을 볼때에 인생이 이르게 인간 세상을 살라가야하는구나 하는 마음이 들며 인간의 생이 이려야 돼는 구나 할때에 한심 쓰렵끼 짝이 업꾸나."

지출에 병원비값 3,200,
버스비값 1,520원,
계 4,720원, 처어머님 간식비로
(지출금액은 써있지 않음)

〈1999년 1월 20일 수요일 날씨 맑음〉

오늘은 귀염정으로 병원 치료을 하고 잇쓰며 자신이 감기 몸살로 오늘날까지 몸부림을 쳐고 이제는 감기가 채뜰어 저기전애 귀염정으로 매일 통근 치료을 하고 잇쓰니 올겨울은 몸을 추시려서 일을 할여과가 업꾸나.

"자신이 잔병 처치리을 하고 잇는 것을 보니 자신의 몸이 세약하다는 생각이 들며 귀염이 다치료가 돼면 건강애 신경을 쓰야 하게꾸나."

"우리운이가 공부을 포기을 안아리라고 생각을 할쳐름 공부라는 것은 그터러도[거들어도] 보지 않아는돼 요줌은 경용이와 공부한다고 도서관에 간다고 멧칠을 가고 잇다. 이아빠도 공부을 잘하는것도 좋치만 전문대학 졸업만 하여다오."

지출에 … 버스비값 600원 920원 직행,
병원비 4,100원, 운이 도서관 가는돼 10,000원,
계 15,620원

〈1999년 1월 21일 목요일 날씨 맑음〉

오늘은 귀애 물이 더나며 치료을 받는돼도 귀에서 물이 더난다는 것은 자신을 불안하게 만들고 잇다. 앞푸로 귀에서 물이 더난다면 병원을 온기서 치료을 받아 보겟다.

지출에 … 작목구성하는돼 10,000원,
귀치료비 3,200원,
버스비 1,520원,
계 14,720원

〈1999년 1월 22일 금요일 날씨 맑음〉

오늘도 귀염증 치료을 하였쓰며 염증 치료가 십계 낫지을 않는구나. 오늘은 귀에서 물은 적개 나고 잇쓰며 아직까지도 치료을 오래해야 될 것 같다.

지출에 … 운이용돈 20,000원,
귀염증치료비 3,200원,
교통비 1,520원,
트랙터부동액 10,000원,
계 34,720원

〈1999년 1월 23일 토요일 날씨 비〉

오늘도 귀 염증 치료을 하여쓰며 오늘은 염증이 아주만이 회복이 돼어다.

"부인은 장모님 병환애 문안 같쓰며 장모님도 그처름 걸력이 좋뜬 사람이 이재 한줌의 몸이 돼어 잇쓰며 이재 쓰려저 간다는 모습 생각을 할때애 이몸 쓰라린 아픔이 쉬가지 않으며 이재 원재 돌라가시나 하고 기다리

고 잇는 자식이 돼어 잇는 실정이 그리 마음이 발지 않는 마음들이다."

"그리고 형님이 몸이 더불편해서 대구 파티마병원에 검진을 하로 갇다 왔쓰며 병원에서는 일주일동안 약으로 복용을 해서 회복이 업따면 수술을 해야 한다고 하니 자신의 마음이 가볍지 않는구나."

"내주위에 기울고 잇는 사람이 만꾸나. 기울고 잇는 사람들이 제발 회복이 돼어서 바로 살수 잇쓰서며 한다. 이두분은 기울어전다면 자신의 몸예도 영향이 크다고 생각을 한다."

"아버님 어머님 형님의 병이 심상치 않씀니다. 형님이 이대로 기운다면 우리 집안에 엄청난 손실이 돼며 형님으로 바서도 아직은 할 일들이 넘어 만으며 앞푸로 딸들을 둘리나 치아야 할 일이 잇씀니다. 아직은 기울어 저스는 안댐니다. 아버님 어머님이 한번 도와서 조카들을 다들 짝지어 주는 일만이라도 하두록 이려켜 주어야 합니다. 꼭 부탁을 합니다."

지출에 … 병원비 3,200원, 버스비 1,520원, 동기생 개 회비 30,000원, 김옥현딸치우는돼 축의금 50,000원, 계 84,720원

〈1999년 1월 24일 일요일 날씨 흐림〉

오늘은 날씨가 안전이 풀린 너킴이며 실지 봄이 왔는 너킴이라고 말을 하고 십다. 오늘은 안전이 구둘짱을 지고 종일을 보냇따고 생각을 한다.

"자신의 몸이 안전이 회복이 돼지 않아서 일을 안하는지 그려치 않으며 개으려저서 매일 놀고 잇는지 나자신도 판단을 못하고 잇다."

"사실 자신의 입우로는 일을 해야지 해야지 하면서도 일은 하지 않코 만향 휴식을 하고만 잇다."145)

〈1999년 1월 25일 월요일 날씨 비〉

오늘은 귀염증을 계속 치료을 하여는돼 오늘도 귀치료을 하로 가야 하는돼 자신의 귀에서 물이 나지 않아서 병원에 가지 완코 오늘 견디보고 내일 갈려고 오늘은 치료을 하지 않코 그냥 두고 본다.

"오늘도 집에서 휴식을 하고 말라쓰며 올해는 겨울동안 아무것도 하지 않코 한해의 겨울을 보내고 잇는 해는 자신이 알기론 처음이라고 말을 하고 십다."

"자신의 채중은 작년과 다름이 업는돼 감기는 쉬 낱지 않코 오래두록 몸을 추시려지지 않는 것을 보며 마음적으로나 육체적으로나 바도 몸이 새약하다고 바야 한다. 외냐 작년에 감기로 이려깨 시달려 본적이 업따. 올해는 마음과 몸을 바로 잡을수가 업꾸나."

〈1999년 1월 26일 화요일 날씨 맑음〉

오늘은 대신 1, 2, 3동 파보을 우리마을 회관에서 하여쓰며 우리농민은 파보을 하면 일년 농사가 총망우리가 돼는 것이다.

"자신이 생각을 하여도 체력이 딸리는가 감기도 나가지 않코 잔병 치리에 고전을 면치 못하고 잇다. 여태것 귀염 치료하고 나니 입빨이 아파서 보니 막니가 나고 잇쓰며 이

145) 일기 지면 상단에 '형님이 자신의 앞푸로 조합돈 3,800,000원 씀'이라고 기록되어 있다.

통증은 이고층을 알라본사람만이 알수가 잇다."

지출에. 면세유 경유로, 남방유 석유로 교차 하는돼 400cc에 95,400원

〈1999년 1월 27일 수요일 날씨 맑음〉

어재 저녁에 감기가 들뜰어저서 김침 담이 나가서 오늘 당장 권영수 내과 병원에 감기 치료 하로 같쓰며 이곳은 감기 치료 와는돼 엣스레이 페기능 검사 다들 하며 병원에서 야물개 바주는것도 좋치만 이른것들을 다 들 조사을 하면 감기치료비만도 크다고 본다. 그리고 병원에서 기다리는 시간이 넘어 길다고 본다.

지출에 … 병원비 13,400원, 이발비 7,000원, 차비 1,200원, 계 21,600원

〈1999년 1월 28일 목요일 날씨 맑음〉

오늘은 세집에 추곡을 대신 정비소에 달라 내는돼 40kg 한가마에 53,000원 받고 28 가마 달라 냇다.

"그리고 웃들과 아래들 사위에 잇는 가진개 구름을 대신서 키아달라는 요구가 잇쓰서 우리 마을에는 지금 600㎝ 가락지을 키아서 지금 500㎝ 관인돼 이것을 대신서 700㎝ 미리 해달라고 하고 우리는 600㎝ 이상은 안댄다 하고 싸우고 잇다. 오늘 이문재로 양동내 대표로 15명이 모여서 절충을 하다가 원성으로 끝을 냇다."

"오늘 형님이 대구 파티마 병원애 입원실 낮서 수술을 하나 약물치료을 하나 하고 검사에 들어 같는 모양인돼 십개 잘대어쓰며 한다. 아직은 형님이 건강을 일어서는 안댄다. 어머님 아버님도 형님의 건강을 찾두록 힘을 쓰주십시요. 그려지 않코는 힘이 들개 씀니다. 앞푸로 건강을 뒤찾자서 우섬을 지울수 잇는 인생을 살개끔 도와 주어야 합니다."

〈1999년 1월 29일 금요일 날씨 맑음〉

오늘 우리마을 자채에서 초청한 포도강사을 불어서 포도 수학에 대해서 교육을 하여다. 오늘온 강사는 아주 실속 잇는 교육을 하며 차분하게 교육을 잘가리키드라.

(오늘 교육은 알찬 교육이라고 말을 하고 십다.)

"오늘 순석 형님땅 웃들레 2단지을 대신 명세가 평당 56,500원 주기로 하고 개약금으로 7,000,000만원을 주어서 자신은 대구 형님 통장으로 부쳐 주어다. 형님도 부모님 유산을 부모님 살라 개시는돼 팔라쓰니 그 아픔은 클것으로 내다보고 잇다."

"자신이 여때것 짓어오다가 갑짝이 1,200평 줄어서 자신의 손실도 따린다고 바야 한다."

지출로. 동기생 서울잇는 서청자 자식 결혼 축이금 30,000원

〈1999년 1월 30일 토요일 날씨 맑음〉

오늘도 싸늘한 날씨리라서 일을 할수도 업고 해서 친구들과 휴식을 하고 그리고 사랑방에서 화토 놀리을 하여쓰며 이것으로 하로 종일 휴식을 보내고 마랐다.

"그리고 오늘 김상진씨 70순이라고 마을회관에 엄식을 재공을 하여서 우리친구 일부는 잘먹으다. 옛날에는 7순을 마지 하기가 상당이 어로운 생의 길인돼 요줌 쉽게 마지을 하고 잇는 것이 인간의 평균 수명이 널어따고 생각을 하고 십다."

"형님도 7순은 맏지을 하고 생을 해야 하는

돼 그려치 않코 병원 신세을 저고 잇는 것이 심적으로는 편하지 않코 잇다."
수입에 … 트랙터 노타리값 70,000원

〈1999년 1월 31일 일요일 날씨 맑음〉
자신이 한달동안 휴식을 하여는돼 한달만에 처음 일하로 나와쓰며 자신이 한달동안 놀다가 오늘 포도전정을 하니까 일레도 재미가 잇꾸나. 자신이 마음은 늙 일을 해야 하는돼 하면서도 육체적으로 말을 덧지 않아서 한달동안 휴식을 하여따고 말을 하고 십다.
"오늘은 안전희 봄이란 착각을 할정도로 해말은 날이여따고 생각을 한다."
"오늘은 부인은 김천 처형 아들 결혼식이라서 예식에 참석을 하로 같쓰며 처형은 딸 5섯 아들 4섯인돼 이재 아들 종말이 하나만 결혼식을 올리주며 다하는 편인돼 처형은 아들, 딸, 하나도 실패는 업고 다들 잘 키와서 다복한 가정이라고 생각을 한다."
지출에 … 처형 아들결혼식 축이금
100,000원

〈1999년 2월 1일 월요일 날씨 맑음〉
오전은 바시내이 형님밭 도량에 복구 공사로 돌짜는 일을 하고 잇는돼 형님이 일이 업쓰서 늙 다닐때는 도량으로 경운기가 다니고 하기 때문에 돌 짜면 경우기가 갈수가 업쓰서 형님이 병원에 가면서 경운기 길을 두고 돌짜는 일을 하두록 부탁을 해서 어재와 오늘 형장에 잡업을 하는 사람과 책임자에깨 경운기 길을 부탁을 하고 작업을 하는 것을 오전에 볼라고 하다 부탁을 한 것이라 하여 주겟찌 하고 자신은 포도 전정을 하로 같쓰다.
"오후는 부인이 아빠 감기로 한달동안 곤욕을 치루는 것을 보며 몸이 상당이 약해젓따고 하면서 보약 짓어로 가자고 졸라서 따라 같찌만 내자신도 건강이 만이 약했졌따는 생각이 들어서 김천 경기한약방에서 부인도 보약을 짓어서 자신도 오늘 보약을 짓어다."
지출에 보약 120,000원, 농협에 … 식품값
44,000원 버스비값 2,400원
계 166,800[146)]

〈1999년 2월 2일 화요일 날씨 눈〉
오늘은 포도나무 전정을 할려고 밭같에 같다가 참바람이 불면서 눈빨리 휘날리서 포도 전정을 포기을 하고 집에서 부인과 휴식을 하고 마랐다. 자신은 오늘까지 포도 전정은 끝을 낸다는 개핵을 하여는돼 그만 날씨가 나의 계핵을 무너떠리고 마는구나.
"부인은 살라 갈수록 상랑의 키가 넘쳐 흐려며 내가 생각을 할수록 신기하며 요줌은 사랑의 표현을 만이 하며 우리 부부 사위는 단 1시간도 떨어젓스는 못살 정도라고 말을 하고 십꾸나. 자신은 늙 부인의 호강에 터밭쳐서 살라간다고 생각을 한다. 부인 늙 고맙고 나진은 부인을 늙 업고 살고 십픈 심정으로 살라가고 잇소. 부인은 자신의 마음을 속깊이 알고 잇는지 그려치 않으며 내 남편이 사랑만 하고 잇따는 정도 알고 잇는 나는 정말 아주 깊픈 사랑을 하고 잇따고 말을 하고십다."

---
146) 실제 계산은 166,400원이나 166,800원으로 잘못 기록하였다.

〈1999년 2월 3일 수요일 날씨 맑음〉

오늘은 우리내외 구미 순서 동생과 형님이 대구 파티마병원에 입원을 해서 병문안을 같쓰며 형님이 집에 개실때보다 얼굴이 좋트라. 그리고 약물치료로만은 안치가 돼지 않는다면서 다음주 화요일날 수술을 한다고 한다. 여하든 수술이 잘돼어서 건강을 뒤차자쓰며 하는 바람이다.

"그리고 병문안을 하고 돌라오면서 구미 봉곡 아파트 분양밭은 현장에 가서 자신의 집에 한번 가볼라고 경비원한태 5,000원 주면서 담배나 사피우라면서 주고 부탁을 하니까 이곳은 후문이고 정문으로 가서 이야기을 하라고 하면서 대답을 하지 않트라. 그래서 자신이 먼대서만 보고 갈라고 하면서 자신이 분양밭은 동에 서 잇따가 말도 하지 않코 분양밭은 12층에 올라 가밭다. 자신의 집에 올라가서 전방을 보니 생각돼로 좋트라. 자신은 처음 동, 호수을 잡을때에 전망을 보고 선정을 하였뜬 것이 오늘 마자 떨어 젓따고 생각을 한다."

"그리고 자신의 아파트 분양밭은 동을 구경을 하고 내려오니 경비원이 후문을 닫고 열쇠 최어 낮드라. 자신은 미안하다면서 문을 열어 달라고 하니 정문으로 가라면서 문을 열어주지 않아서 서로다틈을 하다 그만 정문으로 가면 돼지 하면서 문을 박차고 나와서 정문으로 갈라고 하다가 슬마 내통하는 구멍이 잇쓸것이다고 조금 울타리을 올라오니 밭같으로 드나들 자리가 잇드라. 진작 이른곳이 잇따고 알라트라면 경비원한태 사정을 할필요도 업쓴는돼 하고 개니 시비을 하여꾸나 라는 생각이 드는구나."

"그리고 자신은 형님의 입원비에 보태 쓰라고 100,000원 줄라고 생각을 하고 잇쓴는돼 구미 동생과 둘리가서 내가 형님 한태 돈원을 준다면 지금 구미 동생은 아들 교육 문재로 조금 답답한돼 자신의 일로 부담이 퇼까봐 돈을 주지 않코 드링크로 입다시개만 주고 마랏다."

지출에 형님 병문안 대추차 10,000원,
버스값 3,200원,
열치바값 11,100원,
계 24,300원

〈1999년 2월 4일 목요일 날씨 맑음〉

어재 형님 병문안 같다오는돼 날씨가 제일 추운 날이라서 감기키가 조금 남아 잇는 봄인돼 찬바람을 씨어서 오늘 감기에 고전을 하여쓰며 감기에는 찬바람 실어하는 병이며 반드시 감기는 참바람을 쉬고나면 감기는 악하돼곤 한다. 자신도 어재 바람을 씨어서 오늘 감기에 시달림을 받고 잇쓰며 자신이 감기을 떨쳐 버리지 못하고 잇쓰서 마음이 아푸다.

(오늘도 안전이 휴식을 하였다.)

〈1999년 2월 5일 금요일 날씨 맑음〉

자신이 사실 감기가 안전이 뜰어저지 않아서 밭갈 참바람 씨는 것을 실어하지만 오늘은 늙 방에서 보내고 잇는 자신이 너무나 답답해서 옷가지을 더입고 추위에 대비을 해서 당산 포도 전정을 하로 가서 전정을 하고 잇는돼 부인도 전정을 한 포도 가지을 줏깨따고 나와드라. 오늘은 정말 오랜만에 일터에 나와서 부인과 일을 하여쓰며 오늘은 작업시간은 을마 하지 안앗다. 외냐하면 자신이 처음 나와서 무리하게 한다면 감기로 개로움이 올까바 일부로 시간을 짤깨 잡아서 부인과 둘리서 하로 일가을 잡아서 집우로 오는돼 일을 더 하자고 하는돼 아무른 말을 하지 말고 날씨도 차거운돼 남편을 따르라면서 부인을 대리고 집우로 와버리다.
"그리고 오늘로서 당산 포도 전정은 끝을 냇다."
지출에 … 운이용돈 10,000원

〈1999년 2월 6일 토요일 날씨 맑음〉
자신이 귀염증을 치료을 하여도 안전이 낫지 않코 귀에서 귀물이 아주적개 나와서 이재는 치료을 안해도 이대로 나을 것 같다서 병원에 치료 하는 것을 중단 하고 기다리뜬이 여전이 귀에서 귀물이 나와서 자신이 너무 중요한 부분이라서 더참아 보지 않코 오늘은 귀병 치료을 하로 갈쓰다. 그래도 병원을 같다 오니 불안한 마음이 줄어 들드라.
오후는 씨래단 포도 나무을 캄벨포도 나무로 대치 할려고 새래단 포도 나무 둥치기 반을 잘라 내고 올해는 캄벨포도 나무을 심을작정이다. 자신이 캄벨포도 나무로 대치을 해도 새래단 포도 처름 수학이 업따면 어떠게 하나 하고 사실 극정이다.
지출에 … 병원비 3,200원
버스비 1,840원,
계 5,040원,
지출에 … 운이용돈 5,000원

〈1999년 2월 7일 일요일 날씨 맑음〉
오늘은 봄이오는 너킴을 받아쓰며 이재 머지 않아서 봄이 올 것 같터며 내몸도 봄기온 솟터시 겨울네 움치려뜬 몸이 활짝 피어낫쓰며 하는 바람뿐이다.
"오전은 새래단 둥치기 베는일을 하여쓰며 이것을 일적 베어내서 남은 시간은 부인이 당산 캄벨 포도 등굴 겉는일을 하는돼 도와주어다."
"오후는 앞밭에 작과 전정을 하여쓰며 이것도 고목이 돼어서 보식을 해야 하겟다. 앞밭에도 죽은 둥치기가 만아서 전정 할 것도 업다."
지출에 … 운이모욕비값 5,000원

〈1999년 2월 8일 월요일 날씨 맑음〉
우리 혜지가 시집에 잇는돼 이것도 사호는 업고 혼자 시집에 잇는 고충 크게다. 그리고 아무것도 모르는 내딸 심적으로 고충이 따린다고 생각을 하며 이아빠가 혜지을 생각을 하니 숨이 가프구나. 혜지야 시집이 아빠집이라고 마음놋코 일을 하면 고충이 업쓸것으로 내다본다. 혜지야 잘해다오. 이아빠는 혜지을 밑는다.
"오전은 귀염증을 치료을 하고 오후는 앞밭에 작과나무 전정을 하여쓰며 그리고 둥치기 나무들이 작년에도 만이 죽어는돼 글래도 너무 만이 죽어서 둥치 베어내는돼 힘이 드는구나."
"아버님 어머님 형님이 목디스크 수술을 한단이다. 아직 형님은 활일이 너무 만으니 수술이 잘돼두록 아버님 어머님이 도와 주어야 합니다. 꼭 수술이 잘돼어서 건강을 뒤차저서 하든일을 망우리 하두록 부모님이 도와 주야 합니다."
"그리고 아버님의 자식 순덕이도 형님 수술하는돼 가볼람니다."

〈1999년 2월 9일 화요일 날씨 맑음〉
오늘은 형님이 수술을 오전8시 30분에 한다고 해서 현숙이 차로 대구 파티마 병원까지 부인과 둘리 같쓰며 병원에 도착을 하여

보니 형님이 수술준비을 하고 잇드라. 수술준비을 끝을 내고 형님은 수술실 들어가고 우리 가족들은 대기실에서 기다리고 잇는돼 한참 잇따가 아주 급한 한자가 잇따면서 그사람을 먼저 수술을 해야 한다면서 형님은 다음으로 밀리서 우리는 입원실로 다시 나와쓰며 자신은 마음속으로 수술준비을 다하고 주사까지 다하여는돼 뒤로 밀리쓰니 속이 상하드라. 그래도 내포은[내색은] 하지 못하고 속으로 삭이는돼 힘이 들어다. 그리고 형님은 수술실로 11시경에 들어갈쓰며 형님은 수술실에서 약 6시간동안 잇쓰서며 장시간 수술실래서 보냇쓰니 이것은 대수술이라고 말을 하고 십다.

"어머님 아버님 오늘 형님이 수술이 잘돼어따고 합니다. 이것이 부모님이 도와서 잘대어따고 생각을 합니다. 앞푸로도 보살펴 주십시요."

"우리 형재들은 형님이 마치가 안전이 깨어나지 않는 것을 보고 집우로 올라오고 마랏다."

지출에 … 형님이 먹고 십다는 것을 주라고 100,000원

〈1999년 2월 10일 목요일 날씨 맑음〉

오늘은 혜지가 시집에서 친정을 오는돼 시아버지가 차로 태어다 준다고 해서 오전은 일하로도 가지 않코 집에서 기다리다 혜지가 시집에서 곳 출발 한다고 해서 내가 돈돌바까지 나가서 기다리다가 집우로 모시올라고 사실 나갈쓰다. 그른돼 혜지 시부모가 두분이 다오시드라. 그래서 집우로 가자고 하니 시장보로 나와따면서 시어머니가 어림도 업드라. 그래서 자신이 잡고 이끄려쓰며 그래도 이쯤오시서 물리라도 자시고 가야지 그냥 가시면 안됀다고 하면서 집우로 모시왔쓰며 집에서 차만 한잔하고 시장을 빨리 바야 한다면서 그만 가시다.

"그리고 시어머님보다 시아버지가 우리 혜지 한태 잘하는 것 같트며 말그대로 사람들은 다들 좋은 것 갈드라. 우리 혜지만 잘하면 사랑은 밭을 것 같다."

"오후는 작과나무 전정을 하엿다. 자신의 계핵은 설이전에 다할려고 계핵을 하여는돼 이류어 절란지 몰겟꾸나."

"그리고 우리혜지 얼굴이 조금 좋아 젓쓰며 이재는 밥을 잘먹고 잇쓰서 극정을 들어다. 앞푸로 혜지 밥만 잘먹으며 아무런 극정이 업쓸 것 같다."

〈1999년 2월 11일 금요일 날씨 맑음〉

김대중씨 대통령 당선이 돼후 우리나라 경재을 망친 원인을 집고 넘어 가면 잘못이 잇쓰며 원벌을 치하개 따고 은포을 하든이 이것도 형식적으로 넘어 가고 마는구나. 사실상 청문회도 여당 단독으로 청문회를 하여쓰며 이번 청문회는 차라리 역사속으로 무도두고 마라뜬 것이 낫쓸것로 생각을 하며 경재을 망친 장본인 김영삼 대통령 그리고 영삼이 아들 현철이는 증인석에 나오지도 않코 청문회을 오늘로서 끝을 냇따고 볼때에 의미가 업다. 이사람을 고발한다고 하는돼 이것도 의미가 업고 대통령 부지로 나라의 부도의 사태가 돼어쓰며 그바람에 중소기업 사장들이 수도업시 자살을 하여쓰며 그만은 사람이 태직이 돼어서 먹고 살길이 업쓰서 노숙자가 수도 업고 이것들이 다들 정치 부지이며 다들 국민은 뒤로 하고 자리 싸움 그기에다 부정 정말 한심하다. 우리나라는 정치인 국회원 하면 다들

억이 넘어며 다들 기업인, 사장보다 돈이 더만으며 돈지치을 못하고 잇쓰니 국민 한 사람으로 피을 토할일다. 그리고 여야 업씨 다들 도독놈이니 누구을 어떠게 할 수가 업는 일이다. 잘못을 이야기하며 너는 업나 하는식이니 서로가 바주고 서로 살자는 정치이니 이나라가 어디로 갈련지 개탄스렵기 짝이업다.
"오늘도 앞밭에 작과 전정을 하여쓰며 요줌은 아주 포근한 날씨라서 일의 진도가 만이 간다."

〈1999년 2월 12일 금요일 날씨 맑음〉
오늘만 작과 나무전정을 하면 앞밭에 전정은 끝을 내는돼 오늘은 전정을 하로 갈다가 참바람이 너무 부르서 채감온도가 상당이 만이 내려가서 전정을 포기을 하고 집우로 와서 큰집에 가래떡을 부인과 김천지수씨와 싸는돼 그들어 주는 것으로 오전일과을 보냇다.
"오후는 조합에서 출자 배당금을 내어준다고 해서 같뜬이 아푸로 정부에서 구조 조정을 하게 돼면 출자금이 적은 조합은 태출이 됀다면서 출자을 만이 하여 달라고 말을 하드라. 그리고 올해가 총대 선출을 하여야 한다면서 우리 마을에서 총대가 3명 이라면서 삼명을 선출을 해야 한다면서 자신과 달희, 선태가 총대에 선출이 돼니다. 자신은 총대을 거절을 하여는돼 동민들이 다들 좋다고 해서 어쩔수가 업쓰다."
수입에 … 출자배당금 13,760원

〈1999년 2월 13일 토요일 날씨 맑음〉
오늘은 마을래서는 설맞이 대청소을 하여쓰며 사실 대청소는 다름이 아니고 지저분한 것을 태어버리는 일들만 하엿다.
"오후는 자신에 쌀방아 혜지 쌀방아 올해는 동생들 쌀을 한가마니식 줄라고 오늘 오후네 쌀방아을 찌엇다."
"그리고 오늘 시집으로 간다고 갈쓰며 한서방은 서울서 오후 4시 차로 내리온다고 하드라. 옛말이 딸가진 부모는 장손예라고 하드니 혜지가 삼일 잇따가는돼 그냥 갈수도 업고 오늘 가는돼 쇠고기 셋트 37,000원 정종 6,400원 해서 혜지을 보냇쓰며 늙 시댁을 갈때는 조심서렵다."
지출에 … 미숙이 아들 과자 3,000원,
혜지 시댁가는돼 43,400원,
운이 미팅하는돼 56,000원,
계 102,400원

〈1999년 2월 14일 일요일 날씨 맑음〉
사실어재 작과 전정을 다할려고 계핵을 하여는돼 일기불순으로 오늘 전정을 끝을 냇다. 앞밭에 작과는 너무나 만이 죽어서 대치을 해야 하게 꾸나.
"우리 운이 미팅한다고 해서 혹시나 운이가 여자 친구을 새길찌 원근이 기대을 하여는돼 그만 마음에 업쓰서 차한잔들 하고 바푸다면서 해여젓따고 하드라."
"집사람은 우리 설준비 할라내 큰집에 형님이 병원에서 설시고 태원 한다고 해서 재사준비을 부인 해야 하기 때문에 부인이 이번 설준비는 바푸게 돼어쓰며 형수가 잇쓸때는 따라만 했는돼 이재는 부인이 식키야 대니까 신경을 만이 쓰야 하는 설준비라고 해야 한다."
"그리고 오늘 혜영이 한태 용돈으로 부인 100,000원 자신 100,000원을 받아다 딸들 키우니 요른 재미가 잇따는 것을 너켜다."

"혜영아 아빠을 주는 돈원은 온갈 힘이 들은 돈이라고 생각을 하고 이아빠가 잘쓰깨. 혜영아 고맙다."

〈1999년 2월 15일 월요일 날씨 맑음〉

내일이 설이라서 골목에는 승요차들이 줄비하게 주차가 돼어잇쓰며 올설을 승용차가 유독 만아 보이드라. 그리고 올 설은 우리가족이 편한 설을 맡이 한다고는 생각지 않는다. 우리 오형재의 한사람이 그것도 맡지인 형님이 병환으로 병원 생활을 하고 잇쓰니 올해는 운세가 좋지 못한 해이며 이른해는 우리 형재 한태는 오지 않캐 기원을 하며 다가오는 해는 불길한 운세는 다 뜰쳐버리고 좋은 운세만 맡지 하두록 두손모아 기원하노라.

"내일이며 세해가 돼니 정말 세월이 빠르다는 생각을 다시가지본다. 이 세월을 꼭 잡아서 세월이 못가계 하여서 내부인과 영혼이 살고 십프며 남은 여생동안 내사랑만 부인한태 주고 십프며 지금 내마음은 내사랑을 다못주고 죽어며 어떠게 하나 하고 마음이 불안 할때가 만아저고 잇다. 여재는 부인과 둘리 오래 살며 두손다 꼭잡고 좋은 이야기만 하고 자상하게만 살고 십픈 심정이다."

"내마음 내뜻으로 살라 가두록 아버님 어머님 도와 주며 보살펴 주십요."

지출 마을계돈 20,000원

〈1999년 2월 15일 화요일 날씨 맑음〉

올 설은 골목에 승용차가 줄비하게 주차 돼어 잇쓰며 우리가 볼때에 차량 대수가 우리 마을로 바서는 그진 배라고 생각을 하고 십다. 차량 대수가 우리 농촌에 불어 낫따는 것은 그만춤 살기가 낫다따는 정거인돼 정부에서는 아이네프라고 아우성을 쳐며 실직자, 실업자가 180만이 넘는다고 아우성을 치는 판국에 우리농촌에 차량대수가 기와급수로 늙고 잇따는 것이 이회가 안대며 기이 현상이라고 말을 하고 십다.

"올 설은 형님이 업는 설을 시계 돼어쓰며 형님이 업는 설이라서 그른지 그 자리가 너무 크다는 것을 알라 쓰며 앞푸론 빈자리가 업는 설이 돼기 바라며 여때것 우리 형제가 한사람도 빠지는 사람이 업는돼 올해는 형님이 병원에 입원을 해서 형님과 형수가 업는 설을 쉬게 돼어다. 앞푸론 낙오 업는 설을 맡지 하여쓰며 하는 바람이다."

"그리고 혜지가 한서방이 세베하로 왔쓰며 이것들이 아빠보다 더 따뜻한 결혼 생활을 하여 주어쓰며 하는 바람 밖에 업꾸나. 너희들의 결혼 생활 하는 모습을 하나도 파트리지 않코 바라 볼 것이다. 부디 따뜻한 생활을 하여 주어쓰며 한다."

"자신의 마음 같아서는 동생들을 양식이라도 돼어주어쓰며 하는 마음은 늙 잇쓰도 실찌 행동을 못하고 잇는 자신이 늙 미안한 맘을 가지고 잇쓰다. 그른돼 자신도 숭년이라 좀 어릅다만 동생들은 더 힘들 것으로 보고 순서 동생을 쌀 한 가마니 주엇다."

지출에 … 조카 새배돈 70,000원

〈1999년 2월 17일 수요일 날씨 맑음〉

오늘이 초 이틀이며 이 세해는 우리 가족이 건강하고 꿈을 나눌수 잇는 해가 돼어쓰며 한다. 그리고 내아들 딸 다 건강하개 자라주고 부인도 건강을 일치 않코 우리부부 밝개 살라 가두록 이 남편이 기원을 드리고 십다.

"이제는 나이 한 살 먹는 것이 두렵꾸나. 이것이 인간은 나이 한태 못 잊기는구나 하는 말이 잊뜻이 건강에 자신을 못하게꾸나. 내마음 같아서는 가는 세월 잡아서 우리부부 오래 살고 십픈돼 그려지 못한 이 심정 허전 하구나. 이 허전함을 달래고 갑지게 사는 것은 우리 부부 따뜻하게 서로 존경하고 서로 어지 하고 하나의 친구 대어서 생을 절급게 살라 가는 방법 밖에 업꾸나."
"인간의 생명이 그리 긴 것이 생각이 더나 실지 살라보면 너무나 짤다는 생각이 든다. 사람의 아무것도 모르고 살다가 보면 인생에 삼분지 이는 다 지나가고 삼분지 일로 참 인생을 살라야 하니 심적으로 불안하고 건강에도 자신을 일코 무엇을 어떠개 살라야 하나 우앙 자왕 인생이라고 말을 하고 십꾸나."
"부인은 처어머님예깨 인사을 드리로 가고 자신은 처어머님 배옵지 않코 집에서 하로을 보내쓰며 자신이 처어머님이라서 성위가 업따고 할까, 그러치 않으며 처어머님이 병환으로 사람도 재대로 알라보지 못해서 등한시 하는가. 자신의 속마음은 처어머님처름 해야 하는돼 하면서 실지 행동을 못하고 잇는 실정이다."

〈1999년 2월 18일 목요일 날씨 흐림〉

오늘은 숙모님 논 세모다래이에 객토가 들어온다고 벼집치우라고 열락이 와서 트랙터을 끌고 가서 보니 객토차는 오지 않아서 벼집 한바리만 실고 들어왔다. 다음에 한 발리만 실어며 다 실을 것 같드라.
그리고 오후는 동신회 개을 하여쓰며 갈수록 개가 성위들이 업쓰저고 잇꾸나.
그리고 혜지가 시집에서 서울 혜지 집으로 같쓰며 이 아빠가 딸래집에 간다고 같뜬이 위우지도 모르고 종일동안 혼자서 집배만 잇쓰야 하는 심정 그 개로움도 말로 다 할 수가 업드라. 우리는 서울 생활을 하라고 해도 할 수가 업쓰며 혜지가 이웃도 업시 답답한 생활을 해야 한다는 것을 생각을 하는 머리가 복잡한 너킴이 더는구나.
"우리 혜지 일주일네네 시집살리 그것도 남편이 업는 시집 살리 정신적 육체적인 고통이 크쓰따고 생강을 한{다.} 제 아무리 시부모들이 잘한다고 해도 이번 일주일은 아주 긴 터늙 속을 빠저나오는 것쳐름 힘이 들어따고 생각을 한다. 이재는 재아무리 긴터늙이라고 해도 혜지가 경력이 이쓰서 수라리라고 생각을 한다. 우리 혜지 이재 고비을 다는겨다고 생각을 한다."

〈1999년 2월 19일 금요일 날씨 맑음〉

오전은 웃뜰논 두필지 사촌 형님 땅 매도한 땅을 서류정리을 해주야 돈을 받기 때문에 오늘은 아포 대서방에 가서 서류 접수을 하여는돼 서류 준비가 잘못돼어서 다시 인감매매용을 다시 띠어 와야 하며 그리고 대구 세무소에 학인 직인이 이쓰야 한다면서 대구을 한번 가야 한다고 이야기을 하드라. 그래서 대구에 가서 서류을 안벽하게 해와야 등기 위전이 돼겟드라.
(오후는 날씨가 차거어서 휴심을 함.)

〈1999년 2월 20일 토요일 날씨 맑음〉

오전은 사촌 형 땅 매매한 것을 등기 서류 준비가 미비해서 대서방에서 찾아 와서 다시 형님을 주어서 인감증명 매매용으로 2통, 대구 세무서에 학인, 이른것들 때문에 서류 일체을 가지고 와서 내일 사촌 형님이 오면 주라고 숙모님을 주어낫다.
"그리고 대신 동서가 6개월 고생을 하다 어재 사망해다고 열락이 와서 오늘 동서 출상을 하기 전에 상주을 만나 보앗다. 이 동서는 늙 술, 도박으로 한 평생을 살란 사람이며 나는 처형이 죽은지가 33年 넘어따고 이야기을 하며 자신은 처형 얼굴도 모르며 그저 동서라고 이야기을 하니까 그른줄 알고 잇는 실정이다. 이 동서가 여때것 여자을 상당이 여르 사람을 어더찌만 호래비 생활 3年 하면 아까어서 여자을 드려 세우지 못한다드니 번번이 여자와 살지 못하고 오늘날까지 혼자 살라오다가 들래서 넘어저서 내출혈로 내수술까지 하여는 돼 결국 살지 못하고 아들만 예 먹이고 세상을 떠고 마랐다. 그른대 이 동서가 아들만 둘린돼 아들 맏지는 식을 올리서 아주 착실이 부산서 살고 잇는돼 종말이 아들은 아주 농티며 살림 살리기 온전하지도 못하며 아주 타락된 인생을 살고 잇다. 이른 것을 보며 부모가 성실한 모습을 아이들레깨 보여 주어야 하는 돼 그려치 못해서 자식이 올바르게 자라 주지 못한다고 생각을 한다. 이 아이들이 앞푸로 살기가 그북하게 돼어따고 본다. 부모라는 것이 자기 살림 다 뜰러먹고 병환으로 겨우 사는 큰 아들 살림까지 다들 쓴 것이 아닌가 십다. 이 동서는 한번 가어치 잇개 살라보지 못하고 생에 보탬이 업는 인생을 살다가 가버린 사람이라고 말을 하고 십다."
"그리고 오늘 오후에 형님이 태원을 해서 집에 왔쓰며 이번에 형님의 병을 알라서 살라따고 바야 한다. 그려치 않으며 한방으로 대리고 다니면서 중풍치료만 할끈돼 용숙이가 간호사라서 병원으로 돼리고 가서 정밀한 검사을 해서 목 디스크라서 양다리가 마비가 온다고 해서 수술을 해서 이재 상당이 회복이 돼어쓰며 이재는 손발이 따뜻한 기온이 돌고 잇쓰서 병을 잡아 따고 바야한다. 이것이 용숙이 득이 아닌가 십다."
지출에 … 아포대서방에 서류차자오는돼 차비. 1,520원, 대신 동서 별세 부위 100,000원,
계 101,520원

〈1999년 2월 21일 일요일 날씨 흐림〉
오늘로서 정자뫃 경작자의 적은 보가 있쓴는돼 이것을 회채하면서 남은 돈으로 수로쳐는 일과 로캉을 두개을 사와서 경운기가 다니는돼 불편이 업두록 노와서 길을 좀 널깨 이용을 할작정이다. 이것을 하는돼 자신이 책임을 저서 하두록 경작자들이 선출을 하여서 이것은 자신이 해야 한다고 생각을 한다.
오후는 친구들과 화토로 오락을 하면서 오후 시간을 다보내고 마랐다.

〈1999년 2월 22일 월요일 날씨 맑음〉
오늘은 당산 수로에 폭크랜 작업을 식키놓코 자신은 차 2대로 (로캉) 600㎝짜리 2개을 사와서 구름을 이사내서 경운기가 만대로 다니두록 작업을 하여쓰며 수로쳐는 작업과 구름 달라내는 일을 오후 1시까지 해서 작업을 끝을 냇다.
오후는 참바람이 너무 부려서 아무일도 못하고 친구들과 휴식을 하였다.

〈1999년 2월 23일 화요일 날씨 맑음〉
오늘 숙모님이 대구가서 땅매매 서류을 다했와따고 이야기을 해서 그 서류을 가지고

대서방에 갇뜬이 대구 세무소 들리서 학인서을 안하고 인감 정명만 해와서 다시 자신이 우체국에 가서 등기 속달로 1,400원 주고 대구로 부치다. 숙모님 자기가 다 한다고 야단을 쳐며 자신을 식키지 않코 한다는 식으로 일을 하면서 일은 빠짐 업시 일을 다 시키는 사람이며 이것을 자신이 다 알고 잇는돼 오늘도 실수가 일요일날 서류 가지로 온다고 해서 자신이 형님 한태 이야기을 할려고 작정을 했는돼 숙모님 서류을 들고 간다 말도 업시 대구로 가서 이야기을 다하지 않아서 두 번일을 하두록 한 것이다. 자신은 숙모님이 80십이 넘은 사람이 무엇시든지 할려고 하는 것은 좋은돼 올캐하지도 못하면서 한다고 하며 남을 식키지 않코 일을 한다고 하면서 결과는 꼭 일을 자신이 해야 한다. 차라리 처음부터 자신을 식키고 수고했다 하는 말 한마디 하면 내 기분도 낮깨는돼 그려치 못한 것이 불만이다.

"자신은 그리고 80십이 넘은 노인이 일을 하는 것이 남들 보기에도 실어며 자식한태도 욕인돼 그저 남들이 잘한다고 인사을 하고 잇는 것을 욕이 잇는 것이 아니냐 하는 생각으로 밭아 드리야 하는돼 숙모님은 누드기 옷이나 입고 그저 일만 하는 것이 좋은 것이라고 생각을 하는돼 이것은 주위도 바야 된다. 숙모님 또래가 다들 아무 일도 하지 않코 놀고만 잇는돼 숙모님은 걸력이 좋아서 하지만 남들이 볼때에 좋타고만 생각지 않는 사람도 만타."

"그리고 오전 12시에 정자못 자금 350,000원, 남은 것으로 로캉 600㎝ × 2개에 150,000원, 폭크랜 사용료 100,000원, 차 2대 운임 30,000원, 세참 7,500원, 오후 세참 7,400원, 양념통탈값 50,000원, 그리고 나머지돈 5,100원을 어른들 술자시라고 주고 마랏다."

"이레깨 결산을 하여쓰며 정자못 모임을 이것으로 회체을 하고 마랏다. 그리고 정자못이 잇쓸때는 비가 와도 뫃에 갇치다가 수로 물이 나올때는 경작자들이 피해가 업는돼 이재 못이 마을 회관으로 바키고 이재는 비가 오는돼로 꽃물이 돼어서 내리오니 경작자들이 피해가 만타. 우리 경작자는 큰 손실이 돼고 마랏다."

〈1999년 2월 24일 수요일 날씨 눈〉

오늘 잠자리에서 일어나보니 함박눈이 막 내리고 잇쓰서 오늘 눈이 상당이 만이 내릴 줄 알라는돼 눈이 조금 내리고 마라서 마음이 아쉬운 감이 더는구나.

"그리고 오늘 적은 눈이라도 일도 못하고 휴식을 하면서 친구들과 화토놀리로 순대 내기을 하여쓰며 부인친구와 8명이 노는돼 편을 가리서 내기을 한 셈이며 저는 쪽은 3,000원, 이기는 쪽은 1,000원 해서 16,000원로 김천 평화 시장에 가서 순대을 먹고 보니 순대 값이 더나와서 자신이 2,000월 더하며 주어다. 자신은 이른쪽에는 늙 돈을 더하는 편이다."

지출에 … 순대 내기값이 5,000원, 혜지
쌀부치는 40kg에 11,000원,
사과 1팍스 7,000원,
계 23,000원

〈1999년 2월 25일 목요일 날씨 흐림〉

오늘은 당산 포도 밭에 일이 만코 거름 하기가 바빠서 일적 일을 스들어다. 오늘 전정목을 끄내어서 불래 태우는 일을 하는돼 혼자 오내 하여쓰며 부인은 김매기을 하고 오후는 자신도 김매기을 하면서 이랑에 낙엽 잊는 것을 깔키로 끌어 올리는 일을 하고 그리고 운이도 김매기에 도와 주는 바람에 김매기을 하고 포도 거름까지 다하는돼 해가 서산에 다 귀우려 지두록 해서 작업을 맡치다.

"어재 눈이 좀만이 와주어쓰며 밭작물에 회갈을 면할 수가 잊쓴는돼 너무 적개 와서 밭해갈도 못돼고 마음만 아쉬운 감이 든다."

지출에 … 운이 복학하는 공락금과 책값이
계 1,862,000원

"포도밭 캄벨에 포도 전용비료 3포을 함. 이것을 고랑에다 거름을 하니까 충분이 주게드라."

〈1999년 2월 26일 금요일 날씨 비〉

오늘 비는 봄가뭄에 해갈을 면할 수가 잊따고 본다. 이번 비도 앞전에 눈이 조금 내린 뒤라서 가뭄을 해소할 수 잊는 비가 돼어따고 생각을 한다.

"그리고 사촌땅 매매 대금 전액을 순석이 형님 앞푸로 송금을 하여 주어다. 앞푸로 삼촌 땅이 순석이 형님 한태 넘어 올때에 매매로 넘어 온 것을 상속으로 넘어 왔따는 봉증만 하여 주는일이 남아 잊다."

"그리고 오후는 귀에 물이 나는 것이 귀 치료을 해도 그치지 않코 조금식 나오는돼 집에서 치료을 할려고 하다 부인이 이비누과에 가서 코치료 하는돼 따라가서 귀치료을 하여 밭는돼 경북 이비누과 보다 치료을 잘해주고 잊드라. 이곳은 장비가 좋으며 성이가 잊쓰 보이드라. 앞푸로 제일 이비뉴과에서 치료을 더 받아 볼 작정이다. 그리고 귀수술을 해야지 귀물이 안난다고 이야기을 하드라. 부인도 코 수술을 혀야 충용증이 안전이 낮는다고 하는돼 신경이 반짝 쓰이고 잊다."

지출 … 부인과 둘리 병원비값 6,500원,
하나로마트에 식품값 10,000원,
버스값 1,800원,
계 14,300원

〈1999년 2월 27일 토요일 날씨 맑음〉

오늘은 병원에 가서 귀치료을 일적 하고 와서 사과 전정을 할려고 개핵을 하여는돼 이윤오씨 차남 결혼식을 앞두고 마을회관으로 음식 재공을 하여서 그 음식을 먹고 친구들은 사랑방에서 놀자고 해서 날씨도 바람 싸느래서 그만 사랑방에서 화토 노리로 오후 시간을 다 보냇다.

지출에 … 병원비 3,300원, 화토노리값
2,000원, 차비 1,500원,
계 6,800원

〈1999년 2월 28일 일요일 날씨 맑음〉

오늘은 사과나무 전정을 하여쓰며 자신은 사과 나무가 이재 수학을 보는돼 부람병은 나무마다 부람병이 군대 군대 배기 잊고 이대로 간다면 사과나무에 부람병 때문에 고충이 크개 될것으로 내다보고 잊다.

"사과나무에 부람병은 자신뿐 아니라 남들도 다들 부람병에 시달리고 잊쓰며 사과 농사는 부람병 때문에 못짓개따고 아우성이다."

〈1999년 3월 1일 월요일 날씨 맑음〉

오늘은 대신역전 경명세 친구 딸 결혼식을 서울서 올린다고 전세버스 2대을 이용하여 축하객이 올라 같쓰며 우리동기생들도 3명

빼고 다들 참석을 하엿다.
지출에 … 대신명세 축이금 50,000원

〈1999년 3월 2일 화요일 날씨 맑음〉

오전은 귀염정을 치료을 하고 와서 오늘이 보름이라고 동신회계에서 윷놀리을 하여쓰며 윷노리을 1, 2조로 나누어서 화장지 한 묵끔을 주는 것으로 윷노리을 하엿다.
"오늘 동신개에서 정기적으로 우정을 다짐으로 놀리을 하고 잇는돼 해가 갈수록 참석인원이 자꾸만 줄어 들고 잇쓰서 앞푸로 문재가 돼고 잇다."

〈1999년 3월 3일 수요일 날씨 맑음〉

오늘은 종일동안 사과 전정을 하여쓰며 사과 전정을 이미 다해나 낫쓰야 하는돼 그려치 못하고 아직까지 사과나무 전정을 하고 잇쓰니 마음이 성급해저고 잇다.
"그리고 우리 운이가 개학을 해서 복학을 하여서 학교에 나가고 잇는돼 공부가 잘돼고 잇는지 몰개꾸나. 그리고 운이가 학교에 간다고 저의 누나가 옻에 투자을 400,000만원 이상 하여쓰며 저의 누나가 옻이라도 잘입고 다니야지 아가시라도 딸치 하면서 옻입는돼 저의 누나가 신경을 만이 쓰고 잇다."

〈1999년 3월 4일 목요일 날씨 맑음〉

오늘도 종일동안 전정을 하고 부인은 전정목을 주어 모두는 일을 하여쓰며 그리고 오늘은 안전 봄이라고 말을 하고 십프며 오늘 일을 하면서 옻들을 다들 벗고 일을 해야 하는 날씨라고 말을 하고 십다.
"사과나무 전정을 내일만 더하면 다 할 것 같다. 자신이 봄일이 터저 잇쓰서 마음으로는 상당이 급페쓰며 무선 일이든지 급희 하여쓰며 남들과 같이 갈려고 자신의 나람으로 열심이 하였다.
지출에 … 운이용돈 25,000원

〈1999년 3월 5일 금요일 날씨 맑음〉

오전은 대구 사촌 순범이 땅 매매한 것 서류 정리을 하여서 대서방에 재출을 하는돼 등기 필증이 업쓰서 서류접수도 못하고 허탕을 한 셈이다. 오늘 숙모님이 안개시서 서류 접수을 못하고 마랐다.
"오후는 사과 전정을 안전이 하고 부인은 사과나무에 거름을 할려고 나무 밑에 낙엽을 끌어 모어는 일을 하고 자신은 전지목을 다들 묵는 일을 하여쓰며 나무단을 다 묵는돼 힘이 만이 들어쓰며 이것을 끝을 내야 한다는 생각에 열심히 하여서 끝을 냇다."

〈1999년 3월 6일 토요일 날씨 맑음〉

오늘 오전은 사촌 동생 순범이 땅 한단지을 서류 접수을 안전이 하여주고 땅값을 1평에 54,000원 해서 595평 값 전액을 순범이가 밭아 갈다.
"오후는 과수 거름을 20포 (사과전용비료)을 하는돼 16포만 헌치도 충분한 것 같드라. 작년에는 17포을 하여따고 생각을 하는돼 올해는 16포로 사과거름을 다하여쓰며 남은 비료는 여름에 웃거름을 할 작정이다."
"오늘 사과비료는 사과나무 5포기에 전용비료 한 포식 들어 갈따고 생각을 한다."
"오늘 사과거름을 다하고 전정목을 경운기로 다들 실어 냇쓰며 이재는 앞서 가는 봄일을 따라 갈따고 생각을 하며 이재는 성급희 일을 안 해도 돼리라고 생각을 한다."

지출에 … 벼씨 보급종 화산벼 일미, 일품, 20kg짜리 5표에 26,460원 × 5표 = 132,300원

〈1999년 3월 7일 일요일 날씨 맑음〉

오전은 작과나무 전정한 것을 앞밭에 와 골래 밭에 양군대 다들 묵끄쓰며 오후는 다들 묶끈 것을 경운기로 다들 실어 냇다.

"이것을 하로반에 다한다는 것은 사실 무리이다고 생각을 한다. 자신이 봄 일이 터저 잇쓰서 열심히 해야 따라 할 수가 잇쓰서 부인과 둘리서 정신업시 일을 하고 잇다."

"오늘은 상당이 무리한 일을 하였따고 생각을 한다."

〈1999년 3월 8일 월요일 날씨 흐림〉

오늘은 대신분소에 가서 복합비료 13표, 황산고토농축된 것 1포, 용가린 4포, 붕사 8봉지 이것을 밭에 나누어 살포을 해야 오늘 일과을 끝낼 작정이다.

"처음에 바시내이 쌔래단 포도밭에 용가린 3표을 하고 붕사 2봉지을 하여쓰며 그리고 골래 밭에 복합비료 4표을 하고 붕사 1.5봉지을 하고 앞밭에 복합비료 5표을 하고 붕사 1.5봉지을 하는 것으로 오전 일과을 끝을 내고 오후는 당산 캄벨 포도에 용가린 1표을 하고 황산고토농축한 것을 캄벨 포도에 하여쓰며 그리고 붕사 2봉지 하여 두어다. 그리고 말리사과나무에 붕사 2표을 하고 이것으로 오늘 일과을 끝을 낼라고 계핵을 하여는돼 시간이 남아서 바시네이 쌔래단 포도나무을 대채을 할려고 쌔래단 포도 나무 반쪽을 짤라내고 이곳에 캄벨 포도 나무로 대채 할려고 구등이을 파는 일을 하여다."

"오늘은 개핵보다 아주 일을 만이 한 날이라고 생각을 한다."

지출에 … 비료복합 17-21-21-13표, 용가린 4표, 황산고토 1표, 붕사 8표, 갑 111,000원

〈1999년 3월 9일 화요일 날씨 흐림〉

오늘은 바시내이 쌔래단 포도나무을 태치하고 캄벨포도 나무로 대체 할려고 오늘 목골 농원에 가서 선건 포도 나무 560표기을 사는돼 여유분으로 80포기을 더주드라. 그리고 목골 농원에서 자신이 포도나무을 가지고 가는 것이 캄벨 보다 3, 4일 숙키가 빠르다고 이야기을 하는돼 미드저지 않는구나. 외냐하면 3, 4일 빠르다고 하는돼 이것은 전문적인 지식이 업는 사람은 구별을 할 수가 업키 때문에 캄벨포도 나무을 돈을 100원 더 받기 위한 수단이 아니냐 하는 생각이 들며 자신이 캄벨 포도나무 상품 300원, 중품 200원 이것을 살려고 생각을 하여는돼 농원에서 캄벨보다 3, 4일 빠르다면서 건유을 해서 사와는돼 자신이 속은 너킴이 더는 구나.

"자신이 모목을 사는돼 살때마다 속은 일이 잇쓰서 모목집에 거래는 불량 거리가 만아서 늙 의심이 더는구나..."

지출에 모목값 서건포도나무 560포기에 220,000원

〈1999년 3월 10일 수요일 날씨 맑음〉

오늘은 부인과 둘리서 쌔래단 포도을 앞푸로 제거하고 신품종 선발 캄벨을 보식을 하고 잇쓰며 오늘로서 560주을 보식을 다하여쓰며 우리부부가 2일동안 꼭 보식을 하는 일을 하였다.

"우리 부부가 보식을 하면서도 모목이 너무나 어리서 죽는 표기가 만아서 우리부부가 고생만 하는 것이 아닌가 하고 심어도 자신의 마음이 그리 편하지 않트라."

〈1999년 3월 11일 목요일 날씨 흐림〉

오늘은 작과밭과 사과밭에 약살포을 할려고 오전일적부터 사과밭부터 약살포을 하여쓰며 약량은 기개류 22말돼며 이것으로 약살포을 하여 보니 약량이 적드라. 앞푸로는 나뭇잎파리가 업드례도 25말량은 잇쓰야 하게드라. 그리고 골래 작과밭은 유황 15말로 살포을 하고 앞밭에는 17말량은 들어 간 셈이다. 이 셋군대을 오후 1시까지 약살포을 다하고 정심 식사을 하였다.

〈1999년 3월 12일 금요일 날씨 맑음〉

오늘 벼집을 실어서 사과밭에 깔려고 트랙터로 오전내 실어다 올해는 벼집을 깔면 지검이 들나개찌.

"그리고 오후는 형님이 경운기 몰다가 부주위로 경운기에서 떨어저서 그 충격으로 수술자리가 이탈이 돼어서 재수술을 하여서 우리부부는 형님 병문안 같쓰며 형님도 아들이 어떠게 하든지 말든지 두고 말지 아들 일하는돼 수라개 하여 줄라고 그래따니 원망도 돼지만 한편으로 경운기 사고로 큰 사고가 낫쓰며 어떠게 하게겟나. 사실 이것보다 크게 사고가 낟쓴들 어떠개 할수도 업고 이왕 당한 것 큰대 비아는 수밖에 업꾸나."

"아무라도 병원을 모르고 살라야 하는돼 병원에서 아품의 곤욕을 치루고 잇는 모습을 보니 보는사람이 곤욕이 돼는돼 실지 한자는 아품을 말로 다하겟나."

"오늘 집사람과 둘리서 가는 일은 아주 절거어하며 부인은 출타만 하면 소녀 같은 때가 하로에 상당이 여르번 잇쓰며 이사람은 나만 잇쓰며 힘이 생기고 만향 절거어 하는 모습을 보며 정말 저르깨 좋을까 하는 생각이 들며 이것을 보는 자신도 마음이 그리 캐알하며 자신도 부인 처름 마음이 밝아 저며 저르깨 좋아하는 부인한태 앞푸로 해주어야 하는돼 하면서도 무엇이 바픈지 실천을 못하고 잇는 자신의 마음을 질책을 하고 잇쓰며 앞푸로 부인이 좋아 하는 일들은 아킴업시하여 줄꺼이다."

지출에 …

〈1999년 3월 13일 토요일 날씨 맑음〉

오늘은 윤삼이 모친이 돌라 가숴서 문상을 하여쓰며 이 아주마는 오래도 고생을 하다가 돌라 가숴쓰며 우리 알기론 업시 살면서 열심히 살라쓰며 사실 눈떠며 일을 한사람이며 여가마다 나물을 터더서 구미 노전에 가서 다들 팔라쓰며 정말 열심히 한 사람이라고 생각을 한다. 이것이 다들 자식을 위하여 살라 따고 바야 하는돼 아들 딸은 부모님을 따뜻하게 모신는가 생각을 할 때는 그려치 않타고 생각을 한다. 이분의 아들이 적으서도 아니며 아들이 4명, 딸 2명이라고 볼때에 이 고인은 자식들래깨 만족한 정을 밭아따고 생각을 하면서 죽어같는지 이것이 의문이며 인간이 이 사람뿐 아니라 인간의 부모는 다들 자식이 필요업따고 생각을 하면서 이 세상을 떠나고 잇는지 그푸로 수을 알고 십꾸나.

"오후는 이진일 장녀을 결혼에 앞두고 회관으로 음식 재공을 하여쓰며 자신은 부인의 친구이며 나라바서도 가까이 지내고 잇쓰서 일은 그들지 않아쓰며 오후내 음식 준비

하는돼 어울려 놀았다."

지출에 … 축이금 셋집에 상기, 오랑, 국원, 90,000원, 윤삼이 모친 부조금 20,000원, 계 110,000원

〈1999년 3월 14일 일요일 날씨 흐림〉

오늘은 예식장 가기전에 큰집에 포도밭 노타리을 하기전에 쟁기로 고랑자리로 두 번식 갈고 와서 예식장 참석 하기가 바파다. 오늘 예식은 본동네 이진일 대신 이인배 사돈 예식에 참석에 좀바파따고 생각을 한다. 오늘이 예식날이 좋은지 자신의 앞푸로 청첩이 5장이 돼니 이것은 엄청난 수자라고 생각을 한다.

"그리고 오늘 예식을 같다와서 형님 포도밭을 갱신을 해서 작과 밭을 할려고 트랙터 노타리을 하여 주엇다. 그리고 자신은 마음먹고 일을 하여 주어는돼 어떠게 생각을 할련지 몰개 꾸나."

지출에 … 이인배 아들 결혼 축이금 50,000원, 본동 이진일딸 결혼식 축이금 30,000원, 계 80,000원

〈1999년 3월 15일 월요일 날씨 비〉

오늘비는 정말 자신 푼 아니라 대지을 해갈을 해결 하는 비가 돼어쓰니까 정말 고마우며 자신으로 바서는 이번 비가 오지 않아따면 포도나무 심은것에 물을 주어야 할형편인돼 이번비가 해결을 하여 주어쓰니 천만다행이다.

"오늘 비가 와서 일은 못하고 태성이가 농약 사료 가자고 해서 따라가서 포도약 파종기 날과 트랙터 노타리 날을 잘 사왔다. 그려치 않으며 일부로 가서 사야 하는돼 자신으로 바서는 오전 일을 들수가 잇쓰다."

지출에 … 포도약 24,000원, 트랙터날 68,000원, 계 92,000원

〈1999년 3월 16일 화요일 날씨 맑음〉

오전은 당산 포도밭 뒤도구 쳐는 일을 하고 세집에 골래밭 작과 둥치기 실어 주어 쓰며 올래는 경운기로 3바리나 되드라.

"오후는 부인과 둘리서 감자 파종을 함. 그리고 트랙터로 보밭 노타리을 올해는 10군대을 노타리을 하여 주어 쓰며 올해는 감자 파종을 재일 일적 하는근지 아무도 보밭을 노타리 하여논곳이 업쓰서 노타리을 만이 하여따고 생각을 한다."

"그른돼 자신이 노타리을 성위끝 하여주어도 어뜬 사람은 고맙게 생각을 하고 반 정도는 별 고마움을 모르고 잇는 것 같트며 자신도 이른 것을 보며 배풀고 십지 않는 마음이 들때가 사실 잇다."

"그리고 조합직원 박돈하 직원 부친 상문을 밤에 용만, 운학, 자신 셋시가 가서 상주와 인사만 하고 부주만 전하고 왔따고 바야 한다. 그리고 저녁에 열차관광 가자고 인원 파악 하는돼 다들 간곳이고 부인도 간곳인돼 이번에 동신회원만 하는돼 부인도 같이 갈려고 선금을 주면서 다른사람도 실입을 받다 보아라. 만약에 아무도 안가면 우리마을에 아주마들도 가니까 그기에 합세을 하면 됀다고 이야기을 하여다."

지출에 … 포도약 10,400원, 관광선금 40,000원, 운이 용돈 20,000원, 박돈하 부친 상문 부주 30,000원, 계 190,400원

〈1999년 3월 17일 수요일 날씨 맑음〉

당산에 포도밭 약량은 15말 준비을 하여는 돼 실지 약살포량은 10말 들어 갈다고 바야 한다. 약희석량은 파리치온[147] 물 한 말에 50cc와 네와소진 약[148]은 100cc 희석을 하여서 살포을 하고 바시네아도 위와 같이 희석을 하여서 15말이 들어 갈다고 바야한다.

"오후는 바시네이 포도밭 김매기을 부인과 둘리함."

지출에 … 운이용돈 20,000원

"그리고 경옥이 모친이 딸만은 셋가지고 19세 가부로 살라따고 생각을 하며 이분이 마을에 절먼사람부터 노인측까지 돈원 100,000원식 주면서 회갑 대신으로 드린다면서 음식점을 이용하라고 해서 우리 동신회는 숯불 갈비집에 가서 잘먹으다. 이번 경옥이 엄마는 잘 생각을 하여따고 생각을 한다. 외냐 하면 여자 혼자 살면서 회갑잔치을 한다면 음청난 힘이 들끈돼 현금으로 돌려 주어키 때문에 아주 간편한 최갑을 하여따고 생각을 한다."

〈1999년 3월 18일 목요일 날씨 비〉

오늘은 포도밭 김매기을 개핵을 하여따가 기상대에서 오늘 오후부터 비가 온다고 예보을 하여서 김매기 개핵은 뒤로 미루고 캄벨포도 비누류봉지 씨우는 일을 종일 하여다.

그른대 비가 오후 4시에 비가와서 봉지 씨우는 일을 그만두어서 봉지 씨우는 일은 두 판밖에 못하고 마랐다.

"봉지 씨우는 일을 종일한다면 둘리서 2판 반은 하겠드라.."

〈1999년 3월 19일 금요일 날씨 비〉

오늘은 날씨가 불규칙 한되 우리 부부는 포도 봉지 씨우는 일을 관광전에 다할려고 우리부부는 추위에 떨면서 봉지 씨우는 일을 하여는돼 결국은 가랑비까지 오는 바람에 오후 4시까지 밖에 몿하고 마랐다.

"우리 농민들을 자전 비로 인하여 봄 일을 몿하게 만들고 잇다."

〈1999년 3월 20일 토요일 날씨 눈〉

아침에 일어나보니 싸래기 눈이 내리고 잇쓰며 밤세 내린눈이 만이 싸여 잇쓰며 하늘에 먹구름을 보니 눈이 상당이 만이 내일 것 같드니 아침 먹고 얼마 안되어서 눈은 그치고 이눈은 오전에 다들 녹아 버리고 말라서 마음으로는 아쉽드라. 때아닌 눈이 잇지만 푹만이 와서 자신이 휴식을 하두록 아주어쓰며 하는 아쉬움 쉬가지 않트라.

"부인은 포도봉지 씨우로 가자고 하길래 날씨가 춥다면서 오늘 시자고 하니 아빠만 쉬라고 하면서 나의 말류을 뿌리치고 봉지 쉬우로 갈다. 자신은 집에서 쉬면서 밭같을 보니 자꾸만 맑아저 가는 하늘은 보니 자꾸 실수가 업드라. 그래서 일을 할 준비을 해서 일터에 갈드니 부인은 벌서 봉지을 저만춤 씨어드라. 부인 하는 말이 어재보다 낢씨가 훍신 낱따면서 아빠가 같아 나와쓰면 저만춤은 했쓸끈돼 아값따는 소리을 하드

147) 파라치온(parathion)은 벼에 붙는 명충, 과수나 야채 따위의 해충, 패각충 등의 살충에 사용하는 살충제이다.

148) 네아소진은 벼문고병약(벼 잎집무늬마름병)에 사용되는 약이다

라. 자신도 마음의 한쪽은 부인보다 생활력이 약카다는 것이 늙 안스렵다. 무선 일을 해도 부인보다 의지력이 약카다고 인정을 한다."

"오늘 일래 농띠 천대신 오래두록 하여서 작업은 평소때보다 반골은 더씨어쓰니 상당이 일을 만이 하여따고 생각을 한다. 오늘 일은 개핵보다 40매다나 봉지을 더씨어쓰니 일래 농띠 천 것이 아니라 일래 더 열심히 하여 따는 것이 입정이 돼어꼬 모든일은 열심히 하는 것과 보통으로 하는 것은 그일에 차이는 하늘 땅과 같다는 생각이 들며 앞푸론 짤번 시간이라도 열심히 하면 학률이 높다는 것을 알라다."

지출에 … 수강료, 아이탬 110,000원

〈1999년 3월 21일 일요일 날씨 맑음〉

오늘은 대구 친구 경한 딸 결혼식에 참석을 함. 그리고 대구 친구들이 김천 친구 대접한다면서 노래방에 대리고 가는돼 김천에는 그려깨 적은 노랑은 보지을 못하여는돼 이곳은 너무나 장소가 적으서 사람도 마음대로 활동을 못하는돼서 노래방 시간을 보내고 오늘 노는돼는 그련대로 만족을 가지따고 생각을 한다.

"그리고 김천 친구는 구미에 와서 해물 잡탕 집에서 90,000원 짜리 음식으로 잘놀고 해여저고 마랐다."

"오늘 경비는 경한 답래비값이 100,000원 바다서 다들 쓰고 자신의 돈 70,000원 더 쓰는 하로가 돼어다."

지출에 … 고속버스값 2,800원 × 2명 = 5,600원, 택시 3,600원, 계 9,200원

〈1999년 3월 22일 월요일 날씨 맑음〉

오늘은 마을래서 삼천포 유람 여행을 철도국에서 모집을 해서 동신회에서 11명 형수 또레들이 20명, 어른들이 매명 관광을 갈쓰며 우리는 부부가 다들 같쓰며 마을에서 부부가 다간사람은 종희, 우리 두 집밖에 가지 않아다.

그른돼 오늘 여행은 진주로 가서 버스 이용. 삼천포로 유람을 하는 그른돼로 절거운 여행이라고 생각을 하고 십다. 자신은 열차깐에서 타동네에 부인들과 절급게 잘 노랐다.

지출에 … 부인과 둘리서 적석 사진 찍음 5,000원, 어포 6,000원, 사탕 2,000원, 파레 2,500원, 절구때 3,000원, 계 18,500원, 운이 용돈 21,000원

〈1999년 3월 23일 화요일 날씨 맑음〉

오늘로서 부인이 포도봉지을 12판중 6섯판만 봉지을 다 씨앗다. 올해는 포도봉지을 6섯판 씨울 개핵을 하였다. 그리고 당산 포도밭에 석회비료을 36포을 하였다. 한줄에 석회 3포식 해서 총 36포을 하였다.

"오후에 바시내이 포도밭을 김매기을 부인과 둘리 하여쓰며 포도 김매기가 극정이 돼는구나. 올해는 봄 일이 뒤쳐저서 밀차 김매기을 못해서 이재야 김매기을 하니 이미 지섬들이 뿌리을 깊이 박아서 김매기가 힘이 더는구나."

〈1999년 3월 24일 수요일 날씨 비〉

오늘 오전은 범식네 롱아 간다고 경운기로 골타주는 일을 하여쓰며 과부들이 가만이 보며 남편 업는 이유로 남자들을 이용을 하여서 득을 볼라는 공통점이 잇다고 생각을

한다. 자신은 사실 자신이 바뿔때에 그대까로 자신에 일을 식킬라고 해주는돼 오히려 돌라 오는 것이 적따고 생각을 한다. 그리고 자신에 일보다 여자 혼자 살면서 힘들 것이다 하는 생각에 도와 주는 일이 만은돼 그것도 모르고 어대가 모르개 이용할려고 더는 습성이 마음에 들지 않는구나.
"오후는 비가 내리고 이 비가 봄비 쳐름 쇼다 지고 잇쓰며 봄비가 너무 자주 내리서 봄 일에 지장이 아주 만타고 생각을 한다."
지출에 … 운이용돈 20,000원

〈1999년 3월 25일 목요일 날씨 흐림〉
오늘 오전은 아포 이발관에 가서 이발을 하고 오면서 경운기 추레라 이음세을 조합에서 사와다. 오후는 참깨 비누류을 벗키는 일을 하여쓰며 겨울에 네 바람에 바래저서 벗키는 일레 힘이 더는구나.
"부인은 장모가 상당이 우정 한가바 쳐가댁에서 전화을 하는 것을 보며 장모가 해복이 힘들것으로 내다본다."
"부모가 복이 만을라면 자식이 올바르게 잘라서 부모의 마지막 길을 잘보살펴 주는 자식이 잇쓰야 부모가 복이 잇따고 바야한다."
"장모님의 마지막 길을 볼때에 자식은 아무련 의미가 업는 것이 아닌가 질문을 하고 십꾸나."
"세상에 부모들이 마지막 길이 이려트라 하는 것을 먼저 알고 잇쓰며 세상에 부모들이 인생을 반대로 바꾸어서 살라 가리라고 생각을 해본다."
지출에 … 경운기 추레라 이움쇠 7,000원,
이발갑 7,000원, 버스갑
1,200원,
계 15,200원

〈1999년 3월 26일 금요일 날씨 비〉
부인은 오늘도 장모님 병문안 같쓰며 장모님이 식사을 잘 안하고 잇따는 날이 오래 대어따고 생각을 한다. 장모님은 자신의 쳐을 보고 지금 지어 죽는다고 이야기을 할때에 기가 막히는 일이다. 부모님들이 이른 고충을 바드면서 죽어가는 것이 가슴 아푸며 부모님을 일적 보낸 자식의 한 사람으로 너무 가슴 아푼 일이다.
"오늘도 봄비 때문에 아무일도 못하고 시간을 다 보냇쓰며 지금 봄일 바서는 하로가 십급한돼 자꾸만 날씨가 일을 막고 잇쓰니 마음이 성급해질 뿐이다."
지출에 … 운이용돈 15,000원

〈1999년 3월 27일 토요일 날씨 맑음〉
오전은 들판을 한밖기 돌라 보는 일 오후는 운이와 둘리서 산에 올라가서 포도 지주목을 그두루 베는 일을 하여쓰며 자신은 지주목 70개을 벨라고 개핵을 하여는돼 오늘 운이가 도와 주어서 개핵대로 지주목을 준비을 하였다.
"그리고 오늘 오후 8시에 동기생 김정자 포장마차 하는돼서 동기계을 하였쓰며 김정자 집에서 개을 한다고 성위가 들은 음식을 준비해따고 본다. 그른돼 오늘 개을 하면서 음식을 다먹고 여담으로 시간을 보내고 잇는돼 조승웅 친구가 갑짝이 풍이온다고 상대의 목소리가 소리를 쳤드라. 자신은 그른 관경을 처음 받쓰며 자신은 술을 만이 먹어서 그른 것이 아닌가 하고 의심도 사실하였다. 그른돼 이 친구가 도렵병원 가면서 이미 한쪽위 마비가 돼어잇고 사정은 급페저며 병원에서 내사진을 다 찍고 감정을 하고 나서는 병원에서 큰 병원으로 가라고 하드

라. 그 소리을 듯고 나니 이거 보통일이 아니며 우리 친구가 이래 돼어간다고 생각을 할때에 마음이 깔라안전 느킴이며 안스려 입이 떨어저지 않는구나. 그리고 이 친구는 개인 택시을 가진 친구이며 그리고 부인과 이원한 친구이며 가정이 편치 않는 친구이며 아직 가정을 바서도 돈을 벌으랴 하는돼 풍을 맏자쓰니 그리고 풍이라는 쉽게 회복이 돼지 않는 병이라서 이 친구 가정이 극정이 돼고 잇꾸나."
지출에 … 개회비 30,000원

〈1999년 3월 28일 일요일 날씨 맑음〉
부인은 장모님이 더 아푸다고 친정에 가고 자신은 당산밭에 비가림 준비을 하여쓰며 앞푸론 비가림 업씨는 포도 농사을 짓을수가 업쓰서 비가림 할려고 하니 그리 쉬운일이 아니구나. 오후는 부인과 둘리서 비가림 철사 줄을 쳐는 일을 겨우 다하였다. 앞푸로 바침때만 새우는 일이 남아잇다.

〈1999년 3월 29일 월요일 날씨 맑음〉
오늘은 비가림과 지주목을 새우는 일을 하여쓰며 오늘까지는 아까시와 나무로 지주목을 새우는 것은 돈이 들지 않코 노동으로 다까을 다하여는돼 이재는 지주목 평구대을 목재 제재소에 가서 사와서 할 일만 남아 잇다.
그리고 오후 7시에는 살꼬지 식당에 가서 동신회원일동이 외식을 하로 가서 잘먹으쓰며 이 식당은 아이네프도 타지 않는가 손님이 너무 만트라.

〈1999년 3월 30일 화요일 날씨 맑음〉
오늘 오전은 친구 차로 김천가는돼 따라가서 포도 비가림 하는 지주목 1자 반짜리 200개, 7자 짜리 1다발 요즘은 제재소에 용이하게 쓰게 펼리하게 쓰드록 해나서 돈만 주고 사오면 됀다. 자신은 아까시와 지주목을 준비을 해서 비가림 지주목 준비하는돼 돈은 을마 들지 않아따고 생각을 한다.
오후는 비가림 지주목 1자 반짜리을 다들다라 내는 일을 하여쓰며 이것이 공중에 터잇는 상태에서 못질을 할려니 여간 힘이 아니드라. 오늘 오후에 비가림 지주목 보광을 12줄 중 8줄 보공을 하였다.
지출에 … 용돈 20,000원, 포도 비가림
평구대 1자 반짜리 200개,
평구대 7자 짜리 1다발
38,000원, 계 58,000원

〈1999년 3월 31일 수요일 날씨 맑음〉
어재 저녁 밤 3시에 자신의 배 아래 부분이 아파서 숨도 제대로 쉬기가 그북하두록 통증이 잇쓰서 이려다가는 큰 일 나겟따는 생각에 병원예을 갈라고 스더는 돼 통증이 수거려 들드라. 그래서 조금 참아따가 아침이 돼거든 병원예 가자 하고 좀 기다리는돼 아무련 일도 업따는 식으로 자신의 몸은 안전 정상으로 돌라 왔다. 그래서 아침 먹고 부인과 둘리서 순천항 병원예 가서 냉장염 자리이니까 검사을 바다 보자는 뜻으로 순천항 병원 일반 네과로 갇뜬이 냉장염도 아니고 담석증 갈따는 이야기만 하고 지금은 아무른 정상도 업쓰니 다음에 또 이른 일이 잇끄든 검정을 하여 보자면서 가라고 하드라. 자신은 병원 가면서 냉장염이라고 수술을 하라면 어떠게 하나 하고 사실 극정을 하고 갇는돼 천만 다행으로 생각을 한다.
그리고 어재 아플 때 바서는 자신이 아직

아파서는 안대는돼 하는 생각을 하여쓰며 아직은 자신은 너무 할 일들이 너무 만으며 지금 자신은 자식에 일 부인을 바서도 아직 건강을 일으스는 안됀다.
"오늘 오후에 비가림 지주대 보강을 하는 것으로 시간을 다 보냇다."
지출에 … 병원 질료비 6,000원,
직행버스 5,600원,
계 11,600원

〈1999년 4월 1일 목요일 날씨 비〉
오늘 오전으로 비가림 지주대 고광을 안전이 하여쓰며 지주대 보광을 하는돼 힘이 만이 들어다.
"오후는 바시네이 포도밭 김매기을 부인 혼자 여때것 하여는돼 자신이 오후네 도와서 김매기을 한번은 다한 셈이며 부인이 4마지기 밭을 김매기을 그진 한셈이며 그것은 독새풀이 수북한돼 이것을 갱이로 다들 매쓰며 내 부인 정말 수고가 만앗다. 앞푸론 독새풀이 포도밭을 다 덥는 일이 잇쓰도 부인몸 지치두록 하지 말고 나는 부인 일 만이 하는돼 말리도 안대고 이재는 옛날과 달라서 일을 조금만이 하며 무리 오고 과로도 생각을 할나이며 나 자신은 부인과 떨어저서 일을 하게 돼며 머리에서 쉬지 않코 일을 하는 부인이 생각나며 이재는 부인 건강 극정이 내 몸보다 더 돼며 이 남편 소원이 잇따면 부인 건강 일치 말고 내사랑 하나도 빠터리지 않코 다받을 때까지 건강한 몸으로 살라 달라는 소원밖에 업소. 부인 제발 몸을 먼재 생각을 하여 달라는 부탁을 하고 십소. 이 남편이."
지출에 … 운이 여행 학교 50,000원

〈1999년 4월 2일 금요일 날씨 맑음〉
오늘은 우리 동네서 시보건소에서 감념 검사을 하는돼 우리 마을에 5명 활동받앗는돼 3사람은 관광을 가서 불참을 하고 자신과 윤두희씨 두사람만 감염 검사을 김천시 보건소에서 하는돼 정말 사람이 만으며 그 중 질료비가 무료이니 사람이 한정도 업쓰며 일부 사람은 읍에서 질료증을 개인한태 주엇는돼 이것을 업는 사람도 상당이 만이 왔다. 이 사람들은 다들 약빠른 사람이라고 생각을 하여본다. 이른것을 보며 모든 일들이 여유가 잇따고 생각을 하여본다. 앞푸론 한번식 생각을 해볼문재가 다들 잇따고 생각을 하여보며 자신도 부인을 전화로 오라고 할려다 그만 포기을 하고 마랐다.
"오후는 우엉씨, 파씨을 부인과 둘리서 갈랐다."
지출에 … 택시비 1,600원, 버스비
1,200원, 시네버스 600원,
계 3,300원

〈1999년 4월 3일 토요일 날씨 흐림〉
오늘은 상토흙을 아미료 첫지 못하고 상토흙만 준비을 하여 두어는돼 상토흙 산도가 맡는지도 모르고 준비을 하여주어 쓰며,
"그리고 현숙이 결혼 준비한다고 형님집에서 시간을 보내는 시간이 만앗다고 본다."

〈1999년 4월 4일 일요일 날씨 맑음〉
내일이 현숙이 결혼식이라도 잔치을 촟지 않코 집안 잔치로 식을 올릴라고 생각을 하니 잔치 준비도 할 것도 업고 아주 간단한 잔치 준비가 돼고 잇다.
"다들 잔치 준비을 간소하게 해야 한다고 생각을 하며 잔치에 손을 받지 않으니 돼지

고기 시장에서 사와서 결혼식 준비을 하니 일도 업고 분주한 일도 업쓰며 그저 평소때와 별다름이 업는 느킴도 주고 잇꾸나."
"오늘은 큰집에서 별료 할 일도 업는돼 그저 잔치라는 생각 때문에 큰집에서 종일 나라따고 생각을 한다."

〈1999년 4월 5일 월요일 날씨 맑음〉
오늘은 현숙이 결혼식을 대구 금룡식당에서 예식을 하는돼 이번에는 청첩도 하지 않코 우리 가족만 갈라고 생각을 하여는돼 형님 친구들과 일부 마을 사람들이 와서 버스로 한차가 조금 넘드라. 예식을 식당에서 하니 시간 여유가 만아서 좋으며 이 식당은 예식장을 꿈이 낱쓰며 우리보기는 예식장과 다름이 업드라. 앞푸로 이른것들이 만이 생기서 예식장 행포을 막아야 한다고 생각을 한다.
지출에 … 현숙이 예식 축이금 300,000원

〈1999년 4월 6일 화요일 날씨 비〉
농촌 지도소에서 농기계 무료 봉사을 아포조합 앞페서 한다고 해서 트랙터 부품 경유 걸려는 것 두 개을 사와서 교환을 하는돼 힘이 들드라. 이 두가지 교환을 하는돼 너무 무리하게 하여서 기계 마모도 상당이 만이 됀다고 생각을 하며 우리는 엽페서 보는돼 가슴이 철렁할때도 드르 잇다. 그리고 트랙터 경유 힐터 교환을 다하고 무료봉사이지만 그냥 올수가 업쓰서 드링크을 3,000원 사주고 왔다. 오늘은 트랙터 수리, 노타리 날 가라너는 것, 이른 일들로 일가을 다 보냇다.
지출에 … 트랙터 부품 7,000원, 버스직행 × 왕복 1,840원, 지도소 직원 수리비 선물 3,000원, 계 11,840원

〈1999년 4월 7일 수요일 날씨 맑음〉
오전은 앞밭에 경운기 노타리을 하고 오후는 골래 밭에 노타리을 하였다. 자신은 두 군대을 하로에 일적 한다는 것을 생각을 하였는돼 노타리을 하여보니 그려치 않코 종일동안 하였다.
"그리고 노타리을 다하고 집에 막 들어오니 전화 벨소리가 울리드라. 그래서 전화을 받앗보니 처남 소리드라. 그래서 직감으로 처어머님이 이급하구나 생각이 먼저 내머리을 쓰쳐가드라. 나의 직감가 다르게 어머님이 1시 40분에 돌라 가쉬따고 이야기을 하드라."
"부인은 그 소리을 덧고 어재 죽을 손수 숯칼로 터너시따면서 놀란 표정이며 눈물을 흘리드라. 우리 부부는 곳바로 오트바이로 처가에 같쓰며 그태는 김천 처형만 와개쉬드라."
"사람은 다들 한번식은 이길을 가야 하며 이길이야 말로 허무한 길이 돼고 마는 것이 인간이란 말인가. 이길이 자신이 할 수가 잇따면 다들 행복한 길이 뛜 수 잇쓸끈돼 그려치 않코 자식이 하여주며 인간이 하기 때문에 이길이 처참하게 돌라 간다는 말인가. 이 죽음길을 자식의 자리에서 한번식 생각을 해바야 돼지 않캐나 하고 생각을 하여본다."

〈1999년 4월 8일 목요일 날씨 맑음〉
오늘은 조문객을 맞지하여쓰며 자신으로 바서는 4째 사위인돼 자신이 맏사위가 됀 위치로 조문객을 받앗다. 맏사위는 건강 문

재로 오지 않아코, 둘째는 미듬[믿음]이 다르기 때문에 오지도 않아쓰며, 셋째는 멧달 전에 세상을 터나서며 그리고 자신인돼 맡사위 자리을 지킨 셈이다. 그리고 내 뒤로 포항, 서울 두사람 그래서 오늘 사위는 셋사람 조문객을 받앗다. 아들로서 외동으로 자라서 처남 한사람 이른 일은 당하면 형재가 만아야 하겟따는 생각이 들드라.

〈1999년 4월 9일 금요일 날씨 비〉

기상대는 오늘 내일까지 비가 만이 온다고 예보을 하지 처어머님의 장래을 다치류지 않아서 비가오면 어떠게 하나 하고 극정을 하였는돼 다행이 장래을 다 치루고 나니 비가 내리기 시작을 하는돼 정말 맹인이 복이 만은 분이라는 생각이 들며 개절도 꽃피는 봄이며 시간, 때, 하나도 잘못댐 업고 다들 잘돼어쓰니 복이 만은 사람이라고 말을 하고 십다.

지출에 … 부주 200,000원,
상주돈거는돼 100,000원
계 300,000원

〈1999년 4월 10일 토요일 날씨 맑음〉

오늘은 장모님 삼호 날이며 교인들은 장래식이나 삼호나 다들 수라게 치루고 마는 구나. 이것은 어떠게 생각을 하며 부모님의 따뜻한 정, 자식을 이하여 일평생 밑거름만 돼고 이 세상을 떠나고 잇는 판국에 성경의 노래로 보낸다는 것은 우리들은 믿드저지 않으며 부모님 죽음이 내가슴에 비수을 곳는 아품을 간직해야 하는돼 교인들은 부모님의 죽음을 여사로 생각을 하고 영혼은 천당에서 살라간다고 생각을 하고 잇쓰니 기가 막히고 잇다.

"인관의 과학이 발달하면서 모든 신비을 벗키고 잇는돼 이 하늘나라 천당의 신비을 벗키지 못하고 종교는 하나님이 이따면서 이 인간 세상을 헛때개 살라가며 인간 세상을 허리게 만들고 잇다. 이 신비을 영혼이 벗키지 못하면 이 세상은 큰 이협을 받들 것이다."

"오늘 장모님 장래식과 삼호을 교회 법으로 치루고 마랐다."

"그리고 부인친구와 우리 부부 9명이 칠곡 한빛 회집에 가서 회을 먹는돼 다들 맡잇게 잘 먹어찌만 회갑이 너무 비싸서 우리 농촌 사람은 자주 접대는 어르운 음식이라고 말을 하고 십꾸나. 그리고 오늘 음식값은 미리부터 모와논 돈이라서 회집을 찾자와찌 그려치 않코 개인돈을 풀어서 회을 먹는 일은 어렵따고 생각을 하며."

"그리고 자신이 말을 하고 십픈 것은 오늘 회집은 아이네프도 저가라는 뜻이라고 바야하며 무선 손님이 큰잔치 집같트며 종업원은 손님 접대한다고 비지땀을 흙리는 것을 보니 그저 입만 벌어지고 자신의 시만 흔들인다. 시국이 경제에 흔들리며 실업자가 200만명이 넘는다고 아우성인돼 이곳은 서로 돈쓰게따고 인간의 산태가 나고 잇쓰니 재각키 자신을 한번 돌아바야 한다고 생각을 가져본다."

지출에 … 오늘회값 217,000원

〈1999년 4월 11일 일요일 날씨 비〉

오늘은 우리 혜지가 시어머님이 생신에 왔따가 사위와 딸이 왔쓰며 이번에는 딸의 얼굴이 좋으며 표정이 상당이 밝드라. 이 아빠는 그른 줄도 모르고 늙 마음 속으로 극정을 하여 왔는돼 이재는 극정은 하지 않으야 하게꾸나.
지출에 … 혜지 용돈 50,000원

〈1999년 4월 12일 월요일 날씨 비〉

오늘은 동기생이 중풍으로 경대병원에 입원을 한 조승웅이 병문안을 친구 5명이 갈 쓰며 이 친구가 처음에 중풍으로 쓰려질 때 바서는 회복을 해서 개인택시을 할 수 잇쓸까 극정을 만이 하여는돼 오늘 이 친구을 보니 수일네로 회복이 돼어서 개인택시 운영을 할 수 잇쓸것으로 내다 본다.
"이 친구는 부인도 업는 상태예서 중풍으로 생개의 수단을 논는다면 그 고충은 가슴을 찌저지는 아픔을 가지고 살라 갈끈돼 천만다행으로 회복이 돼어서 조승웅 친구도 생활에 안정을 가질수가 잇쓰서 행운의 기회라고 바야한다."
지출에 … 병문안 15,000원

〈1999년 4월 13일 화요일 날씨 비〉

올해는 봄비가 너무 자주오며 자전 비 때문에 일도 못하고 포도밭은 지섬 투성이며 이것을 해결할려니 음두도 나지 않는구나. 자신은 전체밭이 다들 지섬 투성이라도 고민이 만타.
"오늘은 태모 매재한테 벼씨 가지고 왔쓰며 자신은 모자라는 벼씨 15kg만 가지고 온 셈이며 태모 배재한테 가지고 온 벼씨는 40kg 3가마이며 올해 우리 마을 전농가가 벼씨을 다른곳에서 구입을 하고 잇쓰니 이 손실은 크다고 바야하며 우리마을은 침수피해을 돈원으로 개산 한다면 음청날 것으로 내다본다."
지출에 … 벼씨값 20,250원,
짜장면값이 2,300원,
계 22,550원

〈1999년 4월 14일 수요일 날씨 맑음〉

오전은 건답직파 노타리 날가라 넘. 오후는 보도랑 쳐면서 보도흙을 논에 올리 난 것을 삽으로 보뚝보강하고 남어지 흙은 논에 다들 피어쓰며 이것을 셋단지 보뚝을 하고 나니 해가 만이 남아는돼도 허리을 만대로 필수가 업쓰서 다음으로 미루고 말랐다.

김응수 參萬원 서울
정상극 參萬원 울산
하정임 貳萬원 본동 구판장
윤학도 參萬원 김천시 남산동 174, 18번지
이양근 參萬원 농소 신촌
김수옥 參萬원 조합장
김성수 參萬원 한일여고
박돈하 參萬원 아포조합
이진호 參萬원 아포조합
윤재근 貳萬원 본동
손용수 貳萬원 본동

이화명충149) 예방
6月 25日 일차방재
8月 15日 2차 방재
5月 30日 이왕
6月 14日 가리거름
6月 12日 - 14日 넘어서는 거름이 만아도 좋다
6月 25日 비료 거절하여함
6月 30日 물꼬에 물 땜

149) 벼의 큰 해충인 이화명나방의 유충을 방제하기 위한 기록으로 보인다..

7月 20日 이삭거름
고토 붕사가 부족함

김제시 청하면 김제리 토기

〈1999년 4월 15일 목요일 날씨 맑음〉

오늘은 상토흙을 준비을 함. 올해도 상토흙을 미리 준비을 못하고 갑짝스럽개 당산 밭 흙로 상토 흙을 준비을 하여는돼 산도가 맡절란지 마음이 부란한 감이 잇다. 오늘 상토흙을 경운기로 3바리 7부 정도 준비을 하였다.150)

〈1999년 4월 16일 금요일 날씨 맑음〉

상토흙에 비료 1포 6부 정도와 다찌엣스약 8봉을 상토흙에 석는일을 함. 올해는 부인이 어깨가 아빠서 올해는 상토 준비와 거름 석는 일들 전부 자신혼자 하는돼 힘이 만이 들며 부인이 도와 주는 것이 음청나다고 한번 생각을 하여본다.

지출에 … 운이용돈 30,000원, 모판용비료
다찌에서약 8봉 31,600원
땅콩비누류 8,500원,
계 70,100원

"오늘 오후는 당산밭에 참깨 갈라고 경운기로 이랑만 만들어 났다."

〈1999년 4월 17일 토요일 날씨 맑음〉

오늘로서 수로 천다고 폭크랜이 흙을 보뚝으로 잔득 올리 논 것을 오늘로서 정리을 다하였다. 흙을 만이 올리 논 것을 삽으로 정리을 하여야 하니 그 힘이 상당이 만이 들드라.

그리{고} 성운이가 요즘 도서관에서 그진 시간을 다 보내고 잇는돼 공부가 돼는지 안 대는지 마음 자세가 아바 마음에 더는구나. 우리 운이가 공부할 때는 오락으로 허정 세월 다 보내고 이재와서 공부을 할려고 해도 공부가 돼나. 이 아빠가 공부하라고 할때에 조금이라도 하여쓰며 이른 고충이 업쓸것이 아니냐. 이 아빠 생각할수록 외돌꾸나."

수입에 … 저금 수령액 300,000원

〈1999년 4월 18일 일요일 날씨 맑음〉

오늘 오전은 사과밭에 경운기 노타리을 하여쓰며 노타리가 너무 너저서 지섬들이 이미 만이 잘라서 노타리 효력이 업쓸 것 같꾸나. 앞푸론 노타리을 좀 일적 해야 하겟꾸나.

"오후는 사과나무 밑에 벼집을 깔려고 나무 밑에 벼집을 갈다 논는 일을 하여쓰며 그리고 오늘은 너무 더어서 그늘 밑을 찾자서며 오늘 오후는 시는 시간이 만앗다."

〈1999년 4월 19일 월요일 날씨 맑음〉

오늘은 건답직파 갈때에 노타리만 안전이 하여 났다. 4마지기는 지금 파종을 하여도 돼겟는돼 이쪽에 3마지기는 상당이 추지든돼 이것은 내일 오후에 가도 파종하기가 힘이 들것으로 내다본다.

"오후는 노타리한 곳에 높은 곳은 삽으로 고루고 네 기통에는 다들 삽으로 고루는 일을 하고 벼집을 경운기로 한 발리 실어서 바시네이 포도밭 갈라고 같다 낫다."

〈1999년 4월 20일 화요일 날씨 맑음〉

오전은 사과밭에 벼집 깔라고 나무밑에 갈

---

150) 일기 지면 상단에 '(벼씨 침종함)'이라고 기록되어 있다.

다 논는 일함. 사과밭에 충분이 깔집은 부족하드라.
"오후는 건답직파 파종을 하여쓰며 자신이 파종에 들어 가기전에는 땅이 추지서 극정을 한는이 씨가 잘드려 같다고 생각을 하며 일도 아주 잘 돼어서 일도 매끄려계 잘 돼어쓰며 역으로 벼씨가 아주 잘드려 갈것으로 생각을 한 것이 파종하는돼 아주 힘이 들어다."
"우리 운이가 요즘 시험 본다고 집에도 오지 않코 도서관에서 시간을 다 보네고 잇쓰니 우리 운이가 공부을 한다고 밤잠을 자지 않코 공부을 하고 잇쓰니 이 아빠는 우리 운이가 이려깨 변화고 잇따는 것을 이변에 알라꾸나. 운아, 이 아빠 기분이 좋꾸나. 운아, 이 아빠 이재 학점을 못따서 졸업을 몿한다고 해도 이 아빠는 서운하지 않깨다. 이 아빠는 기쁜 캐캄을 어더서 이 아빠 기분이 아주 좋꾸나. 이 아빠 운이가 공부을 하겠따고 노력을 하고 잇는 그 모습 정말 기분이 좋꾸나. 그리고 이 아빠는 운이가 이 세상을 살라 갈 수 잇따는 {기질은} 이 아빠 이미 발견을 하여다. 운아, 정말 고맏게 생각을 하고 잇다."

〈1999년 4월 21일 수요일 날씨 흐림〉

오늘은 첨종한 벼씨을 싹티우기 작업을 할려고 다들 물레서 건저 두어쓰며 그리고 사과나무에 약살포을 하여쓰며 약량은 25말로 약살포을 다하였다.
"그리고 당산포도밭 제초재 약을 살포을 하였다. 약량은 17말로 약살포을 다하였다. 앞푸론 가을에 김매기을 하든지 그려치 않으며 초봄에 김매기을 하여야지 그려치 않으며 잡초 때문에 고충을 격개 됀다."
"오후는 내일 파종을 하기위하여 파종기을 집에 설치을 하였두어다. 그리고 자신은 육모상자을 파종기 엽폐 진열을 하여 두는 것으로 오후 시간을 끝을 냇다."
"오늘 오후 시간이 좀 치는돼 몸이 피곤해서 휴식을 하였다."

〈1999년 4월 22일 목요일 날씨 흐림〉

오전은 모판에 노타리을 하고 오후는 파종을 하는돼 흙이 너무 부더려어서 물을 주니 흙이 다들 물과 같이 다들 세어버리서 상토 흙에 문재가 잇쓰서 파종하는돼 힘이 들어다.
"그리고 올해는 벼씨 싹이 잘 터지 않으며 싹이 문재가 잇는지 그려치 않으며 날씨가 문제가 잇쓰서 그른지 하여뜬 벼씨 촉이 수라지 않타고 말을 하고 십다."

〈1999년 4월 23일 금요일 날씨 비〉

오늘로서 우리조 벼씨 파종을 다하여쓰며 오늘 셋집이 좌종을 하는돼 제일 마지막으로 용만 좌종을 막하고 나니 소낙비가 내리드라. 이 소낙비을 보니 어떠개 일을 말끔이 맏친뒤에 소낙비가 와서 마음이 깨운한 감을 너켜다.
"올해는 파종을 2뜰만에 맏치서 작년보다 하로 단축을 한 셈이다."

〈1999년 4월 24일 토요일 날씨 맑음〉

오늘은 모판을 만드는돼 혼자 하여쓰며 부인은 포도가지 비누류 벗키는 일을 하여쓰며 엔말레 시집살리 살라 갈수록 힘이 든다더니 자신이 작년까지만 하여도 늙 부인과 둘리서 하는돼 올래는 모판준비을 혼자 하였다.

"그리고 오늘로서 포도가지 비누류을 안전이 벗키는 작업을 끝을 냇다. 그리고 땅콩씨 파종을 함."

〈1999년 4월 25일 일요일 날씨 맑음〉

오늘로서 땅콩 씨을 갈라쓰며 땅콩을 갈면서 이랑을 만들고 곳바로 라쇼을 헌치서 땅콩씨가 날란지 몰개꾸나. 땅콩씨는 촉을 내서 갈라는돼 아무련 일업시 잘자라야 하는되.

"오늘 오전에는 상무씨 논갈리을 하여주고 오후는 우리논 갈리을 함."

"그리고 부인은 오늘이 장모님 생신이라고 김천, 선둘, 첫형, 셋시가 산소에 볼음식을 가지고 산소에 찾자보고 처과집에서 놀다가 왔다고 하드라. 자신 같트며 첫어머님은 돌라가쉬찌만 이번 생신은 음식준비을 해서 나누어 먹어야 됀다고 생각을 하는돼 그려치 못하고 교인들은 하나님만 알고 사회에 사리는 너무나 모르고 잇따고 생각을 하며 쳐과에도 처남댁보다 처남을 더 모르고 잇쓰며 이재는 저이들 식구만 잇쓰니 편하게 잘 살라 가개꾸나. 다들 따린 식구가 나푸다고 하는 것은 다들 내 자식이 나빠서 그려타고 바야 한다."

〈1999년 4월 26일 월요일 날씨 맑음〉

오늘은 육모상자 본답에 내나쓰며 올해는 농사가 상당이 만이 줄어서 모판 내는돼는 수라드라. 그리고 우리조 4집이 오늘 육모상자을 본답에 다 내는돼 힘이 만이 들어다. 앞푸론 반식 해서 이틀을 잡아야 하겟드라.

"그리고 자신은 모판에서 냄새가 만이 나는돼 올해 모판이 아무련 이상이 업쓸련지 몰겟꾸나. 모판에서 이상업시 잘자라 주야 하는돼 극정이 돼는구나."

〈1999년 4월 27일 화요일 날씨 맑음〉

오전은 건답직파 논에 크목손 약[151]과 마세트 입제을 약량 한단지 16말 해서 살포을 하여쓰며 오늘 건답직파 논 7마지기을 약살포을 하여다.

"그리고 오후는 논갈리을 하여쓰며 그리고 원정운이가 갈리을 해달라고 하여서 해가 다 질무름에 한단지 갈라 주어다."

지출에 … 복서담 깔가리 15,000원,
경운기 약벨트 3,500원,
버스비값 1,840원,
계 20,340원

〈1999년 4월 28일 수요일 날씨 맑음〉

오늘은 논갈리을 함. 요줌은 너무 가물어서 경운기로는 논갈기가 힘이 들것 같꾸나. 트랙트로 갈리는 안성맏춤이라고 생각을 한다.

〈1999년 4월 29일 목요일 날씨 맑음〉

오전은 당산 캄벨포도에 살충재 살포을 함. 약량은 10말로 살포을 하여 두어다. 그리고 자신의 포도는 남들처름 포도 순이 자라지 못하고 제일 좋은 사람보다 반정도 밖에 순이 자라지 못해서 이것이 제초제 약해을 받아서 그른지 밑거름이 적으서 그른지 알

151) 국내에는 그라목손(Gramoxone)이라는 이름으로 널리 알려져 있으며 이에 대한 오기인 것으로 보인다. 정식명칭은 파라콰트(paraquat)이며 제초제의 일종이다.

수가 업꾸나.

"오후에는 모판에 종이 벗키로 가서 모판을 보니 자신의 모판은 안전 실패작이며 처음부터 모판이 본답이 갈때에 냄새가 만이 나드니 결국은 모판 행세을 못하고 말며 아주 시원찬은 것을 80판은 땅바닥에 비우고 그래도 가능성이 잊는 것은 그대로 두고 볼 작정인돼 이것이 하자 업시 자라 주야 하는돼 극정이 크다. 아무라도 모판 농사가 반이며 이 농사에 전 신경을 다 쓰고 잊는돼 자신은 신경을 들쓰서 모판을 배린 것이 아닌가 하고 후해을 만이 하고 잊다. 그리고 모판을 배린 원인을 모르고 잊쓰니 더 마음이 답답꾸나. 오늘 자신과 부인 둘리서 모판을 비우는 심정은 무어라 말로 표현을 할 수도 업고 이재는 농사도 못찌깨따는 생각이 드는구나."

"오늘 내 마음 같다서는 논농사는 다버리고 밭농사만 지어 볼까 하는 마음까지 드는구나."

"그리고 모판을 실폐을 해서 누님집에가서 씨, 나락을 일품 21kg 가지고 오고 우리나락 침수 대어찌만 한푸대 주고 바꾸왔다. 이것이 다들 부주위로 손실을 보고 잊따고 생각을 한다."

지출에 … 고추모값 100포기 15,000원

〈1999년 4월 30일 금요일 날씨 맑음〉

금년에는 미랑 종모사에서 초봄부터 고추모 신청을 밭아서 자신뿐 아니라 우리마을에서 고추모 신청을 상당이 만이 하여는돼 미량종모사에서 열락이 조동장편으로 고추모가 업쓰니 개인별로 사다가 심어라고 열락이 와서 자신도 고추모 엇는돼 신경을 쓴 편이다. 미량만 아니여드라면 운학이 집에서 200포기을 어들킨돼 신청을 나중 하여기 때문에 100포기만 줄라고 해서 100포기는 대신 근배씨 한태 어드왔다.

"올해 고추모는 별무리 업시 모종을 잘하여 따고 생각을 한다."

지출에 … 콩씨 2,400원, 고추모 15,000원, 셋값 2,000원, 계 19,400원

〈1999년 5월 1일 토요일 날씨 맑음〉

오늘은 우리마을 부녀회에서 삼천포 관광을 같쓰며 자신은 바시네이 쌔래단 포도 콩점과 엽순 제거 하는 일을 하고 오후는 말리 사과나무에 물주는 일을 하였다. 요걸레 와서 너무 가뭄이 심해서 밭일을 할 수가 업두록 가뭄이 심해다.

"오늘 부인 여행 같다 오면은 고기 국물이라도 준비을 하여 두어야 하는돼 준비을 못해서 마음속으로 미안꾸나."

"앞푸론 이 남편이 신경을 쓰야 할 것 같꾸나. 내 부인 속이 넓번 사람이라서 이해를 해주리라고 미고는 잊찌만 그래도 실천이 중요하리라고 생각을 한다."

"오늘 문재로 반대로 내가 여행을 같다 왔쓰며 밥상이 푸짐 할끈돼 이것을 생각을 하니 아무련 준비도 못한 자신 미안하게 생각을 한다. (여보 미안 하리라.)"

〈1999년 5월 2일 일요일 날씨 맑음〉

서울 임대현 친구 딸 결혼식을 서울서 올리는돼 고향친구 2명과 대신 명세와 셋시 예식에 참석을 하여쓰며 이것은 서로가 왕래을 해야 하지만 이 바번 세상에 서로가 시간과 낭비을 해야 하는냐 하는 것을 한번 생각을 해볼 문재가 잊는 것 같다. 오늘 당

일 치기로 서울 갈다오는 그 고통은 너무나 크다는 것을 절시리 너켜쓰며 앞푸론 이른 고충을 들어야 할 것 같다.

지출에 … 교통비 주대값 30,000원,
축이금 50,000원,
계 80,000원

〈1999년 5월 3일 월요일 날씨 비〉

기상대에서 비온다고 예보을 하여서 포도밭에 물돌려논 것을 중단하고 논에 벼집을 한발이 경운기로 실어서 바시내이 포도밭에 갈다놋고 당산에 참깨 갈려고 이랑을 만들어 논것에 지섬이 넘어 만아서 깨골을 지찌 못하고 잇쓰서 오늘 비을 마저면서 트랙터 노타리을 하여낫다.

"오후는 비가 너무 만이 와서 휴식을 하고 마랐다. 이번 비는 우리 농민들을 일을 만이 들어 주엇쓸뿐 아니라 눈으로 보이지 않는 큰득을 보여따고 생각을 한다. 이번 비가 않아 드라면 포도밭에 전기 모타는 계속 돌라갈 것이며 사과밭에는 경운기로 몰을 올리서 이것들이 다들 따지면 돈이라고 볼 때 이번 비가 상당이 득을 보여따고 생각을 한다."

〈1999년 5월 4일 화요일 날씨 맑음〉

시보건소에서 간기능 검사을 한 것이 유소견자라고 판정이 대어서 오늘 재검사을 받아 바야 한다고 오늘 초음파 검사하로 가는돼 사실 부란하며 부인이 따라 갈라고 하는돼 거절을 하면서 마음 속으로 따라 와주어쓰며 하는 심정이드라. 그리고 초음파 검진을 받아바야 한다는 통지을 받고는 사실 별 마음이 다들며 자신은 앞푸로 부인한태 내 사랑만 다 줄라고 작정한 것이 다들 숲푸로 도라가는 것이 아닌가 하고 극정을 하여쓰며 내 나람대로는 만은 개핵을 세우보기에 했고 만약 건강을 일련다면 힘더는 땅은 다 파라서 7,000만원 정도 예금을 해서 부인이 살라가는돼 아무련 불편이 업두록 하여 줄라고 생각도 여르번 생각을 하여밭다.

"오늘 간기능 제검사 결과가 좋아서 상당이 기분이 좋꾸나. 간기능 초음파 검사을 하는돼 별다른 것은 업고 육식을 만이 해서 간에 기름이 키어따고 육식을 하지 말고 운동을 만이 하라는 의사 선생님 말씀을 덧고 보니 여때것 극정한 것이 다들 허사로 돌라가버리쓰며 이것이 한끄번에 다들 사라진 것이 꿈만 같꾸나. 여하뜬 오늘 내 기분은 날라 갈끗 같이 기분이 좋꾸나."

지출에 … 경용이 차로 김천을 같쓰며
차비료 주지 못하고 정심
먹으라 10,000원, 혈합약 15분
1,600원, 버스비값 1,840원,
택시 1,500원, 점심식사에
짜장면 2,300원,
계 19,240원

〈1999년 5월 5일 수요일 날씨 맑음〉

부인이 어재 병원 따라왔다가 내 생일 준비한다고 농협장을 보는돼 할기가 잊는 것 같떠며 부인도 자신보고 극정을 하지 말라고 하면서도 마음속으로는 극정을 만이 한 것 같떠며 부인 바서도 자신이 건강을 오래동안 유지을 해야지 부인이 복이 만은 사람이 돼는돼 이것을 유지 하기 위해서는 의사선생님 말씀돼로 운동을 만이 하여야 하게꾸나.

오늘 자신의 생일이며 늙 자신의 생일을 별다름이 업시 김천 동생 집안 사람 해서 아침 식사을 나누어 먹엇다. 그른돼 자신의 간기능 검사 때문에 자신의 생일 준비가 아주 푸짐한 생일상이 아닌 것 같꾸나.
"오늘 오전은 자신에 생일이라고 오시서 일하로 가지 못하고 휴식을 하고 오후는 바시네이 쌔래단 포도에 살충제 약 살포을 하고 약량은 10말 골래 작과 약 살포을 하여는돼 약량은 20말 앞밭에 약살포을 하여는돼 20말로 약량이 적드라. (그리고 마늘에 가리비료을 함.)"
수입에 저금 수령액 300,000원

〈1999년 5월 6일 목요일 날씨 맑음〉
요먼저 벼씨 파종한 것이 고원 장해로 거른지 본답에 나가서 그른지 모가 자라지 못해서 상자을 베어버린 80 상자을 다시 육모상자을 너을 모판을 다시 만들어 낳다.
"그리고 캄벨 포도밭에 아연을 8kg을 한셈이다. 실지 포도에 아연이 좋은지도 모르고 남들이 좋다고 해서 아연을 하여 받다."
"오후는 부인과 둘리서 참깨 골지로 같뜬이 트랙터로 비을 마저면서 노타리을 하여뜬이 그 비가 땅으로 다들 스며 들어서 땅이 추지서 경운기가 가지을 못하드라. 그래서 참깨 골짓는 것은 포기을 하고 캄벨 포도 육손 따는 일을 하였다."

〈1999년 5월 7일 금요일 날씨 맑음〉
오늘 실폐한 모판 대치로 나갈 모판을 정검하고 바시네이 새래단 포도 벌순 따는 일을 하여쓰며 올해는 두리서 부지련이 하여도 일은 무엇을 할주망도 모르게 싸여 잊고 일레 지칠정도다.
"올해 자신은 수도작이 7.5 돼지기나 줄어는돼 일은 줄은 표가 업고 일은 더 만은 것 같꾸나."
"오후는 육모상자에 제파종한 것 110판을 부인과 둘리서 본답에 낼라고 모판에 일을 하니 바람 때문에 작업이 안돼드라. 그른돼 형님과 봉용 형님이 도와 주어서 모판은 무리 업시 망우리을 하였다. 오늘 맏침 두사람이 잊쓰서 그려치 우리부부가 할려고 한다면 상당이 힘이 들어 쓸끄로 본다."

〈1999년 5월 8일 토요일 날씨 맑음〉
오늘은 모판 비누류을 안전이 벗키서 집우로 가지오고 마랐다. 같은갑시 모판에 실폐가 업쓰드라면 참 좋아 쓸끈돼 그려치 않아서 마음이 아푸다.
오후는 우리 마을 경로잔치을 하여쓰며 올해는 경로 잔치가 시들어며 이것도 아이네프라서 그른지 사람수도 아주적고 우리동신회원도 올해는 힘드는돼 30,000원식 하든 것을 20,000원으로 줄아서 하자고 하니 다들 약속이나 한 것처름 다들 좋다면서 개인부주 20,000원식 하고 계금으로 100,000원 하기로 결정을 밧다.
"오후네 휴식을 할려고 하다가 참깨 갈 자리에 트랙터 노타리을 해서 경운기로 이랑만 만드는 작업을 하였다. 이번 참깨 갈자리는 트랙터 노타리만 셋번째이며 이것은 참깨농사을 풍년 농사을 짓어도 손해라고 생각을 한다."
지출에 … 경로잔치 축이금 20,000원

〈1999년 5월 9일 일요일 날씨 맑음〉
참깨 갈려고 이랑 만들어 논곳에 라쏘 입제 약살포을 함. 약량은 7.5말 살포을 하여는돼 당산 밭에 전체적으로 다 제초제을 살포을 한다면 약량 10말은 들어야 할 것 같다.
오후는 운이와 둘리서 사과약 살포을 함. 약량은 40말로 살포을 하여다. 그리고 올해는 사과 꽃이 수정이 잘 대어서 열매가 만이 와드라. 우리 농촌은 매년 풍년이 돼어야 우리 농촌이 윤택하게 살라 갈 수가 잇따고 본다. 그련돼 올해는 작과일이 열매가 업쓰서 마음이 예석 하구나.

지출에 … 사과약 가지로 가는돼 버스비 값 1,200원, 사과약, 제초제약 외상구입.

〈1999년 5월 10일 월요일 날씨 맑음〉

오전은 실폐한 모판에 덥픈 것 멀칭을 벗키오는 일을 하고 모가 지금 바서는 아주 잘 자라 주엇서 기분이 아주 좋터라.

"오후는 윤달희 논갈리을 하여주엇쓰며 원골 사람은 논에 물이 잇쓰서 갈지 못하고 마랐다."

수입에 저금 수령금액 200,000원

〈1999년 5월 11일 화요일 날씨 맑음〉

오늘은 부인과 둘리서 종일 참깨 비누류 씨우는 일을 하는돼 골랑이 소라서 작업이 아주 힘이 들어다. 앞푸론 골랑을 40전은 이상은 해야 작업률이 좋개드라. 참깨 비누류는 500m짜리 1막키 쓰고 모자라서 1,000m 매다자리 사와서 좀 쓰다.

〈1999년 5월 12일 수요일 날씨 맑음〉

오전은 논에 물을 돼어서 모내기 준비을 할까해서 들레 같뜬이 수료에 물이 업쓰서 물을 못돼고 보뚝에 풀쳐는 일만 하고 오후는 트랙터 노타리만 하였다. 이것도 남의 돈 버는 일만 하여다. 면적은 13마지기함.

〈1999년 5월 13일 목요일 날씨 맑음〉

캄벨포도 약살포을 함. 약량은 15말 살포을 함. 포도송이가 꽃이 혹 한 개 피는 것이 잇드라.

오후는 노타리을 하는돼 트랙터가 열이 만이 나서 일도 개핵대로 못하고 잇다. 노타리면적은 11마지기함.

〈1999년 5월 14일 금요일 날씨 맑음〉

캄벨포도 비가림 할려고 철사 동여 매는 일을 하고 오후는 트랙터 노타리을 하여쓰며 자신은 일들이 너무 만아서 어든 것부터 일을 해야 하나 하고 망스릴 때가 만타.

〈1999년 5월 15일 토요일 날씨 맑음〉

오늘 형님 트랙터 노타리을 하고 일적으서 달희 노타리 한단지을 하여주어다. 내년에는 트랙터도 일하는돼 무리가 갈뿐 아니라 자신의 채력 때문에 남외 일을 할 수가 업따고 바야 하기 때문에 내년에는 남외일은 그만 두야 하겟다.

〈1999년 5월 16일 일요일 날씨 맑음〉

요줌 날씨가 너무 가문다고 바야 하며 잇때에 비가 한번 푹아주어쓰며 하는 심정이다.

오늘은 혜영이, 운이 다들 일요일이라고 포도 엽순따는 일을 하는돼 도와 주어쓰며 이것들이 도와주니 마음이 푸건 하드라.

"우리 부부가 할 일은 너무 만타고 생각을 하며 우리 부부도 체력의 한계라고 생각을 하며 이재는 우리 부부도 마음마는 점타고 생각을 하지 실지 육체는 일하는돼 무리가 따린다고 생각을 한다."

〈1999년 5월 17일 월요일 날씨 맑음〉

기상대 일기 예보가 내일은 바람이 강하게 불면서 비가 만이 온다고 예보을 하여서 모내기 할논에 일할끄도 만은돼 다음으로 미루고 오늘은 포도 순묵는 일을 하였다. 바람 불면서 비가 만이 온다면 포도 순이 다들 떨어질 것 갇다서 부인과 둘리서 종일 순묵는 일을 하여도 일부 순이 들자라서 못 묵는 순이 만이 남아 잇는 셈이다.

〈1999년 5월 18일 화요일 날씨 비〉

기상대에서 비 만이 온다고 기상대서 급을 주든이 비는 그능 길거리에 문지 않날정도 밖에 오지 않아서니 기상대는 너무 호들값을 떨고 잇꾸나.

"오늘 비을 맡저면서 트랙터 노타리을 하였다."

〈1999년 5월 19일 수요일 날씨 맑음〉

오늘도 종일동안 트랙터 노타리을 함. 노타리을 해서 수입은 돼지만 그래도 이재는 수입보다 자신의 건강을 신경을 쓰야 하며 건강에 무리가 업두록 해야 한다고 생각을 하며 이제 자신도 욕심을 버리야 하며 이제는 부인도 일래 지치게 해서는 안대며 부인도 허리을 펼시간을 만들어 주야한다. 우리 부부는 살게따고 오늘날까지 정신업시 일을 해와따고 말을 하고 십프며 이재는 일거리을 줄아야 한다.

지출에 경유 1드람 단한번비료 24포,
유안 1포, 가와오일 2통,
총금액 361.500원
수입에 수령금액 370,000원

〈1999년 5월 20일 목요일 날씨 맑음〉

트랙터 노타리을 오늘로서 자신이 할 노타리을 반 이상은 한 것 같다. 사람들이 처음에는 나중에 할려고 해도 시기가 다쳐 노면 서로가 조은날 일요일 아들이 거들 수 잇는 날을 택해서 일을 해달라고 하니 내가 하고 십프도 자신이 돈을 버는 입장이 대고 보니 자신은 일은 늙 디로 밀리고 만다. 그래서 자신은 늙 셋치기로 할려니 늙 힘이 들고 우리 혜지 말과 아빠도 청춘이 아니라면서 일을 무리하지 말라고 당부을 하고 잇는돼 이재는 욕심을 부리지 않으야 하겟다.

〈1999년 5월 21일 금요일 날씨 맑음〉

오늘은 부인이 경운기 몰고 자신은 비료을 헌치고 단한번 비료는 한단지 6포, 도우미 비료는 한단지 7포을 밑비로 하였다. 그리고 비료 헌치고 쓰레질을 약 6단지 한 셈이다.

〈1999년 5월 22일 토요일 날씨 맑음〉

부인은 대구 사촌 형님 순종 딸 결혼식에 가고 운이와 둘리서 모판을 띠어서 모내기 할려고 본답에 갇다 놋는 일들을 하여 쓰며 요먼저 운이가 축제라고 친구 자치방에서 이틀이나 자고 오지 않아서 혼을 내고 다시는 전화도 하고 외박을 안알라고 빌어서 참 아픈 일이 잇쓰서 오늘은 일도 버급고 운이 이놈자식아, 너의 아빠 늙 을마나 힘드는 일을 하고 잇는디 맡이나 바라 하고 일을 일부로 고대개 식키 쓰며 오후 1시까지 일을 하였다.

"오늘 운이을 힘들개 일은 하지만 꾹참고 일을 잘하드라."

"이 아빠 생각에 운이가 좋은 쪽으로 생각을 하지 않아깨나 하는 생각을 가저 본다."

〈1999년 5월 23일 일요일 날씨 맑음〉

오늘도 종일동안 트랙터 노타리을 이재는

일레 질린다. 자신뿐 아니라 부인도 죽두룩 일하고 잇쓰며 이래 개속 간다면 우리 부부가 건강을 유지을 할 수가 업따고 본다.

"내 요보 오늘날까지는 일을 안해야지 남외 일 아난다고 늙 이때는 이야기을 하여찌만 돈번다고 매년 일을 하고 하여찌만 이것이 남편이 할 일이 아니며 남편이 부인 생각도 해야 하며 이것들이 다들 잘못이라고 생각을 하며 이재는 우리 부부도 시간 좀 가지면서 살라 가야 하는 일도 남편의 목이며 이것들 실천하기 위해서는 남외 일들을 다 치우고 우리 일만 하고 서로가 땀을 딱을 시간을 가지야 하겟쇼."

"요보 사실 자신은 과료로 쓸어찔까 극정을 하로 지나 갈때마다 저녁에 잘때는 꼭 하여쓰며 사실 너무 일이 만으니 일은 주어진 것이고 안알수는 업고 해서 사실 부란으로 일을 하여소. 이재는 무서운대는 다들 지나와소, 여보. 무리한 일은 하지 말고 건강을 늙 생각을 하여주소. 사랑하는 여보, 정말 고맙쇼."

〈1999년 5월 24일 월요일 날씨 비〉

오늘은 이앙기 모내기을 하는돼 자신이 피료가 싸여서 올해는 모내기을 하는돼 품을 돼어서 하여쓰며 품이라고 모내기만 하라고 할 수도 업고 해서 자신이 이앙기로 모을 심어며 한단지식 교대로 심어쓰며 오늘은 비가 와서 그른지 일의 진도가 업드라. 둘리가 종일 심은 것이 4단지 5돼지기 밖에 심지 못하였다.

〈1999년 5월 25일 화요일 날씨 맑음〉

오늘은 부인은 모을 머드리는 일을 하고 자신은 어재 모내기하고 남은 것 4말 5돼기을 자신 혼자 심어다. 이것을 휴식을 하면서 심어니까 오전내 심어다.

"오후는 영남이 트랙터 노타리을 하였다."

〈1999년 5월 26일 수요일 날씨 맑음〉

오늘은 종일동 영남이, 윤석 노타리을 하였다. 이것을 다 생노타리가 돼고 보니 시간이 만이 걸리고 잇다.

〈1999년 5월 27일 목요일 날씨 비〉

오늘은 부인이 포도 속순 따는 일 적심하는 일이 제일 시급하다고 해서 부인과 둘리서 포도 속순따는 일, 적심 하는 일로 시간을 다 보내고 그리고 모든 일들이 중복이 돼어서 육체적인 고층이 따리는구나.

〈1999년 5월 28일 금요일 날씨 맑음〉

오늘은 사과약 50말용인돼 실지 약량은 40말로 약살포을 부인과 둘리서 살포을 하는돼 약이 약빠르드라. 앞푸로는 약대을 조금 적개 나오는 것으로 약살포을 하여 볼까 한다.

〈1999년 5월 29일 토요일 날씨 맑음〉

오늘은 건답직파 논에 밑거름 도우미 비료 한단지에 6포 반을 타고 4마지기 논에는 도우미 8포을 하여을 하였다. 그리고 돌라쓰면서 제초제약 부자논을 살포을 해서 어린 벼에 약해을 당할까봐 사실 극정을 하면서 제초제 약을 살포을 하였다.

수입에 현금수령액 300,000원

〈1999년 5월 30일 일요일 날씨 맑음〉

오늘은 달희 모친이 나의 어머님 친구이며 이분은 우리 어머님 배을 더 살라 쓰며 이른 분들은 복 노인이라고 생각을 한다. 외냐 하면 부모도 자식을 바서 어너정도는 살라 주야 하며 우리 부모님들은 자식들이 사랑을 알기 전에 다들 돌라 가시서 생각을 할수록 아쉬운 마음 뿐이다.

"오늘 어머님 친구 달희 모친이 오늘 출상을 하여쓰며 이른 분들은 89세로 세상을 떠나찌만 정말 복노인이라고 생각을 한다."

〈1999년 5월 31일 월요일 날씨 맑음〉

오늘은 사과 적화을 품을 3명을 해서 적화을 하여쓰며 올해는 자신이 사과 농사을 짓은 후 처음 사과가 만이 달리쓰며 사과가 꽃핀 그대로 수정이 돼어서 열매가 돼어쓰니 이것은 말로는 표현을 하기가 힘이 드는구나. 오늘은 종일동안 적화을 5명이 하였쓰며 내일 하로 더해야 적화을 해야 다 할 것 같다.

〈1999년 6월 1일 화요일 날씨 흐림〉

오늘로서 사과 적화을 끝을 냇다. 품을 삼명을 해서 2일만에 끝을 냇쓰며 적화 인원은 우리 부부와 5명이 한 셈이며 금년에는 열매가 엄청나게 만이 와서 노동력을 뺏고 잇꾸나. 금년에 이려깨 만이와서 내년에는 회갈리 할려고 이려깨 열매가 만이 온 것이 아닌가 하고 염려도 대는구나.

"오늘 정심 식사을 하면서 얼굴을 쳐다보니 맨업시 줄어 잇쓰며 온 얼굴에 피료가 싸여 잇쓰며 자신이 일을 넘어 만이 식키는 구나 하는 미안한 감이 자신의 머리을 스쳐가는구나. 늙 부인의 일이 만아서 시달리고 잇쓸때는 다들 묵어빠지도 좋으니까 일을 다 할려고 하지 말고 쉬어 가면서 하라는 말은 다들 거치래가 돼고 마라쓰며 이재는 부인을 수라게 하는 일을 찾자야 한다고 생각을 한다."

"지금 자신은 혜영이 올해 치우고 아들은 때에 따라서 예인이 생긴다면 학교 졸업을 한뒤라면 다들 출가 식키고 우리 부부 수라개 살며 여행만 다니면서 살라 갈려고 개핵을 세우고 잇는돼 부인의 건강을 바서는 개핵을 단축을 해야 하는돼 이것이 염려가 돼는구나."

"부인 미안하기 짝이 업시 송구 스렵개 생각을 하고 잇쏘. 늙 부인의 건강을 생각을 하고 잇는 남편 이해주기 바란다."

〈1999년 6월 2일 수요일 날씨 비〉

앞밭에 도량에 석축 공사을 한다고 해서 도랑 과외 잇는 강냉이 모종한 것을 둘리서 해장에 다들 뽑아서 큰 밭으로 다들 온기 심는 일하고 오전은 비가 내리서 부인과 둘리서 오전내 휴식을 하고 오후는 작과약 포도약 가지고 오면서 김천 동서 집에서 이바을 하고 내리왔다.

"오늘 비가 좀 만이 와서 논마다 물이 가득가득 들어 잇쓰며 금년 농사는 아주 수라개 짓을수가 잇따고 보는돼 그려치 못해서 아시운 감이 더는구나."

지출 … 김천 동서집에 이발비 50,000원,
버스직행 920원, 계 50,920원

수입에 … 현금 수령 금액 300,000원

지출에 … 태성 딸 병문안 9,000원

〈1999년 6월 3일 목요일 날씨 맑음〉

오전은 포도송이 정리을 부인과 둘리 하여쓰며 포도송이 정리을 하는돼 일부분만 하고 속순따는 일로 오전 시간을 다보내고 오후는 쌔래단 포도 속순따는 일과 포도 육손

따는 일을 하면서도 포도 송이가 하나도 올캐 댈것이 업쓸 것 같다서 일래 재미도 업고 자신이 쌔래단 포도 농사 짓어야 수입도 업고 노력 다까도 한번 하여보지 못하여쓰니 포도 농사가 재미가 업꾸나.

"오늘 부인과 둘리서 포도 쌔래단 약철라고 쌔래단 포도 육손따는 일과 속순따는 일을 하다가 오후 5시 30분경에 캄벨포도 나무에 약살{포}을 함. 약량은 15말 사용함."

〈1999년 6월 4일 금요일 날씨 맑음〉

바시내이 쌔래단 포도 속순 따는 일, 포도 육손 따는 일들 하여쓰며 자신이 쌔래단 포도 농사을 이때 것 짓어 왔찌만 딱 한번 수입을 보고 그 이후는 들어 간 밑천도 못폐고 마라쓰며 올해도 쌔래단 포도는 손만 가지 수입은 기대을 할 수가 업쓰며 대체목으로 선발 포도 심은것도 죽은 것이 만코 살아 잇는것도 재발 사라서 순이 나는 것을 보니 일레 아무련 재미도 업는돼 그래도 손은 다가야 하니 속이 더 상하는구나.

지출 … 통닭 10,000원

〈1999년 6월 5일 토요일 날씨 맑음〉

오늘 캄벨포도 비가림을 하는돼 운이 친구가 와 포도 비가림 하는돼 운이와 운이친구 둘리서 후찌게로 찝고 우리 부부는 비누류을 피는 일을 하여서 오늘 하로만에 비가림을 다하였다. 그른돼 운이 친구는 일을 안해 바서 그른지 오후는 아주 힘들어 하여서 우리 부부가 대신하고 좀 일적 집에가서 쉬라고 보내고 말라 쓰며 우리 운이는 자기거라서 그른지 꾹참는 편이드라.

지출에 … 비가림 비누류 한막키 21,000원,
후찌게핀 10,000원,
계 31,000원

〈1999년 6월 6일 일요일 날씨 맑음〉

쌔래단 포도 속순 따는 일, 포도 어깨 송이 따는 일, 보식한 캄벨포도 나무에 김매기 하여 주는 일, 하로에도 멧가지식 하고 잇쓰며 오후는 논에 물을 돼면서 밭에 일을 하여야 하며 종일 해도 휴식 업시 일을 해도 일이 끝이 업쓰며 때로는 자신이 이래 해야 하는냐 하며 자신을 한번 생각을 할때가 잇쓰며 그리고 자신은 정신 업시 바푸다고 쳤도 부인이 자신보다 더 바푸니 자신의 마음이 더 미안하며 아주 묵묵이 일만하고 잇는 부인 무엇으로 보답을 해야 그 원공을 다 갑파주나. 나로서는 그 고마움을 죽을 때까지 해도 다 갑지 못하고 말끗같다.

"여보, 정말 고마어. 부인 만나 내 평생은 잘살라가는 인생. 생각을 할수록 부인을 잘 맡나소. 내가 어디에 복이 잇는돼 부인을 두어 쓸까 하고 하로에도 멧번은 이른 생각이 하로에도 맷번식 내 머리에 스쳐가고 잇쑈. 요보, 나는 부인 쳐름 아주 어진 남편이 돼겟따는 생각을 해도 그것이 작심 삼일이 못가는 남편인돼 부인은 나한태 시집 온 그날과 같은 마음 여보는 정말 훌륭한 사람이며 사람이 태어날때부터 좋은사람이 정해저는가바. 나는 외 부인처름 어진 사람이 못대나 하고 자신의 마음을 다긋쳐 보기도 하지만 그것이 잘 안돼고 잇다. 앞푸론 일주일이라도 어진 남편이 돼두록 노력을 하여보겠다. (여보 정말로 고마어, 여보.)"

〈1999년 6월 7일 월요일 날씨 맑음〉

오늘은 작과밭 잡초을 예치기로 제거을 하고 바시네이 쌔래단 포도밭 잡초을 제거을 하여쓰며 이것을 종일 예치기 작업을 하였다.

〈1999년 6월 8일 화요일 날씨 맑음〉

오늘은 사과밭에 살충제을 살포을 하고 시간이 일적어서 바시네이 쌔래단 포도밭에 약살포을 하였다.

"사과약량은 40말 살포을 함. 포도약은 10말로 살포을 하니 약량이 적은 감이 잇다."

오후는 구미 봉곡 아파트 입주자을 초대을 해서 화자 신청을 밭고 잇는돼 자신은 화자도 별로 발견도 못하고 집은 잘 짓어드라. 세집에 살라보도 못하고 남외깨 전세을 주야 하니 정말 아깝드라. 운이가 예인만 잇따면 바로 살두록 하여 주어 쓰며 하드라. 요즘 아파트 잘 짓고 잇쓰며 우리집보다 아주 좋으며 남을 줄라고 생각을 하니 너무 아깝따고 말을 하고 십다.

"아버님 어머님 순덕이가 아파트 분양을 밭아서 이재 집을 다 짓어따고 한번 보라고 열락이 와서 부인과 둘리 가밭뜬이 집이 정말 좋씁띠다. 아버님 아들이 돈을 벌어서 집이 두채이며 내가 생각을 해도 가진 것 업시 돈을 벌으꾸나 하는 생각을 하여 밭씀이다. 이것들이 부모님 잘 돌바주어서 아버님 자식 순덕이가 질고 잇따고 생각을 합니다. 앞푸로 잘 돌바 주야 합니다."

지출에 … 아파트베란다 계약금 50,000원, 택시비값 1,500원, 방 거실 린스 계약금 20,000원, 짜증면 4,600원, 차비 버스 5,600원, 계 81,700원

〈1999년 6월 9일 수요일 날씨 맑음〉

오늘 오전은 건답직파 논에 살충제 약을 살포을 함. 약량은 한단지는 12말로 살포을 하고 4마지기는 약량 17말로 살포을 한 셈이다. 자신이 물바구에 약으로 사락약을 좀 일 헌치 낮쓰며 살충제 유제약은 살포을 안해도 돼는대 몰라서 이중으로 약이 들어 같쓰며 일손도 들수가 잇는돼 아주 잘못 돼어 따고 생각을 한다.

오후는 이앙기로 모내기 한곳에 제초제, 부자논과 살충제 큐레탈 입제약을 썩끄서 논에 헌치고 잇는돼 시기가 조금 너전 것 같드라. 외냐 일부 잡초들이 땅위에 자라잇드라. 이약은 초기 제초제 헌치고 15일 잇따가 헌치면 효력이 잇따고 해서 중기 제초제로 헌치고 잇는돼 시기가 너타고 본다.

오늘은 양수기 작업을 할라네 물대로 다닐라내 제초제, 살충제 헌칠라네 상당이 바픈 일가라고 생각을 한다.

〈1999년 6월 10일 목요일 날씨 맑음〉

오늘 오전으로서 논잡초약(부자논) 싸락약[152] 큐레털 약을 다들 헌치고 말라는돼 시기가 조금 너전 감이 잇꾸나. 용법에는 제초제 초기에 한 곳은 15일, 20日 만에 헌치면 효과가 잇따고 하는돼 이것은 자신이 논바닥에 지섬이 땅위에 올라는 것을 보니 시기가 만이 넌는 것 같드라. 자신도 한 절지는 시기가 맡전 것 같뜬돼 나머지 필지는 사용시기가 다들 너전 것 같다.

"앞푸론 모내기을 하고 일주일 네에 제초제약을 살포을 하는 것이 가장 알맞는 것 같다."

152) 싸락약은 작은 알갱이 즉 세립으로된 화학약품, 농약의 살충제, 제초제 등을 뜻한다.

"오후는 캄벨포도 송이 정리하는 일, 알속는 일을 하였다."

〈1999년 6월 11일 금요일 날씨 맑음〉

오늘 외성보에서 늑들전역에 수초 작업을 하여쓰며 인원수에 비예서는 작업량이 상당이 만아는돼 그것을 다하여쓰니 오늘 출력을 한사람은 상당이 수고을 하여따고 생각을 한다. 외성보도 앞푸로는 문재가 만타고 생각을 한다. 외냐하면 농사가 몰리서 농사을 짓는 사람의 수가 적은 돼 보에서 할 일들이 넘어 만은돼 사람의 수는 점점 줄어 들고 잇쓰서 일에 문재가 만을 것으로 내다 본다.

〈1999년 6월 12일 토요일 날씨 맑음〉

오늘은 포도 알속는 일을 하는돼 힘이 들어서 우리는 못하겠는돼 부인은 매일 하는 것을 보며 대단한다고 생각을 한다. 오늘 포도 알속는 일을 하는돼 몸이 피료해서 반은 노란셈이다. 자신이 어제 저녁에 물됀다고 밤 1시까지 들레 잇쓰서 그른지, 그려치 않으며 몸이 약해서 그른지 올해는 피료가 누적이 돼며 그진 매일 몸부림을 쳤겟드라.
"오늘 아포조합에서 조직장 교육이라고 오라고해서 같뜬이 조합 단합 잔치드라. 오늘 조합에서 잔치 준비하는돼 힘이 만이 들어 깨드라."

〈1999년 6월 13일 일요일 날씨 맑음〉

가뭄이 심해서 밭작물은 손예가 만으며 수일네로 비가 와주야지 밭작물이 정상으로 자랄수가 잇지, 그려치 않으며 손실이 만이 될것으로 내다본다.
"오늘 혜영이와 사과밭, 작과밭에 작초약을 살포을 하고 오후는 참깨 씨 시우는 일을 하였쓰며 이것들이 도와 주니 일이 제돼로 도라가는 것 같떠며 부인은 포도밭에 매달리도 끝이 업쓰니 매일 콩티는 것이 일을 해도 뒤는 밀리 잇쓰니 육체적인 고통은 늙따린다."

〈1999년 6월 14일 화요일 날씨 맑음〉

양포도 밭에 양수작업을 삼일식이 하여쓰며 바시내이 포도밭은 물이 적으서 해갈도 면하지 뫃하고 잇다. 기상대는 16日날 정국적으로 비가온다고 하는돼 그날이라도 예보가 빛나가지 않코 좀만은 비가 내리 주어야 밭작물이 살라 남을 수가 잇따고 생각을 한다.
"오늘도 부인과 둘리서 캄벨 알속는 일을 하였다. 포도 일은 갈수록 일이 더 만은 것 같다."

〈1999년 6월 15일 화요일 날씨 맑음〉

오늘 복숭 수학을 함. 그리고 살구 수학을 함. 수학량은 복숭 3짝, 살구 1짝을 하였다. 그리고 자두 착색약을 1회 살포을 함. 약량은 착색약 20cc, 미성알파약 20cc, 영양제 15g 해서 푼무기로 2통을 살포을 하였다. 오늘도 캄벨포도 알속이 작업을 함. 오후는 마늘 수학을 함.

〈1999년 6월 16일 수요일 날씨 비〉

오늘은 쌔래단 포도 2차 적심을 끝을 냇다. 오후는 캄벨 포도 알속는 일을 하다 비가 오는 바람에 쌀방아을 찌어쓰며 이재는 쌀방아을 딸까지 쨍기 주어야 하니 4가마는 찌어야 하니 시간이 배가 글리는구나. 그리고 바시내이 쌔래단 포도에 유안 1포, 가리

0.7포는 쌔래단 포도 나무에 하고 유목에는 포도 전용비료 1포을 하여 두어다. 캄벨포도 유목에 포도전용비료 1포을 하여서 조금 만은 것이 아닌가 십다.

〈1999년 6월 17일 목요일 날씨 비〉

이번 비가 밭작물에 안전 해갈을 면하여 우리 농민들 마음을 편하게 하여준 비라고 생각을 하며 이 비가 아주 조용하게 와주어서 농민들한태 큰 보템이 돼어타고 생각을 한다.

오전은 혜지 한태 쌀 40kg 부치주고 시보건소 가서 혈압약을 1달치 타왔다. 이번은 혈압이 정상이라고 하드라. 자신도 보건소 혈압약이 몸에 탁 맡따고 생각을 한다.

오후는 캄벨포도 알속는 일을 하여쓰며 올해는 일들이 다들 중복이 돼어서 우리 부부는 육체적으로 고통이 따리며 자신은 작년보다 더 힘이 들고 잇쓰며 사실 몸부림을 쳤고 잇다.

"부인은 포도 알속는 일을 매일 하는돼 일레 질리지도 않는가. 비가오나 보닥볓이 죠이나 낮참도 업시 포도 알속는 일을 하고 잇쓰서 내 마음은 지칠까바 극정이며 사실 가로로 쓰려질까바 극정이 만이 됀다. 이것이 낮참도 쉬어가고 남편 말도 덧고 하면 가로 극정은 안캐는돼 일이 넘어 만이 싸여 잇쓰니 실수가 업따면서 일을 하고 잇는 극정이 크다."

"자신은 부인이 일을 만이 하고 낮참도 업시 일하는 것을 제일 시려 한다. 외냐 자신은 다 버리는 한이 잇쓰도 네 부인만은 내가 꼭 가지고 십픈 사람이니 이재는 부인을 존경하고 두손 꼭 잡고 사라가는 것이 나의 행복이라고 생각을 한다. 이 꿈이 깨어질까바 늙 극정이 돼고 잇쓰니 부인 이제 건강을 생각해서 일을 하여 주어쓰며 한다. (여보.)"

지출에 … 혈압약 5,300원, 택시 2,900원,
버스 1,520원, 혜지 쌀부치는돼
(택배) 40kg 12,000원,
계 21,620원

〈1999년 6월 18일 금요일 날씨 맑음〉

오늘은 캄벨포도 세레단 포도약을 살포을 하여 쓰며 약량은 10말식 하여서 살포을 하였다. 오후는 세레단 포도 알속는 작업을 하였다.

〈1999년 6월 19일 토요일 날씨 맑음〉

오늘은 사과약 살포을 하는돼 오늘은 50말로 약살포을 하였다. 오후는 세레단 포도 알속이 작업을 계속 하고 잇다.

〈1999년 6월 20일 일요일 날씨 맑음〉

오늘은 혜영이가 세레단 포도 알속는 작업을 함. 부인은 작과 수학을 하는 일을 하고 잇다.

〈1999년 6월 21일 월요일 날씨 맑음〉

자신은 세례단 포도 알속는 작업을 하고 부인은 종일 자두 수학을 하였다. 자신은 착색약을 남 너깨 첫서 아직 자두을 만이 수학을 못하고 잇다. 착색약 일적 살포을 하여는 사람들은 이미 자두 수학을 끝낸 사람들도 만타. 내년에는 자두나무 거름을 만이 해서 착색약을 일적 첫바야 하겟다.

수입에 … 노타리 값 350,000원

〈1999년 6월 22일 화요일 날씨 흐림〉

오늘도 종일 새래단 포도 알속는 일을 하고

부인은 작과일 수학을 하는 일을 맡타서 하고 잇다. 실지 일이 자신이 작과 수학을 하고 부인이 포도 알속는 일을 해야 하는돼 그려치 못해서 부인한태 미안하다. 자신은 색명이라서 가일 수학은 부인보다 못하고 알속는 일은 부인보다 빨리하고 잇쓰니 부인이 요즘 과일이 적으니 힘이 들어도 부인이 할려고 해서 일을 바꾸어 하고 잇다.

〈1999년 6월 23일 수요일 날씨 비〉
오늘은 품을해서 새래단 포도 알속는 일을 하는돼 비가 너무 만이 와서 일도 안될뿐 아니라 추어서 할 수가 업쓰서 오전 11시에 맡치고 마랐다. 오후는 부인 선별하는돼 조금 도와주고 휴식을 한 셈이다. 자두 수학 11짝 용만 줌.

〈1999년 6월 24일 목요일 날씨 맑음〉
오늘 새래단 포도 알속는 일을 하는돼 어재 비 때문에 하로을 못해서 오늘 하로을 채우준다고 알속는 일을 도와 주어서 좀 수레따고 바야 한다. 부인은 과일 수학을 하는돼 육체적인 고통이 만이 따린돼 대해서 자신으로 상당이 미안하며 이것을 자신이 알면서도 어떠게 할 수가 업꾸나. 내년에는 부인 뿐 아니라 자신을 바서는 일을 올해처름 일을 해서는 둘리다 쓰려지고 만다. 내년에는 치밀한 계핵을 세우야 건강을 유지할 수가 잇따고 생각을 한다.

〈1999년 6월 25일 금요일 날씨 맑음〉
오늘부터 캄벨포도 박패을 먹이쓰며 올해는 박패 먹일 자리에 끕질을 벗키지 않아서 이것을 끕질을 벗키면서 박폐을 할려니 시간이 아주 만이 걸리고 잇따.

"오늘 종일동안 박폐을 먹이는 일을 하였다."

〈1999년 6월 26일 토요일 날씨 맑음〉
오늘 오전까지 캄벨 포도 박폐을 다 먹잇다. 그리고 경화네 위논에 얼육이 너무 만이 저서 요소 비료 색만 돌리려고 0.5포 못돼 해서 헌치 주어다. 그리고 참깨에 살충제 약 살포을 함. 그리고 콩까지 떠물약을 살포을 하두록 하게 하네. 농민들을 힘들게 하고 잇꾸나.
"오늘 개핵은 오후부터 곳바로 새래단 비가림을 할려고 한 것이 그만 오후 5시 이후로 밀리서 비가림이 하로 드 밀리고 말랏다. 오늘 시간이 업쓰서 비누류만 원저 놋는 일만 하였두어다."

〈1999년 6월 27일 일요일 날씨 맑음〉
오늘은 삼명이 새래단 비가림을 다하였쓰며 오늘 셋식구가 비가림 한다고 비지땀을 흙리쓰며 새래다 포도에 비가림을 하고 나니 일을 단한 것 같뜬 너킴이다. 늙 비가림할 시간이 낮지 않아서 극정만 하였다.

〈1999년 6월 28일 월요일 날씨 맑음〉
오전은 새래단 포도 밭에 잡초약을 살포을 하는돼 약량이 40말이나 들어 가드라. 소요돼는 시간도 오전에 약 살포을 하였다. 오후는 사과약 살포을 함. 약량은 50말. 올해는 부페 병을 방지을 해볼라고 네아소진 약을 한말에 20CC해서 살포을 하였다.

〈1999년 6월 29일 화요일 날씨 비〉
캄벨포도와 세레단 포도 약살포을 하는돼 약량은 20말로 양쪽 포도밭에 약살포을 다

하였다. 우선 바서는 포도농사을 잘짖어 낮 따고 보는돼 앞푸로 포도약 살포을 잘해서 포도농사을 풍년 맡지해야 하겟다. 오후는 부인과 둘리서 아파트막대금 14,264,600원 주택은행에 냇다. 새래단 포도송이에 지배링을 하였씀. 내년에는 빨리 지베링을 해야 하개꾸나. 아주 효과가 잇드라. 내년에 꼭 실천을 해야 하겟다.

〈1999년 6월 30일 수요일 날씨 맑음〉

캄벨포도나무에 박폐먹인 자리에 지오랙스 분재을 물래타서 한벌식 발라주고 그리고 황산가리 2포을 그진 다한 셈이다. 그리고 오후는 아파트 열쇠을 받드로 같쓰며 열쇠는 갈리비 98,000원 주니까 열쇠 뭉치을 주드라. 오늘 부인과 운이와 삼명이 같쓰며 그리고 등기 절차까지 다발바 낮쓰며 이재는 등기만 나면 안전 내집이 뎀다. 그리고 내일부터 장마비가 온다고 해서 감자 수학을 하였다.

〈1999년 7월 1일 목요일 날씨 맑음〉

오늘 회장에는 바시네이 밭에 캄벨포도 유목심어논것에 요소 비료 0.5포을 하였다. 그리고 새래단 포도나무에 황산가리 1포을 하여다. 오늘 새래단 포도나무에 황산가리 2포을 할려고 생각을 하였는돼 자신이 황산고토을 잘못알고 가리 인줄 알고 두표을 가지고 가서 보니 황산가리가 아니라서 그만 황산 고토는 집우로 가지고 오고 황산가리 1포만 헌치주고 마랐다. 오후는 캄벨포도 나무에 3차 적심을 하였다. 캄벨포도을 알속이 작업을 들해서 포도송이들이 찌저진 포도송이가 들어 보이는돼 이것이 만으며 상당한 손실이 만을 것으로 내다보는돼 이것이 적으쓰며 하는 심정이다. 포도 알속이는 매년 해도 매년 선것이 이일이다. "그리고 아파트 방, 거실에 팽기 칠한 것을 남어지돈 150,000원을 부쳐 주어다."

〈1999년 7월 2일 금요일 날씨 비〉

기상대서 비가 만이 온다고 예보을 해서 일을 아예 할 생각을 하지 않아는돼 비오는 것을 보니 일을 해도 뗄 비라고 말을 하고 십꾸나. 이번 비가 오는 곳은 비피해을 주두록 왔는돼 우리 고장은 비가 얼마 오지 않아다.
(오늘 종일동안 휴식을 함.)

〈1999년 7월 3일 토요일 날씨 맑음〉

오늘은 운이와 둘리서 논에 약살포을 하였쓰며 종일동안 둘리서 이화명충, 도열병[153], 문고병[154], 셋가지을 하였다. 농약 한번 살포을 하는돼 약값만도 60,000원 이상 들고 잇쓰니 농약값만도 무시을 못할정도다.

〈1999년 7월 4일 일요일 날씨 맑음〉

경화네 형님에 벼 밑거름이 단한번 비료을 하였뜬이 벼논이 온통 얼룩이 저서 보다 못해서 오늘 요소을 조금 가지고 가서 벼논에 노란깨 거름이 내린곳만 골라서 요소 거름을 0.3부정도로 거름을 하였다. 그리고 예치기로 보뚝에 잡초 제거을 하였다.

---

153) 도열병은 벼가 잘 자란 뒤에 잎과 줄기에 박테리아가 생겨 잎줄기 등을 해치는 병이다.

154) 문고병은 잎집무늬마름병이라고도 하며 주로 잎집에 담자균류가 기생하여 회색의 얼룩무늬가 생기고 차츰 잿빛을 띤 흰색으로 변하여 시들어 죽는 병이다.

오후는 새래단 포도밭에 망추때가 잡초약에도 죽지 않코 살라 잇쓰서 오늘 운이와 둘리서 다들 뽑아 버리다.
그리고 오늘 우리 형제가 종말이 동생이 왕족발 상가을네서 장사을 하고 잇는돼 여때것 바파서 한번 가지 못하고 오늘 우리 형제가 다들 가서 저녁 한키 한다면서 왕족발을 고기을 잘먹어다. 아버님, 어머님, 종말이 동생이 돈을 벌게따고 왕족발 장사을 한다고 하는돼 잘 보살펴 주십요. 이것들의 힘으로는 땍업시 부족하니 아버님, 어머님, 보살펴 주십요. 위치는 좁씁띠다. 오늘 종말이 동생이 왕족발 오푼하였는돼 선물도 해주지 못하고 돈으로 470,000원 준셈이다.
지출에 … 동생 왕족발 오푼하였는돼
125,000원

〈1999년 7월 5일 월요일 날씨 맑음〉

부인과 둘리서 보밭에 김매기을 하여서 무지을 하는돼 힘이 만이 들어쓰며 무지파 좋은 것은 보밭에 하고 잔채기는 오후에 말리 사과밭에 할려고 가지고 와서 오후는 부인은 사과 재적과 하고 운이와 둘리는 무지할 때 김매기을 해서 무지을 하였다.
그리고 사과나무에 사과가 만이 달리고 해서 요소 거름을 한포을 추비로 하여는돼 도움이 돼는지 오희려 사과 색갈만 나지 않는 것이 아닌가 하고 사실 극정이 돼는구나.

〈1999년 7월 6일 화요일 날씨 맑음〉

오늘은 철도에서 무릉계곡과 추암 촟대바이에 철도 관광을 우리마을래서 35명, 그중 남자는 나와 이명해서 3명이 철도 관광을 같쓰다. 이것은 요줌은 여자 세대들의 세계라고 생각을 하고 십프며 철도 관광이 작년보다 올해가 남여 노는 것이 물란하며 이재는 서로 꼭안서 춤을 추는 사람이 만아저고 잇쓰며 성물란 해저가는 것이 상당이 빨리 흙르가는 추세라고 생각을 하고 십다.
지출 … 관광여행비값 35,000원,
무릉계곡에서 모자값 5,000원,
추암 촟대바위에 오징어
20,000원,
계 60,000원
"오늘 여행은 너무나 긴 여행이라서 고충도 잇쓰찌만 잘노란 여행이라고 말을 하고 십다."

〈1999년 7월 7일 수요일 날씨 맑음〉

오늘은 고추 살충재 약을 살포을 하고 벼논을 한밖키 돌라 밭쓰며 올해 단한번 비료도미 비료 한사람들은 다들 얼률논을 만들어쓰며 수학에 손실이 만을 것으로 내다보며 올해 복합비료 한사람들은 벼논에 다들 고루면서 벼들이 다들 좋다. 사람들이 비싼 거름 하고 낮서 웇거름 아난다고 다들 돈만이 주고 하는 것이 다들 폐착이라고 생각을 한다.
"오후는 캄벨포도 밭에 잡초 제거을 낮으로 베는 작업을 하여다."

〈1999년 7월 8일 목요일 날씨 흐림〉

캄벨포도밭에 잡초제거을 낮으로 하여보니 너무나 힘이 들어서 오후는 예취기로 잡초 제거을 하니 일이 상당이 빠르며 사람이 수라드라. 낮으로 제거을 계속하면 내일 오전에 맡칠수가 잇는돼 오늘 오후에 예치기로 잡초 제거을 하니 너무 일적해서 사과 밭 잡초을 제거을 하여쓰니 이것을 낮으로 계속 한다고 보면 하로반은 일을 들어따고 바야 한다. 앞푸론 낮으로는 잡초제거을 할 생각을 마라야 한다.
"오늘로서 포도밭, 사과밭 잡초 제거을 망우리을 한 셈이다."

〈1999년 7월 9일 금요일 날씨 비〉
오늘은 비 때문에 아무일도 못하고 해서 포도 농사 짓는 5명이 포도 착색 빨리 오는 약을 사로 김천 형제 농약방에가서 셋번 약살포 하는 량을 십만오전은 달라고 하는돼 십만원식 주고 500,000만원치 사와는돼 이련 약들이 가연 착색을 을마나 빨리 오두록 할까 하고 염려을 하면서 매년 착색약을 그금을 주고 구입을 하고 잇다.
지출에 … 착색약 셋번살포할량
100,000원, 관정에 양수작업할 호수 35매다 13,000원, 잡초약 그라신약 15병 30,000원,
정심식사 짜장면 6,900원,
참깨약 약꼭지 오물그른는 망 20,000원,
계 179,900원

〈1999년 7월 10일 토요일 날씨 맑음〉
새래단 포도나무에 약살포을 함. 약량은 10말로 살포을 함. 그리고 캄벨포도 나무에 약살포을 하는돼 10말로 살포량이 좀 적드라. 오후는 사과밭에 약살포 약량은 50말로 살포하니 충분이 살포을 하게드라.
지출에 … 운이친구와 놀로가는돼
50,000원

〈1999년 7월 11일 일요일 날씨 맑음〉
참깨 약살포을 손푼무기로 살포을 하고 콩잎이 너무 좋아서 콩순 따는 일을 하였다. 그리고 바시네이 사과나무 잇는 자리에 포도 어장이 업쓰서 오늘 포도 어장을 안전이 하여두어다. (부인은 후무사 수학을 하였다.)

〈1999년 7월 12일 월요일 날씨 맑음〉
캄벨포도 송이가 너무 만이 달리서 송이 정리을 하는돼 다들 좋아서 포도송이 정리 하는돼 시간이 너무 만이 걸리며 어느 한 것도 버릴 포도송이가 업쓰며 이재야 송이 정리한다는 것은 송이 정리가 주인으로서는 할 수가 업따고 생각을 한다. 자신이 생각은 주당 27송이로 정리을 하고 십픈돼 포도 송이을 보니 욕심이 생기서 끈어내지 못하고 30송이 이상대는 것은 30송이로 정리을 한 셈이라고 본다.
"오후는 새래단 포도밭에 대체 작목으로 캄벨 종류 선발 포도 심은 것이 이재 제법 잘라서 끈으로 묶끄주는 일을 하였다."
지출에 … 포도약 가지고 오는돼 버스비
직행 1,840원, 경운기 부렉키
교환하는돼 1,000원,
계 2,840원

〈1999년 7월 13일 화요일 날씨 흐림〉
오늘은 캄벨포도나무 잎에 빨간 반점이 들어 잇쓰서 방지을 할려고 약살포을 하였는돼 그2 병반 약을 주지 않코 탄저병[155]과 엽면 살포하는 4종 복합용 엽면 시비용을

155) 탄저병은 통상 작물, 야채, 화초, 과수, 수목 등 유용식물의 잎, 가지, 과실, 종자 등에 발생하는 병으로 잎과 과실 등에 병반을 만들며 후에 병반에 점질물이 생성된다.

주어서 약살포을 해도 마음이 말지 못하는 구나. 앞푸로 신픙농약방은 남자는 약방에 나오지 완꼬 여자가 약을 팔고 있는돼 이것은 포도 재배 하고 잇는 농민들을 음청난 손애을 주고 잇다. 자신도 이것을 알면서 앞면 바서 농약방을 온기지 못한 자신이 눈에 표가 나지 않는 손애을 보고 잇따고 생각을 한다. 그리고 자신도 농약방을 온기야 하겟다. 오늘 캄벨포도 약살포을 하였쓰며 약량은 10말로 살포을 하였다.
"오늘 오후는 새래단 포도 나무 2차 적심을 하였다."
"그리고 아파트 전세금 30,000,000만원 받다서 적금을 1년치 할려고 하다가 앞푸로 자신이 볼때는 금리가 조금 올라 갈 것이다 하고 네다보기 때문에 자신 3개월치 예금을 하였다. 자신이 금리가 올라가야 됀다고 보는 것은 지금 증권이 계속 올라가고 잇쓰며 이것이 계속돼니까 너나 업시 증권에 투자 한다고 너도 나도 몰리게 돼면 무엇신가 잘못 가기 때문에 은행 예금 이률이 올라야 한다고 본다."
"오늘 정기 예금은 부인 천만원, 자신한태 천만원, 운이한태 천만원, 혜영한태 칠백만원을 하여 두어다."
"그리고 오늘 아파트 등기 이전 비용값이 2,842,500원 올라인으로 부쳐줌. 앞푸로는 취덕세만 주면 아파트 대금은 끝이 난다."

〈1999년 7월 14일 수요일 날씨 맑음〉
오늘 오전으로서 새래단 포도 2차 적심을 끝을 냇다. 오후는 사과 포장지 빼내는 일을 함. 올해는 사과 부페병만 잘방지 한다면 수학량은 마음에 찬 수학을 할 것으로 내다보고 잇다.

〈1999년 7월 15일 목요일 날씨 맑음〉
우리 마을도 포도 작목반 구성을 하여쓰며 우리마을 포도 재배 농민 다들 작목반으로 들어오면 37명인돼 현재로 작목반으로 가입을 하는 사람은 20명 아직도 17농가는 들어오지 않코 잇다.
그리고 회장 1명, 부회장 1명, 총무 1명, 감사 2명 이려깨 해서 작목반 구성이 돼어 잇다. 회장은 자신이며 부회장은 윤달희, 총무는 임국현, 감사는 윤권희, 김동국이 이려깨 해서 포도 작목반이 구성이 돼어 잇다.
"오늘은 조합장 면담을 해서 청과상회 결정과 차운임 결정, 모든 것을 상이하기 위해서 조합장을 면담을 하였쓰며 우리가 운송은 조합에서 책임지고 다 할려고 약속을 하였쓰며 앞푸로 청과 조합 결정만 남아 잇다. 이것도 수일네로 현지 답사을 해서 결정을 해야 하겟다."

〈1999년 7월 16일 금요일 날씨 맑음〉
오늘 오전에는 아삭거름을 7곱단지 하여쓰며 량은 그진 한단지에 1포 조금 못했따고 본다. 지금은 벼가 아주 노란 상태에서 이삭거름 하였는돼 효력이 어떠게 날련지 또는 거름이 가하지나 안을까 하고 염려도 돼곤 한다. 자신은 이삭거름 해서 득보다 손해가 만아따고 생각을 한다.
"오후는 캄벨포도 착색 빨리 오는약을 살포을 함. 약량은 10말로 살포을 함."

〈1999년 7월 17일 토요일 날씨 맑음〉
오늘은 김천, 구미 동기생 개추을 등산 계곡에서 염소 구이로 계추을 하여다. 오늘 계추는 너무 낭비을 만이 하여따고 생각을 한다. 오늘 이 계곡에 놀로 온 사람이 수도 업뜬돼 그래도 오늘은 사람이 적은 날이라고 이야기을 하는돼 입이 다벌어 지드라.
"우리 국민들이 경재가 어르어을때는 다들 절약해서 살라야 하는돼 너도 나도 낭비을 앞다뚜어 하고 잊는 것 같다서 극정이 돼는구나. 이를때는 정부에서 절약성을 강조을 해야 하는돼 오희려 매소끔에서 더 떠들고 잇쓰니 국민들이 더 야해로 나가는 것이 아닌가 십다."
지출에 … 동기계 회비 30,000원

〈1999년 7월 18일 일요일 날씨 맑음〉
오늘 오전으로서 이삭거름을 하였다. 오늘 우리 새논에 이삭거름 1포을 하였다. 오늘 세논에 이삭거름 하면서 거름량이 조금 만은 것이 아닌가 하고 생각을 하여본다.
오후는 우리집에 전세들은 사람이 초대을 부인과 둘리해서 오늘 정심을 잘어드 먹으다. 우리는 둘리서 가만이 같다올라고 하여는돼 그려지 못해서 세들은 아주마가 음식 하는돼 수고가 만아따고 생각을 한다.
지출에 … 우리아파트 전세들은 집에 가는돼 15,000원, 버스 3,000원, 택시 1,300원, 버스안행 2,400원, 계 21,700원 + 300원, 계 22,000원

〈1999년 7월 19일 월요일 날씨 맑음〉
금년에는 장마비가 한번 오지 않코 장마가 다들 지나가게쓰며 지금 과수나 밭작물은 비가 시급한돼 장마비는 오지 않아 인간의 속을 타게 하고 잊꾸나.
오늘 오전은 서양바실 밀논, 세모제비 보뚝이 긴것들만 제초제 건사미 약을 살포을 하였다. 이것을 낮으로 잡초 제거을 하여보니 너무 힘이 들어서 올해는 제초제로 해결을 하여볼라고 오늘 잡초약을 살포을 하였두어다.
"오후는 캄벨포도에 착색 빨리 오는 약을 살포을 하였다. 올해는 남외 포도 보다 착색이 뒤에 오며 달희는 자신보다 착색이 4, 5일을 빨리 오는 것 같드라. 이것이 유목과 연수가 만은 차이점인가. 그려치 않으며 들판이니까 일조량이 만아서 그른지 착색이 오는 차이가 상당이 만이 차이가 잊드라."
"우리혜지가 이번 일요일날 시아버지 생신이라고 내리와서 서울로 가지 않코 분만 예정일이 1달밖에 남지 않아서 그만 몸을 풀고 갈 예정이며 우리 혜지 이번에 아들을 낮쓰며 하는 심정이다. 외동 아들이라서 시집에도 단 아들만 기다리고 잊쓸땐대 이 아빠가 극정이 돼는구나. 우리혜지 이번에 아들을 나야하는돼 하는 생각 밖에 업꾸나."

〈1999년 7월 20일 화요일 날씨 비〉
오늘 오전은 캠벨포도 밭에 제초제 준비을 한다고 오전 시간을 다 보내고 말란 셈이다. 오후는 논에 물 됀다고 뛰어다니다 오후 시간을 다 보네고 밤 10시까지 물돼는 시간을 소비을 한 셈이다.

〈1999년 7월 21일 수요일 날씨 흐림〉
오늘은 김천시 포도 제배 농민 단합 대회을 하여쓰며 주제 내용은 김천시 포도 이미지 살리야 됀다는 몸소리, 산포도 출하 해서 김천 포도 멍들게 하고 잊따면서 앞푸론 조기 출하 해서 산포도 만들지 말고 그리고 박페, 착색약 안쳐기, 이른 내용으로 시간을 보내다.
위 운동은 겨울에 운동해서 효력을 보두록

해야 하는돼 이재와 운동을 하며 벌서 김천 포도 나무는 이미 박페가 들어가 잇는 상태에서 이른 운동을 하며 속다르고 것다른 운동이라고 바야 한다.

"오늘 포도 단합대회 갇다오면서 정심 우동값을 자신이 지불함. 오늘 교육 간 사람은 우리마을에서 4명이 출력을함."

지출에 … 우동값 10,000원, 협랍약 5,100원, 계 15,100원

〈1999년 7월 22일 목요일 날씨 비〉

오늘 조합장 주선으로 남원 원예청과와 광주 원예청과을 우리 관내 15명이 가는돼 우리 임원 5명이 같이 같이 광주와 남원 청과을 답사을 하였는돼 남원 원예청과는 너{무} 협소해서 물건을 주기가 그리 십지 않으며 광주 청과는 상회가 규모가 아주 크며 포도 경매사가 책임지고 잘팔라 줄라고 다짐해서 우리마을은 여기 주야 하겟따는 마음에 결심을 하였다.

지출에 … 수박값 순달이 한디값 4,000원, 자신이 4,000, 계 8,000원

〈1999년 7월 23일 금요일 날씨 흐림〉

오늘은 남원 청과와 광주 청과 갇다온 결과 보고 할려고 술 안주 준비을 해서 임시 작목반 회을 하였다. 오늘 반원에깨 공판장에 갇다온 결과 보고을 하고 우리는 남원 보다 광주 공판장이 크고 물건값 기복이 적다고 하며 포도 경매사 최씨라는 사람이 개통출하는 것 만이 살라 남을수가 잇따면서 책임저고 팔라 줄라고 해서 광주 공판장으로 출하을 하두록 건유을 하여쓰며 우리 작목박은 광주로 결정을 하였다.

〈1999년 7월 24일 토요일 날씨 맑음〉

오늘은 캠벨포도 착색이 빨리오는 약을 살포을 함. 약량은 10말 살포을 함. 오후는 넉들 전역 수로에 수초 작업 부역을 함. 오늘 보을 하면서 세는 냉면을 사먹으쓰며 이재는 외성보에서 새참도 상당이 고급으로 변해가고 잇다.

〈1999년 7월 25일 일요일 날씨 맑음〉

새래단 포도에 약살포을 함. 약량은 10말. 그리고 사과약 약살포, 약량은 50말 살포함. 오후에는 캠벨포도 나무에 2차 박패을 먹임. 오늘 박페는 적과 가우로 나무둥치을 한박키 돌리쓰며 박페가 실박페라서 효력이 잇쓸란지 모르겟꾸나.

〈1999년 7월 26일 월요일 날씨 흐림〉

캠벨포도에 착색 빨리 오두록 하는 약 마지막 3회 살포을 하였다. 형제농약방에서 착색 빨리 오두록 3회분 주는 것을 마지막 살포을 하였다. 오후는 피료에 싸여서 몸을 간을수가 업쓰서 오후에 휴식을 하는돼 아주 힘이 만이 들어 몸을 어떠게 할 수가 업쓰며 이려다가는 죽는 것이 아니냐 하고 마음이 불안 하드라.

"김천 보건소에서 지방간이라며 운동도 만이 하고 큰 병원에 가서 진찰을 해보란돼 자신이 시간이 나지을 않아서 자꾸만 미류고 잇다. 이제 이번에 몸을 추수려개 돼며 대구 파티마 병원에가서 진찰을 해바야 하겟다."

〈1999년 7월 27일 화요일 날씨 비〉

오늘은 태풍 닐 온다면서 침수 대비을 하

여야 한다면서 기상대서 예보을 해서 오늘은 몸도 피료하고 조용히 시어야 하겟다 하고 안전 휴식에 들어 가니 온몸이 쓔시며 몸살키가 도는돼 여간 참키가 힘이 들며 만사가 실트라. 어재 혜영이가 몸살을 사와서 먹으서 그려치 그 약이 아니여드라면 견뒤기가 힘이 들어따고 생각을 한다. 요즘 자신이 시간이 나며 병원에서 검정을 밭아 볼라고 생각을 하고 잇는돼 이 시간이 나지 않는구나.

〈1999년 7월 28일 수요일 날씨 비〉
오전은 부인과 둘리서 무지파 김매기 하고 보밭 김매기을 하다가 오후에 친구와 등산 오골개 먹어로 갈려고 약속을 해서 보밭 김매기도 끝도 못내고 집우로 오고 마랐다. 오후는 등산 오골개 먹으로 같다가 오골개을 안팔려고 해서 김천 보양탕 집에서 개고기 먹고 냉면집에서 냉면 먹고 친구 4명이 돌라가면서 술값 하고 오후네 잘 놀랐다.
지출에 … 주대값 22,000원

〈1999년 7월 29일 목요일 날씨 비〉
오늘은 우리 마을에서 포도 작목반 구성을 회서 두집이 쵳 출하을 하였서 회장 자신으로서 기분이 좋꾸나. 이 사람들이 가격을 잘 밭아서 작목반을 구성을 잘했따는 느킴을 밭두록 돼어쓰며 자신의 마음이 편하겠는돼 혹 잘못 될까바 염려가 돼고 잇다. 그리고 오늘 캠벨포도 포도 터지는 것을 방지하는 약을 살포을 하였다.
"요줌은 자신이 몸이 쉬피료해저며 이것을 간 지방 때문에 몸이 피료한지 그려치 않으며 혈합약을 복용해서 그른지 자신몸이 쉬피료하며 중량도 6kg 줄원 상태며 자신도 몸이 작년과는 너무 차이가 만타는 생각이 들며 때료는 건강에 이상이 생기는가 하고 의심이 들며 마음이 불안 해저기도 한다."
"아직 자신이 건강을 유지을 해야 하며 이재는 부인한태 고마은 정을 주고 살라가야 할때이며 자신은 내마음 속에 간직 하고 잇는 정을 하나도 빠트리지 않코 다들 부인한태 다 줄라고 결심을 하였는돼 지금 자신의 몸이 자꾸만 불안한 너킴이 드니 자신의 마음은 부인한태 사랑을 다 줄수 잇는 시간이 피료한대 자신한태 이 시간이 주어저야 하는돼 하는 생각 밖에 업다고 말을 하고 십다."

〈1999년 7월 30일 금요일 날씨 비〉
가을 배추 갈자리에 김매기을 하고 오니 대신 명세 집에서 개돌부리 한다고 오라는 열락이 와서 자신은 돌부리 하로 같쓰며 오늘 개고기는 아주 잘 먹으따고 생각을 한다. 그른돼 개고기 집에서 먹은 개장국 맡이 안나서 아쉬운 감이 더는구나.
"요즘은 비가 비 다운 비가 아닌 비가 내리서 포도 생산자 들만 계로피는 비라고 말을 하고 십다."
지출에 … 누릉이 돌부리값 20,000원

〈1999년 7월 31일 토요일 날씨 비〉
오전은 비가 오락 가락 하면서 사람의 얼굴만 찌프리게 하고 잇쓰며 사람의 마음 같아서는 쑈다지는 한이 잇쓰도 한번 푹오고 날씨가 밭탁 들어서 작물래 도움이 돼게끔 하여 주어쓰며 하는 바람인돼 그려치 안코 요줌 계속 흐린 날씨에 한 두차례 가락비 정도 내리고 잇쓰니 마음이 타는구나.
"오후는 잔득 흐린 날씨인돼 포도 착색 빨

리오는 약을 5말로 살포을 하고 5말은 다음에 한번 드 살포을 할려고 남겨 두어다." 그리고 요줌 부인은 포도 송이 낮알 터진 것 빼내는 일을 하고 잇다.[156]

〈1999년 8월 1일 일요일 날씨 맑음〉

오전은 포도 수학을 하고 첮 수학을 9짝 밖에 뫃했쓰며 금년에는 착색약 엣스렛이을 첫지 않아서 수학이 너저며 수학량도 상당이 적다. 올해는 엣스레이 처지 맑고 박패을 먹이지 말라서 김천 포도 이미지을 뒤찻자는 뜻에서 생산 농가들이 신경을 만이 쓰고 잇따고 본다.

"오늘 오후는 벼논에 문고병, 도열병, 살충제을 살포을 하였다. 살포 면적은 17마지기 약 살포을 한 셈이다."

〈1999년 8월 2일 월요일 날씨 비〉

올해는 기상대서 발표을 할때에 금년은 비가 적다고 법석을 부리더니 올해는 기상대가 생긴 이래 비가 제일 만이 왔따고 발표을 하며 전국적으로 비 피해가 상당이 만이 낫따고 생각을 하며 우리경제가 어르운돼 수해 피{해}가 음청나고 잇쓰니 우리나라 경제가 회복이 어렵지 않나 하고 내다보고 십꾸나.

"오늘 부인이 포도 수학을 14짝을 수학을 하였쓰며 올해는 포도 과잉 생산이라서 포도 시세가 업는돼 그기에다 자전 비 때문에 포도 가격을 터려터리며 태풍이 가중을 해서 포도는 이제 희망을 가질수가 업두록 만들어 낫꾸나 하고 마음이 허전 하구나."

"기상대는 태풍 올가가 우리나라을 집적 타격을 주개따고 예보을 하니 우리 농민은 또 벼농사까지 망치지 않을까 하고 염려가 크다."

"올해 포도농사을 짓는다고 가진 곤욕을 다 차라는돼 그 대까을 기대을 하고 잇는돼 요줌 날씨, 태풍, 비 이것들을 생각을 하니 부인의 노력이 헛대는 것이 아닌가 하고 마음이 아푸구나."

〈1999년 8월 3일 화요일 날씨 비〉

오늘 태풍 올가가 우리 지역은 비는 오지 않코 바람만 세차게 불어 쓰며 올가 태풍이 집적 강타하는곳은 그이력이 을마나 크다는 것을 짐작을 할 수가 잇꾸나. 오늘 우리 지역은 감접적으로 타격을 받는돼도 바람이 너무나 세차서 집넘어저는 것이 아닌가 하고 두렵기 짝이 업드라.

"태풍 올가 7호 때문에 아무일도 못한다고 부인과 둘리서 간기능검사 외약만 하고 왔다. 오늘 외약한 것은 초음파, 피검사 외약만 하고 내일 질요을 받키로 하고 돌아 앗다."

지출에 … 진찰권 6,600원, 초음파, 피검사 왜약값 85,960원, 배추값 6,000원, 버스비값 7,600원, 계 106,160원

〈1999년 8월 4일 수요일 날씨 비〉

태풍 올가 피해가 생각보다 피해가 업따고 좋아하여 왔는돼 어재 저녁에 바람 피해가 엄청나게 크쓰며 자신은 새래단 포도 비가림이 안전이 다들 날라 버리쓰며, 포도에 상처도 크며, 이 포도을 출하을 해서 상품 가격을 받을수가 잇쓸련지 극정이 됀다.

156) 일기 지면 상단에 '(포도약 착색 빨리오는 약 살포)'라고 기록되어 있다.

오늘은 태풍 올가 피해로 새래단 포도 가지가 떨어저서 이것을 온식구와 운이 친구 2명과 종일동안 포도 순 묵는 일을 하였다. 오늘 간 초음파 검사 결과을 알라 보로 구미 순천항 병{원}에 가서 결과을 알라보는 돼 접수증을 끈어야지 결과을 알라 볼수가 잇따고 해서 3,300원 주고 접수증을 끈어서 내과 과장한태 결과을 알라보니 지방간이라고 하지 않코 코리스탈이 만아서 그려타면서 약을 먹어야 한다고 하며 다른 이상은 업따고 하드라.

지출에 … 버스비 3,600원, 병원접수증 3,300원, 약값 3,500원, 계 10,400원

〈1999년 8월 5일 목요일 날씨 흐림〉

오전은 캄벨포도 수학을 하고, 오늘 포도 수학량은 22짝하고, 오후는 벼논에 부인과 둘리서 약살포을 두단지 약 살포을 하였다. 올해는 넉둘 전역에 벼들을 보니 누구논 업시 벼들이 다들 가하며 올해 날씨가 변득이 심한 것을 보니 벼들이 다들 쓰려저지나 안 올까 하고 극정이 크다.

그리고 아파트 취득세가 1,428,000원 나와드라. 이것을 대신분소에 가서 부쳤주어다. 이재 취득세을 하여 쓰니 이재 안전이 우리집이구나.

“우리는 1가구 2주택은 그림떡이라고 생각을 했쓰며 태례비전에 1가구 2주택을 가진 사람은 세금 만이 하여야 한다고 법석을 부릴때는 남외 일로만 생각을 하여 와는돼 이재 자신이 1가구 2주택을 가진 사람이 돼어쓰니 이재 남들의 경계심을 가지는 한사람이 돼어 따는 것이 한편으로 가슴이 뿌듯한 감을 너킬수가 잇쓰며 한편으로는 남들레깨 겸손해야 하겟따는 생각이 더는구나.”

〈1999년 8월 6일 금요일 날씨 흐림〉

오늘은 일적부터 캠벨포도 수학을 하였쓰며 작년 이맘때는 수학량이 상당이 만이 하였는돼 올해는 예스렛이 약을 안쳐서 수학량이 아주 적꾸나. 오늘 포도 수학량 45짝 수학을 하였다. 그리고 사과 아오리 11짝 수학.

〈1999년 8월 7일 토요일 날씨 흐림〉

사과밭에 제초제 제거을 예취기로 하였는돼 힘도 들뿐아니라 땀이 만이 낮서 더 못하게 쓰며 이재는 사과밭에는 벼집을 깔라서 잡초 문재을 해결을 해야 하겟다.

“오후는 캠벨포도 수학을 부인과 후닝와 둘리하고 자신은 운반만 하였다. 오늘 수학량은 72짝을 하여는돼 선별을 하게 돼면 을마나 줄을란지 모르게꾸나.”

〈1999년 8월 8일 일요일 날씨 맑음〉

부인은 포도 선별만 하고 자신과 운이는 사과약 살포을 함. 사과약은 50말이며 이곳에 네아소딘 약을 500cc짜리 두병을 너어서 약살포을 하였다. 올해는 사과약을 철처하게 한다고 하였는돼 부폐병 방재을 을마나 하였는지 두고 바야 한다.

부인은 에제 캠벨포도 수학을 한 것을 선별을 해서 65짝 출하을 하였는돼 가격을 잘 받아야 하는돼 하는 마음 뿐이다.

“우리마을에도 포도 작목반을 구성을 하였찌만 실지는 작목반 행세을 못하고 잇쓰며 이것은 수학량이 적으서 작목반 이름을 내지 못하고 농협에 모든일을 막키논 셈이다.”

포도 출하량 65짝 함.

〈1999년 8월 9일 월요일 날씨 맑음〉

오전은 캠벨포도 수학 하는돼 그들어주고 오후는 세레단 포도에 약살포을 함. 약량은 10말로 살포을 함. 세레단 포도가 태풍을 막기 전에는 포도송이가 좋아서 탐스려어는돼 태풍을 맏전 후는 포도송이가 상쳐투성이라 시장성이 잇쓸련지 극정이 크구나. 포도수학량은 25짝.

〈1999년 8월 10일 화요일 날씨 맑음〉

오늘은 세레단 포도밭에 잡초약 근사미 약을 살포을 하는돼 약량이 20말 하니까 맡치 맡드라. 그리고 골레 작과 밭에는 잡초약 12말로 살포을 할 수가 잇드라.

오후는 캠벨포도 수학을 하는돼 그들어 주어쓰며 우리 작목반에서 포도 시장에 출하을 한것중 자신의 포도가 제일 비싼 가격으로 경매가 돼고 잇쓰며 자신이 우리 마을에서 농사을 제일 잘 짓어 따는 것은 그만춤 포도에 노력을 하여따는 증거며 이것은 정말 큰 자랑이라고 생각을 한다.

그리고 오늘 직파장에서 포도 가격을 체고로 받는다고 하드라도 사라고 경미 엄마가 다라매이서 할 수 업시 500원 짜리 10개을 사스 한 개식 돌려 주어다.

포도 수학량 43개.

〈1999년 8월 11일 수요일 날씨 흐림〉

오늘 오전은 벼가마 45가마 조합을 통해서 가마당 달지 않코 선산 농협 정미소에 가서 총근량을 달라서 냇뜬이 매상 근대로 48가마로 불어 낮드라. 이것은 3가마 불어 낮는돼 가을에 매상을 됄때에 달라 냇쓰며 10가마에 1가마는 충분이 늘어 나는돼 이재와서 달라 내니 근조가 만이 돼어서 근량이 널어나지 않는구나. 자신이 가을에 바로 냇쓰며 1가마는 더 됄 수 잇는돼 그려치 않아서 손해가 만아따고 생각을 한다.

"이재는 가을매상 됄때에 벼가마을 다들 쳐리을 해야 하겟다."

그리고 부인과 형수, 운이 셋시가 포도 수학을 하였쓰며 오늘 포도 출하량은 62짝 함.

〈1999년 8월 12일 목요일 날씨 맑음〉

오늘도 캠벨포도 수학을 함. 올해는 포도익는 것이 더디 익어며 포도 수학량이 적으서 마음이 타고 잇쓰며 마음 같다서는 좀 빨리 익어 주어쓰며 하는 마음 뿐이다. 오늘 포도 수학량 32짝.

〈1999년 8월 13일 금요일 날씨 맑음〉

오늘 오후 3시까지 포도 수학을 하는돼 마음이 사실 바빠다. 외냐하면 오늘 오후에 구미 순천항 병원에 가서 일주일 약을 복용한 것을 결과을 바야 하기 때문에 사실 마음이 바파다.

"오늘 자신은 병원에 가며 무선 소리을 할련지 마음이 불안 하였는돼 오늘 내과 과장님이 일주일 더 복용 하려고 피검사을 하여 보자고 이야기을 하드라. 그래서 자신을 의사 선생님 말씀대로 따라 갈 뿐이다. 그래서 자신은 다음에 피검사 예약을 하고서 집에 돌라왔다."

지출에 … 진찰비 3,600원, 피검사 외약에 6,900원, 약값 5,300원, 버스비값 직행 3,600원 왕복, 계 19,400원

〈1999년 8월 14일 토요일 날씨 맑음〉

오늘도 포도 수학을 함. 포도수학을 하면서

포도가 마음에 좀 들두록 익어 주어쓰며 하는돼 익어 주지 않아서 수학이 자꾸만 너저만 가고 잇다. 오늘 포도 수학량 65짝.

〈1999년 8월 15일 일요일 날씨 흐림〉

오늘은 우리 동신계는 정기적으로 곗날이라고 잡아서 올해는 지례 골짝에 가서 염소 꾸이로 시간을 보내쓰며 지례골짝이 정국적으로 명이 낮는지 발뒤딜때도 업두록 사람이 몰려 잇쓰며 그리고 성용차는 정국 차을 이곳에 온기논 너킴이 들두록 주차 돼어 잇쓰며 이것을 본 자신은 아직 아이네프가 더 길어야 하겟따는 생각이 들드라.

"오늘은 염소 불고기는 아주 잘먹으따는 말은 못하게꾸나. 이곳에서 염소 불고기을 한번 먹어바서 염소 꾸이 맡을 알기 때문에 오늘 음식은 차이가 난다는 것을 알랐다."

지출에 … 계금 회비 20,000원

포도 수학량 68짝.

〈1999년 8월 16일 월요일 날씨 맑음〉

요줌 날씨 포도 제배 하는 농가 한태는 정말 잘하고 잇쓰며 요줌 날씨가 좋은 간개로 포도 수학을 재돼로 하며 가격도 올라서 마음 찬 가격을 받고 잇따고 생각을 한다. 초창기는 가잉 생산 포도 풍년이라고 포도 못파라 먹는다고 야단 법석을 더 부리는돼 지금 와서는 포도 상품은 21,000원 받고 잇쓰니 이것은 만이 받고 잇따고 생각을 해야 한다고 생각을 한다.

"오늘도 포도 수학을 함. 오늘 포도 수학량 62짝."

〈1999년 8월 17일 화요일 날씨 맑음〉

오늘도 포도 수학을 하여쓰며 올해는 포도 가격이 처음보다 요줌이 포도 가격이 올라서 포도 출하는 사람들의 마음을 발개 하며 자신은 남들보다 조금 너저서 포도 가격을 잘받는 해택을 받아다. 자신은 작년보다 포도 가격을 월동이 더 받고 작년보다 수입이 배는 돼리라고 생각을 한다.

이번에 포도 가격이 5,000원 올란 시세가 4일동안 유지 하여쓰며 자신은 요시기에 포도 출하을 해서 상당한 수입이 증가 하였따고 생각을 한다.

오늘 포도 수학량 26짝 + 20짝 = 46짝 함.

〈1999년 8월 18일 수요일 날씨 비〉

오늘 가랑비를 맡저면서 작과밭에 잡초을 예취기로 제거을 하여쓰며 오늘 잡초는 사람의 키만큼 크기 때문에 잡초 제거을 하는돼 힘이 만이 들어다.

"포도값이 어재 경매본 포도값은 짝당 10,000원이 내리쓰니 가슴 아푸구나. 이번에 짝당 만원이 내리는 것은 이상한 점이 잇따고 생각을 가저본다. 외냐 짝당 만원식 꼭 반가격으로 내린다는 것은 생산자의 한 사람으로서는 이해가 돼지 않는다."

오늘 포도 수학량 42짝.

〈1999년 8월 19일 목요일 날씨 흐림〉

포도값이 폭이 돼어서 포도 수학을 너추고 십픈 마음은 잇쓰나 포도알이 터지고 잇쓰서 그냥 둘수가 업쓰서 오늘도 포도 수학을 조금 하였다. 그리고 이제는 자신도 포도 수학을 다한 것이나 다름이 업고 이제는 다 버린다고 해도 크개 아깝지 않을 정도라고 말을 하고 십꾸나.

오늘 포도 수학량 19짝함.

지출에 … 운이 후대폰 전화값

3,400원(일주일 사용), 라면
밀가류 12,500원, 계 15,900원
수입은 … 포도 1짝은 기사한태 파라씀,
가격은 12,000원

〈1999년 8월 20일 금요일 날씨 맑음〉

오늘은 순천항 병원에서 피검사을 해서 코리스탈 여부을 알기 위하여 예약을 한날이라서 피검사을 받기 위하여 병원비 같뜬이 아침 식사을 해서 안됀다고 이야기을 해서 간호부 아가시가 아침을 먹고 와도 됀다고 이야기을 하드라고 이야기을 하드라고 이야기을 하니 중간 전달이 잘못돼어서 그려타면서 오후 식사을 하지 말고 오후 3시 오든지 내일 검식을 하고 오라고 이야기을 해서 아침 식사을 하고 와도 됀다고 이야기하든 아가시을 찾아 가서 이야기을 할려고 하니 그 아가씨는 휴가 같다고 이야기을 해서 그만 집에 돌아와서 정심식사을 검식을 하고 다시 오후 3시에 병원을 찾아가서 피만 뽑아두고 내일 결과을 보기로 하고 돌라 왔다.

"이번 자신의 피검사는 한번에 할 수가 잇쓰따고 생각을 하여본다. 이번 검사는 처음에 검식을 하고 피검사을 할때에 이번 검사을 할 수 잇따고 생각을 하는돼 사람을 두번식나 검식을 하라고 하면서 사람을 개로피는구나."

지출에 … 버스비값 5,400원, 우동값
2,500원, 계 7,900원

〈1999년 8월 21일 토요일 날씨 흐림〉

오늘은 우리집은 식전부터 아주 바쁜 움직을 해야 했다. 나는 김천 시보건소에 가서 혈압약을 타와야 하고 그리고 구미 순천항 병원에 가서 코리스탈 수치 결과을 바야지, 그리고 부인은 어재 저녁부터 혜지 해산 통증이 와서 구미 순천항 병원 산부인과을 가바야지, 이른 일들 때문에 분주한 움직을 해야 했다.

"자신은 코리스탤 수치가 상당이 만이 내리왔따고 하면서 2주 약을 주드라."

"우리 혜지는 병원측에서 아기가 놀 학률은 10%로라면서 이변을 해야 한다고 해서 혜지을 이변을 식키고 자신은 집우로 오면서 부인 한태 막키 놋고 집우로 돌라오고 마랐다. 자신은 집에서 일을 하면서도 우리 혜지가 순산을 잘해야 하는돼 하는 생각 빡에 업쓰며 실지 혜지 극정 때문에 일이 재대로 안돼고 잇쓰며 마음이 차분하지 못한 시간을 보내고 자신은 저녁을 먹고 테래비전을 보고 잇는돼 혜영이가 전화로 분만 학률이 30%로 라면서 분만 유도 분만을 해야 하다면서 오래가면 산모한태도 무리가 간다고 이야기을 해서 그름으며 곳바로 간다고 전화을 하고서는 직행버스로 순천항 병원에 막가니 아들 낱타고 하면 다행으로 잘낱따고 해서 숨을 돌릴수가 잇쓰며 우리 혜지 외동손에 시집가서 첫 아들 나아서 남외 매느리 할 일 다하여꾸나 하는 생각이 들며 이재 혜지 자리을 직킬수가 잇따는 생각이 드는구나. 이재는 우리 혜지 아들만 잘키와 주는 일만 남아 잇다."

"오늘 병원에서 분만률이 10%라고 해서 아직 분만을 오래 가야 하지 않나 하고 생각을 하여쓰며 분만을 오래동안 하지 않으며 산모뿐 아니라 부인이 병원 생활이 지류해서 어떠개 하나 극정을 해왔는돼 생각지도 안은 분만을 일적 했따니 우리 부모님이 도와 주어따고 생각을 하고 십다."

지출에 … 김천시보건소에 혈압약 5,300원, 버스비 600원, 택시비 1,400원, 김천서 순천병원까지 버스 1,200원, 순천병원에 결과 보는돼 접수하는돼 3,300원, 약값 7,500원, 계 19,300원

〈1999년 8월 22일 일요일 날씨 흐림〉

우리 혜지가 무사위 분만 하여서 천만 다행이라고 생각을 하며 우리 혜지가 이동손의 매느리로 가서 첯 아들을 낫쓰니 이것은 큰 행운이라고 생각을 하며 그리고 시부모님들의 좋아 하는 모습을 보니 딸을 가진 부모로서도 상당이 보기에 좋으며 우리 혜지 남외 매느리로서 할 일을 다하였따고 생각을 한다.

"아버님, 어머님 우리혜지 무사이 아들을 분만 하여쓰입다. 이 아빠는 혜지을 이번을 식키고 상당이 여르날 잇쓰야 분만을 할 줄 알라는돼 십게 분만을 해서 정말 고맡따는 이야기을 해야 하겟다. 앞푸로 좋은 일만 잇쓰주면 이 아빠는 더 바랄수가 잇깨나. 혜지야, 따뜻하게 잘 살라주어."

포도수학량 24짝.

〈1999년 8월 23일 월요일 날씨 맑음〉

오늘은 사실 배추씨 갈로 같쓴는돼 땅이 보야개 말라 잇쓰서 배추씨을 갈지 못하고 형님이 물을 주고 잇쓰서 형님이 다주고 나서 나도 물을 오전에 주어따가 오후에 배추씨을 갈라다. 그리고 우리 혜지가 아기 분만 하였따고 한서방이 휴가 내서 혜지 저태 잇쓰주어서 마음의 안정이 돼어따고 생각을 하며 한서방도 휴가을 이세 분만할 때에 휴가을 이용 할려고 계핵을 하여서 이번에 한서방은 휴가을 아주 잘한 것이라고 바야 한다.

"요즘 부인은 아기 구안 한다고 상당한 외로가 만타. 혜지가 시집에 가서 구안을 한다면 부인은 그만춤 육체적인 노력은 안해도 돼지만 정신적인 부담은 더 될것이며 또 부인으로 바서는 몸 수고을 하드례도 부인이 구안을 해야지 마음이 편하리라고 생각을 하여본다. 여하뜬 우리 혜지 아들 잘키아 주기 바란다."

〈1999년 8월 24일 화요일 날씨 맑음〉

오전은 사과약 살포을 함. 약량은 50말. 오늘도 내아소진 약을 500cc짜리 2병을 사용함. 오후는 사과밭에 잡초약 살포을 함. 잡초약은 자신혼자 약살포을 하여쓰며 부인은 귀주게 삶마 빠는 일들, 딸구안 한다고 분주한 나날을 보내고 잇다.

그리고 동네 아주마들이 저녁에 골목에서 9명이 놀면서 혜지 아들 낟따고 술내라고 뫃전지개 하여서 통닭 2바리 내고 마랐다. 자신도 통닭 두 바리 냇도 아깝지 않코 자신이 통닭 셋바리 할려고 하니까 2바리 해도 충분하다고 해서 두 바리 20,000원으로 때우리고 마라쓰며 앞푸로 딴청이 또 아들 낟따는 술내라고 보칠것이며 그때도 낼 가고는 돼어 잇다.

지출에 … 외손자 바따는 술값 20,000원

〈1999년 8월 25일 수요일 날씨 흐림〉

오늘은 참깨 수학을 하는돼 이것은 노력의 반도 못됐다고 생각을 하며 올해 참깨 농사는 숭년이라고 생각을 하며 남들은 참깨 농사을 잘 짓어는돼 자신만이 참깨 숭년 당해따고 생각을 한다. 부인은 포도수학을 하여

쓰며 포도수학을 다하여따고 생각을 하여는돼 오늘 포도 수학량이 15짝 하였다.
"오늘 한서방이 가물치을 아주 큰놈을 가지고 왔드라. 우리 혜지가 아들 나와서 젖만이 나우두록 하여서 아들을 잘키어 달라고 가물치을 가지고 완것인지 혜지가 딸을 나아도 젖만드라고 가물치을 사다 주어 쓸까 하는 생각이 더는구나. 사람이라서 아들 욕심을 부린다고는 하지만 아들, 딸 차별은 업쓰저야 한다고 생각을 한다."
"그리고 오늘 낮참을 이용하여서 아파트 등기 찾자오는 일을 하여쓰며 이재 아파트는 부인것이며 아무도 타치 못하게 돼어쓰며 이재 부인도 아파트을 가지게 돼어쓰니 열심히 한 대까라고 생각을 한다."

〈1999년 8월 26일 목요일 날씨 비〉
오늘은 종일동안 비가 내리고 하여는돼 만은 비는 아니라고 본다. 이 비 때문에 휴식을 함.
"부인은 포도 수학을 한다고 밤잠도 자지못하고 포도 수학에 육체적인 고충을 가지고 견뒤 왔는돼 또 외손자을 돌바야 하는 입장이 외손자가 좀수라면 부인이 수라겟는돼 시간마다 보쳬고 잇쓰며 이것을 부인이 다 해야 하니 부인의 고충은 말로 다 할 수 업쓰며 부인의 고충을 보는 자신이 너무 미안하며 부인 넘어 갈까바 극정이 이만 저만이 아니며 요줌 부인 일하는 것이 아치려 죽을 지경이다. 자신이 도와줄 일은 한가지도 업쓰며 마음 마니 타는구나."
"부인을 도와주는일은 외손자가 좀 들 보쳤는 일밖에 업꾸나. 이놈이 내마음을 편하게 해줄일은 좀 수레주는 일밖에 업다. 이 할라버지가 어떠개 해야 점잔을 차리겟나. 이 활배 마음 좀 해아리다오. 부탁 좀 하자."

〈1999년 8월 27일 금요일 날씨 비〉
요줌 날씨가 매일 흐리며 비가와서 벼에 상당한 피해을 주고 잇꾸나. 날씨가 만은 비가와도 날씨가 밭탁 들어주며 돼는돼 요줌 날씨는 계속 보슬비 정도 계속 내리고 잇쓰니 벼이삭이 연결어 가고 잇는돼 큰지장을 주고 잇다.
"그리고 혜지 아들 하일리 대어따고 시아버지, 시어머니, 시누이 오시서 한참 놀다 갈쓰며 70십에 아들 손주을 바서 그른지 상당이 기분이 좋은 기색이며 매느리 한태 잘하고 잇따는 너킴을 밭아다."
지출에 … 화장지, 빨래비누 12,400원

〈1999년 8월 28일 토요일 날씨 흐림〉
오전은 들판을 한밖기 돌라보면서 물꼬 고정하는 일, 그리고 채소밭에 가보니 배추씨, 무씨가 아주 잘 낱드라. 자신과 배추을 갈때에 물을 주지 않코 갈란 사람은 배추씨가 고추잔아서 다시 배추씨을 개드리야 하겟드라.
그리고 오늘 들판을 돌라보니 일품벼씨 한 사람들은 상당이 만이 죽어는돼 그위에 벼씨을 한 사람은 아주 풍년 농사을 짓어따고 생각을 하며 앞푸로 태풍 피해만 업따면 금년 농사는 대풍년이라고 생각을 한다.
그리고 오후는 포도 수학을 마지막으로 하였따고 보며 오늘 포도 수학한 것을 선별을 하며 5짝이나 될련지 모르겟꾸나.

〈1999년 8월 29일 일요일 날씨 비〉
오전에는 쌔래단 포도에 착색 탄기는 약과 살충제을 살포을 하였다. 약량은 10말. 그리고 금년에는 우선 보기에 쌔래단 포도가 다들 익어 주리라고 생각을 하며 지금도 착색이 70% 이상 익은것도 만타고 생각을 한다. 나 자신도 노동력만 들어가고 새래단 포도을 수학을 못하고 잇쓰니 별 재미가 업는돼 올해는 마지막으로 포도 수입을 밭쓰며 하는 바람 밖에 업꾸나.

지출에 … 포도상자값 700개 396,000원,
숙모님 밭도지 800,000원,
포도상자 스티가값 25,000원,
계 1,221,000원

〈1999년 8월 30일 월요일 날씨 비〉

오늘 혜지 병원 가는날이라고 시어머니와 시아버지 차로 구미 순천향 병원에 가서 질료을 혜지가 받고 왔쓰며 병원축에도 산모는 아무련 일업고 건강하다고 이야기을 한다고 해서 다행이라고 생각을 하며 그리고 산모가 젖만이 나오라고 팔뚝만한 가모치을 또 한 마리 사와쓰며 들기름까지 사와서 꼬아주라고 하는 것은 여관 정성이 아니며 매느리한태 잘하고 잇따는 생각이 들며 나도 내 매느리 본다면 이래는 해야 하겟꾸나 하는 마음을 가지본다. 우리 혜지 대우을 받고 살며 아푸로도 시모님의 안을 밭아서 좀 잘하면 혜지 매느리 대접을 충분히 밭아 가면서 살겟다. 이재 우리 혜지는 자식을 잘키아야 하며 혜지도 매느리 자리을 충실이 해야 한다.

"요줌 부인은 외손자 때문에 생땀을 뜻고 잇다. 외손자 한놈한태 외할머니, 외할아버지, 저마이 셋시가 아한태 매달리서 큰 고생을 하고 잇다. 아이가 무선 영문인지 한 시간도 자지 완꼬 울고 잇쓰니 무라고 말도 못하고 셋시가 생땀을 흙리며 서로가 입만 벌리고 잇쓸 정도니 이것을 당해보지 못한 사람은 여사로 여기고 잇쓸련지는 몰라도 아이가 잠쉬 시간을 주지 않코 울어돼니 당해 낼 사람이 업쓰며 그리고 지금은 셋시가 돌라가면서 달래보지만 앞푸로 혜지 혼자 서울 가서는 다들 키아야 하는돼 하는 생각을 하니 기가 찬다. 연말래 외손주는 바고보다 못하다는 말이 잇뜨시 이놈이 내 딸 너무 터리까바 극정이 크다."

"아무라도 자식이 순하기 잘라 주야지 산모가 숨을 쉬고 살라 갈수 잇찌 이놈처름 보체는 놈은 사랑한 마음은 들 밭고 살아가야 한다고 바야 한다."

"자신으로서는 사돈이 고맡게 생각을 하며 내 딸을 이처름 생각을 해주는 것이 고개가 숙기저두록 고맙다."

사과 수학 아오리 3짝.

〈1999년 8월 31일 화요일 날씨 비〉

오늘 오전은 비 때문에 아무일도 못하고 휴식을 하고 잇는돼 부인 친구가 우체국 보험드라면서 찿자 왔드라. 이것도 어린니 옻을 사가지고 와서 나로서는 채면상 보험을 들어야 하게돼어 잇쓰며 특희 부인바스도 보험을 들어야 한다고 생각을 하고 보험 회사 판푸레이 뒤지니까 3년 만기 천만원짜리 적금이 잇드라. 그래서 천만원짜리 적금을 들기로 하고 계약을 하고 262,700원을 주어서 부인의 체면을 세우주고 마랐다. 오후는 사과밭 뒤도구 쳤는일을 오후에 일적 해서 포도밭 뒤도구 쳤는일 하여서 오늘 도구 쳤는 일은 좀 무리하게 일을 하였다고 생각을 한다.

〈1999년 9월 1일 수요일 날씨 맑음〉

오늘 배추, 무우, 대파 밭 김매기을 하고 살

충제 지오랙스 분제와 싸락약, 큐레탈 입제을 살포을 하여 두어다. 오후는 캄벨포도 비누류 벗키는 일을 하여쓰며 올해는 남들은 포도 잎들이 영잎이 다들저서 낙엽이 땅바닥에 수복이 떨어저 잇는돼 자신은 아직까지 포도잎이 떨어저 잇는 것이 업고 아직까지 잎들이 정상으로 유지을 하고 잇다. 이것이 자신이 규산질을 헌치서 그른지 올해는 포도입들이 아주 양호 하다고 생각을 한다.
그리고 요줌 부인은 외손자 한태 매달리서 큰 고존을 하고 잇다. 손자놈이 울면 곱밖 넘어가는 것 같타서 울구로 둘수가 업쓰서 더 힘이 든다. 이것을 보며 우리 부모들은 그만은 자식을 어떠게 다들 키와는가 하고 생각을 하며 입만이 버려지며 고개마저 헌들 지경이다. 우리 부모님들 정말 외먹으쓰며 이것들을 부모님이 계실 때 알라서 부모님이 살아 계실때에 그 효도을 하여쓰며 하는 아쉬움이 남는구나.

〈1999년 9월 2일 목요일 날씨 맑음〉
오늘로서 캄벨포도 비가림을 안전이 벗키는 일을 함. 오후는 사과나무 버팀목을 배오는 일을 하여쓰며 아직도 사과나무 버팀목을 더 베어와 다들 받출수가 잇따고 본다. 그리고 올래는 사과 부폐병이 아직은 발견이 돼지 않으며 사과들이 우선바서는 부폐병을 방제을 잘 한 것 같튼돼 아직은 더 부폐병에 신경을 쓰서 부폐병 업는 사과 농사을 짓어야 하겟다.

〈1999년 9월 3일 금요일 날씨 맑음〉
오늘은 외성보에서 넉들전역에 수초 작업을 하였는돼 종일해도 다못해서 내일 오전을 해야 다 할 것 같다. 오늘 수초 작업을 다 못한 것은 사람들이 출력을 안하기 때문에 일들이 지연이 돼고 잇다.
"앞푸로 공동일에 출력 인원이 적은 것은 출력 하는돼 공편하지 못한돼 잇쓰며 앞푸론 출력을 하는돼 농사을 만이 하는 사람이나 적개 하는 사람이나 공편하게 이득이 가야 하는돼 오늘 날까지 이득을 대농가 만이 보고 잇쓰니 출력이 안돼고 잇다."
"혜지가 머리 뒤골이 아푸다고 해서 이 아빠가 극정이 만이 하였다. 이재는 남외 식구가 돼어서 그른지 자신의 마음이 다르다는 것을 절시리 너켜쓰며 들래 갈다오는돼 혜지가 아프다고 잇쓰니 정신이 다 업드라. 그래서 병원을 가나 하고 뛰어 다니다가 용숙이 한태 병원으로 전화을 하여서 문의을 하여보니 산모가 조리하는 가정에 그를때가 잇따고 이야기을 하면서 용숙이도 그래따면서 진통제 한알만 먹이보라고 이야기을 하드라. 진통제을 먹이니까 좀 낮따고 하드라. 그때사 마음이 노이며 혜지한태 마음이 쓰이며 육체적인 피료도 간다고 생각을 한다."

〈1999년 9월 4일 토요일 날씨 맑음〉
오전은 넉들전역에 수초 작업을 하고 오후는 쌔래단 포도 착색 빨리 오는 약 색깔라을 살포을 하였다. 약량은 10말 살포을 함.
"늑들 전역에 벼들이 필지마다 다들 대풍년 돼어 잇는 벼을 보는 자신이 가슴, 배가 다들 부른 너킨을 받아쓰며 그저 벼을 볼때에 감탐사가 나오며 입만 벌어지고 잇다."
"오늘도 수초작업을 15마지기 이상대는 사람들만 나와서 부역을 해서 출력 인원 14명이며 이사람들이 냉면집에서 세을먹고 잇쓰니 이재는 우리 농민도 너무 달라 저가고 잇따고 바야한다."
"냉면 1그릇에 4,000원 하드라."

〈1999년 9월 5일 일요일 날씨 비〉

벼논바서는 쓸때업는 비가 그것도 만은량의 비가 내리고 잇다. 이 비는 벼논에 피해 주는 비라고 바야한다. 올해 정부에서는 대풍작이라고 아우성을 쳤고 잇는돼 이번 비는 벼한태 큰 타격을 주는 비라고 바야 한다.
"그른돼 날씨들이 옛날처름 순탄지 못하고 작물한때 자꾸만 어릅게 만들고 잇쓰며 식물이나 사람이나 자꾸만 힘들게 하고 잇쓰며 귀후변화에 식물이나 사람이나 따라가지 못하고 자꾸만 뒤쳐저다 보면 나중에 그 위기가 두렵꾸나."
"형수 생신이 내일인돼 오늘 딸사위 다들 일요일이라고 참석을 해서 정심 한키 대접을 할라면서 구미 막내 동생 왕족발 고기집을 하는돼 초대을 해서 우리 부부 같뜬이 형제는 우리 밖에 참석을 안해드라. 다른 동생들은 다들 출근을 하여서 참석을 못했드라. 내마음 같아서는 다들 참석을 했드라면 하는 아쉬움이 남드라."
"오늘 한서방도 위세을 보게 따고 서울서 한번 오는돼 그 힘 잠쉬 보고 가는 아쉬움. 이것은 본인나 알지 남은 아무도 모른다고 바야 한다. 오늘 한서방 가는 것도 형수, 생일 초대 가느라고 보지 못해서 미안하구나. 이른 미안한 감을 줄리 주는 일은 우리 혜지가 빨리 회복을 해서 서울로 가야 하는돼 하는 생각 밖에 업다."
"오늘 생신초대에 잘 먹다."

〈1999년 9월 6일 월요일 날씨 흐림〉

오늘은 아버지 제사 날이다. 오늘도 오형제 다들 참석을 하여서 제사을 모시쓰며 앞푸로도 불참 하는 자식이 업깨끔 아버지가 도와 주야 합니다.
"오늘은 일을 해도 돼는대 우영 부영 시간을 다 보내고 마랐다."

〈1999년 9월 7일 화요일 날씨 비〉

오늘도 휴식한것이나 다름이 업다. 외냐 하면 채소밭에 김매기 하는 것으로 하로 해을 다했쓰니 휴식을 한 셈이다.

〈1999년 9월 8일 수요일 날씨 맑음〉

오늘 오전은 사과 약 살포을 함. 약량은 50말. 이번에는 네아소진약을 빼고 약살포을 하여쓰며 금년에는 아직은 부페병이 혹 한두 개 보이며 지금 상태로는 과일이 좀 적으서 그려치 현재바서는 상과 농사을 잘 짓어따고 생각을 한다.
부페병에 네아소진 약이 그처름 좋은 약인줄 몰라쓰며 여때것 사과 부페병으로 다들 망치고 마라는돼 올해는 사과 농사을 풍년농사로 짓어 낮는돼 앞푸로의 날씨에도 사과 농사는 달려 잇다.
그리고 오후에는 부인과 벼논에 약살포을 하여쓰며 지도소 문의를 하니까 올해는 멸구가 업다고 약살포을 하지 말라고 하드라. 그른돼 약살포을 그냥두고 말라고 하니 일부 사람은 방재을 하였꼬 자신은 그냥 둘라니 신경이 쓰여저서 오늘 약살포을 12말 5돼지기 약 살포을 하였다.
(추과 약값) 17,150원

〈1999년 9월 9일 목요일 날씨 맑음〉

오늘 벼논에 약살포을 하로 가면서 부인을 대리고 갈려니 너무 미안타. 외냐하면 포도 수학 하는돼 밤잠을 설치왔는돼다가 요줌 외손주 놈이 밤잠을 자지 않꼬 울려돼 부인은 잠을 잘 수가 업쓰서 피료한 몸이 남외 눈으로도 보이며 그저 넘어 갈까 극정은 말할 것도 업고 자신은 부인의 동태만 본다고 해도 무리 돼는 말은 아니다. 그기에다 약쳐로 가자는 말이 그리 힘드는구나. 그래도 요줌 혼자 약살포도 못하고 둘리 해야 하니 부인을 돼리고 약살포을 오전으로 다해서 그리 마음 편하드라.
"오후는 논에 피살리을 하였다. 논에 피가 이앙기 모내기 한곳은 피가 들한돼 건답직파 잘리는 논에 피가 그리 만터라. 이것을 낮으로 다들 끈어 냇다."
"내 부인 자신한태 시집와서 육체적인, 정신적인 것, 다들 희생을 하고 살라 주는돼 너무 고맙고 자신이 마음을 편하게 살라 가는 것도 부인의 득이라고 생각을 하고 잇다. 이 보답을 자신이 죽기 전에 부인한태 다해야 하며 지금도 부인한태 노력을 하고 잇는돼 부족하며 손발이 따라서 피가 나온다고 해도 부인의 득을 못한다고 생각을 하고 잇다. 여보, 정말 고맙쇼. 당신의 고마움의 빛을 꼭 같프리다."

〈1999년 9월 10일 금요일 날씨 비〉
오늘 오전으로서 벼논에 병충해 방재을 끝투로 하여따고 보며 올해는 지도소에서 멸구도 아직 발견이 안돼쓰며 병충해 방재을 할 필요도 업다고 말을 하드라. 그른대도 벼논에 방제약을 한번식 살포을 하였주어다.
"오후는 채소 밭 김매기도 하고 채소을 쵞속엄을 하였다."

〈1999년 9월 11일 토요일 날씨 맑음〉
두룹에 잡초 제거을 해야 하는돼 하면서도 시간이 업쓰서 여때것 마음이 조리 오다가 오늘 두룹 잡초 제거을 낮으로 두룹마다 다니면서 다 하였다.
"오후는 부인과 둘리서 올 땅콩 수학하로 같다가 땅콩 수학은 뒤로 하고 땅콩 밭에 바랭이 풀이 한 벌 덮프서 땅콩 수학보다 잡초 제거을 먼제 해야 하겟따는 생각에 둘리서 김매기만 하다가 왔다. 자신은 이곳 뿐만 아니라 가는 곳마다 김매기을 못해서 잡초 때문에 아무것도 안대고 잇따고 해도 무리 돼는 말은 아니다."

〈1999년 9월 12일 일요일 날씨 흐림〉
오늘은 선조 산소와 아버님, 어머님 산소에 벌초을 하여쓰며 자신이 벌초을 하로 아버지 산소에 들어쓰니 잡초가 너무 무성해서 아버지, 어머님한태 너무 미안하다는 생각이 들어다. 아버지 자식들이 5형제가 당당하게 잇는돼 아버님 산소에 이 잡초가 무성하게 잘라게 두어따는 것은 아버님을 무관심했따는 정거며 오늘 자신이 상당이 잘못했따는 생각을 하여쓰며 앞푸론 년중 벌초을 두 번 해야 하겠다는 생각을 하여쓰며 앞푸론 정말 아버지을 멀리하지 않깨다.
"오늘 아버님, 어머님 산소에 벌초을 순달이만 빠지고 다들 우리 형제 참석을 하여쓰며 순달이도 참석한다고 어재까지만도 이야기 하여는돼 무선 볼일로 참석을 못해는돼 내년에는 꼭 참석 했쓰며 한다."
오후는 채소밭 김매기을 함.

〈1999년 9월 13일 월요일 날씨 맑음〉
오늘은 넉들 전역 농로 도로에 모래 실년 부

역을 하였쓰며 다들 참석을 한 사람들은 다들 부지련이 하였다. 그른돼 요즘 차들이 만아서 농로을 파손을 만이 한다. 차가 업쓸때는 농로 부역을 하여 노어며 상당이 오래가는돼 요즘 농로 파손이 장관 돼고 만다.
"요즘 제주도 간다고 쓸렁이고 잇다. 제주도 이번에 가면 두 번째 인돼 여자들이나 남자들이나 다들 제주도 간다고 법석이다."
오늘 제주도 가는 회비로 20,000원

〈1999년 9월 14일 화요일 날씨 흐림〉
오늘은 혜지 시집 어른분께서 아이 예방 접종을 하로 가는돼 차로 태다 줄라고 혜지 시어른, 시어머님이 오신다고 해서 자신이 들레도 일적 가지 못하고 기다리고 잇쓰다. 그리고 아이 예방 접종이나 혜지 병원 가는 일들이 따지고 보며 자기네들 일들이라고 생각을 하고 잇찌만 그래도 다들 쨍기주니까 고맡드라. 그리고 우선 바서는 사돈 어른이 내 딸한태 잘해주고 잇드라. 내 딸도 이안을 밭아서 시부님 한태 조금만 잘해도 이동 매느리라서 사랑을 밭고 살끝같다.
"오늘 땅콩 수학을 하여보니까 거름이 넘어 적개하여서 땅콩 농사는 아주 실패작이라고 말을 하고 십다. 앞푸론 땅콩 농사는 넘치는 일이 업쓰니 밑거름을 푹해서 농사을 짓어야 하겟꾸나."

〈1999년 9월 15일 수요일 날씨 흐림〉
오늘 우리마을래서는 추석 맡지 대청소을 하였쓰며 올해는 추석 맡이 대청소을 광범하게 더하여쓰며 구석진곳까지 다들 손을 대어따고 생각을 한다.
"그리고 우리마을 분담 직원이 대청소하는돼 돼지 한 마리를 냇쓰며 요즘 공원들이 돈을 쓰고 잇는 세상이 돼고 마라쓰며 그전에는 면직원들이 어더 먹을라고 들어쓰며 사실 면직원이 오며 무엇을 대접해도 동장이 꼭하고는 했는돼대 이재 반대로 분담 직원들이 돈을 쓰고 잇는 것은 이재 채개가 잡피가고 잇따는 징조라고 바야한다."
"오늘 온동민들 돼지 150斤 잡은 것으로 표식을 하고도 돼지 고기들이 희거려 젓다. 그련돼 자신은 고기을 좀 만이 먹고 십키는 한대 내일 부산 방면으로 관광을 가기 때문에 옥시 설사을 만날까바 극정이 돼어서 조심한다고 갈리 두 개 먹고 말랐다."
지출에 … 큰집에 재사어물값 28,000원

〈1999년 9월 16일 목요일 날씨 흐림〉
오늘은 동우회 주체로 부산방면으로 관광을 가는돼 우리 동신회계서 같이 따라 같쓰서며 양쪽 개에서 가도 빠지는 사람이 만아서 한차가 안돼며 총 인원이 28명이며 이 사람들이 부산 태종대와 용두산공원, 울산 자수정 동굴에 같쓰며 이것은 자수정 광산인돼 이것을 관광객들을 유치 할려고 개발을 해서 손님을 밭고 잇쓰며 지금도 개발중이드라. 앞푸로 발전 가능성은 만은 것 같드라. 오늘 당일 관광 쳐고는 만족하다고 바야 한다고 생각을 한다.
지출에 … 개예서 충당을 해서 회비 20,000원, 형님과 둘리서 5,200원, 부산 용두공원예서 직석사진값 4,000원, 버스안에서 가자값 두봉에 4,000원, 계 32,200원

〈1999년 9월 17일 금요일 날씨 비〉
부인과 둘리서 서들어서 채소부터 해올라

고 하는돼 비는 시작이 돼고 비가 만이 오기전에 채소을 해올라고 가서 하는돼 비가 막 쇼다 저며 자신은 채소을 다하고 살충재을 살포을 할려고 가지고 갈든것이라 그냥 버릴수도 업고 해서 채소을 다하고 낮쓰 비가 오는돼 약살포을 하고 왔다. 이번 약은 그냥 버리따는 생각을 하고 비가 끝치는 돼로 살충재 약을 살포을 해야 하게 꾸나.
이날이 금년농사을 풍년으로 이끌어 가는 것이 순탄지는 않을 것 같꾸나. 우리 농민들이 풍년 농사을 학수 고대하고 잇는 이 심정을 몰라 주는 하늘 너무 원망스렵다. 풍년 농사가 돨라면 지금부터 날씨가 잘해야 하는돼 이 막바지에 늘 흐린 날씨에다 그기에다 만은 비가 내리고 잇쓰니 가슴 아푼일이라고 생각을 한다.
"오늘 비 때문에 안전 휴식을 함."

〈1999년 9월 18일 토요일 날씨 비〉
이번 비로 인하여 벼들이 상당이 만이 쓰려질 줄 알라는돼 오늘 들판을 돌라보니 먼저번에 쓰려졌는돼만 추가로 더 쓰려졌찌 그 위에 필지들은 씨리하게만 돼어잇찌 별다른 피해가 업드라. 이것을 보니 풍년 농사에 한발작욱 다가와쓰며 큰 고비을 넘긴 셈이라고 본다. 이번 태풍이 우리나라을 비키가서 천만 다행으로 생각을 한다. 오늘 벼논에 수건대만 물꼬을 파낫다. 남어지 필지는 조금 더 잇따가 물꼬을 파낫야 하겟다.
"내 부인은 어떤 사람이라고 말을 할까. 어떤 분이라고 해야 하나. 이 분은 마음의 한 구석에 인간을 낮푸게 하는 심술이라는 조직 자체가 업따고 말을 하고 십꾸나. 내 부인을 조용희 관찰을 해도 늙 좋은 일들만 하지 그려치 못하는 일은 절때 하는일이 업쓰며 사람으로서는 도저희 할 수 업는 일을 부인은 하고 잇쓰며 못난 자신이 저르깨 훌릉한 사람이 내 부인라니 나는 세상에서 제일 처복이 만원 사람이라고 생각을 하고 잇다."
"자신은 남원 여생을 부인을 위하여 몸을 밭치야 그 은해을 반이라고 갑는 일이라 생각을 하고 살라 가리다."

〈1999년 9월 19일 일요일 날씨 비〉
넛땅콩이 조금 대는 것을 수학을 하였쓰며 올해 땅콩 면적은 상당이 만은편인돼 수학한 땅콩은 상당이 적다고 말을 하고 십다. 땅콩량이 적은 이유는 밑거름이 적으서 농사을 실패 하여따고 생각을 한다.
"오후에는 부인과 운이 둘리서 세례단 포도을 챛 수학을 하는 비가 쇼다저서 포도 수학에 힘을 들개 하였다. 그른돼 태풍으로 비가림이 다들 날라 가는 바람에 포도 알이 터진것들이 만아서 상품 가치가 업쓰며 정품이라는 업다고 바야 한다. 자신이 세례단 포도 농사을 한번도 올캐 못짓어쓰며 이것을 생각을 할수록 성질이 나는구나."
"그리고 요줌 날씨가 벼농사을 망칠라고 작정을 하고 비가 오는 것 같꾸나. 요줌 비는 우리 농민한태는 도음이라고는 한가지도 업쓰며 오희려 농민의 가슴에 피멍만 들뿐이다."

〈1999년 9월 20일 월요일 날씨 비〉
이번 비로 인하여 벼 피해가 음청날 것이며 우리 농민들이 풍년 농사을 만들낮는돼 자전 비로 풍년은 그냥 두고도 이재 숭년으로 돌리 낮쓰니 하늘이 무심하구나. 올해 풍년이라고 정부에서 아우성을 쳐더니 이재 무선 말을 할련지 의심이 가며 정부에서는 무게 잇는 발표을 하여쓰며 좋깨꼬 무선일이든지 심중이해서 국민들이 따라가두록 신임도을 높이는 일에 신경을 쓰주어쓰며 한다.

이재는 인간이 할 수 잇는 일은 아무것도 업따고 생각을 한다. 모든 일들이 하늘이 하고 잇따는 것을 이번에 제삼 너켜쓰며 그리고 기후들이 너무만이 변해서 인간과 정반대의 노선을 가고 잇따는 생각까지 들고 잇다.

"요줌 외손자 놈이 자주 보체고 울려도 그놈이 밑지 않꼬 자는 모습, 우는 모습, 노는 모습이 다 좋으며 때로는 너무 울르돼며 저의 엄마 마음 상할까바 조금은 미어저지만 손자 놈이 잇쓰니 그저 신기 할 때 만으며 이것이 무엇신돼 정이가고 손이 가는지 그 해답이 풀리지 않는구나. 그른돼 이놈이 수일네로 저집에 가야 한다는 생각을 하니 마음 한쪽에 우을해저는것잇지 이정을 뒤야 하는돼 그상쳐도 오래 가야 하게 따는 생각이 더는구나."

어재 세래단 포도 수학한 것을 오늘 선별을 하여보니 23짝이 돼드라. 이것을 조합으로 출하였다.

수입에 … 노타리값 170,000원
지출에 … 상자값 자두 26,000원

〈1999년 9월 21일 화요일 날씨 비〉

오늘은 김천시 보건소에 혈압약 타오는 일을 하여쓰며 그리고 자신 혈압이 140-90 십드라. 자신으로 볼때는 정상 혈압이라고 보는돼 의사 선생님이 볼때는 아직 혈압을 더 내리야 한다고 말을 하드라.

오후는 친구와 부인친구와 화토노리로 오후을 보내고 마랐다. 오늘 노리는 절거운 노리여따고 생각을 한다.

지출에 … 버스비값 1,500원, 택시비값 3,700원, 혈압약 5,150원, 계 13,050원

〈1999년 9월 22일 수요일 날씨 비〉

오늘은 우리 혜지가 추석 신다고 아들 대리고 시집으로 같쓰며 추석을 시집에서 보내고 바로 서울 저집으로 간다고 오늘 같쓰며 오늘 혜지 가는 모습을 보니 그리 서운하드라. 그리고 딸들은 시집을 보내면 끝이 나는줄 알라떠니 그려치 않꼬 오늘 보내는돼 세로운 짐이 한차가 돼드라. 이것이 다 부모가 지출을 해야 하는법. 딸들은 대리고 잇쓰며 그만춤 부모의 부담으로 간다는 것을 생각을 한다.

오늘 오후는 부인 대신으로 방아깐에 쌀빠는 일을 오후네 하였다. 부인회에서 방아깐 운영을 하고 잇는돼 이것이 마을로 바서는 득이 됀다고 보지만 방아깐 소득을 보며 큰 손실이라고 바야 한다. 외냐하면 쌀 돼식해 오는 사람마다 방아깐을 돌리야 하며 이것은 시간 낭비며 전기 모타도 상당이 상하리라고 생각을 한다. 그려기 때문에 시간을 지정을 해 방아깐을 돌리며 계속 돌리서 전기 소모을 줄리는 방식으로 운영을 해야 한다고 생각을 하여본다.

지출에 … 혜지 시집 가는돼 180,000원

〈1999년 9월 23일 목요일 날씨 비〉

요줌 비오는 것이 태풍 18호 바트 올라오기 때문에 계속 비가 내린다고 한다. 이 태풍 바트가 비, 강풍을 가진 태풍이라고 하는돼 이것이 우리 농민들의 가슴에 피멍을 드리는 것이 아닌가 하고 마음이 부란하구

나. 늙 태풍, 비 이른 것이 추석 전후로 오는 것이 농민들을 시름을 주어고 이번 태풍도 큰 숭년을 만들고 마는 것이 아니가 하고 미리 질급이 돼는구나.

"우리 혜지 시집에 가서 아이는 더 보체는 것이 아닌가, 아이가 보채서 잠도 못 잦는 것이 아닌가 그리 극정이 돼는구나. 혜지가 울집에서는 저의 어머니가 다들 하여는돼 이재는 하나에서 열까지 다들 자기 손으로 해야 하는돼 어떠게 활까 생각을 하니 머리가 아푸구나. 그래도 혜지가 첫 아들을 낮어서 마음의 한쪽은 들을수가 있따고 생각을 하니 이 아빠의 마음이 좀 낮따고 말을 하고 십다. 혜지야 앞푸로 시부모을 친정부모보다 더 선기는 혜지가 돼어주고 우리 혜지 매느리 자리에 잘한다는 소리가 나오두록 살라주어. 이 아빠는 우리 혜지가 잘사라 주며 더 바라는 것은 업다."

"그리고 우리집은 니가 가고 낫서는 집이 쓸렁하며 우리 혜지 자리가 음청나게 크꾸나 하는 생각이 들며 너의 자리을 매울라면 상당한 시간이 가야지 매어 질 것 같다. 혜지야, 니 자리가 아빠의 몸 반을 뛰어 가는 자리의 상쳐는 돼리라고 본다. 이 아품은 너는 모를것이며 이 아빠는 죽을때까지 그 아품을 가지고 가야 하는 것이 아닌가 하고 허전하기 짝이 업다. 만약에 혜지가 아빠의 허전함을 들어 주는 일은 잘살 주는 일밖에 업따고 생각한다. 그름 혜지 잘 살라 주어."

오늘은 종일 비가 내리서 아무일도 못하고 차례준비 하는돼 어정대면서 종일 시간을 보냇따고 생각을 한다.

〈1999년 9월 24일 금요일 날씨 비〉

기상대서 태풍 바트가 북상을 하기 때문에 집적적인 피해가 잇따고 각별한 주위을 당부을 해서 상당이 염려을 만이 하였는돼 일본쪽으로 돌라가서 우리나라는 피해 업시 태풍이 잘지나가서 우리나라는 천만 다행이라고 생각을 한다.

"올해는 추석 연휴가 만아서 그른지 고향골목에 성용차가 줄지어 잇쓸분 아니라 골목에 세어 둘곳이 업쓸 정도로 차량이 만트라. 앞푸론 농촌에도 주차장 부족이 곳 될것 같다. 그리고 올 추석은 순복이가 대만에 회사 일로 가서 추석 성묘에 불참을 하는 추석이 돼어꾸나. 앞푸론 추석, 설명절에는 다들 참석을 하는 날이 돼어쓰며 한다. 그리고 이번 추석은 비가 넘어 만이 와서 성묘도 못하고 그저 차례만 했쓸뿐 성묘을 해야 오른 일인돼 그려치 못해서 아쉬운 추석이 돼어쓰며 우리는 고향에 잇키 때문에 날이 좋으며 아버님, 어머님 산소에 가서 성묘는 할끄다."

〈1999년 9월 25일 토요일 날씨 맑음〉

이번에 일주일만에 맑은 하늘을 볼 수가 잇쓰서 이재 숨통이 떠지는 너킴을 받앗다. 자신이 사과약을 약 16日동안 못쳐서 마음을 조리어 오다가 오늘이야 사과약 살포을 부인과 둘리서 하였다. 이번에 약살포 시기을 조금 너추어서 사과에 손질이 가지 않아나 하는 생각이 더는구나.

오후에는 채소밭에 가니 비가 넘어 와서 이미 농해버린 배추가 잇쓸뿐 아니라 배추들이 다들 자불고 잇드라. 그래서 채소하는 것은 표기을 하고 배추 약만 살포을 하였다.

"오늘 계핵은 아버님, 어머님 산소에 성묘을 할려고 개핵을 하였는돼 실천을 못해서 부모님에께 상당이 제송한다는 말씀을 드리고 십고 내일은 어떠한 일이 잇쓰도 성묘을 할 것이다."
오늘 사과약량은 50말 살포을 함.

〈1999년 9월 26일 일요일 날씨 맑음〉
이번 추석때에 비가와서 아버님, 어머님 성묘을 못해서 오늘 시간을 내어서 부모님 성묘을 하고 오늘 일을 시작함. 그리고 동신회 정기 총회을 하고 나서 남들은 노는돼 벼가 조금 쓰려진 것을 자신은 그냥두고 말라고 하니 부인 잔깐 세우고 다른일을 하자고 해서 그만 벼 쓰려진 것을 부인과 오후에 세우는 일을 하였다.

〈1999년 9월 27일 월요일 날씨 맑음〉
오늘 자신은 사과 도장지 빼어 내는 일을 하고 부인은 새래단 포도 따는 일을 하는돼 포도가 터지고 좀 성한 것은 새들이 다들 쬬아서 정품이라곤 업다. 이것을 본 자신은 속이 넘어 상해서 사과 도장지 빼로 같쓰다. 우리 부부가 여름내 죽어라 하고 포도밭에 매달리서 일한 대까라는 말인가 하고 의미가 업쓰며 이재는 돈을 못해도 좋으니 하로 저녁에 몽창 썩어서 내리 안자쓰며 하는 마음이 던다. 이것은 죽으라 수학을 해도 돈도 돼지 않코 포도 수학 한다고 골탕만 먹어니까 눈에 안보이며 마음이 편하겟다.
"자신이 쌔래단 포도 나무 심고는 한번도 재미을 못밭쓰며 이재는 쌔래단 포도 보기도 실어며 내년부터 재아무리 잘돼어서 팔자을 곤친다고 해도 이재는 버릴 가고 서잇다."

〈1999년 9월 28일 화요일 날씨 맑음〉
쌔래단 포도 선별을 하는돼 형수도 도와주로 왔드라. 포도가 다들 터지서 선별하는돼 힘이 들어쓰며 포도가 정품이 한 개도 업쓰며 자신은 포도만 보면 속이 상한다. 자신이 쌔래단 포도 심원 후 한번도 포도 농사가 잘됀적이 업고 내녀은 잘돼겟찌 하면서 세월만 흙으왔쓰니 속만 상하는구나.
"오늘은 우리 혜지가 시댁에서 서울 자기 집우로 간다고 전화가 와드라. 우리 혜지가 몸푼다고 두달전에 집에 내리와서 이제 자기집에 갈쓰니 자기집도 서먹 서먹 할정도 어색 하게꾸나. 그리고 외손자 놈이 서울까지 가느라고 힘이 그리 만이 들을껬이며 아이가 너무 시달리서 혜지 외먹일까 극정이 돼며 이놈을 못본지가 약 6일 돼는구나. 그간 보고 십픈돼 보지 못하고 서울을 가서 이재는 당분간 못볼것이며 이재 외손자놈을 볼라면 서울 가야 보게꾸나."
지출에 … 휘발유, 면세유 값 1말래
7,140원

〈1999년 9월 29일 수요일 날씨 맑음〉
오늘은 동신회계에서 제주도 관광 간다고 우리 계에서 부부동반은 4쌍 해서 29명이 영진 관광을 이용해서 김해 국제 공항에 가서 비행기로 제주도 도착에 약 오전 11시가 돼 활림공원, 식물공원 구경을 하고서 실라호텔에서 숙박을 하여쓰며 숙박 시설이 아주 초라하며 이른대로 본다면 여관정도 밖에 안됀다고 본다.

〈1999년 9월 30일 목요일 날씨 맑음〉
오늘은 약천사, 유람선, 천재폭포, 민속마을, 민속촌, 만장굴 해서 상당이 여르곳을 관람을 하고 남국호텔에서 숙박을 하고 이곳은 건물은 새 건물인돼 식사가 아주 못하며 이것이 다들 장사춰의 순리라고 생각을 한다. 이번이 제주도 구경이 두 번째인돼 처음 아무것도 모르고 따라 다니쓰며 이번은 제주도을 관광을 하는돼 조금 눈을 떠고 구경을 하여따는 생각이 든다. 그리고 일출봉을 가는돼 부인이 허리 통증 때문에 밤잠을 못잤따면서 일출봉을 올라 갈려고 하는 것을 내가 겨우 말리쓰며 우리 부부는 일출봉 주위로 산책을 하였쓰며 이번에도 우리 부부는 정을 학인 하는 여행이 돼어쓰며 내 부인은 남편을 꼭 잡고 다닐라고 노력을 상당이 만이 하는 사람이다. 그리고 자신도 부인이 하는 일은 거절하기는 실은 사람이며 남들 눈만 아니면 부인처름 손잡고 더 깁속이 잡고서 관람을 하고 십다는 말을 하고 십다.

이재는 제주도 여행을 마지막으로 온 것이 아닌가 십다. 앞푸로 한번 더 온다면 큰 눈을 떠고 관람을 할 것 같다. 처음에 올때는 제주도 도로망이 아주 시원 찬아따고 생각을 하는돼 이번은 제주도 도로망은 아주 잘 돼어 잇따고 생각을 하며 이재 제주도 거리는 어느 나라보다도 뒤저지지 않는 거리라고 말을 하고 십다.

〈1999년 10월 1일 금요일 날씨 맑음〉

오늘로서 제주도 여행은 2박 3일로 내고 돌라 오면서 박물관 관람을 두군돼 하고 김해 공항으로 11시 40분 발로 돌아 왔다. 이번 구경은 날씨가 큰 부주을 해서 아무른 불편 업시 여행을 하여쓰며 그리고 한가지 부족하다고 지적을 하라면 식사가 불충하다고 말을 하고 십꾸나. 오늘 오면서 마산 부두에서 놀면서 회을 푸짐하게 먹고 유람선을 전세을 내서 우리 계원만 타서 유람하면서 만족하게 잘 노랐다.

〈1999년 10월 2일 토요일 날씨 비〉

오늘은 여행 다니온 결산을 하여쓰며 생각보다 지출은 상당이 만이 돼어따고 생각을 한다. 그리고 오후 6시는 우리 동기생 계을 정기적으로 모이는 날이라서 자신은 남들보다 결산하는 자리을 빨리 나온 셈이다. 그리고 오늘 저녁에는 부인의 원망과 기분이 상해따는 원망을 들어다. 아빠는 여자들을 남들보다 더 가까이 하며 무도관에서 딸같은 여자을 잡고 이야기하며 술까지 사주나 하고 자신한태 원망을 만이 하드라. 자신은 모임에가면 여자들을 가갑게 지내는 것은 인정을 한다. 그리고 무도관에서는 절먼 여자 술사준 것은 부덕이 남자라면 어떠게 할 수가 업쓰따고 이야기을 하고 십고 그 여자와 떳잇쓰서가 아니라 술한잔만 줄수가 업느냐고 하는돼 술을 한잔 줄라고 우리 태이불에 오니 술은 업고 그냥 돌리 보낼 수 업고 해서 맥주 2병 사준 것을 보고 부인은 오래 이야기한다. 남이 안아는 짓을 한다고 불평을 만이 하며 부인이 눈물까지 흙러서 이재는 여자와 노는것도 자재을 해야 한다는 것을 부인태문에 너키따고 바야 한다.

앞푸론 사랑하는 부인바서 남의 여자는 거리을 지키면서 놀꺼이며 부인이 실어하는 행동은 안알 꺼이다. 앞푸론 부인이 자신한태 와서 희생 한 맘끔은 자신이 부인한태 이생을 해갈 작정이다. 부인 말과 같이 이재 나의 행동을 떳노코 행동을 할 것이다. 자신이 무도관에서 행동한 것은 남자라면 여자와 놀고 십픈 충동이 잇따고 바야 합니다. 이해하고 앞푸로의 일들을 보고 남편의 평을 했주어쓰며 하고 자신도 부인의 마음이 조금 상하두록 했따는 것을 인정 한다. 앞푸론 이른 실수는 하지 않깨다.

지출에 … 제주도 경비가 일인당 계금에서 70,000원 돼주 이번에 여자들도 개금 70,000원 대어주어쓰며 그래서 개인돈을 조금 적개 쓸수가 잇쓰다. 총 지출은 계금 포함해서 일인당 230,000원 들어 같다고 바야한다.

〈1999년 10월 3일 일요일 날씨 맑음〉

부인과 둘리서 포도수학을 하는돼 포도 정품은 한 개도 업고 전부 바라밖에 업쓰서 자신은 사실 포도 수학에 의미가 업쓰서 놀랐다. 그래도 부인은 포도수학을 다고 열심이 하고 잇드라만 내 마음은 오늘 저녁이라도 한 개도 업시 다들 떨어저 버리쓰며 하는 마음뿐이드라.

오후는 부인 친구가 둘리와서 포도수학 하는돼 그들어 주고 포도 좀 어더 갈라면서 일을 도와주고 잇킬레 자신은 사과나무 도장지 빼는 일을 하였다.

〈1999년 10월 4일 월요일 날씨 맑음〉

어재 포도 수학한 것을 오늘 둘리서 선별을 하는돼 아침 일적부터 선별을 해서 오후 3시까지 하는돼 31짝밖에 못하여쓰며 그것도 정품은 업고 다들 바라이라서 운님이나 나올란지 몰겟다.

"앞푸로 남은 포도는 업세버리야 하겠다. 이것을 농사 짓은것이라서 한푼이라도 하게따고 시장 출하을 해바야 노력의 다까도 업쓰서 이제 포기을 해야 하겟다."

포도 수학량 31짝.

〈1999년 10월 5일 화요일 날씨 맑음〉

오늘로서 사과 도장지을 안전이 빼쓰며 그리고 올해는 사과 부페병 방재을 잘돼어따고 생각을 한다. 앞푸로 별다름 업쓰며 사과 농사는 풍년 농사가 아닌가 십다.

그리고 오늘은 부인의 생일이다. 남편으로서는 아침에 일어나서 부인 생일 축하 한다는 말만 하였찌 아무련 선물도 업쓴는돼 우리 혜영이가 화장품과 캑 선물을 하였서 아빠의 미안한 감을 좀 들어 주어서 자신의 마음이 조금 편해 저는 너킴을 받앗다.

〈1999년 10월 6일 수요일 날씨 비〉

부인과 둘리서 채소밭과 벼논을 한밖기 돌라바쓰며 벼는 푸른 나락이 더로 잇쓰며 벼 탈곡에는 좀 일적한 감이 잇뜨라.

그리고 집안 형님이 중풍으로 누어 개시는돼 진작 병문안을 갈려고 해도 자신이 바빠서 가보지 못하고 오늘 드링크을 들고서 부인과 둘리서 병문안 같쓰며 한자가 정신이 평소때와 같떠며 몸이 움직지 않아서 마음 고생은 크게드라. 그리고 육촌 형수가 버스타고 오다가 다른차가 더리 박아서 척추 타박상으로 고생을 하고 잇쓰서 오늘 비오는 시간에 병문안을 못한 것을 오늘 두집다 병문을 하였다.

자신으로 바서는 병문안을 빨리 해야 하는돼 자신이 바푼것만 쳐고 진작 인사을 해야 하는 것을 뒤로 미라서 인사의 가치가 그만춤 업따는 생각이 들며 이재는 내일을 뒤로 미루고 인사을 할때는 먼저 찾자 배오야 하게쓰며 앞푸론 꼭 실천을 해야 하겠다.

"자신이 여때것 포도농사을 짓어도 포도 엣

키스을 모르고 살라는돼 올해는 쌔래단 농사을 다배리서 이재는 시장 출하도 못하고 올해는 포도 엣키스 3솟을 빼는돼 60,000원 들어다."

"여자들이 남편한돼 잘하는 것도 천생에 쓰고 나와야지 남편한태 잘하지 그려치 않으며 남편한태 열과 성이가 업따고 생각을 하여 본다."

내 부인은 정말 남편한태 잘하며 엔말에 부인 자랑 아들 자랑을 하면 푼수라고 말을 하는돼 나는 부인이 이처름 남편을 하늘 같이 생각을 하며 사랑하고 아켜주고 하나에서 열까지다 쨍기주고 자식보다 더 돌바주는 부인을 볼때에 너무 미안타. 그리고 자신만이 부인의 고마운 정을 알고 잊키는 너무 안타가서 남외깨 자랑을 마구 하고 십찌만 그 실천을 못하고 잊다. 그른돼 언잰가는 부인의 고마움을 만 천하 예깨 알리고 말 것이다.

지출에 … 포도엣키스 3솟값 60,000원

〈1999년 10월 7일 목요일 날씨 맑음〉

오늘은 트랙터 노타리을 조합 경운기 센타에 수리을 할려고 막키 낫쓰며 올캐 수리나 될련지 몰겟꾸나.

그리고 오후에는 부인 허리 아픈돼 김종섭 외과병원에 가서 치료하고 물리치료까지 다하고 나니 오후 3시가 넘트라. 그 길로 자동차 대리점에 가서 승용차가 월마나 가나하고 부인과 둘리서 가격도 알라보고 각 대리점을 다 들리쓰며 대리점에도 차을 1대, 2대 밖에 대리점에 전시가 안돼어 잊쓰며 주로 카다락꾸 책자로 장사을 하고 잊드라. 자신도 책자만으로 설명을 하여 주는돼 알수가 업드라.

앞푸론 승용차는 인간에 필수가 돼어쓰며 자신이 차을 보는것도 운이가 여자친구을 세길라면 차라도 잊쓰야지 여자친구 사기는돼 좀 수라지 않나해서 차을 돌라보고 잊다. 부모가 자식 뒤바라지을 다해주며 아들을 바리는 것이 아닌가 하고 염려도 돼지만 한편으로 바서는 그래도 승용차라도 잊쓰야지 여자친구을 세길수가 잊찌 않나 하고 생각을 할때는 빨리 구입을 해쓰며 하고 한쪽으로 생각을 한다면 어떠게 하든 자식한태 막키 두는 것이 낫찌 않나하고 극정도 돼고도 잊다.

〈1999년 10월 8일 금요일 날씨 맑음〉

오늘 사과약을 살포을 하여쓰며 사과약 살포가 마지막이 돼어쓰며 하는돼 앞푸로 사과약을 살포을 해야 할찌 모르겟다. 지금 사과 농사는 점밖이가 조금 잊쓰나 부페병이 별로 업쓰서 올해는 사과 농사을 잘 짓어따고 생각을 하고 잊는돼 어떤 이변이 잊쓸란지 모르겟다.

"오후는 벼논을 한밖이 돌라보니 일부 콤바이 탈곡을 하고 잊는돼 자신은 아직 콤바이 탈곡을 안아고 잊쓰니 마음이 조급하다."

오늘 사과약 살포량 50말.

〈1999년 10월 9일 토요일 날씨 맑음〉

오늘은 김천시 선격 50주년을 맏지하면서 그 축제로 김천포도 축제을 김청 농공 고등학교에서 행사을 하는돼 김천시 작목반 구성이 돼곳에서 회장과 총무 두사람식 행사에 참석을 하여쓰며 자신도 회장이라고 행사에 참석을 하여쓰며 오늘 참석을 하는 사람은 다들 추링 한 벌식 어더입으다. 자신이 축제에 참석을 해도 가연 이른 행사로 낭비을 이려깨 만이 해야 하나 하고 생각을 하여쓰며 오늘 행사에 추링값만도 매천만 원이 들어 갈따고 본다. 이 낭비에 비에서 행사 가치가 잇캐는가 하고 한번 더 생각을 해바야 한다고 생각을 한다.
그리고 지방 단체장 선거 제도간다면 재정 낭비만 돼고 국민들이 건소하게 살라가는 인간의 본질을 허리게 하고 잇따고 보며 정부에서 낭비을 부척끄리고 잇는것이나 다름이 업다. 그리고 전국적으로 행사을 부적 만이 하고 잇쓰며 기간장들은 조금한 맨목을 부쳐라도 행사을 치루고 잇는 실정이다. 우리 국민이 건소하게 살지 않으며 일본을 따라 잡을 수가 업따고 본다.
지출에 … 사진빼는돼 보증금으로 10,000원

〈1999년 10월 10일 일요일 날씨 비〉
이 날씨가 가을거지을 힘들게 하고 잇꾸나. 이 비가 우리 농민들한태는 아무련 도움이 업는돼 이 비는 끝칠줄도 모르고 비가 계속 오고 잇쓰니 우리 농민의 가슴을 아푸게 하고 잇다. 앞푸론 맑은 날씨을 보여주어야 하는돼 그리치 않아서 안타까운 일이다.
"오늘은 종일 동안 비가 내리고 해서 휴식을 해도 마음 만큼은 편하지 않는구나."
"운이가 요줌 시험 본다고 도서관에서 공부을 한다고 집에 오지 않코 공부을 하고 잇는 것을 보며 이 아빠가 생각을 하고 잇는 자식이 아니고 자식을 밑드도 돼겟따는 생각이 더는구나. 요줌 집에 오지 않코 잇는 자식 건강에 염려가 돼고 잇꾸나."

〈1999년 10월 11일 월요일 날씨 비〉
오늘 종일 비가 내리고 잇는돼 이 비야말로 농민한태는 아무것도 도음은 업는돼 종일 비가 오고 농민의 가슴을 너무 아푸게 하고 잇다. 이 아품을 들어 주는길은 날씨가 빨리 하창하게 개여주는 날씨밖에 업따고 본다.
"우리 농민이 일년이란 긴 시간을 비지땀으로 가까온 벼농사가 이 구전 날씨로 소득이 줄고 잇따는 생각을 할때에 이 아품은 정말 크다고 말을 하고 십다."
"오늘은 오전은 집에서 시간을 다 보내고 오후는 친구집에서 화토노리로 시간을 다 보냇다."
지출에 … 화토노리값 2,800원

〈1999년 10월 12일 화요일 날씨 흐림〉
오늘라도 날씨가 들어 주니 천만 다행이라고 생각을 한다. 앞푸로는 계속 맑은 날씨을 보여야지 그려치 않으며 벼수확에 상당이 외로점이 잇따고 바야 한다.
"오전은 봉답에 채소가란곳에 부인과 둘리서 배추가 씨라도 세울수가 잇쓸지 하고 같뜬이 조금만 손을 돼며 김장 배추가 될 것 같다서 기분이 좋드라."
그리고 오후는 아들 승용차을 사줄까 하고 구미 자동차 대리점을 부인과 둘리서 돌라 보앗쓰며 각 대림점에 가서 차 구경을 하여 보니 마음에 더는 것은 자신의 생각보다 돈이 만으며 자신이 무리하게 투자을 만이 하면 자신의 노후돈을 모아야 하는돼 영향이 돼지 않을까 하고 극정도 돼고 자식한태 투자을 만이 하면 꼭 좋은 것도 아니라는 생각이 든다. 인간이란 고충을 한번식 격끄야 하는돼 이것을 부모가 다해준다는 것도 좋은일은 아니라고 생각을 하기 때문에 자신이 무리하게 투자을 하여 주어따가 내 마음에 따라 주지 않는다면 그 충격은 껄끗으로 내다보기 때문에 십게 결정을 내리지 못하게드라.
오늘 자동차 대리점을 다니다가 딸 곰피터 대리점에 들리 떠니 사원들은 아무도 업고 매장에 내 딸만 혼자 손님 받고 전화 받고 하드라. 우리 딸 전화 받고 손님 접대을 하는 것을 볼 때 내딸이 저르깨 사냥하고.

〈1999년 10월 13일 수요일 날씨 비〉

기상대서 오늘은 맑은 날씨가 됀다고 예보을 하드니 비가오고 잇쓰니 이거 보통일이 아니며 벼탈곡도 못하고 벼가 서잇는 상태에서 싹이 나는 해가 돼지 않을까 하고 극정이 돼며 진작에 콤바이 탈곡을 한 사람들은 정말 잘했따고 생각을 하여 본다.
오늘은 마을 친구가 병원에 간다고 해서 따라가서 사진을 일부만 찾고 그리고 현대 자동차 대림점을 들리 밭뜬이 한가지 더 알라쓰며 자동차 대리점에 갈 때 마다 새로운 것을 알개쓰며 자신이 대리점에 셋번 같는 돼 갈 때 마다 새로운 것을 알라따고 생각을 한다. 그리고 박명섭이 형님집에서 정심 내기 통닭 내기 해서 자신이 7,000원을 부담을 하였는돼 나중에 고수돕 화토로 10,000원을 수입을 바서 자신은 손에는 업쓰쓰며 오히려 득을 받다.
오늘은 화토가 너무 잘돼어서 오래 하여쓰며 상당한 득을 볼수도 잇따고 생각을 하는돼 화토을 오래 첫고 잇쓰니 무릅이 아빠서 자신이 그만 하자고 해서 그만 화토을 마랐다.

〈1999년 10월 14일 목요일 날씨 맑음〉

아버님, 어머님 오늘 승용차을 계약을 하여씀이다. 차 총금액을 다한다면 12,500,000원 돼겟씀이다. 이차을 운이 줄라고 구입을 하는돼 내 생각은 요줌 여자들이 차잇는 학생들애깨 만이 딸린다고 해서 운이가 여자친구라도 사겨보라고 차을 일적 구입을 하여 쓰며 부인이나 딸들은 다들 운이가 졸업하게든 사라고 당부을 하는돼 이 말도 꼭 맡다고 생각을 한다. 외냐하면 지금 운이 친구와 노는돼 정신이 업는 상태인돼 차을 살라고 한다는 것은 잘못이다고 이야기을 하는돼 나는 단 한가지 일이며 나는 여자친구 사기는 시기도 잇따는 생각이며 운이가 졸업을 하고 나면 여자친구 사기는 일은 어릅고 사회나와서 여자친구을 사길라면 힘들고 중매로서 여자친구을 만들어야 하는돼 이것은 상당이 힘들다는 생각으로서 자신의 생각대로 실천을 온기는 일도 상당이 무리라고 생각을 한다. 외냐하면 놀기 좋아하는 자신을 더 놀기 좋투록 만들어 주고 잇는 것이 아니냐 한편으로 이른 생각도 하여쓰. 한가지에 열까지다가 다 미흡한돼 단 한가지 학교 다니면서 여자친구을 구하기가 십따는 생각으로 무리한 결정을 하여쓰며 이것이 내생각돼로 마자 떨어지면 큰 바람이 잇쓸것이며 만약에 자신의 생각대로 안돼면 부인과 딸한태 원망이 클것으로 내다본다.
“이번일을 자신의 힘으로 미려 부친 것이 화근이 될까바 큰 고민이 돼며 만사 일래 가정에 다수의 의견으로 가야 하는돼 그려치 못해서 자신도 계약을 다하고도 자신의 머리가 그리 무급다.”
앞푸론 가정에 일들은 무선 일이든지 다 가족 회에 결정을 짓어지는 돼로 학정을 짓어 결정을 해서 움직이야 하겟다.

〈1999년 10월 15일 금요일 날씨 흐림〉

오늘은 김천시 시 선격 50주년을 맡지하며 시민운동장에서 오후 7시에 열린 음악회 한다고 해서 우리 부부는 음악회 간다고 마음이 분주한 시간을 보내쓰며 이번 음악에 사람이 너무 만을 것 같다서 우리 마을은 봉조 차로 21명이 오후 4시 20분에 동네서 출발을 하였다. 그른돼 텔레비전에서 열린 음악을 보면 아주 좋은돼 오늘 열린음악회을 가니 앞자리는 시에서 초청장을 발부을 해서 다들 앞자리는 갈 수도 업고 뒤자리에서 관람을 하는돼 사람을 볼 수도 업고 그 중에 무대을 낮깨해서 관람하는돼 아주 힘들고 앞푸론 초대장 업시는 관람을 한다는 것은 들노리 밖에 안돼며 이른공연은 하지 않캐다.

"김천에서 열린 음악회가 처음이라서 그른지 시민 운동장이 관람 인파로 그위 운동장이 곽찾다고 이야기을 하고 십다."

〈1999년 10월 16일 토요일 날씨 맑음〉

벼논에 콤바이 탈곡을 할려고 같돌리는 일을 하였다. 오늘은 날씨가 추어서 무선 일을 할려고 해도 몸이 움치려 저서 할 수가 업쓸 정도로 날씨가 춥더라. 이번 갑짝이 일기 변화로 감기 몸살 하는 사람이 만을것으로 내다본다.

그리고 큰집에 경숙이 날바지가 오후 4시 경에 왔쓰며 음식을 푸짐하게 만이 왔드라. 아들 가진자는 장가 비용이 만이 안든다고 하드니 오늘 음식을 한 것 바서는 상당이 만이 들어 따고 생각을 한다.

"형님은 이번으로서 끝으로 큰 일을 다 치룬다. 오늘 날까지 자식들 뒤바라지에 수고을 만이 하였다."

〈1999년 10월 17일 일요일 날씨 맑음〉

오늘은 콤바이 탈곡을 하는돼 서원찬은 벼 탈곡이라고 생각을 하며 다들 생각보다 수확량이 만은 것 같트며 자신은 거름이 적으서 벼농사을 마음에 들지 않는 농사여따고 생각을 하는돼 이삼년만에 처음 잘 돼어따고 보며 올해 서양바실 4마지기와 3마지기는 마음에 더는 농사여따고 생각을 한다. 서양바실은 땅이 얕타서 수학량이 상당이 만이 떨어 지는돼 올해는 다른 논들처름 수확을 하였쓰니 큰 다행이라고 생각을 한다. 서양바실 4마지기 61푸대, 서양바실 3마지기 46푸대, 세기다래이 참나락 20푸대.

〈1999년 10월 18일 월요일 날씨 맑음〉

오늘은 콤바이 탈곡한 벼을 말류는돼 전력을 다했쓰며 오늘은 기온이 내리가서 벼 말류는돼는 아주 좋은 날씨며 앞푸로도 이른 날씨만 주어진다면 거울거지에는 큰 무리가 업쓸것으로 내다본다.

"오늘은 현대자동차 대리점에서 전화로 오늘 승용차가 온다고 해서 자신은 마음이 슬래이스 무선 일이 집중이 안돼고 차오는 것만 기다리저고 내가 이처름 마음이 응분이 돼는돼 우리 운이는 월마나 좋을까 정말 운이는 좋깨다. 이 아빠가 다들 알라서 일을 하여주니 우리 운이는 이 아빠 이처름 생각을 하여 주는 것을 조금이라도 알라 줄련지 모르겟꾸나."

이 아빠는 온 식구가 다들 졸업을 하게든 차을 사주라고 한싹코 이야기을 하는돼 이 아빠는 그래도 학교 다닐때에 여자 친구 사겨보라고 승용차을 사주는 것이 좋깨따는 생각으로 승용차을 구입을 하여쓰며 이 아빠도 상당이 만이 생각을 하였는돼 차을 구입을 해서 돈을 지불을 하여주고 나니 이 아빠도 이번 차 구입이 100%로 잘한 짓은 아니라는 생각도 하여보며 만약에 운이가 친구 좋아서 차을 가지고 아들만 태어서 놀로만 다니며 이것이 큰 잘못이 돼며 한편으로는 가족들의 말을 들을끈돼 하는 생각도 머리에 잠식이 돼어 잇는 것은 사실이며 여화뜬이 아빠의 뜻에 다름이 업쓰며 정말 좋겟다.

"아버님, 어머님 오늘 운이 승용차가 집에 왔씀이다. 아버님의 아들 순덕이는 차가 업는돼 내 자식 승용차을 구입을 하여씀이다. 이것도 내 차가 업쓰서 자식차로도 가지라는 뜻에서 일적 승용차 구입을 하였씀이다. 그려니 아버님, 어머님 이 손자 놈을 잘돌바서 불행한 일이 업두록 잘 돌바 주십요. 아들 순덕이는 아버님, 어머님을 밑고 이 세상을 살라가고 잇씀이다."

지출에 … 승요차값 11,520,000원,
보험료값 1,046,000원

〈1999년 10월 19일 화요일 날씨 맑음〉

콤바이 탈곡한 벼 말류는돼 전시간을 다 보내쓰며 오후는 말뤈 벼가마니을 창고에 제는 일은 운이 친구가 와서 일을 도와서 일적 할 수가 잇쓰서 상당이 수레다. 그리고 오늘 운이가 첮 시운전을 하여바쓰며 이 아빠는 운이가 운전 실력이 을마나 돼나 하고 엽자리에서 지키 밭뜬이 이 아빠가 생각한 것보다 흙신 잘하며 운전을 막키나도 돼것드라.

"앞푸로 친구들에깨 차키만 주지 않으며 이 아빠 극정은 안해도 돼겟는돼 운이 놈이 마음이 너무 보드라서 이점이 극정이 돼는구나."

"요문제을 운이한태 주입을 해야 하게쓰며 자동차 키는 타인한태는 절때 주지 않아 하는 섭관화돼어 잇쓰야 하는돼 이문재가 운이 마음한태 월마나 준비가 돼어 잇눈지 알수가 업꾸나."

지출에 … 자동차 기름 만탕에 58,000원

〈1999년 10월 20일 수요일 날씨 맑음〉

오늘은 콤바이 탈곡을 3단지을 하여쓰며 올해는 벼침수가 업쓰서 쌀같은 벼탈곡을 하니 자신의 마음이 그리 말고 작년에 벼탈곡 하는돼 문지가 폭탄 마전 것처름 쑈다졌는돼 올해는 문지 하나 업는 벼탈곡을 하고 잇는 것을 보니 꿈과 꾸나.

"자신은 현재로바서는 벼농사을 잘짓어 따고 생각을 하고 잇쓰며 자신은 올해 단 한번 비료을 해서 농사을 바리따고 생각을 하였는돼 실지 벼탈곡을 하여보니 올 농사가 실패가 아니라는 것을 너켜다."

"오늘 벼탈곡을 하는돼 운이 친구가 와서 벼가마니을 들마치는돼 자신은 손도 돼지 않코 다들 만칠수가 잇쓰며 오늘 운이 친구가 아니여드라면 3단지 벼탈곡을 할 수가 업따고 보며 오늘 운이 친구가 도와 주어서 벼탈곡을 잘했다고 생각을 한다."

콤바이 탈곡 푸대수가 경화네 위논이 46풋대, 경화네 아래논이 41풋대, 큰 두마지기 51풋대.

〈1999년 10월 21일 목요일 날씨 맑음〉

오늘은 날씨가 너무 좋아서 벼말류는 일이 보통 2일식 말라야 다마르는돼 오늘은 1일만에 벼을 다 말류수가 잇쓰니 그만춤 사람이 수라다. 콤바이가 벼논에 들어가기 전에는 자전 비 때문에 농민들의 가슴을 아푸게 하여는돼 요줌은 날씨가 너무들 좋아서 긍민들의 가슴에 우섬 꽃이 핀다고 말을 하고 십다.

"오늘 운이가 승용차로 처음 학교에 잘같다 와터라. 오늘 같이 시간을 지키주고는 하면 이 아빠 마음이 편하게 쓰며 고맏게 생각을 하겟다. 오늘 이 아빠는 약속을 해도 지키주지 않는다고 생각을 하였다. 외냐하면 저이들 학교 축제한다고 유명한 가스가 온다고 하지 이곳도 밤 11시까지 한다고 하며 그리고 차도 처음이지 친구들한태도 자랑도 하고 십픈 마음이 외 업깨나. 그리고 아는 여자들 등등 자랑을 하고 십픈돼 이 아빠가 오후 5시까지 집에 와야 됀다는 약속을 해키 때문에 상당이 어릅따고 생각을 하여는 돼 그 약속을 지키 주어서 고맏드라. 앞푸로도 약속을 꼭 지키주는 아들이 돼어 주어쓰며 한다."

"아버님, 어머님 운이가 차로 처음 학교 갈다 왔씀이다. 앞푸로도 아버님, 어머님이 보살펴서 아무른 일이 업시 학교 잘 다니두록 지키주어야 합니다. 아버님 아들 순덕이는 늙 아버님, 어머님을 믿고 이 세상을 아주 편하게 잘 살고 잇씀이다."

〈1999년 10월 22일 금요일 날씨 맑음〉

오전은 콩 수학을 하여쓰며 올해 동회관에 종자용 콩을 신청을 해서 가란 콩이 비가 자주 와서 그른지 일부 콩코투리가 썩은 것이 만으며 일부 잘됀 것은 콩알이 좋은돼 평균 본다면 콩 수학은 숭년이라고 바야 한다. 자신이 올해 경운기로 두바리 잔득 뽑아 왔는돼 실지 콩타작을 하면 을마 뗄련지 모르겟꾸나.

"요줌 날씨가 좋아서 벼말류는돼 최고 좋은 날이다. 금년 같터며 벼농사을 더 짓어도 아무련 문제가 업깨드라. 그리고 금년에는 벼탈곡을 해도 문지 하나 나지 않으며 콤바이 가지고 잇는 사람들 살마나겟드라."

〈1999년 10월 23일 토요일 날씨 맑음〉

오늘은 두단지 콤바이 탈곡을 약속을 하였는돼 친구, 딸 결혼식을 구미 푸리스 호텔에 한다고 해서 콤바이 탈곡을 세논에 반춤하는 것을 보고 운이을 막키고 그만 예식에 간다고 왔쓰며 해필 두단지라서 푸대수도 만은돼 아들과 부인한태 막키고 갈라고 하니 거름이 잘 안터려 지는구나.

"오늘 운이는 여자친구가 직지사에 놀로 갈라고 약속을 했는돼 콤바이 탈곡을 하지 아빠가 예식가지 어떠게 비명도 못하고 잡피서 콤바이 탈곡을 하는돼 푸대을 트랙터에 경운기에 실어면서 시간 밖에 안본다는 부인의 말이 우습드라. 운이도 처음 여자친구와 약속한 것이 콤바이 탈곡 때문에 방해가 돼는돼 그 심정 알마나다. 이 아빠가 예식만 맡치고 집에오니 경운기로 한바리만 갈다 노코 경운기로 한바리 더 실고 잇드라. 그래서 경운기을 내가 몰고 가라 하니 오토바이로 총알 같이 가드라. 운이도 차도 삿찌 처음 여자친구와 직지사에 놀로 가기로 약속을 했찌 오늘 콤바이 탈곡이 지겹두록 원망을 했쓸것으로 생각을 한다. 그른돼 자식이 여자친구와 직지사 놀로 간다는돼 우리부부가 열을 내서 차문지 딱아 주고 털어주고 전신경을 다 쓰고 잇쓰며 사실 우리 부부가 더 좋은 캐감을 가지고 운이 보냇따고 말을 하고 십다."[157)]

〈1999년 10월 24일 일요일 날씨 맑음〉

오늘도 벼말류는 일을 하면서 콩나물콩 수

확을 하는일, 고구마 수확을 하는일들, 요즘 하로에 상당이 여로가지을 만치는 나날이라고 말을 하고 십꾸나. 가을은 수확하는 계절이기 때문에 자질구리한 일들을 만이 하여야 됀다. 이제 가을도 그진 망우리가 돼어가고 잇따고 바야한다. 우리 농민은 가을이 길어서 수확을 오래 오래 회서 배가 부르두록 해야 하는돼 늙 배가 부르지 못한 가을이라서 정말 아쉽다고 말을 하고 십꾸나.
"요즘 우리 운이가 좋아서 말도 잘듯고 좋아서 못전진다. 오늘은 차 씨트 산다고 저위 누나와 저의 엄마을 꼭 대리고 김천 이마트와 하나로마트로 안질개와 씨트카바 사라 간다고 가서 색칼 때문에 씨트 카바는 완사고 방석만 사와드라. 그른대 차구입을 했뜬이 갈리비가 만만치 않으며 학생으로서는 승용차 운영하는돼 상당이 무리가 돼고 잇쓰며 학생들한태 차 운행은 좋은쪽보다 나뻔쪽이 만타는 생각이 들어려 쓰며 내 아들이 제 아무리 성실하다고 해도 친구 쪽이 불량하면 불량한쪽으로 치우치기가 쉬우니까 학생들한태는 승용차 운행이 좋다고는 생각하지 않는다고 말을 하고 십다.

〈1999년 10월 25일 월요일 날씨 맑음〉

오늘로서 벼말류는 일은 끝을 냇다. 금년에는 가을거지가 상당이 수레따고 생각을 한다. 외냐하면 운이가 도와찌 운이 친구가 와서 도와 주어서 금년에 가을 거지는 상당이 수레따고 생각을 한다. 금년에는 벼농사을 만이 짓어도 다 할 수가 잇깨따고 생각을 하며 올해 농사가 힘든다고 남외 농사을 주어뜬이 올해만 더 질끈돼 하고 아쉬운 감이 더는구나.

〈1999년 10월 26일 화요일 날씨 흐림〉

오늘은 콩타작을 하기위여 마당에 나란이 느려나서 말류는 일을 하고 오후는 벼집 묵는 일을 하여다. 올해는 벼집을 묵끄서 사과밭에 깔라서 잡초가 못나게 할려고 9마지기을 다들 묵끄서 사과밭에 깔 작정이다. 그리고 들래서 너깨 집에 들어오는돼 부인이 시시 하드라. 그래서 운이 여자 친구가 왔따면서 이야기을 하드라. 방에 들어 갈 수도 업고 부인이 비온다고 마당 치우는돼 그들고 부인한태 저녁을 해먹이야지 하면서 저녁 하라고 당부을 하는돼 여자 2명이 내리오드라. 운이 여자 친구와 여자의 친구가 따라 왔는 모양이드라. 이 아빠 운이 여자 친구 문제로 늙 당부을 하면서도 막상 여자 친구가 집에 왔는돼도 날이 어더어서 그른지 얼굴을 제대로 못보고 마랐다. 이번 여자친구는 승용차을 구입을 하기전에 서로 만나고 잇쓰따고는 하지만 자신이 여자 친구 만드라고 차을 구입한 것이 내 뜻돼로 잘돼어따고 생각을 한다.
"오늘 여자친구가 얼굴은 못밭찌만 키는 알맡따고 생각을 한다."
"오늘 승용차로 김천 보건소에 혈합약 타오는 일을 이용을 하는돼 정말 자가용이 좋드라. 자신이 색망이 아니여드라면 운이 자가용이 아니고 내 자가용이 됄끈돼 색망 때문에 아들 자가용이 돼고 마랐다."
지출에 … 혈압약 5,100원, 도리캐이

157) 일기 지면 상단에 '(10月 23日 친구딸 결혼식 축이금 지출, 축이금 50,000원, 버스비, 친구, 8,600원, 계 58,600원)'이라고 기록되어 있다.

4,000원, 버스직행 920원,
계 10,020원

〈1999년 10월 27일 수요일 날씨 흐림〉
오늘도 자신 혼자 벼집묶는 일을 하여쓰며 오늘까지 벼집 묵끈 것이 4마지기 묵끄따고 보며 올해는 벼집을 사과밭에 깔라서 잡초을 못나게 하여서 잡초 신경을 들 쓰는 해가 돼어 주어쓰며 한다.
"그리고 벼집 묵는 사람도 들판에 멧사람이라도 잇쓰야 힘이 나서 벼집묵는돼도 제미가 잇찌. 이 큰 들판에 벼집 묵는 사람이라는 자신 혼자 뿐이니 더 힘드는 너킴이 드는구나."
"이른 것들을 보며 우리 농민들 너무 수라게 살려고 한다. 멧회 전만해도 벼집을 묵끄서 작과밭에 사과밭에 벼집을 다들 까라서 거름도 돼고 잡초도 들나고 과일농사을 다들 잘 짓고는 해는돼 이재는 노력은 하지 않코 화학비료로 농사을 짓고 마니 품질 좋은 과일 농사는 갈수록 힘이 든다고 바야 한다."
수입에 … 포도 상자 보조금 32,500원,
자두상자 7,200원,
계 39,700원

〈1999년 10월 28일 목요일 날씨 흐림〉
오전은 벼집 묵는 일을 하다가 기상대서 내일 비온다고 예보을 하여서 콩타작을 일부을 하여쓰며 올해 콩타작을 하여보니 썩은 콩이 만아서 이것을 다들 가리 내자면 보통일이 아니겟드라.
"운이 차가 오늘 기름이 떨어저서 15,000원 주고 너어따고 하는돼 학생으로서는 승용차 운영은 유지비 때문에 운영을 못하게꾸나. 학생이 기름값으로 일주일에 58,000원 다쓰고 잇쓰니 승용차 운영은 너무 만이 들어서 여사로 생각을 해쓰는 란대겟꾸나."
"운이도 약속대로 일주일에 3번만 운영을 하기로 하고 승용차을 구입을 하였쓰니 앞푸로 약속대로 운영을 하두록 하여야 하겟다."

〈1999년 10월 29일 금요일 날씨 맑음〉
오늘 오후 너깨부터 사과 수학을 하여쓰며 금년도 수학하는 사과들이 원형들이 돌라간 기형과가 만으며 이것이 약해로 그른지 일기불순으로 기형과 만원지 알수가 업꾸나. 올해는 부조기 방제는 잘돼어따고 생각을 하는돼 새 피해가 만으며 이것이 좋은 사과만 골라서 쬬아 먹키 때문에 큰패가 만타고 생각을 한다. 앞푸로 새티 때문에 사과 농사가 힘들것으로 내다본다.

〈1999년 10월 30일 토요일 날씨 맑음〉
부인은 종일동안 사과 수확을 하고 자신은 박세춘 아들 결혼식하는돼 참석을 하고 오후 너깨야 사과수확하는돼 조금 도와 주는 정도 하여씀.
"오늘 운이 친구가 처음 결혼식을 하여쓰며 우리 운이도 좀 일."

〈1999년 10월 31일 일요일 날씨 비〉
오늘 오전도 사과 수학을 하는돼 하늘에서는 금세라도 비가 쇼다질뜻 하면서도 오전은 참아주드라. 오후는 가랑비가 내리는돼도 사과{수}확을 하여쓰며 오늘은 일요일이라서 아들도 사과 수확 하는돼 거들어서 좀 수라고 만이 하여따고 생각을 한다.

〈1999년 11월 1일 월요일 날씨 흐림〉

오전은 어재 비온뒤라서 아무일도 몿하고 김치 다물 배추와 무을 조금 해와쓰며 오후는 서들어서 사과 수확하로 갈쓰며 오늘은 사과을 집우로 가오지 않코 사과을 따서 땅바닥에 나란이 느려 노와다.

올해 사과 수확하는 기쁨은 말할 수 {없이} 기분이 좋다. 외냐하면 사과 부패병이 업시 사과량도 만치 자신이 여때것 사과 농사을 짓어도 시원찬은 농사만 짓어찌 올해는 마음에 백푸로는 안차지만 그래도 마음에 찬 농사여키 때문에 사과 수확 하는 마음 정말 기쁘다. 자신이 사과 농사을 지어본이 이재 사과 농사에 감이 잡피는 너킴이 들며 사과 농사에 조금은 눈이 떠이는 것 같다.

"오늘 혜지 한태 사과 한 상자와 포도 액키스을 현대 택배로 부쳐주어다. 우리 혜지가 아들 키운다고 매일 시름 하고 잇깨지. 우리 혜지가 아이을 키우고 잇따는 것이 실감이 나지 않는구나. 이 아빠 생각을 할 때는 혜지가 아이라고 생각을 하고 잇는돼 혜지가 아기을 키운다고 온같 정성을 다 드리고 잇따고 하는 것은 현실이 아니라고 생각이 자꾸만 들어가는 것 같다. 혜지야 어른 될려면 온같 고생을 다하고 아기을 키어바야 어른이 돼는 것이란다. 아무 조록 아기 잘 키아서 훌륭한 부모가 돼어 주라. 이 아빠 부탁하마."

지출에 … 유행성 출혈 예방약 주사 우리 부부 10,300원, 혜지 사과 부치는돼 6,000원, 계 16,300원

〈1999년 11월 2일 화요일 날씨 맑음〉

오늘도 사과 수확을 하면서 선별까지 해서 창고에 저장까지 할려니 하로에 약 48개 정도밖에 몿하고 잇다. 오늘은 숙모님이 사과 꼭지을 따주는 일을 도와주고 해서 좀 만이 하였따고 본다.

"올해는 사과가 부페가 업쓰서 평소때보다 사과 농사을 배는 수학을 더 한다고 볼때에 정말 입이 벌어 진다고 말을 하고 십다."

"그리고 오늘까지 사과 저상 수량이 144짝 하였다."

〈1999년 11월 3일 수요일 날씨 맑음〉

오늘 우리 부부는 사과 200짝 수확을 할려고 아침 일적부터 서들어서 작업을 하여쓰며 오늘 운이가 너깨와서 도와 주어서 200짝 목표을 달성을 할 수가 잇쓰다. 운이가 아니여떠라면 목포는 달성을 못해 쓸것으로 본다.

"요줌 운이도 나람대로 저 아버지을 도와줄라고 노력을 하고 잇따는 것이 영역이 엽보이고 잇다."

"사람이 나이한태는 못익인다고 다들 이야기 하든이 이재는 무리한 일을 하면 육체적인 표가 학실이 나고 잇다. 자신도 이제는 작업량을 줄라랴 돼겠따는 생각이 절로 나는구나."

지출에 … 차기름값으로 60,000원 줌.

〈1999년 11월 4일 목요일 날씨 맑음〉

오전은 사과 수확을 하고 오후는 공장용 사과을 2,000원 주는 것을 오늘 3,000원 준다고 해서 부인은 공장용 준비을 하여쓰며 자신은 부페병이 업쓰서 공장용이 업쓸줄 알라는돼 자신도 저밭에 잇는 것을 모아보니 숫짜가 만터라. 이것도 안전희 모원 것이 아닌돼도 25짝이 돼니 이것이 상당이

만원 쪽이라고 생각을 한다.
"올해 사과 농사에 거름이 적으서 그른지 사과 알이 적으서 공장용으로 일부가 나가고 잇다. 내년에는 거름량을 조금 더해야 하겟다."

〈1999년 11월 5일 금요일 날씨 맑음〉

오늘 사과 공장용을 능금조합에서 3,000원 식 해서 오늘 동네 전체 한 벌 거두어 같다. 일반은 매년 2,000원 식 주고 가지고 가는 돼 능금조합에서 일년에 한 두 번식 가지고 가니 마을 전체로 바서는 상당이 득이라고 생각을 한다.
"오후는 사과 선별 작업을 24짝 해서 집우로 가지고 왔쓰며 이제는 푸른 사과만 남아 잇따고 본다."
(현제 사과 저장이 224짝 저장을 함.)

〈1999년 11월 6일 토요일 날씨 맑음〉

오늘은 형님 잔치 준비하는돼 손님을 밭지 않아서 준비 하는돼도 아주 관편하며 요즘 잔치 하면 이름 석자만 알면 청첩을 보내는돼 형님처름 청첩이라 해야 사돈한태 5장 밖에 않해 쓰니 잔치라고 할 수도 업다고 보지만 나 자신도 다들 청첩 때문에 눈살을 찝프리는돼 다들 관소하게 해야 한다고 본다.
"앞푸로 청첩 제도가 우리대에서 끝을 내야 한다고 본다. 요줌 결혼시기라서 좀 만이 밭는 사람은 10장이 넘는 사람도 만타고 하니 이른 사람들은 청첩 때문에 죽깨따고 아우성이며 이것이 계속 대면 축복 속에서 세 출발을 해야 하는돼 그려치 못하고 불평 속에서 세출{발}을 해야 한다고 볼때는 아주 잘못된 일들이다."
"요줌 잔치가 돈만 주면 대는 잔치이며 사실 남의 잔치을 가도 예식장에 들어가지 않코 축이금 주며 식당으로 곳바로 가는 잔치가 돼고만이 이것은 자신이 생각을 만이 해야 한다고 본다."

〈1999년 11월 7일 일요일 날씨 흐림〉

오늘로서 형님은 아들, 딸 결혼식을 다 올려 주고 할 일은 다하여쓰며 형님이 한참 몸이 불편할 때 바서는 현숙이, 경숙이는 결혼식도 못 올리고 말 것 같뜬이 그래도 아버님, 어머님이 다 돌바주어서 자식들 다들 식을 올리 주어쓰니 이재는 아무것도 걸일들이 업쓰며 형님은 딸자식 키우는 돼는 힘이 들어찌만 이재 다들 보내서 속이 시원하겟다.
"자신도 형님 잔치 날이 앞페 잇쓰니 신경이 쓰이곤 했는돼 오늘로서 잘지네 가니 자신의 마음도 편하구나. 그리고 오늘 축이금으로 300,000원 하였는돼 이번은 100,000원 밭고 다들 돌려 주드라. 여때것 동생들이 예을 먹으따면서 이번에는 동생들한태 다들 100,000원 밭고 다들 돌려 주드라."
지출에 … 형님 잔치 부주값 100,000원

〈1999년 11월 8일 월요일 날씨 맑음〉

오전은 숙모님 매상으로 출하 것 41개, 조합정미소로 달라 내는 것 40개 해서 81가마니을 다들만치다. 그리고 올해는 매상 1등이 55,040원인돼 현재 상인한태 달라내면 55,000원 주고 잇쓰서 정부 선도 자금 쓴사람만이 매상에 응하고 잇찌 그 남어지는 다들 상인으로 달라 내고 잇쓰며 오늘 조합으로 출하는돼 마을 전체에 80%은 조합으로 출하을 하여 쓸 것으로 내다보고 잇다.
"오늘 오후는 사과 넛살리 따는 일을 하고 집에 오면서 경운기로 사과 저장 할 것 24짝 실어와서 마당에 야적을 하여 두어다."158)

〈1999년 11월 9일 화요일 날씨 맑음〉
오늘은 매상 될 준비을 하여쓰며 3명이 73가마 출하 준비만 하는돼 오전에 다 할 수가 잇쓰다. 올해는 시중 가격이 오히려 정부 매상 가격보다 더 비싸니 농민들도 매상에 응하는 돼 별 흥미도 업쓸뿐 아니라 정부에 불신만 남깨 돼고 잇다. 정부에도 올해는 그른돼로 선도 자금 푸려 먹인 것으로 정부미을 학보을 할 수가 잇따고 하지만 내년에는 선도 자금을 아무도 쎠지 않을 때는 정부 양곡을 어떠개 학보을 할련지 의심스려어며 정부는 국민이 밑고 따오두록 정치을 해야 하는돼 한국 정부는 외 얄팍한 정치을 하고 잇는 것이 원망스렵다. 오후는 사과 넛살리 따는 일을 함.

〈1999년 11월 10일 수요일 날씨 흐림〉
오전은 사과 넛살리 수학을 안전이 하였다. 올해는 사과 넛살리가 만은 것 같다. 오후는 형님 매상준비을 58가마 하고 시간이 일적으서 사과나무가 너무 복잡해서 속하네는 일을 하였다. 그래도 마음 같다서는 좀 더 속아쓰며 해도 자신의 욕심이 더해서 그만 두고 마랐다.
"사과 넛살이 색낸다고 옛스리 약 30cc, 색깔라 70cc 물한말래 희석해서 살포을 하여 밧다."

〈1999년 11월 11일 목요일 날씨 흐림〉
오늘은 우리 마을에 매상날이라서 세벽부터 매상가마니을 트랙터에, 경운기에 해서 73가마을 나누어 실고서 대신 역전 조합 창고까지 실고 매상을 응해야 한다. 올해는 일반 상인들이 매상 가격보다 더 주고 잇쓰서 이등은 업쓸것으로 내다보고 잇쓴는돼 검사원 2등을 드로 주고 잇쓰서 저르면 안돼는대 하였다. 그른돼 자신은 73개 다들 1등을 밭앗다. 자신은 처음부터 2등을 맡저며 집우로 가지고 올라고 생각을 하고 매상에 응해다.
오늘 사과 수확한 것이 1번당마 8짝, 2번당마 4짝, 계 12짝 총계 260짝.

〈1999년 11월 12일 금요일 날씨 맑음〉
오늘은 사과 나무가 너무 복잡에서 베어내 곳에 네아소진약 발라서 부란병 예방을 하여다. 그리고 사과 넛살리에 착색약 옛스레 물한말레 50cc 한병, 색갈라 100cc 희석회서 2차로 살포을 하여 밧는돼 착색이 제대로 올란지 몰겟다.
"이재 가을 거지을 거진 다해서 자신의 시간이 여유을 가지고 생활을 할 수 잇쓸란지 몰겟꾸나. 자신도 나이도 이제는 청춘이 아니라는 것이 육체적으로 쉬 피료가 오는 것을 보며 작업량을 줄리야 한다는 생각이 더는 구나. 이것을 실천에 온기 가야 한다."

〈1999년 11월 13일 토요일 날씨 맑음〉
오늘은 경숙이 시집가는돼 상각을 우리 형제 4명이 갇쓰며 종석이는 회사 일로 가지 못하고 종말이 말고 다들 가서 대접을 잘밭

158) 일기 지면 상단에 '(오늘로서 사과저장한 것이 248짝 수학함.)'라고 기록되어 있다.

아 쓰며 축산 농장까지 견학을 시키주며 농장을 가기 전에는 경숙이 시아버지 돼는 사람이 평범한 사람이라고 생각을 했는돼 축산 농장에 들어쓰면서 한우소와 건물, 돼지 이른 것을 볼때에 너무 열심이 살라 가는 사람이라고 생각이 들며 축사 건물을 손수 다들 짓어따고 할때에 더 놀랐다. 우리 경숙이가 아들 둘래 장남한태 시집을 가서 사랑은 받들란지 몰라도 시아버지가 일한 것을 보니 여간 해서 마음에 들두록 할련지 몰겟다.

"오늘 혜영와 성운이는 오늘 8시 차로 저위 누나한태 놀라 갈쓰며 혜영이가 은니한태 갈려고 노력을 만이 하고 잇는편이며 이것을 본 아버지로서는 고맙게 생각을 하고 잇다."

〈1999년 11월 14일 일요일 날씨 맑음〉

혜영와 성운이 둘리서 저의 누나 집에 잘 갈다와쓰며 영우을 상당이 만이 키앗다고 인사가 자자하며 너무나 만이 키와서 잠쉬만 보는돼도 팔이 아푸다면서 아이 키우는돼 힘들겟따고 극정을 만이 하고 잇쓰서 이 아빠도 그 소리을 듯고 극정이 드 돼는구나.

"오늘 자신이 쌔래단 농사을 한번도 올캐짓어 보지 못하고 골탕만 먹고 하면서 미련이 잇쓰서 오늘까지 농사을 짓어 왔는돼 올해는 미련업시 가지부터 제거을 하고 잇다. 이 일이 생각보다 진도가 업쓰며 오늘 종일 제거한 것이 닷섯골 밖에 못했다."

"오늘 포도나무 제거을 하고 잇쓰니 절먼 부부가 와서 제거하는 포도 주어서 포도 액키스을 할려고 주어가면 안돼느냐 하고 해서 우리도 부인이 포도 승한 것을 따로 온다면서 이야기을 하면서 이왕 앗쓰니 따가서 하라고 하니 고맙게 생각을 하드라. 오늘 이 부부을 볼때에 상당이 야물게 사는 부부 갈드라."

〈1999년 11월 15일 월요일 날씨 맑음〉

오전은 사과 넛살이 색낸다고 한번식 디접어서 색깔라 약을 100cc 물한말래 희석해서 살포을 하여 두어다 사과 넛살리에 색깔라 엣스레이 약을 살포을 해도 마음에 들지 않는 색이 돼며 오히려 그냥 두어서 색이 나는 것이 좋깨드라. 앞푸로 땅바닥에 사과을 깔라서 색을 낸다는 것은 실폐라고 생각을 한다. 오후는 세례단 포도 순자라는 일을 함. 올해는 미련업시 포도나무 제거에 들어 갈다.

"오늘 집우로 오다가 오트바이 세운 것을 피해 올라고 하다가 담배락에 세차을 끌거서 왔드라. 이것을 본 자신이 열이 낫서 참을 수가 업쓰서 운이 한태에 차을 그래 몰고 다닐라면 때리 치우라고 하면서 열을 토하고 마랐다. 오늘은 운이가 안전 부주위다. 외냐하면 골목에 오트바이 잇따면 치우고 와야 하는돼 그려치 않코 내리기 실어서 차을 껄그서니 이것은 꾸중을 들어야 한다고 생각을 한다."

〈1999년 11월 16일 화요일 날씨 흐림〉

오늘로서 무우수확을 하는돼 제일적은 해라고 생각을 하여 본다. 매년 무우 농사는 만이 짓어바야 무우는 년간 을마 먹지 않아서 올해는 아주 적개 가라드니 무우가 너무 적으서 마음에 들지 않는구나. 내년에는 올해 배는 짓어야 하겟꾸나.

"운이가 차에 기서을 내서 그른지 차을 두

고 같드라. 자신보다 본인이 차 기스 낸 것을 가슴 아푸게 생각을 하고 잇쓸끈돼 이 아빠의 마음이 아까어서 열을 낸 것이 큰 잘못이 아니냐 하고 자신의 마음을 달래서 가만이 잇쓰드라면 부모님한태 더 미안한 감을 더 가질것이 아닌가 생각을 하여보며 이 아빠도 한번 더 생각을 해야 하게쓰며 이왕 큰 마음 먹고 차을 사준 것으로 운이 한태 모든 것을 막키어 두고 보는 것이 잘 하는 것이 아니냐 하는 생각을 가지본다."

"운아, 어재 차 기스 낸 것을 가지고 열을 내서 말한 것이 다들 자식이 조심성 잇깨 잘타고 다니라는 충고라고 생각을 해야 한다. 이 아빠도 그냥 가다가 담배락에 스쳐서 그래따면 그리 성이 낮지 않캐는돼 그 쫘번 골목에 오트바이가 잇는돼 그것도 치우지 않코 그냥 지나올라고 했따가 차 기스을 냇쓰니 이 아빠가 성이 낮스 소리을 천 것이다. 그려니 이 아빠을 이해을 해라. 어재 일은 운이가 백푸로 잘못이다. 앞푸로도 백푸로 가실은 용서 하지 않캐다."

〈1999년 11월 17일 수요일 날씨 맑음〉

오늘도 쌔래단 포도가지 쳐는 일을 하고 순쳐는 일도 종일동안 일을 하여쓰며 순자라는 일을 열심히 하여도 일의 진도가 업따고 보고 잇다. 그른대 해가 짤바서 그른지 일의 진도가 업는 것이 사실이다.

지출에 … 벼씨 1가마 대산 벼 40kg
55,100원

〈1999년 11월 18일 목요일 날씨 맑음〉

오늘 쌔래단 포도가지 쳐는 일을 안전이 하였쓰며 자신이 순을 다 자르고 나서도 혹시나 물류단지가 들어 온다면 보상 문재가 따르기 때문에 신경이 쓰이고 잇다.

"인간이 어재라도 가감희 쳐리하는 사람이 늙 덕이 돼드라. 이재는 물류단지가 들어온다고 해도 할 수가 업는 일이다."

그리고 오늘 사과 공장용 5짝을 냇다. 자신도 공장용을 총 38짝을 냇다. 그른돼 올해는 일반으로 낸다면 짝당 2,000원인돼 능금조합으로 낸다면 1,000원식은 매년 더 받고 잇는돼 올해는 일반으로 1짝도 주지 않코 능금 조합으로 다들 냇서 상당한 득을 받다고 본다.

지출에 … 난방기름값 2드람에 면세유
152,000원

〈1999년 11월 19일 금요일 날씨 맑음〉

오늘은 새래단 포도나무 가지을 들어냇서 다들 태우는 일을 하여쓰며 이 일을 종일 하여쓰며 자신이 새래단 나무을 심어서 한번도 제대로 수입도 보지 못하고 업쌔버리고 잇쓰며 이재는 둥치기을 베어서 버리는 일만 남아 잇다.

"쌔래단 포도나무을 심어서 제미가 업쓸때는 가감하게 대체을 해야 하는돼 그려지 못하고 미련 때문에 자신이 피해을 넘어 만이 받다고 생각을 한다."

〈1999년 11월 20일 토요일 날씨 맑음〉

오늘은 사과밭에 수건한대만 깔라고 모래을 여름에 6섯바리 실어논 것을 운이와 둘리서 손수레로 오전내 실어 넛엇다. 오늘 일은 한 겨울에 실어 너을 계핵을 하여쓴는돼 일을 앞당기서 하여쓰니 마음이 그리 깨운하구나. 오후는 사과 넛살리을 선별해서 집우로 마자 다들 가지고 왔다. 자신이 사과 넛살리에 착색약을 살포을 했는돼 약 용도을 진하게 하여서 그른지 얼룩이 만이 저서 실폐라고 말을 하고 십다. 만약에 약살포을 한다면 꼭지을 위로 보두록 하여서 약을 진하게 쳐고 사과 배총 쪽에는 약을 연하게 쳐면 효력이 잇캐드라. 자신은 사과 배총을 먼저 약을 진하게 해서 살포을 해서 사과가 빛에 다들 띤 것 쳐름 보이서 실폐라고 생각을 한다.

지출에 … 정순상씨 아들 결혼에 축이금 30,000원, 임숙이네 사과 상자 값 100개 220,000원

〈1999년 11월 21일 일요일 날씨 맑음〉

오늘은 동기생 대구 박달식 친구 아들 결혼식을 대구 금성 예식장에 올린다고 해서 예식에 참석을 하고 오늘 모임짐에 동창회을 한다고 대구 밤티고개라나. 산의 정상에 대구시을 내리다보니 감탄사가 절로나며 대구시라는 것이 정말 좋은것이구나 하는 생각을 하였쓰며 이곳을 부인과 둘리서 꼭 한번 와야 하게구나 하는 생각을 산 정상에서 하였받다. 오늘 음식은 깨끗한돼 별로 먹을 것이 업는 것 같드라.

오늘 지출은 … 축이금 30,000원, 버스 택시비 값 5,000원, 계 35,000원

〈1999년 11월 22일 월요일 날씨 맑음〉

오늘은 당산포도 밭에 잡초가 냇까에서나 볼 수가 잇는 것이 이재 밭에 한 벌 깔리두록 나잇쓰며 이것은 겨울에 꽃이 피어서 씨가 돼고 잇쓰니 잡초제거에도 여관 어르운 일이 아니다. 우리 부부는 종일 김매기을 하여쓰며 자신은 처음이지만 부인은 잇틀째이며 가을 거지에 힘을 뺀뒤라서 그른지 쬬거리서 김매기는 정말 힘드는 일이다. 그리고 우리 둘리는 김매기을 열심히 하고 잇는돼 부인 친구 4명이 등산 같다 온다면서 우리 밭으로 들어 왔드라. 내 부인 일년 365일 동안 빈틈이 업는돼 저른 사람들은 사람 팔자는 길드리게 달려 잇따면서 놀고 잇쓰니 그것도 살림이 만은 사람이라면 몰겟는돼 겨우 살고 잇는 사람들이 때을 짓어서 앞산으로 등산을 다니고 잇는 것을 볼때에 세상 살리가 정말 좋아 젓따고 생각을 하며 자신은 이른 것이 불지 않코 이 세상 어드개 돌라 갈련아. 절미나 나이가 만은나 다들 노는대만 신경을 쓰고 잇쓰니 이 나라가 한심스렵다.

"우리 국민이 놀기 좋아서 흥청 만청 돈을 쓰는 것은 좋으나 이제는 외국에 나가서 돈을 쓰고 잇는 것이 더 안타까으며 우리 국민들의 기본 자세가 돼어잇찌 않아서 후대한태 큰 재항을 준다는 것은 강 건거 불보드시 번이 보이는돼 국민 한사람으로서 극정이 돼는구나."

"자신은 지금 이때가 국민을 바라 잡아야 하며 또는 강제가 드가드레도 국민의 정신을 바라 잡아 주지 않으며 세계족에 한국이란 이름까지 살라절련지 모른다. 정말 생각을 할수록 정치인들이 원망스렵고 나라 극정이 돼는구나."

〈1999년 11월 23일 화요일 날씨 맑음〉

오늘 오전은 집에 방아에 찹쌀바을 찌어쓰며 자신이 찹쌀 농사을 잘못짓어서 찹쌀이 만이 빠이스 속이 타며 오늘 3가마 정미을 해도 찹쌀량은 3말정도 밖에 안돼겻드라. 이것은 귀한것이라서 그려치 수입면으로 본다면 찹쌀 농사는 밥파라서 똥먹는 격이

라고 말을하고 십다.
오후는 캄벨밭에 김매기을 혼자 하였다. 오늘 오후에 김매기을 해도 한판도 제대로 김매기을 다 못하고 마랐다.

〈1999년 11월 24일 수요일 날씨 맑음〉

오늘 사과 사료온다고 사과 팔사람들이 동네 어기에서 기다리고 잇는돼 자신도 부인과 둘리서 포도밭 김매기 하로 가다가 부인만 김매기 하는돼 태어다주고 자신도 돌라와서 상인을 기다리고 잇쓰니 10시 30분이 돼어서 상인 오드라. 상인을 보니까 작년에 우리 사과 사가지고 간 사람이며 한사람은 딴 사람인돼 위초면인 사람이 상당희 야물개 물건을 보고 잇쓰며 두집 보는돼 시간이 넘어 만이 흙으서 자신은 내 사과도 보이지도 못하고 자신은 조합에 99年 사업개획 분과 위원회을 한다고 그만 조합으로 가고 마랐다. 조합에 회위실에 들어가니 꽉 분과 위원회 자리을 다들 마른 하였나드라. 곽분과 위원회서 계획서을 보고 토위을 하고는 했찌만 별 분과 위원회가 조금은 도음이 될지 몰라도 큰 도음이 업쓰다고 본다.
오늘 조합에서 정심 식사비와 경비라면서 봉투에 60,000원식 너어 주드라. 이것은 조합에서 안주어도 돼는대 하는 마음은 잇쓰나 그래도 주니까 좋드라.
수입에 … 대위원 경비라면서 조합에
60,000원

〈1999년 11월 25일 목요일 날씨 맑음〉

오전은 두리서 포도 김매기을 하고 오후는 배추와 대파을 뽑아쓰며 처음바서는 배추가 알이 않을끝 갇뜬이 오늘 수확을 하여보니 그위 알이 다들어쓰며 우리 배추가 아주 좋은 축으로 들어 가드라. 올해 배추들이 알이 들지 않코 뚝갈 배추가 상당이 만타고 바야한다.
그리고 혜지가 아이 백날이 11月 28日이라서 오늘 새마을 차로 오는돼 김천도착이 4시라고 하는돼 혼자 아들을 대리고 오는돼 여관 힘이 아닐 것 같다서 마음 같다서는 서울 올라가서 아들을 대리고 같이 내리 와쓰며 하는돼 그려지 못하고 부인한태 김천가서 역원한태 이야기을 해서 홈에 들어가서 아이을 밭다 오라고 이야기을 하니 혜영이가 시댁 어른이 나온다고 하는돼 외 극성을 부릴라고 하느냐면서 못하게 말리는 바람에 아무것도 못하고 마음만 쓰고 잇다.
"혜지가 부모들 극정한다고 저녁에 전화을 두 번째 한다면서 전화가 왔드라. 다행이 잘왔따고 하니 마음이 노이며 잘돼어 따는 생각이 들드라."

〈1999년 11월 26일 금요일 날씨 맑음〉

오늘은 자신의 채소밭이 남들보다 조금 낮자서 경운기로 길을 파낮추면서 거흙을 밭으로 실어 넛어서 남들과 똑같이 하여 두어다. 그리고 규산질 3포와 과수거름 1포을 하여두어다. 자신이 이 일을 할려고 생각을 하여쓰나 작물 때문에 배사 연기을 하였뜬 것이라 오늘 망우리을 하여서 일래 절거움이 잇따고 생각을 하고 잇다.
오후는 차 구입한 대리점에서 스비스로 물바지와 보호망을 대주로 온다고 해서 기다리다가 오후 일은 휴식이 돼고 마랐다.
우리 혜지 아들 백날한다고 시집에 와서 잘하고 잇는지 그리 궁금하구나. 우리 혜지가 아빠 밑태서 아무것도 하지 않코 시집을 가서 거것도 시어니, 시아버지, 시누이 다들 잇는 자리에서 어떠게 하고 잇는지 아빠는 그 자리에 잇는것만도 고통이 돼지 않을까 하는 생각이 들며 때로는 우리 혜지가 영리해서 충분이 해가리라 생각은 내 머리에 쓰쳐만 가고 잇쓰며 이 아빠는 그리 마음이 쓰이고 잇꾸나.

"자신은 지금 매느리을 본다면 내 딸보다 더 잘하리라고 생각을 하였본다. 지금도 운이가 여자 친구을 만난다고 이야기을 하길래 이 아빠 보고 십꾸나. 한번 집배 대리고 온나 하고 자꾸만 부탁을 하고 잇쓰며 늙운이 여자친구와 어떠게 가나 하고 제일 궁금하며 여자친구와 대이터 하였따면 견이 이 아빠가 기분이 더 좋은 감이 들때가 만타."

〈1999년 11월 27일 토요일 날씨 맑음〉

오늘은 조합에 예산과 조합장 장려금 지급 예산 모든 것을 대위원들 결정을 하는 임시 총회 날이라서 자신도 오전 10시에 참석을 하여쓰며 예산 결정을 하는돼 대위원들이 조합장 보수을 넘어 만이 책정을 하였따면서 싹감 할려고 실랑이을 상당이 부리쓰며 조합장 보기에 미안하두록 실랑이 부리쓰며 나중에는 조합장이 자리을 터쓰며 결국 확정을 오전에 못하고 오후로 넘어 갇쓰며 자신은 오후 2시에 처남 딸 결혼식이라서 그만 오후 1시에 회위실을 나와서 예식장에 참석을 하였다. 다들 본인을 자리에 두고 조합장 보수을 깍끌라는 아우성 정말 급이 나드라. 자신은 동생이 잇쓰서스 그른지 직원들 보수나 조합장 보수을 두고 그러깨 심위는 하지 못하겟드라.

수입에 … 조합에서 대위원 수당 60,000원
지출에 … 처남 딸 결혼식 축이금 200,000원

〈1999년 11월 28일 일요일 날씨 맑음〉

오늘은 형님 생신이라 아침을 형제관이 한 자리에서 아침 식사을 하고 종말이는 중국에 회사 일로 갇다고 참석을 못하고 다른 형제는 다들 참석을 하였다.

그리고 직지사에서 혜지 아들 백날이라고 혜지 시어머니가 우리 부부와 형님 부부을 초대을 해서 형수, 형님 우리 둘리는 정심 초대에 같뜬이 음식 준비을 만이 하였드라. 그리고 혜지가 아들을 상당이 만이 키아서 딴 아들을 만들어 낳쓰며 아들이 너무 뜸직하게 키아서 시부모들이 좋아 하겟드라.

그리고 우리가 직지사 정심 초대 갈때에 사과 1상자, 대파, 배추, 찹쌀을 가지고 같뜨니 가지고 왔따고 인사가 자자하드라. 자신도 세손이라 인사하기가 힘이 든다고 생각을 한다. 만약에 자신이 아들가진 부모라면 이처름 신경은 안쓰여질것이 아닌가 쉽다. 오늘 형제들이 아들 백날이라고 조금식 보태서 조금 도음이 돼쓰리라고 생각을 한다.

〈1999년 11월 29일 월요일 날씨 맑음〉

오늘은 읍 사무실 회의실에서 포도 교육을 하는돼 교육에 큰 도음이 업따고 생각을 하며 심지어 개니 왔따는 생각을 하고 잇는 사람이 만트라. 이번 교관이 잘한다고 하는돼 오늘 교육은 머리 남는 것이 한가지도 업드라. 오늘 교육은 정말 시간 낭비을 했따고 생각을 한다.

오후는 신흥농약방에 약값을 친구와 둘리서 갚파쓰며 자신은 약값이 510,000원이 돼드라.

지출에 … 트랙터 부등액 8,000원,
약값 510,000원,
계 518,000원

〈1999년 11월 30일 화요일 날씨 맑음〉

집에 승용차가 잇쓰니 정말 좋꾸나. 오늘도 시보건소 혈압약 타로 가는돼 이용을 하니 아주 편하다는 생각이 더는구나. 그리고 오늘 정심때에 혜지가 온다고 해서 오늘 아무 일도 하지 않코 기다리쓰며 그리고 혜지 시부모님들이 아이을 대리고 온다고 해서 동네 어기에서 약 40분은 기다리서 혜지 시부모을 만나게 돼어 쓰며 혜지가 올때마다 시부모님이 승용차로 태어다 주니 자신으로 고맡따는 인사말을 해야 하겟다. 혜지는 시부모님이 잘해 줄때에 어른들래깨 잘해 주야 하는돼 이 아빠는 늙 잘하라고 부탁을 하고 잇찌만 우리 혜지가 실천을 해야하는 돼 하는 생각밖에 업다.

지출에 … 시보건소 혈압약 5,300원,
택시비값 1,500원,
버스 600원, 계 7,400원

〈1999년 12월 1일 수요일 날씨 맑음〉

우리집은 외손주 놈이 오니 분주한 너킴이 더는구나. 딸은 친정에 왔따고 만사 일을 접어 두는 일이고 부인은 외손자놈을 한가지서 열까지 다들 바주야 하고 때로는 자신도 외손자놈이 울면 안아주고 달래주곤 해야 하니 온식구가 분주하다. 그리고 외손자놈이 사람을 보면 웃쓸줄 아니까 더기우으며 자구만 손자놈 한태 가고 십고 그놈을 보고 웃고 십다.

오늘은 마늘 파종을 할려고 기운기 노타리을 하여 둠.

지출에 … 콤바이싹 2단지값 150,000원
(올해는 6단지값은 트랙터 노타리하여주고 푸마시는 하여서 올해는 콤바이 싹이 들나 같다.)

〈1999년 12월 2일 목요일 날씨 맑음〉

오늘은 동네친구와 형님 다들 오명이 김천 농원에 묘목 사료 같쓰며 자신은 후무사 30포기와 자몽 20포기 해서 50포기을 사왔다. 요줌은 자몽, 자두가 신품종이라고 다들 만이들 사간다고 해서 자신도 자몽을 사와서 앞밭에 심는돼 시간이 모자라서 40포기만 심고 10포기는 내일로 미루고 오늘 하로을 맡치다.

오늘 모목집에 가니 나무 사료 온 사람이 처밀리며 나무값이 백만원이 넘는 사람이 잇쓰며 다들 나무을 만이들 사가드라.

지출에 … 후무사 포기당 2,000원 × 30포기 = 60,000원, 자몽 포기당 2,500원 × 20포기 = 50,000원, 계 110,000원

〈1999년 12월 3일 금요일 날씨 맑음〉

앞밭에 후무사 30포기와 자몽나무 20포기을 오전으로서 다 심고 고추때 뽑아서 태우는일 하여쓰며 오후는 몸이 너무 피로해서 외손자와 휴식을 한 셈이다. 부인 요줌 시간 여유가 잇쓰서 일년간 싸인 피료을 풀수 잇깨 따는 생각을 했는 딸이 오니 외손자가 오니 밤낮 주야로 외손자 보느라고 밤에 잠도 제돼로 못자지 낮제도 손자 보느라고 시달리고 잇다. 부인은 자식 한태나 남편한태나 너무 희생을 만이 하고 잇다고 생각을 하며 자신은 아이을 딸한태 막키고 좀쉬어도 돼는일을 하나에 열까지 다 부인 다하고 잇쓰. 부인의 육체는 피료가 오고 남편의 한사람으로서 부인의 건강이 극정이 돼고 잇쓰며 요줌은 자신의 몸보다 부인의 건강이 부실할까바 전신경을 쓴다고 해도 무리돼는 말이 아니라고 생각을 한다.

"요즘 자신도 나이가 더니까 부인의 건강이 극정돼고 이재는 부인을 하늘 같이 신기고 늙 내품안에서 키우고 십픈 심정이며 이재는 돈도 욕심이 업고 내 부인과 서로가 손을 꼭지고 욕심업시 오래 오래 살고 십픈 심정이며 앞푸로 남은 인생은 부인을 위하여 살고 십프며 이뜻 이류지 못하며 마음은 죽지 않으라."
"사람이 인생을 살라오면서 부인한태 사랑을 을마을 받아야지 참사랑이라고 말을 하는지 몰라도 자신은 인간으로서는 부인의 사랑을 더 바들 수 업는 사랑을 부인한태 오늘까지 받아 왔따고 생각을 하며 아주 행복한 사람이라고 생각을 하며 나는 하늘에 축복받은 사람이라고 생각을 하면서 살라 가고 잇다."

〈1999년 12월 4일 토요일 날씨 흐림〉
오늘은 기온이 내리가서 오전에 휴식을 하다가 오후는 씨마늘 까는 일을 하였다. 올해는 씨마늘이 시원찬아서 선둘 동서 집에 가서 씨마늘을 가지고 와서 파종을 할래고 하는돼 마늘 농사을 잘 짓을란지 몰겟다. 올해는 씨마늘이 좋다고 생각을 하고 잇다.
지출에 … 마늘값 30,000원

〈1999년 12월 5일 일요일 날씨 흐림〉
부인과 둘리서 마늘 파종을 보밭에 함. 올해는 6접을 낮따고 생각을 한다. 오후는 말리 사과밭에 마늘을 좀 놀까하고 밑거름을 헌치논일로 오늘 마감 한 셈이다.
지출에 … 회관에 농약값 336,950원

〈1999년 12월 6일 월요일 날씨 맑음〉
오늘은 날씨도 참고 해서 외손자 재롱 부리는 것이 좋아서 오전내 같이 놀고 그리고 우리 부부는 아이 보면서 웃고 잇는 그 모습을 보면서 시간을 다 본낸다고 해도 무리돼는 말은 아니다. 그리고 오늘 오후는 친구들과 부인친구와 오후 시간을 휴식으로 다 보냇다.

〈1999년 12월 7일 화요일 날씨 맑음〉
오늘은 상인한태 사과 파란 것을 오늘 선별을 해서 팍스 포장을 해서 청과 출하 한다면서 여자 놉 4명과 남자 둘해서 아침 일적부터 왔드라. 그래서 자신은 안거들어 주도 돼지만 내집에 와서 일을 하는돼 그냥 둘수도 업고 해서 오늘 종일 자신이 그들어 주엇다. 그리고 오늘 일하로 오신분 정심 식사까지 재공을 하였주어다.
"오늘 선별해서 팍스 포장을 해서 실고 간 것이 약 200짝 돼리라고 본다. 자신이 계약을 할 때에 짝당 13,000원 하였는돼 상인 사과 담어면서 불평을 만이 하는 것을 볼때에 마지막 다담꼬는 가격을 좀 깍끄려고 하지 십다."
"자신이 사과 계약금으로 300,000원, 오늘 사과금으로 3,100,000원 해서 계 3,400,000원 입금."

〈1999년 12월 8일 수요일 날씨 맑음〉
오전에는 어재 상인이 사과 출하고 남은 공상자 정리 하는돼 오전 시간을 보내고 오후는 경운기로 벼 집 두바리 실어 올리서 사과밭에 같다 논는 일을 하고 그리고 앞밭태자두나무 심은 것을 겨울에 얼어 죽을까바 벼집 따는 일을 하였다.
"요즘 부인이 손주놈에깨 꼭다라 매이니 내 일이 안돼고 잇쓰며 가을 일 망우리가 지원

대고 잇따고 바야한다."

〈1999년 12월 9일 목요일 날씨 맑음〉

오늘은 상인이 여자놉을 5명을 해서 우리 사과 선별을 해서 팍스 작업을 하는돼 두고 볼 수가 업쓰서 오전내 그들어 주어서 작업을 오전에 끝을 내니까 마음이 캐운하드라. 마당에 사과가 싸여 잇쓰니까 늙 극정이 돼어는돼 이것을 말끔이 정리을 하고 나니 마음 날라 갈 것 같다.

오후는 혜지가 아이 놋고 몸이 부실한 것 같다서 한약을 한지 짓어주고 아들 분유, 기주게 해서 치과 의원해서 오늘 돈쓰는 것은 이 아빠가 다들쓰타. 오늘 스는 것은 아빠 책임 질태니까 피료한 것은 다사라고 하니 그래도 미안해서 만이는 하지 않트라.

지출에 … 치과에 3,500원, 버스비값 1,800원, 택시 1,300원, 한약 한지 130,000원, 분유 5통, 기주게 3통, 통닭 2마리 77,700원, 계 214,300원

〈1999년 12월 10일 금요일 날씨 맑음〉

오늘은 자신의 마음에 천벌이 나는 날이라고 생각을 하고 십다. 외냐하면 우리집에 매일 다니다 십피 하는 성운친구 김춘생이라는 학생이 잇는돼 이 친구 오늘까지 시험을 다보고 이재 방학이라면서 운이 친구는 기숙사 생활을 했는 아이라서 짐 보타리을 가지고 저녁 너깨야 집에 들어와는 춘생와 구미에 방을 어더서 나가게따고 해서 기가 막히드라. 이 아빠는 살도로 오는 춘생 학생을 내아들로 바서 친구을 잘못 세기꾸나 하고 잇는돼 부모와 이련방구 한마디도 업쓴는돼 갑짝 내일 방어드로 간다고 하는돼 내가 화가 발각 뒤집피드라. 그래 운이 친구한태 구미에 방을 어들라면 니 혼자 업고 운이는 내보내지 않는다. 운이는 돈을 벌어도 집에서 차로 출태근 하면 다니까 춘생이 혼자 방을 어드라. 그리고 내일 아침에 춘생이 짐을 가지고 가라 하면서 당장 가라고 야단을 쳐고 마랐다.

"오늘 춘생한태 막말을 한 것은 춘생이가 유학생이지 집은 경남이며 가정 형편이 어르서 용돈도 업쓸뿐 아니라 매주 토요일, 일요일은 피리 울집에서 밥과 숙식을 같이 하고 운이 승용차로 자주 따라와 밥을 먹는 것은 여사로 여기며 학생이 미안한 감이 업는 아이며 자신의 마음 속은 좋은 친구가 아니구나 하는 생각이 잇쓰니 졸업하면 저 집에 갈끄다 하고 꾹참고 나날을 보낸는돼 보타리을 집우로 가지고 와서 내일 운이와 둘리서 내일 구미 방으드로 갈끄라면서 이야기을 하는돼 기가 막희며 이것이 사회와 스도 기대서 살려고 할때에 내마음을 참을 수가 업쓰서 친구가 좋아서 어울리서 사회 생활을 한다면 돈도 못벌고 평생 고생을 하며 너이들이 돈이 쉽개 벌리는 것이 아니며 친구 좋아서 절먼 시간을 보내면 결국은 후회을 가지게돼며 성운이는 너와 같이 잇쓰서는 안돼며 돈을 벌로도 따로 버라야 한다면서 너위들 같이 어울리게 하지 않깨다면서 소리을 챘쓰며 원망소리도 하였다."

〈1999년 12월 11일 토요일 날씨 맑음〉

오늘 아침에는 이 아빠가 어재 저녁에 운이는 춘생이와는 같이 방을 엇는 것은 반대라면서 그 설득을 하는돼 상당한 시간이 걸리서 운이와 이야기 해서 운이가 안가게따는 학답을 어드쓰타. 운이는 친구 가는돼 짐만

갈다주로 간다고 같이 오후 1시경에 친구 승용차로 가는 모습을 보니 마음은 아푸드라. 어재 저녁에 당장 내일 가라는 원성을 높인 것이 잘못 했꾸나 하는 생각이 드는 너킴을 밭아다.
그련돼 오늘 나갈때는 일적 온다고 했는돼 집에 들어오지 않코 예박을 하고 집에 들어오지 않아서 이 아빠는 속이 썩키 시작 하드라. 이것이 언재 인간이 될려나. 내가 집 마련 하여주 승용차 싸주 이것이 다들 쓸때 업는 짓을 하여쓰며 내가 자신의 마음을 원망을 만이 하여쓰며 실지 밤새두록 햇따고 해도 가연이 아니라고 생각을 한다.
오늘 동기계을 김천정자 집에서 함. 동진이 결혼식 축이금 30,000원, 동기생계 회비 30,000원, 계 60,000원

〈1999년 12월 12일 일요일 날씨 맑음〉
오늘은 이제 이모님 칠순이라고 초대을 해서 형수와 김천동생내와 4명이 칠초에 갈서 정심만 어더먹고 왔다. 이모님도 혼자 일적 대어서 칠순까지 오기까지 모진 고통이 다 따리겟찌만 그래도 성공했따고 바야 한다. 자식들 다들 잘 살고 손자까지 다들 낳쓰니 그 보람이 크다고 생각을 한다.
"오늘은 성운이가 일적 올 줄 알라는돼 그진 12시가 다들 돼어서 들어오는돼 복장이 다들 터지는 것 같트며 오늘 들오면 결판을 짓어서 내놀라고 들어쓰며 성격 같타서는 올리 부치 쓰며 하는 생각이 잇는돼 그래하지는 못하고 운이보고 친구 따라서 방을 어더서 갈라고 하면 보내 주겟따 하고 말만 하라고 하니 안간다고 하드라. 그래서 마음은 노이며 오늘은 속이 상해서 내보낼라고 작정을 하였는돼 큰 모면을 면해따고 생각을 한다."
지출에 … 이재이모님 칠순에 50,000원, 김상지 딸 결혼식에 축이금 30,000원, 계 80,000원

〈1999년 12월 13일 월요일 날씨 맑음〉
사과밭 민자리에 마늘파종 하였두어다. 그리고 성운이 여자 친구가 온다고 해서 들래서 일적 왔쓰며 이번이 두 번째이지만 처음에는 어더운돼 가서 얼굴을 재대로 못바서 이번은 꼭 잘바야지 하는 생각을 하니 마음이 안정이 돼지 않코 잇드라. 성운이 여자친구가 4시 30분경에 집에 와서쓰며 이 여자친구와 가족관계만 조금 무르보고 했찌만 악한대는 업쓰 보이며 사람은 순진해 보이곤 하드라. 내 욕심으로는 아주 마음 차지는 안트라.

〈1999년 12월 14일 화요일 날씨 맑음〉
오늘은 기상대는 눈이 온다고 해서 오전부터 캄벨포도밭 김매기을 하고 오후에 김매기 하는 일을 다 할려고 성운이 돼리고 가서 김매기 하는 일은 끝을 일내고 마랐다.
"김매기을 일적하여서 바시내이 쌔래단 포도나무 퉁치는 일을 조금 하고 와다."

〈1999년 12월 15일 수요일 날씨 눈〉
오늘 아침에 일어나니 눈이 1.5cm센치 내리잇드라. 이것을 보는 자신은 눈이 푹아서 우리 키만큼이나 내리바스며 하는 심정이드라. 오늘은 매주 끄리는돼 도와 주는 일로 하로 시간을 다보냇다.
우리 혜영이가 대상자가 빨리 나오지 않아서 극정이 돼는구나. 우리 혜영이는 혜지보다 눈이 높다고 바야 한다. 외냐하면 혜영

이는 캄찍하기 짝이 업키 때문에 배우자 선택이 힘들 것으로 내다보고 잇다. 지금까지 선본 곳도 만은돼 아직 배우자가 나타나지 않으니 마음이 다급해저는 너킴이 더는구나. 아무조록 금년에 배우자 나타 낮쓰며 하는 심정 밖에 업다.

〈1999년 12월 16일 목요일 날씨 흐림〉

오늘로서 쌔래단 포도나무 안전희 다둥치고 말라쓰며 자신이 쌔래단 포도 심으니 4년간 수입도 보지 못하고 이르깨 업세 버리게 돼어쓰며 자신이 진작 쌔래단 포도을 버리야 하는돼 미련 때문에 오늘날까지 포기을 못하여 왔뜬 것이다. 오늘 쌔래단 포도을 동치고 나니 마음이 편하드라.

"자신이 모목 한번 선택을 잘못한 것이 수입에 손실이 따라 쓸 뿐 아니라 4년이란 노동만 들어가고 그동안 땀을 흙린 것을 생각하면 정말 마음이 아푸다."

〈1999년 12월 17일 금요일 날씨 맑음〉

아포제념어 농공단지 준공식 한다고 초대장이 와서 마을 친구와 농공단지 준공식에 참석을 해서 이 추원대 준공 태이프을 끈을 때까지 기다리서 빵과 수건을 선물로서 돌라오고 마랐다.

"오늘 손님이 상당이 만으며 다들 선물 때문에 손님의 수가 상당이 만으며 자신도 친구와 동장이 가자고 해서 오늘 참석을 하였찌만 노인들을 보니 자신도 나이가 들어서도 저르깨 참석을 할까, 자신은 지금 마음 같다서는 참석을 안깨따는 생각이 드는구나."

지출에 … 이앙기값 100,000원

〈1999년 12월 18일 토요일 날씨 맑음〉

올해 들어서 오늘이 제일 추원 날씨라고 기상대서 예보을 하였쓰며 오늘은 여르곶으로 다니면서 휴식을 한 셈이다. 사람이 휴식을 하면 한 업시 할 수도 잇고 사람이 일을 할려고 들면 한 업시 해도 끝이 업는 일이다. 인간이 너무 일레 육체적인 고충을 가해서는 안돼며 사람이 너무 일을 소월해서는 안 됀다고 생각을 한다. 사람 늙 성실 근면하게 꾸준이 살라 가야 한다.

〈1999년 12월 19일 일요일 날씨 맑음〉

오늘은 경사가 겹쳤다. 김천에 조성웅 딸 결혼식을 구미 예식장에서 올리고 그리고 대구 말진이 아들 사법고시 합격 하여따고 마을에 음식 재공 하여주고 우리 친구들은 대구친구, 김천친구해서 우리집에서 손님 접대을 하는돼 정신적으로 고충을 밭앗다. 외냐하면 처음부터 담배 연기 문재을 사실 하였는돼 생각보다 담배 연기가 만아따는 것. 자신의 집이 아니고 남위 집이라면 한 소리 해서 담배 연기 패내는돼 열성을 다 할끈돼 마음에 실천을 못하고 마음 속으로 삭이는돼 힘이 들어다.

앞푸로 남외 일로서 자신의 피해을 보지 않캐다. 이번은 처음이라서 그절도 못하고 밭아 드리서 심적으로 피해을 밭다고 생각을 한다.

지출에 … 조승웅 딸 결혼식 부주
50,000원

〈1999년 12월 20일 월요일 날씨 맑음〉

오늘 오전은 조합으로 나락을 달라 냇는돼 94개 6부가 돼드라. 자신이 동네서 가을하고 막바로 조합으로 달라 낼때에 것때 같이 냇쓰며 수분이 들말라서 득을 만이 밭쓸끈돼 이재와서 나락슨 말륣때로 다들 말라는돼 가격은 가마당 55,000원 그대로이니 자신은 상당한 손실을 바따고 생각을 한다. 앞푸론 처음에 낼때에 따라서 내야 한다는 철책으로 알고 실천을 해야 하겟다. 자신은 매년 너깨 달라 내어 바야 별로 득이 업쓰며 손애만 밭따고 생각을 한다. 앞푸로 정부 방침대로 따라 가야 하겟다.
오후는 친구들과 어울리서 화토노리로 시간을 보냇다.
오늘 나락 출하 한 것이 94개 6부라고 하드라. 가마당 55,000원 이라고 하드라.
계 5,200,000원
지출에 … 형님도 오늘 70개 출하함. 오늘 조합기사 2명과 자신 셋시 정심식사값이 17,000원

〈1999년 12월 21일 화요일 날씨 맑음〉

오늘은 친구들과 화토노리을 하면서 휴식을 보냄. 자신은 화토 놀리을 어울려 주기 위해서 화토 노리을 하지 실지 자신의 마음은 화토 놀리을 실어 한다. 외냐 하면 오후내 해바야 3,000원 정도 수입정도 돼고 일어바야 3,000원이라 돈에 의미도 업고 그리고 다리만 아푸고 또 성질들이 강해 저기 때문에 마음적으로 실타고 생각을 한다.
오늘 어머님 재사날이며 오늘은 종말리 동생이 회사 일로 중국에 가서 어머님 재사에 참석을 못하고 다른 형제는 다들 참석을 하여씀이다. 다음에 제사 때는 다들 참석을 하두록 노력을 하겟씀이다. 어머님, 종말리 동생이 이 추원대 중국에 잇는돼 잘 돌바주야 하겟씀이 이 동생 체격이 늙 약해서 이곳에 잇쓰도 나는 늙 극정을 하였는돼 이재 타국에서 생활을 해야 돼니 을마나 육체적인 고통이 따리겟씀이까. 아버님, 어머님이 잠시 눈을 티지 말고 꼭 돌바주야 합니다.
지출에 … 화토놀리 2,000원, 새탁기 자동 470,000원, 계 472,000원

〈1999년 12월 22일 수요일 날씨 맑음〉

요즘 일기 불순으로 휴식을 하고 잇다. 그리고 요즘 사람들은 추위을 더 궂는 것 같꾸나. 자신도 날씨가 조금 추어도 일을 뒤로 미루고 잇다.
"우리 혜영이 올해는 시집보내고 운이는 2년 뒤에 장가 보내고 자신은 편하게 부인과 둘리서 남은 여생을 보낼라고 결심을 하였는돼 자신의 뜻대로 안대고 잇꾸나. 오늘날까지 살라오면서는 자신의 뗏대로 돼어 와따고 생각을 하는돼 자식 결혼만은 안대고 잇꾸나."
"혜영이도 중매로 선을 6섯번 밭는돼 결혼 성립이 안대고 잇쓰니 어머님, 아바님이 좀 도와 주야 하겠씀이다."
수입에 … 화토노리 2,800원

〈1999년 12월 23일 목요일 날씨 맑음〉

오늘 오전은 남방용 기름을 400리터 너어쓰며 이번은 기름값이 만이 내리터라. 이번은 석유 400리터에 148,000원 하드라. 지금 농촌에는 기름값이 너무 올라따고 나무때는 부엌을 만들어서 만이 사용하고 잇다.
오후는 쌔래단 포도 둥치기 베어낸곳에 제초제 전액을 발라 주는 일을 하였다. 그른돼 둥치 베어낸지 오래 돼어서 제초제 효력이 잇쓸련지 몰겟꾸나.
지출에 … 남방용 석유 400리터에

148,000원

〈1999년 12월 24일 금요일 날씨 눈〉
오전은 사과 전정을 처음 시작을 하였밭다. 사과 전정을 사과 따고 나서 한번 사과전정을 하였뜬것이라 오늘 전정은 좀 수라더라. 오후는 함박눈이 내리찌만 오는돼로 눈이 녹아서 아쉬운 감이 잇드라. 오후는 한밖눈 때문에 휴식을 하였다. 올해는 교인들은 좋아 하게꾸나. 외냐 눈이 내리키 때문에 교인들이 아주 좋아 하는 크리마스가 돼겟따는 생각이 더는구나.

〈1999년 12월 25일 토요일 날씨 눈〉
오늘이 크리스마스 날이니 이해도 다들 저물어 같꾸나. 한 해가 넘어 가는 것이 그리도 빨리 넘어 가는구나. 자신의 마음 같다서는 아주 아주 너리게 한해가 같쓰며 하는 심정이며 건강에 자신이 업쓰저는 느킴이 때로는 내머리을 쓰쳐가곤 하는구나. 지금 나는 사랑하는 부인과 오래 오래 살고 십노라. 이것이 실천이 됀다면 나는 아무것도 더 바라지는 않캐다.
오늘은 일기분으로 아무것도 하지 않코 텔래비전과 종일 보내고 마랐다.
우리 운이는 나가면 밤을 자고 오는돼 그 위유을 몰겟다. 식구 다들 잠만이 집에서 자라고 신신 부탁을 해도 들어 주지 않코 잇다. 이재는 어떠게 할 수도 업고 운이 하는 돼로 보고만 잇는 실정이다. 운이가 아직 부모마음 몰라주고 잇는 것이 정말 아쉽게 생각을 한다.
"딸들은 너무 착카고 너무 순진하고 극정을 활 것이 업쓰며 이것은 부모 마음과 똑 같다고 생각을 하며 딸은 너무 고마어며 지금 내 딸이라면 힘이 업다고 말을 하고 십꾸나."

〈1999년 12월 26일 일요일 날씨 맑음〉
오늘은 사랑방에 조금 너깨 나같뜬이 한방 모여서 순대 돌부리 중이드라. 그래서 자신도 한 줌 먹으쓰며 자신도 출물을 할려고 하니 끝이 낟다고 그절해서 그만 순대만 두개 집어 먹으쓰며 이것이 상대방이 어떠게 생각을 할련지 오희려 미안트라. 오늘은 종일 휴식을 사랑방에서 함.

〈1999년 12월 27일 월요일 날씨 맑음〉
오늘은 날씨가 따뜻한돼 마음으로서는 오늘 사과 전정을 할려고 작정을 하였는돼 사랑방에 잔깐 들리서 그만 종일 놀고 마랐다. 그리고 오늘은 두부로 돌부리을 하였다. 요줌은 모이며 꼭 돌부리을 해야 돼는 공식이 돼고 마랐다.
"오늘은 우리사과 가지고 간 상인이 동국이네 사과 가지로 와서 선별을 하고 잇쓰서 송인재 상인한태 사과 값 잔액 240,000원 졸라서 전액 다 밭아 냇다. 오늘 졸어지 않아드라면 잔금 잔액을 다밭지 못 했따고 생각을 한다. 여태까지 상인들의 습성이 잔액을 갈리고 주고 잇키 때문에 자신도 수표 500,000원 짜리을 바카주면서 자신의 잔금을 지하고 주어키 때문에 자신의 돈을 다 밭아 따고 생각을 한다."
수입 … 사과잔액 240,000원,
사과공장용 6짝 21,000원,
벼집값 6단지 450,000원,
계 711,000원
지출에 … 돌부리 값 3,000원

〈1999년 12월 28일 화요일 날씨 흐림〉

오늘은 기상대서 내일 눈이나 비가 온다고 해서 성운이 대리고 가서 트랙터로 3.5 돼지기 벼집이 두발리 돼는 것을 사과 밭에 실어다 노와다. 사과밭에 벼집을 4마지기 벼집이라 보는돼 사과밭에 한 벌 깔기가 좀 부족하리라 네다보고 잇다.

〈1999년 12월 29일 수요일 날씨 맑음〉

오늘도 사과 전정을 하였쓰며 금년은 사과 전정을 해도 여유가 잇쓰서 전정을 잔가지까지 알드리 하고 잇다. 이재는 사과 농사도 돈이 돼고 잇쓰서 좀 알드리 잘 짓어야 겟따는 생각이 드는구나.

수입 … 트랙터 노타리 값 110,000원

〈1999년 12월 30일 목요일 날씨 맑음〉

오늘은 사과 전정을 하면서 날씨가 너무 따뜻해서 옷을 벗어 노고 전정을 하였쓰며 오늘 봄 날이라는 착각까지 들고 잇는 너킴이구나. 그른돼 과수들을 바서는 비 좀 오든지 눈이 만이 내리쓰며 하는 심정이다.

그리고 남들이 파이프 간정을 수도작에 포크레이을 이용해서 박아서 사용을 한다고 셋사람이 파이프 재작소에 잇따고 전화을 해서 나도 한 개 가지고 오라고 해서 한 개에 58,000원 주고 갈다 낫는돼 효력을 볼란지 몰개쓰며 자신은 사과 밭에 박아서 약물이라도 사용을 할란돼 댈련지 몰갯꾸나.

지출에 … 파이프관정 68,000원

〈1999년 12월 31일 금요일 날씨 맑음〉

마을에 동생 친구 박세춘씨가 운명해서 자신은 아무 활일들은 업지만 오늘 상가집에서 시간을 다 보냇다. 박세춘은 술병에 결핵 복합적으로 병이 들어서 밭갈 생활을 못한적이 약 십년이 넘어찌 않아나 하는 생가이 대는구나. 여화튼 박세춘은 가정은 박닥신세로 살라찌만 본인 박세춘은 자신의 평생은 수라개 잘 살라 따는 생각이 더는구나.

그리고 오늘로서 1999年이 마지막 가는 날이며 금년 한해도 우리 형제들 아무련 탈업시 다들 잘 지내와쓰며 앞푸로 세천도에도 몸 건강희 지내며 세천년에도 큰 행복을 다하였쓰며 좋겟다. 그리고 부인 건강과 자식들 건강, 혜지 아들 영호 잘 키아주고 우리 가정에 늙 행복하게 행운을 이 아빠가 기원을 드린다. 그리고 세천년도는 우리 가정에 생각한 것을 다들 행운을 꼭 기원을 드리고 십다.

▍2000년▐

〈2000년 1월 1일 토요일 날씨 맑음〉

우리 마을은 절먼 사람이 더 수을 못하는 것 같다. 오늘 운상을 한 박세춘도 53세 일기로 세상을 터나쓰니 이것은 청춘이 아깝따고 말을 하고 십프며 이 사람은 절머스부터 돈 한 푼을 벌개따는 욕심이 업는 사람이라고 말을 하고 십고 그리고 일평생 술로 한세상을 보낸 사람이라고 생각을 한다.

"올해 세천년도 우리 가정에 행복과 건강을 함께 하는 해가 돼어주고 새해도 밝은 우섬을 가지두록 기원하고 십다."

"올해는 욕심을 버리고 사랑하는 부인을 더 사랑을 줄끄시며 내 가슴으로 사랑을 하는 남편이 돼리라. 여보 세월이 갈수록 여보가 보배라는 것을 알라쓰며 자신이 할 일은 그 보배가 윤택이나두록 탁는 일만 남아 잇쑈. 그 남은 일들은 이 남편이 하게 쑈, 여보."

〈2000년 1월 2일 일요일 날씨 비〉

오늘은 동신회 정기 총회 날이라 결산을 하고 술안주을 준비을 해서 어울려 술 한잔 하는 시간으로 보냇따고 바야 한다. 자신은 화토 놀리하는 것을 보다 결산을 하였는지 모르게 넘어 가고 마랐다.

오늘 결산을 햇드리면 잘못하였따고 생각을 한다. 외냐하면 화토 하는 사람 4명 구경하는 2명과 육명이 빠저잇는돼 큰방에서 결산을 했따면 회장과 총무가 잘못했따고 생각을 한다.

지출에 … 회비 20,000원

〈2000년 1월 3일 월요일 날씨 맑음〉

정부에서도 세천년 2000年을 맡이 한다고 호들값[호들갑], 햇마지{해맞이} 이른 문제들을 각 문제들을 서민들 생각을 해서 방송도 좀 타쓰면 한다. 다들 지나서 생각을 하여보며 바보들의 행동이나 다름이 업는 일을 매일 방송을 해서 전 세계가 멸망이 돼드시 아우성을 쳤고 잇는 것을 볼 때는 가슴 아푼 일이라고 생각을 하고 십다

오늘은 사과 전정을 하고 오후는 파이프관정을 운이와 둘리서 사과 밭에 밖는 일을 하는돼 여간 힘이 아니며 둘리서 파이프 간을 세우는돼 아주 힘이 들어쓰며 폭크랜으로 간을 밖으며 돈 50,000원만 들며 이처름 힘은 들지 않을끈돼 돈을 아낄라고 하다가 온식구을 힘들게 하게 돼어다. 우리가족을 예{애}을 먹이는 한이 잇쓰도 관정을 밖아서 물이 만이 나오면 아주 좋게 꾸나.

〈2000년 1월 4일 화요일 날씨 흐림〉

오전은 마을 정기 총회을 하여쓰며 금년 총회는 절먼 사람들이 참외 공사판애 돈벌로 가서 총회에 참석을 들 했따고 생각을 한다.

오후는 사과 밭애 관정 밖는 일을 하는돼 부인과 운이 삼명이 돌려 밖는돼 아주 힘이 들며 오후 내 밖아야 1m 정도밖에 못 밖아쓰며 너무나 힘이 들어서 시작을 한 것이 후해가 돼고 잇다.

지출에 운이 용돈 20,000원

〈2000년 1월 5일 수요일 날씨 흐림〉

오늘은 자신은 사과 전정을 하고 부인은 전정목을 모드는 일을 하고 벌서부터 둘리서 일을 시작을 했따는 것은 벌서 겨울이 넘어가고 이제 일철이 돼어따는 것을 정명이 돼어 따는 신호라는 말을 하고 십다.

우리농민이라면 한해 겨울은 푹 시고 십픈 심정인돼 겨울 날씨가 우리농민을 푹 시계 하지 않꼬 잇는 겨울날을 사실 원망을 하엿 본다. 지금 자신의 마음 같다서는 흰눈이 푹 아서 어거지 일로만이라도 한 업시 시어 밭쓰며 하는 심정잇다.

〈2000년 1월 6일 목요일 날씨 비〉

자신이 알기론 1월달래 비가 오고 잇따는 것은 처음이라고 생각을 하여본다. 이러다가는 겨울이 업쓰저는 세상이 오지 않을까 하는 생각도 가저본다. 오늘은 내일 부인과 둘리서 서울 딸래 집에 갈려고 운이와 둘리 이발을 김천 동서 집으로 가는돼 부인도 따라 같쓰며 온 식구가 간다고 쥬스 선물보따리 들고서 김천 동서 집우로 같쓰며 김천 동서는 70세 인돼 이발을 하고 잇쓰며 아직도 손님이 만으며 손님 때문애 정심도 제대로 못 먹고 잇쓰며 아주 큰돈을 벌고 잇드라. 우리는 정심을 어더먹고 이발을 한 셈이다.

"우리 같터며 김천동서도 아들 전자 제품 장사가 잘 돼어서 돈을 잘 벌고 잇는돼 쉬지 않코 계속 이발하고 잇쓰니 마음이 아주 고든 사람이며 아직은 자식들한태는 신세을 기리 않개따는 의지가 보이고 잇다."

"자신은 자식들만 다들 출가 쉬키면 작업량을 주라서 부인과 두리만이 시간을 가질 수 잇는 생활을 하고 십다. 자신도 내 인생을 생각을 쳤다 보면서 살라 가야 한다고 생각을 한다."

지출에 이발료2명 10,000원, 시장값
계 115,830원

〈2000년 1월 7일 금요일 날씨 흐림〉

오늘은 혜지 집애 간다고 운이 승용차로 김천역까지 이용을 하고 김천서 서울까지 새마을 차로 이용. 촌에서 새마을 이용은 십지 않으며 특별한 날만이 이용을 하고 잇쓰며 사실 오늘 부인과 둘리서 나란희 타고 가는 그 기분이 그리 좋꾸나. 부인은 매 푼이라도 아킬라고 무궁화호 차 타고 가자는 근유도 잇쓴는돼 그래도 남편이 생각하기애 너무나 고마운 사람이라서 새마을호차보다 더 좋은 차가 잇따면 더 좋은 차을 태어주고 십픈 심정이다.

서울역에서 노원 삼계동까지 전철을 이용을 하였서 걸어서 혜지 집까지 오는돼 힘이 들어다. 먼저 갈때는 택시 이용을 해서 혜지 집까지 같는돼 이번은 걸어서 혜지 집에 가는돼 힘이 만이 들어다.

혜지 집애 도착을 해서 외손자을 보니 집에서 갈 때와 등치는 별다름이 업는돼 아주 야물어전 너킴이 들드라.

지출에 … 동태, 오뎅 7,600원

〈2000년 1월 8일 토요일 날씨 눈〉

오늘은 오전에 갑산선병 검사을 해볼라고 삼계 백병원 피검사을 한다고 피 빼는 일만 하고 방사선 찰영은 화요일날 오라고 해서 아무련 말도 덧찌 못하고 찰영 예약만 하고 말랐다. 그리고 안전 결과는 19날 난다고 해서 그냥 돌라오고 마랐다. 우리 부부는 처음 갈 때는 혜지 갑산선병 검사을 다하고 만약에 갑산선 병이 잇따면 치료까지 외손자을 바줄라고 마음먹고 간 것이 결과도 보지 못하고 내리가야 하게 돼어꾸나 하는 생각을 할 때에 미리 예약을 해서 우리 서울 도착 할 때에 결과 나두록 미리 예약을 하두록 못한 것이 마음에 거리 걸리는구나.
지출에 병원 예약금 43,000원

〈2000년 1월 9일 일요일 날씨 눈〉

혜지 아들 키우는돼 아주 힘이 들드라. 외냐하면 아들 영우가 밤 12시 안에 잠을 안자고 잇쓰니 이것은 사람을 피곤하게 하드라. 내가 볼 때애 보통일이 아니며 이것도 하로이뜰이지 이것을 일 년이 넘두록 해야 한다는 것은 사람으로서는 당해 낼 재관이 업깨따는 생각을 할 때에 피가 마르는구나. 혜지 아이가 순한돼 밤을 낮으로 바끼어 잇쓰니 아주 힘이 들고 잇쓰며 낮재라도 좀 오래자면 좀 수라겟는돼 낮재도 한두 시간 자고 일어 낮서 사람의 손으로 돌고 잇쓰니 혜지가 그리 피곤한 생활을 하고 잇는 것이 이 아빠의 가슴이 아푸다.
지출에 … 전구담아 1,450원 밀감 5,300원 돼지 보삼 19,000원 계 25,750원

〈2000년 1월 10일 월요일 날씨 맑음〉

오늘혜지와 둘리서 미도파에 쇼핑을 하면서 자신이 생각을 할 때에 현찰보다 혜지 몸을 바서 곰끄리을 사다가 부인한태 한솟끄리놋깨 해서 때마다 한 그릇식 먹이면 좀 낮지 않깨나 하는 생각에 곰끄리을 좀 만이 살라고 여르 뭉티 살라고 하니 먹어 보고 조금식 사먹으면 됀다고 한삿꼬 말리는 바람에 곰끄리용 50,000원 치만 사오고 마랐다.
지출에 곰끄리용 50,000원
오늘은 오전 일적 삼계 백병원애 가서 목 방사선 검사 촬영을 하고 오후는 미도파을 쇼핑을 하면서 아들 기죽애[기저귀], 이유식을 사오는 것으로 쇼핑을 맡치고 마랐다.
지출에 … 아들 기죽애, 이유식 28,000원
혜지가 오면서 아빠 하길래 이번은 내가 돈을 하게 나두어 달라고 사정을 해서 이번은 에는[이번에는] 이 아빠가 돈쓰는 일은 이 아빠 다하게끔 나두라 하니까 실따면서 딸이 다해야 하는것을 아빠가 해서 실타면서 이번은 혜지가 한다고 이야기를 하면서 아빠 내리 가는 차표는 사계 해달라고 해서 아빠, 엄마 차비는 혜지가 하개 두어다. 이 아빠는 이번에 올라가면서 혜지 쓰는 돈은 다 할려고 600,000원을 가지고 같는돼 생각보다 너무 적개 쓰고 왔구나 하는 생각이 드는구나.
지출에 … 집에 오면서 40,000원

〈2000년 1월 11일 화요일 날씨 맑음〉

이번에 혜지 집에 갈 때도 혜지 갑산선 검정을 밭을 때까지 외손자 바주로 같찌만 그래도 부인은 밭갓 구경 못하고 방에서 손자놈만 바주고 오는 부인 보기에 미안하며 그래도 서울 가면 한 군대라도 구경을 하지 않캐나 하는 생각을 했는돼 일이 뜻대로 대지 않느라고 한 서방이 토요일날 고향에 친구 결혼식이라서 김천에 내리 같키 때문애 우리는 더 방에서 5일이란 시간을 다보내계 됀 것이 정말 아쉬어며 처음부터 혜지 아들 바주로 같찌만 그래도 밭갓 구경 못하고 방에서 긴 시간 다보내고 내리온 돼 대해서 부인한태 미안한 점이 만아다.

〈2000년 1월 12일 수요일 날씨 비〉

오전은 집에서 휴식을 하고 오후는 사랑방에서 친구와 잡담으로 시간을 다 보내쓰며 그리고 닭 돌부리 하는돼 각자 3,000원 내서 돌부{리}를 함.

지출에 닭돌부리 3,000원,
운이용돈 10,000원
계 13,000원

〈2000년 1월 13일 목요일 날씨 비〉

오늘은 사랑방에서 오징어 돌부리을 하는돼 일기불순으로 비가 와서 사랑방에 사람이 만이 잇쓸 끄라고 생각을 하여는돼 의예로 사람이 적으서 오징어 돌부리을 충분이 하였다.

올해는 겨울 날씨가 아주 따뜻해서 겨울나기가 한결 십다고 생각이 들며 겨울이 넘어 따뜻해서 과수 전정도 빨리 해야 하겟따는 생각이 들며 날씨을 바서는 과수 전정이 조금 너따는 생각이 드는구나.

〈2000년 1월 14일 금요일 날씨 맑음〉

사과밭에 파이프관정을 운이와 우리부부 3명이 돌리서 3분지 1을 다들 밖아는돼 오늘 셋시가 관정을 밖을라고 돌리보니 돌아가지 않드라. 이것이 계속 돌리쓰며 돌아같쓸란지 몰겟는돼 오늘까지 휴식을 하다가 오늘 돌려보니 관정파이프가 돌아가지 않트라. 그래서 관정밖는 일은 표기[포기]을 하고 마랐다. 이것을 관정 파는 돼 450,000원 주면 기계로 파는돼 이것을 돈을 적개 드리고 관정을 파볼까 하다가 그만 68,000원을 버리고 마랐다. 옛말래 약빠른 개 밤눈이 어덥다고 하드니 자신이 이 겨울에 힘이 들어도 관정을 파면 득이 돼겟따는 생각이 들어서 시작을 한 것이 다들 헛때고 마랐다.

오늘 관정을 표기을 해서 다들 보내고 자신은 오후 내 사과 전정을 하는 것으로 시간을 다했다.

〈2000년 1월 15일 토요일 날씨 맑음〉

오늘로서 사과 전정을 끝을 냇다. 올해는 시간 틈틈이 하느라고 여르 날이 걸린 셈이다. 올해도 사과 풍년이 돼어서 돈을 올해 정도만 해도 더 바라지 않깨꾸나. 사과 돈 1999年에 4,000,000원 한 셈이 돼는돼 올해도 대풍년이 돼어주어쓰며 하는 바람 푼이다.

〈2000년 1월 16일 일요일 날씨 흐림〉

오늘은 친구 형 구미 일영이 딸 결혼식에 참석을 하여쓰며 오늘 예식은 청첩이 업는돼 친구 창길이을 바서 예식에 참석을 하였다. 그리고 남들은 사위을 다들 잘보고 잇는돼 우리는 사위감이 업쓰서 신경이 그리 쓰이고 잇다. 우리 혜영이는 이번이 9번째 선을 본 것 같뜬돼 아직 대상자을 잡지 못하고 잇쓰니 이 마음이 조급해저 가고 잇다.

우리 혜영이 선자리가 난다면 이 아빠가 따라 가바야 하겟꾸나. 그리고 우리 혜영이는 저의 언니보다 아주 까끄러운 돼가 잇쓰서 십계 배우자을 잡지 못할 것으로 내다보고는 잇찌만 그래도 선을 너무 여로 번 보는 것 같아서 신경이 그리 쓰이고 잇다.

지출에 … 철희 딸 결혼식 축이금
30,000원 김일영 딸 결혼식
축이금 30,000원
계 60,000원

〈2000년 1월 17일 월요일 날씨 맑음〉

오늘은 당산포도 전정을 쳦 시작을 하였쓰며 오늘 전정은 열심히 하여따고 생각을 하는돼 종일 전정을 한 것이 5섯골 밖애 못했쓰며 자신은 처음 전정을 하면서 하로 6섯골 해서 2일에 끝을 낼라고 생각을 하여는돼 계핵대로 돼지 않꼬 잇다. 이재는 너겻하게 잡아서 3일 동안 해서 여유을 가지고 했야 하겟따는 생각이 더는구나.

“요즘 운이가 아가씨가 마음에 안드는지 이 아빠가 예인을 정왈라고 하면 남자가 적극적으로 달라부터야지 운이는 아가씨한태 먼저 전화을 하나 말을 사근사근 하지도 않지 어느 여자가 부터 잇깨나 하고 이 아빠가 아가시한태 전화도 하고 가끔 놀로, 대위터도 하라고 운이 한태 갈치고 잇따. 오늘은 아가씨와 대이터 자금 줄라면서 내일은 금오산이라도 같다 오라고 신신 부탁을 하였는돼 실행에 온기 줄란지 몰겟다. 요줌 운이 여자 친구가 전화도 텀하지 운이는 일체 먼저 전화 하는 것을 못보고 잇쓰서 이 아빠 마음이 불안 하다.”

요즘 세상은 연예을 하지 않으면 장가가기가 힘드는 세상이라 그금을 드리서 승용차을 예인주어 보라고 투자을 한 것이 다들 무산 돼지나 안나하고 극정이 만이 돼고 잇다. 이 아빠는 진영이 아가씨가 인물은 업쓰도 키도 크고 그른 돼로 대따는 생각이 더는돼 운이는 별로 생각을 하고 잇쓰니 마음 염려가 돼고 잇쓰며 이것은 자식의 문제라 어그지로 부칠 수 업는 일이라 마음만이 조리오고 잇는 실정이다.

〈2000년 1월 18일 화요일 날씨 맑음〉

오늘은 오전만 포도 전정을 하고 오후는 태성이가 외가집으로 조카사위가 외관내서 원일산업 회사을 운영을 처음 한다면서 사원 모집을 좀 부탁을 한다면서 형님을 통해서 이야기을 해서 오늘 같이 자신도 운이 따라서 셋시가 가보니 외관이라서 너무 멀고 그리고 휴대폰 만드는 공장이며 그것도 안성품을 다 만드는 것이 아니고 일부 꼅띠기만 만들고 잇는 일이 넘어 단순하며 운이 또래 됀 아들 6명정 도가 휴대폰 다야일[다이얼] 들어가는 부품을 찍고 잇드라. 그래서 아빠는 마음에 들지 않는돼 운이는 어떠게 생각을 하고 잇는지 무로밭뜬이 거리가 너무 머르서 못 단인다고 하드라. 아침저녁으로 출근시간이 돼면 2시간은 걸리겟따면서 못 단인다고 이야기을 하드라.

오늘 운이 차로 회사 구경만 하고 마란 셈이구나.

〈2000년 1월 19일 수요일 날씨 눈〉

오늘은 갑짝이 함박눈이 내리고 기온이 급강화해서 밭같에 다니기는 아주 힘들겟쓰서 해필 혜지가 병원에 갑산선 검사을 했낟는돼 오늘 결과 보는날 인돼 아들을 업고 가야 하는돼 눈바람에 차거울 것 같다. 혜지 한태 전화을 해서 결과 보는 것을 다음으로 미루라고 하였다. 그래서 다음 수요일로 결과 보는 것을 다시 잡아따고 하드라. 그래서 아이가 추원돼 병원 가는 것을 막을 수가 잇쓰서 다행이라고 생각을 한다. 그리고 오늘 큰집에 조카 현숙이가 재앙절개을 해서 아기을 분만을 해서 미리 가본다 하면서 가보지 못하고 오늘 눈도 만이 왔찌 집에 잇쓰도 아무 일도 못한다 싶프서 부인과 둘리서 동네을 나가는돼 구두 밑창이 따라서 길바닥이 아주 미끄러어며 조심조심 가는돼 처음애는 미끄려저면서 손을 딧고 넘어같은돼 아무련 생각 업시 일어났스 가는데 이번애는 큰 대짜로 남어같다. 이번은 불결한 마음이 들어서 오늘 병문가는것 아니다 하고 한참 망스리다 부인 혼자 같다 오라면서 집으로 두 발짜욱 들어오다가 이왕 나와는돼 또 부인 혼자 보는 것 보다 둘리 가야 하는 것이 좋을 것 같다서 다시 조심해서 가자 하는 마음으로 대구 병원까지 왔는돼 대구는 눈이 다들 녹아서 넘어 갈라 하는 신경은 안쓰고 파티마 병원까지 잘 같쓰며 현숙이는 생각보다 건강해보이며 현숙이가 딸을 낱는돼 머리털이 아주 감아며 눈에 쌍까풀이 싹 저잇는 것이 보이는 것이 딸같아 보이드라.

오늘 구두 헌것신고 가서 눈밭에 정말 힘이 들어쓰며 큰 다행이라고 생각을 하고 잇다.

지출에 버스값 2,400원, 병문안 선물 10,000원, 무궁화 입석 6,600원, 정심값우동 5,000원(올 때는 차표값 박서방이 함) 계 24,000

〈2000년 1월 20일 목요일 날씨 맑음〉

올드려 제일 추원 날씨라고 말을 하고 십다. 기상대는 오늘 기온이 영하7도라는돼 사람의 추위감은 고개을 저을만춤 추위라고 너켜지고 잇다. 오늘은 일을 활 염려도 못내서 오늘 사랑방에서 일인당 3,000원 내서 반점으로 짜장면을 식키서 정심을 먹어면서 종일 휴식을 하엿다.

올해는 따뜻한 날만 잇쓸 줄 알라는돼 오늘 갑짝이 날씨가 추어니 몸이 움츠리게 돼는구나.

지출에 … 사랑방에서 짜장면 3,000원

우리 혜영이가 먼저 선본 사람이 별료 마음업다고 해서 한 번 더 보면 또 달라저니 한번 보라고 건유을 하였뜬이 오늘 보고 와서 알송달송한 모양이드라. 혜영이는 단지 키가 자기보다 너무 크다는 위유더라. 남자 키가 184cm라고 하니 키가 모양세 업시 너무 큰 것이 아닌가 십고 막상 놀라니 교육자 집안이고 내가 생각을 할 때에 중학교 교사라고 하니 아들이 막대먹두록 키우지 않아쓸까 라는 생각이 들어 건유을 하고 잇는돼 이 아빠도 결혼이라서 막 밀고 가지는 못하게쓰며 딸의 눈치만 보고잇다. 선도 9번인가 밭는돼도 별 다른 곳이 업쓰서 등터밀라고 해도 혹 해가 될까바 혜영이만 주시하고 잇다.

"요즘 성운이도 직장 구활라고 띠어다니도 잘 안돼며 이력서도 2군대 너어도 아무련 소식이 업쓰며 기업체도 모집을 한다고 해도 아맘미 사원들을 모집을 해서 직장 구하기가 하늘에 별따기란 말을 하고 잇쓰니 마음 극정이 돼고 잇다."

아버님 어머님 순덕이가 지금 이 두 가지을 두고 고민을 만이 하고 잇따고 말씀 드리고 십씀이다. 이것들이 다들 내 힘으로 안대는 일들입니다. 아버님 어머님 도와서 올해도 아무 끄림 업시 잘 풀리가두록 도와주십시오. 아버지의 자식 순덕이 정말 노력을 만이 하고 잇씀이다. 그래도 안대는 일 누구한태 구원하게 씀이까. 아푸로 이두 문제 푸르가두록 어머님 아버님 한태 부탁을 합니다.

〈2000년 1월 21일 금요일 날씨 맑음〉

오늘은 성운이가 이력서를 넘어서 오늘 발표 날이라고 했는돼 아무련 말도 업는 것을 보니 이력서만 재출하엿찌 아무련 반응이 업는 것을 보니 요즘 기업체 들어갈라면 기업 이사도 치직 식키기가 힘 든다고 하드니 이것들이 그짓이 아니구나 하는 생각이 더는구나.
우리 국민이 잘살라면 경제가 빨리 풀리서 직장을 원하는 사람은 다들은 직장을 가질수 잇두록 대어야 하는돼 큰 아쉬움이 잇꾸나.
오늘 오후에 날이 만이 풀리는 것을 보니 내일은 일을 할수 잇두록 풀리지 않캐나 하는 생각이 드는구나.
그리고 올해도 사랑방에서 휴식을 하는 날도 다들 지내간 것이 아닌가 하고 생각을 해보며 아쉬운 감이 잇다.
오늘도 사랑방에서 휴식을 함. 오늘 사랑방에 모인 인원은 8명이 됀다.

〈2000년 1월 22일 토요일 날씨 흐림〉

요즘은 사랑방에서 종일 휴식을 하여쓰며 요즘 사랑방에서 휴식을 해도 형님이 종일 하토 놀리를 하고 잇쓰니까 자신은 뒤전에서 구경만 하고 잇쓰며 뒤전에서 자신과 노는 사람이 여릇이라서 종일휴식을 해도 지루하지는 않는다.

〈2000년 1월 23일 일요일 날씨 눈〉

오늘도 눈이 온 것이 겨우 2,3센치 정도라 자신의 마음으로 아쉽을 정도로 생각을 만이 한다. 내 마음 같다서는 눈이 푹아서 인간이 재(?)로 걸을 수도 업두록 옛날처름 눈이 푹 만이 왔쓰며 하는 심정이다.
오늘도 사랑방에서 한방 모여서 그저 잡담으로 하로 시간을 보내고 잇찌만 연일 휴식만 하고 잇는 자신도 마음이 편치 않고 잇다.

혜영이가 선을 본 사람과 2차로 보고서 결정을 못해서 자신과 부인이 사람을 바서 결정을 할려고 했는돼 중매장이 하는 말이 남자의 부친이 대머리라고 하는 말래 혜영이도 남자가 대머리같이 보인다고 이야기을 하고 잇는돼 중매장이 바른 말래 이것은 유전이라면서 그만 이번일은 업뜬 일로 하자고 해서 끝을 냇는돼 이 아빠는 남자의 아버지가 중학교 교편을 잡고 잇쓰서 아들은 교육을 잘 식키지 않아깨나 하는 아쉬운 만이 남는구나.
"아푸론 우리 혜영이 선을 본다면 우리 부부가 꼭 합석을 해바야 하겟따는 생각을 해본다. 외냐 하면 혜영이를 막키노어니 남자의 대상을 잡지 못해서 이재는 아빠가 참여을 해서 배우자을 잡는 돼 도음을 주야 하겟다."
지출에 … 남방유, 석유 2도람 216,000원

〈2000년 1월 24일 월요일 날씨 맑음〉

오늘 오전은 우리 마을회관에서 대신 1,2,3동 봉산 1,2,3동 마을 주민을 위하여 수도작 벼농사 병 회충 교육을 하였다. 오늘 강사는 별로이며 교육을 정밀하지 못하고 이곳, 저곳, 심중한 교육을 못하고 말랐다고 하고 십꾸나.
오후는 사랑방애서 화토 노리로 오후 시간을 보내고 마랐다.
"그리고 혜영이 올해는 시집을 보내고 말라고 했는돼 내 마음의 떳대로 돼지 않코 잇꾸나."
지출에 … 화토노리값 2,000원

〈2000년 1월 25일 화요일 날씨 맑음〉

오늘이 우리 혜지 갑산선 검진을 한것을 한

번 일기 때문 연기을 하고 오늘 검사 날인돼 또 기온이 내리가서 아이 하고 병원 가는돼 힘이 만이 들개꾸나. 먼저 번에는 눈이 와서 그려치 기온은 오늘보다 포근해찌 않나하고 생각을 할 때에 극정이 돼는구나. 요즘 절먼 아들 부모하고 같이 살면 아들 키우는돼 더 더 좋을끈돼 우리 혜지는 시부모가 촌에서 식당을 하고 남편이 서울 살기 때문에 어짜피 따로 살라야 하지만 요줌 여자들은 따로 살기을 좋아하는돼 앞푸로 머지않아서 부모와 같이 살려고 하는 절먼 부인들이 만이 나올 것 같다고 생각을 한다.
"오늘 사랑방에서 김영권이가 윤정희 땅을 거래하는 돼 평당 51,500원 매매을 하였다. 김영권이는 부모가 살 때는 돈이 업쓰서 아주 기렁진 땅을 사서 요즘 도로 나고 송유간 나고 회서 보상으로 땅을 작년에 사고 올해 또 사쓰니 이재는 부자가 됀 것이다."
엔말레 지구멍에도 볓들 날이 잇따고 하드니 영권내가 이재 부자가 돼어다고 본다. 오늘 문서 거리로 잘 어더먹으다.

〈2000년 1월 26일 수요일 날씨 맑음〉

오늘 사랑방에서 어재 문서거리 하는돼 쓰고 남은 돈으로 중화요리 잘하는 돼 배신에까지 차을 이용을 해서 정심 먹으로 갈쓰며 이재는 중화 요리을 식키 먹다가 그것도 시원 찬아서 음식점을 차자 다니고 잇다. 우리 국민이 다들 너무들 편하게 이 새상을 살라 갈라는 풍토가 좋찌 않는 국민이라고 생각을 하고 십다.
"우리 백성은 일본 북한 이 양나라가 우리을 잡아 상킬라고 칼을 갈고 잇는돼 우리 국민은 하나같이 어떠개 하면 편하게 잘살고 노소 업시 남아니(?) 잘살고 어떠개 해서라도 그저 놀 생각만 하고 잇는 것이 큰 문제일다. 우리 국민을 이려깨 만들어 온 것은 정치을 하는 사람이 국민은 뒤전쳐고 자기들의 권력 다뚬만 하다가 오늘 날까지 온 것이 부인을 할 수도 업는 일이다."
오늘 혜영이가 아버지 어머님 무수당 옷을 사준다고 구미시로 나오라고 해서 낭비라고 안갈라고 하다가 딸이 나오라고 해서 활수 업시 우리 부부는 구미시로 나갇다. 둘리서 백화점을 돌라보니 옷들이 너무들 비싸서 입이 다들 벌어저서 표기을 할려고 혜영이 오면 그냥 가자고 부인과 약속을 하였는돼 혜영이 모피 집에 가자고 해서 무수당[무스탕] 상위 한 개에 쎄일을 해서 500,000원 주고 부인과 자신, 두 벌애 1,000,000원 주고 사와다. 이것이 이제 더갈[들어갈] 때라서 150,000원 들 받는다고 말을 하며 이것이 제아무리 좋다고 해도 이려깨 비싼가 하고 의심이 너무 만이 간다. 그리고 자신의 돈으로는 부인과 자신 두벌의 무수당, 고가의 옷을 사입는다는 것은 정말 어러운 일이라고 생각을 한다. 이것이 딸이 벌은 돈이라서 가능하지 그려치 않으며 상당한 세월이 더 가서 무수당 좋은 옷을 입어불까 그려치 않으며 정말 어르운 일이라고 생각을 한다.
"우리 가족이 다는 아니라도 외식을 닭도리탕이라고 처음 음식점에서 우리식구 3시가 외식을 하는돼 참 맛이 잇드라. 이른 일들이 가끔은 잇쓰야 하게 따는 생각이 더는구나."
지출에 현이가 돈 댐 무수당 아빠, 엄마 끄 1,000,000원, 닭도리탕 21,000원, 버스비 5,600원
계 1,026,600원

〈2000년 1월 27일 목요일 날씨 맑음〉

오늘은 날씨는 차가운돼 그래도 여때까지 너무 놀라서 기온은 쌀쌀해도 포도 전정을 할려고 들레 갈쓰며 들레서 전정을 하여보니 오늘 오전만 휴식을 하고 오후부터 전정을 시작을 활끈돼 하는 아쉬움이 잇드라. 억지로 참아서 종일 전정을 해서 포도 전정은 오늘로서 안전이 끝을 내고 마랐다.

"오늘로서 2000년 해의 작업을 계시 하는 것이 아닌가 십다. 아푸로 어떤 추위가 잇쓸란지는 몰라도 연간 추위에도 일터로 갈 것이며 그름 우리 농민들은 휴식을 다 했따는 결과가 돼는돼 벌써 설알이 다 같다는 것이 너무 아쉽다. 자신의 마음은 아직 설알이 한업시 남아 잇쓰며 너무 좋깨는 돼 이재 부인과 둘리서 비지땀을 흙리면서 일을 할 생각을 하니 너무 아득한 너킴이 더는구나."

〈2000년 1월 28일 금요일 날씨 맑음〉

오늘은 우리 마을 설맛이 대청소을 하였쓰며 올해는 대청소 인원이 상당히 적개 나와드라. 앞푸로 갈수록 인원 동원하기가 힘이 들것으로 내다보고 잇다. 우리들은 설맛이 대청소을 끝을 내고 곳바로 사랑방으로 7명이 모여서 종일 휴식을 하는 하로 해가 돼어다.

"우리 운이 직장을 잡을라고 띠어 다니고 잇쓰며 직장을 구화든 말든 열성이 잇쓰서 이 아빠의 마음이 좋꾸나. 사람이 활동성이 잇쓰야 하지 그려치 않꼬 미저근 하면 부모의 마음이 죽으라 신경이 쓰일 끈돼 운이가 활발성이 잇쓰서 운이가 백수로 잇쓰도 아무련 신경이 쓰이지 않아서 그리 마음이 편하다고 생각을 한다."

〈2000년 1월 29일 토요일 날씨 맑음〉

오늘은 조합 감사 내역을 발표을 한다고 조합 대위원 총회을 하여씀. 자신은 처음 마을래서 대위원으로 선정을 해서 참석을 하였찌만 모든 것이 부족하며 무엇시 어떠게 돌라가는 줄도 모르겟드라. 그리고 대위원 쳐고 농업 용어을 잘 아는 사람은 맷 명이라고 생각을 한다.

"우리 대위원 들이 예산 세우는 돼는 상당이 도음이 댈련지 몰라도 감사 내역은 너무 부족하다고 생각을 하고 십꾸나."

오늘은 가을일을 다하고 나서 포도밭에 잡초가 너무 만아서 우리 부부가 김매기을 해서 비누류에 싸둔 것을 오늘 경운기로 실어서 내까에 버리는 일을 하고 비 가림 비누류을 경운기로 실어서 오물장에 버리는 일함.

그리고 오후 6시는 구미 김천 사는 동기생 개추[계모임]을 구미 진성복어 불고기집에서 개추을 함.

수입에 대위원 식대값 60,000원

지출에 … 3개추 회비 30,000원

〈2000년 1월 30일 일요일 날씨 맑음〉

오늘 오전 11시 30분에 구미 역 다방에서 혜영이 선보기로 해서 우리 부부는 어떤 사람이 나오기을 성립이 안대나 해서 운이 차을 따고 역다방에 가니까 중매 아주마가 미리 나와 잇드라. 그래서 우리 부부는 먼발치에서 보고 간다면서 비밀로 해달라고 하여는돼 나중에는 남자 쪽 안부모가 따라 나와따면서 이야기를 다 해버리따고 해서 할 수 업시 인사을 드리고 한자리에서 그만 차을 나누게 돼어다.

"그리고 처음 남자을 보고는 아니다는 생

각이 들며 머리 자체가 금세 자고 나온 사람 모양 두상이 이상하다고 생각이 들드라. 딸은 어떠게 말을 할련지 딸만 두고 보자 하고 기다리쓰며 그리고 우리 부부는 당사자가 알라서 하겟찌 하고서 운이 차로 올라고 하니 혜영이도 따라 올라고 신호을 하드라. 그래서 조금 기다리다가 혜영이와 같이 오고 마랐다. 그른돼 딸도 조금도 들지 않는다는 눈치라서 머라고 무르보지도 못하였다."
지출에 오늘 찻값은 다들 내가 부담했다
(차 몃 찬에 11,000원)
(우리 혜영이 선 본 것이 10회다)

〈2000년 1월 31일 월요일 날씨 맑음〉
오늘은 성운이 차로 부인은 하나로마트 시장가고 자신은 혈압약 타로 김천시 보건소약 타로 같쓰며 집에 성용차가 잇쓰니 아주 좋키는 좋꾸나. 이래 두고 가진 자가 업는 자는 너무나 차이가 잇따는 것을 한 번 더 느켜보며 인간이라면 다들 가진 자가 돼게 노라고 생각을 하지만 이것이 다들 뗏대로 안돼는 것이 사람이며, 업는 자가 가진 자로 변하는 가정은 엄청난 노력의 대까가 잇쓰야 돼며, 그 노력은 자신과의 싸음이 수십 번 잇쓰 하며 그 고층을 이기내야 가진 자로 웃떡 서계 돼는 것이다.
"인간은 늙 성실하게 살라가는 자세가 필요하다고 본다."
"인간은 부인을 존경 하여주고 사랑을 줄 쭐 아는 남편이 돼어야 가진 자로 변활 수 잇는 지름길이다."
지출… 부인 장보는 돼 100,000원,
혈압약 한달치 5,190원,
계 105,190원

〈2000년 2월 1일 화요일 날씨 맑음〉
오늘은 사랑방에서 닭고기 사와따면서 놀라고 하는돼 자신은 여때것 너무 만이 놀라쓰며 자신은 그리고 밭이 넘어 만아서 남들쳐름 맥을 놋고 놀 수가 업쓰서 오늘은 날씨가 차가운돼도 사랑을 돌라보지도 않코 그만 들로 가서 포도 전정목을 손 미아까로 실어내서 다들 태우고 이것을 태우는 일만 해도 오전에 다들 태우개드라. 작년에는 종일 태아따고 생각을 하는돼 올해는 던불이 업는가 그리 태우는돼 수라드라.
그리고 오후는 낙엽을 깔키고 끌어서 다들 태우고 마랐다. 올해는 바람이 업쓴는지 낙협도 고랑에 다들 싸여 잇드라.
그리고 동회관 엠프에서 석회 수령 해가라고 해서 67포 수령을 하여 쓰며 이것을 바시내이 39포 말리 사과 밭애 20포 남어지는 채소밭에 할려고 같다 났다.
여태것 일기불순으로 휴식만 하다가 오늘 일을 만이 하여쓰며 이재는 자신도 나이가 잇쓰서 일을 모라서 해서는 안대며 이재는 건강을 생각을 해서 해야하는돼 아직 성격이 따라 주지 못해서 때로는 무리한 일들을 하고 잇는돼 자신도 극정이 돼드라.
오늘 사랑방에서 일하고 오는돼 손짓을 하는돼 미안해서 안갈뜬이 전화가 와드라. 그래서 닭고기 조금 먹고 출물 2,000원식 하였쓰며 오늘 사랑방에서는 종일 놀라따고 하드라.
지출돌부리(2,000원)

〈2000년 2월 2일 수요일 날씨 맑음〉
오늘은 집에서 부인과 둘리서 모욕을 하여쓰며 이번은 모욕물을 마당에서 돼어서 모욕을 하여키에 보일라 기름을 쓰지 않코서 우리 부부가 모욕을 해서 낭비는 한 개도 않애따고 생각을 한다.
그리고 우리 혜영이 아침에 회사 가서 밤 9시, 10시 돼어서 축쳐저 오는 모습을 볼 때에 너무 안타까어며 이재는 돈도 시집 갈 돈은 충분이 벌려쓰니 내일 선을 보기로 약속을 한 것이 잇쓰서 이번에는 마음에 드는 사람을 꼭 만나서 짝이 이루어졌쓰며 한다. 혜영이 돈 버는 일도 좋지만 피로한 몸을 볼 때에 내 마음도 아품이 크다. 이른 고충은 아무도 모려며 자식들이 크야지 이 고통은 아는 것이다.

〈2000년 2월 3일 목요일 날씨 맑음〉
오늘은 묵은 나락을 마지막 2가마 남은 것을 정미기로 백미을 하였쓰며 묵은 나락을 햇나락과 같이 달라 내도 돼며 조합에 과장으로 잇키 때문 만약 발각이 돼며 명외 손상이 뗄까 묵은 나락 5가마을 다들 정미기로 찌어서 다들 해결을 하였다. 남들은 다들 조합에서 나락을 떨 때에 달라 냇고는 했는돼 자신은 양심상 썩으내지 못하고 이것을 다들 양식으로 다들 먹으서 해결을 해가고 잇다.
올해 묵은 양식을 넘어 만이 남겨 두어서 햇나락을 두고 맡이 들한 묵은 쌀을 먹고 잇는돼 그 고충이 크구나. 묵은 나락을 햇나락 나기 전에 다들 정미소에 내자고 한 것을 동생들을 줄라고 만이 남겨 났는돼 동생이 쌀을 안 가져갈라고 해서 자신이 묵은 쌀을 삼월까지 먹으야 하는 고충이 잇따고 말 을하고 십다.
오늘은 묵은 나락 2가마 정미기로 방아를 찌어두는 일을 함.
지출에 … 이발비값 7,000원, 차비직행 1,840원, 계 8,840원

〈2000년 2월 4일 금요일 날씨 맑음〉
오늘은 차례상 음식 준비한다고 다들 참석을 해서 음식 준비을 하여쓰며 남자들은 아무 일도 도을 것도 업고 준비한 음식만 먹어주는 일 했따고 생각을 한다.
그리고 오늘 11시에 김천서 구성 사람인돼 선보기로 약속이 돼어서 이번애는 뗄 것라는 생각을 가지고 딸과 나 둘리서 운이 차을 타고 약속 장소에 가니까 래스토랑에 문이 닫처 잇따면서 역대합실에 잇드라. 남자을 딱 보니까 키도 크고 그른돼로 반 마음이 들드라. 자리을 가까운 다방에 잡아서 이른 이야기 저른 이야기 하다가 아빠는 딸이 좋다면 한다는 생각으로 그 자리를 중매 조개[소개]하는 사람과 일적 나오고 둘리서 이야기 하다 나오라고 우리는 운이 차로 일적 내려와다.
이번 일은 구성 사람인개 우리 집에 사과 사로 온 사람인돼 이 상인은 작년 올해 두 번째 사과을 사간 상인이다. 이 사람이 저의 집안사람이며 그리고 총각돼는 엄마가 울집에 와서 사과 포장도 했따고 이야기를 하드라. 자신은 어뜬 사람인가 생각을 해도 기억이 돼지는 않으며 남자의 어머님이 울집에 와서 정심 식사도 두 번식 하였쓰니까 이번 일은 성사 뗄 {확}률이 만타고 생각을 사실 하였다.
그른돼 혜영이가 생각보다 일적 집에 와드라. 그래서 사람이 어뜬가 무르니 한 쪽에 볼이 조금 더티어 나와서 볼이 한 쪽이 부어서 그른가 무르터니 남자의 하는 말이 한 쪽으로는 음식을 몿먹고 한 쪽으만 개속 먹어서 한쪽이 발달돼어서 한 쪽 볼이 좀더

티어 나와따고 이야기을 해서 혜영이는 마음에 들지 않는다고 이야기을 하였스 나도 그르면 할 수가 업다. 나는 얼굴 밭는돼 발견도 못하고 그른 돼로는 돼어따는 생각만 하였는돼 우리 혜영이는 사람 보는 눈이 아빠보다 아주 났따는 생각을 하여쓰며 앞푸로는 선을 본다고 해도 혜영이 한태 막키고 참석을 안 해야겟다. 우리 혜영이 정말 잘 받다.

그리고 6남매 중 넷째 아들이면 기본 재산은 업쓸 꺼이며 아들 4명, 딸이 2명, 미성이 1명 남아따고 하니 이것은 둘리서 백지 살라야 됀다는 것인돼 이것은 넘어나 힘드는 일. 아무든 인연이 안 됀 것이 아주 잘 돼어따고 생각을 한다.

그리고 오늘 혜영이 한태 현금 100,000원 받아쓰며 부인도 100,000원 현금으로 받아 쓰니 올해 혜영이 한태 우리 부부가 1,200,000원 밭아쓰니 이것은 큰 행운을 어든 것이다. 부모가 자식한태 이른 사랑을 받으니 정말 고맙드라. 이를때는 딸을 만이 놀끈돼 하는 욕심이 드는구나. 혜영이 다들 돈이 부족한 줄 이 아빠 다 알고 잇따. 그른돼 이 아빠 엄마한태 마음을 쓰준돼 대해서 너무 고맙다. 이 돈은 이 추은돼 힘들게 벌은 돈을 아빠 어마한태 이 큰돈을 쓰는 너의 마음 너무 고맙다. 앞푸로는 이 아버지가 마음을 우리 혜영이 한태 쓰는 해가 돼어쓰며 하는 마음 푼이다. 형영아 고맙개 잘 쓰겟다.

〈2000년 2월 5일 토요일 날씨 맑음〉

오늘은 설이다. 우리 형제 중 막내가 중국을 가는 바람에 오형제가 다들 참석을 못한대 대회서 안타갑게 생각을 하며 매년 오형제가 차례에 참석을 재을 올리곤 하는돼 막내 동생이 회사 일로 석 달 계약으로 중국을 같키 때문 올해는 아버님 어머님 차래상에 참석을 못해서 미안하게 생각을 하고 잇씀이다. 앞푸론 우리 오형제 파지는 사람 업시 다들 참석을 차례상을 올리개씀이다.

그리고 오늘은 딸이 오면서 아빠 선물 이라면서 아빠 엄마 가죽 장갑을 싸와드라. 저 살기도 바픈돼 저은 선물이라도 하여 주니 고맙드라. 혜지가 어린애 놋고서 몸이 부실해저서 극정이 만이 됀다. 사람이 어린이 놋고서 건강해저는 사람이 잇는돼 우리 혜지는 어린이 놋고 건강이 회복이 들 돼고 잇쓰서 정말 극정이 만이 됀다.

오늘 새배돈을 줄라면 줄잡아도 70,000원 이상은 잡고 잇쓴는돼 바푸다보니 아들이 몰리지 않코 그만 제일 큰집에 차례상을 일적 올리는 바람에 새배도 밭지 못하고 새배돈도 안쓰고 큰집에 조카, 아들, 딸 5,000원씩 해서 둘리 10,000원 주고 마랐다.

지출에 … 큰집애 조카, 아들, 딸 10,000원

〈2000년 2월 6일 일요일 날씨 맑음〉

오늘은 큰집에 미숙와 사위가 와쓰며 미숙이 아들 치안이와 치영이 새배는 하지 않아찌만 한 해을 보내는 떳에서 세배돈으로 둘리 10,000원을 주어다.

오늘도 사랑방 여기저기서 종일 시간을 보내고 마랐다. 올해는 노는 시간이 만은 것 같터며 다들 일기불순으로 휴식 하는 날들이 만아다 따고 본다."

지출에 … 미숙이 아들 용돈 10,000원

〈2000년 2월 7일 월요일 날씨 흐림〉

요줌 사랑방에 가도 제미가 업다. 외냐하면

형님이 매일 작난으로 5명이 매일 2사람이 화토을 하고 그 남어지는 뒤전에 구경만 하고 별의미도 업다. 형님은 아주 절멀 때부터 화토을 절기든이 끝까지 절기고 잇쓰며 화토 하는 중 나이는 제일 만으면서 하토을 나오면 종일 하고 잇다. 사람이 건강이 안좋으며 종일 화토 하는 것도 큰 고충인돼 죽으라 하는 것을 보며 그것도 팔짜라고 생각이 더는구나.
"사람이 자기의 위치을 한 번식 생각을 해야 한다는 생각이 들며 아무련 취미도 너무 열성으로 하게 돼며 건강의 좀이 됀다는 생각도 해야 한다고 본다."

〈2000년 2월 8일 화요일 날씨 눈〉
날씨가 회복이 될 때도 대어따고 보는돼 요줌 아서는 날씨가 더 수원수가 내리가고 잇쓰니 마음마는 조급하여 지는구나. 사람들이 감기 몸살로 고충을 다하고 잇는 것을 보니 날씨가 차거어며 들판에 일하로 가기가 사실 극정이 됀다.
오늘은 종일동안 사랑방에도 가지 않고 집에서 휴식을 하였다.
"그리고 오늘 회사에서 운이 1차 면접을 본대서 내일 9시 30분에 면접을 보자고 전화 열락이 와서쓰며 지금은 사원 모집하 는곳이 업쓰서 회사가 무엇 하는 곳인 줄 잘 모로지만 운이가 출근을 하였쓰며 하는 바람이다."

〈2000년 2월 9일 수요일 날씨 맑음〉
오늘 운이 2차 면담을 하로 오라고 하드니 오늘 오후 5시에 병원에 가서 건강 진단서 띠오라는 열락을 하드라고 이야기을 하드라. 이 세상에 갈 때가 업쓰서 대학 졸업하는 놈이 고등학교 졸업장을 가지고 취직을 하고 잇쓰니 기가 찬다. 이 고일력이 갈 때가 업쓰서 처밀리고 잇쓰니 나라가 말이 아니다. 이것들이 국회원들 자기목만 가지고 오늘날까지 싸왔키 때문에 이 불기능 세상이 돼어가고 잇는 것이 한이 돼고 잇다.
"오늘도 사랑방에서 휴식을 하였쓰며 오늘은 사랑방에서 잔금이 남은 것을 안전이 떨어서 자신이 태성이 차로 김천 순대 집에 가서 17,000원 치 다들 사와서 잘먹으다."

〈2000년 2월 10일 목요일 날씨 맑음〉
오늘 오후 2시는 성운이 김천 전문대학교 졸업식라서 아무 일도 못하고 무이미하게 보내다. 오후는 운이 차로 형수가 졸업하는 돼 갈라고 해서 형수와 우리 부부가 다들 김천전문대을 갈쓰며 자신은 처음이며 이곳은 대학이 들어쓰면서 발전됀 흔적이 잇쓰며 앞푸로 발전이 대겟드라. 나는 딸들 졸업식에는 참석을 않해는돼 이번은 아들이 마지막 학교 졸업이라서 참석을 하였쓰며 학생들도 졸업식장에 참석을 않꼬 야외서 사진 찰영 한다고 법석을 부리며 그만은 인파 정말 만트라. 이 학생들이 취업을 해야 하는돼 나라 경제는 풀리지 않는돼 이 인력은 갈 때가 업쓰니 그야말로 극정이다.
"이재는 학업을 다들 식키냇따는 것이 한편으로는 마음이 가벼고 한편으로 취업자리가 마음에 더는 돼도 업고 마음의 극정은 마음 한구석에 남아잇다."
"자신은 국민학교 나와찌만 자식3셋은 다들 전문대학교라도 공부을 다들 식키쓰니 이 아빠의 책임은 어느 정도 했따고 생각을 한다. 이재는 너희들이 이사회에 진출을 해서 잘살고 못 사는것은 너위들의 노력에 달려 잇쓰니 부모의 원망은 하지 않아야 한다고 본다."

"운이 좋아서 따라 다니는 진영이라는 아가씨가 울 집에 두 번식 오고 했는돼 운이가 관심을 주지 않으니까 떨어저가고 잇따는 것을 오늘 알랐다. 이 아빠는 나이가 21세라서 어리지만 그래도 내 아들보다는 낪따는 생각이 들어서 보고 십픈 마음은 잇쓰니 부모가 좋아서 될 일이 아닌것 같다. 마음마는 졸급정이 나며 그래도 오늘은 어근희[은근히] 기다리는돼 나타나지 않아서 아무도 표가 낪지 않는 마음 상쳐만 조금 밭아따고 말을 하고 십다."

이 아빠 차 사줄 때는 그래도 대학생 미느리 볼 욕심으로 그금을 드리서 성용차 사준 것이 다들 술푸{수포}로 돌아가고 마라따는 것이 정말 아쉽꾸나. 자신이 투자을 하면 꼭 실익이 잇는돼 이번 승용차는 큰 실이라고 생각을 가저본다.

지출에 … 꽃값 10,000, 택시값 3,100,
정심값 7,500, 버스값 2,700,
운이용돈 50,000, 2月 8日날
운이용돈 30,000, 2月 7日날
운이용돈 20,000원,
계 121,300[159)]

〈2000년 2월 11일 금요일 날씨 맑음〉

오늘은 바시네이 쌔래단 포도 원둥치기을 땔감 부족한 사람 가지고 가라고 하니까 처음에는 가지고 갈라고 하드니 여때것 가지고 가지 않아서 별로 탐스렵지 않아서 그른가 하고 다들 태아버리다. 그것도 혼자 손미아까로 실어내서 태아버리는 일만 종일 하여쓰며 가지 때문애 작업능률이 업쓰다. 자신이 쌔래단 농사을 4년간 하여찌만 수입은 한번 보고 3년은 계속 약값도 못하고 내부인 공들은 것 생각을 더 가슴마리가 됀다. 돈도 대지 않는 것을 올해는 수입 대겟찌 하고 매년 열심하는 부인 노력 들어간 것 마음이 너무 아파서 쉽게 잊저저지 않는구나.

〈2000년 2월 12일 토요일 날씨 맑음〉

오늘은 포도장목반 총결산을 하였쓰며 올해는 우리 작목반은 조합을 위용해서 작목반 운영을 하였따고 본다. 그리고 우리 집에서 회을 하였는돼 뒤망우리가 힘이 들며 부인이 뒤처리 하는돼 힘이 만이 들어쓰며 쓸때업시 회장을 하는 바람에 정심식사와 뒤 쓸거지[설거지] 이것이 부인의 목이라 정말 미안하개 생각을 하는 하로 해라고 생각을 한다.

〈2000년 2월 13일 일요일 날씨 맑음〉

오늘 아침에 일적 초곡 중매자가 오늘 오전 11시에 선을 보자고 재희[재촉을]을 해서 우리는 허락을 하여쓰며 그리고 자신은 이번에 성립이 돼어쓰며 하는 마음인돼 이것도 실폐가 돼고 마랐다. 사람이 선을 볼 때는 이번 성립 대겟찌 하는 마음이 강해는돼 이것들이 자꾸 실폐을 하고 오니 딸 보기에도 미안하고 갈수록 두려운 감이 만이 들고 잇다. 우리 혜영이 치아먹기가 상당이 힘이 들 것으로 내다보고 잇다. 우리 혜영이는 너무 똑똑하니까 결혼 대상을 찾는돼 여관 힘이 아닐 것으로 내다보고 잇다.

159) 실제 계산은 123,300원이나 121,300원으로 잘못 기록하였다.

오늘은 오랜만에 작과 전정을 오전에만 함. 그리고 우리 혜영와 갑짝이 선을 보자고 해서 오늘 갑짝이 초곡 중매장에 말을 덧고 오늘은 혜영이만 선보는 장소에 나갈다. 그른돼 나는 이번은 인원이 돼어쓰며 하였는돼 이번도 실패가 돼어 쓰니 마음이 아푸구나.

〈2000년 2월 14일 월요일 날씨 맑음〉

오늘은 동장과 친구, 삼명이 황덕삼 모친 연탄까스로 구미 순천항병원에 입원하여따고 해서 면회을 갈뜬이 중환자실래 잇쓰서 보호자만 보고 그만 돌라앗다.

그리고 오후는 작과 전정을 하는 것으로 시간을 다보냇다. 앞밭에 작과 나무 전정을 하여보니 시간이 제법 걸리고 잇드라.

지출에 … 황덕삼 모친 병문안 3,000원,
정심식사 7,000원,
계 10,000원

〈2000년 2월 15일 화요일 날씨 맑음〉

오늘은 서원에 장휘웅 모친 상문을 김천구미 동기생과 장지까지 같는돼 오늘 따라서 바람과 추위 때문에 그냥 서잇쓸 수가 업쓰며 오늘 운상꾼들도 추위 때문에 음청난 고충을 받아쓰리라고 생각을 하며 오늘 일은 마음에 잇쓰도 제대로 일을 그들어줄 수가 업따고 보며 그리고 동기생들도 정심만 먹고 집우로 돌라오고 마랐다. 일부 동기생은 대신 명세 집에서 크피 한 잔식 하고 회여저고 마랐다.

지출에 … 장휘웅 모친 부위돈 30,000원

〈2000년 2월 16일 수요일 날씨 맑음〉

오늘은 조합에서 우리 마을 회관에서 운영공개을 하였쓰며 오늘은 날씨가 너무 추어서 아무 일도 못하두록 추원 날씨라 회관에 조합원이 참석을 만이 홯수가 잇쓰서 날씨 선정을 잘 했따고 생각을 하며 오늘도 만원 조합원이 참석을 해서 다들 조원 기분으로 운영 공개을 하였따고 생각을 한다.

오늘이 우리 운이 중소기업이지만 오늘 출근이 3일째 출근을 하였쓰며 성운이 본인이 뛰어 다니면서 직장 해결을 하여쓰니 아빠 생각을 하는 자식보다 흙신[훨씬] 똑똑하구나. 아푸로 운이 일은 운이 한태 막키 주어도 잘 처리을 할 것 같꾸나. 이 아빠는 자식의 일이라면 늙 불안감이 잊저지지 않는돼 이번 직장일 들을 처리을 하는 것을 보니 아빠 생각하는 자식보다 너무 잘라따고 생각을 하였본다. 이재는 자식의 일들은 이 아빠 밑드주야 하겟따는 생각을 만이 하였다.

“앞푸론 경기가 풀어진다면 대기업도 사원 모집을 활 끄시며 그때는 큰 회사 온기는 한이 잇쓰도 당분간 열심이 하였서 그 자리를 지키주어쓰며 하는 바람뿐이다.”

지출에 감자씨값 5kg 5,000원

〈2000년 2월 17일 목요일 날씨 맑음〉

오늘도 날씨가 회복이 안대고 날씨가 너무 추어서 오늘도 오전은 집에서 휴식을 하고 오후는 사랑방에서 휴식을 하다 모래가 보름이니 대신못에 가서 말을 떠드로 가자고 해서 4명이 가서 한참만에 말을 떠드왔서 사랑방에 노는 사람도 조금식 나누어 가지고 같다. 날씨만 춥지 않아따면 좀 만이 떠드와서 나누어 먹어쓰며 좋아쓸 끈돼 좀 아쉽따는 말을 하고 십다.

요줌은 대보름이란 것이 아무른 의미도 업

는 보름이 대어 간다는 것이 아쉬어지고 잇따고 말을 하고 십다. 우리가 자랄 때만도 대보름 하면 설보다 더 음숙한 날이여는돼 이처름 급속도 변하고 잇따는 것이 인간의 발전이라고 생각을 하고 십다.

〈2000년 2월 18일 금요일 날씨 흐림〉

오전은 사랑방에서 휴식을 하였쓰며 자신은 사랑방에 가도 늙 뒤전에서만 구경을 하다가 늙 돌라오고 만다. 외냐 형님과 친구사 명과 형 5명이 하로도 빠짐이 업시 고수돕을 쳐고 잇쓰니 자신은 부터서 화토놀리을 할 수가 업쓰서 사랑방에 가도 5명 위에는 뒤전에 구경만 하다가 와야 하는 실정이다. 그래서 사랑방에 가기가 그리 달갑지 않은 실정이다.
오후는 작과 전정을 하였다. 오늘은 사랑방에서 한방 놀고 잇따는 것을 알고 잇쓰니까 나무전정을 하면서도 일부 마음이 사랑방에 잇쓰서 오늘 일은 일적 맡치고 사랑방에 좀 놀다 집부로 해여저고 말랐다.

〈2000년 2월 19일 토요일 날씨 맑음〉

오늘이 정월 대보름이구나. 이재는 추어나 더어나 일을 해야 하며 우리 부부 정신 업시 또 열심이 해야 하는구나. 이재 다들 놀라꾸나 생각이 들며 앞푸로의 일들을 어떠개 할까 하고 극정이 딱 대는구나.
"오늘 동신회는 정월 대보름 날은 윷노리을 꼭 한다. 오늘도 변함 업시 윷노리을 하여쓰며 윷노리로 일등을 해도 화장지 한 두룸이 하고 (한 개) 낫개로 3 더 주는 상품이지만 윷노리을 하는돼 아주 열정으로 한다. 올해도 작년과 같이 우리 조가 일등을 하였다."
"자신은 금년에 우리 혜영이 좋은 짝을 차자서 꼭 결혼식을 올리줄라고 가진 예를 다 쓴는돼 이것이 성사가 돼지 않꼬 또 한 해을 너켜야 하는 심정이 그리 아푸구나. 자신이 살라오면서 당당한 모습으로 자신의 객핵대로 다 이루어젓따고 생각을 하는돼 우리 혜영이 결혼 문제가 자신의 계핵대로 이루어 저지 않아서 너무 가슴 아푸다."
"혜영이가 아침저녁으로 피곤 몸으로 회사 간다는 것을 늙 보는 이 아빠 몸 건강이 최고란다. 회사 그만 두고 집에서 푹 시고 체중 좀 불구고 좀 푹시어라고 하지만 아빠의 가슴 속 깊이는 그래도 직장이 잇따면 혜영이 배우자가 좋은 사람이 돼지 않을까 하는 마음 때문에 너을 꼭 잡지 못하고 오늘 날까지 둔 것이 정말 미안하다. 오늘이라도 예인이 생긴따면 당장 이 아빠가 잡아서 신부 수업 식키고 집에서 너의 엄마 밥 하는 것을 도와주는 일 가을까지 예인과 사기는 일만 하게는돼 그려깨 못하고 잇는 이 아빠 심정 이해 해다오. 이 아빠는 너위들 잘 자라 주고 예쁘게 그리고 야물게 잘라준 대 너무나 고맙고 이 아빠가 하늘에 뜬 구름처는 사라가는 것도 너위들 덕분이라고 생각을 하고 잇키 때문애 너위들 위하여 정말 잘해주고 십다. 올해 혜영이 짝을 못찻은것은 너의 엄마, 아빠의 노력 부족하였따고 생각을 한다. 이점 늙이 용서하였주어라. 2000年도는 꼭 혜영이 짝을 찾자서 결혼식을 올리는 해을 엄마 아빠가 노력을 만이 하였서 예식장을 잡는 해을 이 아빠 꼭 만들겟다. 이 아빠한태 습한 생각은 하지 않아 쓰며 하는 마음뿐이다. 혜영아 올해도 아무련 탈 업시 잘 자라다오. 이 아빠 부탁한다."

지출에 윷노리 6,000원

〈2000년 2월 20일 일요일 날씨 맑음〉

오늘은 작과 전정을 할려고 톱과 전정가위을 가지고 밭으로 가다가 사랑방에 친구들이 놀고 잇킬래 들리따가 친구들과 그만 사랑방에서 종일 놀고 맑라다.

그리고 황덕삼 모친이 별세하였따고 해서 친구 모친이라서 저녁에 가서 밤 12시 돼는 것 보고 집우로 돌라 왔다. 덕삼이 친구는 지기 일만 챙기고 남예 친구일들은 열락이 안대두록 해서 묘하게 친구의 일에는 참여을 하지 않꼬 빠지는 친구라서 자신도 본동에 잇찌만 마음에 더는 친구는 아니라고 말을 하고 싶다.

"친구일수록 무선 일에 투명해야 한다고 생각을 한다. 그리고 친구일수록 자기 자신의 본 모습으로 행동을 한다면 친구 잔치 일에 한 번도 참석을 안 해도 인간은 미어하지 않으리라."

"덕삼이처름 후라이[허풍]나 뜰고 입으로 다하는 친구는 친구의 자리에서 유지가 힘들다고 바야 한다."

〈2000년 2월 21일 월요일 날씨 맑음〉

오늘 일은 덕삼이 친구 바서는 참석도 않해도 됀다고 보지만 한 마을에 살고 그리고 친구라서 어쩔 수 업시 오늘도 상가 집에서 친구들을 마지하고 상가 집에서 시간을 갈이 하였쓰며 덕삼이라는 친구는 자기 일 때만 슬거머니 나타났서 일들을 다 치루고 남의 일 때는 열락마저 다들 끈어서 늙 참석을 하지 않는 친구이다. 이놈의 버릇을 알고 만은 동기생과 친구들이 참석을 하지 않아쓰며 일부 참석한 친구들도 원망을 만이 하곤 하드라. 이 친구는 늙 대표라고 하고 사장, 늙 허풍만 떨지 말고 터놋고 업따면 학실이 업따고 하고 구원을 하는 것이 더 편하고 친구들 만나는 것이 더 편할끈돼 그러치 못하고 마음속으로 가슴 아리 하는 것이 예돌꾸나. 오늘도 일부 친구가 상문으로 온 것을 알고 잇는 뜻 한 대 친구을 피한다는 생각이 더는구나. 이것을 본 자신이 정말 알고서 피하는 것이 아니겟찌 하는 마음이 조금을 잇찌만 덕삼이란 친구는 버리야 하는 친구라고 생각이 쓰쳐 가는 느킴을 받아다.

〈2000년 2월 22일 화요일 날씨 맑음〉

덕삼이 친구 모친이 오늘 출상을 하는돼 손님이 만터라. 덕삼이 모친이 첩부로 들어가서 술장사로 살라 와찌만 덕삼이 모친이 좋은 사람이였다. 그리고 지금 세대는 첩이란 인생도 대집을 받고 잇는 세상이라고 말을 하고 십다. 외냐 하면 덕삼이 모친이 셋 번째 첩인돼 오늘 장지가 남편 엽페 장례을 하였쓰며 그려니 신조봉초가 3상구 나란이 묘가 쓰여졌쓰니 이것은 옛날 사람이라면 한층 밑태 쓰든지 그려치 않으며 승산에 가지을 못하는돼 지금 세대는 그른 일들을 다들 무시하고 한자리에 첩도 갈수가 잇따는 세대가 정명이 돼어따고 생각을 한다. 오늘 운상꾼들이 김철수 씨는 죽어쓰도 효광 한다는 말을 다들 우스개 소리을 하드라.

지출에 … 황덕삼 모친 부위금 30,000원

〈2000년 2월 23일 수요일 날씨 맑음〉

오늘은 앞밭에 작과 나무 전정을 하여쓰며 올해는 작과 나무가 너무 만이 죽어서 마음이 아푸구나. 내년에는 작과일 수입은 업쓸 것을 생각을 하니 일에 재미가 업는 일을 한것 같다.

"작과일을 보식을 한것을 빨리 키아야 하는 돼 생각을 할 때에 너무 길다는 생각을 하니 자신의 몸이 풀어저는 너킴이 더는구나."

"오늘은 혜영이가 서울 저의 언니 한태 간다고 오늘 10시 21분 새마을호로 서울로 갈다."

"오늘은 종일동안 작과 전정을 함."

〈2000년 2월 24일 목요일 날씨 맑음〉

앞밭태 작과 나무 전정을 오늘로서 다 하였쓰며 자신이 내일 오전까지 전정을 다한다고 계핵을 하였는 오늘 전정을 다 하였쓰니 이것은 올해 나무들이 만이 죽어서 계핵보다 작업이 단축이 돼어따고 본다.

자두나무 들이 다들 착색 약을 3회는 꼭 살포을 해서 작과나무들이 수명이 짤따고 생각을 한다. 작과 농사을 짓고 잇는 사람들은 앞 다투어 착색약을 마구 살포을 하고 잇쓰니 작과 나무들이 고사하고 잇는 것이 안타값다.

지출에 … 복조리값 2개 5,000원

〈2000년 2월 25일 금요일 날씨 맑음〉

오늘 부인원 친정 조카 결혼식을 내일 대전서 식을 올린다고 오늘 음식 준비 한다고 부인은 친정에 가고 자신은 골래 작과 나무 전정을 하는돼 이것은 나무들이 더 만이 죽어서 올해 자두 수학을 할 것도 업깨드라. 올해는 과일 돈원 생각지도 안예야 돼는 것이 아닌가 십다. 앞푸로 자두나무 보식을 한 것이 잘라야지 자두 수학을 해서 수입을 볼라면 3,4년이 흙으야 될것을 생각을 가마득하구나.

〈2000년 2월 26월 토요일 날씨 맑음〉

오늘은 처남이 2남 1녀인돼 오늘 마지막으로 아들 결혼식을 대전 예식장에서 식을 올리는돼 관광차로 예식에 참석을 하였으며 처남은 57세 나이로 자녀을 다들 식을 올리따는 것은 나이 비에 상당이 일적 끝을 냇따고 생각을 하였본다. 자신은 앞푸로 3년 안에 자식들을 다 식을 올리줄라고 개핵을 하고 잇는돼 나의 개핵대로 될련지 염려도 돼고 잇다.

지출에 … 부주 300,000원,
절돈 50,000원
계 350,000원

〈2000년 2월 27일 일요일 날씨 맑음〉

오늘 운종희 씨 회갑이라고 해서 부인 보고 도와줄 것이 잇는가 무러보려고 했는돼 회갑집에는 저위들의 식구만 잇고 남들은 아무도 업쓰며 부페로 한다고 아무것도 할 것도 업따고 이야기을 한다면서 부인이 돌라와서 우리는 전정을 하고 부인은 전정목을 주어서 모두는 일을 하고 잇는돼 회관에서 엠프가 윤종희씨 회갑이라고 동민 여르분에 음식 재공을 하여 준다면서 동민 여르분은 회관으로 나와 달라는 안내방송이 나오드라. 그래서 자신은 전정을 하는 것을 멋추고 자신은 회관에 갈뜨니 회관 마당에는 위동 부페 택배라고 차가 잇드라. 자신은 택배 차라고 잇따는 것을 이번에 알라 쓰며 부페 위동 택배을 운영을 하며 본댁은 할 것이 업고 요줌 다들 힘드는 일은 안알라고 하니 앞푸로 부페 외동 택배을 만이 이용을 하지 않을까 한편으로 생각을 한다. 자신이 직원한태 무르밭뜬이 한 그릇에 직원은 15,000원정도 해서 주문을 200그릇을 윤종희 씨가 우리 마을에서 처음 위동 부페을 처음 계시을 한 셈이다. 앞푸로 돈을 생각을 하지 않코 수라게 잔치을 치룬다고 하면 부페 위동 택배을 선택을 해야 하겟다.
오늘 직원 한태 무르밭뜬이 학실한 가격을 가르처주지 않코 약 15,000×200 그릇을 하였따고 하드라. 앞푸로 음식은 풍부하지는 못해도 깨끗하니 시도을 만이 할 것으로 내다본다.
"오늘 자신이 음식을 먹어보니 예식장 부페보다 만대로 먹는 것이 좀 불편하다는 너킴을 밭아다. 외냐 하면 음식을 만이 가저 오는 것도 불편하드라. 외냐 하면 본식구들이 다들 나와서 손님한태 인사 한다고 줄을 짓어잇는돼 내 욕심으로 접세기[접시]을 들고 가기가 그리 힘이 든다는 생각을 하였보앗다.
지출에 … 남방기름 석유 400리터
142,000원

<2000년 2월 28일 월요일 날씨 맑음>
요즘 멫칠 동안 추어서 일하기가 힘이 들 정도로 기온이 내려가서 자신이 일하기가 그리 힘이 들고 잇다. 이재 추위는 물어 갈 때가 돼어는돼 아직 추위가 기승을 부리고 잇쓰서 일하기가 그리 힘이 들고 잇다.
"오늘 오전으로 골래 작과 나무 전정을 다 하였다. 올해는 작과 나무 들이 넘어 만이 죽어서 자두로는 돈 한다는 기대는 하지 않으야 하겟다."
오후는 추원 날씨 때문애 일하로 좀 너깨야 같쓰며 전정한 것을 주어서 묵년 일을 하여쓰며 오후는 부인도 전정목을 줏는 일을 도와주어쓰며 오늘 같은 추위에는 부인을 일하는 돼 대리가고 십지 않으며 부인이 날씨 추위에 나오면 자신위 신경이 그리 쓰여지고 잇다. 부인은 코에 게엠이 잇쓰서 자신은 추원 날은 일을 대두록 일을 식키지 않코 잇다.
금년에 포도, 사과, 자두 이것을 다 전정을 하는돼 작년 보다는 상당이 빨리 전정을 끝을 냇따고 생각을 한다.
"오늘은 대신 1동에서 외성보에 파보을 하는돼 자신은 고기을 먹어면 몸이 건질어서 자신은 고기을 안먹키 위해서 오늘 파보을 하는돼 참석을 하지 않코 과수 나무 전정을 하는 것으로 오늘 일가을 보냇다."
그리고 오늘 혜영이가 서울 저의 언니 집에 같다 와서는 영우가 만이 크다고 하며 이재는 제법 잘 논다고 하고 이재는 마음대{로} 덥이는 일을 잘한다고 하드라. 우리 영우가 제법 자라따는 생각이 들며 또다시 영우 보로 같쓰며 하는 마음이 생기는구나. 이것이 내 아들 키우는 것보다 더 기여우니 내 머리에서 영우가 떠나지 않는구나.

<2000년 2월 29일 화요일 날씨 맑음>
오늘오전은 혈압약이 떨어저서 김천 보건소에 가서 혈압약을 타와쓰며 이번에는 혈압이 148에 95이드라. 자신은 혈압이 남들처름 내리가지을 안는것 같다. 그리고 자신이 돼지고기만 먹어며 몸이 건지려어서 의사에깨 건지련 곳을 보여주어떠니 두리번거리서 피부과을 가바야 하겟녀야고 물어니 한 번 가보라고 해서 그만 고바우 약국을 들리서 약만 3일분 약을 가지고 왔다.
"오후는 작과나무 전지목을 묵는 일을 하였쓰며 오후에 골래 전지목은 다들 묵고 말리사과 전지목 모두는 일을 하고 집우로 도라왔쓰며 오후는 부인도 도와주어다."

지출에 … 혈압약 5,190원, 피부약 5,000,
택시비값 3,000, 버스 1,520
계 14,720원

〈2000년 3월 1일 수요일 날씨 맑음〉

오늘은 종일 전지목을 주어서 다들 묵는 일을 끝을 냇다고 본다. 전지목 사과 자두 다 해도 죽은 것이 너무 만아서 을마 돼지는 않치만 올해는 전지목 만치는 돼는 다른 해 보다 빨리 하였따는 생각을 한다.

지출에 … 김천에 잇는 이길성 아들
결혼축이금 30,000원

〈2000년 3월 2일 목요일 날씨 맑음〉

오늘은 부인과 둘리서 전지목을 묵끄난 것을 경운기 다들 실어 숙모님 땔감 하구로 다들 실어다 주어다. 그리고 사과나무 작과 나무 밑을 거름을 하두록 깔키로 낙엽을 나무 밑으로 다들 끄려 모두는 일을 안전이 하였서 내일은 거름을 하두록 망우리을 하였두어다.

〈2000년 3월 3일 금요일 날씨 맑음〉

오전은 안골 못 경작들이 못뚝에 아까시아 제거 하는 일과 못뚝 전채 불로 태우는 일을 함. 오늘은 경작자들이 만이 참석하여드라. 오후는 작과나무 밑거름을 15포 사오는 일을 하여쓰며 포도밭에 할려고 황산가리와 2포와 붕사 12포을 사오면서 달희 친구가 딸 결혼식을 앞두고 돼지 잡는 돼 그들어주고 오후네 돼지 잡는 돼서 시간을 다 보냇다. 오늘 복합 15포, 붕사 12포, 황산가리 2포 해서.”

지출에 계 129,600

〈2000년 3월 4일 토요일 날씨 흐림〉

오늘 달희 딸 결혼식을 앞두고 회관으로 음식 재공 한다고 해서 친구로서 내일도 못하고 친구 여르 명이 모여서 술잔 나누어 가면서 오전 내 놀라다. 오후는 일부 사랑방에 놀고 잇는돼 자신은 작과 거름을 하여쓰며 달희 잔치만 아니여드라면 이틀 빨리 거름을 하여쓸 끈돼 달희 잔치 때문에 오늘 오후 시간을 내서 작과 거름 하였다. 올해는 작과 거름을 좀 더 할려고 비료을 더 사왔는돼 비료을 헌치 보니 작년과 그진 같이 들어 가드라.

“앞밭에 복합 21-17-17 비료 6포 붕사 1.5kg 2봉,
골래밭에 복합 〃 〃 비료 5포 붕사 1.5kg 2봉”

“그리고 올해는 여름에 비료을 좀 더 해볼 개핵이다.”

〈2000년 3월 5일 일요일 날씨 맑음〉

오늘 오전은 달희 딸 결혼식을 김천 예식장에서 올리는 돼 참여을 하여쓰며 오후는 사과나무에 사과 전용비료을 20포을 하고 붕사 2봉을 함. 그리고 사과나무 4포기에 비료 1포을 한 셈이다.

올해는 사과 전용비료을 작년보다 3포을 더 한 셈이다.

지출에 … 달희 딸 결혼식 축이금
50,000원

〈2000년 3월 6일 월요일 날씨 맑음〉

봄 날씨가 너무 건조하며 그기에다 바람까지 부르돼니 작과 나무 유목 심은 것은 가뭄 때문애 죽지 않을까 하고 극정이 돼고 잇다. 인간마음 갈터면 봄비가 푹 아서 도

랑물이 한 번 쭉 내려가두록 와주어 쓰며 하는 바람이 사실 마음애 곽 차잇따고 말을 하고 십다.
"오늘은 캄벨포도 나무에 밑거름 하여쓰며 올해 포도 전용비료가 작년보다 질소질이 아주 적은 비료가 나와드라. 내가 작년에 포도 전용비로 3포 남은것과 1포을 조합에 가서 살려고 하니 전용비료가 업쓰서 풍농 대리점에 가서 포도 전용 비료 1포을 사는돼 6,000원 주고 싸는돼 질소질이 아주 적개 드려드라. 그래서 질소질이 적개 들은 것을 밑투로 3골 헌치다. 위로 질소질이 만은 비료을 위로 하고 올해 캄벨포도 나무에 한 종[총] 비료량은 4포, 붕사 2.5봉을 한 셈이다. 그리고 비료한포로 3골식 해서 4 포로 다한 셈이다."
'금년도 비료 들어간 것이 포도 타내고 감사비료 1.5포 ┐ 5.5포
봄 거름 정식으로 4포 ┘
오후는 포도밭에 김매기을 하였쓰며 부인은 포도 컵찔 까고 우리 부부는 연중 일이 반복이 돼는 일을 하고 잇찌만 몸은 이때가 고충을 제일 만이 주고 잇는 것 같다. 요줌 잠자리에서 허리통증 잇따는 소리을 하고 잇쓰며 자신도 몸부림을 쳐고 잇쓰니 이재는 작업량을 주리야 하는돼 하면서도 일은 주리지 못하고 잇는 실정이 안타갑다.
지출에 … 포도전용비료 1포 6,000원

〈2000년 3월 7일 화요일 날씨 맑음〉
오전은 날씨가 너무 차거어서 부인과 휴식을 하고 오늘은 일을 해도 을마든지 할 수가 잇는돼 그만 휴식을 한 셈이다. 오후는 포도밭 김매기을 하여쓰며.
"오늘 정심을 먹을라고 하니 숙모님이 전화을 해서 들어보니 도독이 대나재 나락을 다가지고 갔다고 해서 부인과 둘리서 정심도 먹지 않코 숙모님 집에 창고을 밭뜬이 5섯 가마 정도 남아 잇드라. 그른돼 도독이 가지고 간 것이 10가마 정도 가지고 같깨 드라. 그른돼 나락을 그래도 양식 하두록 남겨두고 가지고 같쓰니 도독도 양심이 잇꾸나 하는 생각이 들드라. 그러자 지서 순경이 2명이 와서 조사을 한다고 했찌만 아무련 소용이 업따고 생각을 하였쓰며 이재 도독이 대낮에 차을 이용해서 농촌을 다니면서 나락 가마을 다들 실고 가니 세상 살리가 정말 어러운 세상이라고 말을 하고 십다."
"도둑들이 대담해저기 전에 나라경제 발전이 돼어서 실업자가 업쓰야 하는돼 우선 실업자 구재가 안대기 때문에 도독도 대담해저는 것이 가슴 아푼 일이다."

〈2000년 3월 8일 수요일 날씨 맑음〉
요줌 봄 가뭄에도 바람까지 가세해서 사람을 개로피고 과수에도 막대한 피해을 주고 사는 것 같다. 올해는 봄부터 시작이 좀 다리다는 느킴을 주고 잇다. 지금 나라의 경제가 풀리지 않아서 도독들은 인근 마을에도 만이 쓸그린다[돌아다닌다]고 말들을 만이들 하고 잇찌 인간이 모이는 돼는 절이 살기 힘들다고 하지 이재는 도득들 때문에 못살 것이라고 말들을 만이 하는 사람도 만은돼 우리 농촌에서는 날씨딴나 잘해서 풍년 농사가 잘 돼어야 하는돼 농촌마자 타격이 온다면 국민들이 살기가 정말 어르운돼 이것을 생각을 할수록 극정이 크다. 앞푸로 나라뿐 아니라 우리 농촌이 순조렵개 풀리서 풍년 농사가 돼어주어쓰며 하는

심정이다.
"오늘도 캄벨포도 김매기을 어느 날보다 열심 해서 오늘 종일 생각보다 만이 하였다." 그리고 동장이 매상 가마니 배정을 하자면서 동회관으로 좀 나달라고 해서 갇튼이 삼명이 나와 잇드라. 올해는 매상이 작년보다 400개가 줄어서 할당이 돼어 따고 이야기을 하면서 우리 마을 배정량이 2770개라고 하드라. 동네 전체 풀어보니 마지기당 3.3이 돌라 가드라. 우리 농민들을 바서는 매상 량이 매년 불어 가도 시원 찬은돼 매년 줄어간다는 것은 우리 농민이 점점 살라가기 힘든다고 바야 한다. 앞푸로 농민들의 기대는 하지 않으야 하는 것이 아닌가 활때 정책이 무엇신가 잘못 대어가고 잇따는 정조라도 바야 한다.
(조합 영농자금 신청 2,000,000만 함)

〈2000년 3월 9일 목요일 날씨 맑음〉
오늘도 포도밭 김매기을 하였쓰며 요줌은 오전 일적은 땅이 얽어서 김매기 하기가 힘이 더는구나. 오늘도 자신은 종일 김매기을 하고 부인은 포도 껍질을 벗키는 일을 하고 우리 부부는 잠쉬 실사이가 업다고 말을 하고 십다.
"오늘 김천 원예 조합에서 대위원 선출을 해야 하며 출자금을 평균 100,000만 원은 해야 한다면서 우리 마을에 원예 위원이 15명인돼 이사람 들이 다들 조합원으로 가입만 하고 그대로 두어서 우리 마을 조합원은 다들 80,000원 이상 출자을 해야 된다. 자신은 원예 조합애 거래도 하지 않아서 이번은 꼭 출자을 하라고 한다면 자신은 조합원에 빠지야 하겟꾸나."

〈2000년 3월 10일 금요일 날씨 맑음〉
오전은 포도밭 김매기을 하고 부인은 친구 시어니가 별세을 해서 상가집에 일을 거들어 주로 같쓰며 자신은 오후에만 상가 집에 그들어주로 같쓰며 제명이 활머니가 85세로 세상을 터나쓰며 어른 노인들은 다들 편하게 살다가 돌랏같시따고 생각을 한다. 이른 노인들은 남편을 일적 보냇찌만 자기 평생을 수라게 살라따고 생각을 하며 이른 노인들은 이동 아들도 우리 또래인돼 40세 이전에 세상을 보내고 살라온 사람이라 마음 고생은 만이 하였따고 생각을 한다. 그른돼 육체적인 고통은 업시 살라 왔따고는 본다.

〈2000년 3월 11일 토요일 날씨 맑음〉
오늘 철희 모친 출상하는돼 자신과 멧 명은 광정 구덩이 파는돼 일거들어 주로 같쓰며 요줌은 묘터에 일하는 것은 다들 폭크렌이 일을 다해서 사람이 할 일이 업다. 이재는 산소에 일은 사람이 할 일은 업고 출상하는돼 행상만 사람이 운반만 하면 그진 다한다고 바야 한다. 오늘 철희 모친 자리는 흙이 아주 좋드라. 우리가 늙 광정 구등이 파는돼 가보지만 흙 자리가 썩 좋은 자리가 업는돼 오늘 묘터 흙은 씩삐린돼 아주 흙이 연하고 좋드라. 오늘 모친은 철희가 우리 동갑네기인돼 이 모친은 이동[다른] 자식을 21년 전에 보내고 이재 부모가 그 뒤을 따라 가는 아품도 크다고 생각을 하였본다.
"오늘 산소일은 오후 1시경에 모든 작업을 맏치는돼 오후는 자신에 일들을 해도 돼는돼 그만 몸이 피곤한 것 같다서 휴식을 하고 마랐다."
지출에 … 부주 30,000원

〈2000년 3월 12일 일요일 날씨 맑음〉

오늘은 바시내이 포도밭에 경운기 노타리을 하는돼 시간이 아주 만이 걸리며 한판에 6섯 번, 8들 번 평균 돌아가니 시간이 음치 걸리며 오늘 노타리만 하는돼 종일 하였쓰며 이것도 해가 서산에 안전이 넘어 가두록 하였쓰며 오늘은 휴식을 하지 않코 노타리만 하엿다.

"오늘 노타리을 하는돼 비좁아서 고충을 당해따고 생각을 한다."

〈2000년 3월 13일 월요일 날씨 맑음〉

오늘은 작과밭 두 곳을 경운기 노타리을 하여야 해서 일적 스들러서 골래 작과밭부터 노타리을 하는돼 골래밭도 오전내 노타리을 하였쓰며 오후는 앞밭태 노타리을 하는돼 비알밭[자갈밭]이라서 노타리을 하는돼 고충이 만아다. 특희 노타리을 이틀래 10마지기 노타리을 하는돼 육체적인 고충이 따리는구나. 자신의 몸을 바서는 하로 건너서 노타리을 하여쓰며 육체적인 고충이 들할건돼 이재 와서 건강을 생각을 않해따는 생각이 더는구나.

"자신도 아들 안이드라도 아빠는 청춘이 아니라고 하고 잇는돼 이 아빠도 이재는 청춘이 아니라는 것이 실감이 나는구나."

〈2000년 3월 14일 화요일 날씨 맑음〉

오늘은 마늘밭에 비누류을 벗키는돼 마늘이 본 마늘씨는 땅밖에 조금 나잇고 마늘씨을 사다 한 것은 마늘 대공이 꿀깨 아주 키가 크며 비누류을 일적 벗키주야 하는돼 너무 너저서 마늘 자라는 돼 피해가 돼어찌 하는 마음이 드는구나. 오늘 마늘 자라는 것을 보고 씨는 매년 바꾸어 가면서 농사를 짓어야 하는구나 하는 생각이 드는구나. 그리고 마늘 밭에 비누류을 벗키 보니 지섬이 넘어 만아서 김매기을 곳바라 하였쓰며 이재는 지섬이 안나는 약을 마늘 밭에도 필리쳐야 하게 꾸나 하는 생각을 가저본다.

(조합에 농약 외상 구입함 첫거래함.)

오후는 트랙터 노타리을 작년 가을에 아포조합에 수리하라고 같다 주고 오늘 노타리 수리한 것을 찾저로 갈서 오늘 가지고 왔쓰며 수리기사가 부품 구하는 돼 생외을 먹으따고 이야기을 하드라. 나 자신도 수리하는 돼 힘이 들어 따고 생각을 한다.

"오늘 조합에 간짐에 사과약, 작과약, 포도비누류, 참깨 비누류 해서 여르 가지을 구입하였뜨니 농업직원이 트랙터에 다못실고 간다면서 차로 같다 줄라고 해서 고맏드라. 이것이 조합에 동생이 잇쓰서 내가 대우을 받는구나 하는 생각이 더는구나. 오늘 자신이 다들 가지고 오면 올수도 잇따고 하지만 그고 충은 따라쓸 것으로 본다."

오늘 직원이 일부로 물건을 실어 주어서 다음에는 대까을 해야 하겟따는 생각이 더는구나.

지출에 … 트랙터 노타리 수리값
70,000원, 참깨 비누류 1만키,
포도비가림 3개 76,000원,
계 146,000원

조합 내 농약값, 첫 외상값 54,960

〈2000년 3월 15일 수요일 날씨 흐림〉

오전은 우리 지방 김천서 정국 체전을 한다고 환경미화 운동을 할뿐 아니라 우리 마을도 온 동민이 나와서 도로변과 마을 주변 구석구석 대청소을 하였쓰며 오늘 부역은 상당이 만이 참석을 하였드라.

오후는 부인이 캄벨포도 껍찔 벗키는 하는 돼 자신도 껍질 벗키는 {일}을 도와 주는 {것으}로 오늘 망우리을 한 셈이다. 어떤 사람들은 포도 껍질을 안전이 벗키는 사람도 잇는돼 우리는 시간도 업쓸 뿐 아니라 일을 안고 하게 일을 할 수가 업꾸나. 사람이 일도 깨스렵게 하는 일도 시간여유가 만은 사람이 하지 우리같이 일들이 가는 곳마다 일손을 바라고 잇쓰서 대충 대충 해서 그날그 날을 넘어 가는 실정이다.

지출에 … 네아소진 약[160] 500cc 3,500원

〈2000년 3월 16일 목요일 날씨 비〉

오늘은 포도나무 죽원 것을 파악을 하여보니 65포기가 돼는돼 못골 모목상에 가서 선발포도 나무 80포기×400원 주고 사와 쓰며 그리고 사과나무 야닷과 여름사과 포기에 5,000×5포기 25,000원 주고 오토바이로 사와다. 그른돼 오늘 모목집에 인간 산태 나개드라. 이것을 보니 우리 농민들 다들 죽개따는 생각이 들드라. 우리 농민들이 활 것이 업쓰서 과수로 처밀리는것을 보니 강 건너 불 보드시 번하게 보인다고 말을 하고 십꾸나. 지금도 과수들이 가잉으로 심어 잇는돼 그리고 외국에서 과일을 수입을 하고 잇쓰서 사과 같뜬 것은 시장성이 업쓰서 우리 농민이 고전을 하고 잇는돼 과수 심을 사람들이 모목 집으로 인간 산태 날정도 이니 우리 농민들 살라 남키가 그리 힘들게꾸나.

"자신은 오늘 포도나무 80포기, 사과 5포기을 다들 심고 오후는 부인과 둘리서 포도 껍질 벗키는 일을 함. 오늘은 비온 돼라 날씨가 차거어서 일하는 돼 힘이 만이 들어다."

그리고 오늘 비는 약 20cm정도 됀다고 하는돼 이비는 금싸레기 비라고 생각을 해도 무리 돼는 말은 아니라고 생각을 한다. 그리고 오늘 비는 모목심는돼 과수에 거름 하였는돼 여곳에 정말 단비가 돼어쓰며 우리 농민을 크게 도와 준 단비가 돼어따고 생각을 한다.

지출에 … 모목값 포도, 사과 = 57,000원,
목초액 1알래 25,000원,
계 82,000원

〈2000년 3월 17일 금요일 날씨 맑음〉

오늘 오전까지 캄벨 포도 껍질 벗키는 일을 하였는돼 말끔이 벗키지 않코 아주 지저분 것만 벗키는 일을 오전으로 끝을 내고 마랐다.

오후는 트랙터 노타리을 해서 부인이 감자을 놓고 자신은 부탁을 일부 한사람 일손이 업는 사람 여자만이 살고 잇는 사람은 다들 감자을 노올 수 잇두록 트랙터 노타리을 9곳을 했주어 쓰며 자신은 다들 노타리을 하는 것은 무리이며 자신은 여르 필지인돼 개인으로 바서는 적은 채소밭인돼 트랙터는 셋 번만 가만 대는 것을 안해준다고 욕을 할련지는 몰라도 자신은 오후내 남의 일만 하고 집에 왔따는 것은 별로 조원 일은 아니라고 생각을 한다. 아직 까지 남은 필지가 만은돼 이 사람들은 좀 서운하게 생각을 할련지는 몰라도 나 자신도 아무련 보답 업시 너무 한다는 것은 무리라는 것을 이해해 주면 좋깨다.

---

160) 네아소진은 벼문고병약(벼 잎집무늬마름병)에 사용되는 약이다.

자신이 노타리을 않 해준다고 서운하게 생각을 할련지는 몰라도 역시 반대 입장에 생각을 해본다면 마창가지라고 생각을 가지 본다.
자신은 감자 밭 전체을 다 노타리 해주면 원망은 업깨지만 이것을 다 못 해주는 자신도 미안하게 생각을 하고 잇다.

〈2000년 3월 18일 토요일 날씨 맑음〉
오늘은 당산에 캄벨 포도나무에 칯약 살포을 하여는돼 물량은 10말 약량은 스미치온[161] 500cc짜리 1병 내아소진 약은 2병 1000cc희석을 하면 만을 것 같다서 내아소진 약은 200cc 빼내고 약 살포을 하였다. 오늘 약량은 10말이라서 약간 적은 량이며 앞푸로는 12말 해야 제대로 약 살포을 하겟드라.
오후는 말리 사과나무에 석회 19포을 살포을 하여 두어다. 사과나무는 작년에 규산질 비료을 해서 안 들어가도 될 것 같다서 올해는 석회 정량만 살포을 하였따고 본다.
"오줌 부인은 몸이 말을 안 덧는다고 말을 자주 하고 잇다. 이재는 부인도 마음은 아직 그대로 잇따고 하지만 육체는 늙어따고 바야 하며 자신이 생각을 해도 너무 작업량이 만타는 것을 너무 잘 알고 잇다. 부인이 조금 수라게 생활을 하두록 할라면 내가 가감하게 행동을 해야 하는돼 이 아빠가 몸은 마음대로 대지 않으면서 아직 욕심을 버리지 못하고 잇꾸나. 이 아빠는 자식들 다 뜰고 났서 우리 부부만 절기는 시간을 가질라고 생각을 하고 잇쓰며 앞푸로 3년만 참아주면 이 남편이 가감하게 행동을 취해서 우리 부부만은 절길 수 잇는 시간을 만들갯쓰며 부인 지금 가감하게 결단을 내리도 돼는돼 그래도 조금 더 참아 돌라 소리가 입에서 나오지는 않치만 나의 욕심을 너무 차리고 잇는것 같다서 부인 보기위에 늙 미안하게 생각을 하고 살라가고 잇쇼. 부인은 나보다 너무 훌릉한 사람이며 부인은 모든 것이 공자 같고 한 가지도 버릴것이 업는 사람이며 때로는 순덕이가 어디에 복이 잇쓰서 요보을 맡지 했는지 정말 행운이다라는 생각을 자주 할 뿐 아니라 정말 고맛고 정말 예쁜 사람이다. 나는 여보을 맛나지 않코 다른 사람을 만나쓰며 벌서 여르 번 이혼을 햇쓸 끄요. 네가 요보을 만나서 마음 편하게 이세상을 살라가는 것을 새상 사람들래깨 알리고 십픈 심정이요. 여보 하늘보다 더 고맛소. 요보 사랑해. 남편이.

〈2000년 3월 19일 일요일 날씨 흐림〉
오늘은 바시내이 포도밭에 김매기 하는 일이 급이 나서 비루뉴 멀칭 하게 좋두록 부인과 둘리서 바닥 골류는 일을 다 하고 오후는 운이 차로 부인은 부인대로 시장가고 자신은 멀칭 비누류 4박키 1000매다짜 그리고 포도가지 봉지 3뭉티, 포도뭉치 묵는 노끈 1개 해서 운이 차로 다들 가지고 왔다.
"내차가 아니고 운이 차로 이용을 해도 편하다는 것을 너키는돼 만약에 운이차 내차라면 월마나 좋을까 하는 생각을 다 했받다."
지출에 … 멀칭비누류 4 × 13,000원 = 52,000원, 포도가지 비누류 3

161) 스미치온은 유기인계 살충제로 주로 과수류 해충의 구제에 쓰이며, 벼의 이화명충, 멸구, 채소나 과수의 애벌래나 진딧물에도 쓰인다.

× 9,000원 = 27,000원,
바인다끈 1 × 2500원,
계 80,000원 줌

〈2000년 3월 20일 월요일 날씨 맑음〉

오늘은 바시네이 포도밭 김매기을 하다가 지섬이 넘어 만아서 음두가 나지 않아서 우리 김매기 하다가 사람 죽깨따고 하여쓰며 그 안이 우리 멀칭을 하면 수라지 않깨나 하는 생각에 오늘부터 비누류 멀칭을 하여 보니 이것도 수란 일들이 아니며 오늘 일을 하였보니 참깨 씨는 것 보도 더 힘이 들며 부인은 무선일 이든 일이라도 힘 든다고 이야기을 한 적이 업는돼 오늘 종일 멀칭 씨는 일을 하고는 몸이 아파서 죽깨 따면서 몸부림을 쳐고 잇는 것을 보니 너무 미안하며 자신이 아들 뜰고 나서 좀 편하게 살라 갈 욕심으로 부인한태 앞푸로 3년만 참아 달라는 이야기을 하여는돼 부인이 일레 지치는 것을 보니 욕심을 줄라야 하는 것이 아닌가 하고 극정도 돼고 잇다.

〈2000년 3월 21일 화요일 날씨 흐림〉

오늘은 멀칭 비누류 씨우는 일이 오늘 빡빡할 것 같다서 오늘은 어재보다 더 일 스들어서 멀칭 작업을 하였쓰며 어재 고충으로 오늘 일이 지원이 돼고 잇쓰며 멀칭 일들이 참깨 씨 는넌 것 보다 더 힘이 들며 부인은 죽깨따는 소리가 여사로 나오며 부인은 일레 지치는 사람이 아닌돼 이재 내부인도 만이 널어따는 생각이 더는구나. 자신도 마음 뿐이지 육체는 말을 덧찌 않코 잇다.
바시네이 멀칭 비누류가 들어간 것이 3짜리 2개, 2자 반짜리 1개 해서 3막기가 들어같다. (1개에 1,000매다짜리).
앞푸로 포도 밭에 멀칭을 해서 복판 골래 참깨을 갈려고 할 때는 필이 70cm짜리로 멀칭을 해야 참깨 골자리가 충분이 나오며 자신은 처음에 멀칭 비누류을 90cm짜리을 사와서 참깨 이랑이 쫍아서 나중에 문재가 생길 것으로 내다보고 잇다. 자신도 오늘은 70cm 짜리을 2개을 사와서 멀칭을 하였다.
"이번에 바시네이 밭에 멀칭을 꼭 이틀 하는돼 시간을 다 못네고 말랐다."
지출에 멀칭비누류 70cm짜리 2두막키[두묶음] 22,000원

〈2000년 3월 22일 수요일 날씨 흐림〉

우리 부부가 일레 크개 고충을 받지 않아는돼 어재 저녁에는 잠자리에서 몸이 아파서 도라누찌 못해서 아우성을 쳐쓰며 서로가 죽깨따고 야단을 천샘이 돼며 잠자리에 이려다가 병신이 돼는것이 아닌가 하고 부란한 마음이 들드라.
그리고 오늘 포도 가지 비누류 씨우는 작업을 하였쓰며 둘리서 봉지 씨우는 일을 오전내 1골 반 밖애 못하게쓰며 종일 하는돼 둘리서 3골 겨우 하게드라. 우리 부부가 멀칭 비누류 씨우는 작업에 일리가 들어서 이재는 봉지 씨우는 일도 육체적인 고충이 따르고 잇꾸나.
자신이 지금 작업량을 반으로 줄라야 하는돼 그래야지 우리 부부가 육체적인 고충이 업쓸끈돼 자신이 이것을 실천을 못하고 욕심을 부리고 잇는 것이 헛 욕심이 아닌가 십다.

〈2000년 3월 23일 목요일 날씨 비〉

오늘은 바람과 가랑비가 내리는 바람에 포도 가지 봉지 씨우는 일만 낭패을 당해쓰

며 비바람 아니여드라면 형수가 봉지 씨어 주로 와서 봉지 작업을 만이 하여쓸끈돼 오늘 일은 종일 2골 반만 씨우는 일을 하고 마랐다. 그리고 요즘 일기불순 날이 그리 만으며 일하는 돼 불편을 넘어 만이들 주고 잇다.

지출에 벼씨값 보급종 대산벼 1포 일품 1포, 화삼벼 3포 해서 계 45포에 계 111,120원

〈2000년 3월 24일 금요일 날씨 맑음〉

오늘바람은 포도봉지 씨우는 작업을 하는 돼 한 번식 모라쳐는돼 사람이 날라갈 것 같트며 이른 바람은 처음이 아닌가 십꾸나. 3月에 바람 쳐고 아주 강한 바람이라고 말을 하고 십다.

오늘 포도 봉지 씨우는 일을 형수가 우리 부부가 가지 비누류 씨우는 작업을 하는돼 날씨 춥고 바람 불고 해서 일하는 돼 힘이 들고 평소 때보다 일은 더 못하였다고 생각을 하며 오후는 우리 부부만 가지 비누류 씨우는 작업을 하였다.

오늘이 포도가지 비누류 씨우는 작업을 해서 그의 9골 한셈이다. 처음 포도가지 비누류 씨우는 일을 포도반쪽만 씨울라고 계핵을 하였는 계핵보다 2골을 더한 셈이다.

앞푸로 비누류 씨울 것이 3골이 남아 잇는돼 이것을 다들 씨우는 것이 좋을찌 그대로 두어서 포도 송이을 크게 만들어서 출하을 해야 좋을찌 감을 잡지 못해서 망스리 지고 잇다. 작년에는 포도 비누류 씨우지 않코 조금 너깨 출하을 해서 자신은 수입을 남들보다 만이 하였쓰며 올해는 봉지을 싸우야 좋을찌 그려치 않코 비누류을 씨우지 않으며 1주일 후해 수학을 하는돼 이것이 마저 떨어절란지 아무도 알 수가 업다. 그래서 자신은 비누류을 늙 반정도 여분을 두고 봉지 작업을 하는 편이다.

〈2000년 3월 25일 토요일 날씨 맑음〉

올해는 포도가지 비누류 씨우는 일을 오늘 오전으로 맡치는돼 올해는 10골을 씨앗다. 자신은 남은 2골도 마저 씨우자고 이야기을 하니까 작년 모양 비누류 안 씨운 것이 포도송이가 났따면서 부인은 2골인따나 그대 두자고 이야기을 해서 오전으로서 봉찌 씨우는 작업을 끝을 내고 자신은 포도 둥치기을 끈으로 매는 일을 하고 부인은 장모님 쵯 지사라서 친정 갈쓰며 장인은 교인이라서 추도식이고 아무것도 않아드니 장모님은 추도식인가 한다고 부인을 좀 일적와서 음식 하라고 대리로 오고 법석을 부리고 잇드라.

그리고 오늘 저녁 7시는 동기계 계추을 김천 옥현씨 집에서 계을 하여쓰며 오늘은 불참이 3명이 돼드라. 자신이 공문을 좀 너깨 띠아서 밭아 보지 못해서 그른지 좀 미안한 생각이 들드라.

지출에 회비 30,000원

〈2000년 3월 26일 일요일 날씨 맑음〉

오늘오전은 논갈리 준비을 한다고 논에 벼집을 태우는 일을 하였쓰며 오늘 대신 인호 친구가 장남 결혼식을 김천 탑웨딩에서 정오 12시에 식을 올리서 예식에 참여을 할려고 오전 11시에 벼집 태우는 일을 중단하고 집우로 와서 김천 예식에 참여을 하였다. 자신은 인호가 아포단위 조합에 전무라서 손님이 상당이 만을 줄 알라는돼 그려치 않트라. 그 위유을 무려보니 전무가 잔치에

참여을 잘하지 않는다고 하면서 본동에도 예식한다고 방송을 하지 않아따고 이야기을 하드라. 이것은 자신이 생각을 할 때는 앞푸로 다들 이른 식으로 예식을 올리야 한다고 생각을 한다.

오후에는 예식에 참여을 하였따가 정심 식사을 하고 곳바로 내리 와서 상토 흙을 부인과 들리서 쳐는 일을 하고 오후 내 흙을 쳐는돼 경운기로 3바리 반 정도을 준비을 하였 두어다.

그리고 어재 저녁에 운이가 전화로 좀 너깨 따는 열락을 하고 집에 오지을 않아서 기다리다가 밤 12시가 넘어가서 휴대폰으로 내가 전화을 해서 빨리 오라고 이야기을 했는돼도 전화도 업고 나중에는 전화도 끈고 밤 세두록 들려오지 않아쓰며 이 아빠는 밤 3시까지 잠도 자지 못하고 기다리고 잇쓴는돼 낮 3시경에 들어오는돼 기가 차며 차을 몰고 다니면서 시간을 지키지 않는 것은 부모을 골탕 먹이는 일이라고 생각을 한다. 그래서 너는 인간이 될란가 하고 지키밧는돼 너는 인간도 돼지 않캐쓰며 어재뿐 아니라 토일만 대며 아빠 속을 썩이고 잇쓰니 내일부터는 차을 가만이 두고 니가 버스을 타고 가든지 회사을 때리 치우든지 아빠는 너의 도음도 않바들 끄시며 니가 돈을 만이 벌어도 달라 소리도 하지 않을 끄시니 나도 너한태 십 원도 줄돈이 업쓰며 앞푸로 버스을 타고 다니면 집에 완아도 않온다고 이야기도 하지 않을 끄시며 이재는 니 마음대로 하라고 했쓰다.

지출에 택시비 1,700원, 버스비 600원,
버스비 600원, 결혼축이금
30,000원
계 39,000[162)]원

〈2000년 3월 27일 월요일 날씨 맑음〉

오늘 운이 출근을 할 때에 저의 엄마한태 주위 좀 주고 차을 타고 가라고 키을 주라고 했는돼 저의 엄마도 말도 덧찌 않코 밥도 먹지 않코 그대로 출근을 했따고 하드라. 이것이 자기의 잘못을 모르고 아빠 말만 서운하다 이 말이지. 요 놈 해보자. 너는 아직 고생을 더해야 한다. 만약에 오래 버투면 차을 창고에 주차을 해서 계속 고생을 식키볼 것이다.

오늘 오전은 사과 약 살포을 함. 약량은 25말용 살포을 하니 충분 하드라. 기계류 25말용과 톱신[163)]을 25말 희석해서 살포을 하는돼 충분 하드라.

그리고 벼논에 갈리 작업을 하두록 준비을 하였두어다.

그리고 오늘날까지 포도 가지 비누류 씨우는 작업을 오늘 까지 끝을 냇다. 그리고 올해는 포도 봉지을 안전이 다 씨우는 작업을 올해 처음 하였다.

지출에 … 스프샤이드 유제 500cc 1병
12,340원

〈2000년 3월 28일 화요일 날씨 비〉

오늘은 밤을 자고 나니 비가 오고 잇드라. 운이가 너따고 밥도 안 먹고 출근을 할려고 하는 것을 저의 엄마가 아빠 한태 잘못했따고 사가 하고 차을 타고 가라고 이야기을

---

162) 실제 계산은 32,900원이나 39,000원으로 잘못 기록하였다.

163) 톱신페스트로 추정된다. 톱신페스트는 병균의 감염을 막고 물기에 젖어 부패되는 것을 방지하는, 살균 작용의 효과가 있다.

한 모양인 것 같드라. 운이가 내 방에 와서 다음부터는 약속을 잘하게따는 약속을 해서 나도 그대로 두고 볼 수도 업고 해서 키을 주고 마랐다.
오늘 오전에 비가 내리고 해서 오전 일적부터 비가 내리서 마음먹고 휴식을 할려고 마음 놓고 휴식을 하고 잇는돼 오전 10시 경에야 맑은 날씨을 보이서 휴식하기가 마음에 부담을 주는 오전이라고 말을 하고 십다.
"오후는 오전에 휴식을 한제라서 오후는 정심을 먹고 일적 트랙터을 몰고 들래 갈라고 하니 하늘래서는 비가 쇼다질 뜻 한돼 그래도 트랙터을 몰고 들판에 같쓰며 자신이 논 갈리을 할려고 하니 가을에 콤바이 탈곡을 하면서 논들이 빠지는 논자리는 다들 구등이가 양머리에 콤바이 자국때문에 논 갈리가 힘들것 같다. 트랙터 노타리을 논머리에만 노타리을 돌라 다니면서 노타리을 비을 마저가면서 노타리을 계핵대로 다들 쳐고 왔다."

〈2000년 3월 29일 수요일 날씨 흐림〉

오늘은 사과밭에 벼집 까는 일을 하여쓰며 자신이 벼집 준비을 5마지기을 사과나무 밑에 깔려고 준비을 하여 두어든 것을 오늘 손 미아까로 벼집을 실어서 나무 밑에 같다 놓고 벼집을 까는 순서로 하였는돼 오늘 종일 열심히 하였는돼 다 못하고 내일 조금 더해야 하는 량이 남아 잇다.

〈2000년 3월 30일 목요일 날씨 맑음〉

오늘은 작과밭 약 살포을 하였는돼 약량은 25말로 약 살포을 하는 것 이것이라. 혹 약량이 적을까바 좀 빨리 다니떠니 앞밭에는 8말 정도 밖에 들어가지 않아쓰며 골래밭은 약 10말 들어같다고 보며 약을 다쳐고 나도 약이 넘어 만이 남아서 앞밭에 약 살포을 재벌 하여쓰며 오늘 약 살포을 잘못해서 앞밭태는 한 번 드[더] 약 살포을 하였다. 오늘 약량의 대정을 못해서 헛수고을 만이 한 셈이다.
"오후는 당산 참깨 비누류을 오늘 벗키는 일을 하였쓰며 참깨 비누류 벗키는 일이 생각보다 일이 십드라. 자신은 내일 까지 할려고 생각을 하였는돼 일이 십계 잘돼어서 일이 수라드라."
지출에 … 모진전용재료 2포와 다찌엣스 8봉 계 31,587원
"오늘 아침에 들레 갈려고 준비을 하고 잇는돼 아주 나이가 만이 들은 사람이 빨래 비누을 가지고 와서 갈라 달라고 하길래 비누는 밭지 않코 돈 천원을 주니까 내손을 꼭지면서 선생님 고맡따고 끄려진 인사을 하드라. 자신은 나이가 만이들은 사람이 선생님 이라면서 극찬을 하고 잇쓰니 숙쓰러운 감이 들드라. 자신위 미안감이 들면서도 자신의 마음은 한결 가벼운 너킴을 밭앗다."
지출에 … 거지 동양값 1,000원,
우유값 14,880원,
계 15,880원

〈2000년 3월 31일 금요일 날씨 맑음〉

오늘은 시보건소에 혈압약 타로 같뜬이 본동에 친구와 동생 친구들이 간 기능 검사을 하로 와따고 4명이 왔드라. 자신은 일적 올라고 하니 같이 가자고 해서 친구와 동생 친구들과 시장 구경을 하고 삼성 대리점에 비료 살포기 구경을 하고 동생 친구가 드라

{이}브을 식키준다면서 무주로 지례 돼지 고기 꾸이을 해서 잘 먹으가면서 1톤차 2대로 5명이 종일 돌라 다니쓰며 차가 업는 자신으로서 미안활 정도로 차을 만이 타고 다니쓰며 그제로 고기값을 자신이 활려고 했는 다른 친구가 기끄이 돈을 내서 나는 따라 다니면서 삼천 구경만 실큰 했따고 생각을 하며 다음에 이런 기회가 잇따면 자신이 경비을 부담을 하겟다.

"오늘 우리 운이가 첫 봉급을 어제 저녁에 750,000원 밭다 와서 250,000원 경비 용돈으로 쓰고 500,000원 적금을 하라고 할 때에 놀라다. 외냐 하면 한달 경비가 350,000원 돼는돼 250,000으로 살라가다고 활 때에 나는 250,000원 안 됀다고 알지만 그래도 마음이라도 돈을 적개 쓰개따는 의지가 보이며 나중에 500,000원 다들 가지고 쓰는 한이 잇쓰도 마음가짐을 가지고 잇따는 마음이 들며 앞푸로 마음가짐이 허트려 지는 일이 업쓰며 이 아빠 더 바랄 길이 업깨꾸나."

오늘 성운이 적금 500,000원 통장 계설을 하였다. 그리고 혜영이도 적금 500,000원 통장 계설을 함.

지출에 버스비값 600원, 택시 1,700원,
혈압약 5,190원 혈압 당뇨 피가
맑아지는 약 계 7,490원, 정재로
돼어잇는 육계월용 15,000원,
총계 22,490원

〈2000년 4월 1일 토요일 날씨 맑음〉

기상대서 2일, 3일 양일간 비가 조금 온다고 해서 오늘 오전에 트랙터로 논 두 단지 갈리을 하고 구미 친구 임홍우가 뷔페 계업을 한다고 동기생들키리 약속을 하였서 나는 스들어서 논을 오전에 두 단지는 충분이 갈고 간다는 뜻에서 한 단지는 잘 갈고 두 단지 체 다 갈라가는돼 유압이 말을 덧지 않아서 개핵대로 갈지 못하고 그만 쟁기는 그냥 띠어 놋고 트랙터만 집에 모라다 놋고 친구 뷔페 개업하는 돼 갈라고 약속을 한사람이 딴 볼일로 참석을 못하고 자신도 친구들 알리서 가자고 이야기을 하기가 그북하드라. 그래서 동기생 회장한태 막키고 자신은 열락을 하는돼 빠지고 마라쓰며 오늘 회장 한태 막킨 것이 실책이 다고 말을 하고 십다. 오늘 개업 하는돼 만이 참석을 하였쓰며 좋캐는돼 3명이 참석을 해서 동기생 인사을 하기는 너무 단출 하다고 생각을 한다.

"그리고 오늘 3명의 식대 부담감을 계금으로 충당을 할려고 생각을 하다가 주대값 일체가 20,000원 이라서 그만 내 자비로 내겟따고 하고서 자신이 주대값을 내고 마랐다. 동기생 일동으로 화분을 개업 선물로 30,000원 함."

지출에 … 오늘 친구 주대값 20,000원

〈2000년 4월 2일 일요일 날씨 맑음〉

오늘은 서울 딸이 오전 11시에 온다고 해서 우리 부부는 오전 11시가 모 돼어서 포도밭 김매기을 하다가 딸이 시집에 시어니 생신이라고 내리 와따가 우리 집에 사오와 딸이 잔깐 들리따가 오후 4시경에 저 집에 들리따가 서울 간다고 같쓰며 오늘 일은 딸 온다고 일도 제대로 안대고 잇쓰며 무선 일을 집중이 돼지 않까 어순순한 하로가 돼어쓰며 이것들이 잔깐 들리따가 갈라고 하니 외손자 잇지만 그리 보고 십고 제롱과 마구 귀는 모습 때문에 우리가 키우고 십다.

"오늘 혜지을 4시에 보내고 마늘밭에 살충제 입제와 복합 비료을 내일 비 온다고 해서 헌치 났다."

〈2000년 4월 3일 월요일 날씨 맑음〉

오늘 부인은 설악산과 백담사의 관광길에 올라쓰며 이번에 부인은 1박 2일 동안 여행 같쓰며 자신은 트랙터 유압고장이 났쓰오전 일찍 조합에 수리을 할려고 가지고 같뜬이 가든 직시 수라게 보도 하나 풀어서 조아 주는 정도 잇니 모르니 정말 바보가 됀 셈이다.

그리고 오늘 오전 10시에 서울서 힝도 모친이 별세을 해서 오늘 영구차로 죽어서 오고 마랐쓰니 이 모친은 딸만 나아서 키우다가 너깨야 남외 아이을 돼리고 와서 다들 키아서 결혼까지 식키서 살고 잊는돼 아들 따라 서울 간다고 전답 집을 파라서 서울 가든이 아들한태 살지도 못하고 딸집으로 이리 저리 다닌다고 하드니 서울 간지 월마 돼지 않아쓰며 동네 친구 할머니 들이 서울 가면 안 됀다고 그처름 말리는돼 기끄이 변을 당하고 마라쓰니 불상한 죽음이 돼고 마랐다.

"인간이 아들이 업쓰며 업는돼로 딸 대리고 살라야지 그려치 않코 남의 아들 대리다가 키아바야 이득은 아주 적고 손실이 더 크다는 말을 하고 십다."

오늘 이 모친도 아들한태 당해따고 생각을 한다.

지출에 … 트랙터 쟁기 날 3개, 보도 10개.
계 12,000원

〈2000년 4월 4일 화요일 날씨 맑음〉

오늘 경화 형님 논 아래논은 위로 갈고 위에 논은 두룸 쪽으로 갈고 양머리는 수료 쪽 도로 쪽으로 갈라씀. 그리고 형님 배다리논 갈리을 하였다. 앞푸로 형님은 목 디스크 수술 하고 건강이 따라주지 않아서 논 갈리도 못하고 잇쓰니 자신이 다 해주야 하겟꾸나.

오후는 사과밭 뒤도구 쳐는 일을 하였다. 그리고 사과나무에 잎이 음치 크 잇드라. 이재 나무잎도 하로가 다르게 자라고 잇는 것을 보니 이제 봄이라는 너킴이 오고 잇다.

"오늘 부인이 일박 이일로 돌라 오는돼 자신이 마중 가는 일은 이번이 처음이다. 오늘은 집에서 기다리는돼 12시 반이 넘어도 사람이 오지 않으며 평소 때는 9시 내지 10시는 꼭 오는돼 이번은 밤 1시가 돼어 가는 돼도 사람이 오지을 않아서 동회관으로 마중을 같뜬이 다른 사람은 추어서 다들 들어 같따면서 우리 혜영이만 추어니까 뛰어 다니면서 기다리고 잇드라. 그려자 을마 기다리지 않아는돼 관광차가 드리밀드라. 관광 쳐고 저물개 온 적은 이번이 처음이 아닌가 십다."

〈2000년 4월 5일 수요일 날씨 맑음〉

오늘은 형님 논 갈리을 하고 숙모님 세모제 비 논은 득계 쪽으로 갈라씀. 지금은 논갈리 하기가 너무 매말라서 갈리 하기가 힘이 들드라. 오후는 상무 씨 5마지기 갈리 하여 주고 포도밭 김매을 하는 것으로 오늘 일기을 맡치다.

〈2000년 4월 6일 목요일 날씨 맑음〉

날씨가 너무 가물어서 아침 일적부터 마늘밭에 물주는 일을 할려고 일적 소들어서 마늘부터 물주는 일을 하였쓰며 마늘 바서는 좀일 소들어서 물을 주엇드라면 마늘이 좋을 끈돼 하는 아쉬움이 잇드라. 그른돼 올해는 처음 비누류을 벗킬때는 마늘이 좋아는돼 이제 보니 자꾸만 줄어 더는 너킴이 드는구나. 오늘 물을 푹 주어는돼 마늘이 회복이 뗄련지 몰게꾸나.

오늘로서 포도밭 김매기 작업을 끝을 냇다. 집사람이 포도밭 김매기 하는 돼부터 살라따고 바야 하는돼 이제 김매기을 끝을 내서 나보다 부인이 마음속까지 편하겟따는 생각이 드는구나. 오늘도 자신이 마늘밭에 물 주는 일도 회장부터 스들어서 김매기 작업에는 지장이 업두록 한 셈이다. 그리고 포도밭 김매기 끝을 내고 말리 사과 밭 김매기도 오늘로서 끝을 내서 내 마음은 날라갈껏 처름 기분이 좋꾸나.

지출에 … 신라면, 참두유 17,000원

〈2000년 4월 7일 금요일 날씨 맑음〉

이번 16대 국회원 출마자을 앞두고 시민단채들이 일체이 일어나서 이번만은 오른 국회원 뽑자 우리 정치 이대로 둘 수 업다면 이번 출마자 비리을 안전캐쓰며 전과, 폭행, 사기, 병력, 세무, 일체을 다 공개을 하였쓰니 이젠 우리나라도 선거 문화 발전을 하였쓰며 이만하면 대성공을 하였따고 생각을 하고 십다. 이재는 선도자 대자면 자신의 신본을 밝히고 따라 오라는 시대가 돼어따고 생각을 한다. 이일을 아무도 못하고 잇는돼 시민이 하였따는 것은 높이 평가을 해야 한다고 생각을 한다.

그리고 이번에 비리을 밝히니 전과 5범에 4범 이른 것들이 정치을 할려고 나와따는 것을 생각을 하니 열이 치솟아 무어라 말을 할 수가 업꾸나. 이번에 시민단체에서 낙선운동을 하고 잇는돼 국민들 합세을 해서 파름치한 인간들은 다들 낙선을 시키서 다시는 국회원 말도 못부치개 해야 한다.

앞푸로도 시민 단체과 정치에 기입을 해서 바라 잡아 주어 쓰며 하는 생각이다.

오늘은 참깨 갈 자리에 모래 준비을 하였다. 올해는 바시내이 포도밭에 고랑 사위에 참깨을 한골식 갈려고 생각을 하기 때문에 참깨 갈 자리가 조금 만아서 모래준비을 여유잇깨 경운기로 두바리 해서 비료 푸대에 담아 두어다. 그리고 당산에 1바리 실어다 두어다.

그리고 오후는 멀칭 비누류가 바람에 날휘서 다시 덥는 일을 하였쓰며 올해는 황사 바람 봄바람 한업시 불고 잇다. 올해는 처음부터 심상치 않은 일기들이 계속 대고 잇쓰니 우리 농민들도 마음이 편하지 않코 잇꾸나.

"세상에 별일이 다 잇꾸나. 우리 혜영이가 5개월 전에 선본 사람이 우리 혜영이을 선본 남자의 부모가 잘 받따면서 자꾸만 어른들이 화자는 말을 한다면서 이번에 선을 한보자고 해서 나도 어뜬 사람이냐 하면서 나도 선보는 돼 따라 갈뜬이 사람이 상당이 좋아서 마음속으로 협쪽 하드라. 그래서 혜영을 두고 운이 차로 일적 내리 오고 마랐다."

이재는 혜영이 말은 접어두고 그쪽에 좋다고 하면 나도 할려고 생각을 하고 잇는돼 그리고 남자 쪽에서 중매쟁이 쪽으로 양과 어른들의 자리을 만들자는 이야기가 오고 가고 잇는돼 선본 남자가 혜영이 한태 전화로 돈이 바푸개 쓸 자리가 잇따면서 돈을 1,000,000원을 좀빌리 달라고 해서 혜영이가 선을 한 번 본 사람한태 돈을 빌리

달라는 소리을 한다는 것은 납득이 가지 않은는다면서 우리 일 한 번 더 생각을 해 바야 하겟따면서 그만 전화 끈고 말랐따고 하드라.

그리고 중매장이가 어떠개 할려고 하느냐고 해서 중매장이한태 부인이 이야기을 하고서 우리는 이번 일은 업뜬 일로 하겟따고 이야기을 하였다고 하드라.

〈2000년 4월 8일 토요일 날씨 맑음〉

오전은 부인과 둘리서 참깨 갈 이랑이 너무 탁탁해서 김을 매가면서 갱이로 다들 죠는 일 하여쓰며 이것을 사람 힘으로 할려니 육체적인 무리가 가는구나. 이것을 연장으로 한다면 사람의 무리가 안 간다고 보는돼 멀칭을 하고 복판에 탁 참깨 갈 이랑 한 골이라서 이것을 사람 힘으로 다 할려니 자신은 남자라서 일을 할 마나지만 부인은 고충이 크다고 생각을 할 때에 너무 미안하고 내부인 남외 부인보다 일을 매십 배는 하기 때문에 늙 미안하고 안스려 고개가 숙이 절 때가 만으며 앞푸로 남은 인생은 부인한태 온갖 정성을 다 쓸끄며 자신은 부인 사랑을 원 업시 밭아따고 생각을 하며 이재 남은 여생은 이 남편이 다해야 활 목이라고 생각을 하고 잇다. 부인 고마어요.

"오후는 부인은 친정 집안 조카 아들 결혼식이라고 가고 자신은 오전에 참깨 이랑에 갱이로 죠아서 이랑 고루는 일을 안전이 하였쓰며 오늘 종일 갱이로 땅을 죠아따는 생각을 하니 마음이 큼직 하다는 생각이 더는구나."

"오늘 혜영이 섬 본 남자 한태서 전화가 왔는돼 돈 이야기 해따고 어떠게 수섭을 해줄란가 하면서 혜영이한태 성질을 부린다고 한다기에 그놈이 미쳐나 들떨어진 놈이구나 하는 생각이 들며 만약에 약혼이라도 했드라면 큰일 날 뿐 했꾸나 하는 생각이 더는구나."

우리는 중매장이 한태 선본사람이 쳐녀한태 그것도 한번 본 사람 한태 돈 요구을 하는 것이 이해가 안돼다면서 우리는 업뜬 일로 할태니 그리 알라 달라고 이야기을 하니 중매장이가 이른 일은 부모한태 해야지 버릇을 곤치지 할 때에 어른들한태 알리지 말라고 해쓰며 우리 안하면 돼지 말도 할 것도 업다고 이야기을 했는돼 선본 남자 아주 떨어진 놈이라고 생각을 한다. 외냐 서두에서 어떠게 대어뜬 잘못은 남자이니까 아가씨 잘못 돼어따고 사과을 해야지 그것이 남자이지 수섭을 해달라고 어거지 부리는 놈이 정신이 잇는지 알 수가 업다고 본다.

나는 정말 이 남자한태 내 딸을 줄 뿐 했따는 생각을 큼직하구나. 이것을 잘 모면을 했따는것은 우리 부모님 도와주어서 잘 피해따고 생각을 하고 십다.

지출에 … 종근 아들 부주 50,000원

〈2000년 4월 9일 일요일 날씨〉

오늘 오전은 참깨 갈 자리 이랑을 골루는 일을 하는돼 처음 할 때는 종일 잡아는돼 일이 생각보다 진도가 빠르드라. 그래서 오늘 오전으로서 작업을 끝을 낼 수가 잇쓰다. 우리 부부가 참깨 이랑 갱이로 죠아서 이랑 만드는돼 육체적인 고충이 너무 크다는 것 자신이 참깨 농사을 을마나 잘짓 어서 소들을 을마 볼란지 몰라도 몸수고의 득도 안 댄다고 보고 잇다.

앞푸로는 우리 부부가 육체적으로 고충이 가는 일은 좀 피해가는 일을 해야 하겟다.

오후는 상토흙에 거름과 약을 썩는 일을 하였다. 올해 상토흙은 경운기로 3바리 반을 준비을 해서 비료 2포 약 다찌엣스 8봉을 혼합을 하여 두어다.

〈2000년 4월 10일 월요일 날씨 흐림〉

오늘은 종일 외성보에서 갯돌 쳐는 것을 하였쓰며 올해는 수료 작업을 할 것이 별로 업쓰서 갯돌 작업을 하로도 일적 작업을 끝을 냇다.
그리고 갯돌쳐는 일을 일적 끝을 내서 이앙기을 아포조합에 우리 조 삼명이 다 같이 이앙기 수리을 할려고 아포조합 수리 센타에 막키 두어다.
그리고 오늘 조합에서 사과약 2차 약을 가지고 오고 네아소진 약 500cc짜리 9명[병]을 가지고 옴.
2회 오늘약값 45,820원 = 총금 100,780원

〈2000년 4월 11일 화요일 날씨 맑음〉

오늘 참깨 이랑에 잡초가 안나는 라쏘 유제을 손푼무기로 3통을 쳐고 잇는돼 태성이가 김천 간다고 일부로 밭에까지 차저와서 점점 관수 호수 사로 가자고 해서 잡초약을 쳐는 것을 다음으로 미루고 점점 관수 호수을 살려고 따라 같쓰며 태성이도 보에서 매기탕 송판 사료간다고 해서 자신은 부담이 들 가드라. 김동국이가 올해 임사라서 송판 사면서 정심을 먹고 가자고 하드니 회집에 대리고 가서 3명이 회 정심을 사는돼 37,000원 부담을 하였쓰며 자신이 반을 부담을 할려고 하니 어림도 업드라. 그래서 자신은 태성이 운님 대신 드링크 종류로 7,500원 주고 산것을 아들 주라면서 주어서 자신의 고마움을 표을 하고 마랐다.
오후는 부인과 둘리서 점점 관수을 조립을 하였쓰며 점점 관수을 기술사을 막키면 본인 자제을 가지고 와서 설치을 하면 약 200,000원 번다고 해서 자신도 오늘 부인과 둘리서 호수 설치는 다 하였는돼 부품을 도매집에서 들 주어서 점점 호수 설치을 다 못하고 마랐다.

지출에 …라쏘 유제 5병 12,500, 점점 관수 자재값이 308,000원,
계 320,500원

〈2000년 4월 12일 수요일 날씨 맑음〉

점점 관수을 설치을 해서 양수 작업을 하였보니 관정에 물이 적으서 점점 관수 노릇을 못하고 잇쓰며 투자 가치가 업다는 생각이 더는구나
그리고 거성보에서 10마지기 이상 경작자만 매기탕 보수하는 작업을 하였다.
“날씨가 작년 가을부터 가뭄이 시작이 돼어서 오늘까지 비다운 비가 한번오지 않아쓰니 이재는 날씨가 너무하다는 생각이 더는구나.”

〈2000년 4월 13일 목요일 날씨 맑음〉

오늘은 제 16대 국회원 선거 날이며 오늘은 자신도 투표하로 가지 않코 기끈을 할려고 작정을 하여는돼 그래도 투표는 해야 하지 않캐나 하는 생각에 부인을 대리고 투표을 하고 와다.
자신이 투표을 표기을 할려고 작정을 한것은 오늘 날까지 자기네들 자리 싸음만 하여찌 국정을 위해서는 한가지도 하지 않는 저질 국회원 때문에 나라가 이 모양으로 대고 잇는 책임을 현정치인들 책임을 저야 하며 만약 자신이 국회원을 타치을[터치를] 할

능력이 잇는 사람이며 오늘 날까지 국회원을 하면서 돈원을 모원 사람들 낱낱치 조사을 해서 부정으로 10원 이라도 벌어따면 이것을 회수해서 가난한자을 도와서 우리 국민이 고로 잘사는 나라을 만들고 십다. 그래도 올해는 시민 연대가 무능자 태출 운동을 해서 물가리는 만이 대어따고 생각을 하며 이번에 시민 단체가 국가 이력을 다 했따는 생각을 하고 잇다.
"이번 국회는 경북에도 한나라당을 싹쓰리 지지하여쓰며 이번에는 경북이 전라도 보다 더 단합이 잘 돼어따고 생각을 한다. 다음 차기 대통령은 이회창이가 대통령 대지 않캐나 하는 생각이 더는구나."
그리고 오늘을 물이 만은 관전에 돼어서 양수 작업을 하여보니 돈을 드리서 점점 관수 설치을 한 것이 참 잘해따는 생각이 더는구나.

〈2000년 4월 14일 금요일 날씨 맑음〉
오늘은 외성보에서 대신 1, 2, 3동 합보을 하였쓰며 오늘 일은 사람들만 모이개 홰찌[했지] 보에서 앞푸로 활 일 어떠개 하겟따는 내역도 업고 보일도 업고 그저 시간만 보내다가 술만 먹고 해여지고 만셈이다.
오후는 트랙트 노타리 날 갈고 오일 추가 보충하고 엔진 오일 교환 해주고 그리고 침종을 하는 일만 한 셈이다.
이번에 침종은 일품벼 2단지 대산벼 2단지 하삼벼 2단지 2말 5돼지기 화남벼 2단지을 참종을 한 셈이다.
그리고 살충제는 리바이짓트약 물 1말에 20cc 희석을 한셈.
지출은… 트랙트 바닥쇄 3,000×2개 = 6,000, 트랙터 노타리날 40×1,700원 = 68,000,
침종소독약 살충제 리바이릿트 500cc×1병 = 5,600원,
가락배추 1봉에 = 2,000, 이발비 7,000,
계 88,600원

〈2000년 4월 15일 토요일 날씨 맑음〉
오늘은 직파 갈려고 서양바실래 4마지기 아쉬 노타리 하고 상문논은 땅이 고루잔아서 갈라을 하여뜬 곳이라 트랙터 노타리을 하였보니 문지 때문에 못하겟드라. 그래서 포기을 하고 마랐다.
트랙터로 비료 살포기을 처음으로 사용을 하였뜬이 처음에는 골로 못하까바 마음이 불안했는돼 하라는 돼로 하니까 신기하기 짝이 업드라. 이번에 구입을 태성이 하고 할려고 했는돼 이번에 태모가 조합에 끄을 빌리 와서 이번에 잘 쓰따고 생각을 한다.
오늘 자신은 비료 살포기에 비료 9포을 집에서 생 비료어로 담아서 바로 살포을 하니 신기 하드라.
오후는 원태논 5.5돼지기 생노타리 하고 서양바실 4마지기 두 번째 노타리 하였 낱는돼 직파 하는돼 불편이 오희려 따릴란지 모른다. 외냐 하면 땅이 너무 물어서 고루잔은 것이 잇드라.
"오늘 혜지가 친구 시집 가는돼 예식에 참석을 할려고 좀 일적 아서 시집에서 2일 잇따가 오늘 울집 에 오는돼 시아버지 차로 꼭 시아버지, 시어머니 꼭 둘리서 매느리을 태어다 주는 것을 보며 여사의 성위가 아니고 매느리 한태 너무 잘하고 잇따고 이야기을 하고 십다. 그리고 우리 혜지가 그안을 밭아서 시부모 한태 더 잘 했쓰며 하는 심

정이다."

〈2000년 4월 16일 일요일 날씨 맑음〉

올봄가뭄이 정말 심각하다. 지금 수일네로 비다운 비가 오지 않는다면 우리 노인들은 심각한 손실이 따뤌 꺼이며 안거래도 우리 농민들이 어로운돼 죽는 것은 농민인돼 일기마저 농민을 힘들게 하니 이 고충을 당해낼 수가 업꾸나. 이 답답함을 하늘도 알라 주지 않코 정부도 알라 주지 않으니 우리 농민이 살래야 살수가 업꾸나.

"오늘은 양집에 상문을 갈쓰며 윤봉희 씨 모친은 집짓는다고 본집에서 손님을 바들 수도 업고 해서 김천 의료원 분양소을 모시고 손님을 밭고 잇드라. 희석이와 둘리서 문상을 하고 또 한곳은 동생 친구 제옥이 부인이 갑짝이 사망을 했따면서 우리 마을로 오는돼 참여을 안 알 수도 업고 해서 장지로 같뜬이 장지 일을 할 사람을 다들 사스 한다고 본동 사람은 할 일도 업쓸뿐 아니라 집안 사람 맷하고 타남은 둘리 밖에 안돼드라. 일을 거들 끝도 업고 해서 정심 식사 도시락만 먹고 산을 내리 온 셈이 돼드라."

오늘 오후는 윤돈희 직파 노타리 2단지만 하였쓰며 지금 땅들이 매말라서 노타리 하는 돼 너무 힘이 들어서 노타리 해달라고 활까바 급이 나는구나.

지출에 … 윤봉희 모친 상당해는돼 부주 30,000원

〈2000년 4월 17일 월요일 날씨 맑음〉

오늘은 윤봉희 씨의 모친 출상을 하는 날이라 집에 일도 못하고 운상에 참석을 할려고 내리 같뜬이 폭크랜 올라 같다면서 산소에 올라가라고 해서 경원기에 잔디을 실고서 4명이 먼저 산에 올라 같다. 3,4년 전에는 산소에 올라오면 세위가 산에 오기 전에 광전 구등이을 다파야 하는 고충이 잇는돼 이재는 일끄리가 적으나 만은나 필히 폭크랜을 사용을 하기 때문 광전 구등이 파로 가는 사람은 아주 수란 일을 하로 간다고 바야 한다.

자신도 오늘 사실 경운기로 띠만 한 바리 같다준 것 밖에 업따고 바야 한다.

오후는 몸이 피료해서 휴식을 하다가 윤재옥 부인 출상을 하는돼 참여을 하였다고 술값으로 돈을 조금 어더와다면서 김천 감포 회집에 고기 먹으로 간 것 밖에 업쓰며 2사람에 50,000원, 2사람 한 것이 7명이 먹는돼 충분하드라. 우리 농민들도 회감은 공돈이 생기면 한 번식 먹을수가 잇찌만 개인돈을 풀리하여쓰는 회을 먹키가 어렵다고 바야 한다.

〈2000년 4월 18일 화요일 날씨 맑음〉

어재 저녁부터 기상대서 내일 우리지방에 5cm, 30cm가 온 저녁 너깨 온다고 예보을 해서 오늘 갑짝이 여행을 동신회와 동우회가 동해로 한 밖기 돈다고 간다는돼 자신 여행을 포기을 하고 직파을 할려고 만이 생각을 하고 만이 망스린는돼 가뭄이 너무 심해서 비가 조금 오면 직파 하는돼 도음이 돼지 않깨나 하는 생각 때문에 여행을 갈쓰다. 그리고 이번 여행비는 자부담이 아니고 세워돈달고돈회서 160만 원 나온 것을 가지고 여행을 가는 것이기 때문에 빠지기가 사실 힘이 들어따고 바야 {한다}.

오늘 여행은 보고 너키 점은 업서도 절거운 여행이라고 생각을 하고 십다.

지출에 … 모자 9,000, 형님 드링크 800원, 아들가자 4,800원, 노래방에 부담 10,000원, 계 24,600원

〈2000년 4월 19일 수요일 날씨 비〉

오늘 사실 비 온다고 기상대서 예보을 하여서 자신은 여행을 가지완코 직파을 할려고 생각을 만이 하였는 자신의 마음을 다스리지 못한 것이 직파을 못한 것이라고 바야 한다. 자신의 마음을 다스리지 못한 이유는 세위돈 160십만이 나와서 그 돈으로 여행을 가기 때문에 그 욕심 때문에 여행을 포기을 못하고 그리고 기상대서 이번 비가 5-30cm 내린다고 해서 이비는 아주 만은 량이 아니라는 생각 때문에 여행을 간 것이 이번 직파을 못한 원인 돼어따고 본다. 이번에 직파을 자신만 못했따면 별 문재가 안인돼 남들까지 자신의 부주위로 못한 것이 너무 미안하게 생각을 한다.

"이번에 비가 너무 만이 와서 직파는 못했찌만 밭작물 해갈을 식킨 것이 우리농민을 안도의 숨을 실수가 잇쓰따는 것이 자시의 마음을 편하게 생각을 한다."

지출에 … 버스비 1,520원, 시계약 2,000, 화분5개 10,000, 수위치 2,500. 계 16,020원

〈2000년 4월 20일 목요일 날씨 흐림〉

오늘은 땅콩을 우리 부부는 갈라쓰며 올해는 땅콩을 갈고 검은 비누류로 멀칭을 하였다. 그른돼 자신은 검은 비누로 멀칭을 한 적은 올해 처음 하였본다.

그리고 오후는 참깨 이랑에 토양 살충제 약살포을 하고 무지파 씨부림을 하고 마늘 김매기와 감자 김매기 하고 포도 가지 비누류 벗키는 일을 하였다. 올해는 포도 순이 겨우 잘라서 포도송이 물고 나오는 정도만 돼어도 다들 비누류 벗키는 일을 하였다.

지출에 … 노끈 토양살충제 5,300원

〈2000년 4월 21일 금요일 날씨 맑음〉

오전은 포도가지 비누류을 벗키는 일을 하였쓰며 올해는 포도 순이 적으서 일적 벗키고 잇다. 그리고 포도 순이 겨우 잘라서 비누류에 다은 부분은 타버린 부분이 들어 잇드라. 그래서 올해는 순이 적으서부터 벗키고 잇다.

"오후는 참깨 비누류 씨우는 작업을 하는돼 육체적인 몸쌀을 해야 하는구나 하는 너킴이 오두록 힘이 들고 잇다."

〈2000년 4월 22일 토요일 날씨 흐림〉

오늘은 부인은 남편 생일 준비 한다고 자신혼자 참깨 비누류 씨우는 일을 하는돼 상당이 힘이 만이 들어 쓰며 그것도 오늘 망우리을 할려고 잠쉬 휴식 업시 일을 해서 참깨 비누류 씨우는 작업을 망우리 하였다. 그리고 오늘 하늘은 뭉개 구름이 터잇쓰며 천동은 쳐지 소낙이라도 올까바 극정이 돼드라. 그른돼 이곳은 청동 소리만 냇찌 비는 오지 않아서 안도의 숨을 실수가 잇쓰다. 오늘 지나가는 소낙이라도 한번 아쓰며 건답 직파는 포기을 해야 하는돼 천만 다행이라고 생각을 하여본다.

〈2000년 4월 23일 일요일 날씨 맑음〉

오늘은 우리조 파종을 하는돼 자신은 직파가 바파서 이점수을 트랙터 노타리을 하여

줄라고 하고서 파종을 하는돼 그들어달라 고 하고서 자신은 가리한 곳에 직파 노타리을 하니 그리 힘이 들며 사실 이곳은 이앙기 모내기 할려고 개핵을 한곳을 갑짝이 직파 노타리을 하니 생각보다 노타리가 돼지을 안아서 마음에 걸리는 구나.

오후는 모재리 준비을 하였쓰며 오늘 품을 돼어서 시간 여유을 가지고 일을 할 수가 잇꾸나.

오늘 직파자리 상문 씨 논 거름 쌀맡나 7포을 함.

지출에 … 조승웅 씨 딸 결혼식 축이금 50,000원

〈2000년 4월 24일 월요일 날씨 맑음〉

오늘은 자신이 파종을 하여쓰며 자신은 직파 짜리을 빼니까 실지 파종 면적은 6단지 밖에 안돼다. 그래서 오전에 파종을 일적 할 수가 잇쓰서며 그리고 용만 파종을 다해도 오후 1시경에 끝을 낼 수가 잇쓰다. 올해는 2일 만에 파종을 끝을 내고 마라다. 그리고 내일 너깨부터 비 온다고 기상대서 예보을 해서 오늘 파종을 4단지 파종을 하는돼 저물두록 함.

〈2000년 4월 25일 화요일 날씨 흐림〉

오늘은 직파논에 손이 들 간 부분을 손질을 하고 씨가 들 드려간 곳에는 씨뿌림을 해서 다시 무드주는 일을 함.

그리고 모판 손질을 대충 끝을 냇는돼 나중에 흑칼로 손질을 해야 댈 것으로 내다 본다.

오후는 캄벨포도 비누류 벗키는 일을 부인이 하고 잇는돼 도와주는 일을 함.

그리고 오늘 저녁에 대동 대리점 사장이 와서 트랙터 바꾸어라고 근유도 하고 자신도 트랙터가 힘이 딸리고 갈 때도 대어따는 생각이 일부 자신의 머리 남와 잇는돼 자꾸 근유도 하지 사실 자신은 내트랙터 수명이 하두록 농사을 짓고 기계을 못쓰게 돼면 자신도 수도작을 버릴 작정을 하였는돼 그 마음 다스리지 못하고 대동 대리점 사장 건유에 당하고 마라따고 생각을 한다.

"이번에 트랙터 교환은 한편으로는 잘 했따는는 생각도 들고 한편으로 자신의 계핵돼로 트랙터가 망가지록 농사을 짓다가 그대로 그만 둔다는 결정을 마음 적으로 하고 잇쓰는돼 이것을 실천을 못해서 한편으로 서운하고 자신의 마음이 어느 것이 좋아따는 결정을 하고 잇따고 말을 하고 십다."

오늘 트랙터 계약한 종류가 대동 35마력인돼 자신의 터랙터는 주고 융자로 1,000만을 1년 거쳐서 7년 융자 갑기로 하고 이번에 교환을 하기로 계약을 함."

〈2000년 4월 26일 수요일 날씨 흐림〉

오늘은 트랙터 교환하는 증서을 조합에 가서 일천만원 정서을 쓰주고 오니까 내트랙터는 이미 실고 가드라. 자신은 트랙터 3840을 구입을 해서 돈을 벌어따고 말을 하고 십프며 자신과 10년 이상 정이 들은 내물건 자신이 제일 소중이 여기는 물건인돼 내품을 터나는 내트랙터를 보니까 마음이 아주 앓대쓰며 어느 누구한태 가드래도 나보다 소중이 여기는 사람 한태 같쓰며 하는 마음뿐이다. 자신이 트랙터 구입을 해서 돈도 벌고 자신도 오늘까지 편하게 농사을 짓어따고 생각을 한다.

"지금 대동 트랙터 35마력의 신품이 자신의 마당에 노여잇쓰도 마음에 들지 않코 내

품을 터난 38마력의 생각이 자신의 머리에서 터나지 않으며 정말 아쉬운 감을 머라 말을 할 수가 업꾸나."

〈2000년 4월 27일 목요일 날씨 비〉

당산포도밭에 지섬이 제일 만은 곳 아래골 2골 위에 1골 셋골만 비닐 멀칭을 다 했쓰마 하는돼 멀칭을 하다가 우리 부부 몸살이라도 하면 오히려 손실이 만타는 생각에 대로대로 짓어 먹자고 부인 한태 말을 자주 하곤 한다.

오후는 포도비누류 벗키는 일 함. 그리고 자신의 포도 순이 남들보다 키가 적으며 우리 밑태 사람은 순이 만이 잘라서 먼돼서 보며 새파란 순이 고랑을 어울리고 잇다. 자신은 올해 거름량이 적으서 그른지 아직 순이 짤다. 포도는 순이 좋은 것은 불버해서는 안 됀다는 생각을 가지면서 자신의 포도 순이 남들보다 빠지고 잇쓰니 자신이 무엇을 잘못해서 순이 자라지 못하고 잇는 것인가 극정이 크구나.

"오늘 운이가 봉급을 두 번째 밭아 왔드라. 이번에는 봉급을 좀 올리서 받아 와서 적금 500,000원 주고 아빠한태 용돈 빌리간 것 100,000원 주드라. 사실 이 돈원 바라지 않아는돼 계산을 해서 그래야지 우리 계산은 확실희 하자면서 십만 원 밭아다."

〈2000년 4월 28일 금요일 날씨 맑음〉

오늘오전은 기상대서 아주 맑은 날씨가 돼겟따고 해서 건답직파논에 제초제 약을 살포을 하는돼 바람이 너무 만이 부르서 속이 상해따고 말을 하고 십다. 직파논 3마지기는 약량 17.5반으로 약 살포을 하고 4마지기는 약량 30말이 들어 들어 갈다.

오늘 약의 배수는 마세트 유제 300cc짜리 1병으로 5말에 희석을 크라목손[164]은 물 1말래 100cc희석을 해서 약 살포을 하였다.

오늘 약의 량은 마세트 유제 300cc짜리 9병, 크라이목손약은 500cc짜리 8병이 들어감.

오후는 캄벨포도 가지 비누류 벗키는 일을 안전이 다함.

지출에 … 비료값 쌀맡나 257,600원, 물신 2불값 8,000원,
계 265,500원

〈2000년 4월 29일 토요일 날씨 맑음〉

오늘은 우리 조에서 육모상자 본답에 내는돼 올해는 다들 하로식 더 잠을 자도 파종한 모가 자라지 않아서 하로 이틀식 더 잠을 자고도 땅위에 겨우 난것을 본답에 내고 잇다. 이것들이 날씨가 한 번도 맑은 날씨가 돼지 않아서 육모상자을 본답에 내는 일이 지원이 돼고 잇다. 그른돼 자신은 정식으로 육모 상자을 내어따고 본다. 오늘 우리 조 5명 중 4명이 육모상자을 본답에 내는 일을 하는돼 작업량이 만아서 다들 수고했따고 생각을 한다.

올해 육모상자을 내고 보니 또 한해가 다들 같다는 생각이 들며 세월이 너무 빨라서 원망 스렵다. 내 나이 58세 돼두록 한번 살라볼라고 우리 부부 열심히 하였쓰며 이제 와서 우리가 살라온 뒤을 돌라 볼 때에 한줌

---

164) 국내에는 그라목손(Gramoxone)이라는 이름으로 널리 알려져 있으며 이에 대한 오기인 것으로 보인다. 정식명칭은 파라콰트(paraquat)이며 제초제의 일종이다.

도 삶매 생활이 소월이 돼어따고는 생각지 않는다.
지출에 … 보일라 기름 두도람 147,000원

〈2000년 4월 30일 일요일 날씨 맑음〉

오늘 우리 조에서 마지막으로 용만이가 육모상자을 본답에 냇쓰며 제일 나중에 육모상자 내는 사람이 육모가 제일 조으며 하로 차에 모는 상당이 조으며 빨리 할려고 신경을 쓸 필요가 업다고 본다.
오늘 부인과 둘리서 사과밭 김매기을 하면서 이재는 마음은 앞쓰 가는돼 몸이 따라 주지 않는 너킴을 받아쓰며 오늘은 우리 부부가 휴식을 하는 시간이 더 만으며 이재는 몸이 따라 주지 않아서 일도 못 하게따는 말을 두리서 자주 하고 잇다.
오늘 우리 부부는 일을 하는 시간과 휵식을 하는 시간이 그위 같지 않아나 하는 생각을 하여본다.

〈2000년 5월 1일 월요일 날씨 맑음〉

오늘은 김천보건소에 가서 혈압약 타오는 날이며 이번에 담당 의사가 밖키쓰며 이번 의사는 싹싹한 감이 잇쓰며 대화을 만이 하는 의사라고 말을 하고 십다. 오늘도 혈압약 1달치 타와쓰며 혈압약 타는 시간이 그리 시간이 잘 가며 이시간이야말로 자신은 귀찬은 시간들이라고 말을 하고 십다.
"오후는 대동대리점 사장을 트랙터 구입을 한 4명이 다들 찾자가서 비료 살포기을 하나 더 달라고 어거지을 부리가서 사실 살포기 1개로 4명이 쓰기는 불편하니까 하나 더 달라고 요청을 했뜬이 성낙을 해주어서 다른 요구는 하지 않코 4명이 정심만 어더 먹고 와다."

지출에 … 혈압약 5,190원, 택시비 1,500원, 버스비 2,800원, 계 9,490원

〈2000년 5월 2일 화요일 날씨 맑음〉

오늘 오전은 캄벨포도나무에 약 살포을 함. 약은 육파렌, 리후리시, 세빈 이 셋가지 약을 살포을 하였다. 그른돼 강한 바람이 불어서 약 살포에 힘이 들어쓰며 약이 바람에 다들 날라가서 약효과도 나지 않을 것 같아서 마음이 그리 찐하드라.
오후는 포도 김매기을 부인과 둘리서 하여쓰며 올해는 밭에 김매기 하는돼 시간이 다 빼앗키갯다.
"오늘 동양 대리점 사장을 불러서 나는 트랙터 교환 하는돼 이재 와서 보니 트랙터 가격이 너무 적개 가격이 쳤다. 이번에 트랙터 구입한 사람 중 내가 손애을 만앗다. 그려니 사장님이 더 생각을 해주면 몰라도 나는 이대로는 하지 않캐다 하고 요구을 했뜬이 300,000원 더 쳤드라. 내가 돈을 더 바다야 할 금액은 600,000원 이며 자신의 생각 갇다서는 1,000,000원을 받아야 하는돼 600,000원이라서 400,000원 손실을 받따고 생각을 한다. 이 손실은 침착하지 못한 손실이라고 생각을 한다. 사람은 무선 일을 하드라도 차분하게 일쳐리을 해야 한다. 앞푸론 이른 실척을 하지 않으야 하며 이것은."

〈2000년 5월 3일 수요일 날씨 맑음〉

오늘 모재리 끄적을 벗키고 모판 위에까지 물래 장기두록해서 한참만에 물을 빼내는 일을 함. 그리고 자신은 모판에 흙에 거름을 2포을 해서 거름량이 만을 줄 알라는돼

아직 모가 키가 적드라. 요줌은 일적 모내기을 하기 때문에 거름 량이 만아서 모 키가 조[좀] 큰 것이 좋은돼 자신은 생각보다 모가 적으서 마음에 차지 않는구나.
그리고 오후는 아포 보건소에서 이동 건강 진단을 받으라고 통보가 와서 오늘 정심을 꿈꼬서 부인과 둘리서 건강 진단을 받드로 같쓰며 나는 상당이 만은 사람이 잇쓸 줄 알라는돼 오후는 아주 한산은 감이 들드라.
지출에 … 버스비 1,200원, 정심값
8,900원, 드링크 3인분
1,500원, 큰집에 형수 병문안
7,000,
계 19,500원

〈2000년 5월 4일 목요일 날씨 맑음〉
바시네이 포도약 살포을 하는돼 약량이 10말로 살포을 하여는돼 약이 상당이 만이 남드라. 오늘 약은 포도 수입이 업따고 세빈 약만 살포을 하였다.
그리고 작과약 살포을 함. 그리고 올해 작과 꽃은 만발을 하여는돼 실지 열매가 업따고 말을 하고 십다.
자신은 양군대 밭에 수학을 한다고 해도 을마 돼지을 않을 것 같트며 올해 작과는 숭년이 아닌가 십다. 오늘 약 살포 량은 25말로 약 살포을 하였다.
지출에 … 모판비누류 1막키 10,000원,
고추모 10포기 15,000원,
계 25,000원

〈2000년 5월 5일 금요일 날씨 맑음〉
오늘 우리지방에 수원수가 35도 넘깨 올라 같다고 기상대서 발표을 하는 것을 볼 때에 미드저지 않는 날이라고 할까 사실 오늘 날씨는 더어서 일하는 돼 힘은 들어찌만 날씨는 따거운 날씨는 아니여쓰며 하늘에 열 번 구름이 키어잇는 날씨 여는돼 수원수 올라 같따니 이재는 한여름이 돼어따는 생각을 하여본다.
오늘은 캄벨포도 육손 따는 일을 부인과 둘리서 종일동안 육손 따는 일을 1차로 끝을 냇다. 그리고 육손 따는 일을 종일에 끝을 낸 적은 이번이 처음이라고 생각을 한다.
"오늘 보원 모재리 2차로 한기 구멍을 4곳을 더 냇다."

〈2000년 5월 6일 토요일 날씨 맑음〉
오늘은 우리 마을은 경로 잔치 날이며 올해는 경로 잔치을 좀 간소이 하는 경향이 잇는 것 같다. 경로 잔치는 꼭해야 한다고 하지만 마을 개인적으로 따지 본다면 낭비 쪽이라고 생각을 한다. 앞푸론 경로잔치 하면 온 동네 잔치가 돼는돼 앞푸론 경로잔치 하면 노인들만 모이서 잔치을 하여 주며 동네 경비도 적개 날 끄시며 간소할 것 같디 이것이 전국적으로 경로 잔치을 한다고 볼 때에 음청난 경비라고 바야 한다.
"우리 마을도 경로 잔치 하면 우리 마을래 사는 사람이 라면 다들 찬조을 해야 하고 청년회 부인회는 2일은 꼭 몸 수고을 해야 하고 부주을 해야 하는 부담을 주고 잇다."
지출에 … 경로잔치 부주값 30,000원

〈2000년 5월 7일 일요일 날씨 맑음〉
이 날씨가 우리 농민을 죽이고 잇다. 남부 지방에는 가뭄 때문에 보리 수학이 안대니 트랙터로 노타리을 다쳐고 잇는 심정은 농민이 아니고는 그의 심정을 다 알리 업고 보리뿐 아니라 농산물은 가뭄 때문애 숭년이 그위 다라고 바야 한다. 지금 작과일도 가뭄 때문에 열매가 업쓰니 큰 숭년이며 이려다가는 수도짝 까지 숭년이 돼지 않을까 하고 염려가 됀다.

자신은 하늘래서 비오기만 기다리다 오늘 캄벨 포도와 사과 밭에 양수작업을 시작을 하였다. 관정도 적은 관정들이라 물이 적으서 마음이 탄다. 타는 가슴을 다스리며 적은 물이라도 양수작업을 하고 잇다.

이번에 동양 대리점 사장한태 트랙터 교환을 하고 남은 잔액을 대리점 사장한태 200,000원 현금으로 밭고 남어지 400,000원 원정운이가 5月달에 주기로 하고 트랙터 결산은 대리점 사장하고는 끝을 냇다.

"자신이 트랙터 잔금 600,000원을 대리점 사장한태 밭아 낼라면 1달이 돼어야 조합에서 대출이 됀다고 하지 그래서 성운이가 성용 이앙기을 싸면서 400,000원 잠금이 남아 잇따고 해서 잔금을 나중 밭고 대리점 사장은 지금 200,000원만 주고 끝을 내자고 하면서 졸랐다. 그래서 이문재가 해결이 잘돼어 따고 생각을 한다."

〈2000년 5월 8일 월요일 날씨 맑음〉

오늘은 어버이날 아들 딸드리 꽃과 선물을 살려고 하는 것을 못싸게 하였쓰며 나는 아버지 어머님 꽃 한번 다라 준적이 업쓰며 우리 자랄 때는 어버이날을 쨍기지도 않아치만 그래도 가슴에 꽃 한개 달라 준적이 업쓰서 아들딸이 꽃을 사와서 달라 줄라고 하면 꽃을 달 자격이 업따면서 꽃을 묵희고 올해는 한 불레 꽃을 사면 낭비가 돼니까 꽃을 못 사계 해서 낭비을 막아다. 나는 늘 9월이 오면 부모님이 생각이 나며 부모님 한태 잘못 했따는 생각이 들며 우리 들이 너무 몰라쓸 때에 부모님이 도라 가싯따는 것이 한이 돼는 구나.

"자신이 부모님한태 꽃을 못 달라준 재책감으로 내 자식한태도 꽃을 밭지 못하면 나중에 내 자식이 아버지 가슴에 꽃을 안 다라 주어따면서 꽃을 안 밖게 돼면 이것은 잘못이 아니냐 하는 생각도 더는구나."

"오늘은 사과밭과 포도밭에 양수 작업을 함. 지금 가뭄 때문에 우리 농민들은 고충이 크며 이러다가는 수도작에도 가뭄 피해을 준다면 큰 숭년이 될 줄 모른다. 지금으로 바서는 기대을 할 수 잇는 것은 수도짝 뿐이다."

〈2000년 5월 9일 화요일 날씨 맑음〉

오늘은 논에 물 잡는 일을 하였도 마음 과치 십계 물을 잡지 못하고 잇다. 지금 비가 푹 아준다면 농민들이 좀 십계 물을 잡 을 수가 잇는돼 그려치 못해서 예가 타는구나. 지금 내 마음같다서는 비가 푹 아서 사과밭과 작과밭을 해결을 하여 쓰며 하는 마음뿐이다.

기상대서 수요일 비가 온다고 예보을 해서 포도밭, 사과밭 다들 양수 작업을 중단을 하였다.

오늘 태성와 둘리서 동양 대리점에 가서 트랙터을 동양 39마력으로 바꾸는돼 2,300,000원 더 달라고 해서 우리들은 2,000,000원 줄라고 하니 어림도 업드라. 그래서 우리도 더 주고는 할수 업따고 하면서 그냥 돌라오고 마랐다.

"우리가 2,500,000원 달라고 하는돼 우리는 2,300,000원을 준다면 결과적으로 200,000원 밖에 깍지 못하는 결과가 돼는 구나. 이것은 우리들을 마음에 차지 않는 거래가 됐다고 바야 한다."
"오늘 사과약 살포을 함. 약 량은 25말 살포을 하는돼 약 량이 적따고 생각을 한다."

〈2000년 5월 10일 수요일 날씨 비〉

오늘 기상대서 비 온다고 해서 큰 기대을 하여는돼 이번비야 말로 너무 간질난 비라고 말을 하고 십다. 우리 농민은 말로 다 할 수 업시 비을 기다리고 잇는돼 비는 간질난 비만 오고 너무 농민을 실망을 식키고 잇다.
"오늘은 모판 비누류 벗키서 집으로 실고 왔다. 그리고 올해는 자신이 묘을 잘키아쓰며 올해가 자신이 알기론 제일 묘을 잘키아 따고 생각을 하여본다."
오후는 캄벨포도 속순 따는 일 부인과 함.
"오늘 트랙터을 동양 대리점 사장과 자신의 대동트랙터을 가지고 가고 동양 트랙터 39마력을 가지고 오는돼 우침으로 2,200,000원 주기로 하고 대동 트랙터 35마력을 가지고 같다."
자신은 자신의 트랙터 38.40을 주고 동양 39마력을 가지고 오는돼 증서을 일천만 원 쓰고 현금으로 160만원 주고 구입을 한 셈인돼 처음부터 동양으로 계산을 하였쓰며 자신이 상당이 득을 밭쓸 끈돼 그려지 못하고 대동 대리점 사장한태 넘어가서 실지 손애를 바따고 생각을 한다. 자신이 대동 트랙터가 회전 방향이 너무 크서 동양으로 교환을 하기로 결정을 함.

〈2000년 5월 11일 목요일 날씨 맑음〉

오늘은 초파일이라서 부인과 둘리서 대구 팔공산 갈려고 작정을 하여는돼 오늘 동양 트랙터 39마력 온다고도 할뿐 아니라 포도나무 일손 사과 적과 참깨 씨너야지 일이 산적 싸이듯 싸이서 표기을 하고 마랐다. 오늘 팔공산에 가는 일은 부인 더 말자고 하여서 포기을 한 것보다 사실 자신도 일이 너무 싸여 잇쓰서 크개 가고 십픈 마음이 적으따고 말을 하고 십다. 오늘은 팔공산 가는 일은 무산이 돼어찌만 다음에는 부인을 대리고 대구 팔공산에 바람을 씨리라고 생각을 한다.
오늘 트랙터 동양 39마력을 처음 시운전을 하니 정말 좋으며 만약에 대동 35마력을 쓰타면 후해을 만이 할뿐 했쓰며 이번에 돈 원 2,200,000원 보태찌만 교환을 한 것은 정말 잘했다.
이재는 자신이 일을 을마나 할련지는 몰라도 이번 트랙터로 농사일은 끝을 낼 것이다.
"부인 오늘 약속을 지키주지 못해서 정말 미안 하며 항상 부인 한태 미안 일들만 하고 잇쑈. 오늘일은 성위 부족으로 팔공산 가는 일이 표기가 돼어서 부인한태 정말 미안하다고 말을 하고 십다."

〈2000년 5월 12일 금요일 날씨 맑음〉

수도작에 모내기 활 준비을 한다고 보뚝과 두룸 하는 일들을 함. 올해는 일기가 불순이라서 논 작만이 다른 해보다 넛스드는 감이 만으며 지금 수도작에 일하는 사람이 그위 업따고 말을 하고 십꾸나.
오늘 트랙터 대금 2,200,000원을 동양 대리점 사장 이인규 앞푸로 부쳐 주는돼 임태성 끄 하고 같이 4,400,000원 부쳐 주어다. 부치는 사람은 자신이름으로 부쳐 줌.
지출에 트랙터값 2,200,000원, 치약 4통,
포도나무 묵는 것 태프 3통, 후찌게
못 3통 16,000원, 계 2,216,000원

〈2000년 5월 13일 토요일 날씨 맑음〉

기상대는 비 온다고 하지만 우리지역은 번번이 비키 가고 그쳐름 목매이게 비을 기다리고 잇는 비가 오지 않는 하늘을 바라보는 농민의 가슴 아품은 머라 말로 다할 수 잇쓸까 정말 답답한 심정이다.

오늘은 오전 내 세모재비논[삼각형 논]에 양수 작업을 오전 내 하면서 경화 형님 보뚝을 하고 서스이 모내기 준비을 했따고 생각을 한다.

오후는 양수 작업한 논에 보뚝한다고 노타리 하여서 보뚝을 하고 시간이 남아서 노타리을 3단지 하였다. 자신은 본 논에는 노타리을 좀너깨 활려고 생각을 하여는돼 일끄리가 그래서 트랙터가 나온 짐에 그냥 더 갈수가 업쓰서 노타리을 생각보다 좀 더 일적 하게 돼어다.

〈2000년 5월 14일 일요일 날씨 맑음〉

오늘로서 두룸을 안전이 함. 올해는 남들보다 스들어서 두룸을 하니 마음적으로 편하구나.

〈2000년 5월 15일 월요일 날씨 맑음〉

오늘은 노타리을 하지 않는 자신논과 숙모님 논 큰두마지기을 트랙터 노타리을 함 그리고 모판에 유안 6kg을 하였다.

〈2000년 5월 16일 화요일 날씨 비〉

오늘은 비료 살포기로 오전에 6섯 단지 살포을 함. 자신이 살포기을 두 번째로 살포을 하였는돼 아직은 숙달이 안돼어서 비료 허실이 좀만은돼 이것이 숙달이 돼며 아주 좋은 기계라고 생각을 한다.

오후는 모내기 준비 쓰레질을 함.

〈2000년 5월 17일 수요일 날씨 맑음〉

오늘로서 모내기 준비 쓰레질을 안전이 함. 자신이 모내기 쓰레질은 안전이 하고 보니 금년도 한해가 일로 본다면 80%가 한 것이 아닌가 십다.

오후는 형님 논에 비료 살포기로 살포을 함. 이재는 비료 살포기을 잘 이용을 할 수가 잇쓰며 이재는 모든 일이 사람이 하는것이 아니라 기계가 다들 하는 것으로 생각을 하였본다.

"윤상무 씨, 용만 두룸 노타리을 함."

〈2000년 5월 18일 목요일 날씨 맑음〉

오늘 오전은 당산 캄벨포도와 바시네이 포도나무에 약 살포을 하여쓰며 약량은 20말 회서 양군대 다 살포을 함. 그른돼 당산포도는 순이 너무 잘자라서 열매에 바라가 다 될까 극정 크다. 올개 순자라는 것을 보니 신통찬아서 신경이 크게 쓰인다.

오후는 병남이 노타리을 5섯단지 중 4단지 노타리을 함.

지출 대신 1동에 이장우 부친 상문에 감. 부추 30,000원

〈2000년 5월 19일 금요일 날씨 비〉

오늘은 육모을 띠어서 모내기 할려고 본답에 갈다 났쓰며 올해는 모판을 한단지에 80판을 돌리쓰며 자신이 올해 모을 제일 잘키어따고 생각을 하며 자신뿐 아니라 남들도 자신의 모가 제일 좋다고 말들을 하고 잇다. 그리고 우리 동네에서 모내기을 제일 먼저 할것 같다.

〈2000년 5월 20일 토요일 날씨 맑음〉

오늘은 대구 친구 제옥이 둘째 딸 결혼식을

서울서 한다고 전세 버스을 전세을 내서 간다고 해서 부인도 자신의 대로 결혼식에 참여을 하여쓰며 사실 부인보다 제옥이 친구을 바서는 내가 가야 하는돼 자신은 오늘 모내기 활려고 준비을 다해서 자신은 모내기을 하고 부인이 내대신 가는 것이 일이 제대로 됄 것 같다서 부인을 보내고 자신은 혼자서 모내기을 하였쓰며 자신 혼자 2단지 모내기 하는돼 오후 시간이 다가두록 하였쓰며 혼자서는 일이 안돼고 잇다.
"마을래서 자신이 제일 먼저 모내기을 한다는 것은 자신도 마음속으로는 기쁘다고 생각을 한다. 마을 전체에서 제일 먼저 한다는 것은 그만춤 힘과 노력이 만이 들어따고 바야 한다."

〈2000년 5월 21일 일요일 날씨 맑음〉
오늘은 일요일이라서 운이도 모내기 하는돼 그들어주니 한결 수라드라. 어재 오후 내 혼자 이앙앙 모내기을 하니 허리을 꾸부리지 못하게는돼 오늘 운이가 도와주니 아주 편안 감이 들며 이재는 혼자는 아무 일도 못할 것 같트며 자신은 모든 일들이 자신이 생기지 않으며 이재 미리 질급이 나는구나. 여화튼 오늘 운이가 도와서 일적 모내기을 다할 수가 잇쓰서며 운이을 무선일이든지 식키노어며 일은 잘하고 잇다.
모내기는 오늘일적 맡치찌만 부인이 모미드릴 일만 남아 잇다. 올해는 모 머들릴 사람 업시 부인 혼자 활려고 드는돼 극정이 됀다. 여때까지 일을 육체적인 고통이 가두록 했는돼 이것을 해야 하니 내 마음이 더 안스렵다. 자신이 남의 일만 아니면 내일 내가 머드리면 돼는돼 그려지 못하니 내 마음이 안스렵다.

지출에 … 대구 제독 딸 결혼 축이금 50,000원

〈2000년 5월 22일 월요일 날씨 맑음〉
오늘은 노타리을 점수 옥산네 원태 이 사람들을 노타리을 하여줌.
올해는 다들 바빠서 그른지 보뚝을 안 하는 사람이 제법 돼며 우리 농사을 짓을 때만도 보뚝을 안하고 농사을 짓는 사람은 아무도 업는돼 올해는 보뚝을 안하는 사람이 제법 돼고 잇다.

〈2000년 5월 23일 화요일 날씨 맑음〉
올해 이 가뭄에 보도랑에 물이 만으며 우리 마을은 김천공단에서 폐수 물을 마음대로 밭다 먹고 잇쓰니 수도작은 아무리 가문다고 해도 우리마을.

〈2000년 5월 24일 수요일 날씨 맑음〉
오늘은 세벽 4시에 나가서 5섯 단지 물을 다 돼어쓰니 이것은 대성과라고 생각을 하며 자신이 세벽에 나가도 물이 업쓰서 1단지도 못돼고 들어오고는 하는돼 오늘은 다섯 단지나 물을 다돼어쓰니 자신도 기분이 너무 좋아서 입이 벌어질 정도다.
"오전은 당산 캄벨포도 나무 적심과 속순 따는 일을 하고 부인은 포도 순묵는 일을 종일 하였다."
그리고 포도송이가 꽂이 필 때는 양수 작업을 해야 한다고 오늘 포도밭에 양수 작업을 함."

〈2000년 5월 25일 목요일 날씨 맑음〉
요줌은 기상대 일레 기온이 최고치라고 예보을 하고 잇쓰며 요줌 날씨들이 평탄하지 못하고 아주 심술이 만은 날씨라고 말을 하고 십다.

"오늘로서 벌리을 한다고 자신의 일사위로 때로는 내일 미루고 남외 일을 하곤 하였는돼 이것이 사람을 죽이고 잇따는 생각이 든다. 요줌은 일하다 죽깨따는 생각이 드는구나. 이재는 우리 딸들이 늙 이야기을 하드시 아빠는 청춘이 아니라고 이야기을 해도 귀전에 들어오지 안트니 이재는 실감이 돼며 자신이 생각을 해도 일 년 사위에 넘어 늙어따는 생각이 든다. 우리 부부 밤만 돼면 육체적인 고통으로 아우성이며 이 아우성이 내 귀에 너무 쟁쟁하게 들리며 이것을 당장 해결 방법을 생각을 해도 대책은 업고 계속 이른 욕심을 부리며 부인을 넘어뜨리겟꼬 생각을 할수록 망막 하다. 자신은 대책이 업쓰니 늙 말로만 농사 다망치고 다들 묵카도 좋으니 부인 몸상하지 않투록 시어가면서 일을 하라고 노래을 하다십피 이야기을 해도 부인은 실천을 못하고 일을 끝을 내두록 활 욕심이니 남편의 극정이 아주만아서 전신경이 다 쓰인다고 말을 하고 십다."

"지금 내 나위가 돈을 더 벌개 따는 욕심보다 부인과 둘리서 따뜻한 정으로 오래 살고 십다. 자신이 부인을 만나서 온같 정성을 다받고 나는 부인을 정말 따뜻한 사람이라고 생각을 하고 잇쓰며 이 세상에서 부인한태 사랑을 받는 남자라고 생각을 한다. 이재 남은 여생은 남편이 부인을 위하여 한번 살고 싶프며 늙 따뜻한 가슴으로만 대하여 주고 십다."

"부인 요줌 육체적인 고통의 소리을 들을 때 내 마음이 너무 아푸요. 자신은 육체 적인 고통의 소리가 세상을 떠들석하게 소리을 쳐도 부인만은 아주 적은 숨소리만 떳고 십고 십픈 심정이요. 이 남편 너무 미안해서 고개가 넘어 숙여지고 잇쑈. 정말 미안하오."

〈2000년 5월 26일 금요일 날씨 비〉

오늘 기상대는 오늘과 내일 양일간 비가 만이 온다고 예보을 하였는돼 오늘 비가 오는 것이 아주 시원찬으며 가랑비로 오후네 내리는 정말 마음 차지 않으며 이비야 말로 짜증나는 비라고 생각을 하였본다. 오늘 저녁에 올마나 비가 올란지는 몰라도 지금 바서는 우리농민의 마음 찬비는 오지 않을 것 같다.

"오늘은 부인과 둘리서 속순 따는 일 순 묵는 일을 종일 하여쓰며 오후는 가랑비을 네마저면서 일을 하였다. 오늘 오후는 자신은 시고 십픈돼 부인이 앞푸로 사과 적과 해야지 참깨밭 고랑에 잡초 김매기 해야지 할 일이 넘어 만타면서 비가만이 올 때까지 일을 하자고 해서 오후는 부인 등에 밀리서 억찌 일을 했따고 생각을 한다."

〈2000년 5월 27일 토요일 날씨 맑음〉

오늘은 자신이 건답직파 논자리에 끌피가 넘어 만아서 김매기로 해결을 할 수가 업쓸 것 같다서 그만 노타리을 쳐서 이앙기 모내기할려고 오늘 남외 모판 남은 것을 거두어 드리는 일을 함.

자신은 남은 모판을 50상자 이상 남을 부담 업시 주고 하였는돼 자신이 모판을 어들라고 하니 그리 힘이 드는구나. 자신이 건답직파논을 노타리 하고 이앙기 모내기을 한다는 것을 일적 결정을 하였드라면 이려깨 힘은 들지 않을 끈돼 하는 아쉬움 더는구나.

〈2000년 5월 28일 일요일 날씨 맑음〉

오늘은 형님 이앙기 모내기을 하는돼 안도와 줄 수가 업다. 외냐 하면 형님은 길거리에도 제발 걸어다니는돼 이아기을 몰고 논에 간다는 것은 큰 무리기 때문에 자신도 한업시 바픈돼 형님이 나을 이려깨 바픈 줄 알개나 하는 생각이 들며 자신이 이앙기 모내기을 형님 대신하여 주어다. 그리고 자신이 처음 생각을 할 때는 내가 바픈돼 하는 생각이 들어는돼 사실 일을 안전이 끝을 내주니 자신의 기분이 좋으며 잘해따는 생각이 드는구나.

지출에 … 서울 서정일 딸 결혼 축이금 30,000원

〈2000년 5월 29일 월요일 날씨 맑음〉

오늘 새벽 4시 못 돼어서 물돼고 모판 들어내고 하였쓰며 자신이 건답직파 논에 끌피[잡초]가 너무 만아서 오늘 트랙터 노타리을 하였쓰며 자신이 건답 직파을 실패한 것은 약을 살포하는돼 바람이 너무 부려서 실패도 한것 같고 또 하나는 약량이 넘어 적으서 제초제 역활을 못해서 실폐 원인이라고 생각을 한다. 앞푸로 건답 직파을 한다면 제초제 살포하는 돼 전 신경을 쓰야 직파 성공 여부가 달려 잇따고 생각을 한다. 자신은 지금은 직파을 하고 십픈 심정은 업다.

"오늘 논을 다들 작만을 해서 모판을 다 너어놋고 보니 꿈만 같다. 외냐 하면 논에 잡초가 무성이 잘라 잇는 것을 보고 급에 질려 잇쓰는돼 이것을 다들 제거을 하고 정상인 논과 같이 만들어 놋고 자신이 모판 110판을 어든 것을 이앙기 모내기할려고 정리을 하였논 것을 보니 이번일은 정말 잘 했따는 생각이 더는구나."

그리고 오늘 부인은 육명을 품을 대어서 사과 적과 하는돼 자신이 4마지기 직파논 장만 하고 정심을 같다주기로 부인과 약속을 한 것이라 재 시간에 같다 줄라고 음청나게 바삐 해도 정시 시간은 직키지 못하고 정심시간 12시 30분에 밥을 같다 주어다.

오늘 4마지기 노타리 해서 경운기 쓰레까지 하는 돼 오전 시간에 다하기에는 힘이 들드라(오늘은 정말 바픈 일과 엿따고 말을 하고 십다).

〈2000년 5월 30일 화요일 날씨 비〉

오전은 잡초약 논나매와 살충제 싸라약 큐라텔 약을 혼합을 해서 살포을 하였다. 이것은 잡초약 따로 하고 살충제 따로 하게 돼면 두 번식 하는 결과가 돼기 때문에 살충제는 사실 상당이 빠른돼 그만 사람 수랄라고 같이 살포을 하고 잇다. 오늘 잡초약과 살충제 혼합을 해서 살포 면적이 5섯단지 살포을 하였 두어다.

그리고 오후는 참깨밭 고랑에 김매기을 하다가 비가 와서 비가 와서 작업을 중단하고 마랐다.

부인은 사과 적과을 하는돼 2명을 해서 적과을 하는돼 비 때문에 오후 4시에 일을 그만 두어서 아쉬우 하는 부인을 볼 때에 사람이 쉬어가면서 하라고 비가 온다면서 좀 쉬라고 이야기을 했다. 그른돼도 부인은 집에 가서 갑파[비옷] 가지고 오라고 하는돼 그만 부인을 억찌로 대리고 온 셈이 됐다.

"자신은 비가 잘 앗따고 생각을 한다. 부인이 비가 아니면 실 사람이 아니고 계속 일을 활 사람이니 비가 내 부인을 쉬게 해서 고맙따는 생각을 하고 십다."

부인 바서는 잘 쉬게 했지만 자신은 품을 제 시간을 다 쓰지 못해서 좀 아쉬운 마음이 잇다고 말을 하고 십다.

〈2000년 5월 31일 수요일 날씨 맑음〉

오전은 참깨 고랑에 김매기을 하였쓰며 부인은 사과 적과을 일차로 끝을 냇다. 올해는 사과가 해갈리 하는 해라고 말들을 하며 자신의 사과 밭도 해갈리을 하는 해라고 말을 하고 십다. 올해 열매가 적개 와서 사과 적과가 좀 쉬어다고 이야기을 하드라.

"오후는 직파논에 이앙기 모내기을 하였쓰며 자신이 이앙기 모내기을 하고 보니 마음이 깨운하며 건답직파는 늙 부란 한돼 이앙기 모내기을 하여노니 마음에 차며 푸짐한 감을 가지게 됀다."

"올해 모내기을 제일적도 했찌만 직파논에 다시 이앙기 모내기을 하여야 하는 입장이 돼어 잇쓰서 자신이 이앙기 모내기을 제일 나중에 활줄 알라는돼 그래도 자신보다 모내기을 너깨 활 사람이 아직도 만이 잇다."

〈2000년 6월 1일 목요일 날씨 맑음〉

김천보건소 가서 혈압약 타와쓰며 약 타는 것이 1달식 따오는돼 눈 감짝 사위에 한 달이란 시간이 가고 잇따는 생각을 한다. 오늘 오전에 혈압 타와서 살충제 입제와 잡초약을 혼합을 해서 살포을 하고 경화네 소모논은 먼저 번에 잡초약을 뿌리 났스 오늘 살충제만 살포을 하였두어다. 그리고 물이 적은돼 내일 기상대서 비 온다고 해서 그만 살포을 하였두어다. 그리고 부인은 건답직파논에 모 머드리는 일을 함.

오후는 부인과 둘리서 참깨 찝는 일을 하는돼 정말 힘이 들어서 못 하게드라. 이것이 여태것 몸이 지친 뒤라서 그른지 둘리가 힘들다고 아우성을 쳐고 잇다. 나 자신도 이제는 체력이 딸리서 못하게 따는 생각이 수십 번 들고는 하며 말이 업는 부인도 이제는 못하게따는 소리을 거침 업시 하고 잇는 것을 보니 이제 한계의 끝이 와따고 생각을 하며 이제 자신이 가감하게 결단을 내리야 하는돼 그 강력한 힘이 업따는 심정이 너무 아쉽다.

이른 식으로 계속 끌고 간다면 내 사랑하는 부인 죽이겟쓰며 사실 자신이 죽는 것은 들한돼 부인은 오래 두록 살라야 하며 정말 내부인 좋은 사람인돼 건강에 상쳐가 입을까 온갈 정성이 다 쓰인다. 여보 내가 머라고 해야 하며 부인이 가감하게 결단을 내리서 건강에 상쳐 업시 우리 둘리서 따뜻한 가슴으로 남은 여생을 살고 십쇼.

"요보 요줌 잠자리에서 시소리 쳐는 것을 보니 정말 내 가슴 아푸며 남들은 백 분지 일도 안하고도 고달프다고 하는 사람 잇는돼 여보는 오늘 날까지 그만은 일들 다하고도 남편일 도와 줄라고 가진 예을 다쓰고 잇쓰며 이 세상에 여보 같은 사람은 업따고 생각한 것은 오랜 전이라고 생각을 했찌만 남편으로서 부인을 넘어 외 먹인다는 생각이 머리에 너무 깍차 잇쓰며 이 쉬점에서 해결을 해야 하는돼 아직 결단을 내리지 못하고 끌고만 가는 남편 욕이라도 실끈 하고 결단을 내리두록 힘을 도와주오. 여보 이제는 미안하다는 말도 참아 하기가 미안소."

"여보 정말 미안하오. 요줌 갈다서는 여보의 알몸을 내 등에 업고만 살고 시픈 심정이요. 하늘보다 더 좋은 내 사랑 남은 여생에 꼭 다하고 죽어리라, 여보."

지출에 … 혈압약 5,190원,

택시비 1,500 〉 3,000
　　　 1,500

버스비 920원, 버스비일반 600원, 귀염약 5,000원, 계 14,710원

〈2000년 6월 2일 금요일 날씨 흐림〉

오늘 오전은 조합 회위실례서 포도 스찌로프밝서[스티로폼 박스] 입찰 본다고 장목반장들만 참석을 해달라는 부탁을 해서 참석을 하여보니 4개 회사과 참석을 회서 입찰을 보는돼 스찌로프밝스 개당 770원 성우 실업애서 너코 그남어지 3개 회사는 780원을 너어서 10원 차이로 떨어지고 말랐다. 회사로 본다면 10원도 크다고 생각은 들지만 10원 차이로 떨어진 회사는 안타갑게드라. 회사에서 770원에 조합에 납품을 하게돼면 조합애서 30원 수수료 먹고 우리 작목반으로 들어오는 가격은 800원으로 결정을 하였다.

"우리 관내에 작목반 구성을 해서 운영을 하고 잇는 곳은 6개 마을이 잇는돼 오늘 참석한 작목반은 5명밖에 참석을 하지 않아다."

오후는 참깨 찝는 일을 부인과 둘리서 오늘 끝을 냇쓰며 오늘 자신이 포도 밖스 입찰관계로 조합에 가는 바람에 참깨 찝는 일이 지원이 돼어따고 생각을 하며 농촌에 일중 제일 육체적인 고통을 주는 일을 말을 하라면 참깨 찝는 일이 제일 뒤다고 말을 하고 십다.

지출에 … 적과 가위 4개. 4000원

(사과 약, 참깨 약, 외상구입 함.)

〈2000년 6월 3일 토요일 날씨 맑음〉

바시내이 포도순 묵는 일을 하고 그리고 당산 포도 속순 따는 일을 하여쓰며 포도밭에 일은 끝이 업꾸나. 부인은 매일 살다시피 해도 끝이 업는 것 같다.

그리고 이번에는 구미 임홍우 친구가 부페식당을 하는돼 그곳에서 이번은 개추[계모임]을 하여쓰며 돈이 허려서 그른지 손님도 만으며 상사가 잘 돼거드라. 여때것 계추을 해도 이처름 적은 금액으로 배속을 체운 적은 업따고 말을 하고 싶다. 오늘 주대값이 14명이 130,000원으로 계추을 끝낸 적은 업쓰따고 본다.

지출에 … 계금 회비 30,000원

〈2000년 6월 4일 일요일 날씨 맑음〉

요즘 날씨가 심각하다고 생각을 해본다. 외냐 하면 비가 금세라 쇼다 질 뜻 질뜻 하면서 비는 오지 안꼬 저녁으로 차거운 바람이 불며 우리 농민들의 가슴을 아푸게 하고 잇다. 지금이라도 앞도랑에 물이 한도랑 내리가야지 밭작물이 해갈을 면할 수 잇찌 그려치 않으며 해갈을 면하기 힘들 것으로 내다본다. 지금 일기가 잘해서 대퐁작을 해도 우리 농민은 힘든다고 보는돼 일기마저 우리들을 힘들게 하고 잇꾸나.

"오늘로서 포도 속순 따는 일을 끝을 냇다. 이것은 당산 포도만이 하여쓰며 앞푸로 바시내이 포도 속순과 순 묵는 일이 그대로 남아 잇다."

"포도 돌보느라고 수도작 논들은 다들 말라 잇쓰며 이재 수도작 돌바야 하는돼 손이 나지 않코 잇다."

〈2000년 6월 5일 월요일 날씨 맑음〉

오늘은 포도약을 22말로 당산 포도밭과 바시내이 포도나무에 살포을 다함. 그리고 작

과밭애 15말해서 골래밭과 앞밭태 두 군대 약 살포가 조금 적드라. 올해는 작과일 다 해바야 을마 돼지 않을 껐이며 약값 정도 밖에 못 하게쓰며 노력은 찾절 수가 업개드라. 오후는 사과 약 살포을 하는돼 약량 50말 인돼 약호수 부주위로 약이 땅바닥애 15말은 퇴실을 해쓰며 남은 것으로 약 살포을 하는돼 아주 응망으로 약 살포을 하였따고 본다. 외냐하면 남은 약으로 약 살포을 다 해야 하니까 너무 빨리 약 살포을 해서 오히려 약이 남아서 다시 약 살포을 하는 소동이 잇쓰서며 오늘 약은 고루 쳐지 못하고 대충 약 살포을 한 셈이라서 마음이 아푸다. 약 손실 식키지 않아따면 아주 세밀하기 약 살포을 할려고 작정을 했는돼 실천이 돼지 않아서 마음이 아푸다.
(오늘은 큰실수 한날.)

〈2000년 6월 6일 화요일 날씨 맑음〉
오늘은 세모논 양수 작업을 하고 건답직파 논에 씨가 고로 쓰지 않아서 모을 머드리는 일을 오전에 한 셈이며 이것을 대충해서 그려치 야무지개 모을 머드린다면 한나잘은 더 머드리야 될 것 같뜬돼 그만 대충 머드리고 마랐다.
오후는 바시내이 자동모타을 손을 바서 양수 작업하기 까지 힘이 만이 들어쓰며 이것을 빨리 손을 바서 양수 작업을 해야 하는돼 이재야 시간을 내서 곤치서 양수작업을 함.
"그리고 내일 포도나무 비가림 활려고 지주목 손 보는 일을 하였다."

〈2000년 6월 7일 수요일 날씨 맑음〉
요즘 날씨가 30도가 넘고 잇쓰며 연일 30도의 가뭄이 지속이 됀다는 것을 생각만 해도 숨 갑프며 이 날씨가 작년 가을부터 계속 가뭄이 돼고 잇쓰며 지금 밭작물은 을마 만치 피해을 주고 잇따는 것은 말로 다할 수가 업쓰며 이재 살라 남은 것마저 죽일라고 작정을 하고 잇는 날씨 갈타서 아주 신기가 불편 하다고 말을 해야 할것 갈다.
"오늘은 포도 비가림을 하는돼 부인과 둘리서 다할려고 부지련이 하였는돼 아니 해가 질 머리는 너무 힘이 들어서 죽어도 못하겟따 하고 주저 안자서 쉬기 지 하두록 했는돼 17골 중 9골빡깨 비가림을 하지 못했다. 우리 부부는 남들은 벌쓰 다들 싸우고 우리가 동네에서 제일 너깨 한다고 우리 부부는 오늘 다한다고 열심히 했는돼 그만 새골은 내일로 미루고 오늘 일을 맡치다."
우리 부부 매일 일이 만아서 집에 올 때는 발자욱이 재자리에 들어가지 않은 몸이 계속 대고 잇쓰며 자신은 부인 보고 좀 쉬고 다 목 카도 나는 말을 안 할 태니까 시음시음 하라고 노래을 해도 부인은 일이 처밀려 잇는돼 어떠게 쉬냐 하고 일을 하며 자신이 좀 쉬라고 소리을 쳐며 조금 쉬고 부인 혼자 하며 쉬는 일이 업두록 해도 일끄리는 싸여 잇쓰니 정말 극정이 됀다. 자신도 부인 일이 너무 만아서 이래 두면 안 대는돼 하고 생각은 머리에 차잇찌만 이것이 안대고 잇쓰니 자신의 신경은 부인한태 잇따고 생각을 한다. 가로가 일에 싸이면 가로 생기는 법이니 너무 신경이 쓰이고 잇다. 내 욕심 갈터면 부인 가감해서 몸이 피료 하면 쉬고 그래도 안대면 묵전을 만들고 건강을 위해서 살라같쓰며 하는 욕심밖에 업다. 우리 마을에서는 자신이 논밭을 다 묵전을 만들어도 욕 할 사람 업따고 말을 하고 십다.

"부인 업는 남편 만나서 일레 너무 시달리는 여보을 볼 때에 너무 미안하고 남들은 가늘만 찾아 다니는돼 내 요보는 보닥빛만 골라서 살라 가야 하는 당신 너무 미안하며 그 고마음은 내 생전에는 다 갈지 못하겟다. 남어지 고마움은 어대서 갑파야 하며 이재는 내가 갑필 수 잇는 대까지만 해다오, 요보. 부탁을 하고 십소."

〈2000년 6월 8일 목요일 날씨 흐림〉

오늘로서 포도 비가림을 오전으로서 끝을 냇다. 두리서 비가림을 하로만이 꼭 걸리며 아주 힘 드는 일이다. 그리고 오후는 포도 나무에 양수 작업을 하여보니 수위가 떨어저서 물이 올라오지 않아서 남외 양수기을 빌리서 양수 작업을 해도 물이 올라오지 않아서 결국 양수 작업을 못하고 결국 시간 낭비만 하고 마랐다.

그리고 벼논에 웃거름을 할려고 요소 비료을 12포을 구입을 함.

지출에 … 요소 12포, 라면 1팍스, 비누 6장 계 78,780원

〈2000년 6월 9일 금요일 날씨 비〉

오늘 비는 갑진 비라고 말을 하고 십다. 기상대는 오후부터 개인다고 예보을 하였는돼 개인 날씨에 소낙이가 제법 만이 왔쓰며 이비가 진작 와쓰며 우리 농민들이 을마나 좋아했쓸까 하는 생각까지 더는구나.

"오늘은 벼 웃거름을 하였쓰며 거름 량은 경화네 논 위에는 요소 1포, 밑태 논은 일품벼라서 0.5포 세모논 0.5포 모재리논 일품이라 0.5, 세 논에는 0.9포을 하고 복판에 1포을 하였 두어다. 이번에 쌀맛나 비료는 처음 나온 비료이며 이것을 처음 신청을 받을 때는 다들 단 한 번 비료인줄 알고 비료 구입을 하였는돼 지금 와서 웃비료을 해야 한다고 하며 실찌 성분량이 복합 반도 안 들어잇쓰니 우리 농민들이 속아서 구입을 했따고 본다. 자신도 단 한 번 비료의 종류라고 신청을 하였쓰며 똑같지 웃거름을 하는 줄 알라따면 허른 복합 비료해서 성분량 만치 가격 싸지 일구 양덕을 보는돼 이번에 우리 마을은 다들 쌀맛나 비료을 구입을 그진 다들 하였는돼 우리 마을로 바서 음청난 손실이라고 생각을 하고 십다."

오늘 비로인하여 포도 양수작업을 중단 하였다. 오늘 비는 아주 너전 비라고 하지만 요만하게 비가 와서 천만당행이라고 생각을 한다.

"올해 우리 마을은 수도작은 가뭄이라든지 일기불순으로 피해는 업따고 말을 하고 십다."

〈2000년 6월 10일 토요일 날씨 비〉

오늘은 기상대의 예보와 관계 업시 비가 내리고 잇꾸나. 이번비로 밭작물에 해갈을 면해따고 생각을 한다. 인간의 일력으로 안대는 것은 하늘이 해결을 하는구나. 이 지구상에 어느 한 개도 업따면 살라 남지 않을 것 같트며 이 지구을 생각을 할수록 신비 활뿐이다. 대지을 죽이지 않는 하늘 늙 생각을 하고 십픈 심정 인간이라면 벌서 대지을 죽이고 업쓸끈대 그래도 하늘은 대지을 죽이지 않코 사랑하고 잇따는 것을 이번 비로서 알 수가 잇따고 생각을 하여본다. 나 자신도 하늘이 땅을 죽이지 않코 목마르다면 비을 주고 보닥빛을 원하면 빛을 주고 빛이 실타면 허린 날을 주더시 자신은 만물을 살리는 힘은 업쓰도 내부인 만은 하늘

처름 죽이지 않코 늙 사랑 하며 화분에 화초을 키우더시 온갈 정성을 드리서 키어 가리다.

"오늘은 직파논에 웃거름을 하는돼 1단지 요소 1포을 함. 그리고 서양 바실 4마지기는 요소 1포 5는 한 셈이다."

그리고 건답직파 논에 피살리을 하여쓰며 이번이 마지막 피살리라고 생각을 하고 잇는돼 또 피살리을 활 줄 몰갯다. 올해 건답직파 피살리에 너무 고충이 만아서 이재는 건답직파는 하지 않을 작정이다.

그리고 사과밭에 웃거름으로 요소 1포을 하고 작과 밭에는 유안을 앞밭에 0.5포 끌래밭에 0.5포 한 셈이다. 사과밭에도 유안을 해야 하는돼 점에 잇는 요소을 해서 과일 키우는돼 득보다 손실을 주지 않을까 하고 극정도 이재대는구나.

〈2000년 6월 11일 일요일 날씨 흐림〉

오늘은 서양바실 4마지기에 끌피 줏는 일을 함. 그리고 수도작에는 김매기 하는 일은 끝을 냇따고 본다. 오후는 포도밭 김매기을 하였쓰며 포도밭에 지섬이 너어 만아서 김매기 하기도 급이 나는구나.

〈2000년 6월 12일 월요일 날씨 맑음〉

오전은 포도밭 김매기을 하면서도 힘이 들어서 자신이 김매기을 다한다면 5일은 김매기을 해야 다 할 것 같아서 좀 십게 할려고 내일 제초제 저거을 활려고 김매기 일은 내일 약으로 해결을 할려고 김매기을 접어두고 말랐다.

오후는 참깨 고랑에 김매기을 하였다. 우선 바서는 참깨가 아주 좋다고 생각을 한다.

지출에 … 경유 200리터와 휘발유 20리터,
크라목손 500cc짜리 5병,
라쏘유제 3병.
계 106,000원

〈2000년 6월 13일 화요일 날씨 맑음〉

오늘은 외성보에서 수로에 수초 작업을 할려고 미리부터 날자을 잡아서 부역은 가야하고 해서 오늘 아침 4시 30분에 포도밭 잡초약을 살포을 하로 갈쓰며 잡초약으로 인하여 포도나무에 피해을 주는지는 몰라도 사람이 김매기 할 시간이 업쓰서 잡초약으로 김매기을 대신하고 잇다. 물론 인간이 그만춤 편안 대신 땅 토실 포도나무에 득은 가지 않는 것은 알지만 잡초약 아니면 해결을 할 수가 업다.

"오늘 해장에 잡초약 살포을 다하고 부역을 가는돼 시간이 넘어 바빠다. 약량 22말을 해서 잡초약을 살포을 하는돼 시간이 아주 만이 글리며 오늘 부역만 아니라면 해장에 일적 가서 약 살포을 하는 것도 일하는 돼 큰도음을 주게더라."

"오늘 외성보에서 종일동안 넉들 전역 수료에 수초 작업을 함."

"오늘은 김대중 대통령이 남북 분단 일에 55년만에 양극 최고 지도자가 만나서 통일 문제을 논위을 하로 갈쓰며 그리고 남북이 하나 돼어서 살라 가자고 역설을 하고 잇쓰며 우리 지도자가 통일 하두록 노력을 하자고 이야기을 하며 김대중 대통령과 김정일 국방 위원장과 정상 회담을 잘 대어서 양국간에 어물이 업시 왕래가 대두록 회담이 잘 대어야 한다고 생각을 하여 본다. 이북이 앞푸로 살라 남을라면 개방 정치을 해야 김정일 국방위원장도 살라 남는다는 생각을 하였는지 이재는 남북 회담을 북쪽에서 더 원

하는 것 같다 보였다. 이것이 양국 지도자 회담이 좀 수래따고 생각을 하였본다. 여화튼 이번 해담은 성공이 대리라고 보는돼 김대중 대통령은 국민을 좀 생각을 하고 그리고 우리 경제에 큰 손실을 주지 않는 방법을 선택을 해서 해담을 하여주기 바란다."

〈2000년 6월 14일 수요일 날씨 맑음〉

김대중 대통령이 2박 3일로 북측 지도자와 정상 회담을 하로 가서 성가는 을마나 가저올란지는 몰라도 한국 대통령이 이북에 가서 대우을 받은 것만도 일단 성공을 해타고 생각을 가저보며 이재 서로가 왕래만 한다면 실마리는 푸려저는 법. 김대중 대통령이 큰일은 한 셈이며 이제 실랑민은 한을 풀개 댄 것만은 틀림이 업다고 본다.

오늘 콩씨 너을라고 트랙터 노타리을 해서 경운기로 고랑만 짓어 낱쓰며 오후는 앞밭에 예치기로 잡초 제거을 하는 돼 잡초을 너무 무성하게 자라두록 버리두어서 잡초 제거에 너무 힘이 들어다.

지출에 … 이발비 7,000원, 복숭아 팍스 10장 10,000원, 예치기 오일 2통에 4,000원.
계 21,000원(사과약 외상구입)

〈2000년 6월 15일 목요일 날씨 맑음〉

당산에 콩씨 갈려고 이랑을 만드는돼 힘이 들어쓰며 노타리을 땅이 말라쓸 때에 노타리을 하였쓰며 흙등이가 부드렵개 될 끈돼 땅이 추진대 해서 흙등어리가 만아서 이랑을 만드는돼 힘이 들어다. 앞푸론 땅이 말라 잇쓸때 노타리을 활 끄시며 이재는 노타리을 해도 꼭 확인을 해야 활 껏 같다. 당산에 콩씨 뿌림을 할 때에 이랑을 오전으로서 다함.

오후는 당산포도 2차 적심을 함. 올해는 2차 적심을 다른 해보다 좀 너깨 하였다. 그 위유는 2차 적심을 빨리 하니 포도 순이 넘어 자라서 고랑에 빛이 들어오지 않아서 올해는 좀 너깨 하였본다.

〈2000년 6월 16일 금요일 날씨 맑음〉

오늘오전으로서 2차 적심을 다함. 오후는 마늘 수학을 함. 올해 처음에는 우리 마늘이 좋아는돼 가뭄 때문에 마늘 농사을 망치따고 생각을 한다. 올해 마늘씨도 만이 하였서 마늘이 잘돼어쓰며 마늘 량이 만을 끈돼 그려치 못해서 마음이 안돼꾸나.
(오늘 마늘수학량이 21점이 돼드라.)

〈2000년 6월 17일 토요일 날씨 맑음〉

당산밭에 콩씨 씨뿌림을 한곳에 잡초 안나는약 라쇼 유제 12말의 량으로 살포을 하니 충분 하드라.

오후는 바시내이 참깨 갈란 곳에 참깨약 살포을 하는돼 약 량은 5말인돼 이것으로 반정도만 약 살포을 할려고 개핵을 하였는돼 약을 적개 살포을 하니 다 활 수가 잇쓰다. 그련대 약 살포을 하면서도 너무 적개 뿌린 것이 마음에 걸린다. 자신이 약을 적개 준비을 해서 약 살포을 한것이 마음에 걸린다. 앞푸론 10말용은 준비을 해야 하겟다.

〈2000년 6월 18일 일요일 날씨 맑음〉

부인은 캄벨 포도 알속이가 바파서 운이을 대리고 사과약 살포을 함. 약량은 50말인돼 실지 약 희석한 량은 45말 정도 돼며 그리고 목초액이 좋다고 해서 물 한 말래 목초액 20cc해서 약 살포을 하였다.

오후는 사과밭에 예취기 작업을 하고 그리고 바시네 밭 주위로 예치기 작업을 하였다.

〈2000년 6월 19일 월요일 날씨 맑음〉

부인과 둘리서 포도 알 속는 일을 오늘로서 끝을 냇다. 올해는 포도송이가 바리가 만이 저서 부인만이 알 속는 일을 하여는돼 오늘 만이 포도 알 속는 일을 도와 줌. 그리고 자신의 포도가 바라진 것이 나중에 다들 미어절란지 알송달송한 마음이 더는구나. 자신이 포도송이가 다들 미어진다고 보며 자신이 포도 농사을 잘 짓는 편이 돼는돼 그려치 않으며 포도 농사가 실페가 아니야 하는 생각이 들어간다.

오후 너깨부터는 사과 제적과을 좀 하였다.

〈2000년 6월 20일 화요일 날씨 흐림〉

오늘은 포도밭에 약 살포을 하였쓰며 당산 포도밭도 10말 바시네이 포도 유목에도 10말을 살포을 하여다.

오후는 앞밭태와 말리 사과밭에 잡초약을 살포을 하는돼 말리 사과밭은 옛치기[예초기] 작업을 한지 너무 짤바서 잡초가 들 자라서 문제가 좀 잇쓰타고 보고 앞밭에 잡초는 예치기 작업을 한지가 좀 돼어서 잡초가 너무 잘라따는 생각이 드는구나. 이것도 좀 생각을 해서 약 살포을 하면 잡초 죽이는돼 큰 도음이 돼리라고 생각을 한다.

그리고 작과에 착색양을 2말로 앞밭태와 고래밭태 각각 1말식 살포을 함. 약량은 착색양 20cc 영향제 15g 낙화방제약 20cc 회석해서 살포함.

〈2000년 6월 21일 수요일 날씨 흐림〉

기상대서 오늘부터 장마라고 해서 양 포도밭에 양수 작업을 어{제} 저녁부터 비 온다고 해서 양수작업을 중단 하여떠니 비는 오지 않코 날씨가 무더어서 무엇을 할 수가 업드라.

오늘로서 사과 제적과을 부인과 둘리서 다 한 셈이다. 그래도 빠진 것이 잇깨지만 이제는 그대로 두고 보는 수 밖에 업따고 생각을 한다.

오후는 작과일을 부인혼자 가고 자신은 집 주위 대청소 좀 하여쓰며 대청소 하면서 비지땀을 만이 흙리쓰며 이재는 날씨 더어서 아무것도 할 수가 업개꾸나.

그리고 올해 대석 값이 금값보다 더 비싸다고 말을 하고 십꾸나. 자두 15kg 담아서 100,000만원 넘개 받는 사람이 동네 첫고도 상당이 여르 사람이 돼니 입이 다 벌어지는구나. 그른돼 우리는 나무들이 고목이라서 자두 수학을 활 것이 업쓰니 아쉬운 마음 뿐이다.

“앞푸로는 시간여유가 잇쓸란가 자신이 생각을 할 때는 밀린 일들을 다 했따고 생각을 하는돼 그래도 휴식 업시 해야 하는 일들이 잇는지 두고 바야 하겟다.”

〈2000년 6월 22일 목요일 날씨 비〉

오늘은 아침부터 가랑비가 내리서 마음 놋코 휴식을 하였다. 요즘 좀 휴식을 활려고 마음은 가지고 잇쓰도 맑은 날씨에 휴식을 못하고 일레 시달리왔는돼 오늘 비가 휴식을 하게 하며 오늘 오전은 안전이 휴식을 하고 부인은 참기름 짜로 같쓰며 오후는 자두 수확을 하로 같다가 자두가 익어주지 않아서 부인한태 수확을 하기로 하고 자신은 바시네 참깨 고랑 김매기을 하였다.

올해 자신은 착색약을 2회 살포을 하였는

돼 자두가 익어주지 않는것 같다. 올해 미리 약 살포을 해서 수확을 하고 잊는 사람들은 큰 수입을 보리라고 본다.

〈2000년 6월 23일 금요일 날씨 흐림〉

일적부터 수도작 벼농사가 어떤가 한 밖기 돌라볼라고 고추에 거름 요소 비료을 하고 논들을 한 밖기 돌라보면서 물꼬도 파놓고 자신이 모내기을 동네에서 제일 일적한 것이라 벼가 아주 좋으며 넘칠까 극정도 사실 좀 돼고 잇다.

그리고 무지파 모종할 것이 넘어 적어서 지섬 좀 매서 거름을 조금 하여 두어다. 그리고 바시네이 포도나무 순 묶는 일과 알 속기 작업을 부인과 둘리서 함.

오늘 자두, 조합으로 6짝 줌.

〈2000년 6월 24일 토요일 날씨 흐림〉

오늘로서 바시네이 포도 순 묶는 일과 알 속는 일을 대충 다들 본다고 밧스며 알 속는 작업은 조금 너드라. 외냐 하면 포도송이 좋은 것들은 포도송이가 찌저진 송이가 만아서 마음이 안스러운 마음이 열매 속는 일을 다 하두록 머리에서 살라저지 않는구나.

"오늘 부인과 둘리서 알 속기 작업과 순 묵는 일을 한 셈이다."

〈2000년 6월 25일 일요일 날씨 흐림〉

부인과 둘리서 자두 수학을 하여쓰며 올해는 과일을 수학 량이 적으서 부인만이 자두 수학을 만이 하였다. 그른돼 오늘은 자두수학 하는돼 그들어준 셈이다.

오후는 포도나무 박폐[박피]을 먹이쓰며 오늘 오후에 박폐을 다 먹일라고 열심히 하여는돼 포도나무 껍질을 벗키지 않아서 박폐 먹이는 돼 시간이 지연이 돼드라. 그래서 2줄 남은 셈이다.

〈2000년 6월 26일 월요일 날씨 비〉

오늘 회장에 박폐먹이고 남은 두 줄을 다들 먹이고 자두 수학한 것 5짝을 직파장에 갈다 놓고 장마비가 만이 온다고 해서 감자 수학을 하고 올해 감자씨 2만을 하였는돼 감자 수학을 다하니 매상 푯대로 2가마니가 돼어서 깜짝 놀랏다. 올해 감자 수학의 기쁨은 머라 말로 할 수 업시 기쁘드라.

"오후는 참깨 이랑 김매기을 하다가 포도나무 죽 은곳에 보식을 하였는돼 잘 살란지 몰겟다."

〈2000년 6월 27일 화요일 날씨 비〉

장마비가 내리서 휴식을 하고 오후는 우비을 입고서 참깨 고랑에 김매기 일을 함. 우선 바서는 참깨가 아주 좋다고 말을 하고 십다.

〈2000년 6월 28일 수요일 날씨 흐림〉

오늘로서 자두 수학을 그진 다한 셈이다. 이제 남은것은 이삭뿐이며 자신은 자두나무가 고목들이라 수학이 업찌만 올해 열매가 만이 온 사람들은 큰돈이 돼쓰리라고 생각을 한다.

오전에 부인과 자두 수확을 하다가 조합에 대위원 임시 총회라고 참석을 하여쓰며 우리 조합에서 대위원이 58명 이 사람들을 회위 때마다 식대라고 60,000원 이사 감사 이른 사람들의 일당을 계산을 한다면 그 부담도 적지 않캐 꾸나.

오후는 참깨 고랑에 김매기을 다함. 그 무성한 김매기을 다하고 나니 길에 다니는 사람들이 인사을 하며 다들 깨끗하게 하여 났따고 친송을 하고 잇쓰며 자신이 바도 참깨가 너무 좋치 밭태 지섬이 업찌 보기에 아주 좋다고 말을 하고 십꾸나.

지출에 … 대구 조영차 모친 상예 부주 30,000원

수입에 … 김영남이 노타리값 320,000원, 조합에 회위참여 식대값 60,000원.
계 380,000원

오늘 자두 수확에… 6짝, 2짝, 9짝, 살구 1짝

〈2000년 6월 29일 목요일 날씨 흐림〉

오늘 오전은 형님이 자두 수확을 아직 못해서 부인과 둘리서 도와주는 일을 함. 형님은 과일이 좋아서 자두 수확을 하는돼 수라드라.

오후는 당산포도 밭에 황산가리 2포을 하고 그리고 박폐 먹인 곳에 지오랙스 분재로 물에 타서 박폐 먹인 자리에 발라 주는 일을 하였다.

우리 혜지가 삼베로 한 요대기와 덥는 것을 구입을 해서 시집과 우리 집에 부쳐 준 것을 요줌 우리는 사용을 하여 보니 정말 시원하며 촉감이 그리 좋꾸나. 우리 혜지는 양 집에 다 신경을 쓰니라고 부담이 돼어께꾸나.

〈2000년 6월 30일 금요일 날씨 맑음〉

오늘 예치기로 벼논 주위에 잡초 제거을 할려고 일적 스들어서 예치기 작업을 하여쓰며 예치기도 처음부터 십계 돌라가지 않트니 오전 10시정도 돼니까 예치가 돌라가지 않트라. 그래서 낮으로 보뚝에 잡초 제거을 하였다. 자신이 팔만 아푸지 않으며 차라리 낮으로 예치기 작업을 하는 것이 낫개드라.

오후는 서양바실 4마지기에 거름키가 너무 내리서 오늘 추가로 웃거름을 할려고 1포반을 가지고 같는돼 거름키가 오전보다 더 잇는 것 같다서 거름 양을 0.6포로 줄아서 벼색만 돌리놋차 하고 거름을 생각한 것보다 아주 주라서 한 셈이다.

그리고 오늘 우리 마을에 칠백리 숯불갈비 한다고 세 들어온 사람이 내일 개업식을 앞두고 동네로 돼지을 잡아서 술 재공을 해서 오늘 잘 먹어다.

이곳은 처음 온 사람이 일억 이천 들리서 고기집을 시작해서 장사가 안대어서 음청나게 손실을 보고 집까지 경매 넘어간 그 집에 또 세로 숯불구이 한다고 법석을 부리는돼 극정이 돼드라.

〈2000년 7월 1일 토요일 날씨 맑음〉

오늘 사과약 살포을 하는돼 약량은 45말 양인돼 40말로 약량을 희석 회서 약 살포을 하고 약 5말 난가서 참깨에도 좋다고 해서 참깨 약 살포을 하고 모자라서 참깨약 10말을 희석해서 살포을 하였다.

참깨가 키가 크서 비오면 쓰려저지 않캐나 하는 마음이 너무 쓰여지고 잇꾸나.

〈2000년 7월 2일 일요일 날씨 흐림〉

오늘은 포도 약 살포을 약량 20말로 당산포도와 바시네이 포도 약을 살포을 하였다. 오늘은 약 살포에 날씨가 너무 더어서 고충이 너무 크다.

오후는 바시네이 이차 적심을 하면서 포도 보니까 포도 알맹이에 점이 박혀 잇는 것을 만이 밭쓰며 이것이 잇쓰며 포도 수확은 할수가 업쓰며 그냥 버리야 하는 낭페가 됀다. 이곳을 본 자신은 일 활 의욕이 업쓰서 그만 일을 하든 것을 중단을 하고 부인 포도 봉지 씨우는 일을 못하게 하고 일레 제미로 하는돼 제미가 업쓰서 일을 할 수가 업다.

자신은 갑짝이 흑점이 생기는 위유을 몰겟다. 네일은 열매을 가지고 약방에 문위을 해바야 하겟다.

〈2000년 7월 3일 월요일 날씨 맑음〉

김천시 보건소에 가는돼 운이 예비군 훌련 바두로 가는돼 같치 김천 까지 운이 차로 같쓰며 자신은 아래 장터에서 내리서 신흥 약방에 포도 흑점이 잇는 송이을 보이니 봉사 결핍증이라고 이야기을 하면서 봉사 엽면 시비용을 주드라. 그 약을 가지고 보건소에 가서 혈압{약} 타왔쓰며 혈압약이 한 가지가 떨어저서 지난 달래는 셋 가지인돼 이번 두 가지 주면서 약값은 다 같드라. 이것은 보건소에서 잘못하고 잇다고 생각을 한다. 우리 개인은 돈이 을마 돼지 않키 때문에 여사로 넘어가고 잇찌만 원재가는 말을 하는 사람이 나온다고 바야 한다.

오후는 봉사 결핍증이라고 엽면시비용 10마라 희석해서 오후 6시 30분에 약 살포을 하는돼 시간이 좀 저물드라. 이것을 10일 간격으로 두 번 살포을 하라고 하드라.

지출에 … 혈압약 한달치 5,310원, 버스비 1,400원, 왕복 직행 안행.
택시비값 1,400원, 포도약,
봉사 엽면시비용 3,000.
계 11,110원

〈2000년 7월 4일 화요일 날씨 맑음〉

오늘로서 벼논에 약 살포을 1차로 함. 자신은 벼논에 약 살포을 7月 1日 날 벼논에 약 살포을 할려고 개핵을 하여는돼 자신이 포도 손보는 일 때문에 개핵대로 못하고 오늘이야 부인하고 벼논에 약 살포을 하였다.

〈2000년 7월 5일 수요일 날씨 맑음〉

마을 안길 제방에 잡초 제거하는 부역을 하였다. 오늘 동원 인원은 을마 대지 않는 것 같다. 오늘 잡초제거 하는 부역은 오전 9시 경에 맡치쓰며 생각보다 일적 맡치서 집에 활 일 할 수가 잇쓰따.

오후는 바시내이 포도나무 적심과 순 묵는 일을 함. 부인은 포도송이 봉지 씨우는 일을 함.

"요줌 부인이 찜통더위에 너무 수고을 만이 하는 것 같고 너무 피료해 보이서 마을 숯불갈비 집을 오픈을 한곳이 잇쓰서 오늘부인과 운이을 돼리고 가서 돼지 갈비을 실끈 먹두록 사줄라고 같뜬이 부인과 운이가 고기을 얼마 먹지 않아서 마음이 안돼드라. 나는 부인이 고기을 좀만이 먹어쓰며 아주 좋캐는돼 내 마음에 고기 먹는 것이 마음에 들지 않아서 안쓰러운 마음이 드는구나."

오늘 고기집 주인이 무뚝뚝한 사람이라는 생각이 들며 요즘은 고기집 음식집은 주인들이 아주 상향해야 살라남을 수 잇따고 보는돼 이주인은 고기값도 저름하지 않은 것 같고 스비스도 적은 감이 들어 운영에 힘이 들 것 같다.

지출에 … 불고기값 20,000원

〈2000년 7월 6일 목요일 날씨 맑음〉

수도작에 보뚝에 잡초 제거을 낮으로 다함. 오후는 당산포도 송이에 공점 빼는 일을 함. 오늘 공점을 빼면서 송이가 너무 찬 것을 좀 빼는 일을 하여보니 사람이 오히려 바라 송이[성긴 송이] 만드는 것이 아닌가 하고 손을 돼지 않코 잇다. 포도송이 알 속는 작업은 매년 해도 설으며 어떠개 해야 잘하는지 결정을 못하고 마음만이 불안하구나.
부인은 바시네이 유목에 올해 처음 포도송이가 달린 것에 봉지 씨우는 일을 하고 잇는돼 좋은 송이만 봉지을 씨우는돼 약 800장 씨어따고 이야기을 하는구나. 이것을 봉지을 씨우지 않으며 장년에 쌔래단 포도송이가 햇빛애 다들 디어서 상품을 다 바리기 때문에 올해는 디는 방지을 할려고 봉지을 씨우고 잇다.
"우리 혜지가 시아버지 생신이라고 오늘 김천 도착이 오후 4시라고 하는돼 날씨 덥지 아이을 대리고 올라면 상당이 힘이 들개 꾸나. 그리고 우리 혜지가 매너리 행세을 다 하고 잇는지 늙 염려가 돼고 잇꾸나. 혜지가 시집에 한번 온다고 하면 내 마음이 더 신경이 쓰이고 잇따."

〈2000년 7월 7일 금요일 날씨 맑음〉

오늘은 부인과 둘리서 종일 포도송이에 콩점 빼는 작업을 함. 오늘 콩점 빼면서 포도송이가 터질 것 같은 것은 셋 알 정도 빼다가 지금 알 속는 일은 잘못이 아닌가 하고 생각이 들면 그냥 두고 콩점 빼는 일을 하고 잇다.
올해 포도 농사는 작년보다 못하다고 생각을 하고 잇다. 그른돼 자신의 포도가 작년보다 착색이 빠르지 않나 하는 생각이 든다.

〈2000년 7월 8일 토요일 날씨 맑음〉

오늘은 부인과 둘리서 당산 포도 캄벨 포도송이에 콩점 빼는 일을 함.
자신은 작년보다 못할 일이 업는것 같은돼 부인은 올해 포도 농사가 작년보다 못하다고 말을 하고 잇다.

〈2000년 7월 9일 일요일 날씨 맑음〉

오늘은 형제관키리 개돌부리가 아니고 자신이 개 값을 다 줄라고 순달이 동생한태 개을 구해라고 해뜬이 오늘 개 30斤 대는 것을 오전에 가지고 온다고 해서 자신은 오늘 해장에 근무위에 잡초 약을 5말 살포을 해서 8단지 잡초을 제거을 한 셈이다.
오늘은 개을 순달이가 다들 잡아서 고기만 가지고 와서 우리 집에서는 고기만 삶은 일만 함. 그리고 형님과 형수 종말이 지수씨는 개고기을 먹지 않아서 소고기을 부인이 미리 준비을 해서 소고기 주고 남어지 형제들은 지수씨도 고기을 다 먹고 잇키 때문에 누룽이 고기을 잘 먹어다.
그른돼 내 생각은 오늘 경비 나는 것은 다 활려고 작정을 하였는돼 순달이가 공편 하지 않타면서 한집에 60,000원 식 내라고 해서 오늘 형제관키리 개돌부리을 한 셈이다.
오늘 동생들을 돈을 식키서 어떠개 생각을 할련지는 몰라도 내생각대로 일이 안대어서 마음에 글리는구나. 앞푸로 개을 잡아먹자는 이야기을 할 수가 업따고 본다.
오늘 저녁까지 해장국으로 잘 먹고 갈 때는 국을 나누어서 가지고 가개 하였다.
오늘 개 값이 240,000원."
지출에 개 값 60,000원.

〈2000년 7월 10일 월요일 날씨 비〉

어재 혜지가 시어른 생신이라고 왔따가 우리 집애 들림. 이손주가 만이 자라드라. 손자 놈이 온다고 이야기을 활 때는 시간이 지업두록 보고 십드니 손자 놈을 보니 보고 십다는 그 기다림보다 손자 놈이 집에 와서 내 품에 안기는 기쁨이 기다리는 설레임보다 더 못하다는 말을 하고 십꾸나.

"오늘 오전에 쌍구름 수초 작업을 대신과 합보을 함. 그리고 포도 착색 땡기는 약을 살려고 태성와 김천 농약 방을 한 밖기 돌라밭떠니 홍농약방에 가니까 3회 살포량을 170,000원 달라고 해서 너무 비싸다는 생각이 들어서 약 구입은 못하고 약방만 3곳을 다녀온 셈이다."

오후는 기상대서 카이탁 태풍이 바람과 만은 비가 동반을 해서 피해가 만을 끗으로 예보을 해서 자신과 부인은 참깨 이랑에 줄 천다고 정신이 업두두록 일을 하여쓰며 나중에 노끈이 업쓰서 부인은 시장에 노끈을 사로 같서 노끈 2개을 사와서 밤8시가 넘두록 일을 해서 노끈 쳐는 일들을 다함.

지출에 … 혜지 용돈 100,000원

〈2000년 7월 11일 화요일 날씨 비〉

이번 태풍이 비와 바람을 가진 태풍이라고 피해가 만을 것으로 호들갑을 떨드니 정국에 가뭄 해소만 해주는 효자 태풍이 대고 마라쓰며 이제는 효자 태풍이라고 법석을 부리고 잇다. 이번에 기상대서 빛나간 예보로 국민들은 태풍 피해에 대비을 하는돼 물질적인 피해가 상당이 만아 쓰리라고 생각을 한다. 앞푸론 좀 드 정밀하게 간척을 해서 정학 일기 예보가 돼어쓰며 한다. 아직까지도 기상 예보가 어처구니 업는 예보가 돼어서는 안 댄다고 생각을 하며 이제는 국민들이 기상예보에 움직이고 잇따고 바야하기 때문애 기상예보가 빛나가면 국민들은 그만춤 손실이 따르고 잇다.

"오늘 벼논에 벼가 좋은 곳만 3단지(4마지기)에 키타진 입제약[165]을 살포을 하였다. 한 단지 키타진 2봉식 회서 6봉을 살포을 함."

오후는 콩씨 머드리는 일을 부인과 조금 함. 오후로는 날씨가 너무 더어서 오후 5시경에 들레 가니 일을 할 시간이 업쓰서 일이 제대로 안댄다.

그리고 동신회 계에서 오늘 초복이라고 복땜을 동네 칠백리 숯불갈비집에 복 땜을 함.(경비가 170,000원)

〈2000년 7월 12일 수요일 날씨 흐림〉

당산밭에 콩씨 씨뿌림 한 것이 새들이 다들 먹어서 콩씨 이랑에 콩씨는 더먼더먼 잇쓰서 이것을 대치할려고 콩 씨부림을 하였난 것을 오늘 부인과 둘리서 콩씨 머드리는 일을 하였는돼 콩씨가 적어서 반 정도밖에 못하고 마랐다. 앞푸로는 본밭에 콩씨 씨뿌림을 하는 것 보다 처음부터 콩씨 머드림 활 모종으로 키아서 모종을 하는 것이 안전하리라고 생각을 한다. 자신은 300평 돼는 곳에 100평은 콩씨 미드림이 업쓰서 공지로 일 년을 넌기야 하겠꾸나.

"오후는 캄벨 포도에 약 살포을 함. 당산밭에 10말 바시네이 포도에 10말을 살포을 함."

"이번은 착색을 앞당긴다고 해서 그르모 골도[골드] 엽면시비용을 살포을 함(액스레이약 12cc 희석함(살포))."

165) 키타진 입제는 티오인산계 살균제 농약으로 도열병 방제에 사용되는 약제이다.

〈2000년 7월 13일 목요일 날씨 맑음〉

바시내이 포도나무 순 묵는 일함. 오후는 당산 포도나무3차 적심 하는 것이 우선이라 생각이 들어서 오후는 부인과 둘리서 3차 적심 하는돼 아주 우거진 곳만 적심을 조금식 한 셈이다. 마음 같다서는 적심을 가감하게 만이 하고 십픈돼 포도 착색이 올때는 적심 하는 것이 손예라고 해서 가감하게 적심을 못하고 마랐다.

부인이 후무사 5짝 수확함

〈2000년 7월 14일 금요일 날씨 비〉

오늘은 기상대서 비 온다고 예보을 하였는돼 자신은 기상대는 요줌 거짓말을 만이 하드라. 해서 오늘은 기상대을 무시하고 부인과 둘리서 일적 서들어서 사과밭에 40말 약을 살포을 하고 바시네이 포도밭에 붕사 엽견 시비용으로 10말을 해서 살포을 다하고 집에 와서 정심 먹을라고 하니 비가 내리드라. 비 온다고 기상대서 예보을 해서 약쳐는 일을 표기을 하고 다른 일을 하면 하창한 맑은 낡씨가 돼고 오늘은 비가 와서 자신의 마음을 아푸게 하는구나. 사과 약 40말 하면 돈이 만은돼 이 돈을 다 버리고 사과에 손실을 천다면 눈에 표가 업쓰서 그려치 음청난 손실이라고 생각을 하여본다. 오후는 김천 복지회관에서 포도 엽면 시비용법을 교육을 한다고 해서 우리 마을에서 4명이 참석을 해서 교육을 잘발 아다. 앞푸로 엽면 시비법을 만이 이용을 하리라고 본다.

지출에 … 박페 가위 5,000, 도장지 억재약 27,000, 유애스골드 1봉, 니우리시 1봉

〈2000년 7월 15일 토요일 날씨 비〉

오늘은 아침부터 비가 내리서 혜지 줄라고 정미을 하여쓰며 정미을 하다가 정미기 고에 쌀이 노루부터서 고 수리을 하는돼 상당한 시간과 수고을 만이 하여서 수리을 해서 정미을 하다보니 오전 내 정미 두가만이 한 셈이다.

우리 혜지가 40kg부쳐 주어서 늙 쌀래벌거지 생긴다고 해서 남은 쌀은 시집으로 부쳐주라고 하고 오늘 20kg 만 부쳐 주어다. 앞푸론 20kg 해서 자주 부쳐 주야 하겠다.

오후는 당산 포도나무에 실박페을 먹이쓰며 실박페을 먹이다 낡씨가 너무 좋아서 오후 6시에 도장지 억재 대는약 나우레시와 유예스골 이 두 가지을 물 10말래 살포을 하여쓰며 약량이 두골이 모자라서 이것은 전지가위로 신초 나가는 것을 모두 잘라 버리다 남들은 열매 색이 올때는 순을 자려며 익는 것이 중단대니 이른 말들이 잇는돼 자신이 실흠으로 한 번 실사을 하여밭다.

"사실 지금이 장마라고 말을 하고 십꾸나."

〈2000년 7월 16일 일요일 날씨 비〉

당산포도 나무에 포도 신초가지가 너무 만이 나가서 어재 저녁 니우레시 약과 유예소골약을 물 10말로 약 살포을 어렵개 하여났는돼 어제 저녁애 비가 오드니 오늘 오전까지 비가 내리서 마음이 너무 아푸드라. 약값 27,000원 주고 약 살포을 하였는돼 마음이 너무 아푸드라.

오늘 오전에 혜지 줄라고 쌀정미을 해서 혜지 20kg만 부쳐 주고 마랐다. 쌀에 벌 거지만 안나오며 40kg주도 돼지만 이번은 적개 주어다.

"부인과 둘리서 무지 하로 같뜬이 잡초가

무성해서 김만 매다 왔다."
지출에 혜지 쌀부치는 돼 택배값 6,000원

〈2000년 7월 17일 월요일 날씨 맑음〉

오전은 포도 상자을 분배을 하는돼 시간이 다 같쓰며 오늘 상자 수령 수짜는 3000개 수령해서 다분배함.
오후는 포도 착색약 서타마이신약 10말 량으로 살포을 함. 약량 10말에 액스레이약 10cc희석함.

〈2000년 7월 18일 화요일 날씨 맑음〉

오늘도 포도팍스가 8시에 3,000개가 온다고 전화가 왔드라. 그래서 잠쉬라도 자신의 일을 할려고 아침 일적 포도나무 박페을 먼저 번에 반은 먹이고 반은 남겨 두어든것을 오늘 오전 8시까지 다 활려고 일적 시간을 내서 계핵대로 박페을 오늘 오전으로 끝을 냇다. 이번 박페는 실박페라고 한다.
자신은 포도팍스가 8시에 도착을 한다고 전화가 와서 자신은 시간을 지키는돼 포도팍스 실은 차는 11시경에 도착을 해서 낮참에 분배을 하는돼 힘이 들어따고 말을 하고 십다. 이 복더위에 비지땀을 흙리는 이유는 자신이 작목반 반장이라서 책임의 하나로 땀을 흙리고 잇쓰며 앞푸론 앞장 스는 일은 안해야지 하는 생각이 더는구나.
그리고 포도팍스가 현재까지 들어온 것이 8,000개 들어왔따고 생각을 한다.
오후는 부인과 둘리서 후무사 4짝 수확을 해서 용만 대전천과 가는돼 부치고 자신은 이삭거름을 들래 같뜬이 논에 물이 업쓰서 6.5돼지기만 이삭거름을 하고 마랐다. 오늘 이삭 거름 량 복판에 0.5포하고 세 논에 0.9포을 한 셈이다.
지출에 이삭기름 잡초약 건삼이 7병 태프 1개. 계 46,000원

〈2000년 7월 19일 수요일 날씨 비〉

오늘은 서양바실래 4마지기에 어재 저녁에 물을 너어나서 오늘 회장에 나가보니 물이 조금 적은돼 기상대서 비가 만이 온다고 해서 물을 일적 띠어다 자신은 적은 물래 거름을 하여노어며 비가 와서 논물이 맡두록 하여든다는 것이 비도 오고 오늘 오전에 포도 상자가 오늘 3,000개 오는 바람에 포도 상자 분배을 하여주고 포도 상자을 자신이 700개 신청해서 이것을 부인과 둘리서 부인과 둘리서 경운기로 집에 실어 드리는 일을 함.
그름 오늘로서 10,820개을 안전이 수령을 함.
오후는 비가 와서 휴식을 하다가 토기 풀떠오는 일과 대신 강신규 포도밭을 구경을 하여쓰며 강신규 친구는 착색 당기는 약슨 살포을 한 적이 업따고 말을 하드라. 그른돼 우리는 매년 복합비료 엽면 시비용을 사용하고 잇다.
지출에 … 포도팍스 가지고 오는 기사들 음료수 1,500원

〈2000년 7월 20일 목요일 날씨 흐림〉

오늘은 조합의 주선으로 우리 마을은 자신과 4명이 부산 청과 부산 농협 공판장 부산항도청과 이 셋 곳을 견학을 하여쓰며 이 셋 곳 공판장은 하나 같이 똑같드라. 오늘 장목반이 구성이 된 곳만 25명이 견학을 하였는돼 오늘 여행은 아주 절거어고 서로 정보 교환 기술 교환을 아주 만이 한날이라고 생각을 하며 이른 일들은 자주 잇쓰서 자기들 기술을 서료가 교한이 돼어 포도 농

사 짓는 돼 보탬이 돼어쓰며 한다.
오늘 우리 마을은 4명이 참석을 하였는돼 앞푸로 여로 사람을 대리고 가야 하겟는돼 우리 마을은 돈이라도 준다면 서로 갈려고 아우성을 쳐개찌만 그려치 않코 자신한태 집적 득이 돼지 않는 일은 참석을 아주 끄리는 마을이라고 생각을 한다. 이른 마을들은 앞쓰서 일하는 사람이 큰 고충을 받고 잇따고 본다.
지출에 … 드링크 순달와 3개 2100,
냉수값 700. 계 2,800원

〈2000년 7월 21일 금요일 날씨 맑음〉

오늘은 상갓집에 갈려고 해장에 이삭거름을 서양 바실 4마지기와 경화네 목판에 3마지기에 이삭거름 엔캐이 거름을 서양바실 4마지기는 20kg 약 1포을 하고 경화네 목판 3마지기는 벼가 너무 좋아서 0.5포도 못했따고 본다. 오늘로서 자신이 짓고 잇는 벼논 3필지 말고는 이삭 거름을 다했다.
오늘은 칠성이 부친 상당해서 일은 거들지 않아도 오늘 종일 상갓집에서 시간을 다 보냇다. 칠성이 형제가 4형제라도 손님도 만코 꽃도 상당이 만트라. 사실 꽃다발은 그치리인[겉치레] 셈이다. 앞푸로 허영, 그치례 이른 것은 억제을 해야 하는 국민이 대어야 우리도 잘사는 국민이 돼지 그려치 않코 가시하는 행동은 자제들을 해야 돼는 국민이 돼는돼 이것들이 언재 시정이 됀단 말인가. 가슴 아픈 일들이 너무나 만타.
지출에 … 편지 봉투 1묵끔 1,680원.
수입에 … 트랙터 노타리값 105,000.
부위금 … 태성이 부친 별세에 부주
30,000.

〈2000년 7월 22일 토요일 날씨 맑음〉

오늘은 태성이 부친 운상 하로 갇다가 사람이 넘어 만아서 우리또래는 그진다 호상꾼이 돼어쓰며 형제들이 만으니 밑태 일할사람이 넘어 만트라. 오늘 절먼 아들 일하는돼 너무 더어서 고충이 만앗다. 오늘 더위바서는 열대지방은 고온으로 열사병으로 죽는다고 텔레비전에 자주 방송 대드니 오늘 그른 실감이 들어다. 다들 더어서 죽개따는 소리가 자자 하드라.
오늘 오후는 기상대서 오늘 저녁부터 비가 만이 온다고 예보을 해서 부인과 둘리서 참깨 쓰러짐을 방지하기 위하여 부인과 둘리서 노끈으로 동여 매는 일을 땅그미가 저두록 하였다. 이재는 여관 바람에도 견딜 수 잇두록 끈으로 보광을 하여 두어다.

〈2000년 7월 23일 일요일 날씨 비〉

이번 비는 중부지방에 폭우가 내리서 인명피해가 사망 9명 실종이 6명이 났따고 방송이 돼며 앞푸로도 피해 면적이 더 늙어날 것으로 보고 잇쓰며 오늘날까지 연중 비오는 것을 바도 우리 지역은 늙 비가 적개 와서 비 피해는 그워 업따고 말을 하고 십다.
그리고 몸이 피로해서 비도 오지 오늘은 마음 놓코 푹 실라고 오전 내 거실래서 딍굴고 잇쓰니 육체적인 고충은 더 오고 온몸이 들쑤시고 해서 이르다가는 정말 몸살이라도 날것 같다서 오후는 시지도 않코 채소밭 김매기 하로 갇쓰며 가랑비가 오니 덥지도 않코 김매기 하는돼 아주 좋은 날씨라고 말을 하고 십꾸나. 오늘 오후에 아주 무거운 몸을 채소밭 김매기로 몸을 안전이 푸르따고 말을 하고 십다.

〈2000년 7월 24일 월요일 날씨 맑음〉

오늘은 참깨약 살포을 함. 약량은 15말. 약은 살충제 데시스, 리도밀, 안태라골 셋 가지을 살포을 함.

오후는 앞밭에 잡초약을 18말 희석해서 살포을 하여보니 약이 생각보다 적개 들어가서 사과밭에 까지 잡초약을 살포을 하게 돼어쓰며 사과밭에는 생각지도 않아는돼 잡초약을 살포을 하게 대어서 마음이 그리 깨운감을 너켜다.

"우리 혜영이가 이번에 선을 받는돼 또 성사가 안대어쓰며 혜영이는 이번에 선본 사람은 마음에 드는 마음이 보이는돼 인연이 아닌지 성사가 돼지 않아서 마음이 안스러운 감이 잇다."

"아버님 어머님 순덕이 둘째 딸 혜영이가 선을 만이 바도 성사가 안대고 잇씀이다. 아버님 어머님이 우리 혜영이 결혼을 하두록 도와주십이요. 순덕이 힘으로 상당이 힘이 들고 잇내요. 순덕이는 아들딸 결혼은 십계 다 활 줄 알라는돼 마음과 다르다는 것을 알라쓰며 자식들의 짝문제보다 더 힘드는 일은 업따고 본다."

〈2000년 7월 25일 화요일 날씨 맑음〉

오늘은 참깨 주위로 잡초가 넘어 만아서 낫으로 잡초 제거을 하여보니 날씨 덥지 땀은 눈으로 더가지 이것들을 참고 일을 할라니 육체적으로 너무 개렵드라. 그래서 내일 잡초 약으로 해결을 할려고 잡초 제거을 조금 하다가 내일로 미루고 마랐다.

"오늘 부인은 사과 아우리 수확을 하는돼 도와쓰며 오늘 사과 첮 수확이며 우리는 아우리 사과가 잘라서 만이 수확은 못하고 6상자만 겨우 한 셈이다."

"성운이 이번에 형님 소개로 엘지 실트론에 내일 면접을 보는돼 이번에 잘대어서 이 회사에 취업이 돼어쓰며 하는 마음 간절하구나."

"운이가 지금 다니고 잊는 회사는 삼성 협력 업체라서 장기적으로 몸담기는 문제가 잇따고 생각을 하며 그리고 큰 회사에 정식 직원이 돼어야지 그려치 않코 협력 업체는 일래 리덤이 업시 일을 식키고 잊키 때문에 몸담고 생활하기는 힘든 회사라고 생각을 한다."

"운이 내일 면접 보는돼 정말 돼어쓰며 하는 마음뿐이다."

〈2000년 7월 26일 수요일 날씨 맑음〉

오늘은 포도작목반 임시총회을 하여쓰며 안끈은 올해는 잇탈자가 업두록 서명 날인을 바다서 그래도 잇탈자가 잇따면 작목반에 제명을 하자고 결위을 하였다.

"우리 마을은 한공판장에 전원 다 출하 한다는 것은 너무 어로운 말이라고 말을 하고 십다. 지금 세대로 본다면 당연이 공동 출하을 해야 개인적으로도 보탬이 대는돼 이곳을 모르고 잇는것 너무 안타가운 일이다."

"오늘 작목반 임시총회을 하여는돼 참석을 아니한 자가 만아따는 것 이것은 단체가 안대고 잇따는 것, 우리 마을은 공동일은 갈수록 힘들며 앞쓰서 하는 사람만 힘이 들고 잇다."

지출에 … 화장지, 킬라 5,600원

(당산포도) 포도약 약 살포을 하는 시기다. 약량은 10말

〈2000년 7월 27일 목요일 날씨 맑음〉

바시내이 포도나무에 약 살포을 하는돼 참

깨 나무가 너무 크서 포도에 약 살포을 하는돼 고랑 하나하나 약 살포을 하는돼 상당이 힘이 들며 약 살포 시간이 아주 만이 글리며 이른 고충을 잇따는 것을 미리 알라쓰며 참깨을 갈지 않는돼 앞푸로 약 살포을 활 때마다 고충을 당해야 하는돼 생각을 할 때에 극정이 돼는구나.

"오후는 아포본소에 가서 수도작 병회충약 가지고 오고 사과약 살포을 할 때가 돼어서 겸사겸사 약을 수도작 사과약 잡초약 여르 가지을 가지고 와서 수도작에 14마지기에 약 살포을 하였다."

"오늘도 불빛 더위라서 논에 약 살포을 부인과 둘리 하는돼 상당이 힘이 만이 들어다." (오늘 약값은 외상 구매을 함.)

〈2000년 7월 28일 금요일 날씨 맑음〉

오늘 오전으로서 수도작에 약 살포을 2회 방제을 한 셈이다. 앞푸로는 오전에 약 살포을 하는 것으로 노력을 해야 하겟다. 오후는 6시에 가도 비지땀을 흙리면서 약 살포을 해야 하니까 약 살포는 오전으로 해야 하겟다.

그리고 사과 약 살포을 15말 약 살포을 끝을 냇다. 올해 사과가 탐스러운 감이 업고 사과가 아주 잘다는 생각을 한다.

오후는 당산포도에 포도착색 당기는 약을 살포을 마지막으로 살포을 하였다. 포도 착색 당기는 약들이 다들 4종복비드라. 이것이 착색이 도음이 잇는지 알 수가 업쓰며 이른 복비가 외국에 수입을 해서 비싼 가격으로 팔고 잇쓰니 우리 농민들이 한업시 속고 잇는 것이 아닌가 하고 의심도 가고 잇다.

"이재 약 살포는 대충 다한 것인가 사실 매일 약통을 실고 다니기에 동민 보기에도 미안 활 정도다."

"오늘 형님 소개로 운이가 첫 출근을 하여쓰며 회사는 옐지 2공장이라고 하는돼 운이 말로는 별로 좋은 너킴이 업쓰보이드라. 하는 일들은 마음에 차지 않는 일이 돼련지 몰라도 시간이 흐르며 조금 나저리라고 생각을 한다."

"이번에 출근 하는 돼까지는 형수의 부탁이 크따고 생각을 한다."

지출에 … 작과 상자 값 100개 =
125,000원

〈2000년 7월 29일 토요일 날씨 맑음〉

오늘은 동기생 계을 구성 계곡에서 염소 돌부리을 함. 오늘 동기생이 13명이 참석을 해서 염소구이을 하는돼 맏은 별로인 것 같뜬돼 개곡에 물이 좋아서 오늘 모임은 좋아따고 말을 하고 십다.

오늘 주대값이 430,000원 났는돼 이 개곡에 사람인파가 개곡에 들어쓸 때도 업두록 사람이 만아는돼 이 개곡에서 돈을 쓰는 것을 생각을 한다면 음청난 돈이라고 생각을 하며 이 마을에서 겨울 정비을 해서 사람의 휴식쳐을 만들어주고 음식점을 하고 잇는 사람들은 화장실을 수세식으로 해서 가족단위로 온 관광객을 불편한 점이 업두록 해서 관광 수입만 해도 큰 소득이 돼리라고 생각을 한다.

지출에 … 개 회비값 30,000원

〈2000년 7월 30일 일요일 날씨 비〉

오늘은 부인이 포도 수확을 하여쓰며 오늘 포도 수확은 태풍 6호 볼라벤이 올라온다고 해서 포도 익은 것을 수확을 하지 않으며 다들 터진다고 수확을 하는돼 비을 마저면서 포도 수확을 하였다. 이번 태풍이 수라게 지나가야 하는돼 그려치 않으면 포도 농가에 큰 피해을 주게 됀다. 제발 포도농사 망치지 말고 조용희 지나 같쓰며 하는 바람이다.
오늘 포도 수확은 20짝을 함.
혜영이는 휴가을 어드서 오늘 서울 저 언니 한태 같쓰며 이 아빠는 수면도 부족할 끄며 몸 피료도 만이 싸여 잇쓸끈돼 그 피료을 집에서 풀어쓰며 좋께는 그려치 않코 몸 피료을 더는 일을 하고 잇는 것이 마음에 걸리고 잇다.

〈2000년 7월 31일 월요일 날씨 비〉

오늘은 비가 내리고 해서 혈압약을 일적 타 와다. 정식으로 약을 타는 날은 4일 정도 남아 잇는돼 날이 좋으며 포도 수확을 하기 때문에 시간이 업쓸 것 같다서 오늘 아무 일도 못할 때 김천보건소 가서 약을 1달치 타옴.
이번 태풍이 포도, 사과, 참깨, 고추 이른 작물은 다 죠지는가 하고 염려을 만이 했는돼 당행이 동해로 빠저 가서 우리 지방뿐 아니라 우리나라 전체도 태풍 볼라벤은 피해을 주지 않아따고 생각을 한다. 앞푸로 태풍이 1개 남아 잇따고 생각을 하는돼 이것만 잘피가면 우리 농민은 대풍년을 마지할 끄라고 생각을 한다.
오후는 부인은 포도 수확하고 자신은 사과밭 뒤도 쳐는 일을 함.
지출에 … 버스비 값 1,500원, 혈압약
1달치 9,820원. 계 10,320원

〈2000년 8월 1일 화요일 날씨 맑음〉

오늘도 부인과 둘리서 포도 익은 것 만 골라서 수확을 할려니 힘이 더는구나. 올해는 포도 익는 속도 빠르다는 생각이 돼는구나.
오늘 포도수확 41짝.

〈2000년 8월 2일 수요일 날씨 맑음〉

오늘도 포도 수확을 하였쓰며 오늘 포도 수확하는 돼 형수가 도와주어서 포도 수확을 만이 하였다.
그리고 포도밭 잡초약 살포함. 약량은 14말 살포.
오늘 포도 수확량 부산공판장46개 〉 계 70짝
서울구리 24개

〈2000년 8월 3일 목요일 날씨 비〉

이비가 자주 올라고 한다. 포도 농사짓는 사람은 비가 만이 오면 치명적인 타격을 받는돼 이 비자 자주오고 잇쓰서 포도 수확에 마음에 조마조마 하다 비가 오지 않아도 포도 알이 터지곤 하는돼 비가 오고 잇쓰니 그리 마음이 타고 잇다. 그리고 오늘도 부인과 둘리서 포도 수확을 하여쓰며 오늘은 포도 익지 않아서 을마 수확을 못해다. 이 날씨가 모닥빛이 나야 포도가 포도 잘 익어주는돼 그려치 않코 흐린 날씨 그려치 않으며 비가 오고 잇쓰니 포도 익어주지 않는다고 본다. 우리 포도농사 짓는 사람 바서는 날씨가 이달 중순 까지만 맡은 날씨만 돼어준다면 노력의 대까을 받을 수가 잇따고 보는돼 외가 타는구나.
"내 부인은 포도 수확만 하면 야관 작업 때문에 잠을 못 이룬다. 어재 밤에도 밤 2시까지 선별을 하여찌 오늘도 밤 7시까지 선별을 하여찌 자신은 죽어도 야관 작업을 오래 활수도 업쓰며 췾날도 조금 그들다 잠 못 익기서 미안 마음으로 혼자 더 잣쓰며 오늘도 어재의 미안함 때문에 포도 선별을 다하고 같이 잠자리에 드갈라고 작정을 했는돼 마지막 4상자 두고 그만 잠자리에 들어같쓰다."

"사람이 일을 활 때는 한번식 해야 하는돼 자신은 너무 욕심이 업는 것이 아닌가 자신이 너무 변해는가 자신이 생각해도 돈에 욕심이 넘어 업따는 너킴이 들고 잇다."

내 부인은 자신과 적반대의 마음이다. 부인은 돈 욕심도 많코 시기심도 만은 사람이며 생활력은 대단한 사람이라고 인정을 하며 이련 사람이 남편이 일을 소월이 하면 일얇 안다고 잔소리를 들어 하고 잇는돼 이 사람은 늙 자신은 쉬개 하고 내 일을 다해 줄라고 하는 마음이 늙 잇는 것이 아니라 일평생 그 마음이 변화지 않코 잇쓰며 자신한태 시집 오든 그날부터 하늘 같이 생각해주는 부인 무어라 말로 표현을 할 수가 업꾸나."

"앞푸론 부인을 위해서 남은 여생을 살라가야 부인의 고마음을 아주 적은 대까라도 갑는 것이라고 생각을 하며 이재는 내 부인을 내 남편이다 하고 성기면서 남은 여생을 살라도 부인의 고마음을 만 분지 일도 갚찌 못한다고 생각을 한다."

여보 내 머리는 당신의 고마음은 늙 곽 차 잇지만 너무 미안하게 생각을 하고 잇쑈. 여보 정말 고마어. 당신의 남편 순덕이가. 포도 수확량 53짝 함.

〈2000년 8월 4일 금요일 날씨 비〉

포도 농가 한태 치명적인 타격을 주고 잇는 비 너무 원망 스렵꾸나. 이번 비가 오지 않코 해맑은 날씨가 대어 떠라면 포도 농가에 큰 이익이 될땐돼 비 때문에 포도 농가가 울상이 대고 마랐다. 자신은 이번비만 아니면 콧노래 불어 가면서 포도 수확을 활 끈돼 너무나 아쉬운 마음을 지울 수가 업꾸나.

오늘은 비 때문에 휴식을 함.

(포도 출하한 것 26짝 함.)(어재 것)

〈2000년 8월 5일 토요일 날씨 비〉

오늘은 정국에 청과는 휴일이라서 그리고 비가 내리서 휴식을 하고 오후는 부인과 둘리서 포도 수확을 하였다. 그리고 올해는 포도 터지는 것이 그위 업쓰니 포도 선별도 수라며 포도 품질도 아주 좋다고 생각을 한다.

〈2000년 8월 6일 일요일 날씨 비〉

오전은 포도 선별 하는돼 형수도 도와 쓰며 어재 저녁에 부인이 30짝 선별을 했는돼도 오전에 35짝 선별을 하는돼 시간이 바빠쓰며 12시에 직지사 혜지 시집에서 아이돌을 한다고 형수와 우리 부부 해서 3명이 사위차로 영우 돌잔치 참석을 하였쓰며 이미 잔치는 꼍을 내고 손님만 밭고 잇드라.

"혜지 시아버지, 시어머니 다들 좋은 분이며. 우리 혜지만 잘한다면 사랑 밭고 살겟드라."

포도수확 65짝.

지출에 … 혜지 아들 돌잔치애 300,000원

〈2000년 8월 7일 월요일 날씨 맑음〉

오전은 포도 어재 수확을 한 것을 선별을 해서 출하을 할 수 잇두록 하였노꼬 오후는 포도 수확을 해서 부인이 야관 작업을 해서 선별을 반은 한다. 부인 포도 수확을 할 때는 야관 작업 때문에 밤잠이 적으서 더 힘이 든다. 자신이 색망이 아니면 부인이 야관 작업을 안해도 을마든지 돼는대 내가 선별이라든지 포도 수확을 못하고 잇쓰니 하나에 열까지을 부인이 다 해야 하니 부인의 고충은 너무 크다.
이것을 다 아는 남편으로서는 마음의 고충은 말로 다할 수가 업는 고충이 따려고 잇다. "남편으로서 부인의 고충을 알면서 들어 주지 못하는 그 심정 정말 미안하며 내 마음은 따는 아품이 잇다. 부인 정말 미안해."
포도 수확 48짝.

〈2000년 8월 8일 화요일 날씨 맑음〉
부인과 둘리서 포도 수확을 하여쓰며 금년에는 포도 알이 아직 터지는 것이 업쓰서 너무 좋으며 작년에는 이맘때는 터진 포도알이 비료푸대로 한나식 대어는돼 올해는 터진 알이 혹 잇쓰며 오늘 날까지 포도 농사을 짓어와도 요르깨 맑개 포도 수확은 처음이라고 말을 하고 십다.
오늘 포도 수확량 72개.

〈2000년 8월 9일 수요일 날씨 비〉
올해는 포도 안 익어서 별도 착색을 사용을 하지 않아도 대개쓰며 매년 마지막 당개[단계]는 수확을 올캐 하지 못하는돼 올해는 너무 깨끗하게 포도 수확을 할 수 잇쓸 것 같텨며 수확도 제일 만이 하지 않을까 조심스렵개 기대을 하여본다.
그리고 혜지가 남편의 회사에 포도 선물을 해야 한다고 해서 두 상자 택배로 부치두록 줌.
오늘 포도 수확량. 33개는 당산에 수확. 7개는 바시네이 밭태서 첫 수확 함.
계 40개.

〈2000년 8월 10일 목요일 날씨 비〉
지금 대다수가 포도 수확을 이재 하고 잇는돼 자전 소낙비로 포도 피해 줄까바 극정이 크게드라. 자신은 포도나무 가지 비누류 씨운 사람들은 그진 수확을 다하고 잇쓰며 일부 사람은 수확을 끝을 낸 사람도 잇는돼 이재 막 수확을 하고 잇는 사람들은 상당이 부란 하리라고 생각을 한다.
오전은 선별을 해서 출하을 하고 오후는 형수가 와서 도와줄라고 하는돼 비 때문에 포도 수확을 조금 밖에 못하고 집우로 돌라오고 마랐다.
오늘 포도 출하한량 44짝.
수입에 … 건답직파 파종값 160,000원

〈2000년 8월 11일 금요일 날씨 맑음〉
오늘도 부인과 둘리서 포도 수확을 하여쓰며 자신도 포도 수확은 그의 다하여따고 생각을 한다. 앞푸로 남은 포도는 40정도 남아 잇따고 생각을 한다.
올해는 포도 수확을 아주 양호하게 하였따고 생각을 한다.
오늘 포도 출하량 37짝.

〈2000년 8월 12일 토요일 날씨 맑음〉
오늘 사과 약 살포을 함. 자신이 장마 기관에 두 번이나 약 살포을 하고 나면 비가 와서 마음을 아푸게 하였는돼 오늘도 사과약 살포을 하여는돼 저녁에 소낙이가 내리쓰니 금년에 사과에 탄저[166]가 만이 오면 어

166) 탄저병은 통상 작물, 야채, 화초, 과수, 수목 등 유용식물의 잎, 가지, 과실, 종자 등에 발생하는 병으로

떠게 하나 하고 마음이 불안하기 짝이 업꾸나.
오늘 사과 약에 탄저가 극정이 돼어서 네와 소진 약을 약량 42말래 800cc희석을 해서 살포을 하였다.
포도 출하 37짝.

〈2000년 8월 13일 일요일 날씨 맑음〉
오늘 자신은 배추, 무우 파종을 함. 부인은 포도 수확을 하여쓰며. 오늘은 동생, 누님한태 포도 선물하였다.
그리고 남들은 낡씨가 너무 뎁따고 배추 무우 파종을 뒤로 미루고 잇는돼 자신은 땅이 추질 때에 파종을 하는 것이 낮찌 않을까 하고 파종을 하고 마랐다. 그른돼 남들이 아무도 않아고 잇는돼 자신만이 가감하게 파종을 하였찌만 사실 파종에 실폐가 돼지 않을까 하고 극정이 됀다.
오늘 포도수확 27짝.

〈2000년 8월 14일 월요일 날씨 맑음〉
농촌 지도소는 벼삭이 한두 포기 출수을 하그든 목도 열병 방재을 하라고 하든돼 이미 출수 한 것이 넘어 만으며 어뜬 필지는 다 출수을 하여드라. 그른돼 자신은 도열병 약[167], 밧사, 문고병[168]약 이 셋 가지을 혼합해서 오늘 약 살포을 하였다.
그른돼 벼이삭이 출수을 만이 해서 벼에 지장이 잇찌 않을까 하는 생각이 더는구나.
약 살포면적은 11마지기 하였다.
그리고 대신 정정수가 운명을 하였다고 부고가 와서 오늘 저녁에 상문을 하여쓰며 생각보다 손님이 만드라. 이 양반은 술타령으로 세상을 터났다고 바야 한다.
지출에 … 부위에 30,000원

〈2000년 8월 15일 화요일 날씨 맑음〉
오늘오전으로서 벼논에 병충 예방 다 했쓰며 자신이 도열병 빔을 벼이삭이 한두 개 나올 때에 도열병을 방제하라고 하는돼 벼논에 이삭이 3분지 일은 반 이상 출수을 하였는돼 약 살포을 해서 수확에 손애가 돼지 않을까 하는 생각이 머리에서 터나지 않는구나.
오후는 날씨가 너무 더어서 오후 내 시다가 오후 6시경에 돼어서 서양바실 4마지기 피살리을 하였다.
오늘 날씨가 너무 더어서 오후는 1시간 30분 정도 밖에 일을 하지 않아다.

〈2000년 8월 16일 수요일 날씨 비〉
오늘로서 당산 포도 수확을 다한 셈이다. 앞푸로 남은 포도는 위우지와 나누어 먹고 그리고 올해는 포도 알리 터지는 것이 업시 아주 맑끄미 수확을 해서 시장에 출하 하였쓰며 올해 처름 맑끔이 출하 한해가 업따고 보며 올해는 돈도 만이들 하여따고 보며 자신뿐 아니라 포도 농사을 짓은 사람들은 다들 기쁨을 가짓따고 생각을 하여본다.
오후는 참깨 농사을 망우리 약 살포을 잘못해서 마음 찬 참깨 수확은 아니였따고 생각을 한다. 자신이 마지막 직전 까지는 자신

잎과 과실 등에 병반을 만들며 후에 병반에 점질물이 생성된다.

167) 도열병은 벼가 잘 자란 뒤에 잎과 줄기에 박테리아가 생겨 잎줄기 등을 해치는 병이다.

168) 문고병은 잎집무늬마름병이라고도 하며 주로 잎집에 담자균류가 기생하여 회색의 얼룩무늬가 생기고 차츰 잿빛을 띤 흰색으로 변하여 시들어 죽는 병이다.

의 참깨가 아주 좋아뜬 참깨 농사였는돼 수확을 하여보니 마음애 찬 수확이 아니였따고 생각을 한다."

〈2000년 8월 17일 목요일 날씨 비〉

오전은 참깨 쪼바리[줄기] 묵는일을 하였쓰며 이것도 오늘 11시에 칠산 염소 보신탕에서 동신회 정기 총회 한다고 오전에 일도 못하고 자신은 염소 돌부리 한다고 나와 버리쓰며 자신은 칠산에 염소 꾸이 하는 것은 이번에 알라쓰며 현장을 와보니 하오스이며 장사을 하겟따고 노력은 만이 한 것이 보이며 장소는 좋은돼 들어오는 길목이 농로 길이라서 너무 죠바서 큰 문제가 잇따고 생각을 한다.

"오늘 염소 구이 한 것이 얼마 돼지 않는것 같트며 음식이 너무 비싸다는 생각이 더는구나."

"이번에 남북 이산가족 상봉을 하는돼 5년만 당기서 했드라면 좋아쓸 끈돼 너무나 백발이 돼어서 보는 이의 가슴을 아푸겟 했따고 생각을 한다."

"지출 … 동신회에서 염소꾸이하고 마을에 와서 소주 한자 하고 갈려고 해서 자신이 술을 샀뜨니 9,000원이 더가드라."

지출에 … 9,000

〈2000년 8월 18일 금요일 날씨 맑음〉

오늘 참깨 수확을 부인과 둘리 하였쓰며 자신이 참깨 수확을 좀 너저따고 생각을 한다. 참깨는 좀 일적와 해야지 참깨 수확에 적키라고 생각을 한다.

이번에 참깨 수확을 시간이 업쓰서 수확 적기을 노치서 그려치만 오늘 참깨 수확을 하는돼 참깨 알이 쇼다저는 것을 보니 마음이 아푸구나.

〈2000년 8월 19일 토요일 날씨 비〉

오늘 조합에서 포도 밖스로 5kg 짜리로 출하을 하여 주면 9,000원 준다고 해서 자신이 신청을 밭아 보니 상당이 여르 상자가 나오드라. 그래서 밖스 500개만 달라고 하여서 우리 마을에 500장이 나와쓰며 이것을 부회장과 반원 1명 해서 나누어 주라고 하고 자신은 포도 실어로 갈뜬이 서로가 만이 가지고 갈라고 아우성 쳐며 질서가 업따면서 나누어 주지 못하고 자신만이 기다리고 잇드라. 그래서 아무도 가지 말라고 하였놓고 수짜가 만은 사람 상자을 빼어서 업는 사람 주고 수짜가 적은 사람의 우선으로 나누어 주고 해결을 식키고 마랐다. 부회장 달희 말이 너 대단하다. 작목반장 걸빨 대단 하구나 하고 이야기을 하드라.

"오늘 돈에 아우성. 정말 대단하다는 너킴을 밭앗다."

"오늘 부인은 포도 수확을 하고 자신은 참깨 수확을 하였다."

"오늘 포도수확 5kg짜리로 37짝."

〈2000년 8월 20일 일요일 날씨 비〉

참깨 깨죠바리 묵는 일을 하고 어재 5kg밖스 포도 부치고 남은것 2상자 가지고 남외 부역을 만이 하였다. 자신이 작목 반장이라서 송장 쓰다보면 망우리까지 하여야기 때문에 남의 일을 만이 하기 됀다.

공동일에 책임자가 아무래도 노력을 만이 해야 돼고 노력을 하지 않으며 무능한 사람 돼고 고충과 자신의 돈도 들어가게 마련다. 오늘 소낙비로 상당이 만이 온 비라고 생각을 한다.
지출에 … 민성이 마지막 휴가 왔따고 집에 와서 용돈 50,000원 줌.

〈2000년 8월 21일 월요일 날씨 맑음〉
올해 바시네이 포도 처음 수확을 오늘 4짝 수확으로 끝을 냈다. 자신의 생각보다 적은 수확을 하여쓰며 자신이 작년에 선발포도 나무을 심어서 올해 총 수학이 32짝이며 가격도 너무 싸게 내서 비누류 멀칭값 약값을 다 따지면 실수익은 업쓰리라고 본다.
"오늘 자신은 배추가 잘나지 않아서 제파종을 하였쓰며 배추 파종도 한더위을 피해야 돼겟따는 생각을 하며 자신이 배추 파종을 남들보다 빨리 해서 배추 씨가림이 돼어따고 생각을 한다."
오후는 바시네이 포도 골랑에 배추씨 파종을 하였쓰며 배추을 갈라서 잘대면 혜지 시집에 장사을 하기 때문에 배추가 만이 필요할 것으로 보고 배추을 더 갈란 셈이다.
(오후에 고추밭에 약 살포을 함.)
동회관에서 배추씨 외상 수령을 함. 1봉.

〈2000년 8월 22일 화요일 날씨 맑음〉
오늘은 골래 밭태 복숭아나무에다 대석나무로 접부치는 일을 하였다. 처음 접부치는 것이라 성공률이 월마나 될련지 염려가 돼는구나.
앞밭태도 복숭나무가 5섯포기 정도 돼는돼 이것도 접부치쓰며 하는돼 시간이 업꾸나.
오늘오후는 외성보에서 수초작업을 20마지기 넘는 사람 8명이 수초 작업을 하고 마을에 칠백리 음식점에서 돼지고기 꾸어 먹어쓰며 작업량에 비해서 돈을 넘어 만이 쓰따고 생각을 하며 요세 절먼 사람들은 공금을 너무 소월이 쓰고 잇쓰며 아무라도 공금은 만이 생각해서 꼭 쓰야 할 때만 쓰야 하는 돼 그려치 못해서 앞푸로가 문제다.
지출에 … 치약 4개 신라면 1밖스 19,000원

〈2000년 8월 23일 수요일 날씨 맑음〉
오늘은 당산 포도밭에 비가림을 자신 혼자 하는돼 하로 꼭 시간이 들어같쓰며 이것도 땅거미가 들두록 하였다.
자신이 올해 포도 농사을 잘 짓어쓰며 돈도 최고로 하였따고 생각을 하며 올해는 포도 송이 알이 터지는 것이 업쓰서 신기하기 짝이 업꾸나.
올해 포도 가지 비누류 씨운 사람들은 올해 포도 돈을 상당이 만이들 했따고 보며 올해 포도 가지 비누류 씨지 않코 노지 그대로 포도 농사 짓은 사람은 땀의 대까도 업쓰따고 생각을 한다.
"자신은 운이 잇는 사람이라고 생각을 하고 십다. 외냐 하면 작년에는 포도 가지 비누류 씨운 사람들은 포도 돈을 못하고 자신은 작년에 가지비누류을 반 씨우고 반은 그냥 둔 것이 송이 좋고 가격 크게 올라서 작년에 비누류 안씨운 곳에서 그진 돈을 다했다. 올해도 부인은 반만 가지 비누류 씨울라고 하는돼 자신이 올해는 가지 비누류 다들 씨우자면서 비누류 다 씨운 것이 맡자 떨어 저서 올해는 생각지도 않했뜬 것이 큰 돈이 돼어서 절거운 비명을 지룬 셈이다. 올해 같떠며 포도 농사을 을마든지 짓고 십픈 마음이 든다."
"인간이 살라가는 돼 운이 따라 주야 한다는 것을 다시 너켜 본다."

〈2000년 8월 24일 목요일 날씨 비〉

오늘은 외성보에서 늑들 전역 수료에 수초 작업을 하는돼 다들 자기 일처름 부지련이 하고 잇쓰며 휴식을 좀하라고 해도 쉬지도 않으며 일들을 하고 잇드라. 그리고 자신은 오후는 예치기을 가지고 가서 잡초 제거 작업을 하였다.

오늘은 다들 부역에 열심 참여을 했따고 생각을 한다. 자신은 부역 식키는돼 힘이 들껏으로 내다 밭는돼 그 반대 현상이 나타나고 잇따는 것이 도대채 감을 잡을 수가 업꾸나.

그리고 지금 바서는 넉들 전역에 벼을 볼때에 배가 부르구나. 외냐하면 우선 바서는 대풍작이란 생각을 하고 잇키 때문에 마음이 푸근하다. 지금 넉들 벼가 한 필지도 시원찬타 하는 벼가 업쓰며 한결같이 늑들 전역에 다가 한 필지 처름 벼가 아주 잘대 잇따고 본다.

〈2000년 8월 25일 금요일 날씨 비〉

벼들이 막 출수을 하는 것도 이미 출수을 미리 한 것도 이쓰며 들녘 전체에 벼들이 다들 출수을 해서 다들 풍년 농사라고 입을 모으고 잇는돼 그리고 이르깨 조용히 넘어가게나 하는 극정이 들 드니 때 아닌 불청객 비가 우리농민의 풍년 농사을 이르깨 망가트릴 수가 잇나 정말 야속 하구나.

오늘 종일 쉬지도 않코 소낙비로 쇼다 젓따고 바야 한다. 이번비료 벼삭에 낮알이 상당이 만이 죽을 것으로 내다본다.

〈2000년 8월 26일 토요일 날씨 비〉

이번 비 정말 급이 나는 비라고 말을 하고 십다. 오늘 아버님의 제사 날이며 제사 준비 하는돼 연일과 다름이 업시 오동시가 다들 참여을 해서 준비을 음숙한 마음으로 준비을 하였다.

"오늘 친구 4명이 김천막창 회집에 가서 회돌부리을 하였다. 이겻도 비가 너무 만이 내리서 아무 일도 못하기 때문에 서로가 어울리서 놀다보니 회집을 가게 돼어쓰며 오늘 개인풀이 14,000원로 잘 먹어따고 생각을 한다."

"오늘 아버님 제사에 우리 형제가 다들 참여을 하여쓰며 다들 아푸로도 빠지는 형제가 업시 영혼희 참여을 해주어쓰며 하는 마음뿐이다."

지출 … 아버님 제사에 우물값 30,000, 형수 생신이라고 쇠고기 2斤 19,000, 친구와 회 돌부리값 14,000

〈2000년 8월 27일 일요일 날씨 비〉

결국은 우리 마을도 제방이 분개 돼는 피해을 주고 마는구나. 자신은 비오는 것을 바서는 적은 피해을 주고 지나간다는 생각이 드는구나. 이번에 분개 돼 곳은 수들인돼 이곳은 놀리는 땅이 더만은 곳이라 피해 면적은 아주 적은 곳이라고 말을 하고 십다.

그리고 오늘 형수님 회갑을 구미 올림픽 가든에서 뷔페로 우리형제와 형수, 친구을 모시서 정심 한 기을 대접을 하였다. 그리고 집우로 오면서 아포 시네 노래방에서 한밭탕 놀고 왔다. 그리고 오늘 형수 친구들은 노래방에서 만족 하게 놀라따고 생각을 한다.

"오늘 형수 회갑이라고 형제 4명, 일인당 120,000원 내어서 금 10돈을 해드리다."

지출에 … 회갑에 금값 120,000원

〈2000년 8월 28일 월요일 날씨 비〉

오늘 오전은 사과나무 약을 살포을 하는돼 넘어 더어서 자신의 혼자 약 살포을 다 못 하게 쓰며 오늘 자신이 약 살포을 반을 쳐는돼 큰 고충이 잇쓰며 도저희 참을 수가 업쓰서 부인한{테} 약대을 주면서 약 살포을 하두록 막키쓰며 자신이 부인한태는 잘 막키지 않는돼 오늘 참을수가 업쓰서 부인한태 약 살포을 막키쓰며 남편으로서 넘어 미안하며 이른 일들 아니라도 부인의 일 넘어 만은돼 자신의 고충이 잇따고 부인을 자꾸 식키는 일은 좀 상가해야 하겟다.

그리고 자신이 사과 약만 쳐면 저녁에 비가 꼭 오는돼 가슴 아푸구나. 이번까지 3회가 계속 비가 와쓰며 자신이 약 살포하는 날을 잘못 잡아서 이른 폐단이 생기며 오늘은 기상대에 131번을 눌려서 기상 예보을 들어서 오늘 오후에 소낙이 올 학률이 20%센트라고 약 살포을 하여뜬이 이것도 접중이 돼어 지나가는 소낙비가 내리쓰니 오늘 헌 약을 천것이라 생각을 하니 이제 화가 나는구나. 올해는 다들 부페가 만타고 하지만 자신은 약만 쳐면 저녁에 꼭 비가 와서 부페가 만타는 생각을 하니 너무 마음이 아푸구나. (오후는 채소에 지오랙스서 약 살포을 함.)

조합에 외상구입금

1차 3月 14日 54,960,

골래작과발 밑거름 6포(37,800),

약값 1차 16,000원,

앞발태 밑거름 6포(37,800),

약값 1차 16,000원,

바시내이 포도거름 복합 2포(11,600원),

파라치온[169] 200cc 약 2,000원,

네와소진약(800cc) 3,500원,

선발포도값 80×400원 = 3,200,

멀칭비누류(1,000매다) 4×13,000원 = 52,000

〈2000년 8월 29일 화요일 날씨 맑음〉

오늘은 당산 포도밭에 멀칭을 3골 한 것을 벗키는 일을 하였다. 올해는 포도 돈도 만이 하고 특희 포도 알이 떠지지 않아서 수확에 기쁨을 가지따고 생각을 한다.

"오후는 참깨 떠는 일을 하여쓰며 우리 부부가 오후네 깨 떠는 일을 함. 올해는 참깨 수확을 4말이 더돼니 난생 처음 수확도 만이 하여꼬 그 기쁨도 말로 다 할 수 업시 기쁘구나."

그리고 오늘 엘지 회사에서 쵳 봉급을 타와드라. 처음에 삼성 협력 업체 들어가서 일을 활 때는 큰 업체가서 생산직이라도 마음을 노치 그려치 않꼬 협력 업체는 늙 마음이 부란 했는돼 이제 큰 업체라서 마음이 뜬든한 감이 더는구나.

"오늘 봉급이 뽀나스 태문에 800,000원 받아따고 하드라. 처음 3개월은 봉급이 아주 적다고 하드라. 이제는 운이가 평생 직장이라고 생각을 하고 꾸준이 다니는 일만 남아 잇따고 생각을 한다."

〈2000년 8월 30일 수요일 날씨 맑음〉

오전은 우리 마을래서 추석 만이 대청소와 동네 어기로 잡초제거 하는 일을 하였다. 그리고 오후는 기상대서 또 비가 만이 온다

169) 파라치온(parathion)은 벼에 붙는 명충, 과수나 야채 따위의 해충, 패각충 등의 살충에 사용하는 살충제이다.

고 해서 어재와 오늘 참깨 떠는 일을 하여쓰며 자신은 오늘 참깨 떨며 1말 나오겟나 하고 원근이 생각을 하였는돼 실지 참깨을 떨어보니 참깨가 13대가 나오드라. 자신의 생각보다 만이 나오니 마음이 그리 좋꾸나. 그리고 올해 참깨가 보리 같이 알이 굴거서 수확의 기쁨이 말로 표현을 활수가 업두록 좋꾸나."

지출에 … 휘발유 면세유 8,900원

〈2000년 8월 31일 목요일 날씨 비〉

이번 12호 태풍 프라피룬은 비보다 강한 바람을 가진 태풍이며 우리 지방은 간접적으로 태풍이 지나가는돼도 그 바람은 급이 나는돼 서해 으로 통과을 하는돼 집적 당한 지역은 음청난 피해가 돼어쓰리라고 생각을 한다. 우리 농민한태는 언재나 태풍은 바라지 않는 불청객이다. 우리 지역도 사과는 바람에 낙과가 만이 돼어 쓰리라고 생각을 한다. 내일 아침에 사과밭가 수도작에 가바야 하겟다.

자신은 부폐병으로 피해가 만은돼 이번태풍 바람으로 음청나게 피해가 돼어쓰리라고 생각을 하는돼 마음 한쪽에는 생각보다 피해가 적으쓰며 하는 생각 밖에 업다.

오늘에는 두룸과 보뚝에 잡초 제거함. 오후는 태풍이 북상하는 바람에 비와 바람 때문에 휴식을 함.

〈2000년 9월 1일 금요일 날씨 흐림〉

오늘은 우리 마을에 절먼 노소 업시 40명이 무창표와 무령사, 부여 낙화암, 관광을 잘 갇다왔다. 그리고 절먼 사람들은 잘들 놀드라. 관광도 마을 단체 가는 것도 동네 하합도 돼고 유대을 할 수 잇는 기해라고 생각을 이른 여행은 동네 단합을 위해서는 상당이 도음이 대리라고 생각을 한다. 우리 부부는 이번관광을 잘 같다 왔따고 생각을 한다.

지출에 … 30,000원

〈2000년 9월 2일 토요일 날씨 비〉

이번 태풍 바람에 직파논이 조금 벼가 쓰러젓쓰며 사실 자신은 직파논은 실폐 농사라고 생각은 미리 하여찌만 그래도 마음이 서운하구나. 그리고 동네에서 조금식 쓰러진 사람이 3집인돼 그중에 나도 들어 잇는 것이 이것이 농사을 벌로 짓는다는 정거이며 부인은 쓰러진 벼을 세우면서 다들 안 쓰러짓는돼 우리만 쓰러짓따고 이야기을 하지 자신도 농사에 전 신경을 쓰지 않코 짓는다는 생각에 후해을 만이 하고 잇다. 자신이 조금 생각만 했드라면 이른 부주위는 업는돼 하는 마음이 들 때에 마음이 너무 아푸구나.

자신이 직파는 이앙기로 모내기 한 것보다 더 쓰러짐이 약하다는 것을 알면서 화삼벼가 도복에 약한 품종을 하여쓰니 이것은 큰 실책이며 생각을 할수록 어리석은 짓을 했따고 생각을 한다. 자신 품종 조금이라도 생각을 했드라면 어쩌구니 업는 행동을 안해쓸 끈돼 생각을 할수록 마음이 너무 아푸다. "부인은 쓰러진 벼을 세우면서 내 남편이 생각이 업는 사람인가 무능한 사람인가 별 상상을 하지 않아쓸까 하고 생각을 하니 너무 미안하고 재송하고 너무 미안하구나. 자신이 생각을 해도 부인 이라면 이른 실수는 하지 않아쓸 끈돼 하는 마음이 머리에서 떠나지 않는구나. 앞푸로 날씨가 좋아서 벼가 더 쓰러지지 않는다면 그남아 미안한 감이 들 하겟는돼 아푸로 날씨가 심술굳게 비가 온다면 직파논 전체가 다 쓰러진다고 볼 때에 부인에 미안감은 너무 크다는 생각을 할 때에 수확은 뒤로 하고 내년이 팔리 와쓰며 하는 생각 밖에 업다."

"부인과 둘리서 쓰러진 벼 시우는 일을 함. 오후는 채소에 약 살포을 하고 참깨 3차로 떠는 일을 함."

〈2000년 9월 3일 일요일 날씨 비〉

오늘은 우리 형제들이 산소에 벌초을 하였쓰며 처음 벌초을 하기 위해서 아버님 어머님 산소에 들어쓰니 잡초가 너무 만아서 마음속으로 우리가 넘어 잘못하고 잇꾸나 하는 생각 부인이 우리 시간을 내서 산소에 쑥을 캐로 갑시다 하는돼 내 바푸다는 핑계로 벌초 전에 못아서 부모님 한태 너무 미안하구나. 앞푸론 벌초 중간에 아버님 어머님 산소에 부인과 둘리서 벌초을 꼭 하게 씀이다. 그리고 앞푸로 올해처름 잡초가 무성하개 잘라두록 하지 않캐 씀이다. 아버님 어머님 정말 재송 합니다.

오늘 아버지 어머님 산소에 벌초을 하다가 예치기 고장이 났스 아포조합에 가서 수리을 해와서 벌초 하는 일들을 끝을 냇다.

오늘 벌초는 보슬비가 내리는 바람에 벌초하기는 조은 날이라고 생각을 가저 본다.

"그리고 오늘은 벌초을 하면서 새 값을 넘어냇따는 생각을 가져본다. 구미 막내가 왕족발 한보타리 했와쓰며 김천 지수는 순대을 만이 가지고 와서 참값을 넘어 만이 소비하여따고 생각을 한다. 이른 소비는 만이 내드라도 동생들이 참석을 하여 주니 고맏드라."

그리고 앞푸로도 추석 명절 설, 벌초, 귀제사는 꼭 참석을 하여 주어쓰며 하는 바람이다.

지출에 예취기 수리비 5,000원

〈2000년 9월 4일 월요일 날씨 맑음〉

오늘은 혈압약을 시 보건소에 타로 갇뜬이 이제는 약을 주지 않코 처방전을 내주드라. 그래서 처방전을 가지고 김천 고바우 약국에 가서 약을 터는돼 아주 불편하{기} 짝이 업꾸나. 이거 병원에서 기다리야지 약방에서 기다리야지 차을 한 번 더타야 대는 일여르 가지로 불편하구나. 자신이 병원에서 500원 내고 약방에서 4,200원 주어는돼 병원에서 500원 가지고 인지대 값도 안대고 잇따고 보며 고일역이 남아돌라갈 뿐 아니라 병원에 당장 유지비도 안돼고 잇쓰니 국민들예깨 부담만 주고 잇다. 이래 돼며 보험료가 올라가야 하니 정부는 국민을 위한 정치을 하고 잇는지 한 단체에 끌려만 다니고 잇는지 알 수가 업쓰며 앞푸로 국민을 위한 정치을 하여 주어쓰며 한다.

"우리나라 정치인 너무 한심하며 서로가 국민은 뒤로 하고 서로 자리 싸음만 하는 정치 이재는 신물이 나며 자신이 만대로 한다면 정치인 한 놈도 업시 다들 죽이고 하나에서 열까지 다 티 무지[묻지] 않는 일꾼들 세와쓰며 하는 마음뿐이다."

"오늘 오후는 누님 참깨농사 안해따고 해서 참깨 3대 갇다 주고 양식할려고 둔 나락이 만아서 7가마니을 물리방아관에 냇쓰다. 지금 1kg에 40원이 싸다고 하드라. 자신은 나락 내는 일을 무관 심해서 손애을 밧다."

(낙락 1kg에 1400원 하드라)

지출에 … 병원진찰비 500원, 버스비 1,750원, 혈압약 4,200원,

택시비 3,900원, 친구 차로
나락내는 돼 운님 값으로 회값
22,000원 계 32,350원
수입에… 나락값 420,000원

〈2000년 9월 5일 화요일 날씨 맑음〉

오전은 벼 쓰러진 것을 자신 혼자 세우는 일을 하였다. 자신의 생각에는 벼가 좀만이 쓰러짓쓸 것으로 생각을 하고 같쓴는돼 실지 벼는 조금 쓰러짓드라.
오후는 벼논에 약 살포을 부인과 둘리서 하였쓰며 이번에 약은 멸구 약[170], 문고병, 도열병 그리고 영양제 까지 혼합을 해서 살포을 하였다. 자신 이번이 처음 벼논에 영양제을 살포을 하였는돼 효과가 잇쓸란지 모르겟꾸나.
"이번에는 벼논에 약 살포는 별 도음이 업지 않나 하고 생각도 가저본다."

〈2000년 9월 6일 수요일 날씨 흐림〉

오늘로서 수도작에 약 살포을 하여쓰며 이번에 약 살포는 문고병, 도열병, 멸구 약을 살포을 하였다. 오후는 서양바실래 피살리을 하였다.
올해 직파논 7 마지기에 피살리 하는돼 큰 고욕이라고 말을 하고 십다. 앞푸론 직파는 표기을 할 생각이다. 올해 직파 논 때문에 일손을 넘어 빼앗키고 잇다.
수입에… 참깨값 2말 5돼값 400,000원

〈2000년 9월 7일 목요일 날씨 흐림〉

오전은 채소밭에 김매기을 하여쓰며 올해 가을 추는 자신이 제일 먼저 갈라는돼 어떠게 됀 것인지 자신보다 배추가 좋은 사람들이 상당이 만으며 배추씨도 너무일 해도 배추가 안대는 줄 알고 잇다. 자신보다 일주은 다들 너깨 가라따고 생각을 하는돼 자신보다 좋은 배추 무가 만타.
"오후는 사과 도장지 빼는 일을 하였다. 올해 도장지을 상당이 만이 빼어 내고 잇다. 그른돼 사과 부폐병이 만아서 속이 아푸구나. 사과가 정상으로 대어도 약값 지아면 돈도 안돼고 잇는돼 부폐병이 만아서 마음이 그리 부란 하구나."

〈2000년 9월 8일 금요일 날씨 비〉

비가 너무 만이 오는돼 자신은 급에 질리는구나. 자신은 이래 만은 비가 오면 직파논 벼는 다쓰러지고 만다는 생각을 할 때에 오금이 저려 오는 너킴이며 벼 다쓰려지면 또 부인을 생외을 먹이야 돼니 이것이 마음이 더 아푸다는 생각이 자신의 머리에 너무 칵 차며 벼 세우는 일 아니라도 너무 일들이 만은돼 이비가 자신을 너무 자질리개[주눅들게] 하고 잇꾸나.
"오늘은 자신이 대동트랙터 35마력의 기름 카드을 반납을 해달라는 동양 대리점에서 요구을 해서 오늘 비가오지 시간여유가 만아서 태성이와 둘리서 갈다 주어다. 우리가 대동 트랙터 35마력과 우리가 우첨을 윈고 39마력 동양기종과는 우리가 기름 면세유을 150리터을 더 받는다고 해서 기름 카드을 갱신을 하였다."
"오후는 성구네 집에서 우리친구 4명 부인

---

170) 볏대 아랫부분의 즙액을 빨아먹어 벼가 쉽게 쓰러지며 잘 자라지 않고 심하면 말라죽게 하는 벼멸구를 방지하는 약이다.

친구 4명 통탈네기 화토을 쳐면서 잘노라쓰며 꽃처름 어울리서 여자들과 어울리서 잘 노라쓰며 자신은 부인친구와 한조가 돼어서 내기을 했키 때문에 자신이 탉값 10,000원 하고 상대편에서 10,000원 해서 탉 두 마리로 잘 노랐다."
지출에 … 화토노리로 10,000원

〈2000년 9월 9일 토요일 날씨 흐림〉
밤 세두록 비가 내리서 우리 벼 다쓰려진다고 밤잠도 제돼로 못잣따고 말을 하고 십프며 오늘 아침 일적 들판을 나가바쓰며 그것도 쓰러진 벼을 세울라고 벼집을 가지고 나락이 좋은 것은 살거머니 사실 다 가쓰며 살거머니 고개을 들어 보니 벼가 쓰려저지 않코 안간힘을 다 쓰서 벗티고 잇는 너킴을 받아쓰며 내 논을 바라보면 정말 고맙다 하고 한 필지 한 필지 다들 도라보고 집에 와서는 부인보고 우리 나락이 안쓰러젓따면서 부인 우리 춤을 한번 쳐자 하고 소리을 질려다.
"오늘 정말 기분이 좋꾸나. 자신은 직파논 일품벼는 다 쓰러짓따고 생각을 하고 잇는돼 벼가 쓰려저지 않아쓰니 정말 기분이 좋으며 어재저녁에 비가 곱게곱게 내리서 정말 사라따는 생각이 든다."
오후는 사과 도장지 빼는 일을 함.
수입에 트랙터 노타리값 80,000원

〈2000년 9월 10일 일요일 날씨 흐림〉
올해는 추석이 빨라서 배추 나물이 부족한 추석이라고 말을 하고 십꾸나. 나물 뿐 아니라 밤, 대추, 추석 과일들이 안전이 연결어 익어저지 않는 과일로 차례상을 차리게 돼어다고 이야기을 하고 십다.
오늘은 부인과 둘리서 나물이 미차 크지도 안은 나물을 해왔다. 올해는 추석 나물도 못하는 사람도 만이 잇쓰며 추석이 빠르기 때문에 추석나물, 추석과일 다들 부족한 추석이라고 말을 하고 십다.
오후는 사과나무 도장지 빼는 일을 하였다.
"오늘 혜영이 한태 추석 선물을 옻 한 벌을 받아서며 매년 혜영이 한태 설 명절과 추석 두 명절은 어김 업시 아빠 엄마 한태 꼭 선물로 큰돈을 쓰는돼 정말 고맙다. 내 딸이 야물하게 해서 부모한태 꼭 선물과 용돈을 주는돼 그 성이가 너무 고맙다."
이번에 우리 혜영이 추석 뽀나스 받아서 선물로 지출을 다 내지 않아는가 하고 안스러운 감이 사라저지 않코 잇다.

〈2000년 9월 11일 월요일 날씨 흐림, 비〉
오전은 비가 내리서 휴식을 하고 오후는 사과 도장지 빼는 일을 하여쓰며 자신의 계핵은 사과 약 살포을 할례고 생각을 하였는돼 비오는 바람에 무산이 돼고 사과 부페병 바서는 약 살포 주기을 노치는 것이 사과 농사가 페로 간다는 생각까지 들 때에 일기불순으로 약 살포을 못할 때 그 마음은 사과 농사을 짓는 사람만이 알 수 잇따고 본다.
"올해 사과 약값이 400,000원이 돼는돼 일기 관계로 부페병이 넘어 만아서 약값이나 근저 낼지 모르게꾸나. 그 아중에 일기불순으로 약 살포 시기을 자꾸만 노치고 잇쓰니 그리 마음이 타는구나."

〈2000년 9월 12일 화요일 날씨 비〉
오늘이 추석이다. 올해도 우리 오형제 오동시 다들 참석을 해서 너무들 고맙다. 앞푸로도 설 명절에는 빠지는 사람 업시 다들 참석을 해주면 고맡게다. 올해도 아버님 어머님 차례상은 정성이 다들은 차례상을 볼 때 고맡다. 어너 누가 바도 깔끔하게 차례 잇는 상을 볼 때에 마음이 음숙해저 쓰리라고 생각을 하여 본다.
오늘 조상님깨 성모을 하는돼 앞산에 계신 분만 성묘을 하니까 비방울이 꿀건 비가 내리서 그만 성묘 가는 것을 표기을 하고 다들 해어지고 나는 비을 다 맡을 작정을 하고 동생 두리을 불어서 아버님 산소에 같따 오자 하니까 동생 둘리가 성낙 하드라. 그래서 아버님 어머님 성묘을 하였다.
우리형제는 형님은 몸이 불편해서 빠지고 남어지 형제는 아버님 어머님 산소에 성묘을 다 한 셈이다. 오늘 종말 동생은 비 온다고 차례도 지내기 전에 조카들을 대리고 아버님 어머님 산소에 같다 와서 성묘을 다한 셈이다. 앞푸로도 성묘 가는 마음 변치 말고 이 몸이 살라절 때까지 그 마음 그 음숙은 꼭 지키다오.
지출에 … 동네친구계금 40,000원

〈2000년 9월 13일 수요일 날씨 비〉

오늘은 14호 태풍 사오마이 대형 태풍이 북상 간계로 오늘은 종일 비가 내리서 종일 동안 휴식을 하였찌만 마음은 너무 아푸며 이비가 계속 내리면 풍년 농사가 망치며 우리 농민 땀 흙린 대까가 잠식 대어버리고 말 끄시며 이재는 또 14호 태풍 이것은 한반도 발생한 것 중에 제일 크다고 기상대서 말을 하고 잇쓰니 우리 농민은 이제 더 이상 벗틸 수가 업꾸나 하는 생각을 할 때에 너무 허전감이 너무 강해 자신의 마음이 멍하다는 말을 하고 십다.
"오늘은 육신은 종일 휴식을 했찌만 마음은 제일 아빠뜬 하로 여따고 말을 하고 십꾸나."

〈2000년 9월 14일 목요일 날씨 비〉

오늘은 연일비가 계속 내리뜬 것이 꿈논에 벼이삭까지 물이 채어올라 잇는 상태라 배수장 양수기을 3대 중 우선 1대만 가동하고 잇다. 기계 가동으로 제 1조로 자신과 태성이 둘리서 12시까지 근무을 하여다. 지금 태풍이 올라오고 잇찌만 태풍이 오기도 전에 모든 작물이 다들 비에 다들 녹을 것으로 내다본다. 지금 햇빛 본지가 너무 오래 대어따고 본다.
"오후는 휴식을 하였찌만 마음 한쪽에는 마음이 그리 마음이 발지 못하다는 말을 하고 십프며 지금 농부의 마음은 다들 피을 말류는 고충을 밭고 잇따고 해도 무리 대는 말은 아니라고 생각을 한다."
"지금 태풍 사오마이미가 우리나라로 북상을 한다는 기상대의 예보가 잇는돼 이것이 우리나라을 캉타한다면 우리 농민은 치명타을 밭을 것이며 이것이 정치인들 싸음만 하고 잇는 정치인 보복으로 하늘이 내린 재라고 생각을 하고 십다."
"우리나라 정치인들 언재 국민을 위한 정치인이 될까 너무 안타깝다. 외 우리국민은 마음이 널지 못하고 아주 쫄장부만 살고 잇딴 말인가 생각만 해도 진절 리가 난다. 이썩은 빠진 정치 세월 밤세 다 가버리쓰며 하는 마음 간절하구나."

〈2000년 9월 15일 금요일 날씨 비〉

오전은 혜지 쌀 부쳐줄라고 집에서 정미을 두 푸대 해서 혜지 26kg 부쳐 주고 남어지는 우리가 먹을라고 두어다. 혜지는 40kg 을 부쳐주니 쌀이 묵어서 이재는 자주 부쳐

주는 한이 잇쓰도 적개 부쳐 주고 잇다.
"태퐁 14호 사오마이가 북상 하고 잇키 때문에 종일동안 만은 비가 내리고 잇쓰며 이 비가 농민들의 가슴을 아푸게 하여쓰며 지금도 벼가 쓰러지고 잇는돼 태풍이 집적 강타하면 하나도 남아 날것이 업따고 볼 때애 너무나 허전한 감이 돌며 무엇신가 깁게 생각이 돼지 않코 잇다."
"오후는 친구와 휴식으로 보내고 잇쓰타. 자신뿐 아니라 남들도 극정을 태산 같이 극정만 하고 잇뜨라."
지출에 … 혜지 쌀 택배로 부치는돼 5,000원

〈2000년 9월 16일 토요일 날씨 흐림〉

오전에는 들녘을 한박기 돌라보니 벼가 조금 쓰려졌쓰며 태풍이 지나가서 벼가 만이 쓰려저잇쓸 줄 알라는돼 아무련 일 업는것 같이 벼도 쓰려저잇찌 않코 조금 쓰려저잇쓰서 천만 다행으로 생각을 하며 이번 태풍은 우리 마을에 아무련 피해도 주지 않코 그냥 지나같쓰니 이것은 큰 행운이라고 생각을 하고 십다.
오전은 들판 돌라보고 오후는 벼쓰려진 것을 대충 세우고 말랐다. 그리고 배추 밭에 가보니 이미 침수가 돼어서 배추는 다들 골고 잇드라.
"이번 태풍 사오마이는 우리 마을에 배추 침수 돼는 것으로 끝을 내고 마라서 정말 큰 다행이다."

〈2000년 9월 17일 일요일 날씨 맑음〉

몇처름 했살이 나와서 인간의 기분을 밝게 하였다. 인간의 마음이 이처름 좋은돼 식물들은 을마나 좋을까 생각만 해도 마음이 그리 맑꾸나.
"오늘은 종일 사과 도장지 빼는 일을 함. 사과 도장지 빼는 일이 사과 전정하는 일보다 더 지원 대는 것 같다."
"요줌 아침저녁으로 기온이 차거운 너킴을 받고잇다. 올해는 가을이란 차거운 너킴이 너무 크게 너켜진다."

〈2000년 9월 18일 월요일 날씨 흐림〉

오늘도 사과 도장지 빼는 일을 함. 사과 도장지 빼는 일이 사과 전정하는 것보다 더 시간이 지연이 대고 잇는 것 같다. 올해 사과 수확은 작년보다 아주 적으리라고 내다본다.

〈2000년 9월 19일 화요일 날씨 맑음〉

오늘 사과 약 살포는 정기적으로 약 살포을 하는 것보다 일주일 이상은 일기불순으로 약 살포을 못했따가 오늘 날씨가 좋아서 사과 약을 살포을 하였다. 이번에 사과 약에도 영양재을 혼용을 해서 살포을 하였다. 이번에 영향제가 착색을 좀 땅기저는 효력을 볼련지 몰개꾸나.
약량은 45말 량을 충분이 살포을 하였다.

〈2000년 9월 20일 수요일 날씨 맑음〉

오늘은 오전에 잡초을 살포을 함. 바시네 포도밭에 25말 량으로 다쳐고 남어지 약으로 골래 작과밭에도 잡초약 살포을 하고 앞밭에 물 10말해서 크라목손 500cc짜리 2병과 근사미약 300cc짜리 1병해서 약 살포을 하였다.
오후는 참깨 죠바리을 사과밭에 거름할려고 실어 냇다.
"마을친구 4명이과 윤천희 씨 병문안 6,000원
지출에 … 오토바이 사고로 병원에 입원
6,000

〈2000년 9월 21일 목요일 날씨 흐림〉

지루한 사과 도장지 빼는 일 오늘로서 끝을 냇다. 사과 도장지을 상당이 빼는 일을 했다. 이것은 남들은 이파리 따는 일을 한다는돼 자신은 잎빠리 따는 일을 하는 대신으로 도장지을 만이 삐어냇다.

"올해 사과 부폐병 때문에 사과 수확을 해도 약값도 안대는 사람이 만을 것으로 내다 본다."

〈2000년 9월 22일 금요일 날씨 비〉

이재 비가 안아야 하는돼 보슬비가 내리고 잇쓰서 너무 마음이 아푸구나. 이비가 만이 온다면 들판에 벼 다쓰려지고 마는돼 하고 마음 졸리와쓰며 그리고 비오는 모습만 창문으로 바라만 보앗쓸 뿐이다. 그런돼 이비가 정말 곱게 내리주어서 안도의 숨을 실수가 잇쓰서 천만 다행이라고 한 번 더 생각을 하는 바이다.

오늘 작목에 부회장, 달희하고 둘리서 여행사을 찾자 다니보앗쓰며 다들 여행사가 한철이라서 그른지 10月 16日정도 가야 차가 잇따고 하며 마지막우로 관광에 가니까 9月 27日 날차가 잇따고 해서 계약을 하고 마랐다. 오늘 계약금도 주지 않코 계약을 한셈이다.

〈2000년 9월 23일 토요일 날씨 맑음〉

오늘은 채소밭 김매기을 부인과 둘리서 하고 웃거름을 좀하였다. 그리고 오후에는 이웃에 재준네 마당에 세멘한다고 해서 그들어주어쓰며 레미콘으로 실고와서 경운기로 바다서 마당을 하는돼 수라게 잘한 셈이다.

〈2000년 9월 24일 일요일 날씨 맑음〉

오늘은 대구 박달식 친구 아들 결혼식을 대구 금성 예식장 에서 올리는돼 김천친구 4명이 참석을 하였다. 정심 사는 부페보다 일반으로 소갈{비}탕을 주는돼 아주 칼끔해서 아주 좋은 너킴을 밭아다.

아푸론 부페보다 일반 음식으로 대접하는 것이 인사의 표가 드 들어간 너킴을 주는 것 같다.

"오늘 대구 친구와 2차로 가서 그른돼로 잘 놀고 왔따고 생각을 한다."

지출에 … 부주 30,000원,
버스비 2,100원,
계 32,100원

〈2000년 9월 25일 월요일 날씨 맑음〉

오늘오전은 시간여도 잇고 해서 항금물결 치는 들녘을 한 박키 돌라보니 이제 벼이삭이 연걸어서 수확이 임박 해졌따는 것이 눈에 역역희 보이며 그 벼을 본 자신은 또 한해가 저물고 잇따는 생각에 잠겨 잇는 뜻하며 한편으로 내 인생이 또 한살을 더하는구나 하고 생각을 활 때 벼이삭이 누려개 물들고 잇는 것도 크게 방갑지 않는구나.

오후에 바시내이 참깨 뿌리 뽑는 일 함.

〈2000년 9월 26일 화요일 날씨 맑음〉

오늘 작목반에서 내일 부산 청과와 경주 옛스포 구경 간다고 술안주 준비을 한다고 자신과 부회장, 부인친구 2명과 김천 농협에서 장을 바서 준비하는돼 시간을 다 봇냇다. 이번 준비는 총무가 들고 해야 하는돼 돈벌로 다닌다고 자신과 부회장 둘리서 서들이 하는돼 힘이 너무 만이 들어 가드라. 앞쓰서 일하는 사람은 신으로 하는 것이지 아무나 하는 것이 아니라는 생각이 드는구나.

지출에 … 구경 가는 선금 20,000원

〈2000년 9월 27일 수요일 날씨 맑음〉
오늘은 김천 우효관광차로 포도 작목반 30명이 부산 천과와 경주 옛스포 구경을 갇다옴. 경주 옛스포는 건축비만 만이 들어 깨드라만 볼끄리는 아무것도 업는 것 같드라. 사실 경주 옛스포에 관람하는돼 단체로 10,000원 주고 구경한 것이 너무 아깝다는 생각이 들어려다.
지출에 … 회비 20,000원, 선물 14,000원
계 34,000원

〈2000년 9월 28일 목요일 날씨 맑음〉
오전은 여행 경비 결산을 함. 오늘 여행비 개인당 10,000원식 회비을 하고 남어지는 작목반 자금으로 지불함.
오후는 윤종회 마당하는 돼 거들어줌. 마당하는 돼 레미콘으로 2대 하니 마당이 적으서 충분 하드라.

〈2000년 9월 29일 금요일 날씨 맑음〉
오늘 형님이 아푸다고 형수 한태서 해장에 전화로 좀 빨리 오라고 다급한 목소리로 오라 해서 잠자리에 곳바로 형님 집에 가니 형님은 움직이지도 못하고 잇쓰며 자신이 볼 때는 죽깨따는 생각이 들며 상당이 급이나드라. 그려자 119차가 소리을 내면서 오드라. 119차에 올라가면서 겨우 둘리서 부축으로 탈수가 잇쓰서며 이려깨 망우리을 해야 한단 말인가 너무 허망한 감을 너켜다. 형님은 김천 의료원 응급실레서 인개류[링겔]을 내리니 형님의 얼굴에 혈색이 돌라 오드라. 그래서 마음을 노을 수가 잇쓰며 자신도 힘이 생기드라. 그려자 대구에서 용학이가 올라 왔쓰며 용학이가 잇키 때문에 나는 10시경에 내리오고 마랐다.
"오늘 형님한태 갇다오느라고 오전일적 사과 약 살포을 할려고 개핵을 하여는돼 내 떳대로 하지 못하고 오전 너켸야 사과 약 살포을 하였다. 오늘 사과 약 량은 45말용에다 영향제을 너어서 살포을 하여 두어다."
"오늘 형님이 119 구급차로 병원에 실리 같다는 것은 생의 고비여쓰며 이 한 고비을 잘 넌기서 다음에는 구급차을 타는 일이 업쓰며 한다."

〈2000년 9월 30일 토요일 날씨 맑음〉
오늘은 형님 병문안 갈려고 부인과 둘리서 아침 통근 열차로 대구 파티마 병원 입원실에 같뜬이 안전이 회복이 됀 사람 같드라. 처음 구급차로 내가 김천 의료원에 갈 때는 이려다가 죽는 것이 아닌가 싶프서 급을 냇쓴돼 이제 형님 얼굴을 보니 안전이 회복이 됀 사람 같다서 마음이 노이드라.

〈2000년 10월 1일 일요일 날씨 비〉
오늘은 부인과 둘리서 딸래 집에 간다고 봉다리봉다리 해서 딸 이사 했따고 둘리서 열차 편으로 수원으로 가서 딸집에 찾아가서 종일 외출도 하지 않코 방에서 외손주와 놀랐다. 우리는 도시 생활을 하라고 해도 답답한 너킴 때문에 못할 것 같드라.

〈2000년 10월2일 월요일 날씨 비〉
오늘은 서울에 비가 내리고 그것도 만이 내리서 김천도 설 때 업는 비가 내리는 것이 아닌가 하고 극정이 돼어서 아파트 창으로 비 내리는 것을 아무 생각 업시 비가 내리고 잇는 것만 바라보고 잇쓰다.
"오늘 날도 우리가 집에 가는 줄 아는가 혜지 집을 나올 때는 비가 끝치고 맑은 하늘이 보이며 우리는 시간이 만아서 혜지가 성남시 수족관이 좋다면서 구경을 식키주는돼 인간의 힘으로 수족관이 만들어젓따는 생각이 들지 않으며 보면 볼수록 감탄사 하게 쓰며 모든 것이 웅장하 수족관에 고기들 하며 다들 입이 버려지며 수족관이든지 건물이라든지 음청난 투자을 햇드라."
오늘 나들이는 돈 만은 동네 다르다는 것을 제삼 너켜쓰며 오늘은 절거으뜬 나드리라고 말을하고 십다.
그리고 오늘 혜지 지출이 만이 돼어따고 생각을 한다.

<2000년 10월 3일 화요일 날씨 맑음>
오늘 오전은 참깨 쬬바리 뽑는 일을 망우리함. 오후는 채소밭 김매기와 약 살포을 하는 일은 바시내이 채소만 다한 셈이다.
자신이 비시내 포도나무 밑에 배추씨 삼동추 시금치 당파씨 푸림을 활 때는 뚝갈[둑을 따라]로 먹을 작정을 하고 갈란 것이 다들 정식으로 파종한 것보다 우선은 났드라. 이것을 본 자신은 손길이 자주 가며 내 마음을 그리 편하게 하고 잇다.
"오늘은 사실 딸래 집에 갇다오면서 너무 피곤한 것 같다서 휴식을 할려고 하였는돼 쉬지 못하고 부인과 둘리서 반은 휴식을 하는 택으로 일을 한 셈이다."
수입에. 성류 갑 14,000원

<2000년 10월 5일[171] 수요일 날씨 맑음>
오늘은 늑들 농로 길레 모레 실어넌는 일을 하는돼 올해는 경운기 숫짜가 적으서 그른지 도로 부역이 제대로 돼지 않아쓰며 작년만 해도 경운기 숫짜가 만아서 늑들 전역 도로에 모레로 수북이 도두는돼 올해는 도로에 모레가 안간 곳이 더 만을 정도로 부역이 근성로 돼어 잇따고 바야 한다.
이른 현상이 농사가 한곳으로 몰리니까 부역에 참여하는 수가 적으서 농로 부역이 안됀다고 보고 잇따고 생각을 한다.

<2000년 10월 6일[172] 목요일 날씨 맑음>
오늘은 부인은 배추 속큼질을 하고 자신은 배추와 무지파에 약 살포을 하였다. 그리고 벼논을 한 밖기 돌라보는 일을 하였쓰며 이재는 벼들이 다들 익은 것이 만아서 탈곡도 하여야 겟따는 생각이 들며 또 한해가 다 같따는 아쉬움이 잇꾸나.
우리 혜영이가 결혼 대상자가 아직 나타나지 않아서 그리 극정이 돼는구나. 내가 생각을 할 때 선도 상당이 만이 밭따고 생각을 하는돼 아직 배필자가 업따는 것에 마음에 걸리는구나.
"자신은 사실 자신의 한갑 안에는 아들, 딸 다들 결혼식을 올리주고 부인과 둘리서 시간 여유가 만은 생활할려고 작정을 했는돼 자신의 마음대로 돼지 않는 것이 마음이 아푸구나."

<2000년 10월 7일[173] 금요일 날씨 맑음>
오늘은 김천 보건소에서 진찰만 하고 약은 고바우약국에서 약을 타와쓰며 정부에서 의

171) 4일이나 5일로 잘못 기록하였다.
172) 5일이나 6일로 잘못 기록하였다.
173) 6일이나 7일로 잘못 기록하였다.

약분{업}으로 국민들을 골탕을 먹이지 말고 사전에 상당 기간을 두고 세밀한 검토을 해서 시행을 해야 하는돼 그저 한 사람이 이것이 좋다 하면 해바라 하는 식으로 정치을 한다고 볼수 밖에 업다. 지금 의약 분업으로 멧 달째 파업을 하고 잇쓰니 그간 한자는 다 죽어라 말인가. 이것은 정부 책임이 80% 잇따고 생각을 한다. 정부에서 하는 일들이 한 가지도 똑바로 한다는 것이 한 가지도 업쓰니 나라꼴이 말이 아니다. 지금 자신의 마음 같다서는 군부가 일어나서 국회위원들도 다 들 꼴보기 실어니 이것들 회산 시키고 부정부폐한 돈 정부로 회수 식키고 군이 좀 나와서 질서을 잡아서 자리을 잡아서 다 쓰리다 국민한태 넌켜주어쓰며 하는 바람이 잇다. 이 지금 이 상태로는 정부 회복은 뒤로 하고 나라 망하고 마는 것이 강 건너 불 보드시 뻔하다고 자신은 말을 하고 십다.
오후는 형수 배추 하는돼 형님도 어재 태원을 해서 갈수도 업고 채소밭에 약도 쳐야 한다고 해서 자신이 요즘 시간 여유가 만코 해서 내 경운기을 몰고 가서 배추 해오는 일 약쳐는 일 도와주어다.
"사실 오늘 계핵은 사과 밭에 착색 빨리 오는 약을 살포을 할려고 했는돼 저녁부터 비 온다고 기상대 이야기을 해서 계핵 세운 것을 다음으로 미루고 마랐다."
지출에 … 서울에 사는 동기생 정숙이 아들결혼식 올린다고 축이금 30,000, 보건소 진찰비 500, 고바우약국에 혈압약 4,600원, 택시비 보건소 왕복 3,100, 버스 왕복에 일반 1,400원. 계 34,600원

〈2000년 10월 8일[174] 토요일 날씨 맑음〉
부인은 할머니 귀재사 준비을 하고 자신은 아무 일도 못하고 그저 이곳저곳 다니는 것으로 오늘 일과을 보냇따고 바야 한다.
올해 사과는 자신뿐 아니라 오늘 두 곳 사과밭에 견학을 했뜬이 역시 그곳도 탄저 때문에 사과 수확은 상당이 어렵깨드라. 그리고 사과밭에 일을 할려고 가면 보이는 것이 탄저병만 보이고 썩은 것만 보이니 자연적 일손이 가지 않으며 사과밭에 일을 하기가 실꾸나.
"오늘 저녁은 할머니 제사이며 올해는 제사을 9시 이전에 지내고 마랐다."

〈2000년 10월 9일[175] 일요일 날씨 맑음〉
오늘은 부인과 둘리서 사과 약을 살포을 하여쓰며 요줌은 부인이 남편을 도와줄라고 약대을 빼앗쓰며 부인이 힘든다고 자신이 약 살포을 꼭 다 하는돼 오늘과 요앞폐 약 살포는 분이 3분 1은 약 살포을 하였다. 이것을 보면 자신의 몸이 힘이 더니까 부인한태 약대을 막키고 잇쓰니 이재는 딸들이 늙아빠도 청춘이 아니라고 이야기을 하드시 이재는 체력의 한계라는 것을 자신이 너켜쓰며 사실 자신은 부인의 몸을 더 생각을 하면서도 부인한태 약대을 막키고 잇쓰니 미안한 중에 더 미안한 감이 더는구나.
"이재는 마음은 아직 절먼돼 육체적인 일들이 따라 주지 않으며 자꾸 시고 싶픈 심정

174) 7일이나 8일로 잘못 기록하였다.
175) 8일이나 9일로 잘못 기록하였다.

이다. 이것이 나이라는 것을 생각을 하고 십다."
"오후는 벼탈곡을 활려고 집안 대청소을 하였다."

〈2000년 10월 10일[176] 월요일 날씨 맑음〉
오늘은 트랙터로 벼집을 실어며 추래라가 적으서 마음 차두록 실지 못하고 그리고 혼자 실어며 추레라가 크서 땅바닥에서 실어도 만이 실을 수가 잇두록 아까시와 나무을 베어와 추레라을 나무을 대어서 만이 키아서 집을 만이 실을 수가 잇깨끔 조립을 하게 나무을 베어 왔다.
이것을 경운기 수리점에 가서 추레라을 키우면 좋은돼 돈을 안 드리고 활려니 그리 힘이 더는구나.
오후는 벼 탈곡을 해도 돼나 하고 논들을 한박키 도라 받뜬이 이제 벼 탈곡을 해도 뗄 것 같드라. 그리고 올해배추는 마음에 차두록 배추 알이 들지 않캐드라.
그리고 고구마 조금 대는 것을 부인이 수확을 하는돼 자신이 너깨 가서 도와주어쓰며 이 고구마 심을 때에 너타고 하지 말라고 했는돼 부인 이파리라{도} 따먹는다면 부인 갱이 골을 짓어서 심언 것이 고구마 달리쓰니 신기 하드라. 그것도 고구마가 입쁘게 달리서 아주 적은 고구마 수확을 하면서 부인과 한자리에서 수확의 기쁨을 맛지했따고 말을 하고 십다.
"요줌 부인이나 자신이나 아주 시간 여유가 만타. 자신은 늙 바빠서 뛰어다니야 다하는 정도인돼 요줌 시간이 아주 만타고 생각을 하며 자신보다 부인이 시간 여유가 만은 것이 내 마음 더 기쁘며 자신보다 부인이 시간 여유가 만아쓰며 내 마음 그리 편하리라고 생각을 한다."
"오늘날까지 부인의 고충이 넘어 만아쓰며 늙 육체적인 교통이 넘어 심해서 쓰러질 직전까지 가도 힘든다 한마디 하지 않는 부인이라는 생각을 할 때마다 부인의 고충을 들어 주야지 하면서도 내욕심이 넘어 만아서 부인을 편하게 해드리지 못하고 늙 미안하다는 마음 뿐인돼 요줌 시간여유가 잇는 부인을 바라볼 때에 내 마음이 그리 좋꾸나. 여보 사랑하는 남편 순덕이는 부인을 하늘처름 사랑하고 잇는 것을 알라 주야 한다 여보."

〈2000년 10월 11일[177] 화요일 날씨 흐림〉
요줌은 일을 해도 을마든지 일을 할 수가 잇찌만 자신의 마음이 허락도 하지 않을 뿐 아니라 무선 일이든지 자꾸만 뒤로 미루고 잇다.
오늘 일한 것이라고는 부인이 토란 끕질 까는 돼 그들어준 것 밖에 업다.
오늘은 종일 휴식을 한날이라고 말을 하고 십다.

〈2000년 10월 12일[178] 수요일 날씨 맑음〉
오늘 건답직파 논과 세모논 두 곳을 쵳 콤바이 탈곡을 하였다. 자신은 건답직파 논은 처음부터 실페 논이라고 생각을 하였다. 그

---

176) 9일이나 10일로 잘못 기록하였다.
177) 10일이나 11일로 잘못 기록하였다.
178) 11일이나 12일로 잘못 기록하였다.

른돼 자신이 실페작이라고 생각을 한 것보다는 좀 더 수확을 했따고 생각을 하여본다. 그리고 세기[사기] 다래이는 외관상 아주 잘돼어따고 생각을 하는돼 실지 탈곡을 하여보니 수확량이 적드라. 올해 자전 비때문에 수확이 떨어젓는지 그려치 않으며 자신이 갈리 부족이라서 그련지 아직 알 수가 업쓰며 아직 벼 탈곡을 좀 더 해바야 원인을 알수 가 잇쓰려리라고 생각을 하여본다.

서양바실 3마지기에 콤바이 풋대로 41개 ┐
세기다래이 1.5마지기 풋대로 20개 ┘ 61개

〈2000년 10월 13일[179) 목요일 날씨 맑음〉

부인이 참기름 짜로 가는 바람에 벼 말류는 일을 하고 오후는 배추 밭에 물주는 일을 하였다. 바시내이 배추는 사실 풋나물로 먹을라고 갈란 것이 생각보다 좋으며 앞푸로 간심을 두고 키운다면 알배추도 가능하리라고 본다.

그리고 트랙터 추레라가 적으서 60cm키우는 자재을 대신 고물 집에 사는돼 재로 값은 7,000인돼 절단하는 사람이 고물을 수집하는 사람이라 담배 사피우라고 3,000원 주엇뜬이 오늘 내가 주인보다 더 만이 벌어따고 상당이 좋아하드라.

지출에 … 고물값 7,000, 절단하는
사람한태 3,000원,
계 10,000원

〈2000년 10월 14일[180) 금요일 날씨 맑음〉

오전 일적부터 조합 경운기 센타 가서 트랙터 추래라을 길리로 60cm 키우는 돼 생각보다 아주 시간이 만이 걸리며 오늘 오전내 추레라 키우는 일을 오전 내 하드라. 오전 내 일을 하였는돼 순달이가 잇쓰서 그른지 그러치 않으며 우리가 이앙기 수리을 하며 고맡따고 돈을 더주는 고마음 때문에 돈을 들 밭는지 20,000원 달라고 하는돼 자신이 고마어서 30,000원 주고 왔다.

지출에 … 트랙터 추레라 60cm키우는 돼
30,000원

오후 너깨 경화 형님논 콤바이 탈곡을 함. 오늘 형님 논은 아주 잘 대어는돼 수출이 적으며 남들도 작년 비에 콤바이 풋대로 10풋대는 적은 량이 수확이 됀다고 이야기을 하드라. 올해 병충 방제을 소월이 한사람은 벼 수확에 너무 허무하리라고 생각을 한다.

경화내 형님 논 위에 논이 벼 탈곡 콤바 풋대로 45풋대 수확함.

〈2000년 10월 15일[181) 토요일 날씨 맑음〉

오늘도 벼 탈곡을 함. 경화 형님 논 아래논 콤바이 풋대로 48풋대 수확을 함. 그리고 세집에 모재리 논은 59대 수확을 했다. 콤바이 주인이 우리 마을래서 최고 수확을 했따고 이야기을 하드라. 자신도 오늘 풋대수가 만이 나오니 상당이 기분이 좋아다. 그리고 오늘 벼 탈곡을 하는돼 성운이가 도와주어서 상당이 수래따고 생각을 한다.

"오늘 콩 수확을 익은 것만 수확을 해서 재자리에 재어 두어다. 올해 자신의 콩 수확

179) 12일이나 13일로 잘못 기록하였다.
180) 13일이나 14일로 잘못 기록하였다.
181) 14일이나 15일로 잘못 기록하였다.

은 안전 실폐작이다. 자신이 콩씨 뿌림을 상당이 너깨 회서 콩 숭년이 돼어따고 생각을 해본다."

〈2000년 10월 16일[182] 월요일 날씨 맑음〉

오늘은 벼 말류는 일을 하면서 시간을 보냇다. 요줌은 벼 말류는 돼 날씨가 좋아서 금년은 일도 업다. 그리고 오늘은 안전 휴식을 했따고 말을 하고 십프며 휴식을 만이 하고 잇쓰니 자신의 육체적인 필요가 풀 리가 잇따고 본다.

〈2000년 10월 16일 월요일 날씨 맑음〉

오늘은 벼 말류는 일을 함. 요줌은 맑은 맑은 날씨가 계속 대어서 벼 말류는 돼 아주 좋은 날씨라 그리 마음이 편하다고 말을 하고 십다.

〈2000년 10월 17일 화요일 날씨 흐림〉

오전은 벼 말류는 일을 하고 오후는 형님 벼 탈곡을 하는돼 트랙터을 가지고 가서 도와주는 일을 함. 형님은 건강이 안 조아서 일을 못하기 때문에 안도와 줄 수도 업고 자신의 몸도 이재는 내일도 급이 나는돼 그리고 부인 힘을 만이 바라고 잇는돼 형님 일까지 도와 주야 하니 그리 힘이 드는구나.

오늘 형님 벼 탈곡 7마지기 5돼지기 함.

〈2000년 10월 18일 수요일 날씨 흐림〉

오늘 자신의 세 논에 벼가 아주 잘 돼어따고 보며 남들도 만이 먹을 것으로 이야기을 하곤 했는돼 오늘 실지 콤바이 탈곡을 하여보니 수확량이 아주 적으며 자신은 작년에 54풋대 수확을 해서 올해는 벼농사도 잘 돼어고 했쓰 올해는 상당이 만이 수확을 한다고 밭는돼 오히려 올해는 작년보다 4풋대 적개 수확이 돼어서 마음을 아푸게 하였다.

오늘 콤바이 탈곡한 벼 풋대수는 50풋대 수학을 함(3.5마지기).

올해는 대다수가 작년보다 콤바이 풋대수가 1단지에 10풋대는 적개 수확이 됀다고 말을 하고 잇다.

〈2000년 10월 19일 목요일 날씨 맑음〉

오늘도 벼을 말류는 일을 하였찌만 실지 벼 말류는 일은 부인 목이라고 해도 가연이 아니며 오늘 벼는 내일까지 건조을 해야지 매상 될 수가 잇따고 보는돼 기상대서 내일 한때 비가 온다고 예보을 해서 그만 그두어드리고 말랐다.

"오늘 운이가 예비군 군복을 가지로 왔는돼 아들 얼굴이 아주 야위어 저잇는 것을 보니 마음이 그리 안쓰러며 돈 번다고 얼굴이 반쪽이라는 생각을 하니 하로 빨리 개인 사업을 식키야지 부모로서 자식이 야위어 저가는 모섭을 보기가 그리 힘드는구나."

〈2000년 10월 20일 금요일 날씨 맑음〉

복판논에 콤바이 탈곡을 원정훈 한태 탈곡을 하였다. 원정훈 콤바위는 오래 돼어서 기계들이 날가서 남들은 콤바이 탈곡을 크리 하고 잇는돼 자신은 이웃 정으로 남어지 벼 탈곡은 성운이 한태 탈곡을 할려고 예정을 하고 잇다.

오늘 성운이 콤바이 탈곡을 하였쓰며 오늘

---

182) 15일이나 16일로 잘못 기록하였다.

탈곡한 풋대수는 48풋대 수확을 하였쓰며 작년에 일품벼을 해서 54풋대 했는돼 올해는 수확의 감량이 너무 차이가 만아서 벼 탈곡을 해도 기분이 그리 맑지 못하다고 말을 하고 십꾸나.

〈2000년 10월 21일 토요일 날씨 맑음〉

오전에 벼 말류는 일 을함. 올해는 벼 말류는 되 날씨가 너무 좋아서 올 가을{거}지는 아주 시운가을이라고 말을 하고 십프며 금년 갈터며 농사을 만이 짓어도 다른 해보다 육체적인 고통이 업따고 말을 하고 십꾸나.

"오후는 형님 논 배달이 5마지기 산물벼 됀다고 콤바이 탈곡을 하는돼 거들어주엇쓰며 형님이 건강이 않 조아서 일을 만대로 못하고 잇키 때문에 다들 거들어 주야 하니 자신도 힘이 더는구나. 사실 자신에 일만 해도 벅차다고 생각을 한다."

"오늘날까지 살라오면서 내일도와 줄 사람 업고 나는 남외 일을 넘어 만이 해야 하는 아품이 크다."

〈2000년 10월 22일 일요일 날씨 흐림〉

오전은 벼 말류는 일을 하고 콤바이 탈곡을 하기 위하여 갈돌리는 일을 부인과 하고 오후는 형님 콤바이 탈곡을 하는돼 도와주고 자신이 오후 너깨야 서양 바실 4마지기 콤바이 탈곡을 하였다. 자신은 직파논자리에 다시 이양기 모내기을 한 곳이라서 수확량이 떨어절 줄 알라는돼 실지 탈곡을 하여보니 아주 마음에 찬 탈곡은 아니지만 그른대로 마음 들드라.

오늘 수확량은 콤바이 푸대로 61풋대 수확을 함.

〈2000년 10월 23일 월요일 날씨 흐림〉

어재 밤에는 비가 쇼다저고 잇는 모습을 보니 올해 정말 개운하게 콤바이 탈곡을 맏치서 마음은 날라갈 것 같드라. 자신도 콤바이 탈곡을 서둘지 않아따면 어재저녁 비 때문에 콤바이 탈곡이 상당이 지연이 될 끈돼 다형히 서들어서 이번 비을 피할 수가 잇쓰따고 본다. 오늘 비을 피하고 보니 그리 마음이 편하드라.

"오늘 오후는 사과 공장용 준비을 하는 것으로 오후 시간을 다 보냇다."

오늘공장용 준비한 상자가 6짝.

〈2000년 10월 24일 화요일 날씨 비〉

오늘 오전에 콩 수확을 할려고 당산밭에 가보니 철도 일을 하면서 콩 덤불을 그돼로 밝아서 알콩이 다들 띠어 나와서 바닥에 하야게 깔려 잇쓰며 이것을 본 자신이 화가 발각 나드라. 어이하여 남외 콩을 그대로 발바서 콩 타작을 하다니 이른 사람이 밥을 먹고 사람인가 화가 나서 곳바로 대신 설로반에 가서 여기 수장이 누구야고 물어니 잘 갈치주 않으며 은성을 높이니 수장이 숙직실에 잇따고 해서 가보니 자고 잇드라. 깨어서 당신의 직원들이 곳 수확을 할려고 하는 콩을 짓발아서 타작을 했쓰니 둘리서 현장을 보고서 이야기을 하자고 하니 수장님 말이 우리 아들이 그랜 것이 아니고 철로업체 사람이 14명이 와서 일을 하다가 그래 돼어따면서 이야기을 하며 사전에 밭으로 다니지 말라고 당부을 했따면서 미안하다고 당부을 하드라. 그려면서 보상을 하두록 하게 따고 이야기을 해서 자신의 화가 사그려저드라.

"오늘 자신이 화을 낸 것이 조금 미안하며

자신이 열을 냇따는 것은 콩을 짓발아서 생콩이 띠어 나오두록 한사람이나 다름이 업찌 않나 하는 마음이 더는구나."

〈2000년 10월 25일 수요일 날씨 흐림〉

오전은 비 온 뒤라서 아무 일도 못하고 오전내 휴식을 보내고 마랐다.

오후는 부인이 치과에 가서 이몸[잇몸]도 치료도 하고 치석 제거을 해야 됀다면서 부인한태 사실 끌려가드시 김천 하얀치과에 가서 치석 제그와 이몸 치료을 하였다. 치석 제그에 이몸 치료을 하였다. 치석 제그에 힘은 들어찌만 치과 문을 나오고 보니 마음이 그리 편하며 오늘 부인 말을 참 잘 드려꾸나 하는 마음이 들드라. 자신은 치과에 가면 자신의 이을 다 뽑아 냇야 됀다고 활까 사실 극정이 돼어서 치과 가는 것을 끌리 왔다.

오늘 치석제거에 13,000원, 약방 약 값 1,000원, 계 14,000원 팽키 5,000, 동태 2,000, 계 21,000원

〈2000년 10월 26일 목요일 날씨 맑음〉

오늘로서 사실 우리는 가을거지가 끝이 났따고 생각을 한다. 우리는 오늘로서 벼을 안전이 말라서 창고에 다들 적재까지 다 했쓰며 우리부인 시간 여유가 잇쓸 꺼이며 이재 육체적인 고충이 업쓸 것이며 내 부인 올해도 수고 만앗다. 늙 부인의 고충을 생각을 하며 너무 마음 아파는돼 이재는 휴식을 활수가 잇쓰니 내 마음이 피저는 너킴이라고 말을 하고 십다. 내 부인 올해도 몸 건강하게 잘 보내따는 것이 너무 고맙따고 이야기을 하고 십다.

"이재 부인을 쳐다바도 미안한 감이 들지 않캐꾸나. 여보 내년을 위하여 제 충전만 하두록 마음 편하게 생활을 해다오."

"오늘 오후에 벼집 묵는 일을 함."

〈2000년 10월 27일 금요일 날씨 맑음〉

오늘은 벼집을 묵는 일을 종일 하였쓰며 가을 거지 한다고 지친 몸이라서 그른지 벼집 묵는 일이 그리 힘이 더는구나.

부인은 콩타작 하는 돼 시간을 다 보냇쓰며 서로가 따로 일을 하고 잇쓰니 더 힘이 더는 줄도 모른다.

〈2000년 10월 28일 토요일 날씨 맑음〉

오늘은 종일 부인과 둘리서 벼집 실어서 사과밭에 갇다 두는 일 함. 올해는 트랙터 추레라을 키와서 짐 실키가 아주 좋으며 이제는 상당이 만이 실을 수가 잇쓰서 신기하기 짝이 업다. 자신이 추레라을 키와쓰며 상당이 도음을 주어쓸 끈돼 진작 못해서 아쉬어 따고 말을 하고 십꾸나.

"오늘 운이가 봉급 1,390,000원 밭아서 1,000,000원 주드라. 운이가 돈 번다고 외는 먹어찌만 돈의 보람은 잇따고 생각을 한다. 이제 힘은 들어도 큰 회사라서 봉급은 만아서 그남아 보람을 가질 수가 잇다."

"요즘 운이가 돈 번다고 몸이 축이 난 자식의 얼굴을 볼 때 마다 마음이 상당이 아푸다고 말을 하고 십다."

〈2000년 10월 29일 일요일 날씨 맑음〉

오전은 휴식을 하고 오후는 콤바이 탈곡을 활 때에 벼집을 쓸린 것을 깔키로 다들 골고루 헛는 일을 하여다.

앞푸론 벼집을 매년 쌀라서 땅을 기름지게 활 끄다.

〈2000년 10월 30일 월요일 날씨 맑음〉

올해는 잡초 때문에 생외을 먹어서 올해는 사과밭과 작과밭 이 두 군대는 벼집을 깔라 볼라고 부인과 두리서 벼집 실어더리는 일을 하는돼 정신이 업두록 하고 잊다. 남들은 벼 탈곡도 하지 않아는돼 자신은 벼집 실어더리는 일을 하고 잊으니 남들도 불비하고 잊다. 내년에는 잡초한태 시달림을 좀 주리 볼 생각이다. 올해 벼집을 깔라서 효력이 잊따면 내년에는 밭 전체에 다 깔라 볼 생각이다.

"부인과 둘리서 벼집을 실어 드리는돼 일부 사람이 콤바이 탈곡을 하고 잊쓰며 이 들판에 벼이삭이 항금 물결을 쳐고 잊쓴는돼 이제는 탈곡을 그진 다 해버린 들판을 보니 마음이 그리 쓸쓸 마음뿐이다."

"오늘 조합에 출자을 120,000원 해서 이제 출제 총 금액 500,000원 함."

〈2000년 10월 31일 화요일 날씨 맑음〉

오늘로서 사과밭에는 벼집 실어 드리는 것을 끝을 냇다. 올해 사과밭에 벼집 갈다논 것이 약 5마지기 벼집을 갈다 노아다. 올해는 벼집이 사과 밭에 충분한 벼집이 돼리라고 본다.

그리고 벼집을 반을 쌀란 것을 부인과 둘리서 골고로 헛는 일을 다 하여쓰며 올해는 자신의 논 두필지 6.5돼지기에 콤바이 탈곡을 하면서 벼집 반을 쌀라다. 이재는 내년에는 수확이 조금 더 돼지 않캐나 하는 기대감이 돼는 구나.

〈2000년 11월 1일 수요일 날씨 비〉

이 비가 자신은 벼 탈곡을 다해서 다행이지 일부 사람들은 탈곡이 남아 잊는돼 이 사람들은 극정이 만이 돼개꾸나. 비가와도 자주 오고 잊쓰니 수확에 힘이 들게꾸나.

오늘 자신은 오전 내 휴식을 하고 오후는 치과 병원에 가서 치료하고 이 때우는 치료을 하고 부인과 둘리서 농협 하나로마트 쇼핑을 하는 것으로 일가을 다 보냇다.

지출에 … 치과에 입빨땜에 5,000,
버스직행 1,050원, 하나로마트
89,970원 {계 96,020원}

〈2000년 11월 2일 목요일 날씨 흐림〉

비가 온 디라서 아무 일도 못하고 집에서 휴식을 하고 오후는 부인과 둘리서 배추 해 오는 일을 함. 이번에 자전비로 무우, 배추들이 아주 좋아젔드라. 자신은 올해 배추는 알배기 배추가 업쓸 것으로 보았는돼 우리 배추는 다들 알배기 배추을 수확을 할 수가 잊쓰리라고 본다.

이재 가을도 저물고 잊따고 보는돼 우리 혜영이 중매 자리도 나오지 않으며 시간만 자꾸 허르고 잊는 돼 대해서 너무 가슴이 답답다. 올해는 나이을 바서도 결혼을 해야 하는돼 아직 배우자 업는 것이 이 아빠로서 너무 어깨가 무급고 극정이 크다. 나는 아들 결혼 하는 일들이 힘드는 정말 몰라쓰며 세상에 일들이 힘든다고 해도 내 딸 결혼 식키는 일이 제일 힘든다고 말을 하고 십다. 그리고 가을이 저물기 전에 꼭 배우자가 난타서 결혼이 돼어쓰며 이 아빠는 더 바라지 않캐다. 정말 올해는 결혼 성사가 돼어쓰며 하는 바람빡에 업다.

〈2000년 11월 3일 금요일 날씨 흐림〉

오전은 친구들과 휴식을 하고 오후는 자신 혼자서 콩 수확을 하여쓰며 올해는 콩씨을 너깨너어서 그른지 콩 던불만 좋꼬 콩섬이 업쓰며 올해는 자전 비로 콩농사 슝년을 만난 셈이다.
"오늘 콩든불 경운기로 한기운기 수확을 해왔다. 올해 콩이 재대로 돼어쓰며 아주 잘 돼어쓸 끈돼 정말 아쉽다."

〈2000년 11월 4일 토요일 날씨 맑음〉
오늘은 김천시 보건소에서 처방을 밭아서 고마우약국에서 혈압약을 밭아 왔다. 오늘은 부인도 내일 갓바위 구경간다고 어재 자신의 운동아만 사와뜬이 혜영이가 아빠와 똑같은 운동을 사라면서 돈을 주드라. 그래서 오늘 자신과 둘리서 쇼핑을 했쓰며 오늘 부인과 둘리서 보건소, 약방, 치과에 가서 자신의 입빨 때우는 일을 하는돼 같이 단이쓰며 오늘 일적 서들어서 김천을 같쓴는돼 오후 1시가 돼두록 시간이 걸리다.
그리고 보건소에서 기다리는 시간이 을마 돼지 않아는돼 고바우 약국에 약타는 시간이 아주 시간이 만이 걸리서 의약분업으로 다시 한 번 불편하다는 것을 한 번 더 너켜다. 오후는 콩수확을 안전이 함.

〈2000년 11월 5일 일요일 날씨 맑음〉
오늘은 부인과 둘리서 도시락 김밥을 싸들고서 대구 가는 통학차에 몸을 실고 오늘따라 차창까에 안개가 너무 작욱해서 지나가는 들의 풍경을 볼 수가 업꾸나. 겨우 동대구역에 내리니 자욱긴 안개가 서스이 풀리면서 앞을 볼 수가 잇드라. 이재 갓바이 가기위하여 버스 승강장에서 직행을 기다리고 잇쓰니 택시 기사가 다가와서 갓바이 간다면서 4명이 한끄번에 가면 일인당 3,000원 간다고 해서 부산서 온 아주마 2명이 자신과 같이 직행을 기다리고 잇쓰서 우리 같이 가자고 해서 3,000원 주고 갓바이까지 택시로 수라게 잘 같다. 그리고 만은 사람 따라서 갓바이 산을 올라 가는돼 너무 힘이 들며 부인과 둘리서는 시음시음 올라 갓쓰며 갓바위 정상까지 올라가는 돼 1시 30분이 걸린 셈이다. 갓바위 정상에 올라가니 발 뒤들 때가 업쓸 정도로 만은 인파가 몰려들어 쓰며 다들 소원을 빈다고 기도을 드리고 잇쓰며 아들은 자기 보모 하는 돼 기도을 하고 잇는 모습을 보니 허망하다 활까. 성인들이 갓바위에서 소원을 빌면 소원을 풀어준다고 알고 잇쓰니 기가 찰 일이다. 사람이란 자기의 노력을 해서 어들라고 들어야 하는돼 종교을 들고 소원을 어들라고 한다는 것은 너무 가슴 아푼 일이다. 이것이 언재까지 갈련지 한심스렵다고 말을 하고 십꾸나.
"그리고 시간이 일적으서 동아사에 가는돼 택시을 이용해서 동아서 갈람비가 2,000원 주고 같뜬이 석불이 음청나게 크며 너무 웅장해서 입이 저절로 감탄사가 나오며 정말 좋다고 말을 하고 십다."
"오늘 관광은 부인과 둘리서만 하는 나들이 관광이며 자신도 만족하지만 부인이 더 만족하게 생각을 하며 부인은 남편가 나들이을 하며 아들 처름 조아하는 모습을 보며 이상하다는 생각이 든다. 이재는 부인과 둘리서 자주 관광길을 만들어야 하겟다."
지출에 … 기차 왕복비 값 8,800, 팔공산(갓바위) 택시비값 6,000, 사진기 필림, 엿 4,500, 동아사 가는돼 택시비값 8,000, 동아사 입장료값 4,000, 동아사에서 나오는돼 버스값 2,400, 역

대합실래서 빵값 3,000,
계 36,700원

〈2000년 11월 6일 월요일 날씨 맑음〉

오늘은 부인과 둘리서 사과 수확을 함. 오늘은 준비 한다고 수확을 을마 못했쓰며 올해는 용만 큰집에 저장고에 저장을 할려고 21짝을 저장을 하였다. 그리고 올해 부페병이 너무 만아서 속이 상하며 그리고 점바위[점박이] 사과가 정품의 3분 1이 나오는돼 너무나 가슴이 아빠서 참아가기가 그리 힘이 더는구나.

〈2000년 11월 7일 화요일 날씨 맑음〉

오늘 사과 수확을 하는돼 본태 엄마가 수확을 도와서 고맡드라. 그리고 올해 사과들이 점밖이가 만아서 큰 극정을 하고 잇쓰도 자신은 여사로 여기와는돼 자신도 정품 사과와 점밖이 사과 반반이 나오고 잇는 사과을 볼 때에 너무 마음이 아푸드라. 이 마음은 사과 농사을 짓는 사람만이 그 아품을 알수가 잇따고 생각을 한다. 오늘도 종일 사과 수확을 함.
지출에 … 배추씨 값 5,000원

〈2000년 11월 8일 수요일 날씨 맑음〉

오늘도 부인과 둘리서 사과 수확을 하였쓰며 자신은 그위 사과 따는 일만하고 부인은 선별을 하였다. 부인이 선별을 하는돼 정품 1상자 나오면 점박이도 한상자 나오는 것 같다서 너무 마음이 안쓰러어다. 올해 점밖농사만 안 짓어따면 풍년농사가 돼어쓸 끈돼 무엇시 실책이 돼어서 사과 점밖이 농사을 짓어딴 말인가. 사과 수확을 활 때마다 마음이 아푸구나.
오늘 사과수확량 48짝 함.

〈2000년 11월 9일 목요일 날씨 맑음〉

올해 우리 마을이 내일 매상 날이라 오늘 부인과 둘리서 매상 준비을 하였쓰며 올해 매상 활당 량은 60가마인돼 육촌 형님 8가마와 자신이 매상 준비한 것이 68가마 준비을 하여 두어다.
그리고 오후에는 부인은 사과 수확을 하고 자신은 오후 내 휴식을 한 셈이다.
“자신이 오늘 매상준비을 세집에 33가마와 자신이 68가마 준비하 는돼 힘이 들어서 피료을 풀겸 휴식을 한 셈이다.”

〈2000년 11월 10일 금요일 날씨 맑음〉

올해 우리 마을에 첫 매상날이며 자신은 부인과 둘리서 세벽 밥을 먹고 날이 세기 전에 트랙터에 68가마을 실고 대신에 매상에 출하을 한다고 남들보다 먼저 매상에 응해쓰며 올해는 대신 1, 2동이 벼 탈곡을 밑차 못해서 이번 매상은 우리마 을과 봉산 1, 2동이 응해서 매상에 분주함이 업시 매상이 진행이 돼어다. 그리고 올해는 수분이 만아서 불량이 좀 잇쓰며 그리고 2등이 멫 가마 나왔찌 그위에는 다들 1등을 받아쓰며 생각보다 등이 좋아따고 생각을 한다.
“올해는 추곡 가격이 시중보다 매상이 2,120원이 시중보다 현제 더 비싸다고 본다.”
“앞푸로 시중가격이 어떠게 변활 줄 몰라도 자신이 생각을 활 때는 내년 여름에 간다면 매상 가격 넌가 활리라고 본다.”
(오늘 매상 뒌 것은 선도자금 값고 나머지는 예금함.)

〈2000년 11월 11일 토요일 날씨 맑음〉

오늘 오전은 사과 너살리 수확을 했쓰며 사과 너살리도 상당이 만을 것 같꾸나. 올해는 착색 빨리 오는 영양제을 만이 살포을 하여는돼도 사과 너살리가 만꾸나.

"오후는 무우 수확을 하였다. 그리고 올해 무는 상당이 크드라. 무우가 갈무리가 잘 될련지 몰라도 우선 보기에는 무우가 좋드라."

"그리고 본태내 무우을 자신의 무우와 같이 한 발리 실어 줌."

〈2000년 11월 12일 일요일 날씨 맑음〉

오늘 오전은 윤재호 부친 윤혁희 씨의 장래식에 참석을 하여쓰며 오늘 장래는 실지 아무일도 하지 않아따고 해도 가연이 아니라고 말을 하고 십다.

"오늘 일요일이라서 그른지 재호 친구들이 참석을 만이 해서 오늘 일이 수라게 잘 지냇따고 생각을 한다."

지출에 … 부위 30,000원

〈2000년 11월 13일 월요일 날씨 맑음〉

오늘은 사과 공장용 사과을 담아낼라고 부인과 둘리서 썩은 것은 오리내고 손실을 해서 담아 내는돼 둘리서 30짝을 담아 냇다. 자신이 올해 사과 농사는 피롱을 해쓰며 올해 사과가 부폐 점백이가 올해는 유독 만은 해라서 사과 농사을 짓는 사람은 올해 너무 가슴 아픈일 들이라고 본다. 앞푸론 사과농사 짓는돼 약값이 너무 만이 들어가며 특희 사과 부폐 때문에 사과 농사을 하로 빨리 증가을 해야 잘하는 사람이라고 바야 한다.

"올해는 가을 수확을 안전이 끝이 낸 날이라고 바야 한다. 농촌에서는 가을거지을 끝을 내면 실지 한해가 다 같다는 허전함도 크다고 말을 하고 십다."

〈2000년 11월 14일 화요일 날씨 맑음〉

오전은 오늘 조합에서 매상 가마니 당 56,000원 주고 터가는돼 형님 68가마 달라 냇쓰며 그리고 숙모님도 52가마 달라 냇다. 오늘 이것을 다들 실어 주는 작업을 했쓰며 자신은 도와 줄사람 업는돼 자신은 남외 일을 너무한다고 생각을 한다. 자신이 아직 힘이 남아 돌라가면 을마든지 남외 일을 해도 돼는돼 이재는 자신도 남외 일하기는 너무나 힘이 더는구나. 그리고 오늘 사과 공장용 3상자 준비을 하는 것으로 안전이 사과 손질하는 것은 끝을 냇다.

"오후는 혜지한태 사과 1상자 반찬끄리 1상자 쌀 40kg와 혜지 시집에 사과 2상자을 택배로 부쳐주는돼 마음이 바빠다."

오늘 택배비값 30,000, 한독약방에 신경선 대장염 약 2,000, 이발비값 7,000원,
전정톱 6,000, 직행버스비값 2,000원,
계 47,000원

〈2000년 11월 15일 목요일 날씨 비〉

경남에 이너 폐아석 공장 견학을 김전역 포도 반장들만 관광버스로 한차 같쓰며 공장 견학을 하여보니 문지 투성이 때문에 공장 내역을 보지 못하고 끌끕질 갈라서 석회 종류 처름 만들어내며 이것이 포도와 과수에 아주 좋다는 피알 공장 사장님이 이야기을 하고 잇드라. 이것을 직기농업에는 이미 사용을 하고 잇따고 이야기을 하드라. 그른돼 석회을 한 밭태는 상극이라고 하지 말라고 하드라. 그래서 자신은 신청을 하지 않아다. 그른돼 내년에 친구와 같이 해보자는 약속을 하였다.

"그리고 오늘 폐아석 공장 사장님한태 대접을 잘 밭아다."

〈2000년 11월 16일 금요일 날씨 비〉

오늘은 아포농협에서 대위원만 관광차 2대을 전세을 냇서 문경세제와 왕건세트장, 석탄박물관, 등산을 예정하여는돼 비가 와서 표기을 하고 간 곳은 석탄박물관가 수안보만 같다오고 마랐다. 오늘 여행은 차만 타고 온 것으로 관광을 했따고 바야 한다. 오늘 조합에서 경비을 만이 냇쓰라고 본다. 오늘 조합에서 상당한 열정으로 하였따고 생각을 한다.

〈2000년 11월 17일 토요일 날씨 비〉

어재 관광 다녀오고 나서 몸이 피료해서 오전은 휴식을 하고 오후는 일적부터 서들어서 부인과 부인 친구 2명과 경운기로 김치끄리 한다고 배추 하로 같뜬이 배추 다 뽑아 같다고 이야기을 하고 잇쓰서 여사로 같뜬이 자신의 대파을 다 뽑아 같드라. 그때는 마음이 크게 이상한 마음도 들지 않코 남의 대파 뽑아 간 것 처름 별 마음이라고 말을 하고 십꾸나. 오늘 날까지는 배추, 대파, 마늘을 이저본 적이 업는돼 올해는 잘 짓어논 대파을 도독이 다다 뽑아같쓰니 이재는 농촌도 살기가 힘이 들겟꾸나. 농민들이 겨울 네 비지땀을 흙러서 농사을 짓어노며 저녁에 도독이 한탕으로 가지고 가면 만사 헛 꺼이 돼고 말태니 인간 살기가 더 힘들어 가는구나.

"어재 저녁에 자신의 대파와 배추 가지고 간 것 다 해바야 금액으로 따지본다면 을마 대지 않는 가격인돼 이 돈으로 인생을 망치고 잇따는 것이 가슴 아푼 일이다. 자신이 한마디 하고 십픈말 은 이번으로서 끝을 내고 다시는 도독을 하는 일은 업두록 해준다면 더 바랄 길 업겟다."

"이재 저녁에 잇전 대파는 경운기로 반 경운기는 충분하리라고 본다."

지출에 … 보일라 기름 석유 2도람
184,000원

〈2000년 11월 18일 토요일 날씨 맑음〉

오늘 오전은 내년도 사업내역에 분과 위원회을 대위원이 한자리에서 회쓰며 오늘은 식대 값을 50,000원 주고 정심 식사 값으로 10,000원 빼어내서 정심 대접을 하여주드라.

"오후는 사과나무 둥치기가 만으니 사과 너살리가 만이 달리서 내년에 사과 너살리을 업세기 위하여 사과 둥치기 가지 빼어내는 일을 하였다."

지출에 … 형님 생신에 고기값 20,000원

〈2000년 11월 19일 일요일 날씨 흐림〉

오늘은 형님이 생신이라 동생들도 참석을 해서 다들 휴식을 하였쓰며 요줌은 가을거지을 다 했서 시간을 여유을 가지고 생활하기 때문에 동생들과 여담을 활 수 잇는 시간이 만타고 말을 하고 십다.

"오늘도 누님, 동생과 절거운 시간을 보냇다."

〈2000년 11월 20일 월요일 날씨 비〉

요줌 비가 자주 오고 잇꾸나. 오늘도 비가 만이 내리고 잇꾸나. 오늘도 비가 만이 내리서 아무 일도 못하고 집에서 휴식을 하였다.

"오늘은 부인과 둘리서 집에서 휴식을 한날이라고 말을 하고 십꾸나."

"우리 혜영이가 에제 선을 밭는돼 또 매저 저지 않는구나. 이 아빠는 우리 혜영이가 좀 빨리 인연이 매저 젔쓰며 하는 생각 밖에 업꾸나."

〈2000년 11월 21일 화요일 날씨 맑음〉

오늘은 조합에서 벼 40kg 200g에 56,000원 주고 사가는돼 오늘 자신도 97가마 냇고 마랐다. 나중에 벼 값이 봄에 가면 상당이 올라가리라고 보는돼 올해는 도난극정도 되고 나중내면 근대도 줄어들며 이른 것을 다 본다면 별 이득이 업쓰리라고 그만 조합에 가지고 갈 때에 양식만 두고 다들 달라 내고 마랐다. 그리고 오후는 들래 양수기에 물내리는 일들을 하고 이재 겨울 준비을 다 한 셈이다.

지출에 … 편지봉투 100장 1,680, 무봉투 100장 1,160, 우표값 12장 2,040, 계 4,880원

〈2000년 11월 22일 수요일 날씨 맑음〉

오늘은 대신분소에 가서 올해 수도작벼 매상돈 8,000,000만원을 정기 적금을 하였쓰며 자신이 금년에 수입금을 실지적으로 10,000,000원은 예금을 하는 식이다. 자신이 올해 천만 원을 예금을 하는 셈이 돼어쓰니 우선 기분이 좋꾸나.

"오늘은 종일동안 휴식을 한 셈이다."

〈2000년 11월 23일 목요일 날씨 맑음〉

오늘은 마을 아주머니가 자신의 참깨 수확을 할 때에 거들어 주어서 오늘 자신이 경운기로 배추 수확 하는돼 그들어주어쓰며 배추가 만아서 경운기로 두 바리 볼속 대드라. 그리고 오늘 날씨가 안전이 풀어젓쓰며 배추 수확에 아주 좋은 날이며 이재는 그진 배추 수확이 다 돼어가드라.

지출에 … 콤바이싹 1마지기당 30,000 회서 정상원 490,000원 줌.

〈2000년 11월 24일 금요일 날씨 맑음〉

오늘은 사과나무 둥치기 빼어 내면서 톱지한 대[톱질한 데] 네와소진약 원약[원액] 발라주는 일을 함.

올해는 복잡한 가지는 톱으로 빼어냄. 올해 농사을 짓어보니 사과나무는 가지가 만아서 득은 업따고 보고 올해는 빛이 들어 가두록 둥치기 가지을 만이 빼어냄.

〈2000년 11월 25일 토요일 날씨 맑음〉

오늘 오전은 페아석 비료가 450포가 와서 비료 신청한 사람들한태 분배을 하여주고 나니 포도 수가 못지련다고 이야기을 하는 사람이 들어 잇다. 페아서 비료을 한 풋대에 50개식 들어 잇따고 하는돼 50푸대가 안 들어잇따는 사람이 잇드라.

"오후는 범식네가 배추 좀 실어 달라고 하는돼 안 시려 주면 실타고 활 것 같다서 오늘 경운기로 두 바리 실어 주엇다. 요줌은 여자들 혼자 사는 사람들은 대다수가 한나잘 일을 도와주고 일을 식키는 것은 경운기 사람 한나잘을 바라고 잇쓰며 실지 자신이 그래 하고 잇쓰며 혼자 사는 사람들이 자기 자신을 불상하다는 뜻으로 일을 바라고 잇는 자체가 아주 잘못 돼어 따고 생각을 하며 요줌 과부들이 일해 달라는 소리을 여사로 하고 잇다."

"오늘 오후 6시는 임동우 음식점에서 계추을 함."

〈2000년 11월 26일 일요일 날씨 맑음〉
오늘 우리 육남매가 다들 염소 돌부리을 하였쓰며 오늘 종말이는 중국을 가서 참석을 못해서 마음에 걸리며 마음이 안쓰렵드라. 오늘 누님 아달, 딸, 사위가 와서 그래도 마음이 좋아다. 늙 우리 오형제만 참석을 하고 누님은 부르지 않아쓴는돼 올해는 누님을 불어서 참석을 하니 사위 아들이 구미 살기 때문에 참석을 해서 마음이 좋드라. 다음에도 참석을 해서 절거운 자리가 돼두록 해야 하게꾸나.
"오늘 종말이(순복이) 참석을 못해서 좀 안쓰려운 감은 잇쓰도 오늘 자리는 참 좋은 자리여따고 생각을 한다."

〈2000년 11월 27일 월요일 날씨 맑음〉
오전은 콩깍두기을 경운기로 1바리 실어서 사과밭에 실어내고 오후는 마늘 갈 때에 큰집 갈리기로 노타리을 하여둠. 갈리기 작업은 그저 수라게 하는 것이지 마음 찬 일은 못하게드라. 갈리기는 김매는 일과 채소밭 위에는 쓸 수가 업쓸 것 같다.

〈2000년 11월 28일 화요일 날씨 맑음〉
오늘은 읍 주선으로 포도 교육을 하였쓰며 올해는 영사기을 가지고 교육을 하니 교육에 참 맛이 더 잇는 것 같드라. 그리고 올해는 여자들이 교육에 참여을 상당이 만이 하고 잇드라.
(오후는 부인과 둘리서 마늘 파종을 함.)

〈2000년 11월 29일 수요일 날씨 맑음〉
오늘은 조합에 예산 결정을 한다고 대위원 참석을 해달라고 해서 갈뜬이 이번에는 마지막이라서 그른지 그진 백푸로 참석을 했따고 본다. 그리고 아직도 조합을 부정적으로 내다보는 사람들이 만트라. 그리고 직원들 봉급 지급액이 너무 만타고 하는 사람들 구구한 소리 다들 나오는돼 자신은 참는돼 힘이 들어쓰며 자신이 동생이 농협에 업쓰며 아무련 신경을 쓰지 않캐는돼 동생이 잇키 때문에 자석을 지키는돼 힘이 들어따고 본다. 그리고 직원들 자녀에 학자금을 1사람에 3,000,000원 한도에 주는 일을 업세자고 하는 찬반을 무를라고 하는돼 찬반을 물키 전에 자신이 한마디 묻고 십다면서 질문을 했다. 우리 김천시 관내에 학자금 지급을 안하는 곳이 잇느냐고 물어니 업따고 해서 이것은 잘못이 아니냐 다른 곳 다 하는돼 우리 조합만 업세는 것은 잘못이니 자신은 주야 한다고 주장을 해서 찬반은 물지 않코 학자금을 주기로 했다. 그리고 조합장이 경조 사업비을 조합장 이름으로 하는 것은 잘못이니 앞푸로는 조합으로 경조사 비을 하자고 해서 그리고 논란이 사실 만이 돼어다. 보다 못해서 자신이 우리 뽑은 조합장인돼 그른 특권을 빠앗쓰면 안댄다면서 그른 특권을 주야 한다고 주장을 해서 그것도 조합장 이름으로 축이금을 할 수가 잇깨 돼어다. 이른 일들이 조합을 부정적으로 보기 때문에 문제가 돼고 잇따고 본다.
수입에… 대위원 정심값 60,000원

〈2000년 11월 30일 목요일 날씨 흐림〉
오전은 길거리에서 농민들과 같이 놀라쓰며 오후는 사위가 오늘 저녁에 제사라고 혜지, 한서방이 12시경에 직지사에 온다고 오늘 집에 와서 배추 가지고 가리고 이야기을 했뜬이 오후 3시에 온다고 해서 자신은 뚝갈배추[반결구183)배추]도 준다고 오후에는 배추을 뽑아 왔쓰며 이것을 손질을 해서 우리가 농사을 했는 것은 전부 조금식 해서 다들 싸 주엇다. 오늘 사위 준 것은 배추, 무우, 파, 시금치 해서 다들 주엇쓰며 자신으로 바서는 상당이 만이 주엇따고 생각을 한다.
오늘 우리 부부는 성운이 여자친구가 1년 넘깨 교제을 끈은 여자친구한태 전화을 부인이 해서 요줌 무엇 때문에 교제을 하지 않느냐고 하니 여자친구가 성운이 오빠가 전화을 안준다면 오빠한태 전화을 활려고 하는 것을 보면 운이가 전화을 안주는 것이 학실하구나. 그래서 오늘 운이가 봉급 같다 주로 왔킬래 진영이 정도의 아이도 업따면서 이 아빠는 좋드라 한번 사겨보라고 강화게 보치다. 요줌 세대는 연애을 하지 않으며 결혼하기가 힘이 들기 때문에 우리 부부는 진영이와 한 번 더 사겨보라고 가진 예을 다쓰고 잇따고 말을 하고 십다."

〈2000년 12월 1일 금요일 날씨 맑음〉

오늘은 안전 봄날처름 따뜻한 날이라고 말을 하고 십다. 오늘은 밭같에 물을 대어서 모욕을 하는 것만으로 하로을 다 보냇다. 요줌 오전은 설리 때문에 아무 일도 못하고 오후는 집에서 그냥 시간을 보내고 잇따고 말을 하고 십다.

지출에 … 콤바이 탈곡한 싹 210,000원
원정훈 줌. 부인

〈2000년 12월 2일 토요일 날씨 맑음〉

오전은 마을어기에서 모닥불을 놋코 마을 사람과 휴식을 하고 오후는 사과 전정을 하였쓰며 오늘 오후는 너무 따뜻해서 일하기가 너무 좋은 날이라고 생각을 하여본다. 그리고 사과 잎파리들이 나무에서 떨어지지 않코 다들 붙터 잇드라. 이것이 나무가 세약해서 그른지 일기변화로 그른지 그 영문을 몰갯꾸나.
요줌은 별료 알찬일은 못하고 그저 나들이하고 집에 잇쓰도 갑진 일은 못하고 늙 우응부응 하면서 그날을 보내 왔는돼 오늘은 갑진 일을 하였따고 본다.
"내 부인은 외손주 온다고 벌서 마음이 들떠잇쓰며 내일이면 외손주 본다고 생야단이며 그리고 손주 온다고 잠바을 사오지 않나 그저 아들처름 마음이 들떠잇는 그 모섭을 보니 나는 여사인돼 부인은 너무 좋은 기분을 가지고 잇드라."

〈2000년 12월 3일 일요일 날씨 맑음〉184)

오전은 사과 전정을 하고 오후는 딸이 시집에 제사 지내로 왔따가 오늘 오후에 집에 온다고 해서 과수 전정 하로도 가지 않코 딸, 사위을 볼라고 휴식을 하여쓰며 외손주 놈이 만{이} 크다는 생각이 들며 좀 볼라고 해도 와주지 않아서 마음 글리드라. 이재 내년만 돼면 활아버지 하면서 품에 안기계지. 그때는 만이 앓아 주야 하겟다.

〈2000년 12월 4일 월요일 날씨 맑음〉

오늘 오전은 친구와 농약방에 포도약 외상한 것 갚푸로 갚쓰며 둘리서 800,000원 돈을 갑는돼도 올해는 정심 값도 주지 않코 그냥 받고 말드라. 매년 외상 약값 갚푸면

183) 배추 따위의 채소가 속이 둥글게 들지 아니하고 윗부분이 벌어짐. 또는 그렇게 된 포기.
184) 일기장에는 12월 3일자 일기가 4일자 뒤에 기록돼있어서 올바른 순서로 배치하였다.

고맙따고 정심 값으로 주든이 올해는 어르어서 그른지 아무것도 주지 않코 잇꾸나. 그리고 우리 농촌만 어르운 것이 아니라 농약방도 어르꾸나 하는 생각이 들드라.
오후는 사과 전정을 조금 하였다. 올해는 사과 전정도 아주 강하게 하고 잇쓰며 사과나무 키리 겹쳐 잇는 나무는 가감하게 잘라 버리고 만다.
그리고 혜지가 갑짝이 쓰야 한다면서 100만원 부쳐 달라고 해서 오늘 오후에 부쳐 주엇다.
지출에 … 포도약 외상값 신흥약방
275,000원
폐아석 비료 구입 하여주고 사장이 70,000원 접어주어서 오늘 이 돈을 벌언 쌤이다.
수입에… 폐아석으로 70,000원

〈2000년 12월 5일 화요일 날씨 맑음〉
오늘 오전은 규산질 입상표 100포을 동회관에서 수령을 하였쓰며 오후는 사과 전정을 하였다.
요줌은 우리 혜영이 선자리가 나오지 않으며 올해는 선자리가 더 업쓰며 아빠로서는 극정이 너무 크다.

〈2000년 12월 6일 수요일 날씨 맑음〉
오늘도 날씨가 맑으며 따뜻한 기온 때문에 일하는돼 큰 도움이 돼쓰며 오늘도 날씨 도음으로 일을 오래 동안 사과 전정을 활수가 잇쓰며 오늘도 종일동안 사과 전정을 함. 올해는 가을거지을 하고 났쓰도 맑은 날씨 득분으로 일들을 만이 활수가 잇따고 본다.

〈2000년 12월 7일 목요일 날씨 맑음〉
오늘로서 사과 전정을 다하였다. 그리고 다들 사과나무는 돈이 안 댄다고 다들 둥치내고 잇다. 우리 마을뿐만 아니라 위읏 동네들도 사과나무 베어내고 잇따고 한다. 자신도 사과나무 베어내고 다른 작목을 하여 볼까 하고 사과밭에서 가만이 안자서 함참 생각을 해받다고 이야기들기을 하고 십꾸나.

〈2000년 12월 8일 금요일 날씨 맑음〉
오늘 오전은 골래 작과 나무 전정을 하였다. 골래 작과나무는 유목이 잘라서 이제 과일이 달려서 겨우 약값이 나올 정도며 묵은 나무들은 둥치기로 서잇찌만 그진 다 죽은 나무라고 바야한다.
오후는 마늘밭에 비누류로 덥고 오면서 부인과 둘리서 벼을 경운기로 한발이 실어서 앞밭에 갇다 논는 일로 오늘 하로을 다 보냇다.
그리고 부인과 형수는 우리 김장 담는 일을 하였다. 올해는 날씨가 아주 좋아서 김장 담는 일이 좀 여유가 잇찌 않아쓸까 생각을 가져본다.

〈2000년 12월 9일 토요일 날씨 맑음〉
오늘 저녁은 어머님 제삿날이며 오늘도 매느리들은 다들 참여을 해서 어머님 제사 음식준비을 하고 잇는 것을 보는 자신이 너무 고맙드라. 매년 매느리들이 불참하는 사람 업시 다 참여을 해준 돼 돼에서 너무 고맙꾸나. 그리고 종말이 동생이 회사 일로 중국 가는 바람에 제사에 참여을 못해서 마음에 걸리는구나. 다음은 종말이 동생도 참여을 하는 제사가 돼어쓰며 하는 바람이다.
“오늘은 골래 작과나무 전정을 하고 잇는돼 성운포크렌이 형님 사과 뿌리 캐로 와서 자신도 경운기 더나더는 돼가 파이프간이 다들 미어서 물도 나가지 않코 넘치고 잇쓰서 자신이 파고 파이프을 노아야지 하고 잇는돼 포크렌이 엽페 와서 자신 힘으로 하는 것보다 나깨따는 생각으로 파이프을 준비을 잘났다."

오늘 일은 아주 잘했따는 생각을 하여본다.

지출에 … 혈압약 3,500원, 어머님 제사 어물값 30,000원, 보건소 진찰료값 500원, 택시비 10,000원, 버스비값 700, 란 화분값 9,000원

〈2000년 12월 10일 일요일 날씨 흐림〉

어재 잠을 설치서 그른지 우리 부부가 종일 휴식을 하였다. 이제는 하로밤 잠을 설치는돼 그 피료는 말로 다 할 수가 업꾸나.

"딸들이 이제는 청춘이 아니라고 말을 자주 해도 여사로 들어는돼 이제는 몸으로 너켜지는구나. 이재는 몸 따로 마음 따로 라는 것을 실감을 너키며 벌서 이른가 하는 허탈 무어라 표현을 해야 활지 몰게꾸나."

〈2000년 12월 11일 월요일 날씨 맑음〉

기상대서 올 드려 제일 춥다고 해서 오늘은 밭갓에 한번 나가지 않코 방에서 종일을 보냇쓰며 오늘은 유덕이 바람이 강해서 일하기는 쉽지 않타고 본다.

우리 혜영이 이번 주도 선자리가 업시 그냥 넘어가고 잇꾸나. 이 아빠는 이번 주는 선자리가 나올라나 하고 기다리고 잇쓴는데 이것이 허사로 도라가는 아품 무어라 말로 다 활 수가 업꾸나. 나도 혜영이만 짝을 지어주면 극정은 업깨는돼 혜영이 때문에 우리 부부가 극정을 만이 하고 잇따고 말을 하고 십다.

〈2000년 12월 12일 화요일 날씨 맑음〉

오늘은 윤달희 친구가 가작 달라 내는돼 지붕판이 왔따고 좀 도와 달라고 해서 그들어주고 오늘도 일기가 차거어서 휴식을 하였다. 오늘 휴식을 하니 몸이 너무 깔라저서 내 몸이 이상이 와서 그른지 염려가 돼는구나. 사람이 휴식을 넘어 해도 몸에 리듬이 깨어저서 불편이 온다는 것을 알랐다. 내일은 날씨가 조금 풀린다고 하니 일 좀 해야 하게꾸나.

〈2000년 12월 13일 수요일 날씨 맑음〉

오전은 휴식을 하고 오후는 벼집을 앞밭에 부인과 둘리서 실어 올리쓰며 앞밭에는 1단지 벼집을 다 실어 올리서 벼집이 좀 만으리라고 생각을 하고 잇다.

오늘로서 벼집 실어 올릴라고 생각한 것은 다 실어올리다. 올해 벼집을 사과밭과 작과밭에 집 실어올린 것이 6말 5돼지기 실어 올린 셈이다.

〈2000년 12월 14일 목요일 날씨 맑음〉

오전은 메주끄리는 일을 도와주고 오후는 날씨가 탁 풀리쓰며 오늘은 봄날처름 따뜻해서 일을 만대로 활수가 잇따고 본다. 자신도 작과 전정을 하였다. 오늘 같이 따뜻한 날은 업쓸 줄 알라는돼 오늘은 추위가 언재 잇쓰나 하는 식으로 아주 맑은 날씨라 활동에 탁 말따고 생각을 하였본다.

지출에 … 농약값 314,960원

〈2000년 12월 15일 금요일 날씨 맑음〉

오전은 휴식을 하고 오후는 골래작과 나무 전정을 하였쓰며 오늘은 부인도 당산 포도밭에 김매기을 하였쓰며 자신도 포도 밭 김

매기 하는 것이 더 알찬 일이라고 생각을 하여본다. 오늘은 탁 풀리서 농촌 사람들은 다들 일터가서 일을 활 것으로 내다보고 잇다.
"우리 혜영이 선자리가 나오지 않아서 염려가 크다. 자신은 올해는 결혼식을 올릴 작정을 하였는돼 또 해을 너기지 않을까 하고 마음 부란하다."

〈2000년 12월 16일 토요일 날씨 맑음〉
오늘로서 골래 작과 전정을 끝을 냇쓰며 금년은 날씨가 좋아서 일하는 날이 만아서 전정 속도 빠르며 이른 속도 가면 봄 일을 겨울에 다 활수도 잇깨따는 생각도 더는구나. 오후에 앞밭에 전정도 좀 하였다. 작과 나무들이 너무 묵어서 전정을 활 끄도 별로 업다는 하지만 전정의 속도 빨리 갈수 잇쓰니 마음이 편하구나.
"부인은 오늘도 포도밭 김매기을 함."

〈2000년 12월 17일 일요일 날씨 맑음〉
앞밭에 작과나무 전정을 하는돼 올해는 둥치기 가지들이 넘어 만이 죽어서 과수밭이라는 말을 활수가 업두록 돼어 잇쓰며 유목으로 보식을 한 것도 잡초약을 쳐서 거른지 심어노어면 죽고 죽고 해서 밭은 너무나 만은 곳이 비어잇다. 올해도 유목을 사다 심어야 하게꾸나.
"어재 상인이 사과 사로 왔는돼 7천원, 8천원 줄라고 한다니 사과 농사 짓어논 사람들 가슴이 아푸게꾸나. 사과는 약값이 넘어나 만이 들어가는 작목이라서 사과 값이 업따면 사과 농사을 짓는 사람은 노력의 대까는 그냥 두고 들어간 미천도 건지 못하고 잇쓰니 무어라고 말을 할 수가 업꾸나. 사과나무을 다들 깨어내고 작과나무을 심고 잇는돼 이것은 다들 망하고 마는 것이다. 우리 농민들 이리 밀리고 저리 밀리고 이재는 살라 갈 수가 업다. 농민들은 앞푸로 일을 활수록 손예가 나니까 활수가 업쓰며 이것이 오늘날까지 정치하는돼 자리만 지키는돼 일을 했고 자기 배불리는 돼만 신경을 쓰와쓰니 국민들 살라 갈수가 잇깨나. 우리 국민을 이려깨 만든 것은 국회원들이다. 이 책임을 무려야 한다고 본다."

〈2000년 12월 18일 월요일 날씨 비〉
오늘 오전은 의료보험을 성운한태 올리라고 오늘 읍에가서 주민등본을 2통 띠어왔다. 이재 운이 앞푸로 올리면 의료 보험료을 주릴 수가 잇캐꾸나.
오후는 작과 전정을 하로 같다가 비가 오는 바람에 한 나무 하고 부인 김매기 하는 것을 대리오고 마랐다. 오늘 눈이 와야 하는돼 비가 오고 잇꾸나.
지출에 … (씬나락값) 종자 2픗대값
120,000원

〈2000년 12월 19일 화요일 날씨 흐림〉
오늘은 오전부터 날씨가 잔득 흐린 날씨라 곳바로 비가 올 것 같튼이 시간이 갈수록 날씨가 개인 날이 돼어서 오후는 정심밥을 먹고 곳바로 들로 가서 작과나무 전정을 하였다. 그리고 올해는 앞밭에 나무들은 둥치기 나무가 너무 만이 죽어서 마음이 아푸구나.

〈2000년 12월 20일 수요일 날씨 흐림〉
오늘 오전에 규산질 100포을 14.5 돼지기을 비료살표기로 규산질을 살포을 하였다. 그리고 오후는 이랑 쟁기로 가을 가리을 하였쓰며 논들이 갈리 하기는 땅들이 추지며 갈리 하기는 불편하기 짝이 업꾸나.
"올해 처음 이랑재기로 논을 갈라보니 생갈리가 너무 만이들 저며 쟁기는 고랑쟁기가 갈리하는 돼 채고라는 생각이 더는구나."
오늘 규산질 비료한 곳 14.5 돼지기을 다 갈라고 생각을 하였는돼 오후 2시 넘어서 갈리 하로 가서 그만 10마지기 밖에 갈지 못했다.

〈2000년 12월 21일 목요일 날씨 맑음〉
오늘은 기름값 만이 들어간다. 밧갈 솟에서 물을 돼어서 부인과 둘리서 오전 내 모욕을 하였쓰며 오후는 가을가리을 하였쓰며 오늘 오후는 쟁기 유압 손볼라고 조합에 센타에 가는 바람에 2단지 밖에 갈지 못했쓰며 그리고 땅이 얼어서 갈리 하기는 너무 힘든다고 말을 하고 십다.
지출에 … 트랙터 쟁기짹 교환에 12,000원

〈2000년 12월 22일 금요일 날씨 맑음〉
오전으로서 작과나무 전정을 끝을 내고 오후에는 논에 가을 가리을 안전이 하였쓰며 자신이 가을 가리을 다천 것이 올해 처음이 아닌가 십다. 그리고 우리 마을에 가을 가리 한사람은 자신 밖에 가을 가리 한 사람이 업다.
"올해는 날씨가 가을가리 하두록 두지는 않아쓰며 가을 가리 하는돼 땅이 안전이 풀리지 않아서 가리가 제대로 안대어서 마음이 글리드라."
"올해 자신이 8단지 부치는돼 이 필지을 다들 갈리을 하였다."

〈2000년 12월 23일 토요일 날씨 비〉
오늘은 대신 1동에 이금배 씨 아들 결혼식을 구미 예식장에 올린다고 해서 참석을 하였쓰며 오늘은 토요일이라서 그른지 한가한 예식장이며 분주한 예식장이 아니라도 화객들은 좀 편한 너킴이 잇쓰다.
지출에 … 축이금 30,000원

〈2000년 12월 24일 일요일 날씨 맑음〉
오전은 날씨가 추어서 아무 일도 못하고 오후는 날이 좀 풀리서 바시네 포도밭에 전정하로 가서 조금 하고 왔다.
"오늘 부인은 본동에서 예식을 올리는 동석네 누이을 업쓰서 식을 올리주지 못하고 오늘 올리는돼 부인이 참석회서 축이금을 함."
지출에 … 동석네 누이 결혹식 축이금 30,000원

〈2000년 12월 25일 월요일 날씨 눈〉
오늘은 휴일이 3日이라서 이용을 해서 시집에 와서 휴일을 보내고 오늘은 잠쉬 덜린다고 해서 오늘은 날씨도 춥지만 혜지 온다고 해서 오늘은 기다리는 시간으로 오늘 시간을 보냇다고 말을 하고 십프며 내 딸보다 손주 놈이 낮을 가리지 않코 잘 노라주어서 아주 기분이 좋아다. 다음에 한 번 더 오면 손주 놈과 더 가깝개지.
지출에 … 혜지 가는 돼 50,000원

〈2000년 12월 26일 화요일 날씨 흐림〉
오늘은 올 드려 제일 춥꾸나. 아무 일도 못하고 집에서 시간을 다 보냇다. 오늘은 바람 때문에 더 차거운 날이라고 너켜지고 잇다.
(휘발유 30리터을 면세유로 가지고 옴)
그리고 남방유을 면세유로 석유 400리터 가지고 옴.

지출에 … 휘발유 30리터 면세요 14,000,
남방유 석유 400리터 가지고 옴
182,000원, 계 196,000원

〈2000년 12월 27일 수요일 날씨 맑음〉

오늘 포도 팍스 보조금 내주는 일만 함. 그리고 휴식만 해도 몸은 피료가 더하는 너킴이며 몸이 안전이 깨운 하다는 너킴이 업꾸나.

"자신의 계핵은 올해가 다 가기 전에 포도 전정을 다 할려고 했는돼 날씨가 추으서 개혁돼로 못하게꾸나."

〈2000년 12월 28일 목요일 날씨 맑음〉

오늘 오후는 마을 친구들이 집우로 놀로 와서 옛날이야기로 오후 시간을 다 보내고 마랐다.

"그리고 요즘 우리 혜영이 중신 하게따고 하는 중매가 들어오지 않아서 극정이 이만 저만이 아니구나. 올해도 다 저물어 가는돼 혜영이 중매는 들어오지 않으니 너무가 외가 타고 잇다. 올해는 어떠한 일이 잇쓰도 꼭 결혼을 식키야 하는돼 중매자가 나타나지 않으니 부모의 마음이 다 타는구나."

〈2000년 12월 29일 금요일 날씨 맑음〉

오전은 휴식을 하고 오후는 바시내 포도나무 전정을 하였다. 포도 전정을 시간이 날때마다 조금식 하기 때문에 작업의 진도는 가지 않코 잇다.

요줌은 거진 휴식으로 시간을 다 보낸다고 해도 무리돼는 말은 아니라고 생각을 하여 본다.

〈2000년 12월 30일 토요일 날씨 맑음〉

오늘은 날씨가 좋아서 포도나무 전정을 하로 가게따고 집을 낫쓰서 가는돼 형님집에 모두 놀고 잇쓰서 그만 자신도 놀고 오후는 바시내이 포도 전정을 두골 반을 하였다.

그리고 오늘은 부인의 친구 주선으로 구미에서 맏선을 보기로 하여는돼 이번은 꼭 인연이 돼어쓰며 하는 마음뿐이다.

〈2000년 12월 31일 일요일 날씨 맑음〉

우리 혜영이가 이번에 선 본 자리가 인연이 돼어쓰며 하는 바람이여는돼 이번도 총각이 얼굴에 흉이 택 밑태 조금 잇고 생산직이라고 실타고 하면서 좋아 하지 않아서 자신도 얼굴에 흉이 조금 잇따고 해서 건유을 못하게드라. 중매로 결혼을 식킬라고 하니 너무 힘이 더는구나.

이제는 음력 설이 오기 전에는 배필이 나와야 하는돼 극정이 너무크다.

(오늘 종일 휴식을 사랑방에서 함)

저자

이정덕 전북대학교 인문과학대학 고고문화인류학과 교수
소순열 전북대학교 농업생명과학대학 농업경제학과 교수
남춘호 전북대학교 사회과학대학 사회학과 교수
임경택 전북대학교 인문과학대학 일어일문학과 교수
문만용 KAIST 한국과학문명사연구소 연구교수
안승택 서울대학교 규장각한국학연구원 HK연구교수
이성호 전북대학교 SSK개인기록연구실 전임연구원
손현주 전북대학교 SSK개인기록연구실 전임연구원
이태훈 전북대학교 대학원 사회학과 박사 수료
김예찬 전북대학교 대학원 고고문화인류학과 박사과정
박성훈 전북대학교 대학원 농업경제학과 석사과정
김민영 전북대학교 대학원 국어국문학과 석사

농민 권순덕의 삶과 기록 『**아포일기**』 5

지 은 이 이정덕 · 소순열 · 남춘호 · 임경택 · 문만용 · 안승택 · 이성호 · 손현주 · 이태훈 · 김예찬 · 박성훈 · 김민영
펴 낸 이 이남호
펴 낸 곳 전북대학교 출판문화원

초판 1쇄 인쇄 | 2015년 6월 27일
초판 1쇄 발행 | 2015년 6월 30일

등록번호 제465-2012-000021호
주 소 전라북도 전주시 완산구 어진길 32(풍남동2가)
전 화 (063) 219-5321~2
팩 스 (063) 219-5323

ISBN 978-89-98534-56-1 **값** 38,000**원**
ISBN 978-89-98534-21-9(세트) 94810

이 도서의 국립중앙도서관 출판예정도서목록(CIP)은 서지정보유통지원시스템 홈페이지(http://seoji.nl.go.kr)와 국가자료공동목록시스템(http://www.nl.go.kr/kolisnet)에서 이용하실 수 있습니다. (CIP제어번호 : CIP2015017129)